미학대계 제2권

미학의 문제와 방법

미학대계간행회

서울대학교출판문화원

The Korean Companion to Aesthetics, Vol. 2

Problems and Methods of Aesthetics

The Editorial Committee for
The Korean Companion to Aesthetics

Seoul National University Press

미학대계 발간에 즈음해서

드디어 3권으로 이루어진『미학대계』라는 저작의 발간을 앞두게 되니 만감이 교차합니다. 이 작업은 현시점에서의 한국 미학계의 역량을 결집한 결과물이며, 이 작업에 주도적으로 참여한 한 사람으로서, 한구석으로는 여전히 모자람을 느끼면서도 나름대로의 큰 자부심을 가지게 됩니다.

이 책은 미학 공부를 시작하고자 하는 여러분들이 미학이라는 미지의 영역에 들어서는 데 친절한 도움을 줄 수 있는 길라잡이 지도와 같은 역할을 할 수 있으리라 믿습니다. 미학의 과거와 현재에 대한 역사적 접근을 날줄로, 미학에 대한 방법론적 · 개념적 접근을 씨줄로 하는 이 지도는 미학계의 역량 부족으로 아직은 씨줄과 날줄이 성긴 곳도 있고, 전혀 지도화하지 못하고 공백으로 남겨둔 부분도 있습니다. 그러나 이로써 대략의 기초 작업은 완성되었다고 생각하며, 나아가 이 지도가 미학에 관심이 있는 여러분들에게 제공하는 기초적 정보의 단초가 되어, 이 책을 읽게 되는 여러분의 정열로 이 지도가 보이고 있는 성김과 공백이 계속 메워져 가리라는 굳은 믿음을 갖습니다.

이제 3년여에 걸친 방대한 작업 끝에 일궈낼 수 있었던 이 저작의 완성을 보면서, 감사의 마음으로, 이 책이 있게 된 작은 뒷이야기를 밝히고 싶습니다. 3권으로 이루어진 이 저작이 있게 된 계기는 실은 3년 전의 한 사건으로 거슬러 올라갑니다.

당시 한국 미학계의 큰 어른이신 오병남 선생님께서 서울대에서 정년을 1년 앞두고 계셨고, 자연히 선생님의 은혜를 입은 제자들을 중심으로 『정년퇴임 기념 논총』 발간에 대한 의견교환이 있었고, 어찌 본다면 너무나 의례적인 저희들의 생각을 정리하여 선생님께 말씀드릴 기회가 있었습니다.

그러나 말씀을 들으신 선생님께서는 잠시 생각하신 뒤, 본인의 정년퇴임이라는 사실과 시점에 얽매이지 않고, 미학을 연구하거나 관심을 가지신 분들에게 실질적으로 도움이 될 수 있는 사업을 시작하는 계기로 자신의 정년퇴임을 받아 준다면, 본인에게는 더 의미 있고, 고마운 일이 되겠다는 파격적이지만 매우 간절한 말씀을 전해 오셨습니다.

이 뜻을 전달받고, 여러 논의 끝에 미학대계간행회를 구성하고, 현재의 이 책으로 결정을 맺은 편집기획을 세우기는 했습니다만, 편집위원들로는 쉽게 해결될 수 없는 듯이 보이는 두 가지 아주 큰 고민을 마주하게 되었습니다.

첫째는, 미학의 경우도 예외일 수 없는 인문학의 위기라는 상황 가운데서 과연 경우에 따라서는 막대한 경제적 손해를 감수하면서까지, 우리의 이 기획을 받아들여 실현해 줄 출판사를 찾을 수 있겠는가 하는 것이었고,

둘째는, 현금의 한국 학계의 풍토에서는 거대한 기금의 조성 없이는 그 실행을 상상도 할 수 없는 이 정도의 대규모 사업을, 과연 아무런 경제적 대가도 제공할 수 없는 우리의 입장에서 연 135편의 논문을 무난히 확보할 수 있겠는가 하는 것이었습니다.

그러나 우리의 걱정은 너무도 쉽게 극복되었습니다. 섭외 과정에서 개인으로서는 자신의 명예를 드러낼 수 있는 기회를 단념하시고, 후학들과 학계 전체가 보다 보람된 일에 매진할 수 있는 계기를 만드신 오병남 선생님의 뜻을 자연히 알게 된 필자들 전원이 학계를 위하여 헌신적으로 옥고(玉稿)를 작성해 준 것은 물론, 나아가 저작권까지 흔쾌히 한국미학회에 기탁해 주셨습니다. 아마도 오병남 선생님의 간절한 뜻이, 필자 선생님들의 이

러한 순수한 열정과 헌신을 가능케 했으리라 믿습니다.

이제 3년여에 걸친 방대한 작업을 끝맺는 이 자리를 빌려, 마냥 늦어져만 가는 이 작업을 사랑과 관심을 가지고 지켜보아 주신 오병남 선생님과 필자 선생님들, 지칠 줄 모르고 여러 필자 선생님들을 독려하며 실무적인 일들을 주관했던 미학대계간행회 참여자 여러분, 이 책의 출판을 맡아 주신 서울대학교출판부에게 간행회의 이름으로 다시 한번 깊은 감사를 드립니다.

아마도 이 모든 분들의 열정과 헌신이 없었다면 이 저작은 세상의 빛을 볼 수 없었을 것입니다. 감사합니다.

2007년 2월 5일 간행회를 대표하여

민형원 삼가 씀.

서 문

『미학대계』 2권은 '미학의 문제와 방법' 으로, 제1부는 「미학의 근본 문제」, 제2부는 「현대미학의 방법론과 전개」라는 제목을 달고 있다. 1권에서 미학의 역사를 검토한 이후에 2권의 1부에서는 통시적인 관점에서 미학의 핵심 문제가 무엇인가를 항목별로 정리하였다. 미학을 공부하면서 부딪치는 핵심적인 개념과 쟁점들을 소개함으로써 독자들의 미학에 대한 이해를 돕고자 하는 1부에서는 통시적으로 핵심이 되는 개념들과 함께 근대(17세기)에 미학이 서구에서 성립하면서 부각된 개념들과 18세기 예술이라는 개념이 생겨나면서 발생한 문제들을 다루고 있다. 미학이 성립할 즈음 미 이외의 것들도 쾌를 주는 가치가 있다는 사실로부터 성립한 미적인 것(들)(the aesthetic)이라는 개념은 미학에 있어 핵심적인 개념으로 이에 대한 논의는 영미 미학과 독일 미학의 관점에서 정리하였다. 미학은 철학의 한 분야이기에 철학의 전통에 따라 미학도 영미 미학과 대륙(독일) 미학으로 구분되는 것이 일반적인 경향이다. 두 미학은, 그것들이 다루는 문제는 대체로 비슷한 것이나 그 방법에 있어서 각자의 전통에 따라 다른 길을 걸어 왔다. 따라서 제1부 「미학의 근본 문제」에서 다루는 주요 개념들은 두 전통 중 하나에 근거하여 서술되고 있다.

두 가지 전통이 더욱 뚜렷하게 나타나는 부분은 제2부 「현대미학의 방법론과 전개」이다. 특히 대륙 미학의 다양한 방법론들이 소개되고 있는데, 한 가지 주의할 것은 이러한 여러 방법론들이 사실은 많은 부분 각 사상가에 따라 서로 다른 방식으로 겹치고 있기에 이 책에서의 분류가 절대적인 것이 아니라는 점을 염두에 두어야 한다는 것이다. 일반적으로 어떤 철학자나 미학자라도 존재에 대한 어떤 전제를 가지고 있기에 존재론의 영역에서 논의될 수도 있으며, 동시에 예술과 사회의 관계에 대한 관점에서 사회학적 미학자로 분류될 수도 있다. 따라서 이 책에서의 분류는 그 사상가의 주요 관심사에 따른 것이라고 이해해도 무방할 것이다. 대륙의 전통에 비해 영미 미학에서의 방법론이라는 것은 아주 세부적으로 들어가기 전에는 별로 뚜렷하지 않은데, 이는 형이상학적인 전제를 되도록 피하려는 영미 철학의 경험론적 전통에서 이해될 수 있을 것이다. 달리 말하면 대륙 미학은 그 형이상학적 전제에 따라 여러 방법론이 등장한 것에 비해 영미 미학의 경우 그러한 전제를 회피하고 경험으로 확인될 수 있는 현상들에 집중하기에 다양한 방법론이라 할 만한 것이 없다는 것이다. 또 이에 따른 두 미학의 특성으로 대륙 쪽이 전체를 설명하려는 거대한 체계를 추구하려는 데 비해 영미 쪽은 그러한 체계보다는 어떤 한 현상이나 영역을 설명하려고 노력한다는 점을 말할 수 있다. 이러한 철학적, 미학적 전통의 차이를 염두에 두고 읽을 때 독자들은 어떤 면에서는 서로 어울리지 않는 듯한 설명들이 혼재하고 있는 이 2권의 구성을 이해할 수 있을 것이다.

오종환

차 례

제2부 현대미학의 방법론과 전개

형이상학

제1권 ▌차 례

제 3 권 | 차 례

제1부

미학의 근본 문제

미

미적 태도와 미적 대상, 가치, 경험의 관계

최경석

1. 미

'미' 의 문제는 미가 무엇이냐는 것인데, 핵심 논쟁은 미의 존재론에 대한 질문으로서 미가 객관적인가 아니면 주관적인가에 있다. 즉 미는 대상 속에 있는 객관적 속성인가 아니면 주관 속에 있는 속성으로서 주관의 쾌/불쾌인가가 쟁점이 되어 왔다.

미가 대상의 객관적 속성이라면 대상을 바라보는 주관의 쾌/불쾌(또는 호/불호)와 무관하게 미는 어떤 대상이 지닌 속성으로 이해된다.

역사적으로 이런 입장을 지닌 최초의 사람은 피타고라스라고 할 수 있다. 그는 대상의 구성 요소들 사이에 존재하는 어떤 특정 척도, 비율, 질서 및 조화 때문에 우리가 그 대상으로부터 아름다움을 경험한다고 생각했다. 물론 우리가 경험하는 미를 대상이 미의 이데아와 얼마만큼 닮았느냐를 기준으로 판단하는 플라톤의 입장도 미를 객관적인 것으로 이해했다고 하겠다.

미를 이와 같이 대상 속에 존재하는 어떤 성질로 이해하는 객관론자의 입장에 설 경우, 어떤 것이 아름답다는 미적 판단은 단지 개인적인 감정에 따른 판단이 아니라 참, 거짓이 구별되는 사실에 대한 판단이 된다. 따라서 미적 속성을 객관적으로 지니고 있음에도 불구하고 그것을 아름답다고 느끼지 못한다면 그것은 그 대상을 경험하는 자의 잘못이지 대상이 실제 아름답지 않아서가 아니라는 입장을 취한다.

따라서 이런 입장의 미론에 선 사람들은 미를 경험하게 하는 대상의 필요충분적 속성이 무엇인지 탐구하곤 했다. 또한 미를 교육한다는 것도 바로 이런 객관적인 속성을 알아보는 훈련을 하는 것이라고 할 수 있겠다.

반면 미가 주관적이라는 주장은, 미는 대상을 지각하는 주체의 쾌, 불쾌라는 감정의 문제라고 여긴다. 다시 말해 미는 주관이 느낀 즐거움을 다시 대상에 투사하여 아름답다라고 표현하는 것이라는 입장이다. 따라서 대상의 속성이 중요한 것이 아니라 주관이 즐거움을 느끼느냐 그렇지 않느냐가 중요한 문제로 부각된다.

역사적으로는 쇼펜하우어와 같이 대상과는 전혀 무관하게 주관이 어떤 태도를 취하느냐에 따라 미를 경험할 수도 그렇지 않을 수도 있다고 주장하였는데, 이것이 바로 강한 형태의 미적 태도론자라고 하겠다. 따라서 순전히 미를 주관의 감정 문제로 전환시키고 대상의 속성들이 하는 역할을 고려하지 않는 입장이 극단적인 형태의 주관주의자라고 하겠다. 이 경우, 미적 판단에 대한 진/위는 무의미한 질문이다. 왜냐하면 어떤 대상이 아름답다는 것은 비록 주체는 대상인 것처럼 이야기하기만 정작 하고자 하는 말은 저 대상으로부터 나는 즐거움을 느꼈다고 말하려는 것이라고 이해하기 때문이다.

전자는 고전주의적 미론으로 그리고 후자는 낭만적 성향의 미론으로 분류된다. 하지만 역사적으로는 이 양자의 입장이 혼재된 입장도 있었는데 그것이 바로 영국 취미론이다.

영국 취미론은 대상의 속성이 주관의 쾌/불쾌와 관련을 맺고 있다고 생각하고, 어떤 대상의 속성들이 주관의 쾌를 일으키는지 규명하고자 하였다. 미를 오로지 대상의 속성에 기계적으로 반응하는 주관을 설정하지 않았다는 점에서, 그래서 주관의 쾌/불쾌를 미와 연결시켰다는 점에는 객관론자와 구별된다. 그러나 주관의 쾌/불쾌를 중시하면서도 여전히 주관의 감정을 유발시키는 대상의 속성을 규명하고자 했다는 점에서 주관론자와도 구별된다.

미가 대상이 지닌 객관적인 속성이라는 객관론의 입장은 미적 속성이 단지 대상의 일차적인 물리적 속성이 아님에 주목함으로써 현대적으로 발전한다. 영미 미학을 중심으로 논의되었던 미적 수반이라는 이론은 이러한 경향을 드러냈다. 이 입장에 따르면, 미란 미적 속성은 대상이 지닌 비미적 속성에 의해 수반된다는 입장을 취했다. 여기서 수반이란 물리적으로 이러 저러한 성질을 가질 경우, 미라는 속성이 발생 또는 창발한다는 것이다. 비미적 속성과 미적 속성 사이의 관계가 어느 정도 강한가의 여부에 따라 강수반과 약수반으로 나뉘어 이해된다. 미적 속성을 수반이란 개념을 통해 미를 이해하는 것은 미가 객관적인 속성이면서도 비미적 속성과의 관계가 인과적이라거나 법칙적이라는 설명을 할 필요가 없다는 장점이 있는 것으로 여겨져 왔다. 따라서 존재론적으로는 미적 속성이 비미적 속성과 깊은 연관을 맺고 있으면서도 각각의 자율성이 확보된다는 장점이 있다고 주장되어 왔다.

한편, 미가 주관의 감정 문제로 간주된다는 것은 미를 경험하는 주관의 조건에 대한 관심을 촉발시켰다. 주관의 역할이 증대된 낭만주의 시대 이후의 미학에서는 '미적 태도' 라는 개념을 대두시켰는데, 이는 미적 경험이 지닌 특수한 성질을 설명하기 위한 것으로 좋은 미적 경험을 위해 감상자가 지녀야 할 태도로 규정되었다. 이런 미적 태도의 개념은 한편으로는 미라는 가치의 범주의 외연이 확장되게 하는 결과를 초래하였다. 예를 들어 '흥미로운 것', '추한 것' 등에서 볼 수 있듯이 이제 더 이상 미는 아름답다라는 하나의 가치가 아니라 미적인 것이라는 가치로 이행하게 된다. 또한 미적 대상, 미적 경험이라는 것도 미적 태도와 상호 관련을 맺고 있기에 '미적 태도' 라는 개념을 이해하는 것부터 시작하는 것이 바람직할 것이다.

2. 미적 태도

우리가 미적 대상이나 미적 속성을 지각할 때 어떤 특별한 태도가 관련되는지는 오랜 논쟁이 되어 왔다. 스톨니츠는 대상을 어떻게 지각하는지 결정하는 것은 지각할 때 우리가 취하는 태도에 달려 있다고 본다. 그는 우리는 모든 것에 주목하지 못하고, 선택적으로 주목하게 된다고 보고, 우리가 어떤 것을 선택적으로 주목하느냐는 우리가 어떤 목적을 지닌 태도로 대상을 주목하고 있느냐와 관련되어 있다고 생각한다.

바로 이런 이해를 바탕으로 그는 미적 대상이나 미적 속성을 지각할 때 또는 우리가 미적 경험을 하게 될 때, 어떤 특별한 태도를 지니고 있다고 생각한다. 이 특별한 태도는 실제적인 지각 태도와 구별되는 것으로서 미적 지각 태도라 부른다. 그렇다면 실제적인 지각 태도와 미적 지각 태도는 어떻게 다른가?

실제적 지각 태도는 사물이 우리의 목적에 기여하는지 그렇지 않은지의 유용성에 근거해서 그것을 바라보는 것이다. 즉 "그것으로 나는 무엇을 할 수 있고, 그것은 나에게 무엇을 해 줄 수 있는가?"[1]라는 태도로 사물을 보는 것이다. 따라서 실제적인 지각 태도는 나의 이해 관계와 밀접하게 연결되어 있다. 과수원에 방문하여 사과나무에 탐스럽게 달려 있는 사과를 보고 기쁨에 젖은 이유가 풍성하게 매달려 있는 사과들이 그것을 수확함으로써 얻게 될 경제적 이익 때문이라면 이런 지각 태도는 실제적인 지각 태도이다.

반면, **미적 지각 태도**는 "대상을 대상이 보이는 대로, 들리는 대로, 혹은 느껴지는 대로 단순히 향수하기 위해서 주목"하는 태도이다.[2] 대상이 "보이는 대로, 들리는 대로, 혹은 느껴지는 대로"라는 표현에서 배제되는 것

1 제롬 스톨니츠, 오병남 역, 『미학과 비평철학』, 이론과실천, 1991, 37쪽.

2 위의 책, 37-38쪽.

은 그것을 바라보는 나의 이해 관계이다. 다시 말해 위의 과수원에서 사과가 풍성하게 매달린 사과나무를 보고 기쁨에 젖어 있으나 그 즐거움은 사과나무의 모양, 색깔, 그 나무에 여기저기 동그랗게 매달려 있는 빨갛고 부분부분 파란 사과의 색깔 등이 배경이 되는 자연환경과 어우러져 관조될 때 취해지는 태도이다. 이 경우 사과를 따져 얻게 될 경제적 이득이나 저 사과가 몸에 좋을 것이다라는 등의 생각은 배제되어 있다. 즉 사과를 이용해서 어떻게 하겠다는 이해 관계와 무관하게 사과와 사과나무 그 자체를 있는 그대로 바라보는 태도가 바로 과수원에서 미적 경험을 한 대상에 대해 취한 태도이다.

따라서 스톨니츠는 '미적 태도'를 다음과 같이 정의한다. "**미적 태도**란 그것이 어떤 대상이든 간에 인지의 대상을 그 대상 자체를 위해서, 무관심적(disinterested)으로, 공감적(sympathetic)으로 주목하고 관조하는 것(contemplation)이다."[3] 우리는 이 정의를 구성하고 있는 몇 가지 개념들에 대해 좀 더 구체적으로 살펴볼 필요가 있다. 그것은 '무관심적'이라는 개념과 '공감적'이라는 개념, 그리고 '주목'이라는 개념이다.

첫째, 무관심적. '무관심적'이라는 것은 대상을 사용하거나 조작하여 무엇을 얻으려는 관심에서 바라보지 않는다는 것이다. 미학에서 논의되는 경우가 아닌 경우, '무관심적'의 일반적인 의미는 편견의 결여로 판단이나 논쟁의 중재에서의 공평성을 의미한다. 그런데 미학에서 사용되는 '무관심적'은 단지 그 대상을 경험 또는 관조하는 목적 이외에 다른 목적이 존재하지 않는다는 것을 의미한다. 따라서 '무관심적'이라는 말은 대상을 어떤 이해 관계와 관련하여 바라보지 않는다는 것을 의미한다. 따라서 '무관심적'을 '비관심적'으로 이해해서는 안 된다. 다시 말해 대상에 대해 관심이 없다는 것을 의미하지 않는다는 것이다. 왜냐하면 대상 자체를 무관심적 미적 태도로 바라보는 것은 실제적인 지각 태도로 바라보는 것보다 훨씬

3 위의 책, 38쪽.

더 관심적일 수 있기 때문이다. 따라서 무관심적이라는 것은 대상에 대해 어떤 이해 관계를 떠나 관심을 가지고 본다는 것을 의미한다.

그렇다면 어떤 관심이 필요하고 어떤 관심이 배제되어야 하는지가 궁금해질 수 있다. '무관심적 태도'를 주장하는 사람들은 많은 종류의 관심(interest)을 배제하는데, 구체적으로 열거해 보면 다음과 같다. '품위나 위신을 위해 예술작품을 소유하려는 관심', '대상에서 지식을 얻으려는 인식적 관심', 심지어는 '대상을 판단하려는 관심'도 배제한다.[4] 이런 관심하에서 대상을 보는 것은 대상을 있는 그대로 바라보는 태도가 아니기 때문이다.

물론 위와 같은 설명에서 대상에서 지식을 얻으려는 인식적 관심마저 배제되어야 하느냐는 논란의 여지가 있을 것이다. 왜냐하면 예술 역시 인식 활동의 하나로 간주하는 사람들에게는 미적 경험은 인식적 경험이라고 주장할 것이기 때문이다.

둘째, 공감적. '공감적'이라는 것은 대상에 반응할 때 우리가 취하는 방식으로서 우리는 "대상 자체의 조건에 의해" 대상을 받아들여야 한다는 것을 의미한다. 즉 대상의 유도에 따라 대상과 일치하여 반응해야 한다. 따라서 스톨니츠는 "우리를 대상과 분리시키거나 적대적으로 만드는 반응들은 억제되어야 한다"고 말한다.[5] 따라서 자신의 도덕적 또는 종교적 신념 때문에 작품에 대해 적대적으로 반응하는 것은 공감적이지 못하다는 입장이다.

예를 들어, 우리가 어떤 드라마를 감상할 때 그 작품에 등장하는 인물들의 가치관이 실제 나의 가치관과는 다르다 하더라도 그 인물의 입장에서 공감하며 작품을 감상해야 한다는 것을 의미한다. 물론 실제로 얼마만큼 공감적일 수 있느냐는 작품이 얼마나 개연성을 지니고서 전개되느냐와도 관련이 있다. 그러나 여기서 강조하고자 하는 것은 자신의 굳어 있는 태도나 마음가짐에서 벗어나 대상에 내맡겨 그것이 유도하는 대로 따라갈 필요

4 위의 책, 39쪽.
5 위의 책, 39쪽.

가 있다는 것이다.

셋째, 주목이다. 미적 태도에서 '주목'이라는 것은 단순히 '멍하니 응시'한다는 것을 의미하는 것이 아니라고 스톨니츠는 말한다. 미적 주목은 수동적으로 반응하는 주목이 아니라 적극적인 주목이라는 의미이다. 스톨니츠에 따르면, 미적 주목은 민감하고 활기차다. 작품에 대한 진지한 주목은 그 작품에 반응하여 우리의 상상력과 감정을 촉발시키며, 이 주목의 정도는 더 강렬하기도 하고 덜 강렬하기도 하다. 또한 미적 주목은 단지 시각적으로 바라보는 것만이 아니라 활동과 함께 일어나기도 한다. 그래서 긴장을 하는 신경적 반응이나 손이나 발로 장단을 맞추는 등의 신체적 반응들도 주목과 함께 일어날 수 있다. 흔히 '주목'이라는 말 대신 '관조'라는 말도 사용되지만 의미하는 바는 동일하다. 흔히 관조라는 말은 정적인 것으로 이해하는 경향이 있어 주목이라는 말이 더 적절해 보인다.

미적 태도를 설명하는 세 가지 주요 개념들 가운데 핵심적인 것은 물론 '무관심성'이다. 역사적으로 '무관심성'이란 용어는 섀프츠베리에 의해 사용되었다. 그는 '사적인 이해관계를 떠난'이란 의미로 이 용어를 사용하였다(그는 이 용어를 미학의 맥락에서 사용한 것이 아니라 도덕의 영역에서 사용했다). 칸트 역시 '무관심성'이란 용어를 사용하는데, 그는 단지 '무관심적'이라는 것을 대상의 존재에 단지 관조적이고 무관심한 것, 그리고 그 대상의 '등장' 또는 '재현'에 집중하는 것으로 설명한다.

에드워드 벌로우(Edward Bullough)는 '무관심'이란 개념에 "정서적으로 떨어져 있음(emotional detachment)"의 개념도 추가시켰다. 예를 들어, 바다에서의 폭풍을 미적으로 감상할 수 있기 위해서는 경계하는 행위를 촉발하는 두려움으로부터 벗어나 있어야 한다. 그러나 벌로우 식으로 이해된 미적 태도는 쉽게 반론에 부딪힐 수 있다는 단점이 있다. 우리가 비극을 감상하는 동안, 울기도 하고 두려움에 휩싸이기도 하는데, 이것은 심적 거리를 두고 있다고 말할 수 없기 때문이다. 하지만 우리가 이런 감정들에 휩싸인다고 해서 작품의 미적 특질을 감상하지 못하는 것은 아니다.

3. 미적 대상

위에서 언급한 미적 태도에 대한 정의로부터 짐작할 수 있듯이, '미적 대상' 이란 **무관심적 주목 또는 관조의 대상**으로 규정될 수 있다. 미적 태도라는 것은 대상을 바라보는 태도이기에 어떤 대상이든 그것은 미적 태도의 대상이 될 수 있다. 이것은 미적 경험의 범위가 한계가 없다는 것을 의미하며, 미적 태도의 정의상 어떤 대상이라도 미적으로 감지될 수 있다고 생각할 수 있다.

이것은 '무관심적 미적 태도' 라는 개념이 출현하기 이전과 비교해 볼 때, 엄청난 변화이다. 우리는 우리가 경험하는 대상들 가운데 어떤 대상은 아름답고 어떤 대상은 아름답지 않다고 생각하며, 그것은 우리가 그것에 대해 어떤 태도를 취하느냐의 문제가 아니라고 이해해 왔기 때문이다. 물론 이러한 이해는 미적 태도를 중심으로 미적 대상을 규정하기에 가능한 일이다. 그만큼 미적 대상의 규정이 미적 태도 개념에 근거하고 있다는 것을 의미한다.

이러한 변화는 미적 관조의 대상에 대한 확장에도 기여하였다. 위에서 언급한 "미적 대상"에 대한 정의를 따를 때, 미적 대상은 단지 예술작품이나 단지 자연에 국한되지 않는다. 세상의 모든 것들이 무관심적 주목이나 관조의 대상이 될 수 있기에, 구체적인 사물이든 행위이든 더 나아가 추상적인 것이든 그것은 미적 주목의 대상이 될 수 있다. 예를 들어 수리논리학에 심취한 사람이 머리 속에 떠올리는 "논리적 관계들"조차도 그것을 무관심적으로 관조하기 위해 주목한다면 미적인 것이 될 수 있다. 심지어는 그 사물의 일반적인 기능이 무관심적 태도를 불러일으키는 방식으로 사용되는 것이 아니었던 것도 우리는 그것에 무관심적 태도를 취함으로써 그것을 미적 대상으로 만들 수 있다.

그런데, 미적 대상과 관련하여 한 가지 주목해야 하는 것은 여기서 말하는 미적 대상이란 것이 존재론적으로 어떤 대상이냐는 것이다. '미적 태도를 취하고서 주목하는 대상' 이 미적 대상이라면 이때 우리가 주목하는 것은 대상 그 자체인가 아니면 지각된 대상인가? 미적 대상을 주관의 주목이란 지각적 활동에 근거해서 정의할 때 미적 대상은 단순히 지각과 동떨어져 존재하는 물리적 대상일 수 없다. 결국 미적 대상은 주관 밖에 존재하는 물리적 대상과 주관이 지각을 매개로 형성된 대상일 수밖에 없다. 이런 점에서 비어즐리는, 미적 대상은 현상적 대상(phenomenal object)이라고 했다.

미적 대상이 현상적 대상이라면 다음과 같은 흥미로운 질문을 유발한다. 만약 진품과 동일한 지각적 경험을 하게 하는 모사품이 있다고 할 경우, 과연 미적 대상은 동일한 것인가? 지각적 경험의 차원에서는 지각 능력의 한계로 진품과 모사품의 차이를 경험할 수 없다면, 진품과 모사품에서 지각의 대상이 되는 것은 동일하다고 보아야 한다. 만약 이것이 받아들여진다면, 진품이든 모사품이든 우리의 미적 경험에는 차이가 없다고 결론 내려야 할 것이다. 그러나 우리의 미적 주목이 주어졌던 대상이 모사품임을 나중에 알게 되었을 때 왠지 우리의 미적 경험조차 반감하는 느낌을 갖게 되는 이유는 무엇인가? [이 문제에 관해서는 『미학대계』 3, '미학의 새로운 쟁점들' 의 「차용, 그 위반과 역설의 양태와 논리」(윤자정)를 참고하시오.]

4. 미적 가치의 범주 확장

'미적 태도' 란 개념의 출현은 미적 가치의 지형에도 변화를 불러일으켰다. 역사적으로 미적 가치는 '미' 라는 하나의 동질적 개념으로 이해되어 왔다. 그것은 고대의 경우 대상에 존재하는 객관적인 특성으로서 대상이 지닌 '조화', '비례나 균형' 또는 '다양한 요소들의 통일' 과 같은 것으로 이해되었다는 것은 주지의 사실이다.

그러나 미적 주목을 통해 우리가 경험하게 되는 대상의 특성은 단지 비례나 균형, 요소들의 통일만이 아니게 되었다. 다양한 대상들이 지닌 다양한 특성과 그것들의 독특한 관계적 특성들은 무관심적 주목을 받기에 충분하다. 다시 말해 우리의 무관심적 태도로부터 경험할 수 있는 것들은 종래에 '미'라고 불렸던 것들보다 훨씬 다양해졌다는 것이다. 예를 들어, '우아함', '장엄함', '숭고', '골계미' 등등이 미적 가치의 범주 안에 포함되게 되었다. 이 모든 것들이 미적 관조를 통해 경험되는 특성들이고 그것은 그 나름의 미적 가치를 지닌 것으로 이해된 것이다. 이러한 입장에서 심지어 '추'도 미적 관조의 대상이라고 언급되기도 했다. 결국 '미적 태도'란 개념의 출현은 미적 가치의 범주를 확장시키게 되었다. [이에 관한 자세한 논의는 『미학대계』 2, 제1부 미학의 근본 문제, '미'의 「미적인 것을 부정하는 입장」(오종환)을 참고하시오.]

5. 미적 경험

'미적 태도'에 대한 정의로부터 스톨니츠는 미적 경험을 다음과 같이 설명한다. "미적 경험"이란 "미적 태도가 유지되고 있는 동안 가지게 되는 경험"이다.[6] 경험은 시간적 경과와 함께 발생한다. 미적 경험의 시간성은 음악이나 문학 작품과 같이 시간을 통해 경험되어야 하는 예술 장르에만 국한되지 않는다. 회화나 조각, 건축과 같은 시각예술에서도 작품이 시간을 통해 경험되는 것은 마찬가지이다.

그렇다면 일반적인 실제적 경험과 미적 경험은 어떤 차이점을 지니는가? 실제적 경험과 미적 경험의 차이는 다음과 같다. 실제적 경험은 대개 우연적이고 평범하고, 느슨하고 무질서하게 어떤 일이 일어나고, 또 다른 어떤 일이 일어난다. 하지만 미적 경험에 있어서는 "우리의 관심이 매 순간 개입되는 경험과 그 이상의 경험-매 순간이 다음 순간에 대한 적극적인 관심을

6 위의 책, 73쪽.

창출하고, 이렇게 증가된 관심에 의해 경험의 '절정' 속에서 이 모든 것이 상호 연결되는 경험을 하게 된다."[7] 여기서 미적 경험은 그것을 구성하는 경험들이 서로 연결되어 경험되고 그것이 하나의 절정을 중심으로 상호 연결되어 있다는 점이다. 그러므로 미적 경험의 특성은 다음과 같이 요약될 수 있다. 스톨니츠에 따르면 "치밀하게 짜여진 경험의 종결은 단지 시간상의 종결이 아니라 특별한 중요성을 지닌 종결점"이며, 이 종결은 "경험을 통일하고, '완성' 한다."

미적 경험이 경험들 사이의 상호 작용을 포함하고, 통일되어 있다는 생각은 다소 다른 맥락에서 미적 경험을 설명하는 칸트나 듀이에게서도 발견된다.

칸트는 미적 판단에 주목하였고 명시적으로 미적 경험을 논의하지는 않았다. 그러나 그가 미적 판단을 인간 오성(understanding)과 구상력(imagination)의 자유로운 유희로부터 오는 즐거움에 있다고 생각한 것에서, 우리는 칸트가 대상을 지각할 때 느껴지는 우리 인식능력들의 조화를 강조하고 있음을 알 수 있다. 비록 칸트는 오성과 구상력이란 인지능력들의 자유로운 유희와 그것을 통한 조화로움을 언급했지만, 이것은 미적 경험이 우리 능력들의 상호 작용에 근거함을 암시한다.

미적 경험을 자신의 주요한 연구 주제로 삼았던 사람은 듀이(Dewey)다. 그는 미적 경험의 두 가지 주요한 특성을 언급한다. 우선, 미적 경험은 통일성과 완전성을 지닌 하나의 경험이라는 것이다. 그래서 그는 "어떤 경험을 미적인 것으로 구별짓게 하는 것은 저항, 긴장, 그리고 이탈에 대한 유혹인 흥분을 포괄적이고 충만한 종결로 향한 운동으로 전환시키는 것"이라고 했다.(Dewey, 1958: 56) 그는 미적 경험의 두 번째 특징에 대해 다음과 같이 말한다. "경험이 미적일 때, 손과 눈은 전체 생명체가 작동하게 하는 …… 단지 도구일 뿐이다."(Dewey, 1958: 50) 이 말은 듀이 역시 칸트와

7 위의 책, 74-75쪽.

마찬가지로 미적 경험을 하게 될 때 우리의 능력들이 총체적으로 관여하고 있음을 강조한 것으로 볼 수 있다. 비어즐리 역시 듀이의 생각을 받아들여 미적 경험이 통일되고, 완전한 것이라고 말한다. 그는 더 나아가 미적 경험은 강렬하다(intense) 또는 집중되어 있다(concentrated)고 말한다.

이상의 논의로부터 미적 경험은 일상적인 실제적 경험과 달리 완결된 그리고 통일된 그러면서도 강렬한 하나의 경험이라는 견해를 형성할 수 있다. 그러나 무엇들이 상호 작용을 벌여 통일된 경험을 낳는다는 것인가? 미적 경험에 대한 칸트나 듀이의 이해는 미적 경험이 인간 능력의 활동들이 상호 작용을 벌이며 하나의 강렬한 경험으로 통일되고 완결된다는 점을 시사하고 있다고 볼 수 있다. 그렇다면 미적 경험은 순수하게 인지적인 능력들의 활동만도, 순수하게 정서적 능력의 활동만도 아니고, 이들 간의 상호 작용이 복잡하게 일어나는 활동일 가능성이 높다.

이 점은 미적 태도가 지각적 주목에 많은 비중을 두고 있음에도 불구하고 미적 태도로부터 경험하게 되는 우리의 미적 경험은 단순한 지각상의 인지적 활동만이 아니라 더 복잡하고 빠른 속도로 진행되는 고차원의 인식적 활동 그리고 그로부터 발생하는 우리의 정서상의 활동이 뒤얽혀 있다고 봐야 할 것이다. 이런 복잡성은 예술작품에 대한 주목이 단지 대상의 현상적 특성만이 아니라 그 작품이 생산되게 된 역사적 맥락 및 사회적 맥락에 대한 이해 등도 알아야 그 작품의 미적 특성에 주목할 수 있다는 주장과도 맞닿아 있다.[8] 또한 미적 경험의 이러한 복잡성은 미적 가치의 평가가 여타 가치와의 관계에서 독립적인지 그렇지 않은지에 대한 논란과도 연결된다. 미적 경험이 순수히 지각적인 경험만이 아니라면, 예술작품으로 촉발되는 윤리적 · 인식적 측면에서의 경험과 그에 따른 평가가 과연 미적 경험을 구성하는 내용이나 적어도 영향을 주는 요인으로 작용할 것이라는 주장 또한 가능하기 때문이다. 미적 경험이 이런 비미적 활동과 무관하지 않다는 것

8 *The Routledge Companion to Aesthetics*, Routledge, 2001, p. 191.

은 미적 가치가 비미적 가치와도 과연 단절되어 평가될 수 있는지에 대한 의문을 제기하게 된다. [이 문제에 대해서는 『미학대계』 2, 제1부 미학의 근본 문제, '예술' 의 「예술작품의 평가 문제」(김정현)를 참고하시오.]

6. '미적 태도' 란 개념과 미학사적 맥락

미적 태도란 개념을 중시하는 이론가들은 미적 태도론자라 불리며, 그들은 소위 "예술을 위한 예술"을 주창했던 사람들과 입장을 같이한다. 벌로우, 스톨니츠, 올드리치, 비어즐리 등은 미적 태도론자라 불릴 수 있다.

"예술을 위한 예술"의 기치를 내걸었던 심미주의(Aestheticism)는 예술은 그것이 기여하는 목적이나 기능— 설사 그것이 진, 선, 유용성, 신성함일지라도— 때문이 아니라, 그 자체로 평가받아야 한다는 입장을 취한다. 이 입장은 예술에 대한 도구주의적 이론과 대비된다. 사실상 제의(祭儀)의 일환으로 시작되었던 예술의 기원을 생각해 보면, 예술을 위한 예술이란 개념은 상당히 근대적 사고방식의 소산이라 할 수 있다. 신전의 건축, 중세 종교화나 성당의 건축은 예술이 단지 미적 관조의 대상만으로 제작되지 않았음을 보여 준다. 따라서 예술을 위한 예술이란 역사적으로는 매우 짧은 시기에 주창되었던 입장이라고도 할 수 있다.

그러나 예술이 예술 외의 목적으로 제작되었던 것이 더 일반적이었다고 해도 예술작품으로부터 얻게 되는 경험이 일상적 경험과는 다른 독특한 경험이고, 이때 대상에 대한 주목이 실제적인 관심을 지니고서 바라보는 주목과는 차이가 있다는 점 또한 명백하다. 이런 점에서 미적 경험의 특성과 미적 주목의 특성을 차별화시키고자 한 근대미학의 노력은 가치 있는 일이라 하겠다. 다만 앞서 제기했던 것과 같이 이런 독특한 특성이 다른 인간의 활동과 어떤 관계를 맺고 있는지를 좀 더 규정해야 할 차례라고 생각된다.

'미적 태도' 란 개념의 출현은 미의 존재론과 관련해서도 미학사에 다음과 같은 대별을 등장시켰다. 즉 미는 객관적으로 대상에 존재한다는 객관론자, 미는 주관에 존재한다는 미적 태도론자, 그리고 미를 "대상에 의해 마음에 환기된 그 무엇"으로서 대상에 존재하는 속성과 그것을 식별해 내는 주관의 특성 사이의 관계론적 성격의 것으로 파악하는 취미론자로 대별된다.

이와 같이 근대미학의 발전은 '미적 태도', '무관심성'이란 개념들의 형성과 그것의 발전과 무관하지 않다. 그러나 현대에 들어 '미적 태도'란 개념에 대한 공격이 거세게 일어 왔다.

디키는 무관심성이란 개념은 지각의 동기와 지각의 방식을 혼동한 것이라고 주장한다.[9] 디키의 이러한 주장은 미적 경험과 미적 태도의 강한 연결고리를 끊는 것으로 이해할 수 있다. 따라서 비평가가 작품을 단지 감상하고자 하는 것만이 아니라 작품에 대한 평을 쓰고 그것이 자신의 급여를 높이고자 하는 목적을 지니고 있다 하더라도 작품의 미적 특질에 주목할 수 있다. 또한 우리는 반드시 미적 태도를 취해야만 미적 경험을 하게 된다고 말할 수 없음을 자연경관에 대한 주목에서도 쉽게 발견한다. 우리가 미리 미적 태도를 취한 것이 아니더라도 미적 경험은 가능하다는 것이다.

제막(Zemach) 또한 '미적 태도'란 개념의 허구성을 지적하고 있다. 그는 미적 관심은 특별한 관심이라기보다 우리가 지닌 많은 관심들 중 하나일 뿐이며, 자신의 즐거움을 목적으로 한 자기 중심적인 관심이라는 것이다. 따라서 이러한 관심을 '무관심적'이라고 부르는 것은 오해를 불러일으키는 것이라고 주장한다. 뿐만 아니라 칸트가 무관심을 대상의 존재에 관심이 없는 것으로 이해하고 있는 것에 대해서도 반론을 제기한다. 오히려 우리는 우리가 미적으로 지각하는 대상의 존재에 관심을 지니고 있다는 것이다. 이런 반론은 앞서 언급한 원본과 모사품의 차이에 대한 미적 경험의 반감을 설명할 수 있는 근거를 마련한다. 우리가 정말 현상적인 대상에만 관

9 *The Routledge Companion to Aesthetics*, p. 190.

심을 지니고서 미적 대상을 감상한다면 오페라에서 등장인물들이 실제로 출연하여 공연하는 것이나 실물 크기의 홀로그램이 등장하며 공연하는 것이나 다름이 없다고 해야 할 것 같다. 그러나 우리는 미적으로 감상하는 대상의 실제 존재에 관심을 지니고 있다.

이와 같은 '미적 태도' 란 개념에 대한 반론은 그것을 기초로 해서 정의되었던 '미적 대상', '미적 경험' 의 재정의를 요구할 것으로 기대된다. 그것은 '미적 태도' 란 개념이 중심 역할을 하였던 미학이론의 재편을 의미하기도 한다. 이 재편의 방향이 어떻게 전개될지는 현대미학의 과제라고 할 수 있을 것이다. 또한 종전의 미학에서 중심적인 역할을 했던 '미적 태도' 대신 어떤 개념이, 그것이 기존의 개념들 중 하나를 재정의한 것이든 아니면 새로운 개념을 창출한 것이든, 중심적인 역할을 하게 될지 주목해 볼 필요가 있을 것이다.

더 읽을거리

오병남, 「미: 그 말과 개념과 이론」 및 「취미론으로부터 미적 태도론으로」, 『미학강의』, 서울대학교출판부, 2003, pp. 15-87.

마거릿 P. 배틴 외, 「제1장 예술과 예술작품」 및 「제2장 미와 추, 그리고 미적 경험」, 『예술이 궁금하다: 퍼즐과 함께하는 미학산책』, 윤자정 옮김, 현실문화연구, 2004, pp. 19-115.

제롬 스톨니츠, 「제2장 미적 태도」 및 「제3장 미적 경험」, 『미학과 비평철학』, 오병남 옮김, 이론과실천, 1991, pp. 33-92.

조지 디키, 「제5장 미적 태도」, 『미학입문: 분석철학과 미학』, 오병남 · 황유경 옮김, 서광사, 1986, pp. 70-86.

Beardsley, M. C., "Aesthetic Objects", *Aesthetics*, Harcourt, Brace & World Inc., 1958, pp. 15-74.

'숭고' 의 문제
– 칸트 미학에 대한 논의를 중심으로 –

김광명

1. 문제의 제기

칸트는『판단력비판』의 제1부에서 '미적 판단력의 비판' 을 다루는 가운데, 미의 분석과 숭고의 분석을 구분하여 논의하고 있다. '미적 판단력의 비판' 이라는 주제의 전개 과정을 들여다볼 때, '숭고' 에 관한 판단의 분석은 어딘지 모르게 어긋나 보이고, 심지어는 방해가 되는 듯한 인상을 지울 수 없다.[1] 왜냐하면 칸트가 원래 시도한 자연의 영역과 자유의 영역의 매개는 미의 분석을 통해서 충분히 가능하게 보이기 때문이다. 또한 미에 관한 판단의 분석과 연역을 통해 칸트는 순수예술에 가치 있는 논의를 이미 불러일으킨 바 있거니와, 이런 논의는 순수예술과 더불어 오늘날에도 지속되고 있기 때문이다.[2]

그런데 숭고에 관한 논의는 이런 일련의 진행에 잘 들어맞지 않은 것처럼 보인다. 그럼에도 불구하고 숭고에 대한 논의는 칸트 미학 개념의 전개

---

1 Francis X. J. Coleman, *The Harmony of Reason; A Study in Kant's Aesthetics*, Univ. of Pittsburgh Press, 1974, p. 94.

2 Clement Greenberg, "Modernist Painting", in: *Art and Literature* No.4, Spring 1965, p. 193. 예를 들면, 그린버그는 모더니즘을 자기 비판적 경향의 심화 내지 극대화로 보면서 이것이 칸트로부터 시작된다고 한다.

에 있어서 아주 중요한 연결고리를 제시해 준다.[3] 그렇다면 칸트는 어떤 근거에서 미와 숭고를 달리 구분하여 논의하고 있으며, 전체 미학의 전개를 위해 무엇으로 그 연결고리를 삼는가? 또한 그것이 그의 미학 전체를 위해 어떤 의미가 있으며, 나아가 그의 철학체계의 전체적인 구축을 위해 어떠한 기여를 하는가? 이러한 물음에 대한 타당한 답을 모색하는 작업이 이 글의 의도이다.

2. 미의 판정능력으로부터 숭고의 판정능력에로의 이행(移行)

초기에 나타난 숭고론을 보면, 무엇보다도 고대 그리스 말기의 롱기노스(Longinos, 213-273)의 논의를 들 수 있다. 그가 말하는 숭고(hypsous)는 본래 '높이'라는 뜻을 담고 있었는데, 롱기노스의 근본 입장은 고귀한 양식이란 예술가의 위대함으로부터 온다는 것이었다. 이는 곧 형식의 크기에 근거한 정확성과는 다른, 말하자면 영혼의 위대함인 것이다. 그리하여 숭고성은 정신적인 것이 되고, 감상자에게 늘 황홀경을 체험하게 한다는 것이었다. 어떻든 롱기노스의 숭고는 문예비평에서 수사학적 이상(理想)에 관한 가치개념이었다. 17세기 이후 근대예술에 들어와, 숭고는 미적 유형개념으로 자리를 잡게 되고 이에 대한 성찰이 시작되었다.[4]

아름다운 것과 숭고한 것, 이 양자는 모두 그 자체로서 우리에게 만족과 즐거움을 준다는 점에서 일치한다. 나아가 또한 아름다운 것과 숭고한 것은 모두 감관적 판단이나 논리적·규정적 판단을 전제로 삼는 것이 아니라 반성적 판단을 전제로 한다는 점에서도 일치한다.[5] 따라서 이 양자가 주는

3 Francis X. J. Coleman, 앞의 책, p. 95.

4 백기수, 『美의 思索』, 서울대출판부, 1981, 125쪽.

5 이 말은 "즐겁게 하는 것을 바로 지각하는 것"을 美로 보는 토마스 아퀴나스의 문맥과 통한다.(*Summa Theologica*, I -a Ⅱ -ae, trans. Wladyslaw Tatarkiewicz, *History of Aesthetics*, The Hague & Paris: MUTON, 1970, 2: 258.)

만족감은 쾌적한 경우에 우리가 느끼는 것처럼 전적으로 감각에 의존하는 것도 아니요, 또한 선(善)에 관한 만족의 경우와 같이 일정한 개념, 이를테면 실천적 개념에 의존하는 것도 아니다. 그럼에도 불구하고 그 만족은 역시 '개념'과 관계를 맺지 않으면 안 된다. 여기에서 어떤 '개념'인가가 중요한 문제로 등장한다. 미적 판단의 변증론에서 논의하는 바와 같이, 이때의 개념은 그것이 지니고 있는바, 의미의 이중성, 즉 개념의 양의성(兩義性)이 문제이다.[6] 규정되어 닫힌 개념이 아니라 무규정적이고 열린 개념으로 볼 때, 이러한 개념의 양의성은 비로소 해소된다. 또한 그것에서 오는 만족은 한갓된 현시(現示) 또는 현시능력(現示能力)과 결합되어 있거니와, 그로 인해 이 현시능력, 즉 구상력은 직관이 주어질 때, 오성의 개념능력이나 혹은 이 오성 개념을 촉진하는 것으로서의 이성의 개념능력과 조화를 이루는 것으로 여겨진다.

칸트에 의하면 미의 판단과 숭고의 판단은 모두 단칭판단이다. 이 두 가지 판단이 요구하는 바는 대상의 인식이 아니라 쾌의 감정이지만, 그럼에도 불구하고 모든 주관에 대하여 보편타당적임을 선언하는 판단인 것이다. 그러나 양 판단, 즉 미의 판단과 숭고의 판단 사이에는 현저한 차이가 드러난다. 자연의 미는 대상의 형식에 관계하며 대상의 형식은 한정되어 있다. 그에 반해 숭고는 몰형식적 대상에서 찾아볼 수 있으며, 이 경우 무한정성이 표상된다. 특히 미의 성질을 형식론적 입장에서 고찰해 보면, 전통미학은 취미의 문제와 깊이 연루되어 있음을 우리는 알 수 있다. 반면에 숭고의 문제는, 크로더(P. Crowther)가 지적하듯, 이른바 오늘날의 시각에서 포스트모더니즘의 문화에도 지대한 영향을 미친 것으로 보인다. 이를테면 자연에 대한 우리의 반응에 있어 그 압도적인 복합성에 직면할 때, 또한 주어진 틀 혹은 형식을 벗어난다는 의미에서 그러하다는 말이다.[7] 하지만 이 문제는

---

6 여기에 대한 자세한 논의는 졸고, 「칸트에 있어 미적 판단력의 변증론」, 제2회 전국철학자연합학술대회 대회보, 경북대, 1989, 9, 279-288쪽 참고.

7 Paul Crowther, "The aesthetic Domain; Locating the sublime", *British Journal of*

어디까지나 단지 형식과 무형식, 정형과 무정형이라는 단순한 대비를 통해서 볼 때에 그 점에서 그렇다고 하겠다. 제한된 점에서이긴 하지만 어쨌든 이러한 논의에 숭고론이 던지는 암시는 매우 의미있는 일로 생각된다.

이론이성으로서의 오성과 좁은 의미의 이성, 즉 실천이성 사이에서 미와 숭고가 어느 쪽에 더 가까운가의 문제와 관련하여 미와 숭고의 미묘한 차이가 드러난다. 미는 부정적(不定的)인 오성 개념의 현시라 하겠고, 숭고는 부정적인 이성 개념의 현시라고 볼 수 있다. 여기에서 양자에 공통된 부정적이란 정해져 있지 않다는 뜻이며, 무규정적(無規定的)이라는 말과도 바꾸어 볼 수 있다. 이것은 '열려 있음'과 '자유' 그리고 관계성 및 의사소통이라는 인간학적 의미를 함축하고 있다.[8] 만족은 미에 있어서는 성질의 표상과 결부되어 있으나, 숭고는 분량의 표상과 결부되어 있다. 뒤이어 살펴보겠거니와, 이때의 분량은 다시금 수학적인 것과 역학적인 것으로 나뉜다.

숭고와 미의 가장 중요한 내면적 차이는 자연물들에 있어 숭고만을 고찰해 볼 때, 자연미는 그 자체가 만족의 대상이 된다는 점이다. 또한 우리의 내부에 숭고의 감정을 일으켜 주는 것은 형식상 우리의 판단력에 대해서는 물론 반목적적(反目的的)이고 우리의 현시(現示)능력에는 부적합하며, 구상력에 대해서는 난폭한 듯이 보일는지는 모르나 그것은 그 때문에 더욱 숭고하다고 판단되는 것이다.[9] 그런 까닭에 적어도 외형상, 숭고의 감정은 반목적적이며 부적합하고 때로는 난폭하게 보이는 것까지도 포괄한다는 말이다.

미의 만족은 삶을 촉진하는 감정을 직접 지니고 있으며, 숭고는 오직 간

Aesthetics, Vol. 29, 1989, p. 21. 단 하나의 절대적인 혹은 형식적인 음성이 아니라 각기 다른 다양한 목소리를 포용한다는 점에서도 그렇다. 이외에도 현대예술의 추진력이면서 동시에 아방가르드의 근거를 제공한 것으로 숭고의 미학을 보는 경우도 있다.

8 인간학적 미학에 대한 구상은 필자가 이미 발표한 바 있는 다음과 같은 글을 참고하기 바람. 「쉴러 미학에 있어서의 '인간학적 평가'의 의미」(한국철학회, 『철학』 26집, 1986); "Die anthropologischen Bedin-gungen der Ästhetik Kants"(한국미학회, 『미학』 13집, 1988); 「미적 자유와 개방성의 미학」(제4회 한국철학자 연합대회, 1991, 『대회보 Ⅱ』, 243-252쪽)

9 *K.d.U.*, 23절, S. 76.

접적으로만 일어나는 쾌감이다. 숭고의 경우엔 생명력들이 일순간 저지되었다가 한층 더 강력하게 나아가는 과정에서, 이러한 감정으로 인해 발생하는 것이기 때문에 이차적이며 간접적이 된다. 이때의 우리의 심의(心意)는 대상에게 끌려갈 뿐만 아니라 대상으로부터 부단히 반발되기도 한다. 그러기에 숭고감은 적극적인 쾌감보다는 감탄이나 경외(敬畏)의 감정을 내포하고 있으니, 이를 소극적인 쾌감이라고 부를 수도 있겠다. 그런 까닭에 우리가 자연의 대상들을 아름답다고 부르는 것은 정당하지만, 이를 숭고하다고 부르는 것은 적절치 못하다. 오히려 그러한 자연의 대상은 우리의 심의 속에서만 찾아 볼 수 있는 숭고성을 현시하는 데 적절하게 된다. 이러할 때, 예를 들면 폭풍우가 쏟아지는 거대한 파도의 대양은 도무지 숭고하다고 부를 수 없다. 우리가 그것을 바라보고 있노라면 숭고하다는 감정에 앞서 무섭고 섬뜩한 느낌을 갖게 되기 때문이다. 숭고한 감정을 가지려면 우리는 우리의 심의를 여러 가지 이념으로 가득 채워 두지 않으면 안 된다. 달리 말하자면, 보다 높은 차원의 합목적성을 내포하고 있는 이념에 관계하도록 자극을 받아야 한다는 말이다.

자연은 미의 감정과는 달리 그 혼돈과 복잡한, 무질서와 황폐함에 있어서 또한 그 크기와 위력에 있어서 숭고의 이념을 가장 많이 불러일으킨다고 할 것이다. 자연의 미에 대해서 우리는 그 근거를 우리의 외부에서 찾아야 하지만, 숭고에 대해서는 다만 우리 자신의 내부에서 찾아야 한다. 이를테면, 자연의 표상에 숭고함의 감정을 불어넣는 우리의 심적 태도에서 그 근거를 찾아야 한다는 말이다. 그러므로 여기에서 중요한 것은 우리의 심적 태도이다.[10] 이런 맥락에서 볼 때, 숭고에 대한 우리의 체험은 이미 그 근저에 도덕성을 암시해 놓고 있음을 알 수 있다.[11] 왜냐하면, 숭고의 감정

10 이런 관점은 오늘날 미적 태도론(aesthetic attitude theory)과 관련하여 논의해 볼 만한 여지가 있다. 특히 미적 판단의 근거를 우리 자신에 특유한 미의 지각이나 의식에서 찾을 때 그러하다.

11 숭고성과 도덕성의 연결은 칸트의 비판전기의 저술인『미와 숭고의 감정에 관한 고찰』에서 이미 논의되고 있다. K. E. Gilbert and H. Kuhn, *History of Aesthetics*, Indiana

이란 본질적으로 도덕적 의식의 산물이라고 보아야 하기 때문이다. 이러한 도덕성의 암시야말로 미의 판정능력으로부터 숭고의 판정능력에로의 이행이 왜 필요한가에 대한 아주 중요한 근거가 되는 것이다.

3. 숭고의 감정의 구분

숭고의 감정과 관련하여 대상들을 미적으로 판정할 수 있는 계기들을 구분할 때에 그 분석론은 취미판단의 분석에 있어서와 거의 동일한 원리에 따라 진행된다. 그 이유는 숭고에 관한 만족도 미에 관한 만족과 마찬가지로 반성적 판단력에 따른 판단인 까닭이다. 그래서 분량으로 보면 보편타당적이고, 성질에서 보면 무관심적이며, 관계에서 보면 주관적 합목적성이고 또한 양상 혹은 양태에서 보면 이 주관적 합목적성을 필연적인 것으로 표상할 수밖에 없다.[12]

그렇지만 미적 판단은 질적 형식에 관계하는 것이므로 성질의 분석으로부터 출발했지만, 숭고하다는 것은 몰형식성에 속하므로 숭고에 관한 분석의 제1 계기는 분량, 즉 양적 크기에서 출발해야 할 것이다. 아울러 숭고의 분석은 미의 분석과는 달리 구분을 요한다. 왜냐하면 숭고로 인한 감동이 인식능력에 관계되느냐, 아니면 욕구능력에 관계되느냐에 따라 분석이 달라지기 때문이다.

미에 관한 취미는 무관심적 관조의 심의를 전제하는 데 반해, 숭고의 감정은 대상의 판정과 결부된 심의의 동요를 그 특성으로서 가진다. 왜냐하면 숭고란 이성의 이념들에 관계되는 것이기 때문이다. 그렇지만 이 동요는 주관적 합목적적인 것으로 판정되어야 한다. 그리고 구상력은 이러한

Univ. Press, 1954, p. 340.

12 *K.d.U.*, 24절, S. 79.

심의의 동요를 인식능력에 관련시키거나, 아니면 욕구능력에 관련시킨다. 아무튼 어떤 능력에 관련되거나 간에 주어진 표상의 합목적성은 오직 이 능력들에 관해서만 판정된다고 하겠다. 인식능력에 관계하는 합목적성은 구상력의 수학적 정조(情調)로서 객체에 덧붙여진다. 또한 욕구능력에 관계하는 합목적성은 구상력의 역학적 정조로서 객체에 덧붙여진다. 그리하여 객체는 두 가지 방식에서 숭고한 것으로 표상된다고 하겠다.

상대적으로가 아니라 절대적으로 큰 것을 우리는 숭고하다고 부른다. 하지만 '크다' 고 하는 것과 '어떤 크기이다' 라고 말하는 것은 전연 다른 개념이다. 마찬가지로 우리가 어떤 것이 크다고 말하는 경우에도 그것이 비교적으로가 아니라 절대적으로 크다는 뜻에서, 단적으로 크다고 말하는 것과는 전연 다르게 된다. 후자의 경우는 일체의 비교를 넘어서서 큰 것이다. 우리가 어떤 대상에 관하여 '그것은 크다' 라고 단적으로 말하는 경우에 우리는 그것을 수학적으로 판단하거나 혹은 규정적으로 판단하는 것이 아니다. 그것은 크기를 평가하는 데 있어 그 대상을 표상하면서 우리의 인식능력들의 일정한 사용에 대하여 주관적 합목적성을 가진다는 데에 관한 한갓된 반성적 판단인 것이다. 그 경우에 우리는 언제나 이 표상에 일종의 경외의 감정을 결부시키는데, 그것은 우리가 단적으로 왜소한 것에 경멸의 감정을 결부시키는 것과 마찬가지이다.

사물의 크고 작음에 관한 판정은 모든 것에 미치는 것이요, 사물의 모든 상태에까지도 미친다. 그리하여 우리는 아름다움조차도 크다거나 혹은 작다고 부르는바, 그 근거는 직관에 있어서 현시할 수 있는 것이면 무엇이나 현상이며, 또한 하나의 양이라고 하는 사실에서 찾는다. 나아가 우리가 어떤 것을 단지 크다고 부를 뿐만 아니라, 모든 점에 있어서 절대적으로 크다고 부를 경우에, 우리는 그것의 척도를 그것의 밖에서 찾을 것이 아니라, 단지 그것의 내부에서 찾아야 한다는 사실을 알 수 있다. 또한 나아가 우리는 숭고를 자연의 사물들 안에서 찾을 수 있는 것이 아니라 오직 우리의 이념 안에서만 찾을 수 있다. 이와 연관하여 립스(Theodor Lipps, 1851-

1914)는 숭고의 감정을 우리 자신의 의지가 팽창된 힘의 감정으로 보면서, 대상에 이입된 자발적인 체험으로 본다.[13] 말하자면 내적 의지를 외적 대상에 투사하여 이입한 것으로서의 체험이다.

숭고란 이른바 숭고한 것과 비교하여 다른 모든 것이 작은 것을 말한다. 물론 자연에 주어진 모든 것은 상대적으로 그 크기가 달라질 수 있게 마련이다. 그러기에 감관의 대상이 될 수 있는 것은 어떤 것도 진정으로 숭고하다고 부를 수 없게 된다. 왜냐하면 감관적 대상은 우리의 오감(五感)과의 관계 아래에서만 주어지는 까닭에, 자연스레 어떤 한정된 크기만을 지닐 수밖에 없기 때문이다. 그리하여 숭고는 공간적 혹은 수학적 크기의 위대함을 넘어선 초감성적인, '인간적 위대성'[14]으로 나타난다. 이것은 무한정적(無限定的)인 형식 가운데 나타나거니와, 결국 초인간적인 데에까지 다다르게 된다. 이 인간적 위대성이 궁극 목적으로서의 최고선(summun bonum)의 경지인 것은 두말 할 나위 없다.

또한 우리의 구상력에는 무한히 전진하려는 노력이 있는 반면에, 우리의 이성에는 실재적 이념으로서의 절대적 총체성에 대한 요구가 있다. 앞서 언급한 바와 같이 이 요구의 정상(頂上)에 최고선이 있다. 바로 이런 까닭에 감성계에서 사물의 크기를 평가하는 우리의 능력은 이 이념에 대하여 부적합하게 된다. 그리하여 우리의 내부에 하나의 초감성적인 능력의 감정을 환기시켜 주는 것이다. 숭고란 그것을 단지 사유할 수 있는 것만으로도 감관에 의한 모든 척도를 초월하는 어떤 심의능력의 증거가 충분히 되는 것이다.[15]

---

13 Th. Lipps, *Ästhetik, Psychologie des Schönen und der Kunst,* Bd. I, Hamburg/Leipzig, 1903, S. 527.

14 Johannes Volkelt, *System der Ästhetik*, Bd. 2, München, 1910, S. 107f.

15 *K.d.U.*, 25절, S. 85.

4. 수학적 숭고

수(數)의 개념에 의해 대상의 크기를 평가하는 것, 즉 양을 기준으로 하는 평가는 수학적이지만, 한갓된 직관에 있어서 크기를 평가하는 경우에는 이를 미적이라고 하겠다. 그래서 어떤 것이 실제로 얼마나 큰가 하는 데에 따른 명확한 개념을 우리는 수를 통해서만 얻을 수 있는데, 이때 수의 단위가 이른바 척도이다. 수의 단위에 따른 척도의 상대화가 가능하다. 그런 한에 있어서 크기에 대한 모든 논리적 평가는 수학적이 된다. 그러나 척도의 크기는 반드시 이미 알고 있는 것으로 상정되지 않으면 안 된다. 만일 이 척도의 크기가 다시금 다른 척도를 단위로서 갖지 않으면 안 되는 경우, 즉 수에 의해서, 따라서 수학적으로만 평가된다면 우리는 결코 제일의 척도, 이를테면 기본적 척도에 도달할 수 없을 것이다. 그렇게 된다면 우리는 주어진 크기에 관해 어떤 명확한 개념도 얻을 수 없을 것이다.

그러므로 제일의 척도, 즉 기본적 척도의 크기에 대한 평가는 오로지 우리가 그 크기를 순수직관에 의해 직접 포착할 때에만 성립한다고 하겠다. 아울러 동시에 구상력이 수의 개념을 드러내기 위해 그것을 사용할 수 있을 때에 한하여 성립하는 것이다. 이를 달리 말하자면, 자연의 대상들의 크기에 대한 평가는 주관적으로 규정된 것이지 객관적으로 규정된 것이 아닌 까닭에 결국 감성적인 것이요, 따라서 미적인 것과 관련된다는 말이다.

대상에 직접 관계하는 직관에 있어서의 자연의 수학적 숭고의 실례를 우리에게 보여 주는 것은 보다 큰 어떤 수 개념이 아니라 오히려 큰 단위가 우리의 구상력에 대하여 척도로서 주어지는 사례들이다. 수학적인 크기를 평가하는 데에 있어서는 최대의 것이란 물론 없지만, 미적인 크기의 평가에 대해서는 최대의 것이 반드시 있게 된다. 바로 이 최대의 것이 절대적 척도로서 판정되는 경우에, 이것은 숭고의 이념을 수반하게 된다. 이는 수에 의한 수학적 평가가 도저히 가져올 수 없는 특이한 감동을 불러일으키는 것이다.

칸트에 의하면, 어떤 양을 직관적으로 구상력을 통해 받아들여서, 그 양을 수에 의한 크기의 척도로 삼거나 혹은 평가의 단위로 사용할 수 있도록 하는 데에는 구상력이 수행하는 두 가지 작용이 필요하다. 이를테면, 포착(捕捉, Auffassung; apprehensio)과 총괄(總括, Zusammenfassung; Comprehensio)의 작용이 그것이다.[16] '포착' 하는 데에는 어떠한 어려움도 따르지 않는다. 대체로 쾌는 직관 대상의 형식을 포착하는 데에서 이루어진다. 일체의 개념에 앞서 포착이 이루어지며, '총괄' 은 다양한 것의 의식을 종합적으로 통일하는 일을 한다. 포착된 모든 현상은 하나의 전체적인 직관 속에 총괄된다.[17] 포착이 진행할수록 그 다양성으로 인해 총괄은 더욱 더 어려워지지만, 마침내 미적 크기의 최대한도라 할 근본 척도에 도달하게 된다. 이때 구상력은 더 많은 것을 포착하고 또한 진전함으로써 최초에 포착된 감성적 직관의 부분표상이 구상력 안에서 이미 소멸하기 시작할 무렵, 구상력은 한편으로 얻은 것만큼 또한 잃게 되어 '총괄' 에는 구상력이 그 이상 넘어설 수 없는 최대의 것이 있게 된다.

구상력이 하나의 전체적인 것의 이념들을 드러내려고 할 즈음, 그 이념에 대하여 부적합하다는 감정이 우리 안에서 일어나게 된다. 이 감정에 있어서의 구상력은 자기의 최대한도에 도달하여 그것을 확대하려고 노력해도 자기 자신 속에 위축되고 말지만, 그로 말미암아 구상력은 감동적인 만족의 상태에 놓이게 된다. 이러한 만족은 우리가 기대하기 어려운 표상과 결합되어 있다. 크기를 평가하는 데에 있어서의 구상력에 대하여 이 표상은 주관적으로 합목적적이지 않음을, 즉 적합하지 않음을 우리에게 알려준다.[18]

우리의 심의(心意)는 우리 자신의 내부에서 일어나는 이성의 소리에 귀를 기울인다. 이 이성의 소리는 모든 주어진 크기에 대하여 총체성을 요구한다. 따라서 하나의 직관에로 총괄할 것을 요구한다는 말이다. 또한 전진적으로 증대하는 수계열의 모든 항에 알맞게 현시할 것을 요구한다. 하지만

16 *K.d.U.*, 26절, S. 87.
17 *K.d.U.*, 26절, S. 96.
18 *K.d.U.*, 26절, S. 88.

무한한 것은 절대적으로 크다. 이와 비교하여 무한하지 않은 다른 모든 것들은 작다고 하겠다. 그럼에도 무한한 것을 하나의 전체로서 사유할 수 있도록 하는 것은 무엇인가? 그것은 감관의 모든 척도를 초월하는 하나의 심의능력(心意能力)이 있음으로 해서 가능할 것이다.[19] 그리고 무한한 것을 모순 없이 사유만이라도 할 수 있기 위해서는 인간의 심의의 바탕에 초감성적인 능력이 있어야 할 것이다. 왜냐하면 이것은 감성적 능력으로서는 도저히 접근할 수 없기 때문이요, 이를 넘어서는 까닭이다. 그러므로 이 초감성적 능력을 전제하는 일이야말로 칸트적인 특성이라 하겠으며, 아울러 객관적으로 검증이 불가능하기에 그의 한계라고도 여겨진다.

우리가 자연현상을 직관하면서도 자연현상이 무한성 혹은 무한대라는 이념을 수반하는 경우에 그때의 자연은 숭고하게 된다. 그런데 이처럼 현상의 직관이 무한성의 이념을 수반한다고 하는 것은 어떤 대상의 크기에 있어서 우리의 구상력이 최대의 노력을 기울인다 해도, 그 노력이 미치지 못할 때에 일어날 수 있는 것이다. 자연이 지니고 있는 진정하고도 변치 않는 기본적 척도는 그 절대적 전체요, 이 전체는 현상으로서의 자연에서 보면 '총괄된 무한성'이라 하겠다. 하지만 끝없이 진행하는 절대적 총체성이란 실로 불가능한 고로 이러한 기본적 척도는 자기모순에 빠지게 되고 만다. 그래서 구상력이 자기의 전 능력을 경주해도 총괄할 수 없는 자연물의 크기는 자연에 관한 개념을 이끌고 있는 하나의 초감성적인 기체(基體)에로 나아가지 않을 수 없게 된다. 이러한 기체는 감관의 모든 척도 이상으로 큰 것이며, 대상을 평가함에 있어서 우리의 심의 상태를 숭고한 것으로 판정하게 한다. 우리가 이로부터 알 수 있는 것은 참된 숭고성이란 오직 판단자의 심의에서만 찾아야 하는 것이요, 자연물의 판정이 심의의 그러한 상태를 유발한다고 해서 자연물에서 찾아야 하는 것은 아니라는 사실이다.

19 *K.d.U.*, 26절, S. 92.

5. 숭고의 판정에 있어서의 만족의 성질

숭고의 판정을 내리면서, 우리는 어떤 성질의 만족을 느끼는가? 우리가 어떤 이념 법칙에 도달하려고 하는 데에 우리의 능력이 이에 미치지 못하여 부적합하다고 느낄 때의 감정이 바로 경외감(敬畏感)이다. 우리의 구상력은 주어진 대상을 전체의 직관에 총괄하라는, 이성이념의 현시(現示)를 위한 이성의 요구에 관하여 최대의 노력을 다하지만, 자기 능력의 한계에 부딪히게 되고 결국 부적합성을 드러낼 뿐이다. 그렇지만 또한 동시에 하나의 법칙으로서의 이러한 이념과의 적합을 이루어야 할 자기의 사명을 표명한다.[20]

자연에 있어서 숭고한 것에 대한 감정은, 바꾸어 말하면 우리들 자신의 사명에 대한 경외의 감정이다. 왜냐하면 우리는 우리들 주관 안에 있는 인간성의 이념에 대한 경외 대신에 객체에 대한 경외의 감정으로 치환(置換) 또는 이입하여 자연의 객체에 표시하기도 하기 때문이다. 이런 맥락에서 보면 신의 위대함도 결국 인간 이성의 위대함에 다름 아니라는 생각이 든다. 이렇게 하여 우리는 우리의 인식능력들의 이성적 규정이 감성의 최대의 능력보다 우월하다는 사실을 어느 정도 명확하게 알 수 있다.[21]

그러므로 크기에 대한 미적 평가를 내림에 있어 구상력이 이성에 의한 평가와는 어울리지 않는다는 데에서 일어나는 부적합한 감정이 숭고의 감정인 것이다. 동시에 그것은 또한 이성이념에 도달하려는 노력이 우리들에 대하여 법칙인 한에 있어서 최대의 감성적 능력도 부적합하다고 내리는 판단이 이성이념들과 일치하는 데에서 일어나는 쾌감이다. 이런 진술은 다소 어긋나게 들리기도 하지만, 이성에 의한 크기의 평가에 모든 감정적 척도가 부적합하다는 사실을 내면적으로 지각하는 일은 곧 이성의 법칙과 합치

20 *K.d.U.*, 27절, S. 97.

21 위의 책, 같은 곳.

하는 것이다. 또한 그것은 우리의 내부에 우리의 초감성적 사명감을 환기시켜 주는 것으로서 쾌감을 넘어서는 것이다. 그러나 이 초감성적 사명감에서 보면 감성의 모든 척도가 이성이념에 부적합하다는 사실을 발견하게 되는데, 이는 합목적적인 일이다.

미적 판정에 있어서는 구상력과 오성이 양자의 합치에 의하여 심의능력들의 주관적 합목적성을 산출하게 된다. 이와 마찬가지로 숭고의 판정에서는 구상력과 이성이 양자의 충돌에 의하여 심의능력들의 주관적 합목적성을 산출한다. 크기의 논리적 평가에 있어서는 무한한 것을 전체적으로 주어진 것으로서 사유하기란 불가능하다. 그리하여 미적 평가에 있어서 구상력의 총괄은 합목적적일 수밖에 없다.

숭고의 감정이 지닌 성질은 그 감정의 어떤 성질에 대한 미적 판단능력으로 인해 일어나는 불쾌의 감정이지만, 그 불쾌는 동시에 그 점에서 합목적적인 것으로 표상된다고 하겠다. 그리고 이러한 것이 가능한 까닭은 주관 자신의 무능력이 오히려 바로 동일한 주관의 무제한한 능력을 의식하는 것으로 나타난다는 데 있다. 역설적인 측면이 보이긴 하나, 칸트에 의하면 우리의 심성(心性)은 무제한한 능력을 오직 자신의 무능력에 의해서만 미적으로 판정할 수 있다는 사실에 기인한다.[22] 따라서 이는 우리가 지니고 있는 능력의 형식을 훨씬 넘어서는 것이다.

6. 자연의 역학적 숭고

미적 판단력에 있어서 자연은 우리들을 실제로 강제하는 어떤 힘을 갖지는 않지만 하나의 위력(Macht)으로 나타난다. 여기에서 위력이란 장애물을 압도하는 커다란 힘을 말한다. 이렇듯 어떤 강제력을 갖지는 않는다 해도

22 *K.d.U.*, 27절, S. 100.

위력으로 나타나는 이 힘은 역학적 숭고로서 간주된다. 자연의 모습들이란, 예를 들면 깎아지른 절벽, 휘몰아치는 폭풍우, 대지를 한순간에 덮어 버리는 짙은 먹구름, 노도(怒濤)와 같은 대양, 천길 만길의 폭포처럼 원래 우리에게 공포의 대상으로 다가서 있으며, 이들 앞에서 우리의 저항력이란 참으로 빈약하고 보잘것없다. 하지만 우리가 안전한 곳에 있다면 이런 모습들은 더욱더 우리의 마음을 끄는 것이 될 것이다.[23] 위력으로 나타나긴 하지만 이들이 우리를 강제하지 못하는 까닭은 무엇인가? 그 이유는 아마도 우리가 이들 대상과 어느 정도 심리적인 거리 혹은 미적인 거리를 유지하고 있기 때문일 것이다. 이와 비슷한 경우를 버크(Edmund Burke, 1730-97)도 이미 다음과 같이 밝힌 바 있다. 즉 "위험이나 고통이 너무 가까이 엄습하고 있다면, 그것은 어떠한 기쁨도 줄 수 없을 뿐 아니라 다만 소름끼칠 뿐일 것이다. 하지만 이들과 어떤 거리를 유지한다거나 아니면 이들에 어떤 제한을 가한다면 우리가 일상 체험하는 바와 같이 기쁠 것이다."[24] 우리가 대상과의 어떤 거리, 즉 미적 거리를 취하고 있다면 우리는 대상을 미적으로 즐길 수 있을 것이다.

역학적 숭고의 경우엔 공포를 일으키는 것이 아니라 우리 내부에 어떤 힘을 불러일으킨다. 그것은 우리의 정신력을 일상적인 범용(凡庸) 그 이상으로 높여 준다. 우리 내부에 전혀 다른 저항력이 있어서 이것이 우리에게 자연의 외관상의 절대력에 도전할 수 있는 용기를 일깨워 준다. 즉 자연이 우리의 구상력을 고양하여 주고 우리의 심의(心意)가 자신의 사명에 특유한 어떤 감정을 자연에 대해서조차도 우월하다는 사실을 스스로 인지하게 하는 경우이다. 다시 말하자면, 자연이 우리의 미적 판단에 있어서 숭고하다고 판정되는 것은 그것이 공포를 일으키는 한에 있어서가 아니라 우리의

---

23 Edward Bullough, "Psychical Distance as a Factor in Art and an Aesthetic Principle", *British Journal of Psychology*, 5/1913 참조 및 Melvin Rader(ed.), *A Modern Book of Aesthetics* (New York: Holt, Rinehart and Winston, Inc.), 1973, p. 370.

24 E. Burke, *Enquiry into the Origin of our Ideas on the Sublime and the Beautiful*, 1756, 제7장.

내부에 어떤 거대한 힘을 불러일으키기 때문이라는 말이다. 그것은 강제력이 아닌 구상력의 고양인 것이다.[25] 이것이 바로 공포의 대상인 자연이 실제로 공포를 일으키지 않는 이유이기도 하다. 여기에 바로 자연과 인간이 미적으로 조화를 이룰 수 있는 근거가 놓여 있는 것이다.[26]

우리의 내부에 있는 본성(Natur)이 우리의 외부에 있는 자연(Natur)[27]보다 더 우월하다는 사실을 우리가 지각할 수 있는 한, 숭고성이란 자연의 대상, 곧 자연물(自然物)에가 아니라 우리의 심의에 포함되어 있다고 하겠다. 이때 심의란 곧 우리의 내면에 기인한 주관적인 태도이다. 그러므로 우리의 내부에 이러한 감정을 유발시키는 모든 것은 본래의 의미는 아니지만 숭고하다고 불리울 만하다. 따라서 우리의 내부에 이러한 이념을 전제했을 때에만, 또한 이러한 이념과의 연관 속에서만 숭고성의 이념에 도달할 수 있다. 단지 그것이 자연 안에서 표명하는 위력에 의해서가 아니라 오히려 그 위력에서 오는 공포감을 느끼지 않고 판정하며, 우리의 사명을 그 위력 이상으로 숭고하다고 생각할 수 있는 능력에 의해서 우리의 내부에 진실한 경외(敬畏)의 감정을 불러일으켜 주는 것이다.

칸트에 의하면 자연의 숭고에 관한 판단은 미에 관한 판단의 경우보다도 더욱더 많은 도야(陶冶, Kultur)와 훈육(訓育, Bildung)이 필요하다고 한다. 왜 그러한가? 그것은 아마도 숭고의 감정에 관한 판단의 기초가 실천적 이념들에 대한 감정에의 소질에 놓여 있기 때문일 것이다. 여기에 숭고에 관한 타인의 판단이 우리 자신의 판단과 일치할 수 있는 공감의 근거가 있는 것이며, 우리는 이 공감을 필연성으로 끌어올려 동시에 이를 우리의 판단에 포함시킨다. 그런데 여기에서 주의할 점은 이런 근거가 사회 속에서, 이를테면 어떤 규약에 적합한 차원에서가 아니라 인간 본성의 근원적인 도덕

25 *K.d.U.*, 28절, S. 105.

26 M. 레이더/B. 제섭, 『예술과 인간가치』, 제7장 제2절 참조.

27 칸트는 인간 내부의 본성을 내부의 자연 혹은 사유하는 자연이라 부르고, 외부의 자연을 물질적 자연이라 부르기도 한다.

적 감정의 소질에 있다는 것이다. 물론 여기에서 사회성이 전적으로 배제된 것으로 보이지만, 인간 본성의 근원적인 도덕감은 인간이면 누구에게나 전제할 수 있는 것으로 뿐 아니라, 바로 이것이 있기에 사교성(社交性)도 또한 가능한 것으로 보아야 할 것이다.[28]

취미의 경우엔 판단력이 구상력을 단지 개념의 능력으로서의 오성에만 관계시키므로 우리는 취미에 관한 동의를 그대로 모든 사람에게 요구한다. 하지만 숭고의 감정엔 판단력이 구상력을 이념의 능력으로서의 이성에 관계시키므로 우리는 감정을 오직 하나의 주관적 전제, 이를테면 인간의 도덕적 감정의 존재를 전제로 하여 요구한다. 왜냐하면 도덕적 감정은 이성을 매개로 해서만 전달 가능하며, 궁극에는 개념과 법칙에 맞는 합목적성을 명확히 보여 주기 때문이다.[29]

그렇게 해서 우리는 미적 판단에 대해서도 필연성을 부여하게 된다. 이는 이러한 필연성이 미적 판단에 하나의 선천적 원리가 있다는 사실을 알려 주는 것이기도 하다. 아울러 다른 한편, 숭고의 감정에 기인한 미적 판단을 경험심리학으로 끌어올려 놓는다. 또한 동시에 이 미적 판단과 그것을 매개로 하여 판단력과 선천적 원리들을 그 근저에 가지고 있는, 말하자면 선천적인 판단들의 부류 속에 넣는다.[30] 그리하여 다시금 이 미적 판단에 필연성을 부여하게 되고, 판단력이 구상력을 이념의 능력으로서 이성에 관계시킨다는 점에서 선험철학에 포괄된다고 할 것이다.[31]

---

28 졸고, 「칸트에 있어 감정과 미적 판단의 문제」, 한국미학회, 『미학』 11집, 1986 참고.

29 *K.d.U.*, S. 112 이하, S. 114 이하, S. 154.

30 이런 관점은 『판단력 비판』의 해석에 있어 선천적으로 규정된 원리를 넘어선, 18세기의 취미 문제에 대한 심리학적, 인간학적 고찰의 문제와 관련된다. (Wolfahrt Henckmann, *Proceedings of the third international Kant-Congress*, held at the Univ. of Rochester, March 30-April 4, 1970. ed. Lewis White Beck, Holland; D. Reidel Publishing Co., 1972, pp. 297-298 참조)

31 칸트에게서 a priori, transzendental, transzendent는 구분을 요한다. a priori는 "우리의 모든 경험 이전에 소질로서 이미 전제되어 있는, 혹은 경험에 앞서서 思惟를 통해 규정되는" 의미로서 '선천적' 이라 번역하여 쓰기로 한다. "선천적으로 경험의 대상과 상관할 수 있는 가능성" (*K.r.V.* B.81) 혹은 "대상에 사로잡혀 있기보다는 오히려 대상에 대한 우리의

그럼에도 미가 오성의 개념이 아닌 감관의 감각을 매개로 하여 단지 판정을 내림에 있어서 직접적으로 만족을 주는 것인 반면, 숭고는 감관의 관심에 대하여 저항함으로써 간접적으로 만족을 준다는 데에 그 독특함이 있다고 하겠다.

7. 맺는 말

미는 관조적 오성에 유리한 한에 있어서 감성의 주관적 근거에 관계한다. 반면에 숭고는 감성에는 거슬리나 실천이성의 목적들에는 알맞는 주관적 근거에 관계한다. 이렇듯 양자가 모두 보편타당한 미적 판정의 설명으로서 주관적 근거에 관계하게 된다. 또한 나아가 이 양자가 동일한 주관 혹은 주체 안에서 합일되면, 도덕적 감정과의 관계에 있어서 합목적적인 셈이다. 그러므로 숭고란 자연의 어떤 대상에 대한 표상이 심의(心意)를 규정하여 자연에 도저히 미치지 못하는 것을 이념의 현시라고 생각할 경우에 그 대상을 가리킨다.

어떤 대상을 미적으로 판정내릴 경우 구상력을 수학적 혹은 역학적 극한에까지 확장시킬 때, 자연은 그러한 대상에 의해서 우리의 내부에 환기되는 것이다. 이러한 대상을 미적으로 판정하는 일은 자연의 영역을 완전히 넘어선 심의(心意)의 사명에 관한 도덕적 감정 위에 기초를 둔 것이다. 이 감정에서 보면 그 대상의 표상은 주관적이며, 합목적적인 것으로 판정된다.

미에 관한 쾌감에 의해서 표상되는 것은 실천이성의 법칙에 따라 활동하는 자유라기보다는 오히려 유희(遊戲)에 있어서의 자유이다. 이 법칙에 따

인식의 양태에 종사하고 있으며, 이 인식의 양태가 선천적으로 가능한 한"(*K.r.V.* B.25, B352-353), 그것은 transzendental이다. 이것에 대한 우리 말 사용이 최근에 논의되고 있는바, 흔히 말하듯 '先驗的' 이라고 번역해 두기로 한다. 이에 반해 transzendent는 "모든 경험을 넘어서고, 경험적 인식 저편에 놓여 있으며, 절대적으로 경험 불가능한 것을 향하고 있는"(R. Eisler, *Kant-Lexikon*, 537쪽) 까닭에 '超越的' 이라 하는 것이 타당하다.

르는 활동이야말로 인간의 도덕성의 진정한 성질을 지닌다고 할 것이다. 이러한 도덕성에 있어서 이성은 감성에 대하여 강제력을 가하지 않으면 안 된다. 그렇지만 숭고에 관한 미적 판단에 있어서는 이 강제력은 이성의 도구로서의 구상력 자신에 의해서 행사되는 것으로 표상된다. 그러므로 미에 관한 만족이 자발적인 데 비하여 자연의 숭고에 관한 만족은 단지 수용적일 뿐이다. 강제는 하지 않는다 하더라도 우리에게 위력으로서 나타나기 때문이다. 미적 합목적성은 자유로운 판단력의 합법칙성인 것이다. 따라서 지적인 그리고 그 자체에 있어서 합목적적인 도덕적 선은 미적으로 판정한다면 아름답다기보다는 오히려 숭고하다고 해야 할 것이며, 이는 사랑과 애착의 감정이기보다는 오히려 경외(敬畏)의 감정을 환기시켜 주는 감정인 것이다.

우리의 내적 본성(innere Natur)에 있어서의 숭고를 말하는 경우, 어떠한 저항이라도 극복하려는 우리의 힘의 의식을 환기시켜 주는 강렬한 성질의 정서(animus strenui)가 되는바, 이는 미적으로 숭고하다. 반면에 저항하려는 노력 자체를 불쾌의 대상으로 삼는, 나약한 성질의 정서(animum languidum)가 있을 수 있다. 이는 숭고하지는 않으나 마음씨의 아름다움으로 생각될 수 있다.[32] 어떻든 숭고는 언제나 심적 태도에 대한 관계, 즉 지적인 것과 이성의 이념에 대하여 감성을 지배하는 권리를 부여하는 격률(Maxime)에 관계해야만 하는 것이다. 법칙(Gesetz)이 아니라 격률이지만 보편적 입법을 요구한다. 그러기에 실제로 숭고성은 자연의 사물에 있는 것이 아니라 우리의 심의 가운데 있게 되는 것이다. 즉 우리 내부의 이념을 전제로 하여 존재 자체의 숭고성의 이념에까지 도달하게 된다. 이는 우리의 내적 이념을 전제로 한 자기 감정의 고양(高揚)이다.

우리의 심성과 영혼을 고양시켜 주는 도덕성의 순수한 현시는 열광의 위험을 초래하는 일이 결코 없다. 자유의 이념은 그 이상 근원을 캐낼 수 없

32 *K.d.U.*, 29절, S. 122.

으므로, 어떤 근원을 적극적으로 현시하고자 하는 일은 모두 완전히 단절되어 있다고 하겠다. 그러나 도덕적 법칙은 그 자체가 우리의 내부에 있어서 충족적이며 근원적으로 규정적인 것이므로 우리가 도덕적 법칙의 밖에서 규정 근거를 찾는 일을 결코 허용하지 않는다. 도덕적 법칙은 자기입법적이요, 자발적이다.

단순성, 즉 기교 없는 합목적성은 숭고에 있어서의 자연의 양식이다. 따라서 이것은 초감성적인 자연이라 할 도덕성의 양식이 된다. 미에 관한 만족과 마찬가지로 숭고에 대한 만족도 보편적으로 전달될 수 있는 성질을 지닌다는 점에서는 기본적으로 다른 미적 판정들과 다름이 없다고 하겠다. 그러한 특성으로 인해 사회와의 관계에서 하나의 관심을 획득하지만, 모든 감성적 관심으로부터 초연한 이념 위에 기초를 둔 것이라면 사회로부터 떨어져 고립되어 있는 경우도 숭고의 범주 안에 포함된 것으로 본다.[33] 이때 사회로부터의 고립이란 도피나 은둔이 아니거니와, 이는 일종의 무관심적 관조이며 대상과의 거리 유지이다. 이는 자족적인 것이며 모든 욕구로부터의 초탈인 것이다.

우리의 내부의 모든 표상이 감성적이든 혹은 지성적이든 간에, 객관적으로는 쾌락과 고통이 아무리 인지하기 어렵다 하더라도 실제로 우리는 이러한 쾌락이나 고통과 결합하여 있지 않을 수 없다. 나아가 쾌락과 고통은 그것이 상상력이나 혹은 오성의 표상을 통해 발단되는 경우가 있다 하더라도, 결국엔 물리적인 감관기관과 연관된 것이라고 볼 수밖에 없다. 그럼에도 불구하고 취미판단은 만족이 표상과 직접 결합되기를 요구하기 때문에 그것의 근저에는 객관적이든 혹은 주관적이든 간에 심의의 변화의 경험적 법칙들을 탐색함에 의해서는 결코 도달할 수 없는 어떤 하나의 초감성적인, 선천적 원리가 있어야만 한다. 이것이야말로 인간의 인간성을 전제하는 일이다.

---

33 *K.d.U.*, 29절, S. 126.

더 읽을거리

Blocker, G. H., and J. M. Jeffers, *Contextualizing Aesthetics: From Plato to Lyotard*, Wadsworth Publishing Co., 1996.

Guyer, P., "Introduction: The Starry Heavens and the Moral Law", in P. Guyer (ed.), *The Cambridge Companion to Kant*, NY: Cambridge University Press, 1992.

Hipple, W. J., *The Beautiful, the Sublime, and the Picturesque in Eighteenth Century British Aesthetic Theory*, Carbondale, IL: Southern Illinois Press, 1946.

Korsgaard, C. M., "Kant' s Formula of Humanity", *Kant-Studien* 77, Walter de Gruyter, 1986.

Schaper, E., "Taste, Sublimity and Genius: The Aesthetics of Nature and Art", *The Cambridge Companion to Kant*, NY: Cambridge University Press, 1992.

Wilson, H. L., "Kant' s Integration of Morality and Anthropology", *Kant-Studien* 88, Walter de Gruyter, 1997.

무관심성

하선규

1. 들어가는 말

'무관심성(disinterestedness; Interesselosigkeit)' 개념은 18세기 중반 근대철학적 미학의 형성 과정은 물론, 오늘날 미학적 · 예술철학적 성찰에서도 지속적으로 논의되고 있는 중요한 개념이다. 인간이 세계와 대상을 경험하는 다양한 방식 가운데 '미적(aesthetic)'인 경험은 다른 경험 방식들, 예컨대 일상적 · 실용적 경험, 학문적 경험, 도덕적 경험 등과 어떻게 구별되는가, 특정한 대상이나 자연물을 미적인 태도를 갖고 지각하고 평가한다는 것은 무엇인가, 미적 경험은 어떤 독특한 감정적인 만족감을 동반하는가 등의 문제와 관련하여 무관심성 개념은 여전히 간과할 수 없는 역할을 하고 있다. 무관심성 개념만으로 미적 경험의 모든 측면을 낱낱이 밝힐 수는 없겠지만, 무관심성 개념을 논외로 하고 미적 경험의 고유한 면모와 본질적인 특징을 적절히 서술하는 것은 불가능하다고 할 수 있다.

2. 개념사적 및 사상사적 배경

무관심성 개념의 흔적은 희랍 시대까지 거슬러 올라가 찾아볼 수 있다. 『시학』 제4장에 등장하는 아리스토텔레스의 "아주 보기 흉한 동물이나 시체의 모습처럼 실물을 볼 때면 불쾌감만 주는 대상이라도 매우 정확하게 그려 놓았을 때, 우리는 그것을 보고 쾌감을 느낀다"[1]는 지적은 모방물을 감상하는 사람의 독특한 태도를 암묵적으로 전제하고 있는 진술처럼 보인다. 여기서 감상자는 대상의 존재나 본래의 모습에는 '관심을 기울이지 않고' 그려진 작품 자체에 주목하며, 그 세부적인 묘사 상태와 완성도에서 즐거움을 느낀다고 볼 수 있기 때문이다. 또한 중세 시대 스코투스(Scotus)가 동일한 아름다운 대상에 대해서 욕망에 사로잡힌 사람과 선한 사람이 서로 다르게 반응한다고 기술할 때도 무관심적인 태도로 대상을 수용하는 것을 암시하고 있다고 추정된다.[2] 나아가 토마스 아퀴나스(St. Thomas Aquinas)가 미를 "단순히 감지될 때 즐거움을 주는 것(id cuius ipsa **apprehensio** placet)"이라 정의할 때에도[3] 아름다운 대상을 감지하는 독특한 방식, 즉 '다른 목적에는 관심을 두지 않고 대상의 구체적인 모습을 감각적으로 생생하게 지각하고 공감하는 과정'을 염두에 두고 있다고 해석할 수 있다.

그러나 무관심성 개념이 미적 · 예술적 경험의 본질적인 특징으로서 본격적으로 부상하고 집중적으로 논의되기 시작한 것은 근대미학이 일정한 독립성을 획득하게 되는 17-18세기 유럽 계몽주의 시대에 이르러서이다. 주지하듯이 근대미학은 중세적 · 기독교적 세계관에 근거한 보편적 가치영역의 정당화가 무너지고, 인간의 구체적 경험과 개성(individuality), 그리고 주관성의 능력과 가능성에 대한 이론적 성찰이 심화되면서 등장하는데,

1 Aristoteles, 천병희 역, 『시학』, 문예출판사, 2002, 1448 b 10 이하.

2 Beardsley, M. C., *Aesthetics From Classical Greece to the Present*, 이성훈 · 안원현 역, 『미학사』, 이론과실천, 1987, p. 107.

3 Beardsley, *ibid.*, pp. 110-111.(『미학대계』 1, '중세' 의 「토마스 아퀴나스의 미학사상」(김율) 참조)

무관심성 개념은 이러한 근대정신과 근대미학의 태동과 궤를 같이하여 이전 시대와는 비교할 수 없을 만큼 중요한 철학적 · 미학적 의미를 획득하게 되는 것이다. 이 과정에서 가장 중심적인 역할을 한 사상가는 영국의 섀프츠베리(Shaftesbury)와 허치슨(F. Hutcheson), 독일의 칸트(I. Kant)와 쇼펜하우어(A. Schopenhauer) 등이었다. 특히 칸트는 『판단력비판』(1790)에서 미적 경험의 본질적인 특징을 분석하면서 무관심성 개념의 풍부한 함의와 이론적 위상을 매우 엄밀하고 상세하게 조명하고 있다. 물론 칸트를 비롯한 여러 사상가들이 무관심성의 내용과 중요성을 동일하게 규정한 것은 아니다. 곧 보게 되겠지만, 오히려 우리는 각각의 사상가들이 가진 철학적 입장과 인식론적 구도, 그리고 미적 경험에 대한 이해와 의미 부여 등에 따라 무관심성 개념의 내용과 비중이 달라지고 있음에 주목해야 할 것이다.

무관심성 개념이 근대세계의 형성과 함께 이론적으로 현저하게 중요해지는 상황은 '관심' 개념의 의미가 역사적으로 변화되어 온 과정을 통해서도 쉽게 확인할 수 있다.[4] 라틴어로(inter-esse) "- 사이에 존재한다"는 어원을 가진 관심 개념은 본래 '손해배상' 혹은 '공적 안녕(복리)과 사적 이익' 사이의 대비에서 볼 수 있는 것처럼 법적 · 경제적 맥락에서 '손해', '손해배상', '이익', '이자' 등의 의미로 사용되었다. 그러다가 근대세계로 이행하는 15-17세기를 거치면서 '이익', '유용성', '이점' 등의 일반적이며 추상적인 의미를 획득하게 되는데, 이렇게 개념의 폭이 넓어지는 과정은 몇 가지 특기할 만한 점을 보여 준다.

첫째, 물질적이며 경제적인 영역을 넘어서서 개인 윤리적 차원에서 '사리(私利)', '사욕', '이기심', '이기주의' 등의 의미가 부가되었으며, 이와 관련하여 종교적 · 정신주의적 관점에서 관심 개념에 함축된 이기적인 자기연관성의 문제점을 드러내고 비판하는 일이 이루어진다. 둘째로 관심 개

---

4 *Historisches Wörterbuch der Philosophie* (ed. J. Ritter & K. Gründer), Bd.4, Base/Stuttgart, l1974ff., pp.479-487.

념은 자기이익의 추구를 존재의 목적으로 하는 시민계급의 등장과 함께 사회철학적 내지 국가철학적 이론의 맥락에서 매우 핵심적인 개념으로 부상하게 된다.[5] 이 점은 특히 시민 개개인이 가진 자기이익(self-interest) 실현의 욕망으로부터 절대왕정 국가의 현실적 필요성을 이론적으로 재구성한 홉스(Th. Hobbes)와 달리 사적 소유의 추구를 보편적이며 사회적인 토대로서 낙관적으로 평가한 로크(J. Locke)에게서 잘 나타난다. 셋째, 개인의 태도와 행위에 영향을 미치는 재화와 그것을 생각하는 개인 사이의 관계를 나타내는 '심리적 참여(studium; affectio)'의 의미가 새롭게 등장하게 된다. 관심 개념은 개별적이며 구체적인 개인에 주목하는 이러한 뉘앙스를 통해 타인에 대해 이기적이지 않은 마음의 상태인 '동정', '공감', '사랑' 등과 긴밀한 연관성을 갖게 되는 것이다.

요약하자면, 관심 개념은 개인과 개성의 발견, 상업자본주의의 발전, 시민사회 및 민족국가의 성립 등을 통해 중세적 사회질서와 신학적 세계관이 붕괴되고 인간정신과 지성의 능력, 구체적인 인간 경험을 체계적으로 분석하고자 하는 근대정신의 형성과 발맞추어 사회-국가철학적, 종교적, 윤리학적, 심리학적, 자연경험적 관점에서 핵심적인 개념으로 부상하게 되었다고 하겠다. 그리고 이러한 개념사적 의미 변화를 배경으로 무관심성 개념이 미적 · 예술적 경험과 관련하여 집중적으로 논의되기 시작한다.

3. 17-18세기 영국 경험론: 섀프츠베리, 허치슨, 흄

카시러는 섀프츠베리를 "최초의 진정으로 포괄적이며 자립적인 미의 철학을 정초한 사상가"로 평가하면서 근대미학적 반성에 있어 섀프츠베리 이론이 차지하는 중요성을 각별히 부각시키고 있다. 무엇보다 섀프츠베리에

5 cf. 서양근대철학회 엮음, 『서양근대철학』, 창작과비평사, 2001, pp. 24-31.

이르러 아름다움의 경험과 상상력이, 데카르트주의에 토대를 둔 신고전주의의 지성주의적 미 이론과 주관의 미적 경험과 감정을 심리적으로 관찰, 서술하는 경험주의적 미 이론을 넘어서서 비로소 진정한 의미에서 자율적인 위상을 획득했기 때문이다.[6] 케임브리지 신플라톤주의자였던 섀프츠베리는 철학을 플로티누스, 스토아, 르네상스의 전통에 따라 매우 포괄적인 의미의 '지혜론'으로 보았다. 그에게 철학이 추구하는 진실은 논리적 · 인식론적 원리나 개별적인 경험에 근거한 사실관계의 확인이 아니라 주관과 대상, 내면적 본성과 외면적 세계를 포괄하는 '우주적인 의미연관'을 통찰하는 일이었다. 이러한 맥락에서 섀프츠베리는 인간이 정치적 · 윤리적인 관점에서도 사회 전체의 조화와 번영을 위한 행위가 무엇인가를 식별할 수 있는 능력을 갖고 있다고 보았다. 그에게 인간은 홉스와 달리 이기적 관심과 쾌락주의적 계산을 넘어서서 공동의 관심과 공동선(common interest or sense of public good)을 통찰할 수 있는 존재자였던 것이다.[7]

섀프츠베리는 아름다움의 경험이 지닌 본질도 덕, 자연, 세계질서를 포괄하는 철학적 지혜의 맥락에서 규정한다. 그에게 아름다움의 경험은 우주를 관류하는 질서와 규칙성, 통일성과 법칙성을, 그 생동하는 역동적인 과정 속에서, 또한 고유한 감성적인 즐거움 속에서 확인하는 경험 방식이었다. 아름다움은 인간과 세계 사이의 깊은 조응과 조화, 그 진실이 감성적으로 생생하게 드러나는 통로에 다름 아닌 것이다.[8]

그런데 섀프츠베리에 따르면 이러한 살아 움직이는 자연 전체의 통일성, 그 '신적인 아름다움'은 오직 무관심적인 심적 상태에서만 온전히 드러날 수 있다. 다시 말해 주관이 모든 개인적인 사리사욕을 배제한 순수한 마음의 상태에서 통일된 질서를 끊임없이 산출하는 "조형적인 자연(plastic

6 Cassirer, E., *Philosophie der Aufklärung*, Tübingen, 1973, pp. 416-423.
7 김문환, 『근대미학연구(I)』, 서울대학교출판부, 1987, pp. 34-35.
8 이러한 포괄적인 철학적 관점을 충분히 고려하여, 섀프츠베리의 유명한 주장 "All beauty is truth"를 신고전주의적 내지 독일 강단철학적인 지성주의적 미 이론으로 오해해선 안 된다(Cassirer, *ibid.*, pp. 437-438).

nature)"의 모습을 있는 그대로 관조하고 성찰할 때에만 비로소 이 자연의 깊은 진실과 조화로운 아름다움을 제대로 느끼고 확신할 수 있다는 것이다. 섀프츠베리는 우리가 "격정들과 낮은 관심들로부터 해방"되어야 "신적인 질서와 일치"하게 되고, "자연과 조화를 이루며, 신과 인간 양자와 모두 친교를 나누며 산다"고 역설한다.[9]

여기서 섀프츠베리에게서 무관심성 개념이 논의되고 있는 특징을 분명히 해보자. 첫째, 무관심성은 이기적인 욕망이나 사적인 관심을 지양하고 공익적인 관점을 받아들이는 것과 직결되어 있다. 이에 따라 둘째, 무관심성은 인간의 진정한 본성과 자연의 가장 깊고 생동하는 진실의 차원으로 나아가는 데 필수적인 조건의 역할을 한다. 그리하여 셋째, 무관심적 관조는 아무런 관심도 기울이지 않는 상태가 아니라 주관이 자신과 자신을 둘러싼 구체적인 현상들을 더 투명한 정신으로 주의를 집중하여 바라보고 참여하는 상태라고 할 수 있다. 마지막으로 넷째, 이러한 무관심적 관조는 주관에게 여타의 다른 감각적 쾌감들과는 분명하게 구분되는 고유한 만족감을 제공할 수 있다. 섀프츠베리에게 이러한 만족감은 우주적 조화에 대한 고요한 성찰의 기쁨만이 아니라, 어떤 격정과 '강렬한 감정(intensive emotion)', 나아가 '신적 현존에 대한 생생한 느낌'까지를 아우르는 것이었다. 그런 의미에서 그것은 후에 칸트와 실러(F. Schiller)가 구분하는 아름다움의 감정과 숭고함의 감정을 포괄한다고 볼 수 있다.

미적 경험의 의미와 특징을 서술하면서 무관심성 개념에 각별히 주목하는 것은 허치슨에게서도 분명하게 확인된다. 그러나 허치슨은 섀프츠베리와 달리 로크(J. Locke) 철학의 방법과 성과를 충실히 계승한 경험론자였다. 따라서 그는 자연, 종교, 윤리, 미학이 분리할 수 없이 통합된 철학적·형이상학적 통찰의 구도 속에서가 아니라, 주관의 심리적 경험과 관념

9 김문환, *op. cit.*, pp. 37-43 참조.

에 대한 엄밀한 관찰과 분석을 통해 미와 윤리의 문제를 해명하려 한다. 허치슨은 인간 정신 본래의 '순수한 에너지'요, '근원적이며 실체적인 진실'로서가 아니라, 주관의 심적 경험의 사실(fact) 내지 관념(idea)으로서 미의 문제를 논의하는 것이다.[10] 허치슨의 논의는 미경험 및 무관심성과 관련하여 다음과 같은 특징을 보여 준다.

첫째, 섀프츠베리와 마찬가지로 허치슨도 주관이 아름다움을 찾는 동기가 자기이익에 대한 계산적인 관심이나 유용성을 추구하는 데에 있지 않다고 본다. '소유자(proprietor)'와 '관조자(spectator)'는 명확히 구분되어야 하는 것이다. 허치슨이 미를 지각하고 판정하는 능력을 내적 감관(internal sense)이라 일컫는 이유는 미의 판정이 이성적 사유의 개입 없이 직접적으로 행해진다는 점, 또 근본적으로 누구나 미의 판정능력을 갖고 있음을 분명히 하고자 하기 때문이다. 이런 뜻에서 주관의 무관심성은 대상을 소유하고 활용하겠다는 욕망에서 자유로운 상태로서, 대상 자체에 주목하여 그 아름다움을 판정하기 위한 필수적인 조건이 된다고 할 수 있다.[11]

둘째로 허치슨은 미의 판정이 일반적인 외적 감관과는 달리 즉자적·본능적이지 않고 '반성적이며 후속적인 감관'임을 강조한다. 미적 판정능력에는 대상의 표상들 사이의 관계와 조화로움에 대한 반성, 소위 "다양함 속의 통일성(uniformity amidst variety)"에 대해 음미하는 계기가 함축되어 있는 것이다.[12] 따라서 미적 판정을 위한 무관심적 주목은 대상이 불러일으키는 다양한 표상들을 단지 수동적으로, 또 무차별적으로 받아들이는 상태가 아니라, 표상들의 어떤 의미 있는 구조에 대한 반성, 즉 표상들 사이의 차이, 유사성과 연관성, 나아가 표상들 전체가 보여 주는 독특한 형상(configuration)에 대해 능동적으로 성찰하는 계기를 포함하고 있다고 볼

---

10 cf. Cassirer, E., *op. cit.*, pp. 430-432.

11 이 점은 앨리슨(A. Alison), 애디슨(J. Addison), 버크(E. Burke) 등 당시 다른 영국의 사상가들에게도 공통된다(Osborne, H., 서배식 역, 『미학과 예술론』, 대왕사, 1984, pp. 165-167).

12 『미학대계』 1, '영국'의 「섀프츠베리와 허치슨」(김한결) 참조.

수 있다.

셋째로 허치슨은 미적 판정능력의 결과로 발생하는 '미의 관념'을 고유한 즐거운 감정 상태(pleasure)와 동일시하고, 이 감정 상태를 감각적 쾌 및 지성적 쾌와 구별한다. 이로써 그는 미와 쾌의 긴밀한 결합, 미적 만족감의 질적 특수성을 명확히 하고, 결과적으로 미에 대한 주관주의적 이론을 심화시켰다. 그런데 앞서 지적했듯이, 무관심적 주목이 적절한 미적 판정의 필요조건이므로, 주관의 무관심적 상태는 미적 만족감을 얻기 위한 필수적인 전제가 된다고 해석할 수 있다. 요약하자면, 허치슨에게서 무관심성 개념은 미적 주관의 무욕적 태도, 함축된 반성 과정, 고유한 만족감을 위한 조건 등의 의미를 포괄하고 있어, 비록 심리적 · 경험론적 차원으로 축소되고 포괄적인 철학적 진리와의 연관성이 희석되었지만, 무관심성에 대한 섀프츠베리의 강조점을 대부분 수용하고 있다고 할 수 있다.

허치슨이 체계화한 주관주의적 · 경험론적인 취미론은 흄에 이르러 논증적으로 더욱 치밀하고 명확한 수준에 도달하게 된다. 흄은 의식의 흐름과 변화를 경험 내재적으로 세밀하게 분석하여 냉철하고 객관적인 지성이나 인식이 아니라, 다양한 종류의 감정, 격정, 쾌감 등이 우리의 모든 가치판단과 행위를 이끌고 있음을 밝혀낸다.[13] 이것은 아름다움에 대한 판정의 경우 더욱 명백한데, 이 판정이 인식판단과 달리 대상 자체에 대한 것이 아니라, 지각하고 느끼는 주관과 대상 사이의 관계에 대한 판정이기 때문이다. 그러나 미의 가치판정이 주관의 감정적 상태의 표현이라고 해서, 취미에 대해 아무런 일관성이나 일반성을 찾을 수 없는 것은 아니다. 흄은 고전적인 예술작품에 대한 평가가 시대를 넘어서서 광범위하게 일치하는 현실을 인정하지 않을 수 없다고 지적하며, 그 근본적인 이유를 개인적 · 문화적 · 상황적으로 편차를 보일지언정, 인간 마음의 본성이 비교적 불변한다는 데

13 Kulenkampff, J., *David Hume*, München, 1989, pp. 101-105.

서 본다. 아울러 흄은 미적 판정이 상대적인 보편성을 획득할 수 있기 위해 타고난 감각기관을 전범적인 구체적 예들을 통해 훈련하고 세련되게 만드는 일, 그리고 보다 보편적인 관점을 자기화하여 개인적인 선입견을 벗어나야 함을 강조한다.[14]

주관이 이렇게 개인적이며 편협한 관점에서 벗어날 수 있음은 흄의 공감(sympathy)이론에서도 잘 드러난다. 흄 또한 홉스와 로크에 반대하여 인간이 이기주의를 넘어선 행위의 동기로서 보편적인 공감의 능력을 갖고 있다고 보았다. 그는 인간이 자신을 망각하지 않으면서도 타인의 관점을 받아들이고, 또 이 관점에서 윤리적인 가치판단을 내리며 실천적인 확신을 형성할 수 있다고 믿었던 것이다. 그런데 이 공감의 능력이 작동하는 방식을 미적 가치판정에 적용시켜 본다면, 흄이 염두에 둔 무관심성의 내용이 직접적인 유용성, 개인적인 관심이나 욕구에서 가능한 한 벗어나서 대상을 상호 주관적인 가치판정의 차원에서 관찰하고 음미하는 데에 있다고 볼 수 있다.[15] 특히 흄은 세련되고 보편적인 취미의 관점에 도달할 수 있는 여러 주관적인 조건들, 예술적 소양과 훈련, 역사적 전통 등을 강조하여 무관심성의 실제적인 양상을 부각시켰다. 그리고 이렇게 무관심성의 문제를 '자연적 능력'이라기보다는 '사회문화적 현실과 결과'로서 고찰함으로써, 흄은 20세기에 들어와 본격적으로 등장하는 예술과 미적 경험에 대한 사회적 · 역사적 접근을 상당 부분 선취했다고 평가할 수 있다.

---

14 Hume, D., "Of the Standard of Taste", in: *Materialien zu Kants Kritik der Urteilskraft* (ed. J. Kulenkampff), F/M, 1974, pp. 43-63.(cf. Ferry, L., 방미경 역, 『미학적 인간』, 1997, pp. 81-86.)

15 김문환, *op. cit.*, pp. 52-57 참조.

4. 18–19세기 독일 철학: 멘델스존, 레싱, 칸트, 쇼펜하우어

칸트 이전 18세기 독일 철학의 전개에 있어 무관심성 개념과 관련하여 간략하게나마 언급해야 할 사상가는 멘델스존(M. Mendelssohn)과 레싱(G. E. Lessing)이다. 계몽주의적 대중철학자였던 멘델스존은 시학과 미학 관련 저술을 다수 집필했으며, 버크(E. Burke)의 『숭고함과 아름다움의 관념의 기원에 관한 철학적 탐구』에 대한 서평을 쓰기도 했다. 그는 독일 강단 철학이 능동적인 마음의 능력을 인식능력과 욕구능력으로 이분해 왔던 것을 거부하고, 영국 경험론과 당대 시학이론의 성과를 수용하여 대상의 아름다움을 쾌감/불쾌감을 근거로 승인하는 능력(Billigungsveromögen)을 또 하나의 자립적인 능력으로 인정한다. 또한 이 능력이 미적 판정을 내릴 때, 주관이 자신에 대한 관심과 대상에 대한 유용성과 소유의 욕망에서 벗어나 있다는 점, 그리고 아름다운 대상에 대한 만족감을 지속하고자 하는 자연스러운 욕구가 있음을 부각시킨다. 아울러 멘델스존은 미가 이론적 인식으로부터 도덕적 선함으로의 이행을 가능하게 한다는 점을 확증하고자 시도한다.[16] 이러한 논점들은 모두 후에 칸트와 쉴러의 미학적 논의를 통해 계승, 발전된다.

한편, 시와 시민비극, 시학 및 예술이론은 물론 종교 비판적 저술에 이르기까지 다방면에 걸쳐 중요한 족적을 남긴 레싱은 무관심성 개념을 직접 다룬 논의를 전개하지는 않았다. 하지만 그의 예술철학에 있어 '미메시스', '형식', '공감(Mitleid)'과 더불어 가장 중심적인 역할을 하고 있는 '환영(Illusion)' 내지 '가상(Schein)' 개념은 무관심적인 상태에서 예술작품을 주목하는 일을 함축하고 있다고 보인다. 레싱은 특정한 시나 미술 작품을 감상하는 사람이 즐거움을 느끼는 이유가 "부재하는 사물이 현존(gegenwärtig)

---

16 Nivelle, A., *Kunst- und Dichtungstheorien zwischen Aufklärung und Klassik*, Berlin/New York, 1971, pp. 56-64.

한다"고 믿기 때문이라고 말한다. 만약 감상자가 작품에 등장하는 인물과 상황이 모두 허상이요 기만이라고 여긴다면, 예술적 경험의 재미와 영향력은 곧바로 사라질 것이다. 예술작품은 감상자가 믿고 있는 가능성의 세계, 이러한 '가상적 진실'의 방식을 통해서만 진정으로 고유한 즐거움과 의미를 전달할 수 있다.[17] 반면 예술작품에서 도덕적인 교훈이나 철학적 · 학문적 진리를 설파하려는 인위적인 의도가 느껴지는 순간, 이 가상적 진실의 차원은 깨지고 예술적 경험의 즐거움도 한 순간에 사라진다.

같은 맥락에서 레싱은 '역사적 진실'과 '심리적 진실'을 구분하고, 예술적 경험에 있어서 작품 구성의 개연성과 통일성을 통해 가능성의 세계를 생생하게 체험할 수 있는지가 관건이므로 전자보다 후자를 훨씬 더 우위에 둔다. 또한 그는 예술가 개인의 체험을 작품 세계의 창조와 직접적으로 연관짓는 일을 비판하면서, 자신의 삶과 자신이 만든 작품 사이의 거리가 멀면 멀수록 오히려 더 뛰어난 시인일 것이라고 역설한다.[18]

이상의 논의로부터 우리는 레싱이 암묵적으로 염두에 둔 무관심적 관조가, 주관이 작품 외적 현실이나 여타의 도덕적 의도 내지 학문적 관심이 없이 작품 자체의 세계 속에 심리적으로 참여하고 공감하는 상태를 의미한다고 추론할 수 있다. 아울러 그가 작품을 창작하는 예술가의 관점에서 작품 구성의 완성도, 이른바 '시적 정의'를 실현하기 위해 자신의 사적인 전망으로부터 자유로워져야 한다고 지적하는 것도 무관심성의 의미와 관련된 흥미로운 대목으로 볼 수 있다.

칸트는 제3비판서인 『판단력비판』[19]의 「미적 판단력의 분석론」에서 무관심성에 대한 가장 풍부하고 정치한 논의를 전개하였다. 그는 먼저 미적 판단이 이론적 인식을 위한 판단이나 도덕적 가치를 판정하는 판단과 달리

---

17 Lessing, G. E., *Laokoon*, Stuttgart, 1987, pp. 3-4, 122-128.

18 Nivelle, A., *op. cit.*, pp. 86-97.

19 『판단력비판』은 관례에 따라 약어(KU)와 쪽수 내지 절(§)수로 표기한다.

주관의 감정적 만족감에 근거한 판단임을 강조한다. 그런데 삶의 흐름 속에서 감정적 즐거움 내지 불쾌감에 근거해 내리는 판단의 범위는 매우 넓고, 그 종류 또한 다양하다. 그래서 칸트는 미적 판단의 즐거움과 다른 감정적 즐거움을 서로 질적으로 구분해야 할 필요성에 직면했으며, 이때 미적 판단의 즐거움이 지닌 본질적 성격을 '무관심적 즐거움' 으로 규정한다. 쾌적함에 관한 판단(das Angenehme)이나 선함에 관한 판단(das Gute)이 대상에 대한 관심과 결합된 감정적 즐거움을 근거로 한 판단인 반면, 아름다움이나 숭고함에 대한 미적 판단을 규정하는 즐거움은 대상에 대한 관심에서 자유롭다는 것이다.(KU, §§2-3)

그러나 주관이 대상에 대한 아무런 관심 없이 그 대상과 감정적인 관계를 맺는다는 것이 가능한 일인가? 영국 경험론의 사상가들에서와 마찬가지로, 칸트가 말하는 무관심성 개념이 내포한 의미도 단순하지 않다. 무엇보다 무관심성과 초월철학적(transcendental philosophy) 연구의 중심과제와의 관계, 즉 미적 판단이 주관의 감정적 만족감을 바탕으로 하고 있음에도 불구하고 어떻게 보편타당성 내지 상호주관적 타당성을 요구할 수 있는가 하는 문제를 해명하는 과정에서, 무관심성이 구체적으로 어떤 사태를 지시하고, 또 논증적으로 어떤 역할을 하고 있는지에 주목해야 한다.

우선 칸트의 무관심성은 섀프츠베리, 허치슨, 멘델스존 등에서와 같이 대상에 대한 무욕적인 태도를 나타내고 있다. 미적인 판정을 내릴 때, 주관은 대상을 소유하려는 욕망이나 특정 목적을 위한 수단으로 사용하려는 의도를 벗어나 '비당파적인' 태도를 갖고 대상의 표상에 최대한 집중하면서 정서적으로 느끼고 판정하고 있다. "어떤 것을 원한다는(Wollen) 것과 그것에 관심을 가진다는 것은 동일한 것"(KU, 14)이므로, 미적 판단의 주관은 이러한 욕구에서 자유로운 상태에서 느끼는, 무관심적인 즐거움을 근거로 판정을 내리는 것이다.

이론적으로 매우 흥미롭고 중요한 것은 칸트가 한 걸음 더 나아가, 무관심성을 새로운 방식으로, 보다 더 엄밀하게 규명하려 한다는 점이다. 그는 미적 판단의 주관에게 본질적인 것은 "대상에 대한 표상이 즐거움을 동반하는가"일 뿐이며, 주관은 이때 "대상의 존재(Existenz)에 무관심한 상태"라고 말한다.(KU, 6) 이전까지의 사상가들이 미적 경험을 위해 필요한 무욕적인 태도를 주목하면서, 이를 일종의 마음의 상태로서 이해한 반면, 칸트는 여기서 미적 주관이 대상의 존재성으로부터, 즉 대상이 존재한다는 '사실성' 자체로부터 거리를 두고 있다는 새로운 통찰을 제시하고 있다. 다른 말로 표현하자면, 미적 주관은 자신이 감상하는 대상과 상황을 바라보면서, 이들이 실제로 언제, 어디에 존재하는지 아닌지에 대해 아무런 고려도 하지 않고 오직 대상과 상황에 대한 "표상, 직관, 반성"(KU, 5)에 집중하고 있다는 것이다. 주관은 일종의 존재적(ontisch)인 '무중력 상태'에서, 대상이 마치 '견고한 사실성의 바닥(Boden der Tatsächlichkeit)'으로부터 슬며시 떠올라 있는 듯이, 그렇게 대상에 다가가고 정서적으로 수용하고 있다.[20]

우리는 이러한 의미의 무관심성을 철학적 인간학의 근본 개념으로서 "거리두기(Distanzierung)"[21] 혹은 미적 경험 대상의 "고유한 존재성격(Existenzcharakter)"이라 부를 수 있을 것이다. 이것은 단지 하나의 심리적·경험적 사실의 관찰이 아니다. 오히려 하이데거가 구분하는 실용적 연관에서의 존재성(Zuhandenheit) 및 이론적 고찰 태도의 존재성(Vorhandenheit)과 질적으로 구분되는, 주관이 대상을 미적으로 조우하는 독특한 방식 혹은 미적 대상의 고유한 존재 방식을 나타낸다.[22] 이러한 무관심성은 레싱이 강조한 '가상'과 '환영', 그리고 예술작품의 존재성격을 나타내기 위해 흔히 사용되는 '허구' 내지 '가능성(개연성)의 세계' 등의 개념과 긴밀하게 연관되어 있다. 자연물이든 예술작품이든, 미적 판정의

20 Schmitz, H., *Was wollte Kant?*, Bonn, 1989, pp. 357-359.
21 '거리두기' 개념에 대해선, Rothacker, E., *Philosophische Anthropologie*, Bonn, 1966, pp. 123-132 참조.
22 헤겔은 이를 의식이 대상과 세계에 대해 실현하는 자유로움의 방식으로 구분하고 있다.

대상은 한갓 기만적인 허상이 아니다. 그것은 일상적 현실이나 과학적 인식과 다른 고유한 존재성격을 갖고 있으며, 우리의 인지적 관심과 정서적인 느낌을 불러일으킨다. 그것은 우리의 상상력을 활발하게 자극하고, 예기치 않은 연상작용의 출발점이 되며, 또 풍부한 지적인 흥미와 재미를 유발하는데, 이렇게 대상과 상황에 감정적으로 참여하고 감흥을 얻을 수 있는 것은 우리가 이들에게 미적으로 다가가서, 이들과 우리 자신을 유희적으로 동일시하기 때문이다. 칸트가 예리하게 통찰한 "존재에 대한 무관심성"은 바로 이렇게 우리가 생동하는 미적 경험을 하면서 갖는 "독특한 세계연관(Weltbezug)의 방식"으로 해석해야 한다.[23]

다음으로 칸트가 지적하는 무관심성의 의미는 미적 판단의 보편타당성 요구와 직결되어 있다. 칸트는 미적 판단주관이 개인적인 기억이나 사적인 감정과 취향 등 "사적 조건들이나 선입견으로부터 완전히 자유로움"을 느낀다고 말한다. 주관은 정상적인 판단능력이 있는 사람이라면 "누구에게나 전제할 수 있는 주관적 조건들"만을 염두에 둔 상태에서 자신이 느끼는 만족감에 따라 대상의 아름다움 내지 숭고함을 판정하고 있는 것이다.(KU, 17) 여기서 무관심성은 이렇게 미적 주관이 자신의 관점을 사적이며 개인적인 전망을 넘어서서 상호 주관적인 공감의 지평으로 끌어올리고 있는 사태를 나타내고 있다. 그리고 주관이 상호 주관적 공감의 지평에서 자신이 느끼는 감정적 즐거움의 조건과 상태에 대해 반성하고 있기에 미적 판단에 대해 "주관적 보편성(subjektive Allgemeinheit)"(KU, 18)을 요구할 수 있는 것이다.

이 대목에서 우리는 허치슨이 지적한 내적 감관의 "다양한 표상들 사이의 조화와 통일"에 대한 반성을 상기할 수 있다. 칸트 또한 미적 판정에 반성의 계기가 함축되어 있음을 인식하고 이를 해명하고자 시도하는데, 그

23 칸트가 아름다움과 숭고함의 만족감을 "상상력과 지성 내지 상상력과 이성 사이의 자유로운 공동유희"라 서술하고 있는 것도 이로부터 좀 더 분명히 이해할 수 있을 것이다.

논점이 바로 '목적 없는 합목적성' 이다. 이 역설적인 표현은 그 실질에 있어 칸트 실천철학에서의 '정언명법(定言命法)' 에 상응한다. 그것은 미적 판정주관이 감각적 자극, 인상, 이미지에 대해 능동적으로 반성하면서 적용하는 형식적 원리를 표현하고 있다. 미적 판정주관이 자연물 또는 예술작품을 미적으로 수용하면서 수행하는 반성의 구조, 즉 이들이 어떤 통일성 있는 구도를 보여 주는가, 부분 이미지들이 전체적으로 서로 어떻게 관계하고 조응하며, 또 저절로 어떤 의미 있는 형상과 주제적 통일성을 보여 주는가에 대해 반성하는 것을 드러내는 논점인 것이다.

또 한 가지 무관심성과 관련하여 반드시 지적해야 할 것은 칸트가 관심과 결합된 미적 판단의 존재와 중요성을 충분히 인정하고 있다는 점이다. 그는 대상에 대한 개념과 완전히 무관한 '자유미' 와 특정 개념이나 이념에 대한 관심이 전제된 '부속미(附屬美)' 를 구분하고, 다시 '부속미' 에 전제된 관심을 경험적인 관심과 이성적인 관심으로 나누어 논의한다.(KU, §§16-17, §§41-42) 칸트는 우리의 미적 판정이 예술작품의 개념이나 자연에 대한 이념을 전혀 생각하지 않는, 순수하게 무관심적인 수준에만 머물지 않고 저절로 특정한 개념이나 이념을 고려하면서 이루어지고 있음을 정확히 보고, 이를 자신의 미학 논의 안에서 체계적으로 설명하고 있다. 한마디로 미적 판정이 겉보기와 달리, 내용적으로 복합적인 양상과 구조를 갖고 있음을 충분히 인식한 것이다. 이러한 논의의 맥락에서 '관심' 은 주관의 특정한 의도나 욕망, 또는 만족감의 독특한 질이 아니라, 미적 판정 대상에 대한 개념, 이해, 관점 등을 의미한다.

요약하자면, 칸트에서 무관심성 개념은, 상호 주관적 타당성을 요구하는 미적 경험의 선험적 · 능동적 조건을 밝히는 과정에서 여러 가지 중요한 논증적 의미를 얻고 있다. 무관심성은 미적 만족감에 함축된 능동적 주관성의 차원을 해명하는 열쇠 역할을 하고 있다. 그것은 내용적으로 존재성 자체로부터 거리를 두는 미적 세계연관의 방식, 특정한 욕구와 의도, 사적인 기억이나 취향, 나아가 자연과 예술작품에 대한 개념(이념)을 가능한 한 배제하고 상호 주관적인 관점을 자기화하는 태도, '다양의 통일성'이라는 반성 형식을 적용하면서 이미지들의 구체적인 상호 관계와 독특한 형식을 관조하는 일 등을 포괄하고 있다.

무관심성은 쇼펜하우어에게서도 매우 중요한 역할을 하고 있는데, 그 의미 또한 다른 사상가들의 경우처럼, 쇼펜하우어 철학 전체의 구도 및 그의 미학사상과의 연관성 속에서 파악해야 한다. 쇼펜하우어는 칸트 철학을 낭만주의 사상과 결합하여 독창적인 형태의 "의지의 형이상학"을 전개하였다. 이 형이상학의 핵심적인 구도는 주저인 『의지와 표상으로서의 세계』의 제목과 전체 구성(4권의 큰 장과 칸트 철학에 대한 비판을 담은 보론)을 통해 잘 드러나고 있다.[24] 쇼펜하우어는 칸트의 "현상과 물 자체"의 구분을 수용하면서 인간이 '표상'과 '의지'의 두 가지 완전히 다른 방식으로 자신과 세계를 이해하며 살아간다고 본다. 표상의 관점은 객관적·과학적인 관점에서 세계를 시간, 공간, 인과율에 종속된 연관관계를 통해 인식하는 방식인데 반해, 의지의 관점은 주관적이며 형이상학적인 관점에서 세계를 이해하고 행동하는 방식이다.(WWV I, §21) 쇼펜하우어에게 후자의 관점은 그 근원을 알 수 없이 쉴 새 없이 작용하는 힘, 존재를 향한 맹목적인 충동과 욕망, 느낌과 격정의 관점에서 세계를 해석하는 것이다.

그런데 쇼펜하우어는 의지의 관점에서 바라본 세계를 불교사상과 유사하게 근본적으로 매우 비관적으로 본다. 왜냐하면 모든 의지는 욕구, 결핍, 고통에서 기인하며, 이러한 결핍과 고통은 현세에서 결코 완전히 해소될

24 Schopenhauer, A., *Die Welt als Wille und Vorstellung* (ed. A. Hübscher), 2 Bde., Stuttgart, 1987.(이하 WWV로 약칭) 제1권은 객관적 표상으로서의 세계, 즉 충족이유율을 따르는 경험대상으로서의 세계에 대한 존재론적 고찰을 담고 있으며, 제2권은 의지로서의 세계에 대한 첫 번째 논의로서 의지가 다양한 차원과 양상으로 객관화되는 현실을 고찰한다. 제3권은 충족이유율로부터 독립된 표상인 이념과 예술의 본질적 의미를 상술하며, 제4권은 의지로서의 세계에 대한 두 번째 논의로서 의지의 형이상학을 구체적인 생철학적 및 윤리적 문제들의 맥락에서 종합적으로 개진하고 있다.

수 없기 때문이다.(WWV II, §38) 예술은 이러한 삶의 근원적인 고통에 대해 일종의 '안정제'의 역할을 한다. 순간적이나마 "이념에 대한 직관적인 인식"을 통해 생의 비극성을 넘어설 수 있도록 해 주는 데에 예술의 궁극적인 목적이 있다는 것이다. 무관심성 개념은 쇼펜하우어가 천재의 예술작품이 가능케 하는 이념에 대한 인식을 논의하는 과정에서 중추적인 역할을 하고 있다.

쇼펜하우어의 무관심성은 주관의 무욕적인 태도는 물론, 대상을 모든 일상적이며 객관적인 관계로부터 고립시키고, 주관 또한 자신의 개별적인 의식과 욕망으로부터 벗어난 상태를 나타낸다. 이것은 일견 칸트가 사적인 전망에서 벗어나 상호 주관적 지평으로 상승하는 것을 논의하는 것과 상당히 유사해 보인다. 하지만 쇼펜하우어의 서술을 자세히 들여다보면, 칸트와 확연히 다른 방식으로 무관심적 태도를 통한 형이상학적 인식과 중요성을 부각시키고 있음을 알 수 있다. 무관심적 관조의 상태에서 주관은 "순수하며, 의지와 고통이 없는, 비시간적인 인식의 주체"로서, 즉 완전한 망아(忘我)의 상태에서 대상의 개별적인 모습에 몰입하여, 그 구체적인 이미지와 하나가 된다.(WWV I, §34, §38) 쇼펜하우어는 미적 · 예술적 경험을 통해 도달하게 되는 인식을 개별자에 대한 경험적 인식도, 이성적 · 개념적 인식도 아니고, 플라톤적 의미에서 변화하지 않는 "영원한 형상"으로서의 이념에 대한 직관적 인식이라고 말한다. 한마디로 예술의 무관심적 관조를 통해 주관은 표상의 세계와 의지의 세계, 모두에서 벗어나서 '영원한 본질에 대한 깊은 통찰'을 획득하게 되는 것이다. 섀프츠베리로부터 시작된 근대미학의 무관심성에 대한 논의는 쇼펜하우어에 이르러 인식적 가치에 있어서나, 실존적 중요성에 있어서 최고의 정점에 도달했다고 할 수 있다. 그리고 이렇게 상승된 무관심적 관조의 의미는 19-20세기 초반의 미학적 논의에서 광범위한 영향력을 행사한 유미주의(Ästhetizismus)의 사상적 토대가 되었다.

5. 20세기 이후 현대미학: 미적 태도론, 분석미학, 마르크시즘적 · 역사적 비판

무관심성 개념은 20세기 이후 현대미학적 논의에서도 여전히 핵심적인 문제로서 토론된다. 하지만 무관심성을 미적 · 예술적 경험의 본질적인 특징으로 강조하고 긍정적으로 평가했던 근대미학과 달리, 현대미학에서는 무관심성의 의미를 한정하고 평가절하하거나, 심지어 이데올로기적으로 비판하는 입장도 적지 않게 등장하게 된다. 그 이유는 무엇보다도 19세기 후반-20세기 초반 유럽이 통과해야 했던 급격한 정치적 · 경제적 · 사회문화적 · 사상적 변동에서 찾을 수 있을 것이다. 산업혁명과 세계 자본주의 체제의 가속화, 민족주의 및 사회주의 운동의 확대, 대도시 · 군중 중심의 새로운 생활세계의 형성, 역사주의와 실증주의의 확산, 서구정신사 전반에 대한 급진적인 비판(마르크스, 니체, 프로이트, 비트겐슈타인, 하이데거 등), 사진과 영화와 같은 기술복제 매체의 등장 등의 중요한 변화로 인해 미적 경험의 사회문화적인 조건과 의미가 현저하게 달라진 것이다. 또한 이러한 변화는 전통적인 예술 개념 자체를 근본적인 위기로 몰아넣었으며, 이에 따라 무관심성이 미학적 논의에서 차지하는 의미도 새로운 토대와 관점에서 재조명되지 않을 수 없게 된 것이다.

먼저 무관심성의 의미를 주관의 심리적 경험 내지 지각이론의 토대에서 긍정적으로 계승한 이론적 입장을 살펴보자. 이 입장은 소위 "미적 태도론(aesthetic attitude)"으로 대변되는데, 이 입장을 옹호한 대표적인 사상가로는 벌로우(E. Bullough), 스톨니츠(J. Stolnitz), 비바스(E. Vivas), 올드리치(V. Aldrich) 등을 들 수 있다. 미적 태도가 미적 경험에서 차지하는 비중과 관련하여 이들 사이에는 다소 차이가 있으나, 미적 태도론의 핵심적 주장은 다음과 같이 요약할 수 있다.

1. 주관의 고유한 심리적인 태도로서 '미적 태도'가 존재한다.
2. 주관은 아름답지 않은 대상에 대해서도 '미적 태도'를 취할 수 있다.

3. '미적 태도'는 모든 미적 경험 내지 미적 가치판정과 관련되어 있다.
4. '미적 태도'는 미적 경험이 가능하기 위한 **조건**이다.
5. '미적 태도'를 강한 의미로 해석할 경우, 그것은 **특수한 마음의 상태 내지 독특한 방식의 지각**을 함축하고 있다. 이러한 상태와 지각은 일상적인 마음의 상태 및 지각 방식과 분명하게 구별되며 대조된다.[25]

이들 논점을 잘 살펴보면, 1–3까지의 논점은 미적 태도가 미적 경험을 위해 하나의 필요조건으로 기능하고 있다는, 상대적으로 약한 태도론의 입장을 반영한다고 할 수 있다. 반면 4와 5의 논점은 미적 태도가 미적 경험의 가능성을 근본적으로 결정하고 있다는 강한 태도론의 입장을 대변하고 있다.[26] 그런데 여기서 '미적 태도'를 구성하는 핵심적인 계기 가운데 하나가 바로 무관심성이다. 예컨대 스톨니츠는 미적 태도를 "그것이 어떤 대상이든 간에 인지의 대상을 그 대상 자체를 위해서, 무관심적으로, 공감적으로 주목하고 관조하는 것"으로 정의하면서 무관심성이 미적 태도의 토대요 출발점임을 분명히 하고 있다.[27] 특히 그는 무관심성이 여러 종류의 사적인 욕망과 관심을 배제하고 있지만, 그렇다고 완전히 '비(非)관심적'인 상태를 의미하지 않는다는 점을 강조한다. 미적 태도를 갖고 대상을 감상하는 사람은 오히려 그것의 개별적이며 구체적인 특질에 매우 민감하고 섬세하게 집중하고 공감하면서 독특한 즐거움을 얻고 있는 것이다. 여기서 우리는 영국 경험론과 독일 철학에서 논의된 무관심성의 의미 가운데 존재론적 내지 형이상학적 함의를 제외한 핵심적인 부분이 큰 변화 없이 미적 태도론 속으로 수용되어 있음을 확인할 수 있다.

하지만 현대 분석미학은 무관심성 개념을 수용한 미적 태도론에 대해 여

---

25 Otto, M., *Ästhetische Wertschätzung*, Berlin, 1993, p. 151.
26 Dickie, G., *Art and the Aesthetic*, 오병남 역, 『현대미학』, 1982, p. 197 참조.
27 Stolnitz, J., *Aesthetics and Philosophy of Art Criticism*, 오병남 역, 『미학과 비평철학』, 1991, pp. 38-71, 특히 pp. 38-48.

러 가지 비판을 제기한다. 먼저 미적 태도론자가 부각시키고 있는 '무관심적 주목'은, 그 구체적인 양상에 있어 미적 경험에만 해당되는 독특한 주목의 방식으로 볼 수 없다. 무엇보다도 주목과 '비주목(inattention)'의 차이, 그리고 주목과 '동기(motive)'의 차이를 명확히 하면, 무관심적 주목이 미적 대상의 어떤 국면에 대한 비주목의 상태임을 인식할 수 있다. 무관심적 주목은 내용적으로 일상적인 지각과는 다른 분명한 '동기'를 갖고 주목하는 상태에 다름 아니다.[28] 또한 개별적인 미적 경험에 있어 무관심적 태도가 가진 의미는 대부분 "매우 시급한 문제와 근심에 직면하고 있는 경우, 미적 경험을 하기 어렵다"는 당연한 진실의 반복에 지나지 않는다.[29] 나아가 삶의 흐름 속에서 등장하는 많은 미적 경험은, 주관이 굳이 무관심적인 미적 태도를 취하고 준비하지 않아도, 예기치 않은 뜻밖의 순간에 주관에게 다가오고 즐거움을 주는 것이다.[30]

분석미학적 비판이 이렇게 미적 태도에 함축된 개념적 불명료성이나 논증적 부정합성을 드러내고자 한다면, 마르크시즘적 역사철학의 세례를 받은 사상가들은 근대미학의 무관심성이 암묵적으로 딛고 있는 역사적 지평과 사회문화적 조건에 대해 성찰한다. 그들은 무관심성 개념의 의미론적 협소함을 문제시하고, 그것의 몰역사성과 이데올로기적 성격을 폭로하고자 한다. 예를 들어 루카치는 칸트가 이해하는 '무관심성' 개념의 근본적 한계가 그의 '관념론적' 방법, 즉 경험과 대상을 주관주의적으로 고립시켜 고찰하는 철학적 입장에서 기인한 것으로 본다. 칸트는 '미적인 것'과 사회적 · 역사적 삶과의 본원적인 연관성을 보지 못하기 때문에, 무관심성을 "이해 관계를 완벽히 초월한 상태"로 규정하지 않을 수 없었다. 반면 미적 · 예술적 경험이 이루어지는 구체적인 삶의 맥락을 충분히 고려하면, 주

28 Dickie, G., *op. cit.*, pp. 102-103, 112-124. 디키는 미적 태도론 전반에 대해 상세한 분석과 비판을 시도한다.(pp. 85-141) 하지만 그의 비판은 때때로 지나치게 세부적이며 과도한 측면을 보여 준다.

29 Kupperman, J., "Art and Aesthetic Experience", in: *BJA* 15, 1975, p. 35.

30 Otto, M., *op. cit.*, pp. 165-166.

관이 감각적 · 직접적인 이해 관계를 잠정적으로 유보하는 것이지 결코 완전히 배제하지 않고 있음을 쉽게 인식할 수 있다. 벌써 주관이 미적 경험의 대상을 선택하는 것부터 독특한 심리적 성향이나 관심과 긴밀히 연관되어 있으며, 진정한 미적 경험의 진행 과정과 지속적인 효과 또한, 주관의 인격적 · 유기적 삶 전체에서 우러나온 역사적 · 사회적 관심 방향과 그 변화를 생각하지 않고는 온전히 파악할 수 없다.[31]

아도르노도 칸트의 무관심성 개념이 지닌 이론적 한계와 비역사성을 비판한다. 물론 아도르노는 칸트가 이 개념을 통해 미적 경험의 핵심적인 국면을 밝힌 성과를 긍정적으로 평가한다. 칸트의 무관심성은 미적 경험에 있어 감상자와 대상 사이의 거리두기가 필수적이라는 점, 그리고 예술이 직접적인 욕망과 경험 현실로부터 분명히 차별화된다는 점을 해명하는 논점 역할을 하고 있다. 하지만 칸트는 훌륭한 예술작품이 인간과 역사에 대한 '위대한 관심'에 근거하고 있다는 점을 적절하게 논의하지 못하고 있다. 이는 무엇보다도 그가 무관심성을 통한 미적 영역의 구성을 "초월적으로 정지시키고 단순한 논리로 예술적인 것의 본질과 동일시"하는 오류를 범했기 때문이다. 이로써 무관심성의 내용이 형식적 · 추상적인 일반성을 벗어나지 못하게 되고, 그에 따라 '미적 현상들'의 다양성과 다의성에 제대로 부응할 수 없게 된다.[32]

짐멜과 함께 중요한 문화철학자인 벤야민과 크라카우어는 무관심성 개념을 본격적으로 논의하지는 않고 있다. 하지만 20세기 문화와 예술의 급변하는 상황을 섬세하게 분석하고 있는 이 두 유대인 사상가들의 철학적 에세이로부터 무관심성에 대한 분명한 입장을 읽어 낼 수 있다.[33] 크라카우어와 벤야민이 분석하는 대중문화적 '무늬(Ornament)'들과 이들에서 미적

31 Lukacś, G., *Ästhetik*, 임홍배 역, 『미학』 제3권, 미술문화, 2002, pp. 161-167.

32 Adorno, Th. W., *Ästhetische Theorie*, ed. G. Adorno & R. Tiedemann, F/M, 1989, pp. 22-26.

33 Kracauer, S., *Das Ornament der Masse* (ed. K. Witte), F/M, 1977; Benjamin, W., 반성완 역, 『발터 벤야민의 문예이론』, 민음사, 1983.

만족감을 찾는 산만한 대중들, 기술복제 매체에 의한 아우라(Aura)의 위축과 지각 방식의 변화 등은 무관심적 관조가 더 이상 미적 경험의 근간이 될 수 없음을 전제하고 있는 논변들이다. 이들은 현대 대도시적 삶의 사회문화적, 매체기술적 상황이 근본적으로 주관이 대상으로부터 거리를 두고 세부적인 감각적 특질에 주목하면서 그 의미를 성찰하는 일을 불가능하게 만들고 있음을 냉정하게 직시하고 있다.[34]

한편, 현대 프랑스 사회학자 부르디외는 실증적 · 비판적 사회학의 토대에서 무관심성의 계급적 · 이데올로기적 성격을 논의한다. 그는 미적 경험에 대한 이해와 예술작품의 가치평가가 결코 중립적이며 절대적인 기준에 의해 이루어지지 않고 있음을 세밀한 관찰과 분석, 풍부한 통계자료를 활용하여 설득력 있게 논증하고 있다. 예컨대 '초연하고 사심 없는 태도'로 미적 대상에 주목하는 심미주의와 형식적 특질과 기법적 세련됨을 높이 평가하는 '차별화의 감각'은 문화자본, 학력자본, 사회관계 자본 등을 지배적으로 점유하고 있는 계급의 선호를 반영한다는 것이다.[35]

---

34 더 자세한 논의는 졸고, 「영화: 현대의 묵시록적 매체」, 『미학』 37, 한국미학회, 2004 참조.
35 Bourdieu, P., *La Distinction - critique sociale du jugement*, 최종철 역, 『구별짓기』, 전2권, 2005, 특히 상권, pp. 87-127 참조.

더 읽을거리

김문환, 『예술과 윤리의식』, 소학사, 2003, pp. 59-179.

Bourdieu, P., *La Distinction - critique sociale du jugement* (최종철 옮김, 『구별짓기』, 상권, 새물결, 2005, pp. 21-187).

Dickie, G., *Art and the Aesthetic* (오병남 옮김, 『현대미학』, 서광사, 1982).

Stolnitz, J., *Aesthetics and Philosophy of Art Criticism* (오병남 옮김, 『미학과 비평철학』, 이론과실천, 1991, pp. 38-71).

미적인 것(the aesthetic)을 부정하는 입장

오종환

미적인 것(the aesthetic)은, 근대 이전까지 전통적으로 미(美, beauty)만이 관조나 감상의 유일한 대상이라는 관점이 쇠퇴하고(미의 퇴조), 근대 이후 그러한 대상이 확대되어 숭고, 우아, 비극미, 희극미, 심지어 추까지 감상의 대상으로서 그 범주가 확대되었을 때(미적 범주의 확대) 그 모든 가치를 통칭하는 용어이다. 그리고 이러한 여러 가치들은, 근대미학 이후 감상자가 무관심석 태도를 취하여 대상을 바라볼 때 파악될 수 있다고 전제되었다. 따라서 미적인 것을 부정하는 입장은, 근대 이후 전통적으로 미적인 것을 옹호하는 입장이 전제하는 무관심성이 허구라는 것을 보이는 것이 가장 효과적이라고 생각한다. 물론 미적인 것의 전제인 무관심성이 잘못되었음을 보이는 것이 미적인 것이 잘못되었다는 결정적인 논증이 되는 것은 아니다. 왜냐하면 전제가 잘못되었더라도 그 결론은 여전히 옳을 논리적 가능성이 남아 있기 때문이다. 그러나 무관심성이 잘못되었다면, 미적인 것을 옹호하는 새로운 설명이 나오지 않는 한, 우리가 그것의 타당성을 받아들일 이유가 없다는 의미에서 무관심성에 대한 비판은 여전히 미적인 것을 부정하는 중요한 수단이다.

무관심성(無關心性, disinterestedness)이란 원래 섀프츠베리(Shaftesbury, 1671–1713)가 주창한 개념으로서, 그는 행위의 윤리적 측면을 판단함에 있어서 그 행위에 이기적 동기가 배제되었느냐의 여부가 중요하다고 주장하였다. 즉 우리가 교회에 나가거나 선행을 행한다면 그것은 오직 신을 섬기기 위한 또는 어려운 처지에 있는 사람을 돕는다는 목적에서 수행되어야 하지, 이웃의 칭찬이나 비판 또는 신의 심판을 의식하여 행해져서는 안 된다는 것이다. 그는 이 개념을 미의 감상에 도입하여 미의 관조에서도 이기적 동기가 개입해서는 안 된다고 주장하였다. 그는 아름다운 사물의 관조와 그것을 소유하려는 욕망을 대조하면서 미의 관조는 무관심적인 상태에서만 가능하다고 주장하였다. 그의 주장 이래로 이기적이거나 관심적인 욕망들은 미적 감상을 파괴한다는 것이 일반적이 되었으며, 오늘날에는 이러한 관심적인 것의 경우로는 지적 · 윤리적 · 경제적 · 육체적 욕구 등이 포함되어 미적인 것과 대비되고 있다.

당시의 영국 취미론에서 영향을 받은 칸트도 무관심성을 수용하여 미적 판단을 설명하였다. 칸트로 대표되는 무관심성을 주장하는 입장은 우리가 느끼는 즐거움(快)에는 세 가지 종류의 것이 있다고 전제한다. 첫째는 단순한 감각적 쾌로서 우리의 감각을 만족시킬 때 우리가 느낄 수 있는 즐거움이다. 목이 마를 때 물을 마시면서 느끼거나 배 고플 때 음식을 먹으면서 느끼는 즐거움이 이에 해당한다. 또는 배가 고프지 않더라도 맛있는 음식을 맛보면서 느끼는 쾌감이 있다면, 그리고 우리가 가사를 알 수 없는 오페라 아리아에서 가수의 아름다운 목소리에서 즐거움을 느낀다면 이는 감각적인 쾌이다. 감각적 쾌을 단순한 쾌라고 하는 이유는 여기에는 어떠한 생각도 개입되어 있지 않다는 뜻이다. 두 번째 종류의 쾌는 인지적인 쾌로서 우리의 생각, 믿음, 혹은 예상에서 오는 즐거움이다. 학기말 시험을 잘 본 후에 성적이 잘 나올 것 같다는 생각이나 방학중에 신나게 놀 수 있다는 생각은 우리를 즐겁게 하는데, 이때의 즐거움은 단순히 감각적인 것이 아니고 우리의 생각에 의해 촉발된 것이다.

우리에게 이러한 구별은 쉽게 납득될 수 있음에 반해, 세 번째 종류의 쾌는 이 두 가지 쾌의 성질이 선별적으로 혼합되어 그 설명이 쉽지 않다. 이 세 번째 쾌인 미적 쾌란 오늘날에는 예술작품의 감상의 경우가 전형적인 것으로서 예시되는데, 우리는 예술작품을 감상할 때 작품의 현상적 속성을 감각하고 생각하면서 즐거워한다는 것이다. 여기서 현상적 속성이란 감각적인 것으로 감각과 지각의 구별을 전제하고 있다. 감각이란 우리의 감각기관에 주어진 외부의 대상을 파악하는 것에 그치며 어떠한 인지적 내용도 배제된 상태를 의미하며, 지각이란 인지적 내용이 가미된 상태를 의미한다. 즉 우리가 무엇인지 모르는 것의 형태와 색채를 보았다면 그것은 감각의 상태이고, 그러한 대상이 사과라든가 배라는 것을 알고 본다면 지각의 상태인 것이다. 따라서 시각의 경우에 감각의 상태란 일상적인 경우에 일어나는 일이 드무나, 추상화를 감상하는 경우에 우리가 단지 화면을 구성하는 색면의 형태와 그 색채만을 보고 감상한다면 감각의 상태에 있는 것이다. 음악의 경우에 위에 예를 든 오페라 아리아를 우리는 감각의 상태에서 감상하는 것이다. 즉 현상적 속성을 감각한다는 것은, 미적 쾌를 두 번째 종류의 쾌인 인지적 즐거움과 구별하기 위하여 그 인지적 내용을 배제하는 수단인 것이다.

그렇다면 첫 번째 종류의 즐거움인 감각적 쾌와 구별되기 위해서는 미적 쾌는 어떻게 단순하지 않아야 되는가? 이에 대한 대답은 미적 쾌는 생각(思考)을 포함하지만 생각의 내용을 가지지 않는다는 것이다. 여기에서 우리는 내용과 형식을 구분할 필요가 있다. 소설의 경우에 소설의 내용이란 구체적인 것으로 매 작품마다 다른 것이나 소설의 형식이란 일정한 것으로 모든 소설이 지키는 불변하는 어떤 것이다. 따라서 미적 쾌는 생각의 형식에 의해 촉발되기에 단순한 감각적 쾌와 구별되며, 또한 인지적 쾌는 그 생각의 내용에 의해 촉발된다는 점에서 미적 쾌와 구별된다. 그러나 생각의 형식이란 구체적으로 어떠한 것인가? 아마도 그것은 생각의 내용이 배제된 따라서 어떠한 개념도 개입하지 않은 어떤 인지적 상태일 것이다. 칸트는 이를 대상의 형식적 현상이라고 부르며, 우리가 무관심적으로 대상을 볼 때 우리는 대상의 형식적 현상을 파악하게 되며, 이때 우리의 인식능력인 오성과 상상력이 자유롭고 조화스러운 유희를 하기에 우리가 미적 쾌를 느끼게 되며 이때 우리는 대상이 아름답다는 미적 판단을 하게 된다고 주장한다. 대상의 형식만을 파악한다는 칸트의 주장은 이후 미적 판단이 다른 판단과 구별되는 것이라는 사고의 원천이 되었다. 칸트의 주장은 우리가 언제 어떻게 미에 대한 판단을 내리게 되는가를 설명한 것이지만, 그 이후에 미적 범주의 확장에 따라 오늘날에는 미뿐만이 아니라 그밖의 모든 미적 가치를 판정하는 데 있어서 무관심성은 그 전제가 되고 있다. 따라서 오늘날에는 예술작품의 감상에 있어 전형적으로 일어나는 미적 경험이 모두 무관심성에 바탕을 두고 있는 것으로 설명된다.

무관심성을 전제한 미적 경험은 우리의 일상적인 경험과 구별되는 별개의 영역에 있다고 설명되는데, 무관심성이 우리의 지적 · 도덕적 관심을 배제한 상태이기 때문이며 또한 어떠한 목적도 가지지 않기 때문이다. 우리의 실제적인 인식적 작용은 항상 수단과 목적의 관점에서 대상을 파악하고 이용하는 것임에 비해, 무관심성은 보통 저변의(이기적) 목적을 가지지 않는다고 설명되기 때문이다. 이는 우리가 가치의 영역을 진, 선, 미로 나누는 일반적인 관념을 보아서도 알 수 있고, 또한 예술의 감상이 보통 어떤 목적을 가지지 않는다고 생각한다는 점에서도 그러하다. 이러한 생각이 역사적으로는 19세기에 예술의 영역은 고유하며 그 나름의 고유한 가치를 갖는다는 예술의 자율성이라는 관념을 확립했다.

무관심성을 비판하는 입장은 오늘날 주장되는 미적 경험의 독자성이나 고유성이 성립하지 않는다는 것을 보임으로써 그러한 경험의 전제가 되는 무관심성을 부정한다. 먼저 듀이는 인간 경험에 있어서 미적 영역과 그밖의 영역을 구분한 것을 비판하면서, 미적 경험이란 어떤 경험이건 그것이 완결되어 매듭지어진 경험(an experience)이라고 주장한다. 그는 우리의 경험을 생물학적 관점에서 파악하기에 우리의 인지가 작용하여 나중에 추론적으로 구분된 경험의 영역이 아닌 보다 근원적인 단계에서의 경험에서 미적인 것을 찾기에, 그에게 있어서 지적 · 윤리적 · 미적 경험의 구분이란 성립할 수 없다.

디키는 무관심적 태도 일반을 부정한다. 여기서는 그 핵심적인 이론인 미적 주목에 대한 디키의 비판을 살펴보자. 그는 구체적인 예들을 고려함으로써 무관심성이란 성립하지 않음을 보이고 있다. 미적 태도의 옹호자인 스톨니츠는 우리가 예술작품을 감상할 때 저변의 목적을 가지지 않고 감상하는 것이 올바른 태도라고 주장하나, 디키는 그러한 경우와 악곡 분석 시험을 위해 음악을 감상하는 경우, 그리고 어떤 그림을 보면서 그 그림이 연상시키는 자신이 아는 사람에 대한 생각에 빠진 경우를 예로 들어 스톨니츠를 반박한다. 스톨니츠는 뒤의 두 경우를 작품을 올바르게 감상하지 않는 경우라고 할 것이나, 디키에 따르면 세 번째 경우는 자기 생각에 빠져 작품에 전혀 주목하지 않는 경우로서 작품을 옳게든 그르게든 감상하는 경우가 아니며, 두 번째 경우에 있어 작품에 접근하는 두 사람의 동기가 다르다는 사실이 그들이 다른 종류의 주목을 하고 있다는 것을 보장하지 않는다고 주장한다. 그들은 그 음악에 심취할 수도 있고, 지루해질 수도 있으며, 표류하다가 다시 집중할 수도 있다. 즉 그들은 그 음악에 대한 반응에 있어서 어떤 차이도 보이지 않는 것이다. 우리는 그들이 작품에 대해 다른 종류의 주목을 하고 있다기보다는 아마도 각기 작품의 다른 특성들에 주목을 기울인다고 설명해야 할 것이다. 음악을 단순히 감상하는 감상자와 악곡을 분석하려는 청자는 모두 음악에 같은 종류의 주의를 기울이나 그들의 주의의 대상이 다를 뿐이라는 것이다. 그리고 무관심성을 전제하는 비바스가 무관심적으로 소설을 감상하는 경우의 설명에서 『카라마조프가의 형제들』이 사회 비판적이기 때문에 예술작품으로 읽히기 힘들다는 결론을 내린 것은, 우리의 상식과 너무나 배치되는 것이다. 이러한 결론이 나온 것은 예술의 영역이 우리의 일상적 삶의 영역과 무관해야만 한다는 무관심성을 전제하였기 때문이고, 따라서 다시 한번 무관심성이 잘못된 개념이라는 것을 보여 준다고 주장한다.[1]

무관심성에 대한 또 다른 의문은 문학 감상의 경우에 발생한다. 위의 칸트 이론의 설명에서 미적 쾌란 대상의 현상적 속성을 감각하고 생각하면서 즐거워하는 경우라고 했는데, 문학작품의 감상에서 문자를 읽고 이해하는 것은 우리의 인지가 작용하기에 분명 감각의 단계가 아니다. 그렇다면 현상적 속성을 지각하고 생각하면서 즐거울 때 미적 쾌를 느끼게 되어야 할 것이나, 문제는 현상적 속성은 지각과 양립할 수 없는 것 같으며, 만일 양립 가능하다고 주장하려면 이에 대한 설명이 있어야 할 것이다. 물론 미적 태도를 주장하는 입장에서는 무관심적 지각을 주장한다. 예를 들어 스톨니츠는 "미적 태도는 그것이 어떤 대상이든지 간에 인지의 대상을 무관심적으로, ……"로 정의하고 있다.[2] 여기서 무관심적인 태도는 인식적인 것을 배제한다는 주장과 인지의 대상이 미적 태도의 대상이 된다는 주장은 설명되어야 할 긴장을 조성하고 있다. 이는 물론 앞에서 언급한 사고의 형식으로 설명될 수도 있을 것이나, 우리가 문학에서 감상하는 것이 단지 사고의 형식일 것 같지는 않다. 그리고 오늘날 예술의 감상에 있어서 그 분야에 대한 예술사적 지식이 전제된다는 것이 일반적인 주장인데, 이때 그러한 전제 지식이 무관심성에서 배제하는 인지적인 것과 어떻게 다른 것인지도 설명되어야 할 것이다. 만일 그러한 설명이 설득적이지 못하다면, 무관심성이란 단지 신화일 뿐이라는 디키의 주장이 타당할 것이다.

무관심성에 대한 마지막 의혹은 과연 우리의 예술 감상이 또는 일반적으로 미적 경험이 전혀 목적이 없이 수행되는 활동이냐라는 문제이다. 무관심적 주목은 일반적으로 "저변의 목적이 없이 대상 그 자체에 대한 주목"이라고 이해되고 있으나, 우리가 즐거움을 얻으려는 목적으로 예술작품을 감상한다는 것은 어떻게 설명되어야 하는가라는 문제가 있다.

1 조지 디키, 오병남 · 황유경 역, 『美學 入門: 分析哲學과 美學』, 서광사, 1980, 75-80쪽.

2 제롬 스톨니츠, 오병남 역, 『미학과 비평철학』, 이론과실천, 1991, 38쪽.

더 읽을거리

조지 디키, 『미학입문』, 오병남 · 황유경 옮김, 서광사, 1980.

제롬 스톨니츠, 『미학과 비평철학』, 오병남 옮김, 이론과실천, 1991.

Bullough, E., "Psychical Distance as a Factor in Art and an Aesthetic Principle", in E. M. Wilkinson (ed.), *Aesthetics: Lectures and Essays*, Stanford: Stanford University Press, 1957.

Dickie, G., "All Aesthetic Attitude Theories Fail: The Myth of the Aesthetic Attitude", in G. Dickie and R. J. Scalfani (eds.), *Aesthetics: A Critical Anthology*, NY: St. Martins Press, 1977.

미적 가치(대륙)

인원근

1. '아름답다' 혹은 '미적'의 의미[1]

우리가 '아름답다' 혹은 '미적'이라는 형용사를 일상적으로 입에 올리게 될 때, 그 적용 범위는 지극히 넓다. 이 말에 해당하는 근대 유럽어의 형용사 'beautiful'(영어), 'beau'(불어), 'schön'(독일어) 등은 사물, 형태, 색채, 소리뿐만이 아니라 행위, 사고, 관습 그리고 기술 등에까지도 적용된다. 미라는 것이 이렇게 광범한 대상 영역에서 생각되는 것은 희랍어의 χαλόν, 라틴어의 pulchrum 혹은 bellum에서 분명하듯이 근대 유럽어의 '아름답다'라는 형용사가 본래 '좋다', '적합하다', '완전하다' 등의 의미와 밀접하게 결부되면서 그러한 대상에서 촉발되는 일체의 감각적 또는 정신적인 '즐거움'을 대상에 적용하여 표현한 말이기 때문이다. 미라는 용어의 이러한 포괄적 용법은 '아름답다'라는 단어가 르네상스 때에는 고대와 중세에 걸쳐 계속 사용되었던 pulchrum이 사라지면서 대신 bellum이

1 이 부분에 대한 논의는 주로 다음과 같은 참고문헌들을 사용했다: W. 타타르키예비츠, 손효주 옮김, 『미학의 기본개념사』, 미술문화, 1999; Joachim Ritter, "Ästhetik, ästhetisch", in: J. Ritter(hg.), *Historisches Wörterbuch der Philosophie*, Bd.I, Schwabe & Co, 1971, pp. 555-579.

라는 새 단어가 사용되었는데, 이 단어가 bonum('선'이라는 뜻)에서 지소형 접미사가 붙은 bonellum을 거쳐 bellum으로 축약된 것에서나, 또는 중세의 격언 "아름다운 것과 완전한 것은 동일하다(pulchrum et perfectum idem est)"에서도 확인할 수 있다. 그러므로 보통 '아름답다'라는 표현에는 진 · 선 · 유익 · 쾌적 등의 여러 가치들이 본래의 의미인 '미'의 가치에 혼재하고 있는 일이 많다. 사실 이러한 것들은 미의 문제를 한층 깊게 고찰해 나갈 때에 언제나 긴밀하게 관련되는 가치 개념들인 것이다.

그런데 '아름답다'라는 단어가 통속적으로는 본래의 '미' 이외에 지극히 넓게 쓰이기는 하지만 미학에서 취급되는 대상 영역을 포괄하기에는 너무나 좁다고 할 수 있다. 예컨대 미학사를 보면 숭고한 것, 비극적인 것 혹은 희극적인 것 등은 보통 '미'의 종류라기보다는 미의 변종이라고 부르는 것이 더 적합하지만, '미'와 근본적으로 상통하는 공통의 원리적 구조 내지는 본질 · 성격을 가지는 것으로 미학적 고찰의 대상이 되기 때문이다. 그러므로 미학에서는 그것이 연구해야 할 가치 현상의 전 영역을 포괄하기 위하여 '미적인 것(das Ästhetische)'이라는 개념을 쓰는 일이 많다. 이 말은 본래 희랍어 *αίσθανεσθαι*(지각한다), *αίσθητοζ*(감각적인)에서 유래하는 것으로서, 칸트가 『판단력비판』에서 Ästhetisch라는 말에 "오직 직관에 의하여 개념적 사유의 매개 없이 직접 얻게 되는 쾌"라는 의미를 부여하고 이것으로써 자연이나 예술의 미와 숭고를 포괄한 후로, 미학상의 중요한 용어가 되었다. 그것은 어원적 의미에서 보아 직접 경험에 의하여 성립되는 직감적 가치인 미적 가치를 표시하는 데 적합한 술어라고 할 수 있다. 이런 의미를 가진 '미적인 것'에 대하여 '미'는 그 하위 개념이며, 숭고 · 우미 · 비장 · 골계 등과 동렬에 위치하는 하나의 미적 범주를 의미한다. 그러나 그것은 이런 범주들 중 미적 경험을 환기시키는 한에서 조화로운 성질이 가장 현저하고 순수하게 즐거움을 주는 것으로서 미적인 것 일반의 특질이 가장 선명하고 완전하게 구현되는 전형적인 형태이기도 하다. 이런 점에서 '미'는 내포적 성질에 관하여는 '미적'과 일치한다고 보여지며,

미학에서는 그 개념을 보통의 의미보다 확대하여 모든 미적 범주를 총괄케 하는 일도 있다. 이 넓은 뜻의 '미'와 '미적인 것'은 다같이 직감적 · 감각적이고 나아가 일종의 정신적인 독자적 가치 내용을 그 본질로서 드러낸다. 그러나 실제로는 이 개념이 미적 가치의 담지자인 대상 쪽에 중점을 두고 파악되는 경우와 미적 가치를 경험하고 창조하는 주체의 작용 쪽에 중점을 두고 파악되는 경우가 있어 미학상의 입장이나 학설에 의하여 객관적 혹은 주관적 해석이 구별된다. 다만 일반적으로 형용사의 용어법에서 말한다면, '아름답다'는 주로 예술작품 및 기타의 대상을 형용하는 데 쓰이고, '미적(ästhetisch)'은 오히려 관조나 향수작용에 대하여 적용된다.

2. 미적 대상의 존재 방식과 구조[2]

우리가 어떤 대상을 '아름답다'거나 '미적'이라고 칭할 경우, 우리는 그 대상이 본래 가지고 있는 어떤 특질 또는 본래 가지고 있지는 않지만 우리가 그것에게 준 특실이 그 대상에서 기인하는 것이라고 보는가? 대개는 우리는 그 대상을 좋아하기 때문에 이러한 특질을 부여하는 것이다. 우리가 그것을 아름답다거나 미적이라고 부를 경우, 그것은 우리가 그 대상이 쾌감을 준다는 것을 알았다는 뜻에 지나지 않는다. 이와 같이 미적 대상이 단순히 소여로서가 아니라 미적 주관의 상관자(Korrelat)로서 성립하는 것이라면, 미적 대상은 미의식에 의해 창출된 것이라고 생각할 수 있을 것이다. 미가 적어도 자율성을 가진 한 개의 정신적 가치인 한 미적 현상 영역은 그 외면적 다양성에도 불구하고 근본적으로 볼 때 고유한 통일적 가치

2 이 부분에 대한 논의는 주로 다음과 같은 참고문헌들을 사용했다: Annemarie Gethmann-Siefert, *Einführung in die Ästhetik*, München, 1995; Hans Christian Meiser(hg.), *Schön-Sein. Natürliche Harmonie und Ästhetik*, Frankfurt a. M., 1995; Franz Koppe, *Grundbegriffe des Ästhetischen*, Frankfurt a. M., 1983.

에 의하여 지배되고 있는 것이기 때문에, 우리가 그 대상을 적절하게 그리고 근본적으로 인식하고 이해하려고 한다면 우리는 단순히 사실을 기술하고 설명하는 입장을 넘어서서 미적 규범을 정립하고 미적 가치의 근거나 본질이나 의의를 규명하지 않으면 안 된다.

미적 가치의 개념 혹은 그 현상 영역은 미적 경험을 환기시키는 것에 한해서 적용되지만, 지극히 다양한 양상들을 나타내고, 미 혹은 미적인 것 자체의 성격에 의하여 다양한 미적 범주들로 나뉠 뿐만 아니라, 그 위치한 대상의 구별에 따라 일견 매우 다른 형태들로 나뉜다. 그들 중에 가장 중요한 것은 미적 대상(Ästhetischer Gegenstand)으로서의 예술미와 자연미의 구별이다. 그러나 제아무리 미적 경험의 대상으로서 '예술미'와 '자연미' 사이에 일반적으로 생각되는 것처럼 본질적 차이가 있는 것이 아니라 양자 모두 미로서 결국은 동일한 본질로 돌려지고 귀일되어 통일적인 원리에 의해 포괄될 수 있다 할지라도, 그 존재하는 방식 및 구조의 차이에 의하여 양자가 일단 구별되는 것은 부정할 수가 없다. 따라서 미적 가치의 성립 근거를 구하려 할 경우 우리는 임의의 대상이 아니라 다만 특정의 성질을 갖는 대상만이 미적 주관과의 상관관계에서 미적 대상으로 성립될 수 있다고 하는 소극적인 정의에 머물지 말고 더 나아가 대상 자체의 특수한 성격, 특히 그 '존재방식'과 '구조'를 분석하지 않으면 안 된다.

전자는 인간의 손에 의하여 만들어진, 더구나 '미일 것을 목적으로' 형성된 정신의 소산인 데 반하여, 후자는 단지 인간에게 주어진, 즉 정신에 대한 소여라는 점에서 근본적인 차이가 있다. 이런 점에서 예술작품은 다른 미적 대상들과는 달리 독자적인 성질을 갖는다는 것을 쉽게 이해할 수 있을 것이다. 이에 반하여 미적 대상으로서의 자연은 인간에 의해서 형성된 것이 아니다. 물론 미적 대상은 미의식의 상관자로서의 미적 주관과의 상관관계에서 성립되는 이상 그것이 정신적 창조작용의 결과라는 것은 부정할 수가 없고, 이 점에서 자연도 예술작품과 마찬가지로 미적 대상이라는 점에서는 동일한 위상을 지니고 있다고 생각된다. 그러나 예술의 경우 창조활동은 단순히 내면적인 것에 머물지 않고 구체적인 재료에 의한 대상의 형성에까지 관여하는 것이지만, 자연의 경우에는 창조활동의 그러한 외화 · 객관화는 행하여지지 않는다. 따라서 자연미의 외적 · 객관적 측면에서 나타나는 특징을 파악하는 것은 예술미의 경우에 비하여 아주 곤란하다. 그렇다고 해서 자연미를 주관적 측면에서만 생각하려고 한다는 것이 잘못인 것은 미적 가치 현상의 특질에 비추어 보면 너무나 분명하다. 이렇게 생각해 보면 자연미의 분석은 비교적 분석이 용이하다고 보여지는 예술작품의 구조를 참고하는 한편, 미적 대상으로서의 자연에 대한 주체의 경험구조를 실마리로 하여 행해져야 할 것으로 생각된다. 이런 의미에서 여기서는 우선 예술작품부터 분석하고자 한다.

예술작품이 단순히 그 자체로서 존재하는, 즉 주관에서 독립된 존재물이 아니라는 것은 상술한 바에 의해서도 분명하지만, 어떤 의미에서는 주관에서 독립된 존재를 갖고 있다는 것 또한 사실이다. 바꾸어 말하면, 예술작품은 그 본질상 '지향적 대상성이라는 의미에서의 대상'이나, 그것은 또한 우리들의 지각에 주어진다는 의미에서 '물(Ding)'로서의 성격을 가지고 있다. 이런 점에서 예술작품의 존재 방식이 주요한 문제로서 제기되는 것이지만, 이 점에 관해 우리가 우선 생각할 수 있는 것은 다음과 같은 사실이다. 예술작품은 주관에서 독립된 객관적 대상에서 성립하는 것이 아니며, 그렇다고 해서 객체에서 독립된 순수주관적인 산물도 아니고, 오히려 주관과 객관의 혼연한 융합으로 가능한 것이라는 점이다. 이러한 존재 방식은 예술작품이 객관적 혹은 주관적 현실에서 추상될 때에 순수한 것이 된다고 하는 것을 말해 준다는 점에서, 어떤 대상이 실재의 인상을 주는 듯이 표현되어 있는 경우일지라도 그것을 실재 자체로 착각하는 일은 없을 것이다. 가령 예술작품을 어떤 실재의 단편이라고 받아들일 때 미적 태도는 분명히 지양될 것이라는 점에서, 대상이 실재적 · 현실적인 것이고 또 그런 것으로 받아들여진다면, 대상과 관조자 사이에 일정한 거리를 둔다는 것이 불가능해지고, 대상은 어떤 의미에서 직접적 반작용을 일으켜서 미적 관조를 저해할 것이다. 따라서 예술작품으로서의 미적 대상은 '가상(假像, Schein)' 으로서의 존재 방식에 의하여 주어지지 않으면 안 된다. 이 가상은 물질적인 재질성을 떠난 순수한 형식이고, 실제적인 관심에서 볼 때 의지에서 자유로운 대상이며, 나아가 대상 자체의 본질이 아니라 다만 그 표면적 형상만이 문제가 된다는 점에서 인식으로부터 자유로운 대상이다. 이런 점에서 가상세계는 일상적 현실의 무게나 조야성에서 고양된 존재가 됨으로써, 다시 말하자면, 감각적인 것과 정신적인 것의 중간 영역으로서 거기에서 비로소 정신적 존재로서의 인간의 본질이 충분하게 표현되고 정신적인 내포가 어떤 억압도 없이 감각적 형식 속으로 들어갈 수 있게 된다. 따라서 형식과 내용은 이러한 방식에 의하여 비로소 완전한 결합을 이룬다고 말할 수 있다. 그러나 이러한 가상은 그 말 때문에 일반적으로 오해되고 있듯이 어떤 비현실적 · 비실재적인 것을 현실적인 것으로서 받아들이는 것이거나 실재와의 혼동에서 성립되는 것이 아니라, 미적 현상의 본질에 가까운 의미를 갖는다고 할 수 있을 것이다.

여기에서 우리가 다시 주목해야 할 점은 어떤 사물이 그 자체가 아니라 다만 미적 태도를 취하는 주관에 대해서만 미적 대상이 된다고 하는 점에서 관조자가 담당하는 적극적인 역할이다. 미적 대상은 오직 정당한 미적 태도를 취하는 관조자에게만 현상한다는 점에서, 미적인 것 이외의 태도를 갖고 그것을 대할 경우 그 대상의 정신적인 내포는 현상되지 않고, 따라서 미적 대상으로 성립되지 않는다. 이런 점에서 주관의 개입 없이 그 자체로 존재하는(an sich sein) 인식 대상과는 달리 미적 대상으로서의 예술작품의 특수한 존재 방식이 성립된다. 참다운 예술이려면 객관적 및 주관적 요소의 협력이, 다시 말하면, 작품과 관조자의 반응 간의 협력이 불가결하다는 점에서, 이러한 존재 방식은 우리들에 대한 존재(Für-uns-Sein)라고 규정될 수 있을 것이다. 그런데 앞서 언급했듯이 예술작품이 미적 태도를 취하는 주관에 대해서만 실제적인 형상을 통해 현상한다는 점에서, 예술작품의 '형성된' 실질적 재료와 '현상하는' 비실재적인 정신적 내포는 그 존재 방식에서 본다면 지양될 수 없는 이질성을 갖는다. 그러나 구조적으로 본다면 예술작품은 그러한 이질적인 두 요소의 단순한 복합체로서 존재하는 것이 아니라, 그 특질인 현상관계에서 관조적 주관에 대하여 바로 유기적인 통일체를 이루고 있는 것이다.

또한 예술작품에 대하여 가장 오래전부터 논의되고, 어떤 의미에서는 가장 중요하게 다루어진 문제의 하나는 형식과 내용의 관계일 것이다. 예술작품의 본질이 형식과 내용 중 어느 것에 있는가, 그렇지 않으면 쌍방의 결합 방식에 있는가, 또는 보다 넓게 미는 대상의 형식과 내용 중 어느 것에 있는가 하는 것은 하나의 논쟁점을 형성한다. 이때 각각 한쪽을 중시할 경우, 형식 혹은 내용 위주의 미학이론이 성립된다. 그러나 형식이다 내용이다 하여도 그 포착 방법이 개개의 입장에 따라 다르기 때문에, 이 문제에 관하여는 실로 다양한 견해가 존재하고 있다. 그러나 우리들의 구체적인 경험에 비추어 생각한다면, 예술작품은 본래 유기적인 통일체로 생각되어야 할 것이다. 본질적으로 분리할 수 없는 형식과 내용을 소위 양자택일적인 원리로서 생각한다는 것은 너무도 분명하게 잘못된 것이다. 따라서 문제는 양자 중 어느 것을 보나 더 원리적인 것으로서 선택하는가에 있는 것이 아니라, 양자의 통일을 어떻게 설명할 것인가에 있을 것이다.

그러한 설명 또는 논리화의 입장에도 여러 가지를 생각할 수 있겠으나, 최근의 미학에 비추어 정리해 보면, 우선 미적 자율성의 문제를 기초로 하고 양자의 통일을 강조하는 것이다. 그러나 형식 · 내용의 통일 문제를 미적 대상 내지 예술작품의 구조 자체에서 설명할 경우 형식 개념만큼 자주 취급되는 것도 없다. 그러나 그것이 자명하게 쓰이는 경우일지라도 대개의 경우 전혀 무규정적인 채로 남겨져 있다. 이러한 무규정성은 결국 그것과 대비적으로 생각될 내용 개념의 무규정성에 기인하는 것으로 생각된다. 따라서 무엇보다도 내용 개념을 규정적인 것으로 환치할 필요가 있을 것이다. 이에 대하여는 범주적 분석이 실마리가 될 수 있을 것이다. 형식에 대하여는 재료가 보조물의 위치에 있다는 것을 확인할 수가 있다. 그리고 재료의 보편적 · 범주적 법칙은 모든 종류의 형식이 모든 종류에서 가능한 것이 아니고, 오직 일정한 형식이 일정한 재료에서 가능하다—그런 점에서 재료는 형식을 결정한다—라는 것이었다. 이 점에서 여러 예술 영역의 한계를 규정하는 현상과 그 법칙성이 발견된다. 하여튼 영역 지시적 원리로서의 재료에 대한 범주적 대비를 통해 미적 형식 개념은 비로소 하나의 규정을 받는다.

그러나 이것은 형식 개념의 일면을 나타냄에 불과하다. 왜냐하면 예술작품에서는 내용적이라고 하는 것이 이러한 재료 개념으로서 끝날 수 없기 때문이다. 따라서 형식에 대한 또 하나의 대비적 개념, 즉 소재가 생각되지 않을 수 없다. 소재는 그 자체로서는 예술적인 것이 아니다. 그것은 오로지 창작자의 형성을 통해 감성적 · 직관적 현존이 될 때 비로소 예술적인 것이 된다. 이리하여 형식 범주는 두 종류의 대비적 관계— 한편으로는 거기에서 예술적 형성이 행해지는 것으로서의 재료와, 다른 한편으로는 예술에 의하여 형성되는 것으로서의 소재와 이루는 대비관계— 에 놓여진다. 재료와 소재는 구별할 수 있을 뿐만 아니라 본질적으로 상이한 것이기 때문에, 두 종류의 형성이 동일한 것에 대하여 행해지는 것이 아니라, 동일한 형성이 두 종류의 형성 가능한 것에 행해진다고 생각해야 할 것이다. 이런 두 종류의 관계야말로 미와 예술의 본질을 형성하는 것이며, 거기에 예술작품의 유기적 통일성의 근거가 놓이게 된다고 할 것이다. 그러나 기성의 형식 · 내용 개념은 이미 그것을 설명하기에 불충분하며, 두 종류의 상이한 관계작용–직관적인 다양성의 통일에서 보이는 그것들의 협력이 파악될 수 있는 대상 구조의 범주가 추구되어야 할 것이다.

이러한 사실로 볼 때, 미적 대상이 갖는 '우리들에 대해 있다' 고 하는 성격은 미적 대상으로서의 자연과 연관해 생각하는 경우 특히 중시해야 할 점이다. 예술작품에서는 정신적 내포가 재료의 형성에 의해 구체적 세부에서 현상된다. 달리 말해, 예술가에 의한 형성은 관조자에 대해 실재적 형상에서 현상하는 정신적 내포에 이르기 위한 일종의 인도를 의미하는 것이라고 할 수 있다. 그러나 자연적 대상에서는 어떠한 의미로서도 인간에 의한 형성이 가해지지 않았기 때문에 주관에 대한 의존은 예술작품의 경우와 비교가 되지 않을 정도로 강해질 것이다. 그런데 미적 작용이 지각과 고차의 직관이라는 구조를 갖고 있다면—그것에 따라 예술작품의 이중적 구조가 도출되었듯이—미적 대상으로서의 자연에서도 지각에 직접 주어지는 것과 그것을 통하여 간취되는 것이라는 이중의 구조가 고려되어야 할 것이다. 그러나 자연 대상은 정신적 소산이 아니므로 간취된 것은 예술작품에서와 같이 정신적 내포일 수 없다.

따라서 우리가 손쉽게 주변에서 확인할 수 있듯이 자연에서도 '현상관계'가 존재할 수 있다는 것, 따라서 이중적인 구조가 존재한다는 것이 분명해질 것이다. 다만 자연 대상에서는 현상관계가 예술작품에서와 같이 관조자에 대해서만 성립하는 비실재적인 것이 아니라, 실재적으로 존재하면서 관조자에 대하여 스스로를 노출하는 성격을 갖고 있다. 따라서 자연에서는 예술작품에서와 같은 존재 방식의 이중성은 존재할 수 없으나, 여기서는 현상관계가 제아무리 실재적인 것이라도 그 자체로 서 있는 것이 아니라, 오직 간취할 수 있는 사람에 대해서만 대상의 구체적인 형태를 통하여 스스로를 나타내는 것이므로 현상하는 것임에 틀림없다. 다만 현상 방법이 예술작품의 경우와 다를 뿐이다.

3. 미적 가치의 특질[3]

가.

우리가 앞서 살펴보았듯이 미적 가치란 그 개념의 성립 근거로 보아 객

3 이 부분에 대한 논의는 주로 다음과 같은 참고문헌들을 사용했다: Odo Marquard, *Aesthetica und Anaesthetica. Philosophische Überlegungen*, Paderborn, 1989; Josef Früchtl, *Ästhetische Erfahrung und Moralisches Urteil. Eine Rehabilitierung*,

관적인 측면과 주관적인 측면으로 나뉘나, 주관 · 객관 어느 한쪽에만 돌릴 수는 없다. 그것은 한편으로는 대상의 성질이나 형태에 의거함과 동시에 다른 한편으로는 주체의 태도나 활동에 의존한다. 이 양면의 조건이 작용할 때 미적 가치는 성립될 수 있고, 또 그것의 높고 낮음이 규정된다. 그러므로 우리는 이러한 객관적 및 주관적 조건을 미적 규범(Ästhetische Normen)이라 할 수 있으며, 미적 규범은 특유한 '객관-주관의 관계(Objekt-Subjekt-Beziehung)' 로서의 미적 경험에서 실현된다. 더욱이 그 규범이 순수히 미적 경험 자체 속에서 실현된다는 것이 인식이나 도덕의 경우와 다른 미의 특성이다. 따라서 미는 대상과 자아 사이에 이루어지는 긴장관계에 의해 성립되는 것이며, 그 가치는 이 두 방면의 근거를 통일하는 데서 이루어진다. 이것이 바로 미학상의 여러 문제가 '객관-주관의 관계' 에 입각하여 고려되는 까닭이다.

그러나 미적 가치가 있는 것으로 경험되는 대상, 즉 미적 대상은 본래 주체의 의식을 초월하여 그 밖에 서 있는 것이 아니라 바로 그 속에 내재하는 대상이며 더구나 주체의 능동적인 활동을 기다려서야 비로소 미적 대상으로 성립되는 것이다. 미적 대상은 인식 대상과는 달리 '그 자체로서 존재한다(an sich seind)' 라기보다는 오직 '우리들에 대하여 존재한다(für uns seind)' . 다시 말하면 미적 가치를 경험하는 우리들의 의식 역시 결코 그 대상을 벗어나서 제멋대로 유동하는 것이 아니라 항상 대상과 직접적으로 관계 맺어진 의식이다. 일반적으로 의식은 '어떤 것에 대한 의식(Bewußtsein von etwas)' 이라고 하지만, 미의식은 특별한 의미에서 '대상의 의식' 이다. 심리학적 오해를 피하기 위하여 '미의식(Ästhetisches Bewußtsein)' 대신에 '미적 가치 체험' 혹은 약칭하여 '미적 경험' 이라는 술어를 쓴다면, '미적 경험' 은 결국 '지향적' 이고, 미적 가치는 의식의 작용과 그 대상 사이에서

Frankfurt a. M., 1996; Martin Seel, "Kunst, Wahrheit, Schein, Weltschlißung", in: Franz Koppe (hg.), *Perspektiven der Kunstphilosophie. Text und Diskussionen*, Frankfurt a. M., 1991.

일의적으로 규정되면서 떨어질 수 없는 상관관계를 바탕으로 성립되는 것임에 틀림없다.

나. 인식적 · 윤리적 및 기타 가치와의 구별

미적 대상으로서의 예술작품은 그 창작의 동인에서 보나 그 가치 내용을 구성하는 요소에서 보나 미적인 것뿐만 아니라 인식적 · 윤리적 · 정치적 · 사회적 등 이른바 비미적인 것도 내포하고 있다. 그럼에도 불구하고 예술로 하여금 예술답게 하는 본질적 계기는 미적 가치이다. 왜냐하면 비미적 요소들은 그것이 예술작품에 가담하게 됨으로써 그 내용을 한층 깊고 풍부하게 할 수는 있지만 예술의 본질적 · 필연적인 요인을 이루는 것이 아님에 반해, 미적 요소는 예술에 있어서 필수불가결한 것이기 때문이다. 따라서 예술 이외의 영역에서는 미의 실현이 본래의 목적이 아니고, 거기서 발견되는 미는 우연적 내지 부수적인 데 반해, 예술이란 비록 그것이 실제에 있어서 종종 비미적 동기에서 창작되고 또 비미적 관심을 가지고 향수된다 할지라도, 본질상 미적 가치의 창조 내지 경험을 본래의 목적으로 추구하는 것이고, 예술가는 이 목적에 따라 미적 견지에서 현실을 선택하고 체화하고 고양한다. 이런 의미에서 미적 가치가 가장 순수하고 또 고도로 실현 · 발휘되는 것은 예술의 영역에서이다. 사실 우리가 미학사를 살펴보면 칸트 이후의 미학이론에서는 예술이 일반적으로 미적 가치의 실현을 본래의 목적으로 하는 것으로서 미적 가치 원리 밑에 놓여져 종래에 그것을 구속하고 있던 인식적 · 윤리적 및 기타 실용적 평가에서 해방되어 고유의 자율적 가치 영역을 확보했음을 확인할 수 있다.

따라서 미적 가치는 다른 여러 가치들과 비교될 때 그 독자적 성격이 한층 더 분명하게 드러난다. 그것은 우선 직접적 감각성에서 비롯되는 '쾌적(das Angenehme)' 과 유사하다. 그러나 이것이 전적으로 감각적 혹은 생리적인 쾌적이며, 주관적으로밖에는 가치가 없는 데 반해, 미는 감각적이면서도 정신적인 가치이며 객관적 타당성을 요구한다. 또 쾌적은 항상 의욕과 결합하여 대상의 존재에 대한 관심과 결부되는 만족을 주지만, 미는 이러한 관심에서 자유로운 만족의 대상이다. '쾌적'의 판단이 개인의 감정을 바탕으로 하면서 자의적으로 변동함에 반해, 미적 가치의 평가는 주관적이긴 하나 어떤 필연성을 포함한다. 좀 더 구체적으로 말한다면, '쾌적'이나 '선(das Gute)'에 있어서의 만족이 관심(Interesse)과 결부되어 있는데 반하여, 미적 만족(ästhetische Wohlgefallen)은 모든 관심을 결하고 있다. 즉 미적 만족은 대상의 현실적 존재에는 전혀 무관심한 '관조적(kontemplativ)' 태도에서 성립한다.

또한 미와 추는 만족(Gefallen)과 불만(Mißfallen) 혹은 칭찬과 비난의 대상이 된다는 점에서 선과 악과 같은 윤리적 가치와 유사점을 갖는다. 그러나 예를 들어 '선'이 외적 현상에서 직접적으로 파악되지 않는 내적 · 정신적 가치임에 반해, 미적 가치는 현상에서 감각적으로 포착된다. 윤리적 가치에 대한 평가는 행위의 내적 동인인 의지나 도덕적 품성을 문제 삼지만, 미적 경험은 객체에 대한 순수한 인상 자체로 시종한다.

미는 윤리적 가치인 '선'과 구별되는 것과 마찬가지로 실생활에 대한 필요에 의해 '좋은 것', 즉 '유용성(das Nützliche)'과도 다르다. '유용성'은 한 인간이 그에 봉사하여 행할 실생활의 목적에 적합함으로써 성립되는 가치이지만, 미적 가치는 목적 관계와는 무관하게 주로 그 자체로서 쾌감을 주는 대상에 귀속된다. 종종 동일 대상, 예를 들어 어떤 종류의 건축에 있어서 미적 가치와 실리적 가치가 결합한다는 것은 사실이다. 그러나 미적 가치는 본래 소위 내포적 가치(intensiver Wert)인 유용성과 같은 결과적 가치(konsekutiver Wert)와는 달리, 대상이 그 자신의 내적 의의에 따라 평가되는 경우에 성립한다. 그렇기 때문에 합목적성은 그 자신이 직접 현상하여 내포적 가치로 전화하는 경우에만 미가 된다.

미는 '쾌적', '선', '유용성'과는 달리 일체의 실천적 관심을 초월하는 순수관조에서 성립한다는 점에서 인식적 가치인 '진(das Wahre)'과 공통된다. 그러나 진이 개개의 사실을 보편화하고 추상화하는 인식적 가치임에 반해, 미는 어디까지나 개성적 · 구체적인 것에 대한 경험의 가치이다. 좀 더 구체적으로 말하면, 미적 판단은 인식판단처럼 개념이나 대상의 존재에 규정됨이 없이 직접 쾌 · 불쾌의 감정에 결부된 미적 가치에 대한 주관적 판단이고, 그 규정근거는 오직 주관의 인식능력들의 유동에 있는 형식적인 합목성에 있다고 할 것이다. '예술적 진(künstleriche Wahrheit)' 이라는 말도 있지만, 이것은 학문상의 진과 같은 개념적 인식의 가치가 아니라 직관적 인식의 가치를 말한다. 인식적 가치만으로 예술미와 동일시될 수 없다. 그것은 고작 다른 조건들과 함께 미의 성립을 제약할 뿐이다. 예술상의 진이 미와 대립하는 것처럼 생각되는 것도 그것이 종종, 특히 사실주의에서 볼 수 있는 것처럼, 다른 방면에서 작품의 미적 가치를 가져오는 형식적 및 내용적 계기와 충돌하여 이것을 희생시키기 때문이다.

요컨대 미적 가치가 있는 것은 쾌적이나 유용성과는 달리 보다 높은 보편적 · 정신적인 관심에 따른 만족을 낳는다. 그러나 그것은 선이나 진과 비교해 볼 때 한층 더 주관적이고 개인적인 성질을 띤다. 따라서 이 가치의 본질적인 성격은 주관에 있어서의 미적 효과나 미적 경험의 특수성을 떠나서 생각될 수가 없나. '자기 가치감정' 의 객관화를 말하는 립스(Lipps)의 감정이입설이나 '명증체험' 에 영역적으로 편입하는 원리에 의한 오데브레히트(Odebrecht)의 미적 가치론은 모두 미적 가치가 주관에서 직접 만들어지는 관계를 규명한 것이다. 그러나 이 문제는, 이미 앞에서 구체적으로 살펴보았듯이, 미적 가치 자체의 일반적인 법칙성을 확립함과 동시에 미적 경험의 '대상' 이 갖는 일반적인 구조를 해명하는 방향으로 더욱 전개되지 않으면 안 된다. 이렇게 해서 미적 가치는 주관적 경험의 틀을 넘어서 보편적인 근거 또는 원리에 입각한 자율적 가치로 정립하게 된다.

4. 미적 법칙성과 미적 대상성 그리고 미의 원리적 통일[4]

가.

우리가 미학사에서 확인할 수 있듯이, 칸트가 영국 미학자들의 근본적 논제를 이어 받아 '미의 자기 법칙성(die Selbstgesetzlichkeit des Ästhetischen)'을 정립시키기 위하여 '순수한 미적 태도'로서의 취미판단의 네 계기(무관심성, 비개념성, 무목적적인 합목적성, 필연성과 보편성)를 열거한 후로 '미적 자율성(die ästhetische Autonomie)' 내지 '미적 법칙성(die ästhetische Gesetzlichkeit)'의 문제는 미적 가치의 통일원리로서 신칸트학파에 의하여 계승되고 더욱 철저하게 규명되었다.

칸트에 의하면 취미판단과 미적 경험 전체는 비록 인식작용은 아니지만 단순한 쾌의 경험 이상의 것이다. 즉 보편성을 요하는 것이다. 그 요구가 충분한 정당성이 있는 것은 아니지만 그렇다고 반박할 수도 없는 것이다. 즉, 1) 미적 경험은 그 대상이 대상 그 자체가 아니라 쾌를 주는 가상이기 때문에 대상의 실제 존재와는 상관없이 일어난다는 뜻에서 무관심적이다. 이런 점에서 미적 태도는 도덕적 태도와는 다르다. 2) 미적 경험은 비개념적이다. 이로 말미암아 미적 태도와 인지적 태도와는 구별이 된다. 3) 미적 경험은 오로지 대상의 형식에만 관계된다. 따라서 미적 쾌와 일상적인 감각적 쾌가 구별된다. 4) 어떤 대상이 쾌감을 주는지를 결정하는 보편적 법칙이란 없기 때문에 각각의 대상은 따로따로 평가되고 검증되어야 하나, 인간의 심성들이 비슷한 것처럼 어떤 한 사람에게 쾌감을 주는 대상은 다른 사람들에게도 쾌감을 줄 것이라고 기대할 수 있는 근거들도 있다.

신칸트학파에 속하는 레노레 퀸(R-Lenore Kühn)은 자율성의 개념을 세 단계로 구별한다. 제1단계는 가치의 자율성 또는 독립성이고, 제2단계는

4 이 부분에 대한 논의는 주로 다음과 같은 참고문헌들을 사용했다: Magdalena Boettcher, *Eine andere Ordnung der Dinge. Zur Ästhetik des Schönen*, Würzburg, 1998; Wolfgang Welsch, *Ästhetisches Denken*, Stuttgart, 1990.

영역의 자율성으로서 가치의 자기구성을 의미한다. 그리고 가치의 영역이 객관적으로 타당하다고 인정되는 것은 제3단계의 선험적 주관의 자율성을 승인하는 것이나 다름없다. 선험적 주관의 자율성이란 객관을 자기 생산한다는 것을 의미한다. 미적 가치의 자율성은 이들 자율성의 세 단계를 통일적으로 구성하는 직관의 자기법칙성 원리에 근거한 것이다. 브로더 크리스찬젠(Broder Christiansen)에 의하면 미적 가치는 직접적 · 무제약적으로 느껴지기 때문에 자율적인 것이며, 그 법칙성은 인간에게 있어 본질적인 '근본충동' 에 뿌리박고 있다. 그러나 미적 가치의 자율성은 일정한 주관에 대한 필연적 타당성이지 초주관적 보편타당성은 아니다. 한편 코헨(Cohen)은 미의 자율적 가치를 미적 법칙성의 원리에 근거한 것으로 설명한다. 코헨에 의하면 예술의 법칙성은 미의식, 즉 '순수감정' 의 법칙성에 근거한다. 순수감정이란 인간성 자체의 자각에 의한 것으로 자연과 인격의 내적 조화를 사랑하는 감정이다. 그것은 사유나 의지와 다르지만 사유와 의지를 예비조건으로 하고 그 융화 위에 성립되는 조화적 · 전체적 의식이다. 또 미적 대상은 미적 법칙성의 '순수생산' 에 의하여 기초가 주어진다. 따라서 미는 예술적 천재의 순수감정이 개개의 작품에서 실현되어야 할 과제로서의 이념인 것이다.

나.

앞에서 살펴보았듯이 코헨은 미적 대상을 미적 법칙성의 '순수생산' 에 의해 근거지으려고 한다. 그에게 있어서 이러한 대상의 '관념적 실재성' 은 단순한 주관에 의해서만 제약될 수 없는 미적 가치의 성립 근거이다. 이렇게 해서 '미적 대상성(die ästhetische Gegenständlichkeit)' 이 문제가 된다.

비타제크(Witasek)에 의하면 아름다운 사물은 감각을 통해서 지각되지만, 아름답다고 하는 성질은 지각되지 않는다. 즉 미는 현실적인 실재가 아니라 관념적인 실재이다. 또는 미는 대상의 개별적 표상이 갖는 미적 성격의 총량이 아니라 총량 이상의 그 무엇이다. 이런 의미에서 미는 대상적 요소가 아니라, '대상 외적(außergegenständlich)' 요소인 것이다. 그러므로 미는 대상과 주관이 취하는 특수한 태도 사이에서 이루어지는 관계를 바탕으로 한다. 또 하만(Hamann)은 미적 형상의 직접적인 '소여성(Gegebenheit)' 을 주장한다. 미적 형상은 직접적으로 체현되고 직접 소여로서의 감각 내용 자체의 의미(예를 들어, 음악이나 회화에서의 음 자체나 색 자체가 갖는 의미)밖에는 갖지 못하기 때문에 독자적이라고 한다. 미적 형상을 구성하는 요인은 이론적 · 실천적 태도에서의 미적 형상의 '고립(Isolierung)', 다른 의미를 '배제' 한 독자적인 의미의 '집중(Konzentrierung)' 과 '강조(Intensivierung)' 이다.

미적 가치의 성립 근거를 주관 밖에서 구할 경우 베커(Becker)와 같이 그것을 정신과 자연이라는 두 존재기층의 깊은 긴장관계에 입각해서 인정하게 된다. 베커는 이러한 미적 가치의 존재 성격을 '붕락성(崩落性)' 이라고 규정하였다. 이러한 규정은 가상적 존재원리와 현실적 존재원리라고 부를 수 있는 두 적대적 존재원리 간의 긴장관계의 순간적 화해에 의하여 성립되는 미적 존재가 조그만 변화에 의해서도 파괴되기 때문에 설정된 것이다.

앞서 살펴본 바와 같이, 만일 미적 법칙성의 본질이 주관의 '생산성' 에 있고, 미적 대상성의 본질이 객관에서의 '소여성' 에 있다고 한다면, 모든 미는 서로 대립하는 이 양면의 계기가 미적 경험에서 융합되고 통일되는 일원적 원리 아래 포괄될 수 있을 것이다. 자연미와 예술미의 관계를 원리적으로 처리한다는 것은 미학에서 중요한 과제의 하나이지만, 이에 대해서도 이 양극적 계기의 관계가 해결의 실마리를 제공할 수 있을 것이다. 따라서 일반적으로 볼 때 미적 가치는 자연적 소여성과 정신적 생산성 중 어느 일면에만 돌려질 것이 아니다. 가령 예를 들어 소위 자연미도 관조 주체의 내면에서 예술활동과 동질의 정신적 창조작용이 발동하여 소재적 소여를 형성할 때 비로소 체험되는 것이며, 예술미도 표현의 수단 및 대상에 있어서 주어진 자연적 소재에 의존할 뿐만 아니라 자연 관조에서와 마찬가지로 정관적 태도를 취하면서 현상에 귀의하고 나아가 존재의 본질을 체관하는 것을 전제로 한다. 필경 자연미와 예술미는 모두 그 자신 속에 자연적 · 소재적 계기와 정신적 · 창조적 계기를 함께 가지고 있고 종합적 통일을 성립한다. 다만 상대적으로 본다면 자연미에서는 한쪽의 계기가 우세하고 예술미에서는 다른 한쪽의 계기가 우월하지만, 미적 체험의 근본 구조에서 볼 때 양자는 상호 합치되고 귀일한다고 말할 수 있다.

더 읽을거리

Bubner, R., "Ästhetisierung der Lebenswelt", in: W. Haug & R. Warning, *Das Fest*, München, 1989, pp. 651-662.

Gumbrecht, H. U., "Wahrnehmung versus Erfahrung", in: B. Recki & L. Wiesing (hg.), *Bild und Reflexion. Paradigmen und Perspektiven gegenwärtiger Ästhetik*, München, 1997, pp. 160-179.

Welsch, W., "Zur Aktualität ästhetischen Denkens", in: W. Welsch, *Ästhetisches Denken*, Stuttgart, 1990, pp. 68-71.

__________, "Das Ästhetische-eine Schlüsselkategorie unserer Zeit?", in: W. Welsch, *Aktualität des Ästhetischen Denken*, München, 1993, pp. 13-47.

미적 가치의 이론

최경석

우리가 소중한 시간을 들이고 금전적 지출을 하면서 예술작품이나 미적 대상을 감상하는 이유는 무엇인가? 그것은 예술이 가치 있다고 생각하기 때문일 것이다. 그렇다면 예술이 지닌 가치는 무엇인가? 좀 더 구체적으로 말해 예술작품이나 그것에 대한 미적 경험이 지닌 가치는 무엇인가? 이 물음에 대한 대답은 감상이나 작품 생산 등의 예술적 활동의 가치에 대한 논의뿐만 아니라 예술작품을 평가하는 기준에 대한 논의와도 맞닿아 있기에 중요하다.

흔히 가치는 본래적 가치(또는 내재적 가치)와 도구적 가치(또는 외재적 가치)로 대별된다. 어떤 대상이 지닌 도구적 가치는 그 대상이 어떤 목적의 달성에 기여하는 수단으로서 지니는 가치이다. 예를 들어 돈은 그 자체가 가치를 지니고 있는 것이 아니라 그것을 통해 얻는 가치 있는 것들 때문에 가치를 지닌다. 따라서 돈은 수단적 가치를 지니고 있다. 반면 어떤 대상이 지닌 본래적 가치는 그것이 다른 어떤 것에 기여하기 때문이 아니라 그것 자체 때문에 지니는 가치이다. 그렇다면 예술이 지닌 본래적 가치는 무엇이며, 도구적 가치는 무엇인가?

1. 미적 가치와 미적 가치의 본래주의자

미적 가치의 자율성을 주장하는 사람들은 작품 감상의 목적이 작품 그 자체가 제공하는 미적 경험에 있다는 입장을 지니고 있다. 즉 작품 자체의 감상이나 지각에서 오는 즐거움, 그것이 미적 가치라고 본다. 그래서 작품이 지닌 모양, 색깔, 리듬의 경험은 그 자체로 가치 있는 것이라고 본다. 작품이 지닌 이와 같은 특성에 대한 미적 경험은 그것이 다른 어떤 것을 산출하기 때문에 가치 있는 것이 아니라 그 자체가 가치 있는 것이라고 한다. 그래서 미적 가치는 작품의 본래적 가치라고 주장된다.

따라서 미적 가치의 자율성을 주장하는 사람들은 어떤 작품에 대한 미적 평가는 그 작품이 지닌 또는 그것의 감상으로부터 얻을 수 있는 인식적 또는 윤리적 가치와 무관하다는 입장을 취한다. 예를 들어, '흥부와 놀부' 의 미적 평가는 그것이 전달하고자 하는 윤리적 주장이나 그것이 전달하는 당시 사회나 가족에 대한 이해라는 인식적 측면과 무관하게 평가되어야 한다는 것이다.

이상의 입장을 지닌 미학자들은 흔히 심미주의(Aestheticism)를 주창하는 사람들이다. 소위 "예술을 위한 예술"이란 기치를 내걸었던 미학자들이 여기에 해당된다. 형식주의자로 알려진 클라이브 벨(Clive Bell)은 이런 입장을 취하고 있다. 또한 어떤 것을 그것 자체로 관조하는 것을 미적인 것으로 정의하는 제롬 스톨니츠(Jerome Stolnitz) 역시 미적 가치의 본래주의적 이론을 취하고 있다고 하겠다. 스톨니츠는 대상을 실제적 관심에서 벗어난 무관심적 주목의 대상으로 관조할 때 미적 경험이 발생한다고 설명했다. 미적 경험을 일상적인 실제적 경험과 구별하고자 했던 스튜어트 햄프셔(Stuart Hampshire) 역시 동일한 입장을 취하고 있다. 먼로 C. 비어즐리(Monroe C. Beardsley)는 미적인 것은 대상이나 사건의 형식적 통일성과 국지적 특질들의 경험으로부터 발생하는 만족이라고 정의함으로써 미적 가치의 본래주의적 이론을 주장한다. 그는 미적 가치를 다음과 같이 정의하고 있다. "어떤 것이 미적 가치를 지니고 있다는 것은 그것이 상당한 정도의 미적 경험을 산출할 능력을 지니고 있다는 것을 의미한다."[1]

위의 주장들의 공통점은 미적 경험을 인간의 다른 경험과 구별하면서 미적 경험 그 자체의 가치를 강조하고 있다는 점이다. 따라서 작품의 미적 가치 역시 그것이 얼마만큼 가치 있는 미적 경험을 산출하느냐와 관련을 맺는다.

따라서 미적 가치에 대한 본래주의 이론은 어떤 것이 미적으로 가치 있다는 것은 그것이 제공하는 즐거움, 즉 가치 있는 미적 경험 때문이며, 이 가치는 실제적 경험에서 발견하는 인식적 가치나 윤리적 가치에 의존하지 않는다는 입장을 취한다.

그러나 위와 같은 입장은 작품의 형식과 내용의 구분을 전제로 하고 있다. 미적 경험은 작품의 형식적 특성에 주목하는 것으로 그것들의 비례, 조화, 균형, 특질 등을 무관심적으로 관조하는 것이라는 전제를 지니고 있다. 하지만 순수 음악이나 회화를 제외한 재현적 요소를 지닌 예술에 있어서 형식과 내용의 구분은 생각보다 단순하지 않다. 문학의 경우 내용 파악 없이 형식만을 음미할 수는 없다. 따라서 내용에 의해 전달되는 인식적 또는 윤리적 측면으로부터 작품은 분리되어 있지 않다는 주장도 있다. 이런 사람들은 미적 가치의 본래주의자들과는 다른 입장을 견지하고 있다.

결국 문제가 되는 것은 첫째, 미적 경험이 다른 경험과 정말 다른가 하는 문제이고, 둘째, 만약 미적 경험이 우리의 일상적인 경험과 다른 특징을 지닌다 하더라도 바로 이런 독특한 특징을 지닌 미적 경험이 앞선 이론가들이 주장하는 바와 같이 무관심적 태도로부터 경험되는 순수한 지각적 경험인가 하는 것이 문제이다.

만약 미적 경험이라는 것이 단지 대상의 형식적 특성들 간의 상호 작용으로부터 발생하는 지각적 특성만이 아니라 인간의 다양한 인식적 · 윤리

1 Beardsley, *Aesthetics*, p. 531.

적 능력들 간의 상호 작용과 관계할 때 발생되는 경험이라면, 미적 가치의 본래주의자들이 주장하는 본래적 가치의 내용은 사뭇 달라질 수 있기 때문이다. 다시 말해, 좋은 미적 경험을 산출한다는 의미에서의 미적 가치는 단지 대상을 순수하게 관조하는 데서 오는 즐거움만이 아니라 작품의 감상을 통해 얻게 되는 진리 인식의 즐거움, 자신의 도덕적 인식의 폭이 확대된다거나 사회 구성원들과의 공감이 증대되는 데서 오는 즐거움과 같은 다양하고 복잡한 성격의 즐거움들로 구성되어 있을 것이다.

그렇다면 문제는 작품이 지닌 또는 작품의 감상으로부터 발생하는 인식적 활동이나 윤리적 측면의 고려나 반응을 도구적이라고 보아야 할 것이냐가 문제이다. 이 질문은 상당히 순환적인 문제일 수 있다. 왜냐하면 우리가 본래적이냐 도구적이냐의 문제는 그 대상이 어떤 목적에 기여하고자 한 것이냐는 목표 설정의 문제와 연관되어 있다. 이미 미적인 것의 영역을 인식적인 것이나 윤리적인 것의 영역으로부터 구분하고자 했다면, 이들 영역의 목적이 기여하는 것은 수단으로 간주될 것이다. 그러나 작품이 원래부터 이런 목적에 기여하고자 하는 기능을 지니고 있다고 파악된다면, 이때 작품이 지닌 인식적 및 윤리적 가치는 그것이 다른 어떤 활동을 위한 가치가 아니라 그 자체 작품의 감상으로부터 얻어야 할 가치일 수 있다. 결국 우리가 '미적 가치'라는 개념을 이미 사용하는 순간부터 우리는 미적인 것의 독자성을 인식적인 것과 윤리적인 것으로부터 분리하고 있기에 이런 방식으로 이미 논의의 틀이 설정된 상황에서는 미적 가치라는 것이 작품의 가치가 아니라 순전히 지각적인 차원의 관조에서 발생하는 가치로 국한되게 되어 있다.

따라서 다음에 논의되는 작품이 지닌 인식적 가치 및 윤리적 가치에 대한 논의와 결과주의자에 대한 언급은 바로 이런 식으로 미적인 것이 이미 별도의 영역이라는 전제하에서 이름 붙여진 결과주의라고 보아야 할 것이다.

2. 인식적 가치 및 윤리적 가치와 결과주의자

어떤 예술작품은 인식적 가치를 지니고 있다. 이런 인식적 가치가 예술작품의 평가에 영향을 미치느냐 또는 그 영향을 고려하여야 하느냐는 것은 논란이지만, 어떤 작품이 인식적으로 기여하는 특성이나 내용을 지니고 있다는 것은 부인할 수 없다. 작가가 그런 지식(또는 정보)의 전달을 의도했든 그렇지 않았든, 독자나 감상자는 한 작품을 통해 인식적 요소를 발견하거나 찾을 수 있다.

인식적 가치를 중요시하는 입장에서 예술을 이해하고자 했던 대표적인 사람은 플라톤이다. 그는 예술작품이란 미술의 경우 이데아를 모방한 실제 세계의 대상들을 다시 한번 모방한 것이기에 진리로부터 멀리 떨어진 활동이라고 이해했고, 음악의 경우도 비이성적인 활동으로서 뮤즈에 홀린 상태라고 이해하였다. 이처럼 실재에 대한 지식에 기여하기보다 사람들을 시각적으로 속이고 이성적이지 못하게 하는 예술은 당연 자신이 건설하고자 하는 이상국가에서는 권장할 만한 것이 못되며, 예술가들은 이 국가에서 추방되어야 한다.

하지만 아리스토텔레스가 예술은 인간에게 가치 있는 것이라고 보았는데, 그 이유는 예술이 보다 나은 삶에 기여하기 때문이었다. 그는 비극이 인간의 행위와 경험에 대한 가르침을 준다고 생각했다. 또한 그는 예술이 정서적 출구를 제공하는 치료적 가치도 지닌다고 보았다. 아리스토텔레스의 이런 평가는 예술이 지닌 가치가 단지 미적인 관조에서 오는 즐거움만이 아니라 개연성을 지닌 인간 행위의 전개와 결말을 통해 인간의 삶에 대한 인식에서 오는 즐거움에도 가치를 두었다고 하겠다.

예술이 가치 있는 것이라고 보았든 그렇지 않았든 플라톤과 아리스토텔레스가 취했던 입장은 미적 가치에 대한 본래주의적 입장을 취하는 사람들과는 다른 어떤 공통점을 지닌다. 그것은 그들이 예술을 예술 외의 다른 인간 활동과 특별히 다르지 않다고 보았다는 점이다. 앞서 예술을 위한 예술을 주창하며 미적 경험의 독특함을 강조하고 미적 태도나 주목의 차별성을 강조하였던 입장과는 대조를 보인다.

따라서 이들에게 있어 예술이 지녀야 할 가치는 그것이 단지 순수한 미적인 즐거움을 전달해 주기 때문이 아니라 그것이 가져다주는 인식적 가치 때문으로 이해할 수 있다. 그래서 예술작품의 평가는 이런 인식적 가치의 산출 여부에 달려 있다는 입장을 취한다고 하겠다.

이런 입장은 단지 고대에만 견지되었던 것은 아니다. 안토니 새빌(Anthony Savile)은 훌륭한 소설을 읽거나 아름다운 교향곡을 듣는 사람들은 타인과 타인의 세계를 잘 이해하기 때문에 다른 사람들의 입장에 더 잘 설 수 있다고 말한다.[2] 힐러리 퍼트남(Hilary Putnam) 역시 유사한 입장을 지니고 있다. 예술이 과학적 진리를 제공하는 것은 아니지만 그것은 일종의 도덕적 진리를 제공한다는 입장을 지니고 있다.

이처럼 예술작품이 제공하는 인식적 가치에 주목하는 사람들은 예술의 가치는 보고 듣고 하는 우리의 감각 능력을 예민하게 하는 데 있는 것이 아니라, 인간 상황에 대한 인식, 세계를 보는 방식 등에 영향을 미치는 인식적 가치에 있다고 본다.

그렇다면 우리는 예술이 지닌 이러한 인식적 가치에 근거해서 작품의 좋고 나쁨을 평가하는 것을 어떻게 이해해야 하는가? 이것은 예술작품의 가치를 비미적인 요소에 의해 평가하는 것으로 작품의 본래적 가치가 아닌 도구적 가치에 의해 평가하고 있다고 보아야 하는가? 아니면 이러한 인식적 가치가 간접적으로 미적 가치를 고양시키기에 여전히 작품의 본래적 가치인 미적 가치를 평가하는 데 영향을 미치는 것으로 보아야 하는가? 전자의 사고방식은 작품의 평가라는 것이 오로지 미적인 평가여야 한다는 전제를 부정하는 입장이고, 후자의 경우는 작품의 평가가 미적 평가여야 한다는 것을 받아들이고는 있으나 미적 평가가 단순히 지각적 측면의 즐거움만

2 Marcia Mueller Eaton, *Basic Issues in Aesthetics*, p. 131.

이 아니라 인식적 즐거움과 연관되어 있다는 입장을 취하고 있다.

예술작품은 인식적 가치뿐만 아니라 윤리적 가치를 지니기도 한다. 예술작품은 특정 윤리적 가치를 강조하거나 사람들에게 특정 윤리적 가르침을 전달할 수도 있다. 또한 작품이 윤리적인 문제를 제기하고자 하기도 한다. 이것은 작품의 감상에 윤리적인 고찰이 빠질 수 없다는 것을 의미한다. 따라서 작품을 통해 더 나은 사람이 된다거나 더 좋은 사회가 된다면 또는 우리들의 윤리적 감수성이나 판단능력이 신장된다면, 그 작품은 윤리적 가치를 지니고 있다고 하겠다. 이와 같은 작품의 윤리적 가치 때문에 예술이 우리에게 가치 있는 것은 그것이 지닌 윤리적 가치 때문이라는 입장 역시 존재해 왔다.

톨스토이는 예술의 가치는 그것이 제공하는 즐거움에 있다는 주장에 대해 강하게 반박한다. 우리가 그토록 힘겹게 예술을 위해 노력하고 희생하는 것은 단순히 그것으로부터 얻는 즐거움 때문이 아니라는 것이다. 음식의 가치는 그것이 주는 즐거움에 있는 것이 아니라 영양에 있는 것처럼, 예술의 진정한 가치는 즐거움이 아니라 "건강한 개인과 건강한 사회에 대한 기여"에 있다고 그는 보았다. 이런 점에서 그는 예술의 목적과 기능에 대한 심미주의적 경향을 강하게 비판하였다.

그는 예술의 목적과 기능을 예술작품이 만들어지고 유통되는 사회 속에서 보았다. 그가 예술을 사람들 사이의 감정의 소통이라고 정의하였던 것도 "일체감 속에서 사람들을 서로 통합시키는 정서의 표현"을 중요시했기 때문이다. 그래서 예술이 한 사회 속에서 수행할 수 있는 구성원들을 결합시키고 하나 되게 하는 기능에 주목하였다. 물론 예술이 이러한 구성을 위해 담아내야 하는 가치는 그리스도교적 사랑이었다.

결국, 톨스토이는 예술작품이 산출하는 윤리적 가치를 강조하였고, 인식적 가치에 주목하였던 사람들과 마찬가지로 작품 그 자체가 산출하는 즐거움에 가치가 있다기보다 그것을 넘어선 것에 가치가 있음을 주장하고 있다.

톨스토이와 같은 입장은 사실상 일반들인들이 지닌 예술에 대한 견해와도 크게 다르지 않을 것이다. 흔히 영화에 대한 사람들의 반응은 단지 그 영화 속에서 경험하게 된 영상적인 화면이나 그 화면들의 연속에 있지 않다. 사람들은 그 영화가 다루고자 했던 주제에 대해서, 주제에 접근하는 작가의 방식에 대해서 그리고 작가의 해답에 대해서 또는 해답의 실마리에 대해서 생각하고 논의한다. 이것이 단지 생각하고 논의하는 차원의 것이니 미적 경험의 차원이라기보다 비평의 차원이라고 말할 사람도 있을지 모른다. 그러나 문제는 바로 이 비평 차원에서 이야기되고 있는 것이 그 핵심은 우리가 그 작품을 어떻게 감상했느냐라는 것이다. 다시 말해 우리는 작품을 감상하는 동안 작가가 만들어 놓은 구조에 따라 마음을 열고 따라가면서도 그것에 반응하고 반응에 대해 생각하고 다시 해법을 예상하고 기대해 본다는 것이다. 이런 과정에서 우리가 느끼는 즐거움이란 것은 단지 지각상의 즐거움이 아니다. 인간에 대한 새로운 이해를 얻게 되고, 좀 더 사랑스런 눈으로 내가 사는 세상을 다시 보게 해주는 경험을 할 때 이것은 작품으로부터 만들어진 즐거움이 된다.

이제 문제는 이런 즐거움의 정체가 단지 지각적이지 않는 한 우리가 경험하는 즐거움이란 인식적이기도 하고 윤리적이기도 하다는 점이다. 그렇다면 우리는 여전히 작품의 가치는 오로지 미적 가치로만 평가되어야 하는지의 문제에 대해 명확한 해답을 찾지 못한 셈이다. 이 문제에 대한 대답이 쉽지 않은 이유는 과연 예술의 목적이나 기능이 본질적으로 무엇인지에 대한 상이한 해답 때문이라 생각된다. 심미주의자로 분류되는 사람들에게는 예술의 목적이나 기능이 감각능력을 예민하게 한다거나 정서적이거나 감정적 차원의 즐거움을 목표로 한다고 볼 것이지만, 플라톤이나 아리스토텔레스 또는 톨스토이와 같은 사람들처럼 예술이 추구하는 목적이 인식적이라거나 윤리적이라고 보았다면 이 목적에 기여하는 가치가 바로 예술작품의 가치이고 작품을 평가하는 기준으로서 고려되어야 한다고 생각할 것이기 때문이다.

그러나 보다 심각한 문제는 과연 우리가 접하는 예술작품들을 하나의 목적이나 기능을 지닌 것으로 이해할 수 있는가이다. 인식적 가치나 윤리적 가치는 작품이 지닌 재현적 요소에 근거한다. 하지만 모든 작품이 재현적이지는 않다. 순수음악이나 추상화와 같이 재현적 요소를 지니지 않은 작품들도 존재하기 때문이다. 이런 종류의 작품들이 어떤 인식적 가치나 윤리적 가치를 지니고 있느냐고 묻는다면 우리가 제시할 대답은 없다. 미적 가치의 자율성을 강조해 온 사람들은 바로 이런 종류의 작품을 염두에 두었을 수 있다. 그리고 설사 재현적 요소가 들어 있는 작품이라 하더라도 모든 예술작품이 지닌 공통성은 작품의 형식적 요소들이다.

따라서 미적 가치의 자율성을 주장하는 사람들은 인식적 가치나 윤리적 가치는 작품의 도구적 가치에 불과하다고 판단해 왔다. 그것은 예술이 지닌 그 자체의 특성으로 그 가치를 판단하거나 예술이 소중하다고 생각하는 것이 아니라 그것이 산출하는 결과 때문에, 즉 그것의 외재적인 가치에 근거해서 작품을 평가하거나 예술이 소중하다고 생각하는 것이라고 반박한다. 그들은 재현적 요소가 발생시키는 인식적 측면이나 윤리적 측면이 작품의 평가에 영향을 주어서는 안 된다고 생각한다. 따라서 그들은 인식적 가치나 윤리적 가치 때문에 예술이 가치 있다고 생각하는 입장을 그리고 이런 가치의 소유 여부를 근거로 작품을 평가하는 입장을 결과주의적 입장이라고 부른다.

미적 가치의 본래주의자와 비본래주의자의 갈등은 단지 미적 가치와 인식적 가치 또는 윤리적 가치의 대립으로만 이해되지 않는다. 넓은 의미로 보아 종교적 가치도 윤리적 가치에 포함될 수 있으나, 종교심을 함양시킨다는 의미에서는 단지 윤리적 가치라고만 볼 수는 없다. 그런데 어떤 작품들은 바로 이런 종교적 가치 때문에 높은 평가를 받기도 한다. 이런 식으로 생각을 확대해 가면 예술작품을 평가하는 가치는 사실상 너무나도 다양해진다. 무엇보다도 고려해 볼 만한 것은 예술사적 가치로서 어떤 작품의 가치는 그것이 지닌 예술사적 맥락에 의해 발생한 가치 때문에 훌륭한 것으로 평가된다. 예를 들어, 뒤샹의 〈Fountain〉과 같은 작품은 그것이 전달하는 지각적 요소들에 대한 미적 경험 때문이 아니라, 그것이 예술작품의 정의가 화두가 되었던 시대의 예술사적 의의를 지니고 있기에 중요하게 여겨진다고 하겠다.

그밖에도 예술작품이 지닌 사회적 가치, 문화적 가치, 심지어는 과학적 가치 및 경제적 가치도 있을 수 있다. 따라서 우리는 예술작품을 평가하는 데 있어 어떤 가치들의 고려가 유관한 것들인지 묻게 된다. 사실 어떤 대상을 평가하는 방식은 평가의 목적에 따라 다른 기준이 적용될 수 있을 것이다. 따라서 예술작품이 훌륭하다고 평가되는 기준들이 아주 다양하다는 것은 놀랄 일이 아니다. 문제는 우리가 훌륭한 예술작품이라고 할 때 무엇을 평가하고자 하느냐는 것이 문제의 핵심이 될 것이다. 그렇다면 예술작품이 재현적인 요소를 지니고 있든 그렇지 않든 예술작품이라면 반드시 지녀야 하는 기능이 무엇인지 살피지 않을 수 없는데 그것은 바로 작품의 감상일 것이다. 이것을 미적 감상이라고 말한다면 이미 이 문제에 대한 어떤 입장을 전제하고 문제를 풀고자 하는 것이므로 단순히 작품의 감상이라고 말하는 편이 중립적일 것이다. 그렇다면 우리의 감상에 무엇이 관여하는지 어떤 가치들이 영향을 주는지 살펴보는 것이 현명할 것이다.

작품의 감상에 미적 가치가 영향을 준다는 것은 당연한 것이고, 앞서 논의되었던 비미적인 가치들 중 어떤 가치들이 유관한지 생각해 보는 것은 유의미한 일이다. 그러나 앞서 언급되었던 인식적 가치, 윤리적 가치, 종교적 가치, 예술사적 가치, 사회적 가치, 문화적 가치, 과학적 가치, 경제적 가치 중 대표적으로 인식적 가치와 윤리적 가치가 어떻게 감상에 영향을 주는지를 살펴봄으로써 이 논의가 다른 가치들이 감상에 미치는지의 논의에도 적용될 수 있는 틀을 개발해 보는 것이 바람직해 보인다.

3. 미적 가치와 인식적 및 윤리적 가치의 관련성

위에서는 예술의 목적이나 기능에 대한 다른 입장 때문에 예술의 가치에 대해 서로 다른 입장이 가능함을 보았다. 다른 목적이나 기능이 설정되었다면 작품의 평가에서 유관하다고 여겨지는 가치는 그 목적이나 기능과 함께 변동되거나 비중이 달라지게 되는 것은 당연하다. 그러나 여기서는 이 본질적인 문제를 다루지는 않겠다. 다만 앞서 언급했던 것처럼 예술작품이 최소한 감상의 차원에서 가치를 지닌다고 평가될 때라도 과연 어떤 가치들이 평가에 고려되어야 하는 가치로서 등장하느냐를 다루어 보고자 한다. 예술을 감상하는 것은 그것을 흔히 미적 경험이라고 언급해 왔다. 예술이 제공하는 미적 경험이 그 자체 가치 있는 것이라 하더라도 이제 우리가 다루고자 하는 문제의 핵심은 이 미적 경험이 순전히 지각적인 활동 외의 다른 활동들과 결코 독립적이지 않다는 점이다. 따라서 이후 논의에서 사용되는 '미적 경험'이란 용어는 단순히 작품의 미적인 측면에 대한 경험만을 의미하는 것으로 받아들여서는 안 되고, 작품의 감상 활동을 지칭한다고 이해하는 것이 혼동을 막을 것이다.

미적 경험이 인식적 가치나 윤리적 가치와 무관하게 전개될 수 없다는 입장은 작품의 내용과 형식이 엄밀히 구별될 수 없다는 입장과 맥을 같이 한다. 이런 입장에서는 미적 가치는 다른 가치와 순전히 독립적이지 않다고 이해한다.

예를 들어, 어떤 소설이나 시가 왜곡된 현실을 보여 주거나 특정 집단에 대한 편견을 드러낼 경우 그것은 미적 경험을 방해할 것으로 생각된다. 아무리 왜곡된 현실을 보여 주는 측면을 제거하고 작품을 감상하려 해도 왜곡을 인식한 주관은 그것을 인지한 순간 작품의 다른 것들에 대한 이해를 방해할 가능성이 높다. 그렇다면 인식적 가치나 윤리적 가치가 어떤 방식으로든, 직접적으로든 간접적으로든, 작품의 감상에 영향을 미치고, 결국 작품의 소위 '미적 가치'에도 영향을 미친다고 볼 수 있다. 모리스 웨이츠

(Morris Weitz)는 작품 속에서 만들어지는 주장은 미적으로 작품과 관련 있다고 생각한다.[3]

물론 미적 가치의 자율성을 주장하는 사람들은 이런 영향 관계가 발생하는 것을 부인하지는 않지만 올바른 미적 경험을 위해서는 바람직한 것이 아니라고 주장할 것이다. 더글라스 모건(Douglas Morgan)은 예술작품이 진리를 포함하고 있음을 인정하면서도 작품에 대한 미적 판단이 이것에 근거해서는 안 된다고 주장한다.[4] 아무리 좋은 윤리적 가르침을 전달하는 작품이더라도 그것은 지루하고 따분하여 형편없는 작품으로 평가될 수 있다. 그리고 다소 동의하기 어려운 도덕적 견해를 담은 작품이라 하더라도 잘 균형 잡힌 작품일 수 있다. 따라서 작품의 미적 판단은 순수한 미적 가치에 근거해야 한다고 주장할 것이다.

그러나 미적 가치의 자율성을 주장하는 사람들이 인식적 가치나 윤리적 가치가 미적 경험에 영향을 미친다는 것을 인정하는 한, 인식적 가치나 윤리적 가치는 작품을 평가하는 일차적인 기준은 아닐지라도 이차적인 기준은 된다고 주장할 수 있기 때문이다. 아무리 좋은 윤리적인 가르침을 전달하는 작품이더라도 그것이 지루하고 따분하다면 다시 말해 작품이 미적으로 잘 구성되어 있지 못하다면 형편없는 작품으로 평가될 것이라는 점은 동의할 만하다. 이것은 윤리적 가치나 인식적 가치가 작품의 평가에 대한 주요 독립 변수는 아니라는 것을 의미한다. 그러나 미적 가치의 측면에서 일정 수준을 넘어선 작품들은 바로 이런 윤리적 가치나 인식적 가치에 의해 좋은 미적 경험을 산출하거나 그렇지 않을 수 있다. 다소 동의하기 어려운 도덕적 견해를 담은 작품이긴 하지만 잘 균형잡힌 작품이 있을 수 있다는 것에도 동의할 수 있다. 그러나 이 작품이 공감할 수 있는 도덕적 견해를 담은 작품이었다면 더 훌륭한 작품으로 평가받았을 것임은 명백하다.

---

3 Marcia Muelder Eaton, *Basic Issues in Aesthetics*, p. 135.

4 Marcia Muelder Eaton, *Basic Issues in Aesthetics*, p. 135.

그런데 우리가 작품이 지닌 인식적 가치와 윤리적 가치를 논의하는 데 있어 단지 이 가치들을 진리를 전달한다거나 가치관을 전달한다는 관점에서의 가치라고만 이해하는 것은 충분한 이해가 아니다. 인식적 가치나 윤리적 가치는 인식적 확장을 가져오거나 예전에는 생각해 보지 않았던 것을 보게 하거나 느끼게 하거나 새로운 문제의식을 안겨주는 것들도 포함되는 것으로 이해해야 한다. 우리 삶을 새로운 시각으로 바라보게 하고, 우리가 둔감해 했던 새로운 윤리적 문제를 제기하고, 서로 다른 윤리적 입장에 선 사람들의 인생관이나 세계관을 간접적으로 체험하게 하는 등의 역할도 우리는 작품이 지닌 인식적 가치이고 윤리적 가치라고 보아야 한다.

인식적 가치와 윤리적 가치를 위와 같이 이해할 때, 작품이 지닌 인식적 요소와 윤리적 요소는 작품을 이루는 구성 내용과 너무나도 긴밀히 연결되어 있음을 알 수 있다. 스토리를 지닌 모든 예술작품, 많은 재현적 요소를 지닌 작품은 작품에서 다루는 제재가 우리의 삶에서 독립된 또 다른 세계 속에서의 이야기가 아니라 바로 우리 삶 속에서 마주치는 이야기이고 그것을 가공하거나 연장한 것임을 알게 된다. 결국 작품의 감상이란 물론 또 다른 세계 속으로의 몰입일 수 있지만, 이러한 몰입은 이미 현실을 살고 있는 자의 몰입이고 다시 현실로 돌아와야 하는 자의 몰입임에 주목할 필요가 있다. 따라서 우리 삶 속에서 항상 마주치고 판단하는 인식적 가치와 윤리적 가치의 문제는 설사 미적인 공간에서 이루어지는 경험의 경우에도 완전히 제거해 버릴 수 없고, 오히려 이 문제가 해결되는 데 미적 공간에서의 경험이 도움을 줄 것을 기획하는 경우도 있다.

이상의 논의로부터 작품을 평가하는 데 있어 인식적 가치나 윤리적 가치는 적어도 간접적인 방식으로, 다시 말해 종속적인 변수로서 평가에 영향을 미친다고 하겠다. 그래서 미적 가치 또는 미적 경험이 인식적 가치나 윤리적 가치로부터 완전히 독립적이라는 입장은 상당한 부담을 안고 있는 주장이라 생각된다. 하지만 논쟁은 여전히 말끔히 해결되지 않은 채 남아 있다. [이 논의에 대해서는 『미학대계』 3, '미학의 새로운 쟁점들' 의 「예술과 도덕

의 관계: 입장들의 분류와 현대적 논의」(주동률)를 참고하시오.]

예술이 가치 있는 이유에 대한 설명에서 미적 가치의 자율성을 존중하기는 하지만, 간접적인 방식으로 미와 도덕성이 서로 관련을 맺고 있다는 입장은 그 역사적 뿌리 또한 깊다. 섀프츠베리는 도덕적 감관과 미의 감관의 역할을 동시에 수행하는 내적 감관이라는 의미로서의 심안 또는 내감을 강조하였고, 칸트는 미는 도덕성의 상징이라고 보았다. 많은 학자들은 미적 감수성과 도덕적 감수성의 관련성에 대해 주목해 왔다. 따라서 개별 작품이 인식적 요소나 윤리적 요소에 의해 평가되어야 한다는 입장은 아니라 하더라도 궁극적으로는 미적 경험이 도덕성의 함양과 관련을 맺고 있다는 다소 느슨한 방식의 입장이 존재해 왔다. [이 문제와 관련된 논의는 『미학대계』 2, 제1부 미학의 근본 문제, '예술' 의 「예술과 도덕의 관계: 고대에서 근대까지」(박상혁)를 참고하시오.]

4. 생각해 볼 문제

이상의 논의는 예술의 가치가 본래적인 가치라고 이해되어 온 미적 가치에 있다고 보아야 할 것인지 도구적 가치라고 이해되어 온 인식적 가치나 윤리적 가치에 있다고 볼 것인지의 문제로 단순화되지 않음을 보여 준다. 앞서 언급했듯이 오히려 진지하게 생각해 보아야 할 문제는 예술의 본래적 가치가 무엇이냐는 문제이다. 이 문제는 과연 예술의 본질이 무엇인지 또는 과연 무엇을 목적으로 하는 활동인지에 대한 질문과 연결되어 있다. 왜냐하면 인식적 가치나 윤리적 가치를 강조하였던 사람들은 미적 경험이 가져오는 지각상의 즐거움은 예술의 진정한 가치가 아니며, 예술의 본래적 가치 안에는 인식적 가치 및 윤리적 가치가 배제될 수 없음을 보이고자 했기 때문이다. 예술의 본래적 기능이 무엇이냐는 입장에 따라 본래적 가치의 내용이 달라질 것이고, 따라서 본래적 가치의 평가를 위해 고려되어야 하는 것들도 달라질 것이다.

따라서 문제는 미적 경험이 어떤 활동인지를 이해하는 일이라 하겠다. 과연 이 활동은 순전히 심미적인 활동인가 아니면 우리의 다른 인간 활동에서 발생하는 인식적 또는 윤리적 측면을 포함한 활동인가? 이런 측면들이 미적 경험과 얼마나 긴밀하게 관련을 맺고 있는지 보다 심도 있게 살펴볼 필요가 있을 것이다.

생각해 보아야 할 또 다른 문제는 본래적인 미적 가치를 강조하는 사람들이 주목하는 예술의 성격과 윤리적 또는 인식적 가치를 강조하는 사람들이 주목하는 예술의 성격이 동일한 것이냐 하는 문제이다. 그들이 주목한 예술작품들의 성격이 상이하고 따라서 그들이 각각 상이한 목적과 기능을 지닌 예술작품들을 염두에 두었다면, 이들 간의 대립은 동일한 예술에 대한 상이한 입장이 아니라, 하나로 묶어 설명할 수 없는 상이한 예술활동 각각에 대한 입장일 것이기 때문이다.

더 읽을거리

오병남, 「제5장 미적 태도」, 『미학강의』, 서울대학교출판부, 2003, pp. 70-86.

마거릿 P. 배틴 외, 「제5장 예술 및 여타의 가치들」, 『예술이 궁금하다: 퍼즐과 함께하는 미학산책』, 윤자정 옮김, 현실문화연구, 2004, pp. 263-317.

제롬 스톨니츠, 「제11장 예술과 도덕」 및 「제12장 미적 경험, 가치평가 그리고 비평」, 『미학과 비평철학』, 오병남 옮김, 이론과실천, 1991, pp. 307-359.

조지 디키, 「제16장 입문: 비어즐리의 이론」, 『미학입문: 분석철학과 미학』, 오병남 · 황유경 옮김, 서광사, 1986, pp. 203-219.

Beardsley, M, C., "Aesthetic Value", *Aesthetics*, Harcourt, Brace & World Inc., 1958.

Eaton, M. M., "Aesthetic Value", *Basic Issues in Aesthetics*, Wadsworth Publishing Company, 1988, pp. 125-147.

미의 존재론

염재철(대표집필)
김동훈
김 율

1. 들어가는 말

오랫동안 인간이 최고의 가치로 생각해 왔던 진 · 선 · 미 중 하나인 미 개념은 다른 두 가치 개념들과 마찬가지로 인간이 만든 가치 개념이다. 이를테면 인간이 진 · 선과 구분하여 '미적으로' 자신들에게 '좋거나 유익하다고' 여겨 만든 개념이라는 말이다. 그러나 다른 두 개념에서도 유사하게 나타나는 현상이지만, 미라는 가치 개념은 그 실제적 용례에서 본다면 다른 두 개념까지도 포함하여 그 외연을 한정짓기 힘들 만큼 포괄적으로 사용되는 개념이다. 인간이 인간, 자연, 예술을 두고 아름답다고 말할 때에는 대체적으로 감각적으로 좋은 어떤 측면, 그중에서도 특히 시각적인 측면의 어떤 좋음을 두고 말하는 경우가 많다. 하지만 적지 않은 경우 우리는 '아름답다' 라는 말이 진리나 선의 측면들을 가리킬 때에도 사용되며 그리고 더 나아가 인간에 대한 용례의 경우에는 성적인 측면이나 강인한 삶의 모습 등 다양한 측면에도 사용됨을 목격한다.

이처럼 포괄적인 용례를 보이는 미에는 종류별로 보면 인간미, 자연미, 예술미가 있다. 그러나 서양 미론의 역사를 살펴보면 초기의 짧은 시기를 제외하고는 미의 문제가 제기될 때마다 점차적으로 자연미나 예술미가 인간미를 제쳐두고 그 주도적 대상으로 부각되어 왔음을 알 수 있다. 인간이 미라는 개념을 처음 만들 때 그것이 인간들 사이에서 중요한 것이어서 만든 것이라면, 인간에 관련된 미가 당연히 폭넓고 중요하게 다루어졌으리라 생각되지만 학적으로 진행된 미론의 역사는 그러지 못했다. 미의 존재론을 다루는 이 글은 인간이 어떤 경우에 아름답다는 말을 존재론적 측면에서 사용해 왔는지를 세 가지 종류의 미에 주목하면서 역사적으로 검토해 본다.

2. 서양 고대의 미론

서양 고대의 미 개념은 오늘날 우리가 학적으로 이해하는 미 개념과는 무척 커다란 차이가 있다. 우리에게 익숙한 근대 이후의 미학에서 언급하는 미 혹은 예술적 미의 개념을 고대 그리스인들에게서 찾으려는 것은 무모한 시도다. 고대 그리스인들이 사용했던 미라는 낱말, 'kalos'는 매우 포괄적이고 다의적인 의미로 사용되었다. 'kalos'라는 말은 예컨대 인간의 신체와 그 부분, 영혼이나 도덕적인 행위, 법률과 도덕, 가축이나 도구와 같은 유용한 사물, 학문과 진리 등에 폭넓게 적용될 수 있는 말이었다. 그들은 우리가 오늘날 미를 다른 가치 개념들인 진 · 선과 구분하여 학적으로 좁게 해석하려는 의식적인 노력을 그렇게 중요하게 생각하지 않았다. 이러한 고대 그리스의 미 개념의 다양한 용례적 · 의미론적 측면은 미의 존재론적 연구의 중요한 실마리가 된다.

물론 존재론적 관점에서 중요한 의미를 지니는 미 이론은 플라톤에 이르러서 비로소 발견되지만, 우리는 이미 플라톤 이전의 몇 가지 유력한 미 개념들을 통해서도 서양 고대 초기 미 개념의 다양한 존재론적 특징들을 살펴볼 수 있다. 사실 플라톤의 미 이론은 전통적 미 개념을 비판하고 그것을 철저하게 존재론적으로 재정립하려는 시도에서 생겨난 것이다. 먼저 플라톤 이전의 대표적인 미 개념으로는 피타고라스 학파에 의해 널리 퍼지게 되었던 질서(taxis), 비례(symmetria), 조화(harmonia)로서의 미 개념, 소피스트들의 주관적 쾌로서의 미 개념, 그리고 소크라테스의 도덕적 미 개념이 있다. 여기서 우리는 플라톤 이전의 미 개념에는 사물의 객관적 속성으로서의 미와, 그러한 사물들과의 교섭 속에서 주어지는 주관적 경험으로서의 미, 그리고 객관적으로 행해야 할 과제에 적합한 행위의 속성으로서의 미 개념 등이 혼재되어 있었음을 알 수 있다. 이러한 세 가지 미 개념 혹은 세 가지 미의 기준을 넘어 플라톤은 전혀 새로운 차원에서 자기 자신의 미 개념 혹은 미의 기준을 제시한다. 플라톤에 따르면 미의 이데아를 나누어 지니는 것(metexis, 分有)이 아름다우며, 사물들이 존재론적으로 관계를 맺고 있는 그 미의 이데아야말로 우리가 특정 대상을 아름답다고 말할 수 있는 궁극적 기준이 된다. 플라톤의 미 개념은 소피스트들의 미 개념과는 첨예하게 대립되며 그의 스승이었던 소크라테스의 미 개념과도 일치하지 않는다. 다만 피타고라스 학파의 미 개념과는 어느 정도 상통한다고 볼 수 있다. 왜냐하면 플라톤은 피타고라스의 사물의 객관적 속성으로서의 미 개념을 원칙적으로는 받아들이되, 그것의 존재론적 근원을 밝히고자 했다고 볼 수 있기 때문이다.

플라톤 미 이론의 핵심은 "바로 그것을 통해 다른 모든 것들이 비로소 아름답게 나타날 수 있는 미의 형상"[1]이라는 개념에 있다. 그것은 사물의 객관적 속성으로서의 미가 나타날 수 있는 존재론적 근거로서, 개별적이고 감각적인 사물들로부터 전적으로 분리되어 독립적이고 완전한 존재성을 지닌다. 플라톤에 따르면, 참으로 존재한다고 말할 수 있는 미는 바로 미의 형상뿐이며, 경험 가능한 사물적 속성으로서의 미는 다만 그것의 불완전한 반영에 불과하다. 우리가 사물이나 육체 등이 아름답다고 말한다면, 그 까닭은 그것들이 이 미의 형상을 닮았기 때문이다. 사물의 속성으로서의 미

1 Platon, *Hippias Maior*, 289d; 290d; 295c; 296e; 297e; 303e.

가 상대적이고 시간적이라면, 다시 말해 미의 정도가 변화하기도 하며 소멸하기도 한다면, 그에 비해 미의 형상, 즉 미의 이데아는 그 자체의 힘으로 언제나 불변의 동일한 모습으로 존재하는 절대적 미이다.[2]

이렇듯 플라톤은 사물이나 육체의 객관적 속성으로서의 미를 인정하고 또한 그것이 인간에게 쾌를 불러일으킨다는 것을 인정했음에도 불구하고, 근본적으로는 절대적인 관념적 존재자로서의 미 개념을 가지고 있었다. 엄밀한 의미에서 참으로 존재하는 것은 관념적 형상으로서의 미뿐이다. 물론 이 관념적 존재자는 인간의 주관적 정신 속에 있는 것이 아니다. 오히려 그 자체로 객관적으로 존재하는 것이다. 그러하기에 인간의 정신적 아름다움은 이 미의 형상을 분유(分有)함으로써 생겨나는 것이며, 인간 정신의 과제는 감각적 현실의 사물적 미들을 발판 삼아 객관적 관념의 미의 세계에로 상승해 나가는 것이다. 이런 점에서 우리는 플라톤의 미 개념을 대단히 강한 형태의 객관적 · 관념론적 미 개념으로 특징지을 수 있다.

미에 대한 플라톤의 존재론적 이해는 그의 사후 당분간은 큰 영향력을 발휘하지 못하며, 오히려 이른바 미 개념의 '탈존재론화(Entontologisierung)'가 지배적인 경향으로 자리 잡는다.[3] 예컨대 스페우시포스는 미가 존재의 제일 원리 중의 하나라는 점을 부정하고 존재 질서의 하위 단계에서 나타나는 것일 뿐이라고 한다. 아리스토텔레스 역시 플라톤의 이데아론을 비판함으로써 이러한 미 개념의 탈존재론화에 기여했다. 아리스토텔레스가 "영원한 미와 참되고 근원적인 선"이라는, 마치 플라톤을 연상시키는 표현을 미나 선의 형상이 아니라 '제일 원동자'에 대해서 하고 있다는 것은 주목할 만한 일이다.[4] 그러나 원칙적으로 아리스토텔레스에 의하면 감각적 · 구체적인 실체로부터 분리되어 있는 미의 형상 따위는 존재하지 않는다. 그는 미를 비례, 질서, 크기와 같은 사물의 속성으로 이해한다. 아리스토텔레스

2 Platon, *Symposion.* 211b.

3 G. W. Most, "das Schöne", in: *Historische Wörterbuch der Philosophie Bd.8*, S. 1345.

4 Aristoteles, *De motu animalis.* 6, 700b32-35.

는 때때로 이전의 사상가들과 마찬가지로 비례, 질서, 크기와 같은 개념을 수학적 · 양적 의미로 이해하지만, 그러나 그가 생각하는 이러한 개념들의 궁극적 의미는 그의 목적론적 사상 속에서 해석되어야 한다. 즉 부분들이 지향하는 전체의 관점에서 그 부분들의 적합한 관계와 상응이 이루어져야 그 부분들은 아름답다고 말해질 수 있는 것이다.

아리스토텔레스에게서 나타나는 미 개념은 현실적이고 구체적인 실체들의 세계에서 관찰할 수 있는 객관적 속성으로서의 미 개념이다. 굳이 아리스토텔레스의 철학적 용어를 빌려 말하자면, 미는 실체의 우유적(偶有的) 속성에 해당한다고 말할 수 있다. 따라서 미는 그 자체로 자립적 존재성을 지니지 못하지만, 자립적으로 존재하는 실체들에서 나타나는 객관적 속성으로서, 유용성 등의 다른 종류의 속성들로는 환원될 수 없는 고유의 독특한 존재 이유를 지닌다. 아리스토텔레스가 다른 고대 철학자들과는 달리 미를 '미학적 의미'에 국한시켜 이해하려는 경향은, 미의 객관적 기준뿐 아니라 예술의 인식적 기능, 미적 쾌 등을 탐구하는『시학』에서도 확인된다.

헬레니즘 시대에 이르러 미 개념은 사유의 주변부로 밀려나 단순화되고 파편화되는 경향을 보인다. 예컨대 에피쿠로스는 미가 감각적 쾌에 연결되어 있다는 측면에만 관심을 기울여 미를 수용적, 쾌락주의적으로 이해한다. "쾌를 일으키지 않는다면, 미 혹은 공연히 놀라움을 일으키는 것들을 나는 경멸할 것이다."[5] 반면 이러한 주관적 효과 혹은 반응으로서의 미 개념에 대해 스토아 학파는 전통적 비례의 개념에 주목한다. 다만 여기서 비례 개념은 미학적 의미뿐 아니라 윤리적 의미도 지니고 있다. 제논이 미와 선을 동일시하고 도덕적인 것보다 더 고귀한 것은 없다고 말하는 데서 드러나듯, 스토아 학파에서는 도덕성으로서의 미 개념이 다시 강조된다.

5 Epikur, Frg. 512, in: *Epicurea,* 1887, hg. H. Usener.

3. 서양 중세의 미론

아리스토텔레스 이후 헬레니즘 시대에 이르기까지 그다지 주목을 받지 못했던 플라톤 식의 미의 존재론적 이해는 신플라톤주의의 창시자였던 플로티누스에 와서 다시 강조된다. 플로티누스는 기독교적 신이라는 새 시대의 지혜로서의 근본자 개념을 플라톤 사상의 영향 아래 그 나름대로 철학적으로 구성해 나간 철학자이다. 플로티누스의 관점에서 볼 때, 사물의 우유적 속성으로서의 미 개념에 기초한 아리스토텔레스의 미 이론은 미의 한 측면만을 부각시켰던 에피쿠로스 학파나 스토아 학파의 미 이론과 마찬가지로 전혀 만족스럽지 못한 것이었다. 플로티누스는, 플라톤과 마찬가지로, 존재하기도 하고 존재하지 않기도 하는 사물의 우유적 속성으로서의 미 이전에 영원하고 불변한 미의 참된 실재가 있어야 한다고 믿는다. 그러한 절대적 미는 질료적 세계 속에 존재하는 것이 아니라 비질료적 대상으로 존재함이 틀림없다. 그리고 그것은 현실 세계의 질료성과 다수성을 극복한 단순하고 순수한 '일자'에게 해당되는 규정이다. 플로티누스에 따르면, 존재자들은 이러한 절대적 일자로부터 '유출'되어 존재하게 되는데, 이 유출의 근원으로부터 떨어져 있을수록 더 많은 질료성과 결합하게 되고 더 낮은 등급의 존재성을 지니게 된다. 이것이 플로티누스의 잘 알려진 유출 이론이다. 이 이론 속에서 존재는 차례로 초월적 일자, 정신, 영혼, 형상, 질료, 무라는 개념들을 통해 엄격한 위계질서 속에서 파악되며, 미 역시 그러한 존재의 최상위 등급에 위치하는 것으로 파악된다.

플로티누스 존재론의 핵심은, "있음"이란 곧 "하나의 있음"이자 "아름다운 있음"이라는 것이다. 달리 말해, 존재를 초월해 있으면서 모든 존재의 근원이 되는 절대적 일자, 그것의 다른 이름이 곧 미이다. 이렇듯 우리는 플로티누스에게서 플라톤적인 객관적 관념론의 미 개념을 다시 만나게 된다. 그러나 한편으로 우리는 플로티누스가 유출 이론을 통해 완고하고 체계적인 존재의 위계질서를 주장하고 미를 그 정점에 놓았다는 점에서,

플라톤보다 오히려 미 개념을 더 중시했다는 점에 유의해야 한다. 궁극적 존재근원으로서의 일자가 미 자체와 동일시되는 한에서, 우리는 그의 존재론을 '미의 형이상학'이라 부를 수 있다. 다른 한편, 플로티누스는 미의 객관적 존재성만을 인정했던 것이 아니라, 이 "모든 미 너머의 미"로 상승하기 위한 미의 주관적 체험 또한 강조했다. 이런 미적 체험은 플라톤이 이미 『향연』에서 다루었던 내용이기도 하다. 즉 참된 존재는 단지 개념적 · 추론적 사유를 통해 우리에게 나타나지 않는다는 것이다. 존재는 이론적 사유의 대상이기 이전에 욕구의 대상이다. 아름다운 사물을 바라보면서 영혼은 "자기 자신과 자신 안에 지니고 있던 것"을 다시 기억해 내게 되고, 이를 통해 "생명과 사고와 존재의 원인"을 추구하여 그것으로 상승할 수 있다.[6]

신플라톤주의의 존재론은 고대 그리스와 로마의 정신적 문명을 기독교 안에서 종합한 아우구스티누스에 의해 계승된다. 신플라톤주의자들의 저작을 통해 기독교로 회심하게 되었던 그의 개인적 이력이 말해 주듯, 그의 사상의 본질은 "기독교적 플라톤주의"로 표현된다. 그러나 그의 미 이론은 플라톤이나 플로티누스의 그것처럼 강한 관념론의 형태를 띠고 있지는 않다. 물론 그는 플라톤주의적 전통에 서 있는 만큼, 신체의 미와 영혼의 미, 감각적 미와 이지적 미를 분명하게 구분하며, 미 그 자체는 하느님에게나 속할 수 있는 술어이고 인간은 그 미를 감각이 아니라 정신을 통해 관조할 수 있을 뿐이라고 말한다.[7] 그러나 그의 주된 관심 대상은 하느님에 의해 창조된 이 현실 세계의 미에 있었다. 피조물의 미를 설명하기 위한 아우구스티누스의 핵심 개념들은 통일성, 수, 비례, 일치, 조화, 질서 등이다. 특히 피타고라스 학파의 수 개념은 아우구스티누스가 매료되었던 사상 중의 하나였다. 그리하여 그는 플라톤의 『티마이오스』를 좇아 하느님이 세계를

6 Plotnus, *Enneades*. I, 6. 33

7 Augustinus, *Confessiones*, I, 4; III, 4; IV, 16

창조할 때 그가 원리로 삼았던 것이 수이며 따라서 모든 대상들은 그러한 수적 원리에 의해 존재한다는 믿음을 표명한다.[8] 즉 수는 질서와 통일성의 원리이며 따라서 미의 원리이기도 하다.

아우구스티누스의 미 이론은 신플라톤주의적인 초월적 · 정신적 미의 실재를 어느 정도 인정하면서도, 그러나 구체적 현실계에 존재하는 미의 원리를 주된 탐구 대상으로 삼았다는 점에서 객관적 실재론의 특징도 함께 지니고 있다. 신플라톤주의가 물질적 존재자들을 참된 존재의 순수성이 침해된 불완전한 존재 형태로 보고 심지어는 악이라는 가치론적 개념을 통해 파악했던 데 비해, 아우구스티누스는 물질적 존재자 역시 하느님이 창조한 것인 한 그것은 선한 것이고 긍정적 존재성을 지닌 것이라고 보았다는 점을 염두에 두면, 우리는 그가 현실적 세계의 미에 대해 전향적 태도를 취했던 배경을 이해할 수 있다.

신플라톤주의는 중세 스콜라철학의 미 이론에 많은 영향을 미치지만, 그러나 그럼에도 고대의 완고한 플라톤적 관념론의 미 개념은 더 이상 스콜라철학에 나타나지 않는다. 물론 기독교는 나름의 방식으로 존재론적 이원론을 유지하고 있다. 그러나 그것은 하느님에 의해 창조된 현실계와 그 모든 존재의 근거이자 원천으로서의 하느님의 초월적 존재를 구분하기 위한 것일 뿐, 구체적인 현실 세계와 분리되어 있는 다른 참된 실재의 세계가 존재한다든가 혹은 현실적 창조계의 존재 가치가 떨어진다는 식의 이원론은 아니다. 그 점에서 기독교적 스콜라철학의 존재론에게 아리스토텔레스의 실재론적 철학은 매우 친화적인 성격을 지니고 있다. 형이상학의 과제가 존재자가 존재하는 한에서 그 존재자를 탐구하는 것이라 할 때, 그 존재자는 결코 질료적 실체들에 제한되는 것은 아니지만, 스콜라철학자들의 실재론적 존재 탐구는 경험적이고 감각적인 실체들의 세계를 결코 떠나지 않는다.

8 Augustinus, *De libero arbitrio*, II, 16, 42

스콜라철학자들의 미 개념은 기본적으로 이 같은 실재론의 정신에 따른다. 물론 위(僞) 디오니시우스 아레오파기타의 저작에 연원을 두고 있는 신플라톤주의적 사고방식, 즉 절대적 미로서의 하느님의 미가 존재하고 창조계의 구체적 사물들은 그 신적 미를 분유하는 한에서만 아름답다는 사고방식 역시 스콜라철학을 부분적으로 각인시키고 있기는 하다. 하지만 스콜라철학자들의 주 관심은 어디까지나 선험적이고 관념적인 실재로서의 미보다는 구체적 실체들에서 경험할 수 있는 미와 그 내재적 원리들에 맞추어져 있다. 따라서 토마스 아퀴나스에게서 알 수 있듯이 완전성(perfectio), 비례(proportio), 명료성(claristas)과 같은 미의 원리들은 창조계의 구체적 실체들 안에 존재하는 것이다.[9]

엄밀하게 말해, 토마스 아퀴나스를 포함한 스콜라철학자들은 어디서도 미를 존재자 자체와 치환 가능한 존재 규정인 일(unum), 선(bonum), 진(verum)과 같은 초월 범주의 하나로 간주하지는 않았다. 그러나 다른 한편으로 그들이 미가 초월 범주에 버금가는 폭넓은 보편성을 지닌 존재자의 속성이라는 점을 암묵적으로 인정하고 있었다는 점은 부인하기 힘들다.[10] 미는 분명 인간의 지각능력이나 욕구능력과의 관계 속에서 이해되는 개념이지만,[11] 그렇게 작용하는 심리적 주체로써만 해소될 수 없는 절대적 존재자의 객관적 성질임은 자명하다. 따라서 이런 측면에서 본다면 우리는 스콜라철학의 미 개념을 초월적 실재론적 미 개념이라고 지칭할 수도 있을 것이다. 스콜라철학의 미 이론은 아리스토텔레스적 미 개념, 즉 현실적 실체의 객관적 속성으로서의 미 개념의 연속선상에 있지만, 한편으로는 미가 단순히 실체의 우유적 속성이라기보다는 존재자의 초월적이고 보편적인 규정이라는 점을 부각시키고 있다.

9 Thomas de Aquino, *Summa theologiae*, I, q.38, a.8
10 E. Coreth, 김진태 역, 『전통 형이상학의 현대적 이해』, 가톨릭대 출판부, 236쪽 이하 참고.
11 Thomas de Aquino, *Summa theologiae*, I, q.5, a.4, ad 1

4. 서양 근대의 미론

근대에 들어서서 철학적 사유에 거대한 지각변동이 발생한 이후 미 이론의 영역에도 커다란 변화가 생겨났다. 철학은 신 중심의 세계관을 천여 년 넘게 자신의 바탕으로 삼아 기독교적 사상을 전개하다가 '자연이라는 위대한 책'에 대한 관심으로 방향을 틀게 된다. 세상을 바라보는 모든 시각의 중심에 기독교적 신, 그것도 신의 말씀인 성경을 놓던 것이 이제 자연의 내부와 그 자체에도 내재된 지혜가 있다는 사실을 깨닫게 된 것이다. 그리고 자연에 관한 관심의 표명은 곧 이어 자연에 내재된 지혜를 우리들 인간이 어떤 방식으로 읽어내느냐는 물음에로 나아가게 되고, 이 물음은 다시금 인간의 지적 능력과 인간 자체에 대한 관심으로 넘어가게 된다. 이른바 '근대의 인식론'이 태동하게 되는 것이다.

'아름다움이란 무엇인가?'라는 물음을 둘러싼 담론 역시 형이상학적 성향이 다분했던 종래의 존재론 중심적 영역에서 인식론의 영역으로 그 무게를 옮겨 간다. 그리하여 베이컨이나 홉스와 같은 근대 경험론 철학의 선구자나 데카르트나 스피노자와 같은 근대 합리론 철학의 선구자들은 미가 불변의 관념적 실재나 사물의 객관적 본성이 아니라 그때그때의 인간의 주관적 상태에 따라 대상이 인간에게 미치는 작용이라고 주장하기 시작했다. 특히 데카르트는 미를 즐거움(agrément)의 측면에서 파악함으로써 그 이후의 미 존재론의 향방에 중요한 영향을 미쳤다.[12] 이처럼 미가 대상과의 호응에 근거한 인간 내부의 즐거움(쾌)이라는 기준을 통해 정의되는 한, 미는 주관적이고 우연적인 성질을 가질 수밖에 없다. 따라서 미는 이제 종전처럼 사물의 객관적인 성질이나 불변하는 실재에 절대적으로 의존하지 않아도 되게 되었다.

---

12 René Descartes, *Les passions de l'âme*, in: *Oeuvres Completes Vol. 11*, P. Tannery/Ch. Adam(ed.), 1909, S. 391f. 참고.

물론 '본질적인 아름다움(beau essentielle)' 이라든가 '자연의 아름다움(beauté naturelle)' 과 같은 당대의 용어들에서 알 수 있듯이, 미가 여전히 형이상학적인 의미에서든 또는 인간의 주관적인 감정과는 상관없이 객관적으로 존재할 수 있는 것으로 사용되기도 했다. 또한 진 · 선 · 미 상호간의 관계에서 미를 진리나 선과 본질적으로 동일선상에서 다루려는 전통적 경향도 여전히 남아 있었다. 그리고 말르브랑쉬나 섀프츠베리, 틸코프스키처럼 미의 기준을 여전히 기독교적인 신의 완전성에서 찾는 경우도 있었다. 그런 경향은 라이프니츠와 볼프를 중심으로 하는 합리주의 진영에서 특히 두드러지게 나타난다. "미의 본질은 사물의 완전함이다(Pulchritudo consistit in perfectione rei)"[13]라는 볼프의 명제는 이런 견해를 분명하게 드러내 주는 명제이며, 이 경우 미의 객관적 기준으로 종래의 조화, 규칙성, 질서, 통일성 등이 제시되었다. 이렇듯 창조의 원리인 완전한 일치와 조화에 근거하여 그런 일치와 조화를 구현하는 사물들을 아름답다고 정의할 때에는 인간의 주관적인 상황이 미를 정의함에 있어 부차적인 역할을 하는데 그치고 만다.

하지만 영국의 경험론 철학자인 흄이나 독일의 합리론 철학자인 바움가르텐 등을 통하여 점차 미가 사물의 객관적 성질이라는 견해들이 사라져가게 된다. 흄은 다음과 같이 분명히 주장한다: "미는 사물들 자체 안에 존재하는 어떤 속성이 아니다. 미는 단지 그 사물들을 관찰하는 사람의 마음속에 존재할 뿐이다."[14] 또한 '미학' 이라는 학명을 처음으로 창안했던 바움가르텐 역시 미를 "인간의 감성적 인식에 관한 이론의 대상"이라고 하여 미를 대상의 객관적 성질로서 파악하려는 종래의 주도적 경향성에 방향을 틀어 놓는 데 결정적인 기여를 한다. 물론 합리론자인 라이프니츠, 볼프의 영

13 Christian Wolff, *Psychologia empirica*, in: *Gesammelte, Werke Vol. II/5*, E. Ecole(ed.), 1968, S. 420.

14 David Hume, "Of the standard of taste", in: *The philosophical works*, Th. H. Green,/Th. H. Grose(ed.), Vol. 3, 1882(1964), p. 268.

향을 지대하게 받았던 그가 아직도 미의 기준을 객관적인 완전성에서 찾는 등 여전히 미의 형이상학적인 존재론의 경향을 지니고 있기는 하지만 그런 사실은 변함이 없다.

이런 상황에서 미에 대한 논의를 결정적으로 형이상학의 영역에서 벗어나게 하였을 뿐만 아니라 인간의 감정적 영역으로 편입시킨 사상가가 바로 칸트였다. 칸트는 미와 숭고를 인간 내부의 쾌(Lust)의 감정으로 해석한다. 또한 그는 인간의 미적 경험이 일상의 경험과는 달리 개인의 이해 관계나 특수 상황 등을 떠나 무관심적이면서도 오직 인식 내부의 자체 목적에 부합하는 무목적적인 합목적성을 갖는 것임을 주장하면서 미를 인식 주체의 외부에 존재하는 대상의 성질과는 무관한 것으로 파악하기 시작했다. 물론 학적으로 논란이 되는 부분이지만 칸트 역시 여전히 다른 한편으로는 보편성이나 필연성과 같은 객관적 성질을 미의 조건으로 내세움으로써 플라톤적인 미적 존재론의 전통에서 완전히 자유롭지는 못했다고 보아야 할 것이다.

하지만 칸트의 이런 인식론적인 미에 대한 이해는 곧바로 독일 관념론과 초기 낭만주의자들로부터 여러 형태의 반박을 받게 된다. 특히 독일 관념론자들 사이에는 '정신(Geist)'의 철학적 지위가 높아지고, 자연미보다는 예술미가 더 높이 평가되면서 미론과 예술론의 관계가 점차 더욱 긴밀해지면서, 서서히 미와 진리의 관계가 미적 존재론의 주된 테마로 다시 부상하게 된다. 다시 말해 전통적으로 면면히 이어져 왔던 형이상학적인 관념론적 미론이 다시 등장하는 현상이 생긴 것이다. 예컨대 헤르더에게 있어 미는 "진리의 현상"[15]이었고, 헤겔에게 예술적 미는 "이념의 감각적 현현"[16]으로 파악된다. 이전의 칸트에게 있어서는 자연미가 예술미보다 상대적으로 우월한 것이었던 데 반해, 헤겔에게는 더 이상 자연의 아름다움이 철학으

15 J. G. Herder, *Kritische Wälder oder Betravhtungen über die Wissenschaft und Kunst des Schönen, Viertes Wäldchen. Über Riedels Theorie der schönen Künste,* 1769 in: *Sämmtliche Werke*, Vol. 4, hg., B. Suphan, 1878, S. 20.

16 G. W. F. Hegel, *Vorlesungen über die Ästhetik*, Vol. 1, in: *Sämtliche Werke*, hg., H. Glockner, Vol. 12, 1953, S. 160.

로서의 미학의 최고의 사유 대상이 아니었다. 절대정신을 최고의 가치로 여기는 헤겔에게 정신으로부터 산출된 예술의 아름다움이 자연의 아름다움보다 더 고상한 것으로 보이는 것은 당연한 귀결이었다. 이처럼 미가 더 이상 자연의 대상에 내재하는 속성이 아니게 되면서, 미의 기준도 자연히 정신의 발전 단계에 따라 변화를 겪는 역사적 · 시대적 산물로 파악되게 된다. 그리고 그에 따라 미학의 과제도 각 시대에 따라 변화하는 아름다움의 특질을 파악하는 쪽으로 변화해 갔다. 물론 이 경우 이념이 더 두드러지게 현현하는 예술일수록 예술적 미도 더 두드러지게 나타난다.

근대 미론의 낙수이자 아직 현대의 주도적인 미 이론의 추세에 편승하지 못한 쇼펜하우어의 미 이론은 칸트적인 모티프와 플라톤적인 모티프가 하나로 묶여 서로를 관통하고 있는 듯하다. 칸트의 무관심적 미적 태도를 다시 각색한 것처럼 보이는 쇼펜하우어의 미 이론에 따르면, "모든 의욕으로부터 놓여난 순수한 관조는 모든 대상적인 것들을 아름다운 것으로 볼 수 있다"고 말한다. 다시 말해, 무관심적인 관조일 때 모든 눈앞의 사물은 순수히 객관적이고 모든 관계의 밖에 놓인 것으로 고찰될 수 있다. 더 나아가 그는 말하기를, 이때 모든 사물 속에서는 생의 의지가 어떤 단계의 객관성에 근거하여 현상한다. 그런 점에서 각각의 사물들은 하나의 이념의 표현이며, 모든 사물은 그의 고유한 아름다움을 가진다. 결국 쇼펜하우어에게 세계 속의 대상들을 규정하는 보편적 범주로서의 미는 주관적으로는 관찰자의 무관심적인 관조적 관점에서, 객관적으로는 사물로부터 말하는 "의지의 객관성"으로부터 연원한다고 보고 있다.

5. 서양 현대의 미론

근대의 서구 미론은 형이상학적 존재론의 영역에서 인식론의 영역으로, 미의 객관적 성질에서 미가 인식되는 주관적인 상황의 분석에로, 자연미의 전통적 우월에서 점차 예술미의 우위로 나아가는 방향성을 띠었다. 그러나 현대 초기에 들어서서 미학과 예술의 대상이 단지 미만이 아닌 추함, 끔찍함 등으로 확장되거나 전이되는 독특한 현상이 일어난다. 이런 현상을 낳는 첫 번째 주자들은 현대(modernité)를 처음으로 규정짓고 나오는 프랑스의 시인이자 미술평론가인 보들레르를 포함하여 랭보, 말라르메 등의 후기 낭만주의자들이다. 특히 보들레르는 현대의 예술이 지향해야 할 바가 더 이상 종래의 이상적이고 완전한 아름다움만이 아니라 덧없고 추하고 불완전한 것도 다루어야 함을 천명한다.[17]

그리고 이런 맥락에서 뒤이어 등장하는 아방가르디스트들과 초현실주의자들은, '진 · 선 · 미' 의 연관에 대한 고전적 규정으로부터 전향하여 미의 이론을 도덕으로부터 해방시키고, 무서운 것, 환상적인 것, 죽음과 관련된 것, 악한 것 등 이전의 고전주의나 이상주의적인 '선' 과 '미' 의 조화 이론 속에서는 당연히 배제되었던 삶과 사물의 어두운 면들을 미적인 것으로 제시함으로써 미의 범주를 크게 확장시킨다. 이들은 오히려 기존의 아름답다고 불리는 것들 속에서 통속적인 사회의 문제성과 대립을 읽어 내기까지 하고, 차라리 탈도덕적인 아름다움, 매혹적이면서 상스러운 것들 속에서 하나의 급진적인 미학적 요소를 찾아내어 그것을 현실화하기도 한다.

하지만 여기에는 하나의 패러독스가 존재한다. 도발적인 새로운 미 개념이나 심지어 추한 미까지도 그것이 현상하고 존속하기 위해서는 원칙적으로 '시장에서 팔리는 것' 이어야 하며, 그리고 그것이 충격적인 영향을 낳을 수 있기 위해 항상 성급한 결론을 내놓아야 한다. 그 점에서 현대에 와서 미는 한편으로는 변화하는 유행의 지배 아래 놓이게 되고 또 그런 상황 내에서 중요성을 지니게 된다. 그러나 다른 한편으로 현대에 와서 미는 미학의 영역에서나 예술 생산의 영역에서나 과거의 빛나는 독자적 관심과 지

17 C. Baudelaire, *Der Maler des modernen Lebens*, in: *Der Kuenstler und das moderne Kunst*, Reclam Leipzig, 1990, S. 290ff.

위를 잃었다고 볼 수 있다. 현대의 미 규정은 일반적인 예상을 넘어서는 전반적인 삶의 영역으로 이미 확장되었기 때문이다. 사실 현대의 미론에서는 삶의 모든 것이 미적인 것이 될 준비를 마쳤다고 볼 수 있다.

보들레르의 현대의 시대 선언과 함께 현대 사상의 물꼬를 튼 니체 역시 고전주의적이고 이상주의적인 진과 선으로서의 미 규정을 공격한다는 점에서는 현대의 다른 미 이론과 맥락을 같이한다. 니체가 보기에 전통적인 개념의 '미 그 자체'는 단순한 하나의 인간적인 단어일 뿐이다. 인간이 세상의 대상을 아름답다고 규정할 때 그는 언제나 그 자신을 미의 척도로 삼는다. 그럼에도 그는 자신이 그것의 원인이라는 것을 망각한다. 하지만 인간은 근본적으로 자신을 사물 속에 비춰 본다. 인간만이 오로지 정말 인간적인 아름다움을 가지고 세계를 아름다움으로 제한한다. 그래서 니체에 따르면 '아름답다'라는 인간의 판단은 인간의 "종적 허영(Gattungs-Eitelkeit)"에 지나지 않는다.[18] 이렇듯 니체는 미적 규정 속에 담겨 있는 인간중심주의를 폭로하며 동시에 '미 그 자체'가 가지고 있는 모든 형이상학적 함축을 거부한다. 미의 산출을 위한 모험과 책임은 예술가의 손에 놓여 있고, 그에게 예술은 삶을 직극적으로 긍정하는 삶의 위대한 연인이다. 예술 속에 담긴 삶은 다양하다. 그리고 그 삶은 예술가의 손에 의해 생의 긍정으로서의 아름다움으로 빛난다. 니체에게 미는 '생의 자극제'이지 그 어떤 도덕적인 연관성을 지니는 것도, 어떤 형이상학적으로 설정된 목표와 같은 것도 아니다. 사실 예술가의 임의 속에서 정립된 아름다움이 얼마나 전통적인 도덕의 관점에서 비도덕적일 수 있는지 또 얼마나 기존의 미 규정을 벗어나고 있는지 현대의 다양한 예술과 그 주변 현상들이 웅변적으로 보여 준다.

니체의 이러한 형이상학적 미 이론의 무효화 선언에는 하이데거도 동참

---

18 Nietzsche, *Götzen-Dämmerung oder Wie man mit dem Hammer philosophiert. Streifzüge eines Unzeitgemäßen*, 1889, in: *Kritische Studienausgabe*, hg., Colli/M. Montinari, 1999(1967), Vol. 6, S. 123.

한다. 다만 니체가 삶의 예술적 긍정이 빚어내는 아름다움에 대해 언급했다면, 하이데거는 예술적으로 수립된 "존재의 빛남(Scheinen des Seins)"의 아름다움에 대해 이야기한다.[19] 하이데거가 말하는 존재는 이런 저런 특정한 형이상학적 존재가 아니다. 모든 존재자는 이런 저런 방식으로 '있고' '있어 왔고' '있어 간다'. 그 구체적인 생생한 있음의 흐름이 존재다. 그러나 이 존재는 존재자에만 주목하는 우리의 지각 때문에 혹은 더 근원적으로는 스스로를 숨기는 그 자신의 성향으로 인해 항상 우리에게 망각된다. 그러나 그런 존재도 특별한 방식으로 자신을 빛내게 되는데, 그런 빛남의 방식 중 대표적인 방식이 예술적 방식이다. 즉 예술은 예술작품을 통해 존재의 빛남, 곧 존재라는 진리의 생생한 일어남을 지속시킨다. 여기서 존재의 일어남, 곧 빛남이 바로 아름다움이다. 하이데거가 말하는 아름다움은 니체가 말하는 아름다움이 그렇듯이 매우 포괄적인 모습으로 드러난다. 왜냐하면 니체에서처럼 예술이 아름다움으로 산출해 낸 긍정된 삶이 참으로 다양한 모습으로 드러나듯이, 예술이 작품으로 빛내는 존재의 일렁거림도 참으로 다양한 모습으로 드러나기 때문이다. 존재의 빛남은 슬픈 것, 기쁜 것, 고난, 운명적인 것, 이기는 것, 지는 것, 전쟁, 악한 것, 선한 것 그 모두의 모습으로도 생길 수 있다.

"아름다움은 부정적이다(Le beau est negatif)"[20]라는 발레리의 명제도, 미를 부정성의 측면에서 파악한 아도르노의 미론도 현대의 주도적인 미론의 추세에 편승한다. 미 개념의 도발적 확장, 전통적인 미 개념의 자기파괴 현상은 현대의 어느 예술가나 미학자도 외면할 수 없는 흐름이다. 사회주의 미학자들도 이 점에선 예외가 아니다. 아도르노는 미학의 대상을 스스로를 규정할 수 없는 것으로, 달리 말해 부정적인 것으로 파악한다. 그는 현대예술에 있어서 아름다움은 부정적으로만 나타날 수 있다고 주장하면

---

19 Heidegger, *Der Ursprung des Kunstwerkes,* Gesamtausgabe Bd.5, S. 43.

20 Paul Valéry, *Oeuvres,* Vol. 1, J. Hytier(ed.), 1968, p. 374.

서, 오늘날 미의 위기(Krise des Schönen)가 나타나고 있다고 말한다. 그러나 실상 아도르노가 언급하는 '미의 위기'는 뒤집어 보면 닫혀진 미 개념으로부터의 미의 '해방(Rettung)'이다. 아도르노는 미의 무시간적 "해방"을 추구했고, 종국에는 미와 추에 대해 양자는 정의하여 고정할 수 없는 것이라고 말한다.

6. 맺는 말

서양 미론의 역사가 보여 주듯이 미의 존재에 관한 서양인들의 이해는 미를 객관적인 존재로 보는 객관주의와 미를 주관적인 존재(즐거움, 만족감 등)로 보는 주관주의로 크게 대별된다. 객관주의적 미 존재론은 다시 미를 존재자의 어떤 사물적 특질, 예컨대 비례, 조화, 다양의 통일 등으로 파악하는 '사물적 객관주의'와 미를 어떤 관념적 존재자, 예컨대 이데아, 미의 형상, 신의 성스러움, 완전성 등으로 파악하는 '관념적 객관주의'로 나누어 볼 수 있다. 반면 주관주의적 미 존재론은 미가 주관에 기대어 존재하긴 하되 대상의 어떤 특질과 관련하여 주관적으로 존재하는 것으로 보는 '약한 형태의 주관주의'와 특정한 인식 방식, 예컨대 미적 무관심성이나 미적 관조 등을 통할 때 어떤 대상도 내 주관 속에 즐거움이나 만족을 줄 수 있다는 '강한 형태의 주관주의'로 나누어 볼 수 있다.

그렇다면 존재자의 어떤 사물적 특질도 아니면서 그렇다고 어떤 관념적 존재자도 아닌, 그리고 주관에 형성된 어떤 정서적 상태라고도 볼 수 없는 하이데거의 미 개념과 같은 것은 어떻게 해석해야 할까? 하이데거에게는 예술적으로 담금질된 존재 현상 자체가 아름다움이었다. 하이데거는 자신의 존재를 일컬을 때 간혹 주관주의와 객관주의 이전의 것이라고 말한다. 그가 가리키는 존재는 존재자의 분리가 행해진 후, 그 어느 한쪽의 대상을 논하여 파악될 성질의 것이 아니기 때문이다. 따라서 우리는 존재의 빛남으로서의 아름다움을 그의 표현대로 주객 분리 이전의 실존론적 · 존재론적 미라고 부를 수 있다.

서양의 미 존재론의 역사를 크게 객관주의 미적 존재론과 주관주의 미적 존재론 사이의 진자운동이라고 파악해 본다면, 서양의 고 · 중세는 객관주의 미적 존재론이 우세했으며, 근대에는 주관주의 미적 존재론이 더 우세했다고 말할 수 있다. 반면 현대에 들어와서는 미적 범주의 확대 현상이 두드러진다. 미적 범주의 확대 현상은 한편으로 보면 주관주의 미론의 연장선상에서 해석될 수도 있다. 왜냐하면 미가 주관에 의존하여 존재한다고 보는 주관주의적 미적 존재론을 계속 밀고 나가면, 미 개념이 계속 확장되어 마침내는 주관에 들어오는 어떤 것도 미적인 것으로 포섭될 가능성을 지니게 되기 때문이다. 그러나 다른 한편으로 보면 현대의 미적 확장 현상은 객관적인 미적 특질의 지속적인 확장이란 점에서 객관주의 미론의 연장선상에 있는 것처럼 보이기도 한다. 그러나 앞에서도 잠시 언급했듯이 하이데거나 니체가 표방하는 미는 주관의 심적 상태나 태도에 의한 것이거나, 어떤 객관적 특질이 아니다. 서양 미 존재론의 역사 속에서 전통적인 주객 분리의 한계를 보는 것은 의미심장한 일이다.

더 읽을거리

오병남, 『미학강의』, 서울대학교출판부, 2003.

Carritt, E. F. (ed.), *Philosophies of Beauty*, Oxford University Press, 1950.

Tatarkiewicz, Wladyslaw, *History of Aesthetics* I, II, III, Mouton, 1970.

예술

예술의 정의*

이해완

1. 예술을 정의한다는 것

모든 이론의 가장 기본적인 질문이 자신이 탐구하는 대상이 무엇인지를 묻는 것이라면, 예술철학의 기본 질문은 "예술이란 무엇인가?"가 될 것이다. 그리고 이러한 질문은 흔히 예술의 정의를 묻는 것으로 이해되곤 하며, 이는 다시 예술의 본질을 찾아 제시함으로써 답변될 수 있다고 생각한다. 즉 우리는 대개 '예술에 대해 알려져야 할 가장 핵심적인 것=예술의 본질=예술의 정의'라는 식으로 생각하는 것이다. 하지만 그렇게 말하기 위해서는 우선 우리가 '본질'이나 '정의'가 무엇을 의미하는지 생각해 볼 필요가 있다. 흔히 본질은 어떤 사물이나 개념이 성립하는 데 없어서는 안 될 핵심적 특성으로 이해될 수 있다. 한편 정의는 어떤 것(피정의항)이기 위한 필요충분조건을 제공하는 것이다. 그렇다면 정의와 본질은 같지 않을 수도 있다. 예를 들어 필요충분조건에 따른 '인간'의 정의로, '이성을 가진 동물'과 '깃털 없는 두 발 짐승'이 같은 기능을 할 수 있다. 하지만 후자가 인간의 '본질'이며 핵심을 드러낸다고 보기는 어렵다. 따라서 정의의 성공이

* 이 글은 『현대 문화와 철학의 새지평』(한국철학회 편, 2005)에 실린 필자의 논문 「예술의 개념, 예술의 정의」를 축약한 것임.

곧 '본질' 의 발견 혹은 핵심의 파악인 것은 아니다. 물론 본질을 알면 정의가 가능하다는 점은 분명하지만, 본질을 통해서만 정의가 가능한 것은 아니다.

물론 우리가 본질이라는 말에 은연중 담겨 있다고 생각하는 '무언가 중요한 것' 이라는 기대는 포기되어도 좋을 것이다. 대신, 필요충분조건을 만족시키는 것이면 무엇이든 그것의 본질이 된다고 생각할 수 있다. 이럴 경우, 우리는 본질이나 정의에 관한 논의가 그 사물이나 개념에 관한 모든 문제들의 핵심이라는 생각만을 수정하면 되는 것이다. 예술의 경우도 마찬가지이다. "예술이란 무엇인가"라는 질문의 의도는 궁극적으로 우리의 예술 이해의 폭을 넓히려는 것이다. 그렇다면 그 답은 정의나 본질을 하나 받아들임으로써 종결되는 것일 수 없다. 어찌 보면, 예술 이해를 위한 출발점조차도 반드시 예술 정의로부터 시작할 필요는 없을 듯싶다. 예술을 정의하는 것과 일상생활에서 무엇이 예술인지를 지적해 낼 수 있는 것(identification)은 구별될 수 있는 문제로 보이기 때문이다. 실제로, 정의가 없어도 우리는 무엇이 예술인지 어느 정도까지는 잘 구별할 수 있기도 하다. 이는 마치 물의 본질이 H_2O임이 밝혀지기 전에도 우리가 물을 잘 구별할 수 있었던 것과 같다. 한편 정의가 주어진다 해도 주어진 개별 대상들이 예술인지 아닌지는 알지 못할 수도 있다. 이는 그러한 대상들이 예술과 예술 아닌 것 사이의 경계선 영역에 서 있기 때문이기도 하지만, 경우에 따라서는 정의를 구성하고 있는 요소들이 대상 속에서 관찰되거나 검증되기 어려운 성질들이기 때문이기도 하다. 예를 들어, 우리가 예술이 곧 감정의 표현이라고 하는 정의를 인정한다 해도, 개별 대상이 표현을 갖추었는지는 결정하기 어려울 수가 있는 것이다.

따라서 예술에 대한 정의 없이는 예술철학이 한 발도 나아갈 수 없다는 식의 주장은, 과학철학의 논의들은 과학에 대한 정의가 없는 한 성립할 수 없다는 것만큼이나 과장된 것이다. 예술의 정의는 예술과 관련된 여러 철학적 문제 중의 하나이다. 오늘날의 예술 정의는 애초에 우리가 예술이란 무엇인가를 물었을 때의 의도와 비교하면, 우리의 궁금증을 만족시키지 못하는 것처럼 보일 수도 있다. 하지만 그것은 우리가 예술에 대해 알아야 할 것이 정의 말고도 많다는 뜻으로 받아들여야 할 것이다. 물론 이것이 예술 정의의 문제는 아무래도 좋다거나, 아무 정의나 상정하고 출발하면 된다는 것을 의미하지는 않는다. 또한, 이것을 예술의 정의는 불가능하다는 것으로 받아들일 필요도 없다.

2. 전통적 정의들의 실패

예술 정의의 문제가 의식적인 주제로 탐구되었던 것은 아마도 분석철학적 방법론을 미학에 적극적으로 도입한 이후, 보다 정확히는, 앞으로 서술할 웨이츠(Morris Weitz)를 위시한 비평철학자들의 작업이 있은 이후부터의 일일 것이다. 물론 웨이츠 이전의 예술철학자들도 예술의 본질에 주목했던 것은 사실이다. 19세기 말과 20세기 초반에 걸쳐, 예술은 그 어느 때보다도 다양한 방향으로 발전되었고, 그에 상응하여 예술이론들도 다양하게 전개되었는데, 이들은 대개 "예술이란 무엇 무엇이다"라는 기본 주장을 포함하고 있었다. 전통적으로 예술이란 무엇인가의 최초의 답변으로 간주되어 온 것은 모방이었지만, 이제 이에 더하여 예술은 직관(크로체 Benedetto Croce), 표현(크로체–콜링우드 R. G. Collingwood), 감정의 전달(톨스토이 Leo Tolstoy), 감정의 형식(랭어 Susan Langer), 의미있는 형식(벨 Clive Bell) 등으로 주장되기 시작하였다. 많은 사람들은 이것들을 예술의 본질에 관한 주장이라고 받아들였으며, 따라서 나름대로 예술의 정의를 제공한 것으로 간주하였다. 하지만 이들은 실패한 예술 정의로 간주된다. 물론 이들이 제시한 표현이나 형식과 같은 개념들은 예술과 관련된 매우 중요한 특징들을 설명해 주는 미학의 기본 개념들이다. 그렇더라도, 이들 중 어느 것도 예술이기 위한 필요충분조건을 제시하는 데 성공하지 못하고 있다.

예를 들어, 감정의 표현이 우리가 예술이라고 부르는 모든 것에 들어 있는 성질이며, 또한 오로지 예술만이 가지고 있는 성질이라고 할 수 있을까? 우리는 감정의 표현이나 전달을 목표로 한 모든 의도적 활동, 혹은 그러한 기능을 달성할 수 있는 활동(화가 나서 물건을 집어 던지거나, 슬픔으로 눈물을 흘리는 행위 등)이면 무엇이든 예술이라고 부르지는 않는다. 반대로, 우리가 예술이라고 부르는 것 중에는, 예를 들어, 감정의 표현이나 전달과 무관한 것도 많이 있다. 푸가와 같은 특정 종류의 음악, 수수께끼 같은 에셔(M. C. Escher)의 그림, 대상의 본질을 드러내려고 한 큐비즘이나 몬드리안 유의 추상화 등이 자주 그 예들로 거론된다. 그렇다면 "예술은 곧 감정의 표현이다"와 같은 주장은 예술의 정의가 될 수 없다.

한편 전통적 정의들이 의존하고 있는 '직관'이나 '의미있는 형식'과 같은 개념들은 그 의미가 쓰는 이에 따라 너무 개성적이거나 너무 다중적이어서 정의로 기능하는 데에 문제가 있다. 무엇보다도, 이들 전통적 이론들에서 예술의 본질로 주장된 개념들이 정의가 되기에 곤란한 점은, 이들이 예술이 무엇인지를 가치중립적으로 설명해 주지 못한다는 데 있다. 차라리 이들은 예술이 무엇이어야 하는지, 즉 예술의 주목할 만한 국면이나 소중한 가치가 어디서 발견되는지에 관한 규범적 측면에서의 주장으로 취급되어야 할 듯하다.

3. 웨이츠의 반-본질주의와 예술 정의 불가론

웨이츠와 케닉(William Kennick)을 위시하여 비평철학적 방법론에 입각해 있던 학자들은 위와 같은 전통적 방식의 기존의 예술론이 모두 실패임을 선언한다.(Weitz, 1956) 그들이 보기에 전통적 미학은 서로 다른 예술작품들에 무언가 공통적 본성이 공유되고 있다는 가정 위에서 성립하고 있는

데, 바로 그러한 가정이 잘못되었다는 것이다. 크로체-콜링우드의 표현도, 벨의 의미있는 형식도 모든 예술작품에 공통된 특성은 아니므로, 이들은 존재하지 않는 예술의 본질을 찾고 있는, 본질주의자의 오류를 범하고 있는 이론이 된다. 이러한 입장을 형성하는 데에는 비트겐슈타인의 후기 언어관이 기초가 되었다.

공통된 하나의 본질이 없는 예술은, 그러므로, 필요충분조건으로 정의할 수 없는 개념이 된다. 웨이츠는 다양한 예술에 존재하는 것은 하나의 본질이 아니라 가족 유사성(family resemblance)일 뿐이라고 한다. 마치 가족의 모든 구성원들이 이런 저런 면에서 서로 닮아 있기는 하지만 모든 가족 구성원이 공통적으로 닮은 한 가지 특징을 기대하기 어렵듯이, 예술도 하나의 본질 대신 유사성의 네트워크만이 있다는 것이다. 비유하자면, 실을 꼬아 만든 밧줄에서, 그 밧줄의 처음부터 끝까지를 관통하는 하나의 실은 없지만 연속된 연계를 통해 밧줄이 구성될 수 있고, 더욱이 전혀 만나지 않는 실들도 같은 밧줄 속의 실일 수 있는 것과 유사하다고 하겠다. 웨이츠는 심지어 예술작품의 최소한의 필요조건이라고 간주되어 왔던 인공성마저도 모든 예술에 공통적인 성질은 아니라고 한다. 예술이라는 개념은, 게임(game)이라는 개념과 유사하게, 열려 있는 개념(open concept)이라는 것이다. 이는 주어진 대상이 기존의 개념의 구성원 일부와 닮기만 하면, 그 점을 근거로 하여 얼마든지 그 개념의 새로운 구성원이 될 수 있을 만큼 개념의 테두리가 열려 있다는 것을 의미한다.

웨이츠는 기존 모든 이론들이 납득할 만한 예술의 본질을 보여 주는 데 실패했으므로 예술에는 본질이 없다는 소극적 논증에 머무르는 것이 아니라, 예술이라는 개념은 바로 하나의 본질이 없는 열린 개념이어야 한다는 적극적 입장도 표명한다. 이것은 아마도 예술이 끊임없이 새로운 것을 추구하고 한계를 거부하는 것이어야 한다는 점을 염두에 둔 것이리라. 즉 제한 없는 창조성과 필요충분조건에 의한 정의는 서로 공존할 수 없다는 것이다. 한 시대 예술의 본질적 속성이라고 간주되었던 것들이 그에 뒤따르는 시대에는 부정되고 무시되기도 한다면, 지금 우리가 합의할 수 있는 예술의 본질도 미래의 예술에 의해 부정될 수 있을 것이기 때문이다. 이것이 반-본질주의를 표방하는 웨이츠의 입장이다.

4. 반-본질주의를 넘어서

후기 비트겐슈타인주의라고도 부를 수 있는 웨이츠의 예술 정의 불가론은 처음에는 매우 결정적인 것으로 보였으나, 모든 철학적 논증들이 그렇듯이, 그것이 촉발시킨 후속 논의들을 통해 도전받고 극복되었다. 물론 이러한 도전이 전통적인 본질론적 정의 중 어느 하나로의 회귀를 의미하는 것은 결코 아니다. 그럴 수 없었던 이유는, 이러한 새로운 정의들이 모두, 웨이츠의 논증을 반성해 보는 과정에서 도출된 몇 가지 교훈을 충실히 지키면서 수행되고 있기 때문이다. 따라서 여기서는 웨이츠 이후의 전개에 대하여, 후속 이론들이 웨이츠를 어떻게 비판하였는지의 세부보다는, 그의 이론이 추후의 예술 정의와 관계된 논의 영역을 형성하는 데 있어 어떤 인식의 변화를 가져왔는지를 보기로 하자. 필자의 생각으로는 다음의 세 가지를 지적할 수 있을 것 같다.

웨이츠의 입장에 대한 가장 직접적인 대안을 제시하여 예술 정의 불가론을 반박한 이론가로는 디키(George Dickie)를 꼽을 수 있다. 웨이츠와 디키 간의 논쟁을 거치면서 현대의 예술 정의는 우선 평가적 속성과 분류적 속성의 구분을 민감하게 인식하게 되었다. 전자는 '좋은' 예술작품을 구성하는 평가적인 가치로서의 속성이며 후자는 그러한 가치 평가로부터 중립적인 예술작품인 것과 아닌 것을 구분하는 분류적 · 서술적(descriptive)인 속성이다. 과거에 예술의 본질로 간주되었던 표현이나 의미있는 형식은, 앞서 지적한 대로, 그것이 예술과 비예술을 가르는 기준인지, 바람직한 예술의 기준인지가 불분명하다. 예술이라는 말 자체에 이미 찬미적인 의미가 들어 있는 것이 사실이지만 그럴수록 예술 정의는 평가적 의미와 분류적 의미를 구분할 필요가 있다. 나쁜 예술, 표현이나 전달을 의도했으나 실패한 예술도 분류적으로는 예술이며, 우리가 원하는 정의는 그런 것까지 포괄한 것이어야 하기 때문에 분류적 정의의 필요성에 대한 일반적인 동의가 이루어져 있기는 하지만, 현대의 예술 정의가 반드시 평가적 측면을 배제한 채로만 시도되는 것은 아님을 다음에 보게 될 비어즐리(Monroe C. Beardsley)의 정의에서 알 수 있다. 중요한 것은 우리가 정의를 논함에 있어, 이제는 이러한 분류와 평가의 구분을 민감하게 의식하게 되었다는 점이다.

한편 과거의 예술 정의들이 모방이니 표현이니 형식이니 하는 것들로 성공할 수 없었다는 것은 분명한 사실이지만, 그 이유는 이러한 정의들이 너무 단순해서 실패하였다고도 볼 수 있는 일이다. 즉 예술의 본질이 없는 것이 아니라, 예술의 본질은 그렇게 단순한 것이 아니어서 보다 복잡한 정의를 필요로 한다는 뜻일 수도 있는 것이다. 따라서 웨이츠 이후의 예술 정의는 실제로 전통적 정의에 비해 보다 복잡한 형태를 띠고 진행되고 있다. 간명하지 않은 본질이 본질로서의 매력을 반감시킨다고 평가할 필요는 없다. 오히려 오늘날의 예술의 개념을 위해서는, 이 복잡함을 받아들일 준비를 하는 것이 과거의 오류를 통해 배울 수 있는 것이 될 것이다.

마지막으로, 전시적(exhibited) 성질과 비전시적 성질의 구분, 혹은 내재적 성질과 관계적 성질의 구분이 매우 중요하게 부각되는데, 이것은 왜 더 이상 표현과 같은 단순한 하나의 성질이 예술의 정의가 될 수 없는지를 말해 준다. 만델바움(Mandelbaum, 1965)은 웨이츠가 이용한 가족 유사성 개념에 대해 재고해 보면서, 가족 구성원들 사이의 공통점은 얼굴 모습과 같은 관찰할 수 있는 전시적 성질에서는 발견되기 어렵겠지만 예를 들어, '같은 조상을 가짐'과 같은 비전시적이며 관계적인 성질에 주목하면 불가능한 것도 아니라는 점을 지적한다. 이 지적은 웨이츠의 예술 논의에 바로 적용될 수 있다. 예술에서 이제까지 공통점이 발견되지 않았다고 한 웨이츠의 주장은 사실이겠지만, 이것 역시 전시적 성질에만 국한해서 본 것이다. 사실, 예술이 무엇인가를 생각하는 전통은 아주 오랫동안 예술작품의 내부에 존재하는 어떤 성질, 그래서 감상자가 적절한 취미를 가지고 적절한 태도를 취한다면 지각할 수 있는 그 어떤 성질로 예술을 정의하려 했다. 예술의 본질이 그런 것으로 생각되어야만 한다면 아마도 웨이츠의 반-본질주의가 가장 설득력 있는 결론이 될 것이다. 그러나 비전시적 · 관계적 성질을 고려하기 시작하면, 즉 어떤 것이 예술이라 함은 그것이 그 외의 다른 것들과 맺고 있거나 맺을 수 있는 관계 속에서 얻게 되는 지위라고 생각하면, 새로운 예술 정의의 가능성이 열리게 되는 것이다. 한편 관계적 성질에 호소하는 방법은 앞서 웨이츠가 염려했던 창조성과 예술 정의의 양립 불가능성의 문제를 해결하는 데도 유효하다.

데이비스(Davies, 1991)는 웨이츠 이후의 예술 정의 시도를, 크게 구분되는 세 종류의 접근법과 그들 간의 혼합으로 파악할 것을 제안한다. 그들은 각각 절차적 정의, 기능적 정의, 역사적 정의라고 부를 수 있다. 여기서는 이들을 간략히 살펴보되 그들의 이론적 내용에 대한 세밀한 관심보다는 그들이 착안하고 있는 관계적 성질이 무엇인가에 초점을 맞추어 각각의 핵심적인 특징과 그 한계를 보기로 하자.

5. 절차적 정의: 디키

우선 새로운 예술 정의로 가장 먼저 주목을 받았던 것은 디키의 예술 제도론이다. 그의 최초의 정의에 의하면, 예술작품이란 인공품으로서, 예술계(Artworld)라고 부를 수 있는 어떤 사회제도의 편에 서서 행동하는 사람들이 그 인공품의 어느 국면에다가 감상을 위한 후보의 자격을 수여해 놓은 것이다.(Dickie, 1974) 예술계라는 제도와 그러한 제도의 편에 서서 행동하는 사람들, 그리고 그런 사람들에 의한 자격 수여 등을 핵심 개념으로 하여 디키는 자신의 정의가 예술의 내재적 성질이 아니라 예술을 둘러싼 제도 및 관습과의 관계에 주목하고 있는 것임을 분명히 한다. 따라서 그는 예술이 어떤 기능을 얼마나 잘하느냐, 혹은 하여야 하느냐와 같은 가치 평가의 개념을 배제하고, 순전히 분류적인 측면에 초점을 맞춘다. 무엇인가가 예술이 되는 것은 절차와 관례를 따를 때라는 것이다. 후에 디키는 이 정의를 더욱 확대하여, 서로가 서로를 정의하는 다섯 개의 기본 개념(예술작품, 예술가, 예술 관중, 예술계, 예술계의 체계)으로 구성된 예술의 정의를 내놓는다.(Dickie, 1984)

이러한 예술이 되는 절차에 핵심적인 역할을 하는 것이 예술계의 개념인데, 이는 예술을 둘러싼 관행과 관습들, 과거로부터 물려받은 전통과 예술적 유산, 예술가의 의도, 비평가의 평론 등이 얽혀서 짜놓고 있는 역사적 · 사회적 배경이다. 디키가 댄토(Danto, 1964)로부터 빌려온 이 예술계의 개념은 사실 댄토의 그것과 약간은 다르지만, 디키 이론에서 핵심적인 기능을 한다. 하지만 동시에 취약한 부분이기도 하다. 예술계의 존재를 경험적으로 입증하는 것에는 문제가 없을지 모르나, 그것이 과연 어떤 식으로 제도화되어 예술 지위 부여의 권능을 행사하는지가 분명치 않다. 예를 들어 누가 예술계의 구성원이 되는가는 매우 중요한데, 왜냐하면 디키의 정의는 구성원 한 사람도 어느 인공품에 대해 감상의 후보 자격을 수여할 수 있는 가능성을 열어 두고 있기 때문이다. 따라서, 이 구성원의 자격이 느슨하거나, 그렇지는 않더라도 이 구성원의 개인적 능력만으로도 감상의 후보 자격이 수여될 수 있다면, 제도에 의해 예술작품의 자격이 수여된다는 생각은 훼손될 수밖에 없다.

6. 기능적 정의: 비어즐리

비어즐리가 애초부터 예술 정의를 자신의 미학의 주요 주제로 다룬 것은 아니다. 그의 영향력 있는 저술인 *Aesthetics*에서도 그는 정의의 문제를 우회하고자, 예술작품 대신 '미적 대상(aesthetic object)' 이라는 용어를 사용하였다. 하지만 후기의 저술에서는 "예술이란 무엇인가"의 질문을 굳이 피하고 있지 않은데(Beardsley, 1983) 그는 거기서 비교적 전통적인 방식을 고수하면서, 그러나 관찰 가능한 성질 대신 예술의 기능에 입각한 성질이나 능력에 주목하면서, 예술을 정의하려 한다. 그에 의하면 예술작품은 필연적으로 예술에만 고유한 어떤 기능을 달성하는 것이다. 그 기능 혹은 목적에 해당하는 것에는 여러 가지를 생각해 볼 수 있겠으나, 비어즐리는 그것을 미적 경험(aesthetic experience)을 제공하는 것이라고 한다. 미적 경험이란, 내용 면에서 본다면, 우리가 대상을 보고 듣고 생각하고 이해하는 동안에 그것이 가진 미적 속성(대상의 감각적 외관에서 파악되는 우아함이나 장엄함, 대상의 표현적 속성과 형식적 관계 등)을 경험하는 것을 말하고, 효과의 측면에서 보면, 그 경험이 우리를 특별히 만족스러운 방식으로 고양시킨다는 그러한 경험이다. 이러한 개념을 이용하여 만들어진 비어즐리의 정의를 요약하면 예술작품이란 결국 미적 경험을 제공할 능력(capacity)을 갖게끔 의도하고 만들어진 것이라고 할 수 있다.

미적인 것(the aesthetic)의 개념에 입각해 있기에 '미적 정의(the aesthetic definition)' 라고 명명된 이 기능적 정의는 디키 식의 절차적 접근보다 조금 더 심각한 약점을 보인다. 우선, 미적 경험이라는 것의 존재와 그 가치를 정당화하는 데에 어려움이 따를 수 있다. 특히 미적 경험을 전통적인 논의 방식인 무관심적 관조를 전제로 하여 효과 중심으로 이해할 경우, 그러한 경험이 존재한다는 것을 입증하기란 쉬운 문제가 아니다. 이 문제를 피하기 위해 미적 경험을 철학적으로 보다 방어하기 적절한 방식으로 바꾸어 이해한다고 하더라도, 왜 하필 그러한 미적 경험의 제공이 예술의 기능이어야 하는지를 묻는 것은 우문이 아니다. 미적 기능은 특정 시기의 예술에서라면 보다 명백히 예술의 기능이었을 수 있겠으나, 그렇더라도 미적 기능 이외의 사회적 · 제의적 · 교육적 기능을 하도록 기대되는 것들을 모두 예술에서 제외할 근거가 있는지 모르겠다. 그 외에도, 비어즐리는 의도적으로 무엇이 예술에서 가치는 있는 것인가를 상정하여 예술을 정의하고 있으므로, 앞서 언급한 대로, 실패한 예술(미적 기능을 의도하였으나 전혀 달성하지 못한 작품)이나 나쁜 예술의 경우 문제가 발생한다. 절차적 정의를 선호하는 이들의 주장대로, 만일 이런 작품들도 분류적으로는 예술이어야 한다면, 비어즐리의 정의는 이를 처리하지 못하게 되는 것이다. 같은 맥락에서, 과거의 예술이 주로 미적 기능을 가졌다는 사실에 대한 도전과 거부를 주제로 한 작품이 출현했을 경우, 비어즐리는 이들을 모두 비예술로 취급해야 할지도 모른다.

사실 절차적 정의를 적용하건 기능적 정의를 적용하건 대부분의 경우 예술과 예술이 아닌 것은 비슷하게 갈라질 것이다. 즉 두 정의 모두 우리가 예술작품으로 인정하는 전형적인 것들을 예술작품으로 인정할 것이다. 이런 점에서 양자를 철저하게 대립적인 것으로 이해할 필요는 없다. 다만 뒤샹이나 아방가르드 이후, 비어즐리 식의 기능적 정의에 포함되지 않으면서, 즉 전통적인 미적 목적에 도전하면서, 디키 식의 제도적 요구조건(예술가에 의해 생산되고, 전시되고, 예술평론가들과 예술사가들에 의해 토론되는 등)을 만족시키는 일군의 작품이 출현했다고 볼 수 있다. 하지만 이들을 예술로 분류해 낼 수 있다는 사실이 비어즐리에 비해 디키의 정의가 좋다는 이유가 될까? 비어즐리라면 뒤샹의 레디메이드(ready made)나 워홀의 〈브릴로 박스〉 같은 작품들이 전형적인 예술작품의 사례가 아니기 때문에, 예술로서의 지위가 불분명한 이들을 예술로 포함시킬 수 있는 정의가 그렇게 하지 않는 정의보다 좋은 것이라고는 말할 수 없다고 주장할 수 있을 것이다.

7. 역사적 정의

마지막으로 고려해 볼 정의는 역사적 정의인데, 이것을 언급하는 것은,

역사적 정의가 절차적 정의와 기능적 정의의 특징을 모두 살릴 수 있는 한 가능성을 보여 준다고 생각하기 때문이다. 우선 디키의 절차적 정의에서 중요한 역할을 하고 있는 예술계라는 개념은, 애초에 댄토에 의해 제시되었을 때에는, 관습이나 제도의 측면과 함께, 예술사 · 예술 이론의 역할이 강조된 것이었다. 역사적 정의는 예술계를 구성하는 요소 중 이러한 예술사와 예술 이론의 측면에 더욱 주목한다. 이러한 접근을 선호하는 학자로는 레빈슨(Levinson, 1979), 캐롤(Carroll, 1993), 카니(Carney, 1994) 등을 들 수 있다. 이들의 기본적인 입장은, 현재 우리가 가진 예술은 과거 우리가 가졌던 예술과의 관련을 통해 정의될 수밖에 없다는 것이다. 즉 어떤 것이 예술이라면 그것은 최소한, 같은 예술계 안에서, 그것에 앞서서 예술로 간주되어 왔던 것과 모종의 적절한 관계를 맺고 있어야만 한다는 것이다. 이 적절한 관계를 어떻게 보고 있느냐에 따라 학자마다 궁극적인 정의의 형태는 다르게 나타난다. 예를 들어 레빈슨은 과거와 현재 예술 간의 적절한 관계란, 과거의 작품들이 예술작품으로 취급되었던 방식들 중 어느 하나로 현재의 이 작품도 취급되려는 의도를 가진 것이라고 한다. 한편 카니는 양식(style)을 통한 관련성을, 캐롤은 과거의 작품과 현재의 작품을 잇는, 예술 이론을 근거로 한 이야기(narrative)의 존재를, 각각 적절한 관계의 핵심적인 요소로 거론한다. 이러한 차이에도 불구하고 대체로 앞선 예술과 맺을 수 있는 적절한 관계의 구체적인 사례로서 이들이 인정하고 있는 것은 앞선 예술의 반복, 확장, 지칭, 개선, 반박 등을 포함한다.

하지만 과거의 예술로 현재의 예술을 정의한다는 생각은 그 자체로는 순환적이다. (현재의) 예술의 정의 속에 (과거의) 예술이 포함되기 때문이다. 이러한 순환성을 탈피하고, 정의로서 완성되기 위해서는 소위 '최초의 예술', 즉 과거의 예술과 관계를 맺고 있지 않은 예술, 다른 예술들의 조상의 역할은 하지만, 그 스스로의 조상에는 예술이 존재하지 않는 최초의 예술의 존재가 요청된다. 위에 언급한 학자들은 이 점에 관해서도 각기 다른 입장을 보인다. 그들 각각이 얼마나 성공적인지는 앞으로도 더 논의의 대상이 되어야 하겠지만, 이 최초의 예술에 대한 설명만큼은 제도나 역사, 이론 같은 절차적 · 관계적 성질들에 의존할 수 없을 것 같다. 따라서 역사적 정의의 완성을 위해서 최초의 예술에 대한 설명이 있어야 한다면, 이곳은 기능주의가 개입할 매우 적절한 장소인 것 같다. 예를 들어, 비어즐리의 방식을 이용하여, 최초 예술은 다른 어느 것보다도 미적 경험 혹은 미적 성질의 감상을 위해서 의도된 것이라고 하는 것이 가능하다. 이것이 기능주의적 접근과 제도 및 역사적 접근이 혼용될 수 있는 유일한 방식은 결코 아니지만, 타당한 정의로 나아가는 하나의 가능성인 것은 분명하다.

한편, 이러한 역사적 접근은 상대주의와 관련된 문제를 일으킬 수 있다는 점이 데이비스에 의해 지적된 바 있다. 역사적 정의가 의존하고 있는 과거 예술과의 적절한 연쇄 관계는 하나의 예술계 안에서 작동한다. 따라서 문화가 달라진다면, 과거의 예술과 맺는 적절한 관계의 방향과 방식도 달라질 것이고, 이는 결국 다른 예술계를 형성할 것이다. 즉 문화의 수만큼 다양한 예술계가 있을 수 있는 것이다. 이런 식으로, 역사적 접근은 서양의 예술계, 그것도 서양의 정통(고급) 예술을 다루는 예술계 이외의 예술계의 존재도 인정한다. 하지만 이 경우 데이비스가 갖는 의문은, 그들 각각 다른 예술계들을 모두 '예술' 계로 볼 수 있는 근거가 무엇이겠느냐 하는 것이다. 즉 문화마다 다양할 수 있는 여러 관습들 중에서 무엇이 '예술 만들기' 의 관습인지를 분리해 낼 기준이 요구되는데, 역사적 정의에는 그것이 없다는 것이다. 그는 사실, 순수 기능주의가 아니라면, 문맥과 관습과 제도를 이용하는 모든 이론이, 예술계와 사회의 다른 관습을 구별하는 문제를 지니고 있다고 한다. 따라서 최초의 예술에 대한 순수 기능주의적 접근과 같은 방식으로 역사적 · 맥락주의적 접근이 보완되어야 하는 의의는 여기서도 찾을 수 있다.

이 예술계의 상대성 문제는 앞으로의 예술 개념의 변화와 예술 정의의 시도에 있어 매우 흥미로운 문제를 암시한다. 즉 이러한 예술계의 상대성을 긍정하기 위해서건 아니면 반증하기 위해서건, 이제 우리에게는 서양

파인-아츠(Fine-Arts)를 이끌어 온 예술계 이외의 문화적 관행과 역사에 눈을 돌려 그 속에서 존재하는 문화 산물들의 제도와 역사와 기능을 관찰해 볼 절실한 필요가 생겨난 것이다. 그것은 일면으로는 서양 이외의 문화와 관습에서는 무엇이 진행되어 왔는지를 보아야 한다는 것을 의미하며, 또 다른 면으로는 '정통', '고급', '순수' 등의 수식어가 붙는 파인-아츠 이외의 '여타의 예술들'(현대 사회에서의 대표적인 예는 대중예술일 것이다)의 관행을 살펴보아야 한다는 것을 의미한다. 예술 정의 불가능을 넘어서려는 현대 분석미학이 어렴풋하게나마 가리키고 있는 예술 정의의 출구 방향이 우연인지 필연인지, 현대의 화두의 하나인 문화적 다양성에 대한 주목인 셈이다.

더 읽을거리

김진엽, 「현대 영미미학의 동향 (1)」, 『미학』 제25집, 1998.

오병남, 『미학강의』, 서울대학교출판부, 2003.

오종환, 「예술작품의 정의가능성에 대한 소고」, 『미학』 제16집, 1991.

황유경, 「G. Dickie의 예술정의론의 문제점」, 『미학』 제8집, 1982.

Beardsley, M. C., "An Aesthetic Definition of Art", in H. Curtler (ed.), *What Is Art?*, Haven, 1983.

Carney, J. D., "Defining Art Externally", *British Journal of Aesthetics* 34, 1994.

Carroll, N., "Historical Narratives and the Philosophy of Art", *Journal of Aesthetics and Art Criticism,* 1993.

________ (ed.), *Theories of Art Today*, University of Wisconsin Press, 2000.

Danto, A., "The Artworld", *Journal of Philosophy* 61, 1964.

Davies, S., *Definitions of Art*, Cornell University Press, 1991.

Dickie, G., *The Art Circle*, Haven, 1984 (김혜련 옮김, 『예술사회』, 문학과지성사, 1998).

________, *Art and the Aesthetic*, Cornell University Press (오병남 옮김, 『현대미학』, 서광사, 1982).

Levinson, J., "Defining Art Historically", *British Journal of Aesthetics* 19, 1979.

예술작품의 존재

서원주

오늘날 우리는 시, 소설, 연극, 교향곡, 오페라, 무용, 그림, 조각, 건축, 판화뿐만 아니라 사진, 영화, 설치, 개념 예술, 멀티미디어에 의한 다양한 종류의 제작물 등도 예술작품으로 간주하고 있다. 그렇다면 이 모든 것들이 공통으로 속하는 어떤 단일한 존재론적 범주가 있는가? 우리가 이것들을 예술작품이라고 말하는 것은 이것들이 모두 근본적으로 동일한 "존재 양식(mode of existence)"을 공유하기 때문인가? 요컨대 예술작품은 과연 어떤 종류의 존재자인가?

이러한 물음에 대해 한마디로 답하는 것은 매우 어려운 일이다. 우리가 서로 다른 종류의 예술작품들에 대해서 말하는 방식을 잠시 반성해 보면, 이러한 다양성 속에서 어떤 통일성을 발견하는 것은 거의 불가능한 것처럼 보인다. 우리는 무용, 연극, 음악에 대해서 언급할 때 "공연" 혹은 "연주(performances)"라는 용어를 사용한다. 따라서 우리는 동일한 작품에 대한 현저하게 다른 공연 혹은 연주가 가능하다는 것을 인정한다. 한편 시와 소설은 사본(copies)을 갖고 있어서, 우리는 작가의 육필 원고를 본 적이 없더라도 주저하지 않고 시와 소설을 읽고 즐긴다고 말한다. 따라서 우리는 (악보의 경우도 그렇지만) 원고의 경우 작가의 수기가 소실되었다 하더라도 작품은 소실되지 않을 수 있다고 생각한다. 시각예술의 경우도 사정은 마찬가지이다. 영화가 여러 영화관에 배급되어 반복적으로 재생되듯이 판화와 사진은 다수의 복제물(reproductions)을 갖는다. 하지만 그림과 비주물(非鑄物) 조각은 단일한 물리적 대상(physical object)인 것 같다. 물론 그림과 조각도 복사될 수 있지만 사본(copy)을 보는 것은 실물(real thing), 즉 원본(original)을 보는 것과 다르다. 건축의 경우는 이보다 조금 더 복잡한 것 같다. 흔히 우리는 건축물에 대해서 파르테논 신전이나 타지마할처럼 단일한 대상을 갖는 것으로 생각하지만, 하나의 설계에 따라 세워지는 여러 가옥들처럼 건축물은 다수의 사례를 가질 수도 있다.

따라서 오늘날 영미 분석미학에서 예술작품의 존재에 관한 논의는 보다 구체적인 형태로 나타난다. 즉 "예술작품은 어떤 종류의 존재자인가?"라는 물음은 "개별적인 예술작품을 어떻게 확인하고(identify) 재확인하는가(re-identify)?"라는 물음과 "일단 예술작품으로 확인된 존재자의 본성을 어떻게 명시하는가?"라는 물음으로 대치된다. 이 중 전자는 흔히 예술작품의 수적 동일성(numerical identity)에 관한 물음이고 후자는 예술작품의 형이상학적 본성(metaphysical nature)에 관한 물음으로 서로 구분되어 제기될 수 있지만, 두 물음이 전혀 무관한 것은 아니다. 한 물음에 대한 대답은 다른 물음에 대한 대답의 적합성에 영향을 미치지 않을 수 없고, 나아가 각 물음에 대하여 제시되는 대답은 답변자의 보다 일반적인 철학적 전략을 반영하지 않을 수 없다. 예를 들어 유물론(materialism)을 지지하는 이론가들은 예술작품이 물리적 대상이거나 적어도 물리적 대상과 어떤 식으로건 밀접하게 연관된다는 견해를 지지할 것이다. 반면 이에 동조하지 않는 이론가들은 대체로 관념론적(idealistic) 성향의 설명을 지지할 것이고, 나아가 예술작품이 개별자(particular)가 아니라 보편자(universal)라고 주장할 것이다.

사실 예술작품의 존재에 대한 논의는 엄밀하게 직선적인 역사를 갖지 않는다. 하지만 우리는 위 단락에서 제시된 두 물음에 대한 신중하고 치밀한 반성을 통하여 오늘날 예술작품의 존재에 관한 논의에 있어서 주도적인 역할을 하고 있는 이론가들을 중심으로 일종의 연속성을 발견할 수 있다.

1. 예술작품의 존재에 관한 현대적 논의의 배경

우선 오늘날 예술작품의 존재에 관한 논의에서 수적 동일성 문제에 최초로 주의를 환기시킨 이론가는 잉가르덴(Roman Ingarden)이다. [자세한 논의는『미학대계』2, 제2부 현대미학의 방법론과 전개, '현상학적 방법론' 의「로만 잉가르덴」(김종태)을 참고하시오.] 물론 잉가르덴은 엄밀히 말해서 영미 분석미학 전통에 속한 이론가라고 할 수 없다. 하지만 잉가르덴은 우리가 예술에 대해서 갖는 미적 관심의 현상학적 측면과 예술이 낳는 불가피한 존재론적 복잡성에 대한 분명한 그림을 제공함으로써 이후 예술작품의 존재에 대한 분석미학자들의 논의를 위한 장을 열어 주었다고 할 수 있다.

잉가르덴은 미적으로 적절한 언급이 예술작품의 공적인 확인에 의존한다는 사실을 감지하면서, 서로 다른 위치에 있는 수용자들이 실제 예술작품의 어느 정도 체계화된 구조에 근거하여 정당하게 내릴 수 있는 감식력 있는(sensible) 판단의 다양성을 수용하고자 했다. 따라서 잉가르덴은 예술작품을 역사적으로 변천해 온 감식력 있는 수용자들로 이루어진 공동체가 개발해 낸 구성물로 생각하게 되었다. 또한 잉가르덴은 개별적인 예술작품의 동일성을 고정하기 위해서 예술작품이 비록 수많은 "수준(levels)"의 요소들로 구성되지만 어떤 수준은 다른 수준보다 동일성에 상대적으로 더 근본적이고 다양한 해석적, 감상적 반응에 좌우되는 경향이 덜하다는 입장을 지지했다.[1] 이러한 의미에서 잉가르덴은 예술작품의 존재에 대한 분석을 시도하기 위한 장을 마련해 주었다고 할 수 있다.

하지만 잉가르덴은 이런 식으로 확인된 예술작품이 어떤 종류의 존재자인지에 대한 명시적이고 일관된 분석을 제공하지는 않았다. 따라서 잉가르덴에게는 엄밀하게 어떤 조건하에서 예술작품이 실제로 확인되고, 엄밀하

1 Roman Ingarden, *The Literary Work of Art: An Investigation on the Borderlines of Ontology, Logic, and Theory of Literature*, IL: Northwestern University Press, 1974.

게 어떤 의미에서 예술작품이 어떤 특정한 종류의 대상이 되는지의 문제가 남는다. 예술작품의 동일성이 고정될 수 있는 방식이 제시되었다고 하더라도, 우리는 여전히 어떻게 그러한 예술작품에 귀속되는 것으로 여겨지는 다양한 속성들이 실제로 예술작품의 속성이 될 수 있는지를 알고자 한다. 잉가르덴은 설명되어야 하는 속성들의 범위를 제대로 지적했지만, 이 속성들을 어떻게 존재론적으로 관련된 의미에서 하나의 집합으로 구성할 것인지에 대한 이론화를 시도하지 않았다.

이러한 상황에서 분석미학자들은 다양한 속성들을 전시하는 예술을 모두 포괄할 수 있는 어떤 일반적인 규정이 있는지, 만일 있다면 그것은 무엇일 수 있는지 알려 줄 수 있도록 다양한 종류의 예술을 분류하고자 시도하게 되었다. 이들의 작업은 다양한 결과를 낳았지만, 기본적으로는 퍼스(C. S. Peirce)에 의하여 처음 정식화된 유형/징표(type/token) 구분에 어떤 식으로건 의존한다는 공통점을 지닌다. 원래 이 구분은 퍼스가 기호론(theory of signs)을 전개하면서 언어적 현상에 적용하기 위하여 도입한 것이지만, 이후 광범위한 영역의 비언어적 현상들에로 그 적용 범위가 확대되었다.

퍼스는 우리가 종이에 적혀 있는 어떤 단어를 지워 버리는 것은 그 언어로부터 상징(symbol)을 파괴하는 것이 아니라 단지 그 상징의 한 사례(instance)를 제거할 뿐이라는 사실을 지적한다. 퍼스에게 있어서 상징 자체는 유형이고 그것의 사례 혹은 구현(embodiment)은 징표 혹은 복사(replica)로서, 유형 자체는 존재하지 않고 "존재가 그에 따르게 될 실체(real being)를 갖는다."[2] 따라서 우리가 이 문단에서 "퍼스"라는 단어가 두 번 나왔다고 말할 때, 사실 우리는 이 문단에서 그 단어의 두 징표 혹은 사례가 나왔다는 것을 의미하는 것이다. 이 징표들은 이 문단에서 일정한 공간을 차지하며, 문단의 다른 징표들의 상대적인 위치를 결정하는 데 있어

2 C. S. Peirce, *The Collected Papers of Charles Sanders Peirce,* Vol. 2, par 292, in C. Hartshorne and P. Weiss (eds.), Cambridge: Harvard University Press, 1931.

서 인과적인 역할을 한다. 또한 이 징표들을 인쇄하기 위해서는 소량이지만 무시할 수 없는 양의 잉크가 필요하다. 반면 단어의 유형은 공간을 차지하지 않고 프린터의 잉크를 사용하지 않으며 이 문단에서 어떠한 인과적 역할도 하지 않는다.

이러한 구분은 예술작품의 존재에 관한 논의에 도입되어 “우리가 오페라, 발레, 시 등과 같은 것들의 논리적 지위를 (대략적으로) 이해할 수 있는 틀, 즉 이러한 것들의 동일성(identity)과 개별화(individuation)의 원리에 대한 설명”[3]을 제공하는 것으로 이해되기 시작했다. 즉 미학자들은 이러한 틀에 따라 어떤 예술작품은 동일한 하나의 유형에 대해서 여러 징표들이 존재하는 것이라고 주장할 수 있게 되었다. 따라서 오늘날 예술작품의 존재에 관한 논의에서 예를 들어 고전 발레 〈지젤〉, 연극 〈고도를 기다리며〉, 베토벤의 〈3번 교향곡〉은 유형이지만 이러한 작품들의 무대 공연 혹은 연주는 징표라거나, 서가에 꽂혀 있는 소설이나 영화관에서 상영되고 있는 필름은 유형의 징표로 분류되어야 한다는 주장이 활발히 전개되고 있는 것이다.

2. 유형/징표 구분에 의한 논의: 일원론 대 이원론

유형/징표의 구분을 이용하는 이론가들은 대체로 위에서 언급된 무용, 연극, 음악, 시, 영화 등을 유형인 예술작품으로 간주하고, 그림이나 비주물 조각처럼 단일한 대상인 예술작품을 이에 대비시키는 경향이 있다. 이들은 예술작품이 근본적으로 다른 두 종류, 즉 유형과 같은 추상적 존재자(abstract entity)와 이에 대비되는 물리적 대상으로 나타난다고 주장함으로

3 Richard Wollheim, *Art and Its Objects*, 2nd ed., Cambridge: Cambridge University Press, 1980, p. 79.

써 예술에 대해서 이원론적인 입장을 취한다. 특히 월하임(Richard Wollheim)은 한편으로 공연과 관련되거나 기보법(notation)에 의존하는 예술을 놓고, 다른 한편으로 물질적 재료로 이루어진 구성(composition)과 직접적으로 관련된 예술을 놓음으로써 양자를 대비시키고자 했다.

월하임에 의하면 어떤 예술은 그것의 표현적 · 재현적 속성이 물리적 대상에 귀속될 수 있으므로 이러한 예술에 대해서는 유물론적 설명이 완전히 거부될 수 없지만, 어떤 예술은 유물론적 설명이 불가능하며 따라서 이러한 예술은 보편자일 수 있는 존재자인 것이다. 월하임은 이와 같은 예술작품의 존재론을 명료히 하기 위해서 유형/징표 구분을 다음과 같이 이용한다:

> ……문학작품은 당신의 소장본 혹은 나의 소장본 혹은 어떤 특정한 저녁에 어떤 특정한 장소에서 읽힌 단어들의 집합이 서로 다른 징표들인 유형이다. 그것은 영국 국기나 카드놀이에서 퀸 다이아몬드와 같은 유형으로, 서로 다른 돛대에서 휘날리면서 동일한 디자인을 갖는 깃발들이 영국 국기의 징표들이 되는 것과 같다.[4]

> (반면) 미술작품은 무한한 수의 징표들이 존재할 수 있는 유형이 아니다…… 주어진 유형의 징표인 미술작품은 하나 이상 존재할 수 없다.[5]

얼핏 보기에 단순한 것 같은 월하임의 존재론은 미적 감상의 현상적 측면을 고려하게 되면 다소 복잡해진다. 일반적으로 예술작품을 유형과 같은 추상적 존재자로 이론화하게 되는 주된 이유는 바로 공연과 해석의 복잡성 때문이다. 하지만 우리는 어떻게 개별적(징표) 작품들이 추상적 존재자(유형)로서의 예술작품과 속성을 공유할 수 있는지에 대해서 의문을 제기하지

4 Richard Wollheim, "Minimal Art" in Gregory Battcock (ed.), *Minimal Art: A Critical Anthology*, CA: University of California Press, 1995, p. 362.

5 *Ibid.*, pp. 392-393.

않을 수 없다. 예를 들어 음악이 소리를 사용한다고 한다면 어떻게 소나타와 같은 추상적 존재자가 시간적, 공간적, 감각적 속성을 소유하는 것이 가능할 수 있는가? 만일 그럴 수 없다면 어떻게 그것이 우리가 일상적으로 주목하는 예술작품이 될 수 있는가? 따라서 많은 이론가들은 이런 식의 이원론으로 문제를 해결하는 대신, 모든 예술을 동일한 존재론적 범주에 속하는 것으로 보고자 한다.

이러한 시도는 어떠한 예술작품도 개별적인 물리적 대상이 아니라고 주장하는 방향으로 나아가거나, 어떠한 예술작품도 유형과 같은 추상적 존재자가 아니라고 주장하는 방향으로 나아가게 된다. 우선 스트로슨(P. F. Strawson)은 심지어 그림조차도 사실은 개별자가 아니라 유형이라고 주장한다.[6] 우리는 그림을 하나밖에 없는 개별자로 간주하려는 경향이 있는데, 스트로슨은 그 이유가 순전히 우연적이라고 생각한다. 즉 우리는 아직 그림의 완전한 복제를 만들 만한 기술을 갖고 있지 않지만, 일단 그러한 기술을 갖게 된다면 소위 "원본"에 어떠한 특별한 우선권도 부여하지 않게 될 것이라는 것이다. 커리(Gregory Currie) 또한 어떠한 예술작품도 물리적 대상이라는 주장을 거부하고 예술작품을 유형으로 간주한다.[7] 하지만 커리에게 있어서 예술작품은 다소 특별한 종류의 유형으로서, 그것은 "행위 유형(action type)"으로 불린다. 여기서 행위는 어떤 특정한 "발견 경로(heuristic path)"를 통해서 어떤 특정한 구조, 예를 들면 소리, 단어, 색 등의 구조를 발견하는 행위를 말한다. 하지만 이 구조 자체는 예술작품이 아니다. 예술작품은 이러한 구조와 예술가의 작업이 의존하게 되는 특별한 수단의 조합이다. 월터스토프(Nicholas Wolterstorff)는 보편자의 실재성을 지지하는 플라톤적인 실재론에 근거하여 예술작품을 보편자로 규정하고, 유형과 징표가 속성을 공유하는 것이 아니라 어떤 특정한 술어(predication)를

6 P. F. Strawson, "Aesthetic Appraisal and Works of Art", in P. F. Strawson, *Freedom and Resentment*, London: Methuen, 1974, pp. 178-188.

7 Gregory Currie, *An Ontology of Art*, London: Macmillan, 1989, 3장.

공유한다는 독창적인 견해를 제시한다.[8] 예를 들어 "연주됨" 같은 술어는 베토벤의 〈3번 교향곡〉과 이 작품의 연주들 간에 공유되지 않지만, "C단조임"과 같은 술어는 베토벤의 〈3번 교향곡〉의 속성을 기술하는 술어로, 우리는 〈3번 교향곡〉의 거의 모든 연주들에 대해서 "C단조임"이라는 술어를 적용할 수 있다. 따라서 월터스토프에 의하면 〈3번 교향곡〉과 이 작품의 다양한 연주들은 "C단조임"이라는 술어를 공유한다는 것이다.[9]

반면 마골리스(Joseph Margolis)는 이들과 반대 방향에서 모든 예술작품에 대한 통일된 설명을 추구한다. 마골리스는 어떠한 예술작품도 추상적 보편자가 아니며 모든 예술작품은 개별자라고 주장한다. 마골리스에 의하면 예술작품은 모두 "유형의 징표(tokens-of-a-type)"로서 "문화적으로 창발하는 존재자(culturally emergent entities)"이다. 마골리스는 또한 예술작품이 물리적 대상으로 "구현되지만(embodied)" 결코 물리적 대상과 동일하지 않다고 주장한다. 예를 들어 미켈란젤로의 〈피에타〉는 대리석 덩어리로 구현되지만 대리석과 동일하지 않다. 왜냐하면 〈피에타〉는 대리석 자체와 동일한 속성을 모두 공유하지 않기 때문이다. 적어도 이 점에서 예술작품은 인간과 비교될 수 있다. 왜냐하면 인간 역시 물리적인 신체로 구현되지만 결코 신체와 동일하지 않은 존재자이기 때문이다.

이와 같이 마골리스는 예술작품의 수적 동일성의 문제와 형이상학적 본성의 문제를 연결하여 다루면서, 유형/징표 구분에 대한 아리스토텔레스적인 실재론적 해석을 도입한다:

> 우리는 유형/징표의 구분이 갖는 존재론적 특유성을 다음과 같이 요약할 수 있다. (i) 유형과 징표는 개별자로서 개체화된다. (ii) 유형과 징표는

8 Nicholas Wolterstorff, *On Universals*, IL: The University of Chicago Press, 1970, 5장, 7장.

9 Nicholas Wolterstorff, *Works and Worlds of Art*, Oxford: Clarendon Press, 1980, p. 61.

분리될 수 없으며 서로 분리되어 존재할 수 없다. (iii) 유형은 징표에 의해서 예화되고 징표는 "유형의 징표"의 준말이다. (iv) 어떤 소설 유형의 실제 징표들이 산출되고 파괴될 수 있다는 의미에서 유형과 징표는 산출되고 파괴될 수 있다. 또한 실제 징표들의 산출에 필요할 수 있는 우연적 요소들이 무엇이건 간에 그것은 파괴되거나 무력해질 수 있다. (v) 유형은 단지 실제의 존재자들의 집합이 개별적 유형의 징표로서 개체화될 수 있다는 의미에서만 실제의 추상적 개별자이다. (vi) 실제의 징표 개별자와 유형 개별자의 속성들을 비교하는 것을 실제의 개별적 유형의 징표들의 속성들을 비교하는 것과 대비되는 것으로 말하는 것은 일관성이 없다. (vii) 유형을 개별자로서 언급하는 것은 오직 실제의 유형의 징표와 가능한 유형의 징표에 대한 언급을 돕는 역할을 할 뿐이다. 이러한 구분들은 유형/징표 개념을 종/사례 개념과 집합/원소 개념으로부터 구분하기에 충분하다.[10]

유형/징표 구분과 종/사례(kind/instance) 구분 혹은 집합/원소(set/member) 구분의 주된 차이는 유형과 달리 집합과 종은 그 원소나 사례가 존재하지 않더라도 존재하며, 창조되거나 파괴되지 않는다는 점이다. 이 설명은 유형을 실제의 추상적 개별자로 본다는 점에서 실재론적이고, 유형을 독립적인 존재성을 결여하는 것으로 본다는 점에서 아리스토텔레스적이다. 실제의 추상적 개별자는 시공간적인 개별적인 유형의 징표에 대한 언급을 돕기 위한 장치로서, 그것은 창조되거나 파괴되고, 확인되거나 발견적으로 개체화될 수 있다:

유형의 징표는 개체화를 위해서 발견적으로 도입되기 때문에, 우리는 유형 예술작품을 개별자로 말할 수 있다. 하지만 그것은 개별적인 유형 예

10 Joseph Margolis, *Art and Philosophy*, Atlantic Highlands: Humanities Press, 1980, p. 20.

술작품의 개별적인 징표가 존재한다는 의미에서만 존재할 수 있다.[11]

> 유형의 징표 외의 징표는 없다. 징표를 개체화하는 과정은 개체화하는 유형을 함축한다. 즉 징표를 개체화하는 과정은 개별자들의 다양한 집합을 이러저러한 유형의 대안적인 징표들의 집합으로 개체화하는 것을 함축한다.[12]

마골리스에게 있어서 유형은 비교될 수 있고 속성이나 술어를 공유한다고 이야기될 수 있는 징표로부터 구분되지 않는다. 징표는 유형의 징표에 다름 아니며, "유형"이라는 용어는 유형의 징표로서 개별적인 대상의 개체화를 돕기 위해서 발견적으로 도입될 뿐이다. 또한 "구현된 존재자"라는 개념은 잉가르덴을 비롯한 이론가들이 예술작품에 귀속될 수 있다고 주장했던 예술작품과 관련된 속성들의 전 범위, 즉 물리적 속성들뿐 아니라 의도적인 속성들의 담지자로서 의도된다. 마골리스의 제안은 실체 일원론을 주장하면서 속성들의 종류의 비환원적 다양성을 지지하는 비환원적 유물론의 한 형태로 규정될 수 있으며, 구체적으로는 예술작품, 일반적으로는 문화적 존재자의 존재론적 특유성을 암시한다. 마골리스에게 있어서 예술작품은 구현된 존재자로서 복합적이거나(compound) 부가적이지는(annexed) 않지만 복잡한(complex) 창발적 존재자로서, 인간의 문화계 속에 존재하게 되면서 불가분하게 구현된 형태로만 획득되는 속성들을 전시하는 존재자이다.

11 *Ibid.*, p. 23.

12 Joseph Margolis, *Persons and Minds: The Prospects of Non-reductive Materialism*, Dordrecht: D. Reidel Publishing Company, 1978, p. 235.

3. 자필적/타필적 구분에 의한 논의: 존재론적 논의의 확장

하지만 음악 작품은 여러 가지 측면에서 이런 식의 존재론을 위협한다. 우리는 음악 작품을 악보, 공연 혹은 연주, 소리의 파장, 나아가 작곡가나 청취자의 심리적 상태 같은 것과 동일하지 않다고 생각할 만한 충분한 이유가 있는 것 같다. 하지만 음악 작품이 단순히 "소리 구조의 유형(sound-structure type)"이라면, 음악 작품은 창조될 수 없을 것이다. 왜냐하면 순수하게 추상적인 구조는 무시간적인 존재자이기 때문이다. 굿먼(Nelson Goodman)은 유형/징표 구분 대신 위작(forgeries) 혹은 위조(fakes) 문제가 극적으로 표현되는 소위 자필적(autographic)/타필적(allographic) 예술의 구분에 초점을 맞추어 예술작품의 존재에 대한 논의를 시도한다.

굿먼에 따르면 음악은 악보라는 기보 체계의 문자들(characters)의 연속의 지시체(referents)로서 확인된다. 기보 체계는 구문론적으로 뿐만 아니라 의미론적으로 분해되고 구별된다. 악보에서 모든 부호나 제명은 오직 하나의 문자에 속하는 것으로 확인될 수 있으며 오직 하나의 지시체를 갖는다. 예를 들어 악보의 어떤 제명은 바로 C나 C#을 위한 문자에 속하는 것으로 확인될 수 있고, 바로 C나 C#으로 들리는 음정을 지시체로 갖는다. 또한 각각의 음정 소리는 오직 하나의 문자에 의해서 애매하지 않게 지시된다. 악보를 따르는 어떠한 음정 소리의 연속도 그 악보에 의해서 결정되는 음악 작품의 한 징표가 된다. 따라서 철자의 동일성이 고려되어야 할 전부이다. 또한 문학 작품은 원고라는 기보 체계의 문자로, 원고의 어떠한 제명이나 발화도 그럼으로써 작품의 한 징표가 된다. 따라서 한 소설의 두 제명은 정확히 동일하게 철자되기 때문에 동일한 작품의 징표들인 것이다.

굿먼은 작품의 동일성이 이와 같이 철자의 동일성에 의해서 정의된다고 할 수 있는 음악과 문학을 타필적 예술로 명명한다. 『리어왕』의 정확한 사본은 그저 또 다른 『리어왕』 한 권일 뿐이다. 〈봄의 제전〉의 어떠한 연주도 그저 또 다른 〈봄의 제전〉의 연주일 뿐이다. 따라서 음악 작품과 문학 작품의 위조는 불가능하다. 반면 그림, 조각, 동판화, 목판화, 석판화는 자필적 예술이다. 이러한 예술은 구문론적으로 조밀하고 구별되지 않는 상징 체계에 있기 때문에, 철자화되고 읽힐 수 있는 명료한 문자를 갖지 않는다. 따라서 이러한 예술은 그 산출의 역사에 의해서만 확인될 수 있다. 그림의 경우 우리가 단순히 봄으로써 진품과 위조품을 구분할 수 없다고 하더라도, 바로 이 산출의 역사에 의해서 양자 간에 미적 차이가 존재하게 된다. 그림과 같은 자필적 형식은 "심지어 그것의 가장 정확한 복제조차 그림으로써 진품으로 간주되지 않는" 것이다.[13]

예술작품의 존재에 대한 이런 식의 접근은 상당한 논란을 불러일으키면서 이후 미학적 논의의 전개에 심대한 영향력을 행사했다. 우선 굿먼 이전에는 아무도 위조 문제에 대해서 그다지 많은 철학적 관심을 갖지 않았는데, 그의 주장이 제기된 이후 이 주제에 관한 문헌들이 쏟아져 나오기 시작했다. 하지만 굿먼의 주장은 그림과 조각의 확인에 있어서 산출의 역사가 중추적인 역할을 한다는 사실에 주목하게 되면서 심각한 반론에 직면하게 되었다. 굿먼이 타필적 예술로 생각한 것들도 사실은 그림처럼 적어도 부분적으로 그 산출의 역사에 의해서 확인될 필요가 있다. 특히 음악 이론가들은 음악 작품이 악보를 따르는 것으로 확인될 수 있다는 주장에 불만을 토로했다. 우선 악보는 개별적 음악 작품을 정의하도록 하는 음악의 중요한 측면들을 명시하지 않는다. 음악 작품은 단순히 특정한 박자에 의해서 조직된 특정한 순서의 음정들의 연속이 아니라, 특정한 음색을 갖는 특정한 악기로 연주되는, 역동적인 성질과 프레이징을 갖는 음정들의 연속이다. 즉 음악 작품은 단순히 악보에 의해서 결정되는 소리들의 연속으로 확인될 수 있는 것이 아니라, 특정한 작곡가가 특정한 시간에 조합해 놓은 소리들의 연속으로 확인될 수 있는 것이다.

13 Nelson Goodman, *Languages of Art: An Approach to a Theory of Symbols*, 2nd ed., Indianapolis: Hackett, 1981, p. 113.

기보법은 음악적 차원의 이와 같은 특유성을 적합하게 포착할 수 없다. 음악가는 프레이징을 하면서 어떤 음표를 다른 음표보다 조금 오래 지속되도록 하거나 강조할 것이고, 조금 빠르게 혹은 조금 느리게 연주할 것이고, 조금 더 크게 혹은 조금 더 조용히 연주할 것이다. 만일 프레이징과 역동성이 음악 작품의 본질적인 특징이라면 음악 작품은 기보법을 통해서 완전히 확인될 수 없다. 또한 굿먼에 따르면 예를 들어 베토벤의 〈3번 교향곡〉을 연주한다고 할 때 하나의 잘못된 음표를 갖는 연주는 더 이상 그 작품의 연주가 아니지만, 안단티노니 비바체니 하는 빠르기와 표현적 표기를 무시하지만 잘못된 음표를 하나도 갖지 않는 연주는 그 작품의 옳은 연주로 간주되는 반직관적인 결론에 도달하게 된다.[14]

따라서 우리는 모든 예술이 산출의 역사에 의해서 확인되고 규정될 수 있으며, 어떠한 예술작품도 기술에 수반되는 변화와 사회적 관용에 따라 진정으로 여러 징표들로 만들어지거나 복제될 수 있다고 주장할 수 있다. 나아가 굿먼은 유명론자로서, 자필적/타필적 구분을 (마골리스가 선호했던 유형/징표 구분의 해석과 대비되는 것으로서) 월하임이 선호했던 유형/징표 구분의 강한 해석으로 받아들이지 않겠지만, 우리는 실재론/유명론 논쟁에 개입하지 않고도 타필적 작품이 위조될 수 있다고 주장할 수 있다. 결국 우리는 자필적/타필적 예술 간에 유지된다고 주장되는 구분이 원칙적으로 없다고 주장할 수도 있다.

예술작품의 존재와 관련된 이러한 논의들은 궁극적으로 예술작품을 인간 문화의 특수한 산물로 고려하지 않는 존재론이 과연 적합하게 정식화될 수 있는지를 반성하도록 한다. (커리의 제안을 따라) 쌍둥이 지구에 살고 있

14 이와 관련하여 보르헤스의 소설집에 나오는 「돈키호테」의 일부를 그대로 쓰고 있는 피에르 메나르 이야기는 단순히 페이지에 적힌 단어들에 따라서는 세르반테스의 작품과 메나르의 작품 간의 차이가 발견되지 않는 경우로, 철자의 동일성이 문학 작품의 동일성을 완전히 결정할 수 없음을 보여 주는 대표적인 사례로 자주 언급된다(Jorge Luis Borges, *Labyrinths: Selected Stories and Other Writings*, in Donald A. Yates and James E. Irby (eds.), NY: New Directions, 1962, pp. 36-44).

다는 점만 제외하면 베토벤과 동일한 어떤 사람이 베토벤의 〈3번 교향곡〉과 동일한 소리 구조를 갖는 작품을 작곡했다고 가정해 보자.[15] 이 작품은 〈3번 교향곡〉과 동일한 작품인가? 이러한 사고 실험에 대한 우리의 직관은 분명하지 않을 수 있지만, 우리는 이에 대답하는 과정에서 예술작품의 존재론이란 우리가 직면하는 보다 큰 개념적 논쟁, 즉 물리적 본성과 인간의 문화 사이의 관계에 관한 논쟁과의 관련하에서 제대로 이해될 수 있음을 알 수 있다.

15 Gregory Currie, *op. cit.*

더 읽을거리

Lamarque, P., and S. H. Olson (eds.), *Aesthetics and the Philosophy of Art: The Analytic Tradition*, Oxford: Blackwell Publishing Ltd., 2004.

Margolis, J. (ed.), *Philosophy Looks at the Arts: Contemporary Readings in Aesthetics*, 3rd ed., PA: Temple University Press, 1987.

Smith, B., et al. (eds.), *Handbook of Metaphysics and Ontology*, Philosophia Verlag Gmbh, 1991.

음악적 플라토니즘에 대한 논쟁

이종희

1. 들어가며

우리가 바흐의 〈두 대의 바이올린을 위한 협주곡〉을 듣고 있다고 상상할 때, 우리는 이 작품의 연주라고 인정되는 소리들의 연쇄를 직접, 혹은 기계적인 장치들에 의존해 듣는다. 그런데 방금 말한 '이 작품의 연주'에서 '이 작품'이란 어떤 대상을 가리키는 말일까? 바흐가 남겼다고 생각되는 자필 악보를 가리키는 걸까? 그러나 피카소 자신이 그렸음이 확인된 〈아비뇽의 여인들〉의 경우와는 달리 바흐의 악보에선 (적어도 미학적으로) 감상할 만한 것이 별로 없다. 그렇다고 개별적인 연주나 그 연주의 녹음 따위를 음악 작품이라고 부르고 싶어하지는 않는 것 같다. 그 연주는 어디까지나 '작품의' 연주일 뿐이다. 조각이나 회화와는 달리 우리의 귀에 감각적으로 경험되는 사건들은 진짜 작품에 접근하기 위한 하나의 수단이지 그것 자체가 작품은 아닌 것 같다는 말이다. 음악적 플라토니즘은 바로 이러한 소박한 상식에서 출발한다.

음악 작품은 구체적 악보나 공연 이상의 무엇, 즉 그것들에 독립적이면서 그것들을 결정하고 지배하는 추상적인 대상이라는 생각이 바로 음악적 플라토니즘이다. 연주들에 공통되는 어떤 구조, 즉 소리구조가 있다는 것이다.[1] 언제 어디서든 머리에 떠올릴 수 있는 모차르트 교향곡 40번의 서두 부분을 생각해 보자. 구체적인 물리적 특성이 결여된 이런 경우, 또는 원래의 악기에 의한 것과 전혀 다른 물리적 특성을 가지는 신시사이저 연주가 모두 동일한 작품으로 인정된다면, 이때 동일시되는 대상은 추상적인 무엇에 틀림없는 것 같다. 철학적으로 초기값(default)이라고 주장하는 한 플라토니스트[2]의 말대로 이 입장은 우리의 기본적인 직관을 담고 있다. 책상의 이데아가 존재한다고 믿지 않는 사람들도 음악적 플라토니즘에는 동의하는 것 같으니 말이다. 책상의 정체성을 확인하는 데 구체적인 책상 이상이 필요하다면 뭔가 우리가 덧붙이는 것이 있는 것처럼 생각되는 반면, 특정 공연만으로 음악 작품의 정체성을 설명하는 데에는 분명히 뭔가 빠진 것처럼 보인다. 그러나 문제는 이 주장이 음악 작품은 창조되거나 파괴될 수 없으며 영원불변하는 존재라는 강한 형태의 플라토니즘으로 이어지게 된다는 것이다. 이런 강한 주장이 많은 논란을 불러일으킬 것은 쉽게 예견된다. 이는 실제 음악 관행이나 우리의 상식과 크게 부딪치는 것이다. 본고가 다루는 논쟁도 이런 강한 형태의 음악적 플라토니즘에 대한 것이다.[3]

2. 음악적 플라토니즘의 여러 형태

철학자들은 연주들을 한데 묶는 일반적이고 추상적인 어떤 대상을 설정하는데, 그것은 전통적인 보편자(universal)보다는 타입이나 종(kind)의 형태로 규정된다. 생물학적 종에 예술작품을 유비시키는 관점으로는 월터스

1 소리구조라는 말로 일정한 음 높이와 음 길이를 가진 음들의 집합을 이야기한다면 이 대상을 수학적 특성들만을 가지는 추상적 대상으로 간주할 수 있다.

2 Julian Dodd, "Musical Works as Eternal Types", *British Journal of Aesthetics*, vol. 40, no.4, 2000, p. 426.

3 본고에서 그냥 플라토니즘이라고 할 때는 이런 강한 형태의 플라토니즘과 더불어 영원성을 포기하고도 추상적 소리구조는 여전히 주장하는 약한 플라토니즘까지를 포괄하는 넓은 의미이다.

토프가 있고, 타입이라는 용어를 사용하고 있지만 역시 생물학적 유비를 시도하는 관점으로 누스바움 같은 이도 있다.[4] 한편 타입이나 종이 보편자인지 특수자인지 자체가 하나의 문제를 제기하기도 하는데, 가장 강력한 플라토니즘의 편에서 다드가 속성(전통적 의미의 보편자)의 영원성을 그대로 담지하고 있는 존재자로 타입을 설정하고 있다면 레빈슨의 수정된 플라토니즘은 그것을 '창안된 타입'으로 파악하며,[5] 마골리스와 벤더, 누스바움 등은 특수자(particular)로서의 타입을 주장한다.[6] 마골리스가 타입을 특수자로 파악하는 이유는, 보편자란 창조될 수 없는 것이기 때문이다. 또 벤더는 여러 대가 존재하는 전화기와 달리 바르토크의 〈현악 4중주 5번〉은 단지 하나라는 이유를 제시한다. 다시 말해서 전화기 사례들에 대해 우리는 그것들 각각을 전화기라고 부르므로 여러 대의 전화기가 가능하지만 음악 작품의 경우 여러 개의 바르토크 5번이라고는 말하지 않는다는 것이다.[7]

이들 가운데 레빈슨의 이론은 음악 작품이 지니는 음악사적 연관성, 작곡가와의 고유한 관계 등 추상적 보편자만으로 설명되지 않는 부분들을 짚어 주는 이론이다. 이는 타입이라는 일반용어를 포기하지 않으면서도 그것을 영원한 존재자가 아니라 인간의 활동에 의해 생겨나는 것으로 봄으로써 강한 형태의 플라토니즘이 부딪치는 반론을 피해 간다. 사실 타입이란 말

---

4 Nicholas Wolterstoff, *Works and Worlds of Art*, Oxford: The Clarendon Press, 1980; Charles Nussbaum, "Kinds, Types, and Musical Ontology", *Journal of Aesthetics and Art Criticism* vol.61, no.3, 2003, pp. 273-291.

5 Julian Dodd, "Musical Works as Eternal Types", pp. 424-440, "Defending Musical Platonism", *British Journal of Aesthetics* vol.42, no.4, 2002, pp. 380-402; Jerrold Levinson, *Music, Art, and Metaphysics: Essays in Philosophical Aesthetics*, Ithaca: Cornell University Press, 1990.

6 Joseph Margolis, "The Ontological Peculiarity of Works of Art", *Contemporary Philosophy of Art: Readings in Analytic Aesthetics*, ed. John W. Bender, et al., Prentice Hall, 1993, pp. 317-322; John W. Bender, "Music and Metaphysics: Types and Patterns, Performances and Works", *Contemporary Philosophy of Art: Readings in Analytic Aesthetics*, pp. 354-365 및 Charles Nussbaum, *op. cit.*, p. 275.

7 Joseph Margolis, *op. cit.*, pp. 316-317; John W. Bender, *op. cit.*, p. 356. 벤더는 음악 작품이 판화의 원판과 같은 역할을 하는 특수자, 그러나 판화 원판과는 달리 추상적인 특수자라고 주장한다.

이 퍼스에 의해 처음 도입될 때 그가 단어를 예로 들고 있는 점이나, 월하임이 보편자와 구분되는 타입의 특성으로 인간의 창안 활동과의 연관성을 지적한 점 등을 상기할 때, 레빈슨 식으로 타입을 해석하는 데에 큰 무리는 없어 보인다. 그러나 월하임은 특수자들이 창안되면서 타입이 '상정(postulate)' 되는 것이라고 말한다.[8] 그렇다면 음악 작품은 창안되는 것이 아니라 상정되는 것인가? 우리는 위에서 언급한 여러 형태의 플라토니즘들이 제각각 음악 작품과 동일시하고 있는 추상적 대상들 자체를 살펴보기보다는 이 입장 전체와 연관된 가장 논쟁적인 주제를 검토하고자 한다.

3. 소리구조의 창조 가능성에 대한 논쟁

가. 반(反)-음악적 플라토니즘 논증

많은 사람들이 음악적 플라토니즘이 갖는 커다란 약점으로, 이 관점이 음악 작품이 창조된다는 아주 견고한 직관을 무시하고 있음을 주장해 왔다. 플라토니즘은 음악 작품이 발견된다는, 언뜻 보기에 말이 안 되는 주장을 함축한다는 것이다.

음악 작품을 소리구조와 동일시하는 음악적 플라토니즘은 다음의 논증으로 반박된다.

전제 1. 음악은 창조된다.
전제 2. 소리구조는 창조되지 않는다.
결론: 그러므로 음악은 소리구조와 동일하지 않다.

플라토니즘 편에서는 전제 1을 혹은 전제 2를 공격할 수 있다. 어떤 사람

8 Richard Wollheim, *Art and its Objects*, Cambridge University Press, 1980, p. 78.

들은 음악이 창조된다는 생각이 궁극적으로 지지될 수 없는 직관임을 주장하는 한편, 다른 사람들은 소리구조 자체가 창안된다는 전략을 선택한다.

전자의 입장에서 키비나 다드, 커리는 창조직관의 부인이 우리의 직관과 양립 가능하다는 편에 선다.[9] 대표적인 것이 바로 우리가 작품이 창조된다는 생각으로 정확히 표현하고 있는 것은, 작품이 말 그대로 생겨난다는 주장이 아니라 작품의 발견에 창조성(creativity)이 요구된다는 사실일 뿐이라는 입장이다. 작품의 발견은 상상력이 필요 없는 기계적인 과정이 아니라 상상력과 창조성을 요구하는 창의적인 작업이다. 다른 사람들이 보지 못하는 관계를 통찰해 내는 것, 무한한 소리구조 가운데 어느 하나를 끄집어내는 것만으로 충분히 창조적일 수 있다는 것이다. 또 위대한 과학 · 수학적 발견의 경우가 보여 주듯, 발견이라는 개념이 그 자체로 예술가의 활동이나 작품의 지위에 손상을 주는 것도 전혀 아니다. 그러나 우리의 직관이 여기에서 만족하는가? 우리는 〈주피터 교향곡〉이 공룡시대에 존재했다고 믿고 싶어하지는 않는 것 같다. 즉 창조성만으로는 안 되고 없었던 존재를 생겨나게 하는 "창조될 수 있음(creatability)"이 요구된다고 레빈슨은 주장한다.

나. 레빈슨의 "지시된 바로서의 소리구조"와 발견 논제

전제 2를 공격하는 입장에서 레빈슨은 음악 작품이 창안되는(initiated) 소리구조라고 주장한다. 그는 음악 작품이란 발견되는 존재자로서의 단순한 소리구조가 아니라 "시각 t에 작곡가 P에 의해 지시된(indicated) 바로서의 소리구조"라는 자신의 주장의 근거로 몇 가지 가정적 사례들을 들고 있다.[10]

---

9 Peter Kivy, "Platonism in Music: A Kind of Defense", *The Fine Art of Repetition: Essays in the Philosophy of Music*, Cambridge University Press, 1993; Julian Dodd, "Musical Works as Eternal Types"; Gregory Currie, "Work and Text", *Mind*, vol.100, 1991.

10 Jerrold Levinson, *op. cit.*, pp. 70-71. 소리구조가 창조 가능하다는 입장을 레빈슨과는 다른 방향에서 주장할 수도 있다. 레빈슨이 말한 것은 소리구조 자체는 창조 불가능한 영원한 플라톤적 대상이지만, 거기에 특정 시점에서의 작곡가의 행위가 덧붙여짐으로 인해 새로운 대상이 창조된다는 것이다. 반면 도이치는 소리구조가 영원한 대상이면서도 창조 가능하다

똑같은 소리구조에도 불구하고 작곡가나 작곡 시점을 달리함으로써 작품은 음악사적 맥락 안에서 완전히 다른 예술적 · 미적 속성들을 가지게 되고 이로 인해 다른 작품이 되어 버린다는 그의 주장[11]에 대해, 플라토니스트들은 그런 변화들이 작품의 동일성을 훼손할 만큼 본질적인 것이 아니라고 대응할 수 있다.[12] 레빈슨의 주장대로 쇤베르크의 〈달에 홀린 삐에로〉와 동일한 소리구조가 슈트라우스에 의해 작곡되었을 경우 양자를 다른 작품으로 인정한다고 해보자. 이제 음악 작품이 발견된다는 논제에 대해 다음과

고 주장한다. 멜로디들에 적합한 속성들로 일관적 집합을 하나 만들어 내면 어떤 집합에 대해서도 그 집합의 속성들을 소유한 하나의 멜로디가 있게 되는데, 이런 식으로 속성들의 집합을 약정함으로써(stipulate) 작곡이 이루어진다는 것이다. 이런 약정, 선택이 자유롭고 무제한적이므로 충분히 창조라고 말할 수 있다는 것이지만 이는 명백히 새로운 존재의 생성과는 거리가 멀다. 또 소리구조를 이루는 '어떤 종류의 표준적으로 규정된 청각적 특성들' 이 영원한 것이 아니라 적절한 관습들의 확립이나 관련된 조건들의 생성으로부터 생겨나는 것이라는 콕스의 제안도 있다. 조성체계의 확립이나 특정 악기의 발명 등이 있고 나서야 특정한 음악적 속성들이 존재하게 된다는 것이다. 그러나 이 제안 역시 생겨난다는 의미에서 브람스의 〈피아노 삼중주 c장조〉가 창조될 가능성을 설명할 수 없는데, 왜냐하면 이런 관습이나 악기가 만들어지는 순간 이미 〈삼중주〉와 관련된 모든 특성들이 존재하게 되어 버리기 때문이다. 이들 이론에 대한 소개와 비판으로 Stefano Predelli, "Musical Ontology and the Argument from Creation", *British Journal of Aesthetics* vol.41, no.3, 2001, pp. 285-288 참조.

11 음악 작품의 창조 가능성 논제는 음악 작품이 어떻게 개별화되어야 하는가의 문제와 연관되어 있지만 양자는 논리적으로 독립적인 문제이다. 음악사적 문맥의 차이가 반영되는 섬세한 개별화를 요구하는 이론이 반드시 창조 가능성에 동의할 필요는 없다. Ben Caplan & Carl Matheson, "Can a Musical Work be Created?", *British Journal of Aesthetics* vol. 44, no.2, 2004, p. 134. 음악 작품의 개별화 문제에 관해선 정혜윤, 「음악작품 존재론에 관한 연구: 음악적 플라토니즘을 중심으로」, 서울대학교 미학과 석사학위 논문, 1999, III장 2절 참조.

12 레빈슨 자신이 같은 대응을 해야 할 경우가 생긴다. 즉 리스트가 1852년까지 어떤 피아노곡도 쓰지 않았다고 하자. 그렇다면 1852년에 작곡된 브람스의 피아노 소나타는 실제의 경우와는 다른 작품이 되어 버릴 것이다(그것은 '리스트에 의해 영향받음' 이라는 속성을 가질 수 없다). 이는 소리구조와 작곡가, 작곡 시점이 동일할 때 동일한 음악 작품이라는 그 자신의 논제와 부딪친다. 이제 레빈슨은 '리스트에 의해 영향받음' 이라는 속성을 비본질적인 속성으로 간주할 것인가? 커리는 그럴 것이라고 하지만(Currie, *An Ontology of Art*, London: Macmillan, 1989, p. 59), 레빈슨의 정의가 이 형태대로라면 음악사적 배경을 무시한다는 점에서 비슷한 다른 반례들도 제대로 처리할 수 없다(베토벤이 그 이전까지의 음악사적 배경이 전혀 다른 상황에서 실제의 경우와 같은 시점에 〈황제〉를 썼다고 해보라). 위 세 요소들이 고정되면서도 작품 동일성이 깨지는 또 다른 사례로 머리가 양분되어 있는 한 명의 작곡가가 각기 다른 아이디어를 가지고 양손으로 동시에 똑같은 악보를 써내려가는 경우가 있는데, 커리 자신이 이 예가 기괴함을 인정한다.(Currie, *Ibid.*)

같은 중대한 반론이 구성된다. 즉 작품의 동일성 조건에 소리구조뿐 아니라 작곡가와 작곡 시점이 포함됨으로써 도대체 같은 작품이 두 번 작곡될 가능성이 원천봉쇄되어 버리는데(두 명의 구분되는 작곡가는 항상 구분되는 작품을 쓰게 된다), 이 점이 발견에 대한 직관과 충돌한다는 것이다. 통상 발견에 대해서는 하나의 대상에 대해 그것이 존재했던 어느 시각에라도 다른 개인들에 의해 발견될 수 있었다는 생각이 자연스럽다고 받아들여진다. 반면 이미 존재하는 대상에 대해 창조한다고 말할 수는 없으므로 같은 사물을 두 번 창조한다는 것은 불가능한 것이다.

키비는 그러나 어느 시각에라도 다른 개인들에 의해 발견될 수 있었어야 한다는 것이 발견이기 위한 필수조건은 아니라고 주장한다.[13] 과학적 발견의 경우에도 이런 일이 불가능한 사례들을 쉽게 만날 수 있다는 것이다. 뉴턴의 법칙은 그 이전까지의 과학 이론들의 내재화를 바탕으로 해서만 가능한 것으로 결코 플라톤의 동시대인에 의해서는 발견될 수 없었다. 키비는 아르키메데스가 뉴턴의 법칙을 발견하는 것이 불가능했다는 것이 뉴턴의 법칙을 발견으로 간주하는 데 대한 반대 논증이 되지 못하는 것처럼 소크라테스가 베토벤의 〈7번 교향곡〉을 작곡할 수 없었다는 것이 음악 작품을 발견으로서 간주하는 데 대한 반대 논증이 되지 못한다고 주장한다. 그러나 이런 유비가 가능하다는 것만으로는 음악 작품의 발견에 대한 방어가 성공할 수 없다. 즉 양자 모두 특정한 시기에 와서야 성취될 수 있는 업적이라는 것은 우리의 능력과 관련되는 인식론적 사실로, 이것만으로는 두 경우의 존재론적 지위가 같음을 보장하지 못한다. 뉴턴의 법칙은 이미 존재하면서도 인식능력의 발전 단계상 특정 시기에 이르러서야 발견 가능했던 것인 반면, 아무도 베토벤의 〈황제〉를 미리 작곡할 수 없었던 것은 그것이 미리 존재하지 않으므로 발견할 것이 전혀 없었기 때문일지도

13 Peter Kivy, "Platonism in Music: Another Kind of Defense", *The Fine Art of Repetition: Essays in the Philosophy of Music*, pp. 69-71.

모른다.[14]

더구나 키비의 답변은 동시대 발견의 가능성을 처리하지 못한다. 과학적 발견에서 뉴턴과 라이프니츠에 의한 미분학의 독립적 발견과 같은 사례는 드문 예가 아니다. 그러나 음악에 그런 예가 있는가? 베토벤의 〈황제〉가 같은 음악사적 배경을 가진 다른 동시대인에 의해 작곡될 수 있었다고 상상하기는 힘들다.[15] 그런데 실제 이런 일이 일어날 개연성과는 상관없이, 음악적 플라토니즘은 그 가능성을 인정한다.[16] 반면 이러한 가정적 사례들에 대한 직관을 레빈슨의 입장으로는 유지할 수 없는데, 왜냐하면 〈황제〉와 똑같은 소리구조가 베토벤의 동시대인에 의해 작곡되더라도 레빈슨은 결코 그것을 〈황제〉라고 부를 수 없기 때문이다. 심지어 그의 음악 작품 정의에 따르면 베토벤 자신에 의해 작곡되어도 그것이 실제의 작곡 시점보다 아주 약간 먼저 혹은 늦게 작곡되었더라면 더 이상 〈황제〉가 아니다.

다. 레빈슨 논의의 함축-작곡의 일회성

결국 레빈슨은 동일한 작품이 구분되는 두 경우(occasion)에서 생겨날 수 없다는, 작곡의 일회성 논제를 함축한다. 우리는 방금 이 논제가 가정적 사례들에서 직관과 부딪친다는 점을 보았지만, 레빈슨이라면 이런 사례에서의 (우리가 생각하기에) 아주 사소한 차이들에 대해서도 그것이 결국은 미적 · 예술적 차이를 초래할 것이고 따라서 그런 차이를 가지는 작품을 더 이상 〈황제〉가 아니라고 말하는 데에 문제가 없다고 대응할 것이다. 이에 커리는 쌍둥이 지구의 개념을 통해 음악사적 문맥이 고정된 상황을 등장시

14 Charles Nussbaum, *op. cit.*, p. 284.

15 이 점에서 작품과 작곡가는 유일하고 독특하게 연결된다고 생각된다. 이때 작곡가와의 연결은 작품이 보이는 지각 가능한 특성들이 베토벤의 작곡 스타일을 보여 준다는 것만으로는 보장되지 않고 베토벤의 실제 행위와 인과적 연결을 가져야 한다는 지적이 있다. Robert Howell, "Types, Indicated and Initiated", *British Journal of Aesthetics* vol.42, no.2, 2002, pp. 122-123.

16 음악적 플라토니즘은 같은 소리구조가 다른 작곡가, 다른 시점에 작곡될 한갓된(bare) 형이상학적 가능성을 인정한다. Julian Dodd, "Defending Musical Platonism", pp. 387-389.

킨다.[17] 쌍둥이 지구에서 모든 상황은 지구의 그것과 질적으로 동일하고 그 구성원들도 우리의 쌍둥이들로 우리와 물리적으로 동일할 뿐 아니라 모든 사고와 행동, 경험 등을 공유한다. 이제 이 지구의 쌍둥이 베토벤이 〈황제〉와 똑같은 소리구조를 가지는 작품을 썼다면, 두 작품은 소리구조뿐 아니라 (음악사적 문맥도 동일하므로) 정확히 똑같은 미적 · 예술적 속성까지를 가지게 되어 레빈슨이 다른 작품이라 주장할 근거가 없어져 버릴 것이다. 그런데도 여전히 양자가 다른 작품이라고 우길 수 있을까?

프리델리는 서로 아무 관련성이 없이 작업한 베토벤과 쌍둥이 베토벤이 똑같은 작품을 작곡했다고 믿기는 어렵다고 주장한다. 그들이 같은 영향 하에서 같은 방식으로 같은 문제를 해결한 것이라 하더라도 그렇다고 주장하는 것이다. 그러나 어째서 "그런 가정된 세팅의 동일성이 그들의 작품의 동일성을 보장하는가는 의문스럽다"[18]라고 하는가? 레빈슨의 정의를 받아들일 때 이런 조건하에서 그들이 다른 작품을 작곡한 것이라고 보기는 힘들 것 같다. 이때 관련된 작곡가가 두 명이란 사실만으로 다른 작품이 나온 것이라고 말하는 것은, 커리의 주장대로 작곡가 동일성이 작품 동일성에 필수적인 구성요소라는 주상을 고집만 하는 것이지 그것을 지지하는 자료가 아니다.

그러나 커리의 반론이 진정으로 단일 작품에 대한 다수 작곡의 사례를 구성하는가? 커리는 음악사적 상황의 동일성이 문자 그대로의 동일성이라기보다 같은 타입의 상황에 대한 두 개의 토큰이라고 말한다. 그렇다면 왜 이것이 다른 경우에서의 같은 작품의 작곡인가? 베토벤과 쌍둥이 베토벤의 작품이 같다고 말할 때도 우리가 수적인 동일성[19]이 아니라 같은 타입의 토큰임을 말하는 거라면, 같은 타입의 상황에 대한 두 개의 토큰 상황도 결국 같은 상황이 아닐까? 커리는 시간적인 차별, 즉 두 개의 지구에서의 사건

17 Gregory Currie, *An Ontology of Art*, pp. 62-63.

18 Stefano Predelli, *op. cit.*, p. 285.

19 질적으로 같을 뿐만 아니라 수적으로도 하나인 대상이 수적인 동일성에 해당한다.

진행이 동시에 일어나는 것이 아니라 약간의 시차를 두고 일어날 가능성에 대해 이야기하지만, 이것만으로는 두 상황이 질적으로 다름을 함축하지 못한다. 그렇다면 커리의 사례는 다른 상황이 아니라 같은 상황에서 같은 작품이 작곡된 경우일 뿐이다. 또는 우리가 베토벤과 쌍둥이 베토벤이 다르다고 말하는 의미에서 일관되게 베토벤 작품과 쌍둥이 베토벤 작품도 다르다고 말해야 한다. 프리델리는 쌍둥이 지구의 사례가 커리의 주장과는 달리 결과한 작품들이 다른 작품이라고 지적하면서 아무런 근거를 제시하지 않았지만, 우리는 이처럼 두 개의 토큰이 다른 대상이라고 말하는 의미에서라면 두 개의 작품이 다르다고 말할 수 있다고 생각한다. 따라서 이 예는 같은 작품이 1회 이상 작곡 가능하다는 점을 보여 주지 못한다. 음악사적 상황이 수적으로만 다를 때 분명히 수적으로 다른 두 개의 작품이 작곡된다.

한편, 다음의 유비를 생각해 보자. 자유로이 블록쌓기를 하고 있는 두 명의 어린이가 각기 독립적으로 똑같은 구조의 집을 쌓았을 때, 각각의 어린이가 만든 집은 같지만 그렇다고 둘다 창조를 했다는 사실을 부인하지는 못한다. 물론 이 상황이 쌍둥이 지구와 다른 점은 두 명의 어린이에게 주어지는 초기 조건, 즉 인격의 완전한 동일성이나 미묘한 지점까지 모두 같은 외부적 상황이라는 전제가 없다는 것이다. 완벽하게 통제된 실험상황에서 똑같은 데이터가 두 번 반복되어 나타날 때, 우리는 미리 존재하는 어떤 사실에 대한 증명을 발견했다고 생각한다. 우리가 쌍둥이 지구의 사례에 대해 '발견' 이라는 말이 어울린다는 느낌이 들었다면, 그것은 커리가 이야기하듯이 단지 시간적으로 약간 늦게 작곡한 쌍둥이 베토벤에 대해서는 이미 존재하는 것을 만든 것이므로 발견이라고 말해야 하기 때문만은 아닐 것이다(블록 쌓는 어린이 둘 가운데 먼저 만든 어린이의 성취에 대해서만 '창조' 를, 나머지 성취에 대해서는 '발견' 을 말하는 것은 얼마나 이상한가?). 그보다는 커리의 반례가 애초부터, 어떤 초기 조건에서 일정한 소리구조가 결과한다는 식으로 과학실험의 발견적 모델을 함축할 수 있기 때문이다.[20] 음악에 대해 이런 모델을 지지하지 않는다면, 같은 작곡가와 같은 배경에서 같은 소리구조가 나왔더라도 이것은 여전히 필연적으로 결과한 실험 데이터가 아니므로, 블록 쌓는 어린이들의 경우처럼 둘의 작업은 모두 여전히 창조가 될 것이다.[21]

라. 작곡을 통해 새로운 존재자가 생겨날 수 있는가?

작곡의 일회성에 대한 보증이 음악 작품을 창조한다고 말하는 것을 더 그럴듯하게 만든다고 해도, 우리는 레빈슨 논의가 담고 있는 근본적인 약점을 지적해야 한다. 이 논의의 핵심은 지시된 바로서의 소리구조는 그냥 소리구조와는 달리 창조된다는 것이었다. 그러나 지시된 소리구조가 어떤 존재자인지에 대해 레빈슨이 해명하지 않는 한, 그가 자신에게 유리하도록 어떤 특이한 종류의 존재자를 단지 꾸며낸 것에 지나지 않는다고 비난할 여지가 있게 된다.[22]

일반적으로 하나의 대상이 특정 대상과 어떤 관계를 가지게 될 때 '이러저러한 바로서의(as)' 라는 수식어구가 붙는 새로운 존재자가 생겨나는가라는 물음에 대한 답은 부정적이다. 플레밍은 페니실린을 발견하면서 '플레밍에 의해 발견된 바로서의 페니실린' 을 생겨나게 하였는가? 내가 하나의 대상을 볼 때마다(관계를 맺을 때마다) 새로운 대상이 생겨난다고 가정하는 것은 얼마나 이상한가? 레빈슨의 창조 주장이 말이 되려면 그가 말하는 '지시' 란 이런 관계들과는 다른 특이한 종류의 것이어야 한다. 이에 대해 레빈슨은 앤더슨의 '규준종' 개념을 차용함으로써 일반적인 방식으로 이 문제를 해결할 수 있다고 주장한다.[23]

---

20 커리의 쌍둥이 지구의 사례가 과학적 실험의 모델을 논리적으로 함축하는 것은 아니다. 여기서 말하고 싶은 점은, 단지 커리가 이런 식으로 사례를 구성해 놓은 것이 우리에게 발견 모델의 연상을 줄 수 있고 이 점이 그의 주장과는 다른 식으로 이 반례가 음악 작품의 '발견' 논제를 지지하는 방식을 보여 주고 있다는 것이다.

21 그러나 실제 일어나기 힘든 이런 사례들에 대해 이렇게 분명한 대답을 하는 것이 직관이 작용한 결과라고만 보기는 어렵다. 우리는 직관적인 대답에 따라 무엇이 올바른 입장인가를 알게 된다기보다, 사실상 우리가 택하는 입장에 따라 대답하는 것일 수 있다.

22 Gregory Currie, *op. cit.*, p. 58.

23 Jerrold Levinson, "What a Musical Work Is, Again", *Music, Art, and Metaphysics,* pp. 260-261.

앤더슨은 월터스토프의 '규준종(norm kind)' 개념을 받아들이되, 이것을 영원히 존재하는 존재자라고 보지 않는다. 앤더슨에 따르면 호랑이를 규정하는 속성들로 정의된 규준종 호랑이에 대해, 같은 속성들이긴 하지만 그것들이 규준적으로 작동하지 않는 그러한 속성들로 정의된 '기술종(descriptive kind)' 이 있게 된다. 즉 기술적 종은 개별적 대상 하나하나에 대해 기술되는 모든 특성들로 구성된다.[24] 앤더슨의 주장은 기술종은 영원한 존재자지만, 규준종은 기술종 중 어떤 것을 규준적인 것으로 취하자고 약정한 것으로 인간에 의해 창조된다는 것이다. 규준종의 창조라는 행위는 선재하는 기술 종에 대한 의도적인 조작으로 이해된다. 그러나 우리는 다시, 이런 규준종의 설정이 과연 새로운 존재자를 만들어 내기에 충분한지 물을 수 있다. 규준종은 인간에 의해 어떤 시점에 규준화된 기술종이다.[25] 기술종이 영원한 존재자라고 할 때, 그것에 대해 어떤 특정한 태도를 취하더라도 그로부터 새로운 존재자가 발생할 수 있을지는 의심스럽다. 규준성이 종의 동일성 기준에 참여한다면 애초의 기술종과는 다른 대상이 생겨났다고 말할 수도 있겠다. 그러나 그렇더라도 이 다른 대상이란 것 또한 영원한 존재자라고 프리델리는 반박한다. 규준성에 대해 존재론적으로 ad hoc(그 문제에 대해서만 임시방편으로 설명하는)이 아닌 방식으로 설명하지 않는 한, '특정 지점에서 특정 소리가 나야 함' 이라는 속성에 별난 시간적 특성을 가정해야 할 이유가 없다. 즉 규준성 및 그것으로 정의된 규준종 역시 영원성을 가지고 있는 것으로 보아야 한다는 것이다.[26]

---

24 예를 들어 다리가 세 개뿐인 기형 호랑이는 잘못된 사례이긴 하지만 규준종 호랑이에 속하지만, 규준종 호랑이에 상응하는 기술종 — '다리가 네 개여야 한다' 는 규준성 대신 '다리가 네 개이다' 라는 속성으로 구성된 — 의 사례는 되지 못한다.

25 James C. Anderson, "Musical Kinds", *British Journal of Aesthetics*, vol.25, 1985, p. 47.

26 Stefano Predelli, *op. cit.*, pp. 291-292. 그는 문제가 되는 속성이 단지 규준성이 아니라 '베토벤에 의해 규준적으로 인정되었음' 이라는 속성이라 하더라도, 이 속성이 (물론 베토벤의 존재 전에는 없겠지만) 적어도 작품의 작곡 이전에는 존재해야 한다는 점에서 창조주의자들을 만족시킬 수 없다고 주장한다.

4. 다드의 강한 플라토니즘에 대한 논쟁

가. 타입의 영원성에 대한 반론

이상의 논의들은 레빈슨적으로 각색되더라도 소리구조에 대한 플라토니즘적인 입장을 유지하는 한 음악 작품이 창조된다는 직관을 지지하기는 어렵다는 것을 보여 준다. 거꾸로 말하면, 레빈슨의 각색은 바로 이 직관을 어떻게든 플라토니즘의 구도 안에서 설명해 보려는 시도였다고 할 수 있다. 창조에 대한 직관은 그만큼 강력한 것인가? 프리델리가 말했듯이, 화해할 수 없는 직관에 기초해 있는 여타 형이상학적 논쟁들의 경우와 달리 음악적 창조에 대해서는 광범위하게 퍼져 있는 동의가 있는 것일까? 그러나 앞서 보았듯이 이런 직관을 거부하는 사람들, 즉 음악 작품의 '발견'을 선호하는 철학자들이 분명히 있다. 그중에서도 다드는 모든 타입은 영원한 존재자이므로 레빈슨이 말하는 지시된 바로서의 소리구조 타입도 영원한 존재자로서 발견되는 것이라고 주장하여 직접적으로 레빈슨을 반박한다.

다드에 따르면 타입의 동일성은 그 타입을 예화하기 위해 만족시켜야 할 조건으로서의 속성들에 의존하는 것으로, 속성이 영원한 한 타입도 영원하다. 다드는 별다른 논증 없이 월터스토프를 인용하며 'k임'이라는 관련 속성이 존재할 때, 오직 그때에만 K타입이 존재하는 것이라고 주장한다.[27] 물론 다드는 K타입과 k임을 동일시한 것은 아니다. 단지 k임과 K타입 양자 중 어느 하나만이 존재하는 가능세계가 없다는 것을 말하는 것이다. 이제 속성은 대표적인 보편자로서 영원한 존재자라는 전통적 논의를 받아들이면, 속성이 존재할 때 항상 그 타입도 있는 것이므로 타입 역시 영원한 존재자라고 주장할 수 있게 된다. 이러한 다드의 논의에 대해 i) 속성이 영원하지 않고 생겨나는 것이라고 반박하거나, ii) 속성이 영원하더라도 속성이 있을 때마다 타입이 있는 것은 아니라고 반박할 수 있다.

27 Julian Dodd, "Musical Works as Eternal Types", p. 436.

하월이 양자를 시도하는데, i)을 위해, 즉 속성이 생겨난다는 주장을 위해 그는 고유명의 지칭이론을 유비시킨다. 고유명의 지칭체는 일반적 관념이나 속성들의 연언(連言)에 의해 확립되지 않고 직접지칭 및 지칭과 고유명 사용자들 간의 인과적인 연결을 필요로 한다는 점이 지적된 바 있다.[28] 하월에 따르면 속성도 일반적이고 영원한 속성들의 합성물로 완전히 분석될 수 없다. 우연적이고 시간적으로 시작점을 갖는 존재자들과 본질적으로 연관되어 있는 속성들의 경우, 이 존재자들이 생겨나야만 속성 자체도 존재하게 된다는 것이다. '링컨의 아들' 이란 속성은 무로부터 발생하는 것은 아니다. 이미 존재하던 일반적 속성인 '누군가의 아들' 이란 속성에서 '누군가'의 자리(하월은 이것을 컴퓨터의 슬롯에 비유한다)가 링컨의 탄생에 의해 채워짐으로 인해 생겨난다는 것이다. 그러나 다드는 그가 신비롭지 않다고 주장한 이 과정이 정말로 명확하게 설명될 수 있는 것인지 묻는다. 추상적 존재자인 속성이 슬롯을 가지고 구체적 개별자가 그 슬롯에 끼워 넣어진다는 것이 도대체 무엇을 뜻하는가? 다드에 따르면 구체적 개별자들과 어떤 관계를 가지는 것은 역시 구체적 개별자인 토큰이지 속성 자체가 아니다. i)에 대해서는, 그것이 속성을 보편자로, 즉 플라톤적 존재자로 파악하는 철학적 전통, 혹은 (현대적 생각으로) 그것이 추상적 존재여서 인과관계의 영역으로 들어올 수 없다는 관점을 부정하는 입장인 만큼, 별도의 논의가 필요하므로 뒤에서 다시 다룰 것이다.

다음으로 ii)를 위해 하월은 속성만으로는 타입의 존재가 보장되지 않고, 적절한 인간의 문화적 관행이 수립되고 나서야 타입이 생겨난다고 본다. 음악 작품이 가지는 표현적 · 의미론적 성질들은 이러한 관행—작곡의 경우 음악사적 문맥 안에서 베토벤이 수립한—에 의해서만 적절히 설명될 수 있다는 것이다. 일정한 기하학적 패턴은 영원할지 모르지만 구분되는 의미

28 대표적으로 크립케의 이론을 들 수 있다. 솔 크립케, 정대현 · 김영주 옮김, 『이름과 필연』, 서광사, 1989, pp. 72-73(각주 22), 104-109.

를 가지는 타입 자체는 관련된 공동체가 사용 관습을 설정하고 나서야 생겨난다는 주장의 근거로 하월은 나치의 어금꺽쇠의 예를 든다. 똑같은 모양이 인디언의 어느 부족에게 불과 행운, 에너지 등을 의미하게 되는 현상을 플라토니스트들은 설명할 수 없다는 것이다. 그러나 다드는 두 개의 구분되는 타입이 애초부터 존재하고 있었다고 답한다. 즉 '불을 나타내는 데 사용되는 꺽쇠문양'과 '독일 나치 당을 상징하는 데 사용되는 꺽쇠문양'이라는 타입 자체는 영원하고 이것들이 발견되고 예화되는 데에만 관습의 확립이 요구된다.[29]

나. '창조'를 다르게 이해할 수 있는가?

플라토니스트들이 음악 작품의 창조에 관한 직관을 처리하는 방식으로 앞서 '창조성'으로 그것을 대치하는 방식을 언급했지만 다드는 비문자적으로 '창조'를 번역하는 방식을 한 가지 더 제안한다. 그것은 '창조자'라는 말을 어떤 타입의 첫 번째 토큰을 만든 사람에게 귀속시키자는 것이다. 그에 따르면 최초로 전화기를 창안한 사람이란 이미 존재하는 전화기 타입의 아이디어에 처음으로 도달해서 창조적 과정을 통해 첫 번째 전화기 '토큰을 창조한' 것에 불과하다. 전화기의 발명에 대해 사실은 발견이지만 발명, 혹은 창조라는 명칭이 사용되듯이 음악 작품에 대해서도 실제 사태와는 달리 그것이 창조된다는 일상적인 어법이 존중되고 있는 것이다. 그러나 그렇다면, 다드의 입장에서 볼 때 인간이 행하는 모든 창조적인 작업들은 사실 '발견'에 지나지 않는다.[30] 다드는 음악적 플라토니즘을 주장하면서 훨씬 더 넓은 영역까지를 전부 플라톤의 왕국으로 데려가는 것이다. 이렇게 되면 음악과 여타 예술작품 간에 존재론적으로 차이가 없어짐은 물론이다.

---

29 Julian Dodd, "Defending Musical Platonism", pp. 400-401.

30 키비 역시 우리가 보통 전형적인 창조로서 간주하는 백열등의 발명에 대해, 상식이나 일상언어 모두를 손상시킴이 없이 에디슨이 전기로부터 빛을 얻는 실제적인 방식을 발견했다고 말할 수 있다고 주장한다. Peter Kivy, *The Fine Art of Repetition*, pp. 38-39, 68-69.

이런 결과를 각 예술 장르들 간의 통일성을 주장하는 입장에서라면 반길지 모르겠지만, 통일성을 대가로 수학적 공리의 발견까지 창조적인 예술활동과 같은 종류로 여기는 입장은 별로 설득력이 없는 것 같다. 반면 누스바움은 발명(invention)과 창조가 가능한 것을 현실화하는 것으로 존재론적 변화를 함축한다면,[31] 발견은 실제로 존재하는 것에 대한 인식론적 변화를 나타낸다고 못박는다. 그러면서 특정한 조건들이 주어지면 누구에게나 접근 가능한 발명과는 달리 창조의 경우에는 문맥이 충분히 좁혀지더라도 다른 사람이 베토벤의 작품을 작곡하기는 불가능하다는 점에서 구분된다고 함으로써 일상적 어법의 차이를 실질적인 차이의 반영으로 본다.[32] 이는 앞서 다루었던 문제, 즉 같은 음악사적 배경을 가진 다른 동시대인에 의해 똑같은 소리구조가 작곡될 가능성이 아주 낮다는 우리의 직관과도 상응한다.

그러나 또 다른 직관은 음악 작품이 발견된다는 다드의 생각이 옳다는 방향으로 향한다. 많은 작곡가들이 스스로 자신이 어떤 선율에 '맞닥뜨렸다고' 이야기한다.[33] 또 대위법의 경우 주어진 형식과 엄격한 규칙 등을 통해, 특정한 문제상황을 그 해결이 아주 제한되도록, 그래서 발견이라고 밖에 할 수 없을 정도가 되도록 조정할 수도 있다. 무엇보다도 추상적 소리구조의 발견은 종종 체스의 고수들이 수를 읽는 것에 유비된다. 물론 이 유비에 반대하는 콕스 같은 이들도 있다.[34] 음악의 경우에는 작곡가들이 선택해야 하는 음악적 요소들의 조합이 실로 천문학적이고 작곡의 관습도 변화하므로 음악적 체계가 체스와는 달리 열린 체계이며 따라서 결코 발견이라는 말이 적용될 수 없다는 것이다. 그러나 월하우트는 만약 사용된 음향적 요

31 그러나 가능성 실재론(modal realism)에 따르면 가능세계도 존재한다. 그렇다면 가능성의 현재화에 대해서도 이미 있는 것에 대한 발견이라고 말할 수 있지 않을까? 그러나 누스바움은, 우리는 우리 세계 안에 실제로 있는 것에 대해서만 발견이라는 말을 써야 한다고 대답한다. Charles Nussbaum, *op. cit.*, p. 284.

32 *Ibid.*, pp. 282-288.

33 창조적 업적에 대한 '발견적' 어법의 사례들이 Peter Kivy, *op. cit.*, pp. 66-68에 나온다.

34 Renée Cox, "Are Musical Works Discovered?", *Journal of Aesthetics and Art Criticism,* vol.43, no.4, 1985, pp. 367-374.

소들이 선재한다면 요소들의 조합이 아무리 길고 복잡하더라도 또한 선재한다는 것이 논리적으로 참이라고 주장한다.[35] 또한 작곡가에게 주어진다고 가정할 수 있는 음구조들의 가능성이 엄청나게 광대한 것은 사실이지만, 그 가능성은 음악사적 문맥, 작곡가의 성향 등 여러 요소들에 의해 좁혀진다. 그 가능성이 극단적으로 좁아질 때가 방금 말한 해결이 극소수인 대위법 전개이다.

결국 우리는 음악적 창조라는 것이, 논리적 추론 법칙에 따라 선재하는 단일 원리에 도달하는 수학적이고 추상적인 원리의 발견에서, 물질적 조건과 기술 수준이 주어질 때 기능적으로 우월한 가능성이 결정되는 누스바움의 창안으로, 그리고 그 너머로 이어지는 연속선상의 어딘가에서 움직이고 있다고 추정해 볼 수 있다. 저쪽 끝에 선택의 가능성이 거의 무한에 가까워 창조라고 부르는 편이 나은 경우들이 있다. 이렇게 되면 창조와 발견 사이에 본질적인 차이는 없고 단지 선택의 범위로 주어지는 가능성의 크기에 따른 정도의 차이만 있다고 볼 수 있지 않을까? 월하우트와 키비에 따르면 인간의 역사에서 이전에 없었던 것이 창시된다는 의미로 창조를 이해할 경우, 창조하면서 발견한다고 말하는 것이 가능해진다. 그러나 창조/발견의 양립 가능성에 대한 시사는 어디까지나 발견주의자 편에서 나온 것이다. 이는 플라토니스트들이 레빈슨의 제한된(qualified) 플라토니즘의 진영으로 넘어가지 않으면서 창조에 대한 직관을 수용하려는 방편으로 보인다. 정작 음악 작품의 창조를 주장하는 편에서는 그것의 보다 강한 의미, 즉 단지 인간의 문화적 삶에 없었던 것을 도입하는 데 그치지 않고 아예 존재하지 않았던 것을 생겨나게 한다는 의미를 말하고 싶어한다. 많은 플라토니스트들이 레빈슨의 '지시되고 창안되는 타입' 이론을 받아들이는 것[36]은 이 이론

---

35 Donald Walhout, "Discovery and Creation in Music", *Journal of Aesthetics and Art Criticism*, vol.44, no.2, 1986, p. 194. 그러나 음향적 요소들의 조합은 단지 가능성으로서 존재하는 것이므로, 앞서 소개된 누스바움의 논의를 따르면(본고 주 31) 이런 조합이 선재한다는 것이 곧 작곡이 발견임을 입증하는 것은 아니다.

36 Robert Howell, *op. cit.*; Saam Trivedi, "Against Musical Works as Eternal Types",

이 타입이 생겨난다는 주장을 핵심적인 부분으로 삼고 있기 때문이다.

그러나 이 주장은 한편에서는 엄격한 플라토니스트들에 의해, 다른 한편에서는 반플라토니스트들에 의해 양쪽에서 공격받고 있다. 그 비판은 전자의 경우 타입이 영원불변한 존재자로서 발견의 대상이라는 입장에서, 후자의 경우 레빈슨의 방식이 타입의 생성을 일관되게 제시하지 못하므로 결국 플라토니즘이 틀렸다는 취지로 개진된 것이다. 그런데 그들의 논증을 들여다보면 각자의 방식으로 타입을 이해함으로써 각자의 이야기만을 하고 있는 듯이 보인다. 이제 플라토니스트들이 작품과 동일시하는 타입의 정체에 대해, 그 타입을 규정하는 속성이란 어떤 존재인지에 대해 보다 사변적인 논구가 나서야 할 시점에 이르렀다.

5. 속성, 타입의 영원성에 대한 논쟁

다드가 타입이 영원한 존재자라고 주장할 수 있는 것은 타입의 존재가 의존하는 속성이 보편자이기 때문이다. 그러나 다드가 속성이 보편자이므로 곧 영원한 존재자라는 식으로 당연히 이 논제를 받아들일 것을 요구하고 있지만은 않다. 그는 여기서 속성에 대한 직관이라고 주장하는 암스트롱의 예화의 원칙에 기대고 있다.[37]

예화의 원칙: 속성 F는 F가 예화된 시각 t*가 t와 동일하거나 그전이거나 이후일 때 오직 그때에만 시각 t에 존재한다.

British Journal of Aesthetics, vol.42, no.1, 2002, pp. 73-82; Ben Caplan & Carl Matheson, *op. cit.*

37 D. M. Armstrong, *Universals: An Opinionated Introduction*, CO.: Boulder, 1989, pp. 75-82.

그러나 이 원칙은 논리적으로 예화불가능한 속성—둥근 사각형임 따위—의 존재뿐 아니라, (우리가 이 희생을 감수한다 하더라도) 논리적 · 형이상학적으로는 일관되지만 물리적 우주의 실제상황에서 예화될 수 없는 속성들의 존재까지도 부인하고 있다. 또한 현재 속성의 존재가 먼 미래 어느 시점에서의 예화에 의존한다는 이상한 결과를 수반한다. 무엇보다도 다드는 속성이 개별자에 내재적(immanent)이라는 관점을 취하고 있는데, 내재적 관점에서는 속성이 예화되지 않은 시점에도 존재한다는 주장을 할 수 없다. 이에 카플란과 마테존은 강화된 예화의 원칙을 제안한다.

강화된 예화의 원칙: 속성 F는 F가 t에 예화될 때 오직 그때에만 존재한다.

이제 속성은 나타났다 사라졌다 하는 존재가 되어 타입의 창조에 대한 논의도 아무 부담 없이 할 수 있게 된다. 그러나 이 원칙은 관련된 속성이 더 이상 예화되지 않을 때 작품이 사라지고 만다는 반직관적 결과를 가져온다. 카플란과 마테존은 예술작품에 대한 적절한 이론이라면 작품이 일단 작곡된 다음에는 그 존재가 지속된다는 조건 또한 만족시켜야 함을 지적한다. 이제 다음의 원칙들을 살펴보자.

존재 원칙: 존재자 X_1, ……, X_n과 본질적으로 관련된 어떤 타입 K에 대해서도, 그것은 어떤 X_i(1〈i〈n)가 시각 t에 존재할 때 오직 그때에만 시각 t에 존재한다.

보편 원칙: 존재자 X_1, ……, X_n과 본질적으로 관련된 어떤 타입 K에 대해서도, 그것은 모든 X_i(1〈i〈n)가 시각 t에 존재할 때 오직 그때에만 시각 t에 존재한다.

'특정 작곡 시점에 베토벤에 의해 지시된 소리구조 S'라는 타입과 본질적으로 관련된 요소를 소리구조 S, 베토벤, 작곡 시점이라고 해보자. 존재원칙을 따르면 소리구조는 항상 존재하는 것이므로 이 타입은 베토벤의 작곡 이전부터 존재하는 것이 되어 버린다. 반면 보편원칙을 따른다면 현재 존재하는 것은 소리구조뿐이므로 베토벤 작품은 더 이상 존재하지 않는 것이 되어 버린다. 따라서 복잡한 원칙이 제안된다.

복잡한 원칙: 존재자 X_1, ……, X_n과 본질적으로 관련된 어떤 타입 K에 대해서도, 그것은 모든 X_i(1〈i〈n)가 다음과 같을 때 오직 그때에만 시각 t에 존재한다.

i) X_i가 시각 t에 존재하거나
ii) X_i가 시각 t*에 존재하고 시각 t*의 X_i에서 시각 t에 존재하는 어떤 존재자 y에로 이르는 인과연쇄가 있다.

이 원칙은 베토벤의 작품이 베토벤의 작곡 시점 이후부터 존재하기 시작해서 그 이후 현재까지 존재하고 있다는 직관을 정확히 반영한 것이다. 현재에도 베토벤의 작품은 존재하는데, 베토벤이 죽은 이후에도 소리 타입은 물론이고 그의 존재 및 작곡 시점과 인과적으로 연결되어 있는 존재자가 현재에도 있어서 복잡한 원칙을 만족시킬 수 있기 때문이다. 반면 베토벤의 작곡 시점 이전에는 타입이 존재하지 않게 되어 타입의 창조가 인정된다. 베토벤의 특정 작곡 시점 이전에서 그 작곡 시점에 이르는 인과연쇄는 없기 때문이다. 이는 우주가 비결정론적이기 때문이다. 즉 우리는 베토벤 죽음 이후의 사건들에 대해서는 그것과 베토벤과의 인과연쇄를 추적할 수 있지만, 결정론을 받아들이지 않는 한 베토벤의 탄생이 미리 결정된, 따라서 베토벤의 탄생 이전의 사건에서 베토벤의 탄생으로 인과고리를 이을 수 있는 그런 시점이란 없다.[38] 작곡 시점의 경우도 그러하다. 이에 대해 카플란과 마테존 자신은 이런 식으로 창조 가능성을 획득해 내는 것은 우주가 비결정론적이라는 형이상학적으로 우연적인 사태에 기대는 일이라고 평가한다. 음악 작품이 창조된다는 논제가 우주가 비결정론적인 우리의 세계(혹은 우주가 비결정론적인 그런 세계들)에만 해당되는 것이므로 부분의 승리라는 것이다.[39]

복잡한 원칙이 작품의 창조와 유지라는 직관을 잘 뒷받침하고 있는 것은 사실이나, 우리는 여기 등장하는 인과연쇄라는 개념이 과연 어떻게 해서 음악 작품의 존재론에 끼어들게 된 것인지 물을 수 있다. 사실 인과연쇄라는 개념은, '링컨의 아들임' 같은 속성이 존재하기 위해선 누가 링컨의 아들인지 아닌지를 의미있게 물을 수 있도록 해주는 어떤 객관적 사실이 있어야 한다는 평범한 상식에서 출발해 나온다. 즉 링컨이 태어나기 전에는 아무도 링컨을 모르고 있고 누가 그의 아들인지도 생각되어 본 적이 없다. 그러나 링컨이 일단 태어난 이후에는, 그가 죽고 나서 몇백 년이 흐른 지금에도 링컨으로부터 출발한 인과연쇄의 흔적을 따라 링컨의 정체를 확인할 수 있고 따라서 그의 아들이 있었는지, 있었다면 누구인지를 의미있게 물을 수 있다는 것이다. 그러나 다드는 인과연쇄의 존재는 인식론적인 기준

38 결정론적인 세계에서 인과연쇄는 미리 모두 결정되어 있으므로 사실상 결과에서 원인으로의 역추적(backtracking)이 허용되어 버린다. 다시 말해 내가 난로를 넘어뜨려 화재가 났다는 사실을 놓고, 화재가 나지 않았더라면 난로도 넘어지지 않았을 거라고 말할 수 있게 된다는 것이다(인과관계에 대한 반사실문 분석에서 인과관계는 이런 반사실문에 의해 규정되므로 이제 화재가 오히려 난로 넘어짐의 원인이 되어 버리는 지경에 이르게 된다). 그러나 화재가 나지 않았더라도 (그전에) 난로는 넘어질 수 있었다는 것이 우리의 직관에 가깝다. 왜냐하면 난로가 넘어지더라도 그 난로에 안전장치가 되어 있다거나 비상한 화재대비훈련의 결과 따위로 인해 화재가 어떻게든 방지되었을 수 있기 때문이다. 즉 사건들은 결정된 게 아니라 다르게 될 수 있었다. 한편 역추적 논제의 불합리성은 결정론하에서도 명백하다는 루이스의 주장에서 결정론은 하이젠베르크의 불확정성의 원리에 반대되는, 입자의 운동이 (확률적이지 않고) 결정된다는 고전역학의 주장을 의미한다. 루이스는 결정론과 무관하게 우리의 지금 행동이 과거의 일에는 아무 영향을 끼치지 못하지만 미래에는 영향을 준다는 것이 인과추적의 시간적 비대칭성의 핵심임을 지적한다. David Lewis, "Counterfactual Dependence and Time' s Arrow", *Philosophical Papers II*, Oxford University Press, 1986, pp. 37-38.

39 Ben Caplan & Carl Matheson, *op. cit.*, p. 132.

의 문제로, 우리의 관심인 존재론과는 관련이 없음을 지적한다. 우리는 링컨의 탄생 시점 이전에 링컨이 없었다고 분명히 의미있게 이야기한다. 즉 '링컨의 아들이 있다' 는 진술은 쥐라기에는 그 누구에 의해서도 파악될 수 없는 것이지만 그 당시에도 이미 거짓인 진술이다. 이는 '링컨임' 이란 속성이 인식론적인 한계와는 무관하게 존재하는 것임을 보여 준다고 다드는 주장한다.[40]

6. 추상적 대상과 인과

인과관계란 개념이 음악 작품의 존재론과 관련되어 보다 흥미롭게 제기되는 곳이 있다. 그것은 음악 작품을 일종의 추상적 존재로 파악하는 음악적 플라토니즘이 생성과 소멸이라는 인과적 기제 속으로 음악 작품을 들여놓을 수 있느냐의 문제이다. 추상적 존재자는 인과관계와 무관하다는 것이 보편적인 생각이기 때문이다. 루이스의 추상적 대상에 대한 정의 가운데에도 그것이 인과사슬과 무관하다는 정의가 있다.

다드는 추상적 대상들 간의 인과관계를 진술하는 것으로 보이는 경우들이 전부 구체적 대상에 대한 것으로 번역될 수 있다고 주장한다. 예를 들어 '어떤 물질의 쓴맛이 그것의 분자 형태에 의해 야기되었다' 에서 실제 쓴맛의 원인은 분자 형태라는 추상적 대상이 아니라 그 형태를 가진 분자가 나타난다는 구체적 사실이라는 것이다. 그러나 창조론자들은 이러한 번역이 사실 추상적 대상이 어떤 방식으로 인과관계에 들어오는지를 보여 줄 뿐이라고 반박한다.[41] 그 방식이란 추상적 대상이 사건(event)에 참여하는 것이

---

40 Julian Dodd, "Defending Musical Platonism", pp. 393-396.

41 이하의 논증들은 주로 카플란, 마테존의 논문을 따른 것이다. Ben Caplan & Carl Matheson, *op. cit.*, pp. 113-134. 트리베디도 음악 작품이 추상적 대상이면서도 인과 역사에 참여할 수 있다고 본다. Saam Trivedi, *op. cit.*, p. 79. 토마손, 인바겐도 추상적 대상이

다.[42] 이는 추상적 대상이 사건의 구성요소가 됨으로써 가능해진다. 김재권을 따라 사건을 대상, 속성, 시간의 삼중체로 파악하게 되면 추상적 대상이 이 삼중체의 일원일 때 사건에 참여한다고 말할 수 있다(우선 이 삼중체의 일원인 속성이 추상적 대상이다). 한편 루이스의 방식대로 사건을 시공간적 점들의 집합이라고 파악한다면, 대상의 시공간적 점들이 사건의 시공간적 점들의 부분집합일 때 대상이 사건에 참여한다고 볼 수 있다. 여기서 추상적 대상은 시공간상에 위치할 수 없으므로 사건에 참여할 수 없다고 말해야 하는가? 그러나 창조주의자들은 추상적 대상이 창조될 수 있다고, 따라서 적어도 시간의 흐름 안에는 있다고 주장할 것이다. 더구나 추상적 대상이 시공간상에 위치할 수 없다고 하더라도, 그것이 사건에 참여하는 어떤 구체적 대상과 적절하게 연관되어 있을 때에도 사건에 참여한다고 위 규정을 약화시킬 수 있다. 추상적 대상은 이렇게 사건에 참여함으로써 한 사건이 다른 사건을 야기하는 인과관계 안에 정당한 자리를 차지할 수 있게 된다.

한편 인과관계 자체를 포기하고서도 음악 작품의 창조를 설명하는 방법도 가능하다. 다드는 에펠탑이 지어지면서 {에펠탑}이라는 집합이 생겨난다는 사실이 추상적 대상의 인과적 무관성의 원칙을 깨지 못한다고 주장하면서, 여기서 인과관계는 사람들, 철근들 같은 구체적 사물들 사이에 성립하는 반면, 집합은 이런 인과적 과정에 덧붙여 그냥 생겨나는 것이라고 말한다. 즉 그것은 야기되지 않으면서 생겨난다는(brought into existence) 것이다. 카플란, 마테존은 음악 작품도 만약 그것을 집합으로 볼 수 있다면 적어도 생겨난다는 의미에서의 창조성의 직관을 커버할 것이라고 내다본다.[43]

창조될 수 있다는 편에 선다. Amie L. Thomasson, *Fiction and Metaphysics*, Cambridge University Press, 1999, pp. 41, 131-132; Peter van Inwagen, "Creatures of Fiction", *American Philosophical Quaterly* vol.14, no.4, 1977, pp. 299-308.

42 사건은 물론 추상적 대상이다. 여기서 카플란, 마테존은 반창조론자들이 사건만은 예외적으로 인과관계의 관계항으로 인정하는 약한 노선을 택할 수 있다고 본다. Ben Caplan & Carl Matheson, *op. cit.*, pp. 119-120.

7. 나오며

지금까지의 논의는 우리가 음악 작품에 대해 자연스럽게 받아들이는 생각들이 서로 부딪치고 있다는 점을 드러내 준다. 한편으로 우리는 음악 작품이 물리적 특성을 가지는 개별 공연이나 이러저러한 방식의 기록들과는 구분되는 어떤 추상적 존재일 것이라고 생각한다. 그러면서 음악 작품도 여타의 예술작품과 마찬가지로 틀림없이 창조된다고 믿고 있다. 사실 견고한 직관이란 것은 철학적 탐구를 견뎌내고 살아남을 수도 있지만, 적절하게 분석되면 종종 부정확한 개념으로 드러나곤 한다. 추상적 대상이 인과의 영역 바깥에 있다는 철학적 입장을 들여올 때 위의 상식적인 생각 두 가지가 양립 불가능한 것이 되어 버리는 것이다. 본고는 첫 번째 직관을 받아들이는 플라토니즘의 견지에서 음악적 창조라는 두 번째 직관에 대해 가지게 되는 입장의 차이에 기반한 논쟁을 중점적으로 살펴보았다. 커리의 쌍둥이 지구 논증에 대해 논평한 것을 제외하고는 각 논변들을 가능한 한 중립적으로 정확히 소개만 하려고 애썼으며 이 점 때문에 논의가 다소 장황해진 점이 없지 않다. 그러나 다음과 같은 대략적인 정리는 가능할 것이다.

레빈슨의 이론은 영원히 존재하는 소리구조가 그 자체로는 음악 작품이 아니고, 우연적인 요소들과 결합함으로써 음악 작품으로 창조되는 것이라고 주장하여 위의 두 직관을 조화시키려고 한다. 이 주장의 논리적 귀결인 작곡의 일회성 논제는 작곡에서 발견의 특성을 제외시키는 효과적인 논변이 된다. 그러나 소리구조 자체를 영원불변한 것으로 보는 플라토니스트로서 그 소리구조에서 새로운 무언가를 뽑아내는 과정에 대한 설명은 형이상학적으로 부담스러운 부분이다. 이에 레빈슨 이론에 요구되는 철학적

43 *Ibid.*, pp. 122-123. 이들이 이런 제안을 하는 것은 다드 논증에 대한 반박의 의미에서이다. 그들은 레빈슨의 창안된 타입 논제를 지지한다.

전제를 제공하는 논의들을 검토한 바 있다.(3의 라 및 5, 6)

이에 비해 다드는 강력한 형태의 주장이 흔히 그러하듯 일단 그 주장을 수긍하고 나면 그 안에서 별로 부딪치는 부분은 없다. 모든 타입은 영원불변하므로 창조되는 타입, 창조되는 음악 작품이란 있을 수 없다. 추상적 대상의 인과관계 같은 어려운 문제를 해결할 필요도 없다. 그러나 우리가 음악 작품의 존재론을 전문적인 철학자들끼리의 말의 문제나 테크니컬한 기교의 수준에 묶여 있는 것으로 보지 않는다면 음악적 실제와의 연결점이 무시될 수 없을 것이다. 이렇게 볼 때 작품의 창조를 부정하는 다드의 기본 입장이나, 그의 입장이 함축하는 부분, 즉 쥐라기에 이미 알반 베르크의 무조음악이 존재했다는 식의 이야기가 쉽게 받아들여질 것 같지는 않다.

본고가 다룬 창조/발견의 어법을 둘러싼 논쟁 외에 음악적 플라토니즘이 마주하게 되는 또 다른 흥미로운 문제거리로 작품 동일성의 기준 문제를 꼽을 수 있다. 소리구조상의 유사성을 기준으로 동일한 작품을 결정한다는 막연한 생각은 잘 알려진 굿먼의 소리테스 역설[44]을 일으키지만, 그렇다고 작곡가의 작곡행위나 정확한 악보와의 실질적인 인과성만을 기준으로 삼을 수도 없다(작곡가의 친필 악보를 보면서 연주되었지만 대부분의 음들이 부정확한 연주를 생각해 보라). 이에 대해 연주자가 마음 속으로 지향하는 이상적 타입과, 동의할 수 있는 정도의 유사성이라는 두 가지 기준의 절충이 제안되기도 한다.[45] 작품 동일성이라는 것이 결국 개별적인 연주에 대

44 소리테스 역설은 무더기, 혹은 더미 역설과 같은 말로, 돌멩이가 몇 개 모였을 때부터 돌더미로 부를 것이냐가 애매하다는 점을 가리킨다. 굿먼의 '틀린 음 역설' 도 이 역설의 일종이다. 즉 그는 어떤 연주에서 하나의 음이라도 틀린 것을 허용하게 되면 그 하나의 음이 틀린 연주에서 다시 하나의 음이 틀린 연주, 즉 원래의 곡과 두 개의 음이 틀린 연주까지 허용하게 되고, 이런 식으로 결국에는 전혀 다른 음들을 가진 연주들이 같은 작품의 사례로 여겨지는 반직관적 결과를 초래한다는 이유로 단 하나의 틀린 음이 포함되더라도 작품의 연주로 인정해선 안 된다고 주장하였다.

45 Stefano Predelli, "Goodman and the Wrong Note Paradox", *British Journal of Aesthetics* vol.39, no.4, 1999, pp. 364-375.

해 적용되는 개념인 만큼, 이 문제는 정격(正格) 연주(authentic performance)나 연주 수단의 본질성 문제, 연주가 개인의 해석의 문제 등 보다 실제적인 음악적 문제들과 연관해서도 논의될 수 있을 것이다.

더 읽을거리

Bar-Elli, G., "Ideal Performance", *British Journal of Aesthetics* 42(3), 2002.

Brown, L. B., "Musical Works, Improvisation, and the Principle of Continuity", *Journal of Aesthetics and Art Criticism* 54(4), 1996.

Dodd, J., "Types, Continuants, and the Ontology of Music", *British Journal of Aesthetics* 44(4), 2004.

Goodman, N., *Languages of Art*, Indianapolis and New York: The Bobbs-Merrill Company, 1968.

Janaway, C., "What a Musical Forgery Isn' t", *British Journal of Aesthetics* 39(1), 1999.

예술작품 감상

황유경

1. 예술작품 감상의 의미와 맥락

예술작품 감상(appreciation)이란 즐거움으로 대상을 파악하는 활동이다. 감상은 오랜 연마의 소산이다. 감수성을 연마해야 하고, 그러기 위해 식별을 구현하는 어휘를 어떻게 적용하는가를 배워야 한다. 감상은 개념적으로 지각과 성찰에 연결된다. 여기서 지각은 가치의 지각이다. 성찰은 식별을 구현하는 어휘의 적용과 더불어 개입한다. 사람들은 무엇을 지각하는지 결정해야 하며, 지각하는 것이 무엇인지 명료해지기 이전에 성찰해야 한다. 이는 다만 하나의 경험이다. 즉 성찰이 지각을 이룬다. 감상이 진공 속에서 일어나지 않고 감상 대상과 관련된 지식의 맥락 안에서 일어난다는 사실이 감상에서 성찰의 중요성을 말해 준다. 이를테면 포도주 음미는 포도주 산지 토양, 제작 전통, 포도 종류 등의 지식을 포함한다. 예술작품의 감상력도 감수성 연마뿐만 아니라 이론적 지식의 획득에 의해서도 개발된다. 가장 일반적으로 예술작품 해석이 작품의 성질을 명료히 하며 가치 있는 것으로서 작품을 경험하기 위해 필요하다면, 감상은 가치의 구조화된 지각으로 이루어지며 여기에 상상, 감정, 지성이 개입한다.[1]

미적 감상은 대상을 미적으로 가치 있게 만드는 특징들, 즉 그 대상을 예술작품으로 만드는 특징들을 확인한다. 그래서 예술작품 개념과 미적 감상 개념 간에 개념적 연결이 있다. 특수한 미적 태도, 경험, 판단 등을 설정하며 미적인 것을 정의하고 비미적인 것과 명료하게 구분하는 오랜 전통은 불만족스럽다고 입증된다.[2] 예술을 순수하게 미적인 것으로 동화하려는 그런 전통적인 시도들은 특히 20세기 예술의 전개에 접하여 난관에 부딪친다. '미적(aesthetic)' 이라는 관념은 감각지각에 역사적으로 어원적으로 결부되며 전통적으로 형식과 쾌를 시사했는데, 예컨대 뒤샹(Marcel Duchamp) 작품의 감상에는 감각식별 이상이 요청되는 것이다. 이를테면 20세기 중엽 이후 가장 영향력 있는 분석미학자에 속하는 굿먼(Nelson Goodman)과 댄토(Arthur Danto)는 미적인 것의 전통적 개념이 예술을 필수적인 인지적 차원을 갖추지 않은 감각적 쾌에 불과한 것으로 사소화한다고 보아 거부한다.[3]

물론 예술작품은 다만 시대에 관한 역사적 지식이나 작가의 삶에 관한 사실을 구하기 위한 수단으로 이용한다면 감상되지 않는다. 무엇보다 중요한 것은 작품에 주목을 집중하는 일이다. 여기서 예술작품을 감상하기 위해 우리는 예술작품을 반복해서 보거나 듣는 일만이 필요하다는 견해가 있다. 배경적 사실의 지식은 어디까지나 작품 외적인 것이며 작품에서 주목을 이탈시키기도 한다는 것이다. 이런 견해에서 작품 밖의 역사적 사실이나 전기가 필요하다면 예술작품은 자족적이지 못하고 예술적으로 결함이 있다. 20세기 초 미술 비평가인 벨(Clive Bell)에게 미술 작품 감상이란 작품 내 순수한 형식관계의 관조이며 이를 위해 3차원 공간의 앎을 제외하곤 세계에서 아무것도 가져올 필요가 없다. 세계에 대한 지식은 그 관조를 깨

1 Stein Haugom Olsen, "Appreciation", in Michael Kelly, ed. *Encyclopedia of Aesthetics*, vol.1, Oxford: Oxford Univ. Press, 1998, pp. 66-68.

2 Richard Shusterman, "Deconstruction and Analysis: Confrontation and Convergence", *British Journal of Aesthetics* 26, 1986, pp. 310-324.

3 Nelson Goodman, *Languages of Art,* Indianapolis: Hackett, 1976, pp. 248-264.; Arthur Danto, *The Philosophical Disenfranchisement of Art*, N.Y.: Columbia Univ. Press, 1986, pp. xiv-xv, 1-21.

뜨릴 것이기 때문이다. 비어즐리(Monroe Beardsley)도 벨처럼 극단적으로 재현 같은 요소를 감상에서 배제하지는 않지만 작품 내에서 직접적으로 지각 가능한 성질만이 미적 성질이라고 여기며 대상 자체를 중시한다.[4] 그러나 디키(George Dickie)나 월하임(Richard Wollheim)은 직접적인 지각의 한계를 지적한다. 디키는 미적 국면의 규약성을 강조하며, 월하임은 재현과 표현이 직접적인 지각을 넘어서며 작품의 대면은 작품 자체에서 일어나지 않는 어떤 개념을 함축한다고 주장한다.[5] 또한 많은 예술사가들이 강조하듯이, 예술은 본질상 시대, 개인, 장르 등 안에 자리한다. 이런 발상은 현대미학의 대세이기도 하다. 예술작품의 이런 성격으로 말미암아 작품이 존재하는 여러 맥락의 논의는 작품 감상에도 중요하다. 위에서 지식이 감상에 관여함을 잠시 지적하였거니와, 우리는 흔히 어느 작품 밖에서 그 작품에 관하여 구하는 지식이 그 작품의 감상에 도움이 되는 경험을 하곤 한다.

2. 예술작품 감상의 조건

이제 작품 감상에 필요하거나 적어도 유익한 지식에 관해 정리해 보자.[6]

가) 때로는 같은 예술가의 다른 작품이나 같은 장르나 예술전통의 다른 작품에 주목함으로써 작품 감상능력이 고양될 수 있다. 모차르트 피아노 협주곡 가운데 한 곡을 그의 다른 협주곡들과 비교하며 들을 때 그 곡을 더 낫게 감상할 수 있다. 또한 베토벤 교향곡이 모차르트 교향곡으로부터 어

4 Monroe Beardsley, *Aesthetics: Problems in the Philosophy of Criticism*, Indianapolis: Hackett, 1981, ch. 1.

5 George Dickie, *Art and the Aesthetic: An Institutional Analysis*, Ithaca: Cornell Univ. Press, 1974; Richard Wollheim, *Art and Its Objects*, Cambridge: Cambridge Univ. Press, 1980.

6 John Hospers, *Understanding the Arts*, N. J.: Englewood Cliffs, 1982, pp. 76-93.

떻게 발전했고 또 어떻게 슈베르트 교향곡으로 발전했는지 안다면 베토벤 교향곡의 감상에 도움이 될 것이다.

나) 예술매체에 관한 사실의 연구가 종종 감상에 도움을 줄 수 있다. 초서(Geoffrey Chaucer)의 작품을 제대로 읽기 위해서는 당대 영어를 알아야 한다. 현대 영어로 번역된 그 작품은 원작 특유의 박력을 상실할 것이다. 바흐 시대 파이프오르간에 대해 안다면, 그 악기의 한계와 장점을 이해하고 작곡할 때 왜 어떤 것을 행하고 행하지 않았는지 이해한다. 예술적 규약이나 한계의 앎이 종종 작품에 대한 오해를 피하고 작품을 감상하는 더 나은 위치에 있게 한다. 어떤 외적인 사실의 지식을 놓고 그것이 작품을 더 낫게 감상하게 해주는지, 다만 당 시대 왜 그렇게 했는가의 배경적 정보를 주는 데 불과한지 논란이 있을 수 있다.

다) 예술가 시대의 연구가 도움을 준다. 당대의 정신이나 사상 등의 지식이 종종 유익하다. 고대 희랍 드라마를 감상하기 위해서는 당대 종교와 문화에 관해 알아야 한다. 초서를 읽기 위해 당대 영국 사회에 관해 무엇인가 알아야 한다. 이런 지식은 감상의 국면은 아니지만 감상의 조건이 된다. 그러나 하이든의 실내악을 감상하기 위해 당시 중앙유럽의 사회적 · 경제적 · 정치적 상황을 알아야 할 것으로 보이지는 않는다. 이렇게 보면 역사적 배경 지식의 필요는 경우에 따라 변한다. 말하자면 음악보다는 역사소설에서 감상을 위해 당대 정치적 소요의 앎이 더 중요한 것으로 보인다.

라) 예술가 삶의 지식이 우리의 주목을 작품 밖으로 전환할 수 있음은 사실이다. 그러나 밀턴(John Milton)의 이상과 투쟁에 대한 지식처럼 예술가 연구가 그의 작품의 감상 능력을 높여 줄 수 있음도 사실이다. 여기서 예술가 삶의 한 국면으로서 특히 주목해야 할 것이 예술가의 의도이다. 예술작품 감상을 위해 예술가 의도의 연구는 필요한가? 의도보다는 작품 자체를

중시하는 이론가들에 의하면 작품은 자족적인 실체다. 작품 자체의 정사(精査)로 작품의 의미를 추론할 수 없다면 이는 작품의 결함이다. 물론 의도가 작품에서 확인되어 감상을 고양할 수는 있다. 비어즐리(Monroe Beardsley)와 윔사트(William K. Wimsatt)가 처음 논의한 의도의 오류에서 오류의 진단은 실제적 의미와 의도의 의미의 구분에 의존한다.[7] 문학작품은 그 실제적 의미와 더불어 태어나며 작가에서 분리하고 세계를 돌아다니며 사회의 공적인 소유인 언어로 구현된다. 반면에 의도를 중시하는 허쉬(E. D. Hirsch)는 실제적 의미와 의도의 의미가 밀접하게 관련되며 텍스트는 그 작가가 의미한 것을 의미한다고 주장한다. 그에 의하면 결정적인 언어의미는 결정적인 의도를 요청한다.[8] 의도 문제에 대해서는 현재도 양 진영 간에 많은 논란이 진행 중이며, 이는 작품 감상을 위한 의도의 필요성에 관한 논란이기도 하다. 어쨌든 한 가지 분명한 것은 작품의 올바른 감상을 위한 유일한 열쇠로서가 아니라 여러 열쇠 가운데 하나로서 의도의 지식이 때로는 유익할 수 있다는 사실이다.

3. 예술작품 구조와 감상

지금까지 예술작품 밖의 지식이 감상과 맺는 관련을 살펴보았다. 그러면 예술작품 안의 감상거리는 무엇인가? 작품을 올바르게 감상하기 위해서는 작품구조의 올바른 이해가 선행하지 않으면 안 된다. 작품의 성분들과 그 상호관계를 이해할 때 비로소 우리는 작품 안의 풍부한 전모에 더 민감하게 된다. 여기서 작품구조에 들어가는 성분들 내지 범주들이 '질료

7 Monroe Beardsley and William Wimsatt, "The Intentional Fallacy", in Joseph Margolis, ed., *Philosophy Looks at the Arts*, Philadelphia: Temple Univ. Press, 1978, pp. 293-306.

8 E. D. Hirsch, *Validity in Interpretation*, New Haven, 1967.

(matter)', '재현(representation)', '표현(expression)', '형식(form)' 이다.[9] 질료란 작품을 구성하는 감각적 토대인 소리, 색채, 단어 등이다. 그리고 통상적인 생각으로 모든 예술은 아니더라도 문학이나 회화 같은 예술은 대상이나 사태를 묘사하곤 한다. 이것이 소재로서 작품이 재현하는 것이다. 작품은 또한 정서, 이미지, 사상을 구현한다. 우리는 음악에서 슬픔을 발견하고 소설에서 염세주의를 발견한다. 이것이 흔히 말하는 작품이 표현하는 것이다. 그리고 작품 안에서 이 세 가지 성분들은 어떤 방식으로 배열되고 조직된다. 즉 형식을 갖추게 된다.

예술작품을 감상할 때 우리는 질료, 재현, 표현, 형식을 각기 독립한 실체로서 인지하지 않는다. 이 성분들은 상호 의존하여 존재하고 유기적인 관련을 맺으며 하나의 작품 전체로 통합한다. 그러면 사실 작품은 편의상 네 가지 성분으로 분리될 뿐이다. 예술작품 구조 연구는 작품분석을 통해 비로소 이룰 수 있기 때문이다. 작품에 대해 말하려면 작품을 분해하지 않으면 안 되는 것이다. 이 성분들 내지 범주들은 어떻게 상호 의존하며 영향을 주고받는가?

가) 먼저 질료를 중심으로 보자. 질료인 색채들은 조직되어 형식을 갖춘다. 질료의 감각적 향수는 그 형식의 이해와 합쳐지며 충분하게 이루어진다. 비재현 작품에서 색채들은 단독으로 혹은 결합하여 안락이나 동요를 표현한다. 질료는 다른 범주들과 호혜적인 관련을 맺으면서 작품의 전체적인 미적 효과에 기여한다. 예컨대 어느 대리석 작품에서 대리석의 부드러움과 매혹은 그 소재의 애정 어린 매혹을 도와준다. 거꾸로 거기에 소재의 유연함과 평정, 선들의 섬세함, 그리고 전체적으로 표현된 따뜻함과 억제

9 Jerome Stolnitz, *Aesthetics and Philosophy of Art Criticism*, Cambridge: The Riverside Press, 1960, pt. 3; H. Gene Blocker, *Philosophy of Art*, N. Y.: Charles Scribner's Sons, 1979, chs, 1, 2, 3, 4; Harold Osborne, *Abstraction and Artifice in Twentieth-Century Art*, Oxford: Clarendon Press, 1979, pp. 6-21.

의 미묘한 결합이 있다면 이로 인해 그 대리석의 상응하는 감각적 성질과 표현적 성질이 드러난다. 그러나 만일 매우 다른 종류의 형상을 묘사하고 느낌을 표현한다면, 그 대리석 또한 다르게 보이고 느껴질 것이다. 유사하게 르누아르(Auguste Renoir) 색채의 따뜻함과 매혹은 그 사랑스럽고 온후한 소재, 작품의 전반적인 평정 등에 기여하며, 역으로 그 색채의 그런 성격은 그 색상 자체뿐만 아니라 그림 내 그런 소재, 전반적인 표현성, 형식적인 배치 등에 기인한다. 이렇게 질료는 다른 세 성분과 통합한다.

나) 재현은 다른 성분들과 어떻게 상호작용을 하는가? 조토(Giotto di Bondone)의 〈예수 죽음의 애도〉(1305년경)에서 묘사된 사람들의 의상의 늘어진 주름과 굽은 등의 선의 슬픔이 그 사람들의 슬픔과 융합한다. 질료와 재현은 각각 표현성을 띠며 융합하는 것이다. 재현은 형식을 갖추므로 양자는 전적으로 분리되지 않는다. 양자의 상호작용에서 먼저 재현적 내용은 형식구조에 영향을 미친다. 재현 자체가 작품의 형식구조 내 더 큰 복잡성과 미묘성을 가능하게 한다. 특히 재현을 폐지하지는 않고 형식적 속성을 강조하는 20세기 사조들에서 재현은 형식관계에 근본적으로 영향을 미친다. 예컨대 초기 입체파에서 비구상으로 가지 않고 소재를 유지하게 한 것은 재현이 수행하는 중요한 형식 기능의 인지다. 소재 자체는 별 관심사가 아니지만 재현 없이 작품의 형식적 의미가 약화됨을 보여 주는 사례다.

역으로 형식적 속성 역시 재현적 의미에 영향을 미친다. 예술가가 작품에 부여하려는 형식적 속성은 소재 선정에 영향을 미친다. 1930년대 미국의 이른바 큐보-리얼리즘(Cubo-Realism) 작가들은 기계류를 자신들이 구사하려는 종류의 형식구조에 용이하게 맞는 소재로 선택하여 직선적, 기하학적 형태를 예시하였다. 또한 예술가가 노리는 형식적 속성은 소재의 자연 형태의 수정이나 왜곡을 가져오며, 그 자연적 특징의 생략, 강조, 약화를 가져온다. 이때 어떤 표현적 속성을 구현하려 한다면, 자연 형태는 그 속성에 맞추어 변형된다.

다) 예술작품의 표현적 성격도 질료와 재현과 형식과 유기적 관련을 맺으며 존재한다. 형식적 구조를 이해하지 못하고 감각적 표면의 특징에 둔감하며 지식의 결여로 재현적 소재를 잘못 해석한다면, 작품의 표현적 성질도 제대로 향수하지 못하게 된다. 예컨대 키리코(Giorgio de Chirico)의 빈 광장 그림들과 재단사 인체 모형을 활용한 그림들은 질료나 재현이나 형식 어느 하나가 아닌 삼자의 기묘한 결합에서 유래하는 신비스러운 불길함의 정조를 전달한다. 역으로 이런 표현적 분위기 속에서 질료는 더 생생하게 다가오며 소재는 더 호소력 있고 형식감각 또한 고양된다.

라) 흔히 형식과 내용을 구분할 수 없다고 말하듯이, 형식은 질료를 비롯하여 재현적, 표현적 내용과 분리할 수 없다. 그 자체로는 무디거나 평범한 어느 색채는 패턴에 의존하여 활기를 찾고, 형식을 제대로 갖추지 않는다면 소재는 실생활처럼 지루하고 평범하며 표현된 사상은 불명료하고 정서는 과장될 것이다. 라파엘로(Raffaello Santi)의 〈알바 마돈나〉(1510)에서 고양된 어머니와 아이의 인간적 애정은 작품 내 형식이 기여한 바 크다. 역으로 만일 거기서 따뜻하고 풍요로운 색조나 둥근 선을 창백하고 바랜 색조나 꼿꼿한 선으로 바꾼다면 그 유기적 통일은 훼손된다. 구성 성분들의 변화는 곧 형식가치의 변화를 가져오는 것이다.

지금까지 예술을 구성하는 성분들이나 범주들을 네 가지로 구분하고 그것들이 상호 유기적인 관계 속에서 존재함을 간략히 고려했다. 각 성분은 분리되어 별도의 가치를 가지지 않고 하나의 전체로서 작품 안에서 다른 성분들과 어우러져 미적 기능을 발휘하게 된다. 예술작품 구조의 올바른 이해와 더불어 더욱 식별력 있는 안목으로 작품 감상에 임할 수 있을 것이다.

더 읽을거리

Carlson, A., "Appreciating Art and Appreciating Nature", in S. Kemal and I. Gaskell (eds.), *Landscape, Natural Beauty and the Arts*, Cambridge: Cambridge University Press, 1993, pp. 199-227.

Danto, A., "The Appreciation and Interpretation of Works of Art", in *The Philosophical Disenfranchisement of Art*, NY: Columbia University Press, 1986, pp. 23-46.

Hampshire, S., "Logic and Appreciation", in W. Elton (ed.), *Aesthetics and Language*, Oxford, 1954, pp. 161-169.

Iseminger, G., "Aesthetic Appreciation", *The Journal of Aesthetics and Art Criticism* 39, 1981, pp. 389-397.

Osborne, H., *The Art of Appreciation*, Oxford University Press, 1970.

Pepper, S., *Principles of Art Appreciation*, NY: Harcourt Brace, 1949.

Shusterman, R., "Introduction: Analysing Analytic Aesthetics", in R. Shusterman (ed.), *Analytic Aesthetics*, Basil Blackwell, 1989, pp. 1-19.

Weitz, M., *Philosophy of the Arts*, NY: Russell and Russell, 1950.

참조 항목

『미학대계』 제2권, 제1부 미학의 근본 문제 중 「미적 가치(대륙)」, 「미적 가치의 이론」, 「예술의 정의」, 「예술작품의 비평(해석)」, 「재현」, 「표현」, 「형식」과 『미학대계』 제3권, 미학의 새로운 쟁점들 중 「다원주의와 예술의 종말」

예술작품의 비평(해석)

김희정

예술작품을 비평하는 데 거론되는 중요한 개념은 해석과 가치평가이다. 이 글에서는 예술작품의 해석에 대해서만 다룬다. 예술작품을 해석하는 목적은 그 작품의 의미(meaning)를 발견하는 것이다. 예술작품이 가지고 있는 의미에 대해 참인 해석은 다수일 수 없으며, 그 의미가 고정되어 있다는 입장이 일원론이다. 이에 반해 다원론에 의하면 예술작품에 대한 다수의 수용할 수 있는 해식, 즉 제한된 다원론이 있다. 보다 극단적인 입장으로 회의론적인 해석이론이 있다.

1. 예술작품의 기술과 해석

예술작품에 대한 기술과 해석은 어떤 관계가 있는가? 흔히 우리는 다음과 같은 주장을 접하게 된다. 예술작품에 대한 기술은 작품에서 단순히 발견되는 것을 보고하는 것이고, 해석은 해석자가 무언가를 투사하는 것을 포함한다. 기술적인 진술은 사람들이 일치하는 사실에 대한 것이고 그것에 대해 기술하는 사람의 노력은 독창적이지 않다. 반면에 해석적 진술은 해석자의 기여와 노력에 보다 의존하는 진술이다. 그것은 작품에서 제공되는 단순한 내용을 넘어서는 것이므로 사람들 간의 견해가 불일치할 수 있으며 다양한 변이가 있을 수 있다. 예술작품에 대한 기술적인 진술은 해석적인 이론의 증거적인 근거가 되는 측면이다. 예술작품에 대한 기술적 진술은 단순히 참이 아니면 거짓이라고 주장된다. 그것에 대해 참인 (혹은 수용할 수 있는) 해석적 진술은 참인 기술적 진술과 양립 가능하면서, 그것을 넘어서는 것이라고 주장된다.

그러나 예술작품의 의미가 작품 외적인 어떤 것과 관련시켜 해명된다는 입장에 회의적인 이들도 있다. 비어즐리(M. Beardsley)는 해석하는 작업은 기술적으로 현존하나 숨겨져 있는 것을 발견하는 것에 불과하므로, 그가 의미하는 해석은 마골리스(J. Margolis)의 용어로는 사실상 기술이다. 비어즐리는 해석이란 작품 내에 숨겨져 있는 것을 드러내는 것이지 해석자가 부가적인 어떤 것을 첨가하는 것이 아니라고 한다. 그는 예술작품 해석이 작품 내에 있는 것을 넘어서는 것이라면, 그것은 해석이 아니라 작품에 부과된 것(superimposition)이라고 주장한다.[1] 작품 외부에 있는 것을 그 작품에 연관시켜 설명하는 것은 작품의 의미를 해명하는 일을 넘어서는 것이다. 그는 작품의 내부와 외부의 엄격한 구분이 있다고 전제하고 있다. 다시 말해 그에 의하면, 예술작품을 기술하는 것은 그 내적인 내용을 해명하는 것이고 예술작품을 (마골리스의 의미에서) 해석하는 일은 외적인 내용을 부과하는 일이다.

2. 예술작품의 해석에 대한 일원론

가. 텍스트 자체가 가지고 있는 의미: 비어즐리

비어즐리는, 해석(그가 해석이라고 하는 것은 마골리스가 기술이라고 하는

1 M. C. Beardsley, *The Possibility of Criticism*, Wayne State University Press, 1970.

작업에 더 가깝다.)은 작품에서 당장에는 드러나지 않으나 이미 그 속에 있는 의미를 발견하는 작업이라고 간주한다. 그에 의하면 예술작품의 의미는 작가의 의도가 아니라 (문학의 경우) 텍스트가 가진 의미라고 한다. 한 작품에 대한 다수의 해석이 가능한가의 문제에 대해 그는 소위 '양립 불가능한 것들의 불관용성의 원리(the principle of Intolerability of the Incompatibles)'를 받아들인다. 그것에 의하면, 만일 두 해석이 논리적으로 양립 불가능하다면, 그것들은 둘 다 참이 될 수 없다는 것이다.[2] 그가 이런 주장을 하는 것은 다음의 두 논증에 의거한 것이라고 마골리스는 주장한다.

첫째, 만일 위의 원리를 받아들이지 않는다면, 우리는 해석이 아니라 소위 '부과(superimposition)'를 받아들이는 셈이 된다는 것이다. 그는 해석이란 작품에서 발견되는 의미를 보고하는 것이지 해석자 자신이 무언가를 그 작품에 투사하는 것이 아니라고 한다. 예컨대 『잭과 콩나무』라는 우화를 마르크스주의적 우화로 읽는 것이나 『이상한 나라의 앨리스』를 프로이트주의적 이야기로 읽는 것을 비어즐리는 그 작품들에 대한 해석이 아니라 부과라고 한다. 작품의 부과란 해석의 한계를 넘어서는 것이고 어떻게 내용이 취급되어야 하는가에 대해 외부에서 연상되는 의미를 첨가한 것이다. 즉 그것은 다양한 외적인 상황에서 본 작품의 우연적인 외형에 불과한 것이다. 이 논증에서 적절한 해석과 부과의 구분을 비어즐리가 전제하고 있는 것이다. 그리고 또한 그는 적절한 해석은 작품의 고정된 본성—텍스트가 가지는 공적인 의미—과 일치한다는 것을 전제한다. 그러나 어디서 진정한 해석과 부과가 구분되는지 생각보다 명확하지 않은 것 같다. 여기서 비어즐리는 무엇이 문학 텍스트의 안에 있고 무엇이 밖에 있는지 명확한 경계를 구분하지 못하고 있다고 마골리스는 지적한다.

비어즐리는 또한 해석의 고정성을 지지하는 두 가지의 원리를 받아들인

2 Monroe C. Beardsley, *The Possibility of Criticism*, Detroit: Wayne State University Press, 1970, p. 44.

다. '독립의 원리(the Principle of Independence)' 와 '자율성의 원리(the Principle of Autonomy)' 가 그것들이다. 전자는 "문학 작품은 개별자로서 존재하며, 다른 것들과 구분될 수 있다"는 것이다.[3] 후자는 "문학 작품은 자기 충족적인 존재들로서 그 속성들은 해석과 판단(의 객관성)을 검토하는데 결정적"이라는 원리이다.[4] 마골리스는 예술작품을 물리적 대상과 동일하게 간주하는 한 비어즐리의 주장이 그럴듯할 수 있다고 본다. 마골리스에 의하면 예술작품의 의도적인 속성들(Intentional attributes)은 해석적으로 결정될 수 있으나(determinable) 물리적 대상이 결정적인 속성을 갖는 식으로 결정적이지는(determinate) 않다. 다시 말해서 작품의 해석이란 그것의 의미를 파악하는 것인데, 그 의미(의도적인 속성들)는 아주 다양한 방식으로 변하므로 단지 언급된 단어들의 사전적인 의미에 의해 고정될 수 없다는 것이다. 그는 비어즐리가 예술작품은 독립적이고 자율적인 개체임을 주장하는 것은, 그것을 물리적 대상과 동일시함으로써이기 때문이라는 것을 지적한다. 비어즐리는 예술작품의 기술과 해석, 내적인 것과 외적인 것, 진정한 해석과 부과의 구분이 있다는 전제를 가지고 있었지만 마골리스가 지적하듯이 실제로 그 구분을 하는 데는 성공적이지 못했다. 마골리스는 해석 이전에 선재하는 (물리적 속성들이 아닌) 작품의 속성들이라는 것은 없다고 간주한다.

나. 예술가의 의도: 허쉬(E. D. Hirsh)

다른 한편, 허쉬는 예술작품의 의미의 고정성을 주장한다. 그는 또한 문학 텍스트의 적절한 '언어적 의미(verbal meaning)' 와 외적인 관점에서 그것과 관련시키는 데서 발생하는 '의의(significance)' 를 구분한다.

그는 작품의 의미를 파악하는 것이 예술작품에 대해 이해하는 것이고,

3 *Ibid.*
4 *Ibid.*

그것에 관해 주석을 다는 것이 해석이며 그때 드러나는 것은 작품의 의의라고 한다. 의미는 작품 내에 있는 것이고, 의의는 작품 내에 있는 것과 작품 외적인 것과의 관계지음으로써 발생하는 것이다. 그도 비어즐리와 마찬가지로 예술작품의 기술과 해석, 작품 내적인 것과 외적인 것 간의 명백한 구분이 존재하는 것으로 가정하고 있지만 그에 대한 실질적인 구분에 성공하고 있지 못하다. 그것이 그의 입장에 대한 첫 번째 문제점이다. 두 번째의 문제점은 의미의 고정성에 대한 그의 입장이다. 그는 문학 장르의 고정성과 작가의 의도를 파악하는 데에서 작품 의미의 고정성이 확보된다고 주장한다. 그러나 문제는 장르 자체가 끊임없이 변화된다는 점이다. 문학 작품에서 파악해야 할 의미를 다른 모든 장르 속에서의 작가의 의도와 동일시하는 것은 받아들이기 어렵다.

허쉬는 예술작품의 의미에 대해서 일원론을 지지하지만 의의에 대해서는 일종의 다원론을 지지한다.[5] 그에 의하면 의미의 차원에서, 즉 그것의 내적인 차원에서 예술작품은 고정 불변적이지만 그것에 대해 설명을 하는, 즉 주석을 다는 행위는 일차적으로 고정된 의미에 대한 것일 뿐 아니라 또한 의의에 대한 것일 수도 있다. 그는 어떤 작품에 대한 해석이 의미에 관한 주석일 때, 그 의미가 제대로 파악되지 못했다면 그 해석은 틀린 것이라고 주장한다. 작품에 대한 의미 파악이 제대로 되었을 때 그 작품에 대한 해석은 그것이 그 의미에 대한 것이든 의의에 대한 것이든 이제 증거에 의해 얼마나 지지되느냐에 따라 타당성이 결정되고 다수의 타당한 해석들이 가능할 수 있다는 것이 그의 입장이다. 그의 해석에 대한 입장은 어떻든지 고정불변적인 의미에 연관되어 있으므로 다원론을 주장한다 해도 해석에 대한 일반적인 상대주의로는 분류되지 않는다. 해석과 관련된 그의 입장의 난점

5 예술작품의 의미의 해석에 대해 흔히 토대론(foundationism)과 상대주의의 입장으로 분류한다. 토대론을 의미 해석의 고정된 근거가 있다는 입장으로 본다면, 대체로 토대론자들은 해석의 일원론을 지지하고 상대주의자들은 해석의 다원론을 지지하는 것으로 볼 수 있다. 허쉬의 경우 의미와 의의의 구분으로 인해 이런 도식으로부터 벗어난다.

은 작품 내적인 것과 외적인 것의 구분을 엄격히 하고 있으나 실제로 그가 그 기준을 제시하고 있지 못하다는 것이라고 마골리스는 주장할 것이다.

만약 작품 내적인 것과 외적인 것의 절대적이고 엄밀한 구분이 없다면 우리가 하나의 동일한 작품에 대해서 논의하고 있느냐 하는 문제가 발생한다고 어떤 이는 지적할 수 있을 것이다. 그러므로 그런 구분에 실제로 성공하고 있지 않다 하더라도, 그 구분 없이는 한 작품의 동일성이 확보되지 못하므로 그것이 실제 존재하는 것으로 전제하는 것이 현명하다고 주장할 수 있을 것이다. 그러나 마골리스는 그런 구분 없이도 한 작품의 동일성을 확인하는 데에는 아무 문제가 없다는 자신의 이론을 제시한다. 나아가 해석이란 어떤 식으로든 물리적인 속성들로는 해소할 수 없는, 어떤 의미에서의 신화의 부과가 필요한 것이라는 점도 인정할 수 있다고 주장한다.

3. 예술작품 해석에 대한 제한된 다원론

가. 목적 상대주의: 스테커(R. Stecker)와 데이비스(S. Davis)

목적 상대주의는 일단 해석의 절대적인 고정성을 부인한다. 그것은 목적에 따라, 아니면 어떠한 해석적 배경이나 개념 틀을 가지느냐에 따라 상대적으로 다수의 수용 가능한 (혹은 참인) 해석들이 가능하다는 입장을 일컫는 것이다.[6] 예컨대, 스테커에 의하면, 하나의 예술작품은 다양한 목적들에

6 약한 상대주의자들은 해석의 다원성을 인정한다. 그런데 다수의 해석들이 목적에 상대적으로 수용 가능하다고 하는 입장과, 그것에 적용하는 개념 틀에 상대적으로 참이라고 하는 입장으로 나뉜다. 예컨대, Robert Stecker는 전자를, Stephen Davies는 후자를 지지한다. 전자는 예술작품의 해석에 의해 작품에 대한 이해의 폭을 넓힌다고 생각하고, 후자는 그것이 인식적인 가치(진리 주장)를 가지고 있다고 생각한다. 마골리스의 입장은 예술작품의 해석은 2차 논리에서 말하는 인식적인 가치를 가지는 것은 아니다. 다른 의미에서 그는 해석의 문장들이 인식적 가치를 가진다고 말할 수 있다고 하는데, 그것은 다수의 해석들이 참과 유사한(truth-like) 값을 가질 수 있다는 것이다. 이에 대해서는 "Symposium: Relativism and Interpretation," *The Journal of Aesthetics and Art Criticism*, 53:1 Winter 1995 참조.

의해 다르게 해석될 수 있다고 한다.[7] 때로는 역사적으로 위치지워진 예술가의 의도의 관점에서 작품을 해석하기도 하고, 또는 작품에 대한 수용자의 감상의 차원에서, 혹은 전체적인 가치를 극대화하는 관점에서 등등의 여러 가지 목적이 있을 수 있고, 해석의 타당성은 특정한 목적에 상대적으로 판단할 수 있다는 다원론적 입장이다. 그런데 이때 어떤 목적을 선택하는 것이 옳은가는 잘못된 질문이 된다. 이런 목적들은 혹은 다수의 해석을 가능하게 하는 역사적 배경들은 보다 포괄적인 목적이나 혹은 역사적인 배경으로 한 관점하에서 비교되거나 논의될 수 없기 때문이다. 바로 그런 포괄적이고 절대적인 관점의 부재 때문에 특정한 목적, 배경, 혹은 개념 틀 내에서 해석을 하는 것이다.

스테커와 데이비스는 예술작품에 대한 기술은 참이거나 거짓이라고 주장한다. 예술작품에 대한 해석은 그 목적이 작품의 의미를 파악하는 것이라면 참이거나 거짓이다. 그러나 그 목적이 작품의 이해를 풍부하게 하거나 미적인 가치를 증진시키고자 하는 등의 다른 것이라면, 그것은 참 여부를 기준으로 하여 판단되지 않는다. 그것은 해석이 그 목적을 잘 실현하고 있는가 하는 것에 의해 판단된다. 해석이 목적에 잘 부합하면, 수용 가능하다. 해석을 판단하는 기준은 참에 관한 것만이 아니라 다른 것들도 있기 때문에 다수의 환원할 수 없는 해석들을 받아들이는 것이다.

나. 마골리스의 강건한 상대주의(Robust Relativism)

마골리스에 의하면, 예술작품의 기술적 진술과 해석적 진술에 대해서 모두 참이라는 진리값이 주어질 수 있다. 즉 어떤 기술은 참이거나 거짓이다. 참도 거짓도 아닌 기술은 없다. 해석에 대해서는 조금 다르다. 어떤 해석은 참이거나 거짓이고 어떤 해석은 참, 거짓으로만 판단하기 어려운 것이 있

7 Robert Stecker, "Relativism about Interpretation," *The Journal of Aesthetics and Art Criticism*, 53:1 Winter 1995.

다는 것이다. 이런 진술들은 통상적으로 참, 거짓이라는 진리에 관한(alethic) 술어가 아니라, '그럴듯한(plausible)', '그러기 쉬운(apt)', '합당한(reasonable)' 이라는 인식적(epistemic) 술어로 기술된다. 그런데 마골리스는 이런 인식론적 술어를 참에 관련된 것으로 바꾸는 다치(多値) 논리를 도입한다. 그의 입장은 해석을 참에 관련하여 판단하는 다원론이다. 마골리스는 해석적 타당성을 작가의 의도에서도, 텍스트 자체의 의미 결정에서도 찾지 않음으로써 해석의 결정성을 거부하고 대립적인 해석의 타당성을 허용한다는 점에서 다른 상대주의와 동일한 입장이다. 다른 상대주의자들은 어떤 목적이나 문화적 배경 등에 따라 타당한 해석을 상대화하는 한에서 그것의 객관성을 추구하려고 하는 반면, 마골리스는 다수의 해석적 관점들을 하나로 융합할 수 있다고 보는 점이 큰 차이이다. 그는 다치 논리를 적용시켜 서로 수렴하지 않는(incongruent) 다수의 해석들을 모순 없이 하나의 포괄적인 관점에 위치지을 수 있다고 주장한다. 흔히 이치(二値) 논리를 적용했을 때 서로 모순되는 해석조차도 그의 포괄적인 관점 내에서는 하나로 수렴되지는 않으나 수용 가능하다는 것이다. 이것이 그가 의미하는 강건한 입장이다.

마골리스는 앞서 기술한 스테커와 데이비스의 해석의 목적 상대주의에 대해 두 가지 비판을 제시한다. 첫째는, 예술작품 해석은 진리 주장 내지는 진리 주장과 근사한 것을 한다는 것이다. 둘째는, 양립 불가능하지만 수용되는 두 해석에는 진리값과 유사한 값이 부여된다는 주장이다. 이것은 이치 논리가 아니라 다치 논리를 받아들이는 한에서 그렇다는 것이다.

그는 자신의 다원론을 강건한 상대주의라고 부른다. 그가 자신의 입장과 대조시켜 논박하려는 것은 약한 상대주의이다. 이 두 구분의 기준은 양립 불가능한 해석적 진술들을 하면서도 포괄적인 단일한 체계 내에서 결합할 수 있는가의 여부에 달려 있다. 해석적 진술들이 참이나 수용 가능성에 상대적이라고 할 때, 약한 상대주의자가 의미하는 바는 어떤 해석적 진술들은 그것을 지지하는 원리에 상대적으로 참이거나 혹은 그럴듯하다고 간주된다는 것이다. 해석적 진술들을 지지하는 원리들이 다수 존재하는데 그것들은 서로 공통되거나 교차되지 않는다는 것이다. 그래서 두 해석적 진술들이 표면상 양립 불가능하게 보이는 경우는 알고 보면 각각 하나로 결합될 수 없는 믿음 체계나 원리, 관례 내에서 참 혹은 그럴듯함을 보증받는 것이므로 양립 불가능한 것이 아니라는 것이다. 즉 양립 불가능한 두 해석이 받아들여진다면 각각 다른 원리나 관점에서이지, 동일한 원리나 관점에서 모순되는 주장이 받아들여지는 것은 아니라는 것이다.

4. 예술작품 해석에 대한 회의론적 해석이론: 바르트, 데리다, 밀러

회의론적 해석이론은 해석에 토대가 존재한다고 가정하고 있는 일원론에 반대한다. 또한 예술작품에 대한 합당한 해석이 다수일 수 있다는 것을 허용하는 제한적인 다원론에도 반대한다. 이 입장은 제한 없는 무수한 해석의 가능성을 허용한다. 이 입장에 의하면 해석은 참이나 거짓, 혹은 타당성과 부당성의 문제가 아니라 불확정적(indeterminable)이거나 미결정적(undecidable)인 것이다. 어떤 해석이 참이라거나 타당하다고 판정해 줄 수 있는 어떤 규제나 틀이 존재하지 않기 때문이다. 이 입장은 해석의 대상보다 해석자의 능동적인 역할을 강조한다. 해석자는 예술작품 속의 의미를 수동적으로 발견하는 것이 아니라, 작품이 가진 불확실성이나 미결정성인 부분을 메우는 공동 창조자의 지위를 갖는다.

바르트(R. Barthes)는 텍스트에 의미를 부여하는 권한이 부여된 저자의 죽음을 선언하고 텍스트의 의미 해석을 해방시킨다. 텍스트에 대한 해석은 어떤 권위적인 통제나 제한에 예속되지 않는다. 텍스트 속의 언어는 다의적으로 변화하는 것으로 보기 때문이다. 그가 의미하는 다원론은 제한적으로 다수의 의미를 수용할 수 있다는 제한된 다원론과 다르다. 텍스트의 의미는 끝없이 생산된다는 것을 허용하기 때문이다. 독자는 저자가 쓴 텍스트들을 무한히 생산해 내는 것이다. 독자는 다의적이고 가변적으로 의미 구성에 참여하여 텍스트를 생산하는 자가 된다.

데리다(J. Derrida)의 입장은 바르트의 입장보다 더 강한 의미의 회의론이라고 할 수 있다. 그는 의미의 토대에 대한 추구를 비판하면서 그런 근원을 해체하고자 한다. 그는 단어의 의미가 언어 체계 속의 다른 단어들과의 차이에서 생겨나며, 이 차이는 무한하게 변화하므로 그 단어의 의미도 무한하게 변한다고 주장한다. 그에게 텍스트는 수많은 의미들이 무한히 서로 교환되는 장소이므로 텍스트에 대한 해석도 '자유로운 유희를 긍정하는' 일이다. 해석자의 이런 긍정은 해석의 참도 오류도 없는 불확정적인 세계 속에서의 자유를 즐기는 일이 된다.

밀러(J. Hillis Miller)는 텍스트에 대한 무한히 자유로운 해석들이 가능하다는 점에서 바르트나 데리다와 입장을 같이한다. 그는 다른 기질의 해석자는 텍스트를 다르게 읽을 것이므로 텍스트에 대한 여러 가지 읽기를 하나의 전체적인 것으로 포괄할 수 없다고 한다. 그는 해석은 참, 거짓의 문제가 아니라 궁극적으로 미결정적인 읽기를 하나 더 추가하는 것에 불과하다고 한다.

더 읽을거리

김진엽, 「해석의 즐거움 또는 괴로움: 바르트, 데리다, 밀러의 회의론적 해석이론」, 『미학』 제21집, 1996.

_____, 「토대론적 해석이론: 의도주의와 형식주의」, 『인문논총』 제37집, 1997.

김희정, 「예술작품 해석의 일원론과 다원론」, 『미학』 제32집, 2002.

_____, 「예술작품 해석의 다원론」, 『미학』 제34집, 2003.

예술작품의 평가 문제(Evaluating Art)[1]

앨런 골드만(Alan Goldman)
번역 · 정리: 김정현

1. 도입(Introduction)

우리가 예술작품에 대해 이야기할 때면, 그 속에는 항상 작품에 대한 평가가 포함되어 있다. 그리고 예술작품은 최소한 부분적으로나마 평가적인 용어들로 기술되기 마련이다. 그 이유는, 첫째, 어떤 것을 예술작품이라고 부르는 것 자체가 이미 긍정적인 가치평가의 결과라는 일반적인 생각 때문에 그렇다. 예술작품이 되려면 이미 어느 정도의 가치를 가지고 있어야 하기에, 그저 그런 예술작품도 예술작품이 아닌 것보다는 가치가 있다고들 생각한다. 둘째, 예술작품은 감상을 위해 제작되었기 때문이다. 그리고 감상이란 작품에 대한 이해뿐 아니라 작품의 예술적 가치, 즉 작품이 예술로서 지니는 가치를 인식하고 향유하는 것도 포함한다. 셋째, 언급한 작품의 이해는 그 작품에 적합한 해석이 있을 때 가능한 것인데, 비록 논리적으로는 해석이 평가에 선행하겠지만, 해석을 위해서도 작품의 가치를 언급하지 않을 수 없다. 이때 해석은 왜 그 요소가 그 작품에 있는지, 어떻게 그 요소

1 Alan Goldman, "Evaluating Art", *The Blackwell Guide to Aesthetics*, ed. by Peter Kivy, Blackwell Publishing Co., 2004, pp. 93-108.

가 작품 전체 의미와 가치에 영향을 주는지를 설명하는 것이 된다. 따라서 비평가들은 해석을 할 때 자연스럽게 평가를 동시에 한다. 즉 그들은 작품이 지닌 가치를 밝혀냄으로써 작품이 지닌 객관적 속성에 주목하는 방법을 알려 준다. 마지막으로 사람들은 같은 사물에 대한 취미나 감상을 공유함으로써 유대감을 지니려 하는데, 이런 사물들 중 하나가 예술작품이기 때문이다. 우리는 취미에 대한 유대감 같은 것을 확보하기 위해 작품에 대한 평가를 서로 논의하곤 한다.

이런 작품 평가에 대한 담론을 철학적으로 규명하고자 한 이론들이 있다. 그중 가장 대담한 이론은 작품을 평가하는 기준이 있다고 주장하며, 이 기준이 지시하는 속성들이 모든 위대한 예술이 공유하고 있는 것이며 이것이 예술작품과 예술작품이 아닌 것을 구분짓는 속성이라 본다. 칸트(Kant)나 톨스토이(Tolstoy) 같은 19세기 대표이론들이 이에 속한다. 한편 현대미학자들은 이런 견해에 회의적이다. 이들은 예술 전반에 걸쳐 적용될 평가기준은 없으며, 만일 있다고 해도 그 기준은 단지 주관적인 것이거나 사회계급이 주입한 개념 결과물이라고 본다.

보편적 평가기준의 존재에 대한 회의론자들은 문학이 지닌 가치가 교향곡이나 회화가 지닌 가치와 다르고, 또 같은 문학에서도 단편소설이 지닌 가치와 시가 지닌 가치가 다를 수 있으며, 심지어 티치아노(Tiziano)나 르누아르(Renoir)의 아름다운 색이 주는 가치는 브라크(Braque)에게는 완전히 결여된 것일 수 있기 때문에 결국 모든 작품은 각기 자신에게 고유한 가치를 지닌다고 주장한다. 그러나 작품 하나하나가 모두 고유한 가치를 가진다는 사실이 곧 예술작품들 모두가 공유하는 가치 속성이 없음을 뜻하지는 않는다. 예컨대, 서로 매우 상이한 모든 작품들이 동일한 방식으로 감상자에 영향을 미칠 수 있다는 점에 주목하자.

각기 다른 장르의 작품들이 매우 다른 수단을 사용하지만, 감상자들에게 영향을 주는 방식은 유사하다는 것이 사실인지, 그리고 만일 이런 유사성이 존재한다면, 그것을 이용하여 개별 작품들을 평가하는 일반적 평가 기준을 삼을 수 있을지가 이 글에서 다루려는 중심 문제이다. 최근 이론들은 이에 대해 회의적 태도를 보이는 것이 일반적이지만, 긍정적인 답을 줄 수 있는 몇몇 증거가 있다. 앞서 언급했듯이 예술작품이라는 개념 자체가 평가적 개념이기 때문이기도 하고, 우리는 보통 흔히 예술이 작품으로서 갖는 미적 혹은 예술적 가치와 그 외의 가치—예컨대 경제적 가치—를 구분 지우는 상황을 보면 그렇다. 이 문제에 답하기 위해 우리는 작품 평가의 기준이 됨과 동시에 예술작품을 식별 가능케 해주는 미적 가치가 어떤 것인지를 묻게 될 이 논문에 주된 논의로부터 출발해야 한다.

2. 미적 속성과 원리(Aesthetic Properties and Principles)

언급했듯이 작품의 기술은 대부분 부분적으로 평가적인 용어들로 이루어진다. 그러나 우리는 그림이 무조건 '좋다' 거나 '아름답다' 고 하지는 않는다. 왜냐하면 그래서는 전달하는 정보가 거의 없을 것이기 때문이다. 그러나 그렇다고 우리가 회화를 기술하는 데 있어 처음부터 오로지 선과 색만을 언급함으로써 기술할 것 같지도 않다. 대신에 우리는 다음과 같은 용어들을 사용한다. '우아한', '균형 잡힌', '통일된', '선명한', '풍부한', '감상적인', '엄숙한', '천박한', '무미건조한' 같은 용어들. 이런 용어들은 다소간 대상의 형식적 내용을 가리키기도 하지만, 한편으로는 이를 사용하는 비평가의 반응을 가리키기도 한다. 더 명확히 말하자면, 비평가들은 대상이 지닌 객관적 속성들이 특정 조건에서 특정 반응을 낳는 경향성이 있다는 것을 긍정적 혹은 부정적으로 말하고 있는 것이다. 즉 비평가들은 미적 속성이라 불리는 관계적 속성(relational property)을 언급한다.

미적 속성이 주관적 반응을 포함한다는 사실은, 감상자들마다 주어진 대상이 이 속성들을 가졌는지에 대해 일치나 불일치가 있을 수 있다는 것을 암시한다. 그러나 한편으로 비평가들이 이런 용어들의 적합한 사용에 관해 논의한다는 것은 미적 용어의 사용에 규범성이 존재함을 드러낸다. 즉 우리는 다른 감상자들이 우리와 같은 방식으로 반응함으로써 우리가 사용한 용어에 동의해 줄 것을 기대한다.

미적 속성들은 중간 수준의 평가를 의미한다. 이것들은 작품의 객관적 속성에 기초한 속성이지만, 다른 한편으로는 작품 전반에 대한 평가의 기초가 되는 속성들이다. 이때 언급한 중간 수준의 평가적 속성과 전체 평가 간의 관계는 그렇게 단순한 것이 아니다. 만일 중간 수준의 평가적 속성들이 항상 일정하게 긍정적이거나 부정적인 가치를 지니고 있어, 작품 전체 가치의 산출이라는 문제가 긍정적인 가치들의 합에서 부정적인 가치를 빼는 것으로 해결된다면, 문제는 단순할 것이다. 그러나 문제는 이런 식으로 해결되지 않는다. 왜냐하면 미적 속성과 그 속성들이 기초하는 객관적 속성들은 맥락(context)을 결정요소로 삼아 상호 작용하기 때문이다. 즉 늘 일정하게 긍정적이거나 부정적인 미적 속성은 없는 것이다. 예를 들어, '우아함' 조차 항상 긍정적인 속성이 아니다. 만일 한 비평가가 자신만의 어떤 근거에서 작품 〈게르니카〉를 우아하다고 말한다 해도, 이 평가는 〈게르니카〉가 지닌 맥락 때문에 칭찬의 말로 들리지 않을 것이다.

몇몇 철학자들은 이런 속성들이 특수상황에서 재고되어야 할 경우가 있더라도, 그 자체로는 긍정적이거나 부정적이라고 주장한다.(Bender, 1995) 즉 이런 속성들을 고립된 상태에서 고려한다면, 긍정적 혹은 부정적인 고정적 가치를 지닌다고 주장할 수 있을 것이다.(Dickie, 1988: 89) 그러나 미적 속성들은 고립된 상태에서 발생하지 않고 항상 다른 미적 속성들과 함께 작품의 맥락을 만드는 도중에 발생하기 때문에 이런 견해를 받아들일 수 없다. 따라서 중간 수준의, 즉 부분적으로 평가적인 미적 속성과 작품 전체 평가의 관계를 규정하는 원칙은 없다. 또한 이보다 더 기초적인 수준에서, 즉 선, 색, 명암, 색조, 율동적이고 조화로운 전개 같은 객관적 속성들과 중간 수준의 미적 속성이 연결되는 수준에서도 원칙은 없다는 것이 명확해 보인다. 한 악장을 우아하게 표현한 모차르트(Mozart)의 4중주에서의 어떤 이행부를 떼어다가 바르토크(Bartók)의 4중주에 옮겨 놓는다면 청각적인 난국을 맞을 뿐이다.

또 다른 철학자들은, 만일 '우아하다'와 같은 미적 용어의 적합한 사용을 규제할 의미론적 기준이 있다면, 그리고 만일 우리가 이런 용어를 적합하게 사용하는 방법을 배울 수 있다면, 이 적합한 사용과 객관적 상황을 연결 짓는 원칙이 있을 수 있다고 생각한다. 그러나 이도 그렇게 생각할 근거가 없다. 왜냐하면 의미론적 기준이라는 것도 주관적인 반응과 무관하게 객관적일 수 없기 때문이다. 한 미적 속성을 발생시킬 수 있는 필요조건이 되는 객관적 속성이 있다고 주장하는 것조차 특정 작품에 대한 상상력 부재나 경험 미숙이라고 볼 수 있다. 예컨대 시블리(Sibley)처럼 파스텔 톤은 결코 요란할 수 없다고 주장하는 사람들에게는 마이애미비치의 아르데코 역사 유적지가 반례가 될 것이다.

문제는 객관적 속성에서 미적 속성으로, 그리고 미적 속성에서 작품 전체 평가로 가는 두 수준 모두에 아무런 원칙이 없음에도 불구하고 비평가나 감상자는 작품의 미적 속성에 호소하여 작품 평가를 정당화하고, 작품의 객관석 속성들을 지적함으로써 미적 속성의 귀속을 정당화한다는 점이다. 그렇다면, 어떻게 이런 정당화가 가능할 수 있는 것인가?

이 정당화의 근거는 미적 속성을 가리키는 용어들의 본성과 사용에서 찾을 수 있다. 첫째, '우아한'이나 '통일된' 같은 미적 용어들이 회화, 음악, 문학 작품에 공통되게 적용된다는 사실은 평가 기준이라는 것이 예술 전 분야에 걸쳐 적용될 만한 어느 정도의 일반성을 가진 것임을 보여 준다. 둘째, 평가적 속성들에 대한 이해나 감상은, 순수하게 감각적인 것에서 인식적인 지각을 통해 복합적인 형식들을 이해한 후 정감적이고 인식적인 것으로 나아가는 심적 능력의 개입을 필요로 한다. 미적 용어들이 모든 예술 장르의 작품들에 공통되게 적용된다는 사실은, 언급한 심적 능력의 개입이 어떤 예술작품에서건 그 감상에 전형적으로 일어나는 것임을 보여 준다. 셋째, 우리는 평가적 용어들의 사용이 규범적 힘을 지닌다고 했었다. 만일 규범적 힘이 있다면, 그 반응도 어떤 반응이나 다 되는 것은 아닐 것이다. 분명 규범적 무게를 실을 수 있는 옳은 조건에 있는 옳은 관찰자의 반응이어야 할 것이다. 미적 평가의 정당화의 근거가 일반적이지만 보편적이지 않다고 인식한 최초의 그리고 가장 뛰어난 철학자는 흄이었다. 그는 이상적 비평가라는 개념에 호소함으로써 미적 평가에 규범적 힘을 주고자 하였다.(Hume, 1863) 이 개념은 여전히 예술 평가가 지니는 일반성의 정도와 그 영향력을 파악하는 데 도움을 준다.

3. 이상적 비평가(Ideal Critics)

동일한 평가 용어들이 모든 장르의 작품에 적용된다고 할지라도, 우리는 한 작품의 평가를 그와 유사한 다른 작품에 일반화시켜 적용할 수가 없다. 그리고 몇몇 속성들을 공유하는 작품들이 그 외의 속성도 공유할 것이라 추론할 수도 없다. 왜냐하면 모든 것은 미적 속성들이 발생하는 전체 맥락에 의존하기 때문이다. 따라서 예술 평가에 대한 일반화는 결국 한 비평가에게서 다른 비평가로의, 혹은 내 판단으로부터 다른 사람의 판단으로의 일반화여야 한다. 그러나 특정 조건에 있는 특정 비평가들의 반응들만 적절한 것으로 보증할 수 있고 규범적 힘을 지닐 것이다. 이는 미적 속성을 귀속시키는 평가적 판단이 지닌 규범적 힘이 적절하게 정의된 이상적 비평가에 호소함으로써 파악될 수 있다는 것을 보여 준다. 즉 우리는 우리들의 미적 판단의 신빙성을 같은 조건에 있는 이상적 비평가가 만들었을 판단과 얼마만큼 유사한가의 정도에 비추어 판단한다는 말이다. 나아가 우리는 내 평가에서 타인의 평가를 직접 추론하지 않고, 내 평가로부터 이상적 비평가의 평가를 추론하고, 그로부터 타인의 평가가 동의될 것을 기대한다.

우리가 작품 해석과 평가를 알아 보기 위해 참조하는 실제 비평가들은 평범한 감상자라기보다는 이상적 비평가에 더 가깝다. 그들은 작품이 출현한 전통에 관한 지식이 있으며, 작품이 지닌 요소들 사이의 복합적 관계들을 더 잘 분간해 낼 수 있다. 그리고 이는 그들이 작품이 지닌 요소와 그것들 간의 복합적 관계들이 발생시키는 가치나 미적 경험에 보다 민감하다는 것을 드러낸다. 우리는 실제 비평가들과 평범한 감상자들 간의 차이로부터 이상적 비평가들의 특징을 추론해 볼 수 있다. 실제 비평가들은 관련 예술사에 해박하거나 편견이 없는데, 이는 이상적 비평가에게도 적용될 만하다. 비단 정상적인 신체조건뿐만 아니라 쉽게 지치거나 흥분하지 않는 것, 그리고 산만해지지 않고 지속적으로 지적 노력을 할 수 있다는 것도 작품 감상에 유리한 조건이라는 것이 명백해 보인다.(Pawlowski, 1989: 14) 물론 더 중요한 것은 미적 가치를 알아채는 정서적인 능력, 즉 정서적 감수성이다.

실제 비평가들은 이론적으로 이상적인 비평가에 한참 못 미칠 수도 있다. 실제 비평가들은 관련 지식에 해박함에도 불구하고, 다른 관련 비평가들이 모두 긍정적으로 반응한 작품에 별 반응을 보이지 않을 수도 있다. 톨스토이는 셰익스피어(Shakespeare)의 문학이 진부하다고 생각했고, 콜링우드(Collingwood)는 베토벤(Beethoven)의 음악이 '요란스럽다'고 생각했다. 이렇듯 유능한 비평들이 개별 작품에 대해 불일치할 수 있다면, 어떻게 우리가 그들이 지닌 적합한 감수성이라는 것을 신용할 수 있으며, 또 이를 순환의 오류를 저지르지 않고 있다고 할 수 있는가? 그것은 사람들이 지니는 정서의 정상성(normality)에 근거를 두어 설명해 볼 수 있다. 그리고 이 근거는 다시 패러다임을 형성하고 있는 수많은 예술작품에 대한 반응의 일치로 부연 설명될 수 있다.

만일 실제 비평가들 사이에 불일치가 있다고 한다면, 이상적 비평가들에게서도 그러지 않으리라 여길 이유가 없다. 이는 개별 예술 형식이나 스타일을 다루는 이상적 비평가가 모든 예술에 대해 알고 있지 못할 뿐만 아니라 그들이 선호하는 형식이 있기 때문에 그 선호된 형식이 아닌 다른 형식의 개별 작품들에 대해서는 일치를 보지 못할 수도 있기 때문이다. 이상적 비평가가 지니는 특정 작품에 대한 취미는 그들로 하여금 어쩔 수 없이 선호되지 않은 형식 내의 작품을 인정치 않거나 그 작품에 둔감하도록 할 수 있다. 그리고 한 형식에 정통한 이상적 비평가는 그들의 취미가 허락하는 한 최대한 깊이 그 한 형식 내에 있는 작품을 경험할 것이기 때문에 정통하지 않은 다른 형식의 작품에 둔감할 수 있다. 우리가 '이상적 비평가' 개념으로부터 기대할 수 있는 최대치는 우리와 취미를 공유하는 이상적 비평가들과의 근사치를 갖는 정도이다. 그런 정도에서 우리들의 판단은 그들의 판단에 의해 측정된다.

4. 몰입(Engagement)

이상적 비평가에 호소하면 미적 평가에 규범적 힘이 보장되긴 하지만, 핵심 문제는 아직 답변되지 않았다. 과연 무엇이 이상적 비평가를 받아들이게 해주는지에 대한 설명이 있어야 한다. 논자인 골드만은 미적 원칙이 없다고 앞서 밝혔으므로 작품의 객관적 성질은 이에 대한 해답이 되지 못할 것이다. 그러나 이상적 비평가들이 작품에 반응하는 공통적인 방식이 있다는 더 기초적인 사실에 근거해 이상적 비평가를 승인할 수 있다는 가능성이 남아 있다. 이는 또한 앞서 언급한 미적 속성에 대한 공통된 반응 방식이 어떤 것일 수 있는지를 설명해 준다. 감상의 패러다임을 형성하는 명작들은 인간이 지닌 모든 수준의 정신적 능력을 동시에 사용하도록 만든다. 우리는 훌륭한 작품을 감상할 때, 순수음과 색을 지각하고, 형식적 구조를 지각 · 인지하며, 나아가 정감적으로 파악한다. 그리고 주제, 상징적 내용, 역사적 요지를 지적으로 이해하고, 표현들에 정서적으로 반응하며, 상상력을 발휘해 앞에 놓인 매체를 확장시킴과 동시에 심지어 의지를 사용하여 작품의 목표를 함께 나누기도 한다. 그래서 작품에서 매체나 형식이나 내용이 모두 미적으로 중요해지는 것이다.

예술작품이 우리의 정신 능력을 이렇게 완전히 사용하도록 한다는 것은 예술이 지닌 본유적 가치이다. 우리는 우리가 가진 능력을 도전받아 그 능력을 최대치로 사용함으로써 정신 능력의 확장을 가져오는 것을 즐긴다. 이렇게 작품에 완전히 몰입하면, 비록 그 세계가 실제 세계와는 매우 다른 순수한 음들로 이루어진 세계라 할지라도, 우리는 그 세계로 나아가 대안적 세계 속에서 새로운 가능성을 찾을 수도 있을 것이다.

예술작품의 평가 기준을 우리들의 정신 능력을 얼마만큼 몰입시킬 수 있는가에 두는 것이 작품의 객관적 속성에 근거한 이론과 비교해 보면 만족스럽지 못할지 모르지만, 이는 우리들의 실제 관행을 더 잘 설명해 준다. 첫째, 예술의 일차적 목적을 인간의 모든 정신 능력을 온전히 사용하는 것에 둔다면, 이는 우리가 이런 목적을 성취한 명작들을 패러다임 삼아 예술을 정의해 온 이유를 잘 설명해 줄 것이다. 둘째, 만일 이 정신적 몰입이라는 기준이 개별 작품의 평가에 적용됐을 때는 다소간 불분명해진다면, 이는 이 기준이 지닌 이론적 약점이 아니라, 실제로 우리를 서로 다른 방식에서 몰입시키는 작품들을 비교하는 것 그 자체가 너무 막연하고 불분명한 일임을 이 기준이 오히려 잘 지적하고 있는 것이다. 셋째, 몰입이라는 기준에 호소하는 것은 우리가 부정적 감정을 강하게 표현한 작품에 그토록 높은 평가를 주는 이유를 잘 설명해 준다. 타인의 성공보다는 곤궁에 더 쉽게 그리고 강하게 반응하는 우리들의 생물학적인 이유가 비극에 더 강하게 반응하는 우리들의 성향을 또한 잘 설명해 준다. 넷째, 이 기준에 대한 호소는 예술이 독창성을 지녀야 함을 강조하는 현상을 잘 설명한다. 우리는 이전부터 있어 왔던 작품과는 판이하게 다른 작품에 더 잘 몰입할 수밖에 없다. 다섯째, 이 기준은 참이나 거짓에 대한 파악, 혹은 도덕적으로 칭찬할 만한 것이냐 비난할 만한 것이냐의 파악이 예술작품을 평가하는 데 어떻게 영향을 미치는지를 설명해 준다. 작품이 지니는 도덕적 관점들은 우리의 관심을 끌어들일 수도 있고, 관심을 떨어뜨릴 수도 있다. 예컨대 재현 예술의 경우, 실재와 멀다거나 거짓이 우리의 흥미를 잃게 만들 때는 그것이 예술적 해악일 때 그러하다. 만일 우리의 도덕적 판단 능력이 작품 감상 시 촉발되어 작품에 몰입하는 것에 도움을 준다면, 우리는 작품을 감상하는 과정에서 우리의 도덕적 능력을 확장시키고 그로써 도덕적으로 관련된 차이를 식별하는 능력을 확장하고 있는 것이다.

이처럼 서로 작품 감상 시 각 수준에서 우리 정신 능력의 몰입을 얻는 것이 가능하기 때문에 작품의 인식적 · 정감적, 그리고 도덕적 차원 모두가 예술적으로 관련된 요소일 수 있다. 그래서 좋은 작품이지만 도덕적으로 좋지 못한 작품도 있을 수 있고, 더 흔히는 형편없지만 도덕적 메시지를 담은 작품이 있을 수도 있다.

또한, 비록 작품의 가치에 언제나 긍정적으로 기여하는 객관적 성질 같은 것은 없다고 설명해 왔지만, 그럼에도 불구하고, 우리는 작품이 우리를 온전히 몰입시키는 전형적인 방식들을 어느 정도 일반화시킬 수 있다. 첫째, 다양한 예술 형식들이 지닌 구성 방식과 우리들이 이 형식에 접근하는 방식은 작품이 우리를 몰입시키는 방식을 설명해 준다. 멜로디가 있고 리듬감 있는 율동적인 음악 형식들은 지각적인 동시에 인식적이고 정감적으로 감상된다. 오페라는 텍스트뿐만 아니라 음악이 전체적으로 지니는 드라마틱한 구조를 필요로 한다. 시각예술은 재현 내용이나 표현성뿐만 아니라 물리적 표면을, 즉 내용과 그 내용이 형식으로 드러나는 방식을 인지해야 한다. 즉 매체와 형식이 내용과 이루는 관계는 핵심적이다. 둘째, 우리를 온전히 몰입시키는 데 성공적인 형식들은 아마도 부분적으로 인간 정신의 본성적 충동을 만족시킬 것이다. 이에 해당하는 인간의 충동은 난감한 상황 속에서 질서를 찾아 부여하며, 보기에 난해한 자료 속에서 유사한 형식이나 인지 가능한 패턴들을 파악해 내려고 하는 본성에 해당한다. 허치슨(Hutcheson)이 아름다움(beauty)을 '다양의 통일성'에서 봤던 것이 이후 철학자들에게 호소력이 있었던 것도 같은 맥락에서이다.(Hutcheson, 1971)

그러나 언급한 수단이나 형식 중 어느 것도 예술에서 맡아놓은 성공 공식은 아니라는 사실을 분명히 할 필요가 있다. 우리는 흔히 복합적인 형식에 끌리지만, 그것이 우리의 흥미를 잃게 만들 수도 있다. 로드코(Rothko)의 회화처럼 형식적으로는 단순한 구조들도 지각적으로 흥미로울 수 있다. 작품이 지닌 독창성이 우리들의 관심을 증가시킬 수는 있지만, 대부분의 사람들은 어느 작곡가가 완전히 새로운 형식으로 작곡한 곡보다 모차르트의 41번 교향곡을 선호할 것이다. 우리는 도덕적 애매성에 매료되지만, 찰스 디킨스(Charles Dickens)나 제인 오스틴(Jane Austin)의 등장인물들에서 이런 애매성을 찾아보기는 힘들다. 요컨대, 작품의 객관적 속성에 호소함으로써 성공적인 평가 기준을 일반화하는 것은 다소간 가능하지만, 그 자체만으로 작품 평가에 긍정적 가치를 보장하면서 보편적으로 우리의 다양한 정신 능력을 온전히 몰입시키는 성공적인 그런 수단은 없다.

5. 반대 견해와 또 다른 질문들

이제껏 논의한 논자 골드만의 주장에 첫 번째 예상되는 반대 견해는, 이상적 비평가에 대한 호소와 관련된 것이다. 반대자들은 이 설명이 역순으로 되어야 한다고 주장한다. 즉 작품은 그 가치있는 속성 때문에 우리를 몰입시키고, 이상적 비평가들은 단순히 이런 속성들을 감상할 수 있는 사람들이라고 주장한다.(Sharpe, 2000: 325) 그러나 이런 입장이 지닌 문제점은 그들이 언급되는 가치있는 속성을 정의할 수 없다는 점이다. 우리가 모두 동일한 속성에 몰입하거나 그 속성을 승인하지 않기 때문에, 가치있는 속성을 동일시하는 유일한 방법은 그 속성들이 이상적 비평가에게 반응을 일으키는지 아닌지로 추론하는 방법뿐이다. 뿐만 아니라 이상적 비평가 개념은 작품이 지닌 객관적 속성과는 독립적으로 정의될 수 있다. 이는 이들이 지닌 지식이나 다양한 작품의 해석과 예술과는 상관없이 지닌 것이 되는 일반적인 감수성에 의해 정의 가능하다. 또한 이상적 비평가들이 모델로서 갖는 매력이 여전히 그들이 작품의 가치를 알아채는 능력에 놓여 있다는 것도 또한 중요한 점이다.

두 번째 반대는 온전한 몰입이라는 기준에 대한 것이다. 다시 말해, 이 반대 주장의 설명은 우리가 긍정적으로 반응할 필요가 없는 작품에도 쉽게 몰입할 수 있다는 것이다. 우리는 멜로드라마나 작품이 지닌 감상주의에 쉽게 빠지고, 가식적이고 천박하며 단지 기교적일 뿐인 작품에도 너무나 쉽게 빠질 수 있다. 이에 대한 답변은, 우리가 그렇게 할지라도 이상적 비평가들은 멜로드라마나 감상주의 작품에 쉽사리 긍정적인 반응을 하지 않는다는 것이다. 그리고 우리는 한 작품의 가치를 그 비평가들의 반응을 통해 가늠해야 한다. 그러나 우리는 어떻게 그들이 이 같은 작품에 우리처럼 반응하지 않으리라는 것을 아는가? 부적절하게 반응하도록 제작된 작품은 작품을 감상할 때 우리들의 평가 능력을 통합시키기보다는 분산되게 할 것이다. 따라서 이런 예술들은 대개 순식간에 그로 향해진 주목을 잃게 만들고, 그래서 해박하고 정확한 감수성을 지닌 이상적 비평가들의 관심을 끌기는 힘들다.

세 번째 반대는 여기서 제시된 예술 평가의 기준이 몰역사적인(ahistorical) 것이어서 지각적으로 보잘것없지만 오히려 예술과 관련된 역사와 관습에 대해 인지적 측면에서 도전하여 우리의 몰입을 방해하는 아방가르드나 동시대 예술 대부분에 설명력이 없다는 것이다. 온전한 몰입이라는 개념이 몰역사적이라는 이러한 반대 견해에 대해서는 우리가 작품 감상 시에 겪는 실제 정신 능력의 몰입을 보면 그렇지 않다는 것이 답일 것이다. 아마도 베토벤 스타일로 만들어진 최근 작품은 이상적 음악 비평가를 몰입시키지 못할 것이다. 음악사에서 베토벤의 입지는 하이든(Hyden)과 모차르트의 고전주의 양식에서 벗어났다는 점과 이후 낭만주의 음악가에게 영향을 미쳤다는 점에 있고, 이러한 정보를 아는 것이 베토벤의 작품이 지닌 형식적 · 표현적 성질을 감상하는 방법을 변화시키게 된다.

끝으로 우리는 앞서 주장한 것들이 미적 판단에 관련된 예술작품에 대한 평가는 객관적인 것인가라는 전통적인 질문에 대한 답을 함축할 것이라 주장해 볼 수 있다. 이 문제에 대한 대답은 복잡할 수밖에 없다. 우리는 작품 평가가 대상이 지닌 객관적 속성과 이상적 비평가들의 반응을 연결짓는 관계적 속성으로 설명된다고 말해 왔다. 객관주의자들은 평가의 불일치를 둘 중 한 그룹의 실수로 설명해야 할 것이다. 그러나 논자인 골드만처럼 이상적 비평가로서 평가의 규범성을 확보하고자 한다면, 그리고 그가 언급한대로 이상적 비평도 또한 불일치를 볼 수 있다면, 이것마저 한쪽의 실수라고 설명할 수는 없다. 그렇다면 우리의 평가는 같은 취미를 공유하는 사람에 상대적인 것이어야 하고, 동시에 그것이 규범적 힘을 지니기 위해 참조하게 되는 평결자(judge)의 판단이라는 기준도 지닌다. 만일 예술이 그 기능을 지닌다면, 그리고 이 기능이 우리의 정신 능력을 온전히 몰입시키는 것이어서 작품이 몇몇 비평가들을 몰입시키지만 몇몇 비평가들을 몰입시키지 못할 수 있다면, 이 작품에 대한 평가가 맞느냐 틀리냐에 대한 논의는 복잡할 수밖에 없다.

또 다른 전통적인 질문은 각 예술작품이 각기 고유한 가치를 지니는가 하는 것이다. 개별 작품에 있는 객관적 속성들이 우리의 반응을 촉발시키는 방식상에서는 고유성을 시닐지 모르지만, 이 과정에서 발생하는 작품이 획득할 가치의 종류에 관련한 고유성은 없다. 또한 전통적인 질문은 예술이 지니는 가치가 본유적인가 도구적인가를 묻기도 한다. 이에 대한 답은 본유적이기도 하고 또한 도구적이기도 하다는 것이다. 명작을 감상할 때 우리는 우리의 지각과 지성과 상상력과 느낌에 완전히 몰입하는 데서 만족을 얻기도 하고, 이 만족이 주는 두 세계—실제 세계와 허구 세계—의 비교나 정신 능력의 온전한 사용에서 오는 능력의 확장과 같은 이점을 취하기도 한다. 가장 훌륭한 예술작품들은 이러한 정신 능력의 온전한 몰입이라는 기준을 만족시킨다.

더 읽을거리

Burger, P., "The Problem of Aesthetic Value", in P. Collier and H. Geyer-Ryan (eds.), *Literary Theory Today*, Ithaca, NY: Cornell University Press, 1990, pp. 23-34.

Carroll, N., "Art and Ethical Criticism", *Ethics* 110, 2000, pp. 350-387.

Davies, S., "The Evaluation of Music", in P. Alperson (ed.), *What Is Music?*, University Park, Pa.: Pennsylvania State University Press, 1994, pp. 307-325.

Goldman, A., *Aesthetic Value*, Boulder, CO: Westview Press, 1995.

Graham, G., "The Values of Music", *Journal of Aesthetics and Art Criticism* 53, 1995, pp. 139-153.

재 현

최연희

1. 들어가는 말

언뜻 생각해 보더라도, 원시시대 예술부터 오늘날에 이르기까지 재현은 예술을 설명 혹은 규정하는 가장 일반적인 개념임을 쉽게 알 수 있을 것이다. 그리고 예술이 재현이라고 하는 견해는 이처럼 대부분의 사람들에게 통상적으로 인정받을 수 있는 견해이기도 하지만, 또 실제로 서구 예술이론 중 가장 오래된 이론이기도 하다. 즉 이미 그리스인들은 예술을 자연의 직접적인 모사나 모방이라고 생각함으로써, 예술을 규정하는 미학적인 개념으로서 미메시스(mimesis)라는 개념을 우리에게 물려주었으며, 그리고 예술이 모방을 통해서 자연 혹은 현실 세계를 재현한다고 하는 이러한 그리스의 미메시스 개념은 이후 르네상스를 거쳐서 신고전주의에 이르기까지 예술이론 및 예술철학을 지배해 온 중심 개념이기도 했다.

그러나 우리가 미메시스라는 개념의 역사를 전체적으로 살펴보면 알게 되겠지만, 예술이 자연 혹은 현실의 모방이나 재현이라는 규정은 다양한 의미를 함축하고 있는 개념이며, 또 시대적으로 그 함의가 변화한 개념이기도 하다. 이처럼 얼핏 보기에는 단순하고 명확한 규정이 실제로 지니고 있는 복잡한 미학적인 쟁점들을 이해하기 위해서, 이 글은 재현이라는 미학의 문제를 우선 두 개의 문제 영역, 즉 예술은 무엇을 재현하는가 하는 문제와 그것을 어떻게 재현하는가 하는 문제로 나눠서 그 문제들을 어떻게 설명하는가에 따른 차이들을 검토해 보려고 한다.

2. 자연이나 현실의 모방으로서의 예술: 미메시스 개념의 역사[1]

타타르키예비츠에 따르면, 모방을 의미하는 그리스어인 '미메시스(mimesis)' 란 단어는 호메로스 이후 사용되기 시작했으나, 그 개념은 변화를 겪었으며 또 그 적용 대상도 변화했다.[2] 그리하여 기원전 4세기의 고전 시대는 네 가지 상이한 모방 개념을 사용했는데, 제의적인 개념(표현적 모방)과 데모크리토스의 개념(자연 과정의 모방), 플라톤적 개념(자연의 모사), 그리고 아리스토텔레스적 개념(자연의 원소들에 근거한 예술작품의 자유로운 창조)이 그것이다. 이 중 플라톤과 아리스토텔레스의 개념은 역사적으로 예술의 지속적인 기본 개념으로서 인정받았는데, 이들에게 있어 모방은 사물의 외관(appearance)을 본뜨는 것을 의미했으며, 이러한 모방이 회화와 조각 같은 예술의 근본 기능이었다.[3]

1 이 부분의 논의는 주로 다음 책들을 참고했다: M. C. 비어즐리, 이성훈 · 안원현 역, 『미학사』, 이론과실천, 1987; W. 타타르키에비츠, 이용대 역, 『여섯 가지 개념의 역사』, 이론과 실천, 1990, 9장과 10장.

2 W. 타타르키예비츠, 앞의 책, pp. 304-307. 이런 점에서, 비어즐리가 자신의 『미학사』에서 '미메시스' 를 'imitation' 이 아닌, 'representation' 으로 옮김이 적절하다고 말하는 점을 전적으로 이해할 수 있다. 이 부분과 관련하여 좀 더 포괄적인 이해를 위해서는, 『미학대계』 1, '고대' 의 「서양 고대미학의 주요 흐름들에 대한 소고」를 참조할 것.

3 이 글에서의 논의는 앞서 언급한 문제의 틀, 즉 예술은 무엇을 재현하는가 하는 실재에 대한 존재론적 해석상의 차이와 그것을 어떻게 재현하는가 하는 미메시스 개념에 대한 해석상의 차이라는 시각에 초점이 맞춰질 것이다. 따라서 좀 더 포괄적이고 전체적인 이해를 위해서는 『미학대계』 1의 해당되는 글들을 참조할 것.

가. 플라톤과 아리스토텔레스의 모방 개념

우선, 자연의 모방으로서의 예술이라는 개념이 성립하기 위해서는 예술에 의해 모방되는 대상, 즉 자연 혹은 현실 세계가 전제되어야 하며, 이러한 모방 대상과 예술의 관계는 예술에 앞서서 세계나 자연이 존재하고 예술은 그것을 모방함으로써 세계나 자연을 재현(再現, re-present)하는 것이 된다. 그리하여 예술 모방론은 예술에 의해 모방되는 세계 혹은 자연을 어떻게 보느냐에 따라, 즉 존재론적인 해석에 의해서 예술에 대한 평가가 좌우된다는 의미를 함축한다.

플라톤은 순수하고 영원불변한 초월적 이데아(形相)를 궁극적이고 보편적인 실재(reality)로 보았으며, 감각적인 현상(appearance) 세계는 단지 이러한 궁극적 실재인 이데아의 모방으로 이루어진 개별적인 경험의 대상으로서 그림자의 세계에 불과하다고 주장하였다. 플라톤의 이러한 이원론적인 존재론의 관점에서 볼 때, 사물의 외관을 본뜨는 예술은 감각적인 현실을 모방하는 것으로서, 현실 세계는 이데아의 모방이며 예술은 다시 이러한 현실 세계를 모방하는 것이다. 따라서 플라톤에게서 예술은 참된 인식의 대상으로서의 이데아에 대한 모방의 모방이며, 우리에게 참된 인식을 줄 수 없는 가상에 불과하다. 즉 그것은 기껏해야 이데아를 모방하고 있는 현상 세계의 감각적인 대상들을 충실히 모사(copy)함으로써 '진정한 유사성(eikon)' 을 만들어 내는 것이거나, 아니면 우리의 불완전한 눈을 기만하기 위해서 사물이 보이는 방식을 본뜸으로써 '외형적 유사성(phatasma)' 를 만들어 내는 것이다.

이처럼 이데아를 구체적인 사물로부터 독립된 존재라고 본 플라톤에 반해, 아리스토텔레스에게서 진정한 실체는 개별적인 사물들이다. 즉 아리스토텔레스에 의하면, 개별적인 사물들로서의 온갖 실체는 형상과 질료의 결합으로 이루어져 있다. 따라서 형상(Form)은 개별적인 사물에 내재하는 것이며, 이러한 실체의 형상은 우리로 하여금 그 실체의 본질을 인식할 수 있게끔 해준다. 다시 말해, 어떤 사물이 감각적으로 대상화되고 또 우리에게 인식되는 경우에는, 그 실체의 형상도 우리의 마음속에 관념으로 깃들게 되는 것이다. 이러한 이유로, 플라톤과는 달리 아리스토텔레스는 감각적인 현상 세계 자체에 대해 아무런 적의가 없으며, 따라서 감각계를 모방하는 예술에 대해서도 부정적이지 않다. 한편 아리스토텔레스의 모방 개념을 보면, 원형의 모사로서의 플라톤적 모방 개념과는 달리, 좀 더 넓은 의미의 모방임을 알 수 있다. 즉 아리스토텔레스에게서 모방은 인간의 본능적인 욕구로서, 인간은 모방을 통해 대상을 인식할 수 있게 되며 또 그 속에서 즐거움을 얻게 된다. 그리고 이러한 모방은 여러 예술의 공통된 본질에 속하는 것인데, 모방적 기술(techne)로서의 예술에 대해 아리스토텔레스는 『수사학』에서 다음과 같이 말하고 있다. "회화, 조각, 시, 그리고 잘 모방된 일체의 것들과 같은 모방 작품은 그것의 모방 대상이 즐거운 것이 아닐지라도 즐거운 것이 된다. 왜냐하면 쾌나 그 반대의 것을 불러일으키는 것은 모방 대상이 아니라, 모방과 모방된 대상이 일치한다는 추정이기 때문이며, 그 결과 우리는 뭔가를 배우는 것이다."[4] 여기서 우리는 이처럼 모방된 것, 즉 예술에서 느껴지는 쾌감은 재인식에서 비롯되는 지적인 성질의 것이며, 이는 플라톤과는 달리 예술의 인식적 지위를 인정하는 입장임을 알 수 있다. 한편, 인간의 행위를 모방하는 시에 대해 아리스토텔레스가 『시학』에서 "시인의 작업은 실제로 일어난 일을 이야기하는 것이 아니라 일어날 수 있는 그런 종류의 사건을 이야기하는 것"이며, "시는 보편적인 것을 이야기하고 역사는 개별적인 것을 이야기한다"고 주장하는 것은,[5] 그의 모방 개념이 단순히 대상을 있는 그대로 재현하는 것이 아니라 이상화 혹은 양식화를 통해 대상의 본질을 재현하는 것으로 해석될 소지를 주며, 실제로 이후의 이론들에서는 이 같은 해석을 통해 시와 예술을 보편적인 것 혹은 본질의 모방으로 규정하게 됨을 확인할 수 있다.

4 비어즐리, 앞의 책, p. 55에서 재인용.

5 비어즐리, 앞의 책, p. 61.

나. 이후의 모방 개념

신의 가르침을 재현하는 종교예술로서의 중세예술에서 감각적 현상 세계의 직접적 재현이라는 모방론은 필연적으로 한쪽으로 밀려날 수밖에 없고, 그 대신 감각적인 것을 통해 초월적인 것을 표현하는 상징 개념이 중요한 비중을 차지하게 된다. 그리하여 모방을 의미하는 라틴어 '이미타티오(imitatio)' 라는 명칭도 거의 사용되지 않았다. 그러나 완전히 사라진 것은 아니었는데, 예를 들어 중세의 위대한 아리스토텔레스주의자인 토마스 아퀴나스는 "예술은 자연을 모방한다"는 고전적 명제를 그대로 반복했다. 이러한 모방 개념의 부활은, 중세의 기독교적 사고방식이 해체되어 가는 가운데 점차 발전하는 자연과학과 대결하게 된 아퀴나스가 물질적인 자연 세계를 신의 섭리가 실현되는 장으로 보고, 예술을 모방, 즉 신의 예지에 의해 창조된 질서정연한 자연을 인식함으로써 성립하는 모방으로 설명한 데 따른 것이다.

르네상스와 더불어 모방은 또다시 예술론의 기본 개념이 되었고, 실로 그때에 이르러 절정기에 달했다고 할 수 있겠다. 물론 이미타티오라는 동일한 용어를 사용하면서도 상이한 뉘앙스를 지님으로써 많은 논쟁을 불러일으키긴 했지만, 당시의 여러 견해들 중 특히 중요한 견해는, 예술은 자연을 그 상태 그대로 모방하는 것이 아니라 그 결함을 고치고 선별을 행한 뒤에 모방해야 한다는 입장이다. 이러한 르네상스의 모방론은 예술이 그 모방의 대상인 자연보다 더 완전할 수도 있다는 것을 의미한다. 따라서 우리는 아리스토텔레스의 『시학』을 받아들인 르네상스 시학에서뿐만 아니라 시각예술에서도 플라톤적인 모방 개념보다 아리스토텔레스적인 모방 개념이 중요한 의미를 차지했음을 알 수 있다. 그리하여 예술의 모방 대상은 구체적이고 개별적인 자연이 아니라 이념적이고 보편적인 자연이며, 모방은 대상의 직접적 모사가 아니라 선택에 의한 자연의 이상화이다. 다른 한편 르네상스 시대는 모방의 대상이란 자연만이 아니라 무엇보다도 자연의 가장 뛰어난 모방자였던 고대인들을 모방해야 한다는 새로운 명제를 도입하기도 했는데, 이는 모방 개념의 역사에서 가장 큰 변화였다. 이로 인해 고전적 예술론은 아카데믹한 것으로 자리 잡았다.

18세기 중엽 근대적인 예술 체계(fine arts system)를 확립한 프랑스 고전주의자 바퇴(Batteux)는 '미를 추구하는 활동'으로서의 모든 예술의 근저에는 모방의 원리가 놓여 있다고 보았으며, 한편 모방을 자연으로부터의 선별로, 즉 '아름다운' 자연의 모방으로 이해했다.

그러나 근대에 들어 모방 개념은 쇠퇴하거나 혹은 다른 용어로 대체되게 된다. 우선 18세기 후반의 낭만주의 예술은 고전주의에 대한 반동으로서 예술가의 주관적 감정이나 열정을 절대시함으로써, 예술을 예술가의 감정이나 느낌의 표현으로 보는 예술 표현론이 재현 혹은 모방 개념을 대체하게 된다.[6] 또한 19세기의 사실주의(realism)는 그 이후 사실주의라는 명칭이 이전의 미메시스나 모방을 대신하여 예술의 현실 의존성을 나타내는 일반 명칭으로 통용되는 단초가 되었다. 물론 사실주의라는 용어는 그 범위가 광범위한데다가 100년간에 걸쳐 사용되면서 모방에 못지않게 애매성을 띠게 되었지만, 우리는 이러한 대체를 근대적인 세계관이라는 관점에서 이해할 수 있을 것이다. 즉 19세기 사실주의에서 알 수 있듯이, 그 이전의 형이상학적, 기독교적 세계관을 대체한 자연과학적인 근대적 세계관에서는 결국 실재(reality)란 이념적인 형상이 아니라 바로 구체적인 현실의 경험적 대상이며, 예술은 바로 이러한 구체적 현실로서의 리얼리티를 재현하는 것이다.

6 재현 혹은 모방이라는 개념을 대체하면서 표현이 미학의 주요 주제로 떠오르게 된 과정에 대해서는, 『미학대계』 2, 제1부 미학의 근본 문제, '예술' 중 「표현」을 참조할 것.

3. 예술 모방론의 한계와 그에 대한 비판: 시각적 재현을 중심으로[7]

예술이 사물의 외관을 모방한다는 플라톤 및 아리스토텔레스의 미메시스 개념으로부터 출발한 예술 모방론에 관한 논의에 이어서, 이 글의 두 번째 논의 대상은 이러한 모방론의 한계와 그에 대한 비판들에 관한 검토가 될 것이다. 닮음(resemblance) 이론으로 총칭할 수 있을 이러한 모방론의 한계는 물론 일차적으로 모방이 재현의 하위 범주라는 사실에서 비롯된다고 할 수 있다. 즉 예술이 사물이나 대상과 닮지 않고도 그것을 대신할 수 있다는 것이다. 그렇지만 우리는 언어적 재현에 비해 훨씬 더 많이 닮음이나 혹은 유사성(similarity)에 근거한다고 볼 수 있는 회화적 혹은 시각적 재현에 논의의 초점을 맞춤으로써, 미학에서 또 재현이라는 문제가 어떠한 쟁점들을 지니고 있는지를 검토해 볼 수 있을 것이다.

가. 닮음 이론

전통적인 예술 모방론에서 그림이 어떤 대상이나 사물을 재현하는 것은 그 대상이나 사물을 감각적으로—여기서 감각적이란 화가가 캔버스에 물감을 사용하여 그것을 그린다는 의미와 또 추상적 · 개념적 재현과는 달리 그것을 구체적인 개별성의 형식으로 드러낸다는 의미를 모두 포함한다—모방함으로써 이루어진다. 따라서 그림은 그 대상과 시각적 속성을 공유함으로써 그 대상과 객관적으로 유사하거나, 혹은 그 대상 자체에 대한 시각적 경험과 유사한 시각적 경험을 우리에게 불러일으킨다. 그리하여 우리가 그림을 볼 때 별다른 노력 없이 그 그림이 재현하는 대상을 인지할 수 있는 것은 바로 이러한 그림과 대상 사이의 시각적 유사성 때문이다. 따라서 재

7 이 부분의 논의는 주로 다음 책들을 참고했다. "Representation", in *Encyclopedia of Aesthetics*, ed. by Michael Kelly, Oxford Univ. Press, 1998; H. G. Blocker, *Philosophy of Art*, Charles Scribner' s Sons, 1979; Noel Carrol, *Philosophy of Art: A Contemporary Introduction*, Routledge, 1999.

현의 닮음 이론으로서의 이러한 모방론에서는, 그림의 완전성에 대한 기준이 종종 고대의 제욱시스와 파라시오스의 시합에 관한 일화나 혹은 르네상스의 조토에 관한 『미술가 열전』에서의 바자리의 언급[8]에서처럼 자연주의적인 유사성, 즉 그림과 대상 사이의 시각적 유사성이 되곤 한다.

그러나 이처럼 어떤 그림이 그 주제가 되는 대상을 닮음으로써 그 대상을 재현한다고 한다면, 왜 그림들이 대상을 재현하는 방식들이 역사적으로나 문화적으로 그처럼 다양하게 존재하는가 하는 문제에 봉착하게 된다. 그래서 이 부분에서의 이후 논의는 이 같은 문제의식에서 출발한 이론들을 살펴볼 것인데, 크게 세 가지의 유형들로 나누려 한다. 즉 첫 번째 유형은 곰브리치 등으로 대변되는 환영(illusion) 이론들이며, 두 번째 유형은 그림들이 대상들의 지각적 재현이라는 닮음 이론이나 환영 이론을 비판하는 가운데 회화적 혹은 시각적 재현은 언어적 재현과 마찬가지로 사회적 관례들(conventions)에 의해서 그 의미가 결정되는 상징 혹은 기호(sign)라고 주장하는 기호론적 혹은 관례주의적 이론들이다. 그리고 마지막 유형은 앞선 두 유형의 이론들을 합성한 자연적 기호로서의 회화적 재현을 주장하는 이론들이다.

나. 환영 이론

간단히 말하자면, 환영 이론은 회화적 재현에 대해 그림이 관객에게 어떤 대상이나 사물의 환영을 유발하는 경우에 그리고 그런 경우에만 그 대상을 재현한다고 주장하는 입장을 가리킨다.[9] 이러한 환영 이론은 닮음 이론과 구분될 수도, 또는 겹칠 수도 있다. 말하자면 환영 이론이 그림은 물

---

8 Blocker, 앞의 책, p. 39.

9 곰브리치와 아른하임, 월하임 등의 이론을 환영 이론의 범주 속에 포함시킬 수 있을 것이다. 이들 이론의 문제의식이나 관점 등은 서로 다른 것들임에도 불구하고, 이 글에서는 단지 이 글의 맥락(context)에 맞춰 논점의 비교라는 측면에서 이 이론에 관한 개략적인 지도 그리기(mapping)를 하고 있다. 이 글의 이러한 한계는 앞으로 다룰 이론들에서도 마찬가지이다.

감이 일정한 형태로 배열된(configured) 2차원적인 평면인 데 반해 대상은 3차원적 사물이라는 점에 주목함으로써, 재현이란 대상의 '모사물(replica)'을 생산하는 것이 아니라 주어진 매체 가운데 그것의 '구조적 등가물(equivalent)'을 생산하는 것이라고 주장한다면, 환영 이론은 닮음 이론과 구분된다. 그러나 또한 미술 작품을 세계의 거울 이미지(mirror image)에 비유한 플라톤의 이론에서처럼, 이 둘은 겹칠 수도 있다. 그렇지만 이 글에서는, 닮음 이론이 시각적 재현의 다양성이라는 문제에 봉착하는 것에 대해서 환영 이론은 그 이론을 어떻게 비판하고 또 그 같은 문제에 대응하는가에 초점을 맞춤으로써, 환영 이론과 닮음 이론의 차별성을 살펴보려 한다.

환영 이론이 닮음으로서의 재현을 부정하는 논거 중 하나는, 우리의 지각은 주어진 것을 수동적으로 받아들이는 과정이 아니라 우리의 해석이 개입되어야만 성립할 수 있는 과정이라는 것이다. 즉 우리의 지각은 결코 직접적이고 따라서 객관적인 것이 아니라, 우리의 지식과 믿음에 의해 매개된 상대적인 것이라는 것이다. 따라서 '중립적 자연주의', 즉 순수하게 객관적인 회화적 재현 혹은 절대적인 닮음은 있을 수 없다. 오히려 재현은 외적 대상의 수동적 모방이 아니라 예술가의 능동적 구성 행위를 통한 이미지 형성이다. 곰브리치에 의하면, 예술적 재현은 '관례적인 도식(conventional scheme)'을 바탕으로 이미지를 만들어 내고 그것을 지각경험에 비추어 끊임없이 수정하는 가운데 재현 대상에 맞추어 나감으로써 점차적으로 등가물을 창출해 내는 '도식과 수정의 리듬'으로 이루어진다. 그리하여 이러한 설명을 통해 우리는 재현 양식의 다양성이라는 문제를 해결할 수 있게 된다. 그런데 한편으로는, 곰브리치는 이러한 도식을 지각경험에 맞추어 수정해 나간다고 말함으로써, 그리고 재현적 회화는 역사적으로 그 사실성의 성취에 있어서 발전해 왔다고 주장함으로써, 시각의 객관성을 전제하고 있는 듯이 보인다. 그리하여 이러한 지각주의(perceptualism)가 바로 환영 이론을 기호론적 혹은 관례주의적 이론과 구분하게 되는 지점이다.

다. 기호론적 혹은 관례주의적 이론

기호론적 이론은 자연주의의 존재론적, 인식론적 전제, 즉 우리는 세계가 실제로 존재하는 방식을 알 수 있다고 하는 전제를 부정하며, 따라서 직접적이고 객관적인 지각에 의한 중립적 자연주의란 결코 있을 수 없고 재현적 실천은 관례적인 것이라고 주장한다는 점에서, 앞서 살펴본 환영 이론과 궤를 같이한다고 할 수 있다.[10] 그러나 환영 이론은, 비록 닮음으로서의 재현을 거부하긴 하지만, 우리가 구조적 등가물로서의 그림을 통해서 혹은 그림 속에서 그것이 재현하는 대상을 지각하게 된다고 본다. 그에 비해 관례주의적 기호론에서 재현의 핵심은 '지시'이며, 회화적 재현은 언어적 재현과 마찬가지로 대상을 지시하는 '기호'이다. 이는 곧 특정한 시각적 재현 체계는 관례적인 것임을 의미할 뿐만 아니라, 더 나아가 기호로서의 그림은 그 지시 대상과 직접적인 감각적 연관관계를 갖지 않고 단지 임의적인 관계를 갖는다는 것을 의미한다. 즉 어떤 기호의 의미는 대상에 의해서가 아니라 그 기호가 속해 있는 코드(code)의 체계 내에서 다른 기호와의 차이에 의해서 결정된다는 것이다. 따라서 어떤 그림이 무엇의 그림인지를 이해하는 것은 어떤 확립된 관례나 코드의 체계에 의한 해독하기(decoding)와 관련된 것으로서, 자연주의적 지각에 의한 것이 아니라 학습에 의한 것이다. 이 같은 기호론적 이론은 재현 양식의 다양성이라는 문제를 설명할 수 있을 뿐만 아니라, 나아가 큐비즘 등에서 나타나는 비사실적인 혹은 비구상적인 재현 체계도 수용할 수 있다.

그러나 이처럼 어떤 그림이 무엇을 재현하는가 하는 것은 단순히 개별적

---

10 앞서 언급했듯이, 이 글은 논점의 비교라는 측면에서 이루어지는 개략적인 스케치에 불과하다. 따라서 기호론적 이론들에 속하는 다양한 이론적 스펙트럼에 대한 이해를 위해서는, 『미학대계』 2, 제2부 현대미학의 방법론과 전개, '예술기호론'의 글들, 특히 「넬슨 굿먼의 예술기호론」을 참조할 것.

인 그 그림의 외양에 의존하는 것이 아니라 오히려 그것이 속해 있는 회화적 상징체계에 의존하는 것이라면, 왜 우리는 어떤 그림을 다른 어떤 그림보다 더 사실적인 그림으로서 경험하는가? 이러한 물음에 대해 관례주의 이론은, 일단 우리가 주어진 재현 양식에 익숙해지면 그러한 양식은 우리에게 자연스러운 것처럼 여겨지며, 그런 의미에서 우리가 사실적이라고 부르는 그림은 단지 우리가 가장 친숙해 있는 그림일 뿐이라고 대응한다. 따라서 관례주의적 관점에서 보자면, 사실주의 개념이 시대에 따라 변화해 왔다는 사실이 보여 주듯이 만약 큐비즘이 회화적 재현의 가장 지배적이고 친숙한 형식이 된다면 그것이 우리에게 사실적인 것으로 다가올 수도 있으리라는 가정이 가능하다. 그렇지만 이러한 가정에도 불구하고 여전히 우리는 언어적 기호와 같은 비도상적인 기호와는 달리 도상적인 기호로서의 그림에서는 지각적인 요소들에 의존하며, 따라서 회화적 이해는 단순히 코드와 관례를 적용하는 문제일 수 없는 것 같다.

라. 자연적 기호로서의 회화적 재현 이론

이 이론은 일종의 합성(hybrid) 이론으로서,[11] 그림이 다양한 재현 양식이나 재현 체계를 갖는 것은 바로 그림이 일종의 기호이기 때문이라고 파악한다. 따라서 우리가 어떤 그림에서 그것이 재현하는 대상을 인지하기 위해서는 그 그림이 속해 있는 재현 양식이나 체계에 대한 학습이 필요하고, 그런 점에서 대상 인지의 과정은 단순히 그 둘 사이의 닮음에 대한 인식이나 혹은 그 둘에 대한 시각적 경험의 유사성에 대한 인식으로 환원될 수 없다고 본다. 그러나 또 한편으로는, 회화적 재현 체계는 단순히 사회적 관례에 의해 그 기호의 의미가 결정되는 기호가 아니라고 본다는 점에서 이 이

11 이 부분의 논의는 샤이어(Schier)나 월턴(Walton)의 관점을 염두에 둔 것으로, 다음의 글들을 참조할 것. Flint Schier, *Deeper into Pictures: An Essay on Pictorial Representation*, Cambridge Univ. Press, 1986; Kendall L. Walton, *Mimesis as Make-Believe: On the Foundations of the Representational Arts*, Cambridge Univ. Press, 1990.

론은 관례주의적 이론과 다르다. 다시 말해 이 이론에 의하면 그림이 재현하는 것이 무엇인지 보는 것은 언어의 습득과는 차이가 있다. 즉 우리가 낯선 언어의 몇몇 단어들이나 문장들을 안다고 해서 다른 단어나 문장들을 이해할 수 있는 것은 아닌 데 반해, 낯선 재현 양식의 그림들을 보고 그것들이 어떤 방식으로 대상을 재현하는지를 일단 알게 되면 그러한 양식의 다른 그림들 역시 무엇을 재현하는지 알 수 있다는 점에서, 그림은 단순히 관례적인 기호 체계의 자의적인 상징이 아니라, 자연적 기호라는 것이다. 따라서 어떤 그림에서 재현된 대상을 인지하기 위해서는, 그 기호가 속한 기호 체계 내에서의 다른 기호들과의 차이나 관계에 대한 이해가 필요한 것이 아니라 재현된 실제의(real) 대상을 인지할 수 있는 능력을 먼저 필요로 하며, 그런 능력이 갖춰진 경우 우리는 그 그림에 대한 지각 경험과 대상의 지각 경험을 단순하게 동화시킬(assimilate) 수 있다는 것이다.

4. 객관적 재현의 불가능성과 그 의미에 대한 검토: 결론을 대신하여

이제까지의 논의를 통해, 우리는 다음과 같은 점들을 알 수 있었다. 즉 재현으로서의 예술이라는 개념이 지니는 내포적 의미는 재현 방식에 대한 해석과 더불어 재현 대상에 대한 해석, 즉 실재(reality)에 관한 존재론적, 인식론적 해석에 따라서도 달라질 수 있는데, 결국 역사적으로 각 시대나 사회는 각자 리얼리티에 대한 고유한 해석을 지니고 있었으며 이러한 해석에 따라 자연스럽게 자신들의 리얼리즘에 대한 버전을 리얼리스틱한 것으로, 다른 버전들은 그렇지 않은 것으로 생각했다는 점을 알 수 있었다. 그리고 또한 좁은 의미의 모방 이론은 잘못된 것으로서, 재현으로서의 예술은 세계를 투명하게 열어 보이는 것이 아니라 세계를 바라보는 특정한 방식이며, 대상을 나타내는(present) 것이 아니라 그것에 관해 무언가를 말하는 것이라는 점, 따라서 결국 회화적 혹은 시각적 재현은 부분적으로 관례적이기 때문에 세계에 대한 순수하게 객관적인 예술적 재현이란 있을 수 없다는 점을 알 수 있었다. 이제 마지막으로, 이러한 객관적인 예술적 재현의 불가능성은 오늘날 우리에게 어떤 의미를 갖게 되는가를 살펴보는 것으로 이 글을 맺으려 한다.

이미 앞에서 예술 모방론에 대한 검토를 통해 확인했듯이, 객관적 재현의 불가능성에 대한 인식의 바탕에는 다음과 같은 인식, 즉 대상에 대한 우리의 시각적인 경험은 직접적이고 보편적인 것이 아니라 항상 우리의 지식과 믿음에 의해 매개된 것이며 따라서 사회적이고 역사적인 것이라는 인식이 깔려 있다. 그러므로 특정 시대 혹은 사회는 그에 속한 사람들이 세계 혹은 대상을 바라보는 일정한 시각 방식(ways of seeing)을 규정한다고 할 수 있으며, 그런 의미에서 특정한 시각 방식에 입각한 특정한 재현 체제를 '재현의 정치학(politics of representation)' 이라는 견지에서 분석할 수 있을 것이다. 따라서 이런 관점에서 우리는 원근법적 재현 방식에 관해서 검토해 볼 수 있을 텐데,[12] 왜냐하면 재현으로서의 예술의 역사에서 원근법은 외부 대상과 그것이 존재하는 실제의 3차원적 공간을 캔버스라는 2차원적 평면에 재현하는 과학적이고 따라서 합리적이며 객관적인 방법론으로 인정받아 왔기 때문이다. 또한 원근법이 그 시간적 · 공간적 한계를 넘어서 오늘날까지 지배적인 시각 방식으로 기능할 수 있었던 것은 과학적인 세계관에 의해 뒷받침된 '자연스러운' 시각 경험을 가장 잘 표현해 주기 때문인 것으로 간주되어 왔기 때문이다. 그러나 우리는 이 같은 원근법이 실제로는 서구 근대(modern) 사회의 산물로서, 근대성(modernity)의 원리인 인간 이성에 바탕을 둔 합리성과 주체성을 강조하는 시각 양식이라는 점을 지적할 수 있다. 즉 우선 원근법은 보는 사람의 시점(point of view)을 소실점에 일치시킴으로써 보는 사람이 시각 영역을 주도하는 주체로 구성되도록 하는

12 이 부분의 논의는 주로 다음 책들을 참조했다. H. 포스터 엮음, 최연희 역, 『시각과 시각성』, 경성대학교 출판부, 2004; 주은우, 『시각과 현대성』, 한나래, 2003.

방식이다. 말하자면 원근법적 주체는 대상 세계와는 거리를 두고 분리된 채, 자기가 소유하려는 욕망만큼 시각적 주도권을 행사하는 초월적이고 전지적인 주체이다. 그리고 원근법적 공간은 이러한 주체의 이성적인 눈에 의해서 기하학적으로 합리화되고 표준화된 동질적인 공간이다. 그런데 이러한 원근법적 시각 양식이 결코 '자연스러운' 시각 방식이 아닌 것은, 그 같은 시각 방식을 구체적으로 실현할 수 있게 해주는 시각적 장치로서의 카메라 옵스큐라가 보여 주듯이, 이때의 눈이란 소실점이라는 중심점에 고정된 단안의(single) 눈이고, 따라서 탈신체화된 추상적인 주체이기 때문이다. 결국 원근법적 시각 양식은 모더니티의 원리인 합리성과 주체성을 강조하는 시각 양식으로서, 부르주아 계급에 의한 근대 자본주의적 경제 체제와 근대 국가의 성립 및 전개와 밀접한 연관을 갖고 있기도 한 것이다.

다른 한편, 우리는 객관적 재현의 불가능성이라는 문제를 들뢰즈나 보드리야르 등의 '시뮬라크럼(simulacrum)' 개념과도 연관시켜 생각해 볼 수 있을 것이다.[13] 우선 시뮬라크럼이란 무엇인가? 들뢰즈에 의하자면, 모사물(copy)은 닮음이 주어진 이미지인 반면에 시뮬라크럼은 닮음이 필요 없는 이미지이다. 또 모사물은 모델을 원작으로 생산하는 반면에 시뮬라크럼은 모사물과 모델이라는 바로 그 관념을 의문시한다. 이러한 시뮬라크럼 개념이 제기되는 맥락은 이론가들에 따라 다르지만, 기본적으로 이 같은 개념을 후기 구조주의적 관점, 즉 우리는 대상이나 실재를 직접적으로 인식할 수가 없으며 우리의 인식의 구조를 결정하는 사회적 · 문화적 기호 체계로서의 언어나 이미지를 매개로 해서만 그것을 인식한다는 관점, 그리고 그

13 이 부분의 논의는 주로 다음 책들을 참고했다. Michael Camille, "Simulacrum", in Robert S. Nelson & Richard Schiff, eds., *Critical Terms for Art History*, University of Chicago Press, 1996; H. 포스터, 이영욱 외 역, 『실재의 귀환』, 경성대학교 출판부, 2003. 아울러 이 책들은, 이 글에 허용된 분량과 논점 때문에 다루지 못했지만, 현대예술에서의 재현 개념의 쇠퇴 및 복귀라는 측면을 이해하고자 할 때 도움이 된다. 또 이와 관련하여서는, 『미학대계』 2, 제1부 미학의 근본 문제, '예술' 중 「형식」과 『미학대계』 3, '현대예술의 전개' 중 「현대 미술의 전개: 20세기 전반부의 경향」, 「현대 미술의 전개: 1945년 이후의 경향」을 참조할 것.

러한 기호는 지시 대상과의 관계 속에서가 아니라 다른 기호와의 차이 속에서 그 의미를 획득하게 되는데, 나아가 기표(記表)와 기의(記意)의 관계는 고정적이지 않다는 관점에서 이해할 수 있을 것이다.[14] 또한 1960년대 이후 실재의 확실성이 와해된 가운데, 가시적인 것을 드러내는 새로운 미디어 테크놀로지에 의해 이러한 실재를 대량(mass)으로 매개하게 된 사회적 · 문화적 환경과 관련해서도, 시뮬라크럼 개념을 이해할 수 있을 것이다. 앞서 지적했듯이 모방이나 재현 개념은 재현에 앞서 대상이나 실재를 전제로 하며, 그 같은 모델과 이미지의 이분법을 토대로 해서 성립하는 개념이다. 그런데 닮음이나 유사성에 결정적으로 의존하지 않는, 모델이 없는 이미지인 시뮬라크럼은 따라서 결국 이러한 재현 개념 자체를 위협하는 것이 되며, 이러한 위협은 나아가 실재에 대한 새로운 존재론적, 인식론적 해석이나 그와 관련된 예술에 대한 새로운 미학적 담론을 우리에게 촉구하고 있는 것이다.

14 이러한 후기 구조주의적 관점에 대한 전반적인 이해를 위해서는, 『미학대계』 2, 제2부 현대미학의 방법론과 전개, '구조주의와 후기구조주의' 중 「데리다의 구조주의 해체론」(김상환)을 참조할 것.

더 읽을거리

언스트 핸스 곰브리치, 『예술과 환영』, 백기수 옮김, 이화여자대학교 출판부, 1985.

Goodman, N., *Language of Art: An Approach to a Theory of Symbols,* 2nd ed., Hackett, 1976.

Hagen, M. A., *Varieties of Realism: Geometries of Representational Art,* Cambridge University Press, 1986.

Neander, K., "Pictorial Representation: A Matter of Resemblance", *British Journal of Aesthetics* 27(3), 1987, pp. 213-226.

Wollheim, R., *Painting as an Art,* Princeton University Press, 1987.

표 현

임혜은

표현은 포도에서 즙을 짜듯이 "밖으로 짜내는 것(pressing outward)"을 뜻하는 라틴어 exprimō에서 유래한 말이다.[1] 우리는 일반적으로 내면의 마음 상태를 외부로 명백히 드러내거나 나타내는 경우에 이 표현이라는 말을 사용한다. 인간은 내면의 느낌과 감정, 태도 등과 더불어 믿음이나 신념, 사상과 같은 다양한 심리적 상태를 밖으로 표현하면서 살아간다. 아울러 우리는 이 같은 표현의 의미를 확장하여 자연 대상과 인공물에 대해서도 이들이 표현적이라고 말한다. 축 늘어진 나뭇가지가 애처롭다거나 새의 지저귐이 구슬프다고 말하는 경우처럼 말이다. 그러나 표현이라는 말이 가장 널리 쓰이는 것은 바로 예술 및 예술작품과 관련해서이다.

그렇다면 언제부터 그리고 어떤 이유로 예술과 관련하여 표현이라는 용어가 미학의 문맥으로 편입되게 되었는가를 먼저 살펴보도록 하자. 표현은 재현 혹은 모방이라는 미학의 기본 개념을 대체하면서 미학의 주요 주제로 떠오른 개념이다. 재현 혹은 모방의 개념이 예술작품과 그 작품이 그리거나 묘사하는 대상 간의 관계에 주목하는 것과는 달리, 표현은 작품과 그것을 창조하는 예술가 간의 관계에 중점을 둔다. 그리고 이때의 예술가는 예

1 Noel Carroll, *Philosophy of Art: A Contemporary Introduction*, Routledge, 1997.

술작품을 통해 자신의 감정과 느낌을 표현하는 존재로 간주된다. 이렇듯 예술가에 대한 새로운 사고, 즉 예술가는 외부세계에 대한 정확한 모방과 재현에서 떠나 자신 내부의 것을 밖으로 끄집어내어 표현하는 존재자라는 것이 널리 설득력을 얻게 된 것은 18세기 후반 낭만주의에 이르러서이다. 그리고 이때부터 예술을 표현으로 보는 사고가 널리 퍼지게 된다. 더구나 20세기에 접어들면서 예술가들이 자연주의적인 재현으로부터 더욱 멀어지면서 재현 개념을 갖고는 설명이 안 되는 여러 사조들—포비즘, 큐비즘, 다다 등—이 잇따라 출현하게 되고, 이에 따라 예술을 예술가의 감성, 정서, 느낌, 욕망 등의 표현으로 보는 것이 재현을 대체하는 유력한 개념으로 부상하게 된다.

그러나 미학사는 표현의 원류를 18세기 낭만주의보다 훨씬 더 이전 시기로 기억한다. 표현의 개념사적 뿌리는 시를 뮤즈들이 시인에게 불어넣어 준 영감의 산물로 규정한 고대 그리스에까지 거슬러 올라간다. 여기서 시는 인간 외부의 신적이고 초월적인 힘이 단지 시인의 입을 빌려 행사되는 것이기에 인간이 규칙을 배워 제작할 수 있는 것이 아니라 여겨졌다. 주지하다시피 플라톤이 시를 비난한 것도 시의 본질이 이러한 통제 불가능한 영감에 의한 것이기 때문이었다. 이러한 영감론의 기본 구조에서, 고대에 있어 영감의 원천이라고 여겨졌던 뮤즈의 역할을 예술가 자신의 천재성과 상상력이라는 인간 내부의 비이성적 요인으로 대체한 것이 낭만주의적 표현 개념이라고 할 수 있다. 이처럼 내적인 것을 밖으로 끄집어낸다는 의미로서의 표현을 예술과 연관지어 생각한 것은 아주 오래된 일이었다.

그렇다면 미학의 문맥에서 표현이라는 개념은 과연 무엇을 뜻하는가? 우리는 예술과 관련하여 언제 그리고 어떤 경우에 표현이라는 말을 사용하는가? 표현이라는 광범위한 문제를 좀 더 선명하게 설명하기 위한 전략으로 이 용어가 두드러지게 사용되는 지점들을 중심으로 논의를 전개시켜 보자. 그럴 경우에 표현이 미학적 개념으로서 가장 많이 거론되는 지점은 크게 세 영역으로 구분될 수 있다. 가장 먼저는 예술작품을 통해 자신의 감정과 느낌을 표현한다고 하는 예술가를 들 수 있다. 다음으로는 예술작품을 통해 어떤 표현적 감흥이 유발되는 감상자가 떠오른다. 마지막으로 자체 내의 고유한 속성으로 표현성을 내포하고 있는 예술작품이 있을 수 있다. 그렇다면 이제 이들 세 범주에서 표현이 각기 어떤 의미로 사용되는지 그리고 그때의 미학적 함의가 과연 어떤 것인지 상세히 고찰해 보도록 하자.

1. 자기-표현으로서의 표현

표현은 예술가가 예술적 창조의 과정 중에 행하는 그 무엇이라는 것이 표현에 관한 가장 널리 알려진 견해이다. 그만큼 표현에 있어서는 그것을 행하는 주체로서의 예술가가 빠질 수 없는 중요 범주가 된다. 그리고 예술가와 결부되는 한, 이때의 표현은 예술가 내부에서 진행되는 일련의 과정으로서, 일종의 자기-표현[2]으로서 간주된다. 처음에는 그것이 무엇인지 알 수조차 없는 혼돈스럽고 무질서한 감정의 덩어리들이 예술가를 당혹스럽고 혼란에 빠지게 한다. 그러나 그는 곧 글쓰기나 그림, 조각과 같은 여러 예술적 매체를 통해 그의 최초의 무질서하고 혼란한 감정들을 조탁해 나아가고, 그러는 중에 내적인 동요와 흥분이 진정되고 초기의 미숙한 감정들이 명백한 질서를 잡아 완성된 모습을 갖추어 간다. 처음에 예술가를 사로잡은 강렬한 감정과 동요와 흥분은 표현의 과정을 거쳐 예술가 자신이 의식하고 알아볼 수 있는 것으로 드러난다.[3] 이렇듯 표현이란 예술가 내부의 그 무엇이 의식적이고 자발적인 노력을 통해 점진적인 발전 과정을 거쳐 성숙되고 완성되어 가는 일련의 자기-표현으로서의 과정이다.

이러한 표현론의 맥락 속에서라면, 독자들에게 자신이 직접 체험해 보지

2 Harold Osborne, *Aesthetics and Art Theory*, Dutton and Co.Inc. N.Y., 1970.

3 John Dewey, *Art as Experience*, N.Y., 1934.

못한 강한 정서적 체험을 주기 위해 냉철한 차가움을 유지한 채 독자들의 감정을 세밀히 계산하고 숙고하는 예술가는 진정한 예술가가 될 수 없다. 표현은 표현하는 과정 속에서만 그것이 무엇인지 알려질 수 있는 예술가의 감정과 느낌을 반드시 전제하고 있어야 한다. 따라서 자신의 정서적 체험 없이 독자에게 강한 정서적 반응을 유발하고자 하는 소설가는 능란한 기술자나 숙련된 테크니션일 수는 있어도 진정한 예술가는 될 수 없다. 오로지 정서를 유발할 목적을 위한 것이라면 그것은 한낱 오락이나 주술일 뿐 예술은 결코 아니다.

이렇듯 예술가의 내적인 과정을 문제삼는 표현론의 경우, 표현 과정에서 과연 예술가에게서 무슨 일이 벌어지고 있는가에 특별한 관심과 강조를 두는 것은 당연하다. 크로체와 콜링우드가 개진한 표현론이 바로 이러한 입장을 대변한다고 할 수 있다. 크로체는 표현을 개념에 선행하는 지식의 한 방식인 것으로 보다 관념론적으로 규정한다. 그에게 있어 표현은 개념적 사고 이전의 직관 내지 상상력의 다른 이름이다. 표현 곧 직관은 우리에게 인식이 일어나는 가장 기본적인 방식을 말하는 것으로, 세계에 대한 인간 최초의 태도라고 할 수 있다. 크로체는 "내가 글을 쓰고 있는 방, 내 앞에 놓인 잉크병과 종이, 내가 쓰고 있는 펜, 내가 감촉하고 도구로 쓰고 있는 …… 사물들에 대한 지각, 이 모두는 직관이다. 그러나 그 순간 내 머리 속에 스쳐가는 이미지, 즉 다른 종이와 펜과 잉크를 가지고 다른 도시의 다른 방에서 글을 쓰고 있는 내 모습을 떠올리는 것, 그것 역시 직관"이라고 한다.[4] 이러한 개별적인 직관은 보편적인 개념에 선행하는 것이다. 즉 개념은 직관에 의존해서만 가능한 것이다. 그렇다면 이 같은 직관이 왜 곧 표현이 되는 것일까? 크로체가 보기에 직관되기 이전의 것이란 우리의 정신에 의해 파악되기 전의 무엇인지 알 수 없는 그저 혼연하고 수동적인 인상일 뿐

4 Benedetto Croce, *Aesthetic as Science of Expression and General Linguistic*, Macmilan, 1922.

이다. 여기에 우리의 정신이 능동적으로 개입하여 그것을 명료하게 객관화하는 것이 직관이므로, 그것을 우리 정신의 적극적인 활동 측면에서 보면 곧 표현이라는 것이다. 이런 식의 직관-표현 활동은 인식 행위를 하고 있는 사람이라면 누구나 해야 하는 활동이 된다. 그렇다면 이제 예술은 직관과 상상력에 의해서 자발적으로 내적 이미지를 생성하는 활동이 된다. 그런데 인간의 일상적 경험 또한 알고 보면 이러한 내적 이미지가 자발적으로 생성됨에 따라 이루어지는 것이다. 이런 관점에서 보자면 우리의 일상적 경험과 예술 간에 본질적인 차이가 있는 것이 아니다. 콜링우드 또한 이런 관점에 입각해서 이제까지의 미학과 예술학이 일상과 예술 간의 연속성을 간과하고 예술을 일상의 정신적 삶과 유리시켜 특수 기능이나 귀족 애호물로만 취급한 것에 대해 비판한다.[5] 물론 예술가는 보통 사람이 도저히 도달할 수 없는 풍부하고 복잡한 직관을 명확히 직관-표현한 사람들이다. 그러나 질적인 측면에서 본다면 일반인의 빈약한 표현과 위대한 예술가의 풍부한 표현이 만들어지는 방식이 상이한 것은 아니다.

이러한 주장의 근거 위에 크로체-콜링우드가 이끄는 관념론적 표현론은 예술작품의 존재 방식에 있어 극단적인 주장을 펼치게 된다. 이 이론에 따르면, 예술 곧 표현은 전적으로 내적인 것이다. 예술은 예술가가 직관을 갖는 그 순간 그의 마음속에만 존재하는 것이다. 실제로 크로체는 우리가 상식적으로 생각하는 물리적인 매체를 통한 예술가의 작품 제작 활동은 표현이 아니라 다만 기억의 편의나 전달을 목적으로 한 외적 구현이라고 한다. 그에 있어 외적 구현은 예술을 위해 불필요한 과정이다. 그러나 이것은 예술작품, 특히 미술이나 조각 작품의 존재론에 대한 매우 반직관적인 결론으로, 이 지점에서 크로체-콜링우드 이론에 대한 많은 반박과 비판이 개진되고 있다.

이상에서 알 수 있듯이 크로체-콜링우드의 표현론은 그 내부에서 표현

5 R. G. Collingwood, *The Principles of Art*, Oxford, 1938.

이 진행되는 인간 주체만을 극단적으로 특화한 이론이라고 할 수 있다. 여기에는 어떠한 감상자도 심지어 예술작품도 필요가 없다. 오직 머리 속에서 초보적인 인식활동으로서의 능동적 직관을 조탁해 내는 예술가-인간만이 있을 뿐이고, 그의 머리 속에서 예술은 이미 완성되어 있는 것이다. 그러나 표현을 이렇듯 오로지 예술가의 내적 경험과 자기-표현으로만 간주하는 것은 표현에 관한 너무나 협소한 규정이 되고 만다. 표현이라는 것이 예술가가 행하는 주체적 과정임에는 틀림이 없으나, 예술가는 외부 환경과의 끊임없는 상호 작용 속에서 표현을 위해 진력하고 분투하는 사람이다. 즉 예술가는 매체의 저항에 맞서서 자신의 의지대로 정서적 경험을 명료히하고, 이러한 작업의 성과를 매체를 통해 실현하는 사람이다. '내부'의 어떤 것은 반드시 '외부'로 드러나야 한다. 표현은 선, 형, 색, 소리, 행위 혹은 단어 등과 같은 매체에서 최종 완성되는 것이다. 다시 말해 표현은 공적으로 접근 가능한 어떤 매체로 구현되어야 하는 것이다.

자기-표현으로서의 표현론은 예술적 창조 과정 중에 있는 작가에게 초점을 둔 이론이다. 그런데 문제는 예술가가 이런 자기-표현으로서의 표현 과정을 거치지 않고서도 얼마든지 훌륭한 예술작품을 만들어 낼 수 있다는 것이다. 자신 내부의 격한 감정적 동요와 흥분을 예술적 표현 행위를 통해 외부로 표출하는 예술가상은 신비에 휩싸인 예술적 천재상이 빚어낸 과장일 뿐이다. 실제로 이러한 낭만주의적 예술가상을 뒷받침해 줄 수 있는 예술가 개인에 관한 전기적 기록 내지 자전적 기술 등과 같은 경험적 자료 등은 턱없이 빈약하고, 이에 관한 사실 여부를 확인할 수 없는 경우 또한 적지 않다. 따라서 모든 예술적 창조 과정이 자기-표현으로서의 표현론이 주장하는 바대로의 표현 과정을 거쳐 제작되는 것은 아니다. 그런데도 우리는 여전히 자신의 내면을 격정적으로 토로하는 예술가의 이미지를 고수해야 하는가? 그렇다면 우리는 예술가의 실제 작품 제작을 너무 협소하고 일면적으로 고찰한 결과, 실제 작품 제작과는 상당히 유리되는 손실을 입게 될 것이다. 그 시작부터 표현과는 아무런 관련이 없는 예술작품의 창조 또한 얼마든지 가능하다. 선행하는 감정 자체가 전혀 없어도 작품은 제작될 수 있다. 예를 들어 멜로드라마나 공포물 같은 경우 창작자가 표현하려고 하는 바로 그 정서를 직접 경험해야 할 이유는 없다. 오히려 단 한 번도 실연의 아픔을 경험해 보지 못한 사람도 연애 감정과 실연에 관해 쓰거나 그리는 것이 논리적으로 가능하고 그렇다고 해서 이런 결과물이 예술작품이 되지 못한다는 근거는 그 어디에도 없다. 자신이 직접 경험해 보지 못한 것을 작품으로 구성해 내는 상상력과 같은 능력의 발휘가 표현보다 더 큰 몫을 차지하는 경우는 얼마든지 있다.

2. 전달로서의 표현

표현에 관한 논의에 관객의 차원이 포함되면, 예술가만을 문제삼는 경우가 갖는 극단적 일면성이 극복될 수 있다. 이 경우 표현은 관객이 공적으로 접근할 수 있는 매체에 의해 구현된 구체적 예술작품을 전제하기 때문이다. 표현에서 감상자를 포함하면 작가의 머리 속에 있는 직관 내지 개념으로서의 예술작품은 설 자리를 잃게 된다. 그러나 표현의 중요 거점으로서의 관객이라는 항에 주목하고자 할 때, 우리는 제일 먼저 이 관객이라는 개념을 조심스럽게 규정할 필요가 있다. 여기에서의 관객이란 예술작품을 통해 예술가와 교류하는, 다시 말해 예술가가 작품을 통해 표현해 놓은 바를 전달받는 수신자로서의 관객이다. 작품 앞에서 자기 나름의 자유로운 상상과 공상을 펼치는 일방적이고 무절제한 관객이 아니라, 예술작품이라는 도관을 통해 작가와 상호 소통하는 쌍방향 거래(two-way deal)[6]의 한 축을 이루는 관객, 즉 작가의 표현에 물들어 있는 관객이다. 자신의 정서적 체험을 표현하는 작가와 이러한 작가가 만들어 놓은 예술작품에 의해 포섭되고 한

6 John Hospers, *Introductory Readings in Aesthetics*, The Free Press, N.Y., 1969.

계지어진 관객이다.

이제 표현은 작가가 자신의 감정을 작품을 통해 감상자에게 전달하는 것이다. 표현이 최종적으로 완성되는 곳은 바로 관객이다. 이렇듯 표현을 전달과 의사소통의 한 방식으로 고찰한 이가 바로 톨스토이다. 그는 말하길, "자신이 언젠가 경험했던 감정을 스스로에게 환기하여 이를 선, 형, 색, 소리, 움직임, 단어 등을 수단으로 해서 다른 사람들이 자신과 동일한 감정을 체험하도록 전달하는 것, 이것이 바로 예술활동이다. …… 인간이 어떤 외적인 기호들을 가지고 자신이 겪었던 감정을 타인에게 의식적으로 고스란히 물려주고자 하는 것, 그리고 타인이 그의 감정들에 감염되어 그것을 다시 체험하는 것이 바로 예술이다. …… 따라서 예술은 동일한 감정 안에서 서로가 함께 결속되는 합일의 수단이다"[7]라고 예술의 정의를 규정했다.

이처럼 톨스토이는 예술가가 과거에 경험했던 감정을 불러일으키고, 움직임, 선, 색, 소리, 단어 등을 수단으로 해서 그 감정을 다른 사람들도 똑같이 경험하도록 전달하는 것이 바로 예술활동이라고 말한다. 즉 예술가는 어떤 풍경을 보고 우울함을 느끼고, 관객이 동일한 의미의 우울함을 경험하는 방식으로 풍경화를 그려낸다. 이 경우 예술가가 자신의 우울함을 표현한다는 말은 예술가가 우울한 감정을 갖고 있고 어떤 특정한 방식으로 그림을 그림으로써 이 느낌을 관객에게 전하거나 심어 준다는 의미를 갖는다. 톨스토이는 작가에서 관객에 이르는 이러한 감정의 전달 과정을 감염(infection)이라고 부른다. 이러한 감염을 통해 관객은 예술가의 지고한 정신에로 고양되고 영혼의 한층 순화된 경지에 다다르게 된다. 이것이 바로 예술이 지닌 가치이다.

이같은 전달(transmission) 내지 상호소통(communication)[8]으로서의 표현 개념은 일차적으로 우선 어떤 감정 내지 정서를 갖고 있는 예술가를 요

7 Leo Tolstoy, *What is Art?* Trans.A.Maude, Hackett Press, 1996.

8 Harold Osborne.

구한다. 그리고 이때의 예술가는 자신의 감정에 적합한 선, 형, 색, 소리, 행위 혹은 단어로 이루어지는 어떤 구성을 점진적으로 완성시켜 나감에 따라 자신의 정서적 체험을 자기의 밖으로 드러내고 표현한다. 그리고 이를 통해 관객은 예술가가 체험했던 것과 동일한 종류의 감정과 정서를 공유한다. 이렇듯 전달로서의 표현론에 있어서는 예술가가 무엇을 느끼고 관객이 동일한 종류의 정서를 느껴야 한다는 것이 필수적이다. 예술가와 관객 사이에는 공유된 감정이 있어야 한다. 그러기 위해서 예술가는 주도면밀하게 자신의 감정을 밖으로 드러내어 관객이 이를 전달받아 체험하도록 해야 한다. 예술가는 자신의 정서적 상태가 마치 자신이 그려야 할 초상화의 모델이기라도 한 양, 열심히 관찰하고, 다각도로 실험하고, 감상자와 작가 사이를 넘나들며 올바른 표현을 하기 위해 심혈을 기울인다. 이렇듯 예술작품을 제작하는 것은 감정의 발산이나 폭발이 아니라 집요하고 고된 명료화의 과정이다. 그리고 이런 명료화의 과정을 통해 예술가의 감정과 느낌은 매우 풍부하고 독특한 개별적 정서로 발전되어 가고 이러한 노고는 예술가가 사용하는 매체에 고스란히 각인된다. 이제 관객은 이러한 것이 각인된 매체를 통해 예술가의 독특한 정서적 감정과 느낌을 그대로 전수받는다. 이렇듯 예술작품은 관객에게 더 세련되고 명료하고 엄밀한 정서를 경험할 수 있는 값진 기회를 제공한다. 관객은 작품을 통해 작가가 지나온 과정을 다시 한번 반복한다고 할 수 있다.

그런데 이러한 전달론의 논의에서 우선적으로 떠오르는 의문 한 가지는 예술가의 마음에 있는 감정과 느낌이 관객에게 환기된 감정과 느낌과 같은 것인가를 어떻게 알 수 있는가 하는 점이다. 관객은 예술가의 감정적 상태를 자신이 고스란히 전수받았다고 확신할 수 있는가? 예술가와 관객 사이에는 공유된 동일한 감정이 자리하는가? 이를 과연 경험적으로 증명할 수 있는가? 모차르트의 〈Haffner Symphony〉를 듣고서 우리는 그가 기쁨과 즐거움에 충만해서 이 곡을 작곡했으리라 상상하고 이런 기쁨의 정서를 전달받는다. 그러나 우리는 모차르트의 전기적 기록이 밝혀내는 사실, 즉 이 시기의 모차르트는 가난과 질병 그리고 가정의 파탄이라는 얼룩진 불행의 한가운데서 고통을 받고 있었다는 사실을 알고서 놀라게 된다. 이처럼 작품이 관객에게 어떤 감정을 불러일으키기는 했으나 그것이 작가가 경험했던 유형의 감정이 전혀 아닌 경우는 얼마든지 있다. 이럴 경우 모차르트의 음악이 표현이 제대로 이루어지지 않은 형편없는 작품이라고 말하기는 쉽지 않다.

아울러 관객이 반드시 예술가의 감정에 감염된 채로 작품을 감상해야 한다는 전달론의 주장은 지나치게 협소하고 배타적인 측면이 있다. 관객의 측면에서 보자면 예술가와의 동일한 심정적인 감응이 없이도 작품 감상이 성공적으로 이루어지는 경우는 얼마든지 있다. 이 경우 관객에게 요구되는 것은 정서적 공명이 아니라 이해력에 기반한 지성적 능력이다. 예술가와 관객이 반드시 동일한 감정으로 묶일 필요는 없다. 마지막으로 작품 자체에 대해서 보자면 무언가를 전달하려는 것을 애초부터 거부한 예술작품도 많다. 초현실주의나 다다의 그림들은 감정을 명료히 하는 것 자체를 반대한다. 모든 창작 과정을 우연에 맡겨 버리는 작품 또한 이젠 낯설지 않다.

3. 예술작품의 내재적 속성으로서의 표현성

마지막으로 살펴볼 표현론은 표현을 예술작품 자체의 내재적 성질로 간주하여 작품 자체의 표현성을 문제삼는 것이다. 앞서 살펴본 두 표현론이 자신의 감정과 정서를 작품에 표현하는 예술가와 작품을 통해 이러한 표현적 정서를 전달받는 관객이라는 유정적(sentient)[9] 존재자를 그 이론적인 골격으로 삼는 반면에, 이 세 번째 표현론은 작품 자체가 표현적인 성질을 구조적으로 지니고 있다고 주장한다. 이는 작품이 갖는 표현성을 예술가가

9 Noel Carroll.

작품에 투여한 표현의 결과로 여기는 자기-표현으로서의 표현론의 인과론적 관점을 배격한다. 또한 관객에게 환기되는 감정적 감염을 주장하는 전달론의 인과성 또한 거부한다. 작품 자체의 표현성을 주장하는 이들에 따르면, 예술작품의 표현적 성질은 관객이 느끼는(feeling) 것이 아니라 이미 거기에 있는 것을 알아보는(recognizing) 것이다.[10] 다시 말해 음악 작품의 슬픔은 우리가 그것을 슬프게 느껴서가 아니라 작품 자체에 각인되어 있는 표현적 속성이다. 우리 스스로는 즐겁고 행복한 감정 상태에 있으면서도 음악 작품의 슬픔을 충분히 알아볼 수 있다.

이제 문제는 어떻게 작품 자체가 표현을 그 자체의 내재적 성질로 보유하는가이다. 이에 관해 예술작품은 감정을 상징화할 수 있는 능력을 갖추고 있다는 주장을 펼친 이가 바로 랭어다. 랭어는 어떤 대상이 표현적으로 되는 것은 그것이 인간의 감정을 표현하는 정서와 행위에 조응하는 형식들을 지니기 때문이라고 말한다. 즉 예술적 형식은 우리의 감각적 · 정신적 · 정서적 삶의 다이내믹한 형식들과 조응하는 것이다. 따라서 예술은 감정을 상징화하는 매체이다. 예술은 자연언어에 있는 어휘와 구문 등을 결여하고 있다는 면에서 자연언어와는 다른 상징 형식이기는 하지만, 그러나 이때문에 예술은 자연언어가 상징화할 수 없는 감정 세계의 섬세함과 풍부함을 빼어나게 상징화한다. 예를 들어, 음악은 "성장과 소멸, 흐름과 확산, 갈등과 해소, 빠름과 느림, 흥분과 고요, 미묘한 떨림과 꿈 같은 이완"[11] 등과 같은 인간의 감정 형식들과 놀랍도록 유사한 형식적 특성을 지닌다.

이 같은 랭어의 주장에서 알 수 있듯, 예술이 어떤 감정의 상징으로 기능하려면 그것은 상징화되어지는 것과 구조적으로 유사해야 한다. 그런데 예술이 상징화할 수 있는 것은 감정 그 자체가 아니라, 감정의 시간적 경과 내지는 추이, 즉 움직임과 정지, 긴장과 이완 등으로 짜여진 패턴이다. 따라

10 John Spackman, *Encyclopedia of Aesthetics*, Oxford University Press, 1998.
11 Suzanne Langer, *Philosophy in a New Key: A Study in the Symbolism of Reason and Art*, Cambridge, 1942.

서 음악 작품의 표현성은 이러한 감정의 변화하는 패턴들과 작품이 지닌 형식적 속성 간의 유사성에서 기인한다. 즐거운 음악이 우리에게 전달하는 것은 즐거움이라는 감정 자체가 아니라 흔히 즐거움에 동반되는 육체적 감정 변화의 패턴이다. 시각예술은 이러한 감정적 과정을 비시간적 형식과 패턴 속에 담아낸 것이다. 그러나 아무리 복잡한 인간의 감정도 유기체에 일어난 육체적 변화로 환원될 수 있고 예술이 이 변화를 상징화할 수 있다는 랭어의 주장은 그리 설득력이 있는 것 같지는 않다. 대부분의 인간 감정은 단지 유기체의 생리적 변화로만 환원될 수 있는 단순한 것이 아니다. 개별 감정은 주위 환경과 연관된 인지적 요인들을 필연적으로 포함하는 것이다. 그러나 랭어의 이론은 이러한 인지적 요인을 논의에 포함시키지 못한다. 때문에 랭어에게 있어 공포와 분노는 서로 구분되지 못한다. 이 두 감정은 유기체의 물리적 변화 차원에서 보자면 서로 다른 것이 아니다. 그러나 환경적 · 인지적 요소를 고려하면 공포와 분노는 전혀 별개의 것이다. 공포는 누군가가 위험에 처해 있다는 믿음에 의존한 감정인 반면, 분노는 무언가가 잘못되었다는 믿음에 근거한다. 이러한 믿음의존적 감정들은 육체적 변화의 차원에서는 발견될 수 없는 미묘한 개별성을 지닌다. 그런데 랭어가 말하는 상징 형식으로서의 예술작품은 이러한 개별성을 담아낼 수 없다. 그것은 개별 감정에 수반하는 이러한 인지적 요인을 고려하지 못하며, 따라서 미세하고 풍부한 인간의 감정을 특화해 내기엔 역부족이다.

흔히 유사성 이론(similarity theory)이라 불리는 또 다른 이론적 진영은 랭어와는 다른 노선에서 예술작품 자체의 표현성을 설명하고자 한다. 이 입장은 어떻게 감정이 어떤 대상에 실리게 되는가의 문제를 예술 바깥의 현상과의 유비를 통해 알아내고자 한다. 먼저 유사성 이론은 얼굴 표정, 목소리, 걸음걸이, 몸동작 등을 포함하는 인간의 몸과 행동 자체에서 표현적 성질을 탐지하는 우리의 자연적 경향성[12]에 주목한다. 슬픈 표정이나 축 늘

12 Peter Kivy, *The Corded Shell: Reflections on Musical Expression*, Princeton, N.J., 1980.

어진 자세, 울먹이는 목소리 등은 어떤 사람이 슬프다는 것을 고스란히 전달한다. 이처럼 마음 상태와 행위 사이에는 모종의 개념적 연관성이 자리하므로, 슬픔의 감정은 슬픔을 나타내는 행위에 의해 드러나게 된다. 물론 어떤 경우에는 표정과 목소리 등과 같은 슬픔을 나타내는 행위가 어떤 사람의 슬픔을 반드시 나타내는 것이 아닐 때도 있다. 그 사람이 일부러 슬픈 척 연기를 하고 있는 경우일 수도 있고, 늘 슬퍼 보이는 얼굴을 지녔을 수도 있다. 이처럼 인간의 몸과 행동은 그 자체가 감정적 외양을 지녀서 실제 그 사람이 어떤 감정을 정말로 느끼는가의 여부와 상관없이 그 감정을 표현할 수 있다. 슬픔이 사람의 외양에서 나타나는 것이라면, 음악이나 그림에서 엿보이는 슬픔 또한 작품 자체의 표면적 형식이나 구조에 기인하는 것이다. 따라서 인간의 표정, 목소리, 자세 등이 담고 있는 표현성과 예술작품에 나타나는 표현성은 서로 다른 것이 아니다. 이것이 유사성 이론의 핵심이다.

이 이론에 따르면 어떤 음악이 슬프게 들리는 것은 그 음악이 지닌 형식적 특징이 슬픔에 빠진 사람이 나타내는 행동적 표현과 상당 부분 유사하기 때문이다. 예를 들어 장례식 행진 음악은 슬픈 사람의 느리고 무거운 몸동작, 음성과 유사하다. 이처럼 유사성 이론은 예술작품 특히 음악 작품이 지닌 표현성[13]에 관한 설득력 있는 통찰을 제공해 준다. 그러나 이 이론에 따를 때, 음악 작품이 표현할 수 있는 감정의 폭 자체가 슬픔과 즐거움 같은 특징적인 육체적 표현성을 갖는 것들로만 제한되는 한계를 갖게 된다. 음악은 두드러진 육체적 표현성을 결여하고 있는 감정의 층위들, 가령 그리움이나 동경, 노스탤지어 같은 것들을 표현해 낼 수 없다. 미술 작품의 경우, 마티스의 말년 작품들인 노랑과 파랑, 빨강의 색 구성 작품들은 즐겁고 경쾌한 느낌을 주는데, 이 색들과 즐거움을 나타내는 행위 간에는 어떠한 유사성도 찾기 힘들다. 일찍이 보들레르가 멜랑콜리하다고 언급한 들라크

13 Stephen Davies, *Musical Meaning and Expression*, N.Y., 1994.

루아의 그림에서도 멜랑콜리를 표현하는 행위와의 유사성이 찾아지지 않는다.

이상에서 알 수 있듯이, 예술작품과 감정 간에는 유사성 이론이 포괄할 수 없는 훨씬 다양한 연관관계가 존재한다. 여기에는 행위뿐만 아니라 연상과 믿음에 근거한 복잡한 상관성이 자리한다. 이를 고려하지 못하는 유사성 이론은 음악을 비롯한 예술작품이 표현할 수 있는 감정을 특징적인 육체적 표현성을 지닌 것들로만 제한하게 되고, 이에 따라 이 이론이 적용될 수 있는 범위가 상당히 축소되는 한계를 지니고 만다.

4. 맺는 말

미학의 중요 개념으로서의 표현을 다루는 본고는 표현의 개념적 차원을 크게 셋으로 구분하여 그 각각에 대한 이론적 탐색을 시도했다. 첫째는, 예술가가 작품을 창조하는 과정에 개입되는 자기-표현으로서의 표현으로, 예술가와 표현의 관계를 특히 중요시한다. 표현은 예술가가 작품 제작과 관련되어 행하는 그 무엇이다. 둘째는, 감상자의 정서적 환기를 전제하는 전달로서의 표현으로, 표현의 수신자로서의 감상자를 고려한다. 마지막으로는, 예술작품 자체가 환기하는 내재적 속성으로서의 표현성에 주목하는 입장에 대해서 살펴보았다. 아울러 이들 세 논의들이 각자 지닌 이론적 한계 내지는 취약점 또한 간단히 짚어 보았다.

이제까지의 논의에서 알 수 있듯 표현은 예술에 대해서 재현보다 훨씬 더 포괄적인 설명을 제공한다. 표현은 낭만주의 이래로 전개된 매우 진보적인 예술의 주관적 양식을 수용하기에 더 적합하다. 또한 표현은 예술에 과학과 비견할 만한 임무를 부여함으로써 예술이 중요한 역할을 하고 있다고 제안한다. 과학이 자연과 인간 행동의 외적 세계를 탐구한다면 예술은 감정의 주관적 세계를 탐구한다. 과학이 물리적 현상에 관련된다면 예술은 과학이 결코 해내지 못하는 정서의 발견을 완수한다. 이처럼 표현은 예술을 본질적으로 정서의 표현과 관련된 것으로 본다. 그러나 표현의 이러한 주장에는 일면 과장된 면이 없지 않다. 많은 예술이 표현적이지만 모든 예술이 정서의 표현인 것은 아니다. 상당히 많은 20세기 예술은 정서가 아니라 관념에 전념하며, 과거와 현재의 다수의 예술은 정서적 가능성을 탐색하기보다 지각적 쾌를 유발하고자 한다. 따라서 표현은 모방이나 재현보다 우월한 장점을 지니지만, 그렇다고 예술을 설명하는 유일하고 보편적인 지위를 차지하는 것은 아니다.

더 읽을거리

Graham, G., *Philosophy of the Art:An Introduction to Aesthetics*, Routledge, 1997.

Kivy, P., *Music Alone*, Ithaca, NY: Cornell University Press, 1990.

______, *New Essays on Musical Understanding*, Oxford: Oxford University Press, 2001.

Nahm, M. C., *Readings in Philosophy of Art and Aesthetics*, Englewood Cliffs, NJ: Prentice-Hall, Inc., 1975.

Philipson, M., *Aesthetics Today*, The World Publishing Company, 1961.

Sparshott, F. E., *The Structure of Aesthetics*, University of Toronto Press; Routledge and Kegan Paul, 1963.

Weitz, M., *Problems in Aesthetics*, The Macmillan Company, 1970.

Wollheim, R., *Art and Its Objects*, Cambridge and New York: Cambridge University Press, 1980.

______, "Correspondence, Projective Properties and Expression in the Arts", in *The Mind and Its Depths*, Cambridge, MA: Harvard University Press, 1993.

형 식

강미정

미학 용어로서 '형식'은 대단히 긴 역사를 갖고 있다. 그런 만큼 이 용어에는 다양한 의미들이 축적되어 있다. 이를테면, 오늘날 예술작품의 형식은 일반적으로 작품의 지각적 요소들과 그것들 간의 관계로 간주된다. 그러나 고대의 철학자들은 그것을 작품의 개념적 본질로 간주했다.[1] 과거에는 예술작품의 내용과 형식이 상호 필요충분적이라고 여겼던 반면, 19세기 말에 이르러 '순수한' 형식이 급진적으로 옹호되기 시작한 이후 형식과 내용은 대립하게 되었다. 이 글에서는 이처럼 다양한 의미를 축적해 온 형식 개념에 대해 고찰하되, 특히 미적 형식 개념의 변천사를 중심으로 개관하고자 한다. 논의의 순서는 다음과 같다. 우선 아리스토텔레스가 정초한 고대의 고전주의 미학이론의 맥락에서 형식 개념을 살펴본 후, 그것이 근대 르네상스와 신고전주의로 어떻게 이어졌는지 고찰하고, 현대 형식주의 미학에서 형식 개념이 어떻게 재정립되는지 알아볼 것이다.

'형식'의 가장 오래된 개념들 중 하나는 아리스토텔레스의 철학에서 발견

1 타타르키예비츠는 하나의 미학 용어 '형식'의 다섯 가지 개념의 역사에 대해 설명한다. (손효주 역, 『미학의 기본개념사』, 미술문화, 1999, pp. 267-295) 즉 형식은 (1) 부분들의 배열, (2) 감각에 직접적으로 주어진 것, (3) 어떤 대상의 영역 또는 윤곽, (4) 어떤 대상의 개념적 본질[아리스토텔레스], (5) 지각된 대상에 대한 정신의 기여[칸트] 등과 같은 상이한 개념들을 갖고 있다.

된다. 그는 존재자를 본질적으로 그것 자체가 되게 하는 것, 다시 말해 사물에 꼭 필요하며 비우연적인 구성요소라는 의미에서 '에이도스(eidos)'란 단어를 사용했고, 이것은 고대 로마에서 '포르마(forma)'로 번역되었다. 아리스토텔레스에게 있어서 이 단어는 "사물의 본질 및 일차적 실체"를 의미함에 있어서 질료와 대비된다.(『형이상학』 7.7, 1032a–b2) 아리스토텔레스는 에이도스, 즉 형식이란 용어로 개별적으로 존재하는 사물의 속성을 지시하는 동시에, 특정한 부류의 사물들의 공통적인 본성을 지시했다.[2] 따라서 형식은 하나의 특수한 대상이 어떤 종류의 사물의 집합에 속하는지 식별하게 해주는 사물의 본원적 속성이라 할 수 있다. 아리스토텔레스에게 있어서 형식은 존재자를 본질적으로 그것 자체가 되게 만드는 것이므로 그것은 우연적인 질료와 구별된다. 그러나 그의 일원론적 형이상학에서 형식은 질료와 분리되어 따로 존재할 수 없다. 형식은 언제나 특수한 질료를 통해 구현된다. 아리스토텔레스가 미적 형식에 대해 언급하는 것은 언제나 예술적 재현 혹은 모방에 대해 설명하는 맥락에서 등장한다. 가령, 우리가 하나의 조각 작품이 무엇에 대한 재현인지 식별할 수 있는 것은 그것의 가지적 디자인으로서의 형식과 물리적 구성요소로서의 질료가 구별되기 때문이다. 다시 말해, 조각 작품의 형식은 작품의 의미를 성립시키는 본원적 속성이다.

미적 형식에 대해 설명하면서 아리스토텔레스는 그의 실체적 형식 개념을 고대 그리스인들에게 널리 알려져 있던 다른 하나의 형식 개념과 결합시킨다. 이 두 번째의 형식 개념은, 미는 부분들의 배열이나 비례에 있다고 보는, 기원전 5세기경 피타고라스 학파에서 유래한 미 이론에서 발견된다. 질서와 비례로부터 미가 유래한다고 하는 이 이론은 수 개념을 근간으로 하고 있다. 예컨대 현의 길이가 1:2(1옥타브) 혹은 2:3(5도)같이 단순한 수적 비율에 상응할 때 조화로운 소리가 나며, 이러한 조화(harmony)가 곧 아름다움

2 플라톤과 아리스토텔레스 철학의 맥락에서 'form'은 '형상'이라 번역되는 것이 일반적이나, 용어의 통일을 위해 본고에선 '형식'으로 번역된다.

이다. 아리스토텔레스는 그의 『시학』에서 크기와 통일성에 대해 강조하면서 수적 비례로서의 형식 개념에 대해 명시적으로 언급하고 있다. 그에 의하면 비극은 적절한 크기, 즉 길이와, 형식의 전체성과 완전성으로서의 통일성을 지녀야 한다. 모든 형식이 아름다운 것은 아니며, 그 구조가 적절한 크기에 맞는 것만 아름답다. "아름다운 대상은 질서 있는 부분들을 갖고 있을 뿐만 아니라, 적절한 크기를 갖고 있어야 한다. 미는 크기와 질서에 있으며 …… 정합적인 지각을 허용하는 크기를 요구한다."(『시학』 7.1450b34-51a6) 또한 미는 따로 분리되어 있는 개별적인 요소들에서가 아니라, 부분들의 통합, 즉 통일성에서 발견된다. 비극의 경우 형식과 통일성은 플롯의 특징들로 분석된다. 아리스토텔레스가 『시학』에서 한 주요 작업은 플롯 구성을 위한 세부 지침들에 대해 설명하는 것이다. 비극은 플롯의 통일성을 위해서 사건들의 일관된 패턴을 형성하는 행동들의 모방으로 구성되어야 한다. 모방된 행동들이 통일성과 미적 형식을 성취하기 위해서는 반드시 필연성과 개연성이라는 비극 제작의 규준을 따라 배열되어야만 한다.

아리스토텔레스에게 있어서 미적 형식은 예술작품의 본원적 속성인 동시에 예술석 재현의 통합 원리이다. 그에게 있어 형식을 파악하는 것은 곧 의미를 파악하는 것이다. 현대 형식주의 미학에서 '순수' 형식에 대해 언급하고 형식과 내용을 구별하는 것과 달리, 아리스토텔레스가 정초시킨 고전주의 미학의 맥락에서 형식은 예술작품의 모방적 성격과 분리되어 고찰될 수 없다. 형식은 부분들의 배열들로 이뤄진 하나의 조직체이지만, 그것은 무엇보다도 의미의 담지자로 기능하기 위한 조직체이다. 요컨대, 아리스토텔레스의 미학에서 예술작품의 형식과 통일성은 실재의 모방을 효과적이게 하기 위한 구조를 제시하며, 작품의 형식과 그 주제, 즉 실재는 분리되어 고찰될 수 없다. 하지만 예술적 모방은 현실 세계를 직설적으로 모사하는 것이 아니다. 아리스토텔레스가 반복적으로 미메시스와 실재의 차이를 강조하는 주요 이유는 실제의 경험 세계는 긴밀히 짜여진 플롯 구조가 지닌 통일성을 결여하는 경우가 많다는 데 있다. 그에 의할 때, 시는 실재를 직접적으로 모방하는 것이 아니라, 보편적인 구조, 즉 정합성을 가지고 실재를 재배열하는 방식으로 모방한다. 그렇기 때문에 시는 철학과 유사하며, 이미 발생한 개별적 사건들을 다루는 역사보다 더 위대하다.

고대의 고전주의적 형식 개념은 르네상스와 17세기 고전주의 예술이론에서 부활한다. 초기 근대의 예술가들과 작가들은 고대 그리스와 로마의 예술에서 형식적 완벽성을 찾았고, 고대의 자연 모방의 이설은 보다 엄격한 이론의 틀 안에서 확립되었다. 예술적 모방이 미적이기 위해서는 실재와 유사해야 할 뿐만 아니라, 또한 사물의 본성을 드러내는 것이어야 한다. 이때 '사물의 본성'은 아리스토텔레스의 형식(Form)뿐만 아니라 플라톤의 이데아(Idea)에 근접하는 것이다. 이데아는 사물들에 공통된 속성이기도 하지만, 이상적 세계에 존재하는 모든 존재하는 사물들의 원형이다. 플라톤에게 있어서 현실계의 모든 사물들은 이데아의 모방이다. 그러나 이데아의 완전한 모방은 불가능하기 때문에 모든 사물들은 불완전한 이데아의 구현으로 존재한다. 실재의 모방인 예술작품은 간접적일 뿐만 아니라 현실의 사물들보다도 더 불완전하지만 역시 이데아의 모방이라 할 수 있다. 17세기 프랑스 아카데미에서 확립된 고전주의 이론에서 예술은 이데아의 모방이기 위해 사실주의적인 모방이 아닌 이상적인 모방으로 규정되었다. 이상적인 것은 본질적인 것, 특징적인 것, 감탄할 만한 것의 적절한 결합이라 할 수 있으며, 이데아가 현실적으로 모방될 수 있는 것으로 변형된 형식으로 간주될 수 있다. 아리스토텔레스의 『시학』은 근대 고전주의 이론이 정립되는 데 있어서 범례적 텍스트 중 하나였다. 아리스토텔레스가 비극에서의 형식과 통일성의 성취를 위한 일련의 규정들—사건들의 일관적인 배열, 플롯 구성의 필연성과 개연성 등—을 제시했던 것처럼, 17세기 프랑스의 신고전주의 극작가들은 이상적인 자연의 모방을 위한 일련의 엄격한 규칙 체계를 제시했다. 그중 하나가 연극의 삼일치 법칙이다. 신고전주의자들은 줄거리, 시간, 장소의 일치가 이뤄져야 실재를 박진감 있게 재현할 수 있을 뿐만 아니라, 예술작품의 효과를 극대화할 수 있다고 보았다. 아리스토텔레스가 삼일치의 독트린에 대한 암시를 제공한 것은 사실이지만, 그는 이 독트린뿐만 아니라 비극의 어떤 원리도 신고전주의에서처럼 교조적으로 강조하지 않았다. 이런 점에서 규칙들이 엄격하게 지켜질 때 형식적 완벽성이 보장된다고 믿었던 신고전주의자들의 이론은 현대의 형식주의와는 구별되는 다른 하나의 형식주의였다고 볼 수 있다.

현대에 이르러 형식 개념은 예술적 재현의 맥락과 분리되었고, 작품의 내용과 형식은 서로 대립적인 요소로 간주되었다. 형식의 중요성이 배타적으로 인식되기 시작한 것은 빨라야 19세기 말에 이르러서이나, 그 단초는 18세기 철학에서 마련되었다. 형식주의, 즉 서로 관련되어 있는 형식적 요소들이 미적 가치의 일차적 원천이라는 미학적 독트린은 모더니즘의 출현기에 등장하였다. 현대 형식주의는 여러 판본들로 존재한다. 그것들의 차이는 다음의 두 테제들 중 어느 하나에 상대적 강조점을 두는 데에 있다. 첫째, 모든 예술작품들이 일차적으로 형식적 속성들로 평가되어야 한다. 즉 형식을 지배적인 미적 가치로 보는 관점이다. 둘째, 가장 가치있는 예술작품들은 그 형식적 속성이 일차적으로 강조된다. 즉 예술작품 평가에서 형식적 가치를 강조하여 다른 상징적 특성들을 배제하는 시각이다.

첫 번째 테제의 철학적 원천은 칸트의 미학에서 발견된다. 칸트가 제시한 미의 판단을 위한 요구사항들 중 특히 형식론과 관련되는 것은 다음의 두 가지이다. 즉 아름다운 사물들은 반드시 "합목적적 형식"이어야 한다는 것과, 그것들의 감상은 반드시 "무관심적(disinterested)"이어야 한다는 것이다. 합목적성은 어떤 특수한 목적도 지적하지 않는 질서와 합리성의 표명이다. 칸트에 의하면 어떤 실천적 요구도 미적 대상에 주어지지 않으며, 미를 성립시키는 형식적 질서가 기록되거나 전달될 수 있는 규칙은 존재하지 않는다. 무관심성의 계기는 미의 지각에서 우리가 대상의 물리적 구조나 용도에 대해 가질 수 있는 모든 관심을 배제할 것을 요구한다. 만약 우리가 미적 감상에서 실제적인 사항들에 관심을 갖는다면, 우리는 작품의 내적 합목적성—순수한 형식적 존재—에 전적으로 주목하지 못할 것이다.

칸트의 형식주의 미학이 후대에 미친 영향으로 인해 표현, 실물다움(verisimilitude), 내러티브 등의 역할이 예술의 해석에서 축소되었다.

현대예술의 출현과 더불어 형식의 강조가 미적 가치의 지배적 규준으로 발전되었다. 이러한 과정에서 형식주의는 단지 보편적이고 지속적인 미적 가치가 아니라 역사적인 성과물로 제시되었다. 말하자면, 모더니즘 예술사에서의 양식적 변화는 미적 가치의 원천으로서 형식의 완성이라는 목표를 지향하고 있다. 이렇게 '형식'을 '진보' 개념과 결부시키는 테제의 주요 원천은 헤겔의 미학이다. 진보는 헤겔 철학의 중심 원리인 '정신의 진화'를 특징짓는 목적론적 개념이다. 헤겔에 의하면 예술 양식상의 진보적 변화는 문화에서의 정신의 현현에 대한 기록이라 할 수 있다. 예술의 역사는 탈물질화, 즉 문화 형식 안에서 물질적 구성요소에의 의존성을 축소시키는 방향으로 진행된다. 헤겔의 예술사적 내러티브는 가장 물질적이고 저급한 고대 건축에서 시작되어 예술의 탈물질화 과정의 종점이라 할 낭만주의 시대—헤겔의 동시대—의 시에서 예술의 철학적 임무에 대해 언급하면서 끝난다.

이와 같은 예술에서의 '진보' 개념은 현대예술에서 형식에 우선적이고 배타적인 가치를 부여하게 된 것에 영향을 주었다. 칸트의 '순수 형식'이라는 가치는 현대적 가치인 '철저한 형식(radical form)'으로 변모하게 되는데, 이것은 칸트의 형식적 순수성의 기준이 예술에서의 진보라는 헤겔의 기준과 결합된 결과이다. 현대예술의 반(反)아카데미적 분위기 속에서 모든 예술이 공유하던 규범은 새로움과 창안이었다. 변화는 명백하고 자의식적인 가치가 되고, 전통적 형식의 거부는 강령적이고 이데올로기적 명령이 되었다. 이와 관련된 양식적 변형들 중에는 시각예술에서의 재현에서 추상으로의 이행, 음악에서의 화성에서 다성성으로의 이행, 문학에서의 선적 내러티브에서 순환성(recursiveness)으로의 이행이 있다.

이상에서 살펴본 두 가지 형식 개념들—칸트의 순수 형식과 헤겔에게서 영향받은 철저한 형식—은 20세기에 이르러 두 종류의 형식주의 이론의 맥락 안에 자리 잡게 된다. 첫 번째 이론은 클라이브 벨(Clive Bell)의 '의미 있는 형식(Significant Form)' 가설이다. 벨은 작품의 형식적 관계들과, 그러한 관계들이 관객에게서 환기시킨다고 말해지는 "미적 감정" 사이에 인과적 연관성을 주장한다. 이러한 특수한 감정을 갖는 것과 특수한 형식의 가치 혹은 의미는 서로에 대한 증거가 된다. 달리 말하자면, 의미있는 형식의 존재는 미적 감정을 환기시킨다는 것 외에 다르게 논증되지 않는다. 이 이론은 명백한 순환성 때문에 비판받는 한편, 현대미학의 하나의 가치로서 형식의 중요성을 명료하게 한다. 더 나아가, 벨의 형식론은 모방적 혹은 내러티브적 요소들을 이차적 지위로 격하시킴으로써 형식을 강조하여 다른 요소들을 배제하는 현대의 운동들—가령, 추상미술—에 주목을 집중시킨다. 그렇지만 '의미있는 형식' 이론은 엄격하게 모더니즘 이론은 아니다. 왜냐하면 형식적 가치의 식별은 현대뿐만 아니라 역사적인 모든 예술에 적용될 수 있기 때문이다. 이런 점에서 벨은 '형식'의 역사적 보편성을 지지함에 있어서 헤겔 전통보다는 칸트 전통에 속한다 하겠다.

벨의 이론과 대조되는 보다 목적론적 판본의 형식론들이 있다. 20세기 중반에 이르러, 역사적 양식들 중에서 가치 있는 작품들을 식별하는 시각을 대신하여, 새롭고 또한 역사적으로 선구적인 특수한 형식적 특성들을 강조하기 때문에 현대의 양식들을 높이 평가하는 관점이 등장한다. 클레멘트 그린버그(Clement Greenberg)의 모더니즘 미술론은 형식주의적 가치들을 진보적인 역사적 성과라는 맥락 속에 위치시킨 형식론들 중 하나이다. 벨과 마찬가지로 그린버그는 형식에 일차적 가치를 두었다. 그러나 그것은 작품의 재현적이고 환영주의적 측면들을 통해 그 형식적 구조를 봄으로써 성취되는 가치가 아니라, 재현적 측면들을 축소함으로써, 다시 말해 회화 내적인 미적 정체성이라 할 만한 것을 선호함으로써 성취되는 가치이다. 그린버그는 회화의 자기비판 과정을 통해 성취된 정체성을 그 매체의 고유한 특성인 '평면성'에서 발견하였다. 그는 르네상스 고전주의 이래 회화의 발전은 평면성을 점증적으로 드러내는 방향으로 향해 간다고 보았다. 그에 의하면, 르네상스 고전주의의 선적 양식에서 바로크의 회화적 양식으로의 전환 역시 매체가 자기정체성의 모색을 심화하는 과정에서 등장한 것이다. 현대 추상미술의 성과들은 이러한 발전의 결정적인 증거들이라 할 수 있다. 이때의 평면성은 물질적인 의미라기보다는 이론적인 의미로 받아들일 필요가 있다. 왜냐하면 평면성의 성취는 순수한 내적 표명을 방해하는 모든 것을 거부하고 자기지시적 자율성을 획득하려는 회화의 역사적 노력의 절정으로 이해되기 때문이다.

그린버그의 모더니즘 이론에서 매체의 물리적 속성, 즉 '평면성'으로 환원된 미적 형식 개념은 고전주의 미학의 형식 개념과 대단히 거리가 멀다. 형식 개념의 다양성은 그 용어가 역사 속에서 누려 온 긴 생명력 안에서 이해되어야 한다. 그러나 미적 형식에 대한 이해는 근대의 미적 자율성의 옹호와 현대예술에서의 혁신성의 숭배로 인해 전통적 예술 개념이 붕괴되는 미학사적 맥락을 고려함으로써 비로소 완전해질 수 있다. 형식은 아리스토텔레스 철학에서 사물의 본질로 간주되고, 고전주의 미학에서 예술적 모방을 위한 지침들을 제시하는 가운데 적절한 크기와 통일성으로 이해되었다. 전통적으로 세계의 재현과 관련하여 이해되던 형식 개념은 현대 형식주의 미학의 맥락에서 의미, 지시체, 유용성 등 실제적 가치와 무관한 순수한 미적 가치로 인식되기에 이르렀다. 모더니즘 예술 이론은 형식을 내용과 분리시켰을 뿐만 아니라 그것을 유일한 미적 가치로 정립시켰다. 그린버그의 모더니즘에서 가장 극단적인 방식으로 옹호된 '형식'은 1960년대 이후 포스트모더니즘이란 이름으로 등장한 다원주의적 예술적 실천들 속에서 그 중요성을 상실한다. 예술 매체의 물리적 속성으로 환원된 형식 개념은 재현적 미술이 다시 등장하면서 강력하게 의문시되었다. 포스트모던 시대에는 형식은 더 이상 유일한 미적 가치의 원천으로 인정되지 않으며, 그 개념의 논쟁적 함의 또한 상실되었다. 형식은 더 이상 역사적 · 양식적 전략을 지지하는 규범으로 기능하지 않는다. 이제 형식에 대한 주목은 규범적으로 중립적이 되었다. 이러한 다원주의적 맥락에서 미적 가치의 새로운 위치는 흥미로운 미학적 쟁점으로 남아 있다.

더 읽을거리

오병남, 『미학강의』, 서울대학교출판부, 2003.

Fried, M., "Art and Objecthood", in G. Battcock (ed.), *Minimal Art: A Critical Anthology*, NY: E.P. Dutton & Co., Inc., 1968.

Fry, R., *Transformations: Critical and Speculative Essays on Art*, Garden City, NY, 1956.

Hegel, G. W. F., *Aesthetics: Lectures on Fine Art*, 2 vols., Trans. T. M. Knox, Oxford, 1975.

Kant, I., *Critique of Judgment*, Trans. J. H. Bernard, NY: Hafner Publishing Company, 1951.

Podro, M., *The Critical Historians of Art*, New Haven, 1982.

Riegl, A., *Problems of Style: Foundations for a History of Ornament*, Trans. E. Kain, Princeton, NJ, 1992.

Wollheim, R., *On Formalism and Its Kinds*, Barcelona, 1995.

허구 이야기에 대한 철학적 이해

오혜정

1. 언어의 내용

누군가의 말이나 쓰여진 글을 이해하고 판단할 때에 가장 기본적이면서도 일반적인 작업은 그 말이나 글이 참인가 거짓인가를 가리는 일이다. 일상의 대화에서 주고받는 말들이 참인가 거짓인가를 판단하는 것은 너무나 기본적인 일이어서 우리는 대화 도중 주고받는 말들의 참과 거짓 여부를 드러내어 놓고서 따지지 않는다. 특별한 경우가 아닌 이상 대화를 하는 사람들이 참인 것을 말하고 있으리라는 가정 아래에서 대화를 해나가는 것이다. 물론 실제 일상의 대화는 이런 가정이 언제나 통할 만큼 단순하지 않다. 첫째, 대화를 하는 사람들이 언제든지 참을 말하는 척하면서 실제로는 거짓인 것을 말할 수 있다. 둘째, 사람들은 거짓말을 하는 것은 아니지만 때때로 은유와 비유, 암시 등의 수사 기법을 사용하여 실제로 쓰고 있는 말과 글이 전달하는 내용과 다른 내용을 말하려고 할 수 있다. 이러한 경우 상대방이 말하려고 하는 것은 상대방이 사용하는 말 자체의 뜻만을 이해해서는 파악하기가 어렵다. 말과 글 자체의 뜻을 넘어서 문맥과 어조 등을 함께 고려하여 상대방이 무엇을 말하고 있는지를 추정해야 하고 그 다음에야 상대방의 말이나 글이 거짓인지 참인지 가려내는 과정으로 넘어간다.

물론 이 과정은 경우에 따라 거의 의식하지 못할 만큼 아주 짧은 순간에 진행될 수 있기 때문에 상대방의 말이나 글의 참·거짓 문제는 거의 일어나지 않는 것이 아닐까라고 생각할 수 있다. 그러나 우리가 평소에 자주 접하지 못한 상황을 기술하는 말과 글을 접하게 되면 참과 거짓을 결정하는 과정은 조금 더 눈에 띄게 드러나게 된다. 우리는 상대방이 얼마나 진실한 태도로 말을 하는지 눈여겨보게 되고 우리가 알고 있는 지식에 근거하여 방금 들은 말이 전하여 주는 상황이 얼마나 일어날 듯한 일인지를 평가한다. 그러므로 상대방이 무엇을 전하려고 하는가를 알아낸다는 것은 먼저 상대방이 사용하는 문장의 내용을 이해하고, 그 이해를 바탕으로 문맥과 언어 사용의 관습을 고려하여 상대방의 전달하려 하는 바를 추정하고, 그리고 그 전달하려는 바와 실제 세계와 비교하는 복잡한 과정을 거친다. 더구나 이러한 과정이 언제나 같은 순서로 진행되는 것도 아니다. 그렇기 때문에 말이나 글을 듣고 읽고서 실제로 무엇이 참인가를 가리는 일은 보기보다 단순하고 쉽지가 않다.[1]

그런데 말과 글의 참을 가리는 데 있어서의 어려움은 엄격히 말하면 상대방이 전달하고자 하는 바의 참을 가리는 일의 어려움이지 말이나 글 자체의 참을 가리는 어려움은 아니다. 말이나 글 자체의 참이란 첫째, 말과 글 자체의 뜻을 이해하고 둘째, 많은 경우 그 말과 글의 뜻이 이 세계에서 일어났고, 일어나고 있는 또는 일어날 일과 부합하고 있는가의 문제이다. 상대방이 전달하고자 하는 바의 참은 말과 글 자체의 참의 문제를 포함하여 그 말과 글이 실제로 어떻게 사용되고 있는가라는 사용에 관련된 요소들—예를 들어 문맥, 말하는 이의 의도 등—을 고려해야만 하는 문제이다. 그러나 말과 글 자체의 참은 이러한 사용에 관련된 요소들이 개입하기

1 따라서 이 모든 과정이 왜, 어떠한 모습으로 일어나는가는 충분히 깊게 생각해 볼 만한 주제라고 할 수 있다. 특히 언어를 사용하는 행위가 인간의 삶에 미치는 영향이 의심할 수 없으리만큼 막대하다는 것을 돌이켜본다면 언어에 대한 연구가 철학의 한 분야로서 자리 잡고 있다는 사실은 놀라운 것이 아니다. 물론 철학의 한 분야로서 언어철학이 자리 잡게 된 과정은 이렇게 간단하지 않다.

이전에 말과 글 자체의 뜻에 관한 문제이다. 우리는 한 문장을 적절한 언어 관습이 허용하는 한에서 문장 자체가 가지고 있는 내용과 다른 것을 전달하기 위해 사용하기도 한다. 이렇게 어떤 문장이 사용하는 이의 의도와 문맥에 따라 전달하는 내용을 사용상의 내용(practical content)이라고 한다. 이와 달리 문장이 어떻게 사용되느냐에 상관없이 그 자체로 지니고 있는 내용이 의미론(semantics)에서 연구하는 내용(content), 즉 의미론적 내용이다. 사용상의 내용과 의미론적 내용은 같을 수도 있고 다를 수도 있다. 예를 들어 문장을 사용하는 이가 반어적인 태도를 취하고 있다면 문장의 사용상의 내용과 의미론적 내용은 다를 것이고 직설적인 태도를 취하고 있다면 사용상의 내용과 의미론적 내용이 대부분 같을 것이다. 그렇다면 어떤 문장은 사용상의 내용으로 보았을 때는 참이지만 의미론적 내용으로 보았을 때는 거짓일 수 있다. 그리고 그 반대인 경우도 있다. 이는 말과 글의 사용으로부터 생겨나는 참의 문제는 말과 글 자체의 참의 문제와 구별될 수 있다는 것을 의미한다.[2]

2. 허구에 대한 두 가지 질문

허구는 실제로 일어나지 않은, 꾸며낸 이야기이다. 그렇다면 참의 상응이론[3]에 근거하였을 때 허구는 거짓말이다. 그러나 허구는 단순히 거짓말

---

2 본문으로 들어가기 전에 어떤 문장이 참이라는 것이 무슨 의미인지 설명하는 것이 좋을 듯하다. 지금까지의 설명에서 필자는 말과 글의 참이라는 것은 그 말과 글이 말하고 있는 것이 이 세계에서 일어나는 사건을 적절하게 그려내고 있는가의 문제라고 받아들이고 있다. 이를 참에 대한 상응이론(a correspondence theory of truth)이라고 한다. 하지만 이 이론은 말과 글의 참에 대한 의견들 중의 하나일 뿐이지 누구나 의심 없이 받아들이고 있는 정설이 아니다. 어떤 것이 참 또는 거짓이라는 것은 무엇이냐는 질문에도 여러 가지 견해가 있을 수 있다. 참에 대해 필자와 다른 견해를 지지하는 사람이라면 이후에 전개될 의미론적 내용에 대한 주장에서도 다른 견해를 보일 수 있다.

3 주 2를 볼 것.

만은 아닌 것 같다. 왜냐하면 첫째, 우리는 드라마가 실제로 일어나지 않은 이야기라는 것을 알면서도 마치 허구 작품에서 벌어지는 일들이 마치 사실인 듯이 반응을 하기 때문이다. 예를 들어 연속극 주인공이 불쌍하다고 생각하면서 눈물을 흘리기도 하고 영화의 무서운 장면에 비명을 지르기도 한다. 둘째, 어떤 허구 이야기에서는 실제로 일어난 사건이 일어나고 또 실제로 존재하는 인물이 등장하기도 한다. 예를 들어 "1789년 프랑스 파리에서 혁명이 일어났다"는 문장이 한 허구 이야기에 쓰였다고 하자. 이 문장은 사실이기에 참인 듯하다. 그러나 "1789년 프랑스 혁명이 일어났을 때 장은 다섯 살 어린아이였다"라는 문장에서 '장'은 실제로 존재한 적이 없는 작가가 만들어 낸 등장인물의 이름이라고 하자. 그러면 이 문장은 거짓인 듯 싶다. 그러나 한편으로 허구 이야기에 실제로 쓰였으므로 참이라고 말할 수도 있을 듯하다. 누군가가 이 허구 이야기를 읽고서 "장이 1789년에 몇 살이었지?"라고 물으면 "다섯 살이었어"라고 대답하는 게 옳을 것이기 때문이다. 이렇듯 허구와 관련된 문장들의 참과 거짓을 가리는 일은 생각보다 간단하지가 않다. 여기에서 우리는 두 가지 질문을 할 수 있다. 첫째는 허구 이야기가 어떤 행위인지 그 특성에 대한 것이다. 참말과 거짓말이 뒤섞인 듯한 이 이야기 행위는 선뜻 언어 행위, 즉 문장을 사용하여 그 문장이 지닌 내용을 표현하는 행위라고 할 수도 없고 또 아니라고 할 수도 없을 것 같다. 언어 행위라고 한다면 적어도 이야기의 일부가 뻔한 거짓말이면서도 그 거짓말을 대하는 우리의 태도가 왜 일반적으로 거짓말에 나타내는 반응과 다른지 설명하기 힘들다. 그러나 허구 이야기는 적어도 형식적으로 언어, 즉 문장들을 사용하고 우리는 그 문장들을 내용이 없는 물체가 아니라 그 자체로 내용을 가지고 있는 대상으로 받아들인다. 즉 언어 행위에서 중요한 과정 중의 하나인 문장의 뜻을 이해하는 단계가 이야기하기라는 행위에 포함되어 있기에 허구 이야기가 언어 행위가 아니라고 쉽게 결론 내릴 수 없다. 두 번째 질문은 허구에서 사용된 문장이 전달하는 바에 대한 것이다. 허구에서 사용된 문장들은 어떤 의미론적 내용을 지니는지, 지닌다면 그 문장들은 참이거나 거짓일 수 있는지 밝히는 일이 두 번째 질문에 대답하는 것이다.

허구 이야기를 예술작품의 하나로서 보고 이 이야기 행위가 과연 어떠한 것인지를 밝히는 첫 번째 질문에 대해서 필자는 켄달 월턴(K. Walton)[4]이 통찰력 있는 답을 제시하였다고 믿는다. 월턴에 의하면 허구 이야기는 언어 행위가 아니라 놀이이다. 그렇기에 허구에서 사용된 문장들이 거짓인지 참인지는 허구의 감상에서 중요하지 않을 수 있다. 반면 언어를 사용하는 모든 행위에서 언어 행위에 사용된 문장이 참인지 거짓인지를 아는 것은 중요하다. 왜냐하면 그 문장이 참이냐 거짓이냐에 따라서 언어 행위에 참여하고 있는 우리들이 보여야 할 적절한 반응이 달라질 것이기 때문이다. 예를 들어 "호랑이가 달려온다"고 외치는 친구의 말이 참이라면 목숨을 구하기 위해 재빨리 도망을 쳐야 할 것이지만 친구가 거짓말을 하는 것이라면 허둥지둥 도망가는 우스운 꼴을 보일 필요가 없으며 오히려 친구를 나무랄 수 있다. 그러나 연극 공연 중에 배우가 "호랑이가 달려온다"라고 외쳤을 때 누구든 그 말이 사실이 아닌 줄 알지만 배우를 나무라지는 않는다. 그런데 월턴에 의하면 허구에 사용된 문장들은 사용상의 내용만 전달할 뿐 의미론적 내용을 표현하지 않는다.[5] 이에 반해 필자는 허구에 사용된 문장들이 여전히 의미론적 내용을 표현하고 있다고 생각한다. 다음 두 단락에서 허구에 관한 이 두 가지 질문을 자세히 살펴보도록 하겠다.

가. 허구를 이야기할 때

다음과 같은 문장을 생각해 보자.

---

4 Walton, Kendall, *Mimesis as Make-Believe*, Cambridge, MA: Harvard, 1990.

5 Walton, Kendall, "Existence as Metaphor", *Empty Names, Fiction and The Puzzles of Non-existence*, Anthony Evertte and Thomas Hofweber (eds.), CSLI Publications, 2000, pp. 69-94.

(1) 한양 변두리 어느 한 마을에 놀부와 흥부라는 형제가 살았다.

이 문장은 평서문으로 어떤 사태(a state of affairs)가 사실이라고 말하고 있다. 다시 말하면 (1)을 말하는 이가 정직하게 (1)을 말하는 경우라면 그는 한양 변두리 어느 한 마을에 놀부와 흥부라는 형제가 산다는 사태가 사실이라고 단언하고 있다. 여기에서 (1)이 나타내고 있는 한양 변두리 어느 한 마을에 놀부와 흥부라는 형제가 산다는 사태가 바로 (1)의 의미론적 내용이라고 볼 수 있다. 이러한 문장의 의미론적 내용을 보통 명제[6]라고 부르며, 한 문장의 명제는 보통 평서문의 형태로 표현한다. 예를 들어 위의 문장 (1)이 표현하는 명제는

(1*) 한양 변두리 어느 한 마을에 놀부와 흥부라는 형제가 산다

로 나타낸다.

이제 문장 (1)이 허구소설 '흥부와 놀부'에 쓰인 문장이라고 하자. 그러면 (1)은 참이 아니다. 왜냐하면 문장 (1)이 표현하는 명제 (1*)가 참이 아니기 때문이다. 그리고 명제 (1*)가 참이 아니라는 것은 흥부와 놀부가 실제의 인물이 아니라는 것만으로도 충분히 설명된다. 그러나 문장 (1)이 참이 아니라는 사실은 무릎을 베고 누운 손자에게 '흥부와 놀부' 이야기를 하

---

6 명제(proposition)란 문장이 전하는 바 또는 표현하는 바라고 할 수 있다. 말하거나 쓰여진 문장 이외에 그 문장이 표현하는 바, 명제가 필요한 이유는 서로 다른 언어로 쓰여진 서로 다른 문장들이 같은 것을 표현할 수 있기 때문이다. 예를 들어 한글 문장인 "눈이 하얗다"와 영어 문장인 "snow is white"는 서로 다른 문장이지만 그 표현하는 바 또는 전하는 바가 같으므로 이 두 문장은 같은 명제를 표현한다고 말한다. 이렇게 문장이 표현하는 바, 명제를 쉽게 이해하자면 명제는 문장의 내용 또는 의미라고 할 수 있다. 이 경우에 어떠한 문장이 명제를 표현하지 않는다면 그 문장은 내용이 없는, 즉 아무것도 전하지 않는 문장이다. 명제가 문장의 내용이라면, 참의 상응 이론에 근거하여 문장의 참과 거짓은 그 문장이 표현하는 명제가 실제로 일어났는가 아닌가의 문제이다. 따라서 어떤 문장이 참 또는 거짓이라는 사실은 그 문장이 명제를 표현한다는 것을 보장하지는 않을지라도 적어도 좋은 증거가 된다.

는 할머니에게나 손자에게나 중요하지 않을 것이다. 할머니는 어린 손자가 자신의 이야기를 참이라고 믿어 주기를 바라지 않을 테고 손자 또한 '흥부와 놀부'가 꾸며낸 이야기라고 해서 할머니를 거짓말쟁이라고 하지 않을 것이다. 이렇게 문장 (1)이 참이 아님에도 문제가 되지 않는 이유는 (1)을 말하고 있는 할머니가 (1*)이 사실이라고 단언하고 있는 게 아니기 때문이라고 설명할 수 있다. 할머니는 문장 (1)을 원래의 언어 행위의 목적, 즉 문장 (1)이 표현하는 명제를 손자에게 사실로 알려주기 위해 사용하지 않고 있다. 대신, 할머니와 손자는 함께 '믿는 체(make-believe)' 놀이를 하고 있고 문장 (1)은 이 놀이의 놀이 도구(prop)이다. 예를 들어 소꿉장난을 생각해 보자. 소꿉장난을 하는 아이들은 놀이도구를 다른 무엇인 양 믿는 체한다. 붉은 벽돌 가루는 고춧가루라고 믿는 체하고 걸쭉한 진흙덩어리는 된장이라고 믿는 체한다. 이와 마찬가지로 할머니가 문장 (1)을 손자에게 말하는 행위는 문장 (1)을 도구로 이용하는 믿는 체하기 놀이에 손자를 초청하는 행위이다. 그리고 이 믿는 체 놀이에서 손자는 할머니가 문장 (1)을 단언하고 있다고 믿는 체한다.

좀 더 정확히 월턴의 주장을 설명하자면 허구 이야기 '흥부와 놀부'에 쓰인 문장 (1)은 다음의 내용 (C)를 전달하는 데 이용되고 있다.

(C) (1*)를 믿는 체하는 경우에 한해서, '흥부와 놀부'라는 믿는 체 놀이에서 문장 (1)은 사실이다.

바꿔 말하면 "'한양 변두리 어느 한 마을에 놀부와 흥부라는 형제가 산다'는 게 무슨 뜻이지?"라는 질문에 바른 대답이란 "'흥부와 놀부'라는 소설에서 '한양 변두리 어느 한 마을에 놀부와 흥부라는 형제가 산다'는 문장이 참이라는 거야"라는 것이다.

그런데 월턴은 (C)를 단순히 할머니의 행위에 대한 설명이 아니라 허구 이야기에 쓰인 문장 (1)의 사용상 내용이며 더 나아가 허구에 쓰인 문장들은 의미론적 내용을 표현하지 않고 오로지 사용상의 내용만 전달하고 있다고 주장한다. (C)가 문장 (1)의 의미론적 내용이 아니라 사용상의 내용이라는 주장에는 문제가 없어 보인다. 문장 자체의 내용, 즉 의미론적 내용이란 그 문장에 쓰인 언어에 능통한 사람이라면 문맥에 대한 지식이 없어도 알아차릴 수 있는 것이다.[7] 그렇지만 (1)이 (C)를 전달하고 있다는 것은 한국어에는 능통하나 (1)이 '흥부와 놀부' 라는 허구 이야기에 쓰였다는 사실을 모르는 사람은 알아차리기 힘들 것이기 때문이다. 그리고 월턴이 (1)이 의미론적 내용을 표현하지 않는다고 주장하는 이유는 다음과 같다. 허구 이야기를 만들어 내는 작가들은, 언어 행위가 아니라 믿는 체 놀이를 만들어 내고 있기 때문이다. 이들이 언어 행위를 하는 것이라면 그들이 사용하는 문장들은 명제를 표현하고 이 명제는 참이거나 거짓일 테지만 어느 작가도 이야기를 만들어 내면서 사실을 전하거나 거짓말을 하지 않는다. 즉 허구 작가는 명제를 표현하는 데에 사용되어야 할 문장을 (C)와 같은 사용상의 내용을 전달하는 도구로 사용할 뿐이다. 그러면 허구를 만들어 내는 것은 이제 더 이상 거짓말하는 것이 아니다. 거짓말을 한다는 것은 한 문장을 사용할 때에 그 문장의 의미론적 내용이 사실이 아니지만 사실이라고 단언하는 것이다. 그러나 놀이에서는 어느 누구도 문장을 사용하면서 그 문장의 의미론적 내용이 사실이라고 단언하지 않는다. 이와 같이 월턴의 주장은 왜 우리가 허구에 대해서, 거짓말에 대해서는 보이지 않는 인식 행위와 감정 반응을 보이는지를 설득력 있게 설명해 내고 있다. 허구가 사실을 전하고 있는 것이 아님을 아는 동시에 마치 그 허구가 참말을 하는 양 반응을 하는 비합리적인 듯 보이는 인간 행위를 언어 행위가 아닌 놀이라는 개념으로 이해함으로써 허구 이야기에 대해 합리적인 설명을 할 수 있다.

7 '나', '너', '여기', '저것' 과 같이 언제나 문맥과 결부되어서야만 그 내용의 표현이 완전해지는 지시어들은 제외된다.

나. 허구 문장의 의미론적 내용

그런데 월턴에 따르면 허구 이야기에 사용된 문장들은 의미론적 내용을 표현하는 언어로서의 기능을 하지 않는다. 이 문장들은 믿는 체 놀이에서 허구 작가가 의도하는 내용, 즉 사용상의 내용을 전달하는 도구일 뿐이기 때문이다. 그러나 허구에 사용된 문장들이 사용상의 내용을 전달한다는 주장을 받아들이면서도 여전히 이 문장들이 의미론적 내용을 표현한다고 주장할 수 있다. 그리고 더 나아가 허구에서 사용된 문장들의 사용상의 내용이 의미론적 내용과 같다고 주장할 수도 있다. 월턴이 허구에 쓰인 문장들, 그중에서도 특히 허구 등장인물의 이름을 포함하는 문장들은 명제를 표현하지 않는다고 주장하는 것은 그가 이름에 대한 의미론 중에 특별한 한 입장을 지지하기 때문이다. 이후로부터 허구 등장인물의 이름을 포함하는 문장을 '허구 문장' 이라고 하자. 예를 들어 문장 (1) "한양 변두리 어느 한 마을에 놀부와 흥부라는 형제가 산다"가 명제를 표현하지 않는 이유를 월턴은 '흥부' 와 같은 허구 인물의 이름이 가리키는 인물이 실제로 존재하지 않기 때문이라고 한다. 한 이름의 내용은 곧 그 이름이 가리키는 대상이다. 그런데 이름 '흥부' 는 그 이름이 가리키는 인물이 실제로 존재하지 않는다. 따라서 이름 '흥부' 는 내용이 없다. 그런데 이름 '흥부' 는 문장 (1)의 구성요소이다. 이때 월턴은 내용이 없는 구성요소를 포함하는 문장은 명제를 표현하지 않는다고 본다.

반면 필자는 허구 이야기 행위가 믿는 체 놀이라는 월턴의 주장을 받아들이고 또 '흥부' 라는 이름에는 내용이 없다는 것까지 받아들여도 여전히 문장 (1)은 명제를 표현한다고 주장한다. 그리고 이 명제들은 참이거나 거짓이다. 이러한 필자의 입장은 직접 지시론(direct reference theory) 중에서도 불완전한 명제 이론(the gappy proposition theory)에 해당한다. 직접 지시론은 문장의 각 구성요소들의 의미론적 내용이 모여서 전체 문장의 의미론적 내용을 구성한다고 주장한다. 예를 들어

(2) 1789년 프랑스 파리에서 혁명이 일어났다

는 문장이 표현하는 명제

(2*) 1789년 프랑스 파리에서 혁명이 일어났다

는 (2)의 구성요소들, 즉 '1789년', '프랑스 파리', '혁명', '일어나다' 등이 가리키고 있는 대상들이 모여서 구성된 사태(a state of affairs)이다. 그리고 '프랑스 파리'와 같은 고유명사는 그 이름이 가리키고 있는 지시물이 그 이름의 내용이며, '일어나다'와 같은 서술어는 '일어나다'라는 술어가 적용되는 대상들이 공통적으로 가지고 있는 특정한 성질(property), 또는 이러한 대상들이 특정한 상황 또는 사건(a state of affair)과 맺고 있는 관계(relation)이다. 요컨대 문장은 명제를 표현하고 명제는 그 명제를 표현하는 문장의 구성요소에 따라 개인, 성질 또는 관계들로 이루어진 구성물이다. 이러한 직접지시론은 문장 (1) "한양 변두리 어느 한 마을에 놀부와 흥부라는 형제가 살았다"와 같은 허구 문장의 의미론적 내용에 대해 두 가지 입장으로 나뉜다. 첫 번째는 (1)은 명제를 표현하지 않는다는 입장(no proposition theory)이고, 두 번째는 명제를 표현하되 불완전한 명제를 표현한다는 입장으로(the gappy proposition theory) 필자가 지지하는 이론이다.

그러면 허구 문장이 표현하는 명제를 구체적으로 살펴보자. 앞서 말한 명제 구성 원칙에 따르면 명제는 그 구성요소들이 가리키고 있는 지시물로 구성된 구성체였다. 예를 들어 문장 (1)의 명제는 '한양 변두리 마을', '흥부', '놀부', '형제이다', '산다' 등 명사와 서술어 등이 가리키는 지시물로 구성되어 있다. 이 명제를 다음과 같이 표시하겠다.

〈1*〉 〈한양 변두리 마을, 흥부, 놀부, '산다'라는 성질, '형제이다'라는 성질, ……〉

그러나 〈1*〉은 정확하지 않다. 왜냐하면 흥부와 놀부는 실제의 인물이 아니어서 존재하지 않기 때문이다. 그렇다면 더 정확한 표현은 다음과 같을 것이다.

〈1**〉 〈한양 변두리 마을, ____ , ____ , '산다' 라는 성질, '형제이다' 라는 성질, ……〉

'____' 은 빈 공간을 표시한다. 문장의 구조상 '흥부' 와 '놀부' 라는 이름이 가리키는 어떤 사람들이 두 개의 빈 공간 '____' 을 차지해야 하나 '흥부' 와 '놀부' 라는 이름이 가리켜야 할 인물들이 실제로는 존재하지 않기 때문에 그 공간은 비어 있다. 따라서 명제 〈1**〉는 모든 부분이 완전히 채워지지는 않은 불완전한 명제이다. 불완전한 명제 이론은 이렇듯 허구 문장은 불완전한 명제를 표현한다고 주장한다. 월턴에 따르면 모든 허구 문장은 명제를 전달하는 데 사용될 수는 있어도 그 자체가 명제를 표현하지는 않는다. 그리고 참도 거짓도 아니다. 그러나 모든 허구 문장이 참도 거짓도 아닌 것은 아니다. 또한 허구 이름이 포함된 문장들이 명제를 표현하지 않을 경우 해결하기 어려운 문제들에 대해 불완전한 명제 이론은 더 나은 설명을 할 수 있다.

첫째, 다음의 문장을 생각해 보자.

(3) 흥부는 '흥부와 놀부' 에 등장하는 주인공으로 실제의 인물이 아니다.

이 문장은 '흥부와 놀부' 이야기의 일부로 쓰인다기보다는 이 이야기에 대한 의견 또는 주장으로 보인다. 월턴은 (3)과 같은 문장을 사용하는 사람은 여전히 믿는 체하기 놀이를 하는 중이라고 주장한다. 즉 그는 사람들이 (3) 또한 '흥부와 놀부' 이야기의 일부에 해당하는 문장들과 마찬가지로 도구로 이용하여 어떤 다른 내용을 전달한다고 주장한다. 그러나 필자의 견해로는 (3)은 허구문학이라는 관습, 즉 믿는 체하기 놀이라는 문맥에서 이해할 수 없다. 왜냐하면 첫째, 문장 (3)을 말하는 사람은 더 이상 이야기를 하는 것이 아니기 때문이다. 둘째, 문장 (3)은 참 아니면 거짓, 즉 진리값을 가지고 있기 때문이다. 그리고 (3)은 참인 듯하다. 보통 어떤 문장이 참이거나 거짓이라는 것은 그 문장이 명제를 표현한다는 좋은 증거이다.[8] 이에 대해 허구 문장들이 어떠한 명제도 표현하지 않는다고 주장하는 사람들은 한 문장은 그 자체로 어떠한 명제를 표현하지 않아도 의미가 있다고 주장할지도 모른다. 왜냐하면 허구 문장들은 비록 명제를 표현하지 않아도 일반 문장들과 비슷하게 생겼기 때문에 우리의 인식체계 안에서 일반 문장과 비슷한 역할을 한다. 즉 우리는 허구 문장에 대해서도 인식 행위를 하며 감정적인 반응을 한다. 이것만으로도 허구 문장들은 충분히 어떤 의미를 가지고 있다는 것이다. 그러나 우리의 인식 행위나 감정 반응은 문장이 자체로 표현하는 내용에 바탕을 두고 있다고 할 때 위와 같은 주장은 아무것도 표현하지 않는 문장들을 읽고서 어떻게 인식 행위나 감정 반응이 시작되는지 설명하기가 어렵다. 월턴은 아마도 문장 (1)의 사용상의 내용인 (C)가 인식 행위와 감정 반응을 시작하게 한다고 주장할지도 모르겠다. 그렇지만 월턴이 주장하는 허구 문장의 사용상의 내용은 우리가 이해하는 것이 허구일 뿐이라는 것을 언제나 포함하고 있다. 반면 우리가 허구 이야기에 대해 보이는 인식 행위와 감정 반응은 거짓말, 꾸며진 이야기가 아닌 실제의 이야기에 대한 인식 행위와 감정 반응과 비슷하다. 허구 이야기의 주인공의 불행에 대해 슬퍼하고 눈물을 흘릴 때 우리는 슬퍼하는 체하고 또 눈물을 흘리는 체하지 않는다. 따라서 우리가 이해하는 대상이 허구라는 것을 전달하고 있는 사용상의 내용을 이러한 인식 행위와 감정 반응의 촉발점으로 이해하기는 어렵다.

이에 대해 필자는 허구 문장들이 명제를 표현하기 때문에 언어를 이해하

8 주 6을 볼 것.

고 반응하는 우리의 인식 행위를 촉발시킬 수 있다고 주장한다. 즉 '흥부와 놀부' 라는 허구를 알고 있는 사람이나 그렇지 않은 사람이나 모두 (1)을 읽고서 무엇인가를 이해한다. '흥부와 놀부' 가 허구라는 것을 아는 사람이라면 아마도 (1)이 (C)를 전달하기 위해 이용되었다고 생각할 수 있을 것이다. 반면 '흥부와 놀부' 가 허구라는 것을 모르는 사람은 (1)이 (C)를 전달하고 있다는 것을 모를 것이다. 그렇지만 두 사람 모두 (1)을 읽고서 무엇인가 공통적인 것을 이해한다. 이것이 바로 문맥과 상관없는 문장 자체의 내용, 즉 의미론적 내용이며 문장 (1)이 표현하는 불완전한 명제이다. 그리고 명제 〈1**〉에서 볼 수 있듯이 허구 문장이 표현하는 불완전한 명제는 우리가 감상하고 있는 것이 허구라는 것을 직접적으로는 포함하고 있지 않다. 그렇기에 이러한 불완전한 명제로부터 인식 행위를 시작할 때에는 우리가 이해하는 것이 허구라는 것을 알기는 하지만 잠시 이 사실을 의식하지 않고 마치 실제로 일어난 이야기를 보고 듣는 것처럼 반응할 수 있는 틈새가 있다. 따라서 허구 문장의 사용상의 내용보다는 불완전한 명제가 허구의 인식 행위의 대상이라는 주장이 더 설득력이 있다.

둘째, 월턴의 주장은 (3)과 같은 허구 문장들이 어떻게 참 아니면 거짓이 될 수 있는지를 설명하기가 어렵다. 월턴은 (3)과 같은 문장들도 허구 이름을 포함하고 있기 때문에 명제를 표현하지 않는다고 생각한다. 그렇다면 문장 (3)이 참이거나 거짓인 것은 문장 (3)의 사용상 내용을 바탕으로 해서 허구 안에서만 가능할 뿐이다. 그러나 어떤 문장이 참이거나 거짓이라는 것은 그 문장이 표현하는 명제가 실제로 일어난 사태이거나 그렇지 않은 것이라고 할 때 허구 안에서 참이라고 하는 것이 무슨 뜻인지 분명하지 않다. 적어도 실제의 참과 같은 의미는 아닌 것 같다. 이에 반해 불완전한 명제 이론은 문장 (3)이 어떻게 참이거나 거짓일 수 있는지 설명할 수 있다.

다음을 문장 (3)이 표현하는 불완전한 명제라고 하자.

〈3*〉 〈 ____ , 소설 '흥부와 놀부', '등장하다' 라는 성질, '주인공이다'

라는 성질, '실제의 인물이 아니다', ……〉

〈3*〉은 불완전하기에 참도 거짓도 아니다. 그렇지만 (3)은 참일 수 있다. 필자는 허구 문장의 참과 거짓이 어떻게 정해지는지에 대해 데이비드 브라운(David Braun)의 제안[9]을 받아들인다. 브라운은 (3)이 다음과 같은 문장과 내용이 같다고 주장한다.

(4) 홍부가 '홍부와 놀부'에 등장하는 주인공으로 실제의 인물이라는 명제는 참이 아니다.

즉 (3)과 (4)는 의미론적 내용이 같다는 것이다. 브라운은 이러한 제안이 어떻게 (3)이 참인 것을 설명할 수 있는지 다음과 같이 주장한다. 문장 (3) "홍부는 '홍부와 놀부'에 등장하는 주인공으로 실제의 인물이다"라는 문장은 불완전한 명제를 표현하고 불완전한 명제는 진리값을 가지지 않는다. 어떤 명제가 진리값을 가지지 않는다는 것은 그것이 참도 거짓도 아니라는 것인데, 그렇다면 '홍부는 '홍부와 놀부'에 등장하는 주인공으로 실제의 인물이다'가 참이 아니라는 것은 맞는 말, 곧 참이다. 이러한 브라운의 제안은 설득력이 있다. 왜냐하면

(3′) 홍부는 '홍부와 놀부'에 등장하는 주인공으로 실제의 인물이다

가 거짓이라는 것도 다음과 같이 설명할 수 있기 때문이다.

(3′)은 다음과 같은 문장과 의미론적 내용이 같다.

---

9 이 글에서 필자가 받아들이고 있는 브라운의 주장은 모두 로체스터 대학 철학과 강의 원고와 논문 "Empty Names"(*Noûs*, 27권 4호, 1993, 456-460쪽)를 참고로 하고 있다.

(4′) 흥부가 '흥부와 놀부' 에 등장하는 주인공으로 실제의 인물이다라는 명제는 참이다.

"흥부는 '흥부와 놀부' 에 등장하는 주인공으로 실제의 인물이다"라는 문장은 불완전한 명제를 표현하여 진리값을 결여하므로 참이 아니다. 따라서 (4′)은 틀렸고 거짓이다. 이처럼 브라운의 제안은 (3)이나 (3′)처럼 허구에 관한 의견이나 주장에 해당하는 허구 문장이 어떻게 참 또는 거짓일 수 있는지 설명한다.

셋째, 불완전한 명제를 표현하는 허구 문장은 단순한 물체가 아닌 언어의 일부분이다. 즉 불완전한 명제 이론을 표현하는 허구 문장들은 우리가 사용상의 내용을 전하기 위해 이용하는 도구가 될 수 있는 것은 물론, 그 사용이 언어 공동체의 체계적인 규칙에 지배를 받아 그 자체로 어떠한 뜻을 전달하고 있는 언어에 속한다. 그러나 월턴의 주장처럼 허구 문장이 의미론적 내용을 지니지 않고 겉보기에 명제를 표현하는 문장과 비슷한 구조를 지녔을 뿐이라면 허구 문장이 바위나 의자와 같은 물체와 본질적으로 다른 점이 없다. 바위나 의자도 어떤 다른 사태를 전달하기 위해 도구로 사용될 수 있다.

이와 관련하여 브라운의 제안에서 주목할 점은 그가 (3)과 (3′)의 참 또는 거짓을 설명하기 위해 (4)나 (4′) 같은 안은 문장을 이용하였다는 것이다. 이러한 방식은 언어의 일반적인 의미론 연구에서 계속 문제가 되고 있는 안은 문장의 참과 거짓 문제와 허구 문장의 참 거짓 문제를 일관성있게 다룰 수 있음을 보여 준다. 언어의 의미론적 내용 연구에서 문제가 되고 있는 안은 문장의 참과 거짓 문제란 다음과 같다. (4)의 문장 구조를 분석하면 "흥부는 '흥부와 놀부' 에 등장하는 주인공으로 실제의 인물이다"는 안긴 문장이고 (4)는 이 문장을 문장 성분 중의 하나로 포함하고 있는 안은 문장이다. 그런데 이처럼 안긴 문장의 참과 거짓은 안은 문장의 참 또는 거짓을 결정하는 데 직접적인 영향을 끼치지 않는 경우가 있다. 예를 들어

(5) 희연이는 샛별[10]과 개밥바라기[11]가 서로 다른 별이라고 믿는다.

이 문장은

(6) 샛별과 개밥바라기는 서로 다른 별이다

라는 문장을 목적절로 안고 있는 문장이다. 실제로 샛별과 개밥바라기는 모두 금성을 가리키는 이름들이기 때문에 (6)은 거짓이다. 그러나 (6)이 거짓이라는 사실이 (5)의 참과 거짓을 결정하는 데 직접적인 영향을 끼치지 않는다. (5)가 참이냐 거짓이냐를 결정하는 데에 중요한 것은 희연이가 정말로 (6)이 표현하는 명제를 믿고 있느냐의 여부이다. 희연이가 샛별과 개밥바라기가 서로 다른 별이라고 믿는다면 (5)는 참이나, 그렇지 않다면 설혹 샛별과 개밥바라기가 서로 다른 별이라고 할지라도 (5)는 거짓이다. 문장 (5)의 명제를 다음과 같이 나타내자.

〈5*〉 〈희연, '믿는다' 라는 성질, 〈금성, 금성, '서로 다르다' 라는 성질〉〉

명제 〈5*〉는 희연이 명제 〈6*〉 〈금성, 금성, '서로 다르다' 라는 성질〉에 대해서 '믿는다' 라는 성질을 예시할 때 참이다. 명제 〈6*〉이 참이라고 해서 명제 〈5*〉가 참이 되는 것은 아니며 반대의 경우도 마찬가지이다. 따라서 명제 〈6*〉의 참과 거짓은 〈5*〉의 참과 거짓을 결정하는 데 직접적으로 영향을 끼치지 않고 있음이 분명하다.

---

10 "새벽녘에 동쪽 하늘에서 보이는 금성을 지칭한다. 새벽 무렵에 동쪽 하늘에서 밝게 빛나기 때문에 특별히 샛별이라는 별칭이 생긴것으로 추측된다."
자료출처: 위키백과(http://ko.wikipedia.org/wiki/%EC%83%9B%EB%B3%84)

11 "금성의 다른 이름으로 저녁 무렵 서쪽 하늘에 나타나는 금성을 지칭한다. 흔히 저녁 무렵 밥 시간이 되어 개가 서쪽 하늘에 나타난 금성을 보고 짖는 데서 유래한 이름이다."
자료출처: 위키백과(http://ko.wikipedia.org/wiki/%EA%B0%9C%EB%B0%A5%EB%B0%94%EB%9D%BC%EA%B8%B0)

허구 문장의 참과 거짓 문제가 일반적인 안은 문장의 참 거짓 문제와 일관적이라 함은 허구 문장의 참과 거짓이 일반적인 안은 문장, 특히 믿음 태도와 관련된 문제와 동일한 방법으로 해결된다 함이 아니다. 우리는 위에서 문장 (5)의 참과 거짓의 결정 과정과 달리 허구 문장의 참과 거짓을 결정하는 과정에 있어서는 안긴 문장이 진리값을 가지지 않는다는 사실이 안은 문장의 참 거짓을 결정하는 데 영향을 끼친다는 것을 보았다. 그러나 이러한 차이는 당연한 것이다. (3)과 (5), 각각의 문장에서 주어에 해당하는 대상이 서술어가 가리키는 성질을 예시하는 조건이 서로 다르기 때문이다. (5)가 참이 되기 위해서는 희연이 명제 〈6*〉에 대해 '믿는다'는 성질을 예시해야 하고 이 경우 '믿는다'는 성질을 예시하는 것과 믿음의 대상이 참인지 거짓인지 아니면 참도 거짓도 아닌지가 상관이 없다. 그러나 (3)이 참이 되기 위해서는 '흥부는 '흥부와 놀부'에 등장하는 주인공으로 실제의 인물이다'라는 명제가 '참이 아니다'라는 성질을 예시해야 하고 '참이 아니다'라는 성질을 예시하는 것과 주어가 가리키는 대상의 참 거짓 여부는 상관이 있다.

이러한 작은 차이보다는 허구 문장의 참 거짓의 문제가 일반적인 문장의 참 거짓의 문제와 비슷하다는 점에 더 주목해야 한다. 브라운의 제안은 허구 문장의 참 거짓을 설명하는 데 겪는 어려움이 일반적인 안은 문장의 참 거짓을 설명하는 데 겪는 어려움[12]과 과히 다른 종류가 아님을 제시하고 있다. 따라서 브라운의 제안과 함께 불완전한 명제 이론은 허구 문장들이 다른 일반적인 문장들과 똑같이 언어의 일부로 계속 여겨질 수 있는 근거를 마련해 준다는 점에서도 의의가 있다.

12 안은 문장의 참 거짓에 관련된 문제는 다음과 같다.
본문에서 희연이가 샛별과 개밥바라기가 서로 다른 별이라고 믿을 때 문장 (5) "희연이는 샛별과 개밥바라기가 서로 다른 별이라고 믿는다"는 참이라고 설명하였다. 그러나 문장 (5)는 희연이의 믿음이 변하지 않은 상황에서도 한편으로는 거짓일 수 있다.

3. 맺는 말

이 글에서는 우리가 드라마, 영화, 소설, 연극 등을 통해서 늘 접하고 있는 허구에 대해서 어떤 철학적 질문을 던질 수 있는지 그리고 그 질문에 어떻게 대답할 수 있는지 살펴보았다. 허구에 대한 질문은 크게 두 가지로 나뉜다. 첫째는 허구를 이야기하는 행위에 대한 질문이고, 둘째는 허구 문장들이 그 자체로 지닌 내용, 즉 의미론적 내용에 대한 질문이다.

허구를 이야기하는 행위는 언어를 사용한다는 점에서 언어 행위로 여겨지기 쉽다. 그러나 언어 행위는 기본적으로 언어 자체가 지니고 있는 내용을 표현하고 또 그 언어를 사용하는 사람의 의도와 문맥에 따라 정해지는 사용상의 내용을 전달하는 일이 함께 일어나는 행위이다. 그러나 어느 누구도 허구에서 일어나는 일들이 사실이라고 생각하지 않는다. 월턴의 주장대로 허구 이야기 행위는 사용된 문장들이 의미론적 내용을 표현한다고 믿는 체하는 놀이이다. 다른 말로 하면 허구를 만들어 내는 작가는 문장 자체가 지니고 있는 내용을 표현하려고 하지 않으며 허구를 감상하는 이도 작가가 문장의 의미론적 내용을 표현하려 한다고 기대하지 않는다. 그 대신에 허구 이야기에서 문장들은 허구라는 예술작품의 관습과 함께 이해해야 한다. 그때에 허구 문장들은 허구라는 문맥 안에서 사용상의 내용을 전달한다. 한 허구 문장의 사용상의 내용은 이 허구 문장이 허구 안에서 참이라는 것이다. 그렇다면 허구 문장들을 전달하는 사용상의 내용을 바르게 이해한다는 것은 언제나 이 문장들이 허구 안에서 쓰여지고 있다는 사실을 의식한다는 것을 뜻한다. 그렇기에 어느 누구도 공연 도중에 무대 위로 뛰어 올라가 주인공을 살해하려고 하는 악당을 말리지 않는다.

한편 허구를 이야기하는 행위는 허구 문장이 의미론적 내용을 표현한다고 믿는 체 놀이에 참여하는 것이기에 허구 문장의 의미론적 내용을 파악하는 것은 허구 이야기 행위에서 중요한 부분이다. 이에 대해 월턴은 허구 이름을 포함하는 허구 문장들은 명제를 표현하지 않는다고 주장한다. 그러나 허구 문장은 허구 이름의 내용이 채워야 할 자리에 아무것도 없는 불완전한 명제를 표현할 수 있다. 허구 문장이 불완전하나마 명제를 표현한다는 주장은 허구 문장이 아무런 명제도 표현하지 않는다는 주장보다 몇 가지 점에서 우월하다.

첫째, 우리의 인식 행위와 감정 반응이 어떠한 사태를 파악함으로부터 시작된다고 할 때 허구 문장이 표현하는 불완전한 명제는 허구 문장을 읽고 시작되는 모든 인식 행위와 감정 반응의 촉발점이 된다. 그러나 허구 문장이 아무 명제도 표현하지 않는다면 아무것도 없이 어떻게 인식 행위를 시작할 수 있는지 알 수 없다. 또한 허구 문장의 사용상의 내용은 우리가 이해하는 것이 허구라는 사실을 포함하기에 우리가 허구를 읽으면서 마치 실제의 이야기를 대하는 듯 보이는 반응을 제대로 설명해 낼 수 없다.

둘째, 허구 문장이 불완전한 명제를 표현한다는 주장은 허구에 관한 주장이나 의견에 속하는 문장들, 예를 들어 "흥부는 허구 인물이다"와 같은 문장이 진리값을 가진다는 사실을 설명해 낸다. 허구 문장이 표현하는 명제는 불완전하기에 참 또는 거짓도 아니다. 그러나 브라운은 간접적인 방식으로 허구 문장이 허구 안에서가 아니라 실제로 참 또는 거짓이 될 수 있음을 보여 준다. 그는 안은 문장의 참과 거짓은 안긴 문장의 참과 거짓에 직접적으로 영향을 받지 않을 수 있다는 사실을 이용하였다. 월턴은 허구 문장이 명제를 표현하지 않는다고 주장하기 때문에 "흥부는 허구 인물이다"와 같은 문장이 어떻게 참인지를 설명할 수 없다. 대신 그는 위의 문장도 역시 믿는 체 놀이의 도구로 쓰였다고 주장한다. 그러나 "흥부는 허구 인물이다"라는 문장은 이야기의 일부도 아니고 또 실제로 참이라는 진리값을 가지기 때문에 월턴의 주장은 설득력이 없다.

셋째, 문장의 의미론적 내용이란 문장이 한 언어에 속하면서 그 언어의 체계적인 규칙의 지배를 받아 지니게 되는 문장 자체의 내용이다. 불완전한 명제 이론은 허구 문장도 불완전하나마 명제, 즉 의미론적 내용을 지님으로써 언어의 규칙에 지배를 받는 언어의 일부분이라고 주장할 수 있다.

또한 브라운의 제안은 허구 문장의 참과 거짓의 문제가 일반적인 문장의 참과 거짓 문제와 전혀 다른 종류가 아님을 보여 줌으로써 위와 같은 주장을 지지한다. 그러나 허구 문장이 믿는 체 놀이에서 사용상의 내용을 전달하는 도구일 뿐 그 자체의 내용은 지니고 있지 않을 때에는 허구 문장이 언어의 일부분이라고 주장할 근거가 많아 보이지 않는다. 허구 문장이 믿는 체 하기의 놀이 도구로서 사용상의 내용을 전달하는 것일 뿐이라면 아무 생각 없이 그려낸 무수한 동그라미 낙서도 문맥에 따라서 사용상의 내용을 전달하는 데 쓰일 수 있기 때문에 이런 낙서와 본질적으로 다르지 않다.

더 읽을거리

Adams, F., G. Fuller, and R. Stecker, "The Semantics of Fictional Names", *Pacific Philosophical Quarterly* 78, 1998, pp. 128-148.

Braun, D., "Empty Names, Fictional Names, Mythical Names", *Noûs* 39(3), 2005, pp. 596-631.

Caplan, B. D., *Empty Names: An Essay on the Semantics, Pragmatics, Metaphysics, and Epistemology of Empty Names and Other Directly Referential Expressions*, Los Angeles: University of California, 2002.

Salmon, N., "Nonexistence", *Noûs* 32(3), 1998, pp. 277-319.

상 징

정수경

"〈아르놀피니의 결혼식〉에서 강아지는 부부간의 신의를 상징한다."

"예술작품은 인간 정신의 상징이다."

위의 표현에서처럼 우리는 예술과 관련하여 종종 '상징'이라는 용어를 사용한다. 그런데 유심히 살펴보면 두 표현에서의 '상징'이라는 용어는 서로 다른 층위에서 사용된 것임을 알 수 있다. 즉 전자의 경우 상징은 작품의 일부를 지칭하는 것으로, 예술에서 사용되는 수사학의 일종이라고 볼 수 있다. 반면에 후자에서 상징은 작품 전체를 일컫는 것으로, 예술작품의 존재론의 차원에서 사용되고 있는 용어이다. 카시러(E. Cassirer)나 랭어(S. Langer)는 후자의 입장을 대표하는 이론가들이고, 비어즐리(M. C. Beardsley)나 하스퍼스(J. Hospers)는 전자의 입장을 대표하는 이론가들이다. 비어즐리는 "이 그림은 상징적이다"라는 진술은 "이 그림은 어떤 대상을 재현하고 있다"라는 진술과 "그 대상은 ~을 상징한다"라는 진술이 결합된 것이며, 상징에 대한 논의는 그림 자체에 대해서 이루어질 수 있는 것이 아니라 그림 속에서 상징으로 사용된 대상에 관해서만 이루어질 수 있다고 주장한다.[1] 본 글은 상징을 예술의 수사학의 일종으로 간주하는 입장을 따

라, 예술작품 안에서 사용되고 있는 상징을 어떻게 이해할 수 있을 것인지를 살펴보고자 한다.[2]

1. 상징의 정의와 분류

상징은 함께 혼합된 것이나 식별 기호라는 의미의 그리스어 'symbolon'에서 유래한 말로서, 질적 · 형식적으로 달라서 서로 독립적인 뜻을 가진 두 가지의 대상이 어떤 관련을 맺어 한 편이 다른 한 편을 나타내게 되는 것을 뜻한다.[3] 그러므로 원칙적으로는 모든 대상들이 상징으로 사용될 수 있다. 그러나 어떤 대상이 아무런 근거나 제한도 없이 질적으로나 형식적으로 다른 대상의 상징이 될 수 있는 것은 아니다. 일반적으로 상징은 일정한 관계를 맺고 있는 두 대상 A와 B 중에서, 사용자가 궁극적으로 제시하고자 하는 바는 B이지만 B는 직접적으로 제시되기 어려운 반면 그와 관계를 맺고 있는 A는 보다 명료하게 전달될 수 있을 때, A를 통해 B를 나타냄으로써 성립하게 된다. 이때 A를 B에 대한 상징이라고 부르는 것이다. 그렇기 때문에 대부분의 경우 상징은 비가시적인 것을 가시적인 것을 통해 나타내는 식으로 사용된다. 비어즐리는 표시(to denote)와 상징(to symbolize)을 구분하여 상징이 어떤 대상을 표시하는 것은 분명하나, 상징되는 것은 그 대상 자체가 아니라 그 대상의 성격이어야 함을 분명히 하고 있다. 즉 어떤 사물은 그것이 단순히 어떤 다른 것의 기호가 됨으로써가 아니라 어떤 가치 있는 특질을 내부에 가지게 됨으로써 비로소 상징이 된다는 것이다. 따라서 상징되는 것은 신념, 희망, 자비, 용기, 지혜, 몰락 등과 같은 일련의 속성

1 Monroe C. Beardsley, *Aesthetics*, Indianapolis: Hackett Publishing Company, 1981, p. 289.

2 예술작품의 존재론적 차원에서 상징 이론을 발전시킨 학자들에 관해서는 '더 읽을거리'를 참고할 것.

3 헹크만, 로터 편, 김진수 옮김, 『미학사전』, 도서출판 예경, 1998.

들이다.[4]

일반적으로 상징은 자연적 상징과 관습적 상징으로 구분하여 설명되는데, 이에 관해 하스퍼스는 어떤 대상이 상징이 될 수 있는 경우를 세 가지로 나누어 설명하고 있다.[5] 그에 따르면 자연적 상징은 인간의 의지와 무관하게 생겨나는 것들로서, 어떤 것이 다른 어떤 것의 원인이 되거나 신호가 됨으로써, 혹은 닮음에 의해서 상징적 의미를 획득한다. 예를 들어 태양은 온기와 밝음의 상징이다. 이러한 자연적 상징은 보다 보편적인 범위에서 의미소통이 가능하다. 한편 관습적 상징은 자연적 상징에서와 같은 인과성, 닮음에 의해서가 아니라 인간들의 약속에 의해 결정된 상징을 의미한다. 관습적 상징의 대표적인 사례가 언어이다. 예를 들어 단어 '고양이' 는 어떤 특정한 동물을 나타내기 위해 사용되는 상징인데, 이 단어와 고양이 사이에는 어떤 인과성이나 닮음도 없으며 다른 언어들은 전혀 다른 단어들을 동일한 동물을 나타내기 위해 사용한다는 점에서 언어적 상징은 관습적 상징이다. 따라서 이러한 관습적 상징은 그것이 발생된 특정 문화의 범위를 벗어나서 보편적으로 소통되기는 어렵다. 그런데, 사실상 대부분의 상징들은 자연적 상징으로서의 성질과 관습적 상징으로서의 성질을 모두 가지고 있다. 예를 들어 25센트 동전의 경우, 독수리가 미국의 상징이 된 것은 관습적인 것이지만, 하필 독수리가 미국의 상징이 된 것은 독수리가 가진 자연적 상징으로서의 의미가 관습적 상징으로 이를 택한 사람들이 미국의 특징이라고 생각한 성질들에 잘 부합하기 때문이다.

4 Beardsley, 위의 책, p. 289.

5 John Hospers, *Understanding the Arts*, New Jersey: Prentice-Hall, 1982, pp. 177-179.

2. 상징의 발생과 해석

그렇다면 인과관계나 닮음이 명확하게 드러나고 보편적으로 수용되는 자연적 상징이 아닌 경우, 상징은 어떻게 형성되고 소통되는가? 하스퍼스는 관습적 상징들은 일반적으로 반복에 의해 상징으로서의 의미를 획득하게 된다고 설명하면서, 이러한 특징을 자연적 상징의 경우와 대비시키고 있다. 자연적 상징의 경우는 단 한 번의 사용으로도 상징적 의미를 얻을 수 있다. 즉 어떤 화가가 자신의 그림에서 꺼져 가는 촛불을 그렸다면, 그것은 자연적 상징으로서 어떠한 관습의 개입이나 다른 작품에서의 선례 없이도 끝나가는 생명에 대한 상징 의미를 획득하게 된다는 것이다. 그러나 관습적 상징의 경우는 그렇게 간단하지 않다. 물론, 성모 마리아의 머리 위에서 신성성을 상징하는 후광처럼 비현실성으로 인해 단 한 번의 사용만으로도 분명하게 상징적 의미를 가지게 되는 것도 있지만, 대부분의 관습적 상징들은 한 번의 사용으로는 상징적 의미를 얻을 수 없다. 관습적 상징들은 반복적 사용에 의해 상징으로서의 의미를 획득하게 된다. 하스퍼스는 톨스토이의 『안나 카레니나』에서 자주 등장하는 '기차'의 예를 들어 어떤 대상이 반복적 사용에 의해 상징적 의미를 획득하는 경우를 설명하고 있다. 그러나 이 작품에서 기차는 과연 상징인가? 그것은 상징이 아닐 수도 있으며, 그것이 상징임을 모르고도 작품을 읽을 수 있지 않은가? 이러한 물음에 대해 하스퍼스는 어떤 대상이 이야기를 통일시키는 중요한 요소로서 작용하며, 정감적 성질(affective quality)이 있다면 그 대상은 상징으로 볼 수 있다고 제안한다.[6] 그러나 이러한 "정감적 성질"이라는 기준은 매우 주관적인 것이 되기 때문에, 이것만으로는 어떤 대상이 진정으로 상징인지 아닌지를 구분해 내기 어렵다. 주관의 개입에 따라 모든 것이 상징으로 읽힐 수도 있는 것이다. 그렇기 때문에 하스퍼스 자신도 모든 것을 상징으로 읽어내려

6 Hospers, 위의 책, p. 183.

는 태도는 바람직하지 않다고 경계하고 있다. 그러나 그는 정작 어떤 것이 상징인지 아닌지를 구분할 수 있는 보다 객관적인 기준에 대해서는 언급하지 않고 있다.

바로 이러한 문제 때문에 비어즐리는 상징이 성립하게 되는 조건과 상징을 해석하는 기준에 대해 보다 면밀한 설명을 제시하려고 한다. 비어즐리는 상징이 성립될 수 있는 기반으로서 자연적 기반(the natural basis)과 관습적 기반(the conventional basis), 그리고 생명적 기반(the vital basis)이 있다고 제안한다.[7] 자연적 기반이란 상징으로 사용된 기호와 상징되는 특성 간의 자연적 유사성(natural similarity)을 뜻하며, 관습적 기반이란 어떤 것을 상징으로 사용하기로 하는 결정, 동의나 약속을 의미한다. 마지막으로 상징의 생명적 기반은 어떤 것이 단순한 대용물이 아닌 상징이 되기 위해서는 '역사'가 필요하다는 것을 의미한다. 즉 어떤 대상이 상징이 되기 위해서는 반드시 특정 활동들에서 사용되고 확대재생산이 되어야 한다는 것이다.

이 중에서 비어즐리가 가장 중요하게 생각하는 것은 세 번째 기반인 생명적 기반이다. 이는 일차적으로 생명적 기반이야말로 자연적 상징과 관습적 상징이 상징으로서 공통적으로 가지는 조건이기 때문이다. 즉 자연적 상징이 인과관계나 닮음에 의해 설명되고, 관습적 상징은 인간들의 인위적인 동의나 약속에 의해 설명된다고 할 때, 서로 다른 발생 구조를 가진 두 부류의 대상들을 '상징'이라는 동일한 개념하에 두기 위해서는 두 부류의 대상들을 공히 설명해 줄 수 있는 공통의 기반이 있어야 하는데, 그것이 바로 생명적 기반인 것이다. 비어즐리는 어떤 대상이 상징이 되기 위해서 자연적 기반과 더불어 생명적 기반을 가지고 있든지, 관습적 기반과 더불어 생명적 기반을 가지고 있어야 한다고 설명한다. 이러한 조건은 관습적 기반과 자연적 기반을 동시에 가지고 있는 복합적 성격의 상징에도 동일하게

7 Beardsley, 위의 책, pp. 289-290.

적용된다.

또한 원칙상 모든 사물이 상징이 될 수 있다는 점은 어떤 대상이 상징인지 아닌지 그 의미를 해석하는 데 있어 중요한 어려움을 초래하는데, 이런 상황에서 상징의 생명적 기반은 상징 해석에 있어 중요한 판단 기준을 제공한다. 아무리 자연적 인과관계나 닮음을 가지고 있어도 생명적 기반을 갖지 않은 사물을 상징으로 해석하는 것은 정당화될 수 없는 자의적 해석에 불과하며 이는 관습적 상징의 경우에도 마찬가지라는 것이다. 그러므로 생명적 기반을 가진 상징만이 진정한 상징이라 할 수 있다.

그런데 비어즐리가 강조하는 생명적 기반이라는 것이 하스퍼스가 언급한 '반복'과는 어떻게 다른 것일까? 특정 활동들에서 사용되고 확대 재생산된다는 것은 언뜻 보기에는 반복과 다를 바 없는 것처럼 보인다. 그러나 구체적인 사례들을 통한 비어즐리의 설명을 보면 이는 단순한 반복과는 전혀 다른 것임을 알 수 있다.

3. 다양한 예술 장르에서의 상징

비어즐리는 다양한 예술 장르들에서 상징이 형성되고 해석되는 방식이 다르다는 것을 파악하고, 회화와 문학, 음악 등 다양한 예술 장르에서의 상징을 분석하고 있다. 그러다 다양한 장르를 통틀어 가장 근본적인 문제는 예술작품 속에서 나타나는 어떤 대상이 과연 상징적인 것인가, 아니면 그저 묘사적인 것인가 하는 물음이다. 이러한 문제에 대해 비어즐리는 다른 어떤 예술 장르보다도 상징을 가장 많이 사용해 온 장르인 회화에서의 상징을 중심으로 설명하고 있다. 비어즐리에 따르면 회화에서 상징의 문제는 크게 두 가지로 대별될 수 있다. 첫째는 그림이 무엇인가를 상징화하고 있는 것인지를 어떻게 알 수 있는가 하는 문제이고, 둘째는 그 대상 혹은 상징의 의미에 대한 불일치가 생길 때 그것을 어떻게 해결할 수 있는가 하는 문제이다. 혹자는 이러한 문제의 손쉬운 해결책으로 화가의 의도를 판단의 기준으로 내세우기도 하지만, 비어즐리에 따르면 그것은 적합한 기준이 아니다. 상징 성립의 세 번째 조건인 생명적 기반에 입각해 볼 때, 화가가 자신의 의지에 따라 상징을 만들어 낼 수는 없는 것이기 때문이다. 따라서 비어즐리는 개인적이고 주관적으로 창조된 상징은 상징으로 인정하지 않는다.

그러므로 비어즐리에 따르면 그림이 무엇인가를 상징화하고 있는지를 알기 위해서는 우선 그 그림이 우세한 관습적 기반을 가진 상징을 포함하고 있는가를 보고, 그런 후에 주로 자연적 기반을 가진 상징을 포함하고 있는가를 보아야 한다. 그런데 어떤 것이 관습적 상징인지 아닌지를 알기 위해서는 화가의 의도를 아는 것이 중요한 것이 아니다. 중세 성화에서의 십자가나 현대 회화에서의의 철조망이 무엇을 상징하는지를 알기 위해 연구해야 하는 것은 화가의 의도가 아니라 기독교의 역사나 현대 정부의 역사와 같은 것들이며, 르네상스 시기의 그림에 대해서도 상징의 의미를 올바로 알기 위해서는 네오 플라토니즘의 맥락에서 그림을 고찰할 필요가 있다. 이러한 역사적 · 철학적 배경이 그림에서 사용된 상징의 올바른 관습적 기반을 제공하기 때문이다. 예를 들어 티치아노의 그림 〈신성한 사랑과 세속적 사랑〉(1510년경)은 나체의 여인과 옷을 입은 여인을 묘사하고 있는데, 우리의 현대적 관습 기반에 입각해서 볼 경우 나체의 여인이 세속적 사랑을 상징하고 옷을 입은 여인이 신성한 사랑을 상징한다고 생각하기 쉽다. 그러나 네오 플라토니즘의 배경에서 바라보게 되면 각각이 상징하는 것이 정반대임을 알 수 있다. 따라서 당시의 관습적 기반에 대한 지식 없이는 그 그림을 올바로 감상할 수 없게 된다.[8] 이러한 상징의 관습적 기반에 대한 연구는 도상학의 몫이라 할 수 있는데, 도상학에 의해 일단 상징의 관습적 기반들이 밝혀지면 관습적 기반이 우세한 상징들에 대해서는 판단 근거가 생기게 되며, 의미에 대한 불일치는 잘 생겨나지 않는다.

8 Beardsley, 위의 책, p. 291.

그러나 관습적 기반은 없이 자연적 기반만 강한 상징의 경우에는 그것이 상징인지 아닌지, 또 상징이라면 어떤 의미인지에 대해 의견일치가 훨씬 어렵다. 비어즐리에 따르면, 해석의 규칙이나 의미의 사전이 없는 상황에서 어떤 자연물이 상징인지 아닌지를 알기 위해서는 일단 그 자연물이 전체 구성과 어떤 조화를 이루고 있는지를 보아야 한다. 전체 구성과 잘 어울리면 상징으로 볼 필요가 없으나 전체 구성에 어긋나는 방식으로 묘사되어 있다면 상징으로 보아야 하며, 그림의 디자인이 그 자연물에 초점을 맞추고 있을 때에도 그 자연물은 상징으로 취급해야 한다는 것이다. 이러한 원리를 비어즐리는 "두드러짐의 원리(Principle of Prominence)"라고 부르며 고야의 거인 그림이나 루오의 석판화를 예로 들고 있다.[9] 비어즐리는 또한 자연적 상징의 경우도 역사적, 문화적 배경들에 비추어 해석해야 함을 주장한다. 그에 따르면, 통상 죽음이나 불모의 상징으로 간주되는 벨리니의 작품의 가지치기 된 나무들은 가을이 되면 땔감을 위해 나뭇가지를 치곤 하는 르네상스 농부들의 관습적 행위에 비추어 보면 상징으로 해석해야 할 이유가 없다. 다시 말해, 일반적으로는 상징으로 여겨지는 이미지도 그것의 역사적 맥락을 고려하면 상징이 아닌 경우도 다반사라는 것이다.

한편, 어떤 대상이 상징이라는 사실에 대해 동의한다고 했을 때, 그것이 상징하는 의미가 무엇인지는 어떻게 결정할 수 있을 것인가? 이러한 문제는 비록 도상학적 연구가 상징의 관습적 기반에 대한 지식을 제공한다 하더라도 완전히 제거되지는 않는데, 이는 하나의 대상이 다양한 상징적 의미를 가질 수 있고, 하나의 작품 속에 여러 개의 상징들이 동시에 존재할 수도 있기 때문이다. 이런 경우 비어즐리는 그 대상이 인간의 삶 속에서 가질 수 있는 다양한 상징적 의미들의 가능성을 탐구하고, 그중 그림에 있는 다른 대상들 및 그 대상들의 잠재적 의미들과 정합적으로 맞아떨어지는 의미를 찾아야 한다고 본다. 그는 이러한 원칙을 "상징적 합치의 원리(Principle

9 Beardsley, 위의 책, p. 292.

of Symbolic Congruence)"라고 부르며 마찬가지로 루오의 석판화와 고야의 거인 그림을 사례로 들고 있다.[10]

하지만 이러한 원리에 의해 탐구하더라도 상징의 의미가 잘 파악되지 않는 경우들도 있다. 예를 들어 대상의 묘사가 거의 없는 추상적 그림의 경우나, 구성이 잘 되지 않아 전체 문맥에 의해 개별 대상들의 상징적 의미가 흐릿해지거나 통제 불가능해지는 그림의 경우, 상징의 의미는 자유연상에 의해 개인적이고 주관적인 것이 될 수도 있다. 그러나 그것은 예외적인 현상이며, 그러한 자의적 해석이 일반화되어 정당화될 수는 없다.

이처럼 회화에서의 상징은 역사와 문화라는 관습적 기반에 많이 의존하여 일상적 문맥에서 상징으로 사용되는 것들이 작품 속에서도 상징으로 나타나는 반면, 문학에서는 일상적인 문맥에서는 상징이 아닌 것들이 작품의 맥락 속에서 상징이 될 수 있다. 자연적 기반이나 관습적 기반이 취약한 어떠한 대상도 그것이 작품 흐름에 있어 중요한 시점마다 반복되어 나타나면서 작중 등장인물들에게 어떤 다른 것들을 환기시키고 주목을 받는다면 상징적 의미를 획득했다고 볼 수 있기 때문이다. 『주홍글씨』에서의 주홍글씨는 이런 식의 중심 소도구(a central prop)라고 할 수 있다. 이렇게 중심 소도구가 되는 대상은 그 인상이 매우 강렬할 경우, 단 한 번 나오면서도 상징적 의미를 획득할 수도 있다. 한편, 동일한 대상이 다양한 문학적 은유들에서 변형된 모양으로 반복적으로 나오면서 상징적 의미를 획득하기도 한다. 이처럼 문학 작품에서 어떤 대상을 상징적으로 만드는 것은 작품의 화자나 등장인물의 특별한 주목의 대상으로 고정되는 것이다. 그리고 그것이 상징화하는 것은 일련의 특성들인데, 작품이 진행되는 동안 상징적 의미는 계속 축적되게 된다.

그러나 문학에서는 상징적 읽기는 요청하면서 구체적으로 해독되는 일관된 상징은 없는 경우도 있다. 어떤 경우에는 그것이 오히려 비밀스럽고

---

10 Beardsley, 위의 책, p. 293.

신비로운 수수께끼 같은 효과를 불러일으키기도 하는데, 현대시와 소설들 중에는 의도적으로 이러한 효과를 노리는 작품들도 있다. 이와 같이 상징적 지위에 대한 요청은 있으나 상징화 작용을 하고 있는 내용을 찾지 못하게 되는 대상은 의사상징(quasi-symbol)이라 불린다.

이처럼 회화와 문학이 상징이 가장 많이 사용되는 예술 장르라면, 상징이 가장 사용될 법하지 않은 예술 장르는 무엇일까? 그것은 아마도 음악일 것이다. 그러나 가장 추상적이고 순수한 예술로 간주되는 음악에서도 상징은 예외 없이 사용되어 왔다. 19세기 후반 이후로 음악의 추상성과 순수성이 강조되면서 음 자체가 중시되고 음은 다른 그 어떤 것도 나타내지 않는 것처럼 논의되어 왔기 때문에 음악에서는 상징이 잘 사용될 것 같지 않지만, 하스퍼스에 따르면 18세기 이전의 음악들에는 오늘날의 청자들은 알아채지 못하지만 그 곡이 쓰여진 당시에는 작곡가에 의해 의도되었고 청자들에 의해 파악될 수 있는 정교한 상징들이 있었다. 예를 들어 바흐의 〈B단조 미사〉의 "크레도"에서 베이스의 끊임없는 움직임은 교회 신앙의 영속성과 견고함을 상징하며 "크레도"와 "엣 인 우눔 데움"에서의 이중창은 성부와 성자의 일체성을 상징한다. 쉼표는 거리를 상징하며, 선율의 하향 진행은 밤이나 어두움을, 감9음은 분노나 공포를, 푸가는 신법(神法)을, 트럼펫 연주는 신의 영광을 상징한다. 바그너의 오페라 〈니벨룽겐의 반지〉의 경우 각 모티프들은 인물이나 특질을 나타내는 것으로서 매우 관례적인 상징들이다. 그 관례들과 상징의 의미들을 아는 것은 오페라를 적절하게 감상하는 데 있어 매우 중요하다. 각각의 모티프들이 서로 엮이면서 발전하여 하나의 거대한 오페라를 구성하기 때문이다. 이런 상징을 모르고도 오페라를 감상할 수는 있으나, 그렇게 되면 감상의 전체적 차원을 상실하게 된다.[11]

11 Hospers, 위의 책, pp. 180-182.

4. 상징의 효용

이처럼 어떤 대상이 상징이라는 것과 그것의 의미를 알고 예술작품을 경험하는 것과 모르고 경험하는 것 사이에는 중요한 차이가 있다. 하스퍼스에 따르면 어떤 대상이 상징이라는 사실을 아는 것은 작품 감상에 통일성을 가져오는 요인이 된다. 또한 어떤 대상이 상징임을 알아차리게 되면 우리는 그 대상에 대해 정감적 의미를 부여하게 된다. 하스퍼스는 이 정감적 성질이야말로 어떤 대상이 다른 대상을 위한 상징이 되기 위한 중요한 조건이라고 제시하고 있다. 비슷하게, 헝거랜드(I. Hungerland)는 상징이 사용된 작품을 볼 때 우리의 사고, 태도, 감정들이 한 대상에서 다른 대상으로 옮겨지면서 서로 얽혀서 "이화수정(異花受精, cross-fertilized)" 된다고 주장한다. 그러나 이러한 효과는 상징의 의미에 대한 올바른 파악이 가능할 때라야 생겨나는 것으로, 상징이 사용된 모든 작품에 적용될 수는 없다. 예를 들어 뒤러의 〈멜랑콜리아〉 같은 작품은 수많은 상징들을 포함하고 있는 작품으로 유명하지만, 그 개별 상징들의 의미 및 여러 상징들이 한데 결합하여 형성하는 복합적 의미가 현대의 관람자들에게는 여전히 명확히 파악되지 않고 있기 때문에 헝거랜드가 기대하는 효과를 쉽게 불러일으키지 못한다.[12]

그럼에도 불구하고 다양한 예술 장르에서 상징이 사용되는 까닭은 예술이 가시적이고 감각적인 것 이상을 표현하려고 하기 때문이다. 앞에서도 언급한 것처럼 일반적으로 상징은 감각적으로 접근할 수 없는 어떤 것을 감각적 대상을 통해 보다 구체적이고 분명하게 드러내기 위해 사용된다. 그러므로 예술이 정신적이고 초감각적인 것에 관심을 가질 때 상징은 빈번하게 사용되었다. 이러한 점은 상징이 중세와 르네상스의 종교화에서 가장 빈번하게 사용되었다는 사실을 통해서도 쉽게 이해할 수 있다.

---

12 Hospers, 위의 책, p. 179.

5. 상징에 대한 미학적 논의의 전개

그러나 바로 그 점 때문에 상징은 근대미학에서는 정당한 논의의 자리를 찾지 못했다. 과학으로서의 예술을 주장하며 세계에 대한 정확하고도 법칙에 입각한 재현을 추구했던 근대 예술철학에서는 상징이 논의될 여지가 없었던 것이다. 따라서 상징에 대한 논의는 낭만주의의 대두와 더불어 비로소 본격화되었다. 섀프츠베리, 빙켈만, 헤르더, 하만 이래로 예술은 더 이상 자연의 모사 혹은 복사로서나, 미리 주어진 진리의 운 좋은 해명으로 이해되지 않고, 현실과 진리를 매개하는 것으로 이해되었다. 이때 상징은 감각적으로는 접근할 수 없는 경험 영역들의 지각과 인식을 위한 역동적이고도 창조적인 매개물로 작용한다. 상징은 보편적인 것, 신비한 것, 볼 수 없는 것과 말할 수 없는 것을 '반사광 속에서' 경험할 수 있게 하는 장치로 이해되었던 것이다. 낭만주의 이후로 상징주의는 예술의 주된 경향의 하나를 이루었다.

이후 미학사의 흐름 속에서 예술적 상징에 대한 연구는 다양한 전통을 형성했는데, 특히 도상학과 정신분석학을 통해 크게 발전했다. 도상학은 파노프스키(E. Panofsky)에 의해 체계화되었는데, 그는 예술작품을 외적 형식에 의해 판단하는 19세기 후반의 양식사 경향을 비판하면서 형식과 내용을 결합한 양식 개념을 확립하고자 했다. 그는 가장 기초적인 형태의 파악조차도 순수한 형식의 차원만이 아니라 내용의 차원이 개입한다고 지적하면서 예술작품의 외적 형식에 대한 서술도 궁극적으로는 그 형식이 지닌 내적 의미에 대한 탐구에 다름 아니라고 주장했다. 형식이 지닌 의미에 대한 탐구는 일정 부분 상징에 대한 탐구로 이어질 수밖에 없는 것이어서, 전도상학적 단계-도상학적 단계-도상해석 단계로 구성되는 파노프스키의 도상학에서 도상해석적 단계는 상징적 가치의 세계를 탐구하는 데 할애되고 있다. 이러한 도상학의 발전을 통해 상징에 대한 논의도 함께 발전했다.[13]

한편 프로이트(S. Freud)의 정신분석학도 상징에 대한 논의를 발전시켰는데, 그가 인간의 정신에 있어 무의식의 의미를 밝혀낸 것은 주지의 사실이다. 그는 주로 성적 욕망에 의해 추동되는 무의식은 사회화된 의식에 의해 억압되면서 직접적으로 드러나지 못하고 꿈이나 말실수 등을 통해 발현된다고 생각했다. 그는 꿈을 "억압된 소망의 위장된 충족"이라고 하여, 현실의 억압된 소망과 먼 옛날의 기억 등이 결합하여 꿈이라는 정신적 공간에서 표출된 것이라고 보았다. 따라서 꿈은 있는 그대로 표출되지 않고 왜곡되어 나타나게 되는데, 욕망이 의식의 검열을 피해 위장하여 나타나는 방식의 하나로 프로이트는 상징을 꼽았다. 그는 이와 같은 것으로서의 상징을 꿈뿐만 아니라 많은 회화 작품들에도 적용하여 작품 속에 있는 상징들을 해석해 내었다.[14]

이상에서 살펴본 바와 같이 상징은 예술이 비가시적인 세계, 혹은 형이상학적 세계를 추구할 때면 언제나 중심에 등장해 온 예술의 중요한 수사학의 하나이다. 기독교 신앙이 중심축이었던 서구의 중세에 그러했고, 기계론적인 세계관에 반발하여 과학으로 환원되지 않는 세계를 추구했던 낭만주의 시기에도 그러했다. 현대 이후로 인간의 문명은 여전히 과학이 주도하고 있지만, 과학 이상의 것을 추구하는 인간의 욕망이 예술을 통해 실현되면서 상징은 여전히 유효한 예술적 수사학으로 남아 있다. 이와 같은 상징에 대한 논의는 현대에 와서는 기호학의 영향을 받으면서 언어와의 유비가 심화되어 분석철학에 속하는 굿먼(N. Goodman)의 상징 이론을 탄생시키기도 하였는데,[15] 굿먼과 카시러, 랭어 등의 상징 이론을 통해 상징은 단순한 수사학의 차원을 넘어 예술작품의 존재론에까지 이르게 되었다.[16]

13 파노프스키에 대해서는 『미학대계』 2, 제2부 현대미학의 방법론과 전개, '예술사의 철학'의 「미술사의 철학 - 에르빈 파노프스키: 형식과 내용의 종합을 향하여」를 참고할 것.

14 상징에 대한 정신분석학 분야에서의 논의에 관해서는 '더 읽을거리'를 참고할 것.

15 굿먼의 상징 이론에 관해서는 『미학대계』 2, 제2부 현대미학의 방법론과 전개, '예술기호론'의 「넬슨 굿먼의 예술기호론」을 참고할 것.

16 그러나 예술작품의 존재론으로서의 상징 이론에 대한 논의는 이 글의 논의 범위를 벗어나는 것이므로, 이에 관해서는 '더 읽을거리'를 참고할 것.

더 읽을거리

정기철, 『상징, 은유, 그리고 이야기』, 문예출판사, 2002.

넬슨 굿먼, 『예술과의 대화: 상징론적인 접근을 통하여』, 이은주 옮김, 학문사, 2004.

데이비드 M. 라스무센, 『상징과 해석』, 장석만 옮김, 서광사, 1991.

수잔 랭어, 『예술이란 무엇인가』, 박용숙 옮김, 문예출판사, 1984.

알프레드 노스 화이트헤드, 『상징활동 그 의미와 효과』, 문창옥 옮김, 동과서, 2003.

에른스트 카시러, 『인문학의 구조 내에서 상징형식 개념 외』, 오향미 옮김, 책세상, 2002.

지그문트 프로이트, 『꿈의 해석』, 김인순 옮김, 열린책들, 2003.

츠베탕 토도로프, 『상징의 이론』, 이기우 옮김, 한국문화사, 1995.

칼 구스타프 융, 『인간과 상징』, 이윤기 옮김, 열린책들, 1996.

은 유

이수진

학창 시절 국어 선생님께서는 은유법의 한 예로 "내 마음은 호수요"를 드셨고, 우리는 그 유명한 시구를 미처 음미할 틈도 없이 그대로 외워야 했다. 또 미국 영화 〈Under the Tuscan Sun〉을 논평하며 감독은 여주인공이 토스카니에서 집을 사서 수리하며 집이 차츰 변화하는 과정은 명백히 여주인공의 심경 변화의 은유라는 한마디를 지나가듯이 했다. 물론 회화 작품을 평론가가 작가의 심리상태 혹은 현실에 대한 성찰을 반영하는 은유로 풀이하는 경우도 드물지 않다. 이렇게 은유는 문학예술에 빈번하게 사용되거나 혹은 사용되었다고 해석되는 기법으로 알려져 있는 비교적 익숙한 현상이다. 앞에서 든 예에서 볼 수 있듯이 은유는 한 줄 시구에서 회화 작품 전체에 이르기까지 다양한 적용 범위를 가진다. 그러나 이 글에서는 우리가 이런 여러 현상들을 은유라 부를 때 가장 기본적으로는 언어에 연관된 현상으로서의 은유를 염두에 두고 있음을 따로 논증함 없이 전제할 것이다. 말하자면, 언어적이라기보다는 시각적인 혹은 청각적 은유의 경우나 한 문장이 아닌 전체 작품이나 작품의 큰 부분이 은유로 일컬어질 경우, 우리는 '은유'라는 표현을 은유적으로 사용하고 있다고 한다면 그리 크게 왜곡하는 것은 아닐 듯하다. 따라서 이 글에서는 언어, 특히 한 문장에서 나타나는 은유로 그 범위를 한정하고자 한다.

은유가 무엇인가라는 질문에 가장 쉽게 떠오르는 대답은 은유는 수사법상 비유법의 일종이라는 것이다. 물론 이 대답은 은유를 다른 비유법과 구별짓지 못한다. 여기에 은유는 "마치 ……와 같다"라는 직유식의 표현을 배제하고 한 대상이나 개념을 다른 대상이나 개념에 사용되는 단어들을 이용하여 표현하는 것이라는 점을 떠올린다면 거의 완전한 대답이 될 듯해 보인다. '원관념'과 '보조관념'이라는 개념들을 이용하여 이 대답을 풀이하자면, "내 마음은 호수요"에서 '내 마음'은 원관념을 표현하는 단어이며 '호수'는 보조관념을 표현하는 단어이다. 내 마음과 호수는 다른 별개의 대상이지만, 이 은유적 표현에서는 '호수'가 진짜 호수라는 대상을 가리키기보다는 내 마음을 표현한다는 것이다.

이 대답을 보자면 은유가 수사법의 일종으로 당연히 수사학의 영역에 속하는 현상으로 다루는 것이 자연스럽게 여겨진다. 그렇다면 왜 은유를 수사학의 영역으로 미루어 두지 않고 언어철학, 미학, 나아가 인지과학에서 여러 학자들이 은유에 대해 논의하는가? 사실 은유에 대한 이런 철학적·인지과학적 관심은 적어도 고대 그리스까지 거슬러 올라가는 수사학의 역사와 견주어 볼 때 아주 최근의 일이라고 할 수 있다. 심지어 은유를 철학적으로 고찰하려는 움직임이 본격화한 20세기가 지난 지금까지도 은유가 전적으로 수사학의 영역에 속하는 현상이라는 것이 '전통적'이며 '정통적'인 견해로 남아 있다. 은유는 한 사물에 다른 사물에 속한 이름을 주는 것이라고 하여 은유를 장식적 언어의 일종으로 본 고대 그리스 철학자 아리스토텔레스에서부터—이 점에서는 수사학자 아리스토텔레스라고 부르는 것이 더 적절할 듯도 하다—은유가 직유의 생략된 형태라는 은유 직유론(simile theory of metaphor)을 개진한 현대 영미철학자 파글린(Robert Fogelin)에 이르기까지 여러 학자들이 이 '전통적' 견해를 이론화하고 있다고 볼 수 있다. 이런 전통적 견해와 달리 은유가 철학적으로 중요한 주제로 각광받게 된 데에는 분석철학자 블랙(Max Black)의 힘이 컸다. 블랙이 논문 「은유(Metaphor)」에서 주창한 상호작용론(interactionist theory)은 은유에 대한 의미론적 접근으로서는 지금까지도 가장 영향력 있는 이론으로 남아 있다. 물론 은유를 철학적으로 유의미한 현상으로 다루는 입장은 분석철학에만 국한된 것은 아니다. 은유가 철학적 의의를 갖는다고 보는 이론 중 해석학적 전통에 속한 이론도 널리 알려져 있다. 아리스토텔레스에 있어 단어 단위에 머물렀던 은유 분석이 블랙에 있어서 문장 단위로 확대되었다면 해석학의 경우에는 텍스트 단위의 문제가 된다. 이 글에서는 분석철학적 전통을 중심으로 은유의 철학적 의의를 살펴볼 것이다.

1. 은유 직유론

먼저 전통적으로 널리 받아들여진 은유 비교론(comparison view of metaphor)을 살펴보자. 비교론이라 부를 수 있는 이론들은 두 대상을 비교하는 데에서 은유의 특징을 찾는다는 데 그 공통점이 있다. 은유가 직유의 축약이라고 주장하는 은유 직유론이 비교론의 한 종류이다. 예컨대, "나는 새상에 갇힌 새"라는 표현은 "나는 마치 새장에 갇힌 새와도 같이 자유가 없다"[1]라는 직유를 축약한 것으로 사람인 나와 조류인 새장 속의 새라는 상이한 두 대상이 갖는 공통점, 즉 둘 다 자유가 없다는 점에 근거하여 둘을 비교한다는 것이다. 아리스토텔레스가 『수사학』(III.4)에서 은유는 축약된 직유라고 주장함으로써 직유론의 좋은 예를 보여 준다. 전통적으로 받아들여진 직유론은 은유가 직유로, 더 나아가 문자적 비교로 환원될 수 있다는

1 물론 이 한 문장만 보고 바로 이 직유가 이 은유의 바른 짝이라고 단정짓기에는 무리가 있다. 상식과는 거리가 있을지 모르나, 전혀 다른 직유를 짝지우는 것도 불가능하지는 않아 보인다. 예컨대, 새장 속의 새를 자유를 박탈당하고 그리워하는 것으로 보지 않고 오히려 주인의 배려로 모이와 물을 힘들여 찾을 필요 없이 마음껏 향유하는 것으로 본다면, "나는 마치 새장 속의 새처럼 안락하다"라는 직유를 이 은유의 짝이라고 볼 수도 있지 않을까? 물론, 이렇게 어떤 직유를 은유의 바른 짝으로 보는가에 이견이 있을 수 있다는 점, 특히 앞뒤 문장이나 전체 글이 주어졌을 때 이런 이견의 폭이 좁혀질 법하다는 점은 비교론에 대한 반론을 예견케 한다.

환원적 은유 직유론(reductive simile theory)이다. 파글린의 좀 더 세련된 직유론은 은유의 문자적 비교로의 환원을 거부하는 비환원적 직유론(non-reductive simile theory)으로 분류할 수 있다.[2]

"내 마음은 호수요"라는 은유를 해석하고자 할 때 "도대체 내 마음이 어떤 점에서 호수 같다는 거야?"라는 질문이 자연스럽다고 한다면 은유가 두 대상의 비교에 기인한다는 비교론, 또 은유가 직유로 환원된다는 직유론의 주장은 그럴 듯해 보인다. 만약 은유가 정말 직유의 축약된 형태일 뿐이라고 한다면, 직유와 은유 사이에는 수사법상 차이는 있을지 몰라도, 그 이상 어떠한 심오한 차이도 없는 것이 당연할 것이다. 따라서, 직유론에 따르면 은유의 의미는 그에 해당하는 직유의 의미와 동일시된다. 즉 갑은 을이라는 은유의 의미는 갑은 마치 을과 같다는 문장에 의해 주어진다. 따라서 은유의 해석은 그에 해당하는 직유를 해석하는 문제이며, 은유의 진리는 그 직유의 진리로 환원된다. 따라서, 은유 직유론에 따르면 직유와 은유를 따로 설명할 필요가 없이 통일된 이론이 가능한 것이다. 또 갑과 을이라는 두 대상이 유사점이 있다는 것이니, 각각의 대상이 참으로 그 특색을 갖느냐의 여부에 따라 직유가 참인가 거짓인가를 결정할 수 있다는 것이다. 환원적 직유론의 경우 은유가 축약된 직유에 불과하고 직유는 문자적 비교로의 환원이 가능하므로 은유의 내용과 참 거짓도 문자적 참 거짓에 기대어 결정할 수 있는 것이 되어서 의미론적으로는 은유, 직유, 문자적 비교가 모두 하나로 통일된 깔끔한 분석틀을 갖게 된다. 물론, 비환원적 직유론은 그 틀에서 문자적 비교를 배제하기 때문에 환원적 직유론보다는 덜하지만, 그래도 직유와 은유를 망라하는 분석이 가능하다. 이러한 점에서 직유론, 비교론은 은유에 독자성을 부여하는 이론과 비교해 단순명쾌하다는 장점이 있다.

물론, 여기에는 손쉬운 반론이 기다리고 있다. "나는 새장에 갇힌 새"는

2 Tirrell, "Reductive and Nonreductive Simile Theories of Metaphor"

문자적으로 단언할 때 명백히 거짓이다. 나는 사람이지 새가 아니며 또 나는 새장 안에 있지 않기 때문이다. 그러나 "나는 마치 새장에 갇힌 새와 같이 자유가 없다"라는 직유적 표현을 문자 그대로 단언한다면, 그 화자가 새장에 갇히지 않은 사람임을 전제하고도 어떤 상태에 있는가에 따라 참된 단언이 될 수 있다. "나는 마치 새장에 갇힌 새와 같다"라는 좀더 간결한 직유 표현을 보면, "어떤 점에서?"라는 질문이 나올지는 몰라도 그 문자적 단언을 참으로 만드는 대답이 하나는 있을 법하다. 즉 은유를 문자적으로 단언할 경우 대부분의 경우 거짓이 되는 반면, 어떤 대상들 사이에도 대개 한 가지 유사점은 있다는 점, 또 극단적으로는 모든 대상들은 적어도 어떤 측면에서는 비슷하다는 점을 고려한다면, 두 대상이 어떤 유사점을 갖고 있다고 단언하는 직유는 참일 수밖에 없는 것이다. 이렇게 직유론에 따르면 같은 의미를 지니고 있는 은유와 직유가 상이한 진리치를 가지는 것이 가능하다고 한다면, 은유의 내용과 참 거짓을 직유의 내용과 참 거짓으로 대체해 버리는 직유론은 잘못된 이론이라는 반론이 가능한 것이다.

여기에 더해 환원적 직유론에 대한 좋은 반론은 은유에 해당하는 직유가 의미하는 바를 설명하는 데 있어 우리가 찾아내는 유사성 자체가 비유적이라는 점이다. "사랑의 속삭임은 마치 솜사탕 같다"라는 표현을 보자. 환원적 직유론이 맞다면 이 직유는 사랑의 속삭임과 솜사탕 사이의 문자적 비교로 환원된다. 이때 아마 그 둘 사이의 유사점을 물으면 달콤하다는 점이라고 대답할 수 있다. 그러나, '달콤하다' 는 형용사는 솜사탕에 사용되었을 때에는 특정한 미각적 특색을 표현하는 반면, 사랑의 속삭임은 언어적 현상으로 미각적 특색이란 찾아볼 수 없다. 그렇다면 달콤함에 기댄 비교는 그 자체로 비유적인 것이다. 은유, 직유라는 비유를 설명하기 위해 문자적 비교를 도입했으나, 문자적 비교를 설명하기 위해 비유를 다시 도입해야만 한 것이다.

파글린의 비환원적 직유론은 이 사실을 명시함으로써 이 비판은 비켜가지만, 은유를 직유와 동일시함으로써 다음의 손쉬운 비판에서는 벗어날 수 없다. 즉 직유론은 은유에서 직유로의 손쉬운 변환 경로가 있는 것으로 가정하는 반면, 때로는 직유의 형태로 쉽게 번역될 수는 없는 은유도 있고 겨우 직유를 찾아낸다 해도 그 직유가 도대체 무슨 뜻인지 이해하는 것조차 힘들 정도로 말이 안 되는 경우도 있고, 또 은유가 가진 듯해 보이는 의미가 해당하는 직유에서는 손실되는 경우가 있다는 것이다.

2. 은유 상호작용론(interaction theory of metaphor)

블랙은 비교론을 거부하고 문장의 문자적 요소와 은유적 요소 사이의 상호 작용을 중요시하는 상호작용론을 주창했다. 상호작용론의 핵심 주장은 은유가 환원 불가한 인지적 내용을 가지며, 이 인지적 내용은 서로 다른 인지 체계 사이의 상호 작용에 의하여 창출된다는 것이다. "나는 새장 속에 갇힌 새"에서 '나'는 블랙이 '틀(frame)'이라 부르는 문자적 요소로 문자 그대로 나를 가리키며, '새장 속에 갇힌 새'는 블랙이 '초점(focus)'이라 부르는 은유적 요소를 가리킨다. 블랙에 따르면 이 두 요소 사이의 상호 작용에 의해 각각이 의미론적으로 변화됨으로써 문자적 내용으로 환원할 수 없는 인지적 내용이 생긴다.

구체적으로는 초점에 연관된 상식체계(system of associated commonplaces)가 틀에 연관된 상식체계에 관한 우리의 사고를 걸러냄으로써 상호작용하여 전체 문장의 은유적 의미를 생성한다. 새장 속에 갇힌 새에 연관된 상식 혹은 뻔한 말 중에는 그 새가 조류임, 새장 안에 있음, 새장 밖에서 날아다닐 수 있었지만 안에서는 그럴 수 없음, 주인에게 생존을 의존함 등의 속성을 들 수 있겠다. 이 은유는 나와 연관된 뻔한 말 중 새장 속에 갇힌 새에 연관된 뻔한 속성들과 잘 맞는 것들만 드러내 강조한다. 은유의 인지적 내용은 이렇게 걸러진 결과물인 것이다.

상호 작용론은 은유가 강력한 인지적 도구임을 강조한다.

그러나, 모든 은유에서 틀과 초점을 찾을 수 있는 것은 아니다. 예컨대, 전재산을 챙겨 떠나간 남편을 원망하며 "그 늑대는 회오리바람이었다"라고 하는 경우를 생각해 보자. 이 은유적 문장 내에는 문자적 요소, 즉 틀을 찾아볼 수 없다. '상호 작용'이라는 용어 자체가 은유적이라는 것도 곧잘 지적되는 문제점 중의 하나이다. '상호 작용' 개념이 상호 작용론의 핵심이라고 한다면 그 자체로 은유에 그치는 개념에 의존하는 이 이론은 은유의 작용을 잘 설명해 내지 못한다는 것이다.

블랙의 상호 작용론에 대한 또 다른 비판은 데이빗슨(Donald Davidson)이 제기했다. 굳이 옥캄의 면도날을 들먹이지 않더라도 어떤 이론적 개체를 상정하는 데 있어서 그 이론적 유용성이나 설명적 가치를 입증하는 것이 필요하다. 데이빗슨은 블랙의 특별한 은유적 의미 혹은 인지적 내용이 별 이론적 가치가 없다고 주장한다. 즉 은유적 의미를 상정한다고 해서 그 개념적 도구가 없을 때와 별 다를 바가 없다는 것이다. 수면제는 어떻게 사람들이 잠들게 하는가를 설명하기 위해 수면제는 잠 오게 하는 힘을 갖고 있다고 지적하는 것이 아무런 진짜 설명이 될 수 없듯이—"수면제의 잠 오게 하는 힘이 어디서 오는가 말입니다"라는 반문이 이어지기 마련이다—은유의 작용을 설명하기 위해 은유적 의미를 이용하는 것은 아무런 설명이 되지 못한다는 것이 데이빗슨의 주장이다.

3. 지향론(intentionalism)

비교론에 만족하지 못하면서도 상호 작용론이 상정하는 환원 불가한, 신비스럽기까지 한 인지적 내용에 대해 의구심을 갖는 경우가 많이 있다. 이러한 이론 중 잘 알려진 것으로 그라이스(Paul Grice)의 이론을 응용한 설(John Searle)의 이론과 데이빗슨의 비인지주의 이론이 있다. 이 두 입장은 비교론과 상호 작용론에 거리를 두고 있다는 점 외에도 은유의 해석을 위해 지향적 상태(intentional state)에 기댄다는 공통점을 지니고 있다. 한 발화의 의미를 설명하는 데 있어서 화자나 청자의 심리상태에 의존하는 견해를 의미의 지향론(intentionalism)이라고 한다면, 이 두 가지 은유론은 지향론의 한 형태로 볼 수 있다. 여러 차이점 중 가장 두드러지는 차이점은 설의 경우에는 화자의 지향적 상태가 중요한 반면, 데이빗슨의 경우 청자의 지향적 상태가 중요하다는 것이다.

설의 은유론은 그라이스의 화용론적 대화이론(pragmatic theory of conversation)에 근거한 발화행동이론(theory of speech act)으로 은유 현상을 설명한다.[3] 설에 따르면, 은유가 어떻게 일어나는가를 설명하는 문제는 화자 의미(speaker meaning)와 문장이나 단어의 의미(sentence or word meaning)를 구별하는 문제의 특수한 경우일 뿐이다. 은유적인 것은 특정한 상황에서의 단어나 문장의 쓰임새이지 단어나 문장 자체가 아니라는 것이다. 그렇다면 은유론의 역할은 문자적 의미와 은유적 화자 의미가 어떻게 연결되는가를 설명하는 것이 된다.

그라이스에 따르면, 성공적 의사소통은 화자가 전달하려고 하는 바를 청자에게 이해시키려는 화자의 의도를 청자가 이해하는 데 달려 있다. 발화된 문장 자체는 문자적 의미만을 가지며, 은유의 의미는 문자적 의미와는 다른 차원에서 화용론적 관점에서 화자가 전달하고자 의도하는 바와 동일시된다. 은유의 진리치도 문장 자체에만 의존하지 않고 화자가 전달하고자 의도하는 바의 진리치로 환원될 수 있는 것이다.

설은 해석 과정을 세 단계로 나눈다. 먼저 청자는 발화의 문자적 해석이 문제성 있는 발화로 귀결될 때 비문자적 해석을 추구하기로 결정한다. 일단 은유적 해석을 추구하기로 결정하면, 청자는 가능한 화자 의미를 생성하게 하는 원칙들을 활용한다. 다음으로 청자는 여러 가능한 의미 중 어떤 것이 가장 화자의 의도된 의미일 가능성이 높은가를 판별한다.

---

3 Searle, “Metaphor”

이런 그라이스 식 이론은 은유가 문자적 내용 이외의 인지적 내용을 갖는다는 직관을 필요 이상으로 의미를 늘리지 않으면서도 잘 포착한다. 또, 은유의 설명을 일반적인 언어 의사소통론 내에 한 경우로 수렴함으로써 임시방편이 아닌 것으로 보인다. 물론, 설의 은유론과 같은 그라이스 식 이론에 대한 비판도 존재한다. 먼저 은유 해석의 첫 단계와 관련하여, 모든 은유의 경우가 그렇게 문제성 있는 문자적 해석을 전제한다고 보기에는 무리가 있다. 문자적으로 해석되더라도 별 문제가 없는 은유적 문장도 존재한다. 또, 은유의 의미가 문자적 의미 외에 화자가 의사소통하려는 의도로 환원된다는 설의 주장은, 은유가 화자가 예상하는 바를 넘어서는 해석이 가능한 경우가 있을 수 있다는 점, 따라서, 화자의 의사소통적 의도를 넘어서는 경우가 있다는 점과 상충된다.

이러한 문제점들로 인해 많은 매력적인 면에도 불구하고 설의 그라이스 식 은유론 역시 논란이 되고 있다.

데이빗슨의 은유론은 의미론적으로 볼 때 은유는 은유를 전달하기 위해 사용된 단어들이 의미하는 바 이상을 의미하지 않는다고 주장한다는 점에서 설의 이론과 공통점을 갖지만,[4] 은유적 의미를 어떤 차원에서도 상정하기를 거부한다는 점에서 설의 견해로부터 떨어져 있다. 데이빗슨에 따르면, 은유는 단순히 청자에게 인과적 기제에 의해 특정한 인지적 정서적(affective) 효과를 유발하는 것이다. 그는 은유의 인지적 효과를 인정하면서도 의미는 명제적 내용에 국한된다는 점에서 문자적 의미를 넘어서는 은유적 의미를 부정한다. 은유적 발화를 이해하는 것이 별 정해진 규칙 없이, 문자적 의미와 함께, 화자가 믿는 바를 적절히 창조적으로 고려하는 것일 뿐이라면, 은유도 다른 비은유적 발화와 마찬가지의 활동일 뿐이라는 것이다. 데이빗슨은 은유가 우리로 하여금 한 가지 사물을 또 다른 사물로 보게 하여 다른 사물들 사이의 유사성에 주목하도록 한다고 주장한다. 그렇다고

4 Davidson, "What Metaphors Mean"

해서 화자가 유사성이 주목받기 위해 제시되고 있다라는 명제를 주장한다고 볼 필요는 없다.

이런 점에서 데이빗슨의 은유론은 비인지주의(noncognitivism)로 분류된다. 비인지주의 은유론에 대한 비판 한 가지는, 은유의 인지적 유의미성에 대한 직관에 근거한다. 모란(Richard Moran)은 은유가 참이나 거짓일 수 있다는 점, 은유가 이해되거나 오해될 수 있다는 점, 은유가 논증이나 사고과정에 등장한다는 점 등을 들어 비인지주의를 비판한다. 또한 죽은 은유(dead metaphor)의 현상도 비인지주의 은유론에 난점이 될 수 있다. 죽은 은유는 은유적 표현이었던 것이 빈번하게 사용됨으로 그 은유적 내포가 문자적 의미의 하나로 굳어지는 경우를 말한다. 은유적 내포가 빈번한 사용으로 새로운 문자적 의미로 된다면 죽은 은유가 되기 이전 살아 있는 은유일 때에도 같은 의미를 소통하기 위해 사용되었을 것이라는 것이다. 살아있는 은유였을 때 고유한 문자적 의미 밖의 다른 의미가 소통되었고 이 의미가 다른 문자적 의미로 정착되었다는 설명이 가능하다면, 은유의 고유한 의미를 부정하는 비인지주의와는 양립 불가능해 보인다.[5]

4. 은유론의 현 상황과 전망

은유가 여러 학문 분야에서 관심을 가지는 현상이기는 하나, 현재 은유 연구가 가장 각광받는 영역은 인지과학이다. 인지과학에서는 은유가 사고나 행동에 미치는 영향이나 인지발달과 언어숙달에 있어서의 은유의 역할 같은 주제를 많이 다루고 있다. 또한, 언어학과 언어철학에서는 점점 더 은유의 맥락민감성에 주목하고 있다. '지시사' 에 대한 언어철학적 연구 성과

5 이 비판을 감안할 때, 데이빗슨이 자신의 비인지주의적 은유론을 뒷받침하는 것으로 죽은 은유 현상을 드는 것은 주목할 만하다.

를 은유 이해에 활용하려는 노력이 그 한 예이다. 이러한 여러 성과물을 어떻게 문학예술에 고유한 성과로 승화시킬 것인가는 미학자들에게 남겨진 숙제일 것이다.

더 읽을거리

Kittay, E. F., *Metaphor: Its Cognitive Force and Linguistic Structure*, Oxford: Clarendon, 1987.

Lakoff, G., and M. Johnson, *Metaphors We Live By*, Chicago: University of Chicago Press, 1980 (노양진 · 나익주 옮김, 『삶으로서의 은유』, 서광사, 1995).

Ortony, A. (ed.), *Metaphor and Thought*, 2nd ed., Cambridge: Cambridge University Press, 1993.

양 식

서지원

도입

양식이라는 단어는 옥스퍼드 영어 사전에 기록된 28개의 의미가 시사하는 대로 매우 복잡한 개념이다. 양식의 개념은 말투나 행동 등 우리의 일상생활에서도 널리 활용되는 용어지만, 양식과 관련하여 논의의 중심에 위치한 것은 '예술적 양식'의 문제였다. 예술과 관련하여 양식은 일반적으로 예술작품의 내용과 대립되는 형식적인 요소로 동일시되어 왔으며, 작가가 선택한 주제의 종류도 그 자체로 양식의 주요 특질로 간주되어 왔다. 그러나 근대에 와서 양식은 그것을 발생시킨 행위인인 인간 존재를 함축하는 개념으로 발전되어 양식은 그것을 만든 인간의 표현이라는 사고가 정착되었다. 아울러 양식 개념에는 규칙성과 반복적 성질이 귀속됨으로써 양식은 주로 한 개인, 한 시기, 한 집단의 예술에 나타나는 지속적인 형식—지속적인 요소, 성질, 표현—을 의미하는 것으로 정식화되었다. 따라서 양식은 나뭇잎의 형태와 같은 자연의 규칙성보다는 인간에 의해 만들어진 규칙성을 지칭하는 개념으로 이해되어 왔다.

그 밖에 양식은 평가적 속성을 함축하기도 하고 가치중립적으로 사용되기도 하는 복잡한 개념이다. 가령, 누군가에 대해 "스타일이 있다"라고 말하는 경우에 양식(style)은 긍정적인 평가적 속성을 함축하는 용어로 사용되는 반면 "조지안 양식"의 건물이라고 부를 경우는 조지안 시대의 실재의 것에 미치지 못한다는 부정적인 함축을 갖기도 한다. 또한 '통일된' 주제를 양식으로 갖는 작품은 일반적으로 긍정적인 평가를 함축하며 '비정합적' 양식은 부정적 특질로 간주되는 경향이 있다. 그러나 평가적 내포에 있어 중립적인 양식의 개념도 존재한다. 가령, 작품들 사이의 차이를 논하거나 평가에 결과적으로 영향을 미치는 작품 내의 개별적 국면들을 논의할 때는 대체로 중립적인 의미에서 양식적 측면을 고려한다. 대체로 양식이 없다고 말하는 것은 부정적 판단을 의미하는 경향이 있다. 그러나 반드시 미적인 성질을 지닌 것으로 보증되는 양식을 식별해 낼 수 있는 것도 아니다. 또한 고유한 양식을 갖지 않는다는 것이 반드시 미적으로 부정적인 판단을 수반하는 것도 아니다. 아울러 오늘날 기술적이고 중립적으로 사용되는 표준적인 양식의 범주들 중에는 본래 평가적 범주로 사용되었던 것들도 있다. 예컨대 기이하고 모순된 양식이라는 의미에서 출발한 바로크나 과장된 성질을 의미하던 매너리즘 양식은 애초에 부정적 함축을 지닌 것이었으나 시간이 지나 양식에 대한 평가가 변화하면서 오늘날에는 중립적인 양식 범주로 사용되고 있다.

이 글은 이처럼 복잡한 양상으로 전개된 양식의 개념을 정의하는 이론들을 소개하는 가운데 그 본질에 대한 다양한 접근들을 다루어 보고자 한다. 먼저 양식의 개념에 관련된 고대에서 근대까지의 주요한 경향을 이해하고, 형식, 표현, 서명, 인성 등으로 양식 개념의 본질을 정의하고자 한 다양한 이론들을 차례로 소개하고자 한다.[1]

1 본 논문에서 양식을 정의하는 대표적인 이론들로 소개하는 형식, 표현, 서명, 인성으로서의 양식 개념은 Routledge *Encyclopedia of Philosophy*, Philosophy(Version 1.0, London)의 분류 기준에 근거한 것이다. 또한 본 논문의 양식에 대한 논의는 위의 글에 상당 부분 의지하고 있음을 밝혀 둔다.

1. 역사적 배경

양식의 어원은 왁스 서판(tablets)에 새기기 위한 도구를 지시하는 라틴어인 stilus로 거슬러 올라간다. 그것은 어원적으로 양식이 글의 내용과 대조되는 글쓰기의 매너 혹은 질(quality)과 관련된 것이었음을 시사하고 있다. 예술에서의 양식 개념이 처음으로 소개된 것은 고대 그리스와 로마의 수사학에 관련된 문헌이라고 할 수 있다. 그리스의 주석가들은 양식의 용어를 수사학이 지닌 설득적 기능과 연결시키고, 소통되는 실체적 주장과 대조되는바, 다양한 수사학적 수단과 효과들을 지칭하기 위한 범주로서 사용해 왔다. 그들은 좋은 양식이 정확성, 명확함, 장식과 데코럼(적절성)으로 구성된다고 보았다. 그중 데코럼의 원리는 후대에 지속적인 영향력을 미친 것이었다. 데코럼은 말의 양식이 그것이 전달되는 상황 전체에 적절한 것이어야 한다는 규정을 일컫는 것으로서 연설가가 누구이며, 그들이 무엇에 대해 이야기하고 그들이 어떤 청중을 대상으로 연설하는가의 문제들을 고려하는 원리이다. 고대인들은 데코럼을 주로 세 가지 종류의 양식, 즉 단순한 양식(plain), 중간 양식(middle), 위대한 양식(grand)으로 구분한 바 있으며, 각자는 상이한 경우와 목적에 적절한 것이었다. 고대 수사학에서 청중에게 원하는 지적 · 정서적 효과를 환기시키기 위해 어떠한 양식을 사용해야 하는가를 규정하는 데코럼의 원리는 매우 중요한 부분이었다. 동시에 이 시기에 양식은 종종 화자의 이미지로 간주되기도 하였다. 예컨대, 키케로의 양식은 키케로 자신을 반영하는 것이라는 사고가 존재했었다. 퀸틸리안은 수사학의 기술을 "말 잘하는 것"이라고 요약한 바 있으며 이 구절은 고대 이래로 '어떻게'의 측면이 양식의 주요한 측면이었음을 상기시켜 준다.

그러나 고대의 수사학자들은 수사학적 수단과 그것에 의해 표현되는 주제 사이에 중요한 관계가 있다는 사실도 인지했었다. 초기에는 그 관계의 우연적 성격에 대한 논의가 있었으나, 점차 형식이 내용에 의해 영향을 받으며 양자가 본질적 연관성을 갖는다는 주장이 보다 강력히 제기되기에 이르렀다. 르네상스 시기에는 미술 분야를 중심으로 양자의 연관성에 대한 이론이 구체적으로 전개되기 시작했다.

계몽주의 시기까지는 수사학과 관련된 양식 개념이 지배적이었으나 그 이후 양식 개념은 점차 시각예술과 음악에 적용되는 것으로 그 범위를 넓혀 나갔다. 가령, '십자가에서의 죽음'과 같은 동일한 주제는 상이한 효과들을 위해서 상이한 양식들로 제시될 수 있다. 또한 상이한 양식들은 위계적으로 개별화되고 조직되었다. 여기서도 여전히 데코럼은 중요한 것이었는데, 서사시가 서정시보다 장엄한 양식을 요구하듯이 회화에서 위대한 양식(grand style)은 정물화보다는 역사화에 적절한 것이라고 여겨졌다. 따라서 이 시기에 셰익스피어 문학은 위대한 양식을 희극과 같은 저급한 양식과 혼합한 것이라는 점에서 문제시되기도 했다.

낭만주의와 독일 관념론의 출현은 양식의 개념에 근본적 변화를 가져왔다. 낭만주의자들은 장르의 위계와 개별 주제에 적절한 개별 양식이 존재한다는 생각을 거부하기에 이르렀다. 그들은 양식과 주제가 독립적인 것이 아니라고 보았으며 예술작품을 양자가 서로 융합되어 있는 유기적 전체로 정의했다. 예술작품은 고유한 감성을 지닌 작가의 정서적 표현이며, 그중 양식은 작가의 정신과 감정의 성질을 고유하게 표현할 수 있는 영역으로 여겨졌다. 특히 르네상스 시대 이래로 개별 작가의 인지도가 증가하고 작가의 '자아'에 대한 강조가 이루어지면서 양식의 분석을 창조자 개인의 성격과 연결된 것으로, 즉 작가 개인을 표현하는 것으로 여기는 성향이 점차 강화되어 나갔다.

더 나아가 이 시기에 양식은 작가 개인을 넘어선 그 시대의 표현이며, '자연적 종류'가 아니라 문화에 따라 다른 관례로 이해되었다. 그 관례는 각 문화 내에서 개별 예술을 가로질러 나타나며 진보하는 것으로 여겨졌다. 이러한 사고를 대변하는 당대의 철학자로 헤겔이 있다. 헤겔은 예술을 정신의 감각적인 현시로 보면서 예술의 계기적 국면들을 자기실현을 향한 정신의 불가피한 운동에 상응하는 것으로 파악했다. 각 국면은 상징, 고전, 낭만 시대와 같은 양식에 상응한다. 양식을 한 시대의 정신의 표현으로 보는 사고의 틀은 형이상학적 토대가 제거된 채로, 19세기 독일의 미술사가들에 의해 발전되었다.

2. 형식으로서의 양식

고대의 수사학자들은 양식을 수사학적 비유의 관점에서 연구했으며, 그것은 은유나 의인화 같은 의미론적 차원과 대구나 연결사 생략(asyndeton)과 같은 구문론적 차원을 지니는 것이었다. 현대의 문체론자들이나 담론 분석가들은 시, 연극, 일상 언어의 양식적 특질을 연구하기 위해서 근대의 언어학적인 기법을 사용하곤 했다. 이러한 의미에서 볼 때 양식은 전통적으로 무엇을 말하는가보다는 어떻게 말하는가, 다시 말해 내용보다는 형식과 관련된 문제로 인식되었음을 알 수 있다. 상이한 내용을 동일한 양식으로 말할 수 있으며, 동일한 내용이 상이한 양식으로 표현될 수도 있다. 예컨대 "고양이는 매트 위에 있다(the cat in on the mat)"는 평범한 양식으로 쓰여진 것이다. 그와 달리 "고양이과의 동물이 양탄자 위에 있다(feline animals is situated upon the rug)"는 거창한 양식으로 쓰여져 있다. 이 두 문장은 양식상에서는 차이가 있지만 의미상으로는 동일하다. 이처럼 일반적으로 양식은 단어와 구분의 선택을 포함하는 것, 즉 내용보다는 담론의 형식적 요소들에 대한 선택으로 여겨지곤 한다.

그러나 비어즐리(Monroe Beardsley)는 모든 형식적 요소들이 양식은 아니라는 점을 통해서 비양식적인 형식과 양식적 형식을 구분한다. 그는 의미상에 전혀 차이가 없는 두 문장의 경우나, 의미상으로 거대한 차이가 있는 두 문장은 양식상의 차이가 있다고 말할 수 없다고 본다. 즉 양식상의 차이는, 일차적인 층위에서는 기본적인 유사성을 지니면서, 미묘한 지점에서 차이를 갖는 경우에 발생한다. 예컨대, I will meet you at Church on Sunday/I will meet thee at the Meeting House on First-Day는 의미상으로 다르지 않지만 양식상의 차이를 갖는다.

비어즐리에 의하면, 양식은 **함축적**이거나 **이차적** 의미를 지니며, **종속적인** 발화수반적(illocutionary) 행위를 반영하는 언어적인 특질로 규정된다. 카이사르의 유명한 명언인 "veni, vidi, vici"를 예로 들어보자. 비어즐리는, 텍스트는 하나 이상의 발화수반적(illocutionary) 행위를 반영하며, 이러한 행위들은 층화된 패턴으로 자신을 배열한다고 말한다. 즉 두 개의 행위가 있다고 할 때, 하나는 종종 지배적인 것(dominant)이고, 다른 하나는 종속적인 것(subordinate)이다. 그렇다면 카이사르의 문장에서 일차적인 의미는 그가 왔고, 보았고, 정복했음을 의미한다. 그러나 이 문장은 and라는 접속사를 생략함으로써 카이사르가 신속하고 단호하게 움직였다는 함축적 의미를 갖게 되며, 그것은 종속적인 층위의 의미라고 할 수 있다. 종속된 층위의 의미에는 또한 카이사르가 매우 결단력 있는 사람이며, 루비콘의 상황을 신속하게 포착할 수 있는 능력을 지닌 사람임을 함축하게 된다. 양식적 특질은 바로 이러한 종속적인 특질의 의미와 관련된 것이라고 할 수 있다. 비어즐리의 양식 개념을 다시 정리해 보면 다음과 같다.

우선, 텍스트의 단어, 그들의 연속적 질서, 구문적 관계를 언어적 형식이라는 용어로 부르자. 만일 텍스트 T1의 언어적 형식이 종속적인 발화수반적(illocutionary) 행위를 야기하기 위해 변형된다면, 새로운 텍스트 T2는 양식에 있어 T1과 다르며, 한 텍스트는 다른 텍스트가 결여하고 있는 양식적인 특질을 담지하게 된다. 즉 하나의 양식적 특질이란 한 텍스트의 언어적 형식이 종속적인 발화수반적(illocutionary) 행위를 반영할 수 있도록 해주는 어떤 특질을 말한다.[2] 그러나 비어즐리의 이러한 양식 개념은 양식적

---

2 Monroe Beardsley, "Verbal Style and Illocutionary Action", *The Concept of Style*, ed. Berel Lang, Univ. of Cornell Press, 1987, p. 217.

인 언어적 특질과 비양식적인 언어적 특질의 구분을 모호하게 한다는 비판을 받고 있다. 예컨대, "고양이는 매트 위에 있다(the cat is on the mat)"와 같은 문장도 평범하고 직설적인 종속적인 층위의 의미를 함축할 수 있으며, 따라서 모든 단어 혹은 문법적 구성이 양식에 기여하는 것으로 판단될 수 있다는 문제점이 지적되고 있다.

3. 표현으로서의 양식

19세기를 거치는 동안 양식의 개념은 예술작품을 만든 인간의 정신적 징후로서 간주되기 시작했다. 이러한 개념은 양식을 자연과 대립되는 인간 정신에 고유한 본질적 자유를 표현하는 영역으로 가정하는 사고에 기반해 있다. 따라서 양식은 개인이나 시대, 민족 국가와 같은 집단의 정신을 반영하며, 그 집단 간의 차이를 설명해 줄 수 있는 근거로 간주되었다. 이러한 양식 개념은 특히 뵐플린, 리글 등을 주축으로 한 독일의 미술사학자를 중심으로 발전되는데, 이들에 의해 양식 개념은 진보적 역사의 내러티브와 결합되어 전개되었다.

양식의 발전은 주로 순환과 진보의 양 축을 중심으로 설명되었다. 가장 초기적 형태인 유아기, 성숙기, 노년기로 이루어진 순환적 발전 모델은 뵐플린(Heinrich Wölfflin)에 의해 생명의 유비가 배제된 보다 정교한 모델로 이론화되었다. 그는 두 민족의 양식을 다섯 가지 기준에 의해 대조시키고, 한 집합이 다른 집합으로 필연적으로 진화하며, 그 과정이 역사를 통해 순환됨을 주장했다. 뵐플린이 순환적 발전을 이론화했다면, 그와 병행하여 양식의 발전을 연속적이고 장기적 발전의 과정으로 접근하는 경향 또한 존재했다. 미술의 발전을 초기적 형태인 기하학적인 것에서 자연적인 것으로의 이행으로 설명하거나 촉각적인 것에서 시각적인 것으로의 이행으로 도식화한 리글(Alois Riegl)은 그 대표적인 이론가라고 할 수 있다.

양식을 개인, 나아가 집단적 정신의 표현으로서 간주하는 이러한 흐름은 20세기 들어 비판의 대상이 되어 왔다. 샤피로(Meyer Shapiro)는 개인 양식이나 민족 양식이 통일된 관념에 지배된다고 해석하는 이론에 이의를 제기하였고 단일한 작품으로부터 문화적 태도 일반을 추출하는 태도에 대해 경계했다. 또한 그는 양식을 한 시대나 민족의 사유 양태와 세계관에서 연역하려는 사고가 기반해 있는 관념론적 전제를 비판하고 경제, 정치, 이데올로기적 조건의 중요성을 강조하는 가운데 사회 구조와 연관된 미술 양식을 고찰할 필요성을 제기했다.

곰브리치(Ernst Gombrich) 또한 표현적 양식 개념에 대해 개인 영혼의 본성을 외관의 특성으로부터 직접 추론하려는 '인상학적(physiognomy)' 양식 개념이라고 규정하고 그것이 지닌 본질주의적 함의를 비판한 바 있다. 즉 한 민족의 예술이 철학, 종교, 법, 도덕, 기술이 그러하듯, 정신의 발전 단계를 반영하며, 그 각 단계가 공통된 중심인 시대의 본질을 지시하는 것으로 설명되는 이러한 양식 개념은 곧 문화적 전체주의로 이어진다고 비판한다. 그는 한 화가의 개인 양식에 대해서도 유사한 견해를 보여 준다. 그는 한 회화가 표현하는 양식은 그 작가의 언어 혹은 레퍼토리 내에서 어떠한 위치에서 논의되는가에 따라 다른 속성을 갖게 된다고 주장한다. 가령, 반 고흐의 작품 〈아를르의 방〉은 반 고흐의 작품의 맥락에서 볼 때 상대적으로 고요한 양식을 갖는다고 평가되지만, 만일 그것이 세잔에 의해 그려진 것이라면 상당한 불안감을 표현한 양식으로 간주된다고 보았다.

4. 서명(signature)으로서의 양식

서명으로서의 양식 개념은 굿먼(Nelson Goodman)에 의해 제기되었다. 그는 양식을 형식이나 감정과 관련해 정의하는 기존의 이론들은 양식의 일부에 대해 설명해 주지만 본질로서 정의될 수 없음을 주장한다. 먼저 굿먼은 일반적으로 양식이 무엇(what)이 아니라 어떻게(how), 즉 형식의 관점으로 이해되는 방식에 대해 비판하면서 양식 개념에 내용을 포함시킬 것을 주장한다. 특히 그는 동일한 의미를 말하는 대안적인 방식이 존재한다는 허쉬(E. D. Hirsch)의 동의어(synonymy)에 대한 옹호론을 반박한다. 허쉬가 주장하는 동의어는 한 문장의 무엇과 내용을 체계적으로 구분할 수 있는 토대가 존재한다는 인식에서 출발하는 것이다. 굿먼은 허쉬에 반대하면서 어떠한 두 용어도 정확히 동일한 의미를 지닐 수 없음을 주장한다. 그는 주제가 양식에 영향을 줄 수 있을 뿐 아니라 양식상의 차이는 말해진 내용적 차원과 관련됨을 주장한다. 그렇지만 양식은 전적으로 주제의 문제라고 간주될 수도 없으며 단어의 특정 종류, 문장 구조, 운율 등과 같은 형식적인 사용도 양식의 주요 국면임을 간과할 수 없다. 요컨대 굿먼은 내용과 형식의 구분을 통해서 양식과 양식 아닌 것을 구분하는 것은 불가능함을 주장하고 있다.

또한 굿먼은 양식의 본질을 '정서적이고 표현적 문제' 로 보는 견해의 한계를 지적한다. 그는 정서적인 것과 인지적인 것을 구분하는 가운데 양식적 속성을 정서직인 것으로 간주하는 견해에 반대하면서 일부의 양식은 정서적인 반면, 일부는 인지적이라고 주장한다. 또한 그는 정서적 양식이 '표현' 의 문제로 간주될 수 없다고 본다. 즉 조밀하고 느슨한 구성, 간략함과 장황함, 간결함과 장식적인 속성은 감정을 환기시킬 뿐이며 그것을 표현한다고 볼 수 없다. 굿먼은 그러한 속성들은 차라리 '정서(emotion)' 가 아니라 모호한 용어인 느낌(feeling)으로 대체되어야 함을 주장한다. 또한 그는 비정서적인, 즉 인지적인 양식적 속성도 특정한 느낌을 환기시킬 수 있음을 주목한다. 가령, 연대기적인 문장은 느슨한 문장과 다른 느낌을 주며, 라틴어와 영어도 다른 느낌을 준다. 굿먼은 이러한 느낌은 양식에 대한 분석 이전에 지각되는 것이며 모든 단어나 문장에 적용될 수 있는 것이어서 자칫 양식 개념을 지나치게 넓게 만들 우려가 있다고 본다. 또한 그는 표현된 감정적 속성으로 양식을 정의하게 되면, 느낌이나 표현이 아니라 구조적 특질로 이루어진 양식을 간과하게 된다고 지적한다. 따라서 굿먼은 감정이나 표현은 양식의 중요한 국면이기는 하지만 그것만으로 양식을 정의할 수는 없다고 본다.

굿먼은 양식이 주제, 형식, 감정의 국면들을 포함하지만, 그중 일부만으로 양식을 정의할 수 없다는 입장을 보이고 있다. 그에 의하면, 양식은 하나의 속성이 다른 작가, 시대, 지역, 유파와 달리 하나의 작품과 연관될 때에 사용되는 용어로서 개인적 혹은 집단적 서명으로 기능하는 복잡한 특성을 지닌 개념이다. 즉 일반적으로 양식적 속성들은 누구, 언제, 어디와 같은 질문들에 대한 답변을 해줄 수 있는 성질이다.

그러나 한 작품의 저자, 시기, 출처를 결정해 주는 모든 속성이 양식적이라고 말할 수는 없다. 즉 회화의 레이블, 작곡가의 편지 등은 작품의 출처를 알려줄지라도 양식은 아니다. 또한 안료의 화학적 속성도 회화를 식별하도록 도와줄지라도 양식은 아니다. 토마스 이큰스 혹은 벤저민 프랭클린의 서명도 양식적 속성은 아니다. 다시 말해 양식은 은유적 차원에서의 서명이며, 글자 그대로의 서명은 양식의 특질이라고 말할 수 없다.

그렇다면 왜 위와 같은 속성들은 누구-언제-어디와 관련된 양식적 속성으로 인정될 수 없는 것일까? 그 이유는 그들이 상징으로서 정의되는 예술작품의 기능적 속성이 아니기 때문이다. 그와 달리 배경의 깊이, 곡선 형태의 사용, 씁쓸한 감정의 미묘한 성질 등과 같은 전형적인 양식적 성질들은 시, 그림 혹은 피아노 소나타가 말하거나 예화하거나 표현하는 국면들이다. 즉 그들은 예술작품의 상징적인 국면들과 관련된 것이다.

따라서 굿먼에 의하면 양식은 다음과 같이 정의될 수 있다. 양식은 "저자, 시기, 위치, 혹은 유파의 특징인 한 작품의 상징적인 기능의 특질들로 구성된다." 굿먼은 이러한 양식적인 속성이 작품의 귀속(attribution)을 알려주기 위한 고안에 그치는 것이 아니며, 미적인 지각을 위한 예비단계로서 예술작품의 이해를 위한 중추적 단계를 형성한다고 간주한다. 양식은 언제나 명백히 드러나는 특질은 아니며, 그것을 이해할 수 있는 섬세한 귀와 눈을 요구하기도 한다. 의미있는 양식적 속성일수록 미묘하며, 그것을 식별하기 위해 많은 노고가 요구된다.

5. 인성(personality)으로서의 양식

지금까지 논의해 온 양식 이론의 대부분은 양식을 역사가의 관점에서 고려한 것이었다. 가령, 그것은 베토벤을 일정한 제약 내에서 작업을 하고 일정한 선택을 내리는 자로 간주하는 제삼자의 관점에 의한 것이다. 월하임(Richard Wollheim)은 그와 다른 접근을 취한다. 그는 일반 양식과 개인 양식을 구분한다. 일반 양식에는 고전주의나 기하학적 양식과 같은 보편적 양식과, 신고전주의, 아르 누보 등과 같은 시대 양식이 있다. 마지막으로 조토의 양식과 같은 유파(school)의 양식이 있다.

월하임은 이 중 세 번째인 유파의 양식과 개인 양식의 차이에 주목한다. 우리가 'a의 양식' 이라고 할 때 a는 화가의 이름을 대표하며, 따라서 그것을 개인 양식으로 간주하는 경향이 있으니 이러한 생각에는 수정이 요구된다. a가 화가의 이름을 대표할 때, 우리는 a의 작품에 있는 무엇을 지시하기 위해서 a의 양식이라는 문구를 사용한다. 그러나 때로 우리는 'a의 양식' 이라는 구절을 통해서 작품 b, c, d의 무엇을 지시하게 된다. 가령 우리가 '조토의 양식' 이라는 문구를 사용한다면, 그것은 조토의 작품에 있는 무엇이 아니라 타데오 가디(Taddeo Gaddi) 등 조토 풍 화가의 작품에 있는 무엇을 지시하기 위해 사용하는 것이다. 따라서 월하임에 따르면, '조토의 양식' 과 같은 용례는 개인 양식이 아니라 일반 양식의 마지막 형태에 속하는 유파의 양식을 지시하는 것이다.

월하임은 양식의 문제는 위와 같은 일반 양식이 아니라 개인 양식의 문제라고 주장한다. 만일 'a의 양식' 이 개인 양식의 의미로 쓰인다면, 그것은 그 작품과 연관된 화가가 실로 하나의 양식만을 갖는다는, 혹은 그 자신만의 양식을 갖는다는 의미를 함축하는 것이다. 그렇다면 여기서 한 화가가 자신만의 양식만을 갖는다는 것은 무엇을 의미하는가? 월하임은 자신의 양식 논의를 회화에 한정시켜 진행하면서, 개인 양식을 위한 세 가지 조건을 제시한다. 첫째, 화가는 형식화된 양식을 가진 사람만을 지칭한다. 즉 양식은 미적 관심을 전제한다. 둘째로, 양식은 캔버스에 나타난 것 중 '무엇에 관한 것인지', 즉 '무엇을 표현했는지'를 고려한다. 즉 양식은 표현을 전제로 한다. 셋째, 개인 양식은 심리학적 실재를 갖는다. 이 중 월하임은 세 번째 조건을 그의 양식 개념의 핵심으로 가정한다.

여기서 심리학적인 실재의 개념을 설명하기 위해 월하임은 양식-기술(style-description)의 적절성을 다음과 같이 기술한다. 즉 양식 기술은 (1) 화가로서의 행위를 특징짓는 과정이나 작용에 의존하는 화가의 작품들을 선별하는 것과 (2) 이 요소들을 그들이 의존하는 과정과 작용에 따라서 양식적 특질로 분류하는 것에 관련된다. 월하임은 이러한 적절성의 기준을 '산출적인 기준(generative criterion)'이라 부른다. 즉 양식이 심리학적 실재를 가진다는 것은 바로 산출적인 기준에 의거한 양식 개념에 의존함을 의미하는 것이다. 그렇다면 월하임의 산출적 양식 개념의 핵심인 '과정(process)'과 '작용(operation)'은 무엇을 뜻하는가?

월하임은 양식-과정을 세 국면으로 이루어진 것으로 본다. 양식-과정의 첫 번째 국면은 작가가 그의 예술을 위한 자원들을 분할하는(segment) 방식인 도식(schema) 혹은 개념이다. 즉 화가가 그 자원 안에서 항목들을 결합하고 분리하도록 하는 특수한 방식을 일컫는다. 이러한 자원들에는 선, 색조 등과 같은 형식의 도식들, 볼륨, 깊이, 운동과 같은 재현적인 고려를 함축한 도식 등이 있다. 두 번째의 양식-과정은 규칙 혹은 교육이다. 규칙들은 도식화된 자원들 위에서 작동한다. 월하임은 도식의 자원을 제거하려는 규칙 또한 그것이 의도적이라면 도식에 근거한 것이라고 본다. 가령, 반고전주의 양식은 의도적으로 고전주의 양식을 제거한다는 점에서 고전주의에 상응하는 도식의 집합을 사용한다고 간주될 수 있으며, 따라서 비고전주의와 구별된다. 마지막으로 양식-과정의 가장 중요한 측면은 규칙들의 작용을 조화롭게 만들기 위한 성향이다. 그것은 개인 양식이 담지한 특징을 확인하기 위한 가장 중요한 지점으로서 양식의 전체성 혹은 단일성을 지시한다. 월하임은 하나의 양식적 규칙을 구성하려는 성향은 그만의 고유의 양식을 갖기 위한 필요조건이며 양식의 형성(formation)은 그 양식의 내면화와 동일한 과정임을 지적한다.

그러므로 월하임에 의하면, 양식은 그것을 산출하는 과정이 작가의 정신적 저장소에서 일어나는 심리학적 실재인 것이다. 산출적인 양식 개념은 두 가지 설명으로 정교화될 수 있다. 첫째, 화가의 양식적 특질은 외적인 요인이 아니라 내적인 요인들에 의해 의한 것이다. 화가의 개인 양식은 기존의 관례를 지시하는 것이 아니며, 따라서 배우는 것이 아니라 화가 개인의 정신에서 형성되는 무엇이다. 반면 일반 양식은 그와 달리 형성되는 것이 아니라 배우는 것이며, 기존의 관례를 포함한 외적 요인들을 통해 설명되는 것이다. 둘째, 한 화가의 작품에 대한 양식적 특질은 신경 생리학적인 요인들이 아니라 심리학적인 요소이다. 심리학적 요소에는 지각적 · 정서적 · 인지적 요소 등을 포함하는 양식의 과정들이 통합되어 있다.

월하임은 또한 서명과 양식을 구분한다. 그에 의하면, 서명은 한 작품을 한 작가의 것으로 귀속시키는데 준거가 되는 한 작가의 작품의 특성이다. 그는 서명이 아닌 양식적 특질들이 있으며, 동시에 양식적이지 않은 서명들이 있음을 지적하고 후자의 측면의 중요성을 지적한다. 양식적 특질들이 서명이 아닌 이유는 대체로 그 특질들이 구분하기 힘든 경우일 가능성이 많다는 점을 통해 설명될 수 있다. 가령, 16세기의 작가의 선이 지닌 생동감은 오로지 확대경을 통해서만 볼 수 있을 정도여서 서명이라고 하기에는 너무나 섬세하다. 반면 일부의 서명의 특질은 양식적이지 않은데, 그 이유는 월하임이 주장하는 양식 개념의 본질에 주목하게 한다. 서명 중 일부를 비양식적인 것으로 만드는 이유는 그 요소들이 맥락과 무관하거나 그 작가의 작품의 구조나 통합적 원리와 부적절한 상호 관련성을 맺는 경우에 해당한다. 가령, 헤리 멧 드 블레(Herri met de Bles)는 자신의 작품을 표시하기 위해서 풍경화에 부엉이를 그려놓곤 했는데, 그것은 서명이라고 할 수 있겠으나 그 화가의 정신을 통과한 것이 아니라는 점에서 양식이라고 볼 수는 없다는 것이다.

이와 유사한 양식 개념은 댄토(Arthur Danto)의 이론 속에서도 발견된다. 그에 의하면 작가의 개인 양식의 형성은 기존에 존재하는 대안들을 선택하는 것에 국한되지 않는다. 작가는 일정한 인성을 지니며, 그 인성에 일치해서만 그리거나 글을 쓸 수 있다. 이러한 양식 개념은 댄토에게 있어서 원본과 그것을 시각적으로 구별할 수 없도록 완전히 복제한 위조품을 구별할 수 있게 하는 기준이 된다. 위조품은 이미 존재하는 작품이나 양식을 의도적으로 모방한 것이라면, 원본은 작가의 자아에 대한 진정한 표현이다. 댄토는 양식을 자아와 그의 미적 관심의 표현으로 규정하고 그러한 특질이 부재하는 위조품은 진정한 미적 의의를 지니지 않는 것으로 간주한다.

6. 맺는 말

지금까지 이 글에서는 근대 이후 양식을 정의하려 한 주요한 이론들을 소개하였다. 고대로부터 양식을 설명하는 가장 주된 개념이 되어 온 형식적 양식 개념은 비어즐리에 의해서 보완되었으며 19세기에 강화된 표현적 양식 개념은 20세기에 와서 그 본질주의적 함의로 인해 비판받아 왔다. 그 밖에 최근에는 예술작품을 상징으로 간주하는 입장에서 양식을 서명으로 정의하는 입장과 작가의 심리를 반영하는 인성으로서 양식을 정의하는 입장들이 제안되었다.

그러나 최근의 미학이론과 미술 비평에서 양식과 그 범주의 역할은 공격의 대상이 되고 있다. 이러한 현상은 20세기 후반 이후 예술계에서 반형식주의적인 경향이 지배적이 된 상황과 긴밀히 연관된다. 최근에는 예술작품을 심리학적 · 문화적 · 물질적 토대 위에서 해석하려는 경향이 우세하며 양식적 범주를 통해 작품을 해석하는 가능성과 유용성에 회의적인 시각이 지배적이다. 특히 20세기 예술계에 큰 영향을 미친 포스트모더니즘 혹은 포스트구조주의 이론은 양식을 미적 특질과 관련된 본질적 통일성을 지닌 개념으로 보는 입장을 거부하고, 양식의 원천을 작가에 두는 사고를 부정하는 입장을 보이고 있다. 특히 미셸 푸코(Michel Foucault)와 같은 포스트구조주의자는 양식 개념을 인간중심주의가 지배해 온 근대적 담론의 구성물로 간주한다. 그에 의하면, 양식의 통일성은 작가의 이름을 중심으로 작품을 분류하는 중요한 원리로 작용하였으며, 그러한 양식 개념은 바로 근대에만 통용되고 수용되어 온 시대적 구성물일 뿐임을 주장하고 있다. 이처럼 20세기 후반 이후 예술작품의 정의와 해석에 있어 미적 특질이나 형식에 부여되었던 중요성이 퇴조하는 상황에서 양식 개념의 지위는 불안정해진 상태에 있다고 볼 수 있다.

더 읽을거리

하인리히 뵐플린, 『미술사의 기초개념』, 박지영 옮김, 시공사, 1994.

Gombrich, E., "Style", *Art as Art History*, Oxford University Press, 1987.

Goodman, N., "The Status of Style", *Critical Inquiry* 1(4), 1975, pp. 799-811.

Lang, B. (ed.), *The Concept of Style*, Cornell University Press, 1979.

Shapiro, M., "Style", *Theory and Philosophy of Art: Style, Artist and Society*, George and Braziler Press, 1994.

감 정

김한승

1. 철학과 미학의 문제로서의 감정

감정에 대한 철학적 입장은 긍정적 시각과 부정적 시각이 공존해 왔다고 할 수 있다. 이 중 긍정적인 입장에 따르면, 감정은 인간 능력의 기본적인 요소라고 할 수 있다. 다시 말하자면, 수동적인 감각의 영역과 능동적인 지성의 영역을 매개하는 역할을 담당하는 능력으로 감정의 역할이 자리 매겨지는 것이다. 예를 들어, *Republic*에서 플라톤은 인간 영혼을 세 부분으로 나누면서, 이성과 욕구를 매개하는 부분으로 감정을 상정하고 있는데, 이는 서구철학의 오래된 전통을 대변하는 것으로 보아도 무방할 듯하다. 감정이 인간에게 요구되는 것은, 이성적 판단과 기본적인 욕구를 갖추고 있다고 하더라도, 구체적인 활동으로 나아가기 위해서는 의지적인(conative) 부분이 필요하기 때문이다. 예를 들어, 내가 지금 물을 마시고 싶다는 욕구를 가지고 있고, 또한 냉장고 속에 물이 있다는 것을 알면서도 나는 나의 욕구를 적극적으로 해소하고 싶다는 의지가 없어서 냉장고로 향하지 않을 수 있다. 이성과 욕구를 매개하는 역할로 감정을 인정한다는 것은, 그런 의미에서, 인간의 이성적 행위에서 중요한 역할을 감정에게 부여한다는 것이다. 반면에 서구 전통에는 감정에 대한 부정적 시각도 오래된 역사를 가지고 있다. 감정에 대한 부정적인 시각은 이성적 판단을 흐린다는 이유에서 억제되어야 하는 대상으로 감정을 상정한다. 특히 감정은 본질적으로 몸을 통해 느껴진다는 점에서, 몸이 지식에 대한 믿을 만한 안내자가 아니듯이, 감정 역시 믿을 만한 안내자는 아니라고 생각되었다.

최근의 논의에서 보자면, 심리철학 등에서 인간의 감정은 매우 설명하기 어려운 현상으로 받아들여지고 있는데, 이를 역으로 생각하자면, 인간의 감정을 잘 설명하는 이론이 인간의 마음을 보다 잘 설명하는 이론으로 여겨질 수 있다는 의미에서 감정의 문제는 심리 이론의 시금석이 되고 있다고 할 수 있다. 감정이 철학의 어려운 주제가 되는 이유는, 언어철학, 심리철학 등에서 핵심적인 철학적 주제들이 감정이라는 주제 속에 압축되어 있기 때문이다. 감정은 믿음과도 관련이 있으며, 감각과도 관련이 있다. 감정은 인간 행위와도 밀접하며, 도덕적 판단에도 상호 연결된다. 예를 들어, 분노에 찬 사람을 생각해 보자. 그가 분노를 느끼는 이유에는 그가 갖게 된 특정한 믿음이 있을 것이다. 그는 분노를 느끼면서 호흡이 가빠지면서 얼굴이 달아오르는 것을 느낀다. 그는 이 분노를 구체적 행위를 통해서 해소할 수 있고, 또 이러한 행위는 그에 대한 도덕적 판단의 근거가 되기도 한다.

미학에서 감정이 문제가 되는 것은 크게 보아 네 가지다. 첫째는, 철학적 문제의 연장선상에서, 감정이란 것이 도대체 무엇이냐는 질문이고, 둘째는, 감정과 합리성과의 관계가 무엇이냐는 것이며, 셋째는, 표현주의와 관련하여 인간의 감정을 예술작품이 표현한다는 것이 무엇이냐는 질문이며, 마지막은, 소위 허구의 역설과 관련하여, 예술작품에서 느끼는 감정을 어떻게 설명할 수 있는가 하는 질문이다. 이 중 허구의 역설과 관련된 감정의 문제는 '허구' 항목을 참고하기로 하고, 여기서는 앞의 세 문제만 살펴보기로 한다.

2. 감정에 관한 여러 가지 이론들

감정의 본성을 규명하려는 주요 이론들은 정감 이론(Feeling Theory), 정신분석학적 이론(Psychoanalytic Theory), 인지 이론(Cognitive Theory), 그리고 지각 이론(Perceptual Theory)으로 구분해 볼 수 있다. 이러한 이론들 말고도 감정에 관한 이론은 보다 다양하다. 예컨대, 행동주의적 설명도 있고, 진화생물학적 이론도 있다. 행동주의적 설명은, 행동주의에 대해 제기된 철학적 난점과 동일한 맥락에서 비판될 수 있다는 이유에서, 이곳에서 상술하지 않을 것이다. 최근 인지과학과 두뇌과학의 발전에 따라 감정을 진화론적 관점에서 설명하려는 이론들도 제기되고 있다. 이에 따르면, 감정이란 거칠게 말해서 생물체가 환경에 직면하여 생겨나는 문제를 해결하려는 적응의 결과이다. (감정에 관한 진화심리학적 접근을 비교적 쉽고 설득력 있게 서술하고 있는 글로 핑커(S. Pinker)의 *The Blank Slate*를 참조할 만하다.) 이러한 접근 방식 자체가 해결해야 할 문제들이 있을 것이다. 예컨대, 뱀을 보고 느끼는 공포의 경우에는 이를 두고 적응의 결과로 설명하는 것이 자연스러울 수 있을지 몰라도, 음악을 듣고 즐거움을 느끼는 경우는 진화론적 설명이 자연스럽지 않아 보인다. 진화론적 접근 방식의 성공 여부와 상관없이, 이를 통한 감정 분석은 사실 감정의 기원에 관한 이론이지, 감정의 본성에 관한 이론이라고는 할 수 없다. 논란의 여지는 있겠지만, 이런 이유에서 여기서는 위에서 열거한 주요 이론들에 관해서만 좀 더 살펴보기로 한다.

가. 정감 이론

정감 이론에 따르면, 감정이란 신체에 느껴지는 느낌 또는 생리적 반응에 다름 아니다. 통상적으로 우리는 뱀에 대한 공포 **때문에** 몸이 뻣뻣해진다고 생각한다. 하지만 뻣뻣해지는 신체적 반응 그 자체가 뱀에 대한 공포라는 것이 정감 이론의 주장이다. 감정에 대한 설명으로 정감 이론이 갖는 역사는 가장 장구한 것이다. 데카르트는 *The Passions of the Soul*에서 감정을 수동적인 느낌 또는 정감으로 보고 있는데, 이를 정감 이론의 체계적 설명의 시초라고 볼 수 있다. 예컨대, 무서운 것을 보고 도망치면서 느끼는 공포란 무서운 것이 있다는 의식이라기보다 도망간다는 느낌 그 자체이다. 데카르트의 정감 이론은 영국 경험론자 흄에서도 옹호된다. 그의 *A Treatise of Human Nature*에 따르면, 감정은 이차 인상(secondary impression)에 속하는 것이다. 여기에서도 감정 속에 인지적 요소가 포함될 여지는 없다. 데카르트의 관점은 미국의 실용주의 철학자 제임스(W. James)에로 이어진다. 그의 정감 이론은 "슬프기 때문에 우는 것이 아니라, 울기 때문에 슬프다"에서 잘 드러나듯이, 신체의 생리적인 변화를 감정이 갖는 본질적인 구성 요소로 보고 있다.

정감 이론이 갖는 문제점으로, 정감 이론은 여러 다양한 감정 상태를 적절하게 구분하지 못한다는 것이 지적되었다. 다시 말해서, 동일한 정감 상태에 있다고 하더라도 실험자가 자신이 처한 상황에 대한 인식에 따라서 전혀 다른 감정을 보고하는 실험 결과가 보여 주듯이, 생리적 상태에 대한 주관적 정감만으로는 감정에 대한 적절한 구분을 할 수 없다는 것이다.(W. Cannon, S. Schacter & J. Singer) 또한 정감 이론은 우리가 감정에 대한 윤리적 판단을 한다는 점 등에 대한 적절한 설명을 제공하지 못한다. 감정 속에 인지적 요소를 배제함으로써, 감정이 갖는 합리성을 설명하기 힘들어지게 되었으며, 이것이 정감 이론의 이론적 난점이 되고 있다.

나. 정신분석학적 이론

정신분석학을 학문적으로 탄생시킨 사람이 프로이트란 점에서, 감정에 관한 정신분석학적 이론 역시 프로이트로부터 그 기원을 찾아야 할 것이다. 하지만 프로이트 자신은 감정 일반에 관한 이론을 제시하지는 않았다. 프로이트의 생각을 감정에 관해 적용시켜 보려 한 철학자의 흥미 있는 예로 사르트르(J-P. Sartre)를 들어 볼 수 있다. 그에 따르면, 감정이란 그대로의 세상에 적응하지 못한 우리의 반응이자, 비실재하지만 보다 다루기 쉬운 세계로 들어가게 해주는 기제이다. 그의 감정에 관한 이론은 *Sketch for a Theory of the Emotions*에 드러나 있다.

다. 인지주의

인지주의가 감정에 관한 다른 이론들과 구별되는 점은, 감정을 명제적 태도와 연결시키고 있다는 점이다. 전형적인 명제적 태도의 사례는 믿음이다. 모든 믿음의 대상이 명제인지는 논란의 여지가 있지만, 적어도 믿음의 전형적인 대상은 명제이다. 눈은 희다고 믿음을 갖고 있을 경우 믿음의 대상은 하얀 눈의 이미지가 아니라 눈은 희다는 명제이다. 하얀 눈의 이미지로부터 도출할 수 있는 명제들은 무수히 많다. 눈은 검지 않다는 명제도 그중 하나가 될 수 있지만, 이는 눈은 희다는 명제와는 구별되는 명제이다. 그런 의미에서 명제적 태도는 지시적으로 불투명하다고 말해진다. '눈은 희다' 와 '눈은 검지 않다' 는 그 외연, 즉 진리값에 있어서는 같지만, 서로 다른 명제적 태도를 낳을 수 있다.

감정 역시 명제를 대상으로 할 수 있다. 어떤 사람이 일본의 독도 영유권 주장에 대해 분노를 느낀다고 하자. 그 분노의 대상은 어떤 명제, 예컨대, 일본 정부는 독도가 일본 땅이라고 주장한다와 같은 명제이다. 이 명제는 일본에는 우경화 경향이 일고 있다는 명제와는 다르기 때문에, 이 분노는 일본의 우경화 경향에 대한 분노와는 구별된다. 이에 대해서 믿음이 명제를 대상으로 하고 있는 방식과 감정이 명제를 대상으로 하는 방식은 다르다는 지적이 있을 수 있다. 즉 일본 정부는 독도가 일본 땅이라고 주장한다는 명제는 분노의 대상이 아니라 분노의 원인일 뿐이라는 것이다. 하지만 이에 대해서 감정의 원인과 대상은 구별될 수 있다는 답변이 가능하다. 일본의 독도 영유권 주장에 대한 분노의 원인은 전혀 다른 데 있을 수도 있다.

인지주의의 장점은 감정을 그 명제적 내용에 따라 구분함으로써 감정의 상태를 보다 세밀하게 구별할 수 있는데, 이러한 방식은 직관적인 설득력을 갖추고 있다는 점이다. 감정의 명제적 내용을 인정함으로써 감정이 갖는 윤리적 함축에 대한 설명도 가능해진다. 한국인으로서 일본의 독도 영유권 주장에 대해서 분노하지 않는 것 또는 다른 감정을 갖는 것에 대해서 비난을 가하는 데에는 인지주의적 전제가 깔려 있다고 볼 수 있다.

반면 이러한 인지주의의 강점이 이론적 약점으로 받아들여질 수도 있다. 감정이 어떤 인지적 상태에 의존한다면, 이는 언어적 능력을 갖추지 못한 동물이나 갓난아기는 감정을 가질 수 없다는 함축을 갖는데, 이는 옳지 않다는 반론이 있을 수 있다. 또한 명백하게 비합리적인 감정의 존재 역시 인지주의의 반례가 될 수 있다. 비행기가 가장 안전한 수송수단이라고 믿으면서도 비행기를 타는 것에 극도의 공포심을 갖는 사람이 있을 수 있다.(Stocker) 이에 대해서 인지주의자는 명제적 태도가 감정에 관련되는 방식은 믿음에 관련되는 방식과는 구별된다고 대답한다. 하지만 명제적 내용을 통해서 감정을 믿음과 연결시키려는 인지주의적 입장에서 감정과 믿음을 구별하는 일은 어려운 과제가 될 수밖에 없다.

감정과 믿음의 관계를 설정하는 방식을 두고 인지주의 이론을 구분할 수 있다. 가장 극단적인 형태의 인지주의는 감정과 믿음을 동일시하는 입장이 될 것이다.(Solomon) 이에 비해 감정을 믿음에 본질적으로 의존하는 것으로 이해하는 입장이 있고, 믿음을 포함해서 생각이나 관심과 같이 보다 광범위한 인지적 태도에 의존하는 것으로 이해하는 입장이 있다. 이 의존관계를 어떻게 설명하는가 하는 문제는 여전히 남는다. 의존관계의 가장 전형적인 형태는 인과관계일 것이다. 흄의 지적에 따르면, 원인과 결과는 논리적으로 상호 독립적이어야 한다. 그러나 감정을 그 명제적 내용에 따라 구분하면서 동시에 다른 믿음과 인과적으로 관계를 맺고 있다는 것에는 논리적 긴장이 존재한다.

라. 지각 이론

지각 이론은 감정을, 믿음과 같은 인지적 상태보다는, 지각과 유사한 구조를 가진 것으로 본다. 인지 이론이 감정을 명제적 태도와 밀접하게 연결시키고 있다면, 지각 이론은 명제적 태도만이 감정이 갖는 인지적 요소가 아니라는 인식에서 출발한다. 일반적으로 지각과 믿음은 공통적으로 '마음에서 세계로의' 방향성('mind-to-world' direction of fit)을 갖고 있다고 말해진다. 이와 정반대의 방향성, 즉 '세계에서 마음으로의' 방향성을 갖는 지향적 태도로 욕구를 들 수 있다. 철수가 물을 마시길 욕구한다면, 이 지향적 태도는 세계의 어떤 상황이 철수의 내적 상태에 맞추어 변화되는 것이 적절한 태도이다. 반면 믿음이나 지각의 경우 이와는 다르다. 철수가 '물잔이 앞에 있다' 고 믿는다면, 이 지향적 태도가 적절하게 되는 것은 철수의 내적 상태가 세계 내의 상황에 부합하는 것이다.

감정이 지각과 유사한 구조를 갖는다는 것은, 감정이 어떤 사태에 주목을 하게 만드는 지각과 유사한 구조를 갖는다는 말이다. 무엇을 볼 때, 우리는 많은 다른 것들 속에서 무엇을 보며 나아가 무엇의 어떤 측면을 보게 된다. 이와 비슷하게 우리가 무엇에 대해 감정을 갖는다는 것은, 어떤 명제를 믿거나 욕구하는 것처럼 일차적인 것이 아니라, 여러 명제들을 평가하는 과정에서 그 중요도를 달리하는 다층적인 방식으로 어떤 사태를 바라본다는 것이다. 이를 두고 지각 이론은 감정은 내러티브한 구조를 갖는다고 말하기도 한다. 예컨대, 드 수자(R. de Sousa)는 감정이 갖는 이야기 구조는 "전형적인 시나리오"에 의해 학습된다고 말한다. 그리고 이 전형적인 시나리오는 일상생활이나 예술작품, 문화적 관습 등에 의해 형성되는 것이다. 따라서 하나의 사태에 대해서 동일한 믿음 체계를 가지고 있는 사람도 상이한 감정을 가질 수 있는데, 그 이유는 하나의 사태에 대해서 다른 이야기를 구성하기 때문이다. 어떤 이야기를 구성하는가는 이야기를 이루는 요소들에 대해서 어떤 평가를 하는가와 관련이 있기에, 지각 이론에서 감정과 윤리적 판단 간의 관계에 주목하는 것은 자연스러운 귀결이다.

3. 감정의 합리성

'감정적' 이란 표현을 '비이성적' 이라는 의미로 사용하는 입장에서 보자면, '감정의 합리성' 이라는 표현 자체가 모순적으로 보일 것이다. 하지만 감정이 인간에서 차지하는 역할을 생각해 보면, 이러한 입장은 그리 설득적이지 않다. 우리는 어떤 감정 상태에 있다면, 어떠어떠한 행위나 판단을 해야 하는 것이 옳다고 생각하고, 또한 어떠어떠한 상황에 있다면, 어떤 감정 상태에 있는 것이 옳아야 한다고도 생각한다. 이러한 직관은 감정이 갖는 인지적 역할에 대한 긍정에 그 근거를 두고 있다. 노동 현실에 대한 분노로부터 노동운동에 투신하겠다는 결심을 하게 되었다는 설명이 낯설지 않은 만큼, 어떤 주장이나 행동을 일으키는 감정의 역할을 생각할 때, 감정이 표상적 성격을 갖고 있다는 생각은 설득력 있는 생각이다.

이러한 점에서 볼 때 철학사에서 감정에 대한 평가는 반직관적인 데가 있다. 특히 스토아 학파는 감정을 본질적으로 비합리적인 것으로 평가했다. 그들에게 감정의 동요 없는 상태는 가치 있는 것으로, 철학은 영혼을 이렇듯 감정의 동요 없는 상태로 만드는 기능을 수행하는 작업이다. 20세기 논리실증주의의 세례를 받은 이모티비즘(Emotivism) 역시 감정을 과학적 논의의 영역에서 제외시켰다는 의미에서 이러한 전통의 연장으로 생각될 수 있다.

감정의 비합리성을 강조하는 것은 합리적인 행위에 있어서 감정이 불필요하다는 논제, 나아가 감정의 개입이 있어서는 안 된다는 논제로 나아가기 쉽다. 하지만 뇌에 관한 최근의 연구와 인지과학적 연구 결과는 반대의 논제를 함축하는 듯이 보인다. 다마지오는 뇌 손상으로 특정한 감정을 경험하는 데 어려움을 겪게 된 환자들의 합리적인 결정 능력 역시 떨어지게 된다는 것을 보여 주는 실험 사례들을 설득력 있게 제시한다. 또한 인공지능에 관한 연구에서 흔히 '프레임 문제' 라고 불리는 문제 역시 비슷한 함축을 제시한다. 일관적인 정보 체계를 갖는 개체가 단지 그 정보에 의존해서 어떤 행위를 하기 위해서는 무한히 많은 선택적 대안의 존재에서 어떤 선호 체제를 가지고 있어야 하는데, 시간이라는 현실적 조건하에서 이러한 선호 체제를 갖는 것은 거의 불가능하다. 하지만 인간들이 행위를 하는 데 아무런 어려움을 겪지 않는 것으로 보아, 감정이 우리의 합리적 의사 결정 과정에서 중요한 역할을 한다는 주장이 설득력을 갖는다.

4. 예술과 감정

예술 표현론이라고 불리는 입장의 대부분은, 간략히 말해서 예술작품은 인간 감정의 표현이라는 전제를 받아들인다. [‘표현’ 일반에 관한 논의는 「표현」 항목을 참조하라.] 예술활동을 통해서 감정을 표현하는 일은 이성적 규칙에 따르지 않는다는 의미에서 부정적으로 여겨지기도 했다. 예를 들어, 『이온』에서 소크라테스는 이온이 이성적 규칙을 따르는 대신에 청중들의 감정을 휘저어 놓음으로써 성공을 거두고 있다고 지적한다. 플라톤이 감정이 갖는 비이성적 성격에 주목했다면, 아리스토텔레스는 감정이 갖고 있는 긍정적 효과에 주목한다. 비극은 통제된 상태에서 부정적 감정을 정화시키게 하는 긍정적 효과를 갖는다. 플라톤과 아리스토텔레스에게서 보이는 감정에 관한 상반된 견해는 이후 표현을 둘러싼 예술론적 논쟁의 기본적 틀을 제공하고 있다고 할 수 있다.

톨스토이는 예술이 성공적이기 위해서는 작가의 감정을 청중과 독자에게 전달해야 한다고 주장한다. 예술가의 감정 상태와 감상자의 감정 상태가 동일해야 한다는 것을 예술작품의 성공 기준으로 삼고 있는 톨스토이는 예술가와 감상자에게 모두 표현에 대한 요구를 하고 있다는 점에서 강한 형태의 표현론이라고 할 수 있다. 그러나 분노를 표현하는 그림을 그린 화가가 모두 그림을 그리면서 분노를 가지고 있었다고 하기 힘들며, 또 그렇게 분노를 가지는 것이 좋은 그림을 위한 필요조건이라는 것도 받아들이기 힘들다.

톨스토이가 예술작품과 감정과의 관계를 인과적인 것으로 보는 전형적인 경우라면, 이를 약화시켜 창작자의 감정과 예술작품 사이의 인과적 관계만으로 표현을 규정하려는 입장도 있을 수 있고, 감상자의 감정과 예술작품 사이의 인과적 관계만으로 표현을 규정하려는 입장도 있을 수 있다. 한편 표현을 예술작품과 감정과의 인과적 관계로 규정하지 않으려는 입장도 있다. 보우스마(O. K. Bouwsma)에 따르면, 예술작품이 어떤 감정을 표현한다는 것은, 창작자나 감상자가 그 감정 상태에 있다는 것과는 무관하게, 그 감정 상태에 있는 사람들이 일반적으로 가지고 있는 특성을 예술작품이 가지고 있다는 것이다.

예술이 감정을 표현한다는 표현론의 대전제에 대해서 언어철학적 분석을 가하려는 입장도 있다. 서셀로(Guy Sircello)는 '부사이론(adverbial theory)' 이라고 불릴 수 있는 입장을 전개한다. 그에 따르면, 예술작품이 슬픔을 표현한다는 진술은 예술가가 그 대상을 묘사하는 방식에 관한 것이다. 즉 예술가가 그 소재를 다루는 방식이 슬프다고 할 수 있다.

더 읽을거리

de Sousa, R., *The Rationality of Emotion*, Cambridge, MA: MIT Press, 1987.

Hjort, M., and S. Laver (eds.), *Emotion and the Arts*, Oxford University Press, 1997.

Rorty, A. (ed.), *Explaining Emotions*, Los Angeles: University of California Press, 1980.

믿는 체하기

황우영

1. 들어가며

월턴(Kendall Walton)이 *Mimesis as Make Believe*[1]에서 믿는 체하기(make-believe) 게임과 상상하기를 통해 예술작품과 관련된 여러 가지 난제들에 대한 해결책을 제시한 후 그의 답에 대한 많은 논쟁들이 제기되어 왔는데, 그 논쟁점들은 크게 네 가지로 나눌 수 있다. 허구 속의 인물들에 대한 존재론, 묘사(depiction)와 기술(description)의 구별, 허구적인 예술작품 감상 시의 감상자의 역할—감상자와 허구(fiction) 예술작품과의 관계—그리고 허구적인 예술작품에 대한 정서적 반응이 그것들이다.

이 글에서 필자는 세 번째 논쟁에 대한 월턴의 이론을 집중적으로 소개한 후, 간단하게 앞의 둘에 대한 그의 설명을 요약하고자 한다.[2] 필자가 감상자와 허구의 관계에 대한 그의 설명을 소개하는 데 집중하고자 하는 이유는 두 가지이다. 첫 번째 이유는, 예술 수용자 또는 감상자의 역할을 이

1 K. Walton, *Mimesis as Make-Believe: On the Foundations of the Representational Arts*, Cambridge, Mass: Harvard University Press, 1990.

2 예술작품에 대한 감상자의 정서적 반응에 대한 논쟁은 다른 곳에서 이미 많이 논의되어 왔다. 이 주제에 대한 논쟁은 '더 읽을거리' 를 참조하기 바란다.

해하는 것이 월턴의 예술이론 이해의 핵심이기 때문이다. 또 다른 이유는 수용자 중심적으로 예술을 이해하고자 하는 월턴의 예술에 대한 접근 방법은 기존의 예술에 대한 분석철학적 접근과는 눈에 띄게 다른 것으로 그의 이론이 가지는 의의이기 때문이기도 하다.

월턴은 "무엇이 예술인가?"라는 질문에 대한 답은 예술의 필요충분조건을 찾아내는 것과 더불어 감상자의 반응의 기제를 연구하는 것을 통해 구해져야만 한다고 제안한다. 월턴이 예술작품을 '상상하기' 또는 '믿는 체하기 게임'의 소도구(prop) 또는 대상으로 간주하는 이유도 바로 상상하는 주체 또는 게임의 주체 없이는 예술을 논하는 것이 불가능하거나 의미 없기 때문이다.

월턴이 감상자의 역할을 중요시 여기지만 감상자들의 믿는 체하기 게임이 예술작품의 필요조건이라고 주장하는 것은 아니다. 철학자들이 감상자는 예술작품에 대한 필요조건도 충분조건도 아니라고 주장할 근거는 얼마든지 있다. 전시되지 않고 수천년 간 어둠에 묻혀 있던 무덤의 벽화들을 보라. 예술작품 수용자에 대한 논의가 예술작품 자체를 정의하는 것과는 무관하다는 데는 월턴을 포함해서 많은 철학자들이 동의할 것이다. 그러나 과연 예술작품의 기원이 그것의 수용자와 무관하게 설명될 수 있을까? 그럴 수 없다는 데는 대부분의 미학자들이 동의할 수밖에 없을 것이다. 왜냐하면 예술작품은 인공품이며 따라서 인류가 예술을 어떤 목적하에 고안하고 그것에 어떤 고유한 기능을 부여했다는 것은 논리적으로나 역사적으로나 부인할 수 없는 사실이기 때문이다. 예술작품이 수용자에게 어떤 경험을 산출하는 데 실패했다면 예술은 인간의 역사에 등장할 수 없었을 것이다. 즉 예술이란 무엇인가 하는 문제는 어떻게 인간은 예술작품을 통해 특정한 경험을 할 수 있고 그런 경험이 인간에게 어떤 가치가 있을 수 있는가에 대한 설명을 통해 어느 정도의 해답을 얻을 수도 있다는 것이다.

따라서 믿는 체하기 게임을 통해 예술에 대한 우리의 경험의 기제(機制)를 설명하고자 하는 월턴의 이론은, 예술은 무엇이며 어떤 것이어야 하는

가에 대해 답하기 위해서 기존의 이론들과 달리 예술작품 자체뿐 아니라 예술에 대한 경험에 우리로 하여금 주목하게 한다는 점에서 현대 영미 예술철학사에 중요한 한 획을 그었다고 할 수 있을 것이다.

더불어 그의 이론에 대한 이해는 예술작품과 감상자들의 관계에서 모든 것이 시작된다. 예술작품의 등장인물의 존재론에 대한 논의를 비롯해서 묘사와 기술의 구분, 그리고 허구 작품에 대한 정서적 반응의 본성에 이르기까지 예술작품과 감상자를 배제하고는 그의 주장을 이해할 수 없다.

다음 절에서 필자는 "믿는 체하기 게임" 또는 "상상하기"로 요약되는 감상자와 예술작품의 관계를 설명하고 그를 바탕으로 해서 다른 여러 논쟁들에 대한 월턴의 설명을 간단히 소개하겠다.

2. 믿는 체하기 게임으로서의 예술작품 감상

월턴의 '믿는 체하기 게임' 이론은 우리가 존재하지도 않는 것들에 관심을 가지고 때로는 열광하고 때로는 슬퍼하게 되는 이유는 무엇인가에 대한 질문에서부터 시작된다. 그 질문에 대한 월턴의 답은 감상자의 '참여(participation)' 때문이다. 참여란 우리가 예술작품을 감상할 때 우리 스스로를 허구 작품의 한 등장인물로 상상하는 것이다. 이런 예술작품 감상 시에 참여 과정의 기제는 어린아이들의 믿는 체하기 게임과 매우 흡사하다. 월턴은 예술작품의 감상을 믿는 체하기 게임으로 간주할 것을 주장한다. 믿는 체하기 게임이란 어떤 실제 사물을 가지고 하는 일종의 상상하기로 아이들의 장난감을 가지고 노는 게임에서 그 전형을 찾을 수 있다.

믿는 체하기 게임과 같은 상상하기를 할 때, 예술작품은 아이들의 '믿는 체하기 게임'에서 장난감과 같은 역할을 한다. 믿는 체하기 게임에서 예술작품의 주요한 역할 중 하나는 허구적 참을 규정하는 소도구로서의 역할이다. 그리고 상상하기는 소도구에 의해 규정된 참을 인식하는 활동이다.

순희가 소꿉장난을 할 때 그 게임 안에서 그녀가 가진 그릇의 색, 개수, 주방용구의 종류, 더 나아가 크기 등은 순희가 가진 장난감에 의해서 결정된다. 마찬가지로 『걸리버 여행기』는 소인국의 소인의 키 크기를 6인치로 규정하고 6인치 크기의 소인들이 있다는 것을 '걸리버 여행기'-허구 세계의 참으로 만든다. 쇠라의 〈그랑자트 섬의 일요일 오후〉는 한 쌍의 남녀가 공원을 산책하고 있다는 사실을 그 그림의 허구 세계의 참으로 규정한다. 이렇게 허구 작품에 의해서 규정된 참으로 구성된 세계가 허구 세계 중 하나인 **작품 세계**이다. 그리고 이렇게 허구 세계의 참을 규정하는 역할을 하는 실제 사물들, 즉 장난감, 『걸리버 여행기』, 〈그랑자트 섬의 일요일 오후〉 등을 소도구라고 부른다.

어떤 사실이나 사태를 허구적으로 만드는 허구성은 어떤 사실을 허구적인 세계, 다시 말해 작품의 세계에서 참이게 하는 것이라고 할 수 있다. 따라서 "명제 P는 허구적이다"는 명제 P를 참으로 규정하는 허구 작품의 세계에서 명제 P가 참이라는 것이다. 그리고 "명제 P가 참이다"는 명제 P를 믿어야만 한다는 것과 비슷하게, "명제 P가 허구적이다"는 명제 P는 상상되어야만 한다는 것을 의미한다. 그리고 믿음의 대상이 실제적 참을 규정하는 세계가 되듯이 상상의 대상은 허구적 참을 규정하는 소도구가 된다. 그런데 만약 허구 작품을 가지고 감상자가 상상하기를 시작한다면 그때 허구의 세계는 단순한 작품세계를 넘어서서 새로운 세계로 확대된다. 그 확대된 세계가 **게임의 세계**이다.

허구의 세계는 예술작품이 규정하는 허구적 참으로 구성되는 작품의 세계뿐 아니라 감상자가 그 작품을 가지고 상상하는 게임의 세계로 나누어질 수 있는데 게임의 세계는 작품의 세계를 포함할 뿐 아니라 감상자에 관한 사실까지 포괄하는 확장된 세계이다. 따라서 게임 세계의 허구적 참은 두 종류이다. 하나는 허구 작품이 규정하는 허구적 참이고 다른 하나는 허구 작품을 가지고 어떤 것을 하는 감상자에 관한 것이다. 따라서 쇠라의 〈그랑자트 섬의 일요일 오후〉를 내가 감상할 때 발생하는 허구적 참은 공원 안을 산책하는 남녀가 있다는 것뿐 아니라 내가 남녀 한 쌍을 보고 있다는 사실까지 포함한다.

이렇게 감상자인 나 자신에 관한 허구적 참이 발생하는 경우, 즉 게임의 세계가 규정될 때 감상자인 나는 허구 세계에 참여했다고 할 수 있다. 그리고 나 자신은 허구 세계 안에서 예술작품과 마찬가지로 상상의 대상인 일종의 소도구가 된다. 따라서 나는 허구 세계에서 나 스스로를 상상한다. 허구 작품의 세계의 참여자들이 하는 상상은 부분적으로 그들 스스로에 관한 것이며 참여자들은 그들 스스로에 관한 참을 발생시킨다. 즉 게임 참여자들은 항상 믿는 체하기 게임의 어떤 등장인물이어서 상상의 대상이 되며, 허구적 참의 일부는 참여자에 의해 규정된다.

월턴은 모든 상상하기는 결과적으로 상상하는 사람 자신에 관한 것이라고 주장한다. 상상한다는 것이 허구적 참을 인식하는 것을 의미한다고 할 때, 어떤 허구적 사실을 상상하는 것은 어떤 인식자가 그 허구적 참을 인식한다는 것을 함축한다. 그런데 허구적 참을 인식하는 인식자는 허구적 세계에 속하는 것으로 상상된다. 허구 세계에 속하지 않는다면 허구적 참은 그냥 허구일 뿐이지 참일 수 없기 때문이다. 따라서 허구적 사실을 인식하는 인식자 또한 함축적으로 항상 상상되는 것이다. 그런데 그 인식자는 바로 상상자 자신이므로 상상하기는 필수적으로 상상하는 사람 자신에 대한 상상을 함축한다.

즉 소도구가 규정하는 허구적 참을 상상하는 것만으로도 나는 그 소도구로 하는 믿는 체하기 게임에 참여하는 것이며 일단 상상자 자신이 참여한 허구의 세계는 작품의 세계를 넘어선 게임의 세계로 확대된다. 믿는 체하기 게임을 할 때 나는 나를 주요한 역할을 하는 인물로 상상할 수도 있지만 단순하게 소도구가 규정하는 허구 세계를 인식하는 주체로, 즉 수동적 관찰자로서 상상하기도 한다. 참여는 심리적 참여와 물리적인 또는 신체적 참여로 구분될 수 있다. 예를 들어 영희가 소꿉장난을 할 때, 그녀는 신체적으로 또는 물리적으로 그 게임에 참여한다. 영희의 소꿉장난에서 영희와 소도구와의 신체적 · 물리적 상호 작용이 허구적 참을 발생하는 데 중요하다. 예를 들어 게임 도중 소꿉장난감을 씻기다가 영희가 어떤 장난감을 부수었다면 영희가 설거지 도중에 그릇을 깼다는 것은 그 소꿉장난 게임 세계에서 사실이 된다.

그러나 예술을 감상할 때 주로 감상자들은 심리적으로만 참여한다. 즉 영희가 『로미오와 줄리엣』을 읽을 때 로미오와 줄리엣이 서로 사랑한다는 사실을 믿고, 그들의 죽음을 슬퍼할 수 있지만, 소도구와 물리적으로 작용할 수 없다. 즉 영희는 그들의 죽음을 막을 수가 없다. 이런 심리적 참여는 상상자가 자신을 허구 세계 안에서 허구적 대상들을 인식하거나 감각하는 주체로서만 파악하는 것이다.

그런데 앞에서도 말했듯이 상상자는 허구적 사실을 인식하는 것을 상상할 뿐 아니라 상상자 자신이 이런 허구적 사실을 인식하고 반응하는 것에 대해서 상상한다. 이런 상상자 자신에 관한 상상하기를 월턴은 안으로부터 자신에 관해 상상하기(imagining de se)라고 일컫고 다른 종류의 자신에 관한 상상과 구분한다. 이런 안으로부터의 자신에 관한 상상은 허구 작품과 작품 감상자의 관계를 이해하는 데 있어서 가장 핵심적인 상상이다. 이 상상 활동의 특징을 이해하기 위해서 다른 종류의 자신에 관한 상상과의 구분을 좀 더 검토해 보자.

상상의 대상이 상상자 자신인 자기-상상(self-imagining)은 상상자 자신이 상상의 대상이 바로 상상자 자신이라는 것을 아는 상상하기와 그것을 알지 못하는 상상하기로 나뉠 수 있다. 예를 들어 철수가 자기도 모르게 가명으로 난 자신에 관한 신문기사를 읽고, 신문에 난 사람에 관해서 상상한다고 해보자. 이 경우 상상의 대상은 철수 자신이지만 철수는 그 사실을 깨닫고 있지 못할 수 있다. 그러나 이와 같은 상상자 자신이 상상의 대상이 바로 자신이라는 사실을 알고 있지 못하는 경우도 자신을 상상의 대상으로 삼았다는 의미에서 자기-상상이라고 할 수 있다.

상상의 대상이 자신이라는 것을 아는 상상은 다시 두 가지로 나뉠 수 있다. 우리가 어떤 대상이 무엇인지 안다는 것은 그 대상에 대해 어떤 지식을 갖게 된다는 것이다. 전통적으로 그 지식의 종류는 명제적 지식과 비명제 지식으로 구분되는데, 자신에 관한 상상 또한 이런 전통에 의해서 두 종류로 구분될 수 있다. 명제적 지식과 비명제 지식은 러셀의 직접적 의식에 의한 지식과 서술에 의한 지식에 상응한다. 우리가 "저기 나무가 있다"는 판단에 도달하는 과정은 다음과 같다. 나의 외부에 있는 나무가 우리의 시각을 자극하여 일정한 형태, 색조 등을 포함한 감각적 영상을 산출한다. 이때의 감각적 영상은 아직 명제라는 구조로 분절된 판단의 형식을 갖추지 않고 있다. 이 감각적 영상에 의거하여 우리는 "저기 나무가 있다"라는 주어-술어의 명제 형식을 지닌 판단에 도달한다. 러셀은 위의 감각적 영상을 감각-자료라고 부르고 이를 알기 위해서는 아무런 추론이 필요하지 않으며 단지 접촉을 통한 직접적 의식만이 필요하다고 주장한다. 반면에 이렇게 의식에 주어진 것으로부터 나무라는 외적인 물리적 대상을 이루기 위해서는 추론이 개입하며 이 추론에 의한 지식은 외적 대상에 대한 특정한 서술을 포함해서 주어-술어 구조를 지닌 명제의 형식으로 판단되어 나타난다. 직접적 의식에 의한 지식과 서술에 의한 지식이라는 러셀의 구분은 관련된 인식 작용의 차이에 의한 것이지만, 그것이 결과적으로 산출하는 지식 내용의 비명제적 지식은 어떤 직접적 의식과 같은 것으로 명제와 개념에 의해서 분절된 판단의 형식을 갖추지 않고 있는 지식을 말한다. 이런 직접적 감각을 알기 위해서 우리에게는 아무런 추론도 요구되지 않는다. 반면에 이렇게 의식에 주어진 것으로부터 나무라는 외적인 물리적 대상을 이루기 위해서는 추론이 개입하며 이 추론에 의한 지식은 외적 대상에 대한 특정한 서술을 포함해서 주어-술어의 구조를 지닌 명제의 형식으로 판단되어 나타난다.[3]

상상의 대상이 자신이라는 것을 알게 되는 그 첫 번째 방법은 자신에 관

---

3 김기현, 『현대인식론』, 민음사, 1998.

한 명제적 지식을 활용하는 것이다. 이 경우는 허구 안에 어떤 것에 관한 이러저러한 기술이나 묘사를 상상자 자신에 관한 명제적 지식과 동일한 것으로 이해하고 그 허구적 대상을 자신으로 판단하는 것이므로 허구적 대상을 "어떤 기술 또는 개념"에 의해서 파악하는 것이다. 상상자 자신으로 어떤 허구적 대상을 동일시하기 위해서 이러저러한 추론 과정을 거치며, 그때 사용되는 전제들은 허구적 대상을 이루고 있는 이러저러한 서술들이 된다.

예를 들어 기억상실증 환자인 영수의 주치의가 영수의 자서전을 가져다주어 그가 읽었다고 해보자. 그런데 사실 그 자서전은 동명이인의 것이었고 그 자서전 속에 기술된 사건은 우연히 영수의 친인척이 들려준 영수 자신에 관한 사실과 일치했다. 그래서 영수는 그 자서전 안에서 지칭된 동명이인을 자신으로 간주하고 자서전을 읽으면서 자신에 관해 상상할 수 있다. 이처럼 자신에 관해 명제적으로 상상할 경우에 우리는 동일시에 실패할 수 있다. 그 이유는 내가 알고 있는 이러저러한 나에 관해 전제된 지식이 허구적 대상을 기술하고 있는 것과 일치한다고 해서 허구적 대상이 상상자 자신이라고 생각할 필연적 이유가 없으며 그런 지식의 성립 과정에서 어떤 오류도 없었다는 것을 증명하기는 어려운 문제이기 때문이기도 하다.

이처럼 허구적인 어떤 대상을 나로 동일시하는 것과는 달리 상상자는 허구 세계 안에서 허구적 대상들을 감각하고 그 대상들에 대해 행동하는 주체로서 자신을 파악할 수도 있다. 어떤 것을 느끼고 있음을 상상하고 있다는 것은 느끼고 있을 주체를 항상 상정하게 한다. 따라서 감각이나 행동을 상상할 때는 그런 느낌을 경험하고 있는 주체, 즉 나를 필수적으로 같이 상상하게 된다. 그리고 이와 같은 방식으로 자신에 관해 상상하기를 월턴은 **안으로부터 자신에 관해 상상하기**라고 부른다. 그런데 이때 형성된 나는 어떤 외적 대상에 대한 직접적인 경험이나 그것에 대해 행동할 때, 즉 우리가 대상에 대한 러셀 식의 비명제적인 지식을 가질 때 경험의 주체로 전제된 것이므로 이 경우 상상의 대상이 나임을 알게 되는 것은 어떤 서술을 통해 명제적으로 외부 대상이 '나' 임을 알게 되는 것과는 구분되어야만 한다.

그래서 월턴은 상상자가 이러저러한 기술로 명제되어 있는 어떤 허구적 대상을 상상자 자신과 동일시하는 자신에 관해 상상하기는 '(자신인) 어떤 사람이 이러저러하다라고 자신에 관해서 상상하기' 와 같은 형식으로 기술하고, 안으로부터 상상하기는 '어떤 것을 경험함, 어떤 것을 함을 상상하기' 와 같은 형식으로 기술한다. 주목할 것은 경험함을 상상하는 경우에 상상되고 있는 '나' 를 지시하기 위한 지시사나 기술구를 포함하고 있지 않다는 것이다. 이것은 안으로부터 상상은, 자신에 관한 명제적 내용을 상상하는 것이 아니라는 것을 보여 준다.

안으로부터 상상하기는 상상자 자신에 관한 비명제적 지식에 기초한다. 안으로부터 상상할 때 상상되는 '나' 는 어떤 것을 경험하고 있다는 것에 의해서 선험적으로 전제되는 "데카르트의 나"이다. 데카르트의 "나"란 지식으로 파악한 존재이거나 또는 물리적인 실체로서의 "나"와는 다른 의식 활동의 전제이며, 생각하고 있다는 사실로부터 드러나는 존재이다. 상상자가 안으로부터 자신에 대해 상상할 때, 자신의 감상행위에 따르는 심적 상태와 행동을 허구적인 것에 대한 어떤 행동과 감각으로 안으로부터 상상한다. 그리고 이렇게 안으로부터 상상할 때 상상자는 허구의 게임 세계에 필연적으로 존재하게 되어, 허구 세계에 참여하게 된다. 즉 안으로부터 상상은 상상자의 게임 세계 참여의 선결조건인 것이다.

더나가 허구적으로 규정된 사실을 상상함으로써 게임 세계에 참여한 상상자 또는 예술 감상자 또한 자신에 관한 상상을 하므로 상상자 자신 또한 어떤 게임 세계에서 참을 규정하는 소도구가 된다. 빗자루를 가지고 목마 게임을 하고 있는 아이들은 그들이 말을 타고 있다는 것이 허구적이라는 것을 인정하는 것에서 그치지 않는다. 게임에 참여한 이들은 또한 자신이 말을 타고 있다는 사실 그리고 말을 탈 때 자신이 느끼는 느낌 또는 감각 등 자신에 관한 사실 모두를 참으로 상상한다.

물론 비평가들처럼 게임에 참여하지 않는 단순한 관찰자들도 어떤 허구적 사실을 인정할 수 있다. 그렇다면 게임에 참여하는 참여자는 비평가와 어떻게 다른 것인가? 게임 참가자들은 그들 스스로에 관해 상상한다. 빗자루를 가지고 목마 게임을 하는 철수는 그가 말을 타고 있다는 것을 상상한다. 그러나 참여자의 상상은 이것이 다가 아니다. 철수는 말을 타고 있음을 상상함으로써, 말을 타는 것의 경험이 어떠할 것이라는 것을 직접적으로 감각한다. 철수는 게임에 참여함으로써 말을 탈 때 몸으로 전달되는 흔들림 등을 경험한다. 그리고 철수가 박진감을 느끼고 있다는 것을 그 게임 안에서 허구적으로 만드는 것은 철수가 게임 안에서 실제로 느끼는 감각이다. 철수가 어떤 박진감이나 흔들림에 대해 느낄 때, 철수는 자동적으로 [게임의 세계에서] 말을 탈 때 그가 어떤 박진감을 느꼈다고 상상한다. 이런 박진감은 어디에서 기인한 것인가? 그런 느낌은 철수의 허구 세계에 대한 상상으로부터, 즉 게임 세계의 참여로 인해 가능한 것이다.

허구 세계의 참여, 즉 상상활동을 통해 감상자 스스로가 허구 세계에 동화되는 것이 예술작품과 감상자로서의 우리의 관계의 특징이며 이것을 촉발하는 것이 예술이 가진 주요한 기능이다. 월턴은 상상을 통한 '허구 세계에 감상자의 참여'라는 예술작품과 감상자에 대한 이해는 우리로 하여금 예술이론에서 오랫동안 논의되어 왔던 난제들에 대한 답을 구할 수 있게 한다고 주장한다. 앞에서 설명한 참여에 대한 이해가 어떻게 예술철학의 여러 패러독스를 해결하는 데 적용될 수 있는지를 다음 절에서 간단하게 살펴보겠다.

3. 예술작품 안의 등장인물에 대한 존재론

앞에서도 말했듯이 월턴 이론에서 주로 논의되고 주목된 쟁점 중 하나가 허구 작품(fiction) 안에 등장인물들(characters)의 존재론이다. 예술작품 안에 등장인물의 존재론을 논할 때, 월턴은 마이농 식의 실재론(Meinongian realism)도, 허구 안의 이름들을 실제로 어떤 것도 지시하지 않는 기술들(nondenoting description)로 간주하는 의미론(deflationary semantics)도 모두 반대한다. 사실 월턴의 이론은 후자에 가깝지만 그는 허구 세계의 참여를 통해 차별화를 시도한다.

홈스를 지칭하는 체한다는 의미에서 이름 '홈스'는 실제로 지칭하는 것이 없다고 할 수 있고, 따라서 월턴의 이론은 허구의 이름은 어떤 것도 지시하지 않는다고 주장하는 이론(deflationary semantics)과 흡사한 듯하다. 그러나 만약 우리가 월턴의 허구의 이름의 의미론을 위와 같은 방식으로 이해하고 결론짓는 것은 그의 이론의 가장 중요한 부분인 작품의 세계를 넘어서는 게임의 세계, 즉 상상자의 참여를 고려하지 않은 성급한 결론이다.

"홈스는 탐정이다"라는 발화를 올바르게 이해하기 위해서는 그 발화는 믿는 체하기 게임의 맥락에서 이해되어야 한다. 나의 "홈스는 탐정이다"라는 발화는 내가 코난 도일의 소설을 가지고 하는 믿는 체하기 게임에 참여함으로써 가능한 것이다. 월턴에 따르면 코난 도일의 『셜록 홈스』를 읽으면서 독자가 "홈스는 탐정이다"라는 문장을 발화할 때 그 독자는 『셜록 홈스』를 소도구로 삼은 믿는 체하기 게임에 참여하고 있는 것이다. 따라서 그의 발화, "홈스는 탐정이다"는 허구 세계의 일종인 게임의 세계의 맥락에서 해석되어야 한다. 즉 그 문장의 발화는 어떤 종류의 믿는 체하기 게임이며, 그 게임에서 위의 발화는 참이 된다.

나는 게임에 참여하면서 홈스가 실제로 존재한다고 그 소설이 규정하는 허구적 참에 대한 게임의 규칙을 받아들인다. 그리고 일단 내가 게임 세계에 참여하면 나는 홈스라는 탐정이 있는 허구적 세계에 속하게 된다. 그리고 그 결과로 나는 허구적 인물이나 사건을 대상적(de re)으로 인식하는 상상을 하게 되는 것이다. 소도구로 기능하는 그 소설이 어떤 허구적 인물이 있다고 규정하는 한, 그 허구적 인물은 허구 세계에 존재한다. 따라서 게임의 세계에서 나의 허구적 인물에 대한 발화는 무의미하지 않으며, 허구 인물에 대한 대상적(de re) 인식의 결과이다. 이처럼 월턴은 상상하기의 일종인 믿는 체하기와 허구적 참을 규정하는 소도구를 통해 허구적 존재를 인정하는 마이농 식의 형이상학을 수용하지 않고서도 허구적 인물에 대한 대상적인 인식을 설명할 수 있다고 본다.

그러나 허구적 인물에 대한 대상적 인식은 많은 반론들을 야기했다. 어떤 철학자들은 우리의 허구적 인물에 대한 인식은 대상적(de re) 인식이라기 보다는 대언적(de dicto)라고 주장한다.[4] 왜냐하면 우리의 허구적 인물에 대한 인식은 소설의 기술이나 회화의 묘사에 의존하고 있기 때문이다. 허구적 인물에 대한 대언적 인식을 주장하는 철학자들에 따르면 "돈키호테가 풍차를 거인으로 착각했다"라는 나의 발화는 "풍차를 거인으로 착각한 '돈키호테'라는 이름을 가진 사람이 있다라는 것은 [돈키호테]-허구이다"와 같은 의미이다.

그러나 이런 분석은 적절하지 못하다. 왜냐하면 후자는 특수한 사물에 관한 전자의 발화를 어떤 종류의 것으로 만들기 때문이다. 만약 훗날에 어떤 학자가 세르반테스의 『돈키호테』의 제2부를 발견했다고 해보자. 『돈키호테』 제2부는 엄청난 반전이 있어서, 사실 돈키호테는 풍차를 거인으로 착각하지 않고 돈키호테의 먼 조상으로 언급된 등장인물이 있는데 그가 "돈키호테"라는 이름을 가지고 있고 풍차를 거인으로 착각했다는 것이 밝혀진다고 해보자. 만약 그렇다면 허구적으로 풍차를 거인으로 착각한 "돈키호테"라는 이름을 가진 사람이 있으므로 후자의 발화는 참이 되지만 그런 사항들은 우리가 아는 그 돈키호테에 관해서는 거짓이 된다. 즉 전자는 거짓이다. 따라서 전자는 후자로 환원되지 않는다. 전자는 특수자를 구성인자로 갖는 대상적인 허구적 참에 관한 진술이다. 그러나 후자는 돈키호테의 조상과 돈키호테를 구분하지 못함이 보여 주듯이 그런 특수자를 구성인자로 갖지 못한다.

이처럼 우리는 보통 재현의 대상을 유일한 것으로 간주하며 돈키호테와

---

4 N. Carroll, *The philosophy of Horror*, New York: Rutledge Press, 1990.

관련된 기술구와 무관하게 돈키호테 그 자체를 집어낸다. 그리고 이렇게 우리가 똑같은 기술구가 적용되는 돈키호테 조상과 돈키호테를 구분한다는 사실은 우리가 허구적 인물을 어떤 기술하에서 대언적으로 파악하는 것이 아니라는 것을 보여 준다. 우리가 유일한 돈키호테를 집어낼 수 있다는 것은 우리가 그 등장인물 자체에 대해 인식한다는 것을, 즉 허구적 인물이나 사건을 대상적 인식으로 파악한다는 것을 보여 준다.

그런데 우리는 어떻게 허구적 인물을 대상적으로 파악할 수 있는가? 우리가 이미 알다시피 허구 안에 등장인물이나 사건이 실제 세계에 존재하지 않는 경우가 더 많지 않은가? 답은 우리가 대상적 해석을 하는 것은 허구적 세계 안에서의 일이라는 것이다. 허구적 세계 안에 있는 대상에 관해서 허구적으로 대상적인 참이 발생될 수 있다는 것은 문제가 되지 않기 때문이다.

허구적인 예술작품의 재현의 대상이 무엇인가의 문제는 재현이 보통 재현과 동떨어진 어떤 외적 대상과의 관계(주로 닮음 또는 지시관계)로 설명되면서 제기되었다. 그리고 이렇게 재현의 대상이 재현과 동떨어진 외적 대상과의 관계로 설명되면서 특히 실제적이지 않은 인물이나 사건을 묘사 또는 기술하는 재현은 무엇을 그 대상으로 삼는가 하는 매우 어려운 문제가 남게 되었다.

그러나 우리가 원시 동굴 그림을 감상하는 방식을 생각한다면 재현의 대상이 실제적인가 허구적인 것인가는 재현 감상에 중요한 것이 아님을 알 수 있다. 우리는 원시 동굴 그림이 실제 사람을 묘사하고 있는지 아닌지에 대해 어떤 확신도 가지고 있지 않다. 그러나 이런 불확실성은 우리가 그림을 감상하는 데 거의 문제되지 않는다. 왜냐하면 그림을 감상할 때 우리가 가지는 경험은 그림이 실제 사람에 대한 것이라고 가정한다는 것에 근본적으로 의존할 필요가 없기 때문이다. 따라서 재현적인 예술작품은 어떤 것을 지시하는 것이 아니라 창조된 것이다.[5]

허구적 인물이 실제 세계에 존재할 경우와 그렇지 않은 경우 모두 그 작품에 의해서 취해지는 허구적 참은 근본적으로 다르지 않다. 우리는 이러저러하게 묘사된 사람의 그림을 보고 그것이 실제적인가 아닌가에 상관없이 그 그림은 어떤 대상에 관한 것이고 그 대상을 묘사된 대로 이러저러하게 상상한다. 즉 실재하는 대상이 없다고 하더라도 그것이 재현이라면 우리는 그것을 상상하며 그때 상상의 대상이 그런 허구 세계에 있다는 것을 상정한다.

이처럼 재현의 기능은 어떤 대상을 지칭하거나 그 대상과의 닮음을 추구하는 것이 아니라 상상을 규정하는 것이다. 재현의 핵심적 기능은 재현 안에 명세된 속성을 포함하는 명제를 허구적으로 만드는 것이다. 그런데 재현의 핵심적 기능이 이처럼 재현과 동떨어진 외부 대상과의 닮음이나 외부 대상 또는 개념에 대한 지시가 아니라 상상을 할 수 있게 하는 것이라면 재현은 실재하는 외부 대상에 관한 것일 필요가 없다. 그리고 그 결과로 대부분의 재현적 작품들은 그것 자체에 관한 허구적 참을 발생한다. 즉 허구적인 재현 작품들은 흔히 재현 작품 그 자체를 지칭하는 재귀적(reflexive) 지칭 관계를 가지며, 따라서 허구적인 예술작품들은 작품 그 자체에 관한 참을 규정하는 재귀적 소도구가 된다.

이처럼 월턴은 재현 자체가 재현의 대상이 되고 상상의 유일한 대상으로 역할할 수 있다는 것을 강조하기 위해서 재현은 어떤 개념이나 외부 대상을 지칭하거나 모방하는 것이 아니라 창조되는 것이라고 주장한다. 즉 사람의 그림은 사람의 외적 형태의 모방물이거나 어떤 사람 또는 사람의 개념을 지칭하는 것이 아니라 창조된 것으로 하나의 어떤 특정한 '사람' 그 자체가 되는 것이다. 그래서 우리는 그 '사람'에게 이름을 주기도 하는 것이다. 그러나 이제까지 주장은 어불성설처럼 들릴 수도 있다. 왜냐하면 그림은 그림이지 사람이 아니기 때문이다.

---

5 K. Walton, "Make-Believe and the Art", in *Aesthetics*, Susan Feagin and Patrick Maynard, eds., Oxford University Press, 1997.

그러나 월턴이 사람 그림이 어떤 특정한 '사람'이 된다고 주장하는 것은 실제 세계에서가 아니라 허구 세계에서이다. 그림은 믿는 체하기 게임에서 허구적 참을 발생시키는 소도구로 사용된다. 따라서 어떤 사람에 관한 그림이 사용되는 게임 세계에서 그 그림은 실제적이고 유일한 사람에 관한 것이다. 다시 말해 그림의 사람이 실제적이라는 것은 허구적으로 참인 것이다.

그리고 그런 사람이 허구적 세계에 있다고 여기게 되는 것은, 상상자가 허구적인 사물이 있는 것으로 여기도록 하는 참을 규정하는 소도구를 가지고 하는 믿는 체하기 게임에 참여하여 허구적 인물이나 사건을 대상적으로 인식하는 상상을 통해 가능한 것이다.

4. 묘사와 기술의 차이

월턴은 회화가 대표적인 예라고 할 수 있는 묘사(depiction)와 소설과 같이 문자에 의존하는 예술작품으로 대표되는 기술(description)의 차이 또한 믿는 체하기 게임을 통해 설명할 수 있다고 주장한다. 즉 그 둘의 차이는 각각이 규정하는 게임의 차이에 있다. 그림은 우리가 그것을 볼 때 우리가 그림이 재현하는 것을 보고 있다고 상상할 것을 규정한다. 반면에 소설은 우리로 하여금 그것이 재현하는 것을 보고 있다고 상상할 것을 규정하지 않는다.

예를 들어 내가 빌헬름의 〈슈베닝겐의 해변가〉를 보면서 믿는 체하기 상상을 통해 그 그림이 규정하는 허구 세계에 참가한다면, 내가 어떤 배를 보고 있는 것이 그 허구 세계에서 참이지만, 내가 소설 『모비딕』을 읽을 때, 내가 어떤 배를 보고 있다는 것은 허구적일 수 없다. 그리고 내가 그림을 가리키면서 "이것이 배이다"라고 말하는 것은 참이지만 텍스트를 가리키면서 "이것은 배이다"라고 말하는 것은 허구적 참이 될 수 없다.

그런데 무엇 때문에 그림의 경우에 그림을 가리키면서 배를 본다라고 말하는 것이 허구적 참이 될 수 있지만 텍스트의 경우는 그렇지 못한가? 그것은 소설의 글자들을 보는 영희의 행위는, 그림을 보는 영희의 행위와 달리, 그녀가 배를 보고 있다는 것을 허구적으로 만들지 못하기 때문이다. 이는 소설로 하는 게임을 규정하는 규칙과 회화 작품으로 하는 게임을 규정하는 규칙의 차이로 인한 것이다. 감상자들이 어떤 게임의 원칙을 이해하고 그에 따르는가에 따라서 허구적 참의 발생은 달라지는 것이다. 그렇다면 그 원칙이란 무엇인가? 앞에서 상상자의 현재의 실제적 행위가 재귀적 소도구가 된다는 것을 보았다. 즉 재현 작품을 감상할 때 상상자의 실제 행위는 허구적 참을 발생할 뿐 아니라 상상의 대상이 될 수 있다. 그런데 흔히 말하는 그림, 조각, 영화, 연극 등의 시각예술은 관람자의 시각 행동 그 자체가 상상의 대상이 될 수 있게 하는 원칙을 내재적으로 가지고 있지만 소설의 경우는 소설의 단어를 보는 시각 행위 자체가 상상의 대상이 되지는 않는다. 배 그림을 보는 행위는 상상의 대상이 되어 영희가 배를 보고 있는 것이 허구적이게 한다. 그리고 이와 같은 허구적 참의 발생이 재현의 일종인 회화와 같은 묘사가 규정하는 게임 종류의 특징이다. 월턴은 소설로 하는 게임과 그림으로 하는 게임의 차이를 다음과 같이 설명한다.

> 왜 관람자는 그의 행동이 어떤 배 보기의 사례라고 [그림] 보기라는 그의 행위에 관해서 상상해야만 하는가? 왜 그 그림을 볼 때 단지 배를 보기만을 상상하는 것은 충분하지 않은가? 그것은 그런 장면에 대한 기술과 묘사가 구분되지 않기 때문이다. 장면을 기술하는 구절을 읽는 독자가 그런 장면을 보고 있는 것을 상상하는 것, 그리고 그것을 안으로부터 상상하는 것은 그럴 듯하다. 그러나 독자는 텍스트의 단어 보기가 배를 보고 있는 것이 되는 것으로 상상하지는 않는다. 그의 실제적인 시각적 행동은 단지 그의 상상의 원인일 뿐이다. 그것은 그런 장면을 보고 있다는 상상을 촉발하거나 규정할 수 있지만 상상의 대상은 아니다. 이것이 텍스트가 그림이 되

지 못하게 하는 것이다. 그림을 보는 것은 그림이 불러일으킨 상상하기의 내용의 일부이다.[6]

위의 주장에 따르면 그림을 볼 때와 소설을 읽을 때의 차이는, 전자의 경우 그림을 보고 있다는 참여자의 행위 자체가 상상의 대상이지만 후자의 경우에는 어떤 배를 보는 것만을 상상할 수 있을 뿐 그것이 글자를 읽는 행위 자체까지를 상상의 대상으로 만들지는 않는다. 그 둘의 차이는 무엇인가? 그것은 참여자가 재현을 대하는 행동을 상상의 대상으로 삼는가의 여부이다. 『보바리 부인』에서 엠마의 모습을 기술한 것을 보고 있을 때 독자는 엠마를 보기를 상상할 수 있지만 그의 실제적인 지각적 행동인 단어를 보고 있는 행동에 관해서 상상하지는 않는다. 즉 소설의 독자가 엠마를 떠올려 시각화해서 시각화된 엠마를 보는 것은 그녀의 실제적인 시각적 경험(즉 소설의 단어를 보는 행위)과 구분되는 것이다. 따라서 엠마를 시각화하여 그녀를 보고 있다는 것을 상상할 때는 그가 어떤 단어를 보고 있다는 실제적인 행동에 관해 상상하는 것이 아니므로 그의 실제 행동은 상상의 대상이 될 수 없다.

이렇게 소설을 읽고 있을 때 내가 단어들을 보는 행위는 상상의 대상이 되지 못하고 그림을 보고 있을 때의 나의 행위가 상상의 대상이 되는 이유는 무엇인가? 배 그림을 볼 때의 시각적 행위는 허구적으로 배를 볼 때의 시각적 행위와 닮았지만 소설을 읽을 때 배를 본다는 허구적 행위는 내가 소설의 단어를 읽을 때 실제적인 시각적 행위와 닮지 않았기 때문이다. 그래서 그림 등을 볼 때와 소설을 읽을 때의 발생의 규칙은 구분되는 것이다.

월턴은 어떤 회화가 사실적이기 위해서 요구되는 닮음에 대해 이제까지 논의를 비판하면서 다음과 같이 말한다. "그림과 그림의 대상 사이에 닮음에 관한 것이 아니라 그림을 보는 것과 대상을 보는 것 사이의 닮음을 고려

6 K. Walton, *Mimesis as Make-Believe*, pp. 293-294.

해야만 한다. 이런 유사성은 지각되는 사물 사이에서가 아니라 지각 행위 사이에서 발견되는 것이다."[7]

월턴은 그림처럼 감상자의 실제적인 시각 행위가 소도구로 기능할 수 있는 재현을 묘사라고 부른다. 묘사를 가지고 하는 시각적인 믿는 체하기 게임은 충분하게 시각적으로 풍부하고 생생해야만 한다. 작품을 마주보고서 시각적 행동을 실제로 수행할 때 그런 수행이 다양한 시각적 행위의 허구적인 수행을 허용하기에 충분한 정도로 게임은 풍부해야만 한다.

월턴은 이밖에 그림 안에 사람과 풍경을 시각적으로 검토하는 것과 실제 사물을 바라봄으로써 검토하는 과정이 닮았다는 것의 근거를 몇 가지 더 제시한다. 우선 첫 번째로 두 경우 모두 획득하는 정보가 비슷하다는 것이다. 〈슈베닝겐의 해변가〉의 관람객은 배의 수와 크기, 마차의 크기 등을 발견한다. 실제의 그런 장면을 보는 사람도 비슷한 정보를 얻을 것이다. 두 경우 모두 마차 앞에 있는 사람이 결혼했는지 이름이 무엇인지 알 수 없다. 두 번째로 정보 획득의 순서가 비슷하다. 그림을 언뜻 보았을 때 발견하는 정보의 순서가 실제 그런 장면을 보았을 때 정보를 획득하는 순서와 비슷하다. 즉 눈에 먼저 띄는 것이 있다. 그러나 소설의 경우는 그런 순서를 개의치 않는다. 같은 장면을 기술한 소설의 경우 그 크기가 적어 눈에 띄지는 않는 물에 빠진 개를 먼저 기술할 수도 있다. 세 번째로 실제 세계를 시각적으로 검토하는 것과 그림을 검토하는 것이 닮았다는 것은 검토자가 자주 범하는 실수와 관련된다. 그림이나 실제 세계에서 85.0001피트 나무를 85피트 나무로 간주하는 것은 실수로 간주되지 않지만, 35피트 나무를 85피트 나무로 보는 것은 큰 실수이다. 그러나 글자일 경우 3을 8로 착각하는 것은 쉽지만, 85.0001을 85로 착각하는 것은 큰 실수이다. 또한 먹는 '배'와 타는 '배' 라는 단어는 서로 헷갈리기 쉽지만 먹는 배와 타는 배를 실제

7 K. Walton, "Looking at Pictures and Looking at Things", *The Philosophy of the Visual Arts*, Philip Alperson, ed., Oxford University Press, 1992, p. 102.

로 또는 그림으로 볼 경우, 우리는 전혀 헷갈리지 않는다.

월턴은 위와 같은 근거로 어떤 장면을 보는 행위와 묘사를 보는 행위가 유사하므로 우리는 묘사를 보는 행위를 묘사에 재현된 장면을 보는 듯이 상상하라는 규칙을 암묵적으로 받아들이고 그림 보는 행위에 관해 자동적으로 상상한다고 주장한다. 그리고 이런 닮음이 없는 소설과 같은 기술적 재현은 묘사와 구분돼야만 한다고 주장한다.

더 읽을거리

오종환, 「재현과 허구의 관계에 대한 고찰」, 『미학』 제22집, 1997, pp. 109-155.

황우영, 「허구에 대한 정서 반응 고찰: K. L. 월턴 이론을 중심으로」, 서울대 석사학위논문, 1999.

Currie, G., *The Nature of Fiction*, Cambrige(England), 1990.

Feagin, S., *Reading with Feeling: The Aesthetics of Appreciation*, Ithaca, NY: Cornell University Press, 1996.

Lamarque, P., *Fictional Points of View*, Ithaca, NY: Cornell University Press, 1996.

Walton, K., "How Remote Are Fictional World from the Real World?", *Journal of Aesthetics and Art Criticism* 37, 1978, pp. 11-23.

__________, "Categories of Art", in W. Kennick (ed.), *Art and Philosophy*, NY: St. Martin's, 1979.

__________, "Transparent Pictures", *Critical Inquiry* 11(2), 1984, pp. 246-277.

상상력

김소영

1. 들어가며

일반적인 의미에서의 상상력(Einbildungskraft 또는 Imagination)[1]은 외부 대상으로 인한 신체적 자극이 활성화되어 창조적으로 사고하는 정신 능력을 가리킨다. 이것은 정신이 신체의 영향을 차단하여 순수하게 논리적·추상적으로 사고하는 지성 능력과 달리, 신체와의 관계에 입각하여 구체적이고 구상적으로 사고하는 능력을 말한다. 이러한 구체적 사유의 산물이 심상(心象), 이미지이며, 이 점에서 상상력은 통상 '이미지를 형성하는 힘', 즉 현존하지 않는 것을 표상할 수 있는 능력으로 이해된다.

그러나 철학적·미학적인 의미에서 상상력은 실존하지 않는 대상에 대

1 16세기 초 이래로 사용된 'Einbildungskraft'는 그리스어 'phantasia'와 라틴어 'imaginatio'에 상응하는 독일어이다. 이 단어를 처음 사용한 이는 Paracelsus(15세기 스위스의 의학자이자 화학자)로서, 그는 라틴어 'vis imaginationis'의 번역어로 소개하였다. 그 후 18세기까지 Einbildungskraft, Imagination, Phantasie는 대개 동일한 의미로 사용되었다. 18세기 이후 Phantasie는 공상, 환상 등의 의미가 부각되었고, Einbildungskraft와 Imagination은 그때까지 주로 비물질적인 초월성과 물질성 간의 수직적 대립이라는 사고틀 내에서 물질적인 것으로, 불확실한 것으로, 따라서 이성의 통제에 복종해야 하는 심적 능력으로 폄하되던 것에서 벗어나 시공간 내의 객체들과 창조적으로 관계함에 있어 필수불가결한 능력으로 인정받게 되었다.(*Ästhetische Grundbegriffe*, Bd. 2, Stuttgart/Weimar, 2001, S. 89 참조)

한 이미지를 표상하는 힘으로만 제한되지 않는다. 주어진 감각적 대상 속에서 다른 존재를 파악할 때에나 현실의 지각 활동에서도 상상력은 작용한다. 인식 활동에서 인식 주체는 인식 대상에 의해 단지 수동적으로 규정되기만 하는 것이 아니라, 대상을 능동적으로 규정하기도 하는데, 이때 인식 주관의 능력 중 상상력이 중요한 역할을 담당한다. 상상력의 인식 작용은 감각 경험과 오성의 매개에서 성립한다. 더 자세히 말하자면, 첫째로 감각적 형상과 추상 개념으로부터의 직관적 종합을 의미하며, 둘째로 재생적 기억을 생산적인 변형이나 재창조와 결합하는 것을 의미한다. 이런 점에서 지각 경험은 직접적으로 주어진 것 이상의 것을 보는 능력인 상상력에 힘입어서, 주어진 것이 결합되고 재창조된 결과라 할 수 있다.[2]

지각에 포함되어 있는 창조적 작용으로서의 상상력의 기능은 특히 예술 창작과 감상에서 두드러진다. 실제로 상상력은 현대 예술 이론과 인식론의 맥락에서 중요한 지위를 차지해 왔다. 18세기 이후로 '상상력'이라는 용어는 '가상'(미학적 범주)과 '실재'(인식론적 범주)를 구성함에 있어서의 인간 정신의 자발적 능력을 개념화하는 데에 사용되어 왔다. '가상'과 '실재'는 서로 독립적이지 않다. 왜냐하면 18세기 후반부터는 미학적인 개념들의 기초에 인식론적 전제들이 놓여 있기 때문이다. 이는 특히 낭만주의 예술론과 독일 관념론의 연관성에서 읽을 수 있다.[3]

상상력은 진부한 일상의 틀을 깨뜨리고 새로운 것을 향해 나아가게 한다는 점에서 예술을 가능하게 한다. 그러나 그 이면에는 현실과 무관한 한갓 '공상'이라는 부정적인 의미도 담겨 있다. 실제로 상상력에 대한 회의적인 입장 역시 존재하니, 이들은 대개 상상력이 아무 구속력 없는 방탕함으로, 심지어 부도덕한 표상들로 이어질 수 있다는 우려에서 이성에 의해 조종될 것을 요구해 왔다. 실로 비현실적인 공상이나 추상적 유토피아와 '현실의

2 *Metzler Lexikon Literatur – und Kulturtheorie*, Stuttgart, 2001, S. 110 참조.
3 *Ästhetische Grundbegriffe*, Bd. 2, S. 88 참조.

진리를 위한 상상'은 구분되어야 하는바, 상상의 참된 관심사는 단순한 모사에서 나타나는 경험적 이미지들이 표현할 수 있는 것보다 더 진실하게 현실을 그 본질적 특징들로 표현하는 데에 있는 것이다.

따라서 상상력은 현실에 대하여 적합할 것이 요구된다. 상상력의 작업은 제반 가능성을 구축하고 있으며, 그 목적은 현실 세계를 이들 가능성의 맥락에 두는 것이기 때문이다. 달리 말하면 상상력은 현실을 거꾸로 비추는 일을 사명으로 한다. 이 궁극 목적에 비추어 허구의 '적절함'이 판정된다. 그러므로 상상력은 이성적인 능력이기도 하다. 단지 이성적인 존재에 고유할 뿐 아니라, 그들에게 그 이성을 행사하도록, 즉 익숙한 현실 세계에 대해 다시 한번 묻고 판단하도록 유도하는 것이다.

2. 고·중세 철학에서의 상상력

상상력에 대한 철학적 사유는 플라톤에서부터 출발한다. 그에 따르면, 상상(phantasia)은 감각 지각을 통해 형성된 믿음으로서, 저급한 영혼과 관련된다.[4] 물론 후기에는 이성적 영혼에 의해 지배되는 이데아에 대해 이미지의 형태로 숙고할 수 있다는 좀 더 긍정적인 견해를 제시하기도 했지만, 여기에도 역시 이데아와 이미지는 결코 합치될 수 없다는 전제가 놓여 있다. 이미지란 환영에 불과하기에 현실에 대한 참된 지식을 제공하지 못하고 비합리적인 영혼의 자극으로 인해 생성된다는 그의 주장은 결국 시인에 대한 비판으로 이어진다.[5] 이에 반해, 아리스토텔레스는 상상을 "근본적으로 실제 지각에 의해 발생하는, 지각과 유사한 하나의 운동"[6]이라고 정의한다. 그에 따르면, 감각 지각에 의해서 대상의 이미지들과 이 이미지들의 연

4 Platon, *Timaeus* 52a7, Sophist 235d, 236b, 264a1-6, a8-b3 참조.

5 Platon, *Republic*, 605a, 607b.

6 Aristoteles, *De Anima* Ⅲ, 428b10.

관관계가 정신 내에 형성된다. 이렇게 재생된 이미지들 속에서 이성은 이데아를 추상해 내는 것이다. 그런데 상상은 단순히 대상들의 속성을 지각하는 것일 뿐만 아니라, 일종의 판단 방식이기에, 오류의 가능성도 지닌다. 또한 아리스토텔레스는 지각, 사유, 믿음 등 인간의 다른 능력들과 분명하게 구별되는 독자적인 기능과 지위를 상상력에 부여했다. 상상력은 이러한 두 측면, 즉 a) 지각과 사유의 중간 지위, b) 순수한 직접적 지각으로부터 풀려나 표상들을 자유롭게 종합하고 분석하는 능력이라는 두 측면으로 인해 중요한 철학적 의미를 지니게 된다.[7]

중세의 아리스토텔레스주의자(토마스 아퀴나스, 둔스 스코투스 등)의 인식론에서 상상력(Imaginatio 혹은 phantasia)은 결정적 역할을 한다. 이들의 주요 관심사는 상상력과 지식의 관계였다. 그들은 상상력에서 비롯된 표상들이 일체의 물질성으로부터 자유로운 대상을 지성에 재현할 수 있다고 보았다.[8] 토마스에 따르면 상상력은 지각과 달리, 대상을 그것이 없는 상태에서 마치 그것이 현전할 때처럼 이해하는 능력이다. 상상력의 표상들은 능동 지성(intellectus agens)의 질료인바, 이 생산적 지성은 태양이 외계 대상들을 비추듯이 질료를 비추며, 그리하여 가지적(可知的) 형상을 수용하는 지성, 즉 수동 지성(intellectus possibilis)이 볼 수 있게끔 만든다.[9] 그러나 18세기에 이르도록 많은 철학자들은 상상력을 지식의 형성을 방해하고 인간을 오류에 빠지게 하는 근원으로 간주하는 부정적인 입장을 지녔다. 특히 르네상스 시대에는 이성이 육체로부터 해방된 신적인 능력으로 여겨진 반면, 상상력은 육체적 감각과 동일한 것으로 모든 동물이 공유하는 것이라고 생각되었다.

---

7 같은 책, 427b-428b18.

8 *Historisches Wörterbuch der Philosophie* (Joachim Ritter 편) Bd. 2, Basel/Stuttgart, 1972, S. 346 참소.

9 Thomas von Aquin, *De veritate* Ⅰ, a 11.

3. 합리론과 경험론에서의 상상력

데카르트는 해부학적 지식을 바탕으로 뇌의 중앙에 위치하는 송과선(松科腺)이라는 기관을 '상상력과 공통 감각의 자리'로, 그 주위의 뇌조직을 기억의 자리로 간주한다. 또한 지각 대상의 통일적인 상을 형성하는 공통 감각이나, 존재하지 않는 대상의 상을 형성하는 상상력 모두 정신이 신체와 결합하면서 나타나는 작용으로 본다. 좌우의 눈에서 전해진 시각적 자극은 송과선으로 수렴되어 대상에 대한 단 하나의 상을 맺으면서 기억 속에 흔적을 남긴다. 또 역으로 정신은 송과선을 움직여 기억의 저장고를 탐색하여 해당되는 상을 상기하거나, 부분적인 상들을 조합하게 된다.[10]

데카르트에 따르면, 상상력에는 구상화 작용을 하는 직관의 능력이 들어 있다. 이는 특히 기하학적인 조형물에서 잘 드러난다. 여기서는 사유적인 이해를 넘어서, 사유 그 자체에는 없어도 되는 일종의 특수한 영혼의 긴장이 유희를 일으키는바, 이러한 긴장으로 인해 상상력과 순수 통찰 사이의 차이가 드러난다. 순수 사유에서는 없어도 되는 이러한 기능은 동시에 외적 대상의 현존재를 암시한다. 왜냐하면 그러한 기능은 지적인 내재성을 초월하기 때문이다. 따라서 상상력은 인식 능력을 직접적으로 현전해 있는 대상에 적용하는 행위라 할 수 있다.[11]

경험론에서는 상상력 개념이 한층 더 적극적으로 조명된다. 특히 흄의 인식론에서 나타나는 상상력 이론을 '연상심리학'이라 한다. 경험론의 입장에 있는 흄에게서 지식은 원칙적으로 감각에서 유래한다. 그는 재생된 관념이라는 점에서 유사점이 있는 '기억'과 상상력을 대비하여 논한다. 여기에 양자의 전제가 되는 감각적 지각까지 더해서 삼자의 차이를 설명하는데, 우선 활기의 강도 차이를 들 수 있다. 기억에서부터 이미 감각의 활기

10 Descartes, *Les Passions de l'âme*, 31-35절, 42-43절 참조.

11 Descartes, *Meditationes de prima philosophia* Ⅳ 참조.

는 약화되는데, 상상에서는 더욱 더 저하된다. 그리고 상상은 기억과 달리 경험되었을 때의 관념의 순서를 재편성한다는 특색을 지닌다. 이 재편성에서 하나의 관념으로부터 다른 관념으로의 이행이 바로 연상 작용이다. 이 연상의 유형에는 '유사', '인접', '인과관계' 등 세 가지가 있는데, 이것들을 상상력의 규칙이라 할 수 있다.[12]

흄에 따르면, 상상력의 기능은 인과적인 표상 체계를 경험적으로 만드는 데에 있다. '기억'에 의해 지정된 개별적인 표상 결합으로부터 떨어져 나옴으로써 상상력은 많은 개별적 경험들을 하나의 상 속에 모아 융합하는 일을 할 수 있게 된다. 그리하여 "의식에 숨겨져 있는 모종의 과정 덕분에", 단지 개별적인 인과 결합만이 아니라 그로부터 만들어진 동질적인 결합 유형들이 과거로부터 벗어나 미래에 대한 기대로 자연스럽게 투사된다. 이러한 과정이 의식되기 힘들다는 사실과 '상상력의 자연스런 이행 경향'에 의해 실행된다는 사실은 그 과정으로 하여금—그것이 원천적으로 주관적임에도 불구하고—객관적 가치라는 견고한 가상을 갖게 한다. 그러나 결국 흄은 사물의 존재에 대한 신념이 감각이 아니라 상상력에서 비롯된 것이라는 결론에 도달하면서 회의주의에 빠지게 된다.[13]

존재론적인 전통 속에서 다소 무시되어 왔던 상상력 개념은 18세기에 이르러 '하위 인식 능력'의 복권이라는 기획 속에서 점차 철학적 논의의 중심으로 들어온다. 이 과정의 출발점을 이루는 결정적인 규정들은 볼프에게서 발견된다: "현재 존재하지 않는 사물들에 대한 표상을 대개 상상이라고 부른다. 그리고 그와 같은 표상을 산출하는 영혼의 힘을 상상력이라고 부른다."[14] 나아가 그는 상상의 법칙이야말로 감각 지각의 규칙들의 근본 원리라고 말한다: "만일 우리가 무엇인가를 파악했고, 표상의 일부가 나중에 생산

---

12 D. Hume, *A treatise of human nature* 제1부 4-5절 참조.

13 같은 책, 제3부 6-8절, 제4부 2절 참조.

14 Ch. Wolff, *Vernünftige Gedanken von GOTT, der Welt und der Seele des Menschen auch allen Dingen überhaupt*, 235절.

된다면, 상상력은 표상의 나머지 부분 역시 보충한다."[15] 볼프는 한 번도 본 적이 없는 상상 이미지를 분리와 조합을 통해 산출하는 능력을 시작(詩作) 능력(facultas fingendi)[16]이라고 부른다. 이러한 규정에 따라 상상력 개념은 비로소 미학적으로 사용되기 시작한다. 이러한 미학적인 상상력 개념은 보드머, 브라이팅거, 마이어, 바움가르텐, 줄쩌 등에 의해 수용되어 발전된다.[17]

4. 칸트의 생산적 상상력

단순히 '모방'을 위한 것으로, 혹은 시작술(詩作術)에 관한 것으로 제한됨으로써 간과되어 온 상상력의 생산적인 잠재력은, 18세기에 미적 의식이 발달하면서, 특히 낭만주의와 독일 관념론에서 주체의 본질을 구성하는 능력으로 가치 상승하였다. 이러한 새로운 흐름의 기초를 마련한 이가 바로 칸트다.

칸트에게서 상상력은 감각적 자극이 주는 다양한 것들을 하나의 형상으로 통일하고, 오성의 작용에 수행되는 것이라는 점에서, 신체 혹은 물체와 정신의 매개 역할을 담당한다. 어떤 상을 표상하거나 상기하는 능력으로서의 상상력은 재생산적이다. 그러나 이를 위해서는 그 상이 이미 경험되어야만 한다. 그 최초의 상을 통일시켜 본래 경험을 가능하게 하는 작용이 바로 '선험적 종합'이며, 이를 담당하는 상상력은 '생산적'이라고 할 수 있다. 상상력의 경험적인 재생산 기능에서 초월적인 실현 근거로서 전제되어야만 하는, '생산적 상상력'의 '선험적 종합'은 중요한 철학적 의미를 획득한다. 바로 그 선험적 종합이 '감각'과 '순수 지성'의 '통각' 사이의 매개

15 Ch. Wolff, *Psychologia empirica*, 117절.

16 같은 책, 144절.

17 *Historisches Wörterbuch der Philosophie*, Bd. 2, Basel/Stuttgart, 1972, S. 348 참조.

를 가리키기 때문이다. 상상력을 매개로 하여, "우리는 한편에 있는 다양한 직관들을, 다른 한편에 있는 순수한 통각의 필연적인 통일의 조건과 결합시킨다."[18] 이러한 매개가 요구되는 것은, 순수 지성의 '단순한 범주들'에서는 오로지 "다양한 직관들 일반을 주시하는 가운데 일어나는 종합"[19]이 사유되는 것이지, 시공간 속에서의 특수한 직관이 사유되는 것이 아니기 때문이다. 반면에 감성을 '범주들에 따라' 선험적으로 규정하는 상상력의 기능은 "모든 가능한 인식의 순수 형식",[20] 즉 "다양한 감각적 표상들이 …… 하나의 의식에 속하게 되듯이",[21] "모든 선험적 대상들에 대한 형식적 인식"을 구성하는 방식으로 이루어진다. 그리하여 생산적 상상력이 감각 자료들을 통일하여 형성한 형상은, 나아가 개념과 상의 중간적 존재인 도식으로 매개되어 지성이 이해하는 단계에 이른다. 이 생산적 상상력은 한갓 지각의 보조기구가 아니라, 오히려 정신이 물질 세계를 만나는 데에 있어 핵심적인 역할을 한다.

지각에서 작용하는 상상력에 주관의 자유 혹은 창조성을 인정한 칸트는 『판단력비판』에서 상상력의 미학적 의의를 본격적으로 규명한다. 그는 어떤 대상을 아름답다고 판단하는 미감적 판단의 선험적 원리, 즉 미감적 판단을 가능케 하는 주관적 조건으로서 상상력과 지성의 자유롭고도 조화로운 유희를 제시한다. "하나의 취미판단 속에서 표상들을 주관적이고도 보편적으로 전달할 수 있다는 사실"은 쾌의 감정에 의해 판정되는, "상상력과 지성의 자유로운 유희"에 기인한다.[22] 지성과 조화를 이루는 상상력은 자유로운 합법칙성을 지니는 상상력이며, 자유로운 상상력이란 연상 법칙에 지배되는 재생적인 것이 아니라 생산적이고 자발적인 것이라 할 수 있다. 이러한 창조적 상상력은 "경험의 한계를 넘어서 …… 가장 위대한 것에 도달

18 I. Kant, *Kritik der reinen Vernunft*, A124.
19 같은 책, B151.
20 같은 책, A118.
21 같은 책, A130.
22 I. Kant, *Kritik der Urteilskraft*, 28-29.

해 있는 이성-표상을 본받으려고 노력하고", 그리하여 "개념 자체를 무한히 미감적으로 확장"한다. 다시 말해 창조적 상상력은 "미적 이념을 현시하는 능력"[23]인 것이다. 이러한 사상은 인식론이나 미학뿐만 아니라 칸트 철학 전반에서 핵심을 이루고 훗날 낭만주의의 창조적 상상력 개념의 모태가 된다.

5. 독일 관념론 전통에서의 상상력

'상상력' 개념은 칸트를 계승하는 독일 관념론의 흐름을 정초함에 있어 결정적인 역할을 한다. 피히테의 개념 '선험적 계시'는 필연적으로 감성에 기초한 '경험 자료'에 의해 실현된다. 이는 인간의 약점이기도 하며, '계시의 표상'에 의해서만 채워질 수 있다. 즉 계시에서는 도덕 법칙이 "심정의 힘에 의해 영혼에 주어질 수 있는바, 이 영혼은 한편으론 감각적이고 …… 다른 한편으론 자유로서 규정 가능하고 자발성을 가진다."[24] 피히테는 상상력 개념을 사용해서, 자아와 비아(非我) 사이의 절대적 대립에서 출발하여 양자의 관계를 '종합의 절차'를 통해 규정하고자 시도했다. 이러한 방법으로 그는 자아와 비아 사이에, 무한을 향한 자아의 활동과 '충동(Anstoß)' 속에 있는 유한성 사이에 새로운 '매개항'을 끼워 넣는다.[25] 상상력은 양자 사이를 '부유(浮遊)하고', 양자와 '관계하고', '그들로부터 다시 되돌아오고', '자신과의 관계에서 어떤 확실한 내용을, 그리고 어떤 확실한 연장'(시간과 공간)을 그들에게 부여함으로써 '직관'이 된다. 이로써 사변철학의 핵심 과제인 표상의 연역이 이루어진다. 표상, 즉 우리에 대해 있는 실재성은 생산적 상상력으로부터 발생하여, '지성' 속에서 존립하게 된다. 상상력으

23 같은 책, 193-194 참조.
24 J. G. Fichte, *Werke* (R. Lauth and H. Jacob eds.), Bd. Ⅰ/1, Stuttgart, 1964, S. 68.
25 J. G. Fichte, *Werke*, Bd. Ⅰ/2, S. 274, 355 참조.

로부터 "인간 정신의 전 메커니즘"이 밝혀지고, 그리하여 상상력은 "우리의 의식의, 우리의 삶의, 우리에 대해 있는 우리의 존재의 가능성"이라 일컬어진다.[26] "상상력에 의한 것이 아니고는 그 어떤 일도 지성에서 일어나지 않는다."[27] 피히테는 인간에게 생산적 상상력의 능력을 분명하게 부여한 최초의 인물임을 자처한다.

셸링은 우선 자유와 무한에 대한 의식과 유한한 표상의 필연성에 대한 의식 사이에서 부유하는 활동이 바로 상상력이라고 본다. 상상력은 이론과 실천을 매개하고 이념을 산출하기에, 이성에 복무하는 것으로 규정된다. 이러한 상상력은 근원적인 직관에서 활동하며, 그 최고의 역량인 '창작 능력', 즉 "철학의 유일하게 참되고 영원한 기관(Organon)"[28]인 예술을 산출하는 능력이 된다. 실로 '상상'은 셸링의 '동일성 철학'의 중심 개념이다. 실제 자연 세계는 무한을 유한으로, 관념적인 것을 실제적인 것으로, 본질을 형태로, 하나를 다수로, 동일성을 차이로, 보편자를 특수자로 상상함으로써 구성된다. 관념적인 정신 세계는 유한을 무한으로, 실제적인 것을 관념적인 것으로 등등 위와 반대로 상상함으로써 구성된다. 실제 세계와 관념 세계의 '절대적 동일성'은 '절대자', 즉 신인바, 이것의 상관물은 철학이라는 '절대적인 이성 학문'[29]에서 자기 자신을 인식하는 이성이다. 관념 세계와 실제 세계는 각기 영역에서 관념이 우월하거나 실재가 우월하거나 양자가 동일하거나에 따라서 세 가지의 '역량(Potenz)'을 가진다. 이 중 최고인 세 번째 역량을 이루는 것은 유기체, 예술, 미, 필연성과 자유의 통일 등이다.[30] 우주는 절대적인 예술작품을 의미하기에, 그것의 아름다움은 신의 아름다움에 상응한다. 따라서 우주와 예술에서 아름다움과 창조는 동일한 것으로서 무한한 관념성을 실재로 상상한 것이다. 독일어로 상상력

26 같은 책, S. 353, 368-369, 374 참조.

27 J. G. Fichte, *Werke*, Bd Ⅰ/3, S. 188.

28 F. W. J. Schelling, *Sämtliche Werke*, Stuttgart/Ausburg, 1856-1861, Bd. Ⅰ/3, S. 627.

29 F. W. J. Schelling, *Sämtliche Werke*, Bd. Ⅰ/5, S. 381.

30 같은 책, S. 378-380 참조.

(Einbildungskraft)은 본래 모든 창조의 기반이 되는 '일체로 만드는(Ineinsbildung)' 능력을 의미한다. "실재와 이념을 일체로 만드는 것의 원천"인 신은 상상력의 법칙에 따라 다양성을 산출한다.[31] 이런 점에서 상상력의 주된 임무는 절대자의 본질로서의 자유의 세계를 내보이는 것이라 할 수 있다.

예나 시절 헤겔에게서 칸트의 생산적 상상력에 상응하는 개념은 '참된 사변적 이념'이다. 그는 이성은 "가장 생동하는 것에서" 두드러진다고 보고,[32] 야코비 식의 이성관을 반박한다. 그러나 이후에는 셸링이 예술과 상상력에 핵심적인 지위를 부여한 것에 대해 비판한다. 『엔치클로페디』에서는 상상력이 이론 정신 내에서 체계상의 지위를 얻게 되는바, 여기서 상상력은 지성이 직접적으로 규정되어 있는 '직관'과 지성이 자유를 구가하는 '사유'의 중간에 있는 것으로서 '표상'을 포함한다. 상상력은 재생산 기능을 함으로써 표상들을 재차 새롭게 결합시킬 수 있다. 상상력은 '이러한 자유로운 결합' 속에서 감각적인 기호에 '의미'를 부여한다. 이러한 기호 이론은 헤겔의 언어 이론의 토대를 이룬다.[33] 한편 이에 앞서 『철학입문』에서는 다른 입장을 보인다. 여기서는 기호 이론과 언어 이론을 '상기(Erinnerung)'로 분류하는 반면에, 생산적 상상력은 '이념에 복무'하며, 현상들의 본질을 '형상화하고 구상화'하는 능력으로 간주한다.[34] 나아가 후기의 『미학강의』에서는 상상력(Phantasie)이 '이념의 감각적 현현'으로서의 예술을 생산하기 위한 일반적 능력으로 규정되어, 예술적 질료의 사용이나 인물과 행위 및 상황의 창작과 형상화 능력 전반을 포괄하게 된다.[35]

---

31 같은 책, S. 386.

32 G. W. F. Hegel, "Glauben und Wissen"(1802), in *Werke* in 20 Bänden, Bd. 2, Frankfurt a. M., 1986, S. 306-317 참조.

33 *Werke* in 20 Bänden, Bd. 8, *Enzyklopädie der philosophischen Wissenschaft*(1830), 452-463절 참조.

34 *Werke* in 20 Bänden, Bd. 4, "Philosophischen Propädeutik"(1808-1811), S. 44-51 참조.

35 *Werke* in 20 Bänden, Bd. 13, *Vorlesungen über die Ästhetik*, S. 363-366 참조.

6. 낭만주의 예술론에서의 상상력

칸트에게서부터 비롯된 이성과 감성, 정신과 자연, 무한과 유한을 매개하는 생산적 상상력은, 무한을 동경하고 판타지를 사랑하며 주관의 절대적 자유를 주장한 독일의 낭만주의 예술론(노발리스, 슐레겔, 훔볼트 등)에서 그 창조적인 힘을 더욱 분명하게 확인받는다.

'질풍노도(Sturm und Drang)' 운동을 이끌어 이후 독일 낭만주의에 많은 영향을 끼친 쉴러의 경우 상상력은 '직관 능력'으로 규정되며, 이로 인해 예술의 기관, 특히 '생산적 상상력의 자유로운 작용을 통해 우리를 특정한 감응 속으로 옮겨 놓는' 시의 기관이 된다.[36] 수용자의 상상력을 스스로 활동하게끔 자극해야 하는 예술가의 상상력은 '이상화(理想化)'의 능력이다. 상상력은 지성과 결합할 때에는 미를, 이성과 결합할 때에는 감동과 숭고를 만든다. 여기서 숭고는 "일부는 이성에 의해 요청된 총체성을 크기의 표현 속에서 획득할 수 없다는 상상력의 무능에서 기인하며, 일부는 저러한 요청을 내세울 수 있는 이성의 능력"[37]에서 기인한다. 상상력의 가장 중요한 규정은 자유다. "상상력의 관심은 정립된 것으로부터 해방되어 계속 유희를 즐기는 것이다."[38] 쉴러는 무엇보다도 상상력의 '정당한 영역'을 규정하고자 했다. 그것은 바로 상상력이 '절대적 입법'의 권리를 갖게 되는 '상상력의 왕국', '가상의 세계'이다. 그러나 이것은 인간이 '이론적인 학문에서 실존을 언명하는 것을 멈추는 한에서만, 그리고 실천적인 학문에서 실존을 수여하는 것을 단념하는 한에서만' 적법하다.[39] 쉴러는 예술에 있어 교육적인 의도를 고수하기에, 상상력의 '미감적 자유'와 지성, 이성, 윤리와의 관계를 최종적으로 다음과 같이 규정한다. "지성이 이념들 간의 연관

---

36 F. Schiller, *Werke: Nationalausgabe*, Weimar, 1958, Bd. 22, S. 267-274 참조.

37 *Werke: Nationalausgabe*, Bd. 20, S. 235.

38 같은 책, S. 214.

39 같은 책, S. 401-404 참조.

을 규정하기는 하지만, 숨겨진 합법칙성을 가지고 규정하기에 그 결과 상상력이 온전히 자의적으로 행동하는 것처럼 보일 때, 그 표현은 자유로워진다."[40] 쉴러에게 중요한 문제는 인간 본성의 총체인바, 이것은 예술과 상상력에 의해 회복될 수 있다. 이는 시대의 분열에 의해 상상력이 그 힘과 정열을 약탈당한 때일수록 더욱 절실한 문제로 여겨져 왔다.

슐레겔에 따르면 자아는 세계에 대해 확대와 축소의 기능을 모두 행하는데, 이 양 기능을 담당하는 것이 상상력이다. 자아는 세계의 다양성을 개념의 통일성으로 환원하는 한편, 시적 상상력으로써 자아를 세계로 확대하고 전개한다. 전자는 칸트의 『순수이성비판』에서의 인식론적 상상력의 기능에 해당하며, 후자는 『판단력비판』에서의 창조적 상상력이라고 할 수 있다. 이와 같은 상상력은 자유로운 창작, 사유 등에서 — 이러한 활동들이 그 목적을 오로지 자신 속에 지니는 한에서 — 최고의 자유를 얻는다. 상상력은 항상 구상적인 것을 얻으려 노력하는바, 이러한 상을 '사물의 지배로부터' 해방된 'Gegen-Ding' 으로 파악한다. 아름다운 상에는 '관조하는 자의 상상력' 과 예술가의 상상력이 함께 작용한다. 따라서 상상력은 항상 '공동 생산적' 이다. 특히 상상력은 'Gegen-Ich' 를 향한 사랑에 의존하고 있는데, 이를 통해 이론 철학과 실천 철학의 분리가 극복되어야 한다. 그리하여 상상력은 '영혼의 호흡' 으로서, '충만한 세계 전부를 자신 속에 받아들이고 다시 무한한 충만함으로 확장하고 형상화하는 자아의 능력' 이다. 이러한 상상력이 바로 천재의 본질을 구성한다.[41]

슐레겔과 더불어 독일 낭만주의를 대표하는 노발리스에게 있어 '모든 운동(Aller Transitus)' 은 '상상력의 작용' 이다. 상상력은 감정이나 지성, 이성과 달리 홀로 활동하며, 능동적이고, 생산적이다.[42] 노발리스는 상상력이야말로 여타의 감각들을 대체할 수 있는 '경이로운 감각' 이라고 말한다. 모든

40 *Werke: Nationalausgabe*, Bd. 21, S. 8f.
41 F. Schlegel, *Kritische Ausgabe*, München, 1958-, Bd. 12, S. 358-374 참조.
42 Novalis, *Werke*, Stuttgart, 1969, Bd. 2, S. 139-141 참조.

내적 · 외적 힘과 능력들은 상상력으로부터 연역되어야 하며, 기억과 지성에서 작용하는 법칙 역시 상상력이 형성한다. 상상력이 완전히 자유롭게 부유하는 가운데 질료는 자아에 의해 형상화된다.[43] 이로써 자아에 의해 비아(非我)가 규정되어야 한다는 피히테의 요청은 노발리스에 의해 시예술에서 실현된다고 할 수 있다.

훔볼트의 경우 초기에는 상상력이 주로 감각적인 것을 비감각적인 것과 연결하는 데에 종사하는 영혼의 능력이었다면, 이후에는 예술론 논의의 중심을 이룬다. 시창작에 대한 물음은 시적 상상력, 즉 '인간의 모든 능력들 중에서 가장 신비로운 것' 에 대한 물음으로 이해된다. "시인의 영역은 상상력이다." 예술은—예술가의 활동 측면에서는—'상상력을 법칙에 따라 생산적으로 만드는 능력' 으로 정의되고,—실재와의 관계 측면에서는—'상상력에 의한 자연의 표현' 으로 정의된다. 현실에 비해 절대적으로 자유롭고 자율적인 상상력은 '이상적인 것' 을 만들어 내는데, 이것은 부정적으로는 '비현실적인 것' 이지만, 긍정적으로는 '모든 현실을 능가하는 어떤 것' 으로 규정된다. 다시 말해 상상력은 현실보다 더 심오하고 더 영속적인 '가상' 을 산출한다. 이로써 예술과 자연은 "더 이상 동일한 영역에 있지 않고, 또 더 이상 동일한 척도를 허락하지 않는다." 따라서 일체의 모방 이론은 기각되고, 상상력은 감성과 엄격하게 구분된다. '세계' 는 그 내용을 근거로 해서 경험되는 것이 아니라, '시인의 가벼운 비상(飛翔)' 에 근거하여 경험된다. 따라서 창조적인 상상력은 모든 천재의 특기이다. 그러나 상상력은 오로지 목적으로부터 자유로운 작품 속에서 실현될 때에만 시적이다. 훔볼트에게 있어 예술은 바로 상상력과 현실의 분리를 통해서, 인간이 세계와 친해지도록 만드는 형식인 것이다.[44]

콜리지는 독일 낭만주의의 영향하에 한갓 재생산적인 '공상(fancy)' 을

43 Novalis, *Werke*, Bd. 3, S. 15, 108, 143 참조.

44 W. von Humboldt, *Gesammelte Werke*, Berlin/New York, 1988, Bd. 4, S. 29-32, S. 159-162 참조.

창조적인 상상력과 구분하였다. 공상이 연상 법칙에 지배받는 것임에 반해, 상상력은 하나의 이미지가 다른 많은 것을 변용시켜 다수를 하나로 되돌릴 때 작용하는 힘이다. 이러한 창조적 능력은 한편으론 자연의 무한한 창조 과정을 정신 속에서 반복하는 데에서 성립하며, 다른 한편으론 수많은 요소들을 일순간의 직관적 사고로 응집시켜, 주체와 객체의 유기적 통일, 즉 정신의 참된 근본 원리로 나아가도록 재구성하는 데에서 성립한다.[45] 이런 점에서 콜리지는 상상력을 인간 정신의 최고의 능력으로 본다. 그는 특히 예술적 천재는 "우리가 오로지 상상력이라는 이름에만 적용해온 종합적이고 마법과 같은 그 힘"에 종속된 것이라고 한다. 천재성, 더불어 상상력은 단지 창조적인 예외적 실행만이 아니라 인간의 위대함의 전제이다. 시인은 상상력을 빌려 "인간의 영혼 전체를 활동하게 하며, 이때 영혼의 능력들은 그 상대적인 신성함의 가치에 따라 서로에게 종속된다." "서로서로 뒤섞고 융합시키는 통일의 정신"은 단지 작품의 속성인 것만이 아니라 통일로서 자신을 경험하는 주체의 속성이기에, 상상력의 도야는 인격의 가장 중요한 전제가 된다. 인간을 낯선 규정들로부터 해방시킬 수 있는 기술로서 상상력은 인격을 완성시키는 작용을 한다는 것이다.[46]

7. 상상력에 관한 20세기의 연구들

20세기에 들어서 상상력은 창조성의 근원적 요소로서 인간과 세계, 물질과 정신, 이성과 감성 사이를 매개하는 것으로 인정받은 데에서 나아가 한층 더 적극적이고 다양한 방식으로 의미를 획득한다.

전통적인 사유에서 주로 자유, 자발성, 유희 등으로 규정된 상상력을 변

45 S. Coleridge, *Criticism of Shakespeare*, London, 1989, pp. 20-24 참조.

46 S. Coleridge, *Biographia Literaria or Biographical Sketches of my Literary Life and Opinions*, in Coleridge Bd. 7/2, London/Princeton, pp. 15-17.

화된 상황 속에서 재해석한 이로 마르쿠제를 들 수 있다. 그는 칸트와 특히 쉴러의, '미적 차원' 에 있는 자유롭고 유희적인 상상력이라는 규정에서 출발하여, 소외되지 않고 억압적이지 않은 인간 존재의 모범을 제시하고자 하였다.[47] 그는 그러나 현대 사회에서 상상력이나 판타지는 기술에 의해 고용되어, '성장의 도구' 가 되었고, 그리하여 '방법상 잘못 사용되고 있음' 을 강조한다. 따라서 그는 상상력, 즉 '정신의 자유로운 능력' 으로서의 판타지가 '사물화의 과정에서 면제 대상이 아니라면', '판타지의 해방' 은 필연적으로 정치적 실천에 의해 이루어질 것이라고 본다.[48] 처음에 마르쿠제는 상상력의 자발성을 자유의 중심 규정으로 제시했었으나, 후에는 유토피아적인 성격을 강조한다. 또한 이렇게 미학적으로 구상된 상상력의 자유 역시 오직 정치적인 혁명에 의해서만 실현될 수 있는데, 고도의 산업사회에는 혁명의 민중적 토대가 결여되어 있기에, 혁명은 오직 앞서 가는 계몽, 교육, 정치적 실천 등에 의거해서만, 그리고 제3세계에서의 혁명적인 해방 투쟁의 반작용에 기초해서만 가능하다고 본다.[49] 그의 이론의 궁극 목표는 '해방적인 예술과 해방적인 기술의 동맹' 인바, 이는 프랑스 68혁명에서 '정치적인 힘' 임이 입증된 일종의 유토피아이다.

오늘날엔 상상력을 욕구 혹은 불만족스러운 현실의 보상이라는 측면에서 심리학적으로 추론하려는 시도들도 있다. 가령 프로이트는 상상을 유희(상상의 유아적 형식)나 꿈(상상의 잠재의식적 형식)과 함께 논구하면서, 현실원칙에 의한 검열의 희생물로 떨어진 이후 백일몽의 형태로 충족되는 명예나 성적 소망의 존재로 환원시킨다. 그러나 단순한 결핍 현상으로서의 상상이라는 개념은 오로지 부분 영역만을 포괄함으로써 삶의 모든 영역에서 그것이 지니고 있는 생산적인 작용을 설명하지 못한다. 오로지 과거로만

47 H. Marcuse, *Triebstruktur und Gesellschaft*, Frankfurt, 1965, S. 171-194 참조.
48 H. Marcuse, *Der eindimensionale Mensch*, Neuwied, 1967, S. 258-261 참조.
49 H. Marcuse, 'Versuch über die Befreiung' (1969), in *Schriften* Bd. 8, Frankfurt a. M., 1987, S. 237-318 참조.

향하는 형식, 즉 유아적 경험의 표본에 따라서 미래를 형성하는 퇴행적 형식으로 환원되는 것이다.[50] 반면에 블로흐는 가능한 것의 선취와 구체적인 유토피아의 실현을 목표로 하는 '객관적 상상'을 통해 상상력의 발전적 기능을 제시한다.[51]

최근 독일 관념론의 주체철학은, 그 한계를 비판하려는 시도에서나(라캉 등), 포박당해 있는 그 현재적 의미를 풀어 주려는 노력에서나(지젝 등), 미학적 · 인식론적 · 존재론적 · 정신분석학적 논의 등에서 새롭게 읽히고 있다.[52] 지젝은 근대의 주체 개념을 정확하게 이해할 때에야 비로소 일종의 정치적 존재론이 가능해진다고 본다. 그의 의도는 물론 "데카르트적 주체 개념이 근대적 사유를 지배해 오면서 위장한 것과 같은 그런 모습의 코기토(자아를 투명하게 사유하는 주체)로 돌아가는 것이 아니라, 그것의 잊혀진 이면, 즉 코기토를 초과하는, 배제되어 온 핵을 밝히는 것인바, 이는 투명한 자아라는 평화로운 이미지와는 거리가 멀다."[53] 이러한 데카르트적 주체의 이면이 바로 상상력이라 할 수 있다. 허구와 현실 사이의 경계가 종종 모호해지고 있는 현대 사회에서 이제 새삼 중심에 서게 된 상상력은 단순한 이상화로부터 벗어나, 개념으로 포착될 수 없는 상상적 현실의 형태로 그 힘을 발휘하고 있다.

50 S. Freud, 'Der Dichter und das Phantasieren' in *Studienausgabe*, Bd. 10, Frankfurt a. M. 1989, S. 171-173 참조.

51 E. Bloch, *Das Prinzip Hoffnung*, Frankfurt, 1973, 15절 참조.

52 *Ästhetische Grundbegriffe*, Bd. 2, Stuttgart/Weimar, 2001, S. 88 참조.

53 Slavoj Žižek, *The Ticklish Subject*, London/New York, 1999, p. 2.

더 읽을거리

Engell, J., *The Creative Imagination: Enlightenment to Romanticism*, Cambridge/London, 1981.

Iser, W., "The Aesthetic and Imaginary" in D. Carroll (ed.), *The States of Theory: History, Art and Critical Discourse*, New York, 1990, pp. 201-220.

Kamper, D., *Zur Geschichte der Einbildungskraft*, München, 1981.

Kerney, R., *The Wake of Imagination*, London, 1988.

Bernd, K., *Transzendentale Einbildungskraft und ästhetische Phantasie*, Meisenheim, 1979.

천재와 창조성*

이순예

1. '천재' 개념의 형성

유럽에서 천재(天才 불: génie, 독: Genie, 영: genius)라는 말이 하나의 독자적인 개념으로 정립되면서 문화사적 · 사상사적 영향력을 확대하는 과정은 개인주의의 발전과 관련이 깊다. 인간사가 궁극적으로 자연의 질서에 귀속된다는 전제를 받아들였던 안티케나 신 중심의 형이상학이 지배하였던 중세에는 오늘날 우리가 이해하고 있는 바대로의 천재 개념을 둘러싼 현상은 존재하지 않았다. 물론 원시시대에도 영웅을 숭배하면서 차츰 정파적인 성격에서 벗어나 형식적인 성격(자기 편이 아닌 탁월한 개인에 대한 숭배)을 띠는 방향으로 발전해 나간 경우가 있었다. 우리는 이를 인간의 반성능력이 진보한다는 사실에 대한 증거로 받아들일 수 있다.[1] 하지만 서구 개인주의가 근대적인 양태로 모습을 갖춘 것은 그 후 오랜 시간이 흐른 뒤였다. 예술창작자를 천재로 평가하였던 르네상스기는 개인주의 역사에서 전환점을 이룬다. 이 시기에는 천재를 거론하면서 작품보다는 예술가인 인물

---

* 이 글은 2005년 12월 『인문논총』 제54집에 실렸던 것을 재수록한 것이다.

1 Edgar Zilsel, *Die Entstehung des Geniebegriffs.* Ein Beitrag zur Ideengeschichte der Antike und des Frühkapitalismus. J. C. B. Mohr, Tübingen, 1926, S. 3 이하 참조.

에 더 초점을 맞추었는데, 이처럼 천재적인 성과물과 천재적인 능력을 갖춘 사람을 분리시켜 사유하는 능력이 유럽인들 사이에서 형성되는 과정은 인간 중심적 세계관의 발전으로 강력히 뒷받침되었다.[2]

가.

천재 개념의 첫째 논점은 그 비범한 능력이 타고난 것인가(ingenium), 아니면 학습으로 획득되는 것인가(studium) 하는 물음이다. 이러한 이분법과 관련하여서는 제대로 된 규칙을 잘 따르면 후천적으로도 완전성의 경지에 이를 수 있다는 생각을 완전히 누르지는 못한 채, 프랑스 고전주의 미학에서 '천성적으로 타고난 능력을 발휘하는 시인(Dichter)'을 지칭하는 단어로 génie가 쓰이기 시작했다. '천재'라는 개념의 어원에 해당하는 라틴어 단어인 genius와 ingenium이 모두 현대 프랑스어 génie의 형태로 되살아났다고 하지만, 실제로 17세기 초 프랑스에서 '천재'는 ingenium의 의미망에서 움직이는 개념이었다. 그 후 천재는 독특한 정신적 능력의 총체를 지칭하는 개념으로 사용되다가 환유적인 의미에서 개념의 내포에 걸맞은 일을 한 사람을 지칭하게 되었다. 하지만 '천재성을 타고난 사람'으로 발전하는 이 과정 역시 genius(수호신)의 신화적 맥락과는 무관한 채 머물렀다. 형이상학적이든 세속화된 형태이든 신의 위상에 오른 영감론이 génie 개념의 내포에 보태진 것은 18세기 말 독일 낭만주의 운동의 영향을 받은 결과이다.[3]

ingenium 내포와 관련하여 '천재' 개념이 불러일으키는 보다 복합적인 문제는 '생산품'의 존재론적 위상이다. 이는 작품과 창작자의 관계를 어떻게 설정할 것인가 하는 문제로도 발전한다. '천재'라는 말을 쓰기 시작하면서 당시 지배적이었던 데카르트 철학의 존재론으로부터 거리를 둘 수 있었던 것은 이 개념의 발생론적 특성에 기인한다고 할 수 있다. 이 개념이 프랑

2 Arnold Hauser, *Der Ursprung der modernen Kunst und Literatur*. Manierismus 편 참조.
3 Joachim Ritter, *Historisches Wörterbuch der Philosophie*, S. 279.

스 고전주의 미학에서 주로 논의된 까닭에 예술적 천재가 '천재'의 대명사처럼 여겨져 온 데다가 르네상스 이래로 ingenium이 창조적 파토스와 결부된 채 18세기까지 존재론적 근거를 묻지 않고 대중화되었기 때문이다. 사실 예술작품의 존재론은 묻기 어려운 문제이다. 차츰 상상력(imagination)이라는 말이 천재와 나란히 쓰이기 시작했지만 고대로부터 내려온 자연 모방에 내재한 원칙을 근본적으로 뒤흔들지는 못하였다. 자연과 존재를 동일시하는 관점이 완강한 데다가 예술작품의 존재론적 모호성까지 겹쳐 안티케(Antike) 고전이 예술적 영감의 근원지라는 생각이 프랑스 고전주의의 합리주의적 전제와 긴장하면서도 그대로 유지되었던 것이다. "천재는 따로 배우지 않고 조화미(das Schöne)의 신적 원형을 눈앞에 직접 보는 가운데 창조한다"[4]는 정식은 이러한 정황에서 도출되었다. 프랑스 신/구 논쟁을 통해 안티케를 직접 모범으로 삼지 않고 상대화시키려는 노력이 활발했지만, 현실적으로는 과거의 전형이 이처럼 이상화되는 경향으로 나아갔고 오히려 예술적 모방 행위에 영원한 모델을 불러들이는 결과를 낳았다. 천재의 산출물은 1차적 존재(seinsoriginär)라고 할 수는 없지만 이념의 우주에 비해 불완전할 수밖에 없는 현상계의 자연물보다 존재론적으로 훨씬 우월하다는 견해로 굳어진 것이다. 천재가 이념과 직접적인 관계에 있다는 생각으로 뒷받침되는 이러한 견해는 현재의 작품이 안티케의 작품보다 더 우수하다는 사실을 논리적으로도 설명해야 할 필요성이 등장하고서야 비로소 힘을 잃게 되었다.

이러한 상황은 역사철학이 자연적 순환론에서 진보관으로 바뀌면서 필연적으로 펼쳐졌다.[5] 물론 안티케의 완전성(Vollkommenheit) 이상을 안티케 고전의 구체적인 예술작품들에서 분리시켜 사유하는 가운데 이미 근대성(die Moderne) 논쟁의 싹이 들어 있다고 할 수 있다. 현단계 진보의 수준

4 "Das Genie schafft ohne Studium, in direkter Schau der himmlischen Urbilder des Schönen." In: *Historiasches Wörterbuch der Philosophie*, S. 279.

5 프랑스 신구논쟁

을 적극적으로 평가하고 싶다면 과거의 기준도 버리는 처신이 가장 합리적일 것이다. 하지만 '평가' 하기 위해서는 어떤 식으로든 '척도' 가 주어져 있어야 하는 것도 사실이다. 이처럼 까다로운 문제를 인류는 지금까지 대부분 과거의 척도를 리모델링하는 방식으로 해결해 왔는데, 천부적인 소질을 지닌 천재가 오랜 기간 자신을 연마함으로써 완성의 경지에 도달한다는 뒤보스(Du Bos)의 천재관이 바로 이 경우에 해당한다. 이렇게 하여 목적이 아니라 과정에 주목하는 관점이 등장하여, 당장은 불완전하더라도 나중에 무언가를 창조해 낼 상상력의 가능성이 천재 개념의 중심에 들어섰다. 상상된 것의 존재론적 위상을 묻기보다 상상하는 자의 생리학적 조건에 더 주목하게 됨은 당연한 귀결이었다. 이렇게 하여 천재 개념이 생산미학적 관점에서 전개되기 시작하였다. 디드로(Diderot)는 당시 새롭게 고전의 규범을 활성화시키려는 바토(Batteau)와 경쟁하면서 창작 과정 자체를 중심으로 논구하여 천재론을 새로운 단계로 끌어올렸다. 그는 천재를 다시 자연에 연결시켰다. 천재는 자연에서 직접 '창작하고 있음' 이라는 열광적인 몰아의 상태로 옮겨 앉는 것이라는 견해가 정립되었다. 디드로의 천재관에서 정식화된 자연직접성은 이후 독일에서 발전된 '낭만적' 천재관에 큰 영향을 주었다. 처음에는 '자연' 개념이 자연 속에 내재한 의미연관을 밝혀내는 능력의 대상이라는 방식으로 이해되었지만 여기에서 이미 열광/계산의 대립 공식이 모습을 드러내었고 천재의 작품이 머리의 산물인가 아니면 가슴의 산물인가 하는 논쟁이 촉발되었다. 이 두 대립적인 입장에서 극단적으로 비이성을 강조하는 경향이 발전했고, 천재는 시대를 뛰어넘어 명성과 인정을 획득한 개성을 신격화했다가 도덕적 일탈과 미적 매혹을 불러일으키는 인습 타파의 대명사가 되기도 하였다. 천재시인의 형이상학적 활동이 존재론적으로 승인된 것은 라이프니츠 철학에 의해서이다.

나.

천재 개념에서 논란이 되는 두 번째 사항은 독창성(Originalität)이다. 이 문제와 관련하여서는 영국에서 진행된 genius 개념 형성 과정을 살펴보는 일이 주효하다. 영어 genius는 라틴어 수호신(genius)의 의미를 한편으로 유지하면서도 프랑스에서 통용되던 의미를 폭넓게 받아들여 16세기 말부터 요즈음 관점으로 보면 약간 축소된 의미인 '특징적인 성향'(characteristic disposition, inclination, turn or temper of the mind 등)을 지칭하는 단어로 사용되기 시작하였다. 여기에서 이미 개인적인 특성이 천재라는 개념의 요점으로 자리 잡았으며, 당시 철학적 인류학에서 강력하게 추진되던 개별화 원칙에 따라 마침내 '딱 하나만 있어 다른 것과 혼동될 수 없다'는 함의를 지니게까지 되었다. 이렇게 시작된 '독창적'이라는 뜻이 17세기 말부터 영국인으로서의 민족적 특성을 거론할 때도 적용되기 시작하였다. 당시 영국인들은 고유한 민족성을 독자적인 정신적 태도에서 찾았던 것이다.[6] 그때까지 영어에는 ingenium이라는 의미로 쓰이던 단어가 따로 있었고(wit), genius 역시 대체적으로 정신적 능력 일반을 지칭하는 개념으로 사용되었다.

영국에서 천재 개념을 형성하는 데 결정적인 영향을 미친 변수는 셰익스피어와 자연과학의 발전이다. 셰익스피어로 인해 오래전부터 계속되어 온 'ingenium'과 'studium' 논쟁에 종지부를 찍고, 칸트적인 의미에서의 천재 개념이 발전하기 시작하였다. 자연의 시인으로서 셰익스피어는 '발명의 능인'으로 특징지어졌고, 이때 발명은 자연에 주어져 있지 않은 형상들을 창조적으로 불러올리는 것을 의미하였다. 17세기에 일어난 자연과학 운동 역시 자연과학자의 이념형을 세우는 데 큰 영향을 미쳤다. 탁월한 성과를 이룩한 자연과학자들을 기리면서 전통과 권위에 반하는 천재라는 개념이 정립되었는데, 천재의 독창성에는 그들이 과감한 일을 한다는 의미가 들어 있었다. 자연과학에서 천재성의 척도는 바로 새로움의 발견이었다(콜럼버스). 자연과학과 결부된 천재 개념은 나중에 칸트에 의해 궁극적으로 해체

6 역사철학 사전, 282-283쪽 참조.

된다. 자연과학적 발전 개념을 문학의 진보에 투영하여 생각한 영(Edward Young)은 천재의 형성을 식물의 생장 과정에 견주었다. "독창적 작품은 식물적 자연에 견줄 수 있다. …… 그것은 성장하는 것이지 만들어지는 것이 아니다."[7] 여기에서 예술가의 창작 과정에 대한 새로운 형이상학적 이해가 발생하였으며, 영국 낭만주의 문학관과 천재관의 근거가 마련되었다. Original Genius에 관한 논의는 천재의 특성으로 거론되는 '감식력(taste)', '재능(talent)' 등과 비교되면서 독자적인 내포를 획득하였다. 처음에는 자연과학과 예술을 모두 아우르는 발명 개념이 정립되었고, 한 세기가 지나서 '발명'이 '창조적인 능력'으로 평가절상되었다. 그 후 'comprehensive', 'regular', 'active'의 내포를 지닌 상상력 imagination이 흄에 의해 전개된 연상법칙과 연결됨으로써 천재 개념은 한층 세련되었다. 예술가와 자연과학자의 상상력이 서로 다른 구조를 지녔다고 설명할 수 있게 되었기 때문이다. 사람들은 상상력과 여타의 정신 능력을 결합하는 방식이 자연과학자와 예술가에게서 서로 다르게 나타남을 논증하였다.

다.

비범한 인간이 물질적 · 사회적 구속으로부터 자유로운 정신활동을 펼친다는 뜻을 지닌 천재 개념은 이처럼 항상 '신' 혹은 '자연'으로 표상되는 보다 높은 보편성에 필연적으로 귀결될 수밖에 없다는 내포를 지닌 채 변화, 발전되었다.[8]

7 An Original may be said to be of a vegetable nature; it raises spontaneously from the vital root of Genius; it grows, it is not made. Edward Young, Conjectures on original Composition (Leeds 1966) 12.

8 『미학대계』 1, '독일'의 「독일 근대미학의 전반적 성격」(이창환) 참조.

2. 개념의 요청과 역사적 실현

가. 감각과 감정에 근거하여 진리를 주장하다

뛰어난 능력을 타고난 특별한 사람이라는 의미의 천재 개념을 예술론에서 거론하는 경우, 우리는 일차적으로 17세기에서 19세기에 걸쳐 유럽에서 일어났던 다양한 논의들을 염두에 둔다. 유럽의 계몽주의 문화운동[9]은 기독교 문화의 저변에 면면히 흘러오던 인문주의 전통과 르네상스 이후 전면에 드러난 인간성회복 운동이 18세기로 접어들면서 대중화 요구와 맞물려 나타난, 본격적인 사회변혁운동이었다. 르네상스와 인문주의 전통에서는 특별한 개인에 한해 구현된다고 이해되었던 전인(全人, der ganze Mensch) 이상이 고대 안티케 이상의 사회적 수용과 더불어 모든 이들이 추구해 나가야 할 현세적 목표가 되었던 것이다. 그리하여 마침내 프랑스 신/구 논쟁이 특징적으로 보여 주듯이 이 시기 유럽인들 사이에서는 새로운 사회를 구성하기 위한 원칙과 지향을 모색하면서 항상 안티케의 이상에 견주는 태도가 굳어졌고, 우리는 여기에서 이후 서구 시민사회 구성 원칙의 원형을 보게 된다. 시민사회를 떠받들고 있는 근대의식은 전통과의 단절이라는 측면과 미래에 대한 의지 두 측면을 모두 담고 있다. 시민사회는 다양한 부문들이 자유롭게 발전해 나아가도록 유도하면 궁극적으로는 조화로운 사회 구성으로 귀결되리라는 믿음에 기초하고 있다. 안티케의 이상은 '조화'의 전형이므로 이를 확대, 실현하기 위해 노력해야 한다. 근대의 진보관은 이처럼 '자연'으로 상정되는 조화로운 '근원'에 '제대로' 다가가려는 의지를 담고 있다.[10]

계몽주의 문화운동은 전 유럽적인 현상이었지만 그 결과는 각국에서 서

---

9 역사적으로 큰 사건을 빌려 시대구분을 하자면 베스트팔렌 조약(1648)과 프랑스 대혁명(1789)을 들 수 있다. 19세기로 접어들면서는 시민사회를 구성하는 틀이 정착되었다.

10 J. Habermas, 「근대성-미완의 프로젝트」 참조. 계급지배가 지양된 공산주의 사회의 모델을 원시공산제에서 차용하는 마르크스주의의 무계급사회 구상이나 에덴동산/역사/예수재림의 구도를 지닌 기독교의 구원사 모두 이러한 의식의 지평도 아래 있다고 할 수 있다.

로 다르게 나타났다. 이 운동을 통해 영국은 정치적인 면에서 성과를 거두어 의회민주주의를 발전시켜 나갔고, 프랑스는 전사회적인 구조재편운동을 일으켜 대혁명에 이르게 된다. 독일 계몽주의에 대해서는 일반적으로 철학을 비롯한 학문 영역에서의 발전을 지적해 왔지만, 최근 들어서는 철학 그리고 문학 부문에서 발전시켜 나간 반성적 사유원리(Reflexivität)를 독특한 성과로 거론하는 것이 타당하다는 견해가 힘을 얻고 있다.[11] 그렇다면 우리는 여기에서 독일이 '시인과 사상가의 나라' 라고 일컬어지는 현상의 역사적 맥락을 좀 더 구체적, 분석적으로 들여다볼 필요가 있다. 독일의 시민사회는 혁명 대신 반성적 사유를 택해 개인이 연마한 의식의 힘으로 사회질서 구성을 추진하였다는 이야기이기 때문이다. 이러한 '독일적 선택' 을 두고 지난 세기에 사회발전 전망과 관련하여 많은 논의들이 진행되었고,[12] 우리 한국인들에게도 독일 사회의 독특성과 독일 문화의 관념성은 익히 알려진 터이다. 독일의 계몽주의 문화운동이 계몽의 개념(서구이성의 자기선언)을 가장 본래적인 의미에서 실현한 경우라고 지적한 푸코의 논의[13] 역시 이러한 역사 진행 과정을 주목한 결과라 할 수 있다.

프랑스와 영국에서 전입된 천재 개념이 17–18세기 동안 독일에서 '독일적' 으로 가다듬어지고 나중에 다시 전 유럽으로 전파되어 천재 개념의 고전으로 자리 잡는 과정에서 우리는 "유럽의 자의식에 나타난 가장 근본적인 변화"[14]를 확인할 수 있다. 이러한 관점에서 바움가르텐의 Aesthetica는 기존의 학문 체계를 근본적으로 뒤흔드는 영역을 학문에 편입시킨 것으로 평가된다. 예술을 철학적 고찰의 대상으로 편입시킨 까닭에 논리적이지 않

11 W. Schneiders, *Hoffnung auf Vernunft. Aufklärungsphilosophie in Deutschland*, Hamburg, 1990 참조.

12 시민계층의 경제적 · 정치적 무능력에 기인하는 이러한 현상을 두고 학자들은 20세기 내내 이른바 '독일의 역사적 지각' 을 거론해 왔다. 시민계층의 미성숙을 야기한 여러 요인들이 거론되면서 독일의 이상주의적 문화는 관념의 세계에서 현실의 패배를 상쇄하려는 욕구의 소산이라는 평가도 있었다. 루카치는 이러한 관점으로 『독일문학사』를 썼다.

13 M. Foucault, *Was ist Kritik?*.

14 A. Bäumler, *Die Irrationalitötsproblem*.

은 인간의 감정이 진리에 대한 요구를 제기할 수 있는 가능성을 연 결과를 가져왔기 때문이다. 그동안 감각적 느낌이나 감정 등은 진리와 무관하거나 심지어는 대립적인 것으로 받아들여져 왔고, 현재도 이 문제에 대하여는 논란이 많은 실정이다. 하지만 이제 진리에 대한 요청을 독자적으로 제기할 수 있게 됨으로써 예술은 2천 년 가까이 당연시되어 온 이성의 지배로부터 해방될 수 있었다. 예술은 자연을 모방하는 것이 아니며 기술적으로 습득할 수 있는 규칙들을 모방하는 것도 아니라는 이론이 구성되었다. 예술은 정서와 심장에서 형성되는 내면성을 표현하는 기관으로 자리 잡았다. 그 결과 예술은 오성의 계몽에 맞설 수 있게 되었고, 이 발전 과정에서 천재(das Genie)는 세기적인 의미를 획득한다. 스스로 형성하는 미적 주체성을 지칭하는 개념으로 천재라는 말이 가다듬어진 것이다. 이와 더불어 천재의 근원을 영혼의 가장 깊은 곳에서 찾는 '독일적' 습성도 시작되었다. 미적 주체성은 예술적 창작 및 예술이 매개하는 미적 진리의 근원이요 기반이라고 이해되었으므로 천재는 미적 예술의 기본 개념이 되었다. 이처럼 천재는 독일에서 예술과 문학이 '자유로운'[15] 영역을 확보해 나아가기 시작한 초기에 이 영역의 독자성을 근거지우는 개념으로 작용하였다. 타고난 주체의 감정능력이 예술의 근거라는 사실을 적시하면서, '예술'과 '천재'는 '주관성'을 시민사회의 공론장에 등록시켰다. 개별시민의 주관적인 감정 역시 시민사회의 공론장에서 의사소통의 대상으로 되는 한 합리성을 띠는 것이어야 했다.

15 계몽주의 문화운동은 지식인과 예술의 신분적 독립운동과 맥을 같이한다. 신분제사회에서 지식인은 대부분 가정교사, 서기로 생계를 꾸렸고 예술은 지배층의 신분적 권위를 공식적으로 인정하도록 하는 데 일차적 기능이 있었다. 예술이 바로크의 신분적 질서로부터 자유를 획득하는 과정은 자본주의적 시장질서로의 편입을 의미한다. 그런데 여기에서 근대 예술의 '자유'와 '자율'을 논하는 것은 예술이 자신을 둘러싸고 있는 조건, 즉 화폐를 통한 교환질서에 대해 '나름'의 입장을 선택할 수 있다는 시민사회의 전제를 받아들인다는 뜻이다. 하지만 자유로운 예술의 자율성은 갈수록 아포리한 개념으로 되고 있다. 국가가 직접 나서서 이윤추구만을 원칙으로 삼는 시장의 지배로부터 예술을 보호하여 인간성을 살리겠다는 의지를 실천하는 요즈음, 국가의 성격을 어떻게 규정하느냐에 따라 자율의 개념도 많이 달라지기 때문이다.

나. 주관적 진리로 현실의 분열을 넘어서다

독일 계몽주의 운동 초기[16]에 연극무대를 중심으로 합리주의적인 문학운동을 시작한 고체트(Johann Christoph Gottsched)가 문학권력으로 굳어지던 때, 레싱(Gotthold Ephraim Lessing)은 다음과 같은 견해를 피력하였다. "당신도 잘 아시다시피, 자연은 어떤 다른 계층보다도 중간계층에서 위대한 정신을 산출시키는 일에 만족을 느낍니다."[17] 이 진술은 구체제에 속하는 극장을 거부하고 시민적인 극장을 준비하는 의지에서 비롯되었지만, 천재 개념에도 큰 변화를 불러일으켰다. 레싱에게서 문학 작품의 근거는 본원적인 자연이며, 천재는 인간의 자연을 자율적으로 취해서 위대한 드라마의 내용으로 삼는 문학의 주체요 담당자였다. 자연의 표면을 그냥 베끼기만 하는 고체트류가 아니라 자연의 내적 연관을 드러내는 것이 문학과 예술의 할 일이라는 레싱의 생각은 후에 헤겔의 철학체계로 모아진다. 헤겔은 『미학강의』에서 예술은 신적인 것, 인간의 깊은 관심사 및 정신의 광범위한 진리를 의식에 불러냄으로써[18] 절대정신에 근접한다고 서술하였다. 마침내 이런저런 운율을 맞추는 시인들은 많지만 진정한 시인은 아주 드물게 나타나며, 이렇게 기적처럼 나타나는 한두 천재가 문학의 진리와 미를 담당한다는 견해가 등장하였다. 레싱 역시 이런 천재관으로 코르네유, 라신, 볼테르 등을 진정한 시인으로 인정하지 않았다. "그들은 소포클레스를 소포클레스

---

16 일반적으로 연구자들은 독일 계몽주의 문화운동을 전기(1720/30-50), 중기(1750-70), 후기(1770-89)로 나누어 고찰한다. 크리스티안 볼프(Christian Wolff)의 체계철학을 문화적으로 실현하여 사회의 합리화를 도모하고자 한 고체트의 연극계 개혁운동이 전기의 문화운동을 특징지우며, 레싱의 활동이 중기에 속한다. 레싱은 새 시대의 주역인 시민계층 내부의 정서적 소통이 중요하다고 생각하여 민족극장 설립운동을 열정적으로 전개하였다. 동감(同感)미학(Mitleidästhetik)은 무대와 관객의 정서적 일치를 지향한다. 시민층의 '느낌'이 귀족층의 '계산'보다 자연스러운 감정이라는 생각에서 출발한 레싱의 미학은 시민 주체 내부에서 우러나는 자발적인 감정이 진리에 더 가깝다는 새로운 관점으로 발전한다. 이는 인류의 역사에서 전혀 새로운 요청이었다. 일명 '베르테르 효과'로 청년 자살자를 속출시킨 후기 계몽주의 질풍노도 운동은 시민사회 구성 초기에 시민사회의 정당성에 대해 근본적인 물음을 제기하였다. 여기에서 화두는 개인의 '주관성'이었다.

17 Lessing, *Vorrede zu den verm. Schr. des Herrn Ch. Mylius* (1754).

18 Hegel, *Aesthetik*.

로, 유리피데스를 유리피데스로, 셰익스피어를 셰익스피어로 만드는 무엇을 가지고 있지 않다."[19] 프랑스 고전주의로부터 거리를 취하고 영국의 셰익스피어를 수용하는 레싱의 입장은 당시 독일 극장 개혁운동과 관련이 있지만, 여기에서 발전해 나아간 자연관은 문학의 위상에 근본적인 변화를 초래하였다. 문학은 자연의 지침을 받을 뿐이며, 그래서 철학의 규제를 거부할 권리가 있다고 여겨진 것이다. 프랑스의 연극이 자연과 진리에서 멀어졌다는 디드로의 저술을 번역하기도 한 레싱은 '모든 것을 자연에 의지하는' 셰익스피어를 다음과 같이 평가하였다. "그는 힘겹게 이루어내는 예술의 완전성과 같은 것은 돌보지 않는다. 그는 우리에게 고체트와는 전혀 다른 두뇌를 일깨운다. 천재만이 천재를 지필 수 있다."[20]

이렇게 하여 천재는 그토록 오랫동안 ingenium이 studium과 논쟁하면서 인식론적으로 지녀온 '모방'과의 관련성에서 벗어나게 되었다. 천재 개념이 근원적이고도 독창적인 창조정신으로 재정립된 것이다. 비록 미학과 문학에 한정된 상태에서이긴 하지만 인간을 신에 버금가는 창조자로 여기는 생각이 등장하였다. 비일란트(Christoph Martin Wieland)는 열광(Enthusiasmus)과 들뜸(Schwärmerei)을 구분하여 신적 창작이라는 개념이 전적으로 플라톤적인 유래를 갖는 열광을 의미한다고 하였다. 영혼이 열광 상태로 작용하는 것은 신성의 작용이거나 플라톤이 말하듯 신이 우리 안에 들어와 있기 때문이다. 이러한 생각은 헤르더(Johann Gottfried Herder)에게서 더 발전된 형태로 나타났다. 헤르더는 열광의 신성한 충동으로 천재는 모방할 수 없고 도달하기 어려운 작품을 산출하게 되며, 작품 속에는 신의 섭리가 작용한다고 주장하였다. 수호신이 신의 사자로 작품 속에 살아 있다는 생각과 천재가 신이라는 생각이 헤르더에게서는 긴장이나 모순으로 인지되지 않았다. 이러한 모든 견해는 청년 괴테(Johann Wolfgang Goethe)

19 Lessing, *Hamburgische Dramaturgie*, 81편.
20 Lessing, *Briefe, die neueste Literatur betreffend*, 17.

의 『프로메테우스 찬가』로 집대성되었다. 괴테는 시인과 예술가를 천재로 해석하는 일을 완성하였다. "나는 규칙에 따르는 극을 단념하는 것에 대해 한 순간도 의심해 본 적이 없다. 장소의 통일이 내개는 감옥소처럼 불안하게 생각되며, 줄거리와 시간의 통일은 우리의 상상력을 묶는 성가신 족쇄로 생각된다. 나는 자유로운 대기 속으로 박차고 나가서야 비로소 내가 손과 발을 가지고 있음을 느낀다."[21] 이런 창작관을 피력한 괴테가 창조한 프로메테우스는 신의 반열에 드는 인물이다. 괴테의 프로메테우스는 신과 똑같이 창조하는 예술가이다. 그런데 예술가로서의 프로메테우스는 신의 자리에 자신을 대치시키기 위해서가 아니라, 오히려 이런 신들의 위치를 원칙적으로 거부하기 위해서 자신을 신으로 선언한다. 괴테의 『프로메테우스 찬가』는 인간의 사유와 그 행위 가능성을 의식하는 주관성의 표현이다. 우리는 이 작품에서 개인의 주관성이 자의식의 가장 높은 단계를 구현하고 있음을 본다.

이런 맥락에서 현실에 존재하였던 인간 셰익스피어가 천재의 대명사로 되었다. 천재 셰익스피어는 자연을 통역하는 사람이다. 천재는 심장의 충만함으로 신의 음성과 계시를 느끼는 사람이므로 이 천재가 현재 타락하여 지리멸렬한 철학과 문학을 교정할 수 있다고 믿었다. "책이나 문법을 알지 못했던, 기껏해야 하나의 언어만 알았던 우리의 조상 호메로스에 비할 때 우리의 세기가 훨씬 나아졌다고 주장하고 싶겠지만 사실은 나아지지 않았다. 나는 오히려 더 후퇴하였다고 주장한다."[22] 많은 사람들이 이렇게 생각하기 시작하던 상황에서도 천재 셰익스피어의 위상은 흔들리지 않았다. 단순성보다는 애국심, 행위, 역사 등을 전면에 내세우는 셰익스피어의 극작품이 호메로스나 소포클레스와 공통점을 지니고 있지는 않았지만 북방적 전형으로서 고대의 작가들과 마찬가지의 영향력을 행사하였다. 괴테는 셰익스피

21 J. W. v. Goethe, "Zum Schakespeares-Tag". In: *Hamburger Ausgabe*. Bd. XII. S. 225.
22 Herder, *Kritische Waelder* (1769), Werke hrsg. von B. Suphan, 3. 197.

어와 그의 인물들에서 자연이 예언한다(weissagen)고 하였다. 따라서 이러한 천재를 만나면 내면의 깊은 곳에서 우러나는 감정의 흐름에 따라 진리와 미를 인식하게 된다고 하였다. 이리하여 '천재'는 그토록 논란이 분분한 문학의 시대(질풍노도)를 이끄는 표어가 되었다. 수많은 젊은 청년들이 기존의 한계들을 뛰어넘는 용기를 내었고, 일탈과 만용으로 흐르는 경우가 빈번하였다. 너도나도 끝 모를 심연으로 몰입하는 현상이 나타나 '천재 돌림병'이라는 말까지 나왔다. 인류 역사상 단 한번 나타났던 이 천재시대의 독특성은 철학과 형이상학 그리고 그동안 철학에 귀속되어 온 전통적인 예술로부터 천재가 급진적으로 해방되었다는 데 있다. 여기에서 천재는 원초적이고, 독창적이며 어떤 전제도 받아들이지 않는 주관성의 개념으로 되었다. 애초에 바움가르텐은 형이상학에서 진술되지 않는 인간세계의 일을 인식하고 현재화하는 기관으로 '미적' 정신을 이야기하였지만, 그의 후예들은 천재의 창조성을 급진적인 형태로 몰고 갔다. 창조적으로 산출하는 천재는 역사현실의 분열을 실천적이고도 정치적으로 극복하여 이를 통일시킬 수 있는 기관이었다. 천재로서의 예술가에게는 분화된 채 제각기 발전해 나아간 현실의 각 영역들을 미적으로 화해시켜 다시 전체를 복원해야 하는 요구가 제기되었다. 하지만 여기서 천재는 궁극적으로 주관성의 담지자(擔持者)였다. 따라서 결국 천재시대의 혁명적 급진성은 근본적으로 미적인 것으로 머물고 말았다. 나를 둘러싸고 있는 세계가 모든 것을 안으로 흡수해서 연결하고 그래서 새로 창조하는 내면세계에 의해 재생산되므로 세계는 나와 타인에게 궁극적으로 영원한 비밀로 남는다. 여기에서 '진정으로 위대한 예술'의 개념이 발전하였으며, 진정한 예술의 형상들이 천재로 변형되어 등장하였다. 천재는 모든 역사적 연관에서 해방되어 '자유로운' 채로 만물의 시초이자 근원이 되었다. 모든 것을 자신에게 의지할 뿐 아무것도 모방하지 않으며, 또 전형도 만들지 않는 천재는 언제나 새로운 시작이다. 늘 새로운 길을 열어젖히고, 그래서 새로운 창조에 도달할 희망도 불러일으킨다. 물론 현실적으로 무엇을 구성하겠다는 의지를 가지고 있지 않으며 그럴 만한 힘도 없다. 이런 의미에서 천재시대 천재의 주관성은 부정적인(negativ) 것이었다. 그래서 천재시대의 미적 혁명은 현실적으로는 성과 없이(folgenlos) 무력하게 끝날 수밖에 없었다. 하지만 이는 예술이 나아갈 새로운 길을 제시하는 것이었다. 철학자를 능가하는 천재로서 예술가는 현실의 분열을 미적으로 감내할 능력을 지녔다고 평가되었다. 예술가의 창작활동은 분열과 억압을 외면하지 않고 감내하는 가운데 극복하는 행위였다. 따라서 창조하는 예술가는 시민사회에서 꼭 필요한 사회적 기관이 되었다. 이러한 견해는 독일 관념론의 강령으로 발전하였다. "철학도 역사도 없다. 시문학만이 나머지 모든 학문들과 예술들을 넘어 살아남을 것이다." "어떤 높은 정신이 하늘에서 파견되어 이 새로운 종교를 우리에게 일궈낼 것이다. 이것이 인류의 마지막으로 가장 위대한 작품이 될 것이다."[23]

다. 천재는 자연의 궁극목적을 현실에서 미적으로 실현한다

우리는 이른바 '천재의 시대'를 독일 시민사회 발전과 관련지어 이해할 필요가 있다. 독일 계몽주의 문화운동에서 후기(일명 질풍노도)에 해당하는 기간에 몰아쳤던 이 '폭풍'은 독일 교양시민의 자의식에 깊은 흔적을 남겼으며, 마침내 독일적 계몽이 시민층의 자기반성(Selbstkritik) 혹은 상대화로 귀결되도록 몰아갔다. 독일의 교양시민은 이 폭풍을 재빨리 피해 고전관념론의 세계로 넘어갔지만, 폭풍의 진원지에 대한 탐구는 게을리 하지 않았다. 관념론으로의 이행 자체가 객관적 현실과 개인의 주관적 체험이 일치할 수 없음을 인정하는 데서 출발하는 것이었고, 이는 '현실적으로 있음'이 존재론적 취약성 및 형이상학적 정당성 결핍에 시달리고 있음을 반증하는 움직임이었다. 이런 관점에서도 계몽주의 문화운동을 정리하는 한편, 이후 헤겔에 의해 집대성될 관념론의 토대를 마련한 칸트 철학은 우리의 주목을 요한다. 칸트 철학의 중요성은 철학사적 의미에 한정되지 않는

23 *Das älteste Systemprogramm des deutschen Idealismus*, 264, 265.

다. 칸트의 비판서들은 문화사적으로도 큰 비중을 차지하고 있어, 유럽에서 문화적 지형이 바뀔 때마다 늘 결정적인 영향력을 행사해 왔다. 현대 예술 역시 칸트가 『판단력비판』을 통해 정초한 미적 질(Ästhetische Qualität)에 자신의 사회적 정당성을 구하고 있는 형편이다.[24]

칸트는 '천재의 시대'를 정리하면서 논란이 분분했던 개념들인 '천재' '자연' '예술'을 하나의 정식으로 결합하였다. "천재란 이를 통해 자연이 예술에 규칙을 부여하는 타고난 소질"[25]이라는 표현에는 자연이 특별한 '기관'을 동원해서라도 자신을 현실에 관철시켜야 한다는 '당위'가 전제되어 있다. 유럽의 시민문화는 이러한 자연관에 토대를 둔 채 움직이고 있으며, 당위적 자연은 시민사회에서 예술이 차지하는 독특한 지위를 설명하는 철학적 근거로 작용하고 있기도 하다. 그 결과 교양시민은 예술이란 무언가 색다른 것이지만 현실에서 완전히 이탈하는 것은 아니라는 이해를 내면화하면서 동시에 사회화시킬 수 있었다. 천재는 "자연의 총아(Günstling der Natur)"[26]라는 칸트의 진술은 천재의 생산품인 예술이 계몽된 문명사회에서 기술적으로 만들어지는 생산품과는 다른 질(質)을 보유하고 있다는 사실을 적시하는 것이었다. 이렇게 하여 예술은 칸트의 정식에서 '자연'이라는 개념으로 지시된 목적론적 내포를 부여받게 되었다. 그리고 시민사회에서 예술은 이 목적론적 내포 때문에 예외적인 지위를 인정받아 왔다. 근대적인 세계상태 속에서 살아가는 시민은 눈에 보이는 현상계(Erscheinungswelt)만이 아니라 이를 넘어서는 물자체의 영역인 예지계(die Welt des Intelligiblen) 역시 인간의 삶을 형이상학적으로 구속하는 실체라는 사실을 납득하고 있어야만 했다. 예술이야말로 이러한 시대적 요청을 구현하기에 가장 적합한 기관이 아닐 수 없었다. 그리고 시민사회는 예술이라는 '통합'

---

24 Brigitte Scheer, *Einführung in die philosophischen Ästhetik*, S. 108-109 참조.

25 "Genie ist die angeborene Gemütsanlage (ingenium), durch welche die Natur der Kunst die Regel gibtÄ" in: I. Kant, *Kritik der Urteilskraft*, Hamburg, Meiner, 1990, S. 160.

26 판단력비판, S. 173.

의 기제를 적극적으로 관리할 필요가 있었다. 인위적인 법과 제도로 구성되는 현실의 사회관계를 상대화하면서도 동시에 제도의 자의성 역시 존재의 궁극적인 목적으로 수렴되어야 한다는 전제를 떠나지 않는 유럽의 자유주의(Liberalität)는 예술이라는 사회적 기관 없이는 실효를 거둘 수 없다. '자유로운' 개인의 행복권 추구를 보장한다는 이념을 근거로 구성되는 유럽의 시민사회는 예술에 사회통합을 의지하고 있다. 개별 시민은 예술을 통해 자신을 '보편적 감수성'에 상응하도록 훈련함으로써 교양시민으로 되며, 자유롭고도 자율적인 상태에서 사회구성에 참여하는 방식을 결정한다. 그런데 여기에서 개인의 '사적' 결정이 '공적' 관계에서 구성적으로 되었다 함은 그의 '느낌'이 시민사회의 '이념'에 조응하는 상태로 되었다는 이야기이기도 하다. 여기에서 우리는 서구 시민사회 구성의 고전적 원리를 본다.

그런데 칸트가 천재와 예술을 결합하면서 사용한 '자연' 개념은 그가 자신의 철학체계를 구축하면서 사용한 자연 개념에서 많이 벗어나 있다. 칸트의 철학체계는 자연/자유의 이분법에서 출발한다. 우리는 감각적으로 주어진 현상계의 사물들을 자연법칙에 따라 배열하여 인식의 객체로 구성한다. 인식 대상으로서의 객체는 자연법칙의 인과관계에 의해 실현된 통일성 속에서 우리에게 경험 가능하게 되는 것이다. 이 경험 가능한 세계를 인식하기 위해 우리 인간은 인식능력(Erkenntnisvermögen)을 타고났다. 반면 물자체의 세계는 자연법칙에서 자유롭다. 현상계에 자신을 감각적으로 제시하지 않기 때문에 물자체의 세계는 결코 경험의 대상으로 될 수 없다. 이 경험할 수 없는 세계에 인간은 욕구능력(Begehrungsvermögen)으로 접근한다. 이때 적용되는 원칙을 칸트는 자유법칙이라 하였다. 칸트의 『순수이성비판』과 『실천이성비판』은 이처럼 서로 다른 두 세계의 원리를 규명하는 것이었다. 칸트는 거대한 심연이 자연법칙이 적용되는 영역과 자유법칙이 적용되는 영역 사이를 가르고 있다고 표현하였다. 그런데 칸트가 논리적으로 규명한 세계상태의 분열은 인간학적으로 적지 않은 문제를 불러일으켰다. 칸트의 체계구상에 따른다면 인식능력과 욕구능력 모두를 타고난 인간은 결국 분열된 채 살아갈 수밖에 없다는 결론이 나오기 때문이다. 『판단력비판』을 써서 『순수이성비판』과 『실천이성비판』을 종합하지 않을 수 없었던 칸트의 철학적 고민은 근대적 인간학에도 해당되며 이는 당시 유럽의 문화 지형에서 매우 절박한 문제였다. 근대적 주체는 타고난 인간적 자질들을 하나의 통일된 인격체로 구성했을 때 성립하는 문화적 화두였다. 따라서 이 주체가 근본적으로 화해 불가능한 '경험'과 '욕구'의 이분법에 기초하고 있음을 확인하였다면 어떤 식으로든 통합의 가능성이 찾아져야만 하였다. 오래전부터 흄의 감성론을 주시해 온 칸트는 인간의 미적 활동에 주목하였고, 마침내 인간에게서 '아름다움의 세계'와 교감하는 제3의 능력이 활동한다는 사실을 밝혀냈다. 인간에게는 천부적으로 좋은 것과 싫은 것을 구분하는 감정능력도 부여되어 있지 않은가. 우리는 내면에서 발생하는 쾌감(Gefühl der Lust)으로 객관적인 '경험'과는 전혀 다른 방식으로 외부세계를 체험하면서 살아가는 것이 사실이다. 칸트는 이 또 다른 체험을 위해 우리 인간에게 판단력(Urteilskraft)이라는 독특한 인식능력이 부여되어 있다는 사실을 밝혀냈다.[27] 이 능력의 작동원리를 규명하는 『판단력비판』을 쓰면서 칸트는 판단력이 미적 대상을 접했을 때 반성적으로 활동할 수(ästhetische reflektierende Urteilskraft) 있음을 논증하고, 바로 이 경우 인식능력이 감각적 소여(das sinnlich Gegebene)를 '경험'의 객체로 구성하지 않기 때문에 계속 활동하게 되고, 그 결과 더 고차원적인 인식활동으로 나갈 수밖에 없음을 해명하였다. 경험적인 목적을 넘어서 계속되는 활동은 자기목적적이다.[28] 대상에 대한 '인식' 활동을 하지 않는 인식능력의 활동은 그 결과가 인식능력 자신에게로 귀속된다. 이 자기귀속적인 활동의 원칙을 칸트는 합목적성(Zweckmäßigkeit)이라 하였으며, 인식능력이 선험적 원칙인 합목적성에 따라 반성구조로 모아지는 가운데 '경험'과 '욕구'라는 서로 동떨어진

27 I. Kant, *Kritik der Urteilskraft*, S. 36. Tafel der oberen Seelenvermögen에 기초하여 풀어씀.

28 『미학대계』 2, 제1부 미학의 근본 문제, '예술' 중 「유희」(공병혜) 참조.

두 영역이 매개된다고 하였다. 인식능력의 반성구조 성립은 현상계에 자연법칙의 지배를 받지 않는 사물의 존재 방식이 가능함을 알려주는 일이다. 미적 대상, 이를테면 장미꽃과 같은 사물은 '식물'이라는 합법칙성(Gesetzmäßigkeit)에 따른 존재 방식 이외에 '아름다운'이라는 합목적성에 따른 존재 방식을 실현한다. 예술적 수용능력이 없는 사람에게 피카소의 그림은 자연법칙에 따라 천과 물감으로 해체되어 경험된다. 한편 〈게르니카〉의 미적 질은 이 물질의 가상적 존재 방식에 의해 실현된다. 내가 교양인이라면 이 그림을 보고 적어도 자연의 합법칙성에 따르는 인식활동만 수행하고 말면 안 된다. 천위의 다양한 색채들이 자연인과성에 따르는 인식활동을 넘어서 합목적성에 따라 두뇌에서 반성구조를 성립시킬 만큼 인식능력을 고차원적으로 활동시킬 수 있어야 한다. 이처럼 '더 높은' 인식활동을 성공적으로 수행하였을 때, 나는 '쾌감'을 느낀다. 이 쾌감을 옆 사람에게 전달하는 술어로 '아름답다(schön)'라는 형용사가 오래전부터 사용되어 왔으므로, 나 역시 이 술어를 빌려 내 정신활동을 사회적으로 전달한다. 〈게르니카〉의 미적 질은 이처럼 정신활동에 기초하고 있는 것이다. 여기에는 두뇌의 정신활동과 내면의 정서적 반응이 한 개인에게서 완벽하게 일치하는 일이 가능해야 한다는 전제가 들어 있다. 판단력이 반성적으로 활동하였을 때 비로소 주체는 완결된 정체성을 획득할 수 있다는 구도이다. 이처럼 판단력이 중간자(Mittelglied)의 역할을 충실하게 수행할 수 있기까지는 창조적 구상력(schöpferische Einbildungskraft)이 결정적인 역할을 담당한다.[29] 이렇게 하여 칸트는 통합을 이룩하는(Einheitsbildung) 근대적 매개활동을 인간의 의식활동에 귀속시켰다.

외부세계를 인식하여 사실자료적인 지식을 얻는 일 이외에도 인간에게 중요한 정신활동이 있다는 사실 자체는 오래전부터 알려져 온 터이다. 오성능력(Verstandes-vermögen)이 수행하는 개념적 분석은 인간의 정신활동

29 『미학대계』 2, 제1부 미학의 근본 문제, '예술' 중 「상상력」(김소영) 참조.

에서 일부분에 불과할 뿐이다. 칸트는 인간이 자유의지를 실천하는 영역에서는 감각적 확인작업이 이루어지지 않으며, 여기에서 인간은 오직 이성의 선험적 원칙인 삶의 궁극목적(Endzweck)에 의거해서만 실천한다고 하였다. 이렇게 하여 궁극목적의 원칙에 따라 타고난 욕구능력을 자유의 영역에 적용하는 실천이성(praktische Vernunft)의 활동이 경험적 인식의 대상에서 제외된다는 칸트 철학의 기본 구도가 성립되었다. 칸트 철학에서 인식(Erkenntnis)은 인간에게 경험 가능한(mögliche Erfahrung) 상태로 다가오는 현상계에 국한되어 있다. 오성이 인식능력의 합법칙성을 자연에 적용하여 경험의 대상을 구성하는 것이다. 여기에서 '자연'은 인과관계의 법칙성에 따라 움직이는 현상계의 사물에 대한 총괄 개념에 해당하며, 현상계의 경험적 속성을 지칭한다고 볼 수 있다. 칸트는 자연/자유라는 켤레 개념을 사용하여 현상계와 물자체의 이질성을 부각시키는 결과를 유도하였다. 여기에서 문제는 이러한 이질성이 인식 주체에게 의식된다는 사실이며, 앞에서 언급하였듯이 인식 주체가 자신을 주체로 구성하기 위해 이질적인 두 세계를 매개할 필요를 느낀다는 사실이다. 그런데 심연을 메우기 위해 칸트가 '찾아낸' 중간자인 판단력은 매개활동의 결과를 현상계에 귀속시킨다. 그리고 이러한 매개활동을 촉발하는 것 역시 현상계에 존재하는 사물이다. 판단력의 적용 대상인 예술이 차지하는 독특한 위상이 여기에서 설명될 수 있다. 예술은 물자체의 세계와 달리 감각적으로 경험 가능하지만 현상계의 자연사물처럼 인과관계의 지배를 받지 않는다. 사과를 그린 예술작품은 먹을 수 없다. 그려진 사과에는 자연사물로서의 사과가 지닌 형이상학적 작용력이 원천적으로 박탈되어 있기 때문이다. 하지만 그 그림은 우리에게 감각적으로 호소할 뿐, 도덕적 판단을 요구하지 않는다. 우리는 여기에서 현상적으로 주어진 감각적 소여를 경험 가능한 대상으로 구성하지 않는 경우에 대한 인식론적 해명을 필요로 한다. 경험 가능한 대상을 구성하지 않는 활동은 실천이성의 활동이다. 이 활동이 귀속되는 물자체는 감각적 확인이 불가능한 세계이다. 하지만 그려진 사과는 우리 눈앞에 경험적으로 실재한다. 그러므로 이 그림은 감각적 확인에서 출발하는 오성의 활동 대상이다. 이렇게 하여 예술작품은 오성과 실천이성을 서로 상대화시킨다. 이 상대화가 매개활동의 출발이다. 그 다음 단계는 먹을 수 없는 사과가 현실에서 그럴듯하게 존재해야 하는 이유를 생각하는 데서 출발한다. 칸트는 감각적 소여가 꼭 자연사물을 구성하는 결과만을 가져오지 않을 수도 있음을 사람들에게 상기시켜 주기 위해 '자연'이 경험적으로 쓸모없는 미적 사물을 현상계에 내보내는 것이라고 설명하였다. 오성은 자연사물을 경험적으로 '인식' 할 뿐 아니라 눈앞의 대상을 통해 자신의 활동영역이 제한되어 있다는 사실도 스스로 깨닫는다. 장미꽃을 보고 아름답다고 판단하는 주체는 장미꽃을 통해 꽃의 경험 가능성을 넘어서는 정신활동을 한다. 왜냐하면 '아름답다(schön)'는 술어에 해당하는 사물이 현상계에 경험 가능하게 존재하지 않기 때문이다. schön은 장미꽃이라는 현상계의 사물을 보고 주체가 붉은 꽃잎과 초록색 줄기를 판단할 때와는 다르게 인식능력을 사용하였을 때 비로소 도달하는 내면상태를 전달하는 술어이지, 꽃의 속성을 드러내는 용어가 아님은 앞에서도 이미 설명하였다. 이처럼 '쾌감'으로 사회화되는 인식능력의 반성구조 성립은 오성이 자신을 상대화하는 가운데 물자체의 실체를 의식함으로써 가능하다. 물자체는 판단력이 규정적(bestimmend)이지 않고 반성적(reflektierend)으로 활동하는 가운데 오성과 교류하고, 우리의 의식에 흔적을 남긴다. 이런 방식으로 오성의 인식 대상인 자연계를 넘어서는 이성의 궁극 목적이 자신의 존재를 자연계에 알릴 수 있게 되는 것이다. 결국 '자연'은 궁극 목적을 인간에게 의식시키기 위해 자신을 상대화시키는 '미적 가상의 세계'를 산출한다는 논리가 성립한다. 우리는 칸트가 자신의 철학체계를 구축할 때 사용한 '자연' 개념과 천재론을 전개하면서 사용한 자연 개념이 겉보기에 서로 다르게 나타나는 까닭을 여기에서 찾을 수 있다.[30] 반성적 판단력의 적용 대상인 예술은 천재가

30 "천재 개념을 통해 이론이성의 자연 개념과 나란히 형이상학적 자연 개념이 등장하여 이론

만들어 낸다. 그런데 천재는 자연의 총아이다. 자연은 예술에 규칙을 부여하기 위해 천재를 선택하는 것이다. 칸트는 예술을 위해서는 구상력, 오성, 정신 그리고 감식력이 요청된다고 하였다.[31] 칸트의 『판단력비판』을 통해 천재가 인간이 수행하는 정신능력의 정수로 자리매김되었다.

3. 후기

천재 개념은 18-19세기 독일의 이상주의의 문화지형에서 독특한 양태로 발전하였다. 독일 관념론자들은 인류에게 새로운 도전으로 나타난, 세계상태의 분화[32]라는 근대적 현상을 한편으로 인정하면서 동시에 이 움직임의 당사자는 바로 개인이라는 사실에 주목하였다. 그들에게는 합리적인 사회를 구성하는 당사자가 근대적인 통합도 추진함이 마땅하였다. 하지만 근대적인 국가제도가 정착되면서 오히려 합리화된 사회제도는 합리적인 능력으로 살아가는 시민에게 낯설게 다가왔다. 객관적 현실과 주관적 체험이 갈수록 서로 어긋나게 된 것이다. 칸트에서 정점을 이루는 독일 계몽주의 문화운동은 이 불일치를 미적으로 화해시켜 보겠다는 의지의 소산이었다. 하지만 19세기를 지나면서 현실의 역사 진행은 세계상태를 더욱 분화시키는 방향으로 나갔고, 마침내 현실은 어쩔 수 없이 개인의 내밀한 욕구를 충족시키지 못한다는 이분법이 굳어졌다. 낭만주의자들이나 고전주의자들 모두 직접적인 통합 가능성을 포기하는 데서는 마찬가지였다. 쉴러는 '미적 교육' 을 통한 간접적이고도 점진적인 개선 방안을 모색하였고, 낭만주의자들은 아예 현실에 존재하는 경계들을 고려하지 않는 전략을 선택하였

이성의 자연 개념을 변형시킨다." In: Brigitte Scheer, *Einführung in die philosophische Ästhetik*, S. 103.

31 "Zur schönen Kunst würden also Einbildungskraft, Verstand, Geist und Geschmack erforderlich sein".

32 Max Weber.

다. 슐레겔은 현실이 시로 되어야 하며, 시민생활의 자잘함에 얽매이지 말고 타고난 천재성을 발휘하면 누구나 시인이 되어 자신의 내면에 새로운 세계를 창조할 수 있다고 하였다.[33] 쇼펜하우어에 이르면 예술은 드디어 대체종교의 위상에 오르게 된다. 쇼펜하우어는 칸트의 매개론에서 출발하였지만 더욱 비참해진 세계 상태를 목도하고 보다 강력한 천재를 요청하기에 이른다. 천재는 현실에 대한 개념적 파악을 모두 거부하고 이념 속에서 전혀 다른 세계를 포착해야 한다고 하였다. 이는 현실이 도구적 인식의 지배권에 포섭되고 말았음을 고발하는 것이었다. 니체가 한때 바그너와 그의 음악 작품들을 강력한 천재의 산물로 여기고 찬탄하였던 까닭도 학문적 낙관주의에 경종을 울리고 싶었기 때문이었다. 니체는 소크라테스적으로 '인식하는' 정신을 버리고 디오니소스적 정신의 근원(Urquell)으로 돌아감으로써 인류는 비로소 문명의 타락, 즉 계몽된 세계상태의 분열과 분화를 극복할 수 있다고 하였다. 이러한 천재론은 19세기 말 병리학적 징후들과 연결되기도 하였다가 차츰 형이상학적, 미학적 의미를 잃었다.

20세기 들어 천재는 오히려 일상적인 맥락에서 더 많이 사용되었다. 스포츠의 천재라든가 금융의 천재라는 말에서 볼 수 있듯이 천재라는 개념에 주관성에 대한 요청은 사라졌다. 예술가를 천재로 지칭하는 관행도 없어졌다. 여기에는 구조주의의 등장과 같은 사회전반적인 변화도 영향을 끼쳤지만, 예술가들 스스로 과거의 짐에서 벗어나고자 한 측면이 더 크다. 낭만적 천재론이 후기 시민사회에서 매우 부정적으로 작용하였기 때문이다. 작가들은 시인, 예술가라는 말 대신 문필가라는 말을 더 선호하였다. 21세기로 접어들면서 이러한 움직임에 변화가 나타났다. 유럽인들은 새롭게 엘리트를 논하기 시작하였고, 천재 셰익스피어의 현재화 작업도 추진하고 있다. 구조주의가 퇴조하면서 개성이 담론(Diskurs)을 대체하는 경향이 나타났다. 시민사회를 구성하는 역할을 대중으로부터 위임받았던 정치 엘리트는 퇴조

33 Joachim Ritter, *Historisches Wörterbuch der Philosophie*, S. 298-302 참조.

하고 예술가가 자율적 예술의 담당자로서 엘리트를 구성하는 추세이다.

지금까지 살펴보았듯이 천재 개념은 역사적 실현 과정에서 논란이 많았다. 하지만 이 개념은 일차적으로 도구적 합리성이 관철되면서 나타난 비인간적 현실에 대해 인간적으로 대응하려는 의지의 소산이었다. 천재론에 내포된 '미적 화해'의 정치적 귀결을 두고 여러 가지 평가와 견해가 있을 수 있다. 하지만 사회 구성원들이 모든 것을 물화시키는 자본주의 세계체제에 몸담고 살면서 '인간적' 자기실현에 대한 열망조차 사회화시키지 못하였다면, 이런 구성원들이 사는 사회의 총체주의적 성격에 대해 한번 진지하게 생각해 볼 필요는 있을 것이다. 천재론은 산업화된 사회에서 겪는 문제들에 대해 인류가 지금까지 제기해 온 표어들 중 가장 인문학적인 것이었다. 한국 사회는 전후의 열악한 환경에서 시작된, 일부 지식인들 사이의 실존주의적 경향을 '허위의식'이라는 표어 아래 일소해 버린 경험을 가지고 있다. 특히 1980년대를 거치면서 한국의 문학계는 내면성과 주관성을 사회 구성원의 의식에서 추방하는 일에 몰두하였고, 큰 성과를 거두었다. 감정은 주어진 조건에 따라 형태를 달리하지만, 실체가 있는 인간적 요인이다. 그리고 감정이 절대성과의 관련을 벗어버리면 인간은 자신의 감정을 자유자재로 처리할 수 있는 객체로 여기고, 자본주의는 개인적으로 '처리된' 감정을 실물로 만든다. 주관성과 내면성으로 상징되는 개인의 절대성을 포기한 결과 한국인의 감정은 교환할 수 있는 것으로 되었다. 한국의 성산업은 교환의 대상으로 된 감정에서 원료를 공급받고 있다. 한때 문학은 스스로 내면성과 주관성을 포기하고 객관주의를 표방할 필요가 있다고 여겼다. 시민이 되고자 한다면 민주화에 매진해야 한다는 당위에 따른 선택이었다. 정치적 민주화를 이루었다고 자부하는 지금, 우리의 삶이 공허해졌다면 인문학과 자본주의와의 관계를 설정함에서 이전과는 다른 방식을 모색해야 할지 모른다는 생각이 든다.

더 읽을거리

오병남, 『미학강의』, 서울대학교출판부, 2003.

Kant, I., *Kritik der Urteilskraft*, Meiner, 1990.

Ritter, J. (Hrsg.), *Historisches Wörterbuch der Philosophie*, Darmstadt, 1971.

Scheer, B., *Einführung in die philosophische Ästhetik*, Darmstadt, 1997.

미적 직관

심철민

다의성을 띠면서 전승되어 온 대표적 철학 용어로 '직관' 개념 만한 것도 드물 것이다. 그만큼 이 용어는 철학 및 미학의 역사에서 소멸되지 않은 채 생명력을 유지해 온 한편, 문제 영역의 풍부한 진원지 구실을 하고 있다. 본래 '미적 직관'이 이 글의 주제이긴 하되 이 역시 넓은 의미에서의 '직관' 개념에서 파생된 것이므로, 아래의 서술에서는 이 양자를 한데 묶어 논의하기로 한다.

1.

우리의 논의 대상인 '직관(Anschauung)' 개념은 본래 독일어적 고안물이다. 다시 말해 영어나 로만어에는 이에 꼭 들어맞는 표현이 없다. 따라서 예컨대 칸트의 'Anschauung'을 영어나 프랑스어로 번역할 경우 으레 라틴어 'intuitio'에서 파생된 'intuition'을 사용하지만, 이 같은 차용어로는 부득불 의미론적 협소화가 따를 수밖에 없다.

독일어 'Anschauung'을 포괄하는 의미영역을 라틴어에서 빌려오자면 적어도 다음 네 가지 용어를 동원해야 한다: visio(바라봄), intuitio(직접적

이해), evidentia(자명한 확실성), contemplatio(정관[靜觀]함). 이들 네 라틴어적 의미는 영어나 로만어로 전승되면서 시의적으로 여러 변이를 겪어 왔거니와 독일어적 직관 개념은 이들 변이된 의미 중 하나와 관련되었거나 혹은 이들 각 함의들이 다양하게 혼재된 개념이라 할 수 있다.

직관 개념이 특별히 유의미성을 획득한 것은 18세기 계몽주의하에서의 교육학 분야이다. 참된 지적 · 도덕적 능력을 함양하는 데 있어 직관이 갖는 가치는 이를테면 루소의 『에밀』(1762)에서 개진된 그의 전체 교육 프로그램과 긴밀히 결부돼 있다. 여기서 직관은 주로 직접적인 감각적 경험이란 뜻으로 사용되었는데, 따라서 신학적 의미에서의 직관이나 통찰이 아니라 대상의 직접적 제시 내지 주어져 있음이 생각되었던 셈이다. 가령 교육자는 말과 가르침 대신에 자기 스스로를 하나의 실례가 되게끔 해야 하며, 피교육자들 역시 사물들의 직접적 관찰을 통해 자신의 참된 감정과 도덕적 의지의 중심에 서야 함을 루소는 강조한다. 이 같은 직관의 교육학은 계몽 정신의 가장 위협적인 대척점으로서의 감정론(Sentimentalismus)을 옹호함으로써 다시금 계몽의 힘과 체계적 통일성에 기여했던 드문 사례에 속한다.

한편 계몽사상 내에서 '미적 직관' 개념은 여전히 '자연의 모방'이라는 공리와 밀접하게 결부되어 있었다. 예술이 자연의 모방에서 성립한다는 이 전통적 원리는 그러나 이제 점차 위기에 봉착한다. 무엇보다 자연과 예술 간의 양항적(兩項的) 관념 안에는 역사적 · 인간적 현실 및 감수성의 차원이 빠져 있는 까닭이다. 중요한 것은 자연을 담아내는 예술적 기술(가령 비례론, 골상학, 해부학 등)이 아니라 정작 어떠한 근거와 자격에서 예술은 자연과 동등해질 수 있는가라는 점이다. 그리하여 자연의 모방 문제는 응당 자연이 어떻게 지각될 수 있는가라는 문제를 제기한다. 왜냐하면 그것은 이제 인간에 의거한, 인간으로부터 비롯된 인식의 한 양상으로 이해되었기 때문이다. 요컨대 자연 경험이 인간을 바탕으로 하는 한에서 이 경험의 근거를 해명함이 없이는 자연 모방의 공리란 한갓 공허한 원리에 불과하다는 관점이 비등해진다.

디드로의 미학이론은 바로 이런 이론적 과도상황을 반영한다. 한편으로 그는 경험을 미적 현상의 배후 근거로서 인정하고 이 경험의 독특한 능력이 미적 감식력에 있음을 주장한다. 그러나 다른 한편 미적 감식력이란 그에 따르면, "반복 경험에 의해 얻어진 재능"[1]일 뿐 본질적으로는 논증될 수 없는 성격의 것이다. 미가 이처럼 경험적이자 동시에 실천적으로 설명될 때, 미의 특성은 다시금 자연적 혹은 도덕적으로 완전한 것이라는 의미로 전환한다. 이를테면 "미켈란젤로는 그가 상상할 수 있는 가장 아름다운 형태를 로마의 성 베드로 성당에 주었다"고 간주된다.[2] 이로써 그의 미학은 결국 '객관적으로 합목적적인 것', 즉 이념의 편에 서고자 한다. 이 경우 자연의 모방은 한갓 경험적 지각의 모방이 아니라 이념의 모방이 될 것이다.

미가 어떤 이념의 표현으로서 여겨질 경우, 디드로의 직관 개념은 두 가지로 구분해 볼 수 있다. 하나는 직관이 한갓 '직관성(Anschaulichkeit)'의 원리로 간주되는 측면이다. 디드로의 여러 비평적 저술에서 우리는 이 같은 '생생한 가시성'의 원리와 쉽게 접하게 되는데, 예컨대 『살롱(*Salons*)』(1759-81) 및 『회화론』(1765)에서 최고의 미적 가치기준으로 성공적 묘사를 꼽는 점이 그 예이다. 그에 따르면 동시대인들의 시선을 묶어둔 그뢰즈(Greuze)의 회화가 바로 그 같은 묘사의 본보기이다. 회화는 더 이상 관객의 몰입이나 눈속임의 효과에만 의거해선 안 되고 실제 행동으로도 옮겨질 수 있을 듯한 그런 장면을 재현해 내지 않으면 안 된다. 넓은 의미에서 자연에 충실하려는 이러한 회화 이념은 모방 대상이 추한 경우에도 동일하게 해당되는 원칙이다. 직관 개념의 또 다른 용례는 자연을 참된 것의 규범으로 삼으려는 그의 요청과 관련된다. 『회화론』에서 그는 '형(型, modèle)', '이상(idéal)', '전형(prototype)' 등을 자주 언급하는데 이들은 모두 예술

1 Diderot, Essai sur la Peinture, Chap. VII; Assézat 편 전집 10권, 519쪽; 카시러, 『계몽주의 철학』 국역본, 412쪽에서 재인용.

2 Diderot, 같은 책, 519쪽.

로부터 직관으로 가져와져야 하는 것들이다. 하지만 이와 더불어 플라톤적 '이데아' 나 괴테의 '근원현상' 같은 것이 염두에 두어졌던 것은 아니다. 그의 '전형' 이나 '형(型)' 에서 중요한 것은 자연의 결함의 제거가 아니라 오히려 그 결함을 강화함으로써 개체의 변화무쌍한 특성을 여실히 드러내는 데 있다. 따라서 직관된 자연이란 존재적으로는 복사본이 아닌 원본으로서, 그리고 윤리적으로는 선의 육화로서의 가치를 지닌다.

계몽주의 미학에서 양항적 직관 개념은 제삼의 관계항이 고려되면서 좀 더 풍요로워졌다. 이는 무엇보다 미학 영역 내에 도덕적 가치나 교훈성이 적극 수용됨에 따른 것으로, 독일어권의 합리론적 미학, 특히 고체트(Gottsched)에 와서의 일이다. 그에 따르면, "시 혹은 우화는 인간 행위의 모방이어야 하고 이를 통해서 일정한 도덕적 교설이 증명된다."[3] 이 경우 모사상들은 그저 허구적이기만 한 것이 아니라 이성적(도덕적 혹은 합리적) 원리를 예시해 주는 수단적 기능을 담당한다. 볼프(Ch. Wolff)의 영향을 받은 고체트는 우리가 사는 이 세계와는 다른, 온갖 가능적 세계들이 존재할 수 있고 또한 이를 바탕으로 문학이 실현하는 '경이로움(das Wunderbare)' 은 그 나름의 '개연성(Wahrscheinlichkeit)' 을 얻을 수 있다고 주장한다. 그리하여 그의 직관 개념은 모방의 원리 아래서 좀 더 확장되는데, 특히 이미지의 직접성을 거쳐 보다 높은 것으로의 상승을 가능케 한다는 면에서 그러하다. 그러나 다른 한편 정감적 효과를 동반하는 직관의 표본들(상징, 알레고리, 메타포, 우화 등)은 오직 이성적인 것 내지 세계지혜를 향한 우회로로서만 인식되었던 점에서 그의 미학은 여전히 볼프 형이상학의 심미적 전환에 머물렀을 따름이다.

프랑스 고전주의에 입각한, 다소 경직된 고체트적 문학개혁에 강력한 반론을 제기한 두 사람은 스위스 청년시인 보트머(J. J. Bodmer)와 브라이팅

3 Gottsched, Dichtkunst, S. 739; Ästhetische Grundbegriffe, Bd. 1 '직관' 항목, S. 224에서 재인용.

거(J. J. Breitinger)이다. 이들은 자연모방론에 상상력 개념을 도입함으로써 18세기 새로운 문학이론을 구축하기에 이른다. 보다 정확히 말하면 상상력 개념이 이들에 의해 논리학과 보다 긴밀한 협조를 얻게 된다. 가령 창작이란 "환상 속에서 새로운 개념 및 생각들을 형성해 내는 것"을 뜻한다.[4] 시적인 진실이 성립하는 것은 바로 이 '새로운 것'이 결합될 때이다. 문학은 이를 통해 오성에 근거한 진리와는 다른 즐거움의 요소를 형성한다. 하지만 문학적 상상력 내에 이성과 질서가 없는 것은 아니다. 상상력은 결코 무제한적으로 가능한 것도 또 천재적 직관에 의한 것도 아니다. 이 점에서 그들은 고체트와 마찬가지로 작품 내에서 일정한 규범을 찾고자 한다. 그러나 표현 대상이 공공연히 도덕적 교설을 은폐해선 안 된다고 주장했던 레싱과는 달리, 그들은 다름아닌 대상을 통해 직관적 인식이 수행될 수 있다는 사실 자체에 예술의 참된 가치가 있음을 논증하고자 한다.

작품 내로부터 예술 이해의 규범을 마련하려는 시도는 그리 간단한 요청이 아니다. 이는 특수자 내의 보편자를 포착하는 일로서, 바꿔 말해 특수자의 개별 요소들을 하나 혹은 전체로서 통찰해 내는 '통일적 직관'을 통해서만 가능한 일이다. 화가나 시인 같은 예술가들은 실로 이 전체성을 적절한 표현수단으로써 생생하게 우리에게 전달해 준다. 문제는 이 현상 자체가 주는 독특한 완전성이—바움가르텐은 이를 '현상적 완전성(perfectio phaenomenon)'이라 부른다— 논리학이나 수학의 완전성과는 종별적(種別的)으로 구분되어야 한다는 사실이다. 왜냐하면 현상의 직접적 순수 내용을 파악, 표현함이란 결코 개념에 의해서 획득될 수 없고 오히려 개념 이전의 영역이기 때문이다. 바움가르텐에 의하면, 미학은 바로 이러한 '혼융된 지각(perceptio confusa)'을 다루는 학문이다.

4 J. J. Breitinger, Critische Dichtkunst(1740), Stuttgart 1966, Bd. I, S. 59.

2.

이 점에서 칸트의 『판단력비판』(1790)은 바움가르텐의 '미적 완전성' 이라는 문제의식을 공유하며, 심지어는 자신의 『순수이성비판』을 넘어선다. 적어도 직관 개념에 관한 한 그는 제일 비판서의 인식론적 직관 개념을 옆으로 제쳐놓고 있다. 『순수이성비판』에서 직관이란,—순수직관(공간, 시간)과 경험적 직관의 구분에도 불구하고—현상으로서의 대상과 관계맺는 인식의 일차 표상들로서, 이 주어진 표상들의 다양함이 하나로 결합될 때 비로소 개념화된 객관이 형성된다.[5] 이곳에서의 직관은 한마디로 오성의 순수개념들과 결합되어야 할 인식 재료들로서의 표상 및 그 형식을 일컫는다. 반면 『판단력비판』에서 직관은 "상상력(Einbildungskraft)의 표상"[6]으로서 규정되는데, 특기할 점은 이 규정을 통해 직관은 동시에 '내적 직관' 즉 '미감적 이념'을 의미한다는 사실이다. 상상력의 표상을 미감적 이념이라 부를 수 있는 주된 이유는 "그러한 표상을 어떠한 개념[이성이념]도 충분히 감당할 수가 없기 때문이다."[7] 이때의 상상력은 오성의 개념에 합치되어야 한다는 제한으로부터 자유로워서 오히려 "풍부한 미전개의 소재를 오성에 대하여 제공한다."[8] 따라서 미감적 이념은 하나의 (내적) 직관으로서 이는 개념으로선 '언표할 수 없는(inexponibel)' 것이되, 그러면서도 너무나도 사유를 유발하는 그런 표상이라 할 수 있다. 일례로 시인이 자연에선 그 유례를 찾을 수 없는 천국이나 지옥, 영원, 창조, 사랑 등을 감성화해낼 경우, 이는 그의 표상이 이성 개념들 내에 놓여 있지 않고 도리어 이 개념 자체를 미감적으로 확장하고 있음을 보여 준다. 이런 경우의 "상상력은 창조적이요, 지적 이념의 능력(이성)을 활동시켜서, 결국 …… 그 표상에

5 Kant, Kritik der reinen Vernunft, 33, 137.
6 Kant, Kritik der Urteilskraft, 145, 193, 240, 242.
7 Kant, Kritik der Urteilskraft, 194.
8 Kant, Kritik der Urteilskraft, 198.

있어서 포착될 수 있고 판명될 수 있는 것 이상의 것을 사유하도록 …… 하는 것이다."[9]

이렇듯 상상력이 인식능력 일반에 새 활력을 불어넣을 수 있는 것은 이 순간 오성도 이성도 그에 합당한 직관을 얻지 못한 데에 기인한 것이다. 이 경우의 직관은 오성이 '도식(Schema)'으로 사용할 수 없을 만큼 특수한 것이다. 가령 생명현상의 오묘한 체계라든지 경탄을 자아내는 지고한 예술 표현들을 떠올려보라. 이들은 오성의 '논리적' 판단작용에 의해 규정되지 않으며, 또 그런 한에서 그 판단력은 '규정적 판단력'이 아니라 한갓 '반성적 판단력'일 따름이다. 이때 판단력이 단지 '반성적'이라 함은, 주어진 직관에 대해 어떠한 개념도 준비되어 있지 않고 따라서 이 직관에 대해 합당한 개념을 찾아내어야 할 경우임을 말한다.[10] 그리하여 이러한 판단력의 활동을 두고서 칸트는 '미[감]적(ästhetisch)'이라는 용어를 새롭게 사용하는데, 말하자면 이는 감성적 직관 내지 오성의 표상과 관계된 말이기보다는 판단력에 있어서 오성과 상상력이 자유로운 놀이(Spiel) 관계에 접어들고 이로써 심성 상태의 전반적 촉발이 단지 주관적인 관계로서 고찰됨을 뜻한다. 바꿔 말해, 판단에 있어 귀결되는 이러한 주관적 감각이 '미[감]적'인 것인바, 이는 "판단력에 의해 오성 개념들이 감성화"[11]됨을 시사한다. 따라서 이는 반성적 판단력이 인식능력 전반에 수행하는 매개 활동의 원리적 표현이라 할 수 있다. 특정 개념 없이도 대상의 판정이 미감적 차원에서 주관적 보편성을 갖는 근거가 이로부터 얻어진다.

그러므로 칸트의 미적 직관 개념은 그 어떤 인식적 상승작용을 함축하고 있지는 않다. 즉 자연이나 예술이 설령 '미[감]적으로' 고찰될지언정 이러한 직관은 그 어떤 인식목적도 갖지 않는다. 그러나 도덕적 견지에서, 특히

9 Kant, Kritik der Urteilskraft, 194f.

10 Kant, Erste Einleitung in die Kritik der Urteilskraft, 29; cf. Kritik der Urteilskraft, XXVI. "오직 특수만이 주어져 있고, 판단력이 특수에 대하여 보편을 찾아내야 할 경우에는, 판단력은 단지 **반성적**이다."

11 Kant, Erste Einleitung in die Kritik der Urteilskraft, 29.

도덕적 이념들을 가리키는 숭고의 직관에 있어 칸트는 하나의 고양 내지 상승을 기대한다. 다만 이러한 상승은 신이나 절대적으로 큰 것, 자유의 이념 등이 감각적 직관으로 표상됨으로써 성취되는 것은 아니다. 오히려 이런 상승은 절대자를 표현하거나 직관하려는 시도가 좌절되는 데서, 다시 말해 무언가 표현 불가능한 것 그리고 감성으로는 도달 불가능한 것이 존재한다는 점을 감지하는 데서 생겨난다. 그리하여 우리는 우리 안에서 "감관의 온갖 척도를 초월하는 하나의 심성능력이 있음"[12]을 경험하는 셈이다. 칸트는 사실상 이 지점에서 '논증적 오성'을 넘어서는 '직관적 오성'의 가능성을 염두에 둔다. 그에 따르면 이 오성은 자연에 대해 기계적 법칙만으로 설명되지 못하는 곳, 이를테면 유기체의 내적 가능성과 같은 특수한 법칙들 및 그들의 통일을 이성의 대상으로서 고려할 수 있게 해준다. 이는 우리가 반성적 판단력이 행하는 판정 능력을 통해 그리고 그것이 이성과 맺는 연관을 통해 기계적 법칙과 목적론적 법칙 양자가 서로 모순 없이 공존함을 적어도 요구할 수 있기 때문이다.[13]

이상 살펴본 바에 따르면, 칸트에게서 인간의 직관은 한편 감각성에 바탕해 있되, 다른 한편 (판단력이 반성적으로 사용될 때) 초감성적 기체에 관계한다. 따라서 물자체나 신, 세계원인을 직관적으로 인식한다는 것은 독단주의적 월권에 해당하지만, 직관적 오성이 인식의 규제적(regulativ) 원리로서 사용되는 한 우리의 판단력은 개별적 이미지와 보편적 개념 사이를 심미적으로 또는 목적론적으로 매개하는 것이다.

12 Kant, Kritik der Urteilskraft, 92.

13 Kant, Kritik der Urteilskraft, §77. "우리에게 자연목적의 개념을 가능케 하는 인간 오성의 특질에 관하여" 참조.

3.

칸트의 직관 개념이 물자체와 단지 간접적으로만 관련되었던 데 비해, 괴테는 직관된 것이 이념에 대해 갖는 암시나 간접적 지시관계로부터 한 단계 더 나아간다. 「직관적 판단력」이라는 논문에서 괴테는 『판단력비판』, 특히 목적론적 판단력 부문을 처음 읽었을 때의 희열을 토로하는 한편, 칸트가 시도한 그 같은 "이성의 모험에 …… 주력"해야 함을 역설한다.[14] 이때 괴테가 궁극적으로 겨냥한 것은 개체로서의 생명체들 하나하나에는 모름지기 근원적인 모태가 있으며—그는 이것을 '근원기관(Urorgan)', '근원식물(Urpflanze)' 혹은 '근원현상(Urphänomen)'이라 부른다—, 이는 현상들 못지 않게 실재적인 존재자로 간주되어야 한다는 점이었다. 그리하여 괴테는 '근원현상'이란, 보다 높은 규칙 및 법칙들을 "말과 가설을 통해 오성에게 드러내는 것이 아니라 현상을 통해 직관에게 드러낼 것"이라고 생각한다.[15] '근원현상'이 실로 직관적이라는 것을 그는 일찍이 쉴러와의 대화에서도 표명했는데, 1794년 7월 나눈 이 대화는 그들의 우호관계와는 별도로 견해차의 지점을 시사한다. 즉 여전히 칸트 연구의 영향권 내에 있던 쉴러는 '근원현상'을 가리켜 하나의 예증 불가능한 이념이라 간주하는 데 반해, 괴테는 근원현상의 현상적-가시적 지위를 강조한다: "내가 이념들을 갖는다는 것, …… 또한 이들을 심지어 눈으로 보고 있다는 것에 나는 너무나 기뻐할 수 있다."[16]

그럼에도 감각적 직관과 이념 간의 화해에 대한 구상은 괴테뿐 아니라 쉴러의 고전주의적 미 개념의 밑바탕을 이룬다. 나아가 이러한 구상은 헤겔의 예술미 규정에 있어서도 결정적으로 작용한다. 잘 알려져 있듯이, 『미학강

---

14 Goethe, Anschauende Urtheilskraft(1820), in: Naturwiss. Schriften, XI, 55.

15 Goethe, Zur Farbenlehre. Didaktischer Theil(1807), in: Goethe(WA), Abt. 2, Bd.1(1890), 72.

16 Goethe, Glückliches Ereignis (1817), in: Goethe(WA), Abt. 2, Bd.11(1893), 17f.

의』에서 헤겔은 '[예술]미'를 "이념의 감각적 비추임"이라 규정하는데,[17]이를 통해 "개념과 개별적 현상의 통일성"이 미의 본질로서 간주되는 한편, 예술은 이러한 미의 본질을 생산해 내는 감각적 형상화의 방식으로 규정된다.[18] 이처럼 절대정신의 현상영역 내에 감각적 직관의 대상으로서의 예술의 지위가 주어지는 한에서, 직관 개념은 헤겔에서도 다시금 현상학적 패러다임 내로 수용되는 셈이다. 그러나 다른 한편 예술은 이념의 여러 계기를 자신의 감각적 형식 속에 표현해 낸다는 바로 그 점에서 이념 자체가 독자적 의미로서 발현되는 철학과는 결코 그 지위가 동등한 것으로 간주될 수 없다. 즉 예술은 진리의 한 계기이되, 자신 속에 감성이라는 한계를 포함하고 있는 한에서 의식의 상위형식, 즉 종교와 철학으로 용해되어야 한다.

헤겔에 따르면, 세 가지 위계적으로 배열된 예술형식들은 바로 예술 자체의 이러한 역사적 이행 계기들을 뜻한다. 최초의 '상징적 예술형식'에서는 예술의 의미(Bedeutung)와 형상(Gestalt)이 단순한 친화성 내지 암시의 관계로만 놓여 있을 뿐 양자간의 완전한 조화를 이루지 못한 단계이다. 즉 이때의 이념은 자신의 형식에 외적으로 머물러 있는바, 자연적 대상들이 표현 내용의 단순한 대리물로 사용된 예가 그 단적인 증거이다. 그러나 이념은 결코 이러한 단계에 만족하지 않으며, 감각적 표현과의 완전한 합치를 꾀하는 가운데 '고전적 예술형식'으로 이행한다. 그리하여 고전적 예술에서는 그리스 조각에서 보듯 감각적 개별성 자체가 보편성의 정신적 표징이 된다. 말하자면 이 경우 직관은 자신의 목적을 이념의 감각적 지각 가운데서 달성한다. 고전적 '미'가 괴테의 상징 개념과 다를 바 없는 지위를 얻는 것은 바로 이 국면에서이다. 예술형식들의 논리적 · 역사적 단계에서 '낭만적 예술형식'은 맨 나중의 자리에 위치한다. 고전적 형식에서는 정신

17 Hegel, Vorlesungen über die Ästhetik I, Suhrkamp, 151.

18 Hegel, Vorlesungen über die Ästhetik I, Suhrkamp, 140; 그에 따르자면 이념과 대립을 이루고 있는 직관이란 이념을 배척하는 바로 그때문에 제한된 현존재에 머무를 수밖에 없다. cf. Hegel, Jenaer Schriften 1801-1807, Werke 2, Suhrkamp, 44.

이 유한-무한 간의 직접적 통일에 머물러 있었다면, 낭만적 형식에 와서 정신은 이 통일을 '의식'하는 단계에 이른다. 따라서 정신의 간파작용인 직관은 더 이상 외적 형상에 매여 있지 않고 영혼 혹은 내감에 호소하는 다른 표현형식들을 갖는다. 물론 이로써 정신이 감각적 표현을 완전히 떠나는 것은 아니다. 정신은 이념화되고 탈육화된 '내감'에다 감정 및 정서들로 자신을 표현한다. 질료의 이념성이 빛과 색채로 되고(회화), 시간이라는 내감으로 향하며(음악), 궁극에는 정신 아래에 복속되는 최고의 예술형식(포에지)을 드러냄으로써, 낭만적 예술은 육체의 눈 및 자연적 빛을 내감(감응, 심정, 내면성) 배후로 몰아넣는다. 이럼으로써 낭만적 예술은 종교 및 이를 매개로 한 철학에 다가가게 된다.

요컨대 헤겔의 미적 직관 개념은 미에 있어서 이념의 가시성을 긍정하는 측면에선 신플라톤주의 및 괴테의 관점을 계승한다. 그러나 괴테에게서 미적 직관이란 기지의 사실에서 미지의 것을 추정하고 일반화해내는, 이른바 인식 일반의 최고 형식으로까지 이해되었다. 이것이 그를 셸링은 물론 낭만주의와 유대감을 갖게 한 사상적 배경 중 하나였던 셈이다. 그에 반해 헤겔에서는 예술의 감각적 형상을 매개로 한 진리의 직관은 오로지 극복되어야 할 하나의 역사적 · 논리적 단계일 뿐이다. 정신의 이념으로 향하는 낭만적 예술형식은 바로 그러한 자기파열을 겪는 가운데 다시금 상징적 예술의 특징인 내용과 형식 사이의 분리를 경험한다. 즉 이념은 다시 감각적인 것(형식)보다 상위에 위치한다. 그러나 이념이 추상적이었던 탓에 자기 외부에 형태를 두었던 상징적 예술과는 달리, 낭만적 예술에 있어 이념은 "이제 정신이자 심정으로서 내면적으로 완성되어 현상"하기 마련이다.[19] 따라서 괴테와는 달리 헤겔에게서 미적 직관은 최고의 것을 향한 독점적인 출구가 아니었다. 정신 자체의 이념, 그것은 궁극적으로 철학에 의해 도달될 수 있는 것이다.

---

19 Hegel, Vorlesungen über die Ästhetik I, Suhrkamp, 114.

4.

우리의 내면에서 주어지는 우주의 직관으로부터 영혼적 · 자연적 접촉의 직접성에 의한 신비적 융합에 이르기까지 일련의 낭만주의자들이 지녔던 다양한 직관 개념의 표출 가운데서 셸링의 철학적 입장은 특별히 괄목할 만한 것이다. 셸링은 피히테의 주관적 주객(主客) 관계를 단순히 객관적 주객으로 옮겨놓고자 시도했던 것이 아니라 이 둘의 대립을 하나의 '보다 높은 관점' 위에서 소멸시키고자 했다.[20] 이는 자연 혹은 피히테적 비아(非我)가 더 이상 생산적 자아의 자기직관의 수동적 산물로서 간주되지 않음을 의미한다. 오히려 주관은 자연 내지 신의 생산적 자기직관의 산물과 동일한 방식에서 취해져야 한다. 이러한 직관 개념을 셸링은『선험론적 관념론의 체계』(1800)에서 개진했다. 이 개념은 독일 낭만주의 전체에 걸쳐 각인되었고 또한 콜리지 등 영국 낭만주의에까지 영향을 끼쳤다.

셸링에게 직관이란 자의식 내에서 수행되는 하나의 예지적 작용이다. 자아가 자신 속에 갖는 이중성으로부터 거듭 새로운 산물을 창출하는 점에서 직관은 우선은 '생산적 직관'이라 불린다. 그러나 화해 속에 얻어진 이 산물은 새로운 대립 속으로 빠져드는바, 이는 자아가 자기 자신을 생산적 직관 내에서 활동하는 절대적으로 무한한 주관으로 간주하는 한편, 동시에 또한 외적 자연의 객관 내지 다른 한 절대자의 제약자로 파악되기 때문이다. 이 단계에서 모순이 작용하는데, 이것은 두 가지 무제약적 절대자들, 즉 주관과 자연 사이에서 서서히 생겨나게 마련이다. 유기체성의 개념은 물론 이 양자 간의 교호적 생성작용을 연역케 한다. 말하자면 유기체성으로서의 인간은 자기 자신 내에서 자연의 전체적인 진화적 연속성을 간파하

20 이 점에서 셸링은 정신과 물질, 즉 사유와 연장을 동일한 원리의 단순한 양태의 차이로 간주한 최초의 철학자로서 스피노자에 주목한다. "그[스피노자]의 체계는 무한자 자체의 이념 안에서 직접적으로 유한자를 파악하고 또 그 유한자를 오직 무한자 안에서만 인식하는 창조적 상상력의 최초의 대담한 시도였다." Schelling,『자연철학의 이념』, II, 19.

는 것이다. 그럼에도 이 직관은 어떤 절대적 종합이 아닌 이상, 여전히 제한적이다. 그것은 세계연관을 오직 살아 있는 유기체성이라는 지점까지만 파악할 따름이다. 그러므로 전체는 우리에게 하나의 미지의 빛으로 남아 있다. 이 점에서 셸링의 '예지적 직관'은 자기 스스로 객관화되어 가는 절대자의 직관을 주창(헤겔)하기보다는 우주의 완전한 현존에 대한 인간의 한계 지점을 시사(칸트)하는 입장에 속한다. 즉 그것은 인간에게 주어져 있지 않으며 기껏해야 규제적인 의미로서 부과되어 있을 뿐이다.

예지적 직관이 자아 활동의 참된 본령을 점하진 못할지언정, 그러나 이 직관이 실현되는 경험 가능한 객관의 사례가 없는 것은 아니다. 셸링에 따르면, 그것은 자연과 자유가 종합을 이룬 예술작품이다. "예지적 직관의 객관성이 예술 자체이다. 왜냐하면 미적 직관(ästhetische Anschauung)이야말로 객관적으로 된 예지적 직관이기 때문이다. 오직 예술작품만이 나(자아)에게 반성될 뿐이니 만약 그렇지 않다면 그것은 어떤 무엇을 통해서도 반성되지 않는 것이다."[21] 예술산물이 직관을 통해 우리에게 되비칠 때 그것은 모름지기 가시적 형상(Gestalt) 속에서 드러나는 영원성의 현시이다. 이러한 사상은 셸링의 『예술철학』(1802-03)에서 더욱 강화되었다. 그는 이제 예술 안에서 무한자와 유한자가 상호 용해(Einbilden)되는 관계들을 통해 개별 예술들의 전체 체계를 구상하는 한편, 각 예술 산물들이 특수자와 보편자의 무차별성의 한 예증이 됨을 논증한다.

5.

쇼펜하우어에게서 직관 개념은 일종의 세속화된 계시의 특질을 지닌 관조(contemplatio)의 의미로서, 이념을 매개해 주는 기능을 갖는다. 그의 직

---

21 Schelling, System des transzendentalen Idealismus, 625.

관은 괴테나 헤겔과는 달리 개별자는 도외시하고 직접 유(類)개념의 정신적 보편자를 목표로 한 것이었다. 이러한 태도는 미적 직관 속에서 완성되는 바, 이 직관은 칸트에 의해 거부된 인식 기능을 다시금 획득하고 있는 셈이다. 그에 따르면, 예술은 "순수 관조를 통해 파악된 이념"을 직관적 형태들 속에서 반복한다.[22] 그런데 이 직관적 형태들의 의미는 그 개별성 속에서가 아니라 유개념들 내에서 다시 말해 의지의 객관화 단계들이라 불리는 세계정신 속에 놓여 있다. 미적 직관은 음악과 관련하여 완전히 총체적이 된다. 이는 개별적인 유개념들을 앞지르는 가운데 전체적 의지를 직접 현전케 한다는 사실에 있어 그러하다. 쇼펜하우어에게서 음악이 의지의 직접적 모사로 이해되었다면, 니체에게 이것은 디오니소스적 예술가가 체험하는 비매개적 직관으로 해석된다. 즉 아폴론적 예술가가 "이미지들의 순수 직관함 속으로" 침잠하는 데 비해 디오니소스적 예술가는 "일체의 이미지 없이 오직 순수직관의 근원고통과 근원적 재울림"과 하나가 된다.[23] 그리하여 문제는 순수한 인식 주관이 아니라 생철학적으로 파악된 존재와 더불어 있는 존재자인 것이다.

온갖 경험적 우연성을 배제하려는 쇼펜하우어의 직관 개념은 후설의 현상학에서 소생, 변환되어 나타난다. 그는 『논리연구』(1900-01)에서 "사유에 완전히 합당한 직관"을 "단순한 직관 및 외감 또는 내감" 내지 "감각적 표상들"로부터 구별한다. 한편 프랑스 진영에서는 가장 심오하고 고귀한 것(존재, 생 혹은 정신)을 직관을 통해 추출하려는 요청이 주목할 만큼 약화되었다. 가령 메를로-퐁티에게선 비가시적인 것을 가시적으로 만들기를 요구하기보다는 도리어 전자가 후자의 필연적인 부속물로서 간주된다. 가시적인 것이야말로 일종의 숲의 통로로서, 이를 통해 우리는 비가시적인 것에로 이른다는 것이다. 이것은 마치 피부 표면에 대한 몸의 심부와도 같은 관계이다.

22 Schopenhauer, Die Welt als Wille und Vorstellung, in: Sämtl. Werke, Bd. 2, 219.

23 Nietzsche, Die Geburt der Tragödie, in: KGA, Abt. 3, Bd. 1, 39f.

더 읽을거리

에른스트 카시러, 『계몽주의 철학』, 박완규 옮김, 민음사, 1995.

이마누엘 칸트, 『판단력비판』, 이석윤 옮김, 박영사, 1992.

Gadamer, H.-G., "Anschauung und Anschaulichkeit"(1980), in: *Gesammelte Werke* Bd. Ästhetik und Poetik I, 189-205, ("Intuition and vividness", in *The Relevance of the Beautiful and other Essays*, Trans. D. Tate, Cambridge University Press, 1986, pp. 157-170).

Schelling, *System des transzendentalen Idealismus*, 1800.

Willem, G., *Anschaulichkeit: zur Theorie und Geschichte der Wort-Bild-Beziehungen und des literarischen Darstellungsstils*, Tübingen: Niemeyer, 1989.

예술과 자연

심철민

1.

고대 그리스 이래 '자연'이란 말은 그와 대비되는 말을 통해 어의적 윤곽을 형성해 왔다. 이를테면 자연과 기술, 자연과 문화, 자연과 문명 등이 그러한 예에 속한다. 이 경우에 자연은 스스로 존재하면서 스스로 재생해 가는 어떤 무엇을 가리키는 데 반해 그 상대 개념들에선 인위적 정립이나 제작, 부단한 확인과 산출활동 및 그 결과가 주안점을 이룬다. 이 같은 대비 중 가장 두드러진 개념쌍이 *φύσις*와 *τέχνη*이다. 퓌지스(physis)는 자연을 뜻하는 그리스 말로서 저절로 모습을 드러내는 그런 사태 내지 힘을 일컫는다. 테크네(techne)는 인간의 능력과 제작 지식을 가리키는 말로, 이는 오늘날 우리가 기술이라 부르는 것과 관련될 뿐 아니라 기예/예술의 영역 또한 포함한다.

때문에 현대인이 곧잘 오해하는 바와는 달리, 그리스어 '테크네'는 오늘날의 '예술'과 정확히 일치하는 동의어가 아니다.[1] 다시 말해 테크네라는

1 따라서 흔히 "예술은 그리스어로 테크네(techne)라 부른다"라고 쓰는 것은 적잖은 오해를 불러일으킨다.

말로써 독자적 '예술' 개념에 바탕한 특별한 활동과 제도[2]—가령 예술 고유의 가치, 예술시장, 미술학교와 공방 등—를 연상하는 것은 하나의 곡해이다. 우선 그리스인들에게 예술적 표현은 "다소 우발적인 어떤 것으로 …… 종교적 사상과 한 몸을 이루고 있는"[3] 어떤 무엇인 까닭이다. 더욱이 테크네라는 말은—단순히 인공물, 적성 또는 계략을 뜻하는 경우를 제외하고는—독립된 의미로 사용된 적이 거의 없다. 그것은 어떤 직업에서의 숙련성을 가리키는 경우가 대부분으로, 이 경우엔 항상 제2격 형태로 쓰인다. 말하자면 '화술', '조선술', '야금술'이라 말할 때의 술(術)인 것이다. 이런 면에서 보자면 플라톤이 음악, 무용, 직조, 시, 웅변 등 여러 테크네에 관해 언급하지만 정작 '예술 자체'라 함 직한 것에 대해 논의하지 않은 사실은 충분히 중시되어야 한다. 예컨대 유명한 『국가』 편에서 그는 침대나 책상의 제조술이 모방술의 한 부류인 회화나 조각보다 우위를 점한다고 보는데, 이는 기예적 테크네를 여러 등급의 모방술로 구분해 보는 진술일 뿐 이 자체가 마치 그의 독자적 '예술'관을 드러내 주는 양 간주될 수는 없다. 플라톤이 말하고자 한 것은, 그림이란—호메로스의 시가 또한—단순 모방술에 입각한 것으로 이는 '실재(實在, to on)'가 아니라 '보이는 현상(phantasma)'의 모방이라는 사실이다.

2.

그럼에도 우리는 플라톤의 논의와는 무관하게 그리고 그보다 훨씬 이른 시기에 막연하나마 예술작품과 그 활동에 대한 특별한 인식이 성립되었음

2 '예술' 개념의 근대적 성립과 그 체제에 관해서는 오병남, 『미학강의』, 서울대학교출판부, 2003 참조.

3 Louis Gernet, 『종교에서의 그리스적 천재성』, 1932, p. 234; 레지스 드브레, 정진국 옮김, 『이미지의 삶과 죽음』, 시각과언어, 1994, 202쪽에서 재인용.

을 부인하기 어렵다. 예컨대 이야기나 노래, 춤 등이 그 나름의 특질을 지니고서—물론 이 예술적 표현들은 대부분 미분화(未分化)된 양상에서 출발하였다—고대의 각 민족들에게 다양한 방식으로 향유되었을 것이다. 총칭적인 '예술' 개념의 성립에 앞서 '놀이' 또는 '제사의식(祭祀儀式)'으로서의 여러 예술현상이 존재했으며, 이것은 인간 자신을 포함한 넓은 의미에서의 '자연' 및 '신'과 매개되고 대조되며 또한 교감하는 성격의 것이었음에 틀림없다.

일찍이 『일리아스』에서 호메로스는 대장장이 신 헤파이스토스가 만든 아킬레우스의 방패에 대해 아주 상세하게 묘사한다. 청동과 주석, 황금과 은으로 만들어진 그 방패에는 실로 삼라만상과 아름다운 두 도시, 게다가 운명적 서사의 구체적 장면이 새겨져 있다. 가상의 방패에 실현된 그의 예술적 이념이 다시금 서사 형식으로 자연과 인간세상의 축도(縮圖)를 우리에게 그려 보여 주고 있는 셈이다. 호메로스의 세계뿐 아니라 예술작품으로서 그리스 비극들이 증거하는 바는, 자연(및 인간 내적 정서)의 오묘한 현상들이란 그 자체로 예술의 동인(動因)이자 예술적 활동의 본보기가 되고 있다는 점이다.

고대의 종교적 건축물, 특히 신전(혹은 사원)은 예술작품이기에 앞서 하나의 소우주를 상징한다. 그것은 대우주로서의 천상의 원형에 대한 지상적 대응물이요, 세계의 영적 중심이며, 지상에 신성이 머무는 장소였다. 때문에 신전들이 산에다 성지(聖地)를 이루었던 것은 지극히 당연한 결과라 할 수 있다. 왜냐하면 산은 말 그대로 '우주산(宇宙山)'으로서 신들이 거주하고 교류하는 장소이자 우주의 힘과 생명의 표상이기 때문이다. 더욱이 산 자체가 하나의 살아 있는 자연작품인 까닭에 가령 산 위에 떠도는 구름은 숨결로서, 또 바위들은 뼈로서, 시냇물은 피로서, 수목은 머리털로서 여겨졌다. 따라서 산의 품 안에 마련된 신전의 존재는 대우주의 모형이고 하늘과 대지, 인간이 서로 만나는 우주의 중심처가 된다.

3.

플라톤과 마찬가지로 아리스토텔레스에서도 자연은 스스로 운동하는 사물들의 세계이다. 자연 그 자체가 과정이고 성장이며 변화이다. 그리고 이 변화에는 어떤 일정한 방향으로 변화하려는 성향 또한 잠재해 있다. 이처럼 자연은 자발적으로 운동하므로, 자연 내부에서 발생하는 변화들을 설명하기 위해 자연 외부의 작용인을 찾는 것은 이치에 닿지 않는 일이다. 이에 견주어, 만듦(기예)의 세계란 "한편으로는 완성케 하는 데서, 다른 한편으로는 (자연 가운데 주어진 것을) 모방하는" 데서 존립한다.[4] 따라서 이때 기예에 의해 수행되는 모방이란 자연이 지시하는 바에 순응하는 것을 말한다. 테크네가 자연을 도와 행하는 이러한 작용을 아리스토텔레스는 다음과 같이 비유한다. "집을 짓는 자가 하는 일이란, 만일 자연에 의해 집들이 생겨난다고 할 때 바로 그 자연이 행할 것을 행하는 것뿐이다."[5] 이로써 자연과 기예는 본래 그 구조가 동일한 것이다. 다만 이는 자연 속에 깃든 이데아가 예술가의 영혼 속에 존재하며, 또한 후자가 전자와 구별되면서 발현될 수 있는 한에서이다. 여하튼 아리스토텔레스의 이러한 '자연-기예 평행론'에 힘입어 "고대 세계는 손쉽게 '미술적 표상'을 이데아와 동일시할 수 있었다."[6]

기원후 3세기 헬레니즘 시대가 저물 무렵 플로티누스에 의해 개진된 새로운 미학사상은 본질적으로 플라톤 체계를 계승한 것이지만, 미에 관한 한 지성미와 감각미 중 결코 어느 한편에만 관심을 두지는 않았다. 그는 감각미의 속성이 지성미를 드러내는 데 있다고 본다. 감각세계가 아름다운 것은 그 안에 미의 이상적 원형이 깃들어 있기 때문이다.[7] 가령 육체가 아름

4 Aristoteles, *Physik* II, 8; 199a 15-17.
5 Aristoteles, *Physik* II, 8; 199a 12-15.
6 E. 파노프스키, 마순자 옮김, 『이데아』, 예경, 2005, 24쪽.
7 W. 타타르키예비츠, 손효주 옮김, 『미학사 1』, 미술문화, 2005, 558쪽.

다운 것은 그 속에서 영혼이 드러나기 때문이다.

플로티누스에게 미란 그에 상응하는 정신적 기관(機關)을 요구하는 무엇이다. "아름답게 된 영혼만이 미를 볼 수 있다." 어떤 점에서 자연은 예술보다 더 많은 미를 가지고 있다. 왜냐하면 자연에는 인간보다 더 정신적이고 더 창조적인 힘이 있기 때문이다. "살아 있는 생물체는 설사 추하다 할지라도 아름다운 조각상보다 더 아름답다."[8] 생명체가 아름다운 것은 그로부터 어떤 이데아가 빛나기 때문인바, 예술 역시 그 같은 이데아를 부여할 때라야만 자연에 버금가는 창조를 행할 수 있다.

플라톤은 모방론을 통해 예술을 격하하였다. 플로티누스는 그와 달리, 예술이란 단순한 사물의 재현이 아니라 "자연 자체가 유래한 이성 원리로 거슬러 올라가는 것"[9]으로 이해한다. 예컨대 "페이디아스는 감각에 의해 지각되는 어떤 모델을 보고 제우스 상을 만든 것이 아니다. 오히려 제우스가 스스로 제 모습을 드러내고자 할 때 그가 반드시 취하게 될 형상(形相)을 파악하여 제작한 것이다."[10] 이로써 예술가의 내적 관념들은 현실 그 자체를 능가하는 완전히 자율적인 형식들로서의 위상을 점한다. 나아가 이 관념들은 자연의 근원인 바로 그 원리들과 동일한 것인 만큼, 예술가의 정신은 창조적 정신으로서의 일자(一者)의 운명에 관여하고 있는 셈이다. 그러나 이것은 질료를 모두 덜어낸 형상만이 취할 수 있는 길인바, 이물질이 화합된 순금이란 존재하지 않듯이, 질료는 결코 완전한 형상에 가담할 수 없는 것이다. 아리스토텔레스에겐 형상이 질료에 부여되기 전에는 집은 '집'일 수 없으며 조각상은 '조각상'일 수 없다고 이해된 반면, 플로티누스에게선 단순한 돌과 그 돌이 조각상이 되는 것 간의 차이는 오직 그 돌을 예술로서 고안한 조각가의 이데아 때문이라고 간주된다.[11] 플로티누스에게 예술은 이렇

8 W. 타타르키에비츠, 손효주 옮김, 『미학사 1』, 559쪽.

9 Plotinos, *Ennead* V. 8.1.

10 같은 곳.

11 Aristoteles, *Metaphysics* XII. 3, 1070a; Plotinos, *Ennead* I. 6.2.

듯 절대미 그 자체를 향해 나아가는 비극적 존재 계기이다. 왜냐하면 진정한 미는 질료가 개입한 가시적 미 일체를 넘어서는데, 그러나 역설적이게도 이들 없이는 미가 경험될 수 없기 때문이다.

4.

자연 자체가 예술가로 여겨진 것은 헬레니즘과 로마의 전통이긴 하다. 그러나 이러한 관념은 기독교적 중세를 거쳐 르네상스의 연금술 및 자연철학에까지 이어진다. 근원재료에 깃든 모종의 충동이 그 나름의 미적 척도에 맞게 이성의 형식능력 및 이 양자의 매개자로서의 자연을 요구한다는 것이다.[12] 자연은 그렇게 해서 예술과 유사한 것이 되며 아름다움을 나타낸다. 이로써 이러한 우주론은 소우주로서의 인간 창조의 배경을 이룬다. 세계는 이렇듯 두 번 제시되는데 왜냐하면 인간의 창조에는 다시금 우주 전체의 현재화가 실현되기 때문이다. 요컨대 예술은 자연의 근원이 신이라는 사실을 명백하게 한다.

신플라톤주의 철학에서 이 신은 비인격적 세계영혼이었다면, 중세의 아우구스티누스는 이것을 그리스도교의 인격적 신으로 대체한다. 중세적인 관점에서 자연과 기예는 이제 인간을 그 중심축에 두고서 사유되지 않는다. 신은 세상을 무로부터 창조한 반면 인간에게는 애당초 그것이 허락되어 있지 않기 때문이다. 따라서 우선적으로 자연의 영원성, 자립성이 부정되는데, 이 점에서 그리스도교적 사유는 그리스적 사유와 근본적으로 구별된다. 플라톤적 사유에서 물리적 자연은 이데아의 세계와 분열되면서 자립성을 상실하지만 그러나 존재 일반은 이 같은 분화와는 무관하게 전체로서 자립성과 영원성을 가지고 있었다. 그러나 그리스도교적 사유에서 창조자

12 H. Böhme, Natürlich-Natur, in: *Ästhetische Grundbegriffe*, Bd. 4, S. 468f. 참조.

와 피조물은 엄격하게 구분되며, 피조물로서의 세계는 그리스적 사유 속에서 누렸던 자립성을 상실한다. 이 때문에 기예가 자연을 모방한다는 논제 역시 일정한 의미변환을 겪게 된다. 즉 이때의 모방은 아리스토텔레스 식의 "원인-결과로서가 아니라 한갓 대응 관계로서만 이해되었다."[13] 가령 예술작품은 인간의 명료한 목적연관에 따른 결과물로서보다는 마치 자연이 창조된 것과 같이 내적 형상이 질료에 투사된 그런 방식의 산물인 것이다. 말하자면 예술가는 신과 동등한 권능으로서 이해되어서는 안 된다는 것이다. 즉 창조력에서가 아니라 그가 모방하는 창조물을 통해 이해되어야 한다.

5.

중세기 예술의 심한 쇠퇴 현상은 그 시기 자연에 대한 몰의식과 무관하지 않다. 그리스인이나 로마인은 인간의 균형잡힌 육체를 찬양했던 데 반해 중세인들에게 인간의 육체란 하나의 금기 대상으로까지 여겨졌다. "초기 교회의 교부들은 자연의 광경을 죄스러운 유혹이라 간주하였"[14]던 만큼, 실로 자연이란 무서운 대상이 되고 있었다. 또한 성경적 관념에 지배된 결과, 이를테면 우뚝 솟은 산의 모습은 "대지 위에 난 종기"로서, 그리고 깊이를 알 수 없는 바다는 "노아의 홍수가 남긴 자취"로서 간주되었다. 자연에 대한 미적 의식은 중세를 마감하면서 서서히 부활한다. 그러나 14세기 산의 경치를 보고자 등정한 페트라르카는 막상 방뚜산 산정에 올라 아우구스티누스 『고백록』의 다음 경구를 떠올린다. "밖으로 향하지 말고 너 자신에게로 회귀하라. 인간의 내면에 진리가 있나니."[15] 자연을 직접적

13 E. 파노프스키, 마순자 옮김, 『이데아』, 42쪽.

14 E. P. 챔버스, 오병남 · 이상미 옮김, 『미술: 그 취미의 역사』, 예전사, 1998, 34쪽.

15 Augustinus, *De vera religione*, Cap. 39; E. 카시러, 박지형 옮김, 『르네상스철학에서의

으로 관조하려는 욕구는 여전히 그 다음 세기의 미적 시대정신을 필요로 한 셈이다.

6.

르네상스에 와서 예술가는 신처럼 무로부터 창조하는 주체의 지위를 얻는다. 예술가는 새로운 것, 보지 못했던 것을 창조한다. 이제 예술은 기지의 세상을 단순히 재조명하는 것이 아니라 오랜 옛날부터 세상에 잠들어 있던 미지의 세상을 깨우는 작업을 뜻한다. 미켈란젤로에 따르면 저 암석 안에 숨겨진 형상을 찾아내는 것, 그것이 곧 예술이다.

이러한 예술 작업 가운데서 회화적 원리로 창안된 선(線) 원근법은 자연 내지 사물에 대한 우리의 태도를 그 근저에서 반영한다. 특히 자연에 대한 근대적 태도 일반은 바로 시각 주체가 모든 대상의 중심점을 이루면서 동시에 모든 대상과의 거리두기—깊이감의 조성—를 필수적인 것으로 보는 원근법적 원리의 적용이라고 할 수 있다.

알베르티는 『회화론』 1권 첫머리에서 "회화가 과연 무엇인지를 자연의 근본 원리에서부터 …… 설명해 나가겠다"고 하면서, 자신은 "수학자가 아니라 화가의 입장에서 이 주제를 다룰 것"임을 강조한다.[16] 이때 화가의 입장이란 "오로지 보이는 것만을 다룬다는 사실"[17]에 그 특성이 있다. 그런데 이것은 수학자들에 비해 화가가 제한적인 일을 수행한다는 표명이 아니다. 오히려 알베르티는 화가야말로 수학자들이 제쳐놓는 온갖 물질적 상태(materia)를 다룬다고 생각한다. 때문에 화가들이야말로 수학자들보다 "훨

개체와 우주』, 민음사, 1996, 220쪽 참조.

16 L. B. Alberti, *On Painting*, trans. by J. R. Spencer, Yale Univ. Press, 1966, p. 43; 노성두 옮김, 『알베르티의 회화론』, 사계절, 2002, 19쪽 이하.

17 위의 책, pp. 43, 100.

씬 값진 지혜(grassa Minerva)"를 사용한다고 그는 주장한다.[18]

알베르티의 이론에 따르자면, 수학은 하나의 수단일 뿐 목적은 아니다. 수학, 특히 기하학적 방법들은 실재와 관여하는 것이 아니라 다만 사물의 현상 내지 형식들만을 밝혀 줄 뿐이라는 것이다. 그 반면 회화는 '자연의 교훈'을 직접 접하게 하는 가운데 영혼에 '감동'과 '즐거움'을 줄 뿐 아니라 고귀한 예술적 '덕목(virtu)'을 함양케 한다고 본다.[19] 그에 따르면, 이미 그리스인들에게서 회화가 갖는 이런 성격은 "재능 있는 자유시민과 고귀한 영혼들에 의해 추구될 만한 가치가 충분"[20]한 것으로 간주되었다. 알베르티의 이러한 입장은 무엇보다도 회화라는 것을, 자연 가운데서 작용하고 있는 '창조적 과정'을 모방하는 행위로 규정하는 데서 연유한다. 말하자면 회화는 반드시 자연을 모방해야 하며 특히 자연의 창조적 역할을 모방해야 한다는 것이다. 그런데 이 모방에 수학은 가장 유력한 방법적 수단을 제공한다. 왜냐하면 눈에 보이는 공간을 창조하자면 화가는 화폭 위에 하나의 구성(construction)을 마련해야 하는데, 수학은 이를 위해 이성과 감각자료 양자에 명확한 기초를 두고 있기 때문이다. 그리하여 그 자신의 표명에도 불구하고, 다시금 수학이 회화의 중심 자리에 놓인 셈이다.

수학적인 방법의 견지에서 알베르티가 회화예술에 가장 분명하게 기여한 점은 선원근법을 예증해 보인 점이다. 실제로『회화론』1권의 내용 대부분은 여기에 할애되고 있다. 그는 그림의 화폭을 투명한 유리창에 비유한다. "화면 위에 정사각형"의 틀을 하나 그린 다음, 이 틀을 "내가 그려야 할 대상을 내다보는 열려진 창문(fenestra aperta)"이라 생각하자고 그는 제안한다.[21] 열려진 창을 통해서 자연은 더 이상 피안이나 이상 가운데 놓여 있지 않고 감각적 현실로서 화가 앞에 마주한다. 뿐만 아니라 화가는 이 창문

18 위의 책, 영역자 서문, p. 18 이하 참조.
19 위의 책, p. 66 이하.
20 같은 곳.
21 위의 책, p. 56.

을 자유자재로 움직임으로써 재현 대상을 마음껏 설정할 수 있게 된다. 이로써 시각 주체인 화가는 더 이상 수동적인 의미에서 '보이는 것' 이 아니라 '보고자 하는 것' 을 그려내는 기초를 마련한 셈이다.

창을 자유로이 옮겨 내다보려는 대상을 비춰본다는 것은 바로 시선의 자유를 의미한다. 그리고 이러한 시선의 자율성 속에서, 창 너머의 대상은 창 안쪽 시선과 수평적인 관계로써 대면케 된다. 한마디로, 그려내고자 하는 저 대상을 시선은 얼마든지 대등하고 평형적인 관계로 설정해 낼 수 있는 것이다. 그리하여 정신의 주체가 자신의 눈높이에서 바라본 저 대상은 '말없고 영혼이 없는 물질' 에서 이제 말건넴을 위한 객체의 지위를 차지한다.

그런데 이러한 태도의 성립에는 보다 근원적인 세계관적 전환이 요구되거니와, 그것은 바로 주체 자신이 대상 일반과 소원한 관계에 놓이며 나아가 이 관계 자체로부터도 물러날 수 있다는 점을 전제로 해야 하는 것이다. 바로 이러한 전제를 우리는 근대 세계관의 대혁명인 '코페르니쿠스' 의 관점에서 발견한다. 프톨레마이오스의 체계에선 지구가 천구의 중심점으로 간주됨으로써 천구의 회전에서 벗어날 수 없었다. 그러나 코페르니쿠스 이후 스스로 제 자리를 이동해 가는 지구는 이제 움직이지 않는 태양 주위를 돌게 됨으로써, 자신의 왕위를 빼앗긴 대신 우주의 고정된 별로부터 자유로워진 것이다. 바꿔 말하자면, 인간 자신이 직접 선택한 장소로부터 새로이 우주의 중심(물리적 위치로는 변방이지만 정신적 위치로는 중심이다)이 될 수 있었던 것이다. 이리하여 오로지 인간 주체만이 자기가 정한 형태를 우주에 부여함으로써 우주를 구성한다는 견해가 일반화되었다.

요컨대 알베르티 이후 창(窓)이론을 내세우는 여러 예술가들이, 예술작품은 바라보는 자의 시선, 즉 새로운 예술 세계의 창조적 기원인 사람의 눈에서 시작된다고 보는 태도는 이 같은 코페르니쿠스적 혁명의 미술적 반영이라 할 수 있다.

7.

고대나 중세기에는 '보는 것' 자체가 하나의 액티브한 과정이었다면,[22] 이제 근대적 시선은 거울로 상징되는 사물의 표면에 대해 폐쇄적이고 수동적인 제약을 부여한다고 할 수 있다. 그리하여 원근법을 통한 공간규정성은 상상력의 제한을 가져온다. 이때 상상력이 제한된다고 함은 지각 요소들에 대한 상상력의 지배권 내지 자율성이 제어됨을 의미한다. 이는 보다 정확히 말하면, 상상력의 활동이 특정 지각 요소에—원근법의 경우 시지각을 통한 공간성의 측면에—지배되고 있음을 뜻한다.

그리하여 상상력이 오로지 시각에 매여 있다는 것은 크게 보아 두 가지를 의미한다. 하나는 상상력 가운데 마련되는 '공간'이 오로지 시각적 공간, 즉 기하학적으로 조성된 공간과 관련해서만 성립하는 점이다. 다른 하나는—이 점이 무엇보다도 본질적인 측면인데—이러한 기하학적 공간 가운데서는 상상력은 결코 시간성의 범주를 환기해 내지 못한다는 점이다. 왜냐하면 상상력(Einbildungskraft)의 본성은 유한성을 무한성과 하나되게 함(ein-bilden)에 있거니와, 공간에 매여 있는 상상력이란 다른 말로 유한성에 매인 제한된 상상력이기 때문이다. 따라서 이러한 상상력은 공간적 차원—이는 두말 할 여지 없이 2차원과 3차원의 관계를 필요로 한다—너머로의 전환을, 즉 시간의 무한한 지평으로의 전환을 저지당하고 있는 것이다.

그리하여 원근법적 '순간'은 무한성 내지 영원성과 매개된 순간이 아니라, 공간에 지배된 순간이다. 이는 다른 말로 하면 시간성의 정지이고, 서사적 공간을 위해 시간과 매개되어 있을 공간을 희생하는 그런 폐쇄적(완결된) 공간이다.

22 J. V. Field, *Invention of Infinity. Mathematics and Art in the Renaissance*, Oxford Univ. Press, 1997, p. 7.

8.

제욱시스 그림에 그려진 사람들은 실제로는 존재하지 않을 거라는 한 비평가의 견해에 대해 아리스토텔레스는 다음과 같이 답변했다. "거기 그려진 사람들은 그같이 그려진 것이 한결 더 잘된 것으로, 왜냐하면 이상형이란 실재를 능가하는 것이기 때문입니다."[23]

고전주의는 사실상 아리스토텔레스가 제시한 이러한 원리를 자신의 출발점으로 삼았다. 예술은 별반 차등없는 의미에서 자연을 재현하는 것이 아니라 '아름다운 자연'을 재현하는 것으로 이해된 까닭이다. 그러나 이때 아름다운 자연이란 자연에서 보여지는 온갖 불완전하고 결함 많은, 게다가 거칠고 불규칙한 특성들 일체를 마치 필터링하듯 걸러내고 그중 가장 이상적인 면만을 추출해 냄을 의미한다('아름다운 자연' = '이상적 자연'). 따라서 이것은 자연의 여러 요소들을 일정한 기준에 의해 선별하여 재현해 내는 과정을 수반한다. 그러나 문제는 어떻게 자연의 형상들을 이지러지게 하지 않고 그것을 미화할 수 있는가 하는 점이다. 여기서 고전주의 미술가들이 사용한 가장 유력한 선별 원리는 단연 수학이었다. 뒤러가 규명한 이상적 인체비례의 원리가 수학이었으며, 고전주의 미술가들의 회화적 구도 및 선원근법이 다름아닌 수학에 기초한 것이었다. 건축가 역시도 인체의 비례를 따르는 화가와 조각가처럼 자연의 학생이어야 한다는 막연한 신념이 르네상스기 고전주의를 지배하고 있었다.

9.

계몽주의 미학은 예술의 자연 모방론으로부터 출발하여 점차 미적 주관

23 Aristoteles, *Poetica*, 1461b 12.

성의 지평을 중시해 나간 궤적을 보였다. 칸트의 미학은 바로 그러한 궤도의 정점에 위치해 있는데, 따라서 자연과 예술은 그에게서 대립 개념임과 동시에 본성상 서로 관류되어 있는 것으로도 이해된다. 그에 따르면 자연은 "그것이 동시에 예술처럼 보일 때에 아름다운" 것이고, 또한 예술은 "우리가 그것이 예술임을 의식하면서도 또한 우리에게 자연처럼 보일 때에만 아름답다고 일컬어질 수 있다."[24] 의도와 규칙하에 산출된 기술의 결과물이 고도의 자립성과 무강제성의 산물로 여겨지는 것, 이것이 칸트가 추구한 '미적 예술'의 본질이다. 그리고 이러한 이해 방식은 그의 '천재' 개념과 밀접한 연관을 갖게 마련이다. 즉 그에 따르자면, 자연은 천재를 통해서, 그리고 천재는 자연으로서, 예술에 대하여 규칙을 부여하는 것이다.[25]

10.

프랑스 혁명이 미완의 기획으로 간주되면서 유럽 계몽주의는 사실상 하강 국면의 길로 접어든다. 물론 1789년의 혁명이념에 기대어 독일 관념론의 철학과 문학 진영에선 새로운 '미적 문화'의 구상이 구체화된다. 인간의 참된 심성이—이를테면 사회를 등진 자연교육(루소)을 통해서가 아니라—오로지 미적 교육을 통해서 실현 가능하다는 것은 쉴러의 주장이었다.[26] 동시에 미적 문화로의 이 같은 선회는 이 시기 독일 사상권 전반의 공통된 시대인식에 기반한 것이기도 했다. 자연과 자유의 매개 가능성을 심미적 수준에서 논증하는 칸트의 『판단력비판』은 어떤 면에서 미학이 철학의 중심과제를 떠안고 있는 선도적(先導的) 표명이다. 셸링의 경우엔 무의식적인 것의 의식적 현전이 예술직관에 의해 수용되는가 하면, 예술철학의 체계

24 Kant, *Kritik der Urteilskraft*, §45, B 179.
25 Kant, *Kritik der Urteilskraft*, §46, B 182f.
26 cf. Schiller, 『인간의 미적 교육에 관한 서한』(1794).

내에 최초로 역사철학이 표명된다.

11.

낭만주의가 물러간 자리에 자연미에 대한 격하의식이 뚜렷하게 나타난다. 미와 숭고의 총괄 개념으로서의 자연은 더 이상 과학과 기술의 대상으로서의 자연과 화합할 수 없게 되었다. "후대는 자연과 더욱 멀어질 것이며 그리하여 마침내 자연에 대한 항구적 범례들을 갖지 못한 채, 최고 문화의 정당한 강제와, 자기 고유 가치를 감지하는 자유로운 자연의 힘 및 진실성이 하나의 동일 민족 내에서 행복한 합일의 관념을 형성하는 일이 거의 마련될 수 없을 것이다."[27] 이미 1790년에 표명된 칸트의 이 놀라운 예견은 이로써 진실임이 판명된다. 자연으로의 전향 노력은 그 좌절의 대가만큼 시대착오적인 것으로 간주되었으며, 도리어 그 반대 방향, 즉 자연에 바탕한 미학 일체를 배척하는 일이 현대의 미학적 대세를 이룬다. 이 같은 현대미학의 자연적대성은, 야우스의 진단에 따르자면, 보들레르에게서 맨 처음 강령적(綱領的)으로 나타나지만 반계몽주의 작가들과 특히 헤겔의 『미학』에도 그 잠재적 기원을 두고 있다.[28]

20세기 중반 이후 현대미학은 다시금 자연 내지 자연미에 주목한다. 이와 관련, 『미학 이론』에서 표명된 아도르노의 성찰은 동일성 논리에 지배되어 온 자연과 예술의 관계를 새로이 구제하고자 한다. 그는 자연미를 "보편적 동일성의 속박 속에서 사물들이 지니는 비동일성의 흔적"으로 이해한다.[29] 따라서 자연의 품위는 "의도적인 인간화를 거부하는, 아직 존재하지

---

27 Kant, *Kritik der Urteilskraft*, §60, B 263.

28 H. R. Jauß, *Studien zum Epochenwandel der ästhetischen Moderne*, Suhrkamp, 1989, S. 127; 김경식 옮김, 『미적 현대와 그 이후』, 문학동네, 1999, 159쪽.

29 Adorno, *Ästhetische Theorie*, Suhrkamp Bd. 7, S. 114; 홍승용 옮김, 『미학이론』, 문학과지성사, 1994, 123쪽.

않는 것이 지니는 품위이다."[30] 예술이 이 같은 인간적 의미의 개입을 거부하고 그 자체 내에 머문다는 것은 "자연이 말을 하는 유일한 방식인 침묵의 모방을 의미한다."[31] 이리하여 아도르노에게 예술은 자연의 미학으로의 복귀가 아니라 '이성의 타자'를 전유하는 미메시스적 능력의 살아 있는 증거이다.

30 Adorno, *Ästhetische Theorie*, S. 115.

31 같은 곳.

더 읽을거리

레지스 드브레, 『이미지의 삶과 죽음: 서구적 시선의 역사』, 정진국 옮김, 시각과언어, 1994.

이마누엘 칸트, 『판단력비판』, 이석윤 옮김, 박영사, 2003.

에르빈 파노프스키, 『이데아』, 마순자 옮김, 예경, 2005.

타타르키예비츠, 『미학사 1. 고대미학』, 손효주 옮김, 미술문화, 2005

__________, 『미학사 2. 중세미학』, 손효주 옮김, 미술문화, 2006.

Jauß, H. R., *Studien zum Epochenwandel der Ästhetischen Moderne*, Suhrkamp, 1989 (김경식 옮김, 『미적 현대와 그 이후』, 문학동네, 1999).

예술을 위한 예술

정성철

1. 예술을 위한 예술의 세 측면

가장 넓은 의미에서 예술을 위한 예술은 예술운동, 예술론, 삶의 태도라는 세 측면을 갖고 있다. 종종 이 세 측면을 한데 아우르는 용어로 '유미주의(唯美主義, Aestheticism)'가 쓰이곤 한다. 이 경우 '예술을 위한 예술'은 유미주의의 구호가 된다. 예술론으로서의 예술을 위한 예술은 예술이 일차적으로 도덕이나 종교나 진리의 기준들에 맞춰 창작되거나 감상되어서는 안 되며 예술에는 '미적 가치'라는 자율적이며 고유한 가치영역이 있다는 생각을 나타낸다. "예술은 그 자체로서 하나의 목적이며, 그것이 아무리 고귀한 것이라 할지라도 예술을 어떤 외재적인 목적을 성취하는 수단으로 변경시키는 것은 창조적 생산의 위엄을 떨어뜨린다"[1]는 것이다. 따라서 그 극단에서, 예술을 위한 예술은 예술이 실제 세계에서 어떤 '용도'도 가져서는 안 된다고, 예술은 절대적으로 '순수한' 지각에 적합한 대상이어야 한다고 주장한다. 이러한 예술론은 미학자들이나 예술비평가들에 의해 예술가들

1 G. V. 플레하노프, 『주소없는 편지』, 사계절, 1989, p. 151. 이 책에 수록된 논문이자 인용문의 출처인 「예술과 사회생활」은 1912-13년에 쓰여졌으며 예술을 위한 예술의 사회적 및 역사적 발생 조건을 다룬 최초의 예술사회학적 저작에 속한다.

에게 제시된 것이라기보다는 100여 년에 걸친 예술가들 자신의 다양한 창작활동들로부터 안출되고 그 창작활동들을 통해 구현된 것이었다. 실로 예술론으로서의 예술을 위한 예술이 세련화된 것은 20세기 초로서, 예술운동으로서의 예술을 위한 예술이 상당한 정도로 전개된 다음의 일이었다. 삶의 태도로서의 예술을 위한 예술은 예술을 위한 예술운동의 특정한 역사적 국면에 상응하는 것으로, '예술을 위한 예술'이라는 생각을 '삶은 예술을 위해서만 살 가치가 있다'는 태도로 근본화시킨 것이다. 이하에서는 예술을 위한 예술의 이 세 가지 양상을 간략하게나마 개괄하기로 한다.

2. 예술운동으로서의 예술을 위한 예술

가. 예술을 위한 예술운동의 출현과 전개

예술사적으로 예술을 위한 예술운동은 예술에게 도덕적 및 역사적 성격을 갖는 내용을 지닐 것을 강조했던 신고전주의에 대한 프랑스 낭만주의자들의 공격에 기원을 두고 있다. 그 공격을 철학적으로 뒷받침한 것은 칸트 미학, 정확히 말하면 칸트 미학에 대한 프랑스 낭만주의자들의 자의적인 해석이었다. 그 구절은, 처음 인쇄물에 등장한 것은 1833년이지만, 1803년에서 1804년 사이 독일 바이마르 공국을 방문하여 괴테, 쉴러, 셸링 등과 교우했던 소설가이자 정치저술가였던 뱅자맹 콩스탕(Benjamin Constant)의 일기에서 이미 현재와 유사한 의미로 사용되었다. 거기서 그는 다음과 같이 쓰고 있다: "셸링의 제자인 로빈슨을 만났다. 그의 칸트 미학에 대한 저작은 몇 개의 아주 강력한 관념들을 담고 있다. 목적이 없는 예술, 예술을 위한 예술, 일체의 목적은 예술을 전복시킨다는 것." 이어 예술을 위한 예술론은 콩스탕의 연인이었던 마담 드 스탈(Madame de Staël)의 『독일에 대하여(*De l'Allemagne*)』(1813)와 빅토르 쿠쟁(Victor Cousin)의 소르본느에서의 미학 강좌 『진선미에 대하여(*Du vrai, du beau et du bien*)』(1816-

18)에 의해 세간에 알려지기 시작했다. 쿠쟁은 그 강의에서 칸트의 '자유미(自由美)' 개념과 종교적 · 도덕적 · 실천적 가치로부터의 예술적 가치의 독립에 초점을 맞추었다.[2] 그러나 '예술을 위한 예술' 이라는 용어가 본격적으로 통용되기 시작한 것은 테오필 고티에(Théophile Gautier)의 소설 『모빵 부인』(1835)의 출판 이후의 일이다. 그 소설의 서문에서 그는 "전적으로 무용한 것들만이 진정으로 아름다울 수 있다. 유용한 일체의 것은 추하다. 왜냐하면 그것은 어떤 욕구의 표현이기 때문이고, 인간의 욕구들은 저열하고 구역질나기 때문이다. …… 나는 라파엘로의 진짜 그림 또는 나체 미녀를 감상하기 위해서라면 프랑스인 및 프랑스 시민으로서의 나의 권리를 기꺼이 내팽개칠 것이다"[3]라고 쓰고 있다.

이후 프랑스에서 예술을 위한 예술은 문학에서 시인 샤를르 보들레르(Charles Baudelaire), 자연주의 소설의 문을 연 공쿠르(Goncourt) 형제와 구스타프 플로베르(Gustave Flaubert), 르콩트 드 릴(Charles Leconte de Lisle)을 비롯한 파르나스파(Parnassians) 시인들, 스테판 말라르메(Stéphane Mallarmé) 등의 상징주의 시인들에 의해 채택되었다. 미술에서 '예술을 위한 예술' 이라는 구절은 스타일상에서 현격한 차이가 나는 예술가들을 포괄할 만큼 느슨하게 사용되었다. 폴 보드리(Paul Baudry), 윌리엄 보구로우(William Bouguereau), 알렉산더 카바넬(Alexandre Cabanel), 장-레옹 제롬(Jean-Léon Gérôme) 등 1840년대와 50년대의 고전주의적 화풍의 화가들조차도 리얼리즘에 반대하고 '순수 예술' 과 '스타일' 을 촉진했다는 이유로 고티에의 지지를 받았다.[4] 그러나 예술을 위한 예술의 경향을 뚜렷이 보여 주었던 것은 최초의 현대미술 운동이기도 했던 인상주의 회화이다. 인상주의 회화는 그려지는 대상의 요소를 순전히 시각적인 것에 국한

2 *Oxford Encyclopedia of Aesthetics*, Vol. 1, p. 119. 콩스탕에 대한 기술 또한 이 책을 참조했다.

3 플레하노프, 위의 책, p. 159.

4 *The Dictionary of Art* (Macmillan Publishers Limited, 1996), Vol. 2, p. 530과 Oxford 위의 책, p. 119 참조.

한다. 아는 것과 상상한 것을 그리는 것은 배격된다. 따라서 인상주의에서는 신고전주의 회화의 최고 장르였던 역사화는 불가능해진다. 하나의 제재는 그 제재의 교훈적 의미 때문이 아니라 색조 등 그것의 시각적인 면 때문에 선택된다. 색은 예쁘고 풍경, 가로수길, 카페 정경, 발레, 예쁜 여인, 소풍, 경마, 보트 파티, 춤 등등 묘사되는 것들은 전혀 심각하거나 진지하지 않으며 순수한 시각적 즐거움만을 준다. 이렇게 색채가 강조되면서 화면 전체는 색채와 명암효과의 하모니가 되고 공간은 평면으로 흡수되고 물체의 조형성은 해체되고 사실을 기록하는 테크닉은 절묘한 색감을 기록하는 테크닉으로 대체된다. 캔버스는 명백성과 명징성을, 주제와 교훈을 잃어버리는 대신 역동성과 감각적 매력을 얻는다. 그대로 남겨두어진 붓자국은 미술 작품 자체의 재료적 현존성을 강조한다.[5] 이러한 인상주의 화가들 가운데 하나인 에두아르두 마네(Edouard Manet)를 에밀 졸라(Emile Zola)는 1866년에 『사건(*L'Evénement*)』에서 다음과 같이 옹호하고 있다: "그는 노래하거나 철학화할 줄은 모른다. 그리는 법은 안다. 그리고 그것이 모든 것이다."[6] 이후 후기 인상주의와 인상주의 이후의 미술운동들에서 예술을 위한 예술이라는 신조는 재현이 약화되고 왜곡되는 경향의 심화를 초래했다.

영국에서 예술을 위한 예술론은 1860년대에 프레드릭 라이톤(Frederic Leighton), 제임스 맥나일 휘슬러(James McNeill Whistler), 알제논 찰스 스윈번(Algernon Charles Swinburne) 등에 의해 프랑스에서 도입되었으며 '예술을 위한 예술'이라는 용어 자체는 스윈번의 『윌리엄 블레이크(*William Blake*)』(1868)와 『웨스트민스터 리뷰(*Westminster Review*)』(1868)에 월터 페이터(Walter Pater)가 실은 윌리엄 모리스(William Morris)의 시에 대한 리뷰에서 처음 등장했다. 페이터의 리뷰의 끝부분은 이후 예술을 위한 예술운동에서 핵심적인 역할을 했던 저작인 그의 『르네상스의

5 인상주의에 대한 기술은 아놀드 하우저, 『문학과 예술의 사회사-현대편』, 창작과비평, 1997, p. 171-175 참조.

6 Macmillan, 위의 책, p. 530.

미술과 시에 관한 연구(*The Renaissance Studies in Art and Poetry*)』(1893)의 결론이 되었는데, 거기서 그는 "위대한 열정은 우리에게 삶에 대한, 사랑의 희열과 슬픔과 여러 가지 열성적 활동에 대한 감수성을 부여해 줄 것이다. 이러한 분발되고 증폭된 인식이 열매를 가져다 주는 것이 바로 열정임을 반드시 명심해야 한다. 그리고 그러한 지혜를 가장 많이 담고 있는 것이 시에 대한 정열, 미에 대한 욕구, 예술을 위한 예술에 대한 사랑이다. 왜냐하면 예술은 스쳐지나가는 순간에, 그리고 오로지 그 순간만을 위하여 최고의 가치를 제공할 것을 숨김없이 약속하고 있기 때문이다"라고 쓰고 있다.[7] 페이터에 따르면, 예술감상은 우리를 현재의 순간에 몰입시키는 것, 우리를 일체의 것이 도덕적 기준이나 역사적 의의에 결부되어 있는 삶의 영역들로부터 떼어내 그 경험 내의 순수한 현재에 대한 강렬한 경험 속으로 불러들이는 것이다. 이러한 페이터의 생각은 휘슬러와 단테 가브리엘 로세티(Dante Gabriel Rossetti)를 중심으로 한 화가들, 시인들, 예술비평가들 사이에서 열광적으로 수용되었다. 이를테면 화가들은 내러티브나 의미 깊은 주제가 없는 그림을 그렸으며 색채와 장식을 강조했다. 그들 중에서도 특히 휘슬러는 세련된 감수성의 양성이라는 예술을 위한 예술운동의 이상을 최고도로 실현했는데, 자신의 〈청색과 황금색으로 된 녹턴: 옛 바테르시아 다리〉(1872-75)에 대해 그는 '색채들의 일정한 조화'를 목표로 한 것일 뿐이라고 주장했다.[8]

나. 예술을 위한 예술운동의 사회역사적 발생 조건

예술을 위한 예술운동의 발생은 근·현대적 예술 개념의 형성과 그 형성을 틀지운 근대 시민사회의 성립을 조건으로 한다. 계몽주의가 그것의 정치적 및 역사적 이념을, 이미 뿌리를 내린 자본주의가 그것의 경제적 계기

7 월터 페이터, 『르네상스』, 학고재, 2001, p. 228.
8 Macmillan, 위의 책, p. 171.

를, 부르주아 계급이 그것의 실현을 위한 투쟁의 집단적 주체를 맡은 시민사회는 18세기 말에서 19세기 중반에 걸쳐 유럽 전역에 확립되고 산업혁명을 통해 자신에게 적합한 기술적 기초를 갖게 되면서 흔히 대문자 문명(CIVILIZATION)을 자임하는 것이 되었다. 그러나 시민사회로서의 문명은 채 완성되기도 전에 장 자크 루소(Jean Jacques Rousseau)를 필두로 한 낭만주의자들의 공격을 받기 시작했다. 그들에게 문명은 허영과 사욕이 지배하는 곳으로, 자연스러움과 내면적 가치가 사라진 곳으로, 타인들이 내 존재의 인간적 완전성을 위한 필수 계기가 아니라 내 경쟁 상대와 이용 수단과 박수갈채로만 존재하는 곳이었다. 그들은 이러한 외면적이고 물질주의적인 '문명'에 대해 내면적이고 정신적이고 표현적인 가치들이 창조되고 향유되는 영역으로서의 '문화(Culture)'라는 이념을 정립했다. 즉 '문화'는 시민사회로서의 문명 속에서 그 시민사회로서의 문명을 비난하는 내부의 적으로 출현했다. 그리고 가정, 종교, 학문 등 다른 문화적인 영역이나 활동들을 제치고 예술이 그 복잡미묘한 성격과 현세적 성격 때문에 문화의 이념의 최고의 구현자로 발탁되었다. 어떻게 예술이 시민사회의 일부이면서 시민사회의 작동 논리에 맞설 수 있느냐는 어려운 질문은 예술의 '창조'에 관여하는 주관성, 상상력, 개인적인 것에 '외적 제도'로서의 사회를 초월하는 특별한 능력을 부여함으로써 해결되었다. 레이몬드 윌리엄스(Raymond Williams)는 이 과정을 다음과 같이 요약한다:

> '문화'가, 혹은 좀 더 자세히 말한다면 '예술'과 '문학'이 '인간의 정신'이 지닌 가장 심오한 기록, 가장 심오한 충동, 가장 심오한 원천으로 간주되었다. 그리하여 '문화'는 보다 이전의 형이상학적 형식들의 세속화이자 자유화였다. 그것의 행위작용과 과정은 독특하게 인간적인 성격을 띠었고, 따라서 주관적인 것으로 일반화되었다. 그러나 특정한 유사형이상학적 형태들—'상상력', '창조력', '영감', '미적인 것', '신화' 등이 지닌 새롭고 긍정적인 의미—이 새로운 판테온으로 되어 갔다.[9]

물론 이러한 근·현대적 예술 개념이 그 자체로 예술을 위한 예술 개념과 동일한 것은 아니다. 근·현대적 예술 개념, 더 정확히는 그 개념을 사회적으로 뒷받침한 근·현대적 예술제도는 예술에 시민사회의 지배적 논리에 맞설 수 있는 '섬싱 스페셜(Something Special)' 이라는 자율적 지위를 부여할 뿐 그 '섬싱 스페셜' 의 구체적 내용까지 지정하지는 않는다. 예술은 시민사회적 현실에 대한 해석을 제공해 주거나 '외적인' 시민사회 속에서 충족되지 못하는 잔여적인 욕구들을 관념적으로 만족시켜 주는 방식으로 '상대적으로' 자유롭게 사회적 내용과 기능을 가질 수 있다.[10] 따라서 예술이 사회적 내용과 기능으로부터 완전히 퇴거하는 움직임으로서의 예술을 위한 예술운동은 시민사회에 대한 예술가들의 부정적 태도가 그 시민사회의 개혁 가능성에 대한 일체의 희망을 포기할 정도로 심화되는 것을 조건으로 한다. 실제로 예술을 위한 예술의 경향은 19세기 중반 이후 부르주아의 지배가 점점 강화되고 시장 논리가 사회생활을 조직하는 기본적인 원리로 자리잡는 과정과 일치해 점점 더 뚜렷해진다. 파트롱 체제가 시장에서의 경쟁으로 대체되자 예술가들은 몰취미한 대중적 중산계급 감상자, 감상자들의 불확실한 반응과 비인격적인 기업적 관심에 매이게 되었다. 이는 '일부' 예술가들에게 순교자적인 감정을 불러일으키고 우둔하며 예술에 적대적인 시민사회에 대해 무력감과 경멸감을 느끼게 만들었다. 그들은 당시 부상하고 있던 노동운동이나 사회주의적 사상 조류로부터 어떤 긍정적인 영감도 받지 못했으며 점차 세계는 종료 또는 완성되었다는 데카당적 권태감, 세계 안에서 집단적인 기획을 통해 세계를 더 낫게 만들 수 있는 희망이 사라졌다는, 세계가 그들이 통제할 수 없는 힘들에 의해 지배된다는 운명론적인 상실감에 빠지게 되었다. 이러한 상황에서 그들은 그 세계가 틈입할 수 없는 자신들만의 상아탑으로 '퇴거' 해 그 사회에서는 아무런 기능도

9 Raymond Williams, *Marxism and Literature*, Oxford University Press, 1977, p. 15.
10 페터 뷔르거, 『전위예술의 새로운 이해』, 심설당, 1986, pp. 41-43.

할 수 없는 '순수한' 예술작품을 창조하는 것을 유일한 탈출구로 삼았다. 그들은 감상자 대중과의 '소통'을 전제하고 예술작품의 도덕적 교화 기능을 함축하는 재현적이거나 모방적인 미학에서 벗어나 자신들의 내밀한 자아와 예술작품 속에 그려지는 현실이 형식, 재료 등에 의해 구성되는 방식에 관심을 기울였으며 현실에서 보고 들은 것의 예술적 변형을 통해 구축된 대안적인 신화적 세계로 도피하고자 했다.[11]

3. 예술론으로서의 예술을 위한 예술

위에서 말한 바와 같이 예술사적 맥락에서 볼 때 예술을 위한 예술운동은 신고전주의 예술론에 대한 낭만주의자들의 공격에 시발점을 두고 있다. 신고전주의 예술론은 아리스토텔레스의 『시학』으로까지 거슬러 올라가는, 예술작품의 교화적 기능을 강조하는 전통적인 예술론에 속하며 낭만주의자들이 문제를 제기한 것 역시 그 교화적 기능이었다. 신고전주의 예술론에서 인간은 예술의 일차적 제재였으며 예술은 인생의 모방이었다. 예술은 모방하는 인간의 행동과 모방에 부여하는 예술적 형식에 의하여, 감상하는 이들에게 교훈을 주기 위해 만들어진다. 미적 쾌락을 주는 예술작품의 형식은 그 자체로는 아무런 가치도 없으며 오직 교훈적 내용을 감싸고 있는 설탕껍질(糖衣)로서만 가치를 갖는다. 반면 예술을 위한 예술론은 예술작품의 존재이유로서의 교화적 기능을 버리고 미적 쾌락을 주는 기능만을 취한다. 이러한 주장은 '형식주의'로 통칭될 수 있는 몇 가지 예술비평론적 함축을 갖는다. 첫째, 예술작품은 그것이 갖고 있는 재현적이거나 서사적인 속성에 초점을 맞추어 감상되어서는 안 된다. 이것은 많은 경우 재현이나

11 예술을 위한 예술운동의 사회적 및 역사적 발생 조건에 대해서는 플레하노프, 위 책과 하우저, 위 책 4장 외에, Eugene Lunn, *Marxism and Modernism*, University of California Press, 1982, Ch.2를 참조.

서사에 도덕적인 차원이 함축되어 있기 때문이다. 17세기 홀란드의 정물화와 풍경화들조차도 정교한 종교적 알레고리로 읽을 수 있다. 둘째, 예술로서의 예술작품의 감상에 적합한 속성은 형식적 속성, 즉 선과 색, 리듬과 톤, 양감과 질감 등 조형적 요소들의 구성이다. 미술에서 이러한 형식주의적 예술비평론을 최초로 정식화한 월터 페이터에 따르면, 한 예술작품의 재현적이거나 서사적인 내용은 기껏해야 부차적인 가치만을 가지며 감상의 초점을 맞추어야 하는 것은 감각 속에서 '직접적'으로 경험되는 이러한 형식적 속성이다. 재현되거나 서사되는 내용의 분석이나 해석에 의존하는 가치는 이러한 의미에서 직접적으로 경험되지 않는다. 예술작품의 가치는 형식이 내용을 흡수하는 전체적 통일성을 달성하고 있느냐에 달려 있지 내용의 도덕적 건전성에 달려 있지 않다.[12]

미술에서의 형식주의 예술비평론은 20세기 초에 클라이브 벨(Clive Bell)과 로저 프라이(Roger Fry)에 의해 세련화되었으며 중반 이후에는 클레멘트 그린버그(Clement Greenberg)와 마이클 프리드(Michael Fried)로 대표된다. 가장 흔히 거론되는 이는 클라이브 벨이다. 그에 따르면 "한 예술작품을 감상하기 위해 우리는 삶으로부터 어떤 것도, 그것의 관념들과 사태들에 대한 어떤 지식도, 그것의 어떤 친숙한 정서들도 가져올 필요가 없다."[13] 그렇다면 우리는 예술작품을 어떻게 감상해야 하는가? '심미적 감동', '의미 있는 형식(Significant Form)', '미적 태도'를 핵심 개념으로 하는 벨의 논지는 다음과 같이 요약될 수 있다:[14]

① 다른 감동들과 완연히 구별되는 심미적 감동이라는 것이 있다.

② 예술작품에는 심미적 감동을 불러일으키는 속성이 있다.

12 Oxford, 위의 책, p. 119와 R. V. 존슨, 『심미주의』, 서울대학교출판부, 1969 참조.

13 Oxford, 위의 책, p. 119.

14 형식주의 예술비평론에 대한 개괄과 비판으로는, 박이문, 『예술철학』, 문학과지성사, 1983, 1장 참조.

③ 그 속성은 의미 있는 형식이다.
④ 미적 감동은 그 의미 있는 형식을 지각하는 것 자체에만 관심이 있는 태도, 즉 미적 태도에서 발생한다.

즉 훌륭한 예술작품에서 얻을 수 있는 심미적 감동은 그 예술작품의 의미 있는 형식을 지각하는 것을 통해 야기되며, 의미 있는 형식은 그 예술작품에 대해 미적 태도를 취할 때만 지각될 수 있다. 여기서 형식주의 예술비평론은 미학사에서의 미적 태도론 전통에 연결되지만 벨 자신은 미적 태도가 무엇인지에 대한 구체적 논의를 제공하지 않고 있다. '무관심성(無關心性, Interesselosigkeit)'을 핵심 개념으로 하는 전통적인 미적 태도론은 20세기 후반에 들어와 제롬 스톨니츠(Jerome Stolnitz), 에드워드 벌로우(Edward Bullough), 로만 잉가르덴(Roman Ingarden) 등을 통해 재정식화되었는데, 이 중에서도 특히 스톨니츠는 자신의 이론의 형식주의적 함축을 분명히 하고 있다. 그의 무관심적 주목 이론에 의하면 미적 태도는 의미 있는 형식을 가진 대상에 대한 실천적 관심을 괄호치는 태도이다. 그는 다음과 같이 말한다:

> 예술작품은 다양한 방식으로 연구되고 평가될 수 있다. 도덕적으로, 사회적 기록으로 등등. 우리가 한 명의 사회학자나 도덕주의자로서 예술에 접근할 때, 우리는 예술작품의 본래적 가치를 파악하지 못한다. 그렇게 하기 위해 우리는 그것의 기원이나 귀결에 대한 일체의 천착 없이 예술작품에 주목해야 한다. 따라서 그러한 지각에 대한 분석이 예술작품의 미적 가치—도덕적이거나 역사적인 가치가 아니라—를 해명하는 데 요구된다.[15]

이러한 형식주의적 접근은 미술사론에서는 이미 19세기 말에 형식적 대

15 Jerome Stolnitz, *Aesthetics and Philosophy of Art Criticism*, Boston: Houghton Mifflin Company, 1960, p. 29.

립원칙들의 전개로 미술사를 서술하는 하인리히 뵐플린(Heinrich Wölfflin)의 『미술사의 기초개념(*Kunstgeschitliche Grundbegriffe*)』과 같은 저작을 탄생시켰으며 20세기 초반의 문학이론에서는 문학 작품을 사회역사적 발생 맥락으로부터 떼어내어 문학 작품의 유기적이고 자족적인 완결성을 강조하는 '신비평(New Criticism)'을 주도적인 문학비평론으로 자리 잡게 했다.[16]

4. 삶의 태도로서의 예술을 위한 예술

위에서 말한 것처럼 예술을 위한 예술운동은 애초에 시민사회에 대한 문화적 안티테제로 탄생했던 순수 예술의 이념이 시민사회의 공고화와 더불어 사회로부터의 퇴거의 방향으로 급진화된 결과였다. 즉 예술을 위한 예술은 하나의 예술운동이기에 앞서 특정한 예술작품들을 창조하고 특정한 방식으로 예술작품들을 감상하는 행위로 구현되는 반시민적인 삶의 태도였고, "일체의 사회적 기능과 대상 및 소재에 의한 일체의 제약을 거부하는 '순수 예술'이라는 이념의 형태를 취한 부정신학,"[17] 시민사회에 대한 수동적 반란이었다. 따라서 자족적이며 자기 영역 바깥에 있는 일체의 것에 대해 철저히 무관심한 예술로서의 예술을 위한 예술은 단순히 그들이 하는 가장 중요한 활동이 아니라 그들이 하는 유일하게 의미 있는 활동, 그것을 모델로 삼아 그들의 삶 전체가 조직되어야 하는 활동, 삶의 범례였다. 그들은 예술을 위해 삶을 버렸을 뿐 아니라 예술 자체 속에서 삶을 정당화했다. 그들에게서 예술의 세계는 삶의 환멸에 대한 유일하게 진실한 보상이었으며 삶은 예술의 형태를 취할 때만 아름다울 수 있는 것이고 심미적 체험 속

16 H. 뵐플린, 『미술사의 기초개념』, 시공사, 1994. 뵐플린의 미술사론에 대한 비판으로는, 아놀드 하우저, 『예술사의 철학』, 돌베개, 1983, 4장 참조. 신비평에 대해서는, 앤 제퍼슨 외, 『현대비평론』, 형설출판사, 1988, 3장 참조.

17 W. Benjamin, *Illuminations*, London, 1970, p. 226.

에서만 뜻깊은 현실이 될 수 있는 것이었다. 그들은 타락할 수밖에 없는, 불안하고 완전하지 못한 현실적 삶을 현실과의 모든 접촉을 회피하는 인공적 및 허구적 삶, 순전히 수동적이고 관조적인 태도를 취하는 삶, 순수한 예술에서 그 범례가 발견되는 삶과 맞세운다. 그리고 이렇게 말한다: "인생이라구? 그건 하인들이 우리 대신 살아가는 거야."[18] 이러한 삶의 태도는 19세기 말 상징주의 예술가들에게 가장 두드러졌지만 19세기 중반 보들레르 등의 댄디즘(Dandyism)으로 일컬어지는 삶의 태도에서도 이미 엿보이고 있다. 보들레르에게서 댄디즘은 "근대 도시에서 사회적 삶이 상품화되는 것에 대한 반응, 데카당스 시대에서의 영웅주의의 마지막 섬광, 모든 것을 압도하고 수평화시키는 민주주의의 상승 조류에 대한 도전"이었다.[19] 댄디는 영성과 금욕주의로 일종의 자기 숭배를 실천함으로써 그 자신의 인격의 귀족적 우월성을 강조했다. 그들은 예술이 시장에 항복하는 것에 대항해 반란을 일으켜 예술을 위한 예술의 기치 둘레로 모였다.

5. 예술을 위한 예술에서 삶을 위한 예술로

20세기에 들어와 예술운동이나 삶의 태도로서의 예술을 위한 예술은 더 이상 예술현상을 특징지울 수 없게 되었다. 이것은 한편으로는 20세기 초에 '순수 예술'의 이념과 그 이념을 뒷받침하는 예술 창작 및 수용의 관행들을 파괴하려고 했던 아방가르드 운동과 함께 생겼던, 예술을 현실적 삶을 적극적으로 변혁시키는 활동 가운데 하나로 보는 관점이 1950년대의 뉴욕 아방가르드, 세계 여러 지역에서의 다양한 민중예술운동들, 1970년대 말 이후의 포스트모더니즘 좌파 미술 등으로 계속 이어졌기 때문이고, 다

18 하우저, 위의 책, p. 185. 삶의 태도로서의 예술을 위한 예술에 대해서는 이 책의 pp. 182-191 외에도 에드먼드 윌슨, 『악셀의 성』, 문예출판사, 1997, 8장 참조.

19 A. T. Callinicos, *Against Postmodernism*, Polity Press, 1989, p. 52.

른 한편으로는 20세기 중반 이후 복지 자본주의 체제와 동서 냉전 체제의 동시적 확립, 예술의 상품화의 극적 진전으로 말미암아 많은 예술가들이 사회에 정치적 및 경제적으로 통합된 결과 그 예술가들이 더 이상 자신을 '사회 불만 세력'에 속하는 존재로 보지 않게 되었기 때문이다. 후기 자본주의 사회 속에 안정적으로 자리 잡은 고급 문화로서의 예술의 지위를 전혀 의심하지 않았던 바로 이들 양순한 예술가들의 존재는 1950년대 이후 특히 미술 분야에서 번성했던, 오직 예술론이기만 했던 예술을 위한 예술[20]을 설명해 준다. 그러나 1970년대 말 이후 전통적인 순수 예술의 기준으로 잴 수 없는 것은 물론이고 모든 예술작품들의 질을 재는 단일한 기준이라는 생각 자체도 거부하는, 다양하면서도 구체적인 사회적 및 문화적 내용을 갖는 예술작품들의 출현과 확산은 '예술론으로서의 예술을 위한 예술' 마저 결정적으로 약화시키고 말았고 신역사주의, 페미니즘, 포스트콜로니얼리즘, 포스트구조주의 등 예술작품이 본래적으로 수행하는 정치적 및 문화적 의미작용의 정교한 해명을 가능케 한 새로운 인문학 방법론들은 그러한 예술 경향을 이론적 및 비평적으로 정당화해 주었다.[21]

20 클레멘트 그린버그 등이 주도했던 형식주의적 모더니즘 미술 비평론을 말한다. 조주연, 「클레멘트 그린버그의 미술론에 관한 연구」, 서울대 박사학위논문, 2002 참조.

21 1970년대 말 이후의 '다원주의적' 미술 경향에 대해서는, 로버트 린튼, 『20세기 미술』, 예경, 1993, 부록 참조. 다원주의적 미술에 대한 메타비평적 정당화로는 장민한, 「미술비평에서 다원주의와 가치평가의 문제」, 『미학』 제34집, 2003 참조. 새로운 인문학 방법론들에 대한 간략한 개괄로는, 피터 베리, 『현대 문학이론 입문』, 시유시, 2005 참조.

더 읽을거리

게오르기 V. 플레하노프, 「제2부 예술과 사회생활」, 『주소없는 편지』, 유염하 · 이승민 공역, 사계절, 1989.

로버트 V. 존슨, 『심미주의』, 이상옥 옮김, 서울대학교출판부, 1979.

마르시아 M. 이턴, 「제5장 미적 · 예술적 대상과 그 맥락」, 『미학의 핵심』, 유호전 옮김, 동문선, 1998.

아놀드 하우저, 『문학과 예술의 사회사: 현대편』, 백낙청 · 염무웅 공역, 창작과비평사, 1981.

페터 뷔르거, 『전위예술의 새로운 이해』, 최성만 옮김, 심설당, 1986.

미적 가상

권대중

1. 단어의 의미

가. '가상' 일반

가상(假像: [그] *φαινόμενον*, *ὄψις*; [라] phaenomenon, apparentia, illusio; [영] appearance; [불] apparence; [독] Schein)은 맥락에 따라 여러 다양한 의미를 지니는 단어로서, 본격적으로는 18세기에 들어서였지만, 이미 예로부터 예술의 본질적인 성격을 규정하는 핵심적 범주로 논의되어 왔다. 이 단어의 의미는 크게 세 가지 차원에서 고찰할 수 있다.[1] 그 첫 번째 의미는 '가상'의 현상적 양태를 지칭하는 것으로서 '찬란하게 빛남(splendor)' 내지 '광채(lumen)' 등의 단어로 대체되기도 하는데, 기본적으로 이러한 지칭들은 라틴어 동사 'lucere(빛나다)'를 어원으로 지닌다. 즉 이 맥락에서의 '가상'에는 가상 자체의 존재론적(또한 인식론적) 위상에 대한 평가는 아직 명시적으로 찾아보기 힘들거니와, 무언가가 우리의 감각능력에 호소하고 있는 한 그것은 곧 가상의 성격을 부여받을 수 있다. 그런데 이러한 일견

1 J. Fürchtl, Artikel "Schein", in: *Ästhetische Grundbegriffe*, Stuttgart, 2003, S. 367 참조.

비평가적인 단어인 가상은 '존재(Sein)', '현실(Wirklichkeit)', '실재(Realität)', '실체(Substanz)' 등의 형이상학적 범주들과 본격적으로 연관을 맺을 수밖에 없으며, 그에 따라 이 개념에는 당연히 부정적인 평가와 긍정적인 평가가 수반된다. 즉 참된 존재의 세계와 대극에 서 있다는, 두 번째의 부정적인 의미에서의 가상은 '사실이 아닌 것', '존재하지 않는 것', '기만', '사이비', '환영' 등을 가리키며; 그 반대로 오히려 가상이야말로 저 참된 존재의 세계와 적극적인 관계에 있는 것으로 여겨지게 되면, 그 단어는 존재의 '가시화', '현현', '계시', '존재 자체의 드러남' 등과 같은 긍정적인 세 번째의 의미를 지니게 된다.

나. 미적 가상

예술작품은 그 어떠한 형태로든 간에 그것이 예술작품인 한에서는 필연적으로 가상 개념과 연관될 수밖에 없는데, 그 첫 번째 이유는 모름지기 예술이란 명시적으로든 함축적으로든 반드시 인간의 감성능력을 매개로 하기 때문이다. 심지어 예술의 필요조건인 감각적 경험 가능성을 의도적으로 배제하고자 하는, 예컨대 '소리 없는 음악'이나 '형상 없는 그림' 마저도 그것이 예술이고자 하는 한, 비록 전통적인 감상 방식에서 전적으로 일탈된 방식일지언정, 어떠한 형태로든 반드시 보여지거나 들려져야만, 즉 우리의 감각능력 앞에 현전해야만 한다. 이러한 의미에서의 '미적 가상'은 1.가.에서 언급된 '가상'의 의미들 중 특히 첫 번째와 연관된다. 왜냐하면 이 차원에서는 아직 미적 가상에 대한 평가가 개입되지 않기 때문이다. 예술에서 이루어지는 '미적 가상'이 미학적 차원에서 특히 관심을 끄는, 그럼으로써 앞에서의 세 의미 지평들 중 두 번째 및 세 번째와 연관지어질 수 있는 것은, 예술 일반이 1) 형식적으로 볼 때 실제의 사물이 아닌, 단지 그것의 이미지만을 나타내는 '표피적 현상'이며, 나아가 2) 내용적인 차원에서 그것이 지니는 허구적 성격으로 인해서이다. 이 때문에 예술적 가상에는 전통적으로 '허깨비(Illusion)', '꾸며낸 거짓 이야기(Mythos, Fabel)' 등의 성격이 부여되었고, 이로써 예술에 대한 철학적 맥락의 논의는 일단은 예술에게 '참된 말(Logos)' 과는 정반대의 대척적인 위상을 부여함으로써 출발했다고 볼 수 있다. 그리고 근대적 예술 개념인 'fine arts' 의 형성 과정에서는 예술에게 수직적인 차원에서 학문과 동일한 자격을 부여하는 작업이 중요한 한 축을 이루는데, 이러한 작업에서는 '미적 가상' 에 대한 전래의 방식을 역전시키거나 적어도 수정하는 일이 반드시 수반되지 않으면 안 되었다.[2]

2. '미적 가상' 에 대한 다양한 해석들

가. 부정적 평가: 플라톤

익히 알려져 있는 플라톤의 존재론에 따르면 세계는 가지계와 감각계라는 본질적으로 서로 화해할 수 없는 양극단으로 분리(Chorismos)되어 있다. 그는 우리가 몸담고 있는 이 현상계 자체를 이미 하나의 가상으로 평가하는데, 이러한 그의 생각은 『폴리테이아』 제7권의 머리에 등장하는 유명한 '동굴의 비유' (514b)에서 특히 잘 나타나 있다. 이 비유에 의하면 우리 인간들은 사슬에 묶인 채 어떤 동굴에 갇혀 있으며, 우리의 뒤에서는 거대한 불꽃이 광원으로 타오르고 있다. 그런데 우리의 몸은 전혀 움직일 수 없게 철저히 묶여 있어서 우리가 유일하게 볼 수 있는 것은 동굴의 벽면일 뿐이다. 따라서 우리가 동굴의 뒤편에 대해 알 수 있는 것은 이 벽에 비쳐진 형상들의 그림자일 뿐이다. 바로 이 '그림자의 세계' 가 우리가 보고 들으면서 살고 있는 감각계, 현상계이다. 일반적으로 실제 세계라고 믿어져 왔던 현상계가 이렇게 가상에 불과하다면, 그 현상계의 대상들을 그리는 예술은 더

2 체계이론(Systemtheorie)의 선구자인 니클라스 루만은 '미적 가상' 은 예술이 특수한 영역으로서 삶의 여타의 영역들로부터 '분리독립(Ausdifferenzierung)' 할 수 있게 해 준 원동력이라고 설명한다. N. Luhmann, *Die Kunst der Gesellschaft*, Frankfurt a. M., 1995, S. 177 참조.

욱 더 불리한 위치에 놓이게 되는데, 이러한 생각을 플라톤은 『폴리테이아』 제10권에서 회화를 대표적인 예로 들어 정식화한다. 이에 따르면 화가는 단지 눈에 보이는 사물들을 '모방하는 자'로서, 예컨대 그가 침상을 그릴 경우, 그가 생산하는 것은—침상의 '원형' 내지 '이데아'를 보고 침상을 생산하는 수공 제작자와는 달리—단지 어떤 가상의(phainomenén) 침상에 지나지 않는다. 즉 화가란 그림자 이미지를 따라 그리는 자에 불과하며(596e, 598b, 600e), 이로써 그의 예술적 산물은 "진리로부터는 아주 멀리 떨어져 있다."(같은 책, 598b)

나. '미적 가상'의 존재론적, 인식론적 격상

(1) 역사적 현실을 능가하는 예술적 허구: 아리스토텔레스

'그림자의 그림자' 내지 '이데아의 이중모방'이라는 극단적인 평가절하에서 출발한 예술적 가상의 범주는 플라톤의 직계 제자인 아리스토텔레스에 이르러 곧바로 질적으로 격상된 위상을 부여받는다. '가상' 일반의 평가절상은 물론 그의 형이상학에서 개진되는, '형상'과 '질료'의 필연적인 상관관계를 통해서 이루어지지만, 예술적 허구를 플라톤의 맹공으로부터 가장 적극적으로 구출해 낸 것은 그의 주저 중 하나인 『시학』을 통해서였다. 물론 플라톤과 마찬가지로 아리스토텔레스 역시 예술작품 속에 그려지는 세계가 일종의 '모방된 세계'임을 인정한다. 그런데 아리스토텔레스는 예술적 '모방'을 '가능성'과 '필연성'의 개념과 연결시킴으로써, 결과적으로 플라톤과는 정반대의 평가가 가능할 수 있는 이론적 틀을 제공한다. 즉 시인(현대적 맥락에서는 드라마 작가에 해당)이 행하는 모방은 감각계의 기계적이고 수동적인 무차별적인 모사(模寫)가 아니라, 사태의 본질을 담지하고 있는 전형을 드러내는 '진지한' 행위이다. 물론 이때 모방되는 '진지한 행위'는 역사가의 기술 대상인 '일어난 일'이 아니라, 어쩌면 일어날 수 있는, 또는 반드시 일어날 수밖에 없는 행위이므로 한편으로는 당연히 허구의 성격을 지닌다. 그러나 개연성과 필연성에 따라 그려지는 그것은 오히려 역사의 영역인 개별성을 뛰어넘는, 보편성을 지니고 있는 것이므로, 예술에서 생산되는 가상의 세계는 존재론적인 위계에서 경험적 현실을 능가하며, 이에 "시는 역사보다도 심오하고 철학적이다"라는 평가까지 가능하게 된다.

(2) 이론과 실천을 매개하는 최종 범주로서의 미적 가상: 쉴러

'미적 가상'이라는 용어를 본격적으로 사용하기 시작한 대표적 인물은 예술 일반을 "가상의 예술(Kunst des Scheins)" 내지 "아름다운 가상의 예술"이라고 부른 쉴러(Friedrich Schiller)다. (물론 쉴러의 철학적 스승이라 할 수 있는 칸트에서도 가상에 대한 논의를 충분히 찾아볼 수 있다. 그러나 칸트의 가상 개념은 첫째 『순수이성비판』의 초월적 변증론에서는 이성의 월권을 경계하는 맥락에서 쓰여진 매우 부정적인 의미를 지닌 것이며, 둘째 그는 『판단력비판』에서는 본격적인 미학적 범주로서 가상을 보편적 관점에서 다룬다기보다는 주로 회화와 시라는 예술의 형식 면에서 이 범주를 주제화한다. 물론 이 제한된 범위에서 다루어지는 가상 개념 역시 그의 핵심 개념인 '미적 무관심성'과 필연적으로 연결되며, 따라서 이론의 영역과 실천의 영역 사이의 간극을 메울 수 있는 교량의 역할을 미적인 차원에 부여하는 것과 긴밀히 연관된다.) 『인간의 미적 교육에 관한 일련의 서한(*über die ästhetische Erziehung des Menschen in einer Reihe von Briefen*)』(1795)에서 쉴러는 예술에서 이루어지는 미적 차원을 '유희' 및 '자유'와 연결시키는데, 이는 특히 그의 미학사상이 지니는 근본적으로 정치철학적이고 문화철학적인 측면들을 통해서 잘 설명될 수 있다. '만인을 위한 만인의 자유'와 같은 당대의 시대정신을 촉발한 역사적 사건이었던 프랑스 혁명에 대해 쉴러는 이중적인 태도를 지닌다. 즉 한편으로 쉴러는 프랑스 혁명을 통해서야 비로소 "예전에는 오로지 강자의 맹목적 권리를 통해서만 답이 내려졌던 문제가 …… 이제는 순수 이성의 법정에 의해 결정되도록" 되었다는 점에서 적극적으로 옹호한다.[3] 그러나 다른 한편으로 그가 보기에 그 혁명의 결과는 단지 새로이 도래한 자연 상태 내지는 새로운 "원시왕국(Elementarreich)"[4]에 불과한 것이었다. 왜냐하면 프랑스 혁명의 이상은 지나치게 유토피아적일 뿐 아니라 매우 경직된 것이어서, 거기에는 유혈이 낭자한 테러의 위험 및 기존의 삶의 조건을 송두리째 부정해 버리는 추상성의 위험이 상존하기 때문이다. 따라서 쉴러가 보기에 '혈통'과 같은 한갓 자연적 조건에 의해서 계승되어 오던 국가를 이제 '인륜적'으로 개조하고자 하는 프랑스인들의 시도는 그것이 인류 보편의 가치인 자유를 실현시키는 한에서는 정당하지만, 그러한 위험에 처해 있는 또 하나의 자연 상태에서는 자유의 이상은 실현될 수 없는 것이다.

이와 같은 이유로 쉴러는 실제 정치적 차원에서 "자연국가"를 어떤 인륜적인 "이성국가"로 변환시키는 것을 도모하는 대신에, 그에 앞서 그러한 변환을 위한 필수적인 조건을 모색하게 되는데, 그것은 바로 인간성 자체를 미적으로 도야하는 것이다. 이로써 쉴러의 미학은—물론 그것이 여전히 정치적으로 정향되어 있음에도 불구하고—인간학으로 그중심을 옮기게 된다. 즉 그는 계몽주의를 통해 쪼개진 인간의 본성인 "감각적 충동"과 "형식충동"을 "유희충동"을 통해 조화시켜 전인적 인격을 키워내고자 한다.[5] 이 유희충동은 미적인 본성의 것이며, 그것이 발현하는 장소가 바로 예술의 영역이다. 또한 미적 유희는 자연적 현실을 넘어서는 것이기에 '자유'의 영역이자 또한 '가상'의 영역이다. 그런데 예술에 의해서 작동되는 미적 유희는 "가상이 현실을, 그리고 예술이 자연을 극복하는" 것으로 이끈다. 즉 미적 가상은 현실과 극단적으로 유리된 '오류'나 '기만'이 아니라, 현실화된 자유를 미적인 차원에서 예비해 주는 것으로 평가된다. 그러나 이 미적 가상은 또한 현실과 직접적으로 연결되어서도 안 된다. 우리가 미적 가상을 사랑하는 것은 "그것이 가상이기 때문이지, 결코 우리가 그것을 …… 현실 내지 진리로 간주하기 때문이 아니다."

3 같은 곳. (NA, 20.312)

4 5. Brief (NA, 20.319). 또한 6. Brief (NA, 20.325)도 참조.

5 12. Brief ff. (NA, 20.344 ff.).

이러한 사상을 통해 쉴러에서 미적 가상의 영역은 질적인 존재론적 격상을 겪는다. 즉 구체적인 정치 · 경제적 이상 대신에, 자연국가를 이성국가로 변환시킴에 있어서 애초에는 하나의 중간 단계로서 구상되었던 "제삼의, 유희와 가상의 환희에 찬 왕국" 내지 "미적 국가"는[6] 아예 궁극적인 목표로서 등장하며, 이로써 그의 사상 전반에서도 모든 이론과 실천의 영역을 능가하는 최고의 범주로 되는 것이다.

(3) 본질의 '필수적인', 그러나 '아직 불충분한' 현현으로서의 미적 가상: 헤겔

칸트와 쉴러에서처럼 헤겔의 텍스트에서도 종종 미적 (가상의) 영역을 이론적 영역과 실천적 영역을 매개하는 것으로 보는 독일 관념론 초기사의 전통이 엿보인다. 더욱이 그가 셸링과 횔덜린과 막역한 사상적 동지관계에 있던 튀빙겐 시절의 글들에서는 미적 차원을 모든 철학과 현실정치의 영역을 넘어서는 최고의 종합적 범주로까지 격상시키는 대목들이 발견된다. 그러나 '절대이념의 절대적 인식'인 철학을 개념의 전개의 궁극적 종착점으로 설정하는 그의 체계가 완성되어 가는 과정에서 미적 영역은 이론과 실천이라는 양 극단적 영역을 종합하는 제3의 심급이라기보다는, 오히려 절대적 인식을 향해 가는 개념의 전 과정의 가운데 위치하는 과도적 단계로 그 위치를 이동하게 된다. 즉 이론적 영역과는 본질적으로 다른 별개의 영역으로 간주되던 미적 가상의 영역은 헤겔에 와서는 이론적 영역의 전체 전개 과정의 단지 하나의 계기로서 편입된다. 그런데 이러한 위치이동은 단순히 미적 가상의 존재론적 격하라고 여겨서는 곤란한, 매우 복잡한 체계적 · 미학적 고려에 의한 것이다. 즉 그것은 자못 양면적인 내용으로 이루어져 있는데, 특히 미적 가상에 대한 플라톤의 극단적인 폄하와 관련해 볼 때, 헤겔의 생각이 지니는 이중성이 잘 드러날 수 있다. 한편으로 헤겔은 '존재 자체', '진리', '본질' 등의 '실체적' 범주와, 전통적으로 이것들

6 27. Brief (NA, 20.410).

과 질적으로 분리된 것으로 간주되어 왔던 '가상'을 적극적으로 연결시킴으로써 가상 일반 및 미적 가상의 위상을 본질적으로 격상시키거니와, 이에 대한 정당화는 i) 그의 『논리학』의 제2부인 본질론(Lehre vom Wesen)의 '가상' 장에서 이루어지는, '본질'에 대한 상세한 규정을 통해서, 그리고 ii) 『엔치클로페디』로 대표되는 그의 전 체계 안에서 부각되는, 물질적 영역에 대한 정신적 영역의 절대적 우월성에 대한 논증을 통해서 가능해진다.

i) 먼저 헤겔은 '본질'을 얼마만큼 본질적으로 파악하느냐에 따라 세 가지의 차원으로 나누는데, 그것은 1) 존재의 직접성에 단순히 대립하는, 즉 "내적으로 죽은 공허한 비규정성"으로서의 본질, 2) 존재의 모든 외적 규정성들의 근거이기는 하지만 여전히 그 규정성들과 무관한 상태로 머무는 "절대적 즉자존재"로서의 본질, 그리고 3) 자신의 내적 규정성을 외적으로 정립함으로써 "즉자적이면서도 또한 스스로를 객관화하는 존재"로서의 본질이다.[7] 이때 '가상'이 본질과 부정적이든 긍정적이든 어떤 연관을 맺을 수 있다면 그것은 2)와 3)의 관점하에서만 가능하다. 왜냐하면 2)의 경우 가상은 본질의 반영이지만 아직은 본질 그 자체의 불충분한 현시일 뿐이라는 관점이 지배하며, 3)에서는 본질이야말로 가상을 통해서 스스로를 완전히 드러내야 한다는 관점이 놓여 있기 때문이다. 특히 3)의 관점에 따를 때 가상에는 "본질에 본질적이다"라는 규정까지도 주어지게 된다. 이때 '가상'은 본질적으로 '본질'과 이질적인 것이 아니라, 오히려 본질의 반성규정(Reflexionsbestimmung)으로서, 즉 본질이 본질인 이상 필연적으로 지녀야만 하는 내적 계기로서 규정되므로, 비록 명시적인 차원에서는 본질과 구분될 수 있을지 모르나, 즉자적으로는 본질의 자기동일성을 구성하는, 본질 자체의 요소가 된다.

ii) 그러나 이러한 논리학의 규정들만으로는 '가상' 범주 일반의 질적인 평가절상은 이루어질 수 있으나, '미적 가상'이라는 특수한 영역에 대한 각

7 이창환, 「예술의 철학으로서의 미학」, 『미학』 17집, 1992, 124쪽 참조.

별한 평가는 아직 이루어지지 않는다. 왜냐하면 모든 '현상적인 것' 또는 '현세적인 것' 이 '본질' 내지 '이념' 의 현현이라면, 자연을 비롯한 경험적 세계에 대한 미적 가상만의 차별적인 위상은 여전히 논증되지 않은 채 남게 되기 때문이다. 따라서 i)의 규정에 덧붙여 반드시 거론되어야 하는 것은 '본질' 내지 '이념' 자체가 정신적인 본성의 것이라는 객관적 관념론의 근본 입장이다. 헤겔은 우주의 근본구조 자체를 '사유' 라는 최고의 정신성으로 규정하며, 이에 따라 존재의 모든 영역은 이 정신성의 발현 정도에 따라 위계적 서열관계를 이룬다고 본다. 이렇게 볼 때 정신성이 단지 즉자적으로만 존재하는 자연과 일상세계의 가상에 비해, 절대정신의 한 단계로서의 예술에서 이루어지는 미적 가상은 존재론적으로 훨씬 우월한 위치에 서게 된다. 즉 일상적 가상과 미적 가상의 관계에 관해 전자를 일차적 그림자로, 후자를 이차적 그림자로 보는 플라톤에서와는 달리, 헤겔에서는 이 양자의 관계는 근본적으로 역전된다: "직접적인 현상은 기만적인 것으로서가 아니라 오히려 현실적이고 진정한 것으로서 스스로를 나타내지만, 그러나 진정한 것은 직접적이고 감각적인 것에 의해서는 오히려 감추어진다. 즉 자연과 일상적인 세계의 두꺼운 외피는 오히려 예술작품보다 정신이 이념으로 나아가는 것을 더 어렵게 만든다."(13.23) 다시 말해 '가상' 이라는 단어를 설령 '본질이 아닌 것' 또는 '본질이 왜곡되어 나타난 것' 이라는 전래의 부정적인 의미에서 채용한다고 하더라도, 예술에서 이루어지는 미적 가상은 일상의 현실에 비해 존재론적으로 훨씬 우월한 위치를 점한다. 왜냐하면 사물의 근본 구조가 정신인 한에서 정신의 산물은 그 어떤 자연적 사물보다도 우월할 수밖에 없기 때문이다. 그리고 이로써 자연미를 예술미보다 우월한 것으로 여겼던 모방미학의 입장도 논박될 수 있게 된다.

그런데 이러한 가상의 규정은 헤겔로 하여금 미적 가상에 대한 긍정적 평가를 단지 제한된 의미에서만 가능하도록 강제한다. 왜냐하면 절대이념이 근본적으로 '사유' 라는 정신적 성격을 지닌 것이므로, 절대정신의 영역에 속하는 예술에서 이루어진 미적 가상의 세계는 비록 본질과의 관계에서 현상세계보다는 우월한 위치에 있지만, 그것이 본질적으로 감각적 직관에 대응하는 것인 한, 이념의 완전한 실현이라고는 할 수 없기 때문이다. 즉 "이념의 감각적 현현(가상)"이라는 헤겔의 미 정의는 한편으로 미가 "이념의 현현"이라는 점에서는 미적 가상에 대한 지고의 평가가 될 수도 있지만, 다른 한편으로 "감각적"이라는 수식어를 동반한다는 점에서는 미에다 어디까지나 상대적인 가치만을 부여하는 규정이 될 뿐이다. 궁극적으로 이념의 완전한 현현은 이념의 다른 이름인 '사유'에 대응하는 절대정신인 철학일 수밖에 없게 된다.

(4) 미적 가상의 복권

(가) 진리의 작품 내 정립: 하이데거

완고한 주지주의적 입장에 의거하는 헤겔의 이러한 판정에 대항하여 미적 차원을 다시금 모든 존재 영역에서 최고의 심급으로 격상시키는 노력들은 전통적인 이성중심주의에 대항하는 현대 철학자들에 의해서 집중적으로 이루어졌다. (물론 헤겔과 동시대인이었던 쇼펜하우어도 예술작품(특히 음악)의 향수에서 이루어지는 인간 정신의 고양을 불교적 열반의 경지와 맞먹는 것으로 여긴다는 점에서는 미적 차원을 적극적으로 구제하고자 한 예로 간주될 수 있겠으나, '가상' 개념 자체에 관한 한 오히려 다시금 플라톤적 이념과는 적대적인 기만으로 여김으로 인해, 긍정적 의미에서의 '미적 가상'이라는 개념은 성립하기 어려운 점이 있다. 즉 그는 천재의 작품을 향수하는 과정에서 우리는 기만과 베일과 마야의 세계인 현상계, 즉 가상을 뚫고 이념 그 자체를 직관하라고 요구하는 것이다.)

하이데거는 2천 년 이상 이어져 온 서양철학이 지속적으로 존재의 진리에 대한 접근을 차단해 왔다는 기본 인식하에 전통 형이상학을 무너뜨리려는 거대한 기획을 세우고자 했던 까닭에, 그에게서 '가상'에 대한 본격적인 상론은 많이 찾아보기 어렵다. 그러나 그가 핵심 개념으로 제시한 "열어 제침(Eröffnung)", "숲 속의 빈터(Lichtung)" 등의 단어들은 '존재 자체의 자기현시' 라는 긍정적 의미에서의 가상 개념과 적극적으로 연결될 수 있다고 보인다. 그리고 이러한 '현시' 에서 예술이 그 중심에 서 있음은 당연하다. 예술은 근대 이후의 자연과학을 넘어서는 '존재기투(Seinsentwurf)' 의 위상을 지닌다. 즉 플라톤의 동굴의 비유에서 비롯된 예술에 대한 판정과는 정반대로, 하이데거가 보기에 우리가 비로소 기만에서 해방되는 것은 바로 예술에서라고 말한다. 그리고 예술가는 "존재자의 숨겨진 가능성들을 작품으로" 가져다 놓으며, "그럼으로써 인간들로 하여금 비로소 현실적인 존재자(das Wirklich-seiende)를 볼 수 있게 만든다."[8] 예컨대 횔덜린의 시에서 모범적으로 이루어지는 예술의 존재기투는 하나의 새로운 세계를 기획하는 것으로, 바로 현재를 과거와 미래를 향해 열어 제침으로써 시간의 돌연한 출현(Einbruch der Zeit)을, 더 정확히 말해 시간의 새로운 건립(eine neue Stiftung der Zeit)을 이룩한다. 그런데 횔덜린이 이러한 일을 해낼 수 있는 것은 그가 (사태를) "명료하게 만드는 것이 아니라 …… 오히려 은폐하고, 잘 알려지도록 하는 것이 아니라 오히려 흔치 않은 것으로 만들며, 또한 가까이 가져오는 게 아니라 오히려 먼 곳에 둠"으로써이다.[9] '은폐를 통한 드러냄' 이라는 이 독특한 사고는 'Aletheia(비은폐성, 드러남)' 라는 의미에서의 그리스적 진리의 근원이 오히려 은폐에 있다고 하는 그의 민감한 어원학적 감수성과도 연관된다. 즉 그의 기본사고는 "존재와 가상의 숨겨진 통일성"인데, 이는 한편으로는 "존재는 곧 현상함"이라는 사고를 대변하지만, 다른 한편으로는 '존재는 자신을 숨기면서 드러낸다' 는 것을 의미하기도 하는 것이다. 은폐와 비은폐의 이 난해한 중층성은 결과적으로 존재의 '무진장함(Unerschöpflichkeit)' 이라는 사고로 이어지는데, 하이데거

8 Martin Heidegger, "Vom Wesen der Wahrheit. Zu Platos Höhlengleichnis und Theätet", in: *Heidegger, Gesamtausgabe*, Bd. 34 (1988), S. 64.

9 Heidegger, "Hölderlins Hymnen 'Germanien' und 'Der Rhein' ", in: *Gesamtausgabe*, Bd. 39 (1980), S. 116.

에 따르면 이러한 무진장함의 경험을 가장 범례적으로 대변하는 것이 또한 예술작품이다. 즉 이러한 존재의 진리가 '작품 속으로 정립되는(ins Werk gesetzt)' 것이 바로 예술인 것이다.[10] 비록 진리 내지 존재에 대한 근본형이상학적 인식은 질적으로 다르고, 그에 따라 예술이 과도기적 중간 단계로서 종국에는 철학에 의해 지양된다는 판정이 내려지는 것이 아니라, 오히려 예술이야말로 진리의 고유한 발현(Manifestation)이라고 더욱 미적 가상의 지위를 격상시키지만, 어쨌거나 진리가 예술을 통해 '드러난다'는 점에서는 이러한 하이데거의 예술관 및 미적 가상 개념은 헤겔의 '이념의 감각적 현현'이라는 미 규정을 상기시켜 주기도 한다.[11]

(나) 유토피아적 선현으로서의 미적 가상: 블로흐

블로흐는 '희망(Hoffnung)'을 자신의 철학의 근본 화두로 설정하고, 또한 '유토피아'를 문화사 전체를 추동하는 모티프로 설명하고자 하는 방대한 철학을 기획하는데, 그 맥락에서 미와 예술에 주어지는 핵심적인 기능 또한 유토피아적인 것으로 규정된다. 예술의 유토피아적 기능에 대응하는 블로흐의 개념은 '선현(先現, Vor-Schein)'이다. 이 개념을 통해 블로흐가 미적 가상의 차원에 부여하는 성격은 '감각적 현상'의 측면, 즉 '진리를 지시하는 것(Verweisen der Wahrheit)'으로서, 이는 미적 가상이란 결코 단순한 기만적 허구가 아니라, (진리를) '미리 가리켜 준다'는(Vorausweisen) 미래연관적 기능을 가진다는 것을 뜻한다. 프로이트의 정신분석이론에서 (물론 비판적으로) 끌어온 선현 일반은 소망 성취의 판타지인 '낮꿈(Tagträumen)'에 그 토대를 두고 있다. 낮꿈이란 단순한 비현실적 소망과는 달리 언제나 현실과 직접적으로 연결되어 있는 것이기 때문에, 블로흐에서 일상과 현실 사

10 Heidegger, "Der Ursprung des Kunstwerks", in *Gesamtausgabe*, Bd. 5 (1977), S. 21.

11 반트슈나이더는 '이념의 감각적 현현'이라는 헤겔의 미 정식을 '진리의 작품 내 정립'이라는 하이데거의 예술 규정뿐 아니라 '현현(apparition)'이라는 아도르노의 개념과도 매우 적극적으로 연결시킨다. 참조. D. Wandschneider, "Moderne Kunst—die nicht mehr schöne Kunst?", in: *Mihak* Vol. 23 (1997), 207ff.

이에는 그 어떤 근본적인 간극도 생기지 않는다. 이렇게 볼 때 예술의 미적 가상이 이룩해 내는 것은 그러한 낮꿈들을 "미적으로" 구체화하는(materialisieren) 것, 즉 "내적으로 성취되고(immanent-gelungen), 형상화된, 본질적인 도래(到來, Vorkommen), 즉 직접적-감각적 또는 직접적-역사적 도래"를 구체화하는 것이며,[12] 또한 다른 주체들도 그 낮꿈들을 이해 내지 똑같이 따라서 체험(Nachvollziehung)할 수 있게 해 주는 것이다. 물론 블로흐의 이러한 유토피아적 선현 개념은 극히 긍정적인 의미를 지닌 것으로서, 프로이트에서처럼 판타지화된 소망성취를 단지 문화적으로 금기화된 원초적인 욕망의 왜곡된 표현으로가 아니라, 어디까지나 역사적 및 사회적 상황의 결과로서, 구체성에 입각한 원격기대(遠隔期待)로 해석되어야 한다.

(다) 비동일성을 위한 수수께끼로서의 예술: 아도르노

아도르노의 미학은 한편으로 예술에게 진리를 계시하는 과제를 부여한다는 점에서는 헤겔 또는 블로흐의 미적 가상 개념과 연결될 수 있지만, 다른 한편으로 그 계시의 방식을 매우 불투명하고 부정적인 것으로 제한한다는 점에서는 오히려 하이데거의 그것과 가깝다고 할 수 있다. 이러한 경향은 이성중심적인 전통철학을 '동일성의 철학'으로 간주하여 그에 대해 '비동일성'을 옹호하고자 하는 그의 기본적 문제의식과, 또한 예술의 기능을 노골적인 정치화로 한정시킨 프로파간다 미학[13]에 대한 그의 근본적 혐오에서 비롯된다.

아도르노에 의하면 이미 태고 시대부터 인간 지성의 발전을 지배해 온 근본 원리는 계몽(Aufklärung)이며, 이 계몽은 다시 자기보존(Selbsterhaltung)의 원리에 의해 추동된다. 자신을 둘러싼 낯설고 강력한 타자로서의 자연에

12 Ernst Bloch, "Das Prinzip Hoffnung", in: *Bloch, Werkausgabe*, Bd. 5(1959), S. 247.

13 근대미학의 중심 개념인 미적 무관심성에 대한 도전으로서의 프로파간다 미학 및 이에 대한 현대의 극복 노력에 관해서는 특히 김문환, 『예술과 윤리의식』, 소학사, 2003, 221쪽 이하를 참조할 것.

맞서 인간은 어떻게든 그 생소함을 극복하지 않으면 안 되었던바, 바로 이를 통해 근본적인 계몽의 운동은 시작된다. 애니미즘, 신화, 종교 등의 단계를 거쳐 마침내 과학을 통해 인간은 생소한 절대적 타자로서의 자연의 정체를 인식하기 시작했고, 드디어는 이 타자를 이해하는 차원을 넘어, 극복하고 나아가 자신의 목적에 맞게 조작하기에 이른다. 이러한 과정에서 핵심적인 역할을 하는 것이 '동일성'의 범주이다. 즉 모든 사태를 자신의 개념적 틀에 맞추어 포섭하는 폭력성이 인간의 지성에 본성적으로 내재해 있으며, 이에 인간에 의한 자연의 지배는 인간에 의한 인간의 지배로까지 이르게 된다는 것이다. 이렇게 볼 때 '어떻게 문명의 중심을 자처해 온 유럽에서 가장 반문명적인 참상이 도래할 수 있었는가'라는, 그를 비롯한 프랑크푸르트 학파의 철학적 화두를 제공한 실제적 사건인 히틀러와 아우슈비츠는 우연적이고 일회적인 사건이 아니라, 그러한 이성의 본성에서 비롯한 필연적 귀결이 된다. 따라서 그가 설정하는 과제는 계몽의 방향을 되돌려 새로운 자연관을 수립하고, 그에 따라 이성의 비폭력성을 회복하는 것이 되는데, 이 점에서 예술에게는 가장 중요한 책무가 주어지게 된다. 즉 동일성하에 포섭되어 온 자연은 기실은 근본적인 비동일자이며 이러한 비동일성을 따라 우리의 지성은 겸손한 태도로 사태와 만나야 하는데, 이는 무엇보다도 미적인 차원에서 가장 잘 수행될 수 있다는 것이다. 타자로서의 자연, 비동일성, 겸손한 이성—이러한 것들이 예술에서 이루어져야 한다면, 아도르노가 제시하는 미적 차원은 당연히 수수께끼적인 것이 될 수밖에 없다. 왜냐하면 새로운 진리, 새로운 희망이 예술작품에서 명시적으로 확정적으로 나타난다면, 그것은 또 하나의 유치하고 폭력적인 동일화에 지나지 않을 것이기 때문이다. 바로 이 때문에 그는 노골적인 프로파간다나 참여예술을 거부한다. 말하자면 그가 예술에게 부여하는 '사회적 참여' 및 '사태의 계시'와 같은 과제는 역설적으로 오로지 '사회로부터 극단적으로 등을 돌림으로써만 수행되는 사회참여' 및 '사태를 불명료하게 함으로써만 수행되는 사태의 계시'라는 성격을 띤다. 그 때문에 그가 선호하는 예술은 대중성과는 가장 대극에 서 있는 쇤베르크의 음악, 베케트의 연극 등이며, 그가 추구하는 진리의 현현 또한 잠언이나 에세이와 같은 의미파악이 극도로 어려운 방식, 즉 '착란의 흔적(Male der Zerrüttung)' 을 보여 주는 방식일 수밖에 없다. 이에 루카치로 대변되는 사회주의 리얼리즘 및 블로흐의 미학이 '긍정적 유토피아' 미학이라면, 진리 자체를 숨김으로써 드러내려는 아도르노의 정향은 하이데거의 그것과 더불어 '부정적 유토피아' 로 지칭될 수 있다.[14]

다. 디지털 가상에 의한 가상과 현실의 무차별화: 보드리야르

지금까지 설명한 여러 형태의 미학사상들은 존재, 본질 또는 진리에 대한 '가상' 의 관계를 긍정적이든 부정적이든 두 개의 상관항으로서, 즉 '존재 & 가상' 이라는 구도에서 고찰했다. 다시 말해 '가상' 은 '실재' 에 대해 그것의 절대적 타자로서이든 아니면 그것의 현현태로서이든 간에, 그것에 맞서 있는 또 하나의 존재영역으로 간주되어 왔다.

그런데 현대에 이르러 디지털 매체가 극도로 발달하고 이에 따른 (특히 포스트모더니즘 계열의) 사상들이 전개되는 과정에서, 이 두 항에 대한 완전한 무차별성이 주장되기에 이르는데, 전자매체 및 컴퓨터 매체의 미학이라고 칭해질 수 있는 이 분야에서 주도적인 역할을 맡고 있는 이는 누구보다도 보드리야르(Jean Baudrillard)이다. 여러 에세이의 형태로 쓰여진 그의 논의들은 사회이론과 미디어 이론의 틀 속에 서 있다. 이에 그의 활동영역은 주로 문화사회학과 의미론이며, '시뮬레이션' 과 '하이퍼리얼리티' 가 그의 이론을 이끄는 두 핵심 개념이 된다. 소쉬르에 의해 촉발된 기호이론과 마르크스의 가치이론을 조합하여 보드리야르가 다다른 결론은, 한 체계의 모든 각각의 항(項)은 오로지 그것이 다른 모든 항들과 연관됨으로써만이 가치를 지니며, 따라서 기호는 더 이상 실재를 재현하는 기능을 수행하는 것이 아니라, 오히려 그 자체가 실재의 자리를 대신 차지하게 된다는 테

14 이 두 개념에 관해서는 같은 책, 287쪽 이하를 볼 것.

제이다. 그렇다고 할 때 '이데올로기' 나 '이데올로기 비판' 과 같은 개념은 시대에 뒤떨어진 것으로 된다. 왜냐하면 어떤 표상이 기만인 것으로 드러날 수 있는 것은 오로지 그것이 실재적인 것 내지 참된 것이라는 심급에 의해 측정될 수 있을 때일 뿐이기 때문이다. 교환을 통해 규정된 상품들의 등가성은 이에 따라 보편적인 것으로 되었으며, 문화 전체는 의미론적 체계로서 교환에 의해, 즉 상이한 것을 등가화하는 연관에 의해 지배된다. 이에 『상징적 교환과 죽음』에서 그는 다음과 같이 말한다: "이처럼 예전에는 서로 모순된 것 또는 변증법적 대립물로 여겨졌던 항들이 서로 환치될 수 있다는 사실에 의해 도처에서 시뮬레이션의 시대가 열리고 있다. …… 즉 유행에서의 미와 추, 정치에서의 좌파와 우파, 미디어 메시지의 참과 거짓 등은 서로 환치될 수 있는 것이다. …… 모든 것이 확정불가능하게 되는 것이다."[15]

「디지털 가상」이라는 논문을 쓴 플루서(V. Flusser)에서도 이러한 반실재론이 그의 인식론의 핵심을 이룬다. 그에 따르면 과학이 자연법칙으로서 투영하는 것도 사실은 밖으로 투사된 숫자의 코드일 뿐이며, 이러한 과정의 종착점이 바로 컴퓨터이다. 그러나 컴퓨터는 우리가 단지 하나의 세계만을 갖는 것이 아니라, 수많은 세계를 자의적으로 투사해낼 수 있다는 것을 보여 준다. 이로써 '가상' 이라는 개념은 "무의미한 것이 되었다. 남는 것은, 모든 것은 디지털적이라는 것, 따라서 모든 것은 비트라는 극소의 점들을 고밀도로 뿌려놓은 것으로 여겨져야만 한다는 점이다."[16] 실재와 가상의 완전한 무차별화와 이에 따른 가상 개념 자체의 무의미화는 미학의 영역에서는 작가와 감상자의 무차별화, 진품과 위조품의 무차별화를 주장하는 데까지 이어지고 있다.[17]

15 Jean Baudrillard, *L'échange symbolique et la mort*, Paris, 1976, 20f.

16 Vilém Flusser, "Digitaler Schein" (1991), in: *ders., Schriften*, Bd. 1, Mannheim, 1993, S. 282; vgl. 272f.

이러한 주장들의 배후에는 모든 전통 사상들을 지배권력의 헤게모니 유지와 연계시켜 바라보는 니체(F. Nietzsche)의 '계보학', 푸코(M. Foucault)의 '지식의 고고학' 및 모든 개념들의 절대적 차연(差連, differance)을 옹호하고 절대적 해체를 자신의 궁극적인 전략으로 제시한 데리다(J. Derrida) 등 현대의 '반골' 사상가들의 이념이 근저에 놓여 있음에 틀림없다. 그런데 "우리가 실재라고 믿고 있는 것들은 모두가 코드의 조합에 지나지 않는다"라는 이들의 극단적인 주장을 "모든 물질적 존재도 그 본질에서는 관념적인 것이다"라는 명제로 전환하고, 이에 대한 의미 있는 정당화 작업이 수행된다면 새로운 형태의, 즉 21세기 버전의 객관적 관념론이 도출될 수 있는 가능성이 전혀 없지 않다는 조심스런 전망도 나올 수 있다. 왜냐하면 플라톤에서 촉발되어 스피노자, 라이프니츠를 거쳐 헤겔에까지 이르는 긴 역사의 객관적 관념론의 핵심적 주장은—칸트 식으로 말하자면—"우리의 인식능력이 외부의 사물들을 향하는 것도, 현상계의 사물이 우리의 인식 장치를 향하는 것도 아니라, 오로지 그 두 가지가 모두 절대적인 정신적 차원(이데아, 실체, 절대이념)을 향한다"라는 명제이기 때문이다.

17 참조. Peter Weibel, "Transformation der Techno-Ästhetik", in: F. Rötzer (Hg.), *Digitaler Schein. Ästhetik der elektronischen Medien*, Frankfurt a. M., 1991, 115; Martin Seel, "Vor dem Schein kommt das Erscheinen. Bemerkungen zu einer Ästhetik der Medien" (1993), in: ders., *Ethisch.ästhetische Studien*, Frankfurt a. M., 1996, 117f.

더 읽을거리

고창범, 『쉴러의 문학과 미학』, 서울대학교출판부, 1986.

민현준, 「'가상' 개념을 중심으로 한 헤겔미학 연구」, 서울대학교 석사학위논문, 1991.

박정기, 「쉴러의 정치미학: '미적 교육론'의 비판적 이해를 위한 하나의 해석」, 『미학』 제17집, 1992.

이창환, 「예술의 '철학'으로서의 헤겔미학」, 『미학』 제17집, 1997.

마르틴 하이데거, 『예술작품의 근원』, 오병남 · 민형원 옮김, 예전사, 1996.

에른스트 블로흐, 『희망의 원리』, 박설호 옮김, 열린책들, 2004.

장 보드리야르, 『시뮬라시옹』, 하태환 옮김, 민음사, 2001.

테오도어 W. 아도르노, 『미적 이론』, 방대원 옮김, 이론과실천, 1991.

플라톤, 『국가(政體)』, 박종현 역주, 서광사, 1997.

유 희

공병혜

1. 서론: 유희의 개념에 대한 역사적 배경

유희(영어 play, 프랑스어 jeu, 이탈리아어 gioco, 독일어 Spiel)는 철학에서의 형이상학, 존재론, 인식론과 관계하지만 무엇보다도 인간학, 미학과 밀접한 연관성 속에서 이해되어진다. 오늘날 조형예술이나 문학, 음악 등에 대한 포스트모던적 논의에 있어서 유희는 중요한 미학적 범주로서 다시 전성기를 맞이하고 있다. 유희는 현대예술에서의 개방성과 다중적 의미를 지닌 인식과 경험의 과정과 관련을 맺고 있는데, 사회적인 행위의 강요와는 대립이 되는 일종의 '시학적 과정' 의 패러다임으로 볼 수 있다. 유희는 이러한 시학적 과정을 통해 최근의 미학이론과 미학적 교양에 대한 담론에서 중요한 역할을 한다. 유희와 예술이라는 현상이 지닌 공통적 특성 때문에, 역사적으로 이 둘 사이의 근본적인 관련성을 정립해 보고자 하는 시도가 항상 있어 왔다. 유희와 예술활동이 지닌 공통적 특성은 단지 목적합리성이라는 강요로부터 해방뿐만이 아니라, 자유로운 자기 지향성이나 고유한 규칙성을 지니고 있다는 것에 있다. 특별히 "세계를 투사하는 유희의 성질은 단지 노동의 세계에서의 진지함과는 대립적일 뿐만이 아니라, 현실에 대한 대항에서 발생한다."[1]

오늘날 유희가 중요한 의미를 지니는 시대적 배경은 '예술의 종말' 이라는 사고에 따라 세계는 더 이상 어떠한 놀라움과 혁신을 위한 공간을 제공하지 않으며, 인간의 사회에서 이미 펼쳐진 가능성들이 단지 유희적으로 변화할 뿐이라는 것이다. 특히 프랑스의 인류학자인 레비스트로스는 유희란 문화적 절차로서 어떠한 새로운 작품을 창조하는 것이 아니라 단지 이미 존재하는 것을 조작하는 패러다임이라고 말한다. 마르셀 뒤샹이나 말레비치가 '절대적 사물', '절대적 형식' 을 규정한 이래로 예술에서는 천재에 의해 새로운 사조가 탄생하는 대신에, 단지 양 극단 사이를 오가는 변화가 보이고 있을 뿐이다. 쉴러가 한때 인간학적인 관점에서 '미학적 교양' 의 핵심으로 설명한 유희 개념이 강한 영향력을 행사했음에도 불구하고, 오늘날 예술들이 주제나 조성 혹은 천재적인 행위와의 연관성이 없이 절대적 유희라는 개념을 통해 더욱 순수하게 자기 성찰적이 되어 가고 있다.[2]

오늘날 예술적인 과정으로 이해되는 유희는 규칙의 형성과 위반이 자유롭게 서로 상호 작용하고 결합을 하게 하면서 예술작품의 다의성을 구성하게 한다. 이러한 새로운 유희 개념은 역사적으로 특히 고대의 경기가 지닌 유희나 중세에서 전성했던 의사소통적인 방식으로서의 유희와는 확연히 구분되는 것이다. 역사적으로 유희라는 개념은 그 이해의 범위가 넓기 때문에 어떤 특정한 유희의 형식들을 이해하기보다는 오히려 다양한 의미를 지닌 유희의 행위들이 서로 어떻게 결합해 왔는지에 대한 개념사(概念史)를 이해하는 것이 중요하다. 왜냐하면 유희의 행위들은 경기하거나, 미혹하며, 대화하고 혹은 위험에 찬 빠른 움직임과 유동성을 지닌 행위라는 다양하고 차별적인 의미를 가지고 역사적으로 변천해 왔기 때문이다.

호이징하(H. Huizinga)는 그의 책 『호모루덴스(*Homo ludens*)』에서 문

1 Helmut Einsendle, "Spieltheorie, Kritik, Wirklichkeit", in: Ingold / W.Wunderlich (Hrg.), *Der Autor im Dialog, Beiträge zu Autorität und Autorschaft* (St. Gallen, 1995), S. 143-151 참조.

2 Tanja Wetzel, "Spiel", in: *Ästhetische Grundbegriffe*. Verlag J. B. Metzler(Stuttgart/Weimar, 2000), S. 619 참조.

화의 기원으로서 유희에 대해 다음과 같은 일반적인 정의를 하였다.

"유희란 일종의 자발적인 행위이거나 일인데, 이것은 일정한 시간과 공간으로 정해진 한계 내에서 수용되지만, 절대적으로 구속하는 규칙을 위반하며 그 자체 속에서 목적이 있으며 긴장과 기쁨, 그리고 일상적 삶과는 다른 어떤 것에 대한 의식을 동반한다."[3] 호이징하는 특정한 유희 형식보다는 오히려 특정한 행위의 형식이 지닌 어원적 뿌리에 주목한다. 유희 행위의 형식에 대한 명칭들은 각각의 언어들에서 의미론적 차이를 지닌다. 유희문화가 잘 보존되고 관리되어 온 지역에서 유희활동들을 표현한 다양한 개념들은 특히 그리스어, 산스크리트어, 그리고 중국어에서 발견된다.

그리스어에는 유희 영역을 칭하는 세 가지 단어들이 있다. 첫 번째로 "paidia"는 어린아이에게 속하는 것으로서 쾌활하고 명랑하고 걱정 없다는 의미를 지닌 유희 형식과 결합이 된다. 두 번째로 그 배경에는 "장난치는 것과 비본질적인 것"이라는 의미가 있다. 특히 세 번째로 그리스 문화에서는 경쟁과 경기(agon)를 의미하는 유희가 있다. 경기하는 유희는 무엇보다도 헬레니즘 문화에서 주요한 개념이며 항상 축제나 제식 행위와 결합되는 것으로 고찰된다. 이와 유사하게 산스크리트어에서 유희는 어린아이의 유희의 영역과 유희적인 노동(일)으로 구분된다.[4] 어린아이의 유희, 유희적인 운동, 가상, 경기의 영역에 대한 유희의 구분이 있는 것과는 대조적으로 라틴어에서의 유희는 하나의 단어, 즉 'ludus'로 표현된다. 여기서 유희의 어원은 진지하지 않은 것, 조롱, 농담, 그리고 가상의 의미를 지니는데, 이것은 유희를 평가절하하는 로마의 비유희적 문화의 측면을 드러내고 있는 것이다.[5]

유희라는 개념은 어원적으로 독일어권에서는 그 기원이 분명하지 않지

3 Johan Huizinga, *Homo ludens, Vom Ursprung der Kultur im Spiel,* über. v. N. Nachod(1938; reinbekb. Hamburg, 1956), S. 34 참조.

4 위의 책, S. 37 참조.

5 위의 책, S. 42 참조.

만, 역사적 과정에서 점점 더 그 의미의 스펙트럼이 확장되어 간다. 이미 고대 독일어에서 유희는 연극, 춤, 음악, 농담과 같은 행위들의 특징이 되며, 이런 행위들에는 목적으로부터의 해방, 자발성, 현실적 강요로부터의 독립이라는 공통점이 있다. 무엇보다는 영어의 'play'는 '놀이하다'라는 의미와 더불어 또한 '빠른 움직임', '표정', '손놀림', '소리 내는 것', 그리고 '악기를 연주하는 것'을 의미한다. 유희가 지닌 의미가 확장된 스펙트럼은 독일어에서 발견할 수 있다. 명사인 놀이에 속하는 시간언어가 바로 '유희하다(spielen)' 그 자체이다. 유희는 일상적이고 습관적 행위에서 벗어나는 특별하고도 자립적인 활동의 유형이다.

근대에 이르게 되면 유희의 행위의 과정과 그 방식에 있어서 세 가지 중요한 시대적 전환점을 맞이하게 된다. 첫 번째는 1800년쯤 '목적 없는 합목적성'이라는 칸트의 예술 개념을 한층 발전시킨 쉴러의 인간의 유희 충동에 대한 전개이며, 두 번째는 1900년경에 창조적인 과정에서 우연성을 지니는 자기관계적인 미학적 전략으로서 유희에 대한 발견이며, 그리고 세 번째는 20세기 중엽에 이르러서 예술작품 자체에 대한 유기적인 통일성에 대한 사고가 유희라는 미학적 과정의 유동성 덕분에 해체된 계기들이다.

근본적으로 고대 이래로 유희에 대한 두 가지 의미론적인 관점이 구분되어 왔음을 주목해 볼 수 있다. 첫 번째는 유희를 의사소통적이며 규칙성을 지닌 형식(Form, game)으로, 두 번째는 유희를 독백적이며 즉흥적인 구조(Struktur, play)로서 이해하는 것이다. 이와 유사한 방식으로 아폴론적인 예술은 우선적으로 규칙이 부여된 표현 형식을 필요로 한다. 반면에 디오니소스적 예술은 즉흥적인 구조로서의 유희들을 규정하면서 규칙을 해체하는 문화적 전통에 영향을 미쳤다고 할 수 있다. 문화 역사적으로 특히 규칙을 해체하는 디오니소스적인, 이탈적인 성격을 띠는 불규칙한 형식에 대한 전통은 오랜 기간 동안 소외되어 왔는데, 예를 들어 기교주의에서는 이것을 일종의 타락한 형식으로 특징지었다. 또한 이미 오래전부터 존재해 왔던 '게임'으로서 유희와 '유희하다'라는 행위들 사이의 구분은 유희가 지닌 보편적인 양식의 범주로서 타당성을 갖게 한 것이다. 그래서 의사소통적이며–규칙적인 유희는 명료함, 조화, 아름다움을 목적으로 하는 고전주의의 규칙들에 영향력을 행사하였다. 반면에 독백적이며 즉흥적인 유희는 모든 시기의 고전에 대항하는 움직임으로서 특별한 것, 예외적인 것, 배타적인 것, 극단적인 것, 비밀에 찬–어두운 것에 대한 충동을 체현하는 것이다.

그러면 시대적 구분에 따라서 유희에 개념에 대한 다양한 범주들이 어떠한 의미론적 변화를 거쳐 왔는지 고찰해 보기로 하겠다. 고대와 중세 문화에의 유희가 지닌 성격을 기술하고 특히 근세에서 유희가 지니는 인식론적이며 미학적 의미를 칸트와 쉴러의 미학을 통해 고찰해 보고, 낭만주의 미학과 니체 철학에서 유희가 지니는 존재론적인 미학적 의미에 대해 성찰해 보기로 하겠다.

2. 고대와 중세 문화에서의 유희

고대 그리스에서 유희는 '아이'와 '모방' 그리고 '즐기다'라는 개념들이 함께 결합하여 왔다. 헤라클레이토스는 자신의 단편(Fragment)에서 유희를 삶의 시간을 놀이하는 '아이'로서 특징짓는다. "삶의 시간은 아이이다. 아이는 주사위를 이리저리 던지며 놀고 있다. 아이는 왕국이다."(단편 52) 그러나 고대 그리스에서 유희는 이른바 'paidia', 어린아이의 유희로서 '유치한 것'이며, 특히 플라톤은 유희를 현상계에서 단순한 가상의 형식으로 그 가치를 하강시킨다. 이에 의하면 인간은 신의 유희 도구이며, 그래서 인간은 신들의 은총에 도달하기 위해서 유희를 바쳐야 한다는 것이다.[6] 그리고 그는 예술 행위와 관련해서 시작(poesis)으로서의 "모방이란 단지 유희이며

6 Joachim Ritter & Karlfried Grunder(Hrs.), *Historisches Wörterbuch der Philosophie*, Bd. 9, Basel, 1995, S. 1384 참조.

진지함이 아니다"라고 하였으며, 이것은 진지한 예술을 위해서는 유희적인 계기가 부정되어야 함을 함축하는 것이다.

이에 반해 아리스토텔레스는 유희와 예술이라는 개념은 필연적으로 결합되어야 함을 인정하였다. 예술에서 유희는 마치 삶의 과정에서 휴식처럼 필연적으로 요구되는 것이다. 또한 아리스토텔레스 이래로 수백 년에 걸쳐서 내려온 시학에 대한 고전주의적 전통은 미학적인 것에 대한 척도를 세웠으며, 거기서 규범적인 시학은 예술의 자유로운 유희를 단지 제한적으로 받아들였다. 고전주의적 전통이 시작되는 아리스토텔레스 시학에서 유희로서의 예술에 대한 메타포는 모방이라는 맥락에서 이해되어진다. 즉 인간은 누구나 시 예술을 창조하는 근원으로서 자연적으로 주어진 모방하는 능력이 있으며, 이 능력을 통해서 인식을 획득하며 동시에 누구나 기쁨을 얻는다. 따라서 인간은 모방의 능력을 통해서 다른 생명체와 구분된다는 것이다. 또한 아리스토텔레스는 『정치학』 제8권에서 유희를 노동과 대비되는 휴식으로서 일종의 약의 효과와 비교하였는데, 왜냐하면 유희는 마치 약처럼 적합한 시기에 적합한 휴식으로 작용하면 평온을 주고 긴장을 완화시키기 때문이라는 것이다.[7]

중세 문화에서의 유희는 "중세의 삶은 유희로 충만해 있다"는 호이징하의 표현처럼 종교적인 유희라는 맥락에서 고찰해 볼 수 있다.[8] 물론 중세의 기독교적 맥락에서도 고대의 경기라는 유희 형식들은 궁중과 가부장적 문화 속에서의 운동경기와 중세 기사들의 투쟁이라는 다른 형식 속에서 지속되었다. 그러나 유럽의 중세에서는 연극 형식(광대들의 팬터마임, 놀이문화, 춤의 다양한 형식들)과는 본질적으로 다른 종교적인 유희가 근원적인 창조활동으로 자리 잡았다. 그것은 성당의 예배 형식과 밀접한 연관성을 지니며, 10세기에는 부활절의 대화록에서 자신의 역사적 출발점을 삼았다. 교회에

---

7 위의 책, S. 1384 참조.

8 Huizingha, 앞의 책, S. 172 참조.

서의 유희는 라틴어로 된 음률을 지닌 종교적인 성가를 돌림으로 부르는 무대적인 형식이다. 12세기에 성당에서의 드라마는 고통의 역사로서 특별히 성서의 기록들에 따른 성자들의 고통과 신비로움에 대한 유희 형식을 표현한다. 종교적인 유희의 주요 목적은 교육적인 단순한 교화가 아니라, 변증법적으로 체험의 강렬함을 지닌 믿음의 내용을 전달하기 위한 것에 있다.[9]

중세 시대에서 종교적 유희는 익살극이나 풍자극 등이 지닌 특징을 통해 점점 세속화되어 갔으며 14세기에 유희는 교회가 아닌 장소, 시장 등에서 이루어졌다. 이미 12세기부터 민속언어가 통용되고 14세기에서 15세기 민중의 언어로 된 극예술이 전성기를 맞게 되면서 이러한 유희는 다양한 활동을 지닌 거대한 민중 축제로 번져 나갔다. 이러한 대중화는 교회 축제에서 민중의 경건한 신앙심의 새로운 형태를 표현한 성체 축제를 도입하게 한다.

그리고 이러한 종교적 유희 외에도 중세의 문화는 근원적으로 이교도의 유희의 형식에 영향을 받았는데, 그것은 잠시나마 위계적 질서의 해체를 허용하는 유희인 것이다. 그중에서도 기독교의 축제문화와 결합된 카니발은 과장, 신분타파, 세속성이 중요한 특징을 이루며, 이를 통해 그로테스크풍 민속적인 희극문화가 생겨난다. 그로테스크한 환상적 존재들은 다양한 문화적인 근원으로부터 서로 혼합이 되어 결합한 형식들인데, 잘못 형성된 피조물, 우화적 존재는 진 · 선 · 미의 문명화된 형식들과는 대립적인 세계를 형성하며 고태적인 것, 이방인, 타자 편에 서 있는 것들이다. 이러한 형식들은 관습, 위계적 계층화 원리, 양극화와 범주화시키는 것에 대항하고 기괴함과 우연 그리고 해체를 시도하는 것이다.[10]

그 이후 중세에서 르네상스로 넘어가는 시기에서 종교적인 연극의 속세화가 이루어지면서 고대 문화에 대한 새로운 발견과 이것을 부흥시키고자 하는 움직임이 일어났다. 르네상스는 인간을 신과 유사한 창조능력을 지니

9 T. Wetzel, 앞의 책, S. 618 참조.

10 위의 책, S. 583-584 참조.

는 합리적이고 이성적인 주체로서 인정하였으며, 인간에게 예술적, 자율적으로 유희세계를 창조할 수 있도록 하였다.[11]

3. 근대에서의 유희에 대한 인식론적, 미학적 의미

근대적 의미에서 유희라는 개념은 18세기에 진정한 의미를 획득한다. 루소를 비롯한 개혁주의자에 의해서 한편으로 인간 현존재의 자립적 단계로서의 유아성이 발견되었으며, 다른 한편으로 유희와 노동의 세계에 대한 대립이 시민사회가 시작되면서 꾸준히 형성되었다. 즉 가상세계의 허구적 요소로서 궁중사회에서 존재해 왔던 유희적 요소들은 미적인 교양 영역으로 제한되면서, 18세기와 19세기에 진지함, 노동, 합목적적인 활동과는 대립을 이루어 왔다. 시민계급이 형성되는 시기인 1750년대에는 무엇보다도 시민들의 사회극이 행동과 의사소통, 도덕적 기준과 유용한 지식들에 모범을 제공하였는데, 거기서 유희들은 우선적으로 "맹목적인 우연만 있는 것이 아니라, 지능, 오성, 재치가 함께 활동을 한다."[12]

특히 초기 낭만주의인 18세기 미학의 중심개념으로서 어린아이의 순진성은 이상적이지만 동시에 모순적인, 우주적 창조력의 광범위한 기호가 되었다. 여기서 어린아이의 유희에서 강하게 작용하는 걱정이 없는 순진무구함과 세계와의 통합에 대한 갈망은 절대적인 것을 추구하는 초기 낭만주의의 유희와 관련되며, 창조적인 예술가라는, 자아에 관한 보편적인 자유에 대한 표현이라는 것이다.[13] 이렇듯 낭만주의에서 자유로운 유희에 대한 메타포는 완전히 전성기에 이르게 되는 것이다.

11 위의 책, S. 585 참조.

12 위의 책, S. 585 참조.

13 Y. Patricia Alefeld, *Göttliche Kinder, Die Kindheitsideologie in der Romantik*, Paderborn, 1996, 239f.

18세기 고전주의 예술은 미학적 자율성의 표현으로서 상상력의 유희와 서로 밀접한 관련을 맺기 시작하였다. 이것은 칸트의 『판단력비판』에서 상상력의 활동으로서의 유희가 바로 도덕과 과학과 구분되는 미적 인식의 자율성을 획득하게 하고 예술작품을 창조하는 데 핵심적 역할을 하면서 칸트 미학의 중심 개념이 되었음을 보여 준다. 그러면 우선 칸트 철학 전체에서 유희가 지닌 인간학적 인식론, 그리고 미학적 측면에서 역할과 그 의미에 대해 살펴보기로 하자.

가. 칸트 철학에서 유희의 인식론적 의미

칸트 철학에서 유희의 개념은 인간학적인 관점에서 네 가지 이해 방식으로 구분된다.[14]

1. 유희는 일종의 행위(Handlung)이며, 목적을 지닌 일(Geschäft)과는 대조적으로 목적으로부터 자유로운 행위를 말한다.
2. 유희는 감성적인 것의 변화하는 형식인데, 그것은 규칙적인 기하학적 형태나 혹은 대상성을 규정하는 것이 아니라, 역동적인 감성적 형상물을 생성하는 것이다.
3. 결과물로서의 유희는 시간과의 관계에서 감성적 직관들이 개념에 종속된 것이 아니라, 병렬적으로 결합된 것이다. 시간 속에서의 병렬에 의한 유희는 현상의 변화를 표현한다.
4. 유희는 '의도 없는 질서'를 형성하는데, 여기서 중요한 것은 자신의 의도에 도달했는가가 아니라, 놀이를 하는 동안 스스로가 만족했는가이다. 의도는 오성의 논리적인 사고활동과 관계하지만, 유희는 상상력에 의한 시적인 활동과 관계하며, '강요', '진지함', '법칙', '업무'와

14 I. Kant, *Reflexion zur Anthropologie*, in: *Kants handschriftlicher Nachlass*, Akad. Aug. Bd.15, S. 85-89 참조.

는 대비되는 개념인 것이다.[15]

이러한 유희에 대한 인간학적 이해는 또한 『순수이성비판』에서 유희가 지닌 인식론적 의미를 이해하는 데 도움이 된다.[16] 대상에 대한 인식 과정에서 인식능력의 유희란 사고의 자발성에 의한 근원적 활동이며 표상들을 결합하고 연합하는 상상력과 오성의 유희이다. 여기서 유희란 모순율로부터 해방된 사고의 자율적 활동이며 오성의 개념에 규정되기 이전의 인식의 과정에서 생기는 활동이다. 자발성의 표현으로서 인식능력의 유희는 모순율로부터의 해방된 "모든 것이 사고가 가능한 활동"이며 객관적인 대상 인식과는 거리가 먼 자유로운 활동이다.[17] 따라서 유희가 『순수이성비판』에서 인식론적인 중요한 의미를 지니지 못하는 반면에, 『판단력비판』에서 전개된 미학에서는 핵심적인 역할과 의미를 지니게 된다.[18] 특히 유희라는 활동은 취미판단과 예술론에서 생산적 상상력의 활동이 지닌 본질적 특성에 속하며, 현상계에 속한 대상 영역의 한계를 넘어서 이념의 세계에로 향해 자신의 유희의 범위를 넓혀 나간다. 그러면 칸트 미학에서의 유희가 지닌 핵심적 역할과 의미에 대해 고찰하여 보자.

나. 칸트 미학에서의 상상력의 유희

칸트는 "미의 분석론"에서 미적 판단을 가능하게 하는 주관적 보편성의 근거를 바로 주관의 "인식능력의 유희" 속에서 찾는데,(KdU. B 21) 이것이

---

15 I. Heidemann: "Der Spielbegriff bei Kant", in: *Der Begriff des Spiels und das ästhetische Weltbild in der Philosophie der Gegenwart*, Water de Gruyter & Co Beriln, 1968, S. 125-209 참조.

16 I. Kant, *Kritik der reinen Vernunft*(이하 KdrV.로 약칭), in: Wilhelm Weischedel(hrsg.), *Immanuel Werkaufgabe* 10Bd. Suhrkamp, Frankfurt am Main, 1974.

17 공병혜, 「칸트철학에서의 상상력과 놀이에 대한 미학적 고찰」, 『철학연구』 제57집, 2002, 136쪽 참조.

18 I. Kant, *Kritik der Urteilskraft*(이하 *KrU.*로 약칭), in: Wilhelm Weischedel(hrsg.), *Immanuel Werkaufgabe* 10Bd. Suhrkamp, Frankfurt am Main, 1974.

바로 누구나에게 선천적인 능력으로서 가정할 수 있는 "상상력과 오성의 자유로운 유희"라는 것이다. 여기서 대상에 대해 상상력과 오성의 자유로운 유희를 함으로써 일어나는 반성적 감정이 바로 미적 감정의 특징을 이루는 것이다. 칸트는 미적 대상의 형식과 관련하여 상상력의 유희가 감각적 자극과 감동을 일으키지 않고 반성적인 미적 감정을 일으키는 이유는 바로 대상의 형식이 지닌 합목적성에 있다고 한다.(KdU. B 39)[19] 미적 대상이 지닌 "목적 없는 합목적성"이란 상상력이 생산적이며 자족적인 자유로운 유희를 하면서 목적이란 개념에 규정되지 않고 대상의 형식의 어떤 통일적 질서를 포착해 내는 것을 말한다.

칸트의 "숭고의 분석"에서 상상력의 유희는 수학적 숭고와 역학적 숭고에서 핵심적 역할을 한다. 수학적 숭고는 오로지 대상의 형식을 총괄하는 데에 한계를 경험한 우리의 상상력이 우리 내부에서 절대적 크기에 대한 총체성과 전체성의 이념을 일깨워 일어나는 감정이다. 예를 들어 무한히 펼쳐지는 고비사막이나 평원 위의 한복판에서 우리의 상상력은 대상에 대한 감성적 표상을 총괄하려고 할 때 필연적으로 한계에 부딪히지만, 이때 우리의 상상력이 우리의 내부로 들어가 오로지 미리 예비된 총체성과 전체성이라는 이성의 이념에 따라 자극되고 고무되어 유희할 때 숭고한 감정이 일어나는 것이다.[20]

역학적 숭고는 인간에게 강제력을 지니는 위력으로서 느껴지는 자연의 대상을 통해 인간의 내부의 초감성적인 이념이 일깨워져 일어나는 정신적 감정이다. 예를 들어 온통 파괴력을 자랑하는 화산과 같은 자연의 위력은 인간에게 공포의 대상이 되며 거기에 저항하려는 인간의 물리적 능력을 보잘것없이 작은 것으로 만들며 무력감을 체험하게 한다.(KdU. B 102) 그러

19 이에 대한 해석은 W. Bimel, "Die Bedeutung von Kants Begründung der Ästhetik für die Kunst", in: *Kant-Studien Ergänzungsheft* 77(Koln, 1959), S. 52 참조.

20 공병혜, 『판단력비판』, 울산대출판부, 2000, 62-66쪽; 김상봉, 「칸트와 숭고의 개념」, 『칸트와 미학』 칸트연구 제3집, 민음사, 1988, 248-254쪽 참조.

나 숭고는 우리의 상상력이 우리 내부의 도덕적인 이념을 일깨우면서 이와 유희를 함으로써 자연의 위력을 공포 없이 관조할 수 있을 때 일어나는 감정인 것이다.(KdU. B 106)

특히 칸트의 예술론에서 상상력의 유희는 예술을 창조하게 하는 천재가 지닌 미적 정신의 핵심적 요소로서 작용한다. 거기서 미적 예술작품은 오로지 천재의 자연, 즉 천재의 생득적인 심의 기질, 자연적 기질로부터 나오는데, 그것은 학문과 기술에 대한 규칙을 습득하는 숙련의 소질이 아니라, 예술의 형식 혹은 규칙을 스스로 창조하는 데 있다.(KdU, B 182, 183) 여기서 예술작품에 형식 혹은 규칙을 부여하는 천재의 심의 능력으로서 정신(Geist)이 바로 상상력과 오성의 활기찬 유희를 통해 미적 이념을 현시하는 능력인 것이다. 미적 이념이란 상상력의 유희를 통해 현실세계에서 표현할 수 없는 이성 이념이나 내면적인 체험이 가시화된 것이다. 즉 상상력의 유희가 신이나, 영원성, 덕이나 자유, 혹은 죽음, 사랑, 악 등을 감성적 직관을 통해 수용한 자연적 소재를 통해 가시화하여 예술작품 속에 표현하는 것이다.

지금까지 칸트 철학에서의 유희 개념은 대상의 인식 과정에서 개념에 규정되지 않는 사고의 자발성과 관계하고 있으며, 미학에서 상상력의 유희활동은 오성과 이성 이념과의 유희를 통해 순수한 아름다움과 숭고미를 경험하게 하는 미적 판단의 핵심적인 역할을 할 뿐만이 아니라, 예술작품을 창조하는 천재의 정신능력을 특징짓는다.

4. 쉴러의 유희충동과 미적 교육

쉴러의 미학에서 유희의 개념은 충동의 개념과 결합되어, 자신의 『인간의 미적 교육론』에서 미적 성품을 형성하는 핵심적인 마음의 능력으로 인간을 교양하는 의미를 지닌다. 미적 교육의 목적은 인간의 미적 성품을 개발하여 조화롭고 총체적인 인성을 회복하고자 함이며, 여기서 미적 성품이란 인간의 감성적 충동과 이성충동이 조화롭게 만나 일어나는 상상력의 유희충동(Spieltrieb)을 개발함으로써 형성된다.[21] 쉴러는 자신의 시대의 계몽사상이 초래한 인간의 도덕적 타락과 억압된 정치문화를 비판하면서 인간의 도덕적 회복과 소외의 극복, 그리고 이를 통한 정치적 자유의 실현을 위한 대안으로서 예술을 통한 미적 교육론을 전개시킨다. 쉴러는 자신의 시대적 과제가 "기술이 파괴한 인간 본성의 총체성을 보다 차원 높은 하나의 예술에 의해 다시 만들어 내는 것"(NA 28)이라고 주장하면서, 인간 본성의 총체성을 회복하기 위해서 개발해야 할 인간의 본성을 유희충동이란 개념을 통해 설명한다.

쉴러는 인간을 "머무는 것"으로서의 그의 "인격"과 "끊임없이 변화하는" 것으로서의 그의 "상태(Zustand)"를 통해 설명한다. 인격은 항상 이성적 본성으로서의 형식충동으로부터 출현하며, 상태는 인간의 감각적 본성으로서의 감각적 충동으로부터 출현한다. 이렇듯 인간에게는 직접적인 삶의 변화와 생동하는 상태를 지향하는 감성충동과 상태의 온갖 변화 속에서도 인격이라는 삶의 원칙들을 제시하는 형식충동이 있으며, 이러한 힘의 충동들이 서로 상호 자용할 때 비로소 성품의 총체성이 형성되는 것이다.(NA 318) 이러한 감성충동과 형식충동이 조화, 일치될 때 인간의 내부에 잠재해 있던 새로운 충동이 일어나게 되는데, 이 새로운 충동을 쉴러는 **유희충동**이라 불렀다.(NA 353) 감각충동의 대상이 변화하는 생명이며, 형식충동의 대상이 인간의 사고능력에 의한 원칙이라고 한다면, 유희충동은 두 충동이 결합된 "살아 있는 형태", 즉 아름다움을 창조한다.(NA 355) 유희충동에 의해 아름다움을 창조하는 미적 행위는 인간의 감각적 성품과 도덕적 · 이성적 성품을 일치 조화한 성품의 총체성에 근거한 것이므로 참된 인간성의 실현을 보여 준다. 이러한 견지에서 쉴러는 인간과 유희, 그리고 아름다움

---

21 Friedrich Schiller, *Über die ästhetische Erziehung des Menschen in einer Reihe von Briefen*(1795), in. *Schillers Werke, Nationalausgabe*, Bd. 20, Weimar, 1962, S. 312, 이하 인용할 때에는 NA로 줄여 페이지만 표기.

의 관계를 다음과 같이 요약한다: "인간은 오직 그가 그 말의 완전한 의미에서 인간일 경우에만 유희하며, 유희할 경우에만 온전히 인간이다." "인간은 오로지 아름다움과 더불어 유희해야 하며, 오직 아름다움과 더불어서만 유희해야 한다."(NA 359)

쉴러에게서 예술은 유희충동이 만들어 내는 아름다운 가상이며, 이것은 감성적, 물리적 필연성과 이성적, 도덕적 필연성에 의한 강제가 모두 사라지는 자유로운 심적 상태, 즉 미적 상태를 조성한다. 예술은 이러한 내면적 작업을 통해 성품의 총체성을 회복하여 참된 자유에 이르게 함으로써 인간성의 실현을 보여 준다. 쉴러는 『인간의 미적 교육의 서간』을 마무리하면서 다음과 같이 말한다. "우리를 두려움에 떨게 하는 힘들의 왕국 한가운데에서, 그리고 법들의 신성한 왕국 한가운데에서 미적인 교육충동은 눈에 띄지 않게 유희와 가상의 즐거운 제3의 왕국을 건설하는 데에 종사한다. 이 왕국 속에서 그것은 인간으로부터 모든 관계들의 속박을 제거하고, 그를 물리적 관계뿐만이 아니라 또한 도덕적 관계에 있어서 강제라고 일컫는 모든 것으로부터 풀어 준다."(NA 410) 이러한 유희충동에 의해 산출되는 자유로운 예술은 인간의 자기 소외를 극복하게 하여 억압된 의지의 자율성과 이성에 대한 통찰능력을 촉진시켜 진정한 인간성의 실현을 위한 가상으로서의 아름다움을 제시해 주는 것이다.[22]

5. 니체의 철학에서의 유희

주체의 정신활동과 관계하는 유희는 낭만주의자들의 미학이론에서 중요한 의미를 지니는데, 슐레겔(Schlegel)에 있어서 세계유희는(Welt-spiel) 일종의 예술작품이다. "예술의 모든 성스러운 유희는 세계의 무한한 유희, 영

22 게트만 지페르트, 공병혜 옮김, 『미학입문』, 철학과현실사, 1999, 182쪽 참조.

원히 스스로 형성하는 예술작품에 대한 모상들이다."[23] 이러한 낭만주의의 메타포로서의 유희는 니체의 우주적인 세계유희라는 개념으로 확장되었으며, 특히 하이데거, 가다머, 그 다음 포스트모던적인 유희에서 다시 수용되면서 재해석되어졌다. 유희란 니체에 있어서 가장 핵심적인 철학적 · 미학적 범주에 속한다.

니체의 철학에서 유희에 대한 사고는 특별히 헤라클레이토스의 단편 52와 관련되어 있는데, 세계와 '유희하는 아이'에 대한 사고는 바로 세계 원리에 대한 유비로서 파악된다. 아이는 주사위를 던지고 유희하면서 유희의 질서를 파악하고, 미적 인간은 세계를 직관한다. 니체는 헤라클레이토스의 세계와 유희하는 아이를 예술가와 세계유희로서의 예술작품과 비교하는 것이다.[24]

니체에게서 인간의 유희와 예술가의 유희, 아이의 유희는 우주의 근본적인 개념이며 우주적 은유이다. 니체는 모든 "권력의지"가 움직이는 세계의 터전을 "유희의 시간과 유희의 공간"으로 사유한다. 니체의 유희의 개념은 창조적인 아폴론과 파괴의 요소가 어우러지는 디오니소스의 생성의 유희에서 형성되는데, 여기서 아폴론적 유희가 꿈과 가상의 놀이라면 디오니소스적인 것은 자연의 생성과 대립, 창조와 파괴가 공존하는 인간에 대한 자연의 유희, 도취의 유희인 것이다.[25] 특히 니체의 영원 회귀의 생성의 유희는 모든 것을 포함하고 창조하며 이끌어들이는 세계유희의 시간인 것이다. 니체는『차라투스트라는 이렇게 말하였다』에서 정신 발전의 세 단계, 즉 낙타의 정신과 사자의 정신, 어린이의 정신에 대해 묘사하고 있다.[26] 거기서 결국 초월적 세계에 대한 무조건적 복종과 그 가치에 따라 살아가는 낙타의 정신을 넘어 자신이 자유를 얻는 사자의 단계까지는 근대의 세계 안에

23 *Historisches Wörterbuch*, S. 1386 참조.

24 귄터 볼파르트, 정해창 옮김,『놀이하는 아이, 예술의 신 니체』, 담론사, 1998, 143쪽 참조.

25 신승환,「생성과 극복의 놀이」,『니체가 뒤흔든 철학 백년에서』, 민음사, 2000, 436쪽 참조.

26 F. Nietzsche, *Kritische Studienausgabe in Sämtliche Werke*, (KSA) 4, ed. G. Colli and M. Montinari, München, 1980.

서 가능한 철학적 정신이다. 그러나 어린아이의 정신은 새로운 시작이고 유희이며, 스스로 움직이는 최초의 움직임이다. 사자의 정신이 최상의 가치를 전도시켜 몰락으로 이끌어 가는 부정의 정신에 머물러 있다면, 생성의 유희는 아이의 창조적 놀이를 통해 새로운 가치를 생성하는 축제의 놀이, 신성한 긍정의 놀이로 이루어진다. 이 거룩한 긍정의 유희를 벌이는 사람은 어린아이의 정신을 가진 초인이며 이러한 유희를 이끌어 가게 하는 것은 바로 "권력의지"인 것이다.[27]

니체는 세계시간으로서의 아이온의 아름답고 순진무구한 게임을 다음과 같이 묘사하고 있다. "자신을 물과 흙으로 변화시킴으로써 그는 어린아이가 바닷가에서 성을 만드는 것처럼 성을 만든다. 그는 성을 지었다가 부수었다 한다. 때때로 그는 이 게임을 다시 시작한다. 한 순간 만족 후에 그는 욕구에 의해, 그 예술가로 하여금 창조하도록 부추기는 욕구에 의해 또 한 번 사로잡힌다. 그것은 놀이하도록 항상 다시금 일깨우는 충동이며, 다른 세계에 생명을 주는 충동이다……."[28] 니체는 이러한 어린아이의 유희를 미학적 인간인 예술가와 유비시키고 있다. 니체에게서 세계유희는 예술가의 게임이며 예술작업과 개인은 "마치 물결 속의 잔물결처럼 세계를 창조했던 태고적 과정을 반복한다"는 것이다. 니체에게서 세계유희는 예술작품 속에 반영되지만, 그러나 미래의 예술은 더 이상 개별 예술가의 예술작품일 수만은 없다. 우리는 앞으로 세계유희 그 자체를 순수 예술작품으로 간주하게 될 것이라는 것이다.[29] 이러한 세계유희 자체가 순수예술이라는 기본적 미학적 인식은 오늘날 "예술가 없이 등장하는 예술작품", "모든 것은 예술이다"라는 탈형이상학적인 포스트모더니즘의 흐름에서 예술작품과 예술가라는 개념에 대한 새로운 질문을 제기하고 있다.[30]

---

27 E. Fink, *Nietzsches Philosophie*, Stuttgrt: Kohlhammer Verlag, 1986, S. 186-189 참조.

28 G. Wohlfart, *Also sprach Herakleitos, Heraklits Fragment B52 und Nietzsche Heraklit-Rezeption*, Freiburg/München, 1991, 제2장 12절.

29 귄터 볼파르트, 『놀이하는 아이, 예술의 신 니체』, 156-158쪽 참조.

30 위의 책, 21쪽 참조.

더 읽을거리

진중권, 『놀이와 예술 그리고 상상력』, 휴머니스트, 2005.

권터 볼파르트, 『놀이하는 아이, 예술의 신 니체』, 정해창 옮김, 담론사, 1998.

요한 호이징하, 『호모루덴스』, 김윤수 옮김, 까치글방, 2005.

프리드리히 쉴러, 『인간의 미적 교육에 대한 편지』, 안인희 옮김, 청하, 1995.

예술과 과학

박은진

1. 기술-예술, 예술-과학, 과학기술-예술

'예술'을 의미하는 'art'의 어원은 라틴어의 'ars'이다. 그리고 'ars'는 희랍어인 'techne'에서 온 단어이다. 이렇게 어원적으로 보면, 예술과 기술은 어떤 식으로든지 깊은 연관을 가지고 있다. 적어도 예술과 기술은 '솜씨'나 '술(術)'을 적극적으로 요구받는다는 점에서 그러하다.

희랍어 'techne'처럼 '솜씨'나 '술(術)'을 뜻하던 라틴어 'ars'는 오늘날 우리가 머리 속에 그리는 예술과 많은 점에서 다르다. 그러나 중세의 학교나 12세기 들어 나타났던 대학에서 라틴어 'ars'는 단순히 '솜씨'나 '술(術)'이 아닌 지적인 작업을 요구받는 '학문(學問)'이나 '학과(學科)'를 의미하게 되었다. 중세의 대학에서 가장 기초적인 일련의 과목은 이른바 '7자유학예(自由學藝, septum artes liberales)'[1]로 불렀다. 물론 이 용어에는 오늘날 예술에 속하는 그 어느 것도 거기에 속하지 않았음은 물론이다. 특

1 '7自由學藝'는 '3學(trivium)'과 '4科(quadrivium)'로 나뉜다. 인간의 정신과 관련맺는 말과 논리에 관한 '3학'에는 문법, 수사학, 변증술이, 자연과 세계의 사물에 대해 논의하는 '4과'에는 산술, 기하, 음악, 천문학이 속한다. 단 여기서 말하는 음악의 경우, 화성학만을 가리킨다.

히 7자유학예에서 수학은 인간 정신의 자율적 성격을 보여 주는 가장 대표적인 과목이며, 수학을 이용한 자연에 대한 탐구는 근대 과학의 기본적인 특징이다. 물론 중세 말부터 근대에 이르기까지 자연에 관한 연구에서 수학은 그 무엇보다도 중요했지만, 르네상스 시기에 수학은 자연학보다도 건축술과 회화술에서 먼저 적극적으로 사용되었으며 놀라운 결과를 낳을 수 있었다. 그래서 무엇보다도 수학을 적극적으로 이용하여 작업하는 회화술은 과학으로 평가받아 마땅했다. 물론 그렇게 되지는 못했지만, 이는 예술에서 특히 회화에서 과학적 성격을 보여 주는 부분이다. 이렇게 역사적으로 보자면, 예술과 과학은 일상적인 이해보다는 훨씬 밀접한 관계를 맺기도 했다.

사실이지 예술과 과학의 차이에 대한 논의는 생각보다 아주 느지막이, 18세기 중반 무렵 본격적으로 나타났다. 'ars' 가 예술을 가리키는 'art' 의 어원이라고 할 때, 'ars' 는 원래 지녔던 것보다도 아주 느지막이 나타났던 의미와 훨씬 밀접하다. 특히 '순수 예술' 또는 '미감적 예술(beaux-arts, fine arts)' 이 확립되면서, 예술은 과학과 완전히 다른 것으로 간주될 수 있었다. 또한 예술이 '미' 를 목적으로 하기 시작하면서, 순수 예술은 이제 기능술과 구분될 수 있었다. 이제 예술은 기능술인 공예와 완전히 구분되며, 과학 또는 학문과도 다른 것으로 확실하게 말할 수 있게 되었다.

19세기 들어 자연과학이 급속하게 발전되면서, 근대 이후 이루어졌던 산업화와 더불어 과학기술의 발전도 동시에 진행되었다. 이런 예술 외적인 상황은 20세기 이후의 예술에 그 어느 때보다도 과학과 과학기술의 변화를 적극 수용하려는 경향으로 나타났다. 심지어 과학과 과학기술의 발전이 예술에 직접 영향을 끼치기에 이르렀다. 예를 들어 표현 대상이 이전과 달라지거나, 과학기술의 발전에 따른 변화가 구체적으로 예술작품에 표현되었다.

이제는 예술과 과학 또는 과학기술은 다양한 방식으로 결합되고 있다. 즉 전자매체의 발전으로 그 어느 때보다도 예술 영역에서 자연과학과 현대의 과학기술의 연결이 자연스럽게 이루어지고 있다. 심지어 이질적인 예술과 과학 또는 과학기술이라는 두 영역의 접목은 아주 빨리 진행되고 있다. 특히 최근에 보게 되는 디지털 기술의 발달은 예술의 디지털화를 가능케 했다. 이는 그동안 이루어진 예술과 기술의 단순한 물리적 결합이 아니라, 과학기술과 예술 사이에 화학적 결합의 가능성을 보여 주고 있다.

2. 예술에서 수학의 의미

서양의 철학과 과학은 고대 희랍에서 그 논의의 출발점을 찾을 수 있다. 그리고 오랫동안 동일한 발전의 과정을 겪어 왔다. 이 과정에서 철학과 과학은 자연과 세계를 각자의 방식에 따라 질서 있고 조화롭게 표현하고자 했다. 전통적으로 인간이 추구해야 할 최고의 가치는 '진(眞)'과 '선(善)'과 '미(美)'였다. 고대 희랍의 논의에서 바로 이에 대한 제대로 된 표현은 동일한 방식으로 드러날 것이다. 또한 진을 추구하는 논의와 미를 추구하는 논의는 그 논의의 대상을 공유한다.

진을 추구하는 논의와 미를 추구하는 논의에서, 그 논의의 대상은 겉으로는 혼란스러운 모습으로 드러난다. 바로 이런 이유 때문에, 진과 미를 추구하는 두 논의는 동일한 방식으로 혼란스러운 겉모습에서 그 속에 감추어진 질서 있고 조화로운 모습을 찾고자 한다. 진을 추구하는 과학과 미를 추구하는 예술은 상이한 목적을 가지고 있음에도 불구하고, 공통의 특성을 추구하기도 한다고 볼 수 있다.

역사적으로 보자면 과학이 오늘날의 모습을 갖춰 나갈 무렵, 예술은 이미 과학적 성격을 갖추고 있었다. 첨두형 고딕 양식이 르네상스의 건축 양식으로 바뀌면서, 이탈리아를 중심으로 한 르네상스의 건축 양식은 다시금 새로운 규준으로 규칙성과 대칭성과 비례를 중시했다. 이것은 고대 희랍의 예술이 로마제국 초창기의 건축에서 강조되었던 질서와 조화를 추구하는 체계이기도 했다.

특히 근대 과학을 그 이전의 과학과 나누는 중요한 특징의 하나는 자연과 세계에 대한 논의의 수학화였다. 이를 통해서 근대 이후의 과학은 급속한 발전을 이룰 수 있었다. 특히 이 부분에서 예술은 과학보다 앞서는 부분이기도 하다. 더 나아가 이 회화 작품들을 분석해서, 이런 예술작품들이 기하학적 구조 위에 성립되고 있다는 사실을 인식시킬 필요가 있다. 이런 방식을 통해서 예술작품들이 수학과 아무런 관련 없는 논의가 아니라, 바로 수학적 토대 위에 성립되고 있음을 명확히 할 수 있다. 바로 예술은 수학을 받아들임으로써 자연과 세계를 엄밀성 위에 성립하게 된다.

예술은, 즉 회화는 수학을 이용해서 자연과 세계의 완벽한 형태를 구성한다. 그리고 수학적으로 완벽한 형태를 통해서 자연과 세계에 질서와 조화를 구현하게 된다. 여기서 자연과 세계에 질서와 조화란 바로 과학에서 추구했던 이념으로, 수학은 과학과 예술을 동일한 이념으로 묶어 주는 역할을 한다. 이를 통해 예술은 부분적으로 예술의 목적인 미에 다가간다.

3. 회화에서 선과 색의 문제

과학은 많은 영역에서 커다란 영향력을 행사해 왔다. 여기서 예술이라고 예외는 아니다. 서양 예술의 발전은 예술과 과학의 관계를 아주 잘 보여 준다. 이 관계는 무엇보다도 예술에서 '선'과 '색'을 사용하는 데에서 볼 수 있다. 왜냐하면 선과 색은 예술에서 가장 기본적인 요소이기도 하지만, 동시에 그 자체로 과학의 논의이기 때문이다.

전통적으로 과학은 자연의 진정한 모습을 있는 그대로 기술하려고 했다. 이것이 고대부터 추구했던 것이었고, 결국은 자연과학을 형성했다. 또 지금에야 과학과 예술은 서로 완전히 달라, 어떤 점에서라도 연결되는 것이 없어 보인다. 그렇지만 과학과 마찬가지로 그 출발점에서 예술도 자연을 있는 그대로 묘사하려고 했다. 자연의 원래의 모습을 있는 그대로 그리려고 한다는 그 출발점은 예술과 과학에서 같은 성격을 보여 준다. 그러나 동시에 각각의 발전 과정에서 과학과 예술은 다름을 보여 주기도 한다. 이것이 과학에서는 궁극적으로는 자연에 대한 '진리'를 추구하게 했다면, 예술에서는 진리가 아닌 '미'를 추구하게끔 만들었다.

예술의 발전 과정에서 보자면 예술에서 사용된 선과 색은 이와 관련해서 각 시대마다 나타났던 자연과학의 논의와 밀접하게 관련을 맺고 있다. 그 가운데에서도 서양예술에서 회화의 발전은 예술과 과학의 관계를 아주 잘 보여 준다. 이것은 예술의 발전 과정에서 회화가 차지하는 위치를 생각한다면 쉽게 짐작할 수 있는 일이다. 특히 서양예술의 발전에서 각 계기마다 그 이론적 논의가 주로 회화를 중심으로 이루어졌다고 해도 지나치지 않다. 회화는 대상을 묘사하기 위해서 무엇보다도 선과 색이라는 두 가지를 이용해 왔기 때문이다. 그렇다면 예술에서 회화는 다른 어떤 분야보다도 자연과학의 논의와 밀접하다고 볼 수 있다.

4. 공간과 공간 인식: 풍경화의 등장

중세에서 근대로의 이행은 모든 면에서 엄청난 변화를 가져왔다. 이 시기에 신과 종교에 의해 가려졌던 자연에 대한 인간의 관심은 점점 커져만 갔다. 그리고 결국 근대 학문을 형성하기에 이르렀다. 이런 거대한 흐름에서 이른바 근대 자연과학의 성립은 가장 특징적이었다. 오늘날에야 예술과 과학이 아주 무관해 보이기는 하지만, 그렇다고 그 당시의 흐름에서 예술이라고 예외는 아니었다.

아주 잘 알려진 얘기지만, 서양예술의 발전에서 14세기 초에 나타난 조토(Giotto di Vondone, 1266-1337)의 풍경화는 아주 의미심장하다. 회화에서 풍경의 등장은 예술가들의 자연에 대한 관심을 의미하며, 그림 속의 풍경이란 자연과 세계에 대한 묘사이다. 그 무렵 과학자라고 불리는 인간들의 자연과 세계에 대한 관심은 자연과 세계에 대한 있는 그대로의 기술(記述)을 통해서 진리를 찾고자 했다. 그렇지만 그 당시 예술 영역에 있어서 새로운 모습으로 나타난 회화는 자연과 세계에 대한 또 다른 기술 방식이다. 중세에 자연과 세계에 대한 진리는 신에 의해서 인간에게 주어진 것이지만, 이제는 인간 스스로 찾아야만 했다. 그것이 과학에서, 그리고 예술에서 특히 회화에서 이루어지기 시작한 것이다.

조토의 풍경화가 등장하기 이전에 있었던 '비잔틴 양식'이란 3차원의 대상을 철저히 평면적으로, 2차원적으로 그려내는 것이다. 즉 조토 이전에도 풍경화는 있었고, 또 그 속에는 자연과 세계를 포함한 풍경이 나타나기도 했다. 그렇지만 그것은 3차원의 공간이 아닌, 2차원의 평면으로 그려졌을 뿐이다. 이런 의미에서 조토의 풍경화란 3차원의 자연 세계를 2차원의 평면에 3차원인 것처럼 그리는 것이다. 경험 영역에서 공간은 1차원의 선분에서 시작해서 2차원의 평면으로 그리고 3차원의 입방체로 이루어진다. 그래서 입방체로 채워진 공간은 3차원의 영역이며, 공간 속에 있는 자연과 세계의 형태는 선분을 통해서 묘사된다. 이런 의미에서 조토의 풍경화는 "세부 모사가 부피감에 종속되도록 공간을 완전히 재정비했다"는 것을 의미한다. 그리고 조토는 그의 풍경화에서 예술적인 또는 회화적인 의미에서 자연주의를 주장한 것이다.[2]

사실상 사람들은 공간을 이미 11세기 이후 건립된 성당이라는 교회 건축물에서 구체적이고 경험적으로 파악할 수 있었다. 그렇지만 조토의 풍경화가 나타난 이래 공간은 화가들의 의식 속에서 단순히 경험적 차원의 공간이 아니라, 추상적 개념으로 자리 잡기 시작한 것이다. 이런 의미에서 무엇보다도 고딕 건축에서 보여 주는 공간에 대한 체험은 화가들의 의식 형성에 중요했으며, 조토의 풍경화는 예술의 발전에서 새로운 출발을 의미한다.

2 마이클 리비, 『조토에서 세잔까지』, 시공사, 2005, 12쪽.

5. 공간 인식과 선원근법

조토의 풍경화에 나타난 자연과 세계에 대한 묘사는 공간에 대한 인식을 가져왔다. 그리고 15세기 초에 이르러 이탈리아의 피렌체에서 건축가로 활동했던 브루넬레스키(F. Brunelleschi, 1379–1446)는 공간에 대한 구체적인 인식을 보여 주는 소실점을 이용해서 공간을 묘사하는 선원근법(the linear perspestive)을 제시했다. 이제 예술가들은 이 새로운 기법을 적극적으로 받아들였다. 이어서 알베르티(Leon B. Alberti, 1404–72)는 1435년 발표했던 『회화론(*Della pictura*)』에서 유클리드 원리에 꼭 들어맞는 선원근법을 확립했다.

이제 자연과 세계에서 볼 수 있는 경험적 공간, 즉 시각을 통해서 나타나는 공간은 철저히 추상화된 공간으로 나타났다. 선원근법은 예술에서도 공간에 대한 수학적 인식이 확립되었다는 것을 보여 준다. 자연과 세계에 대한 수학적 기술은 자연과 세계에 대한 과학적 인식을 보여 준다. 근대 과학의 특징 가운데에서 가장 중요한 것은 바로 수학을 이용한 논의이다. 즉 고대 이래 진행되었던 자연과 세계에 대한 논의는 이른바 '근대' 과학으로 표현할 수 있었다. 이런 표현이 가능할 수 있었던 이유는 바로 수학을 이용한 엄밀한 논의 때문이었다. 이와 마찬가지로 자연과 세계를 그리려는 회화가 알베르티에 이르러 수학적 원리를 확립했다는 사실은 예술이 과학적 논의로 발전되었다는 것을 의미한다. 이제 예술은, 즉 회화는 과학이 되었다.

알베르티의 논의는 '시각의 합리화(the rationalization of sight)' 를 보여 주는, 시각에 대한 논의이기도 하다. 시각 이론을 통해서 알베르티는 새로운 미술 이론을 완성했다. 그리고 이에 따라 그려진 그림은 '투명한 창문' 을 통해서 세상을 바라본, 바로 그것에 해당한다. 이처럼 "회화적 원근법은 '원근법의 과학' 과 관련되며, 중세 후반기까지 학술 영역이었고 또 광학이라고 불렀던 것이기도 하다."[3] 여기서 알베르티는 '고대에 정립된 조화로운 비례 이론을 종합한 사람' 으로, 또 수학적 원근법을 완성한 사람으로 평가받는다.[4] 그리고 예술에서 알베르티는 '회화의 수학화'를 이끌었으며, 더 나아가 '예술의 수학화'를 추구했다.

선원근법은 3차원의 공간을 인간의 눈으로 보는 방식이며, 이 방식을 수학적으로 다룬 논의이다. 여기서 특히 아랍에서 전래된 알하젠 광학의 수학적 전통은 이 시기의 원근법을 다루는 예술가들과 해부학자들에 의해서 적극 받아들여져 계승되었다.[5]

6. 원근법과 레오나르도의 과학적 예술론

원근법 가운데서도 선원근법이 알베르티에 의해서 확립되었다면, 원근법은 레오나르도(Leonardo da Vinci, 1453–1519)에 의해서 완성되었다. 원근법은 알베르티가 주로 논의했던 선원근법 말고도 대기원근법(the aerial perspective)과 색채원근법(the colour perspective)을 포함한다. 레오나르도가 원근법을 완성했다는 것은 원근법의 다른 두 가지를 이론적으로 확립시켰기 때문이다. 선원근법이 형태의 윤곽을 나타내기 위해서 기하학적 선분을 이용한 것이라면, 대기원근법과 색채원근법은 형태의 표면을 나타내기 위해서 색을 이용한 것이다.

사실 알베르티의 『회화론』도 제2부에서 색에 관한 논의를 포함하지만, 공간 속에 있는 대상들의 색에 관한 제대로 된 논의는 레오나르도에게서

---

3 M. Baxandall, *Painting and Experience in Fifteenth Century Italy*, p. 124(1988, Oxford).

4 베르트랑 제타, 『건축의 르네상스』, 시공사, 1997, 36쪽.
"알베르티는 …… 고대의 비례 관계에서 이상적인 비례를 설정하는 방법을 터득했다. 이로써 건축은 음악과 같은 자연스런 조화를 나타내게 되었다. 건축과 음악이 지닌 근본적인 유사성은 '조화'라는 개념 속에서 찾을 수 있게 되었던 것이다."(위의 책, 같은 쪽) 이에 대한 다른 참고 자료는 생략한다.

5 이에 관해서는 D. C. Lindberg, *Theories of light from Al-Kindi to Kepler* (1976)과 D. C. Lindberg and G. N. Cantor, *The discourse of light from the Middle Age to the Enlightenment* (1985)를 참조할 것.

나타난다. 화폭 위에 표현되는 대상들은 3차원의 공간 속의 대상들이다. 따라서 이 대상들은 공간 속에 놓이는 그 위치에 따라 대상의 크기만이 아니라, 표면의 색도 달라지기 마련이다. 바로 이 부분에 관한 이론적 근거는 레오나르도에 의해서 확립된 것이다. 사실상 자연과 세계 속에 있는 대상들은 여러 가지의 성질들을 가지지만, 형태와 그 형태 표면의 색이 가장 대표적인 성질이다. 여기서 형태가 대상의 양적인 성질이라면, 색은 대상의 질적인 성질에 해당한다. 이렇게 본다면 알베르티의 논의는 공간 속의 대상에서 형태만을 기술할 수 있는 기법을 마련했다면, 이제 레오나르도의 논의는 형태만이 아니라 색까지도 묘사할 수 있는 기법을 마련한 셈이다.

레오나르도에게 회화는 단순히 예술이 아니었다. 그에게 회화는 과학적인 것이었다. "회화는 과학인가 아닌가?" 이런 물음을 레오나르도는 던졌다. 물론 이 물음에 대한 그의 대답은 회화는 과학이며, 그것도 '참된 과학'이라는 것이었다. 그에게서 참된 과학이란 경험과 수학적 논증에 의해 뒷받침되어야 한다. 즉 경험적으로 확립된 결과는 수학적 논증을 통과해야만 한다.[6]

자연 속의 것들은 무엇보다도 시각에 의존하여 점, 선, 면으로 시작한다. 진정한 화가가 되기 위해선, 무엇보다도 기하학을 배워야 했으며, **회화의 수학화**를 이끌었다.[7] 이것은 바로 근대 과학에서 갈릴레오(Galileo Galilei, 1564–1642)의 **'자연의 기하학화'** 나 데카르트(René Descartes, 1596–1650)의 **'과학의 수학화'** 에 비견될 수 있을 정도로 획기적인 업적이다.[8]

이제 레오나르도의 논의에서 "회화과학(the science of painting)은 …… 물체 표면의 색깔과 둘러싼 물체의 모양을 다룬다. 더 나아가 이 과학은 원

---

6 Leonardo da Vinci, *Paragone. A Comparison of the Arts* (1949) 참조.

7 르네상스기에 설립된 예술 아카데미는 중세 대학의 '7자유학예' 에 대응해서 색채, 소묘, 빛과 그림자, 표현, 비례, 원근법의 7과목을 필수로 가르쳤다. 또한 원근법이 중세 대학의 '7자유학예' 에 보태져서 '제8자유학예' 로 부를 수 있었을 정도였다.

8 물론 갈릴레오는 '자연의 기하학화' 를 내세우면서, 나중에 나타날 '과학의 수학화' 를 위한 토대를 마련했다. 근대 과학에서 '과학의 수학화' 는 데카르트에 의해 이루어진다.

근법의 모태, 즉 시각 광선(visual ray)의 모태이다." 여기서 거리에 따른 물체의 색과 그 배경의 색은 색채원근법과 대기원근법으로 발전되었다. 또한 시각 광선의 과학은 시각 피라미드에 의존한 원근법의 형태에 따라서 새로운 천문과학(the science of Astronomy)을 발전시킬 수 있었다.[9]

레오나르도는 회화과학을 기본적으로 다른 자연과학과 마찬가지의 것으로 이해했다. 심지어 자연과학보다도 더 우월할 수 있을 것으로 보기도 했을 정도이다. 그러나 회화과학과 자연과학의 발전 과정은 아주 달랐다. 시기적으로 보자면 예술에서보다도 과학의 수학화가 더디게 이루어졌지만, 예술에 비해서 과학은 더욱 엄밀해졌다. 또 그 과학의 이념은 모든 영역으로 광범위하게 확산되었다. 이제 모든 영역에서 수학화와 합리화가 적극적으로 진행되었다. 그러나 가장 먼저 수학화의 길을 걸었던 회화는 반대로 이른바 근대적인 의미에서의 비과학적인 성격을 더욱 강조하는 방향으로 나아갔다. 특히 회화과학은 형태와 함께 색채를 점점 강조하면서 나타난 상황이었다. 색채를 이용한 밝음과 어두움의 표현은 회화과학에서 근대 과학의 이념인 객관성을 떨어뜨리고, 반대로 주관적 성향으로 치달을 수밖에 없었다. 그러나 색을 이용한 밝음과 어두움의 표현은 그들에게 유일한 탈출구였다.

7. 형태와 색: 예술의 객관적 특성과 주관적 특성

겨우 레오나르도에 이르러서야 빛을 묘사한 색에 대한 논의가 확립되었지만, 빛을 경험하고 그 빛에 의해서 나타난 색을 알게 된 것은 오래 전이다. 중세 말, 그것도 새로운 양식의 교회를 접하면서 얻게 된 놀라운 깨달음이었다.

9 Leonardo da Vinci, *Paragone. A Comparison of the Arts*, p. 25 참조.

고딕 건축물의 상징처럼 말하는 스테인드글라스는 이전과 달리 교회 내부를 밝고 화려하게 만들 수 있었다. 이제 속세의 인간은 신적인 의미의 밝음을 직접 신의 계시가 아닌 고딕식 교회에서 체험할 수 있게 된 것이었다. 다시 말해 사람들은 진정한 밝음을 볼 수 있게 되었고, 이제 빛이 조금씩이나마 인식의 대상으로 간주될 수 있을 여지가 생긴 것이다.

그렇지만 밝음과 어두움으로 나타난 빛에 대한 예술가들의 관심에도 불구하고, 빛 자체가 관심의 대상이 될 수 없었다. 이것은 빛을 신비한 것으로 보았기 때문이었다. 그리고 여전히 빛은 과학적 논의 대상이 아니었다. 그러나 예술에서 주된 관심사였던 빛과 색은 회화의 영역에서는 아주 중요했다.

레오나르도의 대기원근법과 색채원근법은 그의 선원근법에 대한 논의와 함께 원근법의 완전한 체계를 제시하는 논의이다. 대기원근법과 색채원근법은 대상의 크기가 아니라, 대상의 색과 대상을 에워싼 공기색의 연하고 진함에 따라 거리의 멀고 가까움을 실감나게 나타낸다.

선원근법이 세계의 자연적 공간을 인위적 공간으로 만들어 버렸다면, 자연 공간을 제대로 표현하기 위해서 레오나르도의 대기원근법과 색채원근법은 중요하다. 다시 말해서 기하학적 원리에 따른 인위적 공간을 다시 자연적 공간으로 바꾼다는 것은, 예술이 근대 과학과는 다른 노선을 따르는 것이다. 왜냐하면 근대 과학은 수학을, 즉 연속적인 양(量)에는 기하학을 이용하고 비연속적인 양에는 산술을 이용해서 자연을 양화(量化)시키는 작업이기 때문이다.[10] 바로 이러한 방식에 따라 예술은 대기원근법과 색채원근법을 위해서 결국 색의 연하고 진한 사용으로 나타날 것이다.

예술에서, 즉 회화에서 색채의 사용은 형태의 확립 이후 중요한 발전이었다. 또한 빛과 그림자에 관한 논의가 과학에서 다루어진 주제이긴 했으나, 이의 세련된 색채 사용은 예술을 비과학적으로 이끌었다. 다시 말해 예

10 Leonardo da Vinci, *Paragone. A Comparison of the Arts*, p. 22 참조.

술에서 색채의 사용은 선원근법으로 확립된 양적(量的) 예술에 질적(質的) 요소를 첨가하는 것이다. 이것이 예술적으로는 바람직할 수는 있겠으나, 과학적 요소를 내던지는 일이기도 하다. 근대 과학에서 대상의 질은 논의 대상에서 배제해야 할 것이었다. 왜냐하면 대상의 질은 인식 주체에 의존하는 것으로, 객관적일 수 없기 때문이다. 특히 근대 과학에서 색은 물질의 제2성질에 해당하는, 양화될 수 없는 것이었다. 이는 색을 주관적인 것으로 규정지은 것이며, 과학적 논의 대상에서 배제시킨 것이기도 하다. 이런 이유에서 무엇보다도 회화에서 가장 중요한 요소 가운데 하나인 색은 철저히 인식 주체에 의존하며, 이것을 받아들이는 한 비과학적일 수밖에 없다.

원근법은 예술에서 형태를 확립하기 위한 장치였다. 그 가운데서도 선원근법은 예술에 과학의 객관적 성격을 가능케 했다. 그러나 앞서 보았듯이 예술에서 필연적으로 따르는 색의 강조는 바로 그 객관적 성격을 줄이고 주관적 특성을 강화하게 만들었다. 다시 말해서 색의 사용은 예술에서 과학적인, 객관적 성격을 줄이고 있다는 것이다. 물론 여기서 예술적이란 표현이 주관적이라는 표현을 함축하는 것은 아니지만, 색의 사용은 예술적인 측면을 강조하는 역할을 하는 셈이다.

8. 빛에 대한 관심과 주관성의 강조

예술에서 색에 대한 관심은 예술을 비과학적으로 만들었지만, 빛을 문제 삼은 과학의 논의는 더욱 철저히 근대적 이념에 따를 수 있었다. 아마도 빛에 대한 제대로 된 논의는 데카르트의 논의일 것이다. 그러나 데카르트의 과학은 철저히 색을 배제한 논의였다. 떼어놓을 수 없다고 여겼던 빛과 색을 분리하고, 이제 데카르트는 빛에서 주관적인 색을 제거시켰다. 그리고 빛을 기하학적으로 분석해 냈다. 이른바 데카르트가 '굴절 광학'이라고 불렀던 놀라운 논의였다.

더 발전된 논의는 뉴턴(I. Newton, 1642–1727)의 광학에서 나타난다. 즉 뉴턴은 빛을 인위적으로 조작하여, 데카르트가 제외시켰던 색을 끌어들인 것이었다. 물론 색의 제2성질에 대한 제대로 된 논의는 아니었지만, 색을 과학적 방법으로 통제할 수 있다는 점에서 색을 끌어들인 빛에 대한 객관적이고 양적인 논의였다. 그렇다고 해서 색의 주관적 성질이 부정되는 것은 아니었다. 실제로 뉴턴이 거론했던 주관적 색이란 '우연적 색(accidental colour)' 으로 바로 보색이다. 사실상 이런 종류의 색은 이미 레오나르도에게서도 나타났던 색의 혼합과 관련된 논의이기도 했다.

예술에서 주관적 색의 적극적 수용은 색을 단순히 과학적 논의에 한정시켜 배제시킬 수 없었다. 특히 유명한 독일의 문필가이자 과학연구가인 괴테(J. W. von Goethe, 1749–1832)에게 있어서 색이란 자연의 일부였다. 그는 사람들이 자연을 논의하면서 주관적이라는 이유에서 색을 배제시킨다는 것을 자연에 대한 제대로 된 논의가 아니라고 보았다. 즉 우리가 비과학적이거나 주관적이라고 해서 물질의 제2성질인 색을 제외하고, 과학적이고 객관적인 제1성질의 빛만을 보는 것은 심각한 문제라는 것이다. 한마디로 우리는 색과 빛을 한꺼번에 보는 것이지, 따로 분리해서 보는 것은 아니라는 주장이다.

괴테의 논의는 근대 과학의 이념에서 말하는 색의 주관적 성질을 부정하는 것이 아니라, 바로 그 주관적 색을 논의의 영역으로 끌어들이자는 것이다. 이 논의는 보는 주체인 인간 눈의 생리적 구조를 규명해서, 색을 주관적으로 만드는 생리적인 차원의 '생리적 색' 을 주장한다. 즉 색의 주관적 특성은 주관의 생리적 구조에 기인한다는 것이다.[11] 바로 이런 의미에서 괴테의 색채론은 '주관적 색채론' 이라고 할 수 있다. 그렇지만 괴테의 논의 이후 시각에 대한 과학적 논의는 색을 과학적이고 객관적 논의로 발전시킬

11 괴테는 색을 '생리적 색' 과 '물리적 색', 그리고 '화학적 색' 의 세 가지로 구분한다. 괴테의 색채론에서 가장 획기적인 논의는 '생리적 색' 에 관한 것이다. 이에 관한 것은 괴테의 『색채론』(장희창 · 권오상 옮김, 민음사, 2003)을 볼 것.

수 있었다. 물론 그 당시 과학의 논의에서 괴테의 색채론은 철저히 비과학적인 것으로 간주되었지만, 오히려 화가들은 자신들의 작업에 받아들일 수 있었다.

화가들은 점차로 자신들의 고유성을 색의 사용에서 찾았다. 그리고 회화를 포함해서 예술을 과학과는 완전히 다른 것으로 여기는 것이 상식에 속하게끔 되었다. 이런 상황에서 괴테의 색채론은 화가들의 색에 대한 새로운 관점을 제공했다. 그 가운데에서도 터너(W. Turner, 1775-1851)는 가장 적극적으로 괴테의 색채론을 받아들였다. 심지어 터너는 자신의 1843년의 작품인 〈빛과 색(괴테의 이론)〉에서 괴테의 색상환표를 이용할 정도였다. 화가들에 의한 비과학적 색의 사용은 점차로 과학적 논의로 바뀔 수 있었다. 과학이란 언제나 고정된 논의를 말하는 것이 아니라, 과학의 발전에 따라 발전된, 그래서 새로운 논의를 낳기 때문이다. 비과학적이라고 했던 괴테의 색채론은 점차로 새로운 논의를 통해서 과학적인 논의로 바뀌어 갔다. 그 당시의 과학에서 괴테의 색채론은 비과학적으로 간주되었지만, 시각에 대한 과학적 연구를 이끌었다. 또한 뉴턴이 주관적이라고 내쳤던 '우연적 색'은 슈브뢸(M. E. Chevreul, 1786-1889)의 보색에 관한 논의로 발전했다. 슈브뢸의 논의는 주관적인 논의가 아니라, 과학적이고 객관적인 논의였다. 시각에 관한 과학적 연구와 주관적 색에 관한 과학적 논의는 더 이상 주관적이라고 부를 수 없게 된 것이다.

이제 색의 주관적 성격에 따른 예술은 인상파에서 발견할 수 있다. 적어도 색을 보는 주체의 생리적 구조에 따라 나타나는 여러 가지의 색이 동시에, 또 여러 가지의 방식으로 나타날 수 있게 되었다. 이전과 달리 색에 대한 자유로운 사용은 예술 자체를 훨씬 다양하게 만들 수 있게 되었다. 색의 다양함을 받아들여 색의 예술을 개척한 것으로 이해할 수 있다.

회화와 과학은 분명 다르다. 당연히 겉으로 드러나는 것은 다르다. 이것까지도 같아야 한다면, 굳이 다르게 부를 이유는 없을 것이다. 그러나 회화는 중요한 부분에서 과학의 논의에 의존한다.

9. 과학기술의 발전과 예술상의 변화

"전통의 단절"과 "끝없는 변혁"은 1800년 전후와 19세기의 서양예술을 특징짓기 위하여 유명한 미술사학자인 곰브리치가 썼던 표현이다. 이 용어는 지난 세기 전에 있었던 예술상의 변화를 짐작케 한다.

전통적으로 예술은 세계를 있는 그대로 표현하고자 했다. 그러나 1800년대 초반에 나타났던 사진술의 발전은 다른 요인들과 더불어 예술에 영향을 미치기 시작했다. 여기서 예술은 사진과는 다른 무엇을 찾아야 했다. 그리고 눈에 보이는 세계만이 아니라, 비록 눈에는 보이지 않는 다른 것도 중요해지기 시작했다. 또 눈에는 보이나 겉으로 드러나지 않는 부분은 눈에 보이는 세계를 이전과는 다르게 표현하게 했다. 즉 외부 세계의 겉모습이 아닌 본질이 문제였다. 이와 함께 서양 과학기술의 발전에 따른 영향이 천천히 그리고 느지막이 중요해졌다. 즉 서양 과학기술의 발전은 19세기부터 그 이전의 어느 때보다도 유별났으며, 이 발전이 단순히 과학기술의 영역에만 국한된 것은 아니었다. 이에 따른 영향은 19세기 후반 들어서 여러 가시 면에서 기다란 변화를 보이기 시작했다.

이제 그 당시의 예술가들은 새로운 변화를 받아들여야 했다. 무엇보다도 서양예술의 경우, "고대 이래 다소 차이는 있지만 '예술적' 분야에 테크놀로지적인 표현이 존재했음에도 불구하고 산업혁명 이후에야 비로소 예술에 대한 기술의 직접적인 영향을 거론할 수 있게 되었다."[12] 이런 상황에 따른 결과의 하나로 "아카데미와 전시회, 비평가들과 감식가들은 '예술'과 단순한 '기술' 간의 차이를 명확히 하기 위해 모든 노력을 동원했다. 이제 미술이 존재근거로 삼아 왔던 바탕들은 …… 점차 무너지기 시작했다."[13] 이제 기존 예술의 '존재 근거'와는 다른 '새로운 규범을 찾아서'[14] 끊임없이 노력했다. 이러

---

12 프랑크 포빼르, 『전자시대의 예술』, 예경, 1999, 10쪽.

13 E. H. 곰브리치, 『서양미술사』, 예경, 2003, 499쪽.

14 앞서 인용한 '전통의 단절'과 '끝없는 변혁', 그리고 '새로운 규범을 찾아서'는 위의 책 24절, 25절, 26절의 제목이다.

한 노력은 20세기 들어서 현대예술의 다양한 모습으로 나타날 수 있었다.

현대예술의 다양성은 20세기의 새로운 과학기술을 받아들이면서 또 한 차례의 변화를 보여 주고 있다. 20세기 후반 들어 나타나기 시작했던 새로운 변화는 앞서의 변화와는 전혀 다르다.

10. 새로운 과학의 이념과 예술의 비과학적 성격

근대 과학은 대상을 양화시킴으로써 논의를 객관화시킬 수 있었다. 여기에 수학이 결정적인 역할을 한 것은 두말 할 나위도 없지만, 자연에 대한 근대의 논의는 이제 과학적으로 되었다. 그러나 예술은 수학적 원근법을 통해 근대의 과학적 성격을 확보하였으나, 예술상의 발전은 예술의 비과학적 성향을 강화했다.

과학의, 특히 자연과학의 객관적이고 합리적인 성격이 부정된 것은 벌써 오래전이다. 포스트 모던의 논의는 자연과학과 비자연과학, 즉 정신과학의 구분을 아예 뭉그러트리고 있을 정도이다. 예를 들어 로티는 자연과학을 '덩어리들(Lumps)' 을 다루는 논의로, 정신과학을 '텍스트들(Texts)' 을 다루는 논의로 비유한다. 그에 따르면, 자연과학이 '덩어리들' 을 다룰 수도 있겠지만, 이것 못지 않게 '덩어리들' 과 동떨어져 이것을 다룬 논의인 '텍스트들' 을 문제 삼기도 한다. 이런 의미에서 자연과학과 정신과학은 별 차이가 없다. 모든 학적 행위는 상황에 따라 주어진, 이전과는 다른 '새로운 문맥' 을 해석하고, '재문맥화로서의 탐구' 라고 특징지운다. 심지어 과학이 '문학의 한 장르' 에 지나지 않으며, 문학이나 예술은 과학적 탐구와 동일한 기반에 서 있기까지 하다.[15]

15 리차드 로티, 「토마스 쿤, 바위 그리고 물리 법칙」, 『로티와 철학과 과학』, 김동식 엮음, 철학과현실사, 1997.

더 읽을거리

길라 발라스, 『현대미술과 색채』, 한택수 옮김, 대림이미지총서 04, 궁리, 2002.

레온 B. 알베르티, 『알베르티의 회화론』, 노성두 옮김, 사계절, 1998.

마이클 화이트, 『레오나르도 다빈치: 최초의 과학자』, 안인희 옮김, 사이언스북스, 2003.

마틴 켐프, 『레오나르도』, 임산 옮김, 을유문화사, 2006.

만리오 브루자틴, 『색, 역사와 이론을 중심으로』, 이수균 옮김, 미진사, 1996.

엘리안 스트로스베르, 『예술과 과학』, 김승윤 옮김, 을유문화사, 2002.

엘케 폰 라치프스키, 『원근법아 너 참 사랑스럽구나』, 노성두 옮김, 금호문화, 1998.

요한 W. 괴테, 『색채론』, 권오상 옮김, 괴테전집 12, 민음사, 2003.

움베르토 에코, 『중세의 미와 예술』, 손효주 옮김, 열린책들, 1998.

____________, 『미의 역사』, 이현경 옮김, 열린책들, 2005.

Ivins, W. M., *Art and Geometry: A Study in Space Intuitions*, Dover, 1946.

예술과 도덕의 관계: 고대부터 근대까지

박상혁

예술과 도덕의 다양한 관계 중에서 특히 관심의 초점이 되어 왔던 것은 다음의 두 가지 문제들이다. 첫째, 예술은 어떤 도덕적 가치를 가지는가? 즉 예술이 우리에게 끼치는 영향이 도덕적으로 긍정적인가, 부정적인가, 아니면 중립적인가? 둘째, 예술작품의 도덕적 성격이 그 예술작품의 미적 가치에 어떤 영향을 미치는가? 즉 예술작품이 도덕적으로 나쁘면 미적으로도 나쁜 것인지, 아니면 그 두 가지 가치 사이에는 직접적인 관계가 없는 것인지 하는 문제이다. 여기서는 서양의 고대로부터 근대까지 이들 두 가지 문제에 관한 사유의 변천을 살펴볼 것이다.

1. 예술은 어떤 도덕적 가치를 가지는가?

예술이 도덕적으로 어떤 가치를 갖는가 하는 문제에 답하기 위해서는 예술의 개념이 무엇인지 그리고 도덕의 개념이 무엇인지를 명확히 할 필요가 있다. 하지만 예술이 무엇인지 또는 도덕이 무엇인지에 대하여 역사적으로 일관된 개념이 존재하지는 않는다. 따라서 고대로부터 근대에 이르기까지 서로 다른 예술의 개념과 도덕의 개념을 시대별로 명확히 할 필요가 있다.

가. 고대 그리스(고대로부터 대략 기원전 5세기 전후)

여기서 고대 그리스라는 시대 구분을 한 것은 기원전 5세기를 전후해서 소피스트들, 소크라테스, 플라톤 등에 의해 철학적인 미학적, 도덕적 성찰이 시작되기 때문이다. 따라서 이 시대에 고대로부터 내려온 전통과 당시의 일반적인 생각을 아는 것이 필요하다.

고대 그리스에서 예술은 도덕에 긍정적인 영향을 끼치는 것으로 이해되었다. 고대 그리스의 도덕은 씨족이나 부족의 우두머리에게 적용되는 행동의 규범으로서 '영웅도덕'이라 부를 수 있다. 그리스의 영웅도덕은 우리가 지금 알고 있는 근대 도덕과 적어도 두 가지 점에서 근본적으로 다르다. 첫째, 영웅도덕이 적용되는 범위는 근대 도덕의 영역과 다르다. 근대 도덕이 적용되는 범위는 모든 이성적 인간이지만 영웅도덕의 범위는 원래 씨족장이나 부족장 등의 '영웅들'에게 적용되는 것이다. 그리스 사회가 씨족이나 부족을 넘어서서 발전하게 됨으로써 영웅도덕의 범위가 귀족들과 자유민들을 포함하게 되지만 영웅도덕이 근대의 도덕처럼 모든 인간을 포함하는 것은 아니다. 둘째, 영웅도덕의 내용은 근대 도덕의 내용과 다르다. 근대 도덕은 모든 인간이 평등하다는 전제하에서 모든 인간의 권리를 보호할 것을 명하는 데 반해서 영웅도덕은 자신의 권력과 명성을 추구하는 것을 명한다. 그리고 영웅도덕에서 자신이나 자신의 가족, 씨족, 부족 등에 행해진 모욕에 대한 분노와 복수 등은 중요한 요소이다. 따라서 근대 도덕의 관점에서 보자면 영웅도덕은 지나치게 이기적이고 더 나아가 비도덕적으로 보일 수도 있다. 이런 영웅도덕은 비록 아주 고대의 전통이기는 하지만 기원전 5세기 전후에도 여전히 상당한 영향력을 가지고 있었던 듯하다.

고대 그리스의 대표적인 예술은 호메로스의 『일리아스』, 『오디세이아』와 같은 서사시와 비극 같은 시극 등이었다. 이런 시예술은 신과 영웅들의 행위 등을 모방한 것이다. 시예술작품들은 영웅들에게 있어서 무엇이 옳고 그른 것인지, 무엇을 추구해야 하는지, 무엇을 모욕으로 느껴야 하는지를, 그리고 어떻게 행위해야 하는지를 묘사했다. 그리고 중요하게 이런 시예술은 신의 영감을 받은 것으로 인정되었다. 이런 시예술은 신화, 종교 등과 결합된 것으로서, 사적인 것이 아니라 공적인 것으로 받아들여졌다.

고대 그리스의 도덕관과 시예술에 대한 견해를 고려할 때 시예술은 당연히 도덕적으로 긍정적인 가치를 갖는다. 영웅들이 어떻게 행위하는지 그리고 어떻게 행위해야 하는지를 묘사한 시예술작품들은 도덕적인 교육의 한 원천으로 그리고 시인들은 도덕적 문제에 대한 권위자로 인식되었다. 이런 시예술작품들은 귀족 자제들에게 영웅도덕의 중요한 요소들을 전수시키는 장치였다. 이들 작품들을 통해서 귀족 자제들은 무엇이 옳고 그른 것인지, 무엇을 추구해야 하는지, 무엇을 모욕으로 느껴야 하는지를 그리고 어떻게 행위해야 하는지를 배웠다고 할 수 있다.

나. 플라톤

플라톤은 기원전 5세기경에 활동했는데, 그는 예술이 도덕의 문제에 긍정적인 가치와 권위를 갖는다는 그리스의 전통적인 사유에 반대하여 예술이 끼치는 영향이 도덕적으로 부정적이라고 주장했다.

우선 플라톤의 도덕관을 살펴보면 그의 도덕관은 그의 존재론 및 인식론과 깊이 연관되어 있다. 플라톤의 존재론에 의하면 세계는 두 가지로 나뉘는데 감각의 세계와 형상의 세계이다. 감각의 세계는 변화하는 세계이고 형상의 세계는 변하지 않는 영원한 세계인데, 감각의 세계는 형상의 세계의 그림자에 불과하다. 예를 들자면 우리가 지각하는 말(馬)은 감각의 세계의 말이고 이 말은 늙고 병드는데, 형상의 세계의 말은 영원히 변하지 않는 것이다. 여기서 형상은 두 가지 역할을 하는데, 한 역할은 보편자로서의 역할이고 다른 하나는 가장 뛰어난 모델의 역할을 한다. 플라톤의 인식론에 의하면 우리가 어떤 것을 인식하려면, 예를 들어 말을 인식하려면 우리는 이 감각세계에 존재하는 말을 인식해서 되는 것이 아니라 형상의 세계에 존재하는 말의 형상을 직관해야 한다. 플라톤의 존재론과 인식론은 '사실'의 영역에만 적용되는 것이 아니라 미와 선 등의 가치의 영역에도 적용된다.

플라톤에 따르면 도덕에서 중요한 것은 최고선을 인식하는 것이다. 하지만 최고선은 감각계에 존재하지 않는다. 감각계에도 좋은 사물이나 좋은 사람, 좋은 제도 등이 있지만 최고선은 형상의 세계에 존재하는 선의 형상이다. 선의 형상을 인식하기 위해서 우리는 감각계의 좋은 사물이나 좋은 사람, 좋은 제도 등의 순으로 인식을 확장해 나갈 수 있다. 하지만 이성적 직관의 대상인 좋음의 형상을 인식하기 위해서는 구체적인 것, 감각적인 것으로부터 멀어져서 추상적인 데로 나아가야 한다. 이것이 플라톤이 수학 교육을 중시한 이유이다. 그리고 이런 형상을 인식하는 것은 이성의 기능이다. 이런 의미에서 플라톤의 도덕사상은 이성주의라 할 수 있다. 플라톤의 도덕사상은 이 외에도 또 다른 의미에서 이성주의적이다. 플라톤에 의하면 우리의 영혼은 이성, 기개, 감정의 세 부분으로 이루어져 있다. 건강한 인간의 영혼은 이성이 기개와 감정을 다스려야 한다. 즉 이들은 수직적 관계이다. 따라서 도덕적인 인간이 되려면 이성을 강화시켜야 할 뿐만 아니라 감정을 약화시켜야 한다.

예술에 관해서 플라톤은 당시의 주류 견해라 할 수 있는 모방론을 주장한다. 예술은 어떤 것을 모방하는 것이고, 그리고 그 결과로서 우리에게 어떤 형태의 지식을 제공하고 강력한 정서적 반응을 야기한다는 것이다. 모방론은 무엇을 모방하느냐에 따라 다양한 버전이 가능한데, 플라톤은 예술이 모방하는 것은 형상의 세계가 아니라 지각의 세계만을, 그것도 한 관점에서 본 것만을 모방할 수 있다고 주장한다.

플라톤의 도덕관과 예술관을 고려할 때 예술이 왜 인식론적으로, 도덕적으로 부정적인지 알 수 있다. 기본적으로 참된 인식이라는 것이 감각적 세계를 넘어서서 형상의 세계를 직관하는 것이라면 예술은 기본적으로 참된 지식을 전달해 주지 않는다. 예술은 기껏해야 형상의 세계의 그림자에 불과한 감각적 세계의 한 국면에 대한 지식을 전달할 수 있을 뿐이다. 하지만 이런 감각계에서도 예술은 참된 지식을 전달해 주지 못하는데, 시인들이 이 감각계에 대해서도 참된 지식을 가지고 있지 못하기 때문이다. 예를 들어 호메로스가 『일리아스』에서 군사적 전략이나 마차를 모는 기술에 대해서 말하고 있지만 호메로스는 이런 기술에 대해서 참된 지식을 가지고 있지 않다는 것이다. 따라서 예술은 참된 지식을 전달해 주지 못한다. 예술은 사실 이렇게 참된 지식을 산출하지 못할 뿐만 아니라, 예술이 참된 인식에 도달하는 데 방해가 될 수 있다. 참된 인식에 이르기 위해서는 감각적인 세계로부터 멀어져 추상적인 사고를 할 필요가 있는데, 예술은 우리를 감각계에 고착되게 할 수 있다.

위와 같은 인식론적인 문제가 있기 때문에 예술은 도덕적으로도 부정적이 된다. 도덕에서 중요한 것이 선의 형상을 인식하는 것인데, 예술은 이런 선의 형상을 직관하는 데 도움이 되지 못하고 오히려 방해가 된다. 예술은 기껏해야 감각계에 존재하는 선의 모방, 따라서 감각계에 존재하는 선의 그림자를 모방한다고 할 수 있다. 따라서 존재론적으로 예술이 보여 주는 선이라는 것이 선의 형상에서 두 단계 떨어져 있기 때문에 예술은 우리에게 선에 대한 지식을 줄 수 없다. 게다가 선의 형상을 인식하기 위해서는 우리는 감각의 세계로부터 멀어질 필요가 있는데, 예술의 세계는 감각계에 우리를 고착시키는 경향이 있다.

게다가 한 인간의 영혼이 건강하거나 좋기 위해서는 이성이 감정을 다스려야 하고, 그러기 위해서는 이성을 강화하고 감정을 약화시켜야 한다. 하지만 예술작품은 감정을 강하게 고양시킴으로써 감정을 강화한다. 따라서 예술작품을 접하게 될 경우 감정이 강해져서 이성의 통제를 받지 않게 될 수 있다. 따라서 예술은 여러 가지 이유에서 도덕적으로 부정적이다. 따라서 그의 논의의 결론은 대부분의 예술작품들, 특히 그중에서도 우리 인류의 위대한 유산인 그리스의 많은 비극작품들이 도덕적으로 부정적인 가치를 갖는다는 것이다. 그가 허용하는 예술은 도덕의 목적에 수단적 가치를 가지는 예술작품일 것이다.

다. 아리스토텔레스

아리스토텔레스는 자신의 스승인 플라톤의 견해를 반박해서 예술이 도덕적으로 부정적인 가치를 갖지 않는다고 주장한다. 주의할 것은 아리스토텔레스는 예술이 부정적이지 않다는 소극적인 주장을 한 것이지, 예술이 도덕에 긍정적이라는 적극적인 주장을 하지는 않는다는 점이다.

아리스토텔레스는 플라톤의 도덕이론에 반대한다. 아리스토텔레스가 반대하는 플라톤의 주장은 도덕에서 중요한 것은 선의 형상을 이성적으로 직관하는 것이다. 아리스토텔레스는 플라톤의 이런 주장을 두 가지 이유에서 부정한다. 첫째 이유는 우선 지각계와 독립해서 존재하는 선의 형상이 존재하지 않는다는 것이다. 아리스토텔레스는 플라톤의 이중적 세계관을 부정한다. 그는 플라톤이 말하는 대로 형상계와 감각계가 분리되어 있는 것이 아니라 형상과 질료는 언제나 서로를 필요로 하며 따로 존재할 수 없다고 보았다. 이런 아리스토텔레스의 존재론으로부터 플라톤의 인식론과는 다른 인식론이 출현한다. 아리스토텔레스에 의하면 참된 지식을 얻기 위해서 경험적 지각의 세계를 떠나야 할 필요도 없고, 그럴 수도 없다는 것이다. 둘째 이유는 설령 선의 형상이 존재한다 하더라도 그것을 아는 것이 실천적으로 아무 소용이 없다는 것이다. 즉 선의 형상에 대한 직관이 인간의 행위에 어떤 영향을 미치지 못한다는 것이다.

아리스토텔레스가 반대하는 플라톤의 다른 주장은 감정이라는 것이 도덕에 유해해서 이를 이성으로 완전히 통제해야 한다는 것이다. 플라톤의 경우에 감정은 명백히 우리가 육체를 가지고 있기 때문에 생기는 것이다. 만일 우리가 육체를 가지고 있지 않다면 감정의 문제가 일어나지 않을 것이다. 플라톤의 태도를 가장 극명하게 드러내는 것은 육체는 영혼의 감옥이라는 구절이다. 하지만 아리스토텔레스에게 있어서는 질료는 형상만큼 중요한 것이 아닐지 모르지만 형상이 질료 없이는 존재할 수 없는 것으로서 상당히 중요한 지위를 차지하고 있다. 따라서 우리가 육체를 가졌기 때문에 발생하는 감정이라는 것이 처음부터 그렇게 기피되어야 할 것은 아닌 듯하다. 어쨌든 감정이 우리로서는 벗어날 수 없는 것이라 할 때 감정도 올바른 균형을 잡는 것이 중요하다. 감정이라는 것은 완전히 이성이 통제할 수 있는 것이 아니다. 이런 감정 자체의 건강을 위해서는 그것의 충동적 에너지를 분출할 수 있는 배출구가 필요하다.

아리스토텔레스는 플라톤의 도덕에 관한 견해를 부정한 후 자신의 견해를 피력한다. 아리스토텔레스에 의하면 인간에게 있어서 궁극적인 선은 행복(유데모니아)이고, 행복을 성취하기 위해서는 유덕해야 한다는 것이다. 아리스토텔레스는 두 종류의 덕을 나누고 있다. 한 종류는 지적인 덕이고 다른 한 종류는 성격의 덕이라고 할 수 있다. 그리고 유덕해지기 위해서는 유덕한 사람들이 하는 것을 따라 해야 한다는 것이다. 이런 덕의 함양은 어려서부터의 습관을 필요로 한다.

예술에 관해서 아리스토텔레스는 플라톤과 같이 예술은 모방이고, 지식을 산출하며 감정적인 고양을 목표로 한다는 전통적인 견해를 받아들인다. 하지만 그는 플라톤의 모방론과는 다른 모방론을 주장한다. 플라톤의 경우에 예술이 모방하는 것은 행동의 외관이며, 보편에 대별되는 의미에서 특수이다. 아리스토텔레스는 이 두 가지 주장 모두에 대해 반대한다. 아리스토텔레스에 의하면 예술작품이 모방하는 것은 사물의 외관만이 아니다. 예술은 인간 행위의 근원으로서 영혼의 움직임을 모방할 수 있다. 그리고 여기서 모방되는 것은 특수가 아니라 보편이다. 플라톤의 경우에 연극 〈오이디푸스 왕〉은 실제로 역사적으로 존재했던 오이디푸스 왕 한 명의 개인에 대한 모방이다. 하지만 아리스토텔레스에 따르면 연극 〈오이디푸스 왕〉은 어떠어떠한 성향을 가진 사람이 어떠어떠한 상황에 처했을 때 어떠어떠한 행동을 할 것이라는 얘기이다. 즉 여기서는 한 개인의 얘기가 아니라 보편적인 얘기가 되는 것이다. 예술이 인간 행동의 외양이 아니라 인간 영혼의 움직임을 나타낼 수 있고, 한 개별적인 인간이 아니라 보편적으로 인간이 행동하는 방식을 다룸으로써 예술은 인간에 관한 중요한 지식을 전달할 수 있다.

아리스토텔레스의 도덕관과 예술관을 고려할 때 아리스토텔레스가 왜 예술이 도덕적으로 부정적이지 않다고 주장했는지 이해할 수 있다. 플라톤이 예술에 반대하는 이유 중의 하나는 예술이 최고선으로서 선의 형상을 모방할 수 없다는 것이다. 하지만 아리스토텔레스에게서는 예술이라는 것은 최고선에 대한 앎을 방해하지 않는다. 인간의 최고선인 행복은 이 세계에 존재하는 것이고, 예술이 인간의 영혼에 대한 깊은 통찰을 제공할 수 있다면 예술은 적어도 최고선을 인식하는 데에 장애가 되는 것이 아니고 도움이 될 수도 있을 것이다.

플라톤이 예술이 도덕에 부정적이라고 주장하는 두 번째 이유는 예술이 인간의 감정을 고양시키고 이런 감정의 고양이 부정적 효과를 가지기 때문이다. 하지만 아리스토텔레스는 예술에 의한 이런 감정의 고양이 도덕적으로 부정적이지 않다고 본다. 인간이 감정을 벗어날 수 없다고 할 때 감정의 올바른 균형을 잡는 것이 중요하다. 감정이라는 것은 완전히 이성이 통제할 수 있는 것이 아니고, 이런 감정 자체의 균형을 위해서는 그것의 충동적 에너지를 분출할 수 있는 배출구가 필요하다. 예술을 통한 감정의 고양이 이런 구실을 한다. 이런 감정의 배출은 개인적으로나 사회적으로 위험한 것이 아니고 순기능을 가진다. 따라서 아리스토텔레스에 의하면 예술은 도덕적으로 부정적인 것이 아니다. 다시 한번 주의할 것은 아리스토텔레스는 예술이 도덕적으로 부정적이지 않다는 소극적인 주장을 한 것이지 예술이 도덕적으로 긍정적인 영향을 끼친다는 적극적인 주장을 하는 것이 아니라는 것이다.

라. 플로티누스와 호라티우스

아리스토텔레스 이후 고대의 대표적인 예술이론가들로 플로티누스와 호라티우스를 들 수 있다. 이들은 플라톤과 아리스토텔레스와 달리 예술이 보다 적극적으로 도덕에 봉사할 수 있다는 입장을 취한다. 플로티누스는 플라톤주의자였지만 플라톤의 철학을 변형시켰다고 볼 수 있는데, 그는 예술을 통하여 참된 형상의 인식에 도달할 수 있다고 주장했다. 호라티우스는 아리스토텔레스의 『시학』을 변형시켰다고 볼 수 있다. 아리스토텔레스가 예술이 도덕적으로 부정적이지 않다는 소극적인 변호에 머문 데 반해, 호라티우스는 예술이 즐거움과 교훈을 준다는 의미에서 도덕적으로 긍정적이라는 보다 적극적인 주장을 한다.

마. 르네상스로부터 근대까지

르네상스 인문주의자들과 그 후의 계몽시대의 예술가나 예술이론가들은 아리스토텔레스의 『시학』에서 비극이 도덕적으로 보다 긍정적인 기능을 갖는다는 결론을 이끌어내려 시도하였다. 이들은 아리스토텔레스의 『시학』을 호라티우스적인 전통 속에서 읽는 듯이 보인다. 이들에 의하면 예술은 도덕에 봉사해야 하고, 예술은 도덕적으로 고결한 것을 묘사해야 하고, 도덕적으로 인과응보가 이루어진다는 것을 보여 주어야 한다고 주장했다. 프랑스 고전주의나 필립 시드니, 라이머, 사무엘 존슨 등이 이런 주장을 했다. 근대미학에서 중요한 역할을 한 섀프츠베리는 신플라톤주의적인 입장에서 예술이 우리에게 도덕의 이상형을 보여 줄 수 있다고 주장했다. 따라서 18세기까지는 예술이 도덕에 기여할 수 있으므로 도덕에 긍정적이라는 주장이 상당히 강력했다고 할 수 있다.

하지만 18세기 이후 예술이 도덕과 무관하다는 주장이 또는 도덕과 관련이 있더라도 오직 간접적으로만 그렇다는 주장이 형성된다. 즉 도덕의 영역과 예술의 영역은 범주적으로 다르며, 예술은 자율적인 영역이라는 것이다. 즉 예술의 기능은 도덕이나 다른 영역에 봉사하는 것이 아니라는 견해이다. 칸트를 이런 사유의 원천이라고 보는 경우가 많이 있다.

2. 작품의 도덕적 가치가 작품의 예술적 가치에 어떤 영향을 미치는가?

작품의 도덕적 가치란 작품이 끼치는 도덕적 영향이나 작품이 나타내는 도덕적 태도를 말한다. 작품의 도덕적 가치가 작품의 예술적 가치에 어떤 영향을 미치는가에 대해 고대로부터 예술이론가들의 견해는 도덕주의와 자율주의의 두 가지 입장으로 나뉜다.

도덕주의는 예술작품의 도덕적 가치가 작품의 예술적 가치를 결정한다는 입장이다. 이런 도덕주의적인 입장은 좀 더 온건한 도덕주의와 극단적인 도덕주의로 나뉠 수 있을 것이다. 온건한 도덕주의는 어떤 경우 예술적 가치는 적어도 부분적으로 도덕적 가치에 의해 구성된다는 견해이다. 온건한 도덕주의적 입장은 근대미학에 중요한 영향을 끼친 데이비드 흄에 의해 대표된다고 할 수있다. 흄에 의하면 예술작품이 아주 심하게 비도덕적일 경우 독자들이 그 작품에 공감적인 몰입을 할 수 없기 때문에 작품의 공감적 이해에 방해가 되어서 결국은 작품의 미적인 가치를 손상시킨다는 입장을 취한다. 극단적인 도덕주의에 의하면 예술은 언제나 도덕적 차원을 가지고 있으며 언제나 도덕에 대한 기여에 기초해서 평가될 수 있다는 입장이다. 극단적인 도덕주의자의 대표적인 예는 톨스토이이다. 그는 예술작품의 가치는 전적으로 도덕적 가치에 의해 결정된다고 주장하며, 문학상 걸작으로 꼽히는 자신의 작품들인 『안나 카레니나』나 『전쟁과 평화』 등은 훌륭한 예술이 아니고 스토 부인의 『톰아저씨의 오두막』 등이 걸작이라고 주장했다.

자율주의는 도덕주의에 반대하는 입장이다. 자율주의는 예술작품의 도덕적 가치가 내재적으로 예술작품의 예술적 가치에 영향을 미친다는 것을 부정한다. 역사적으로 보자면 자율주의는 도덕주의에 반대하는 예술실천과 이론들이 18세기 이후부터 강력하게 형성되게 되면서 본격적으로 출현하게 된다. 유미주의, 예술을 위한 예술, 형식주의 등이 이런 경향을 지지하는 이론들이다. 이들에 따르면 도덕의 영역과 예술의 영역은 범주적으로 다르며, 예술은 자율적인 영역이다. 예술의 본질은 형식의 구성이고 예술의 목표는 무관심적인 즐거움의 산출인데, 이런 예술은 도덕 같은 인간실천의 본질과 목표로 환원될 수 없다. 예술적 가치와 도덕적 가치가 범주적으로 다르기 때문에 예술과 도덕의 평가기준도 범주적으로 다르다. 따라서 예술작품에 대한 도덕주의적인 비평은 작품의 예술적 가치와는 전혀 관련 없는 발언을 하는 것이다. 따라서 이런 비평은 도덕적인 관점에서 바라본 도덕적 비평일 수는 있지만 예술적 비평일 수는 없다는 것이다.

더 읽을거리

아리스토텔레스, 『시학』

위-롱기누스, 『숭고에 대하여』

칸트, 『판단력 비판』

톨스토이, 『예술이란 무엇인가?』

플라톤, 『국가』

호라티우스, 『시학』

흄, 「취미의 기준에 대하여」

예술과 지식

김성수

'예술과 지식의 문제'는 예술을 통해 지식을 얻는 것이 가능한지, 그렇다면 그 지식의 성격은 어떤 것인지 하는 질문이다. 이 질문에 대한 긍정적 혹은 부정적 대답은 예술의 본성과 가치를 이해하는 데 도움이 될 것이고, 그런 이유로 예술과 지식의 문제는 철학적 논쟁의 대상이 되어 왔다. 이 문제는 '예술에 **대한** 지식'과 '예술을 **통한** 지식'을 구분할 경우, 예술을 통한 지식의 가능성에 관한 문제이다. 우리는 예술작품이 어느 시대에 제작되었는지, 어떤 양식인지, 작가가 어떤 사람이었는지, 혹은 작품의 구체적인 구조와 여러 요소들의 의미가 무엇인지 등, 예술에 대해 많은 것을 알 수 있다. 즉 예술이 '지식의 대상'이라는 점은 분명하다. 또한 예술은 지식을 얻는 '수단'이 되기도 한다. 예를 들어, 한 시대의 과학 기술력, 세계관, 생활상 등을 알아낼 수도 있다. 어떤 의미에서 이런 지식은 예술을 통해 얻는 것이라고 할 수 있지만, 이 경우 예술작품은 예술작품으로서가 아니라 관련된 정보를 담고 있는 증거로서 지식 획득의 수단이 되는 것이고 그 지식은 체계적 관찰, 실험, 이론과 검증, 즉 '과학적 방법'을 통해 얻어지는 것이다. 반면, 예술을 통한 지식은 예술작품을 단순한 지식의 대상이나 수단이 아닌, 예술작품으로서 대하고 예술로서의 예술작품을 경험함으로써 얻는 지식을 뜻한다.

이 글에서 필자는 예술이 지식의 근원이 될 수 없다는 논증을 제시하고 이를 비판적으로 검토한 뒤, 만약 예술을 통해 얻을 수 있는 지식이 있다면 그 지식은 어떤 종류의 것인지에 대해 살펴보겠다.

1. 예술을 통한 지식 불가능성 논증

일반적으로, 'S가 K를 안다'는 것은 S가 생각 혹은 믿음(의 내용) K를 갖고 있고, 그 믿음을 뒷받침하는 적절한 근거 혹은 이유가 있는 '정당화' 된 믿음이며, 그 믿음의 내용이 사실 혹은 참임을 뜻한다. 예를 들어 '철수는 하늘이 파랗다는 것을 안다'는 것은 실제로 하늘이 파랗고, 철수는 (단순한 우연이 아니라) 그럴 만한 이유나 근거가 있어서 그렇게 믿는 것이다. 이 경우 S가 아는 것은 '무엇이 어떠하다'는 생각 혹은 문장의 내용, 즉 '명제'이며, 따라서 이런 종류의 지식을 '명제적 지식(propositional knowledge)'이라 부른다. 흔히 상식적 또는 과학적 지식의 대부분이 바로 명제적 지식인데, 전통적으로 예술과 지식의 문제는 예술을 통한 명제적 지식의 획득 가능성에 관한 문제라고 이해할 수 있다.

예술을 통한 지식이 명제적 지식이라 가정할 경우, 예술을 통한 지식의 획득은 그와 관련된 정신적 · 심리적 상태의 합리성을 요구한다. 그 이유는 믿음은 합리적 평가의 대상이며 또한 비합리적 믿음은 정당화된 믿음이 아닐 것이기 때문이다. 즉 관련된 정신 상태가 합리적 평가의 대상이 될 수 없거나 (예를 들어, 단순히 특정 화학성분의 균형이 파괴되어 생긴 정신 상태인 경우) 아니면 비합리적일 경우 (예를 들어, 논리적 모순을 포함하고 있는 경우) 이는 지식의 획득으로 이어질 수 없는 것 같다. 그리고 예술을 통해 지식을 얻는 것이 가능한 경우에라도, 그 지식의 내용이 너무나 상식적인, 그런 의미에서 '사소한 지식'이라면 이는 예술을 통한 지식의 사소함을 의미할 것이며 예술과 지식의 관계에 대한 부정적인 함축을 의미할 것이다.

위의 생각을 정리하면, 예술이 지식의 근원이 될 수 없다는 다음과 같은 논증을 생각해 볼 수 있다:

(1) 예술 경험을 통해 생겨난 정신적 상태는 비합리적이거나 합리적이다.
(2) 그 정신 상태가 비합리적인 상태라고 하자.
(3) 이 경우, 예술은 지식의 근원이 아니다.
(4) 그 정신 상태가 합리적인 상태라고 가정하자.
(5) 이 경우, 예술을 통한 지식은 여전히 불가능하거나 상식과 다를 바 없는 사소한 지식의 근원이다.
(6) 그러므로, 예술은 지식의 근원이 아니거나 사소한 지식의 근원일 뿐이며 따라서 예술은 지식과 어떤 특별한 관련을 갖고 있지 않다.

만약 예술이 지식의 근원이 될 수 있다면, 적어도 위의 전제 (1)에서 (5) 중 하나가 거짓이어야 한다. 전제 (1)은 논리적으로 참이며 전제 (2)와 (4)는 논증을 위해 요구되는 형식적 가정에 불과하다. 따라서 위의 논증을 반박하기 위해서는 전제 (3)과 (5) 중 적어도 하나가 거짓임을 보여야 하는데, 나중에 밝히겠지만 전제 (3)이 거짓인 경우에도 여전히 전제 (5)가 거짓임을 보여야 한다.

2. 예술의 비합리성과 지식 불가능성에 관한 논증

예술과 관련된 정신적 상태가 비합리적이어서 예술은 지식의 근원이 될 수 없다는 논증은 크게 예술 창작과 관련된 정신 상태의 비합리성에 근거한 논증과 예술작품의 경험과 관련된 정신 상태의 비합리성에 근거한 논증으로 나누어 볼 수 있다.

플라톤의 초기 대화록 『이온』에서 소크라테스는 예술 창작의 과정이 비

합리적임을 주장한다: “시인이란 날개 달린 거룩한, 날아다니는 것이어서 영감을 받아 제정신을 잃고 자신의 이성이 더 이상 남아 있지 않게 되기 전까진 시를 지을 수 없다.”(534b) 예술 창작이 비합리적인 과정이고 지식은 합리성을 요구한다면, 다음과 같은 지식 불가능성 논증을 생각해 볼 수 있다: (a) 모든 비합리적 과정의 산물은 지식으로 이어질 수 없다 (b) 예술작품은 비합리적 과정의 산물이다 (c) 따라서 예술을 통한 지식은 가능하지 않다. 예술 창작 과정에 대한 플라톤의 주장이 참이라면 예술을 통한 지식의 가능성은 첫 번째 전제가 참인가에 달려 있다.

과학을 논의할 때 철학자들은 흔히 ‘발견의 문맥’과 ‘정당화의 문맥’을 구분한다. 예를 들어, 한 화학자(Kekulé)는 자신의 실험실에서 불빛을 응시하다 뱀이 서로 꼬리를 물고 원을 형성하고 있는 환영을 보고 이에 ‘영감’을 받아 벤젠의 화학구조식을 발견했다고 한다. 이 밖에도 ‘영감’을 받아 중요한 과학적 발견을 했다는 여러 일화가 있다. 이제, 전제 (a)가 참이라면 벤젠의 화학구조식을 밝힌 명제는 지식이 될 수 없을 것이며, 따라서 명백히 전제 (a)는 거짓이다. 즉 어떤 가설이 참인지 여부는 그것이 발견된 과정과 상관없으며 주어진 가설을 받아들일 근거가 있는지의 여부는 이론, 실험, 검증 등을 통해 결정되는 것이므로 발견의 문맥과는 무관하다. 따라서, 단지 예술이 영감에 의거한다는 주장으로부터 지식의 획득이 불가능하다는 결론이 도출되지 않는다.

예술의 비합리성에 대한 또 다른 주장은 예술감상과 연관된 정신적 상태, 특히 예술작품에 대한 정서적 반응과 관련이 있다. 『비극에 관하여』에서 흄은 다음과 같이 말한다:

> 잘 쓴 비극에서, 그 자체로 불쾌하고 불편한 감정들, 즉 슬픔, 공포, 불안 등으로부터 관객이 받는 즐거움을 설명할 길이 없는 것 같다. 이런 감정들을 더 많이 느끼면 느낄수록 관객은 더 즐거워한다 …… 관객의 즐거움은 자신이 받는 상처와 비례하며, 자신의 슬픔을 쏟아내고 비할 데 없이 쓰

라린 동정과 연민으로 부어버린 가슴을 달래기 위해 눈물짓고 흐느끼고 울어버릴 때 관객은 더할 나위 없이 행복해한다.(Hume, 126)

감정의 대상이 단순히 긍정적인 감정을 유발하는 면과 부정적인 감정을 유발하는 면을 동시에 갖고 있을 수 있다는 점을 넘어서, 동일한 장면에 대해 서로 상반된 심리 상태를 갖는 것은 비합리적 혹은 적어도 '역설적'인 것 같다(모든 예술 경험이 역설적인 감정 상태를 일으키는 것은 아니겠지만 비극을 예술을 통한 지식의 근원으로부터 단순히 배제하는 것은 임의적인 결정인 듯하다).

일반적으로 감정은 믿음과 연관되어 있다. 예를 들어, 분노는 부적절한 일이 일어나고 있다는 믿음과, 흡족함은 일이 적절하게 잘 진행되고 있다는 믿음과 연관되어 있다. 만약 부적절한 일이 일어나고 있지 않다고 믿으면서 '분노'를 느낀다면 그 '분노'는 비합리적인 상태, 즉 분노라기보다는 예컨대 단순한 화학적 불균형의 결과일 뿐이다. 이제 (c) 역설적 감정 상태가 비합리적이고 (d) 역설적 감정 상태가 단순히 예술 감상으로 생겨난 여러 심리 상태 중의 하나가 아니라 (지식 획득과 연관된) 명제적 믿음과 떼어놓을 수 없는 필수적 구성 요소라면, 예술을 통한 지식 불가능성 논증이 가능하다.

감정이 믿음과 연관 있다고 가정할 경우, 비극의 한 장면을 보고 서로 상반된 감정을 갖는다면 그리고 그 상반된 감정이 동일한 장면의 서로 다른 측면에 관한 믿음이 아니라 동일한 측면에 대한 믿음에 근거하고 있다면 이 상반된 감정에 연관된 믿음들은 서로 양립 불가능하며, 양립 불가능한 믿음을 동시에 갖는 것은 비합리적이다. 따라서 지식과 직접적으로 관련된 정신 상태가 합리적이어야 한다면, 역설적 감정 상태는 지식 불가능성을 함축하는 것 같다. 하지만, 예술을 통한 지식과 관련된 믿음이 역설적인 감정 상태와 연관이 있을지는 모르지만 그 믿음이 바로 이런 역설적인 감정과 직접적으로 관련되어 그로부터 정당성을 획득하는 믿음이라고 가정해야만 할 필요가 없고 따라서 주장 (d)를 거부하는 것이 가능하며 그렇다면 지식 불가능성이 도출되지 않는다.

3. 예술을 통한 지식의 사소함에 대한 논증

위에서 필자는 예술의 비합리성으로부터 예술이 지식의 근원이 될 수 없다는 결론이 도출되지 않음을, 즉 1장에서 제시한 예술을 통한 지식 획득 불가능성 논증의 전제 (3)을 비판하였다. 이 장에서는 예술과 관련된 정신 상태가 어떤 의미에서든 합리적이라고 하더라도 여전히 예술을 통한 지식은 불가능하거나 혹은 너무나 상식적인 것이어서 예술과 지식의 관계 역시 사소한 것일 뿐이라는 주장을 살펴보겠다.

어떤 사실을 어떻게 아는가 하는 질문에 대해 "과학에 의하면 그렇다" 혹은 "경험에 의하면 그렇다"라는 대답에 비해 "예술에 의하면 그렇다"는 말은 적당하지 않은 듯하다.(Stolnitz, 1992: 199) 예컨대 예술작품에서 경복궁의 건축 과정을 묘사한 부분을 읽고 경복궁의 건축 과정에 대해 알게 되는 경우에라도, 그것을 안다고 하기 위해서는 예술 이외의 것, 즉 건축 과정의 역사적 기록, 건축학적 조사 등에 근거한 주장이 있어서 그 믿음이 지식이 되는 것이지 단순히 예술에 의하면 그렇다는 주장은 그 믿음이 지식임을 뒷받침하지 못한다. 하지만 예술을 통한 지식이 가능한지 그리고 그 지식의 성격은 어떤지에 답하는 쉬운 방법은 아마도 잠정적으로나마 예술을 통한 지식의 경우가 있는지, 그렇다면 그런 경우들이 보여 주는 예술을 통한 지식의 성격이 어떠한지 살펴보는 일이겠다. 예를 들어 **오이디푸스**를 통해 우리는 인간의 힘으로 어쩔 수 없는 운명에 대해 혹은 행위의 의도와 결과 간의 간극에 대해 알게 될 수도 있다. 이것이 예술을 통한 지식의 예라면, 물론 예술을 통한 지식의 획득이 가능하다.

문제는 예술을 통해 획득 가능한 믿음의 예를 살펴볼 때, 그 믿음들은 지식으로 이어지기 위한 여러 조건들을 만족시키지 못하는 것 같다는 점이다.(Stolnitz, 1992; Graham, 1995) 어떤 믿음이건 간에 그 믿음과 모순되는 믿음을 생각할 수 있다. 예를 들어 지구는 네모나다는 믿음에 대해 지구는 네모나지 않다는 믿음을 생각해 볼 수 있고, 또한 이 둘 중 하나가 참임을 혹은 적어도 어떤 증거나 근거에 기대어 그중 하나가 참임이 밝혀질지 생각할 수 있다. 예술을 통해 어떤 믿음을 획득할 경우, 그 믿음 모두가 참은 아닐 것이며, 그 믿음에 대해 그와 모순되는 믿음을 생각하는 것이 가능해야 할 뿐 아니라 믿음의 정당화 또한 가능해야 한다.

이제 한 작품을 통해 운명이란 거역할 수 없다는 믿음을 갖게 되고 또 다른 작품을 통해 거역할 수 없는 운명이란 없고 운명은 우리가 만들어 가는 것이라는 믿음을 갖게 될 때, 우리는 이-작품들을-통해-얻은-믿음 간에 모순이 있다고 생각하지 않는 듯하다. 더 나아가, 한 예술작품을 통해 얻은 믿음과 모순되는 예술을 통한 믿음이 도대체 무엇인지조차 불분명한 것 같다. 그렇다면, 예술을 통한 믿음은 모순 가능성조차 갖지 않는 믿음이고 그런 믿음은 지식이 될 수 없다. 왜냐하면, 그 두 믿음 모두가 지식이라면 모순이 참이라는 결론이 도출되기 때문이다. 또한 어떤 믿음이 지식이기 위해서 그 믿음의 정당화가 가능해야 한다고 할 경우, 그런 믿음의 정당화는 예술 이외의 영역에서 찾아야 되는 듯하고 따라서 예술을 통한 지식의 획득이 불가능한 것 같다.

물론 예술작품을 통해 얻은 믿음, 예를 들어 운명이란 거역할 수 없는 것이라는 믿음은 정확히 "**오이디푸스**라는 작품은 운명이란 거역할 수 없는 것이라는 생각을 보여 준다"라는 믿음이라고 생각할 수 있다. 이 믿음은 참일 수 있고 정당화가 가능하고 따라서 지식이 될 수 있지만, 이 지식은 **오이디푸스**에 '대한' 지식이지 **오이디푸스**를 '통해' 얻는 지식은 아니다. 혹은 예술을 통해 얻는 믿음은 어떤 측면에 관한 믿음, 예를 들어, "인생에는 운명을 거역할 수 없는 측면이 있다"는 믿음일 수 있다. 그렇다면 "인생에는 운명을 거역할 수 없는 측면이 있다"는 믿음과 "인생에는 운명을 거스를 수 있는 측면이 있다"는 믿음 간에 어떤 모순도 없겠지만, 문제는 앞서 말한 바와 같이, 예술을 통해 획득한 믿음은 모순 가능성이나 정당화 가능성을 '예술을 통해' 제공하지 않는 듯하며 따라서 예술을 통한 지식의 가능성을 의심하게 된다는 점이다.

예술을 통한 지식이 위에서 논의한 지식의 조건을 요구하지 않고 따라서 예술을 통한 지식이 가능하다고 가정하더라도, 그 지식이 말해 주는 명제 혹은 지식의 내용은 그냥 상식적인 지식 이상의 것이 아닌 듯하다. 흔히 예술을 통한 지식을 얘기할 때 우리는 그 지식이 고도의 훈련을 통해서만 가능한 것이 아니라 누구라도 적절한 노력만으로 알 수 있는 지식이라 생각한다. 그런데, 예를 들어, 인생에는 운명을 거스를 수 없는 측면이 있다는 예술을 통한 믿음은, 그것이 지식이라고 가정한다 하더라도, 그냥 상식적으로 알 수 있는 지식일 뿐이고 그런 의미에서 사소한 지식이다. 아마도 예술을 통해 얻을 수 있는 사소하지 않은 지식이 있을지 모르지만 필자는 그 예를 알지 못한다.

4. 예술을 통한 비명제적 지식의 가능성

2장과 3장에서 필자는 예술을 통한 지식 불가능성의 논증을 받아들일 여러 근거를 살펴보았는데, 위의 모든 논의는 예술을 통한 지식에 대한 한 가지 가정을 하고 있다. 즉 예술을 통한 지식이 가능하다면 그 지식은 명제적 지식이다. 이제 예술을 통한 지식이 명제적 지식이 아니라면 (예술을 통해 얻은 지식이 무엇인지 명제로 표현하기 어렵고 이는 그 지식이 명제적 지식이 아님을 제시한다) 예술을 통한 명제적 지식 불가능성의 논증이 옳다고 해도 예술을 통한 지식 불가능성이 도출되지 않는다. 이 장에서 필자는 예술을 통한 비명제적 지식의 가능성에 대해 살펴보겠다.

명제적 지식(knowing that)은 적어도 무엇이 어떠하다는 명제에 대한 믿음(believing that)을 포함하는 반면, '실천적 지식(knowing how)'은 명제에 관한 것이 아니라 무엇을 어떻게 하는지에 관한 지식이며 이 지식은 명제적 지식과 구분된다. 예를 들어 자전거타기에 관련된 모든 명제적 지식—관련된 역학법칙과 뇌와 근육운동 등에 관한 모든 지식—을 갖고 있는 과학자가 실제로 자전거를 탈 줄 모르는 게 가능하다. 역으로, 자전거 타는 방법을 아는 세 살짜리 꼬마가 자전거타기와 관련된 명제적 지식을 갖고 있지 않는 것이 가능하다. 명제적 지식은 또한 '체험적 지식(experiential knowledge or knowing what it is like to experience something)'과 구분되는 것 같다. 예를 들어 색깔과 관련된 모든 (과학적) 명제적 지식을 흑백의 공간에서만 터득한 과학자를 생각해 보면, 그 과학자가 자신만의 흑백의 공간을 떠나 처음으로 붉은색 토마토를 보았을 때 그 과학자는 전에는 알지 못했던, 따라서 명제적 지식이 아닌, 새로운 지식을 얻게 되는 것 같다.(Jackson, 1982) 이와 유사하게, 내 자신이 아닌 다른 사람의 입장에서 그 사람의 느낌을 나누고 이해하는 것과 관련된 '공감적 지식(empathic knowledge or knowing what it would be like to experience something)'도 전형적인 명제적 지식과 구분되는 비명제적 지식인 것 같다.

이렇듯 명제적 지식과 비명제적 지식의 구분이 가능하고 또 그 지식이 그냥 사소한 지식이 아니라면(예컨대, 관련된 비명제적 지식을 일상적으로 얻기가 힘들다면) 예술을 통한 비명제적 지식의 획득이 가능하다. 아래에서 저자는 예술을 통한 비명제적 지식의 가능성에 대한 입장을 간단히 소개하고 각 입장을 옹호하기 위해 요구되는 것이 무엇인지에 대해 살펴보려 한다.

가. 예술을 통한 공감적 지식의 가능성

정확한 정의를 내리기 어렵긴 하지만, 잠정적으로 '공감적 지식'이란 자신이 실제로 경험하지 않은 어떤 경험에 대해(자신이 혹은 다른 사람이) 그 경험을 하는 것이 어떨 것 같은지를 아는 것이라고 하자. 이제 예술작품,

예를 들어 소설이나 영화 같은 허구(fiction)를 통해 공감적 지식을 획득하는 것이 가능할지 모른다:

> 허구는 종종 독자로 하여금 특정의 복잡하고 힘든 상황에 처해 있는 것이 어떤지(what it is like)에 관한 믿음, 더 나아가, 지식을 획득할 수 있게 한다 …… 공감적 믿음 혹은 지식은 직접적인 자각(awareness) 혹은 경험에 기반을 두고 있으며 이것에 의해 설명되어야만 한다 …… 우리는 상상력을 통해 허구와 관계함(involvement)으로써 허구적 등장인물의 역경과 승리에 감정적으로(emotionally or feelingly) 반응을 한다. 그리고 이런 경험의 결과로, 우리는 종종 주인공이 처한 상황과 비슷한 상황에 처해 있는 것이 어떨 것 같은지에 관한 믿음을 갖게 된다 …… 이런 믿음이 우리 자신의 미래 혹은 과거 경험에 일종의 근거를 두고 있거나 혹은 그 경험과 잘 조화되면(cohere), 그 믿음은 이제 공감적 지식이 될 것이다.(Novitz, 1987: 120)

즉 허구 속의 상황에 대해 우리 자신이 느끼는 것이 자신이 실제로 겪은 적이 없는 상황에 처해 있는 것이 어떨 것 같은지에 대한 믿음이 생기게 하고 그 믿음이 일종의 정당성을 가지면 이는 공감적 지식이 된다는 주장이다.

위의 인용에 의하면, 공감적 지식은 일종의 정당화된 참인 믿음이고 따라서 명제적 지식인 것처럼 보인다. 공감적 지식이 명제적 지식과 구분되는 것인지의 여부는 공감적 '가설' 이상의 공감적 '지식'이 있는지, 있다면 구체적으로 공감적 지식을 어떻게 이해해야 하는지와 관련된 복잡한 문제이다. 하지만, 공감적 지식은 명제적 지식과는 다른 정신적 과정, 예를 들어 상상력을 요구할 수 있고(상상력을 어떻게 이해해야 하는가?) 또한 체험적 지식에 근거하여 일종의 '가상적' 혹은 공감적 체험(공감적 체험과 상상력의 관계는 구체적으로 어떤 것인가?)을 산출하는 것이라면, 그리고 어떤 경험을 하는 것이 이럴 것 같다는 '믿음'의 내용은 어떤 명제가 아니라 혹은 명제로 표현될 수 있는 것이 아니라, 관련된 경험을 단순히 환기하는 역할만을 한다면, 공감적 지식은 비명제적 지식이라 할 수 있다.

아마도 모든 공감적 믿음이 정확하거나 혹은 정당화된 믿음이 아닐 것이고 부정확한 혹은 정당화되지 않은 믿음은 오류를 낳을 것이므로, 공감적 지식과 관련된 또 다른 중요한 질문은 단순히 우연한 공감적 믿음과 근거 있는 혹은 '정당화된' 공감적 믿음을 어떻게 구분해야 하는가 하는 점이다. 한 가지 가능성은, 예술작품, 예를 들어 소설이나 영화에 우리가 공감적 반응을 할 때, 우리는 우리 자신의 어떤 반응은 적당하지 않은, 즉 이리 저리 이용당하듯 억지스럽게 이끌린 반응으로 느끼고 어떤 반응은 설득력 있고 진실된 의미 있는 반응이라고 느낀다는 점이다. 공감적 반응에 대해, 과거의 체험적 지식에 근거해서, 우리 스스로가 느끼는 것이 공감적 믿음의 정당화와 연관되어 있을 수 있으며(John, 2001: 334–335) 또한 우리 자신의 미래의 체험적 지식에 의해 검증 혹은 반증하는 것이 가능한 듯하다. 그렇다면 예술을 통한 공감적 지식의 획득이 가능할 것인데, 이는 물론 더 많은 논의를 요구하는 문제이다.

나. 예술을 통한 실천적 지식의 가능성

공감적 지식과 관련 있는, 예술을 통한 또 다른 비명제적 지식의 가능성으로 능력(skills and abilities)의 획득과 관련된 실천적 지식을 들 수 있다. 예를 들어,

> 우리는 (도덕적) 가치를 선택하고 바꿀 수 있는데 이 과정의 중요한 부분은 상반된 여러 가치를 추구하는 상황을 상상하는 것이다. …… 이는 어떤 가치가 우리 자신과 타인에게 가져올 결과를 짐작하게 함으로써 그 가치를 이해하게 한다. …… 복잡한 상황에 대해서는 이런 상상력을 발휘하는 것이 어려운데 …… 허구는 상상력을 돕는 역할을 할 수 있다. …… 허구를

통해 등장인물들의 삶에 공감을 느끼며 그 삶 속으로 들어가면, 등장인물로서 선택을 하고 목표를 추구하고 행동에 대해 대가를 치르거나 보답을 받는 것이 어떨지를 느끼게 될 수 있다. …… 이는 [이론적 지식이 아닌 실천적 지식으로] 다양한, 바람직하게 **행동하는 것**을 배우는 과정으로 볼 수 있다.(Currie, 1998: 163-164)

허클베리 핀은 노예 짐(Jim)의 탈출을 도우면서, 다른 사람의 소유물인 노예의 탈출을 돕는 것은 잘못된 일이라는 자신의 '도덕 원칙'과 짐에 대한 자신의 연민 혹은 인간적 공감 사이에서 갈등한다. 허클베리 핀이 최종적으로 짐의 탈출을 도울 때 그의 행동은 어떤 도덕적 명제 혹은 추론에 근거한 것이 아니라, 자신의 도덕 원칙에 의하면 잘못된 것임을 알면서도 자신도 어쩔 수 없는 어떤 강한 느낌에 이끌린 결과였다. 실제로 우리의 행위는 종종 이런 강한 느낌의 결과이고 또 이런 강한 느낌은 행동의 지침이 되는 도덕 원칙의 변경을 가져올 수도 있다.(Bennett, 1974) 아마도 예술은 일종의 전형(exemplar)을 제시하고(Elgin, 1991; Nussbaum, 1990), 독자는 (공감적) 상상력을 통해 옳은 것을 지각하고 느끼는 도덕적 감수성을 다듬는 것이 가능하고, 이는 바르게 행동하는 것과 관련된 실천적 지식으로 이어질 수 있을지 모른다. 혹은 예술 경험을 통해, 도덕적 실천적 지식뿐 아니라, 종전과는 다른 방식으로 혹은 다른 관점에서 사물을 보는 법이나 어떤 개념(예를 들어 '사랑', '증오', '용서', '책임', '예술' 등)을 적용하고 이해하는 다양한 방법을 배울 수도 있다.

공감적 지식의 경우와 마찬가지로 예술을 통해 획득한 실천적 지식의 가능성을 옹호하기 위해서는 실천적 능력의 '정당화' 문제를 논의할 필요가 있다. 예술을 통해 얻은 실천적 능력이 항상 지식은 아닐 것이고, 그렇다면 적절하지 않은 실천적 능력과 적절한 실천적 능력, 즉 실천적 지식을 구분하는 정당성의 기준이 필요하다. 만약 어떤 작업의 반복학습이 아니라 그 작업을 상상하는 것만으로도 그 작업의 수행 능력이 향상된다면(Currie,

1998: 166) 그리고 허구가 제공하는 전형의 상상을 통해 능력의 변화가 가능하다는 실험 결과가 있다면 이는 상상력을 통한 실천적 지식의 획득 가능성을 뒷받침할 수 있다. 문제는 이런 변화가 단순히 예술에 영향을 받는 것이 아니라 지식의 획득임을 어떻게 정당화할 수 있느냐는 것이다.

한 가지 가능성은 상상적 공감을 통한 도덕적 느낌의 '진실성'과 '비진실성'을 우리가 구분할 수 있고(John, 2001: 336-337) 그 진실한 느낌의 강도가 실제로, 허클베리 핀의 경우와 같이, 어떤 행동을 하게 한다면 그 실천적 능력은 실천적 지식이 된다고 볼 수 있다. 하지만 획득한 실천적 능력의 '성공적인' 획득 및 사용의 기준이 무엇인지는 더 상세한 논의를 요구한다. 마찬가지로, 예컨대 세잔의 그림을 통해 사물을 보는 새로운 관점을 갖게 되거나 폴록의 그림을 통해 재료가 갖는 점성에 주목하고 그 결과로 회화에 대한 새로운 개념을 적용하게 되거나 하는 경우, 이런 능력의 획득이 단순한 변화가 아닌 실천적 지식의 획득임을 정당화할 수 있는 근거가 있는지 불분명하다. 아마도 새로운 관점의 획득이 사물을 분류하고 이해하는 '성공적인' 방식으로 이어진다면 이는 이런 능력을 정당화한다고 할 수도 있겠지만(Elgin, 1991; Goodman, 1976), '성공적인' 방식을 정확히 어떻게 이해해야 하는지 역시 더 많은 논의를 필요로 한다.

5. 맺는 말

예술과 지식의 문제는 세계 혹은 세상을 이해하는 데 예술이 어떤 역할을 하는가 하는 질문으로, 이 글에서 필자는 예술을 통한 명제적 지식 및 비명제적 지식의 가능성에 대해 살펴보았다. 예술과 지식의 문제는 미학의 다른 문제, 즉 예술비평, 예술의 사회적 역할, 예술과 도덕의 관계, 예술적 가치의 문제 등과 연관되어 있다. 예술을 통해 지식을 얻는 것이 가능하다면, 이와 관련한 예술비평의 역할은 무엇인지, 거짓인 믿음을 전파하는 것이 가능하듯 예술을 통해 독자를 지식과 반대되는 오류로 이끄는 것이 가능하다면 실제로 그런 오류의 정도와 그 메커니즘이 무엇인지, 또한 예술과 도덕의 관계는 구체적으로 어떤 것이며 예술의 지적 가치와 미적 가치의 관계가 어떠한지 등의 문제를 살펴볼 필요가 있다. 이런 이유로 예술과 지식의 문제는 예술의 본성과 가치를 이해하는 데 중요한 역할을 하고 있으며 계속된 연구와 논쟁의 가치가 있다고 할 수 있다.

더 읽을거리

Gaut, B., "Art and Cognition", in M. Kieran (ed.), *Contemporary Debates in Aesthetics and the Philosophy of Art*, Malden: Blackwell, 2006, pp. 115-126.

Lamarque, P., "Cognitive Values in the Arts: Making the Boundaries", in M. Kieran (ed.), *Contemporary Debates in Aesthetics and the Philosophy of Art*, Malden: Blackwell, 2006, pp. 127-142.

참조 항목

『미학대계』 2, 제1부 미학의 근본 문제, '예술' 중 「허구 이야기에 대한 철학적 이해」, 「감정」, 「믿는 체하기」, 「상상력」, 「예술과 도덕의 관계: 고대부터 근대까지」, '미' 중 「미적 가치(대륙)」, 「미적 가치의 이론」

예술과 교육

김수현

예술과 교육에 관한 논의들은 미적 교육과 예술교육이라는 두 측면으로 나누어 볼 수 있다. 전자는 주로 미적 인간의 육성이라는 대의에 따라 예술교육을 요청하고 정당화하는 원리에 관련되며, 후자는 미술, 음악, 춤, 연극, 문예 등의 예술들을 학교와 사회의 제도 속에서 교육하는 실제적 방법에 관련된다. 두 측면의 연관성을 고려하는 미학적 논의는 미적 교육이라는 원리의 틀 속에서 예술교육이라는 방법의 문제를 다룬다.

1. 미적 교육의 이론

가. 미적 교육의 개념

미적 교육(aesthetic education)이란 넓은 의미로 인간의 미적(어원적 의미에서의 '감성적') 차원의 교육을 가리키고 좁은 의미로 예술교육을 가리킨다.[1] 이런 이중의 의미에서 '미적 교육'은 흔히 '예술교육'의 동의어처럼

1 Ralph A. Smith, "Contemporary Aesthetic Education", *Encyclopedia of Aesthetics*, Oxford, Vo1. 2, 1998, p. 95.

쓰이지만, 그럴 경우에도 '예술교육'은 '미적 교육'의 이념을 실현시키는 수단으로 간주된다. 미적 교육의 이념은 쉴러의 미학에서 선구적 사례를 찾을 수 있는데, 이는 예술을 교육함으로써 이성과 감성이 조화된 인간성의 함양을 목적으로 하는 것이었다.

이러한 미적 교육론은 예술교육의 목적에 대한 이론의 하나다. 미적 교육론은 미학과 예술교육이 만나는 지점에서 논의되는 것으로, 미학이나 예술교육론의 변화에 따라 다채로운 양상을 보인다. 특히 영미권에서는 미적 교육이 미적 경험론의 논리적 구조와 연관하여 전개되어 왔다. 스미스에 따르면, 미적 교육은 예술작품의 창작 및 미적 대상의 경험에서 요구되는 지각력, 식별력, 상상력 등의 미적 능력들을 훈련하는 것으로 간주된다.[2]

우리나라에서 미적 교육은 예술의 창작과 감상과 관련되는 미적 인식능력의 발달을 목표로 하는 교육으로 간주된다. 그런 만큼 '미적 교육'의 개념을 규정하는 데는 미적 인식능력 또는 미적 능력의 의미를 분명히 할 필요가 있다.

이를 위해 먼저 '미적(aesthetic)'이라는 형용사가 갖는 다의성이 조명되어야 한다. 이 말은 어원적으로 '감성적' 또는 '지각적' 인식을 뜻하며, 넓은 의미의 아름다움에 적용되어 '심미적' 가치를 뜻하기도 한다. 또한 이 말이 미적 가치를 인식하기 위한 인식 주관의 상태에 적용될 경우 '관조적', '무관심적' 태도라는 뜻을 갖는다. 한편 이 말은 예술활동의 자율성을 다른 활동들과 구별하기 위한 용도로도 쓰이는데, 이때 '미적' 활동이란 '예술적' 활동과 동일시된다. 게다가 이 형용사는 미학이라는 학문적 활동을 가리키기도 하며, 그 경우 '미학적'이라는 의미로 쓰인다.

'미적'이라는 말의 이와 같은 다의성에 따라 '미적 인식' 내지 '미적 인식능력'이라는 말의 의미도 다양한 방식으로 규정된다.

---

2 이 주제와 관련된 미학 논의로는 다음을 참조. 김수현, 「DBAE에 있어서 미학이론의 역할」, 『미학』 제23집, 1997, pp. 1-32; 김진엽, 「미술교육과 미학」, 『미학』 제27집, 1999, 63-80쪽; 김수현, 「미적 교육의 현대적 의미」, 『미학』 제32집, 2002, 201-226쪽.

첫째, 미적 인식능력에는 감성적 인식의 능력에 기초하면서 넓은 의미의 아름다움에 반응하여 미적 가치를 느끼거나 판단할 수 있는 심미적 능력(취미/취향, 미감, 감수성, 심미안 등)이 포괄된다. 이렇듯 미적 성질의 지각과 판단에서 작용하는 인식 주관의 능력들을 미적 인식능력이라 할 수 있다.

둘째, 미적 인식능력은 인식 주관이 자연 및 예술 등의 대상과 미적인 방식으로 관계할 수 있는 능력으로도 고려할 수 있다. 미적 성질을 갖는 대상이 미적 대상이고, 인식 주관이 이에 관계하여 현상되는 가치를 경험하는 것이 미적 경험이다. 따라서 미적 경험을 위해서는 감성적 지각력이나 심미적 판단력뿐 아니라 대상을 미적으로 인식한다는 태도가 요구된다. 전통미학은 미적 경험을 관조적 · 무관심적 태도를 취함으로써 야기되는 가치경험으로서 설명해 왔다. 이에 의거할 때 미적 인식능력은 대상과 관계하여 이를 미적으로 경험하기 위해 관조적 태도를 취하는 능력이다.

셋째, 오늘날 미학에서는 그러한 무관심적 태도를 취하는 것이 불가능하며, 자연과 예술에 대한 미적 경험에는 종래 비미적(non-aesthetic)이라고 생각되었던 특정한 관심이나 인지적 지식이 개입된다고 본다. 그래서 종래의 미적 교육론에서 말해 왔던 좁은 의미의 미적, 즉 무관심적 태도를 배제하고 미적 경험을 넓은 의미의 인지적 경험으로 이해한다. 오늘날의 이러한 능력은 '시각적 문해'나 '미적 문해'라 부르는 것과도 통하는데, 이때 '미적'이라는 말에는 '미학적'이라는 의미까지 포함된다. 미학자에게서 특징적으로 보이는 미적 문해는 미와 예술에 대한 철학적 반성의 능력 및 그 결과로서의 정보화된 견해를 가리킨다. 이제 미적 문해와 관련하여 미적 인식능력을 고려한다면, 이는 미적 대상의 총체적인 의미와 가치를 이해하고 판단할 수 있는 인지적 능력이다.

이렇듯 미학과 예술교육의 흐름 속에서 '미적 인식' 내지 '미적 인식능력'은 중점을 달리하며 설명되어 왔다. 처음 이 개념은 이성적 인식과 대비되는 감성적 인식이나 취미의 능력을 의미하는 것이었는데, 현대 영미권의 미학과 미적 교육론에서는 무관심적 관조를 강조하는 미적 경험의 능력으로서, 오늘날에는 미적 문해라는 일종의 인지적 능력으로서 설명되는 것이다. 이에 따라 '미적 교육' 개념은 다음과 같이 정리할 수 있겠다. '미적 교육'은 이성과 감성이 조화된 인간성의 육성을 목적으로 하는 교육 이념인 동시에 예술의 창작 및 감상과 관련되는 미적 인식능력의 발달을 목표로 하는 예술교육 이론이며, 역사적으로 감성 교육, 미적 경험, 미적 문해를 강조하며 전개되어 온 것이다.

나. 미적 교육의 역사

계몽주의 미학에서는 '아름다운 혼'을 소유한 이상적 인간상의 이념이 부각되었다. 독일의 미학자 바움가르텐의 '풍요로운 애미자'의 이념이라든가 영국의 섀프츠베리는 그 초기적 사례로 들 수 있다. 이런 이념에 따라 말 그대로 '미적 교육'의 사상을 공식화한 인물이 프리드리히 쉴러다. 그는 『인간의 미적 교육에 관한 서간』(1793–95)에서 완전한 인간성의 실현 가능성을 소재충동과 형식충동이 조화된 유희충동에서 찾았는데, 인간의 내면에 미적 상태(필연성의 강제가 모두 사라진 자유로운 심적 상태)를 조성하는 과제를 미적 교육에 부여했다. 쉴러가 제시한 미적 교육의 이념은 바람직한 인간성의 육성을 위하여 예술교육의 필요성을 설파함으로써 이후 학교에서 예술 교과들을 가르치는 것을 정당화하는 기초 원리가 되었다.

20세기에 쉴러의 이념을 계승한 인물로는 영국의 허버트 리드를 꼽을 수 있다. 그는 『예술을 통한 교육』[3]에서 교육을 예술 내지 유희의 과정과 비슷한 과정으로 간주하면서 모든 학습 주제가 예술처럼 혹은 예술을 수단으로 해서 가르쳐져야 한다고 주장했다.

그렇지만 오늘날 미적 교육의 이념을 갖는 이론들은 허버트 리드처럼 학교교육 전체에까지 무리할 정도로 미적 교육을 요구하지는 않는다. 현대의 전형적인 미적 교육론은 이를 예술교육에 한정시킨다. 여기서는 미적 가치

3 Herbert Read, *Education through Art*, Pantheon Books, 1958.

를 예술의 중요한 본질로 삼으면서 미술의 창작과 감상에서 이를 경험하도록 하는 것을 중시한다. 그래서 미적 교육의 이념은 바람직한 인간성의 발달을 위한 미적 경험의 가치를 주장하면서 이를 가능케 하도록 미적 능력, 즉 감성을 키워야 한다고 주장한다.

영미권에서 현대의 미적 교육론은 미적 경험론에 토대를 둔다. 예술작품의 창작과 감상을 미적 경험의 측면에서 논의하는 그 이론은 예술의 목적이 미적 경험을 제공하는 것이며 미적 경험은 미적 가치를 낳는다는 논리 구조를 갖는다. 이 이론에 따르면, 미적 경험이란 예술작품의 가치에 접근하는 유일한 방식 아니면 최고의 방식으로서, 활기차고, 충만하고, 통일된 감정을 낳는 경험이며, 예술작품이기 위한 조건 내지 예술작품의 최고의 가치가 미적 경험을 가능케 하는 것이다. 많은 미학자들이 미적 경험이 인간에게 커다란 가치가 있다는 사실을 언급해 왔는데, 미적 교육론자들도 미적 경험이 가장 중요하며 인간 본성의 측면이라고 설명한다.

미적 경험에 관한 논의 가운데 미적 교육론에 많은 영향을 끼친 이론이 미적 태도론이다. 미적 교육론자들은 미적 경험을 활용하기 위하여 스스로를 미리 조절할 수 있는 만큼, 즉 미적 태도를 취하는 만큼 미적 경험을 통제할 수 있다고 생각한다. 미술 교육자들은 학생들이 미적 태도의 요소들을 이해하고 적용하게 함으로써 학생들의 생활 속에서 미적 경험을 가질 수 있는 잠재능력을 개선할 수 있을 것으로 기대한다.

그렇지만 미적 경험론은 오늘날의 미학에서는 많은 도전을 받아 왔다. 반성적인 미학은 미적 경험의 가치뿐만 아니라 그러한 경험 방식의 존재마저 의심하기도 한다. 미적 경험에 대해 회의적인 이론가들은 미적 태도란 달성하기 불가능하며, 가능하다 해도 미적 태도는 예술작품들을 이해하고 감상하는 데 부적절한 방식이라고 비판한다. 그래서 한 걸음 나아간 미적 교육의 논의에는 미적 경험에서 좁은 의미의 미적인 태도인 무관심적 태도를 배제하고, 이를 넓은 의미의 인지적 경험으로 이해한다. 더욱이 미적 교육론은 대체로 예술교육을 미적 교육을 위한 수단으로 생각해 왔는데, 예술교육의 입장에서는 그런 생각을 부정적으로 보는 경우도 만만치 않다. 예술교육 이론의 한편에서는 미적 가치를 예술교육과 아예 관련이 없는 것으로 취급하거나 관련이 있다 해도 예술의 다양한 본질들 중에서 일부에만 해당한다고 보기도 한다.

이런 상황에서도 미적 교육론자들은 '미적 교육'을 포기하고 대신 '예술교육'을 이야기하지는 않는다. 여기에는 '미적 교육' 개념이 '예술교육' 개념보다 유용하다는 주장이 함께한다.[4] 심슨에 따르면, 예술교육 개념은 행위에 중점을 두면서 예술을 생산적 기술로 파악하지만, 미적 교육 개념은 이를 포함하는 동시에 반성이나 비평적 기술의 발달을 포함할 수 있다. 미적이라는 말은 협의로는 편견이나 고정관념으로부터 자유로운 주목, 즉 무관심성을 요구하면서 형식의 관조를 가리키는 말로 쓰여 왔지만, 넓은 의미에서 미적 경험은 예술 경험과 같은 뜻으로 쓰인다. 이때는 '미적' 경험의 대상이 형식에만 그치지 않으며, 이 용어 속에는 재현, 표현, 서술, 사회비판, 심리통찰, 기법 등이 포괄적으로 함축된다. 실용적 교육적 관점에서 '미적'이라는 말은 이와 같이 열린 개념으로 쓰일 수 있다는 점에서 유용하다. 또한 미적 교육 개념은 창작과 감상이 결정적으로 연관되어 있다는 사실을 설명해 준다. 감상은 정적인 수용이거나 무조건 추종하는 것이 아니라 작품에의 창조적, 비평적 참여이다. 그런 의미에서 감상도 배워야만 하는 기술이다.

2. 오늘날의 예술교육론

가. 예술교육의 목적

예술교육이란 일단 예술가를 육성하는 교육을 가리키지만,[5] 그 이론은

4 Alan Simpson, "The Usefulness of 'Aesthetic Education'", *Journal of Philosophy of Education* 19, no. 4 (Winter 1986), pp. 64-71.

주로 공교육 제도 속에서 일반 학생들에게 예술 과목을 가르치는 문제가 중심이다. '교육 속의 예술(Art in Education)'이라는 주제가 바로 그것이다. 공교육 속에서 예술을 가르쳐야 하는 정당성의 근거로 종래에는 정서 표현의 심리적 효과라든가 창의성 계발의 가치 등이 거론되어 왔는데, 이런 요소는 미학이론과 예술교육론이 만나는 측면이다. 말하자면 창조이든 표현이든 예술의 본질을 논의하는 미학이론은 예술교육의 목적론 내지 원론이 되는 것이다.

예술교육의 목적을 말하는 현대적 이론은 맥락주의와 본질주의의 입장으로 대별할 수 있다. 맥락주의는 예술 교과가 교육이 추구하는 어떤 목표나 가치를 달성하기 위한 효과적 수단이 된다는 입장이고, 본질주의는 예술이 그 자체로 교육되어야 할 가치가 있다는 입장이다. 맥락주의의 입장에서 종래 강조해 온 예술교육의 목표가 창의성(creativeness)인데, 미술교육학자 로웬펠드의 『창의적 정신적 성장』(1947)이 그 단적인 예다.[6] 여기서 로웬펠드는 자유표현의 가치를 옹호하면서 이를 통해 아동의 정서를 표출하게 하는 것이 아동의 창의적 성장, 정서적 성장에 유익하다고 주장했다. 우리의 국가 수준의 교육과정에서도 창의적 인간의 육성이 교육의 핵심 목표인데, 여기서는 창의성을 계발하기 위해 예술의 표현하는 경험이 효과적이라고 설명한다. 여기서 창의성 개념이 교육의 일반적 체제와 예술 과목을 연결하는 고리가 된다.

그렇지만 예술 과목이 창의성을 계발할 수 있는 수단 교과라는 주장에 대해서는 반론이 있다. 창의성은 예술교과만에 한정되지 않은 교육 일반의 목표이며, 예술활동을 통해 개발되는 창의성이 과학 등 다른 분야에서의 창의적 활동에도 전이된다는 가설도 증명하기 어렵다는 것이다. 또한 창의

5 예술가 양성과 관련된 예술교육 문제를 집중적으로 다룬 것으로 박낙규(외)의 『대학 예술교육의 현황과 개선방안에 관한 연구』에 의한 일련의 연구결과 보고 내용을 참조. 『예술문화연구』 제10집, 2000; 『예술문화연구』 제11집, 2001; 『미학』 제32집, 2002.

6 Viktor Lowenfeld, *Creative and Mental Growth*, 1947. 번역본: 로웬펠드 · 브리테인, 『인간을 위한 미술교육』, 미진사, 1993.

성을 목표로 해온 예술교육이 실제로는 학습과 평가에서 자유방임을 초래했다는 비판도 유의할 만한 지적이다.

맥락주의의 입장은 통합교과의 운영에 관련된 논의에서도 확인된다. 통합교과에 관한 논의는 예술교육 속에 포괄되는 분야들을 단일 예술 과목으로 통합하는 가능성과 관련된 것이라기보다, 역사나 환경 등의 인문, 사회, 자연과학의 특정한 학습 주제들을 예술 과목과 통합하여 다루는 것이 효과적이라는 관점에서 이루어지는 것이다.

본질주의는 예술 과목이 수단 교과가 아니라 그 자체로 교육되어야 한다는 신념을 갖는다. 1967년부터 넬슨 굿먼의 주도하에 시작된 하버드 대학 교육대학원의 프로젝트 제로의 신조도 이와 관련된다.[7] 이 연구 프로젝트는 예술의 언어가 인간의 이해의 기호체계의 하나라는 원리에 기초한다. 예술 언어가 그 자체로 교육되어야 한다는 믿음은 미술 교과의 경우 1980-90년대에 학문기초 미술 교육운동으로 구체화되었다. 그 이론은 학생들로 하여금 동서고금의 모든 미술 작품의 의미와 가치를 이해하도록 하는 것을 미술 교육의 목표로 한다. 본질주의의 입장은 교육의 일반 목표로 문해가 강조되는 추세에 의해서도 지원을 받는다. 문해 개념은 1960년대 말부터 문화적 문맹을 타파하기 위한 유네스코의 비전의 중심이 되었던 것이다.[8] 미국의 경우, 예술위원회의 보고서(1988)는 허쉬의 『문화적 문해』(1987)[9]에 기초하여 예술교육의 목적을 '문화적 문해' 내지 '예술적 문해'의 수준을 높이는 것이라 명시했다.

나. 예술적 문해

문해 교육과 관련하여 제시되는 예술교육 목적 개념이 예술적 문해다.

7 Howard Gardner & David Perkins (eds.), *Art, Mind & Education: Research from Project Zero*, University of Illinois Press, 1989. 황유경, 「예술교육에 대한 인지적 접근: 하버드 프로젝트 제로 연구 소고」, 『미학』 제22집, 1997, 193-223쪽 참조.

8 김문환, 『문화교육론』, 서울대학교출판부, 1999 참조.

9 E. D. Hirsch Jr., *Cultural Literacy*, Random House, 1987.

미술교육에서는 예술적 문해를 '시각적 문해' 라고 특칭하기도 하는데, 그런 한계를 넘어 예술 일반에 적용시킬 수 있는 개념이 '미적–예술적 문해' 또는 줄여서 '미적 문해' 다.

문해(literacy)란 말 그대로 언어를 읽고 쓸 줄 아는 능력을 가리키지만 비유적으로 예술의 창작과 감상의 능력에 적용되며, 이때 '예술적 문해' 란 예술의 언어에 대한 문맹을 벗어나려면 그런 능력들이 체계적으로 교육되어야 한다는 의미를 함축한다.

문해의 이념이 예술교육과 결부되기 위해서는 예술을 일종의 지적 활동으로 볼 수 있는 예술론이 요구된다. 이러한 역할을 하는 것이 예술이 본질적으로 인지적이라는 넬슨 굿먼의 이론이다. 그에 따르면, 교육이 추구하는 인간발달에는 다양한 언어적·비언어적 기호 체계들을 습득하기 위한 과정이 포함된다. 따라서 일종의 비언어적 기호 체계인 예술을 교육한다는 것은 예술 언어를 효과적으로 구사하고 해득할 수 있는 능력을 기르는 것이다. 더욱이 그는 미적 경험도 인지적 경험으로 설명한다. 미적 경험도 어떤 기호적 특성들이 지배함으로써 과학 및 다른 영역과 구별되는 인지적 경험이다. 회화는 시처럼 '읽어야' 하는 것이다.[10]

미적 문해에 대한 정의는 미적 교육론자들에 의해 여러 방식으로 시도되었다. 예컨대 브라우디는 『각성된 애호』(1972)[11]에서 미적 교육을 어떤 감정의 성질이 표현된 이미지 속에 담겨 있는 감각적 내용을 파악할 수 있도록 학생의 상상적 지각을 훈련시키는 것으로 규정하면서 미적 문해를 미적 지각과 동일시했다. 또한 그리인은 어떤 현상들을 일상의 맥락을 떠나 미적으로 지각하는 주목의 양태를 미적 문해라고 정의했다.[12] 그리인은 이렇게

10 Nelson Goodman, *Languages of Art: An Approach to a Theory of Symbols*, Oxford Univ. Press, 1968, pp. 241f.

11 Harry S. Broudy, *Enlightened Cherishing: An Essay on Aesthetic Education*, Univ. of Illinois Press, 1972.

12 Maxine Greene, "Aesthetic Literacy in General Education", in: Jonas F. Soltis (ed.), *Philosophy and Education*, Univ. of Chicago Press, 1981, pp. 121-141.

미적 문해를 명시적으로 미적 태도와 동일시하면서, 그것의 가치가 일상적 · 상투적 사고를 지양하여 경험의 확대, 나아가 자유의 확대라고 한다. 한편 그리인이 말하는 미적 문해에는 미와 형식을 주목하는 태도뿐만 아니라, 예술작품의 성질과 의미에 대한 보다 많은 지각적 파악, 확장된 상상력, 일상생활과 자연 현상에 대한 고양된 감지, 개인적 자유에 대한 확장된 감각이 포함된다. 더욱이 그는 예술의 언어적 성격을 주목하면서 이른바 '정보화된 참여'에 의해서만 예술작품의 경험, 즉 의미를 이해하거나 해석하는 것이 가능하다고 설명했다.

한편 캐일린은 『예술교육자를 위한 미학』(1987)에서 비평적 판단과 거기에 개입하는 미학의 역할을 언급하면서 미적 경험을 심미적 지각이나 태도를 넘는 인지적 수준에서 논의했다. 여기서 그는 미적 문해를 인간의 인지적 활동 내의 다양한 수준에서 기능하는 것으로 설명했다. "낮은 극단에서 이는 표현적 컨텍스트를 구성하는 기법적 숙련성이며, 높은 극단에서 이는 적절한 미학이론의 정보에 의한, 효과적인 메타 비평의 정보에 의한, 비평의 기율이다."[13] 이러한 정의에서 미적 문해란 미적 가치를 경험할 수 있는 능력인 동시에 예술의 창작과 감상에 작용하는 여러 수준의 인지적 능력들을 가리킨다. 어쨌든 미적 교육론자들의 미적 문해에 관한 논의들은 일정한 방향성을 갖고 전개되어 왔다고 할 수 있다. 즉 미적 문해란 미적 태도를 취하는 것이 아니라 교육을 통하여 예술작품의 창작과 감상을 위한 인지적 능력들이 발달된 상태를 말하는 것이다.

다. 미적 발달

교육은 인간의 발달을 추구하며 예술의 교육에서도 발달 문제는 핵심적인 고려 사항이다. 예술 교과와 관련하여 학습자의 인지 발달을 논의하는

13 Eugene F. Kaelin, *An Aesthetics for Art Educators*, Teachers College Press, 1989, p. 191.

것이 미적 발달론이다. 프로젝트 제로의 광범위한 연구의 중심 주제의 하나가 미적 발달에 관한 것이다. 과거에는 "아동은 아는 것을 그리고 성인은 보는 것을 그린다"는 견해가 마치 상식처럼 인정되었다. 여기에 전제된 것은 아동의 그림 그리기가 무목적적 난화에서 사실적 · 환영적 묘사로 발달한다고 생각하는 단선적 진화론인데, 이런 견해는 더는 지지되지 않는다. 프로젝트 제로의 연구에 의하면,[14] 묘화 발달의 과정은 묘화가 다른 상징적 행동의 형식들과 구별되어 감에 따라 서로 다른 묘화 체계들의 목록과 그것들이 각기 어떻게 강화되는가에 관련된 맹아적 지식이 발달하기 시작하는 것이다. 따라서 아동의 미술은 어른의 미술과 같은 묘화 체계에 숙달하는 기법 문제라기보다 그것들을 사용하는 적응과 융통의 문제라고 할 수 있다.

한편 파슨스는 아동의 미적 경험에 대한 인지 발달론의 구성 가능성을 논의했다.[15] 그는 예술작품에 대해 반응하는 경험의 기저에 깔린 인지적 요소를 살펴보면서, 가령 예술의 특징적인 힘이 감정 내지 정감적 능력이 개입하는 것이라면 인지론은 그대로 들어맞지 않는다고 설명한다. 미적 반응에서 정감이 분명히 중요하긴 해도 발달되는 것이 곧 '감정의 힘' 이 아니다. 아동에겐 그러한 힘이 이미 있으며, 발달되는 것은 오직 '상관적' 감정의 힘일 뿐이다. 그래서 미적 발달이란 미적 대상으로서의 미술작품에 대해 상관적으로 반응하거나 판단하는 능력의 발달을 가리키는 것에 다름 아니다. 따라서 파슨스는 미적 경험의 발달과 미적 판단의 발달을 동일하게 취급한다. 아동이 자신의 미적 경험을 말로 나타낼 때 작품에서 불완전하나마 스스로 상관적으로 생각하는 것이 무엇인지가 드러난다. 그가 상관적으로 생각하는 것이 바로 그가 작품에서 찾아내려는 것이 된다. 따라서 아

14 Dennie Wolf and Martha Davis Perry, "From Endpoints to Repertoires: Some New Conclusions about Drawing Development", *Journal of Aesthetic Education*, Vol. 22, No. 1, 1988.

15 Michael J. Parsons, "A Suggestion Concerning the Development of Aesthetic Experience in Children", *JAAC* Vol. 34, No. 3 (Spring 1976), pp. 305-314.

동이 생각하는 것이 그가 보는 것에, 정감적으로 반응하는 것에 영향을 끼치며, 그 역도 마찬가지다.

파슨스는 미적 경험의 발달을 그 기저에서 작용하는 인지구조에 기초하여 4단계로 나누어 설명했다.[16] 이러한 구조는 대상의 미적 성질이 어떤 방식으로 파악되느냐에 의거한다. 즉 대상의 미적 성질에 관련하는 개인의 위치가 여기서의 변수다. 1단계에서 아동은 미적 성질이 자신과 대상 사이에서 자기중심적으로 가까이 있다는 듯이 말한다. 2단계에서 아동은 미적 성질이 특정한 규칙틀의 만족에 달려 있다고 이해한다. 3단계에서 서로 모순되는 다양한 규칙들을 취하며, 판단의 권위를 미술가의 의도나 개인적·특성적 반응으로 돌린다. 마지막 성숙 단계에서는 미적 성질을 대상 자체가 갖는 성질로서 본다. 즉 원리상 대상의 지각적 내지 의도적 국면들에 기초하며 공적으로 승인될 수 있는 것이라고 본다.

라. DBAE와 미학교육

학문기초 미술 교육운동은 1982년 미국의 미술교육협회가 제창한 이래 1984년에 설립된 게티 센터와 이를 배경으로 하는 미술 교육학자와 미술교사들의 연구와 실천으로 확산되어 온 것이다. 이 접근법의 중요한 특징은, 미술이 특별한 목표, 내용, 방법을 갖는 학습 과목으로서 교수될 수 있으며 미술의 교육된 이해는 미술제작, 미술사학, 미술비평, 미학 같은 몇몇 학문들에 기초한다는 믿음으로 요약될 수 있다.[17] 여기서는 특히 미술교육에서 미학의 학문적 내용들을 가르치는 것까지 포함시키고 있다.

역사적으로 볼 때 DBAE 접근법이 형성되는 데는 과거 아동 중심 교육과정에 기초하여 창조적 자유표현 내지 자기표현을 중시하면서 미술교육의

16 Michael J. Parsons, *How We Understand Art, A Cognitive Development Account of Aesthetic Experience*, Cambridge Univ. Press, 1987.

17 Ralph A. Smith (ed.), *Discipline-based Art Education: Origins, Meaning, and Development*, Univ. of Illinois Press, 1989, p. 3.

입지가 점차 위축당해 왔던 현실이 작용한다. 미술 과목이 학생의 어떤 심리적 성향을 발달시키기 위한 수단일 뿐이라면 굳이 그러한 과목을 교육할 필요가 없다고 보는 것이 당시 분위기였다. 그런 분위기 속에서 미술 교사나 미술 교육학자들은 미술교육의 정당성을 확보하기 위해 미술도 다른 과목들처럼 지식의 구조를 갖는 학문으로서 규정되지 않으면 안 된다는 의식을 갖게 되었다. '학문(discipline)' 이라는 용어는 저명한 학자들 내지 실천가들의 집단, 정립된 개념적 구조, 용인되는 연구 방법을 갖는 연구 영역을 가리키는데, 여기서 미술 교육학자들은 미술 제작 이외에도 미술과 관련되는 기존 학문들(미술사학, 미술비평, 미학)의 의의를 새롭게 주목했다.

DBAE의 초기 이론가들은 미술 학문들의 중요성을 주목한 결과 미술 학문들 자체를 새로운 미술교육의 내용으로 여기고 있었다. 이를테면 1980년대에 아이스너는 DBAE의 목표가 시각세계의 특질들을 판독하고 그 가치를 경험할 수 있게 하는 일정한 기능, 이해, 태도를 발달시키는 것이라고 규정하고, 미술활동의 영역을 제작, 비평, 역사와 문화, 미학으로 설정하여 이에 따라 미술교육 과정의 체제를 계획했다.[18] 그는 교육되어야 할 학문의 성격을 규정할 때 각 학문들을 알고 있다는 전문가의 지식을 모델로 삼았는데, 여기서 이를테면 미학은 미술 작품에 대한 질적 판단 자체가 아니라 이에 대한 반성이고, 미학교육이 '계속적인 대화' 에 의해 이루어진다고 지적했다.

최근에는 학문기초 미술 교육이론이 미술 학문들 자체에 지나치게 무게를 두는 것의 한계가 지적되기도 한다.[19] 윌슨은 학문들을 "구체적인 미술 작품을 창작하고 이해하기 위한 수단들"이라고 규정한다. 이에 의하면 각 학문들은 이를 통해 미술 작품들이 창작되고, 해석되고, 평가되는 '렌즈'

18 Elliot W. Eisner, *The Role of Discipline-based Art Education in America's Schools*, The J. Paul Getty Trust, 1988, p. 16.

19 Brent Wilson, *Quiet Evolution: Changing the Face of Arts Education*, The J. Paul Getty Trust, 1997, p. 17.

로 비유된다. 윌슨은 모든 렌즈들을 미술 작품에 중첩시키는 총괄적 이해가 가장 바람직한 것이라 한다. 이러한 체제 내에서 미학은 미술 작품에 대한 총괄적 이해를 위해 이에 관련된 철학적 쟁점들에 대한 이론으로 규정된다.

랭크포드는 미술의 개념, 미술의 가치 등에 관해 그가 제시한 미학교육의 학습 목표 내지 내용들을 제시했다.[20] 예를 들어 미술의 개념과 관련해서 학생들은 전통적 및 대안적 미술이론들을 학습하고, 집단별로 미술을 정의하려고 시도함으로써 미술에 대한 자신들의 믿음을 분석하고 반성하며, 미술의 개념들이 문화권에 따라 다양하며 시대에 따라 변함을 인식한다. 미술의 가치와 관련해서 학생들은 미술 작품들이 여러 가지 다른 방식들로 평가될 수 있음을 인식하고, 미술에 대한 그들의 가족, 친구, 사회가 취하는 가치들을 발견하려고 시도하며, 미술 작품 속에 구현된 개인적 · 사회적 가치들을 연구한다.

20 E. Louis Lankford, *Aesthetics: Issues and Inquiry*, The National Art Education Association, 1992, pp. 69f.

더 읽을거리

김문환, 『문화교육론』, 서울대학교출판부, 1999.

Gardner, H., and D. Perkins (eds.), *Art, Mind & Education: Research from Project Zero*, University of Illinois Press, 1989.

* 넬슨 굿먼이 주도한 하버드 프로젝트 제로의 연구 보고서.

Parsons, M. J., and H. G. Blocker, *Aesthetics and Education*, University of Illinois Press, 1993 (김광명 옮김, 『미학과 예술교육』, 현대미학사, 1998).

Smith, R. A. (ed.), *Discipline-Based Art Education*, University of Illinois Press, 1989.

Smith, R. A., and A. Simpson (eds.), *Aesthetics and Arts Education*, University of Illinois Press, 1991.

미학과 정치

– 아렌트가 읽어낸 칸트 미학의 정치적 함축성에 관한 소고 –

임성훈

미학과 정치의 영역은 엄연히 다르다. 미학은 근본적으로 철학적 미학(자연미와 예술미), 예술론 그리고 예술비평과 관련된 분야이다. 그러나 미학이 정치 및 '정치적' 인 것과 관련된 현실 문제를 직접적인 연구 대상으로 하지 않는다고 해서 미학과 정치 사이에 어떠한 관련성을 상정할 수 없다고 말한다면, 이는 적절하지도 않을뿐더러 지나치게 성급한 단정이라 하겠다. 왜냐하면 미와 예술에 대한 근원적 물음 및 미적 사유와 그 반성은 단지 미와 예술의 세계 그 자체에 한정될 수 없기 때문이다. 곧 미학의 근원적 물음은 인식론이나 윤리의 문제 그리고 나아가 정치, 사회적 문화의 물음과 밀접히 연관되어 있다.

미학은 결코 정치학이 아니다. 그러나 미적 사유 속에서 유의미한 정치문화의 함축성을 읽어내는 것은 얼마든지 가능한 일이다. 그러나 이것이 곧 미학의 영역과 정치의 영역이 직접적으로 매개된다는 것을 의미하지 않는다. 만약 미학과 정치가 직접적으로 혹은 도구적으로 결합될 경우, 이는 곧 '정치의 미학화(Ästhetisierung der Politik)' 를 초래할 위험성이 뒤따르게 된다. '정치의 미학화' 는 미학이나 예술을 도구적으로 사용하는 파시즘의 선동 미학이며, 미학과 정치에 관한 반성적 담론에서 가장 경계해야 할 결합 방식이다. 미적 사유에 내재한 정치적 함축성을 읽어낸다는 것은 선동적이며 대중 기만적인 '정치의 미학화'에 대한 고찰이 아니라 '미학의 정치화(Politisierung der Ästhetik)'에 대한 고찰을 말하는 것이다. 예를 들어, 벤야민은 정치적 삶을 도구적인 미학화로 전락시키는 파시즘의 '정치의 미학화'를 비판하고, 20세기에 등장한 예술의 새로운 가치와 형식 그리고 이에 따른 대중의 반응 문화에 주목하면서 '정치의 미학화'를 거부하는 '예술의 정치화(Politisierung der Kunst)'를 언급한다.[1]

본 글은 미학과 정치에 관련된 다양한 관점과 정치미학의 일반적 흐름을 고찰하는 데 그 목적을 두고 있는 것이 아니라, 미적 사유, 특히 미적 판단에 내재한 정치적 함축성을 정치철학자 한나 아렌트(Hannah Arendt)의 칸트 미학 읽기를 통해 살펴보는 데 그 주안점을 두고자 한다. 물론 아렌트의 주된 관심은 미학과 정치를 직접적으로 매개하여 설명하는 데 있지 않다. 아렌트는 칸트의 『판단력비판』[2]에 나타난 미적 판단의 반성적 사유를 고찰함으로써 미적 판단과 정치적 판단의 유사성 및 미적 판단에 내재한 정치적 판단의 함축성을 읽어내고자 한다.[3] 아렌트는 칸트 미학에서 중요한 개념들인 '판단(Urteil)', '판단력(Urteilskraft)', '무관심성(Interesselosigkeit)', '상상력(Einbildungskraft)', '공통감(Gemeinsinn, sensus communis)' 등을 활용해서 고유하고 독창적인 정치 판단 이론을 전개하고 있다. 특히 아렌트는 '공통감'을 공적 영역의 의사소통에 있어서 핵심적인 개념으로 파악한다. 이 글에서는 우선 공통감에 대한 반성적 사유를 통해 형성된 아렌트 정치 판단 이론을 중심으로 '복수성(Pluralität)', '다양성(Verschiedenheit)', '공공성(Öffentlichkeit)' 등에 대한 논의를 개괄적으로

1 Walter Benjamin, *Das Kunstwerk im Zeitalter seiner technischen Reproduzierbarkeit*, Frankfurt am Main, 1977, S. 42-44.

2 Immanuel Kant, *Kritik der Urteilskraft*. 이하 이 저서는 KdU로 약칭함.

3 아렌트의 칸트 미학 읽기는 칸트 미학에 대한 일반적인 해설이나 해석이 아니라, 매우 독창적인 방식으로 진행된다. 사실 아렌트는 『판단력비판』의 미학과 목적론 전체를 다루고 있지 않으며, 다루어진 내용도 선택적이다. 따라서 아렌트의 칸트 미학 읽기를 일반적인 칸트 해설서로 간주하는 것은 무리가 있고 또한 적절하지도 않다.

살펴보기로 한다. 그리고 이어 아렌트의 정치 판단 이론에 큰 영향을 끼친 칸트의 미적 사유에 나타난 '확장된 사유방식(eine erweiterte Denkungsart)' 에 관해 좀 더 고찰해 보기로 한다.

1. 미적 판단과 정치 판단

한나 아렌트의 정치이론은 일반적으로 이해되는 정치에 관한 이론이 아니다. 왜냐하면 아렌트의 정치이론은 흔히 정치적 조직이나 제도적인 의미로 파악되는 '정치(Politik)' 가 아니라, 복수성에 바탕을 둔 사람들 사이의 다양성이 존중되며, 이에 따른 인간의 자유로운 자기실현이 가능한 소통의 장이 마련되는 '정치적인 것(das Politische)' 에 그 주안점을 두고 있기 때문이다. 아렌트는 자신의 저서 『전체주의의 기원』, 『예루살렘의 아이히만』 등을 통해 20세기의 파시즘 및 나치즘이라는 비극적 상황이 초래된 이유가 바로 이러한 '정치적인 것' 의 진정한 의미가 상실되었기 때문이라고 보았다. '정치적인 것' 에 대한 의미를 묻는 반성적 사유는 아렌트의 후기 사상에서 '정치적인 것' 에 대한 철학적 고찰, 즉 '사유(das Denken)' 와 '의지(das Wollen)' 그리고 이를 통합하는 '판단(das Urteilen)' 의 차원에서 전개된다. '사유' 와 '의지' 에 관한 저술은 아렌트 생전에 집필되었고 사후에 출간되었지만, '판단' 에 대한 저술은 아렌트의 갑작스런 죽음으로 인해 구상만 되었을 뿐 실제적으로 집필되지는 않았다. 그러나 생전에 그녀가 미국의 '뉴 스쿨(New School for Social Research)' 에서 행한 칸트의 『판단력비판』에 관한 강연을 통해 우리는 그 윤곽을 충분히 가늠할 수 있다.[4]

아렌트는 이 강연에서 칸트가 『판단력비판』에서 다룬 미적 판단의 계기

4 Hannah Arendt, *Das Urteilen, Texte zu Kants Politischer Philosophie*, Hamburg, 1988. 이 글에서는 이 독어판을 텍스트로 삼는다(이하 UT로 약칭함).

들 속에 '정치적인 것'의 진정한 의미가 이미 함축적으로 드러나 있다고 보고, 이를 여러 측면에서 상세하게 고찰하고 있다. 주지하다시피 칸트는 『판단력비판』에서 '미학'과 '목적론'을 반성적 판단력의 원리하에 다루고 있으며, 정치 철학적 논의를 전개하지는 않는다.[5] 그러나 아렌트는 『판단력비판』에서 분석된 미적 판단의 특징들 속에 이미 정치 판단에 관련된 반성적 사유가 함축되어 있다고 보았고, 따라서 미적 판단을 '정치적인 것'의 영역, 즉 '복수성', '공공성', '다양성' 등과 관련지어 설명한다.

칸트에 따르면, 미적 판단은 개인의 느낌이나 감정에서 형성된 지극히 주관적 판단이지만 동시에 모든 사람에게 보편적으로 타당할 수 있는 판단이며, 이는 '규정적 판단력(bestimmende Urteilskraft)'이 아니라 단지 '반성적 판단력(reflektierende Urteilskraft)'에 따라 가능한 것이다. 또한 아렌트는 칸트가 '취미(Geschmack)'에 관하여 객관적 개념들에 근거한 '논의(disputieren)'는 가능하지 않다 하더라도 반성적 판단력에 근거해서 '논쟁(streiten)'을 할 수 있는 가능성은 열려져 있다고 언급한 점에 주목한다.[6] 미적 판단은 단순히 사적이고 이기적인 영역의 취미가 아니라 복수성과 다양성에 바탕을 둔 민주적 소통 및 합의에 대한 기대와 희망이 깃든 판단이다. 만일 미적 판단이 단지 사적이고 개인의 편견이나 감각에만 머문다면, 그 판단은 더 이상 미적 판단일 수 없으며, 단지 고립되고 소통의 가능성 자체가 단절된 판단에 불과할 것이다. 칸트에게 있어서 미적 판단은 언제나 전달이 가능한 판단, 즉 미적 소통이 가능한 판단이어야 하며, 개별자를 억압하는 강제되고 규정된 보편적 합의가 아니라, 개별자를 개별자로 존중하면서 동시에 미적 판단에 대한 보편적 합의의 가능성을 찾아가는 반성적이

5 참고로 언급하자면, 칸트는 『세계시민의 입장에서 본 보편사의 이념(*Idee zu einer allgemeinen Geschichte in weltbürgerlicher Absicht*)』, 『계몽이란 무엇인가?(*Beantwortung der Frage: Was ist Aufklärung?*)』, 『영구평화론(*Zum ewigen Frieden. Ein philosophischer Entwurf*)』 등에서 정치철학 및 역사철학적 관점을 보이고 있지만, 체계적이고 본격적인 정치철학을 전개했다고 보기는 어렵다.

6 KdU, B 232-233.

고 열려진 판단이다. 이러한 미적 판단의 소통 가능성은 곧 자유로운 자기 실현의 열려진 소통의 장으로서 '정치적인 것'과 연결되어 설명될 수 있다는 것이 아렌트의 주된 견해이다.

미적 판단에서 말해지는 보편성이란 규정적인 객관성을 갖는 보편성이 아니라, 철저히 주관적 원리에 바탕을 두면서 동시에 보편성을 향해 열려 있는 반성적인 차원의 보편성이다. 이러한 미적 보편성에 담겨 있는 반성적 원리, 즉 개인의 차이와 다양성이 언제나 인정되고 보편적 합의에 대한 희망의 원리가 내재해 있다는 점을 아렌트는 주목하고 이를 자신의 정치철학 담론에 적용한다. 아렌트는 정치 판단에 있어서도 이기적이거나 억압적이고 강제적인 합의 방식이 아니라, 차이와 다양성이 인정되는 민주적 소통 방식과 그 합의의 과정이 무엇보다 중요하다고 본다. '정치적인 것'의 공공성 속에서 이루어지는 소통은 보편적 합의를 추구하되 개인의 주관성이 억압되지 않고 언제나 개인의 차이와 다양성이 최대한 존중되는 과정에서 이루어져야 한다. 이런 의미에서 아렌트는 '복수성(Pluralität)'이 정치적 판단의 전제가 되어야 하며, 또한 이러한 복수성의 의미가 유지되는 공공의 소통 및 그 합의의 가능성을 강조한다.

미적 판단이나 정치 판단에서 소통은 '인간들 사이(zwischen den Menschen)'에서 이루어진다. 아렌트의 정치 판단 이론에서 이 점은 매우 중요한데, 아렌트는 정치의 궁극적인 의미가 바로 '인간들 사이에' 바탕을 두고 있다고 보기 때문이다. 아렌트는 이와 관련 칸트 철학을 되돌아본다. 칸트 철학의 궁극적인 물음은 "인간이란 무엇인가?"[7]로 요약되는데, 아렌트의 적절하고 타당한 설명에 따르면, 칸트는 인간을 자연의 일부인 '종(種)으로서의 인간(Menschengattung)', 이성적 존재자로서의 인간 그리고 공동체를 이루는 존재로서의 인간으로 구분하여 고찰한다. '종으로서의 인간'은 『판단력비판』 제2부인 「목적론적 판단력 비판」에서, 이성적 존재자

7 Immanuel Kant, *Logik*, A 25.

로서의 인간은『순수이성비판』과『실천이성비판』에서 그리고 공동체를 이루는 존재로서의 인간은『판단력비판』제1부인「미적 판단력 비판」에서 다루어진다. 아렌트가 정치철학의 논의와 관련하여 주목하는 인간은 바로 공동체를 이루는 존재로서의 인간, 즉 이 '지구' 상에서 공동체의 삶을 유지하며 살아가는 존재로서의 인간이다.[8]

미적 판단과 마찬가지로 정치 판단에서도 개별성과 보편성이 공존하는 장이 요청되는데, '정치적인 것' 의 영역과 그 활동은 개별적 특수성에 따른 주관성에만 고립될 수 없으며, 인간과 인간 '사이' 에 형성된 공공성의 영역에 그 토대를 두어야 하기 때문이다. 미적 판단과 정치적 판단은 객관적인 법칙에 따른 판단이 될 수 없으며, 또한 논리적으로 증명될 수 있는 그러한 객관성을 갖는 판단도 아니다. 과학적 진리는 계속적으로 반복되는 실험을 통해 그 보편타당성이 확보되지만, 미적 판단이나 정치 판단에 있어서 그 보편타당성은 객관적으로 확보될 수 없다.[9] 미적 판단이 '상상력' 과 '반성적 판단력' 을 통해 개별성을 개별성으로 파악함과 동시에 '공통감의 이념(die Idee des Gemeinsinns)' 에 바탕을 둔 주관적 보편성을 형성하듯이, 정치 판단 또한 이와 같은 과정을 통해 소통의 공공성을 확보해야 한다고 아렌트는 본다.

미적 판단은 이해관계나 사사로운 개인의 이기적 감정에 얽매인 판단이 아니라, '복수성' 에 바탕을 둔 판단이다. 이와 관련, 아렌트는 칸트가 말하는 미적 판단의 '확장된 사유방식(eine erweiterte Denkungsart)' , 즉 타인의 입장을 충분히 고려한 소통의 방식에 주목하고 이를 정치 판단과 연계시킨다. 아렌트는 칸트의 사유에 의거해서 다음과 같이 말한다: "전달가능

8 UT, S. 41. 칸트에 따르면, 인간은 고립되고 개별적으로 파편화되고자 하는 '비사교적인(ungesellig)' 성향과 동시에 '사교성(Geselligkeit)' 을 갖춘 사회적 존재이다.(Immanuel Kant, *Idee zu einer allgemeinen Geschichte in weltbürgerlicher Absicht*, A 392 참고). 이러한 인간의 '비사교적인 사교성(ungesellige Geselligkeit)' 에는 아렌트가 언급하는 '정치적인 것' 의 공공성에 대한 비밀스런 해명이 함축되어 있다고 볼 수 있다.

9 UT, S. 57 참조.

성[소통가능성]은 분명히 확장된 사유방식에 달려 있다. 우리는 타인의 입장에 서서 생각할 힘을 가지고 있을 때에 비로소 (타인과) 의사소통을 할 수 있는 것이다."[10] 미적 판단과 마찬가지로 정치 판단에 있어서도 이러한 확장된 사유방식이 요구되는데, 왜냐하면 정치 판단에 부당한 편견이나 특정한 이해관계가 개입된다면, 그 공공적인 소통의 장이 훼손될 것이기 때문이다. 아렌트는 또한 다음과 같이 말하고 있다: "판단, 특히 미적[취미] 판단은 다른 사람들과 그들이 지닌 취미에 대해 숙고하고 또한 다른 사람들이 내릴 수 있는 가능한 판단을 고려한다. 이러한 점은 내가 한 인간이며 또한 인간 사회를 벗어나서 살아갈 수 없는 존재이기에 필연적인 것이다. 나는 초감성적인 세계의 일원으로서가 아니라 이러한 공동체의 한 일원으로서 판단한다."[11]

아렌트는 '정치적인 것'의 공공적인 소통 과정에 '불편부당함(Unparteilichkeit)'이 필연적으로 요청된다는 점을 강조하고 있다. 이러한 관점에서 아렌트는 배우와 관객의 예를 들어 설명하고 있는데, 상황에 직접 참여하는 '행위자(Akteur)'보다는 오히려 '관찰자(Zuschauer)'의 역할이 더욱 중요하다고 본다. "각 행위자는 단지 자신의 역할에 충실하거나 혹은 행위의 관점에서 판단할 때, 단지 그와 관련된 전체 중의 부분만을 알 뿐이다. 그러나 관찰자는 상황을 전체적으로 볼 수 있다는 장점이 있다. 행위자는 명백하게도 편견에 치우치기 쉽다"고 아렌트는 말한다.[12] 상식적으로 생각해 보더라도, 어떤 상황에 참여하는 행위자는 전체를 보지 못하고 부분적인 면만을 보거나 혹은 편견이나 선입견에 사로잡혀 전체적인 공공적 영역의 소통을 왜곡할 수도 있는 것이다. 그런데 아렌트가 말하는 '관찰자'는 단순히 수동적으로 전체를 관조하는 방관자에 불과한 존재가 아니다. '관찰자'는 또 다른 관찰자와 대화를 하면서, 전체 상황을 바라보는 소통의 계

10 UT, S. 98.

11 UT, S. 91.

12 UT, S. 92.

기를 함께 만들어 간다. 즉 관찰자는 언어를 통해서 소통의 보편적 합의를 만들어 가는 데 참여하고, 또 이러한 과정에서 '행위자'와 어떤 식으로든 만나게 된다. 이런 점에서 아렌트가 말하는 관찰자는 서로 소통을 하지 않고 수동적 상태에 머물렀던 고대 올림픽 경기장의 관찰자나 플라톤의 동굴 비유에 나오는 관찰자가 아니다.[13] 아렌트가 말하는 '관찰자'는 불편부당한 입장에 서서 개별성을 개별성으로 파악하면서 동시에 보편적 소통의 공공성을 확보해 가는 능동적이고 민주적인 인간이라 할 수 있다.

지금까지 개괄적으로 살펴본 아렌트의 정치 판단 이론의 전개에서 가장 핵심을 이루는 개념은 '복수성'이다. 개별성과 보편성의 대립을 해소하고 공공적 소통의 근간을 이루는 개념인 '복수성'은 또한 '공통감'을 기반으로 하고 있다. 아렌트는 칸트 미학에서 언급된 미적 판단의 보편성 및 미적 소통에 따른 합의(Konsensus)가 억압적이고 획일적인 방식이 아니라 차이와 다양성이 인정되고 존중되는 민주적인 과정 속에서 이루어지는 것이며, 이러한 과정은 '공통감'을 바탕으로 한다는 점에 주목하면서 '정치적인 것'에 내재한 '복수성'을 중심으로 정치 판단 이론을 전개한다. 아렌트의 정치 판단 이론을 보다 더 잘 이해하기 위해서는 칸트 미학의 내용 중 미적 공통감 및 반성적 판단력의 '확장된 사유방식'에 대해 좀 더 살펴보는 것이 필요하다. 그러나 이 부분에 대한 상세한 논의는 별도로 상당한 분량의 지면을 필요로 하기 때문에 이 글에서는 개괄적 서술을 하는 것으로 만족하고자 한다.

2. 미적 공통감과 '확장된 사유방식'

칸트는 『판단력비판』 제1부인 「미적 판단력 비판」의 '미의 분석'에서 미

13 UT, S. 88 참조.

적 판단은 인식 판단, 도덕적 판단 그리고 단순히 감각적인 판단과 구별되는 판단이라고 주장한다. 그렇다면 여타의 판단들과 구별되는 미적 판단의 논리는 어떠한가? 이를 해명하기 위해 칸트는 미적 판단의 계기들, 즉 '무관심성(Interesselosigkeit)', '무개념성(Begriffslosigkeit)', '합목적성(Zweckmässigkeit)' 그리고 '필연성(Notwendigkeit)' 등을 상세하게 분석한다. 이러한 분석을 통해 칸트는 미적 판단이 '주관의 느낌(Gefühl des Subjekts)'에 따른 판단이지만 이와 동시에 모든 사람에게 보편적이고 타당한 판단이며 또한 타인에게 전달 가능한 판단, 즉 미적 소통이 가능한 판단이라고 주장한다. 이것이 칸트 미학의 핵심 테제를 이루는 소위 미적 판단의 '주관적 보편타당성(subjektive Allgemeingultigkeit)'이다.

칸트에게 있어서 미적 판단의 보편성은 무엇을 말하는 것인가? 칸트에 따르면, 미적 보편성은 객관적 개념의 틀로 규정될 수 없고, 단지 주관적으로만 합당한 보편성이다. 그리고 미적 보편성은 개념적 인식으로 환원될 수 없고 '반성적 판단력(reflektierende Urteilskraft)'을 통해 보편성을 찾아가는 그러한 의미에서의 보편성이다.[14] 따라서 미적 판단에 내재한 보편성은 객관적 규범의 성격을 지닌 닫힌 보편성이 아니라, 보다 확장되고 열려진 규범으로서의 보편성이다. 그런데 미적 보편성이 가능하기 위해서는 '공통감(Gemeinsinn 혹은 sensus communis)'이 전제되어야만 한다고 칸트는 주장한다. 미적 보편성은 모든 사람들에게 적용되는 '공통적인 감각(ein gemeinschaftliches Sinn)'이 있다는 점을 가정하지 않으면 성립할 수

---

14 칸트는 미적 판단을 '인식(Erkenntnis)'이 아니라 '인식일반(Erkenntnis überhaupt)'과 관련하여 고찰하고 있다. 개념에 따른 '인식'과 구분되는 '인식일반'은 칸트의 핵심 테제인 '미적 판단의 주관적 보편타당성'을 이해하는 데 결정적인 역할을 하는 매우 중요한 개념이다. '인식'과는 달리, '인식일반'은 개념적으로 환원된 인식이 아니라 미적 반성의 작용 속에서 파악되는 인식이며, 개별성과 보편성 사이의 긴장감을 지니고 있는 미적 인식이다. 즉 '인식일반'은 개별성을 끌어안음과 동시에 반성적 보편성에 대한 기대를 지닌 인식이며, 미적 느낌을 지닌 서로 다른 주관들이 보편의 강제나 강요에 의해서 이루어지는 '합의'가 아니라 개별성이 최대한 존중되는 데서 이루어지는 '합치(Zusammenstimmung)'를 형성할 때 비로소 가능한 인식의 영역이다.

없다는 것이다.[15] 즉 공통감은 미적 판단의 주관적 보편타당성을 말할 수 있는 전제 조건이다. 공통감을 전제하지 않은 미적 판단이란 한갓 개인의 주관적 판단에 불과할 뿐이며, 그러한 판단에 대해서는 다른 사람이 동의해 주기를 기대할 수 없다. 미적 판단은 공통감을 전제로 할 때에만, 주관적이면서도 동시에 보편타당할 수 있는 소통의 계기를 가지게 된다.

그런데 칸트가 미적 판단에서 언급하는 공통감은 '공통적인 혹은 건전한 인간지성(der gemeine oder gesunde Menschenverstand)' 또는 일반적인 상식으로 이해되는 전통적인 공통감과는 구별된다. 칸트는 '건전한 지성(상식)' 이 개념의 성과에 의존하기 때문에 개념의 매개 없이 수행되는 미적 판단과 직접적으로 관련되는 것이 아니라고 말한다. 따라서 칸트는 공통감을 '논리적 공통감(sensus communis logicus)' 과 '미적 공통감(sensus communis aestheticus)' 으로 구분하는데, 전자는 지성(Verstand)의 활동에 의한 것이며, 후자가 바로 미적 판단의 전제가 되는 공통감이다.[16]

칸트는 '공통감의 격률(die Maximen des sensus communis)' 에 대해서도 언급하고 있는데, 이 격률들은 미적 판단 및 미적 공통감에 대한 보다 깊은 이해를 위해서 매우 중요하다. 칸트가 말하는 공통감의 격률은 1) 스스로 사유할 것, 2) 타인의 입장에 서서 사유할 것, 3) 자기 스스로 모순에 빠지지 않고 일관성 있게 사유할 것 등이다. 첫 번째 격률인 '스스로 사유함(Selbstdenken)' 은 지성의 격률로서 선입견이나 편견을 배제하고 스스로 생각하는 사유이다. 두 번째 격률인 타인의 입장을 고려한 사유는 '판단력의 격률' 로서 보다 더 '확장된 사유방식(eine erweiterte Denkungsart)' 과 관련된다. 세 번째 격률은 일관성에 기초한 사유로서 이성의 격률이며 첫째와 둘째의 격률이 통합되고 충분히 숙지된 후에야 비로소 도달될 수 있는 것이다.[17] 칸트는 미적 판단 및 미적 공통감에 직접적으로 연관되는 격률

15 KdU, B 63.
16 KdU, B 160.
17 KdU, B 158-159.

은 두 번째 격률, 즉 타인의 입장에 서서 사유하는 '판단력의 격률' 이라고 말한다. '판단력의 격률' 은 단지 인식능력의 고찰에 국한되지 않고 인식능력이 어떻게 합목적적(zweckmäßig)으로 사용될 수 있는가를 살핀다는 점에서 일종의 '확장된 사유방식' 을 보여 준다. 따라서 이러한 '확장된 사유방식' 을 아우른 미적 판단은 논리적이고 규정적인 판단에 종속되지 않는다. 미적 판단은 편견이나 선입견에 매몰되는 이기적 판단이나 감각적 판단이 아니라 타인의 입장을 충분히 고려한 반성적 판단이다.

미적 공통감의 이념에 바탕을 둔 미적 '느낌' 은 개인적인 느낌에 제한되는 것이 아니라 불편부당한 관점에서 타인의 사유를 존중하는 '공통적인 느낌(gemeinschaftliches Gefühl)' 에 따른 반성적 판단이 작용하는 느낌이다. 그런데 미적 판단의 문화는 우리들에게 자연 발생적으로 거저 주어지는 것이 아니라, 미적 문화의 형성 과정 속에서 그 가능성이 찾아져야 한다.[18] 계몽주의자로서 칸트는 미적 판단의 문제를 단지 초월적인(transzendental) 차원에서만 규명하는 데 그치지 않고 미적 판단에 내재한 미적 문화의 차원에서도 다루고 있다. 칸트는 미적 판단에 공통감의 이념을 끌어들임으로써 미적 문화와 그 시대 정신을 연결하고 있는 것이다.

3. '사이(Zwischen)' 에 관한 사유: 미학과 정치

한나 아렌트는 미발표 원고에서 "정치란 무엇인가?"라고 묻고 '정치적인 것' 의 진정한 의미는 '인간의 복수성' 에 그 토대를 두고 있음을 강조한다. 아렌트는 "정치는 다양함이 함께 혹은 서로 존재함을 다루는 것"이며, 정치의 의미는 궁극적으로 '인간들 사이에서(in dem *Zwischen-den*-Menschen)'

---

18 Jens Kulenkampff, "Vom Geschmack als einer Art von sensus communis"-Versuch einer Neubestimmung des Geschmacksurteil, in: Andrea Esser (Hg.), *Autonomie der Kunst? Zur Aktualität von Kants Ästhetik*, Berlin, 1995 참조.

성립하는 것이라고 말한다.[19] 이와 같이 '복수성', '다양성' 그리고 인간들 '사이에서' 정치의 진정한 의미를 읽어낼 수 있다는 아렌트의 정치철학적 사유는 정치 판단 이론의 밑바탕을 이루고 있다. 특히, 아렌트는 칸트가 분석한 미적 판단의 계기들에 정치 판단이 함축적으로 드러나 있다고 보면서, 정치 판단에 내재한 '복수성' 개념을 중심으로 '정치적인 것'에 관한 반성적 사유를 전개하고 있다. 칸트는 공통감의 이념에 근거한 미적 판단의 보편성이 결코 강제적이고 억압적 '일치(Ubereinstimmung)'에 있는 것이 아니라 자유롭고도 조화로운 놀이의 반성적 과정을 통해 형성되는 '합치(Zusammenstimmung)'에 있다고 말한다.[20] 아렌트는 이러한 칸트의 미적 판단에 관한 사유를 정치 판단 이론에 고유하고도 독창적인 방식으로 적용하고 있다. 미적 판단과 마찬가지로 정치적 판단의 영역에서도 개별성은 개별성 그 자체로 존중되어야 한다. 그러나 미적 판단이나 정치적 판단은 편견이나 선입견에 따른 감각적 주관성에 고립될 수 없는 것이며, 언제나 타인과의 소통을 통해 어떤 보편적 합의를 찾아가는 판단이어야 한다. 이때 보편적 합의는 규정적인 것이 아니며, 과정이 중시된 반성적 차원에서 모색되는 것이다. 이런 관점에서 본다면, 미적 판단과 정치적 판단은 개별성(특수성)과 보편성, 어느 한곳에 치우치지 않은 특수와 보편의 긴장감을 유지한 판단이며, '사이(zwischen)'의 차원에서 이루어지는 '사이의 놀이(Zwischen-Spiel)'[21]에서 이루어지는 판단이라고 할 수 있다.

---

19 Hannah Arendt, *Was ist Politik?*, Hamburg, 2003, S. 9-12.

20 달리 말하자면, 미적 판단은 일종의 '합치적 놀이(Zusammenspiel)'이다. 일반적으로 놀이가 성립하기 위해서는 놀이에 참여하는 것이 필수적이다. 참여가 없이는 놀이는 성립하지 않으며, 성립한다 해도 추상적인 놀이에 불과할 것이다. 또한 놀이는 미리 규정될 수 없다. 왜냐하면 만약 놀이의 과정이 미리 프로그램화된다면, 놀이의 본질적인 요소인 자유가 상실되어 버리기에 진정한 놀이라고 할 수 없다. 그렇다고 놀이가 아무런 규범 없이 수행되는 것은 아니다. 놀이는 규칙(Regel)과 자유(Freiheit) '사이에' 성립되는 놀이의 고유한 규범성을 가지고 있다. 이러한 미적 놀이의 특성들 속에서도 '정치적인 것'에 대한 함축성이 내재한다고 말할 수 있다.

21 Hans Scheuerl, *Das Spiel. Untersuchungen über sein Wesen, seine pädagogischen Möglichkeiten und Grenzen*, Weinheim/Basel, 1979, S. 93.

아렌트는 미적 판단의 소통 방식을 정치 판단 이론에 적용함으로써 '인간들 사이에' 존재하는 '정치적인 것'의 의미를 반성적으로 고찰하고 있다. 아렌트는 정치 판단 이론을 단순히 '정치'에 관한 일반적 이론이 아니라, '정치적인 것'이 행해지는 공공적 소통의 장이라는 맥락 속에서 전개하고 있으며, 특히 '복수성'과 '공통감' 개념에 바탕을 둔 '정치적인 것'의 의미를 묻고, 이를 보다 근원적으로 사유하고 있는 것이다. 아렌트의 견해를 따르자면, 우리는 자유로운 소통이 가능한 공공의 장을 열어가는 '정치적인 것'의 의미를 반성 속에서 늘 유지해야만 한다. 왜냐하면, '정치적인 것'에 대한 의미 상실은 곧 정치에 대한 혐오감이나 정치 무관심으로 드러나고, 또한 인간의 삶의 한 조건을 이루는 정치 문화의 황폐화로 귀결되기 때문이다. '정치적인 것'에 대한 긴장감이나 반성이 없다면, 이미 20세기에 우리가 공포스럽게 경험했던 나치즘, 파시즘 등의 유령이 다시 우리의 주위를 맴돌 수 있는 것이다. 한나 아렌트는 '정치적인 것'에 대한 의미를 상실한 결과로 초래된 지난 세기의 비극적 상황을 또 다시 경험하지 않기 위해서는 '인간 사이'의 '복수성' 및 '다양성'을 아우르는 문화적 긴장감을 통해 형성되는 '정치적인 것'의 공공성을 확보해야 한다는 점을 특히 미적 판단에 내재한 정치 판단의 함축성에 대한 반성적 사유를 통해 밝혀 내고 있다.

더 읽을거리

Arendt, H., *Elemente und Ursprü nge totaler Herrschaft*, München, 1986.

__________, *Vita activa oder Vom tätigen Leben*,. München, 1996.

__________, *Eichmann in Jerusalem*, München, 1987.

Barck, K., "Konjunktionen von Ästhetik und Politik des Ästhetischen?", in K. Barck und R. Faber (Hg.), *Ästhetik des Politischen-Politik des Ästhetischen*, Würzburg, 1999.

Paetzold, H., "Die Bedeutung von Kants dritter Kritik für die Politische Philosophie in der Postmoderne. Zu Hannah Arendts Lektüre der "Kritik der Urteilskraft" als Kants Politische Philosophie", in U. Franke (Hg.), *Kants Schlüssel zur Kritik des Geschmacks. Ästhetische Erfahrung heute-Studien zur Aktualität von Kants "Kritik der Urteilskraft"*, Hamburg, 2000.

제2부
현대미학의 방법론과 전개

형이상학

현대의 형이상학적 미학

염재철

1. 들어가는 말

형이상학은 모든 존재하는 것들의 존재 의미와 이유를 보편성과 근원성의 측면에서 물어 가며 그리고 그것에 대한 답변을 우리가 사는 이 물리적 자연 세계 너머에서 찾는다. 철학의 여러 분야 중 그 어떤 분야보다 역사가 오래된 형이상학은 우리가 알고 있는 개별 학문들과는 여러 측면에서 다르다. 예를 들어 물리학이나 역사학과 같은 개별 학문은 우선 그 연구 영역이 제한적이다. 물리학은 이 세상의 모든 존재자 중에서 자연의 물리 현상이 그 연구 영역이고 역사학은 역사 현상이 그 연구 영역이다. 물리학이나 역사학은 자신의 연구 영역인 물리 현상이나 역사 현상을 연구 대상으로 삼아 그것의 운동 원리나 진행 원리를 탐구하고 또 그 원리에 대한 답변을 현실 세계에서 찾을 수 있거나 또는 현실적으로 납득할 수 있는 데서 찾는다.

하지만 형이상학은 그렇지 않다. 서구의 대표적인 형이상학인 플라톤과 헤겔의 형이상학을 예로 들어 보자. 플라톤은 이 세상 모든 것의 근본 원리가 무엇인가를 물었고 그 근본 원리를 "선의 이데아"라고 답했다. 그의 물음의 대상은 특정한 존재자 영역이 아니라 존재자 일반이었다. 그리고 그는 존재자 일반의 존재 의미와 근본 이유를 우리가 사는 이 현실 세계에서는 찾으려 해도 찾을 수 없는 것, 즉 자연 세계를 넘어 저편에 있는 이데아의 세계에서 찾았다. 이러한 방식은 헤겔의 형이상학의 경우도 마찬가지다. 헤겔은 지상의 모든 존재자의 변화와 운동의 근본 원리를 '절대정신' 혹은 '이념'으로 보았다. 그 역시 지상의 특정한 이것저것을 물음의 대상으로 삼지 않고 이 세상 모든 것을 물음의 대상으로 삼았다. 그리고 이 모든 것의 존재 의미와 근본 이유를 이 세상에서는 찾을 수 없는 '절대정신'이라는 것으로 파악했다.

물론 형이상학자들은 그들이 제시한 답변을 사람들이 수긍할 수 있도록 하기 위해 반드시 자신이 제시하는 근본 원리가 어떻게 현실 세계와 연결되어 작동하는지를 해명한다. 플라톤의 경우 선의 이데아는 현실 세계에 분유(分有, metexis)해 있다는 식으로, 헤겔의 경우에는 절대정신의 변증법적 외화(外化, Entäusserung)라는 방식을 통해 근본 원리와 현실 세계는 연결되어 움직인다. 그리고 이 연결 고리들은 나름대로 치밀한 연결성과 정합성을 지니고 있기에 다른 이들이 쉽게 반박하기 힘들다. 우리는 이처럼 사상의 정점에 그 어떤 것으로도 치환할 수 없는 근본 원리를 놓고 그 아래로는 차례로 하위 개념들을 위치시키면서 이들 모든 개념들을 쉽게 논박할 수 없는 논리로 엮어 놓은 사상을 '체계적 사상'이라 일컫는다. 체계성은 형이상학이 만들어 후세에 물려 준 대표적인 유산이다.

그러나 치밀한 체계성을 보여 주었던 전통적 형이상학이 근대의 마지막 위대한 사상가 헤겔에서 그 완성과 동시에 종결을 이룬 이후 현대철학사에서 형이상학은 종래의 그 찬란했던 지위를 잃어 가기 시작한다. 이러한 현상은 현대철학의 흐름을 선도했던 주요 사상가들이 공통적으로 형이상학을 비판하는 것을 보아도 알 수 있다. 우리는 전통 형이상학의 '무근거성'을 주장하는 니체에서도, 형이상학의 '사변성'을 공격하는 마르크스에서도, 형이상학적 명제들의 '무의미성'을 주장하는 무어나 비트겐슈타인에서도 형이상학이 더 이상 현대철학자들의 환영받는 사유거리가 아님을 목격한다.

하지만 소멸하는 유성도 막바지에는 자신의 꼬리를 남기듯이 오랜 기간 철학의 대표적 이름으로 행세했던 형이상학도 현대의 예술철학과 미학이 진행되는 이 시점에 아직 그 자취를 남겨놓고 있다. 현대 예술철학과 미학에 나타나는 형이상학적 사고는 크게 두 가지 모습으로 진행된다. 그 하나는 전통 형이상학의 방법적 특성을 유지하면서 해당하는 사유 대상에 그 방법을 적용해 가는 고전적인 방식이며, 다른 하나는 전통 형이상학과 유사성을 지닌다는 이유로 현대미학 내부에서 형이상학적으로 불리지만 스스로는 전통 형이상학과 단호히 선을 긋는 새로운 경향성의 형이상학적 미학이다. 현대미학에서 전자에 속하는 대표적인 형이상학적 미학을 손꼽으라면 크로체와 하르트만의 미학사상을 꼽을 수 있고, 후자의 경우는 하이데거에서부터 시작된 미학사상을 들 수 있다.

2. 크로체와 하르트만의 형이상학적 미학

크로체의 미학사상이나 하르트만의 미학사상은 더 이상 전통 형이상학처럼 그 정점에 이데아나 절대정신처럼 압도적 규정자를 상정하고 거기로부터 연역적으로 하위 개념들을 도출하는 식의 사상을 펼치지는 않는다. 그러나 그들의 사상에도 형이상학적 잔재는 강하게 남아 있다.

먼저 '표현론적 예술론'을 펼친 크로체의 미학은 과거의 형이상학처럼 체계적이고 관념론적이다. 그의 철학 전체는 '정신철학'이라는 큰 체계를 지니며 미학은 그중에서 정신철학의 기초적인 부분에 해당한다. 그의 체계론적 정신철학은 정신을 크게 지적 활동과 의지적 활동으로 구분하고, 다시 지적 활동을 직관적 지식과 개념적 지식, 의지적 활동을 경제적 의지와 도덕적 의지로 분류한다. 여기서 그의 표현론적 예술론의 핵심을 이루는 직관적 지식은 개념적 지식의 토대가 되고, 이들 두 지식을 포괄하는 지식 이론적 활동 일반은 다시 의지 실천적 활동 일반의 토대가 된다는 식으로 그의 정신철학은 하나의 전체적인 체계를 구성한다.

크로체의 미학은 또한 철저하게 관념론적이다. 그의 미학사상의 핵심인 '표현적 직관' 자체가 무엇보다 그렇다. 물론 크로체가 말하는 표현적 직관은 전통 형이상학이 말했던 어떤 신비스러운 것을 알아채는 창조적 직관처럼 우리들이 납득하기 힘든 것은 아니다. 오히려 그의 직관은 바깥에 실재하는 사물이든, 정신적으로 떠오르는 것이든 우리가 그들에 관한 형상과 이미지를 얻는 과정을 가리키며, 그것은 우리에게 아주 일반적인 행위로서 우리가 어떤 사물이든 그것과 애초에 만날 때 최초로 수행하는 행위이다. 그러나 그의 관념론적 입장은 형상과 이미지를 생산하는 이 같은 직관 과정을 '표현'이라는 또 하나의 의미 있는 행위로 파악하는 데서 나타나기 시작한다. 크로체의 생각은 직관적으로 생산된 이미지는 그것이 어떻든 우리의 정신적인 지적 활동이 작용하여 일어난 활동이며 그래서 그것은 우리의 지적 정신이 어떤 식으로든 표현된 행위라는 것이다. 그리고 표현적 직관은 예술가의 창작 행위의 가장 핵심적인 부분이며, 설사 예술가가 실제로 예술작품을 형성하지 않더라도 머리 속에서 일어난 표현적 직관 행위만으로도 예술이 진행되는 것이며, 또 그것 자체가 하나의 예술작품이라고 파악한다. 이 정도까지 이르면 크로체의 미학은 극단적인 관념론이라는 규정을 회피하기 어렵다.

하르트만이 그의 미학에서 형이상학적 방법론을 고수했던 것은 절대주의와 상대주의의 대립을 나름대로 피해 보려는 의도 때문이었다. 그는 절대주의와 상대주의를 절충하는 입장에서, 모든 존재는 그 자체로 존재하지만 그러나 그 존재들은 우리의 인식을 통해 드러난다고 보았고, 이때 우리의 인식은 그 존재를 완전히 파악하지 못할 수도 있다는 기본 입장을 가졌다. 그리고 이런 기본 입장에서 그는 대상을 지향하고자 애쓰면서 자신의 존재론과 미론을 연결한 이른바 미적 존재론을 펼친다.

하르트만의 미적 존재론은 그의 존재론의 전체 체계 속의 한 부분이다. 그는 모든 존재하는 것을 그 존재 방식(Seinsweise)에 따라 크게 이념적 존재와 실재적 존재로 나눈다. 이때 이념적 존재이든 실재적 존재이든 그것은 우리의 인식 가능성이나 우리의 인식 내용과는 독립적인 것이며, 그런 의미에서 우리에 대해 존재하는 것(das für uns Seiende)이 아니라 자체적으로 존재하는 것(das an sich Seiende)이다. 하르트만은 이념적 존재에 속하는 것 중 하나로 가치를 위치시키고, 다시금 가치를 재화적 가치, 쾌감적 가치, 생명적 가치, 정신적 가치, 종교적 가치로 나눈다. 이들 가치들은 높고 낮음의 서열을 가지고 있으며 앞에 열거된 것이 가장 낮은 가치이고 뒤로 갈수록 높은 가치이다. 또한 낮은 서열의 가치는 높은 서열의 가치의 토대가 되며, 미적 가치는 진과 선의 가치와 함께 서열이 높은 정신적 가치에 속한다고 그는 보았다.

미적 가치 역시 다른 가치들과 마찬가지로 존재적 측면에서는 절대적이며, 인식적 측면에서는 상대적이다. 다시 말해, 미적 가치에 대한 판단이 보편적으로 드러날 수 있는 것은 미적 가치의 존재의 절대성 때문이며, 여러 예술에서의 미가 역사적 다양성을 가지는 것은 미적 가치에 대한 감정과 판단이 상대적이기 때문이다. 하르트만에 의하면 미적 가치는 인간이나 자연사물 그리고 예술작품과 같은 실재에 직접 붙어 있는 것이 아니라, 그런 실재를 통해 내비춰지고 실재에 의해 떠받쳐지고 있는 실재의 배경층(Hintergrundschicht)에 속해 있다. 미적 가치는 그 본질상 결코 실현될 수 없는 것이며, 실재 속에서 현출되거나 묘사될 뿐이다. 그러나 미적 가치가 아무리 그 현출과 실현에서 대상적 존재에 의존하기는 하지만 그 자체로 이미 절대적 존재임은 변함이 없다.

3. 하이데거와 그 이후의 형이상학적 미학

하이데거의 미학을 형이상학적인 것으로 볼 것인가는 조금 복잡한 문제이다. 왜냐하면 현대철학 내부에서의 논란에도 불구하고 하이데거는 자신의 존재론적 사유를 형이상학이라고 생각한 적이 한 번도 없었으며, 오히려 그의 중요한 사상적 길목 곳곳에서 그는 끊임없이 전통 형이상학과의 대결을 시도했기 때문이다. 사실 하이데거를 포함해서 그에 앞선 딜타이, 후설 등의 해석학적 · 현상학적 사유를 모두 다 무의미한 형이상학적 언어의 유희로 규정하고 그들을 비판하기 시작한 철학자들은 분석철학을 태동시켰던 이른바 빈 서클에 속하는 철학자들이었다. 이들 분석철학자들을 제외하고, 하이데거 사상의 형이상학적 성격을 비판한 철학자들은 오히려 하이데거를 누구보다 가깝게 사숙했던 포스트 모더니스트들, 특히 자크 데리다였다. 데리다는 하이데거 사상의 기본 축이었던 '존재'라는 개념 자체가 전통 형이상학에서 제시했던 근본 개념으로서의 절대자가 지니는 성격과 유사하다고 보고 하이데거의 철학을 "로고스 중심주의"로 비판한다.

하지만 하이데거가 그의 예술론을 개진하던 중기의 사상 단계는 니체의 반형이상학적 정신에 깊이 영향을 받았던 시기였다. 이 시기에 형이상학에 대한 하이데거의 입장은 철저한 '형이상학의 극복'이었다. 그는 존재가 스스로를 숨겨 왔던, 그래서 존재가 망각되었던 긴 역사가 바로 형이상학의 역사이며 그래서 존재 망각사로서의 형이상학은 자신의 존재론이 극복해야 할 것으로 보았다. 그리고 그런 형이상학과 달리 존재의 숨기며 드러내는 참 모습을 제대로 담아내는 예술을 자신의 존재론이 주목해야 할 중요한 영역이라고 간주하고 예술에 관한 글들을 쓰기 시작한다. 『예술작품의 근원』과 『횔덜린 시의 해명』이 이 시기의 그의 주요 저작이다.

중기 사상 단계에서의 하이데거의 예술론을 간단히 요약하자면, 예술작품은 존재의 진리를 잘 담아서 그것이 지속적으로 일어나도록 해주는 대표적인 영역이라는 것이며, 그 점에서 볼 때 예술작품 속에 살아 숨쉬는 예술이란 다름 아닌 "존재의 진리의 작품 속으로의 정립"이라는 것이다. 이때 존재의 진리는 주체적인 측면도 지니며 객체적인 측면도 지닌다. 즉 존재의 진리는 그 스스로 작품 속으로 가려는 주체적인 움직임을 보이며 동시에 존재의 진리는 그러한 움직임의 측면에서 보호받는 객체이기도 하다.

존재의 진리와 연관하여 양면성을 보이는 하이데거의 이런 예술 규정은 그의 예술 창작 규정과 예술 감상 규정에도 드러난다. 그에게 있어 예술 창작이란 존재의 진리의 형태(Gestalt) 속으로의 확립이며, 예술 감상은 존재의 진리가 지속적으로 잘 일어나도록 작품을 보호하는 것이다. 여기서 창작이나 감상은 모두 예술가나 감상자의 주체적인 행위는 아니다. 오히려 그 행위의 중심은 언제나 스스로를 숨기면서 드러내는 존재의 수수께끼 같은 움직임이다.

하이데거의 존재론과 미학을 형이상학적 언어의 유희로 판단하는 것은 형이상학에 관한 성격 규정과 또 우리가 만나는 사태의 다양성에 따라 그 결과가 달라질 수 있다. 영미 분석철학 일반의 토대가 보이는 것처럼 엄정한 존재자 지향성과 과학적 엄밀성의 기본 잣대에서는 하이데거의 사상은 형이상학적으로 판단될 여지가 다분히 있다. 그러나 존재는 분명 존재자와 다르며 그 존재는 비록 감각의 대상은 아니지만 그 어떤 감각적 대상보다 더 여실히 현존한다는 점을 인정한다면, 다시 말해 이 세계 저편의 어떤 것이 아니라는 점에서 본다면, 하이데거의 사상은 철저하게 비형이상학적이다. 또한 데리다가 언급한 하이데거의 로고스 중심주의는 하이데거의 존재와 전통적인 로고스를 동일한 성격으로 볼 수 있는가에 대한 의견에 따라 비판의 합당성이 결정될 수 있다. 모든 것을 절대적 규정자—로고스—하나에로 환원시켰던 전통 형이상학의 모습을 상기한다면 모든 것을 존재에 입각해서 풀이하려는 하이데거의 사상은 형이상학과 상당히 유사하다. 그러나 자기 동일성을 갖는 전통 형이상학의 절대자와 끊임없는 다름으로서의 생김 자체인 존재와는 명백히 차이가 있다는 점을 인정한다면 하이데거의 존재론은 비형이상학적이다.

니체와 하이데거 그리고 부분적으로는 후설의 사상을 천착해 들어갔던 푸코, 데리다, 들뢰즈, 리오타르, 레비나스 등의 포스트모더니스트들은 그들이 자양분을 받아 온 사상적 원류를 그대로 닮아 전통 형이상학이 보도처럼 여겼던 '절대적 근거'가 '없음'이라는 니힐리즘을 뼈속 깊이 간직하고 있다. 오히려 그들은 형이상학적 무근거성을 더 철저히 밀고 나간다는 점에서 그들의 원류보다 더 반형이상학적이고 비체계적이다. 그들은 첫째 '동일성' 에 입각한 전통 형이상학의 본질주의를 철저히 배격하여 사물들의 있는 그대로의 차이들에 주목하며, 둘째 이전의 형이상학이 화려하게 세워 놓았던 진리 체계, 도덕 체계, 미적 체계를 부정하고 해체한다. 그들은 철저히 반체계적이고 해체적이다.

더 읽을거리

니콜라이 하르트만, 『미학』, 전원배 옮김, 을유문화사, 1984.

베네데토 크로체, 『크로체의 미학』, 이해완 옮김, 예전사, 1994.

Schulz, W., *Metaphysik des Schwebens*, Neske, 1985.

하이데거 예술철학

김동훈

1. 들어가는 말

하이데거의 예술철학을 이해하기 위해서는 그의 존재론을 함께 고찰하는 것이 필수적이다. 왜냐하면 그의 철학은 그 처음부터 마지막까지 존재에 대한 물음을 중심으로 수행되었기 때문이다. 하지만 그의 예술철학은 존재론에 근거해서 부차적으로 예술 분야를 다루는 방식이 아니라 존재론의 한가운데서 예술의 본질을 다루는 방식으로 전개되었다. 이러한 그의 사유방식을 이해하기 위해서는 그가 철학과 예술(시작)의 관계에 대해 어떤 생각을 지니고 있었는지를 이해하는 것이 중요하다.[1]

하이데거 후기 철학은 언어에 대한 진지한 물음으로 채워져 있다. 영미 분석철학과는 사뭇 다른 관점으로부터 출발한 그의 언어철학은 예술철학과 밀접하게 관련되어 있다. 실제로 그의 언어철학 관련 논문이나 강연록들은 횔덜린, 릴케, 트라클 등 시인들의 작품에 대한 해석으로 가득 차 있다. 이러한 언어철학과 예술철학의 긴밀한 관계에 대해서 알아보는 일은

1 하이데거는 예술의 본질이 시작(Dichtung)에 있다고 주장한다. 이 주장에 대해서는 이 글 2장 5절을 참조하라.

하이데거의 예술철학을 이해하기 위해서는 필수적이다.

본 논문에서 필자는 난해하기로 소문난 하이데거의 예술철학을 가능하면 알기 쉽게 설명하도록 노력하겠지만 사상의 깊이를 손상시키지 않고 전달하려다 보면 독자들의 인내심과 지적 상상력을 요구하는 부분도 더러 있을 것이다. 하지만 하이데거의 철학이 가지고 있는 깊이와 그 이후의 서양철학에 끼친 엄청난 영향을 고려할 때 이러한 지적 탐험을 위한 인내에는 분명히 그만한 가치가 있다.

2. 몸 글

하이데거는 예술, 특히 시 작품에 대해 초기부터 많은 관심을 지니고 있었지만 본격적으로 예술철학에 대해 강의를 하고 논문을 발표하고 책을 저술하게 되는 건 그의 주저인 『존재와 시간』이 출간되어 그가 20세기 서양 철학계에서 가장 주목받는 철학자 중의 한 사람이 된 이후이다. 이 시기는 또 하이데거가 『존재와 시간』에 집대성되어 나타난 전기 사상에서 벗어나 새로운 시도들을 하던 때였다. 이러한 철학 경향의 변화를 하이데거는 스스로 '전향(Kehre)' 이라고 불렀다. 그의 예술철학이 이렇듯 시기적으로 '전향' 과 밀접하게 맞물려 있기에 이 둘의 관계에 대해서 우선 살펴보도록 하겠다. 이를 통해 그의 존재론과 예술철학의 관계도 함께 밝혀지게 될 것이다.

가. 『존재와 시간』 그리고 전향

하이데거에게 있어 인간은 다른 존재자들과는 달리 스스로 존재의 의미에 대해 물을 수 있는 독특한 존재자이다. 이런 의미에서 인간은 존재에 대한 물음을 통해 다른 모든 존재자들로부터 자신을 구별짓는 본질적인 특징을 지니고 있다. 따라서 하이데거는 존재에 대한 물음이 철학의 물음 중 가장 근원적인 물음이라고 주장한다. 이런 이유로 존재가 어떤 의미를 지니는가를 밝히는 일이야말로 인간에게는 근원적인 과제이다. 하지만 하이데거에게 서구 철학 2천여 년의 역사는 존재에 대한 망각의 역사이다. 플라톤과 아리스토텔레스 이래 존재는 가장 보편적이면서, 너무나 당연하기에 해명할 필요조차 없는 개념으로 여겨져 왔다. 이런 존재망각의 대표적인 한 예로 그는 데카르트를 들고 있다. 데카르트는 "나는 생각한다 고로 나는 존재한다(cogito ergo sum)"는 자신의 철학의 근본 명제를 해설하면서 사유(cogitatio)에 대해서는 어느 정도 설명하려는 노력을 하고 있지만 존재에 대해서는 그 의미를 밝히려는 아무 시도도 하지 않고 있다. 그 자신이 밝힌 바에 따르면 존재는 우리에게 너무나 분명한 개념이기 때문에 그것을 밝히려는 어떤 시도도 오히려 문제를 더 복잡하게 만들며 우리의 사유를 혼란에 빠뜨리게 된다. 하지만 하이데거는 바로 이런 이유 때문에 우리가 존재에 대해 제대로 생각하지 못하게 되었고 그로 인해서 서양 철학이 잘못된 길을 밟아 왔다고 주장한다.

『존재와 시간』에서 하이데거는 이러한 문제의식을 바탕으로 존재의 의미에 대해 진지하게 물음을 던진다. 우선 존재 그 자체의 의미를 고찰하기 위한 일종의 예비단계로 인간현존재(Dasein)[2]의 존재 방식을 살핀 뒤 그는 그것을 시간성과 관련하여 해명하고 있다. 여기서 시간은 운동을 재는 단위로서의 시간이 아니라 유한한 인간의 삶 자체를 드러내는 존재 범주를 가리킨다. 인간의 존재는 항상 과거와 현재, 미래라는 세 차원과 본질적인 관계를 맺고 있다는 것이 그의 주장이다. 따라서 시간성은 인간의 존재 양식과 본질적인 관련을 맺고 있다. 하지만 그가 이 책에서 기술한 것은 그가 원래 의도했던 내용의 일부에 불과하다.[3] 그가 서술하려 했지만 실행에 옮

2 인간현존재라는 말은 하이데거가 다른 존재자들과는 전혀 다른 인간의 존재 양식을 나타내기 위해 단순히 '거기 있음'을 뜻하는 독일어 단어 Dasein에 새로운 의미를 부여하여 고안해 낸 철학 용어의 우리말 번역어이다.

3 하이데거가 쓰려 했던 『존재와 시간』의 원래 목차를 보면 다음과 같다.
1부: 시간성에 근거한 현존재 해석과 존재에 대한 물음의 초월론적 지평으로서의 시간에 대한 해명

기지 못했던 내용의 한 부분에는『시간과 존재』라는 제목이 붙어 있었다. 여기서 그는 방향을 뒤집어 존재자의 하나인 인간현존재와 관련된 시간으로부터 존재 그 자체로 물음의 방향을 바꾸려 하였다. 이것을 그는 전향이라고 불렀다. 이런 이유로 해서 그는『존재와 시간』이후 인간현존재의 존재 방식이 아니라 존재 그 자체에 대해서 물음을 던지고 "존재의 진리를 그대로 말하기(die Wahrheit des Seins einfach zu sagen)"를[4] 시도하였다. 그의 언어철학과 예술철학은 이러한 맥락에서만 제대로 이해될 수 있다. 언어와 예술은 하이데거에게 있어『존재와 시간』에서 얻어진 통찰을 근거로 하여 존재 그 자체를 해명하는 데 있어서 가장 중요한 영역이었다. 그 이유는 무엇인지 이제부터 살펴보도록 하자.

나. 하이데거의 예술철학: 예술작품의 근원

하이데거는 자신이 쓴 여섯 편의 논문을 모아 1950년『숲길(*Holzwege*)』이라는 제목을 붙여 출간하였다. 이 책에 실린 논문들은 얼핏 보기에 서로 전혀 다른 주제를 다룬 것 같아 보이지만 사실은 하이데거가 존재라는 동일한 주제에 대한 사색의 오솔길을 거닐면서 지나온 여정들을 보여 주고 있다. 그중 첫 번째 논문인「예술작품의 근원」에서 하이데거는 자신의 예술철학을 펼쳐 보인다. 이 논문은 그 이후 수많은 논쟁의 진원지가 되기도 하였고 지금까지도 수많은 예술철학자들에게 영감의 원천이 되고 있다. 따라서 하이데거 예술철학의 이해를 위해서는 반드시 이 글을 읽어야 한다. 그런데 이 글을 제대로 이해하기 위해서는 하이데거에게 독특한 방법론인

---

1. 현존재에 대한 예비적 기초분석/2. 현존재와 시간성(Zeitlichkeit)/3. 시간과 존재
2부: 존재시성(Temporalität)의 문제틀을 실마리로 한 존재론의 역사에 대한 현상학적 해체의 개요
1. 존재시성(Temporalität)의 문제틀의 전 단계인 칸트의 도식론과 시간론/2. 데카르트의 "cogitio sum"의 존재론적 기초와 "사유하는 존재자(res cogitans)"의 문제틀 속에 답습되고 있는 중세존재론/3. 고대 존재론의 현상적 기초와 한계를 드러내는 판별체로서의 아리스토텔레스의 시간론

4 "Brief über den 》Humanismus《" in: *Wegmarken*, GA 9, Klostermann, 1976, S. 145.

'해석학적 순환'에 대해서 미리 알아두어야 한다.

(1) 해석학적 순환

예술작품의 근원이 어디인가에 대해 물으면서 그는 예술과 예술가, 작품 모두가 서로의 '근원'이라고 말한다. 이러한 주장을 하면서 하이데거는 논리학의 금기사항인 순환논법의 오류에 빠진 건 아닐까? 하지만 하이데거는 자신의 논의가 순환하고 있다는 사실을 의식하고 있었으며 그것을 숨기지도 않는다. 오히려 그는 진정한 철학은 바로 이러한 순환 속으로 뛰어드는 것이라고까지 말한다. 그 이유는 무엇일까? 작품을 만드는 사람이 예술가이니까, 작품의 근원이 예술가라고 보통 사람들은 말한다. 하지만 예술가가 진정한 예술가가 되는 순간은 자신이 만든 작품을 통해서이니까 거꾸로 예술작품이 예술가의 근원이기도 하다. 예술가는 예술가라는 특징 이외에도 여러 가지 형태의 특징을 가지고 있다. 한 집안의 가장일 수 있고 어떤 대학의 교수일 수도 있고 어떤 회사의 사원일 수도 있다. 이러한 수많은 특징 가운데서 그가 예술가라는 특징을 지니고 그렇게 불릴 수 있는 것은 바로 자신이 생산한 예술작품을 통해서이다. 따라서 예술작품이 예술가를 그 근원으로 하게 되는 것과는 다른 이유에서이지만, 예술가는 예술작품을 그 근원으로 하게 된다. 예술가와 예술작품이라는 개념들 속에 모두 들어 있는 예술이라는 개념과 이 둘의 관계는 어떻게 설명될 수 있는가? 우선 예술과 예술작품만 예로 들자면, 예술이 도대체 무엇인가가 해명되어야만 예술작품이 무엇인가가 해명될 수 있다. 하지만 예술이 무엇인가가 해명되기 위해서는 예술이 도대체 존재하는지, 존재한다면 어떻게 존재하는지에 대해서 결론을 아직 내리면 안 되기에 예술의 본질을 파악하려는 시도는 예술이 의심의 여지 없이 실제로 존재하고 있는 곳에서 시도되어야 할 것이다. 그것이 예술작품이다: "예술이 무엇인가는 작품에서 끌어내어야 한다. 반대로 작품이 무엇인가는 예술의 본질로부터만 경험하게 된다."[5] 하이데거는 이 글의 모든 단계마다 이런 순환논증이 이루어지고 있다고까지 말한다. 하지만 이러한 순환이 단지 예술작품을 둘러싸고만 나타나지는 않는다. 그의 존재론적 철학 자체가 이러한 순환과 본질적인 관련을 맺고 있다.[6] 간단하게 설명하자면, 해석학적 순환은 우리가 무언가에 대해 질문을 던지는 순간 이미 일상적으로 어떤 형태로든 그 질문의 대상을 어느 정도 이해하고 있으며 이런 이해의 토대 위에서 그 대상에 대해 더 풍부한 해석을 하게 되는 과정을 뜻한다. 하이데거는 이것이 단순한 이론적 이해뿐만이 아니라 우리의 삶 전체에서도 이루어진다고 주장한다. 따라서 이 글을 읽는 독자는 해석학적 순환을 항상 염두에 두어야 한다.

(2) 사물이 무엇인지에 대한 고찰을 통해 예술작품을 해명하려는 시도

평소 우리는 예술작품의 소재가 되는 사물이 다른 어떤 것을 표현하고 있다고 생각한다. 예를 들자면 조각의 소재인 대리석은 신성(신상의 경우)이나 인간의 고통(라오콘 상의 경우)을 표현하고 있다. 하이데거는 이러한 일상적인 사고에서 출발하여 예술작품의 근원을 탐구하고자 한다. 그래서 그는 우선 사물이 무엇인지에 대해 물음을 던진다. 일상적인 사고를 따르자면 사물이 무엇인지를 제대로 알아야 그 사물이 지시하는 다른 것, 예술작품이 표현한다고 보통 사람들이 생각하는 어떤 정신적인 대상에 대해서 더 잘 알 수 있고 그래야 예술작품이 무엇인지에 대해 더 깊은 통찰을 얻을 수 있지 않겠느냐는 것이다. 이를 위해 그는 사물에 대한 서양 철학의 전통적인 견해를 몇 가지 고찰한다.[7] 이때 그가 사용하는 방법론은 해석학적 순환과 밀접하게 관련되어 있으면서 그의 철학에 있어서 매우 중요한 방법론인 현상학적 해체이다. 이 방법론은 후기에 가서는 직접 거론되고 있지는 않

---

5 M. Heidegger, *Holzwege*, S. 2.

6 해석학적 순환이 하이데거의 존재론적 철학 전반에 있어서 갖는 의의에 대해서는 『존재와 시간』 제32절과 제63절을 참조하라.

7 여기서는 시간상, 지면상의 제약 때문에 이에 대한 상세한 논의는 생략하기로 하겠다. 이에 대한 상세한 해설을 위해서는 F. W. 폰 헤르만, 이기상 · 강태성 옮김, 『하이데거의 예술철학: 〈예술작품의 근원〉에 대한 체계적 해석』, 문예출판사, 1997, 103-151쪽을 참조하라.

지만 역사적 사려(geschichtliche Besinnung)라는 이름 아래 본질적으로는 계속 사용되고 있다.[8] 해석학적 순환에서 중요한 출발점이 우리의 일상적인 존재이해였다면 이러한 일상적인 존재이해 속에 녹아들어 있는 매우 중요한 요소 중 하나는 바로 과거의 서양 철학 전통 속에서 오랫동안 전해져 내려온 중요한 개념들에 대한 선입견이다. 하이데거에 의하면 이 개념들은 오래전에 사람들이 진지하게 사유하였던 흔적들을 그 안에 담고 있지만 오랜 세월이 지나면서 그 진지한 사유의 모습들은 나타나지 않게 되고 통속적인 내용들만이 우리에게 전해져 오고 있다. 그래서 그는 과거의 본질적인 경험들의 흔적이 담겨 있는 이러한 개념들을 둘러싸고 있는 통속성의 외피를 벗겨내고 진정한 사유의 속살을 드러내는 작업을 매우 중요하게 생각한다. 그래야만 존재론에 있어서 진정으로 문제가 되는 것이 무엇인지가 우리 앞에 드러나게 된다는 것이다. 따라서 언뜻 보기에는 쓸데없이 먼 길을 돌아가는 것처럼 보이는 하이데거의 이 시도가 사실은 사태의 본질에 도달하기 위한 하이데거의 지난한 몸짓임이 분명해진다.

하이데거에 따르면 이러한 고찰을 통해서 전통적인 견해들이 사물이 무엇인지를 제대로 파악하지 못했음이 드러난다. 그가 마지막으로 살펴보았던 전통적인 견해는 사물을 질료와 형상의 통일로 파악한다. 하이데거는 이러한 개념쌍이 본래는 도구의 제작과 관련하여 생겨난 것임을 상기시킨다. 도구가 지니는 질료와 형상의 결합은 그 도구가 어떤 용도로 쓰이는가에 좌우된다는 사실도 밝힌다. 이것을 근거로 그는 『존재와 시간』에서 인간 이외의 모든 존재자의 존재 양식으로 설명하였던, 넓은 의미에서의 도구의 존재 방식인 '손안에 있음'을 사용하여 사물의 사물성을 설명하려는 시도

8 현상학적 해체와 역사적 사려에 대한 하이데거 자신의 논의에 대해서는 M. Heidegger, *Sein und Zeit*, S. 19-27, M. Heidegger, *Phänomenologie der Anschauung und des Ausdruckes: Theorie der philosophischen Begriffsb ildung*, GA 59, Frankfurt/Main; Vittorio Kolstermann, 1993, M. Heidegger, *Grundfragen der Philosophie: Ausgewählte 》Probleme《 der 》Logik《*, GA 45, Frankfurt/Main: Vittorio Kolstermann, 1984를 참조하라.

를 감행한다.[9] 그렇다면 이러한 도구의 도구 존재를 어떻게 해명할 수 있을까? 전통적인 철학적 견해가 이것을 해명해 줄 수 없다고 믿는 하이데거는 직접 하나의 도구, 즉 구두를 예로 들어 이 문제에 접근하고자 한다. 그렇다면 도구로서의 구두를 어떻게 설명할 것인가? 구두가 무엇인지는 삼척동자도 다 알고 있다. 하지만 그걸로 도구의 도구 존재가 다 해명되었는가? 하이데거는 그렇지 않다고 말한다. 우리가 일상에서 어렴풋이 구두가 무엇인지를 알고 있다고 해서 구두의 도구로서의 존재가 해명된 것은 아니다. 이것을 위해서 하이데거는 구두의 쓰임새로부터 출발해서 어떨 때 구두가 진정으로 도구로서의 소임을 다하는가를 살피고 있다. 그에 따르면 우리가 도구의 도구 존재를 제대로 경험하는 순간은 구두를 신고 있는 사람이 자신이 구두를 신고 있다는 사실을 느끼지조차 못할 때이다.

하지만 이것은 예술작품하고는 직접적 상관이 없는 일상적 경험에 대한 심층적 분석일 뿐이다. 구두 그림을 통해서 우리가 그러한 경험을 할 수는 없다. 그렇다면 어떻게 예술작품을 통해서 도구의 도구 존재가 해명될 수 있을까? 이 물음을 통해서 도구의 도구 존재와 예술작품 사이의 관계가 시야에 들어오게 된다. 하이데거가 고흐의 구두 그림을 고찰하고 있는 것은 바로 이러한 맥락에서이다.

(3) 고흐의 구두

이 글 중에서 가장 많은 논란의 대상이 되었던 부분은 고흐의 어떤[10] 구두

---

9 '손안에 있음' 의 존재 방식에 대해서는 『존재와 시간』 제15-18절을 참조하라. 간단하게 설명하자면 도구는 우리의 손안에 있으면서 그 쓰임새에 따라 쓰임을 당할 때 그 존재의미를 충족한다는 뜻에서 하이데거는 도구가 본질적으로 '손안에 있음(Zuhandenheit)' 의 방식으로 존재한다고 말한다. 물론 여기서 '손안에 있다' 는 말은 비유적으로 해석되어야 한다. 모든 도구가 손으로 사용하도록 고안되지는 않았으니까.

10 20세기의 저명한 미술사가이자 고흐 전문가였던 마이어 샤피로(Meyer Schapiro)는 하이데거가 말한 구두가 어떤 것인지 확인할 수 있다고 했지만 자크 데리다는 자신의 책 『회화 예술에 있어서의 진리』에서 그것을 확인하기가 그렇게 쉽지 않음을 논증하고 있다. 이를 위해서는 마이어 샤피로의 논문 "The still life as a persnonal Object-- A note on Heidegger and van Gogh", in: *Theory and philosophy of art: style, artist, and society,*

그림에 대한 하이데거의 해석이다. 다른 한편 이 해석을 통해서 '예술의 본질은 진리의 작품 속으로의 정립' 이라는 그의 예술철학의 핵심 명제가 성립하고 있기 때문에 이 단락은 하이데거의 예술철학을 이해하는 데 있어서 결정적인 중요성을 갖는다. 하이데거는 어떻게 이런 결론에 도달하게 된 것일까? 우선 그의 해석에 귀를 기울여 보자.

> "이 구두라는 도구의 밖으로 드러난 내부의 어두운 틈새로부터 들일을 하러 나선 이의 고통이 응시하고 있다. 한결같은 모양으로 계속해서 뻗어 있는 밭고랑 사이를 통과해 나아가는 느릿느릿한 걸음걸이의 끈질김이 신발 도구의 옹골찬 무게 속에 쌓여 있다. 그 밭 위로는 거친 바람이 불고 있다. 구두가죽 위에는 땅의 축축함과 풍족함이 깃들여 있다. 저무는 저녁 들길을 가로질러 가는 고독함이 신발 밑창 아래서 밀려가고 있다. 신발 도구 속에서는 대지의 침묵하는 부름이, 익어 가는 곡식을 대지가 조용히 선사함이, 그리고 겨울들판의 황량한 휴경지에서의 대지의 설명할 수 없는 거절이 울리고 있다. 이 도구를 통해서 빵을 안전하게 확보하는 데 대한 불평 없는 근심, 궁핍을 다시 넘어선 데 대한 말없는 기쁨이, 출산이 임박했을 때의 떨림과 죽음의 위협 속에서의 전율이 스며들어 있다. 대지에는 이러한 도구가 귀속되어 있고 농촌 아낙네의 세계 안에 이 도구가 보호되어 있다. 이러한 보호된 귀속됨에서부터 도구 자체가 그것의 '자기 안에 머무름' 으로 일어선다."[11]

이 인용문의 전반부에서는 구두 자체에 대한 서술은 거의 보이지 않고 오히려 농촌 아낙네의 농부로서의 삶의 모습들이 시적으로 펼쳐지고 있고

George Braziller, 1994, pp. 135-151과 Jacques Derrida, *La vérité en peinture*, Flammarion, 1978, pp. 291-436을 참조하라.

11 이 번역은 독일어 원전, 민형원 · 오병남 역, 이기상 · 강태성 역을 참조하여 나름대로 시도한 번역이다. 참조한 두 번역 텍스트는 마르틴 하이데거, 오병남 · 민형원 공역, 『예술작품의 근원』, 경문사, 1979, 99-100쪽과 F. W. 폰 헤르만, 이기상 · 강태성 옮김, 『하이데거의 예술철학: 〈예술작품의 근원〉에 대한 체계적 해석』, 문예출판사, 1997, 573쪽이다.

그 다음에는 그녀가 대지와 맺는 관계, 그녀가 인간으로서 살아가게 되는 모든 세상만사가 어찌 보면 감상적이라고까지 느껴질 정도로 서술되고 있다. 마지막 두 문장에서야 비로소 구두 자체에 대한 언급이 나오지만 얼핏 읽어서는 무슨 뜻인지 전혀 이해가 되지 않는다. 하지만 분명하게 알 수 있는 건 이 그림을 통해서 단지 구두만이 아니라 구두를 둘러싸고 있는 농촌 아낙네의 세계와 대지, 다시 말해서 농촌 아낙네와 구두를 둘러싸고 있는 존재자의 전체가 함께 파악되고 있다는 사실이다. 다른 말로 하자면 모든 존재자들이 지니고 있는 이러한 상호 연관을 벗어나서는 구두의 진정한 의미를 파악할 수 없다는 것이다. 문제는 왜 구두가 대지에는 귀속되고 세계 안에서는 보호되는지이다. 또 도구가 자기 안에 머무른다는 말은 무슨 뜻인가? 그리고 또 하나의 문제는 앞에서 도구의 도구 존재를 설명할 때는 그 쓰임새에 따라 고찰했는데 여기서는 단순한 쓰임새 이상의 의미가 부여되고 있다는 사실이다.

이런 물음들을 해명하기 위해서 하이데거의 논의를 따라가 보자.

우선 도구의 도구 존재가 쓰임새 이상의 의미를 지닌다는 점에 대해서 생각해 보자. 하이데거는 이 그림을 통해서, 즉 하나의 예술작품을 통해서 우리가 구두가 "진정으로(in Wahrheit)" 무엇으로 존재하는지를 알게 되었다고 주장한다. 다른 말로 하자면 도구의 도구 존재가 예술작품을 통하여 우리에게 드러나게 되었다는 것이다. 알레테이아, 즉 존재자의 은폐되지 않고 드러나 있음을 진리라고 파악했던 그리스인들의 철학사상을 단초로 하여 하이데거는 진리가 여기서 나타나고 있다고 말한다. 즉 존재자의 모습이 그대로 드러나고 있다는 것이다. 여기서 주의할 것은 존재자의 모습이 우리가 눈으로 보고 확인하면서 수학적 · 자연과학적인 규정을 주게 되는 측면을 가리키고 있지 않다는 사실이다. "예술은 진리의 작품 속으로의 정립"이라는 명제는 따라서 예술작품을 통해서 단순히 구두가 어떻게 생겼는가가 아니라 구두가 어떤 존재자이고 다른 모든 존재자들과, 특히 인간현존재와 어떤 관련을 맺고 존재하고 있는지가 드러난다는 것을 의미한다.[12] 구두를 실제로 사용하는 인간현존재가 이런 모든 관계를 이미 알고 있다는 사실을 나타내기 위해 하이데거는 도구의 신뢰성(Verläßlichkeit)이란 용어를 사용하고 있다. 도구의 쓰임새는 이러한 신뢰성을 바탕으로 해서만 가능해진다고 하이데거는 주장한다. 고흐의 구두 그림에 대한 해석에서 단순히 구두의 쓰임새가 아니라 농촌 아낙네의 삶이 서술되고 있는 것은 이러한 맥락에서 이해할 수 있다. 하지만 일상에서 이러한 존재의 본질은 우리에게 드러나지 않는다. 우리는 그것에 대해 의식하지 않고 도구의 신뢰성 속에서 자신의 삶을 살아갈 뿐이다. 하지만 예술작품 앞에 서서 그것을 관찰하는 순간 예술작품을 통해서 이러한 존재의 진리가 우리에게 드러난다는 것이 하이데거의 주장이다.

진리의 작품 속으로의 정립은 두 가지 의미를 지닌다. 하나는 진리가 작품 속으로 정립된다는 것이고 다른 하나는 그것을 실제로 행하는 사람은 예술가라는 측면이다. 하지만 하이데거는 작가론의 입장에서 예술작품에 접근하는 것을 철저하게 반대했다. 심지어 그는 훌륭한 예술작품일수록 누가 그 작품을 만들었는지가 별로 중요하지 않다고 주장한다. 그렇다고 해서 하이데거가 어떤 사람들이 오해하는 것처럼 작품 절대론을 말하는 것은 아니다. 오히려 그는 작품을 통하여 존재 자체의 진리가 드러나는 것이 중요하고 따라서 궁극적으로는 작품이 그러한 진리 발현의 한 중요한 계기일 뿐 작품 자체가 모든 것을 결정하는 심급이 될 수는 없다는 사실을 말하고 있을 뿐이다.

12 이런 의미에서 하이데거는 그때그때 존재하는 개별 존재자들을 그대로 베낀다는 의미에서의 모방으로서의 예술에 대해서 반대의사를 분명히 한다. 하이데거에게 있어 예술이 모방이라면 그것은 사물의 보편적 본질의 모방이어야 한다. 고흐의 구두 그림을 통해서 나타난 구두의 모습이 바로 이런 의미에서의 구두의 본질을 보여 주고 있다는 뜻이다.

(4) 세계를 열어 세우고 대지를 이쪽으로 불러 세움

앞에서 우리는 구두가 대지에는 귀속되고 세계 안에서는 보호된다는 말이 무슨 뜻인지 물었다. 이 물음에 대한 답을 찾기 위해 우선 세계와 대지가 하이데거에게 있어서 어떤 의미를 지니고 있는지 살펴보고, 그러한 세계와 대지가 도구로서의 구두와 맺는 관계를 해명해 보기로 하자. 하이데거의 해석에 등장하는 길게 뻗어 있는 항상 똑같은 밭이랑을 지나가는 느릿느릿한 걸음걸이의 강인함이라든지, 저녁 무렵 들길을 걸어가는 고독함이라든지, 빵을 확보하기 위한 불평 없는 걱정이라든지 하는 표현들을 통해서 우리는 하이데거가 『존재와 시간』에서 말하고 있는 세계-내-존재의 모습들을 발견하게 된다. 또, 대지의 침묵하는 부름이라든지, 익어 가는 곡식을 말없이 선물한다든지, 겨울 휴한지에서의 설명되지 않는 거절이라든지 하는 표현들 속에서는 하이데거가 사용하는 대지라는 말의 뜻이 어느 정도 나타나고 있다. 거기다가 출산과 죽음에 대한 표현을 통해서 우리는 '존재와 시간'에 서술되고 있는 죽음을 향한 존재로서의 인간현존재의 실존적 존재 양식을 떠올리게 된다. 따라서 이 해석은 단순히 감상적이고 목가적인 해석이 아니라 그 안에 이미 하이데거가 지니고 있던 존재론의 사상적 내용이 함축적으로 서술되어 있음을 볼 수 있다. 이렇게 말하고 나면 하이데거가 말하는 대지와 세계가 무엇인지 좀 더 명확해진다. 세계는 우리에게 열어젖혀져서 나타나는, 하지만 '눈앞에 있음'의 방식으로서가 아니라 '손안에 있음'과 '동반 현존재(Mitdasein)'의 방식으로 드러나는 존재자들과 그때그때의 내가 열어젖히게 되는 것이다. 쉽게 풀어서 말하자면, 내가 매일 경험하고 살아가는 수많은 사물들과 동식물들, 사람들과 내가 실존적으로 맺고 있는 관계를 의미한다. 반면 대지는 우리에게 드러나지 않는 존재자의 심연, 더 나아가서는 존재의 심연을 의미한다고 말할 수 있다. 하지만 대지는 단순히 자신을 닫아 거는 존재자가 아니라 "익어 가는 곡식을 말없이 선물한다"는 표현에서 느낄 수 있는 것처럼 우리 주위에서 흔히 볼 수 있는 성장과 몰락의 근원을 그 안에 담고 있다. 따라서 대지는 세계가 열어젖혀지는 것을 가능

하게 하지만 동시에 자신을 닫아 거는 이중적인 성격을 지니고 있다.[13]

여기서 하이데거가 「예술작품의 근원」에서 여러 번 반복해서 다루고 있는 "세계와 대지의 싸움"이 무엇인가가 드러난다. 세계는 끊임없이 열어젖혀지기를 요구하고 대지는 계속해서 자신을 닫아 걸기 때문에 둘 사이의 관계는 불가분의 관계이기는 하지만 영원한 대립의 관계이기도 하다. 예술작품 안에서 이러한 대립은 일종의 틈(Riß)으로 나타난다. 틈은 둘 사이를 가르기도 하지만 그렇다고 해서 둘을 따로 떼어놓지도 않는다. 예술작품 자체가 사실은 이런 의미에서 하나의 틈이다.

또 왜 농부 아낙네의 신발이 대지에 속하는지가 드러난다. 모든 존재자는 그 존재 자체를 가능하게 하고 생성변화를 추동하는 대지에서 솟아나오게 되기 때문에 대지에 속한다. 세계 속에 보호된다는 말은 신뢰성 속에서 구두가 자신의 본연의 자리에 있게 된다는 것을 의미한다. 이렇게 자신의 본연의 자리에 있게 됨을 도구가 자신 안에 머무름이라고 하이데거는 설명하고 있는 것이다. 이런 의미에서 작품은 세계를 열어 세운다(aufstellen). 작품을 통해서 앞서 설명한 세계의 열림이 일어나기 때문이다. 또 작품은 대지를 불러 세운다(herstellen). 세계의 열림을 가능케 하고 스스로는 여전히 자신을 닫아 거는 대지의 본질을 작품이 잘 드러내 주기 때분이다.

(5) 예술의 본질로서의 시작(詩作, Dichtung)

하이데거에게 예술의 본질은 한편으로는 진리의 작품 속으로의 정립이면서 동시에 시작이다. 여기서 말하는 시작은 예술 장르의 하나인 시(Poesie)와는 다르다. dichten이라는 독일어 단어는 타동사로서는 '창작하다, 짓다' 라는 뜻을 가지고 자동사로서는 '무엇을 생각하다, 무엇의 생각에 잠기다' 라는 뜻을 지닌 dichten auf라는 숙어로 사용되고 있다. 하이데거

13 이에 대해서는 같은 글 안에서 하이데거가 다음과 같이 말하고 있음에 주목하라: "세계와 대지는 본질적으로 서로 상이하지만 결코 분리되어지지 않는다. 세계는 대지에 근거하고 있고 대지는 세계를 뚫고 솟아오른다." (34쪽)

가 말하는 시작은 이런 의미연관 속에서 파악되어질 수 있다. 그래서 그에게는 모든 예술 장르가 시작에 속한다. 물론 그에게 있어 장르로서의 시는 예술 장르 전반에 걸쳐 탁월한 지위를 지니고 있다. 그 이유는 하이데거에게 있어 언어가 예술의 본질로 앞에서 파악된 진리의 예술작품 속의 정립을 본질적으로 잘 드러내 주는 것이기 때문이다. "언어는 존재자를 하나의 존재자로서 비로소 처음으로 열린 장 안으로 데려온다."[14] 이런 의미에서 언어는 본질적인 의미에서 시작이다. 여기서 하이데거의 예술철학과 언어철학이 맺고 있는 본질적인 관계가 생겨난다. 하이데거가 자신의 언어철학 논문들이나 저서들에서 횔덜린이나 릴케, 트라클, 셀란 등의 시를 분석하는 것은 이러한 맥락에서 이해될 수 있다.[15]

시작의 본질은 진리의 설립(Stiftung)이다. 이러한 설립은 선사(Schenkung), 정초(Gründen), 시원(Anfangen)의 의미를 한꺼번에 지니고 있다고 하이데거는 말한다. 예술을 통해 작품 속으로 정립되는 진리는 결코 일상적인 것, 기존의 것에서부터 도출되는 것이 아니다. 오히려 일상을 떠나 사물의 본질에 이르게 하는 것이다. 따라서 시작을 통해 설립되는 진리는 우리 눈앞에 이미 존재하는 것들이나 처분 가능한 것들을 통해서 메워질 수 없는 것들을 형상화한다. 따라서 설립은 일종의 넘쳐흐름(Überfluß)이요 선사함이다. 그렇지만 이러한 설립은 인간현존재가 던져져 있는 역사적인 그곳, 대지를 넘어서지 않는다. 오히려 이 대지를 기반으로 하여 이 기반 위에서 진리의 설립이 일어난다는 면에서 설립은 이러한 기반의 정초이다. 이런 의미에서의 설립은 익숙한 것과 기존의 것에서부터

---

14 이기상 · 강태성 옮김, 『예술작품의 근원』, 620쪽.

15 이러한 분석의 대표적인 예로 하이데거의 예술철학 저서인 *Unterwegs zur Sprache*, GA 12, Neske, 1959를 들 수 있다. 그 외에도 다음과 같은 하이데거의 저술들을 참조할 수 있다. Hölderlins Dichtung, Klostermann, 1981; 《…dichterisch wohnet der Mensch...》 in: *Vorträge und Aufsätze*, GA 7, Neske, 1954, S. 181-198; Hölderlins Hymnen 》*Germanien*《 und 》*der Rhein*《, GA 39, Klostermann, 1980; Hölderlins Hymne 》*Andenken*《, GA 52, Klostermann, 1982; Hölderlins Hymne 》*Der Ister*《, GA 53, Klostermann, 1984.

이루어지지 않는다. 언제나 자신을 닫아 거는 대지는 우리에게 익숙해질 수 없기 때문이다. 따라서 설립으로서의 시작은 언제나 새로운 시원으로의 도약이다.

3. 맺는 글

이제까지 살펴본 바에 따르면 하이데거에게 있어 예술작품의 근원은 예술이다. 예술의 본질은 진리의 작품 속으로의 정립이다. 이러한 하이데거의 예술철학의 내용을 고찰하면서 우리는 그것이 그의 존재론적 철학과 본질적으로 긴밀하게 관련되어 있음을 보았다. 예술철학과 언어철학의 긴밀한 관계도 역시 이러한 존재론의 기반에서만 가능하다. 철학의 분과들을 분류하면서 기존의 존재론을 우리는 보통 형이상학이라고 부른다. 이런 의미에서 하이데거 예술철학의 방법론을 형이상학적이라고 부를 수도 있을 것이다. 하지만 여기에는 한 가지 유의해야 할 점이 있다. 하이데거에게 있어 문제는 어떤 한 용어가 고정 불변의 의미를 지니는 것이 아니다. 그 용어가 지니고 있는 본질적 의미연관 속에서 그것이 그때그때 지니는 의미를 발견하는 것이다. 따라서 형이상학적 방법론이라고 말하든 하지 않든 그것 자체는 그렇게 중요한 것이 아니다. 게다가 하이데거는 자신의 철학이 기존의 형이상학과는 전혀 다르다고 주장하였다. 그는 기존의 형이상학의 역사가 존재망각의 역사였고 이러한 형이상학을 통해서는 진정한 존재의 진리가 나타날 수 없다고 보았다. 따라서 그의 예술철학 방법론을 형이상학적 방법론이라고 부르려면 형이상학을 하이데거적인 의미에서 재해석해야 한다.

하이데거의 예술철학은 이렇게 볼 때 존재에 대한 물음을 제기하는 본질적인 방식으로 하이데거의 사상을 이해하는 데 있어서 결정적인 중요성을 지니고 있다. 예술을 철학함으로써 존재를 사유할 수 있다는 하이데거의 사상은 그 이후 포스트모더니즘에 있어서의 철학 논의에 미학이 중심적 위치를 차지하게 되는 데 많은 영향을 미쳤다. 이런 의미에서 하이데거의 예술철학을 살펴보는 일은 오늘날에도 여전히 시의성을 지니고 있다.

더 읽을거리

마르틴 하이데거, 『존재와 시간』, 소광희 옮김, 경문사, 1995.

__________, 『예술작품의 근원』, 오병남 · 민형원 옮김, 예전사, 1998.

프리드리히 빌헬름 폰 헤르만, 『하이데거의 예술철학: 〈예술작품의 근원〉에 대한 체계적 해석』, 이기상 · 강태성 옮김, 문예출판사, 1997.

한국하이데거학회 편, 『하이데거의 예술철학』, 철학과현실사, 2002.

데리다: 형이상학의 해체

전예완

1. 서양 철학의 전통 내에서 데리다의 위치

프랑스 후기구조주의 철학의 중심 인물이자 '포스트모더니스트', 무엇보다도 '해체주의자'로 널리 알려진 데리다(Jacques Derrida, 1930-2004)의 영향은, 영어권 학계에서는 주로 문학비평의 영역에서 주조를 이루었다. 국내의 데리다 수용 또한 포스트모더니즘의 물결을 타고 문학비평계에서 먼저 이루어졌다. 텍스트와 저자, 독자 사이의 새로운 관계맺음을 근본적으로 가능케 해 주는 그의 이른바 '해체론'이 문학 및 예술비평의 영역에서 지대한 이론적 영향력을 지닐 수 있음은 부인할 수 없는 사실이다. 그러나 데리다 자신은 '해체'가 일종의 방법론 혹은 텍스트 읽기의 기술이 아니라고 분명히 밝히고 있다. 즉 그는 '해체'가 어떤 규정적 내용을 지닌 개념 내지 이론으로 환원될 수 없음을 거듭 주장하고 있는 것이다. 그렇다면 데리다 자신은 왜 '해체'에 관해 부정적인(negative) 방식으로밖에 말할 수 없는가?[1] 그의 다양한 저작들에서 시도된, '해체'라는 명칭으로 포괄되곤 하

1 Derrida, "Letter to a Japanese Friend"(Tr. David Wood & Andrew Benjamin, from "Letrre à un ami japonais" in: *Psyché, Inventionde l'autre*, Paris. Galilée, 1987), (Ed.)Kamuf, Peggy, *A Derrida Reader: Between the Blinds*, New York, Columbia University Press, 1991, pp. 269-276.

는 작업들은 궁극적으로 무엇을 겨냥하고 있는 것인가?

데리다의 작업은 그것을 대륙 철학의 전통 내에 맥락화시켜 살펴볼 때 온전히 제 모습으로 드러날 수 있다. 그럼으로써 우리는 개념적으로 정의되지 않는–정의되어서는 안 될 이른바 '해체'의 특징들을 간취할 수 있고, 나아가 데리다의 철학적 과업이 정치 · 사회적, 문화적으로 확산될 수밖에 없는 이유를 발견하며, 결국 데리다의 작업이 가장 근본적인 의미에서의 '미학'의 정신과 궤를 같이하고 있음을 알 수 있다.

가장 넓은 의미에서 볼 때, 데리다의 철학적 과업은 전통 철학의 독단을 극복하는 것이다. 이렇듯 기존 철학의 독단을 '해체'하려는 근본적인 '비판' 기획은 헤겔(G. W. F. Hegel)과 칸트(I. Kant)에게서도 발견되며, 18세기 경험론자들에게서도, 심지어 데카르트(R. Descartes)에게까지도 거슬러 올라가 찾아볼 수 있다. 그러나 데리다의 작업은 형이상학의 '언어'들을 엄격히 비판함으로써 그러한 근본적 과업을 실천하려 한다는 점에 있어, 즉 사유를 담고 있는 언어의 문제에 천착한다는 특징에 의거해 좀 더 좁게 구획지어질 수 있는데, 그런 점에서 보자면 언어의 구조를 분석함으로써 세계를 이해하고자 하는 영미 언어철학과도 일맥상통한다 할 수 있다. 그러나 데리다 자신의 철학적 관심사가 발원하고 길항하며 발전되어 나아가는 것은 주로 대륙 철학의 전통 속에서이며, 가장 직접적으로는 니체(F. Nietzsche) 그리고 하이데거(M. Heidegger)의 영향하에서이다.

데리다의 '해체'는, 이성중심주의의 서양 철학 전통에 대한 근본적 도전을 감행했던 니체와 하이데거의 철학적 작업과 직계선상에 놓여 있다. 니체와 하이데거는 기존 형이상학의 틀로 재단되지 않는 새로운 사유의 가능성을 타진하였고, 전통 형이상학 내에서 단죄받아 왔던 '삶(實存)'을 구제하고자 하였다. 이러한 과업을 수행하기 위해서는 필수적으로 우선 저 형이상학의 정체를 밝혀야 한다: 형이상학의 지배권력의 메커니즘을 까발려야 한다. 니체가 '계보학(Genealogie)'[2]이라는 이름하에 수행했던 것, 그리고 하이데거의 '존재론 역사의 파괴(Destruktion)'[3]는 바로 그러한 작업의 일환이었다. 그렇다면 데리다 자신은 어떠한가? 그는 형이상학의 정체를 어떻게 구성해 보여 줌으로써 형이상학을 극복하는가?

2. 데리다가 보여 주는 형이상학의 울타리: 음성중심주의

서구 형이상학의 전통에서는 근원적 존재를 상정한다. 유일하며 단일한, 영원하며 불변부동하는 근원자야말로 참되게 있는 것(*存在*)이며, 이것이 곧 '진리' 이다. 자신의 존재 근거를 자신 안에 갖지 못하는 현상계를 초월하여, 스스로를 무매개적으로 드러내는—곧 자기-현전(self-presence)으로서의 진리를 추구해 온 것이 서구 형이상학의 역사이다. 모든 현상적 존재자들의 관계를 근거를 대어 설명하며 마침내 어떤 최후의 원인으로 소급해 들어간다는 점에서 이러한 철학적 전통은 '로고스(logos: 말, 이성, 합리적 설명(학적 이론) 등의 의미를 포괄하는 그리스어) 중심주의' 라 불릴 수 있는바, 로고스는 최초의 근원이자, 존재자들의 관계를 설명하는 방법론, 세계를 운행하는 하나의 원리가 된다.

---

2 불변하는, 단일한 근원으로서 '주어진' 어떤 것의 탄생으로 거슬러올라가 그것이 발생하기까지의 경로를 추적 구성함으로써, 근원으로 여겨져 온 것의 신성불가침적 가치를 벗겨내는 탈신비화 작업이다. 예를 들어 니체의 『도덕의 계보학(*Zur Genealogie der Moral*)』은, 선과 악이라는 가치들이 절대적으로 '있는' 것이 아니라 어떤 식으로 '만들어져 왔음' 을 밝힘으로써 서구 도덕형이상학의 토대를 파헤친다. 초기의 논문 「도덕외적 의미에서의 진리와 거짓에 관하여(Über Wahrheit und Lüge im aussermoralischen Sinne)」에서는 진리라는 것이 어떻게 진리로 '되는가' 의 과정을 구성해 보임으로써, 진리는 그 기원이 잊혀진 은유에 지나지 않음을 밝혔다. 『우상의 황혼(*Die Götzen-dämmerung*)』의 부제인 '망치를 들고 철학하는 방법' 또한 이와 같은 작업을 의미한다. '망치' 에서 오는 파괴적이고 막무가내인 어감과는 달리, 이는 문헌학에서 비롯된 엄밀하고 섬세한 읽기를 요구하는 작업이다.

3 하이데거가 『존재와 시간(*Sein und Zeit*)』에서 'Destruktion' 이라는 용어를 사용했을 때 그것은 단순한 '파괴' 를 의미하지 않았다. 하이데거에게 있어 형이상학의 역사는 우리로 하여금 존재의 음성을 듣지 못하도록 만드는 억압적 구조(후기 사상에서 Ge-stell(닦달 또는 몰아세움)로 불리게 되는)이며, 이 구조가 사유에 가하는 억압을 해제(De-Struktion: 탈-구조화)하는 것이 그의 목적이다. 이렇게 볼 때 하이데거의 'Destruktion' 은 파괴하기, 없애 버리기가 아닌 '해방시키기' 의 의미가 강하다.

이러한 형이상학은 초감성계/감성계로 이분화된 위계적 대립항들을 설정한다. 정신/육체(물질), 실재/가상, 진리/거짓(오류), 선/악, 보편/특수, 필연/우연, 영원/시간(변화), 단일성/다양성 등의 이항대립적 체계 속에서 전자는 우월한 것, 추구되어야 할 것이며, 후자는 전자를 향해 나아가기 위해 극복되어야만 하는 열등하고 악한 것이다. 니체가 전방위적인 기독교문화 비판을 통해 밝힌 바 있듯, 이러한 형이상학적 가정은 단순히 학으로서의 철학 내에 머무르는 것이 아니라 넓은 의미의 도덕으로서 우리의 삶 속에 그물처럼 뿌리내리고 지배력을 행사한다.

이러한 철학적 전통을 '현전의 형이상학'이라는 이름으로 통칭하여 비판의 대상으로 삼았던 사람은 하이데거였다. 하이데거는 존재자의 지속적 현전성(Anwesenheit)에만 몰두한 나머지 존재의 비은폐성(존재자를 비로소 현전하게끔 만들어 주는)을 보지 못했던 형이상학 전통을 비판한다. 그는 존재를 이데아로 파악했던 플라톤에서부터 시작하여 니체의 권력의지에 이르기까지를 그러한 존재자 중심의 형이상학의 역사로서 구성해 내고, 자신의 존재물음(Seinsfrage)을 통해 서구 형이상학을 극복하고자 한다.

데리다 역시 하이데거의 형이상학 이해를 공유한다. 즉 근원적-유일신적 존재를 상정하고, 그것을 현전의 견지에서 파악하며, 이분법적 세계 이해 시스템을 유지하는 전통형이상학에 대한 비판적 이해를 공유하는 것이다. 나아가, 앞서 말했듯 그는 하이데거의 '형이상학의 극복' 과업 또한 계승하고 있다. 이는 데리다 자신이 밝혔듯, 데리다의 용어로 널리 알려진 'déconstruction(해체 혹은 탈구조)'은 서구 형이상학의 근본 개념들의 구조 혹은 전통적 구조물을 탈-구조화하는 작용이라는 뜻으로 하이데거가 사용한 독일어 'Destruktion' 혹은 'Abbau'의 해방적 계기를 포착하기 위한 과정에서 찾아낸 것이라는 사실에서 단적으로 드러난다.[4] 그러나 데리다는 주도면밀한 하이데거 읽기를 통해, 하이데거 역시 현전의 형이상학의 잔존

4 Derrida, "Letter to a Japanese Friend", 앞의 책, pp. 270-271 및 본 논문 주 3 참조.

가정들을 반복 재현하고 있음을 밝혀낸다. 그렇다면 데리다가 하이데거를 포함시켜 새로이 구성해 보여 주는 형이상학의 구축물, 그가 새로이 둘러치는 울타리(clôture)는 어떠한 것인가?

데리다는 전통적인 로고스중심주의를 새로이 '음성중심주의' 라는 이름으로 일컬음으로써 현전의 형이상학의 경계를 재설정한다. 데리다는 1967년에 출간된 일련의 저작들인 『문자학에 관하여(*De la Grammatologie*)』, 『글쓰기와 차이(*L'écriture et la différence*)』, 『목소리와 현상(*La voix et le phénomène*)』을 통해 후설(E. Husserl), 루소(J. J. Rousseau), 소쉬르(F. de Saussure)의 텍스트들을 독해하면서, 형이상학 내의 위계적 이항대립의 하나로서 말하기/글쓰기 간의 구분을 문제삼는다. 그는 '말하기' 의 신화를 밝혀냄으로써 '음성중심주의' 로서의 형이상학을 재구성하는데, 이는 끈질기게 남아 있는 전통 형이상학적 가정들을 고발하며 니체와 하이데거를 따라 '사유되지 않은 것' 을 마저 사유하는 작업이다.

데리다에 따르면 형이상학의 전통 내에서 로고스는 언제나 '음성' 과 연관되었으니, 형이상학이 상정한 '순수한 내면성' 의 자기-현전은 바로 이 음성언어를 통해서였다. 말하기는 사유를 무매개적으로 구현하는 것으로 이해된 반면, 글쓰기는 말하기의 단순한 재현이요, 필요악에 불과한 도구적 대리보충물로서 간주되었다. 생산자의 현전 속에서 기능하는 발화된 말, 즉 음성언어는 그 의도된 의미(사유)와 일치할 수 있는 반면, 쓰여진 말, 즉 문자언어는 생산자의 부재중에 기능하기에 본래의 맥락으로부터 떨어져 나온 상태에서 수용되며 따라서 그 의도된 의미(사유)와 일치할 가능성이 적어진다. 결국 문자언어는 진리로부터 더욱 떨어져 있다는 근거에서 전통 철학은 문자언어-글쓰기에 종속적인 위치를 할당해 왔던 것이다.

그러나 데리다가 보기에 이는 진리 혹은 의미가 온전히 자기-현전한다는 신화를 지탱하고 있는 언어적 환영에 불과하다. 데리다가 하이데거에게서 한 발짝 더 나아가게 되는 지점도 여기이다. '존재 망각의 회복' 을 역설하는 하이데거의 '존재 사유' 는 존재의 '음성' 을 듣고 그것에 순종하는 것으로 설명되는데, 데리다가 볼 때 이는 어떤 '최초의' 의미 혹은 근원을 추구하는 현전의 형이상학의 몸짓을 반복 재현하고 있는 것이다. 데리다는 현전의 형이상학을 '음성중심주의'로서 재구성함으로써, 결국 하이데거가 자신의 사유 속에서 형이상학의 극복이라는 과업을 끝까지 밀어붙이지 못했음을 말하고 있다.

3. 해체의 중심 개념: 차연(différance)

그렇다면 데리다 자신은 그 과업을 어떻게 수행해 나아가려 하는가? 그는 사유가 결코 자기-현전할 수 없으며—다시 말해 자기동일적 무매개성으로서의 진리란 불가능하며, 따라서 결국 사유 또한 타자성에 근거하는 일종의 '글쓰기'임을 폭로하고자 한다. 이러한 사태를 나타내기 위해 데리다가 도입한 용어가 바로 '차연(différance)'이다.

'차연(différance)'은 불어 동사 'différer'의 이중적 의미인 '차이나다'와 '지연시키다'를 동시에 포착하기 위해 데리다가 만들어 낸 말이다. 이는 기표와 기의 사이가 어긋나 기표의 기의 도달이 계속해서 지연된다는 뜻이다. 의미는 단-한번이자 최종적인 것으로서 '존재'할 수 없다: 데리다에게는 사유가 출발하고 마침내 회귀할 어떤 '근원'이란 없다.

최종적 기의가 영원히 미루어진 자리에 해석의 무한한 지평이 열린다. 기의로부터 해방된 기표들 사이에는 타자와의 차연적 지시 관계만 있을 뿐이다: '타자성' + '고정된 혹은 규정된 의미의 결여'라는 의미로서의 차연은 기표들의 놀이로서의 글쓰기를 가능케 한다.

니체와 하이데거의 과업을 비판적으로 계승하며 데리다는 니체가 '권력의지(Wille zur Macht)'를 놓았던 곳, 하이데거가 '존재의 진리(Wahrheit des Seins)'를 놓았던 곳에 '차연(différance)'을 놓는다. 하이데거가 근원에의 향수를 지닌 채 존재를 '부를' 하나뿐인 말, 즉 최종적인 고유한 이름을 찾으려 하는 바로 그곳에서, 데리다는 존재보다 더욱 근원적인 사태인 차연의 놀이를 긍정할 것을 말하고 있다.[5]

4. '해체' 란 무엇인가?

'해체' 라는 철학적 작업의 귀결은 무엇인가? '현전의 형이상학' 에 맞서 예컨대 반본질주의를 주창하는 것인가? 음성중심주의에 대한 대안으로서 문자와 글쓰기의 위상을 복권시키는 것인가? 그렇지 않다. '해체' 의 목표는 위계를 역전시키거나 안티테제를 정립하는 것이 아니다. 그렇다면 해체는 무엇을 하고자 하는가?

데리다는 헤겔, 니체, 후설, 하이데거, 오스틴, 레비나스 등 다양한 방식으로 이전 철학들에 근본적 도전을 감행했던 철학자들의 텍스트를 '해체적으로' 독해하고 있다. 그러나 이는 데리다 자신의 어떤 '해체주의적 입장' 에 근거한 비판을 의미하는 것이 아니다. 데리다는 각각의 철학 텍스트들 자체 내에 흔적을 남긴, 종종 억압되어 온 어떤 개념들을 강조함으로써, 그 텍스트들에 잔존하는 현전의 형이상학의 가정들을 캐낸다. 차연이 열어 주는 텍스트와 컨텍스트의 무한한 그물망 속에서, 해체적 독해는 다양한 텍스트들을 다양한 문맥에 놓음으로써 그 텍스트들이 스스로 해체를 향해 열릴 계기를 부여한다. 해체가 하나의 방법론으로 규정될 수 없는 까닭은, 모든 텍스트들이 각자의 방식으로 재맥락화될 수 있으며 그 텍스트와 컨텍스트에 따라 해체는 다소간 상이하게 작동하기 때문이다.

결국 해체는 어떤 텍스트 속에서 형이상학 너머의 사유와 삶의 가능성을

---

5 Derrida, "Différance", in: *Margins of Philosophy*(Tr. by Alan Bass), Chicago, IL, University of Chicago Press, 1982, p. 27. 이런 점에서 데리다는 니체에 더욱 가깝다. 니체는 근원에 대한 향수를 갖지 않으며, 형이상학의 구조물이 붕괴된 곳에서 모든 기투를 '놀이' 로서 파악하고 있다.

계속해서 물으면서 '사유되지 않은 것', 철학의 여백을 모색해 가는 과업이다. 이런 의미에서 해체는 형식도 내용도 아닌, 어떤 수행적 과정이다. 최종적 의미의 끝없는 지연과 무한한 해석의 놀이를 말하는 해체가 정치 · 윤리적 결단을 무력화시킨다는 비판이 종종 있어 왔지만, 이는 해체에 대한 오해에서 비롯된 것일 터이다. 니체에게 있어 '기독교'가 종교의 영역에 국한된 것이 아니요, 도덕형이상학에 근거해 삶의 구석구석까지 지배의 손길을 뻗치고 있는 유럽 문화 전체를 의미했듯이, 데리다에게 있어 '형이상학'의 의미도 마찬가지이다. 해체론의 전통 안에서 형이상학은 과학과 기술, 예술 등과 구분되는 학문 영역을 의미하는 것이 아니며, 철학 내의 하나의 하위분과를 의미하는 것도 아니다. 그것은 서양 문화 및 삶 전체를 근거짓고 일정한 방식으로 재생산하는 일반적 사유체계이다.[6] 따라서 데리다가 말하는 '글쓰기'란 단순한 문자적 문필작업이 아닌 각인된 권력의 전 체계를 의미하며, '텍스트'는 인간 문화 전체를 포괄하게 된다.

데리다는 한 인터뷰에서 '철학자'라는 타이틀에 대해 달갑지 않은 기색을 보인다. "당신의 해체가 주로 철학 사상들 및 텍스트들에 대해 이루어지고 있으니 당신은 분명 철학자가 아닌가"라는 질문에 대해 그는 이렇게 답한다. "…… 나는 철학적 텍스트들을 읽고 철학적 문제제기를 하는 내 작업의 '자리'가 고유하게 철학적인 자리인지 잘 모르겠다. 사실상 나는 철학에 대해 물을 수 있는 어떤 비-자리 혹은 비-철학적 자리를 발견하고자 점점 더 체계적인 시도를 해 왔다. 그러나 이렇게 비-철학적 자리를 추구한다는 것이 반-철학적 태도를 나타내는 것은 아니다. 나의 중심적 물음은 이것이다: 어떤 자리 혹은 비-자리(non-lieu)에서 철학 자체는 스스로에게 자신 아닌 다른 것으로서 현상하여, 그럼으로써 스스로에 대해 새로운 방식으로 묻고 반성할 수 있을까? ……"[7]

6 김상환, 『해체론 시대의 철학』, 문학과지성사, 1996, p. 163.

7 "Jacques Derrida: Deconstruction and the other", Kearney, Richard, *States of Mind:*

'유일한 근원'을 추구하는 기존 형이상학의 전통 내에서 철학의 바깥에 있었던 것, 철학적 관심사와 철학적 물음의 대상이 될 수 없었던 것들을 철학적 사유 속으로 가져옴으로써 형이상학의 권위를 점차로 침식해 왔던 것이 근대 사상의 미학적 전통임을 주지할 때, '타자성'에 근거하여 철학이 스스로에 대해 새로이 물을 수 있는 이른바 '비-철학적 자리'를 끊임없이 찾아나서는 데리다의 해체주의적 작업은, 가장 궁극적인 의미에서의 미학 정신과 그 궤를 같이하는 것으로 볼 수 있겠다.

Dialogues with contemporary thinkers on European mind, Manchester University Press, 1995, p. 159.

더 읽을거리

김상환, 『해체론 시대의 철학』, 문학과지성사, 1996.

크리스토퍼 노리스, 『데리다』, 이종인 옮김, 시공사, 1999.

Gasché, R., *Inventions of Difference: On Jacques Derrida*, Cambridge, Massachusetts: Harvard University Press, 1994.

Vattimo, G., *The Adventures of Difference: Philosophy after Nietzsche and Heidegger,* Trans. C. Blamaires with assistance of T. Harrison, Baltimore: The Johns Hopkins University Press, 1993.

Wood, D. (ed.), *Derrida: A Critical Reader*, Oxford: Blackwell, 1992.

현상학적 방법론

미학적 방법론으로서의 현상학

김동훈

1. 들어가는 글

에드문트 후설(Edmund Husserl)과 마르틴 하이데거(Martin Heidegger)에 의해 20세기 철학사조 중 가장 영향력 있는 하나의 흐름으로 자리 잡은 현상학은 예술철학 분야에서도 수많은 학자들의 이론에 영향을 미쳤다. 비록 현상학의 창시자인 후설 자신은 예술철학을 현상학 연구의 중심에 놓지는 않았지만 그와 함께 현상학적 철학을 평생 자신의 과제로 삼았던 하이데거의 후기철학에서는 전기철학의 존재론이 더욱 심화되면서 예술철학과 언어철학이 그 중심이 된다. 그 이후 여러 철학자들은 후설의 현상학적 방법론을 차용하여 예술현상을 연구한다. 이 글에서는 우선 후설 현상학의 핵심적 내용을 서술하고 그것이 어떻게 미학 또는 문예이론에 적용되는가를 살펴보기로 하겠다.

현상학적 미학의 대표적 이론가들로 『미학대계』에서는 로만 잉가르덴(Roman Ingarden), 미켈 뒤프렌(Mikel Dufrenne), 모리스 메를로 퐁티(Maurice Merleau-Ponty)를 다루게 된다. 이들의 이론에 대한 상세한 서술은 개별 집필진들에 의해서 이루어질 것이므로 이 글에서는 이들이 어떤 문제의식에서 출발하여 자신들의 미학이론을 전개하게 되는지에 대한 개괄적인 접근으로 만족하고자 한다.

2. 몸 글

가. 후설 현상학의 근본이념: 사태 자체에로(Zu den Sachen selbst)

20세기 인류가, 특히 유럽 문명이 겪고 있던 심각한 위기, 즉 세계대전과 공황, 인간성 상실 등의 근본 원인을 후설은 철학의 위기에서 찾고 있다. 그는 실증적인 개별과학을 그 토대로 하는 실증주의와 심리학주의가 이러한 위기의 원인이라고 비판하고 있다. 데카르트와 라이프니츠에 의해서 천명된 보편학(mathesis universalis)으로 돌아가야만 이런 위기에서 벗어날 수 있고 본질학으로서의 철학을 정립할 수 있다고 믿었던 그는 이런 보편학, 본질학으로서의 철학의 가장 중요한 기준으로 사태적합성, 엄밀성을 들고 있다. 이것이 현상학의 캐치프레이즈로 알려진 '사태 자체에로'가 가진 의미이다.

나. 후설 현상학의 전개

(1) 현상학적 방법론: 판단중지와 현상학적 환원

후설은 사태적합성을 지닌 엄밀학으로서의 현상학의 기준으로 데카르트가 말한 명석 · 판명함을 제시한다. 이러한 명석 · 판명함에 이르기 위해서는 일체의 선입견에서 벗어나 사태 자체로 귀환하는 작업이 필요한데 이것을 그는 판단중지와 현상학적 환원으로 나누어 설명한다. 인간의 의식은 항상 무엇인가에 대한 의식(Bewußtsein von etwas)이라는 특성, 즉 지향성(Interntionaliät)을 지닌다. 이러한 의식현상의 지향성을 파악하고자 할 때 우리가 일상에서 지니는 자연적 태도에 의해서, 전통과 맞물려 있는 선입견들에 의해서 의식현상의 지향적 구조가 왜곡되는 것을 막기 위해 이런 모든 선입견들로부터 떠나는 것이 판단중지(Epoche)다. 그렇다고 해서 자연적 태도에서 나타나는 대상의 존재에 대한 믿음을 부정하는 것은 아니고 일단 그에 대한 판단을 유보하고 의식의 지향성에 초점을 맞추고자 하는 것이다. 이것을 토대로 해서 사태 자체로 돌아가는 방법적 절차가 현상학적 환원이다.

현상학적 환원은 크게 형상적 환원(eidetische Reduktion), 초월론적 환원(transzendentale Reduktion)으로 나뉜다. 전자는 자연적 대상의식이 상상력의 도움을 받아 개별적인 대상의 표상을 자유롭게 변경함(freie Variation)을 통하여 구체적인 개별적 대상을 넘어 가능한 모든 개별적인 대상들을 산출하고 이로부터 공통적인 요소를 연결하여 그것들을 직관하는 과정을 의미한다. 이렇게 하여 우리의 의식에 존재하는 본질적 요소들을 직관하게 된다는 의미에서 이것을 본질직관(Wesensanschauung)이라고도 한다. 초월론적 환원은 초월론적 판단중지를 통하여 주관과 세계 사이의 관계에 대한 자연적 태도, 즉 주관이 세계에 의존하고 있다는 생각에서 벗어나 주관이 세계를 구성하는 초월론적 주관으로 나타나게 하는 것이다.

(2) 미학의 전개와 관련된 후설 현상학의 문제 영역들

미학이론과 관련하여 가장 중요한 것은 앞에서 언급한 판단중지와 현상학적 환원이다. 예술작품을 분석할 때 판단중지와 현상학적 환원이 어떤 요소들에 적용되느냐에 따라 미학의 구체적인 형태가 달라지기 때문이다. 제네바 학파처럼 작가에 초점을 맞추면서 작가와 작품의 관계 이외의 관계에 대해 판단중지를 행하는 경우도 있지만 뒤프렌처럼 독자/수용자에 초점을 맞추는 경우도 있고 작품을 분석의 중심에 놓는 경우도 있다.

예술작품에 대한 분석이 가능하기 위해서는 작가와 작품, 독자/관객 사이의 관계에 대한 해명이 우선되어야 한다. 이런 면에서 후설이 『데카르트적 성찰』에서 정초하려고 노력했던 상호 주관성은 중요한 의미를 지닌다.

칸트적 인식론의 유아론적 딜레마에서 벗어나려는 시도를 하면서 그는 이 책에서 라이프니츠의 모나드 개념과 물체로서의 육체(Körper)가 아닌 몸(Leib)을 중심으로 우리의 인식을 정초함으로써 다른 인식주체인 인간들과 소통할 수 있는 근원적 가능성을 찾으려 시도하고 있다. 『지각의 현상학』에서 메를로 퐁티가 몸(corps/chair)을 강조하고 있는 것도 이와 관련시켜 이해할 수 있을 것이다.

칸트에게 있어서 철저하게 능동적인 것으로 인식되었던 종합의 계기가 수동적인 부분과도 본질적으로 맞물려 있음을 보이고 있는 『수동적 종합의 분석』에서 후설은 작품의 해석에도 적용될 수 있는 흥미로운 계기를 제공한다. 전기 현상학에서 구성의 문제가 칸트의 코페르니쿠스적 전회처럼 주관이 세계를 구성한다는 관점을 강조하고 있었던 반면, 이 책에서는 인식이 제대로 이루어지기 위해서 종합의 주체인 인식주관이 사물이 자신을 보여주는 모습에 따라 반응할 수밖에 없다는 사실도 함께 고려해야 함을 주장하고 있기 때문이다. 텍스트를 분석하는 경우에도 전적으로 수용미학적인 관점에서만 작품을 해석할 수 없음이 이러한 이론을 통하여 드러난다.

후설의 생활세계(Lebenswelt) 개념은 텍스트 해석과 관련하여 매우 중요한 시사점을 제공해 준다. 자전거를 탈 줄 안다든지, 망치질을 할 줄 안다든지 하는 말에서 우리가 접하게 되는 앎을 후설은 선서술적 지식(vorprädikatives Wissen)이라고 부른다. 대상에 대한 규정적 지식보다 앞서서 우리가 가지고 있는 지식이라는 뜻이다. 우리가 일상적으로 접하게 되는 생활세계에서 이러한 지식은 우리의 행위를 가능하게 하는 원천이 된다. 우리는 생활세계 안에서 이미 무엇인가에 대해 '알고' 있다. 이러한 선지식을 바탕으로 우리는 어떤 사물에 대해 물음을 던지고 더 내용이 풍부하고 근원적인 지식에로 나아갈 수 있다. 하이데거는 여기서 더 나아가 해석과 이해의 차원을 존재론적인 차원으로 끌어들인다. 그는 『존재와 시간』에서 우리의 앎이 항상 선서술적 구조를 가지고 있다는 의미의 이해의 선-구조(Vor-Struktur des Verstehens)를 인간현존재 자신의 실존적인 선-구조의 표현(Ausdruck der existenzialen *Vor-Struktur* des Daseins selbst)으로 설명함으로써 해석학적 미학 이론에 중대한 영향을 미치게 된다. 이러한 선지식은 예술작품의 분석에 있어서도 중요한 출발점의 역할을 하게 된다. 메를로 퐁티가 몸의 개념을 선서술적인 것으로 파악하고 있는 것도 이러한 맥락에서 이해할 수 있다.

다. 현상학적 미학이론

(1) 현상학의 변용된 수용에 관하여

후설은 자신의 초월론적 현상학을 주로 의식현상과 경험에 관한 이론으로 이해하였다. 하지만 그의 현상학을 받아들이고 자신들의 철학체계에 편입시킨 다른 철학자들은 후설의 이론을 약간씩 변형하여 수용하게 되는데 이런 철학자들 중 대표적인 예로 하이데거, 모리스 메를로 퐁티, 폴 리쾨르(Paul Ricoeur) 등을 들 수 있다. 하이데거는 의식현상의 해명에 초점이 맞춰져 있던 현상학을 존재론적 차원으로 끌어들인다. 메를로 퐁티는 몸(chair)의 개념을 토대로 하여 지각의 현상학을 발전시켰고 리쾨르는 해석학과 구조주의를 융합시켜 해석적 이해와 형식적 분석을 결합시키려 시도하였다. 이러한 철학들에 있어 현상학은 철학적 방법론의 중요한 전제로서 기능하기는 하지만 후설이 의도하였던 초월론적 현상학(transzendentale Phänomenologie)과는 사뭇 다른 모습을 지니게 된다. 마찬가지로 현상학이 미학이나 문예학에 접목될 때도 현상학의 어떤 부분에 초점을 맞추느냐, 어떤 학자의 이론을 더불어 차용하느냐에 따라 각각의 이론들은 서로 다른 형태를 지니게 된다.

(2) 현상학적 미학이론의 대표자들

예술작품에 대한 논의에는 생산미학적 관점과 수용미학적 관점이 함께 고려되어야 한다. 이러한 관점들이 통일된 지평에서 조화롭게 이루어지느냐, 아니면 어떤 하나의 영역에 강조점이 두어지느냐에 따라 미학이론의 구체적인 내용도 달라질 수밖에 없다. 현상학적 방법론을 차용하는 이론들도 어느 부분에 초점을 맞추느냐에 따라 그 내용이 서로 크게 달라진다.

제네바 학파의 경우에는 저자, 작품, 독자의 관계 중에서 주로 저자와 텍스트의 관계에 집중하고 있다. 이들은 현상학적인 본질 직관의 원칙을 따라서 모든 컨텍스트적인 조건들에 대한 고려를 배제하면서 작가의 의식, 즉 작가 개인의 생활세계를 구성하는 범례적인 경험(Erfahrungsmuster)이 작품의 유기적 통일성 속에서 어떻게 미학적으로 구현되는지를 해명하는 데 연구의 초점을 맞추고 있다. 통일성을 부여하는 근본틀에 대한 추구는 작가의 개별 작품들과 전체 작품 사이사이를 오가는 해석의 운동으로 나타난다.

반면 뒤프렌은 『미적 체험의 현상학(*Phénoménologie de l'expérience esthétique*)』을 통하여 작가와 작품의 관계보다는 작품과 독자의 관계에 집중하여 관찰자의 시각에 초점을 맞춘 미학 이론을 전개하고 있다. 후설을 따라 심리학주의나 상대주의를 배격하고 현상학적 기술 방법(phenomenological method of description)을 채택하고 있지만 순수 초월론적 자아(pure transcendental ego) 개념은 거부한다. 그에게 있어 의식은 미적 대상과 마찬가지로 언제나 개별화되어 있으며 구체적이다.

후설의 제자였던 잉가르덴도 현상학적 방법론을 차용하여 자신의 미학 이론을 정립한다. 그는 형상적 환원을 통하여 순전히 지향적 대상(purely intentional object)인 문학예술 작품을 분석한다. 예술의 심리학적 · 사회적 조건들에 대해 판단정지를 행한 상태에서 예술(문학)작품의 존재 양식을 고찰하고 있는 것이다. 하지만 순수인식의 구조분석에 연구의 초점을 맞춘 후설의 초월론적 관념론으로부터는 비판적인 거리를 유지한다. 그에 따르면 문학예술 작품은 지향적 구성물인데 한편으로는 예술가적 의식의 창작 활동에 의존하며 동시에 독자의 독서 과정에서의 구체화(Konkretisation)에 의존한다. 실제의 지각 대상들이 모든 면에서 확정적인 규정성을 지니는

데 반해, 문학 작품에서 묘사되고 있는 대상들은 의미가 미확정된 부분들을 드러내고 있다. 이것이 독자의 독서 과정에서 구체화되어야 한다는 것이다.

후설과 하이데거의 영향을 받은 메를로 퐁티는 몸(corps/chair)의 개념을 도입하여 실존주의와 구조주의 사이를 자유롭게 움직이면서 지각의 현상학을 정립하고 그 토대 위에서 자신의 미학이론을 펼치고 있다. 그에게 있어 시나 소설, 회화, 음악 같은 예술작품은 그 의미가 직접적인 접촉을 통해서만 파악 가능하며 표현의 수단과 그 의미를 구별하는 것이 불가능하다는 점에서 몸과 유사하다. 우리는 신체의 제스처의 의미를 파악하는 것처럼 예술작품들을 감상하게 된다. 예술작품 창작의 과정도 그는 몸과 관련하여 설명한다. 사유가 있고 난 다음에 신체를 움직이기보다는 사유하면서 동시에 작업한다고 그는 말한다. 예술작품의 배후에 어떤 개념이 숨어 있는 것이 아니라 예술작품 안에서 작품과 불가분의 관계를 맺고 있는 것이다. 그에게 있어 언어와 회화예술의 가능성은 모두 인간 신체의 시원적 · 표현적 가능성에 그 근거를 두고 있다.

3. 맺는 글

이렇게 살펴본 바에 따르면 현상학적 미학이론들은 대부분 판단중지와 현상학적 환원의 방법을 차용하여 자신들의 이론을 전개한다. 하지만 이들은 각기 다른 방식이기는 하지만 순수의식의 현상학을 추구했던 후설로부터는 일정한 거리를 두고 있다. 하지만 전기의 정적인 현상학(statische Phänomenologie)에서 후기의 발생적 현상학(genetische Phänomenologie)으로 이행하면서 후설 자신이 이러한 발전의 토대를 놓았다는 사실도 부인할 수 없다. 상호 주관성의 정초를 위해 도입한 몸의 개념이라든가 생활세계를 통해 얻어진 선서술적 지식이라든가 하는 개념들은 이미 그 자체에 역동적인 계기들을 내포하고 있어서 단순히 정적인 순수인식의 구조분석에서 멀리 벗어나 있기 때문이다. 그리고 이러한 계기들은 현상학적 미학이론의 차원을 넘어서 현대 예술이론, 특히 포스트모더니즘 이론에 광범위하게 영향을 미치고 있다. 이런 면에서 후설의 현상학적 방법론은 오늘날에도 미학이론에 대한 철학적 반성에 있어서 빼놓을 수 없는 관찰 대상이라 하겠다.

더 읽을거리

이남인, 『현상학과 해석학』, 서울대학교출판부, 2004.

한국현상학회 편, 『예술과 현상학』, 철학과현실사, 2001.

모리스 메를로 퐁티, 『현상학과 예술』, 오병남 옮김, 서광사, 1989.

에드문트 후설 · 오이겐 핑크, 『데카르트적 성찰』, 이종훈 옮김, 한길사, 2002.

메를로 퐁티의 회화의 존재론과 존재론적인 회화

조광제

1. 세잔의 작업

“표현과 소통이 성취되는 데 어느 정도의 위험이 뒤따르는가는 세잔의 예에서 알 수 있다. 그것은 마치 안개 속을 걸어가는 것과 같으니 어느 곳으로 연결될지 그 누구도 말할 수 없다.”(SNS., 8. Préface) 메를로 퐁티의 이 언명에서 부각되는 낱말은 단연 ‘위험’이다. 세잔을 예로 들었으니 여기에서 표현과 소통은 예술적인 것임에 틀림없다. 무엇을 표현하고 소통하고자 하기에 오리무중의 길로 나아갈 수밖에 없는가 하는 의문을 자아낸다. 아울러 메를로 퐁티가 세잔의 예술 작업에서 목격한 것이 무엇이기에 이같이 심호흡을 하면서 크게 다짐을 하듯 그윽한 언명을 내뱉는 것인지가 궁금해진다. 이를 단박 해소하게 하는 세잔에 관한 메를로 퐁티의 이른바 존재론적인 언명이 있다.

“우리는 이 모든 것들이 필연적으로 존립하고 굳건하게 존재한다는 생각을 하는 데 습관화되어 있다. 세잔의 그림은 이러한 습관들을 중지시키고 인간이 설립되는 비인간적인 자연의 바탕을 드러낸다.”(SNS., 28. DdC.) 후설의 자연적 태도의 일반 정립에 대한 중지를 연상케 한다. 인간적인 습관으로 착색된 존재론적인 편견에 따르면, 이 모든 것들은 나와 아무런 상관없이 본래 이렇듯 객관적으로 굳건히 존재한다. 하지만 제대로 알고 보면, 이 모든 것들, 요컨대 이 세계는 나와의 지향적인 얽힘을 바탕으로 해서 비로소 이렇듯 객관적으로 굳건히 존재하는 것으로 인식된다는 것이 후설의 현상학의 요체다. 그런데도 메를로 퐁티는 이 대목에서 후설을 전혀 거론치 않고 오히려 엉뚱하게 세잔의 그림을 끌어들인다. 이를 통해 후설과 메를로 퐁티의 현상적인 태도가 근본적으로 어떻게 다른가를 알 수 있다.

후설은 이 세계가 지향적으로 성립하는 근본 토대로서 초월작용적(transzendentale) 절대의식 혹은 순수의식을 제시함으로써 인간을 확장한다. 그런데 메를로 퐁티는 세잔의 그림을 통해 오히려 인간이 그 위에 설립되는 비인간적인 자연이 지닌 토대성을 제안한다. 후설에서 인간은 세계와 지향적으로 연결되어 있긴 하지만 절대의식으로 존재한다는 원리상 세계에 포섭될 수 없는 존재다. 메를로 퐁티에서 인간은 근본적으로 몸이기 때문에 원리상 세계에 포섭될 수밖에 없으면서도 세계에 대해 지향적으로 여러 태도를 취하면서 연결되어 있는 존재다. 메를로 퐁티가 세잔의 그림에서 포착하는 지점은 몸을 통해 세계로 '내려가고' 세계를 통해 몸으로 '내려가는' 지점이다. 이를 일컬어 비인간적인 자연이라 부르는 것이다.

비인간적인 자연으로 내려가기 위해서는 문명 이전의 상태로 나아가야 할 것 같다. 문명의 시공간 속에 살면서도 그 문명의 옷을 벗어 버리고 이른바 자연적인 맨몸으로 몸과 세계의 밑바탕을 향해 뛰어들 때 비로소 존재론적인 모험을 감행하는 셈이다. 그러나 이 존재론적인 모험은 발생적으로 저 역사의 시발점을 향해 거슬러 올라가는 것이 아니라, 지금 여기 문명의 한복판에서 아래의 존재론적인 지반을 향해 시선을 완전히 바꾸는 것이다. 이에 관한 메를로 퐁티의 언명은 다음과 같다.

> 발자크나 세잔에 따르면, 예술가는 개명된(cultivé) 동물이 되는 것에 만족하지 않는다. 예술가는 문화의 출발점에서 문화를 인수하여 문화를 새롭게 기초 지운다. 예술가는 최초의 인간이 말했듯이 말하고, 어느 누구도 결

코 그린 적이 없는 것처럼 그린다.(SNS., 32, DdC.)

문화의 출발점이 존재론적인 바탕에 가 닿아 있음을 말한다. 메를로 퐁티는 예술가야말로 그 바탕을 올곧게 파악하고서 인간이 발설하는 모든 언어는 물론이고 뭇 화가들이 그린 그림들의 뿌리를 찾아 표현하는 자로 묘사한다. 여기서 발자크보다는 세잔이 하는 작업을 존재론적으로 더 깊이있는 것으로 높이는데, 그것은 세잔이 풍경을 이제 막 태어나면서 유기적인 조직으로 구성되는 것을 포착하는 것을 문제 삼았다는 메를로 퐁티의 지적(참조. SNS., 29, DdC.)에서 잘 드러난다. 요컨대 세잔은 회화의 존재론적인 근원을 그림으로 그린 화가라는 것이다.

2. 봄의 신비

세잔에 대한 메를로 퐁티의 이러한 평가는 그저 비평적인 차원에 머물지 않는다. 적극적으로 말하면, 세잔의 회화와 언명은 메를로 퐁티를 내 몸과 세계 간의 상호 교환적인 역동적 관계를 분석, 해명하는 『지각의 현상학』의 주제를 넘어서서 그러한 관계를 가능케 하는 존재론적인 바탕을 드러내고자 하는 『보이는 것과 보이지 않는 것』의 주제로 넘어가는 결정적인 동기를 제공한 것으로 보인다. 그러나 이를 무슨 불연속성이 들어 있는 전회 같은 것으로 생각해서는 안 된다. 그것은 위 인용된 대목들을 담은 짧은 글 「세잔의 회의」가 『지각의 현상학』을 출판하던 해에 쓰였다는 사실뿐만 아니라 그 내용들을 비교해 보면 쉽게 알 수 있다.

메를로 퐁티의 갑작스러운 죽음 때문에 그가 사망한 지 3년 뒤인 1964년에 출판된 그의 유고 저작인 『보이는 것과 보이지 않는 것』은 나의 지각에 의한 나의 세계가 어떻게 해서 모두의 공동세계이며 나아가 인간을 넘어선 세계로 존재하는가를 집중적으로 고찰한다. 이 문제는 지각을 둘러싼 인식론적인 신비에 조금이라도 발을 들여놓은 자라고 한다면 여지없이 걸려드는 핵심적인 문제다. 메를로 퐁티는 그 결론으로 이 책 본론의 마지막 장인 「교직-교차(L'entrelacs-le chiasme)」를 전개한다. 이 글은 비록 완전히 마무리된 내용을 담고 있다고 볼 수는 없지만, 현상학 권뿐만 아니라 철학사적인 전체 맥락에서도 충분히 존재론적인 거보를 내딛는 글이라 할 수 있다.

이 글에서 시발점으로 삼는 것은 봄(vision)의 신비다. 메를로 퐁티가 봄에 대해 격렬하게 투쟁하듯 사유를 펼치고 있는 대목을 보기로 한다.

> 우리 주위에 있는 보이는 것(le visible)은 자기 자신 속에 잠들어 있는 것 같다. 그것은 마치 우리의 봄이 그 품속에서 형성되는 것 같고 혹은 그것과 우리 사이에 물과 물가가 친숙한 정도로 밀접한 친숙함이 있는 것 같다. 그러나 우리가 우리를 가시적인 것에 녹아들도록 하는 것은 불가능하고, 보이는 것이 우리 속으로 오는 것도 불가능하다. 왜냐하면 그렇게 되면 보는 자(le voyant)나 보이는 것이 소멸됨으로써 봄이 이루어지면서 바로 그 순간에 사라질 것이기 때문이다.(VIV., 173)

분명히 내가 '보는데도' 보이는 것들은 내가 본다는 사실을 아랑곳하지 않고 그저 그 자신 속에 침잠해 있는 것처럼 주어진다는 이 기묘한 사실, 이렇게 기묘한 사실이 주어진다 할지라도 도대체 논리적으로 따져보면 보는 나와 보이는 저것들이 한통속으로 완전히 결합되어 버리면 아예 보는 자도 없고 보이는 것들도 없게 되어 애당초 봄이 불가능하다는 또 하나의 기묘한 사실, 더욱더 기묘한 것은 보는 자인 나 역시 보이는 저것들 중의 하나로서 보이는 저것들에 쏠려 포함되어 있는 것으로 여겨진다는 사실이다. 메를로 퐁티는 봄을 둘러싼 이러한 근본적인 사태들에 대해 짐짓 몸서리치듯 '사유의 엄살'을 떤다.

흔히 메를로 퐁티의 후기 철학에서 가장 중요한 개념으로 운위하는 살(la

chair) 개념의 싹이 여기에서 성립한다. "보이는 것이 그 자신의 자존성(aséité)을 지니면서 나의 것인 사태는 살에 제공된 살로서 존재한다"라는 메모(같은 곳, 각주)에서 처음으로 살 이야기가 나온다. 그러니까 살 개념은 근본적으로 봄의 신비를 풀어내기 위한 개념이자, 봄의 신비에서 조성된 개념이다.

다시 돌아가 봄의 신비에서 핵심을 추려내자면, 보이는 것 쪽에서 사유를 펼쳐야 한다. 보이는 것은 짐짓 보는 자의 봄을 무시하면서 자신으로 돌아간다. 하지만 여기에서 보이는 것이 자신으로 돌아가는 모습은 어디까지나 봄의 구도 속에서 이루어진다. 봄의 구도를 벗어날 수 없다는 사실과 그래야만 보이는 것이 봄을 무시하면서 자신으로 돌아갈 수 있다는 사실이야말로 봄의 가장 근본적인 역리적인 신비다. 예컨대 보이는 것이 아예 근원적으로 봄의 구도를 완전히 벗어나 버리면서 자신 속으로 완전히 침잠해 버린다면, 보이는 것은 보이는 것이기를 그치고 마치 칸트의 물자체처럼 시각에서 완전히 사라져 버릴 것이다. 하지만 그것은 어디까지나 논리적인 가능성을 타고 사유의 헛된 대상으로 될 뿐 존재론적인 진리의 바탕으로 돌아가는 것은 결코 아니다. 존재론적인 진리의 바탕을 참다운 사물이라고 할 때, 그 사물은 근본적으로 자존성을 띤 보이는 것인 사물일 수밖에 없다. 그래서 메를로 퐁티는 "나의 시선이 저 무엇들을 뒤덮는데도 저것들을 숨기지 않는 것, 그래서 급기야 나의 시선이 저것들을 베일로 가림으로써 저것들의 베일을 벗기는 것, 이 일들은 도대체 어떻게 일어나는가?"(같은 곳)라는 물음을 던진다. 베일로 가림으로써 베일을 벗긴다는 것은 보지 않고서는 진리가 드러나지 않는다는 이야기가 아닌가.

요컨대 메를로 퐁티의 몸 현상학적 사유에는 도대체 보이지 않고 그저 사유될 뿐인 사물이란 존재론적인 의미를 전혀 갖지 못한다. 보는 자와 보이는 것 혹은 봄과 보임이라는 이 기묘한 구도야말로 존재론적인 모든 의미가 발원하는 바탕으로 보는 것이다. 메를로 퐁티가 줄기차게 지성주의를 '싸잡아' 비판하는 까닭이 여기에 있다. 사유로써 존재론의 근원적인 바탕인 봄과 보임의 지경을 '난도질'하려 해서는 안 된다는 것이다. 메를로 퐁티가 회화를 최상의 예술로 여기고, 심지어 존재론적인 근본 작업으로 여기는 것 역시 바로 이러한 이유에서다.

다시 돌아가 봄의 신비를 확장해 본다. 봄의 신비에서 또 하나의 핵심은 보는 자 역시 보이는 것이라는 사실이다. 이를 직접 시각에서부터 풀어내는 것이 쉽지 않은 양 메를로 퐁티는 촉각을 끌어들인다.

> 탐색과 탐색이 나에게 알려주는 것 사이, 나의 운동과 내가 만지는 것 사이에는 모종의 원리적인 관계 내지는 모종의 인척 관계가 존재함에 틀림없다. 그 관계에 의거해 양자는 마치 아메바의 위족들처럼 단지 몸 공간(l'espace corporel)의 애매하고 표피적인 변형들에 그치지 않고 촉각적인 세계에 발을 들여놓는 것(l'initiation)이 되고 거기에로 열리는 것(l'ouverture)이 된다. 이는, 내 손이 안에서 느끼면서 동시에 밖에서 접근될 수 있어 그 자체 예를 들면 다른 나의 손으로 만져질 수 있는 한에서만, 나아가 내 손이 만지는 사물들 가운데 내 손이 자리를 잡고 있고 어떤 의미에서 내 손이 사물들 중의 하나이고 결국은 내 손이 부분을 이루는 가촉적인 존재자(un tre tangible)를 향해 내 손이 열려 있는 한에서만 성립한다. 이같이 만지는 자와 만져지는 것이 내 손에서 교차함으로써, 내 손의 고유한 운동들은 제 스스로 탐문하는 영토(l'univers)에 편입되고 그 영토와 함께 동일한 지도에 기입된다. 요컨대 두 체계는 한 개의 오렌지의 두 반쪽처럼 서로에게 딱 붙여진다. 봄도 이와 다르지 않다.(VIV., 176)

봄과 만짐에 관한 메를로 퐁티의 생각이 담겨 있다. 메를로 퐁티는 "눈이 더듬는 행위는 촉각적인 쓰다듬음의 특출한 한 변양이다."(VIV., 175)라고 말한다. 눈이 더듬다니, 눈에 의한 봄을 하나의 만짐으로 보고 있다. 그래서 만짐의 구도는 봄의 구도에 대해 일반적인 구도로 작동하는 것으로 된다. 그러니까 만짐의 구도를 분석함으로써 간접적으로 시각, 즉 봄의 구도를 파악할 수 있다는 이야기다. 메를로 퐁티는 내 손이 다른 것들을 만질 수 있는 것은 그 다른 것들이 나의 손을 만져지는 것으로 만드는 한에서라고 말한다. 사실이지 우리는 손으로 예컨대 책상의 매끄러운 바닥을 쓰다듬을 때, 내 손이 만져지는 이른바 가촉적인 것임을 내 손과 책상 바닥과의 관계에서 바로 느낀다. 만짐에서는 만져지는 것이 만지고 만지는 것이 만져지는 일이 재빠른 속도로 교차해서 일어난다. 요컨대 사물을 만진다는 것은 만짐을 만진다는 사태가 그 속에 들어 있지 않고서는 성립할 수 없다는 이야기다.

이를 봄에 확장시켜 말하면 이렇게 된다. 원리상 보이지 않는 자, 예컨대 순수한 나의 정신은 볼 수 없다. 보는 주체는 보이는 것, 예컨대 나의 몸이어야 한다. 본다는 것은 봄을 보는 것이다. 봄을 본다고 할 때, 그 봄은 다른 사람들의 봄일 수도 있지만, 나아가 다른 사물들의 봄일 수도 있다. 또한 나의 봄을 보는 다른 사람들 혹은 다른 사물들의 봄은 나의 봄과 보임이 결합된 상태로 그들/그것들에게로 이관되어 나에게 되돌아오는 것이라고 할 수도 있다. 나의 봄은 보이는 것들 모두에게로 이관되어 넘어감으로써 보임으로 전환되고, 그래서 나의 봄은 보이는 것들을 통해 보인다. 이렇게 봄의 구도 속에 들어가노라면 흔히 접근하는 형식적인 이분법적 논리로써는 도저히 감당할 수 없는 역리적인 경지를 만나게 된다.

봄의 이러한 신비적인 역리를 설득력 있게 제시하기 위해, 메를로 퐁티는 세잔의 말을 인용한다. 세잔은 "풍경이 내 속에서 자신을 생각한다. 나는 풍경의 의식이다"라고 말했다.(SNS., 30, DdC.) 세잔의 이 말은 내가 본다는 것은 보이는 사물이 내 속에 들어와서 자기 자신을 보는 것이 되고, 따라서 봄에 의거한 나의 체화된 의식은 바로 보이는 사물이 나의 몸과 더불어 결합되어 발휘하는, 보이는 사물의 의식이다. 지독한 경지다. 메를로 퐁티가 세잔의 그림을 최대한으로 높여 상찬하는 까닭을 여기에서 쉽게 알 수 있다.

3. 살의 경지

메를로 퐁티는 이러한 봄과 보임의 전체적인 교직과 교차의 관계를 주시하면서 이렇게 말하고 있다.

> 이에 우리가 사물들 자체를 그것들이 있는 장소에서 그것들의 지각됨(être-perçu)을 훨씬 넘어선 그것들의 존재(être)에 따라 보는가를 이해하게 된다. 그러면서 우리가 왜 시선과 몸의 모든 두께를 동원하여 사물들로부터 떨어져 있는가를 이해하게 된다. 이 거리는 이 밀착의 반대가 아니다. 이 거리는 이 밀착과 근원적으로 조응된다. 이 거리는 이 밀착의 동의어다. 이는, 보는 자와 사물 사이의 살의 두께(épaisseur de chair)가 사물에게는 보는 자의 가시성(visibilité)을 구성하는 것이고, 보는 자에게는 사물의 물체성(corporéité)을 구성하는 것임을 말한다. 요컨대 보는 자와 사물 사이의 살의 두께는 양자 사이의 장애물이 아니라, 양자의 의사소통을 위한 수단이다. 동일한 이유에서, 나는 보이는 것의 중심에 있으면서 또한 보이는 것으로부터 떨어져 있다. 이것이 보이는 것이 두께를 갖고 있고 그럼으로써 자연적으로 한 물체(un corps)에 의해 보이도록 운명 지워진 까닭이다.(VIV., 178)

여기에서 메를로 퐁티는 '살의 두께' 라는 말을 하면서 은근히 살 개념을 도입한다. 메를로 퐁티의 살 개념이 어떤 차원에서 어떤 방식으로 조성되어 나오는가를 엿볼 수 있다. 다름 아니라, 살은 보는 자와 보이는 것 간의 교직과 교차라는 신비한 역리를 자아내는 존재론적인 토대로서 도입되고 있는 것이다. 살이 사물에게서 보는 자의 가시성을 구성한다는 것은 살이 보이는 것을 보는 자이게끔 하는 존재론적인 원리라는 것이고, 살이 보는 자에게서 사물의 물체성을 구성한다는 것은 살이 보는 자를 보이는 것이게끔 하는 존재론적인 원리라는 것이다. 그래서 보는 자와 보이는 것 사이에 환위가 일어나고, 그 환위를 통해서 보는 자가 보는 것을 보고 있기 때문에 한편 보는 자가 보이는 것을 본다는 것은 보이는 것이 보는 자를 통해 보이는 것 자신을 보는 것이라는 기기묘묘한 사태가 벌어진다는 이야기다. 메를로 퐁티는 이를 지칭해 '봄의 우주적 나르시시즘'이라 표현한다.

> 보는 자는 그가 보고 있는 것에서 포착되기 때문에 그가 보는 것은 바로 그 자신이다. 모든 봄에는 근본적으로 나르시시즘이 있다. 바로 그런 이유 때문에 보는 자는 그가 수행하는 봄을 사물들을 대리하여 어쩔 수 없이 수동적으로 행하는 것이며, 흔히 많은 화가들이 말하듯이 나는 내가 사물들에 의해 주시되고 있음을 느끼는 것이며, 나의 능동성(activité)은 수동성(passivité)과 동일한 것이다. 그것은 …… 환영(fantôme)에 의해 유혹을 당해 매혹되고 자신을 양도하는 것이고, 그럼으로써 보는 자와 보이는 것이 서로 환위된다는 것이고 따라서 어느 것이 보는 자이고 어느 것이 보이는 자인지를 알 수 없다는 것이다. 이것이 바로 가시성(Visibilité)이고 즉자적인 감각적인 것(Sensible)의 일반성(généralité)이고 우리가 이제까지 살(chair)이라 부른바, 익명적으로 태어나는 나 자신(Moi-même)이다.(VIV., 183)

여기에서 메를로 퐁티는 봄의 나르시시즘적 신비를 여러 모로 달리 부르고 있다. 대문자로 써서 가시성이라고 하고, 역시 대문자로 써서 감각되는 것의 일반성이라 하고, 간단하게 살이라고도 하면서 동시에 대문자로 써서 익명적으로 태어나는 나 자신이라고도 한다. 메를로 퐁티는 존재 전체를 감각적인 것으로 보고자 한다. 그런데 감각적이되 즉자적이라고 말하는 대목이 정말이지 메를로 퐁티 특유의 존재론적인 지적이다.

> 나의 몸은 혼돈과 나르시시즘, 즉 보는 자가 보이는 것에 내속(內屬)되고 만지는 자가 만지는 것에 내속되고 느끼는 자가 느껴지는 것에 내속되는

> 것에 의해 정의되는 자아다. 그러므로 나의 몸은 사물들 속에서 잡히는 자아요, 얼굴과 등을 가지는 자아요, 과거와 미래를 가지는 자아다. …… 세계는 나의 몸과 동일한 재료로 되어 있다. 이러한 전복, 이러한 이율배반은 봄이 사물계(事物界, le milieu des choses)에서 포착되고 이루어진다는 사실을 달리 말하는 것이다. 사물계는 보이는 것이 보기 시작하고, 모든 사물들을 봄으로써 자기 자신에 대해 보이는 것이 되는 장소다. 그곳은 마치 맑은 물 속의 모수(母水)처럼, 느끼는 자와 느껴지는 것이 나누어지지 않는 장소다.(OeE., 19–20)

내가 저기 보이는 것들을 보고 있다고 생각하면서 보게 되면 그런 생각을 하지 않고 보는 때보다 저기 보이는 것들을 더 잘 볼 수 없다. 그저 보기만 해야 보이는 것들을 더 잘 볼 수 있다. 그저 보기만 한다는 것은 보는 자신을 자신의 시선에서 놓아 버리는 것이고, 따라서 저기 보이는 것에 몰입해 들어가는 것이다. 본다는 것은 보이는 것에 자신을 양도하는 것이다. 그래서 보는 자는 보이는 것과 미처 구분이 잘 되지 않고, 확장해서 말하면 느끼는 자와 느껴지는 것이 미처 구분되지 않는다. 메를로 퐁티는 그러한 일이 벌어지는 근원적인 장소를 사물계라고 말하고 있다.

4. 살을 사는 화가

메를로 퐁티에 따르면, 이러한 봄과 감각의 경지를 가장 잘 느끼는 자들이 바로 화가다.

> 화가는 홀림(fascination) 속에서 산다. …… 화가의 역할과 가시적인 것의 역할 간에 불가피하게 역전이 일어난다. 바로 이것이 사물들이 자신들을 바라본다고 그렇게 많은 화가들이 말하는 이유다. 클레를 이어받아 앙

드레 마르샹은 이렇게 말한다: "숲 속에서, 숲을 바라본 것이 내가 아니었다는 것을 자주 반복해서 나는 느꼈다. 어느 땐가 여러 날에 걸쳐 나는 나를 바라보고 있고 나에게 말을 거는 것이 나무들이었음을 느꼈다. 나 자신은 말을 들으며 거기에 서 있었다. 화가는 우주에 의해 꿰뚫어져야지 우주를 꿰뚫으려 해서는 안 된다는 사실을 나는 믿는다. 나는 내적으로 가라앉고 매장되기를 기다린다. 그리고 내가 그림을 그리는 것은 여기에서 솟아오르기 위한 것인지도 모를 일이다."(OeE., 31)

봄의 나르시시즘적인 신비를 떠받치는 존재론적인 근본 원소가 살이라고 할 때, 그리고 화가가 홀림 속에서 산다는 것이 봄의 나르시시즘적인 신비를 사는 것이라고 할 때, 화가는 그 어떤 자보다 더욱 살을 사는 존재라고 할 수 있다. 살을 산다는 것은 존재의 근본적인 원소에 홀려 사는 것이다.

메를로 퐁티의 살의 존재론에서 보면, 보는 자는 보이는 것의 일시적인 변형에 불과하다. 그래서 화가가 진정 근본적인 살의 경지에로 감각을 몰아가기 위해서는 우주에 의해 꿰뚫어져야만 하는 것이고 우주를 꿰뚫으려 해서는 안 된다는 언명이 진리를 담보하게 된다. 이처럼 메를로 퐁티에게서 회화론은 근본적으로 살의 존재론에 근거해 있다. 한편 메를로 퐁티는 다음과 같은 언명을 한다.

깊이, 색채, 형태, 선, 운동, 윤곽, 표정 등은 존재의 갈래들(rameaux de l'Être)이기 때문에, 또 이것들 각각은 다른 것들을 다발로 가져올 수 있기 때문에, 회화에서 '문제들'은 분리되지 않고 진정 대립되는 길도 없고 부분적인 '해결'도 없고 축적에 의한 진전도 없고 대가 없는 선택도 없다. (OeE., 88)

여기에서 메를로 퐁티는 회화의 근본적인 구성 요소들을 곧바로 존재의 갈래들이라 말하면서 각각은 다른 모든 것들을 실질적으로 함축하는 것으로 말하고 있다. 이를 곧이곧대로 받아들이게 되면 화가는 곧 기실 하나인 존재의 갈래들을 파헤치면서 표현하는 인물이다. 이는 곧 메를로 퐁티의 존재론이 회화론적인 것임을 웅변해 준다.

요컨대 메를로 퐁티의 회화론은 존재론적이고, 그의 존재론은 회화론적인 것이다. 이 같은 메를로 퐁티의 입장은 당연히 예술의 근본으로서 회화 내지는 미술을 꼽는 것이다. 메를로 퐁티는 "화가가 붓을 잡는다면 그것은 어떤 의미에서 회화가 하지 않으면 안 되는 것이기 때문이다. 그러나 언어 예술은 진정한 창조에서 한참 멀리 떨어져 있다"(Sg., 99. LIeVS.)라는 언명을 통해 회화가 시나 소설보다 더욱 근본적인 것임을 말하고, "음악은 세계와 지시 가능한 것을 너무 떠나 있기 때문에 존재(l' Être)의 도표들, 즉 존재의 밀려옴과 밀려감, 존재의 성장, 존재의 파열, 존재의 소용돌이 외에 다른 것들은 형상화하지 못한다. 화가만이 유일하게 그 어떤 평가의 의무도 지니지 않은 채 모든 사물들을 바라볼 수 있는 권리를 가졌다"(OeE., 14)라는 말을 통해 음악의 추상성을 지적하면서 회화가 음악보다 존재론에 구체적으로 다가갈 수 있는 유일한 예술 장르임을 강조한다.

5. 미니멀리즘과 메를로 퐁티의 예술론

메를로 퐁티의 살 존재론적인 회화론은 세잔의 그림을 이해하는 데에 그 어떤 다른 해석보다 탁월한 힘을 발휘한다. 세잔의 회화가 '비인간적인 자연' 을 드러내고자 했다는 지적이나 세잔이 최초로 그림을 그리는 자처럼 그린다는 지적은 세잔의 회화에서 존재론적인 시각이 아니고서는 확인할 수 없는 요인들을 드러내기에 충분하다. 그림에서 재현하고자 하는 일체의 현실적이거나 심지어 의인법적인 기호 작용의 막을 거두어 내고 그 밑 혹은 그 이전의 사물 혹은 세계가 지닌 근원적인 침묵의 영역, 즉 사물 혹은 세계가 발하는 의미 이전의 목소리를 느낄 수 있도록 하기 때문이다.

세잔의 회화를 바탕으로 한 메를로 퐁티의 이러한 예술론은 그가 세상을 떠난 지 몇 년 지나지 않아 생겨난 이른바 미니멀리즘 예술을 이해하는 데 정확한 힘을 발휘한다. 미니멀리즘 예술은 마이클 프리드가 '즉물주의 예술'이라 칭하면서 연극성을 예술파괴적인 힘으로 규정하고 미니멀리즘 예술이 사물을 넘어서서 사물성을 지향한 것은 바로 연극성을 띤 것이라고 하여 거센 공격을 퍼부었지만, 미니멀리즘 예술이 사물과 사물성을 지향한다는 그의 진단[1]은 너무나 정확했다.

칼 안드레가 직육면체 나무토막을 하나 갖다 놓고서 예술작품이라고 '우겼을' 때, 그것이 결코 우긴 것이 아님을 살 존재론을 바탕으로 한 메를로 퐁티의 회화론을 적용하면 쉽게 이해할 수 있다. 칼 안드레가 직육면체 나무토막을 전시장에 갖다 놓은 행위는 비록 정확하게 성공하지는 못했지만 뒤샹이 남자소변기를 전시장에 갖다 놓으려 한 행위와 마찬가지로, 간단한 하나의 행위로써 세잔이 애써 표현하고자 궁구했던 비인간적인 자연성을 순식간에 실현한 것이다.

인공물은 물론이고 자연물에까지 깊이 새겨져 있는 인간 문화적인 짙은 흔적을 넘어서서 존재하는 것들이 근본적으로 어떤 존재인가를, 그 발가벗은 날것의 존재 상태를 여실히 보여 준 것이 바로 미니멀리즘 예술이다. 기능은 물론이고 도대체 인간과 관련하지 않고서는 성립할 수 없는 일체의 목적과 의미마저 완전히 벗어 버린 사물 자체의 근원적인 상태를 보여 준 것이 미니멀리즘 예술이기 때문이다. 칼 안드레의 나무토막 앞에서 관객이 도대체 무슨 생각을 할 수 있으며 무슨 종류의 주체가 될 수 있을 것인가?

가장 간단한 주체, 그저 물끄러미 아무 생각도 없이 바라볼 뿐인 주체, 이미 저쪽 가시적인 사물에 이끌려 들어가 버린 탓에 주체라고 부를 수조차 없는 주체, 그것이 바로 미니멀리즘적인 관객으로서의 주체다. 프리드가 미니멀리즘 예술에서 사물이 사물성으로 대체되는 것으로 본 것은 사물

1 Micheal Fried, "Art and Objecthood", in *Artforum*(June 1967) 참조.

이 그저 보이기만 할 뿐인 탓에 순수 감각성으로 돌변하는 것을 파악한 탓이다. 사실은 미니멀리즘 작품들은 사물성과 감각성이 미처 분화되기 이전의 근원적인 상태를 보여 준다. 이는 메를로 퐁티가 말한 감각 덩어리로서의 살을 가장 잘 구현한 것이다.

미니멀리즘의 중요한 옹호자인 할 포스터의 언명들은 암암리에 이러한 해석을 돕는 역할을 한다. 그의 중요한 언명들을 열거해 본다. "미니멀리즘은 대부분의 전통적인 조각이 가진 의인법(인간형태성, anthropomorphism)을 거부할 뿐만 아니라, 대부분의 추상 조각이 지닌 무장소성의 영역을 거절한다."[2] — "예컨대 현상학이 데카르트적인 '나는 생각한다'의 관념론의 뿌리를 잘라낸 것과 꼭 마찬가지로, 미니멀리즘은 추상표현주의의 '나는 표현한다'의 실존주의의 뿌리를 잘라낸다. 그러나 현상학과 미니멀리즘 모두 그 대신 '나는 지각한다'를 내세운다."[3] — "미니멀리즘이 현상학적인 경험을 통해 극복하고자 한 것은 바로 그러한 주체와 대상의 형이상학적인 이분법이다."[4]

논의의 맥락으로 보아 할 포스터가 미니멀리즘을 현상학과 결부시켜 해석했을 때, 후설이나 하이데거보다는 분명 메를로 퐁티의 몸 현상학에 입각하고 있었던 것은 분명한 것 같다. 그러나 메를로 퐁티의 살 존재론에 입각한 현상학을 얼마나 숙지했는지는 알 수 없다. 하지만 만약 그가 메를로 퐁티의 살 존재론을 숙지하고 있었다면 모르긴 해도 미니멀리즘이 지닌 현상학적인 측면을 훨씬 더 풍부하게 논의할 수 있었을 것으로 판단된다. 포스터가 제시하고 있는 미니멀리즘에 대한 진단은 메를로 퐁티가 살 존재론에서 펼치고 있는 살에 관한 규정과 대단히 유사하기 때문이다.

메를로 퐁티가 살 개념을 주조해 내는 근본적인 지반은 저 앞에서 논의

---

2 Hal Foster, "The Crux of Minimalism", in *The Return of the Real: The Avant-Garde at the End of the Century*, Cambridge, Massachusetts and London: MIT Press, 1966, 단락 4.

3 위의 글, 단락 10.

4 위의 글, 단락 6.

한 것처럼 봄(vision)의 신비, 특히 봄의 나르시시즘적인 신비다. 그런가 하면, 메를로 퐁티는 "살은 물질도 심리적인 질료도 아니다." — "살은 …… 장소와 지금에 결착되어 있다"(VIV., 184)라고 말한다. 살이 주객 이분법을 근원적으로 넘어서 있는 것은 물론이다. 아울러 살이 인간과 문화의 흔적을 벗어나 있는 감각 덩어리 자체가 아니던가. 요컨대 포스터가 파악하고 있는 미니멀리즘 작품들은 바로 메를로 퐁티의 살 개념을 구현한 것이라 하지 않을 수 없다.

메를로 퐁티가 회화 내지는 예술의 진정성을 존재론적이라는 점에서 찾았다고 할 때, 이처럼 그저 주객 이분법, 일체의 의인법적인 기호 작용, 일체의 사유적 구성 등을 넘어선 감각 덩어리일 뿐인 살을 작품으로 만들어 보여 줄 줄 알았던 미니멀리즘 작가들이야말로 진정한 예술가가 아닐 수 없는 것이다. 칼 안드레는 나무토막을 예술품이라고 우긴 것이 아니라 예술품의 정의에 심오한 존재론적인 깊이를 더함으로써 예술의 폭을 한껏 심화시킨 것이다.

더 읽을거리

조광제, 『주름진 작은 몸들로 된 몸』, 철학과현실사, 2003.

* 이 책은 메를로 퐁티 철학의 기본적인 얼개를 보이면서, 특히 메를로 퐁티의 미술 내지는 회화에 관한 이야기를 저자가 나름대로 해석, 정리 및 응용해 담고 있다. 1부의 5장 「몸 현상학에서 살 존재론으로」와 6장의 「살의 나르시스에서 생성되는 예술」 그리고 2부의 1장 「몸과 시각 공간」, 2장 「몸과 회화」는 메를로 퐁티의 예술론을 이해하는 데 도움이 될 것이다.

모리스 메를로 퐁티, 『현상학과 예술』, 오병남 편역, 서광사, 1987.

* 이 책은 메를로 퐁티가 언어, 문학, 영화, 미술 등에 관해 몸 현상학을 적용하여 해석한 글들을 모아 놓고 있다. 이 책의 제목은 메를로 퐁티가 붙인 것이 아니고 편역자인 오병남 교수가 붙인 것이다. 특히 이 속에 들어 있는 「간접적인 언어와 침묵의 목소리」, 「세잔느의 회의」, 「눈과 마음」은 메를로 퐁티의 미술 이론을 이해하는 데 크게 도움이 되기 때문에, 만약 메를로 퐁티의 미술론을 이해하고자 한다면, 반드시 읽어야 한다. 이중 「눈과 마음」은 메를로 퐁티의 미술론의 핵심을 담고 있는데, 본래는 단행본으로 출간된 작은 책이다. 이 책을 이해하기 위해서는 '살' 개념을 알아야 한다. '살' 개념은 메를로 퐁티가 사망한 뒤 출간된 그의 유고 저작 『보이는 것과 보이지 않는 것』의 「교직-교차」에서 자세히 조성, 설명되고 있다.

__________, 『보이는 것과 보이지 않는 것』, 남수인 · 최의영 옮김, 동문선, 2004.

* 이 책은 흔히 메를로 퐁티의 후기 철학사상을 대표하는 것으로 알려져 있다. 『지각의 현상학』이 그의 전기 철학사상을 대표하는 것과 대비된다. 이 책에서 특히 중요한 것은 '살' 개념이 조성되는 과정을 보여 준다는 점이다. 특히 이 책의 본론에서 마지막을 차지하고 있는 장인 「교직-교차」는 '살' 개념이 어떻게 감각성과 사물성을 하나로 통일시킬 수 있는 존재론적인 원리인가를 보여 준다. 이를 이해하고 나면 그의 미술론의 핵심 저서인 『눈과 정신』을 이해하기가 훨씬 수월할 것이다.

Bonan, R., *Premières leçons sur l'esthétique de Merleau-Ponty*, Presses Universitaires de France, 1997.

* 이 책은 메를로 퐁티의 미학이 어떻게 존재론적인 기반을 바탕으로 성립하는가를 주제로 삼아 논의를 펼치고 있다. 메를로 퐁티가 몸, 표현, 침묵, 주체 형성, 깊이, 시각 등의 주제들을 어떻게 예술과 관련시켜 이것들과 예술 양자를 함께 해명하는가를 드러내고 있다. 번역이 되어 있지 않아 아쉽다.

The Merleau-Ponty Aesthetics Reader: Philosophy and Painting, tr. & ed. by Galen A. Johnson & Michael B. Smith, Northwestern University Press, 1993.

* 이 책은 메를로 퐁티의 미학 내지는 예술 관련 문헌들을 끌어 모아 영어로 번역해 놓은 글들을 1부와 2부에 싣고, 이어서 3부에서는 메를로 퐁티 미학 내지는 예술론에 관련해서 굵직굵직한 학자들이 쓴 글들을 모아 싣고 있다. 메를로 퐁티의 미학을 연구하면서 다른 학자들의 생각을 알고 싶다면 이 책을 읽는 것이 좋다.

약호

Maurice Merleau-Ponty의 저작들

VIV.: *Le visible et l'invisible*, Gallimard, 1964.

OeE.: *L'oeil et l'esprit*, Gallimard, 1964.

SNS.: *Sens et Non-sens*, Les Éditions Nagel, 1958.

DdC.: Le doute de Cezanne

Sg.: *Signes*, Gallimard, 1960.

LIeVS.: Le langage indirect et les voix du silence

미켈 뒤프렌 미적 체험의 현상학

김채현

1. 이론적 배경과 주객관의 문제

작가가 예술작품을 만들어야 할 필연적 동기는 무엇인가? 관객 혹은 독자가 예술작품을 향수하는 과정과 미적 경험, 미적 태도는 어떻게 진행되는가? 작품 향수 활동으로서 미적 체험의 의의는 궁극적으로 무엇인가? 미켈 뒤프렌(Mikel Dufrenne, 1910－95)은 그의 주저(主著) 『미적 체험의 현상학』에서 이들 물음을 제기하고 현상학 및 형이상학 시각에서 답을 모색하였다.

『미적 체험의 현상학』은 프랑스에서 메를로 퐁티의 『지각의 현상학』에 이어 현상학을 제목으로 내건 두 번째 저작이다. 현상학이 후설의 고전적 현상학과 거리를 두며 프랑스 풍토에서 새 국면을 개척할 시기에 『미적 체험의 현상학』은 발표되었고, 동시에 이는 이 저작이 독일의 후설 현상학에 기울어지기보다는 프랑스에서 현상학이 꽃피우던 시기의 성과였음을 나타낸다.

사르트르의 『존재와 무』(1943)와 『지각의 현상학』(1945)이 발표된 이래 근 10년 사이 폴 리쾨르와 가브리엘 마르셀 등의 저작이 줄을 잇던 그 시기에 프랑스는 현상학의 새 거점으로 발돋움하고 있었다. 프랑스가 1920년대 후반에 소장 철학자들이 독일 현지에서 현상학을 연구한 결과를 바탕으로 현상학의 토대를 구축하고 있은 반면에 독일에서는 나치즘과 제2차 세계대전의 파국 그리고 1938년 현상학 창시자 후설의 타계로 인해 하이데거 등 현상학자들의 연구는 주춤하고 있었다.

프랑스 현상학은 대체로 현상학과 실존주의를 융합한 점에서 독일 현상학과 구별된다. 이는 1930년대에 프랑스에 하이데거의 실존적 현상학이 현상학과 동일시되면서 번역 소개되고 사르트르가 『존재와 무』에서 하이데거의 철학적 사유들에 깊은 관심을 기울인 사실과 무관하지 않다.

뒤프렌의 『미적 체험의 현상학』은 후설의 노에마-노에시스 구조를 미적 체험에서 응용하는 데서 출발하며, 따라서 후설의 철학적 논제가 기본 영향을 끼쳤음을 알 수 있다. 그러나 뒤프렌 스스로 밝혔다시피 그의 현상학은 후설을 그대로 따르지 않고 오히려 사르트르와 메를로 퐁티가 프랑스 관점에서 수정한 현상학의 노선을 취하였다. 즉 뒤프렌은 본질 기술(記述)이 현상에 내재하는 본질을 목표로 한다는 명제를 바탕으로 미적 체험을 구명하며, 이는 메를로 퐁티가 현상학적 환원의 불가능성을 지적하고서는 지각 활동처럼 세계 내에서 발생하는 생생한 경험에서 주관-객관이 어울리는 상태를 발견하는 철학적 방법론(프랑스 현상학의 현저한 특성)을 미적 체험의 구명에서 유력한 방법론으로 수용하였음을 의미한다.

메를로 퐁티는 형태심리학과 행동심리학의 연구 성과를 바탕으로 『지각의 현상학』에서 현전(現前)의 현상을 인식 활동의 기본 요건으로 제시한 바 있다. 그는 후설의 후기 현상학이라 통칭되는 생활 세계의 현상학을 주목하고 세계 내에 위치하는 인간의 인식 활동이 특히 몸과 결부된다는 사실을 밝혀 내었다. 그런데 몸의 지각 활동에 의해 전개되는 이런 현전의 현상을 응용하여 뒤프렌은 미적 체험의 실제 과정에서 가장 기본적인 층위(層位)로 제시하였다.

『지각의 현상학』이 나온 8년 후에 『미적 체험의 현상학』이 발간된 사실에서 보듯이, 뒤프렌은 메를로 퐁티에게서 관념론, 실재론, 경험주의, 심리주의 등을 탈피할 철학적 준거를 마련하는 학문적 혜택을 입었다. 이와 동시에 뒤프렌은 『미적 체험의 현상학』에서 미적 체험의 제반 양상을 현전의 단계에서 시작하여 인간학적 본성 그리고 더 나아가 형이상학적 의의에 비추어 폭넓게 구명하였다. 이런 사실에 비추어 뒤프렌은 메를로 퐁티의 단순한 수혜자 이상이었으며, 특히 미적 체험 연구의 바탕을 이루는 현상학적 방법론을 존재론적 시각과 연결시킨 점에서 높이 평가되고 있다.

미켈 뒤프렌의 삶은 잘 알려져 있지 않다. 그는 파리 고등사범학교를 졸업하고, 2차대전 시에 독일군에 체포되어 포로 생활을 하였다. 그 포로수용소에는 많은 연구자들이 억류되어 있었으며, 여기서 그는 폴 리쾨르와 함께 야스퍼스의 철학을 연구하였다. 당시에 포로 생활은 비시 정권 치하에서 이뤄졌는데, 이 연구 작업으로 학점을 인정받았다는 독특한 에피소드가 전해진다. 2차대전 후 그는 첫 저서인 야스퍼스 연구서를 리쾨르와 함께 출간하고 그 무렵 미국에서 1년간 사회학을 수학하였다. 이후 『미적 체험의 현상학』을 비롯 미학과 형이상학 관련 다수의 저작을 출간하며 파리의 낭테르 대학에서 재직하고 국제미학회 명예회장을 역임하였다.

뒤프렌의 미학은 앞서 소개되었듯이 현상학과 존재론을 결합시키는 특징을 보인다. 이런 맥락에서 그가 『미적 체험의 현상학』의 제4부에서 논제로 제시한 순수 미학의 가능성 여부는 이후 그 자신의 미학적 · 철학적 중심 과제가 된다. 즉 미적 범주가 고정될 수 있는지 그리고 이러한 미적 범주를 확정하는 미학이 가능한지의 여부를 조명함으로써 서양철학의 난문제인 주객관의 관계를 우주론(또는 자연론)과 같이 넓은 시각에서 접근하는 작업을 지속하였다.

『미적 체험의 현상학』에서 뒤프렌은 현상학적 현상과 존재론적 현상을 매개하는 개념으로서 선험적인 것(아 프리오리)을 내세우는데, 그에 의하면 선험적인 것은 후험적인 것(아 포스테리오리)을 통해서만 드러난다. 뒤프렌이 고려하는 순수 미학은, 자신도 인정하다시피, 정감적 범주에 해당하는 정감의 아 프리오리의 존재를 인정할 경우에만 성립할 수 있다. 이런 추론이 가능하다면, 현상학적 차원에서 존재론적 차원에로 연속되는 미적 체험에서 그 두 차원을 매개하는 선험적인 것이 적어도 주관-객관의 2분법적 간극을 해소할 요인으로 재인식되어야 한다는 것이 뒤프렌의 생각이었다.

그러므로 아 프리오리는 미적 체험에서 주관과 객관의 조화(그리고 합치)를 예상해 볼 근거가 되는 그 이상으로 우주론적으로 주관과 객관의 근원적 통일성을 예비하는 요소로 격상된다. 이에 따라 뒤프렌은 『미적 체험의 현상학』 이후의 저작에서 아 프리오리 개념을 논구하는 일련의 작업을 수행하는데, 이미 『미적 체험의 현상학』에서 제시된 우주론적 아 프리오리 개념을 예술의 영역을 넘어서서 자연에서 재발견하고 예술이 자연을 표현한다는 결론을 내린다.

이러한 자연은 물리적 자연이 아니라 모든 것의 근원으로 작용하는 대자연(自然, Nature)이기 때문에 결과적으로 보면 그의 미학적 작업은 인간과 자연에 관한 형이상학의 일환으로 수행되었던 편이다. 그렇다고 해서 미적 체험에 관한 그의 미학적 연구 성과가 형이상학에 의해 가려지거나 저평가되는 것은 아니다. 오히려 뒤프렌은 인간과 자연에 관한 형이상학을 미적 체험을 통해 예시하고 동시에 미적 체험 관련 논제(일례로 미적인 것의 현상학적, 존재론적 의의)를 포괄적 시각에서 체계화함으로써 미적 체험, 미적 지각, 미적 태도 등의 연구를 진일보시킨 성과를 낳았다.

2. 『미적 체험의 현상학』 개요

『미적 체험의 현상학』은 4부로 구성되고, 이는 전반부와 후반부로 이분된다. 전반부는 미적 대상(그리고 예술작품; 제1부 미적 대상의 현상학, 제2부 예술작품의 분석)을 주제로 하며 후반부(제3부 미적 지각의 현상학, 제4부 미적 체험의 비판론)는 미적 지각을 주제로 한다. 이처럼 대상과 지각의 두 측면으로 압축되는 구조는 현상학이 현상을 일반적으로 노에시스와 노에마로 식별하는 방법론을 반영한 듯하다.(1991년에 출간된 한국어판이 960쪽일 만큼 『미적 체험의 현상학』은 방대한 저서이다.)

이 방대한 저작에서 뒤프렌은 절반 정도를 미적 대상의 현상학에 할애하고 또한 미적 체험에 대한 논의도 미적 대상에서 시작한다. 이런 순서는 무엇보다도 관념론의 함정을 예방하려는 의도에서 취해졌으며, 그 이유는 이렇게 설명된다. 먼저, 미적 지각에서 논의를 개시할 경우 대상을 지각에 종속시킬 위험이 초래되고, 둘째, 대상을 전제로 하지 않은 미적 지각에 관한 논의는 관념 활동의 일방적 유희로 시종할 가능성이 있으므로 미적 대상을 먼저 해명해서 미적 지각의 생생한 경험 조건부터 마련해야 하기 때문이다.

『미적 체험의 현상학』이 겨냥하는 미적 체험은 목차에서 보듯이 기본적으로 미적 대상과 미적 지각으로 구성된다. 미적 체험은 미학에서 통상적으로 거론되는 향수, 관조 활동이다. 그런데 미적 대상과 미적 지각이 합치할 경우에만 미적 체험이 성립하기 때문에 엄밀히 말해 미적 체험과 미적 대상은 서로 분리되지 않는다. 뒤프렌은 미적 대상이 의식에 속하지 않되 의식 내부에 있고 또 미적 지각 내에서 완성된다고 단언한다. 다시 말해 미적 체험과 미적 대상은 하나로 결속되며 심지어는 서로 동일한 것으로 간주된다. 같은 맥락에서 『미적 체험의 현상학』에서 미적 체험은 expérience esthétique의 옮김말이다. 일반적으로 미적 체험보다 미적 경험으로 통용되지만, 경험이 3인칭적 활동인 데 비해 체험이 1인칭적 활동이고 굳이 미적이라 수식할 수 있는 제반 활동은 1인칭적이라는 이유에서 미적 경험보다 미적 체험이 적절한 용어라 생각된다.

『미적 체험의 현상학』은 현상학뿐만 아니라 미학, 형이상학, 존재론, 선험철학, 예술학의 논의를 두루 망라하므로 논지는 상당히 복합적이다. 여기서는 『미적 체험의 현상학』 구도에 따라 미적 대상과 미적 지각으로 나누어서 뒤프렌의 미적 체험 이론을 개괄하는 데 초점을 맞춘다.

가. 미적 대상과 예술작품

(1) 예술작품과 지각 작용

『미적 체험의 현상학』에서 미적 대상은 지각된 것으로서의 예술작품으로 정의된다. 여기서 지각은 미적 지각을 의미하며 대상의 자격을 인정하고 그에 순응하는 지각으로서 이를테면 대상의 미적 성질을 미적 체험에서 구현하는 사심 없는 지각이다. 미적 지각이 예술작품과 합류할 때 미적 대상이 출현하므로 미적 대상과 예술작품은 구분되며, 양쪽에 적용되는 노에시스도 물론 다르다. 그런데 미적 대상이 될 만한 예술작품의 자격이 무엇이어야 하는지 반문할 수 있겠으나 뒤프렌은 보편적으로 인정될 자격 기준을 조리있게 명시하지는 않으며, 일정한 문화 전통 속에서 미적 지각을 자극하는 대상물이 미적 대상으로 화한다는 관점을 취한다. 다만『미적 체험의 현상학』후반부에서 구명되는 표현, 깊이, 본래성, 진실 등의 개념에서 그러한 자격 기준을 유추할 수 있다.

뒤프렌은 예술작품의 구조가 크게 소재(matière), 제재(représentation), 표현(expression)의 세 측면으로 나눠진다고 보며, 이에 준하여 미적 대상의 세계를 감각적 요소의 세계, 재현된 세계, 표현된 세계로 구분하고, 미적 지각 활동도 현전(現前), 표상(表象), 감정(感情)의 세 층위로 나눈다.

미적 대상이 출현하려면 무엇보다 고유한 미적 대상을 분별할 지각 작용이 먼저 개시되어야 하는데, 지각 작용은 대상 수용에서 미적이지 않은 부분을 배제하는 중화 작용부터 행하면서 작품의 기본 실체인 감각물(感覺物, le sensible)을 포착한다. 감각물의 구체적 사례로서 뒤프렌이 예시하는 것은 오페라 관람에서 목격하는 오케스트라의 반주, 노래, 동작 및 색채가 결합된 것이며, 단적으로 작품의 감각적 소재들이 지각 작용에 의해 이를테면 의미있는 형체로서 통일된 것이 감각물이다. 그러므로 지각 작용이 감각물을 포착하려면 무엇보다 향수자의 몸을 전제할 것이고, 특히 공연예술에서처럼 무엇보다 연기자의 몸이 필요하다는 이유에서 뒤프렌은 인간을 가장 뛰어나게 의미를 지닌 물체로 해석하였다. 굳이 몸을 드러낼 필요가 없는 화가나 연주자의 경우에도 몸 속에 깃든 깊이를 전달함으로써 작품은 구현된다.

예술작품은 언제나 가능태적 존재에 머물 뿐이며 미적 대상으로 전환할 경우에만 실질적으로 존재할 수 있다. 작품은 작가에 의해 구현되는 것(예: 조각), 연기자에 의해 구현되는 것(예: 춤)의 두 가지로 대별되지만 어디서나 작품을 소생시키는 것은 미적 지각이다. 그럼에도 불구하고 작품은 자신의 실현을 요구하는 특이한 존재(준주관)로서 미적 지각을 촉발하는 단초인 동시에 작품 해석 및 향수를 판별하는 기준으로 존재한다.

작품이 미적 지각을 촉발시키는 이유를 뒤프렌은 작품이 형식과 내용을 통해 우리의 감정과 반성활동을 유발하는 주체로서 일정한 세계를 간직하기 때문이라고 설명한다. 그의 미적 체험 구도 내에서 세계는 작품 자체이자 작품의 의미이며, 그리하여 작품은 독자적인 세계를 가진 준주관(準主觀, quasi-sujet)으로 간주된다. 일반적으로 예술을 시간예술과 공간예술로 구분하는 통례와는 달리 뒤프렌은 예술작품 내부에서 시간과 공간이 결합되어 있다는 이유에서 예술을 주관(혹은 주체)과 유사한 준주관(혹은 준주체)으로 간주한다. 그러므로 작품은 감각물처럼 자족성(自足性)을 갖는 즉자(卽自, en-soi) 존재인 동시에 자체의 관념과 내면성을 갖는 대자(對自, pour-soi) 존재이다. 예술작품은 즉자성을 유지하면서 미적 대상에서는 미적 지각을 유발하는 대타(對他, pour-nous) 존재로 전환한다는 뜻에서 뒤프렌은 마침내 미적 대상을 즉자-대타 존재로 규정한다.

이처럼 예술작품과 미적 대상은 공통적으로 준주관이지만 각각 미적 지각이 개입하기 이전과 이후의 상태를 지칭한다는 점에서 다르다. 그러나 이러한 차이를 단순히 과정에서의 차이에 국한하지 않고 기본 성격에서의 차이로 논의를 진전시킨 점에서 뒤프렌의 미적 체험 이론은 다른 미적 경험 이론과 차별시될 필요가 크다.

(2) 미적 대상의 세계

미적 대상이 준주관이기 때문에 표현 능력이 인정되고 이 표현 능력은 지각된 대상물의 앙상블을 통해 발휘되므로, 뒤프렌은 미적 대상을 앞서 소개된 감각물의 자족성을 갖는 세계뿐만 아니라 재현된 대상, 표현된 세계로 나누어 설명한다. 미적 대상은 예술작품을 지각한 결과물이므로 미적 대상의 세 가지 층위는 예술작품의 세 가지 층위에 준해서 파악된다.

먼저 예술에서 물리적 재료(matériau)는 미화(美化)됨으로써 물질적 사물로서의 성격이 부정되고 감각물을 지탱하는 매체(matière, 소재)가 된다. 미적 대상에서 감각물은 부호의 구실을 하게 되는데, 이 감각물에 부호로서의 통일성을 부여하는 것은 형식이다.

재현된 대상과 관련하여 뒤프렌이 제시하는 재현 개념은 다소 광범위하다. 일반적으로 작품 외부에서 식별될 실제 대상의 묘사로 통용되는 재현 개념과는 거리를 두고 그는 무엇보다 예술에서 인정될 재현은 복사도, 복제도, 정확한 묘사도 아니라고 단언한다. 건축, 음악 같은 예술의 경우나 실제 현실에서 존재하지 않는 가공의 이야기를 상상하는 예술에서 보듯이 모든 예술이 실제 대상을 묘사하는 것도, 묘사해야 하는 것도 아니라면 일반적인 재현 개념은 일부의 예술에만 적용될 수 있을 뿐이다.

그럼에도 불구하고 일반적인 재현 개념이 적용될 수 있는 예술, 없는 예술을 막론하고 실제로 우리는 미적 체험에서 예술의 제재(題材, sujet)를 명료하게 혹은 막연하게 가려내는 지성적인 식별 작업을 행한다. 그것은 모든 예술이 나름의 재현된 대상을 담고 있다는 것을 반증하므로, 뒤프렌은 재현을 감각물에 통일성을 부여하는 개념적 의미로까지 확장한다. 재현은 이처럼 감각물을 묶어 구조화시키되 그 자체가 목적은 아니며, 재현의 의의는 예술가가 재현을 통해 표현하려고 하는 바에 있으므로 재현은 표현의 토대가 되어야 한다.

뒤프렌에게서 표현은 단적으로 말해 예술가가 자기 스스로를 드러내는 일이다. 그렇다면 예술에서 재현은 그 자체로 자족적이지는 않으며, 대상의 재현은 대상을 매개로 표현하려는 예술가의 욕구를 위한 중간 수단으로 간주된다. 가령 예술가가 표현하려는 바가 적을수록, 단순할수록 재현이 더 우위를 차지하게 되는 폐단이 드러난다. 즉 예술가는 대상을 모사해서는 안 되고 대상을 말하면서 필히 자기 자신을 표현해야 한다는 뜻이다. 쉽게 말해서, 재현된 세계는 그 자체로는 미완성적이며 표현된 세계로 가는 중간 기착지에 비유된다.

예술에서 표현되는 것을 뒤프렌은 예술가의 의식, 철학이라고 언급하는 이상으로 더 심층적으로 예술가로 하여금 예술가 자신의 고유한 언어로써 말하도록 재촉하는 특정의 세계라고 본다. 예술가의 배후에서 예술가의 관심을 끌고 자극하는 대상의 세계가 있으며 예술가는 이를 자신의 언어로 표현한다는 것이다. 다시 말해 예술가가 자기 배후의 어떤 근원적인 것과 예술가 자신을 한꺼번에 표현한 것이 작품이다. 이 근원적인 것은 예술가의 행위에 의해 드러나는 광의의 세계로서 예술가의 세계관 및 세계 내 존재 방식을 통해 표현되는데, 뒤프렌은 이런 세계가 작품에서는 감정의 상태로 내재하면서 일종의 분위기나 영혼과 같은 형태를 띤다고 주장한다. 예술가가 자신을 구현한 결과로서 표현은 예술에 주관성을 보장하며, 표현에 의해 예술은 준주관이 되고 대타 존재로서 미적 대상이 된다.

재현과 표현의 관계에서, 재현된 대상이 표현된 세계에 토대를 부여하는 그만큼 표현된 세계도 재현된 대상을 확증하고 토대를 부여한다. 이를 뒤프렌은 종합하여 재현된 세계는 실체이며 표현된 세계는 영혼이라 부르며, 이 두 세계가 결합해서 마침내 미적 대상의 세계를 형성한다고 보았다.

이상에서 보듯이 미적 대상은 지각된 대상이다. 이 지각된 대상의 존재가 자율적인지, 타율적인지의 여부는 미적 판단의 타당성을 판가름하는 관건이 된다. 뒤프렌은 미적 대상에서 주관–객관의 상호 관계를 인정하는 입장에 선다. 미적 대상은 일차적으로 즉자 존재로서 자체의 자족성을 가지며, 또한 미적 대상이 존재하려는 의지는 향수자의 지각을 요구한다. 이와 같이 객관의 요구에 응하는 주관의 행위에서 성립하는 미적 대상을 뒤프렌은 즉

자-대타 존재라 명명함으로써 미적 대상의 이론에서 미적 대상의 자율성을 강조하고 주관과 객관 가운데 어느 한쪽이 독주할 소지를 예방하였다.

나. 미적 지각의 현상학

대자 존재인 예술작품은 그 자체로 가치가 없지 않으나 대타 존재인 미적 대상으로 존재할 경우에만 가치가 한시적으로 실현(또는 완결)된다. 그러므로 미적 지각은 미적 대상이 실현되도록 하는 목적 지향적 활동이며, 대상과의 합치된 소통을 통해 해당 대상 내의 표현을 공유하는 활동이다. 그래서 미적 지각을 뒤프렌은 작품과의 대화 활동에 비유하며 궁극적으로는 인간의 본래성을 자각하는 활동으로 간주한다. 뒤프렌에게서 미적 지각은 감각적 수용과 개념적 인식이 근간을 이루는 일반적 지각의 차원을 넘어 형이상학적 활동으로 마무리된다.

(1) 미적 지각의 전개 양상

미적 지각은 확연히 분리될 수 없는 세 층위(현전, 표상, 감정)로 진행된다. 먼저 미적 지각은 감각물에 내재한 의미가 신체에 대해 출현하는 현전의 단계로 시작한다. 지각의 실존적 국면과 신체적 영감이 강조되는 현전의 단계에서 감각물은 이미 형식에 의해 형체를 부여받은 것으로 지각되므로 일종의 의미체로 포착된다. 그런데 현전의 단계에서 대상물의 이해 활동을 신체 홀로 행하는 것은 아니며 뒤프렌은 어느 정도의 사유 작용이나 반성 작용이 수반된다고 본다. 그는 이를 신체가 체험한 바를 표상이 물려받는다고 말한다.

표상의 단계에서 주도적 역할은 동시에 가동되는 상상력과 오성(悟性, entendement; 지성)이 맡는다. 현전의 상태가 표상으로 전환하도록 매개하는 것은 이미지(心象)인바, 이미지는 상상력에 의해 형성된다. 표상을 구성하기 위해 이미지가 지각에 덧붙여지는 동안 상상력은 표상에 구체적 내용을 지속적으로 공급한다. 상상력이 의식 내에 발생시키는 시간 및 공간에 의해 표상을 구성할 때, 상상력은 현전 단계에서 작용하는 잠재적이며 초보적인 인식을 활용해서 이미지들을 환기한다.

상상력에서 선험적 상상력과 경험적 상상력이 구별되긴 하지만 함께 작용하며 상상력이 시간 및 공간을 종합함으로써 대상은 가시화된다. 그러므로 상상력의 활동에 수반되는 연상작용은 현전에서의 신체 활동을 토대로 이뤄지기 때문에 상상력은 사실상 신체에 토대를 두며, 이를 두고 뒤프렌은 상상력이 신체에 뿌리를 두되 신체 이상의 것이라 한다. 일반적으로 강조되듯이 상상력이 실제 대상을 벗어나는 측면도 있어서 상상의 결과물이 관념의 소산인 경우도 흔하지만, 뒤프렌은 그러한 일탈 상황을 경계하면서 미적 지각에서 상상력은 언제나 지각의 소여물(所與物)을 기반으로 가능한 세계, 즉 표상을 열어가는 것이 정상이라 생각한다. 그렇지만 상상력의 작용을 관념의 활동으로 볼 경우 미적 지각과 소여물의 관계를 곡해하는 이론들이 나타나기 쉽다. 뒤프렌은 그 대표적인 예로서 두 사람의 이론을 비판한다. 먼저 사르트르는 실제 대상을 벗어나는 상상력의 기능을 전체로 오인하여 미적 대상을 상상의 소산으로 간주하고 사물로서의 성격을 부정하였다. 잉가르덴의 경우 미적 대상은 그것을 구성하는 주관의 작용에 좌우되고 그는 미적 대상이 관념적 의미에 의존하게 하였다.

표상 단계에서 오성은 상상력이 행하는 표상(의 내용과 활동)을 판단하고 교정해서 소여물에 타당성과 객관성을 보장하는 역할을 한다. 반면에 오성이 엄밀한 인식을 행하려면 상상력이 제공하는 표상을 전제로 하기 때문에 소여물에 풍부한 내용을 부여하는 상상력이 없다면 오성은 아무 역할도 할 수 없다. 이 부분에서 칸트의 판단력 이론을 원용하여 뒤프렌은 오성에서 규정적 판단력과 반성적 판단력이 활용되되 상호 보완적으로 작용한다는 점을 도출하면서도, 더 나아가 반성적 판단력에 비중을 높게 두는 미적 지각 이론을 펼친다.

뒤프렌에 따르면, 규정적 판단력에서 지각의 주체가 일상적인 지각 행위에서 자신을 망각하고 보편적 법칙에 종속되는 데 비하여 오히려 반성적 판단력에서는 특정 경험의 소여물이 지각하는 주체의 자발적 동기에 의해 발단하고 마침내 반성적 판단력에서 지각 주체는 대상에 대해 자신의 전체를 열어젖힌다. 이처럼 뒤프렌은 반성적 판단력을 지각 주체가 지각 대상에 몰입하고 지각 대상과 합일되는 계기로 발견하였는데, 지각 대상과 지각 주체가 합일되는 반성적 판단력은 재현된 세계에서 표현된 세계로, 표상으로부터 감정으로 이행할 수 있는 중요한 관건이 된다. 그것은 감정에서 지각 대상과 지각 주체의 내적 필연성이 합체하기 때문이고, 그리하여 미적 지각의 최종 대상 세계인 표현된 세계가 감정을 통해 포착될 수 있기 때문이다.

미적 지각에서 일단 뒤프렌이 생각하는 감정은 실제의 정서가 아니라 어떤 세계가 촉발하는 느낌과 그러한 느낌을 품을 능력을 의미한다. 이러한 감정은 내면성 노출, 본래성(authenticité; 진정성)의 환기라는 특성을 가지며, 따라서 감정은 어떤 세계(즉 예술에서 표현된 세계)에 참여하고 그 세계를 지각하며 수용하는 활동으로 확대된다. 다시 말해 감정은 미적 지각 주체가 대상과 합일하는 인식 활동(connaissance)의 일환으로서 주체 자신의 존재 전체를 대상에 몰입시키는 노에시스적 행위인 것이다.

대상과 합일되기 위해서는 대상을 포착하는 활동뿐만 아니라 주관을 대상에 개방하는 활동도 요구된다. 전자의 활동은 상상력과 오성의 규정적 판단력으로 이뤄지고, 후자는 오성의 반성적 판단력과 감정으로 이뤄진다. 이 두 부류의 활동을 뒤프렌은 각각 대상과 주관에 대한 반성 작용이라 간주하면서도 전자의 반성 작용은 대상의 재현된 세계를 이해하는 데 초점을 맞추어 객관과 주관을 분리시키는 한계가 있다고 보았다. 따라서 미적 지각의 주체가 대상을 단서로 다시 자신에 대해 묻고 자신의 내면을 대상에 개방하여 궁극적으로는 대상의 표현에 밀착시키는 활동이 필수적이며, 이를 그는 공감적 반성(réflexion sympathique)이라 명명하였다. 다시 말해 미적 지각의 최종 활동은 공감적 반성이며, 감정의 활동에서 공감적 반성은 절정을 이룬다.

(2) 미적 체험과 아 프리오리

미적 체험의 전체 과정에서 대상과 주관은 줄곧 동반 관계를 유지하므로 주관은 대상과의 직접성을 갖는다. 이 직접성이 현전과 표상, 감정의 층위로 수렴되어 가면서 주관에 대해 요구하는 바도 확대된다. 현전과 표상 단계에서 미적 대상의 표면적인 내용과 형식을 수용할 역량이 요구되다가 감정의 단계에서는 미적 대상의 내면적 깊이와 관계를 맺을 역량이 요구된다. 그런데 뒤프렌은 깊이(profondeur)를 우선 자아의 내적 상태로 정리하며 그리하여 미적 대상은 표현 역량에서, 미적 주관은 표현을 발견해 내는 감정의 역량에서 제각각 깊이가 판가름난다고 주장한다. 다시 말해 미적 체험은 대상과 주관의 깊이가 합치하는 현상으로 받아들여질 수 있고, 따라서 뒤프렌은 깊이의 가장 심층적인(혹은 근원적인) 토대를 밝혀내면 미적 체험이 감정의 활동으로 완결된다는 사실을 더 잘 이해할 것으로 기대한다.

그러한 토대로서 뒤프렌이 제시하는 포괄적인 개념은 정감(情感)의 아 프리오리(a priori affectif)이다. 칸트의 감성 및 오성(지성)의 아 프리오리에서 착안하여 그는 정감의 아 프리오리를 구체적 주관에 의해 특정의 세계가 느껴지는 조건으로 소개한다. 그가 칸트에게서 파악한 아 프리오리는 인식에서 경험에 선행하여 객관을 구성하는 동시에 주관을 구성하는 조건 내지 능력이다. 그러나 칸트가 표상의 객관성을 세우기 위해 아 프리오리를 익명적 주관의 인식(능력 및 대상)에 국한한 것과는 달리 뒤프렌은 정감의 아 프리오리를 구체적 주관과 감정 및 표현에 적용하면서 칸트와 결별한다.

뒤프렌의 설명을 정리하면 정감은 특정 대상물의 정서적 성질(예: 장중함, 천진무구함)로 요약되며, 정감의 아 프리오리는 그런 정서적 성질을 포착하는 주관과 객관의 양쪽에서 작용하는 선험적 조건과 능력을 일컫는다. 물론 아 프리오리가 인식의 선험적 조건과 역량이므로 미적 지각의 현전과 표상 각각의 단계에서는 별도로 신체적 아 프리오리와 객관적 인식의 아 프리오리가 작용한다. 바로 정감의 아 프리오리는 감정의 단계에서 작용하며, 그것은 이미 예술작품에서 정감의 아 프리오리가 특정의 표현된 세계를 구성했기 때문에 가능하다.

미적 체험이 궁극적으로 그리고 결정적으로 정감의 아 프리오리에 토대를 둔다는 뒤프렌의 이론은 주객관의 상호 의존성을 뒷받침한다. 뿐만 아니라 이것이 그가 『미적 체험의 현상학』에서 논구하듯이 예술과 미적 체험 그리고 형이상학 일반에서 일반자와 특수자, 근원적인 것과 현상적인 것, 우주적인 것과 실존적인 것을 연관지을 근거로 작용할 것이라는 점은 추정하기 어렵지 않다.

미적 체험의 타당성을 입증할 최종 근거로서 정감의 아 프리오리를 내세움에도 불구하고 뒤프렌은 정감의 아 프리오리를 비롯하여 현전 및 표상의 아 프리오리가 완전히 파악될 수 없다는 점을 지적한다. 이로 인해 미적 체험의 타당성이 훼손되는 것은 아니며, 우리는 아 프리오리를 완전히 파악하지 못해도 이미 현상에서 부분적으로 숙지하고 있다. 그래도 정감의 아 프리오리에 대해 우리가 그 전모(全貌)를 알 필요가 있다는 이유에서 뒤프렌은 과거의 여러 미학자들처럼 이를 위한 별도의 분야로서 순수 미학을 설정하여 정감의 아 프리오리에 해당하는 정감의 범주(catégorie affective)를 명쾌하게 일반화할 조사 작업을 제안한다. 그럼에도 불구하고 그는 순수 미학의 가능성을 이내 포기하는데, 그것은 순수 미학이 단번에 실현되지는 않을 것으로 보았기 때문이다.

특정 작가의 표현에 내재된 특정성에 비추어 작품이 정감을 표현하지 정감의 범주를 의도적으로 표현하는 것은 아니다. 그러나 특정한 것의 근원에는 일반적인 것이 존재하며, 이를 뒤프렌은 예컨대 개개인의 인간은 특정하지만 각자가 가장 깊이 있게 자기 자신으로 남을 적에 타인들과 가장 가깝게 된다고 부연 설명한다. 즉 작가가 작품에서 깊이 있는 자아를 견지할수록 작품은 미적 지각에서 소통되고 공감을 유도할 가능성이 높아진다는 것이다. 이런 뜻에서 범주는 일반적인 동시에 특정하다는 이중적 성격을 갖는다. 다시 말해 작품에는 사실상 특정한 것(정감)과 일반적인 것(정감의 범주)이 공존하며, 미적 체험에서 미적 지각 주체도 특정성을 벗어나 정감의 범주에 의해 표현된 일반적인 것을 상당히 의도적으로 포착할 필요가 있다. 이럴 경우 정감의 범주는 매번 미적 지각의 감정에서 부분적으로 출현하며, 이를 근거로 뒤프렌은 미적 대상을 매개로 향수자가 무엇보다도 작가와는 인간성의 대표자로서 만난다고 본다.

이와 같이 정감의 아 프리오리에 이르러 미적 체험 이론은 존재론적 색채가 매우 짙어진다. 미적 지각의 각 단계에서 적용되는 아 프리오리의 객관성을 어디까지 인정할 수 있는지 논의의 여지가 적지 않겠으나, 정감의 아 프리오리는 예술의 감성적 언어가 보편적 의미를 갖고 객관적으로 소통될 수 있는 형이상학적 근거로 상정됨직하다. 『미적 체험의 현상학』에서 작가의 창작 의욕이 세계에서 연원하며 미적 체험의 주체도 세계와 인간을 공감하면서 체험 주체 자신을 자각하므로, 우리는 예술과 세계, 인간, 향수자를 연결하는 구도를 마련하게 된다. 이 구도를 연결하는 핵심은 그들 각각의 본래성이며, 미적 체험은 예술가의 본래성을 향수자에게로 확장시켜 향수자가 자기 자신을 발견하는 계기가 된다. 예술의 의미 역시 논의의 자연스런 결과로서 형식과 내용의 차원을 맴돌지 않고 존재의 진실로 귀결된다.

더 읽을거리

미켈 뒤프렌, 『미적 체험의 현상학(상 · 하)』, 김채현 옮김, 이화여자대학교출판부, 1991.

Dufrenne, M., *The Notion of the A Prior*, Trans. Edward S. Casey, Evanston, IL: Northwestern University Press, 1966.

__________, *The Phenomenology of Aesthetic Experience,* Translator' s Foreword, Trans. Edward S. Casey, et al., Evanston, IL: Northwestern University Press, 1973.

__________, *L' Inventaire des A Prior*, Christian Bourgois Ed., Paris, 1981.

Siegelberg, H., and M. Nijhoff, *Phenomenological Movement II*, The Hague, 1970.

*Dufrenne and the Aesthtic One,
http://www.lettere.unimi.it/~sf/dodeca/franzini/f6_0.htm

로만 잉가르덴

김종태

현상학은 인식하는 주관과 인식되는 객관이 만나는 지점을 찾아내고, 그곳에서 객관인 현실의 참된 모습을 찾고자 한다. 현상학은 칸트처럼 처음부터 주관과 객관의 분리에서 출발하는 것도 아니고 주관적 관념론처럼 순수 주관의 활동이 오로지 세계를 정립하는 것으로 보지도 않는다. 주관과 객관의 상관적인 관계에서 드러나는 상관성(Korrelativität)에서 현상학은 객관의 참된 모습을 밝히고자 한다. 더 정확히 말하면 의식의 내부에서 의식하는 행위와 의식되는 대상은 불가분의 상관관계 속에 있어, 의식하는 행위만 있고 의식되는 대상이 없거나, 의식되는 대상만 있고 의식하는 행위가 없는 경우란 생각할 수 없다. 의식행위는 의식된 내용을 그 자신의 내용으로서 간직하고 있기 때문에 이 양자는 인위적인 추상을 통해서만 분리될 수 있다. 이처럼 현상학에서 다루는 일체의 대상이 의식의 대상일 수밖에 없는 까닭에 의식 속에 의식된 대상들은 필연적으로 의식행위의 상관자(Korrelat)로밖에는 존재하지 않는다.

지향적 대상(intentionale Gegenstand)은 주관행위와 객관 대상의 상관성에서 규정되는 존재자로, 그 존재 영역은 실재적인 것(Reale)과 이념적인 것(Ideale)과의 사이에 있다. 잉가르덴의 문학 작품에 대한 연구는 사물들의 존재 방식에 대한 존재론적 문제 제기와 큰 연관을 짓고 있는데, 그것은 문학 작품의 존재 방식이 실재와 이념 사이에서의 중간 존재 방식인 지향적 대상의 모습을 지니고 있기 때문이다.[1]

문학 작품의 존재 방식에 대한 연구에서 얻어진 결과들을 가지고 잉가르덴은 다른 예술작품의 존재 방식에 대해서도 독창적인 고찰을 하고 있는데, 잉가르덴의 연구는 예술론을 정립하기 위한 것이라기보다는 존재론적 문제 해결에 기여할 의도를 지니고 있었다. 예술작품은 주관의 지향성(Intention)이 만든 지향적인 대상으로서의 가장 좋은 예를 보여 주고 있을 뿐만 아니라, 예술작품에 나타난 현상적인 특성들은 현상학에 대한 비판적 고찰을 하기 위한 좋은 출발점이 되기도 하고, 잉가르덴이 평생 동안 추구했던, 실재론과 관념론 사이에 있는 문제들을 해명할 수 있는 좋은 재료들을 제공해 주기 때문이다.

지향적 대상은 의미를 부여하는 행위인 의식의 지향적 행위가 지향적으로 현상화한 형성물이기에 여러 모양의 의식행위에서 여러 형태의 지향적인 대상들이 도출된다. 지향적 대상들은 주관의 의미행위(Meinungsakt)에서, 또는 일정한 양식의 의식행위에서 비롯된 것이므로, 그 존재 방식은 주관의 의식행위를 초월하면서도 의식행위에 의존되어 있다. "이러한 대상은 존재자율적인 대상과 비교해 볼 때, 하나의 가상(Schein)이다. 이러한 가상으로서의 존재는 의식행위를 초월해 있는 실재 영역에서 그의 존재 근거를 가지지 못하고, 그의 가상적인 존재 방식을 구성적인 의미행위의 지향성에서 가진다."[2] 주관 작용이 만든 지향적 대상은 실재 대상이나 이념적 대상, 또는 순수의식과 비교해 볼 때 준실재적인 가상을 닮았고, 그것이 발생되어 나왔거나 그것이 의지하고 있는 다른 존재를 지향하는 것으로 존재한다.

이에 반해 의식으로부터 독립적으로 존재하면서 의식에 의해 지각되지

---

1 R. Ingarden, *Das literarische Kunstwerk*, Tübingen, 1960. S. 103 참조.

2 R. Ingarden, *Das literarische Kunstwerk*, S. 128.

않은 채 존재하는 실재적 대상들은 존재 자율적이다. 주관의 체험 방식에 의존되어 있지 않는 이 대상들은 의식의 지향적 행위가 있기 전에 이미 수많은 측면(allseitig)들을 지니고, 개별적(individuell)으로 존재하고 있는 대상들이다. 이 대상들이 가진 끝없는 측면들은 그 자체에서는 분명하게 규정되어 있는 셈이다. 인식하는 주관이 구별하고 파악할 때, 이러한 실재 대상은 자신이 지닌 무한히 많은 규정의 가능성으로부터 지향적(intentional)으로 건져 올려지는 것이고, 자체로서는 무한하고, 고갈되지 않는 규정의 다양성을 지니지만 이제 그러한 상태에서 떨어져 나오게 된다. 그러므로 실재 대상과 의식행위와의 상관성에서 이루어지는 규정에서 대상의 파악에 도달하는 인식행위는 결코 완결되지 않는다. 실재 대상들은 끝없이 규정될 수 있는 지평을 가지고 있는 셈이고 그 자신 속에 한없이 많은 규정되지 않은 특성들을 감추고 있기도 하다. 실재적 대상이 지향적인 의식에서 명사적 표현으로 구성될 때, 지향적 대상인 명사적 표현은 '도식화(Schematasierung)' 된 형태로 나타난다. 이 도식화된 형태는 존재자율적인 실재적 대상과는 달리 무한히 많은 '미규정된 지점(Unbestimmtheitstelle)' 을 내포하게 된다. 실재적 대상이 지향적인 의식행위에서 지향적인 대상으로 구성될 때 의식의 일정한 지향적 관점으로 인해 무한히 많은 수의 미규정된 측면이 생겨나기 때문이다. 이러한 미규정된 지점들은 명사적 표현의 내용이 풍부해짐으로써 완전히 제거되지 않는다. 예를 들면 '인간' 이라는 말 대신에 '늙고 경험 있는 인간' 이라고 한다면, 형용사적인 표현의 추가에 의해 몇 개의 미규정된 지점들이 제거되기는 하나, 아직도 끝없이 많은 미규정된 측면들이 남게 되고, 이것들은 다시 추가되는 형용사적 규정들로 계속해서 부분적으로 제거될 수 있을 뿐이다.

순수히 지향적으로 구성된 대상은 '빈 지점(Leere)' 을 가지게 된다. 실재적 대상에는 이러한 '빈 지점' 이 존재하지 않는다. 기껏해야 그 대상의 무한한 측면이 알려지지 않고 감추어져 있을 뿐이다. 이러한 측면들이 지향적으로 규정되고 의미로 전환된 후에 미규정된 지점들이 채워지고, 또 그것들이 제거될 수 있다 할지라도 의미의 '빈 지점' 들은 결코 완전히 사라지지 않는다.[3] 지향적으로 구성된 의미들의 조직체라는 점에서 볼 때, 문학 작품도 항상 미완된 것이고 보완을 필요로 한다. 이러한 현상이 문학적으로 표현된 세계의 특성이다. 이 세계는 존재자율적인 실재적 세계나 이념적 세계와 구별된다. 이러한 세계가 지닌 지향적인 존재로서의 특성이 문학 작품의 구체화라고 부르는 과정에 대한 근거와 가능성을 열어 놓는다.

사람이 말하는 대상은 지향적으로 의미된 대상이다. 말하기인 문학 작품도 의미를 부여하는 행위인 지향적 행위가 만든 순수 지향적인 형성물이다. 문학 작품은 그의 존재의 근거를 작가의 창조적인 의식행위에 두고 있기에 작가의 의식행위와 상관적인 관계에서 규정되는 지향적 대상이 그의 존재이기도 하다. 이러한 존재는 필연적으로 도식화된 존재 양상을 가지게 되고, 이것은 잉가르덴이 말하는 문학 작품의 층구조, 특히 의미의 대상층과 관점의 층이 미규정된 지점들을 자신 속에 내포하고 있다는 것을 말한다. 이 미규정된 지점들은 독자의 의식행위인 '구체화(Konkretisierung)' 를 통해서 부분적으로 그리고 지속적으로 제거되면서 지향적 대상은 개별적이고도 구체적 대상으로 전환된다.

잉가르덴이 문학 작품에 대해 그 본질 구조와 수용 과정을 구별해서 얘기할 때, 문학 작품의 구체화 내지는 '현실화(Aktualisierung)' 의 과정이 '체험하는 심리기능을 가진 개인' 에게 있는 요인과 '문학 작품이 지니고 있는 특성에서 환기되는' 요인들에 규정될 수 있다는 것을 알고 있었다.[4] 지향적 대상이 가지는 존재 방식 속에서 생겨난 문학 작품의 존재 구조인 '도식(Schema)' 은 심리적인 것이 아니지만, 독자의 주관이 하는 구체화에로의 근거를 마련해 준다. 나아가 읽는 과정에서 나타나는 독자의 주관행

3 R. Ingarden, *Das literarische Kunstwerk*, S. 266 참조.
4 R. Ingarden, *Das literarische Kunstwerk*, S. 282.

위는 수많은 다양한 구체화를 가능하게 해준다. 여기서 문학 작품의 여러 가능한 구체화의 문제와 더불어 적절한 하나의 구체화의 문제가 중요하게 대두될 수밖에 없다.

문학 작품의 구체화는 지각행위와 비슷한 과정을 겪는다. 의미로 바꾸어 표현된 대상들은 하나의 관점에 의해 현상화된 것인데 구체화의 과정에 독자가 전에 체험했던 구체적 관점의 지각적 내용에 포함된 대상의 개별성과 구체성으로 도식화된 대상의 관점들이 보충되고 채워진다. 여기에서 표상행위의 과정이 관계되는데, 문학 작품에 표현된 대상들은 독서 과정 중의 생생한 표상행위 속에서 직접적인 준실재를 획득하게 되고, 다시 상상 속에서 현실화된다.[5] 상상이 현실화하는 관점들을 작품 자체가 완전히 규정하는 것은 아니다. 독자가 작품에 전적으로 묶여짐이 없이 자신의 주관행위에 따라 작품의 구체화를 수행한다. 유한한 수의 단어와 문장들로는 개별적이고 구체적인 실재 대상의 무한한 규정 가능성을 완전한 규정으로 정착시킬 수 없다. 그리고 텍스트 속에 묘사된 사태들은 그러한 미규정된 지점들을 채울 수 있는 보충 내용의 수를 일정하게 정할 수도 없기 때문에, 문학 작품의 구체화는 독자의 자의에 달려 있게 된다.

그래서 한 작품에 대한 여러 구체화된 결과들 사이에서 광범위한 차이가 존재하게 되고, 이러한 점은 문학 작품에 대한 적절한 파악 내지는 적절한 구체화라는 문제를 제기하게 된다. 이때 다시 현상학의 이념에 따르는 규범적인 원칙의 도입이 필요하게 되는데, 잉가르덴은 문학 작품을 주관화의 위험, 즉 "문학 작품을 구체화의 다양성으로 환원시키는 위험"[6]을 배제시키려고 한다. 그것은 구체화나 현실화의 과정에서 나타나는 독자의 자의성을 제한함으로써 가능할 것이다. 그 목표를 달성하기 위해서 잉가르덴은 "문학 작품에 대한 적절한 이해", 또는 "문학 작품에 대한 충실한 미적 체험"[7]

---

5 R. Ingarden, *Das literarische Kunstwerk*, S. 294 참조.

6 R. Ingarden, *Das literarische Kunstwerk*, S. 390.

7 R. Ingarden, *Vom Erkennen der literaischen Kunstwerk*, Tübingen, 1968, S. 228.

을 염두에 두고 있었다.

문학 작품의 구체화를 위해서 잉가르덴은 작품에서 오는 암시나 지시에 독자가 자신을 일치시켜야 한다고 요구하고 있다. 잉가르덴은 작가의 예술적인 의도 속에서 규범적인 구체화의 원칙을 찾으려고 했고, 이러한 규범적인 원칙이 문학 작품에 대한 구체화의 방향과 충실성뿐만 아니라 문학 작품의 미적 가치를 정립하게 될 것이라고 생각했다.

그러나 문학 작품의 구체화는 또 한편으로 독자의 일정한 입장을 전제하지 않을 수 없다. 문학 작품 자체가 이러한 입장을 떠나서는 파악될 수 없기 때문이다. 그래서 잉가르덴은 자연적인 입장과 미적인 입장을 엄밀하게 구분하였는데, "미적인 가치의 입장에서 보면 한 문학 작품에 대한 구체화는 동일할 수가 없다"[8]는 것이다. 구체화를 통한 작품에로의 결정적인 근접은 불가능하고, 구체화의 규범적인 기준도 분명할 수 없다고 잉가르덴은 보고 있다.

그러나 문학 작품의 동일성의 확보라는 문제는 계속 남아 있다. 작품에 대한 구체화의 규범이 설정되지 못하고 작품이 구체화의 다양성으로 와해되어 버릴 때, 작품의 동일성은 확보될 수 없다. 그리고 작품의 동일성이 확보되지 못한다면 구체화를 통한 작품의 동일성에로의 가능성은 더욱 더 불가능하다. 작품의 동일성은 구체화의 동일성에 의지해 있고, 구체화의 동일성은 작품의 동일성에 의지해 있기 때문이다. 작품의 동일성과 구체화의 동일성은 상관적으로 주어지게 된다.

이제 잉가르덴은 문학 작품의 객관적이고 존재자율적인 근거를 마련하기 위해 이념적인 개념을 선택하고 있다. 문학 작품 속의 문장들의 의미나 문학 작품 전체 의미의 구체화를 통한 동일성은 '이념적인 의미 내용(idealer Sinngehalt)'을 받아들임으로써 가능해지기 때문이다. 문학 작품 자체와 이에 대한 구체화의 과정 모두가 주관의 지향성, 즉 지향적인 성격

8 R. Ingarden, *Das literarische Kunstwerk*, S. 306.

을 띠고 있기에, 이의 동일성이 주어지려면 작품과 구체화가 지향하는 대상의 동일성이 주어져야 할 것이다. 그래서 지향적 대상인 문학 작품 역시 이념적 대상으로서의 작가 정신에 의해 현실화되고 구현된 의미 내용 속에서 그의 존재 근거를 가진다는 것이 밝혀지게 된다.

순수 지향적 대상으로서의 문학 작품은 존재자율적이 아니다. 그의 존재의 발생은 주관의 지향적인 의식행위에 의해서 생겨난 것이다. 문학 작품 속의 의미는 작가인 주관의 지향적 의식행위가 창조한 것으로 이념적 본질의 완전한 구현이라고 볼 수는 없지만 존재자율적으로 존재하는 이념적인 대상 혹은 개념의 의미 내용에 대한 현실화라고 보여진다. 이러한 이념적인 대상과 개념들은 문장들과 문장의 결합체인 문학 작품의 존재자율적인 존재 기반을 형성하고, 문학 작품에 대한 존재동일성의 근거를 확보해 줄 수 있다. 이념적인 대상을 끌어들임으로써 문학 작품의 존재 근거가 확보될 뿐만 아니라, "여러 종류의 의식주관에 대한 문장의 상호 주관성의 동일성(intersubjektive Identität)"[9]이 확립된다.

한편으로, 단어의 의미가 이념적 대상이나 개념들과의 현실화 내지는 구체화의 관계를 맺고 있다는 근거 위에서 독자는 문장의 의미, 또는 작가에 의해서 문장에 부여되는 의미들을 이념적 대상이나 개념들의 현실화 내지는 구체화라는 동일한 방식으로 읽고 이해하게 된다. 이념적 대상과 개념이라는 근거 위에서 잉가르덴이 말하는 규범적인 구체화에 대한 원칙이 세워질 수 있을 것이다. 그래서 적절한 미적인 구체화는 작품의 이념(Idea)을 구현시키는 데 있고, 작가의 예술적인 의도와 이념인 '정신 속'에서 한 작품의 존재 방식에 근접한 구체화가 이루어질 것이다.

의미의 존재론적 지위는 이념(Ideale)과 실재(Reale) 사이에 존재하면서, 실재를 도식화하고 이념을 현실화하는 관계 속에 놓여 있다고 본다. 순수 지향적 대상으로서의 문학 작품의 본질 구조와 존재 방식은 실재적 대상과

9 R. Ingarden, *Das literarische Kunstwerk*, S. 389.

이념적 대상에 대비되는 미규정된 빈 지점을 가지고 있고, 주관에 의해서만 이 지점들이 채워지면서 다시 존재자율적인 실재적 대상과 이념적 대상으로 구체화된다. 여기에서 드러나는 다양한 구체화는 문학 작품에 대한 파악과 이해의 적절성, 즉 이념적 대상에로의 지향적인 해석에 의해서 규범적으로 제한될 수 있을 것이다.

모든 선입견을 떠나서 어디까지나 객관적인 사물 자체의 고유한 구조를 문제 삼으면서 '사물 그 자체에로' 라는 현상학의 이념에 따라 '작품 그 자체에로' 라는 표어 아래 작품 내재적 해석 방법에로의 전환을 이룬 문학현상학적 연구가 1930년대 말에 대두되긴 했지만, 문예학사에서 문학 작품의 본질 구조와 존재 방식에 대한 근본적인 물음은 제기된 적이 없었다. 그 물음은 문예학 연구의 방법과 근본 개념들을 설정하는 데에서 우선적으로 제기되어야 할 문제였다.

잉가르덴은 1931년에 출판된 『문학 작품론』에서 문학 작품의 존재 방식에 대한 문제를 현상학적인 존재론의 기본 개념들에 의거하여 대단히 상세하게 분석하고 있다. 이 저술은 추상적인 개념들과 너무 세분화된 분석 때문에 문예학 내에서는 거의 주목을 받지 못했다. 그러나 문학 연구에서 작품에 내재하는 본질 구조에로 눈을 돌리게 한 점이나, 작품의 본질 구조에서 비롯되어 나오는 작품의 구체화의 이론은 작품과 독자 사이에서 나타나는 작품 수용에서의 미적 체험의 문제 내지는 '수용미학(Rezeptionsästhetik)'에서의 기초이론을 형성해 줌으로써 그 중요성을 더해 가고 있다.

문학 작품은 음성층과 더불어 의미층, 그리고 의미층이 규정하는 대상들의 층과 도식화된 관점의 층의 다층구조를 지니고 있다는 잉가르덴의 문학 작품에 대한 본질 기술은 의미의 현상학적 분석을 통해서 얻어진 것이라고 볼 수 있다. 이러한 층 구조는 지향성을 띠게 되는데, 그것은 주관의식의 지향성이다. 의식의 지향성은 의미의 지향성을 낳고, 의미의 지향성은 문학 작품의 지향적 성격을 규정한다. 지향적 대상으로서의 문학 작품의 본질 구조는 이제 독자에 의한 구체화의 과정을 필요로 하게 되고 이 과정을 통해 문학 작품은 미적 대상에로 나아가게 된다. 미적 대상으로서의 문학 작품에 대한 규정은 객관에 대한 본질 기술에 이어 구체화를 행하는 주관의 양 축에서 이루어지게 된다. 문학 작품의 구체화가 들어옴으로써 문학 작품의 객관 구조를 밝히려는 객관주의적 방법이 다시 주관주의적 방법에 의존하지 않을 수 없게 된 것이다.

문학 작품의 존재 구조에서 나타나는 '미규정된 지점' 들을 채우는 주관에 의한 구체화의 방법이 여러 가지가 있다는 것은 당연하고, 하나 이상의 타당한 구체화가 있을 수 있다. 예술작품의 본질 구조가 하나 이상의 타당한 구체화를 허용함으로써 미적 가치 판단에서 나타나는 차이점들은 그러한 구체화의 결과라고 볼 수 있다. 그래서 다시 구체화의 결과인 미적 대상의 타당한 구성과 체험, 미적 가치 판단의 객관성의 확보라는 문제가 대두되지 않을 수 없었다.

잉가르덴은 어디에 잘못과 어려움이 있는가를 보여 주고 구체화의 객관화를 통해서, 미적 가치 판단의 객관성에 대한 근거를 제시해 주어야 하는 것을, 그의 중요한 과제로 생각했다. 잉가르덴의 이론이 완전한 미적 가치론으로 전개되지는 못했지만, 그의 문학 작품에 의한 미적 대상의 이론은 20세기의 미학 이론의 중요한 업적 중의 하나로 간주됨과 동시에 미적 대상의 개념으로부터 미적 평가의 이론이 더욱 확고하게 출발될 수 있다는 가능성을 마련해 주었다고 볼 수 있다.

잉가르덴은 그의 『문학 작품론』의 마지막에서 "문학 작품의 기본 구조를 밝혀 보았을 뿐"이고, "여러 방향에서 더 많은 연구와 보충이 요청되며", "문학 작품을 그의 고유한 본질에 충실하게 파악하는 것이 얼마나 어려운가"[10]를 얘기하고 있다. 계속해서 그는 『문학 작품론』을 끝내면서, "문학 작품은 진정한 경이이며, 그것은 존재하고, 생명을 가지고 살아가면서, 우리

10 R. Ingarden, *Das literarische Kunstwerk*, S. 399.

에게 작용하고, 우리의 삶을 풍요롭게 할 뿐만 아니라, 우리에게 감동과 황홀한 순간들을 가져다주고 삶의 바닥 없는 깊이 속으로 우리들을 침잠하게 한다. 그러나 그의 존재는 존재자율성의 개념에서 볼 때 거의 무(無)에 지나지 않는 존재타율적인 형성물에 불과하다. 우리가 문학 작품을 이론적으로 파악하려고 하면 그것은 복잡함과 다면성을 드러내어 우리에게 조망적인 위치를 결코 허용해 주지 않는다. 그러나 문학 작품이 우리의 미적 체험 속에서 하나의 통일체로 우리 앞에 나타나 우리의 주관 작용을 아무런 저항 없이 수동적으로 받아들이면서 존재하지만, 그의 구체화에서 우리의 삶에 놀라운 변화를 일으키고, 우리의 삶을 확대하고 일상의 하락된 존재 상태로부터 우리를 끌어올리고 우리의 삶에 신의 광휘를 부여한다. 문학 작품은 하나의 '무(無)'이다. 그것은 우리가 부여하는 은총에서 탄생하고 존재하지만, 그 자체로서 놀라운 세계이다"[11]라고 감동적인 서술을 하고 있다.

11 R. Ingarden, *Das literarische Kunstwerk*, S. 399.

더 읽을거리

Faber, M., *The Foundation of Phenomenology*, University of New York Press, 1943.

Ingarden, R., *Gegenstand und Aufgaben der Literaturwissenschaft*, Tübingen, 1976.

Iser, W., *Die Appellstruktur der Texte: Unbestimmtheit als Wirkungsbedingung literischer Prosa*, Konstanz, 1970.

Warning, R.(Hg.), *Rezeptionsästhetik: Theorie und Praxis*, München, 1975.

용어 해설

* 빈 지점: 실재 대상과 지향적 주관과의 끊임없는 체험의 흐름 속에서 지향적으로 고정된 대상으로서의 '의미'는 실재 대상의 무한한 측면 중에서 한 측면을 드러낸 것이고, 이 한 측면은 주관의 시간적 상황적 계기 속에서 하나의 '관점(Ansicht)'에서 비롯된 것이다. 실재적 대상에 대한 주관행위의 관점들이 실재 대상에 대한 '도식화(Schema)'로 나타난 것이 의미라고 잉가르덴은 보고 있다. 이런 도식화된 관점은 실재 대상의 성격에 비추어 볼 때 '미규정된 지점' 내지는 '빈 곳'을 지니게 되고, 이것은 구체화 내지는 현실화를 통한 보완을 필요로 한다.

예술기호론

대륙적 기호학의 발전

최정은

기호학은 본래 상이한 두 가지 학문적 전통으로부터 나왔다. 첫 번째는 철학적 전통이다. 플라톤과 아리스토텔레스, 그 이후의 스토아 학파, 아우구스티누스, 스콜라 철학, 로크, 라이프니츠, 볼프, 람베르트, 헤겔, 볼치노를 거쳐 프레게, 퍼스, 비트겐슈타인, 후설, 카르납, 모리스에 이르기까지 기호에 대한 특히 언어 기호에 대한 철학적인 숙고를 하였다.

또 다른 기호학의 전통은 근대 유럽 언어학인데, 이 언어학은 대개의 학문들처럼 그들의 뿌리를 철학에 가지고 있지만 어느 정도는 철학과 무관하게 진행된 것이다. 이 전통은 근대 유럽 언어학의 창시자 페르디낭 드 소쉬르의 자극을 통해서 그리고 야콥슨, 트루베츠코이, 예름슬레우의 연구를 통해 학문 분과로서 다양한 기호학적 연구의 길이 열렸다. 특히 프랑스 언어권에서[1] 그리고 전통적으로 프랑스 문화를 따르는 이탈리아[2]에서, 독일의

1 소위 '프랑스 구조주의'에 대하여 일반적으로 J-M Auzias, 1971, G. Schiwy, 1969 참조, 일반적 기호학적 연구들은 E. Buyssens, 1943과 1967 R. Barthes, 1964와 1985, A. J. Greimas, 1970, P. Guiraud, 1971, J. Kristeva, 1969, J. Martinet, 1973, G. Mounin, 1970, L. Prieto, 1966과 1968이다. 문학 · 영화 · 인류학 · 음악에 대한 기호학적 원리의 응용들은 C. Bremond, 1973, A. J. Greimas, 1966, C. Levi-Strauss, 1969, C. Metz, 1971, N. Ruwet, 1972, T. Todorov, 1967에 있다. 그레마스에 의해 시작된 파리의 기호학파에 대해서는 K. H. Stierle, 1973, K. Dirscherl, 1981, Stockinger, 1983, Trabant, 1977 참조.

2 이탈리아에서 문학적 기호론적 노력에 대해서는 Kapp, 1973 참조, 예를 들어 Segre, 1969,

낭만주의 언어학자들에서 소쉬르 사상은 일반적인 기호학으로—소쉬르가 언급한 바대로 기호론(Semiology)으로—파악되고 계속 발전되어 왔다. 그리고 트루베츠코이, 야콥슨, 로뜨만 등 구소련연방에서의 기호학적 활동들도 근대 유럽 언어학의 원리에 근거하여 발전하였다.

소쉬르 전통에 있는 '기호론적' 연구들은 언어학에서 발전된 방식과 원리들을 문화의 다른 영역, 특히 문학 · 인류학 · 영화 · 조형예술 · 건축 · 음악 · 패션 · 광고 등의 영역에 적용하여 기호학을 응용 발전시켰다. 이러한 기호학(semiotic) 혹은 기호론(semiology)은 기호로 여겨지는 대상들에 대한 언어학적인 표현 방식을 의미하고 이러한 기호학적 표현 방식을 연구하는 모든 분과들—실제로 모든 문화연구—전체를 의미한다.

이와 같이 유럽 언어학적인 전통은 기호로 파악된 상이한 대상들에 대한 경험적인 탐구로 발전된 구체적인 경향의 기호 연구였다. 반면, 인식에 있어서 언어의 역할과 그러한 맥락에서 학문들의, 특히 수학적인 언어 문제를 탐구하는 앵글로 색슨계에서 발전된 철학적 기호학은 언어적 기호의 일반 이론이다.

그러나 철학적인 기호학의 일반적 언어 이론적 경향은 1960년대 이후 미국 철학자 찰스 샌더스 퍼스에 의해 변화된다. 퍼스는 모든 인식이 기호를 통해 전달된다고 보는 인식론을 펼쳤는데, 이는 야콥슨, 시벅, 에코 등의 대표적인 기호 이론가들이 언어적 기호에만 국한되지 않는 기호학을 전개하는 데 큰 영향을 주었다. 이러한 퍼스 식의 인식 이론은 비언어적인 기호학적 현상을 연구하는 일반적인 토대로 성장하였다.

위의 두 가지 기호학적인 전통, 즉 철학적인 전통과 유럽 언어학적인 전통은 특수한 기호학적 연구에서 서로 상충되기도 하고 혼란스럽게 뒤섞이기도 한다. 이러한 두 갈래의 기호학적인 전통 속에 현재 인공두뇌의 정보

Avalle, 1970, Corti/Segre, 1970, Corti, 1976, Segre, 1969, 1979, 1980, 1985 참조. 다른 영역들에 대한 연구를 위해서는 Eco, 1972에 명시된 참고문헌 참조. Regn, 1981은 이탈리아에서 기호학에 대한 가장 놀라운 개관을 보여 준다.

이론까지 가세함으로써 기호학 분과는 더욱 복잡한 양상을 띠게 되었다.

고대 그리스 철학으로부터 현대 기호학에 이르기까지 기호를 규정하는 가장 일반적인 정의는 다음과 같다. “누구인가에게 어떤 무엇인가를 대신하는 그 무엇”. 이러한 추상적인 정의를 철학자들은 이원적 모델이나 삼원적 모델이라는 두 종류의 도식으로 표현하였다. 이러한 기호의 이원성과 삼원성 모델은 서구 기호 개념을 지배하는 두 가지 큰 흐름이다.

플라톤은 『크라틸로스』에서 언어의 기원에 대한 깊은 성찰을 전개했다. 아리스토텔레스는 『해석론』에서 ‘사물, 사고(intellectus) 말(voces)’로 구성된 삼원적 기호 모델을 내놓았는데 이는 이후 기호학에서 반복되는 기호의 삼원성 이론의 초석이 되었다. 고대에 있었던 기호에 대한 가장 주목할 만한 논쟁은 기원전 약 300년 아테네에서 스토아 학파와 에피쿠로스 학파 사이에 벌어진 논쟁이다. 이 논쟁의 핵심은 ‘자연적 기호(자연에서 발생하는 기호)’와 ‘규약적 기호(의사소통 목적을 위해 계획된 기호)’ 사이의 차이에 관한 것이었다. 특히 스토아 학파는 오늘날 우리가 의학적 증상이라고 말하는 것을 대표적인 기호의 예로 설명한다. 이처럼 고대에도 증상은 기호의 전형적인 사례로 여겨졌다.

중세 스콜라 철학의 기호 정의는 두 개의 항목과 하나의 관계로 이루어진 이원적 기호 모델을 따른다. 이는 “어떤 무엇인가를 지칭하는 그 무엇”이 된다. 야콥슨은 소쉬르의 기호이론 역시 이러한 이원적 모델에서 출발하고 있다는 점에서 스콜라 기호이론의 부활이라고 여겼다.

중세에 기호에 대한 깊은 성찰을 전개한 철학자는 성 아우구스티누스였다. 그의 기호 사상은 이후 서구에서 전개된 수많은 기호 사상의 초석이 되었다. 그는 고대의 사상가들과는 달리 규약적 기호(signa data)야말로 진정한 철학적 대상이라고 보고 규약적 기호에 대한 이론을 발전시켰다. 즉 고대 시대의 기호학이 언어 외적인 기호들만을 지속적으로 탐구했던 것에 반해, 아우구스티누스는 음성언어와 구두언어를 가장 중요한 기호들로 보았다. 서구 기호학사에서 최초로 언어의 기호학적인 성격을 지적하고 다른 종류의 모든 기호들을 구분하는 속성을 통찰한 이가 바로 아우구스티누스이다.

이상에서 간략하게 약술한 고대와 중세의 기호학은 현대 기호학의 뿌리로서, 그들이 구축한 의미 이론은 고도의 인식론적 · 존재론적 · 신학적 요건을 갖춘 정교한 사유 체계이다. 이러한 선사 기호학의 토양 위에서 현대 기호학을 정초한 사상가는 스위스 언어학자인 소쉬르(Ferdinand de Saussure 1857-1913)와 퍼스(Charles Sanders Peirce 1839-1914)로서 양자는 20세기 기호학의 두 가지 전통을 형성하였다. 로크의 학문 분류 체계와 칸트의 범주론의 전통으로부터 이어지는 퍼스의 기호학과 언어학으로부터 시작된 소쉬르의 기호학은 철학적인 방법론의 차원에서 매우 큰 차이를 보인다.

소쉬르에게 '기호론(semiology)'은 '사회적 삶의 일부로서 기호의 역할을 연구하는 학문'이었다면, 퍼스가 '기호학(semiotic)'이라고 부른 연구 분야는 논리학과 긴밀한 관계를 맺고 있는 '기호의 형식적 이론'이었다. 퍼스의 용어는 17세기 영국 철학자 로크에게서 가져온 것이다. 소쉬르와 퍼스는 오늘날 일반적으로 기호학이라는 학문의 공동창시자로 간주된다. 그들이 구축한 상이한 두 가지 기호학적 전통은 다음과 같이 현대 기호학의 중요한 두 개의 축으로 발전하였다. 그 하나의 축은 소쉬르로부터 시작되어 예름슬레우, 그레마스로 이어지는 구조주의 기호학이며 다른 한 축은 퍼스, 모리스로 이어지는 미국 기호학계의 주류를 이루는 역동적 기호학이다. 이 양 진영은 다시 야콥슨, 레비스트로스에 의해 연결 통로가 마련되었고, 예름슬레우의 구조주의와 퍼스의 기호학을 접목한 에코에 의해 결합된다. 이후 기호학은 바르트, 라캉, 데리다, 푸코, 크리스테바 등에 의해 후기 구조주의로 이어진다. 기호학은 1960년대 후반 문화 연구를 위한 주요 접근법이 되기 시작했다. 이는 부분적으로 바르트의 『신화론(*Mythology*)』의

업적이다. 영국에서 문화 연구에 대한 기호학적인 응용은 버밍엄 대학의 현대문화연구센터(Centre for Contemporary Cultural Studies; CCCS)의 작업으로부터 영향을 받았는데, CCCS는 네오마르크시스트 사회학자 스튜어트 홀의 지휘하에 있었다.

대륙의 기호학적인 전통을 소개하는 본고는 이제 소쉬르의 구조주의 언어학을 설명할 것이다. 소쉬르는 언어를 하나의 자족적인 체계로 간주한다. 그는 하나의 체계로서의 언어(langue)와 발화의 집합으로서의 언어(parole)를 구별한다. 랑그는 규칙과 절차로 이루어져 있고, 파롤은 행위로 이루어지는데, 파롤은 방언이나 구어의 경우에서와 같이 항상 규칙을 따르는 건 아니다. 소쉬르의 일차적인 관심은 랑그에 있다. 그는 랑그를 체스에 비유하면서 그 자족적이고 체계적인 본성에 대해 설명한다. 즉, 체스는 상이한 맥락(페르시아, 유럽)에서 나타나면서도 그 동일성을 유지할 수 있는 하나의 전체적 체계이다. 체스는 변형을 허용한다. 즉, 상아로 된 체스 말은 나무 말로 대체될 수 있으나 그 기능은 달라지지 않는다. 체스 게임은 그 자신의 특수한 규칙과 문법을 갖고 있으므로 그것은 게임 도중 발생하는 일에 제한을 설정한다는 의미에서 내적으로 자기 규정적이다. 만약 규칙이 수정된다 하더라도 그것은 게임의 문법 맥락 내에서 발생한다. 다시 말해, 구조는 오직 내적으로만 그리고 그 구성요소들이 존재하는 관계에 의해서만 변화할 수 있다.

언어적 기호의 본성에 대한 논의에서 소쉬르는 단어(word)와 관련된 세 개념, 즉 기의(signified), 기표(signifier), 기호(sign)가 있음을 주장한다. 기의는 단어가 전달하고자 하는 정신적 개념이며, 기표는 연속된 소리들 혹은 문자들(소쉬르에 따르면 '소리-이미지')로서, 이것에 의해 우리는 그 개념을 지시한다. 기호는 이해 행위 안에서의 기의와 기표의 결합이다.

기호의 가장 중요한 특징은 그것이 자의적이라는 것이다. 즉 관례적으로 기표로 사용되는 소리와 그것의 개념 간에는 아무런 필연적 연관성이 없다. 기호의 자의성은 의미가 관례적이며, 주어진 언어체계를 사용하는 언어공동체에 의해 동의된 것임을 함축한다. 의미는 주어진 체계의 내적 관계들의 산물이며 기표와 기의의 짝짓기는 기호를 구축한다. 이는 무질서하게 보일 수도 있으나 그렇지 않다. 우리는 우리의 개별 언어 체계를 물려받지 각 세대마다 처음부터 창조하지 않는다. 그리고 기호와 의미는 자의적으로 변하지도 않으며 개인의 변덕에 따라 변하지도 않는다. 그러나 기호는 시간이 지남에 따라 변화한다. "변화의 원리는 연속성의 원리에 기초하고 있다." 이는 매우 중요한 구별, 즉 통시성과 공시성의 구별로 이끈다.

공시성은 현상 전체를 다루고, 통시성은 그 전체의 어떤 개별적 측면을 다룬다. 체스 비유로 돌아가자면, 게임은 그것의 문법, 즉 다양한 말들이 어떻게 움직이도록 허용되어 있는가에 관한 규칙과 절차에 있어서 공시적이다. 게임 안에서 이뤄지는 실제의 움직임은 통시적 사건이다. 공시성은 정적이고 시간 밖에 있으며, 통시성은 역동적이고 시간 안에 있다.

소쉬르는 체계와 결부된 이항대립에 의거해 사유하는데, 그의 가치론이 이를 반영한다. 한 체계의 단위들은 그 체계 안에 있는 경우에만 가치를 지니며, 상호 의존적이다. 그들의 가치는 오직 다른 단위들과 함께 현존함으로써 발생한다. 한 체계에 속하는 한 단위의 가치는 다음과 같은 두 가지 관계에 의해 결정된다. 한 가지는 상이한(dissimilar) 사물들 사이에 그것들이 교환될 수 있는 관계이고 다른 하나는 유사한(similar) 사물들 사이에 그것들이 비교될 수 있는 관계이다. 이것이 의미하는 바는 한 체계 안의 어떤 요소는 그 체계의 다른 요소를 대체하거나 다른 요소와 비교될 수 있다는 것이다. 소쉬르에게 있어서 가치는 기능(function)과 동일한 것이다. 한 체계의 한 단위의 가치에 대해 탐구하는 것은 체계 내에서의 그것의 역할에 대해 말하는 것이다.

그러므로 가치는 체계와 관련되어 있고 모든 경우에 있어서 이항관계에 의존하고 있다. 즉 내재적(intrinsic) 가치라는 것은 없으며 시간을 초월해 존속하는 특수한 특질도 없다. 미적 대상을 포함하여 모든 대상의 가치는 그것이 보여 주는 체계의 문법에 의존하고 있다. 소쉬르는 가치 문제에 대해 순전히 형식적인 혹은 기능 중심적인 접근을 하고 있다. 그에 의하면 "언어는 그 항목들의 순간적인 배열에 의해 결정되는 순수한 가치의 체계이다."

소쉬르의 관계 이론과 가치 개념은 통합체(syntagm)와 계열체(paradigm)[3]의 구별에 기초한다. 단어들은 '통합체'로 불리는 연속체(sequences) 속에 함께 일렬로 배열됨으로써 관계를 획득한다. 통합체는 구문론(syntax)의 규칙에 따라 구축된 둘 혹은 그 이상의 연속적 단위들로 구성된 단어들의 조합이다. 각 단어는 연속체 내에서 다음 단어와의 관계를 유지하며, 말해지거나 쓰여지는 문장의 형태로 구축된다. 단어는 또한 문장 외부로부터 유래한 다른 종류의 관계를 획득하는데, 이것은 소위 연상적 관계—지금은 보통 계열체로 지칭된다—이다. 이는 본성상 선적이지(linear) 않은데, 왜냐하면 그러한 관계들은 개인의 경험과 특수한 정신적 과정에 의존하여 유지되기 때문이다. 연상에 관한 문법은 존재할 수 없다.

단어에서 단어로 이어지는 연상 작용과 관련된 소쉬르의 과정은 2세기 전 로크(Locke)가 말했던 "관념들의 연상"과 매우 유사하다. 소쉬르와 로크가 제시하는 바는 단어들이 마음속에서 연상의 연쇄를 시작한다는 것이다. 특정 연상들은 개인의 사적 경험 때문에 주어진 단어 주위로 모여들지만 그러한 연상 작용에 의한 연속물들은 논리적으로 구축되지 않는다.

'해체'는 이 연상 관계에 상당히 의존하는 개념이다. 데리다는 말장난(punning)과 언어유희(word-play), 연상 원리에 의존한 행위들을 광범위하게 사용하였다. 그러한 절차는 논리적으로 구축된 전통적인 사고에 도전하기 위해 기획되었고, 사유를 위한 보다 더 무작위적인 움직임을 제시하였다. 소쉬르 자신은 이 지점까지 가는 것을 꺼렸고, 언어의 전 체계가 기호의 자의성 원리에 기초하고 있다 하더라도 만약 이것이 제약 없이 적용된

---

3 김경용은 이들을 각각 '통합체'와 '계열체'로 번역했다. (『기호학이란 무엇인가』)

다면 그것은 최악의 복잡한 상태로 귀결될 것이라고 주장했다. 즉 우리가 알고 있는 바의 담화는 사적 언어의 혼돈 속으로 붕괴될 것이라는 말이다. 소쉬르에 의하면 정신은 개인들 간의 담화가 발생한다는 것을 보증하기 위한 질서의 원리를 도입하려고 기도한다. 그리하여 그가 '자의성의 제한' 이라고 부른 것이 존재한다.

요컨대 소쉬르의 기호이론은 다음과 같다. 언어는 기호로 구성된 자족적 체계이다. 기호는 기표와 기의로 구성되어 있다. 기호는 자의적이고 기표와 기의는 상호간에 아무런 필연적 연관성이 없다. 자족적인 언어 체계 내에서 의미는 관례적이고 가치는 상관적이다.(relational) 관계들은 통합체적(선적, syntagmatic)이거나 계열체적(연상적, paradigmatic)이다. 모든 체계들은 그 통시적이고 공시적인 요소들에 의해 분석될 수 있다. 언어학은 언어 체계에 관한 연구이며 그것은 다른 모든 체계의 연구를 위한 방법론적 모델을 제공한다.

많은 이론가들이 기호학의 범위와 일반원리를 정립하고자 노력해 왔으나 아직까지 기호학은 보편적으로 일치된 이론적 가정, 모델 혹은 경험적 방법론이 없다. 소쉬르와 퍼스는 모두 기호의 근본적인 정의에 관심을 가졌다. 퍼스는 기호 유형의 정교하고 논리적인 분류법을 발전시켰고, 후속 기호학자들은 기호가 조직되는 코드 혹은 관례들을 밝히고 범주화했다. 소쉬르의 방법론은 텍스트와 사회적 관행(practices)을 분석하기 위한 다양한 구조주의 방법론의 출발점이 되었다. 그의 이론들은 많은 문화 현상 분석에 매우 광범위하게 사용되지만 그 방법들이 보편적으로 받아들여지는 것은 아니다. 사회나 역사에 관심을 두는 이론가들은 구조에만 전적으로 초점을 맞추는 소쉬르 계열의 구조주의 기호학을 비판해 왔다.

유럽의 기호학은 그 기원상 구조주의와 따로 떼어놓기 힘들다. 언어학적 구조주의는 일차적으로 소쉬르에게서 유래하여 예름슬레우와 야콥슨에 발전되었다. 구조주의는 언어학적 모델을 보다 광범위한 사회 현상들의 영역에 적용시키는 분석 방법이다. 구조주의자들은 기호체계의 '표면적 특징들'의 근저에 놓여 있는 '심층 구조'를 탐색한다.

소쉬르는 "기호학적인 문제의 본질을 도출해 내는데 언어 연구보다 더 적합한 것은 없다"고 주장하였다. 사실 기호학은 언어학 개념들에 상당히 의존하고 있다. 이는 부분적으로는 소쉬르 영향이며 또한 언어학이 다른 기호체계에 대한 연구보다도 확립된 분과이기 때문이다. 다음과 같은 이론가들은 언어가 기반이 된다고 주장한다. 가령 방브니스트는 "언어는 언어적이거나 비언어적인 다른 모든 체계들을 해석하는 체계"라고 보았다. 또한 레비스트로스는 "언어는 가장 탁월한 기호학 체계이며, 언어는 기호화될 수밖에 없고 오직 의미작용(signification)을 통해서만 존재한다"고 썼다. 이와 같이 언어는 가장 강력한 커뮤니케이션 체계로 간주된다.

소쉬르는 언어학을 '기호학'의 한 분과로 보았다. 소쉬르에 따르면, "언어학적 문제가 첫 번째이자 최우선의 기호학적인 문제다. 언어 체계의 진정한 본성을 알아내려면, 동종의 다른 모든 체계와의 공통점을 우선 고려해야 한다." 대부분의 기호학자들은 소쉬르 식으로 언어학을 기호학 내에 위치시킨다. 다른 기호 체계를 탐구하는 데 언어학적 모델을 적용하는 것은 불가피하다. 이제 기호학자들은 영화, TV, 라디오 프로그램, 광고 포스터 등을 텍스트로 분석하며, TV나 영화 같은 매체들은 '언어'처럼 간주된다. 그러나 모든 매체를 언어학적 틀로 규정하는 것은 위험하다. 오늘날 사회적 기호학은 언어와 같은 기호화 체계에 구조주의적으로 초점을 맞추는 데서 벗어나, 특수한 사회적 상황 내에서 기호가 사용되는 방식을 탐구한다. 그래서 현대 기호학 이론은 종종 이데올로기 역할을 강조하는 마르크스주의적 접근법과 결탁하곤 한다.

더 읽을거리

김경용, 『기호학이란 무엇인가』, 민음사, 1994.

전동열, 『기호학』, 연세대학교출판부, 2005.

충남대학교 유학연구소 편저, 『기호 학파의 철학 사상』, 예문서원, 1996.

그레마스, 『기호학 용어사전』, 천기석 · 김두한 옮김, 민성사, 1988.

베르나르 투쎄, 『기호학이란 무엇인가』, 윤학로 옮김, 청하, 1989.

안느 에노, 『기호학사』, 박인철 옮김, 한길사, 2000.

오스왈드 듀크로 · 츠베탕 토도로프, 『기호학 사전』, 이화여대 기호학연구소 옮김, 우석, 1990.

헤르만 파레트, 『현대 기호학의 흐름』, 김성도 옮김, 이론과실천, 1995.

Gottdiener, M. (ed.), *Semiotics*, Ph. Lagopoulos Sage Publications, 2003.

Innis, R. E., *Semiotics-An Introductory Anthology*, Indiana University Press, 1985.

Sebeok, T. A. (ed.), *Encyclopedic Dictionary of Semiotics*, Mouton de Gruyter, 1986.

롤랑 바르트

최정은

바르트는 「기호학적 모험」에서 자신의 학문 여정을 다음과 같이 세 시기로 구분했다. 제1기는 새로운 독서법을 모색한 『기술의 영도』로 시작되며, 이 시기에는 주로 언어활동(language) 혹은 담론(discours)을 연구 대상으로 삼았다. 이 시기의 대표적 저술은 『신화론(*Mythologies*)』으로 이 책에서 바르트는 프랑스 자본주의 사회에서 부르주아 신화로 부각된 여러 현상들을 분석하는 방법론을 제시하고 또 그 현상들을 실제로 분석하였다. '과학의 시기' 인 제2기는 랑그(langue)의 정립과 기호학 교육을 위한 개념서의 집필로 요약된다. 이 시기의 저술로는 엄격한 기호학적 방법론을 적용하여 패션 잡지에 나타난 여성 의복의 구조를 분석한 『모드의 체계(*Système de la mode*)』와 주요한 언어학 개념들을 가지고 여러 가지 상이한 기호체계들에 적용할 수 있는 기본 개념을 정리해 놓은 『기호학의 요소들(*Eléments de Sémiologie*)』이 있다. 마지막 제3기인 '텍스트 시기' 는 바르트가 기호학의 한계를 느끼고 '글쓰기', '텍스트 실천' 등의 새로운 개념으로 선회한 시기이다. 이 시기에 바르트는 방브니스트의 기술 층위 이론을 도입하여 서술문 분석의 과학적 모델을 마련하고자 했던 「서술문의 구조분석 입문」을 끝으로 구조적 모델을 포기한다. 바르트는 서술문의 랑그를 연구하는 학문으로서의 기호학이 벽에 부딪히고 이론의 엄격성을 지키기 어렵게 되자 문화

과학을 포기하고 글쓰기(écriture) 자체로 눈을 돌려, 글쓰기에서 텍스트와의 접촉을 시도하게 된다. 『S/Z』로부터 시작된 이러한 바르트의 후기 작업을 우리는 텍스트적 모험이라고 부를 수 있다.

이렇게 볼 때 바르트가 기호학에 전념한 시기는 제1시기와 제2시기, 더 좁혀서 말하자면 『신화론』을 출간한 1957년부터 『기호학의 요소들』(1965), 『모드의 체계』(1967)에 이르는 약 10년간이라고 볼 수 있다. 이 기간 동안 바르트가 기울인 노력은 한편으로 기호학 이론을 정립하는 것이고, 다른 한편으로 기호학적 분석을 통해 현대 사회를 해석해 내는 것이었다.

『신화론』[1]에서 바르트는 기호학자로서의 '직감'을 통해 대중화된 세계의 일상적인 것들 표면에 나타나는 다양한 표현들을 분석함으로써 그러한 기능이 작용하는 메커니즘을 드러내고자 한다. 그는 당시 여러 현상들과 사건들 속에 숨어 있는 이념적 왜곡, 문화적인 것을 자연적스러운 것으로 만들고, 학습된 것을 타고난 것으로 만드는 시도를 폭로한다.

여기서 주목해야 할 것은 『신화론』 전체에 흐르고 있는 사상적 배경이 사르트르(J. P. Sartre), 브레히트(Brecht), 마르크스(K. Marx) 등의 반부르주아, 반자본주의 사상이라는 것이다. 이는 바르트가 프랑스 좌파 지식인에 속하며 프랑스 사회 자체에 대해 비판적인 입장을 가지고 있음을 의미한다. 그가 이 글들을 쓸 무렵까지도 바르트는 소쉬르를 읽기 전이었는데 이 글들이 구조주의 언어학의 요소들을 지니고 있는 것은 브뢴달(V. Brøndal)을 알고 있었기 때문이었다. 『신화론』의 후기에 해당하는 「오늘의 신화」가 본문보다 이론화될 수 있었던 것은 소쉬르를 읽고 그 개념을 빌려 쓴 데서 비롯된 것이다.

바르트의 「오늘의 신화」에 의하면 "신화는 하나의 파롤(une parole)"이다. 그에 따르면 언어활동에 특수한 조건이 충족되었을 때 파롤은 신화가 될 수 있다. 왜냐하면 신화는 하나의 메시지이자 하나의 의사전달 체계이

1 『신화론』은 1954년에서 56년 사이에 신문 잡지 등에 발표한 짧은 에세이들을 모은 것이다. 따라서 나중에 덧붙여진 「오늘의 신화」를 제외한 다른 글들은 엄격한 분석을 하고 있다고 말하기 어려우며, 다소 비체계적이다.

기 때문이다. 따라서 신화에는 형식적인 한계들은 있지만 실체적인 한계는 없다. 그렇기 때문에 바르트는 모든 것이 신화일 수 있다고 본다. 글로 쓴 담론뿐만 아니라 사진, 영화, 스포츠, 공연, 광고 등 모든 것이 신화적 파롤에 지주로 사용될 수 있고, 한 장의 사진이 우리에게는 신문 기사와 같은 파롤이 될 수 있는 것이다. 즉 대상이 무엇을 의미할 경우 그것들은 파롤이 될 수 있다. 이런 점에서 신화는 언어학에 근접한 일반과학, 즉 기호학에 속해 있다고 바르트는 말한다.

바르트에 의하면 기호학이란 형식에 관한 학문이다. 왜냐하면 그것은 그 내용과는 독립적으로 의미작용을 연구하기 때문이다. 신화학은 형식의 학문으로서의 기호학에 속하면서 동시에 역사의 학문으로서의 이데올로기에 속한다. 다시 말해 그것은 형식으로 된 관념을 연구한다. 바르트는 하나의 기표(une signifiant)와 하나의 기의(une signifié)라는 두 항 사이에 하나의 관계가 상정됨으로써 기표가 기의를 '표현하는' 일반적인 언어행위와는 달리 기호학적 체계에서는 두 항이 아니라 세 개의 상이한 항, 즉 기표 · 기의 · 기호가 관계된다고 말한다.

『신화론』의 본문은 체계적인 것은 아니지만 기호학적 직관으로 가득 찬 현대 사회의 예리한 분석이며, 그 후기인 「오늘의 신화」는 소쉬르와 예름슬레우로부터 기호, 지시(dénotation), 함축(connotation) 등의 개념을 빌려옴으로써 바르트를 신화학자로부터 기호학자로 넘어가게 만든 중요한 부분임을 알 수 있다. 그러나 그의 기호학적 노력이 훨씬 객관적인 분석과 이론적 엄격성을 지니게 된 것은 『모드의 체계』에서이다.

패션 잡지에 나타난 여성의 의복 구조를 분석한 『모드의 체계』는 앞선 『신화론』보다 진일보한 기호학적 방법론과 그 방법론의 실제 적용을 보여준 객관적이고도 분석적인 연구이다. 바르트는 이 연구에서 소쉬르의 일반기호학과 트루베츠코이(N. Troubetzkoy)의 『음운론의 원리(*Principie de Phonologie*)』를 그 방법론적 토대로 삼아 '글로 쓰여진 의복(vêtement écrit)' 이라는 특수한 대상을 다루고 있다. 처음에는 실제 모드의 의미론을 재구성하려고 했으나 여러 가지 방법상의 이유로 글로 쓰여진 모드의 체계를 분석하였다. 따라서 이 연구의 자료체는 패션 잡지에 의해 제공된 파롤, 즉 '글로 쓰여진 의복' 만으로 제한된다. 패션 잡지에 의해 제공되는 의복 이미지는 조형성(plastique)이라는 가치를 지니고 있어 분석을 방해할 위험이 있는 반면, '글로 쓰여진 의복' 은 실용적인 기능도 미적인 기능도 갖고 있지 않으며 전적으로 하나의 의미작용을 위해 구축되므로 의미론적 변별성(pertinence)을 의복의 순수함 속에서 발견할 수 있는 좋은 기회를 제공한다. 이와 같이 글로 쓰여진 의복을 구조화하기 위해 바르트는 언어학의 조작 모델인 치환 텍스트[2]를 이용하였다.

바르트는 의복에 있어서의 의미작용의 발화체의 층위를 나누고 또다시 각 층위에 변형과 분할이라는 작업을 더함으로써 분석의 대상과 방법을 엄격하게 이론화하고자 하였다. 더 나아가 그는 의복 코드를 ① 기표의 구조, ② 기의의 구조, ③ 기호의 구조로 나누어 살펴봄으로써 의복 체계와 언어학적 체계와의 공통점 및 차이점을 드러내고자 하였다. 그는 의복 코드를 일종의 수사학 체계로 간주하고 기표를 의복의 시학으로, 기의를 모드의 세계로, 기호의 수사학을 모드의 이유로 설명함으로써 모드와 세계와의 관계를 밝혀 냈다.

바르트는 이 수사학 단계에서 모드를 현대의 신화 속에 귀속시키고 그것이 가지고 있는 신화로서의 의미를 규명한다. 특히 여성의 모드가 남성의 그것과 다른 이유, 일과 관련된 모드가 여가의 교묘한 은폐 현상을 가지고 있다는 점, 시간적으로는 모드가 봄 · 바캉스 · 주말과 관련되어 있고 공간적으로는 모드가 체류하고 있는 여성에게 있어서도 그것은 떠나는 여행으로서의 의미를 내포하고 있다는 등 모드가 여성과 관련을 맺고 있는 이유를 밝혀내는 과정은 부르주아 사회의 정체를 드러내고자 했던 바르트의 앞

2 치환 텍스트는 총체적으로 주어진 어떤 구조의 한 항을 인위적으로 변화시켜서 이 변화가 그 구조의 해석이나 사용에 있어서 어떤 변화를 일으키는지를 관찰하는 것이다. 이 텍스트를 통해서 해석이나 사용상의 변화를 책임지고 있는 실질의 최소 단편들을 포착해서 단편들을 구조적 단위들로 정의할 수 있고 주어진 구조의 총체 속에서 몇 가지 치환 가능한 부류들을 한정할 수 있다.

선 연구보다 훨씬 더 과학적이고 체계적이다. 그런 점에서 본다면 이 『모드의 체계』는 방법론적으로는 기호학을 언어학의 일부로 축소시키고 사회적으로는 모드를 현대 신화의 하나로 환원시킨 연구로서 『신화론』의 발전적인 연장선상에 있음을 알 수 있다. 특히 모드가 여성의 육체 자체를 의복에 적응시킬 수 있다는 환상을 줌으로써 여성에게 모드의 행복감을 갖게 한다는 바르트의 분석은 이 글이 쓰여지고 40년 가까운 세월이 흘렀음에도 불구하고 오늘날에도 유효한 해석으로 보인다.

『모드의 체계』를 준비하는 동안 바르트는 기호학에 관한 교과서를 염두에 두고 1965년 『기호학의 요소들』을 먼저 발표한다. 그의 기호학적 관심이 가장 먼저 체계화된 저서라고 말할 수 있는 이 책의 목표는 우리 삶 속에 있는 의사 전달의 모든 언어활동[3]을 다루는 이론으로서의 기호학을 정립하는 것이다. 이를 위해 그는 이 책에서 여러 가지 상이한 기호체계들에 적용 가능한 기본 개념들, 즉 랑그(langue)와 파롤(parole), 기표(signifiant)와 기의(signifié), 통합체(syntagme)와 체계(système), 지시(dénotation), 함축(connotation) 등을 소쉬르와 예름슬레우의 언어학 모델을 토대로 하여 설명하고 있다.

바르트의 『기호학의 요소들』이 현대 사회 일반의 여러 가지 의미작용의 체계를 분석하기 위한 것이라면 그의 「서술문의 구조분석 입문」은 방브니스트의 기술 층위 이론을 설화 분석에 도입하여 설화에서의 의미작용 체계를 세우기 위한 것이다. 바르트에게 있어서 설화는 자연언어와는 다른 기표를 사용하지만 여러 가지 설화적 단위(unité narrative)를 갖고 있으며 그 단위들이 상호 결합되는 다양한 방식이 설화의 랑그를 이룬다. 앞에서 살펴본 것처럼 이 랑그는 언어학자들이 언어와는 다른 차원의 제2의 언어이

3 여기에서 말하는 언어활동이란 언어학자들이 말하는 언어활동이 아니라 이차적인 언어활동으로서, 그 단위들이 형태소나 음소가 아니라 담화에 있어서 보다 넓은 조각이다. 따라서 기호학의 요소들로 다루어지고 있는 것들은 구조언어학에서 다루어지고 있는 것들과 유사한 용어들로서, 이 책에서 바르트는 의복, 음식, 메뉴, 도로 표지판 등을 예로 들면서 개념 정리를 시도하고 있다.

다. 그리고 개개의 구체적 설화는 이 랑그에 의한 전언이다. 따라서 설화란 언어 문장의 단순한 합계가 아니다. 바로 이 설화의 구성에 참여하고 있는 무수한 요소들을 분류, 기술하기 위해서 바르트는 언어학으로부터 기술 층위(niveau de description)의 개념을 도입하였다.

그러나 설화 랑그에서의 구성 요소와 그 요소 간의 규칙의 일반 이론을 발견하고자 한 시도는 사실「서술문의 구조분석 입문」이후 별로 진전을 보지 못했다. 설화의 랑그에 관한 문법이나 일반 이론이란 설화의 이론을 세우기 위한 모델 역할은 할 수 있지만 구체적인 설화의 의미를 드러낼 수는 없다. 설화의 의미란 독자가 그 설화 읽기를 통해서 새로운 의미를 발견하고 새로운 관계를 맺음으로써 자신의 글쓰기에 도달할 때 나타난다. 그러므로 설화의 랑그에 대한 과학적 이론을 정립하려는 바르트의 노력은 사실상 여기서 벽에 부딪힐 수밖에 없었던 것으로 보인다. 바르트 자신도 이러한 한계를 어느 정도 인정하였으며 이에 그는 설화의 일반이론을 세우는 '이야기 분석' 으로부터 '텍스트 분석' 으로 넘어오게 된다. 그는 이야기 혹은 설화를 '텍스트' 라는 개념, 공간, 진행되고 있는 의미작용 과정 등, 한마디로 의미 현상 밑에 포함시킨다. 그러므로 텍스트란 완성되고 폐쇄된 산물이 아니라 이루어지고 있는 생산물로서 다른 텍스트, 다른 코드와 관련된 것으로 관찰되어야 한다고 주장한다. 그러므로 그의 텍스트 분석은 한 작품의 구조를 서술하려고 하는 것이 아니라 텍스트의 움직이고 있는 구조 작용을 일어나게 하는 작품의 의미현상 속에 남아 있는 것이다.

텍스트 분석이라는 이 새로운 방향은『S/Z』에서부터 보다 두드러지게 나타난다. 바르트는 기호학 이론으로는 개개의 설화가 지니는 차이점(différence)을 보여 줄 수 없다고 생각하게 된다. 이때 차이점이란 개별 작품의 개성을 뜻하는 것이 아니라 무한한 여러 텍스트, 언어활동, 체계들 위에서 분절되는 차이, 즉 각 텍스트가 곧 차이의 회귀점인 그런 차이이다. 이러한 점에서 바르트는 문학 작품과 텍스트 개념을 구분하고 있다. 문학 작품이란 미적 가치를 지닌 생산품으로 그 안에 구조를 지니고 하나의 대상으로 존재하는 닫힌 기호들의 총체이고 우리는 그 안에서 '의미'를 찾으려고 시도한다. 반면 텍스트란 생산 작업이며 구조화 작업의 대상으로, 따라서 이 텍스트는 평면적이지 않고 입체적이며 그 공간 안에서 어떤 움직임을 추적할 수 있다. 이는 텍스트 안의 모든 것은 무엇인가를 의미하지만 어떤 궁극적 구조나 의미를 대변하는 것은 아니라는 논리에 근거한다.

바르트에 따르면 기호에는 고유의 기의가 없으며 그 기표의 기능은 고유의 법칙에 의해 의미를 산출해 내는 것이다. 바르트는 이전까지 작가에게 부여된 절대성에 대해 회의적인 태도를 가지고 작품에서 기의를 지니고 있는 매개자인 기표의 위치를 더욱 중요시하였다. 이런 생각은 프로이트 연구를 통해 더욱 강화되어 오직 기표에 의해서만 의미가 산출되고 있음을 증명한다. 이처럼 기표에 의해 기의가 전복되는 과정을 통해 작가의 위치를 전복시키고 있다. 작가의 위치란 코드를 발송하는 사람의 위치에 불과하다. 바르트는 독자의 역할에 따라서 텍스트를 두 가지로 구분하는데, 그 하나는 쓰여질 수 있는 텍스트이고 다른 하나는 읽혀질 수 있는 텍스트이다. 쓰여질 수 있는 텍스트는 글읽기와 글쓰기 사이의 상호관계를 의식하고 거기에 참여하게 함으로써 독자를 생산자가 되게 한다. 이 텍스트는 언어 자체의 본질에 주목할 것을 요구하며 기표에서 기의로의 이행이 분명하고 강요적인 텍스트이다. 따라서 읽혀질 수 있는 텍스트를 접할 때 독자는 쾌락(pleasure)을 느끼고 그러한 텍스트에 많은 의미를 드러내면서 그것을 쓰여질 수 있는 텍스트로 변화시킬 때 독자는 희열(jouissance)을 느낀다.

언어의 육체성, 텍스트의 물질성, 그리고 여기서 느껴지는 쾌락과 희열, 이러한 것들이 말년의 바르트를 사로잡은 것들이다. 그러나 바르트의 이러한 텍스트주의는 갑작스런 방향 선회가 아니다. 그가 객관적인 과학으로서의 기호학에 몰두하고 있었던 시기에도 그의 작업을 지배하고 있던 것은 기호학을 과학으로 정립시키려는 계획보다는 일종의 계통학을 실험해 보는 즐거움이었으며, 분류학자들의 창조적 도취 같은 것이었다고 스스로 고백하고 있다.

더 읽을거리

그레이엄 앨런, 『문제적 텍스트 롤랑 바르트』, 송은영 옮김, 앨피, 2006.

뱅상 주브, 『롤랑 바르트』, 하태완 옮김, 민음사, 1994.

움베르토 에코

최정은

이탈리아의 기호학자이자 소설가, 문화 비평가인 움베르토 에코는 이론과 창작 두 측면에서 활발한 활동을 전개했다. 마이클 시저는 그의 저서 *Umberto Eco: Philosophy, Semiotics and the Work of Fiction*에서 에코의 지적 성과들을 체계적으로 정리하고, 이론으로서의 기호학과 창작으로서의 소설과 문화비평 양자 사이에 연속성이 존재한다고 파악하였다. 시저는 에코의 전체 지적 활동을 시기적으로 전기호학(pre-semiotic) · 기호학 · 텍스트기호학의 시기로 나누고 내용상으로는 문화비평과 기호학(또는 이론 작업), 소설로 구분한다. 이 두 범주는 서로 교차한다. 즉 전기호학 시기에서는 문화비평과 이론적 작업이, 기호학 시기에서는 문화비평과 기호학이, 텍스트기호학 시기에서는 문화비평과 기호학과 소설이 모두 나타난다. 에코의 이러한 전체 지적 활동에서 특이한 것은 그 실제 활동의 범위는 비평과 기호학, 소설로 계속 넓혀져 온 반면, 그의 이론적 작업의 내용적 범위는 계속 축소되어 왔다는 점이다. 다시 말해, 전기호학 시기에서 그의 이론적 관심은 구조주의와 마르크스주의, 정신분석학을 바탕으로 실천적 · 윤리적인 지식인의 자세를 체계화하는 것이었던 한편, 기호학 시기인 1970년대에는 이러한 관심이 기호학이라는 보편 학문을 수립하는 데 집중되었고 80년대 이후에는 아마도 소설 창작과 함께 텍스트기호학 내지 텍스트 이론이라는 더욱 협소한 영역에 관심을 기울이는 경향을 보여 왔다.

전기호학 시기에서 에코가 화두로 삼았던 것은 '열린 텍스트'라는 개념이었다. '열린 텍스트' 개념은 1962년에 출판된 『열린 작품(*Opera aperta*)』을 비롯한 전기호학적 글들에서 맹아적인 형태지만 풍부한 암시성을 지니고 제시된 개념으로 바로 그 '열린' 특성으로 인해서 창조적인 해석을 요구하는 텍스트를 가리킨다. 이 열린 해석의 가능성은 중요한 의미를 가진다. 왜냐하면 '열린' 해석은 '열린' 텍스트 개념을 이론적으로 완성하고 그 실천적 잠재성을 점검하는 데 결정적으로 기여하기 때문이다. 사실 에코는 '열린 텍스트'라는 개념을 기호학을 통해서 이론적 체계로 정립하려는 노력을 기울여 왔다.

두 번째 기호학 시기에 쓰여진 에코의 대부분의 글들은 '열림'보다는 텍스트의 개념과 구조를 탐사하는 데 훨씬 더 치중했고, 시종일관 독자의 역할을 기호학 체계 속에서 설명하는 데 집중했다. 그러나 이는 '열린 텍스트' 개념에 총체적인 이론적 기초를 부여하고자 하는 노력이었다. 에코의 기호학은 1975년의 『일반기호학 이론』[1]에서 총정리되었다고 말할 수 있다. 그 책을 정점으로 그 이전은 기호학을 수립하기 위한 준비 기간이었고, 그 이후는 기호학을 방어하는 보완적인 작업의 기간이었다. 『일반기호학 이론』은 에코가 현실로부터 텍스트로, 윤리로부터 체계로, 해석적 의도로부터 텍스트적 의도로 옮겨간 분수령이었다. 다시 말해, 에코의 기호학은 현실과 윤리, 해석적 의도보다는 텍스트와 체계, 그리고 텍스트적 의도를 강조하는 것이었다. 따라서 그것은 기호학의 중심부로 귀속되어 모든 텍스트-해석 과정을 이론화하는 거대한 기획의 근본으로 자리잡게 되었다. 『일반기호학 이론』 이후의 시기는 기호학의 응용, 즉 텍스트기호학의 이론적 보완에 바쳐졌다.

---

1 Umberto Eco, *Trattato di semiotica generale*, Milano: Bompiani, 1975. 영어판으로는 *A Theory of Semiotics*, Bloomington: Indiana University Press, 1979.

에코 기호학 이론의 가장 본질적인 논점은 해석과 텍스트 문제이다. 이제 에코가 이 문제를 그의 대표적인 이론서들에 어떻게 다루고 있는지 살펴보자. 에코는 구조주의를 비판하면서 논쟁을 불러일으킨 『부재의 구조』(1968)를 출발점으로 하여, 『기호』(1973)에서 본격적으로 기호의 문제를 논하기 시작했고, 『일반기호학 이론』(1975)에서 기호학 이론을 종합적으로 체계화하고자 시도하였다. 이후 에코는 계속 해석의 문제에 초점을 맞추었다. 『이야기 속의 독자』(1979)에서는 해석의 주체인 '독자의 역할'을 중심으로 텍스트기호학을 시도하였고, 『해석의 한계』(1990)에서는 해석의 논리와 범위를 규정하고자 하였으며, 『허구의 숲으로 가는 여섯 번째 산책』(1994)에서는 서사 작품들을 완벽하게 실현하는 데 있어서 해석의 중요성을 강조하였다.

해석의 문제는 다양한 성격의 그의 평론들, 매스컴을 비롯한 문화 현상에 대한 고찰들, 심지어는 그의 소설들(특히 『장미의 이름』(1980), 『푸코의 진자』(1988))에까지도 드러나 있다. 순수 이론에서 다룰 수 없는 것을 소설로 표현하였다는 에코 자신의 말이나 에코 기호학의 중요한 해결책들과 참모습은 바로 그의 소설들에서 찾아볼 수 있다는 팝브리의 관찰도 동일한 맥락에서 이해될 수 있다.[2] 폿차토에 따르면, 텍스트 해석 논리에 대한 탐구는 에코 작업 전체를 관통하는 일관된 하나의 특징으로, 그의 기호학 이론의 방향을 결정짓는다.[3]

이러한 특징 때문에 에코 이론은 그레마스의 생성기호학과 대비되는 해석기호학으로 규정된다. 현대 기호학 이론의 역사적 전개 과정은, 소쉬르로부터 예름슬레우를 거쳐 그레마스로 이어지는 계열과 퍼스로부터 에코에게로 이어지는 계열로 양분된다. 그레마스 기호학이 의미의 생성 경로를 규명한다면 에코는 의미의 해석 과정에 더 관심을 기울인다.

---

2 Paolo Fabbri, "L' idioma estetico. II dedalo nel testo", 1992, p. 184.

3 Maria Pia Pozzato, "I segreti Limiti dell' interpretazione", 1992, p. 243.

1962년 출간된 『열린 작품』에서도 에코는 현대 예술작품들의 열린 구조와 함께 수신자에 의한 해석의 중요성을 강조하였다. '열림' 의 미학은 당시 이탈리아 문학과 예술계에 새 바람을 불어 넣던 네오 아방가르드와 밀접하게 연결되어 있으며, 실제로 에코는 그 대표적인 이론가로 꼽히기도 한다. 이 『열린 작품』에서 제시된 열림의 시학과 해석은 수많은 학자들의 관심을 집중시켰으며 장차 그의 기호학 이론의 방향을 결정하는 디딤돌이 되었다.

그러나 에코가 이 열림의 구조를 발견한 것은, 이후 "러시아 형식주의 결과들, 구조주의 언어학, 야콥슨과 바르트의 기호학적 제안들"에서다.[4] 그런데 당시 구조주의 및 후기 구조주의 방법론과 에코의 해석 이론 사이에는 넘어서기 어려운 차이점이 있었다. 왜냐하면, 에코의 '수산자의 해석적 개입' 이란 요소는 레비스트로스, 라캉, 데리다 같은 학자들에게 있어서 결코 수용하기 어려운 요소였으며, 결국 에코와 구조주의의 충돌은 불가피한 것이었다.

이런 맥락에서 쓰여진 것이 『부재의 구조』이다. 여기에서 에코는 소위 존재론적 구조주의에 대한 논쟁적인 비판을 전개하고 있다. 이 책에서 에코는 구조주의 전체를 비판하는 것이 아니라 일부 경직된 '존재론적 구조 개념', 그러니까 문화 현상들의 역사성을 배제하는 물신적인 구조 개념에 대해 논쟁적으로 비판하고 있다. 그러나 에코는 '구조' 라는 개념의 효율성과 구조주의적 방법론의 과학성은 그대로 인정하고 있다. 그러면서 그는 그 책의 '기호학 연구 입문(Introduzione alla ricerca semiologica)' 이라는 부제가 암시하듯이 기호학에서 해결의 실마리를 찾게 되었다. 1973년 『기호』를 거쳐 1975년 영어판과 이탈리아어판으로 동시에 출판된 『일반 기호학 논고』는 그런 작업의 결과이다. 『일반 기호학 논고』는 에코 기호학의 종합적인 중간 결실이자 앞으로의 발전을 위한 기준점에 해당한다.

그런 의미에서 일반 기호학의 순수 이론화를 목표로 한 『논고』에서 다루

4 Eco Umberto, *Lector in fabula*, Milano: Bompini, 1979.

어진 문제와 해결책은 그 자체로 완결되었다기보다는 새로운 논의를 향해 여전히 열려 있다. 「문화의 논리를 향하여」라는 서문의 제목처럼 일반 기호학 이론의 대상은 문화 전체이다. 모든 문화를 기호학적 관점에서 바라본다는 것은 실로 방대한 계획이다. 넓은 의미에서, 모든 문화 현상들은 제각기 기호로서 기능한다고 볼 수 있다.

『일반 기호학 논고』의 설명에 의하면 기호란 다른 무엇을 의미하는 대체물로 사용될 수 있는 모든 것이며 그 다른 무엇은 기호가 그것을 대신하는 순간 그 자리에 현존하지 않아도 상관없다.[5] 그러한 기호의 본질적 기능은 '의미작용(significazione)'과 '의사소통(comunicazione)'이며 여기에 상응하는 연구는 각각 '코드 이론'과 '기호 생산 이론'으로 구분된다. 기호의 이러한 측면들을 이론적으로 고찰하는 과정에서 에코는 나름대로의 특징적인 몇몇 개념들을 발전시킨다. 그중에서도 두드러지는 것은 퍼스의 이론에서 나온 '해석체(interpretante)'와 '무한한 기호작용(semiosi illimitata)' 그리고 '백과사전'이라는 개념들이다.

해석체란 또 다른 기표, 즉 '제2의 기호'[6]이다. 그것은 '동일한 대상과 관련된 또 다른 재현'으로서 퍼스의 표현에 의하면 "기호가 해석자라는 준 정신(quasi-mente) 안에서 생산하는 것"이다. 퍼스의 설명에 따르면 기호란 다른 무엇을 대신한다.(stand for) 그 기호가 대신하는 것을 '대상', 그것이 운반하는 것을 '의미'라 부르고 그것이 발생시키는 관념을 '해석체'라 부른다. 해석체를 "기호가 해석자의 마음속에 발생시키는 관념"[7]으로 보면 기호의 의미는 바로 이 해석체들의 연쇄에 의해 결정된다. 무한한 기호작용 과정에서 기호는 해석체들의 연쇄를 통해 고유의 해석자에게 하나의 '습관(habit)', 행동 규칙을 형성시킨다. 이 습관이라는 범주는 "심리적이고 우주적인 이중적 방향"을 갖는 하나의 규칙이자 질서이다. 그리고 이러한 습관

5 Umberto Eco, *Trattato di semiotica generale*, Milano: Bompiani, 1975, p. 17.
6 Umberto Eco, *Lector in fabula*, Milano: Bompini, 1979, p. 28.
7 Umberto Eco, *Trattato di semiotica generale*, Milano: Bompiani, 1975, p. 101.

을 형성시키는 것이 '최종 해석체'이다. 최종 해석체는 역동적 대상이 기능하고 지각되는 방식을 규제함으로써 역동적 대상을 지배하는 법칙이 된다. 어쨌든 최종 해석체에 의한 습관의 창출과 함께 무한한 기호작용은 멈추게 된다는 것이다. 이러한 해석체 개념과 무한한 기호작용 속에서 한 기표의 의미는 잠재적으로 무한하게 확장될 수 있는 가능성을 갖는다. 이런 점에서 한 기표의 의미는 인간의 모든 경험을 포괄하는 백과사전이 된다.

『일반 기호학 논고』에서 처음 등장한 백과사전 개념은 이후 작업들에서 더욱 정교화되면서 에코 기호학의 가장 특징적인 개념들 중 하나가 되었다. 해석체 이론은 기호의 내용을 문화 단위로 다룸으로써 무엇보다도 의미 체계를 전반적으로 재고찰하도록 만들었다. 기존의 의미 이론들은 대부분 기표와 기의가 코드를 토대로 명백한 대응 관계를 이룬다. 그런데 이러한 이론의 성분 분석 모델은 에코에 의하면 단순한 기본적인 사전일 뿐이며, 이는 내용의 측면을 충분히 해결하지 못한다. 이에 반해 에코의 백과사전 개념은 문화적이고 역사적인 능력까지 포괄한다.

무엇보다도 백과사전 개념은 퍼스적인 의미에서 코드에 대한 재해석의 직접적인 산물이다. 화용론적 입장에서 볼 때 에코의 백과사전 개념은 실질적인 의사소통 과정, 해석 과정과 밀접하게 연관되어 있다. 백과사전 형태의 의미론은 화용론과 의미론을 접목시킨다. 사실 어휘적 의미와 텍스트적 의미를 구별하면서 맥락들과는 별개로 관습화된 어휘적 의미에 대해 말하는 것은 불가능하다고 에코는 본다.[8] 백과사전적 능력들의 의미 체계는 단일한 어휘의 의미보다는 복잡한 발화체들인 텍스트의 해석에 적절하게 활용된다. 따라서 에코에게 있어서 백과사전 개념은 의미론, 화용론, 텍스트의 해석학 및 기호학적 분석 사이의 경계 지점에 위치하면서 동시에 그 모든 분야에 걸쳐 있다.

그런데 문제는 인간의 모든 지식과 경험과 해석들을 두루 기록한 총체적

8 Umberto Eco, *Semiotica e filosofia del linguaggio*, Torino: Einaudi, 1984, pp. 64-65.

이고 이상적인 백과사전이란 실제로 재현할 수 없다는 데 있다. 이와 관련하여 에코는 백과사전이라는 개념의 이론적이고 가설적인 성격을 강조한다. "백과사전은 하나의 기호학적 공리"이며, "모든 해석들의 총체적인 기록"이다. 실제로 그것은 전체적으로 기술될 수 없기 때문에 공리로서 남아 있어야 한다.[9] 현실적으로 가능한 것은 그 총체적 백과사전의 일부로 이루어진 '부분적' 또는 국소적 백과사전들이다.[10] 어떤 텍스트를 해석할 경우 해석자는 총체적 백과사전을 모두 알아야 하는 것이 아니라 단지 그 텍스트 이해에 필요한 백과사전 부분만 알면 된다.

이상에서 살펴본 에코의 기본 개념들은 바로 텍스트 분석의 유용한 도구가 된다. 앞서도 논했듯이 예술작품의 열린 구조를 강조하는 그의 텍스트 이론은 당연한 결과로서 해석의 측면을 강조한다. 그것은 텍스트기호학의 체계화를 시도한 『이야기 속의 독자』의 부제 「서사 텍스트에 있어 해석적 협력」에서도 명백하게 드러난다. 텍스트의 완벽한 실현에 필수적인 요소들 중의 하나는 수신자 또는 독자에 의한 협력이라는 것이다. 수신자의 협력이란 "텍스트가 말하지 않는(그러나 가정하고 약속하고 암시하고 내포하는) 것을 이끌어 내고 빈 공간을 채우고 텍스트 안에 있는 것을, 그 텍스트가 나온, 또 합류하는 상호 텍스트성의 조직과 연결시키는 작업이다.[11]

그러한 독자의 역할은 텍스트 수신자 위치를 재정립한다. 주어진 메시지를 단지 수동적으로 받음으로써 그 의미를 실현하는 데 아무런 기여도 하지 못하는 독자로부터 능동적으로 텍스트를 해석 · 해체 · 재구성하여 구체적으로 실현시키는 적극적인 독자의 모습으로 탈바꿈하게 되었다. 에코는 텍스트를 중심으로 나타나는 '작가의 의도'와 '작품의 의도', '독자의 의도'를 구별하는데[12] 그 세 가지 의도들은 일치하지 않으며 종종 서로를

9 *Ibid*, p. 109.
10 *Ibid.* pp. 113-118.
11 Umberto Eco, *Lector in fabula*, Milano: Bompini, 1979, p. 5.
12 Umberto Eco, *I limiti del intepretazione*, Milano: Bompiani, pp. 22-25.

배반하기도 한다. 그것은 수신자의 언어 능력, 혹은 코드가 필연적으로 발신자의 언어 능력, 혹은 코드와 동일하지 않다는 화용론 법칙에 의해 검증된다.[13]

물론 텍스트기호학의 입장에서 가장 중요한 것은 텍스트의 의도이다. 작가의 의도는 텍스트 분석에서 종종 순수하지 않은 요소로서 배제되고 있다. 또한 독자의 의도는 텍스트에 의해 타당한 것으로 검증되어야 하며 서로 배치되는 경우에는 자칫 해석이 아니라 '사용'이나 '과잉 해석'으로 끝나기도 한다. 에코의 텍스트 이론에서 두드러지게 부각되는 것으로 '모델 독자(Lettore Modello)'[14]와 '모델 작가(Autore Modello)'[15]의 개념을 들 수 있다. 이들은 무엇보다 작품의 의도를 충분히 실현하는 데 기여하는 추상적이고 이상적인 실체들이다. 그 자체로서는 불완전한 텍스트, 게으른 텍스트는 독자(또는 수신자)의 협력 활동을 요구할 수밖에 없다. 또한 최소한 나름대로의 해석에 필요한 일정 수준의 능력, 문법적이고 어휘적인 능력, 백과사전적인 능력을 전제로 한다. 실현되어야 할 대상으로서의 텍스트는 무엇보다도 고유 독자의 존재를 전제로 하여 생성된다.

에코는『이야기 속의 독자』4장에서 텍스트 해석의 경로를 도표로 예시하고 있다. 그 경로는 '텍스트 협력의 층위들'로 구분되어 있다. 이 모델은 독자가 표현을 내용으로 실현하기 위해 수행하는 해석의 단계들을 설명하려는 것이다. 따라서 내용이 표현으로 바뀌는 생성 단계와는 대립적인 입장에 있다. 그레마스의 텍스트 이론이 '의미 생성의 경로'를 재현하고 있다면 에코의 해석 모델은 텍스트 수신의 경로를 나타낸다.

---

13 Umberto Eco, *Lector in fabula*, Milano: Bompini, 1979, p. 53.

14 모델 독자란 실제로 텍스트를 읽고 해석하는 경험적 독자가 아니라 텍스트에 의해 형성되는, 혹은 예상되는 독자를 말한다. 즉 모델 독자란 텍스트 자체에 의해 공공연하게 인준된 이상적이고 추상적인 독자이다. 이런 의미에서 모델 독자는 바로 텍스트를 실현하는 운용자이며 텍스트의 작동 원리로 기능한다.

15 모델 작가는 독자에 의해 가정되는 것으로 실제 인물이나 등장인물이 아니라 텍스트 전략의 주체이다. 경험적 작가가 고유의 전략으로 모델 독자의 가설을 세운다면 이에 상응하여 경험적 독자는 협력 행위의 구체적 주체로서 모델 작가의 가설을 세운다.

서사 텍스트를 읽는 독자의 경우 협력적 작업들 중에서 특히 예상과 추론적 산책은 거의 필수적인 활동이 된다. 서사적 텍스트를 읽으면서 독자는 장차 이야기의 진행 과정을 미리 점쳐 본다. 텍스트는 독자가 예상 및 기대를 하도록 유도함으로써 독자를 고유의 이야기 세계로 유혹하고 이끈다. 또한 독자의 입장에서 볼 때 그것은 바르트가 말하는 '텍스트의 즐거움'과 연결되기도 한다. 서사 텍스트의 경우 추론적 산책은 '허구의 숲으로 가는 산책'이며 동시에 텍스트 읽기의 즐거움이 된다. 추론적 산책이 가능한 것은 무엇보다도 텍스트가 끊임없이 백과사전과 관련되어 있기 때문이다. 텍스트는 모델 독자의 백과사전적 능력을 전제로 고유의 전략을 펼친다. 텍스트는 독자의 예상과 기대감을 적절하게 충족시키거나 또는 좌절시킴으로써 독자를 사로잡고 이끈다. 때로는 독자의 개연적인 예상까지 미리 예상하기도 한다. 반면 독자는 마치 텍스트의 전략에 상응하듯이 자신의 가설과 예상을 세운다. 그러한 협력 작업에서 독자는 주로 일상적, 또는 상호 텍스트적 시나리오들에 의존한다.

추론적 산책과 함께 예상을 하는 과정에서 독자는 사건이 전개될 방식에 대해 명제적 태도를 취한다.(믿는다, 바란다, 원한다, 희망한다, 생각한다) 그렇게 함으로써 그는 '사건의 가능한 과정', 또는 '가능한 상태'를 형성한다.[16] 말하자면 하나의 '가능세계(mondo possibile)'[17]를 형성하는 것이다. 독자의 예상활동은 바로 그러한 서사적 가능 세계 개념에서 출발한다.

요컨대, 에코의 해석 모델을 따르자면 텍스트의 올바른 의미를 파악하기 위해서는 고려되어야 할 사항이 너무도 많다. 그 힘들고도 어려운 작업이

---

16 Umberto Eco, *Lector in fabula*, Milano: Bompini, 1979, pp. 113-114.

17 가능세계란 원래 형이상학과 양상논리학에서 사용되었던 개념이다. 양상논리학에서는 내포와 관련된 문제들을 외연으로 해결하기 위해 가능세계라는 개념을 발전시켰는데 그것을 최근 텍스트기호학 이론에서 차용하여 쓰고 있는 것이다. 그런 의미에서 가능세계는 내포적 관계들을 외연적 관계들로 전환시키는 논리적 허구로 볼 수 있다. 에코는 『이야기 속의 독자』 8장에서 가능세계 개념을 텍스트 이론에서 타당하게 사용할 수 있는 조건들을 자세하고 광범위하게 설명한다.

거의 전적으로 독자의 능동적이고 적극적인 협력에 달려 있다. 그것은 의미적 해석이든 비평적 해석이든 공통적으로 요구되는 협력의 과정이다. 에코의 텍스트 이론은 바로 그러한 독자의 협력에 의존하는 해석의 메커니즘을 규명하려는 것이다.

그러나 에코의 해석이론에는 다음과 같은 해결하기 어려운 문제점이 있다. 우선 그의 이론은 지나칠 정도로 독자(또는 수신자)의 주도권을 강조하고 있다는 점이다. 텍스트의 의미를 결정하는 데 있어 작가(또는 발신자)의 의도는 순수하지 않은 요소로서 거의 고려되지 않고 있다. 또 하나의 문제점은 바로 '해석의 한계'를 설정하는 것이다. 즉 한편으로는 텍스트의 열림을 강조하면서 다른 한편으로는 해석의 한계를 설정하려는 작업은 서로 모순적인 것으로 보인다. 이러한 문제점들은 여전히 해결되지 않은 채로 남아 있다. 그러나 다른 모든 텍스트 이론들과 마찬가지로 에코의 텍스트기호학 역시 하나의 시도이다. 그리고 그가 제시한 몇몇 새로운 개념적 도구들은 다양한 텍스트를 분석하는 데 유용하게 활용될 수 있을 것이다. 특히 『일반 기호학 논고』에서 그 윤곽을 드러낸 일반기호학 이론을 텍스트 분석과 접목시킨 것은 주목할 만한 성과이다. 또한 그가 의식적 또는 무의식적으로 암시한 분석 방법들은 여러 가지 방향으로 발전될 잠재성이 있다.

더 읽을거리

메어쉬, 디터, 안정오 역, 『에코』, 인간사랑, 2006.

시페르, 다니엘 살바토레, 임호경 역, 『움베르토 에코 평전』, 열린책들, 2004.

전통적인 영미 예술기호론의 개요와 비판

황유경

1. 개요

예술기호론(semiotic theory of art)은 1930년대에서 50년대에 걸쳐 영미 미학계에서 퍼스(Charles Peirce)와 더불어 시작하여 여러 형태로 카시러(Ernst Cassirer), 모리스(Charles Morris), 리드(L. A. Reid), 랭어(S. K. Langer) 등에 의해 옹호되었다.[1] 이 이론에서 예술이란 인간 감정의 표현이라기보다는 기호(sign), 즉 도상(icon) 기호다. 가장 넓은 의미에서 A가 B를 나타내거나 기호화할(stand for, signify) 때 A는 B의 기호다. 퍼스에 따르면 도상(icon), 지표(index), 상징(symbol)으로서 기호 지위는 지칭(reference)의 그 양태에서 유래한다. 즉 도상은 닮음에 의해, 지표는 자연적 상관관계에 의해, 상징은 규약에 의해 지칭한다. 초상화는 그 소재에 대한 닮음으로 지칭

1 Charles Peirce, "The Icon, Index, and Symbol", in Hartshorne and Weiss, eds., *Collected Papers of Charles Sanders Peirce.* vol. 2, Cambridge: Harvard Univ. Press, 1932, pp. 156-173; Ernst Cassirer, *An Essay on Man,* New Haven: Yale Univ. Press, 1944, chs. 2, 3, 9; Charles Morris, "Esthetics and the Theory of Signs", *Journal of Unified Science, Erkenntnis,* 8, 1939-1940, pp. 131-150; L. A. Reid, "Aesthetic Meaning", *Proceedings of the Aristotelian Society,* 55, 1954-1955, pp. 219-250; Susanne Langer, *Philosophy in a New Key,* N.Y.: New American Library, 1951, chs. 3, 4, 8, 9, 20; Susanne Langer, *Feeling and Form,* N.Y.: Scribner's, 1953, chs. 3, 7-9.

을 구하므로 도상이다. 증상은 질환과 자연적인 관계를 맺으므로 지표다. '개'는 개에 대해 임의적인 규약 관계를 맺으므로 상징이다.

예술기호론에서 강조하는 것은 예술작품이 인간의 심리 과정, 특히 인간 감정의 도상기호(iconic sign)라는 점이다. 통상 재현 요소가 없다고 보는 점에서 범례가 되는 음악을 중심으로 논의를 진행하자. 모든 형태의 도상기호론의 공통점은 두 가지 테마다. 즉 먼저 음악은 감정, 정서, 움직임 등을 나타내거나 기호화하는 '기호'라는 점이다. 여기서 중요한 것은 음악이 자체 밖의 무엇을 나타내거나 지시(denote)함으로써 의미를 구하거나 표현한다는 발상이다. 다음으로 청각 과정으로서 음악은 다른 과정, 특히 심리 과정에 대한 그 형태적 혹은 동적인 닮음으로 인해 그 과정의 도상기호가 된다는 점이다. 예컨대 랭어는 "추론적(discursive, 문자적)" 기호와 "표상적(presentational, 비문자적)" 기호를 고정된 어휘와 통사론을 갖는 체계와 회화나 음악처럼 주로 "감각적 형식"으로 이루어지는 체계의 차이로서 구분한다.[2] 이 방식으로 비문자 도상기호 체계인 음악에서 멜로디, 리듬 등의 진행과 신체적·심적 삶의 과정 간에 동적인 닮음이 있다.

도상기호론은 음악 과정과 심리 과정이나 신체 과정의 축어적인(literal) 동적 유사성에 기초한 생략적 직유(이를테면 음악은 슬픔의 정서와 같다)로서 '음악이 슬프다'는 은유를 설명한다. 그 은유는 생략적인 축어적 진리가 된다. 즉 음악 과정과 심리 과정이 적절한 면에서 유사하다는 것이다. 이렇게 우리는 음과 음이 지시하는 감정 영역의 유사성으로 말미암아 음악이 표현하는 감정을 인정하게 된다.

2 Susanne Langer, *Philosophy in a New Key*, N.Y.: New American Library, 1951, pp. 75-94.

2. 비판

이 전통적인 도상기호론을 비판해 보자.[3] 먼저 일반적으로 음악이 기호라는 가정, 즉 음악은 정서나 다른 심적 · 신체적 상태를 표현하기 위해 그것을 나타내거나 지시해야 한다는 가정이 비판된다. 기호로서 음악에 대한 반대는 감각 형식이나 구조 그 자체가 지시적 지칭을 함축하지 않는다는 사실에서 출발한다. 형식론(formalism) 입장도 그러하듯 많은 사람들은 음악이해가 무엇보다도 그 청각구조를 포착하는 문제라고 보며, 따라서 음악이 외적 대상을 지시함을 거부한다. 전통적인 기호론 이후에 재현적 회화가 대상이나 사태를 지시(지칭)하는가에 대해서도 논란이 있지만, 흔히 음악에 지시적 지칭을 용인하지 않고 있다.[4] (그러나 표제음악은 예외로 볼 수 있겠다.)

이 일반적인 비판은 음악의 기호지위 기초로서 도상성에 대한 공격으로 확대된다. 두 개의 사물이 어떤 면에서 혹은 설령 모든 면에서 서로 유사하거나 닮는다고 해도 그 하나가 다른 하나의 기호임이 함축되지는 않는다. 뿐만 아니라 유사성은 음악이 '내면적 삶'을 기호화한다고 생각할 근거를 제시하지도 않는다.[5] 유사성이 기호지위를 확립하기에 충분할 수 있다면, 모든 것이 그 밖의 모든 것에 어떤 방식으로 유사하므로 그것의 도상이 되며 따라서 기호가 된다. 그러나 미적 도상성과 비미적 도상성의 차이는 도상기호의 지시 대상에서건 도상기호와 지시 대상의 어떤 관계에서건 찾을 것 같지 않다. 미적 도상성과 비미적 도상성의 만족스러운 구분은 없어 보

---

3 V. A. Howard, "On Musical Expression", *British Journal of Aesthetics* 11, 1971, pp. 271-274.

4 Monroe Beardsley, *Aesthetics*, N.Y.: Harcourt, Brace, 1958, p. 336.

5 Monroe Beardsley, *Aesthetics*, p. 335; Nelson Goodman, "Seven Strictures on Similarity", in Nelson Goodman, ed., *Problems and Projects*, Indianapolis: Bobbs-Merrill, 1972, pp. 437-446; Nelson Goodman, *Languages of Art*, Indianapolis: Hackett, 1976, pp. 3-6.

인다.[6] 그렇다면 모든 것이 그 밖의 모든 것의 미적 기호가 될 수 있는 모순된 결과가 빚어진다. 이 비판은 재현적 회화가 그 소재를 닮음으로써 도상기호라는 발상에 대해서도 적용된다. 도상기호론 비판은 도상성이 음악이나 회화의 은유 속성을 설명한다는 가정의 비판으로 이어진다. 음악이 감정을 지시한다는 것을 비판하더라도, 음악과 정서가 어떻든 같기 때문에 '슬프다' 술어는 음악을 은유적으로 지시하는 것으로 보일지 모른다. 이는 유사성이 음악의 기호지위를 설명할 수 없더라도 적어도 은유를 설명할 수는 있으며, 그래서 음악 표현은 은유적 서술로 환원할 수 있음을 말한다. 그러나 두 사물이 어떤 면에서 유사하다는 것은 어떻게 그 사물들이 말하자면 '녹색이다'로 부호화되는가를 설명할 수 없다. 왜냐하면 그 어떤 면이란 여하한 면일 수 있기 때문이다. 마찬가지로 그것들이 녹색인 점에서 유사하다는 말은 전혀 설명이 아니다. 이 근거에서 말할 수 있는 것은 다만 양자가 녹색이라는 점이며, 이는 정확하게 그것들이 그 면에서 유사하다고 말할 때 우리가 의미하는 것이다. 유사성의 설명력에 대한 공격에서 상이한 사물들에 대한 술어의 축어적이거나 은유적인 적용을 설명하기 위한 어떤 면의 유사성에 대한 호소는 처음 사례에서 특정 부호의 사용을 설명하지 못하며, 두 번째에서는 설명할 바로 그 부호의 사용을 함축하는 순환논법이 된다.[7]

그러면 어떻게 음악이나 회화는 슬플 수 있는가? 블랙(Max Black)에 의하면 오히려 "은유가 앞서 존재하는 어느 유사성을 정식화한다고 말하는 것보다 유사성을 창조한다고 말하는 것이 더 계발적일 것이다."[8] 굿먼(Nelson Goodman)에 의하면, 음악과 정서의 닮음을 단언하는 판단은 예컨대 슬픈 음악이 단조인 경향처럼 표현의 특정 양태와 친밀함으로써 발생한

6 Richard Rudner, "On Semiotic Aesthetics", *Journal of Aesthetics and Art Criticism*, 10, 1951, p. 70.

7 Richard Rudner, "On Semiotic Aesthetics"; Nelson Goodman, "Seven Strictures on Similarity"; Nelson Goodman, *Languages of Art*, pp. 16-19.

8 Max Black, *Models and Metaphors*, Cornell Univ. Press, 1962, p. 37.

표현의 판단에서 따르게 된다. 즉 우리는 표현 형식과 친밀한 결과로서 음악이 매우 슬프다고 판단할 때, 슬픔과 슬픈 사물에 대한 그 음악의 유사성이 더 크다고 판단한다. 이는 사실주의(realism) 회화가 묘사 대상을 닮는다해도 사실주의 판단이 유사성 판단에서 따르지 않는 것과 같다. 굿먼이 말하듯이 유사성은 사실주의의 확고하고 불변적인 기준을 이루지 않는다. 유사성은 상대적이고 가변적이며 문화에 의존한다. 오히려 재현 방식과 친밀한 결과로서 사실주의가 더 크다고 판단할 때 우리는 닮음이 더 크다고 판단한다.[9]

9 Nelson Goodman, "Seven Strictures on Similarity."

더 읽을거리

Davies, S., "Music and Symbols", ch. 3 in *Musical Meaning and Expression*, Ithaca, NY: Cornell University Press, 1994.

Hungerland, I., "Iconic Signs and Expressiveness", reprinted in Eliseo Vivas and M. Krieger (eds.), *Problems of Aesthetics*, NY: Rinehart, 1953, pp. 234-239.

Innis, R. E. (ed.), *Semiotics: An Introductory Anthology*, Ind.: Bloomington, 1985.

Nagel, E., "Review of *Philosophy in a New Key*", *Journal of Philosophy* 40, 1943, pp. 323-329.

Price, K., "Is a Work of Art a Symbol?", *Journal of Philosophy* 50, 1953, pp. 485-503.

Weitz, M., "Symbolism and Art", *Review of Metaphysics*, VII, 1954, pp. 466-481, a review of *Feeling and Form.*

참조 항목

『미학대계』 1, '영미 현대' 중 「카시러의 생애와 사상」과 『미학대계』 2, 제2부 현대미학의 방법론과 전개, '예술기호론' 중 「넬슨 굿먼의 예술기호론」

넬슨 굿먼의 예술기호론

황유경

1. 미학의 새로운 구상

굿먼(Nelson Goodman)의 『예술의 언어(*Languages of Art*)』(1968)는 영미 철학에서 기호론적 미학을 견고한 새로운 지평으로 재생한 작업이다. 자신의 박사학위 논문의 개정 · 확대 저술인 『현상의 구조(*The Structure of Appearance*)』(1951) 이래로 유사성이나 닮음 개념이 철학적 설명 어디에서 사용되건 설명력을 결여한다는 생각이 굿먼으로 하여금 도상기호 개념 없이 기호론적 미학을 재구성하도록 촉구하였을 것으로 보인다. 그는 어느 것이라도 그 밖의 어느 것과도 어떤 방식으로 유사하다는 논지로 유사성에 근거한 기호관념을 거부한다.[1]

전통적인 미학에 의하면 예술은 창조적이며 미를 추구하고 정서에 호소하며, 과학은 서술적이고 진리를 추구하며 이성에 호소한다. 그러나 굿먼이 설득력 있게 논변하듯이 예술과 과학은 그렇게 다르지 않다. 그는 예술도 과학 못지않게 '세계제작(worldmaking)' 에 참여한다고 강력하게 주장한

1 Nelson Goodman, "Seven Strictures on Similarity", in *Problems and Projects,* Indianapolis: Bobbs-Merrill, 1972.

다. "예술은 이해(understanding) 증진의 넓은 의미에서 지식의 발견 · 창조 · 확대의 양태로서 과학 못지않게 심각하게 받아들이지 않으면 안 된다"[2] 고 그는 말한다. 이런 입장에서 그의 미학은 미와 예술의 본질이나 미적 우수성과 가치를 조명하는 대신, 예술기호의 종류와 기능에 대한 분석적 연구를 통해 예술작품이 평가나 감상이라기보다는 이해의 대상이며 나아가 우리가 살고 있는 세계의 이해에 기여함을 밝힌다. 예술작품은 기호(symbol)이므로 그 자체 외부 사물과 인지적 관계를 맺는 것으로 경험된다. 외부 사물을 지칭(refer)한다는 말이다. 그러므로 예술작품 이해란 그것을 올바르게 해석하는 일이다. 즉 쾌와 관련하여 작품을 수동적으로 수용하거나 관조하는 것이 아니라, 작품이 기호화하는 것을 능동적으로 파악하고 또 어떻게 다른 세계-판본(world-versions)과 맞거나 맞지 않는지 알아내는 일이다.[3] 예술경험이란 이른바 순수한 미적 경험이 아니라 인지경험이 된다. 이렇게 미학은 가치론이 아니라 인식론에 속하는 것으로 새롭게 구상된다. 예술이 인지 기능을 수행한다면 미학은 그 방법을 설명한다.[4]

굿먼과 그를 따르는 엘긴(Catherine Elgin)은 새로운 인식론을 구축하여 '진리(truth)' 대신 더 넓게 '옳음(rightness)'을, '지식(knowledge)' 대신 더 넓게 '이해(understan ding)'를 추구한다.[5] 진리는 진술에만, 그것도 진술이

---

2 Nelson Goodman, *Ways of Worldmaking*, Indianapolis: Hackett, 1978, p. 102.

3 Goodman, *Ways of Worldmaking*, pp. 109-140.

4 Catherine Elgin, "Relocating Aesthetics: Goodman' s Epistemic Turn", in *Between the Absolute and the Arbitrary*, Ithaca: Cornell Univ. Press, 1997, pp. 63-80; Catherine Elgin, "Reorienting Aesthetics, Reconceiving Cognition" Symposium: The Legacy of Nelson Goodman, *The Journal of Aesthetics and Art Criticism* 58, 2000, pp. 219-225. 이 두 논문은 엘긴이 굿먼을 이으며 미학의 새로운 전환을 개관하는 가장 최근의 글이다. 황유경, 「예술인지주의와 예술교육, 대학 예술교육의 현황과 개선방안에 관한 연구 (II)」, 『미학』 32, 한국미학회(2002) 참조.

5 Goodman, *Ways of Worldmaking*, chs. 1, 7; Nelson Goodman and Catherine Elgin, *Reconceptions in Philosophy and Other Arts and Sciences*, Indianapolis: Hackett, 1988, chs. 1, 10; Catherine Elgin, *Considered Judgment*, Princeton: Princeton Univ. Press, 1996; 황유경, 「지식으로부터 이해로의 이행: 정서 · 예시 · 허구 · 은유의 인지적 기능 (I)」, 『미학』 42, 한국미학회, 2005, 241-278쪽; 황유경, 「지식으로부터 이해로의 이행: 정서 · 예시 · 허구 · 은유의 인지적 기능 (II)」, 『미학』 45, 한국미학회, 2006, 203-252쪽.

말하는 것에만 적용된다. 그러나 옳음은 모든 종류의 기호들(문자(verbal) 기호와 비문자 기호)과 기호 기능들(지시와 예시와 표현)에 적용된다. 과학도 진리만을 탐구하지 않는다. 과학은 오히려 이상화 · 체계 · 근사 등을 추구하며 진리를 이에 맞추어 놓곤 한다. 만일 우선적인 인지적(cognitive) 목표가 참인 믿음(belief)의 축적이라면 우리는 무엇보다도 하찮은 진리에 주목하는 것이 효과적이다. 그러나 과학은 하찮은 진리에 개의치 않으며 어떤 의미 있는 진리는 과학의 소관이 아니다. 진리는 단순성 · 설명력 · 감수성 등과 대등한 하나의 인지적 가치다. 나아가 예술은 드물게 정당화된 참인 믿음을 지닌다. 물론 믿음은 인지적이지만 인지는 믿음만으로 이루어지지 않는다. 논리적 추론 외에도 지각적 식별 · 관계 파악 · 패턴 간파 · 정서적 통찰 등과 같은 것도 인지적이다.[6] 이런 것들은 때로는 믿음에 영향을 미치더라도 반드시 그렇지는 않다. 이렇게 인지를 넓게 본다면, 예술이 흔히 믿음을 가져오지 않는다는 사실은 예술이 인지에 주변적임을 보이지 않는다. 이런 맥락에서 지식은 이해로 이행한다. 우리는 사실과 더불어 행위, 가치, 기능, 회화, 음악, 단어 등을 이해한다.

이런 넓은 의미의 인지는 언어사고에 국한되지 않고 상상, 감각, 지각, 정서 등을 패턴 간파나 관계 파악 등 미적 이해의 복합적인 과정에서 수용한다. 이런 관점에서 정서나 상상은 개념이나 지각이나 감각과 섞여 상호작용하며 인지 기능을 하게 된다. 이렇게 보면, 이해를 이루지 않고 쾌나 환희만으로는, 음악에 "다만 빠져드는 것(bathing)"[7]만으로는 인지도 이루지 않으며 따라서 미적 경험이란 없다. 즐거운 감정이 새로운 패턴 같은 것을 식별하는 수단이 되며 작품 이해에 기여할 때, 감정 그 자체를 목표로 두는 것은 미적 경험을 이를테면 뜨거운 목욕과 같은 범주에 두는 그른 일이다. 바꿔 표현하자면, "이해 없는 감정은 맹목이며, 감정 없는 이해는 공허

---

6 Goodman, *Of Mind and Other Matters*, Cambridge: Harvard Univ. Press, 1984, p. 84.
7 Goodman, *Of Mind and Other Matters*, p. 197.

하다"[8](이런 점에서도 예술은 과학과 유사하다. 과학에서 의욕을 심어 주는 심적 동요, 성취 과정상의 만족감 등이 없다면 과학은 침체하지만 그런 것 자체가 목표가 아님은 예술과 같다.)

2. 지칭 기호로서 예술

예술작품이 기호(symbol)이므로 기호체계 안에 존재하고 체계의 통사론과 의미론이 각각 기호의 정체와 의미를 결정한다고 할 때, 지시(denotation)와 예시(exemplification)가 지칭(reference)의 두 가지 양태라는 굿먼의 기본 전략을 고찰하자.(굿먼의 의미론은 내포를 허용하지 않는 외연주의 의미론이다. 지시건 예시건 물리적인 사물을 지칭한다. 즉 나타낸다.(standing for) 이는 굿먼의 초기 의미론에서 이미 드러난다.)[9] 먼저 기호는 그 기호가 적용되는 것을 지시한다. 즉 이름은 그 담지자를 지시하며, 술어는 그 외연 내 성원들을 지시한다. 굿먼은 이 친밀한 해석을 비문자적 기호를 수용하기 위해 확대한다. 초상화는 그 소재를 지시하며 어느 대상 일반의 그림은 그 그림이 특징화하는, 즉 적용되는 집단의 성원들을 지시한다. 이렇게 조형예술적 재현(representation)도 지시다.[10] 그러나 허구적 기호는 지시를 결여하며, 이런 기호의 해석은 어떤 용어가 그것을 지시하는가에 의존한다. 이를테면 '일각수-그림'은 허구적인 실체인 일각수의 형상을 결정하는 그림을 지시한다.[11] '이상적인-가스-서술'은 허구적인 이상적 가스의

8 Goodman, *Of Mind and Other Matters*, p. 8.

9 Goodman, "On Likeness of Meaning", 1949; "On Some Differences about Meaning", 1953, in *Problems and Projects*, Indianapolis: Bobbs-Merrill, 1972, pp. 221-230; 231-238.

10 Goodman, *Languages of Art*, Indianapolis: Hackett, 1976, pp. 3-6 (김혜숙 · 김혜련 옮김, 『예술의 언어들』, 이화여자대학교출판부, 2002).

11 Goodman, *Languages of Art*, pp. 21-26.

성격을 결정하는 단어와 방정식을 지시한다. 이처럼 재현을 모방으로 보지 않고 지칭으로 본다면, 그림은 언어를 이해하듯이 이해해야 하며 그림 '언어'의 능통을 요청한다. 그렇다면 사실주의(realism) 그림이란 세계를 특별히 유사하거나 정확하게 모방하는 그림으로 정의할 수 없다. 결국 굿먼에 의하면 사실주의의 고정된 기준은 없으며, 사실주의란 그림이 속한 기호체계의 친밀함 문제다.

비구상 미술은 지시하지 않는다. 전형적으로 건축이나 기악도 지시하지 않는다. 이런 예술들은 종종 예시에 의해 지칭한다. 굿먼에 의하면 예시는 소유와 지칭의 합이다.[12] 전형적으로 양복점 천조각 견본은 그 천의 색채, 질감 등을 예시한다. 그러면 예술작품은 한 술어가 그 예술작품을 지시하고 그 예술작품이 그 술어를 지칭할 때 오직 그럴 때에만 그 술어를 예시한다. 예시되는 속성은 예술작품이 소유하고 지칭하는 속성이다.(외연론자이며 유명론자인 굿먼에 의하면 엄밀히 말해 의미, 개념, 속성이 아니라 그림, 도표, 술어 같은 구체적인 물리적 부호(label)가 예시된다. 그러나 이를테면 "이 대상은 푸르다"는 "이 대상은 '푸르다' 술어로 지시된다"로 대치할 수 있으므로 속성은 흔히 등장한다.)[13] 어떤 속성을 사례화하고 동시에 지칭하는 어느 기호(사례, 견본)도 그 속성을 예시한다. 그 속성을 강조하거나 전시함으로써 그 속성에 대한 인식적 접근을 마련하는 것이다. 몬드리안의 〈트라팔가 광장〉은 놀랍게 정밀한 기하학적 관계를 예시한다. 예시는 어느 대상이 어떤 특징에 관한 것일 때 그 대상이 그 특징을 전시하거나 구현하는 방식을 매혹적으로 포착한다.

적절한 규약이 있다면 기호가 적용되는 어느 것이라도 그 기호는 지시할 수 있다. 그러나 기호가 갖는 특징 가운데 어느 것만 예시할 수 있다. 어느 조각가의 누드조각이 화요일에 의뢰되었더라도 그것은 전시장에서 '화요

12 Goodman, *Languages of Art*, pp. 52-67; Catherine Elgin, *With Reference to Reference*, Indianapolis: Hackett, 1983, pp. 71-81.

13 Goodman, *Languages of Art*, pp. 54-55, 131n.

일에 의뢰됨'을 예시하지 않는다. 그 조각은 전시되어 이 속성을 강조하거나 드러내거나 전달하지 않기 때문이다. 특히 예술에서 기호의 어느 국면이 예시하고 또 그것이 정확하게 어느 특징을 예시하는지 종종 명백하지 않고 미묘하며 식별하기 어렵다. 지시와 예시는 서로 배제하지 않는다. 지시하는 예술작품은 보통 예시도 한다. 톨스토이의 『전쟁과 평화』는 19세기에 일어난 보로디노 전투를 지시하고 톨스토이의 역사철학을 예시한다. 휘슬러의 〈회색과 검정색의 배열〉은 휘슬러의 어머니를 지시하는 한편 회색 농도를 예시한다. 예술에서 기호는 전형적으로 상호 생기를 주는 다수의 지칭 기능을 수행한다.

하나의 기호는 한 영역 내 대상들을 집단적으로 분류하는 대안들의 일족 내 성원이다. 은유는 축어적인(literal) 기호 도식을 먼 영역으로 수출하거나 본래의 영역의 새로운 분류를 가져오기 위해 다시 적용한다. 이를테면 개들을 분류하는 도식은 사람들을 분류하는 도식으로 전이한다. 그 전이 아래 열렬한 대학생은 헐떡거리는 강아지가 된다. 사람들에 대한 이런 재분류는 새로운 패턴과 구분을 드러낸다. 즉 인지적이다. 굿먼에 의하면 지칭은 축어적일 필요가 없다. 기호가 비유적으로 특징화하는 대상을 그 기호는 진정으로 지칭한다. "기초를 견고하게 다졌다"는 말은 어느 이론을 은유적으로 지시하고 그 이론에 관해 고지적이며 (은유적으로) 참이다. 또한 괴델의 증명이 강력하다면, 그 증명은 강력함을 은유적으로 예시한다. 은유적 지시와 예시는 진정한 지시이며 예시다.[14]

예술작품은 정서를 축어적으로 사례화할 수 없으므로 축어적으로 예시할 수 없다. 그러나 예술작품은 정서나 다른 특징을 은유적으로 예시할 수 있다. 굿먼에 의하면 표현(expression)은 은유적 예시의 한 유형이다.[15] 예술작품은 예시하는 미적 특징을 표현한다. 미켈란젤로의 〈모세〉는 가까스로

14 Goodman, *Languages of Art*, pp. 68-85; Goodman, *Of Mind and Other Matters*, pp. 71-77; Elgin, *Considered Judgment*, pp. 196-204.

15 Goodman, *Languages of Art*, pp. 85-95; Elgin, *With Reference to Reference*, pp. 82-85.

억제된 분노를 표현한다. 굿먼에서 예술작품이 표현하는 것은 예술가나 감상자가 어떻게 느끼는가에 의해서가 아니라 그 작품이 기호화하며 인식적으로 접근하는 것에 의해 결정된다. 그러면 감정의 표현조차 감정을 발생케 하는 고안이 아니고 감정을 지칭하는 고안이다. 굿먼은 표현이 정서 영역에 한정됨을 거부한다. 이를테면 바흐의 〈푸가 기교(Art of the Fugue)〉는 대칭과 형체를 표현하듯이, 예술작품은 다른 미적 특징도 은유적으로 예시한다. 굿먼 견해의 이점 가운데 하나가 다른 이론가들처럼 정서 표현에 주목을 한정하지 않고 비정서적 속성의 표현을 허용한다는 점이다.

그러나 예술은 은유적으로 예시하는 각 특징을 다 표현하지는 않는다. 한 예로, 진행 중 막혀 버린 작가의 작업은 은유적 블랙홀의 사례다. 그러나 그것은 예술작품으로서가 아니라 좌절한 노력으로서 그 은유를 예시하므로 '블랙홀'을 표현하지는 않는다. 굿먼에 의하면, 그림은 그 축어적인 회화적 속성들에 상대적으로 일정한 속성만을 표현한다. 그러나 그는 그림의 무수한 속성 가운데 어느 것이 축어적인 회화적 속성인가에 관해 거의 말하지 않는다. 굿먼의 생각을 엘긴이 짐작하듯이, 축어적인 회화적 속성들을 남김없이 상술할 수 없다. 새로운 작품이 새로운 축어적 속성을 드러내게 되기 때문이다. 우리는 새롭게 물감의 점착성, 캔버스 짜임, 채색한 표면의 지형 등이 축어적인 회화적 속성들임을 감식하게 된다. 그러면 우리는 이런 속성들에 상대적으로 일정하게, 표현된 은유적 속성을 인정하게 된다. 예술이 표현할 수 있는 특징에 선험적인 한계는 없다.

예시 개념은 비대상 그림과 소위 순수한 기악이 아무것도 재현하지 않고 서술할 수 없지만 어떻게 의미를 지닐 수 있는가를 설명하는 데 특히 유익하다. 예컨대 베토벤의 〈5번 교향곡〉은 '승리를 향한 투쟁'을 예시한다. 이론가들은 음악이 '음악 외적인' 의미를 가질 수 없다고 주장하는가 하면, 심리적인 이야기를 전달할 수 있다고 주장하기도 한다. 예시 개념이 양 견해를 화해시킨다. 이 개념이 어떻게 음악이 그 자체가 소유하는 성질이기도 한 음악 외적인 성질을 지칭할 수 있는가를 보인다. 베토벤의 그 교향곡에서 장애에 대한 투쟁과 승리는 음악적이자 심리적이다. 굿먼의 예시 개념은 어떻게 '순수한' 음악적 구조가 '음악-외적인' 의미를 가질 수 있는가에 관해 말하는 우아한 방식을 제공한다.

많은 지칭이 지시와 예시의 결합이다. 이를테면 렘브란트의 〈야경〉은 여러 역사적 시대의 다양한 의상을 등장시키며, 묘사하는 시민군의 자랑스러운 역사를 인유(alludes)한다. 즉 이 그림은 그 시민군의 역사를 예시하도록 옷을 입은 인물들을 지시하며, 따라서 간접적으로 그 역사를 지칭한다. 라파엘로의 〈아테네 학당〉은 미켈란젤로의 시스틴 성당 프레스코의 영향을 보이지만 그 프레스코를 인유하지는 않는다. 이 그림이 미켈란젤로의 프레스코와 공유하고 또 그것으로부터 취하는 특징을 예시하더라도, 그 특징을 그 프레스코를 지칭하는 수단으로 사용하지는 않기 때문이다. 반면에 카라바지오의 〈성 마태의 소명(Calling of Saint Matthew)〉은 인유를 둔다. 이 그림에서 마태에 대한 예수의 제스처는 미켈란젤로에서 아담에게 손을 뻗는 신의 묘사로 되돌아가며, 그 권위를 그 묘사에서 유래하게 하기 때문이다. 여기서 카라바지오 작품은 공유하는 특징을 미켈란젤로 작품으로 가는 다리, 그리고 그 작품에서 오는 다리로서 사용한다.

굿먼은 변주(variation)를 간접적인 지칭의 복합적인 형태로 본다. 변주는 어떤 면에서는 그 테마를 닮고, 또 어떤 면에서는 그 테마와 달라야 한다. 그러나 이런 점에서는 어느 두 악절도 그러하다. 오히려 굿먼에 의하면, 변주를 조장하는 것은 다만 공통성과 대조가 아니고 공통성과 대조를 경유하는 지칭이다. 변주는 공유한 특징의 축어적인 예시를 경유하여 그 테마를 지칭하며, 대조적인 특징의 은유적 예시를 경유하여 그 테마를 지칭한다. 이렇게 변주로서 기호 지위는 그 지칭 기능에 의존한다. 그러면 변주는 음악에 국한되지 않는다. 이를테면 벨라스케스의 〈궁녀들(Las Meninas)〉을 변주한 피카소의 널리 알려진 작업은 다만 벨라스케스 작품을 계발하지 않고, 예술로서 그림에 열려 있는 가능성을 계발한다. 굿먼의 설명은 우리가 전형적으로 변주로 고려하지 않는 작품을 재고하고, 그 작품에서 지금까지

간과한 관계를 추구하기 위한 방책을 마련한다.[16]

3. 기호체계 구조와 미적 징후

예술의 이해와 예술을 통한 세계의 이해를 논의하기 위해서는 무엇보다도 예술기호와 비예술기호를 구분해 내는 일이 중요할 것이다. 굿먼은 이 문제에 어떻게 접근하는가? 굿먼은 예술의 본질이 없다고 생각한다. 그는 형이상학적 근거 위에서 본질에 대해 회의적이다. 예술은 계속해서 신천지를 개척하며, 새로운 작품은 새로운 방식으로 기능을 한다. 그래서 미적 기능의 뚜렷하고 안정된 기준은 발견될 것 같지 않다. 예컨대 파운드 아트는 맥락에 따라 예술로 기능을 하기도, 하지 않기도 한다. 그러면 "무엇이 예술인가?"라는 본질주의 물음은 "언제 예술인가?"로 대체된다.

여기서 대상이 미적 기호로서 작용할 때 그 대상을 구분해 주는 것은 그것이 어떤 징후(symptom)를 소유하는 경향이 있다는 점이다. 먼저 어떤 면의 가장 미세한 차이가 기호 간 차이를 이루게 되는 "통사론적 조밀(syntactical density)"과 어떤 면의 가장 미세한 차이가 구분하는 사물들에 대해 기호들을 마련하는 "의미론적 조밀(semantic density)"이 있다. 이들 조밀 징후는 "유한차별(finite differentiation)" 혹은 "분절(articu lateness)"과 대립한다. 예컨대 전자 디지털 온도계가 통사론적으로 분절적이라면 눈금 없는 수은 온도계가 통사론적으로 의미론적으로 조밀하다. 특히 조형예술과 어떤 도표(diagrams)를 포함하는 재현 체계는 통사론적으로 조밀하다. 이를테면 한 유화는 어느 사람을 키가 크게, 다른 유화는 작게 묘사할 때 또 다른 유화는 그 중간 키로 묘사할 수 있고 또 다른 유화는 작은 키와 중간 키의

---

16 Elgin, "Relocating Aesthetics: Goodman's Epistemic Turn", in *Between the Absolute and the Arbitrary*, Itacha: Conell Univ. Press, 1997, pp. 70-72.

가운데 키로 묘사할 수 있으며, 이렇게 그 키는 무한히 이어질 수 있는 것이다. 미적인 것의 다른 징후는 기호의 비교적 많은 면이 의미 있게 되는 "통사론적 충만(syntactical repleteness)" 속성으로서 통사론적 "희박(attenuation)"과 대립한다. 유화와 심전도(EKG)가 그 차이이다. 기호체계의 이들 속성은 "그 식별을 위해 최대한의 감수성"을 요청하는 것들이다. 또 다른 징후로 "지시"와 대립하는 "예시" 속성이 있고, 마지막으로 하나의 기호가 통합하고 상호 작용하는 몇몇 지칭 기능을 수행하게 되는 "다수의 복합적인 지칭" 징후가 있다.[17] 은유가 복합적인 지칭의 가장 친밀한 양태다.

이 다섯 가지 징후는 질환의 징후처럼 미적인 것의 정확한 정의로 받아들여서는 안 되며 다만 단서에 불과하다. 어떤 징후는 예술과 무관한 기호에서도 발견되며, 또 어떤 징후는 어떤 예술에서만 발견된다. 그러나 이 징후들은 미적 경험에서 두드러진 경향이 있다. 하나의 기호가 다섯 개 징후를 모두 갖추면 그 경험은 미적 경험이 되며, 어느 경험이 미적 경험이 되기 위해서는 그 기호는 적어도 하나의 징후를 갖추는 것이 필요하다. 과학기호가 정상적으로, 단독으로, 직접적으로 지칭한다면, 예술에서 지칭은 종종 복합적이고 다수적이며 직접적이 아니다.(조밀과 충만 대신 분절과 희박이 과학기호를 특징짓는 경향이 있다.)

이 다섯 가지 속성은 기호체계 표기법(notation)의 제 요건을 고려하는 가운데 드러난다. 굿먼에서 표기법 테마는 위조 문제 논의로 시작하여, 연주들에서 음악 작품을 규정하는 악보의 일차적 기능을 수행하는 음악기보법(musical notation)을 고려하여 표기법의 특성화로 나아가며, 이어서 표기법의 각 요건을 충족하는 여부에 따라 다른 기호체계들을 분류하는 데로 진행한다.[18]

17 Goodman, *Languages of Art*, pp. 252-255; Goodman, *Ways of Worldmaking*, pp. 67-70; Goodman, *Of Mind and Other Matters*, pp. 135-138.

18 Goodman, *Languages of Art*, pp. 99-123, 127-157, 179-187, 225-232; Elgin, *With Reference to Reference*, pp. 97-113; Goodman and Elgin, *Reconceptions in Philosophy and Other Arts and Sciences*, pp. 121-131.

표기법에 순종하는 예술이 위조 가능하지 않은 예술, 곧 "대필예술(allographic art)"이라면, 표기법에 순종하지 않는 위조 가능한 예술은 "자필예술(autographic art)"이다. 전형적으로 음악이나 문학이 악보나 텍스트를 갖추어 전자라면, 회화나 조각은 그렇지 못하며 후자다.

굿먼은 악보 기호체계의 특수한 성격을 고려하여 표기법의 다섯 가지 형식적 특성을 찾는다. 요컨대 의미상 애매한(ambiguous) 표현이 없는 어느 체계가 통사론적으로, 의미론적으로 각각 분리(disjoint)되며, 조밀(dense)하지 않고 유한하게 차별(differentiated)된다면 그 체계는 표기법 체계가 된다. 이 엄격한 요건은 악보가 일차적 기능을 수행하기 위한 필요조건을 모색하는 결과로 나타났지만, 사실 이를테면 피아노 악보에서 c-올림표(c-sharp)와 d-내림표(d-flat) 같은 기호는 의미론적 요건을 깨뜨린다. 그러나 표준음악 기보법은 표기법의 이론적 요건 충족에 가깝게 다가간다. 음악에서 미적인 것이 다만 악보를 읽는 데서 발견하는 것이 아니라면 요건 위반은 차라리 허용된다. 음악은 음의 조밀한 분야에 속한다.

지시 기호체계인 음악 기보법이 표기법 언어에 근접한다면, 다른 지시 기호체계인 문학을 구성하는 자연언어는 통사론적으로 분리되며 유한하게 차별된다. 예컨대 알파벳에서 a의 어느 복제도 하나의 문자 a에만 속하고 또 그것이 어느 하나의 문자인지 곧 a라고 결정하는 것이 원리상 가능하다. 그러나 자연언어는 의미론적 요건 어느 것도 충족하지 않는다. 즉 예컨대 호랑이는 '힘이 세다', '사납다', '고양이보다 체격이 크다' 등 많은 표현들에 순응(comply)하듯이, 순응집합들이 상호 교차하므로 의미론적으로 비분리적이다. 그리고 어느 꽃의 색에 대해 '적색', '진홍색', '적색과 진홍색의 중간색' 등으로 기술할 수 있듯이, 어느 대상이 상호 배타적인 많은 술어 가운데 어느 것에 순응하는지 알아내기 어려우므로 의미론적으로 조밀하다. 즉 유한 차별을 결여한다. 또한 자연언어는 외연이 같은 다양한 표현들을 포함하는 것만 보아도 의미론적으로 애매하다.

또 다른 지시 기호체계인 회화나 조각이나 도표 같은 재현체계는 모든 표기법 요건을 위배한다. 즉 자연언어인 알파벳과 달리 기호의 어떤 특징이 통사론적으로 의미 있는지 결정할 일반적인 기준이 없다. 통사론적으로 비분리적이고 조밀하다는 것이다. 그리고 자연언어처럼 의미론적으로 비분리적이고 조밀하다. 또한 이런 체계들에서 기호는 축어적 해석을 두 개 이상 갖거나 축어적 해석과 은유적 해석을 함께 지니기도 하므로 종종 애매하다.

이상과 같이 통사론적 조밀이 재현 기호체계와 다른 기호체계를 구분해 준다. 그러나 회화를 어떤 도표 같은 다른 재현체계와 구분해 주는 것이 기호의 어지간히 많은 국면들이 의미 있게 되는 "충만(repleteness)"이다. 이를테면 통상 선의 색과 굵기가 도표에서는 우연적이더라도 회화에서는 기호 구성적 특징인 것처럼 회화는 상대적으로 충만하다.

앞에서 예시란 기호에 적용되는 부호에 대한 그 기호의 지칭이라고 했다. 예술에서 표현(은유적 예시)과 예시도 지금까지 지시체계 분류에서 사용한 것과 같은 통사론적 · 의미론적 특징을 드러낸다. 예시체계에 대해 잠깐 살펴보자. 이는 기호가 조밀한 지칭 분야에서 어느 부호를 예시하는가를 발견하는 일과 관련된다. 먼저 회화와 조각에서 예시는 통사론적으로 의미론적으로 조밀하다. 기호가 그러하듯 기호가 예시하는 속성도 차별되지 않는다. 음악에서 작품이나 악보는 앞에서 논의했듯이 표기법 체계에 속하지만, 음악 연주는 음의 조밀한 분야에서 감정이나 속성을 예시한다. 문학에서도 기호는 차별적이지만 예시되고 표현되는 감정과 속성은 조밀하다. 이상과 같이 예술에서 예시기호가 부호를 지칭할 때, 한 기호가 예시하는 어느 부호에 대해서도 적어도 대등한 지칭체 후보감인 또 하나의 부호가 있게 된다는 의미에서 그 지칭 영역은 조밀하다. 뿐만 아니라 예시기호는 상대적으로 충만하다. 즉 지금까지 간과한 다른 부호의 예시가 언제나 가능하다. 결국 예술작품이 예시하는 것을 알아내는 일은 무한하게 섬세한 탐구를 요구하는 일이다.[19]

4. 예술 해석의 비결정성과 이해 증진

과학이 재생할 수 있는 결과와 간주관적인 일치를 귀중히 여긴다면, 요컨대 조밀과 충만을 특징으로 하는 예술은 일치보다 감수성을 더 높게 보며 재생할 수 없는 결과를 열망한다. 이는 예술이 해석상 끝없는 불일치를 용인하는 것과 관련된다. 예술작품의 구성과 의미는 즉각적으로 명백하지 않으며 그 해석은 마치 암호 해독과 같다. "의미의 다수성, 미묘하고 복잡한 애매성은 흔히 과학담론에 반대되는 문학담론의 긍정적이며 활력 있는 특징이다"[20]라고 굿먼과 엘긴은 말한다. 한 작품의 여러 해석 각각이 그 작품의 국면들에 부합할 수 있으며, 어느 해석도 모든 것을 포함하지는 않는다. 그래서 하나의 해석만이 옳다는 주장은 독단이다. 최선의 방침은 최상의 해석적 표준을 충족하는 어느 해석도 수용하는 일이다. 이렇게 한 예술작품은 다수의 옳은 해석들을 허용하며 반대되는 해석들을 환영하기도 한다. 예컨대 셰익스피어의 『헨리 5세』는 군국주의적인가, 평화주의적인가? 단호한 결정이 원리상 불가능하다는 것이 이 작품의 가장 흥미롭고 강력한 특징 가운데 하나로 여겨져 왔다. 애매함 · 모호함 · 다의성이 과학적으로는 해악이더라도 예술적으로는 종종 덕목이 된다.[21] 어느 하나의 해석이나 일단의 해석들도 작품에 대해 마지막 말을 전한다고 주장할 수 없다는 점에서 예술은 무진장하다. 조밀과 충만이라는 예술적 특징이 가져오는 비결정성이 효과적으로 인지 기능을 발휘하기 때문이다.

여기서 인지 방책은 예시 지칭이다. 표준적인 언어철학에서 인지 방책의 패러다임은 지시 지칭에 의한 명제 표현이었다. 굿먼 철학의 가장 독특한

19 Goodman, *Languages of Art*, pp. 232-241; Elgin, *With Reference to Reference*, pp. 121-125.

20 Goodman and Elgin, "Interpretation and Identity: Can the Work Survive the World?" in Goodman and Elgin, *Reconceptions in Philosophy and Other Arts and Sciences*, p. 55.

21 Israel Scheffler, *Beyond the Letter*, London: Routledge & Kegan Paul, 1979, pp. 6-7.

특징이 인지를 더 넓게 보아 예시를 지칭의 한 양태로 설정하는 점이다. 예컨대 제초(除草)에 대해 말하기(tell)보다는 실제로 보여 주는(show) 것이 더 효과적이듯이, 예시가 지시보다 더 나은 인지 방책인 경우가 있다. 지시처럼 사물이나 사태를 지칭하지 않고 그 속성을 예시할 때, 사물이나 사태에 내재하는 많은 속성들이 지칭체 후보가 된다. 그래서 특히 예술작품에서 우리는 의외의 의미를 발견하곤 한다. 위에서 예시체계를 논할 때 조밀과 충만이 그 체계를 특징짓는다고 했으며, 예시 자체 또한 예술의 한 징후였다. 『헨리 5세』는 비결정적인 예시를 통해 전쟁과 평화 관념에 대한 유별난 긴장을 일으키며 그들 관념의 이해를 더 깊게 해준다.

5. 이해 증진 수단으로서 정서 반응과 평가

예술이나 미학의 목적인 양 여겨지곤 한 문제가 바로 정서와 평가의 문제다. 이에 대한 굿먼의 관심도 그것들이 이해 증진에 기여한다는 사실에 있다.[22] 먼저 굿먼은 특별한 미적 정서라는 것을 인정하지 않지만 예술에서 정서의 역할은 인정한다. 앞에서 예술작품이 정서를 표현한다는 것을 다루었거니와 이때 정서는 지칭되며 작품 이해에 중요한 것이었다. 지금 여기서는 정서반응이 이해의 수단임을 밝힌다. 우리는 이를테면 공포영화가 불어넣는 공포의 변화가 달리 간과할지 모르는 그 영화의 의미 있는 특징과 상관됨을 알게 된다. 그리고 종전에 분간하지 않고 '공포' 아래 일괄했던 미묘한 정서적 뉘앙스들을 가려내며 간파할 줄 알게 될 것이다. 세련된 정서라면 예술작품의 미묘하고 의미 있는 국면을 분간해낼 수 있게 함으로써 식별력 있는 지각처럼 미적으로 귀중한 것이 된다. 이렇게 구하는 통찰은

22 Elgin, "Relocating Aesthetics: Goodman's Epistemic Turn", pp. 77-78. Goodman, *Languages of Art*, pp. 245-252; Goodman, "Merit as Means", in *Problems and Projects*, pp. 120-121 참조.

전형적으로 미적 영역 밖으로 투사된다. 정서 반응에 주목하며 이를테면 슬픔과 우울을 분간할 줄 알게 된 뒤, 그 새로운 뉘앙스를 야기하는 어느 대상 안에서 지금까지 인식하지 않은 어떤 국면을 탐지하는 데 그 뉘앙스를 이용한다. 또한 이런 뉘앙스 간 차이는 곧 그 뉘앙스들이 일어나는 상황 간 의미 있는 구분을 가능케 해준다. 이는 인지적 진보다. 이렇게 굿먼이 보기에 예술에서 정서는 목적이 아니고 이해 증진을 위한 강력하고 미묘한 수단이다.

다음으로, 장점도 정서처럼 목적에서 수단으로 전환한다. 굿먼에 의하면 우리는 예술을 이해하기 위해 평가해야 한다. 예기치 않은 평가가 호기심에 불을 댕긴다. 우리로 하여금 작품에 더욱 주의 깊게 주목하도록 촉구하며, 종전에 놓쳤던 미적으로 의미 있는 특징을 찾아내도록 자극하는 것이다. 이렇게 장점도 인지적으로 기능을 발휘한다. 그러면 무엇이 장점에 이바지하는가? 미도 진리도 아니다. 많은 위대한 작품들이 추하며, 허구는 축어적으로 거짓이며 비문자 예술작품은 참도 거짓도 아니기 때문이다. 굿먼에 따르면 오히려 미적 장점은 기호화의 옳음(rightness)에 의존한다. 옳음은 다시 맞음(fit)에 의존한다. 즉 "이런저런 방식으로 지칭되는 것 혹은 다른 작품(renderings) 혹은 조직화의 양태와 방식에 대한 맞음"[23]이다. 쉽사리 맞게 되는 작품은 용이하게 이해할 수 있지만, 현재의 친밀함은 새로운 것을 드러내지 못한다. 그래서 맞음만으로는 충분치 않다. 혁신적인 작품은 맞음의 어려움으로 말미암아 조직화의 친밀한 양태에 도전한다. 그런 작품은 확립된 규약에 의존하며 또 그것을 위반한다. 다시 말해 혁신적인 작품 역시 맞고자 노력하지만, 동시에 세계를 보는 새로운 방식과 새로운 사물을 드러내며 이해를 증진해 준다. 그러면 장점은 맞음과 작용(working)에서 유래한다. 다시 말해 우리가 이미 이해하는 것에 대한 맞음과 이해를 증진하는 작용이다. 즉 "더욱 확고하고 더욱 포괄적인 파악을 성취하는 것, 변

23 Goodman, *Ways of Worldmaking*, p. 138.

칙을 제거하는 것, 의미 있는 식별과 관련을 두는 것, 새로운 통찰을 얻는 것"[24]이다. 물론 혁신적인 작품만이 이해를 증진하지는 않는다. 확립된 고전적 형식을 예시하는 모차르트 후기 4중주곡들이 그러하듯, 고착한 전통 속에 확고하게 근거를 갖는 작품들이 그 전통으로부터 새로운 통찰을 짜내기도 한다. 이런 작품은 앞서 개발하지 않았던 전통의 힘을 드러냄으로써 이해를 증진한다.

6. 인지주의 예술교육의 길

마지막으로 한 가지 주목할 것이 지금까지 논의한 굿먼의 새로운 미학이 예술교육에 활력을 불어넣는다는 점이다. 만일 예술이 영감, 창조성, 천재의 우연한 혼합이라면 교육의 여지는 거의 없을 것이다. 그러나 이제 예술이 어느 다른 교과 못지않은 인지교과라는 관점에서 예술교육은 한결 더 설득력 있게 정당화할 수 있다. 예술작품이 통사론과 의미론 구조체계 내 기호라면 체계의 문법을 익히며 기호처리 기술(skill)을 개발하는 예술교육은 인지교육이라는 학교교육의 우선적 목표에 부합한다. 굿먼의 주도로 1967년 하버드 교육대학원에 설치된 '예술교육 기초탐구 프로그램' 으로서 '프로젝트 제로(Project Zero)' 는 굿먼의 『예술언어』를 바탕으로 여러 경험과학의 성과와 연계하여 다양한 예술교육 연구작업을 수행해 오고 있다.[25]

---

24 Goodman and Elgin, *Reconceptions in Philosophy and Other Arts and Sciences*, p. 158.

25 Goodman, *Of Mind and Other Matters*, ch. 5; Howard Gardner, "Project Zero: Nelson Goodman' s Lagacy in Arts Education", Symposium: The Legacy of Nelson Goodman, *The Journal of Aesthetics and Art Criticism* 58, 2000, pp. 245-249; 황유경, 「예술교육에 대한 인지적 접근: 〈하버드 프로젝트 제로〉 연구 소고」, 『미학』 22, 한국미학회, 1997, 193-223쪽.

더 읽을거리

Elgin, C. (ed.), *The Philosophy of Nelson Goodman* (1-4), NY: Garland, 1997.

__________, "The Legacy of Nelson Goodman", *Philosophy and Phenomenological Research* 62, 2001, pp. 679-690.

__________, "Art in the Advancement of Understanding", *American Philosophical Quarterly* 39, 2002, pp. 1-12.

Scheffler, I., "Nelson Goodman (1906-1998)", in A. P. Martinch & D. Sosa (eds.), *A Companion to Analytic Philosophy*, Blackwell, 2001, pp. 160-168.

참조 항목

『미학대계』 2, 제1부 미학의 근본 문제 중「미적인 것을 부정하는 입장」, 「미적 가치의 이론」,「예술작품의 존재」,「예술작품의 비평(해석)」,「재현」,「표현」,「은유」,「예술과 지식」,「예술과 교육」과 제2부 현대미학의 방법론과 전개 중「전통적인 영미 예술기호론의 개요와 비판」,「현대 영미분석미학의 방법론」

사회학적 미학

예술사회학

민형원

1.

'사회학적 미학' 이라는 섹션에서 다루게 될 사상가들은 모두 예외 없이 일찍부터 마르크스주의의 세례를 받았던 인물들이며, 자신들의 시대와 불화했던 이들 가운데 그람시는 11년에 걸친 무솔리니의 감옥에서의 오랜 수형생활 끝에 이미 일찍이 1937년 사망했고, 벤야민은 나치스의 마수로부터 벗어나려는 절망적인 도피의 도정 가운데서 1940년 자살을 선택했다. 한편 2차대전 이후까지 살아남을 수 있었던 루카치, 블로흐, 아도르노 역시도 오랫동안 망명자의 삶을 강요받았을 뿐 아니라, 살아 있는 동안에는 결코 지울 수 없었던 깊은 정신적 상흔을 지닌 채 살아야 했다.

때문에 이들의 철학과 미학 사상들이 표면적으로 보이고 있는 모든 단절과 차이에도 불구하고 그들의 사상의 근저에는, 그들의 사상의 성립기에 해당하는 1920-30년대의 이론사적 및 역사적 상황이 공통적으로 깊숙이 자리하고 있다. 좀 더 구체적으로 말한다면 1920년대에서 1930년대에 이르는 역사적 · 정치적 상황 가운데서 마르크스주의적 지식인이었던 이들 사이에서 핵심적인 화두가 되었던 '잃어버린 혁명' 의 문제와, '프롤레타리아트 계급의 붕괴' 와 '나치스의 집권' 및 정치적 망명이라는 시대사적 사건들이 이들의 개인사적 경험의 핵심을 이루고 있으며, 이들의 철학과 미학 사상도 당연히 이러한 개인사적 경험에 의해 깊이 각인되고 있다. 따라서 마르크스주의 지식인으로서 이들이 직면했던 1920-30년대의 정치 · 사회 · 이론적 상황에 대한 고찰로부터, 이들의 미학사상의 이론적 출발점을 재확인하는 것이야말로 이들의 미학사상이 어떤 문제의식으로부터 출발 · 전개 · 완성되었는가를 심층적으로 이해할 수 있는 가장 좋은 방법의 하나가 될 것이다.

때문에 '사회학적 미학' 이라는 섹션의 모두에 서게 된 이 글은, 이하에서 개별적으로 자세히 다뤄지게 될 이들 사상가들 각각의 미학사상을 사후적으로 단지 몇 개의 키 워드를 중심으로 압축 요약하여, 입문적인 단편적 정보를 나열하는 손쉬운 길을 가기보다는, 문제사적 관점에서 이들 미학사상이 출발 · 성장해 온 정치 · 역사 · 이론적 상황에 대한 간단한 스케치를 통해 이들의 미학사상이 역사적 문맥 가운데서 차지하는 좌표와 근본적 성격을 분명히 하는 길라잡이가 되고자 한다.

2. 1920년대의 정치적 상황 및 이론사적 상황과 철학의 문제: '잃어버린 혁명'

가. 루카치의 『역사와 계급의식』과 '총체성' 의 문제

1917년의 러시아 혁명 직후의 마르크스주의자들의 희망 찬 확신과는 달리, 1919년 1월 15일의 로자 룩셈부르크의 피살로 마감되는 독일에서의 스파르타쿠스 사건을 마지막으로, 1920년대 들어 서유럽에서는 프롤레타리아트 혁명은 지연 · 불발되는 정도가 아니라 아주 실종될 조짐까지 보이게 된다. 서유럽 선진 국가들 가운데서의 자본주의 사회가 노정할 수 있는 모든 정치 · 경제적 위기 상황의 출현에도 불구하고, 마르크스가 예언하고, 제2차 인터내셔널이 역사의 필연성으로 선언했던 혁명이 이처럼 지연되고 후퇴하고 있는 역사적 현실 앞에서, 마르크스주의 이론은 그 이유를 합당하게 설명하지 못하는 한, 현실을 이론적으로 합당하게 설명할 수 있는 능력을 전면적으로 의심받게 될 위기에 처하게 된다. 루카치의 철학적 주저인 『역사와 계급의식』(1927)은 바로 이러한 마르크스주의 이론이 처했던 위기에 대한 마르크스주의 진영의 이론적 반성들 가운데서 가장 빛나는 결과물이다.

우선 루카치는 당시의 마르크스주의 진영의 이론적 입장을 대변했던 제2차 인터내셔널이 역사 발전과 프롤레타리아트 혁명의 필연성에 대해 채택했던 공식적 입장들, 즉 프롤레타리아트 혁명은 자본주의 사회 가운데서의 생산력과 생산관계의 변증법으로부터 비롯하는 객관적 모순의 격화와, 이로 인한 혁명적 주체로서의 프롤레타리아트 계급의 탄생이라는 역사의 법칙에 따라 필연적으로 도래한다는 '혁명의 물리학'을 정면으로 부정했다. 루카치에게 있어서, 혁명은 단지 자본주의적 모순의 심화라는 객관적인 역사적 조건이 성숙되면 역사의 필연적 법칙에 의거하여 자동적으로 도래하는 것이 아니라, 혁명은 역사의 과정을 주체와 객체, 당위와 존재, 이론과 실천 사이의 역동적 매개 과정으로 꿰뚫어 봄으로써 현실을 그것의 총체성 가운데서 인식하고, 이러한 인식을 근거로 역사적 주체가 실천을 통해 역사 과정에 적극적으로 개입함으로써만 가능한 것이다.

때문에 루카치는 제2차 인터내셔널의 공식적 입장이 사로잡혀 있었던 혁명에 대한 실증주의적이며 기계적 유물론의 입장을 극복하기 위해서 마르크스주의 이론에게 있어서 무엇보다 시급한 것은, 변증법적 방법을 통해 사회와 역사의 발전 과정에 대한 인식의 '총체성(Totalität)'을 회복하는 것이라고 보게 된다. 총체적 인식이야말로 개별적이며 순수한 사실과 존재들을 물신화하고 있는 실증주의를 넘어서, 역사를 주관과 객관, 당위와 존재, 이론과 실천의 매개 과정으로 파악하게 함으로써, 개별적이며 순수한 사실들과 존재들을 끊임 없는 변혁의 과정으로서의 역사 발전의 생성과 경향성 가운데서 파악하는 것을 가능하게 하기 때문이다. 따라서 총체성이라는 범주야말로 혁명적 원리를 온전히 담아내는 것을 가능케 하는 핵심적 범주로서, '마르크스주의 이론을 부르주아 과학으로부터 구분하는' 결정적 기준이라고까지 주장하게 된다. 뒤에 루카치 미학의 핵심적 구상들은 바로 이 '총체성'의 구상의 연장에서 이루어진다.

나. 루카치의 프롤레타리아트 계급의식론

한편 확신에 찬 마르크스주의자답게 루카치는, 현대의 자본주의적 상황 아래서 이처럼 역사 발전의 과정을 주체와 객체의 상호 작용으로 파악할 수 있는 총체적 인식이 가능한 유일한 역사적 주체를 프롤레타리아트 계급이라고 본다. 부르주아 계급은 자신들의 특수한 계급적 이해관계 때문에 부분적, 이데올로기적 인식밖에는 가질 수 없는 데 반해, 프롤레타리아트는 그들이 역사적-사회적 발전 과정 가운데서 놓이게 된 계급적 처지 때문에 자본주의 사회의 소외와 자기분열을 가장 심각하게 겪게 됨으로써, 이를 극복하여야 하는 당위성 역시 가장 강하게 의식하게 된다. 그리고 이러한 사실이 프롤레타리아트로 하여금 필연적으로 자본주의 사회의 극복을 위해 자신들이 직면하고 있는 역사적 상황에 대한 올바른 인식, 즉 역사와 사회 전체에 대한 총체적 인식을 획득 가능하게 할 뿐 아니라, 나아가 자신들의 특수하고 편협한 계급적 이해관계를 넘어서 인류 전체의 보편적 이해를 실현하는 '집단적 메타 주체'가 될 수 있는 '객관적 가능성'을 갖는 유일한 특권적 계급이 될 수 있도록 만든다.

다. 나치스의 집권과 프롤레타리아트 계급의 붕괴

그러나 프롤레타리아트 계급에 의한 혁명의 유예와 지체라는 1920년대의 역사적 현실을 마르크스주의로 하여금 이론적으로 합당하게 설명할 수 있는 이론적 근거를 장만함으로써 마르크스주의가 1920년대에 봉착했던 이론적 · 실천적 위기를 타개할 수 있게 만든 유력한 이론적 시도로 받아들여졌던 루카치의 이론도, 1930년대에 들어서면서는 더 이상 설명력을 가질 수 없을 만큼 현실의 상황은 근본적으로 변화 · 악화된다. 1929년 월가의 증권시장의 붕괴로 시작된 자본주의의 위기는 1930년대에 들어서면서 더욱 전지구적 규모로 심화되었음에도 불구하고, 프롤레타리아트 계급은 여전히 무력했고, 혁명적 변혁이라는 역사적 소명을 실현하지 못했다. 그들은 사회주의적 혁명의 주체이기는 고사하고 오히려 파시즘에 대한 맹목적 지지로 기울었다. 혁명은 완전히 실종되어 버리고 말았다.

이제 프롤레타리아트 계급에 의해 추동되는 역사적 변혁은 더 이상 기대할 수 없게 되었으며, 그렇다고 다른 역사적 변혁의 주체를 상정할 수도 없는 절망적 상황이 왔다. 그리고 이 같은 역사적 변혁을 담당할 주체의 부재라는 상황 인식은, 결국 역사가 급격히 동결상태에 이를지 모른다는 페시미즘으로 이어지게 된다. 이로써 역사 가운데서 혁명적 변혁을 지향하던 마르크스주의 지식인들에게 있어서, 유토피아의 비전을 현실적으로 확보하는 것 자체가 절체 절명의 과제가 된다. 블로흐와 아도르노는 유토피아적 전망을 확보하기 위해 예술이 제시해 주는 유토피아의 가상에 의존하게 된다.[『미학대계』 2, 제2부 현대미학의 방법론과 전개, '사회학적 미학'의 「에른스트 블로흐」와 「아도르노」 참조]

(1) 1930년대 이론의 딜레마적 상황과 정신분석학적 및 문화이론적 시각의 대두

그리고 이러한 문제상황은 프롤레타리아트 계급에 대한 여러 가지 유보적이며, 제한적인 입장에도 불구하고, 프롤레타리아트 계급을 여전히 유일하게 정당한 역사 변혁의 주체라고 상정하면서, 프롤레타리아트 계급에 대해 특권적 의미와 역할을 부여하고 있던 루카치의 모델에 대한 근본적 반성을 불가피하게 만든다.

이때 마르크스주의 이론가들이 새롭게 주목하게 된 것이 종래의 교조적인 기계적인 경제결정론적 유물론은 물론 루카치의 프롤레타리아트 계급의식론도 전혀 고려하지 않은 채 등한시했던, 프롤레타리아트 계급의 의식을 현실적으로 규정 · 구성하는 경제외적 요인들이었다. 파시즘의 지지라는 자신의 이해에도 결정적으로 반하는 당황스러운 정치적 선택을 한 프롤레타리아트 계급을 이해하려면,—경제가 변함없이 여전히 인간의 의식과 행동을 규정하는 일차적 요소라고 인정할 때조차도, 하부구조가 상부구조를 일방적으로 결정한다는 조잡한 반영론의 입장을 포기하고—현실의 인간의 의식형성 및 행동결정과 경제적 하부구조와의 사이에 존재하는 복잡한 심리학적(정신분석학)·문화적 매개항(문화이론)의 섬세한 메커니즘에 대한 연구가 반드시 필요하다는 인식이 싹트게 된다. 이로써 정신분석학적 시각[『미학대계』 2, 제2부 현대미학의 방법론과 전개, '사회학적 미학'의 「에른스트 블로흐」, 「아도르노」, 「그람시」 참조]과 문화이론적 시각[『미학대계』 2, 제2부 현대미학의 방법론과 전개, '사회학적 미학'의 「발터 벤야민」, 「그람시」, 「아도르노」 참조]이 중요성을 획득하게 된다.

좀 더 상세히 말하면 프롤레타리아트 개개인이 현실을 어떻게 경험하고, 규정하는가, 즉 세계를 어떻게 지각·수용하고 인식하는가에 대한 심리학적 이해를 바탕으로, 그들이 어떻게 부르주아 문화를 수용 학습하며 부르주아 문화에 흡수 동화되었는가, 아니면 자신들의 의미나 가치를, 즉 고유의 프롤레타리아트 문화를 창출했는가를 문화이론적으로 밝히는 것이 매우 중요해진다. 이를 통해서만이 혁명이라는 집단적인 계급적 가치가 형상화되고, 실천되어 가는 과정이 어떠한 조건 아래서 가능 혹은 불가능한가를 판단할 수 있기 때문이다.

(2) 1920-30년대의 사회적·문화적 일상과 문화이론적 시각 등장의 불가피성

그리고 이러한 문화이론적 시각의 등장은 사회사적으로나 문화사적으로 보아 제1차대전을 전후하여 문화의 지형 가운데서 나타나는 전면적인 변화에 의하여서도 불가피해진다. 제1차대전을 전환점으로 하여 한편으로는 기술사적 발전을 통해 영화와 사진과 같은 새로운 예술 장르와 매체들이 확산되어 가는 양상이, 또 다른 한편으로는 사회사적으로는 이제까지의 전통적인 서구 근대에 있어서와는 명백히 다른 문화·예술에 대한 대중적이며 소비주의적인 생산·유통 과정을 통해 팝음악, 대중잡지, 광고에 이르는 상업적 대중문화가 서구의 대도시들 가운데서 노동자 계급을 포함한 모든 계급의 일상생활에 깊이 침투해 가는 양상이 현격해졌다.

이러한 새로운 상황은 이에 대응하는 새로운 이론을 필요로 하게 된다. 특히 잃어버린 혁명을 시대사적 화두로 삼고 있던 마르크스주의 이론가들은 프롤레타리아트 계급에 의한 혁명의 불발의 가장 직접적 원인이, 프롤레타리아트 계급이 이데올로기적으로 미성숙했기 때문에 부르주아 문화를 무비판적으로 수용 · 학습함으로써 부르주아 문화에 대해 대항하는 계급 고유의 문화를 창출하는 데 실패했다는 점에서 보았다. 때문에 부르주아 문화에 대한 대항 문화의 창출 가능성을 탐지하기 위해서라도, 문화이론적 작업은 불가피한 작업이 되었다. 그러나 이들의 작업의 신선함은 이러한 문화 상황을 기계적 유물론에 입각하여 밖으로부터 도식적으로 비판하고, 개입하려는 기존의 마르크스주의의 태도를 거부하고, 대중의 일상적 경험 특히 노동자 계급의 생활의 안쪽으로부터 묻고자 했다는 점에서, 즉 이론을 대중의 생활 세계의 안에 내재화시키려 했던 발상의 전환에 있다.

3.

가. 루카치 미학의 근본적 범주로서의 '전형성'과 총체성

루카치의 '총체성'을 중심으로 하는 『역사와 계급의식』에서의 인식론적 · 역사철학적 입장은 그의 미학적 사고로까지 연장되고 있다. 즉 루카치의 주체와 객체, 보편자와 개별자의 역동적 매개를 핵심으로 하는 '총체성'의 개념은, 예술을 현실에 대한 '미적 반영=인식'으로 규정하고 있는 그의 미학사상 가운데서 핵심적 개념으로 기능하는 '전형성'이라는 개념을 통해 그대로 반복되고 있다.

루카치는 인간의 인식이 세계를 반영(인식)하는 방식으로는, '개별성'에 입각한 '일상적 반영', '특수성'에 입각한 '미적 반영', '보편성'에 입각한

'과학적 반영' 이라는 세 가지 방식이 있다고 보았다. 그러나 이들 가운데서 특히 '미적 반영' 에 주목하여야 하는 이유는, 미적 반영의 본질이 그것이 단지 인간의 인식이 개별자에서 보편자로 상승 · 이행하는 과정 속에서 개별자와 보편자를 단순히 양적 · 물리적으로 매개하는 애매한 중간항으로 머무는 것이 아니라, 개별자와 보편자라는 극단적으로 상이한 양자를 질적 · 화학적으로 지양함으로써 대상에 대한 본질적 규정을 능동적으로 가능하게 하는 데 있다는 점이다.

즉 세계에 대한 예술의 독특한 인식 방식인 '미적 반영' 가운데서 나타나고 있는 '전형성' 은, '과학적 반영' 으로서의 학문이나 이론의 공허하고 추상적인 '보편성' 과 자연주의적으로 대상의 직접적인 표피에만 머물고 있는 '일상적 반영' 의 파편적인 '개별성' 을 넘어서, '특수성' 이라는 모습 가운데서 대상에 대한 '구체화된 보편성' 을 제시하고 있다는 것을 보여 준다.

한편 이처럼 예술을 현실의 '미적 반영' 으로 보면서 반영론의 큰 틀을 고수하는 한, 그의 미학 이론은 필연적으로 리얼리즘과 미메시스 개념을 중심으로 전개될 수밖에 없게 되며, 루카치는 역사적 변혁을 위한 예술만이 진정한 예술이라고 보기 때문에 모든 진정한 예술은 당파적일 수밖에 없다고 본다.

나. 블로흐의 가상의 미학(Ästhetik des Vorscheins)

블로흐는 프랑크푸르트 학파의 몇몇 사상가를 제외한다면—그나마 이들은 전적으로 프로이트에만 주목하고 있었다—, 마르크스주의의 이론적 스펙트럼 가운데서 프로이트와 융 모두를 아우르면서 미학의 새로운 지평을 열 수 있었던 유일한 인물이다.

이러한 연장선상에서 블로흐는 프로이트의 백일몽(Tagestraum) 이론 등으로부터 얻은 영감에서 출발하면서, 역사철학의 인간적-사회적 소외와 갈등의 문제('지나간 순간의 어두움', '결핍', '굶주림', '충동-동경', 그리고 유토피아를 배태하는 '백일몽' 의 초기적 경험)가 예술이 제시하는 유토피아의 장대한 '가상' 가운데서 어떻게 반영되고, 이상적으로 해결되고 있는가를 보여 준다. 예술은 인간 역사의 미종결성과 인간 존재의 미충만성에 의해 각인되고 있는 현실의 '역사적-존재적' 차원 가운데서, 역사의 완성의 과정을 '구성' 하거나, 인간적인 '우리와 나의 비밀' 을 '인간학적' 차원에서 해명하면서, 유토피아라는 지향점을 정향하게 만드는 본질적 매체로 기능한다.

예술은 한편으로 역사적 공간 가운데서 '인간적인 것의 현현' 을 열어 보여 줄 뿐 아니라, 또한 미적 가상 가운데서 세계의 가능한 완성된 모습을 보여 준다. 예술을 통해서 획득된 미적 경험은, 한편으로는 충만된 인간의 존재태를 다른 한편으로는 아직은 완결되지 않은 세계의 과정이 어떠한 가능한 완성에로 다가갈 수 있는가에 대해서 보여 준다.

다. 아도르노: 가상의 구원과 비판으로서의 미학

아도르노는 프롤레타리아트 계급의 역량을 철저히 불신했기에, 아도르노도 블로흐와 마찬가지로 예술의 '가상' 에 의존하게 된다. 그럼에도 불구하고 블로흐가 미적 가상을 통해 적극적으로 유토피아를 제시하려는 데 반해, 아도르노는 다만 규제적 의미에서 소극적으로밖에는 예술의 유토피아 제시 가능성을 인정하지 않는다는 점에서, 양자의 입장은 결정적 차이를 갖는다. 이 점에만 국한시킨다면 유토피아의 제시에 있어서 금욕적이며 소극적인 아도르노의 '가상의 미학' 은, 적극적으로 장대한 유토피아를 제시하고 있는 블로흐의 '가상의 미학' 과는 대척점에 선다.

라. 벤야민의 복제기술론

벤야민은 파사쥬 론에서 오늘날의 대중소비사회 문화론의 선구를 이루는 대도시에서의 일상적 소비문화에 대한 전방위적 분석을 보여 주고 있을 뿐 아니라, 복제기술론이나 사진론 등에서 '아우라' 의 붕괴라는 현상을 통해 영화 사진과 같은 복제기술에 근거한 새로운 예술들의 새로운 표현 가능성과, 이들 새로운 매체를 통해 이루어지는 인간의 지각양식의 급격한 변화 등에 대한 연구를 통해, 현대 예술의 생산과 수용의 사회적 · 기술적 조건에 있어서의 구성적 변화를 분명히 함으로써 미학의 새로운 차원을 열고 있다.

마. 그람시의 문화이론

한편 그람시는 지배를 군대나 경찰과 같은 국가의 억압적인 물리적 강제력에 입각해서 이해하기보다는 사회 구성원 개개인의 자발적 동의를 이끌어내는 문화의 이데올로기적 기능과 역할에 근거하여 이해하려는 헤게모니론에 입각하여, 대중의 관습적 일상(민속)에서 노동에 의해 점철되는 현실적 일상(테일러리즘)을 거쳐 대중문화(추리소설)에 이르는, 대중문화에 대한 광범한 이론적 연구를 시도했다.

특히 그가 관심의 대상으로 삼았던 것은, 글로벌하게 확산되어 가는 대중소비문화 가운데서, 그때까지 마르크스주의 운동의 궁극적 근거였던 노동자 계급의 생활세계가 어떻게 변용되고 있으며, 그 변용의 한가운데서 자본주의 사회에 대한 얼터너티브한 문화적 가치를 갖는 프롤레타리아트 계급의 대항 문화가 창조될 수 있는 집단적 계기는 과연 어떤 방식으로 존재할 수 있는가 하는 문제였다. 그의 이론은 마르크스주의가 현대적인 문화상황과 조우하여 대중의 일상적인 생활세계 가운데서 이론을 정립하고자 했던 최초의 생산적 예의 하나이다.

그리고 그의 이러한 문제의식은 이후 아도르노가 망명지 미국에서 경험했던 라디오 음악 및 할리우드 영화 등의 대중예술에 대한 부정적 경험을 바탕으로 전개했던 '문화산업(Kulturindustrie)' 론과 부분적으로 궤를 함께 할 뿐 아니라, 특히 1964년 버밍엄 대학 부속기관으로 창립된 '현대문화연구 센터(C.C.C.)' 에 의해 본격적으로 추진되게 되는 이른바 '문화연구(Cultural Studies)' 의 성립에도 결정적 영향을 미치게 된다.

더 읽을거리

박정호, 「루카치의 역사철학에서 사물화와 주체성의 문제」, 서울대학교 박사학위논문, 1993.

이주영, 『루카치 미학연구』, 서광사, 1998.

루카치, 『역사와 계급의식』, 박정호 외 옮김, 거름 아카데미, 1999.

______, 『미학연구 I-IV』, 이주영 외 옮김, 미술문화, 2002.

이승은, 「에른스트 블로흐의 예술철학에 관한 연구」, 서울대학교 박사학위논문, 1998.

에른스트 블로흐, 『희망의 원리 1-5권』, 박설호 옮김, 열린책들, 2004.

신혜경, 「그람시의 [옥중수고]에 나타난 대중의 문화 정치적 함의에 대한 연구」, 서울대학교 박사학위논문, 2004.

안티니오 그람시, 『대중문학론』, 박상진 해제, 책세상, 2003.

케이트 크리언, 『그람시 · 문화 · 인류학』, 김우영 옮김, 길, 2003.

노르베르트 볼츠 · 빌렘 반 라이엔, 『발터 벤야민』, 김득룡 옮김, 서광사, 2000.

발터 벤야민, 『아케이드 프로젝트』, 조형준 옮김, 새물결, 2005.

베른트 비테, 『발터 벤야민』, 윤미애 옮김, 한길사, 2001.

______, 『발터 벤야민의 모스크바 일기』, 김남시 옮김, 그린비, 2005.

수잔 벅모스, 『발터 벤야민과 아케이드 프로젝트』, 김정아 옮김, 문학동네, 2004.

노명우, 『계몽의 변증법을 넘어서』, 문학과지성사, 2002.

문병호, 『아도르노의 사회이론과 예술이론』, 문학과지성사, 2001.

이순례, 『아도르노와 자본주의적 우울』, 풀빛, 2005.

최유준, 『아도르노의 음악미학』, 세종출판사, 2003.

마틴 제이, 『아도르노』, 최승일 옮김, 지성의 샘, 1995.

근대와 물신을 넘어서*

– 게오르크 루카치의 미학 · 문학 사상 –

조만영

게오르크 루카치(1885–1971)만큼 한국의 문학과 문학인들에 오랫동안 강한 영향을 끼친 외국의 문학 사상가도 그렇게 흔하지는 않은 것 같다. 전후 문단에서 사르트르나 하이데거와 같은 실존주의 철학자들, 최근의 푸코나 라캉, 혹은 아도르노와 같은 철학자들의 영향은 강렬함에 있어서 때때로 루카치를 능가한 적도 있었겠지만, 루카치처럼 오랜 기간 강한 설득력을 지니지는 못했던 것 같다. 한국 문단이 루카치를 처음으로 알게 되는 계기는, 멀리는 일제 시대와 해방 정국에까지 거슬러 올라가기도 하지만(김남천, 임화 등), 루카치가 폭넓게 거론되었던 시대는 무엇보다도 한국 문학계에서 리얼리즘 문학, '운동으로서의 문학'이 활발하게 펼쳐지던 시대였다고 해야 할 것이다. 1970년대 이래 90년대에 이르기까지 때로는 이름 없는 사상가로 인용되고, 때로는 교조로 받아들여지고, 때로는 논쟁적으로 대결해서 넘어서야 할 대상으로 되고, 때로는 뒤늦게 마르크스주의와 사회주의에 대한 내부 개혁의 한 대안으로 주목되면서 루카치는 한국 문학의 한 자리를 차지했다. 황동규 시인이—적어도 비평가들과 학자들 사이에서는—

* 본고는 「게오르크 루카치. 근대와 물신을 넘어서」(문학사상, 1997년 3월 / 문예미학 3호, 1997년)로 발표된 글이다.

우파에게 바슐라르가 있었다면 좌파에게는 루카치가 있었다고 한 것(『나의 시의 빛과 그늘』)은 약간 과장된 모습이기는 하지만 문학계의 한 단면을 적시하는 것임에는 분명하다.

유럽의 한 변방이라고 해야 마땅한 헝가리에서 태어나고 일생 동안 서구와 단절된 동구에서 활동을 한 루카치가 한국에 그렇게 강한 영향을 미친 것은 매우 이례적인 현상이라고 해도 좋을 것 같다. 물론 서구에서 '미학에서의 마르크스'로 불리기까지 한 루카치의 영향력은 한국에만 국한된 예외적인 현상은 아니었다. 문학과 예술에서 마르크스주의에 입문하려는 사람이라면 누구나 어김없이 그 길목을 지키는 루카치라는 수문장을 비켜 갈 수는 없었다. 그러나 루카치가 서구에서뿐만이 아니라 동구 내부에서도 고립되어 있었던 것에 못지않게 한국의 문학계도 루카치 자신에 대해 '고립'되어 있었다. 루카치가 직접 당사자로서 체계화에 일역을 담당한 마르크스주의 문학 이론을 그 근본부터 재성찰하고 내부로부터 개혁을 추구할 때 한국에서 논의는 오히려 루카치의 '30년대의 눈'으로 사물을 보고 있었다. 그런 만큼 루카치의 스탈린주의 비판이나 자기 혁신의 노력은 안전에서 배제되거나 의혹의 눈총을 벗어나지 못했다. 루카치와 우리 사이의 이러한 비동시성은 1930년대에 벌어진 '루카치 · 브레히트 논쟁'을 마치 정통성 논쟁이기나 한 듯이 받아들임으로 인해 한층 더 벌어지기도 했다. 그러나 그것은 1980년대에 우리의 의식의 저층에 묻혀 있던 카프를 복원할 때 회피할 수 없는 시간 감각의 동요와 다르지 않다. 시간 감각의 전복을 대가로 지불하면서 과거와의 시간적인 거리를 뛰어넘지 않는 한 한국에서 마르크스주의와의 만남은 불가능했다.

그렇다면 이제 우리는 너끈히 루카치와 동시대인으로서 함께 호흡하게 된 것일까? 루카치가 마르크스를 '항상 우리의 동시대인'이라고 불렀던 것처럼. 그러나 이제 루카치와의 동시대적인 대화는 또 다른 대가로 외로운 길을 요구하는 것 같다. 말년에 이르러서는 루카치도 폴란드의 철학자 아담 샤프에게 보낸 편지에서 이렇게 지적하고 있다. "우리의 활동은 무수한 불쾌한 사건들과 환멸 등등과 결부되어 있습니다. 그러나 그것은 불가피한 일입니다. 우리가 마르크스주의를 다시 생생한 힘으로 되세우고자 한다면 우리는 불가불 비대중적으로 될 수밖에 없을 것 같습니다. 우리는 정말로 스탈린주의 전통과 서구의 철학적 편견들에 대항해서 제3의 길을 보여 주어야 하기 때문입니다."(1965. 11. 22) 역설적이지만 마르크스주의가 어떠한 권력도, 권위도 아니게 되었을 때 비로소 그것의 본성, 인간해방적인 본질은 본래의 빛을 발한 셈이다. '사회주의' 체제에 대해 민중이 봉기하는 짧은 순간 루카치는 이미 그 빛을 본 것이 아닐까. 그 사회주의가 역사의 무대에서 실제로 사라지는 모습을 본 우리에게 동시대인으로서 루카치가 말을 거는 것도 그것과 멀지는 않은 것 같다.

루카치는 1956년 헝가리 봉기와 1968년 체코 사태를 겪으면서 1917년 이후 시작된 마르크스주의의 한 시대가 종결되고 있음을 인정했다. 헝가리 봉기 속에서 '반스탈린주의 혁명'을 체험했던 루카치는 사회주의 갱신의 유일한 대안은 '대중들의 자활적인 노력'과 '민주적인 자주관리'에 달려 있다고 보았다. 1871년이나 1917년에 나타났던 것과 같은 노동자평의회의 원칙이 '일상의 민주주의'로 확대되지 않는 한 사회주의의 개혁은 가망 없다고 본 것이다. 루카치는 루마니아로 되돌아온 이후 곧바로 지난 마르크스주의 실천을 재검토하는 작업에 착수한다.(루카치는 헝가리 봉기 당시 임시위원회의 일원으로 천거되어 사태에 관여하게 된다. 그 이유로 봉기가 진압된 후 루마니아로 강제 추방된다. 귀국 후에 마르크스주의 철학 · 미학을 갱신하고 '사회주의적 민주주의'를 모색하는 루카치의 작업은 『사회적 존재의 존재론』, 『미의 특성』, 『오늘과 내일의 민주화운동』 등으로 발표되었다.)

루카치는 이미 『영혼과 형식』(1910/1911), 『소설의 이론』(1916/1920) 등으로 일찍부터 문학비평가, 문학이론가로서 문명을 얻었다. 일례로 루카치의 비평문에 큰 공감을 느꼈던 토마스 만은 「베니스에서의 죽음」에서 『영혼과 형식』의 한 장(「동경과 형식」)을 소설화하기도 했고, 『마의 산』에서는 형제애적인 공동체를 추구했던 『소설의 이론』 시절의 루카치를 합리적인 인문주의자 세템브리니와 대결을 벌이는 '나프타'의 형상으로 그리기도 했다. 그러나 흔히 알려져 있듯이 마르크스주의 사상가로서 결정적으로 유명하게 된 것은 『역사와 계급의식』(1923)을 발표한 이후라고 해야 할 것이다. 루카치는 이 책에서 선진 자본주의 사회에서 사회주의 변혁의 문제를 이론적으로 분석함으로써 사실상 마르크스 이후 처음으로, 그리고 러시아 혁명과 구분되는 변혁의 가능성을 제시했다. 물론 이 저서 자체에 일관성이 부족하고, 훗날 러시아적 모델로 경도됨으로써 이러한 명성이 반감되기는 하였지만, 이 저서는 선진 자본주의의 변혁 모델을 모색할 때 하나의 이정표로 간주되었다. 바로 이런 이유에서 루카치는 그람시와 함께 '서구 마르크스주의'의 창시자로 거론되는 것이다. 루카치는 『역사와 계급의식』에서 근대 자본주의의 발전을 자본 축적의 증대와 계급 갈등의 심화만으로 단조롭게 설명해 왔던 기존의 이론과는 달리 이러한 인식을 전제하면서도 자본주의의 발전을 합리화, 사물화의 증대 과정으로서 설명한다. 루카치는 자본주의 이전에 생산이 주로 생산자의 개인적인 경험 축적에 바탕을 두는 데에 비해 자본주의적 생산 방식은 과학적 지식과 기술을 생산과 노동의 과정에 체계적으로 적용하는 특성을 지닌다는 사실에 주목한다. 테일러 시스템을 예로 들어 설명하듯이 노동자의 행동 방식, 심지어는 노동자의 심리마저도 합리적인 분석의 대상으로 되어 부분 공정으로 분해되고, 노동자는 전체 시스템의 한 부분으로, 한낱 기계 부품으로 전락하고 만다. 노동자는 자신이 참여하는 전체 과정을 개괄할 수 없을뿐더러 오히려 전체 과정에 의해 지배되고 조작되는 대상이 된다. 루카치는 한 걸음 더 나아가서 이러한 합리화가 노동 과정에만 국한되는 현상이 아니라 법률, 행정, 학문 등 인간 생활 영역 전반을 조직화하는 메커니즘임을 밝혀낸다. 합리화가 인간의 통합적인 주체를 해체하고 배제한다는 점에서 루카치는 합리화를 인간에 대한 사물의 지배, 즉 '사물화'와 동일한 현상으로 간주한다.

루카치의 문학비평에 관련해서 중요한 사실은 사물화, 합리화가 사회 전반을 조직하는 원리로 자리를 잡으면서 인간의 의식까지도 사물화시킨다는 점이다. 대상이 주체와 독립해서 마치 자연의 세계처럼 자기 법칙성을 지닌 '제2의 자연'으로 됨에 따라 주체는 대상에 대해 실천적인 관계를 맺지 못하며, 의식 자체도 대상에 상응해서 여러 가지 능력들로 분해되어 대상화된다.(칸트에서 감성, 오성, 도덕, 이성 등의 분화, 혹은 현대의 여러 분과 학문들) 이러한 조건에서 인간의 의식은 아예 자기의 내면 속으로 칩거해서 명상적인 태도를 취하거나 대상에 침투할 수 없는 관조적 태도를 취하게 된다. 루카치는 이러한 태도를 모두 '정관적(靜觀的)' 태도라고 부른다. 정관적 태도는 주체와 객체의 분리를 불변하는 영원한 조건으로 간주하기 때문에 주객 분리를 넘어선 창조나 세계의 총체성을 포착할 수 없게 된다. 루카치는 이를 통해서 서구의 근대적, 부르주아적 주체의 본질적인 특징을 철학적으로 비판할 수 있는 지점을 확보하게 되는데, 이러한 인식은 이후 그의 문학비평, 특히 모더니즘 문학을 평가하는 데에서도 철학적인 기반이 된다. 1930년대에 그가 독일 표현주의의 평가를 놓고 독일 망명 문학인들과 논쟁을 할 때나(「표현주의의 흥망성쇠」, 「문제는 리얼리즘이다」) 소련 문학계 내부에서 자연주의 · 형식주의에 대해서 논쟁을 할 때(「서사냐 묘사냐」 등) 자연주의와 표현주의, 혹은 형식주의를 동일한 모더니즘의 양상들로 파악하는 루카치의 독특한 관점이 바로 이러한 의식의 사물화, 정관적 태도라는 개념에 입각한 것이다. 그리고 모더니즘에 대한 대항 개념으로 그가 내세우는 리얼리즘이라는 개념도 그 핵심 중의 하나는 바로 이 사물화와 정관적 태도를 극복하는 예술 형식으로 설정된다.

『역사와 계급의식』은 발간 직후 '정통파'로부터 수정주의와 관념론이라는 격렬한 비난을 받는가 하면 서구 좌파들로부터는 마르크스주의 변증법의 르네상스를 연 저작으로 환영을 받기도 했다. 그 이후에도 동구의 공식 철학에서는 항상 다루기 껄끄러운 '수정주의의 판도라 상자'로 경원시되었지만, 서구 마르크스주의자들이나 동구 일각(실천철학파)에서는 공식 마르크스주의를 넘어서는 모델의 하나로 중시되었다. 아도르노를 비롯한 프랑크푸르트 학파는 루카치의 사물화 명제에서 출발해서 '문화산업'의 이론이나 후기 자본주의 사회를 분석하는 이론으로 발전시켰다.(『계몽의 변증법』, 『일차원적 인간』) 근대 자본주의 비판을 서구의 합리주의 이성에 대한 비판과 결부짓는 루카치의 독특한 관점은 서구 문명과 '근대 이후'의 상에 대한 비판적인 사유를 가능케 하는 중요한 원천의 하나가 된 것이다. 그러나 루카치는 근대적 이성과 근대적 주체를 비판하면서도 근대를 넘어서는 길을 이른바 이성의 '타자(비합리성)'에서 찾는 것이 아니라 합리주의 이성의 내부 모순을 극복하고 주체와 객체의 분열을 넘어서는 변증법적 이성과 새로운 실천 주체를 모색하는 데에서 찾았다.(바로 여기에서 루카치와 아도르노나 최근의 '포스트모던' 철학과 유사점과 차이점이 드러난다.)

루카치는 이후 『역사와 계급의식』의 중요 논제가 철학적 관념론에 기반한다는 당시의 비판을 수용하면서 자신의 '마르크스주의 수업 시대'가 종결되었다고 규정한다. 그러나 시대는 이미 스탈린주의가 공고화되어 가고 있었고, 또 『역사와 계급의식』 자체에도 이미 그러한 징후들이 없지 않았기 때문에 루카치의 자기 비판은 두고두고 서구 혁명으로부터의 이탈이고 스탈린주의에 대한 순응으로 비판되기도 했다. 특히 비판의 초점은 반영론과 리얼리즘론에 모아졌다. 그러나 루카치는 반파시즘과 공산주의 운동을 지속하기 위해서는 스탈린의 일국 사회주의가 당시에 현실적으로 선택할 수 있는 유일한 방편이었음을 솔직하게 인정한다. 그에게서 문제는 오히려 내부에서의 '게릴라 투쟁'이었다.(국내에서도 1990년대 초반에 논쟁이 분분했던 루카치의 '당파성' 개념은 이 '게릴라 투쟁'과 연관되어야만 비로소 해명된다.) 그런 만큼 스탈린주의에 대한 태도는 양가적이고 전략적이다. 문학 이론의 문제와 관련해서도 루카치는 반영론을 유물론의 기본 입장으로 인정하면서도 그것의 기계적 적용을 배격하며, 리얼리즘을 문학적 지표로 내세우지만 이른바 공식적인 '사회주의 리얼리즘' 이론이나 그 작품을 자기의 비평적 논의에서 배격한다.

루카치는 소련 망명기 동안에 이렇게 이중적인 태도를 보여 주는 반면 자신의 유명한 비평 저작, 이론적 저술들 대부분을 왕성하게 생산한다. 루카치는 후일 '미학의 마르크스'로 불리게 되는 것처럼 이 시기에 사실상 마르크스주의 미학을 최초로 정초하고 체계화하는 작업을 하는 한편 마르크스주의 문학운동에 비평을 통해 적극적으로 개입한다.(1930-32년 소련의 라프 · 좌익전선파 사이에서의 자연주의 · 형식주의 논쟁, 1932년 독일 작가동맹 내에서의 논쟁, 1937-38년의 표현주의 · 리얼리즘 논쟁, 1941년 소련에서의 『문학비평』 지상 논쟁 등 루카치라는 인물에 줄곧 따라다니는 커다란 문학 논쟁들.) 이 당시 루카치의 미학 · 문학 사상의 핵심을 이루는 동시에 주류 스탈린주의 문학 노선과의 친소관계를 살펴볼 수 있게 해주는 테마가 바로 그의 독특한 '형상화' 이론이다. 일례로 루카치는 독일의 작가동맹(한국의 카프에 해당되는 '독일 프롤레타리아 작가동맹')에서 뛰어난 역할을 하고 있던 빌리 브레델의 소설들을 비평하면서 일련의 리얼리즘 비평이론들을 제시한다. 빌리 브레델은 노동자들의 투쟁을 그린 법정 소설 『기계 공장 N&K』(1931), 『로젠호프 거리』(1932)를 발표했는데, 루카치는 다큐멘터리와 몽타주를 사용한 이 소설들에서 정치적 의도와 문학적 서술 사이에서 '예술적으로 해결될 수 없는 모순들'을 지적해 낸다. 루카치는 「경향성이냐 당파성이냐」(1932), 「르포르타주냐 형상화냐」(1932)와 같은 평문을 통해서 특히 몽타주와 '신문기사'과 같은 서술은 소설의 전망을 직접적으로 주어져 있는 경험적 사실들에 한정시킴으로써 자연주의적 특성을 벗어날 수 없게 만들며, 궁극적으로는 자신이 서술하고자 하는 의도는 소설에 스며들지 못한 채 소설 외부에 남아 있게 된다고 비판한다. 그리고 루카치는 이러한 몽타주나 경향성, 그리고 모더니즘에 대한 대안으로서 형상화와 당파성, 리얼리즘을 내세우게 된다. 경험적 사실과 구분되는 예술적 이미지의 중요성을 중요시하고, 예술적인 주관성이 작가 주관의 토로가 아니라 객관성을 지녀야 하고 나아가서 객관적인 현실에 기초해야 한다는 것이 그의 요지이다.

루카치가 형상화라는 이름으로 몽타주나 르포르타주 대신에 권장하는 대안은 사건의 진행선을 뚜렷하게 지니고 인물들의 윤곽과 특성을 분명하게 보여 주는 서사 구조였다. 사실상 발자크나 톨스토이 유형의 리얼리즘적 사회소설이 모범으로 제시되었다. 비록 당사자 브레델은 루카치의 지적 중 상당 부분을 받아들이게 되었지만 많은 작가들과 비평가들은 루카치의 비평 기준에 반발하게 된다. 특히 모더니즘 테크닉 자체를 일괄적으로 배격하고 19세기 소설의 서사 구조로 되돌아가는 데에 반발이 심했다. 어떻든 루카치의 문학관에 '문화적 보수주의'가 작용하고 있었음은 명백하다.(바로 이러한 입장 차이는 루카치가 브레히트나 아도르노와 같은 '전위주의자들'과 심각한 불화를 낳는 시발점이 되었다.) 루카치 자체의 논리에 따르더라도 그의 주장은 형상화를 소설적 테크닉과 동열에 놓는 문제점을 안고 있었다. 이에 관련해서 루카치는 점차 형상화(예술적 형식 부여)와 예술적 테크닉을 구분하게 되어 어느 특정 테크닉을 두고 리얼리즘적 형상화 여부를 따지는 잘못을 극복하게 된다. 그렇지만 루카치가 모더니즘을 비판하게 되는 보다 큰 이유는 모더니즘이 (예술적인 자료에 있어서나 주관적인 태도에 있어서나) 직접적인 경험 세계에 국한되어 현실의 전체적인 면모를 보여 주지 못하기 때문이라는 것이었다. 경험적 사실들에 제한된 채 그 배후에 작용하고 있는 사회적 연관들을 보지 못하는 관점은 철학적으로 볼 때 '사물화된 의식'에 지나지 않다는 것이다. 루카치의 관심사는 시대의 중심적인 문제들을 예술적으로 형상화하는 문제였고, 다수 대중이 문학에 접할 수 있는 가능성, 즉 민중성의 문제였다. 그래서 19세기 리얼리즘 소설들을 중시한 것도 그 소설들의 가치를 절대화한다기보다는 인물들의 인간적인 운명을 서술하면서 사회의 커다란 문제들을 폭넓게 조망할 수 있게 해준다는 것이 주된 이유였다. 루카치에서는 "주인공들의 개인적인 면모들과 시대의 보편적인 객관적 문제들 간의 결합"(「예술적 형상화의 지적 인상학」)이 리얼리즘적 형상화를 평가하는 기준인 것이다. 한편 개인적인 운명의 서술은 독자들에게 정서적 체험과 공감을 불러일으킨다는 측면에서 매우 중요한 요인이었다.

오히려 1930년대 루카치의 문학 이론에서 주목해야 할 점은 그의 리얼리즘 기획 자체에 내포되어 있는 문제점이라고 해야 할 것이다. 리얼리즘이 사람들의 개인적이고 일상적인 삶을 통해서 시대의 커다란 문제들을 형상화한다는 기획이 '미학적으로' 어떻게 가능한가 하는 문제가 바로 그것이다. 루카치는 리얼리즘적 형상화를 미학적으로 설명하기 위해 괴테의 '상징' 개념을 끌어들이기도 하고 변증법적인 철학 범주들(대표적으로 '본질과 현상', '직접성과 매개')을 끌어들이기도 하지만, 결정적인 논의에서는 작가의 인식과 세계관의 문제로 해결하려고 하는 경향에 기울고 만다. 일례를 든다면 표현주의 논쟁의 기고문(「문제는 리얼리즘이다」)에서 예술적 창조 과정을 두 단계로 나눠서 '객관적 현실의 법칙성을 사유를 통해서 발견' 하고 이어서 '추상적으로 발견된 연관들을 예술적으로 가공' 하는 식으로 기계적으로 설명하기도 한다. 물론 이 경우는 루카치의 저작들 중에서도 대단히 극단적인 경우이기는 하지만, 예술적 형상화에 인식론적인 과부하를 주는 것만은 분명하다. 바로 이 점은 동료 소설가 안나 제거스로부터 '시적 체험의 직접성' 을 소홀히 한다는 결정적인 비판을 받게 되는 이유가 되기도 한다. 제2차 세계대전이 벌어지고 있던 당대 역사 현실 속에서 작가들에게 높은 의식적 각성을 요구하는 것은 정당한 일면도 없지는 않지만, 그것도 철학적 · 인식론적인 각성을 과도하게 강조하는 것은 스스로 강조하는 예술적 형상화 명제와도 모순되는 것이다. 이러한 과도한 '인식론적 미학' 은 루카치 자신의 의도와는 무관하게 예술가들에게 '시대의 전위' 이기를 강제하는 1930년대 스탈린주의의 일반적인 정신적 풍토로부터 완전히 자유스럽지 못한 면모를 보여 준다.

시대의 거대한 문제들에 대한 인식을 강조하는 동시에 예술적 특수성을 강조하는 모순적인 상황은 이후 루카치의 미학적 성찰의 중심적 과제의 하나가 된다. 후기 루카치의 주저인 『미적 범주로서의 특수성』이나, 『미의 특성』은 그 제목에서 이미 루카치의 중심 주제가 무엇인지를 충분히 짐작할 수 있게 한다. 그러나 루카치 사유 속에서 하나의 족쇄가 풀리는 것은 동시에 스탈린의 몰락, 즉 권력과 권위로서의 사회주의의 몰락 없이는 불가능한 일이었는지도 모른다. "삶에 대한 깊은 이해는 결코 일상의 관찰에 국한되지 않는다. 그것은 일상적 삶 속에서는 전적으로 불가능한 본질적인 특징들의 파악에 기초해서 인물과 상황을 발견하는 데에서 이뤄진다"(1936년의 「지적 인상학」)는 주장에서부터 "모든 예술은 일상적 삶에서 출발한다"(1963년의 『미의 고유성』)는 주장으로의 진전은 스탈린의 퇴위와 헝가리의 봉기라는 정말로 커다란 시대적 전환이 필요했던 것이다.

무엇보다도 괄목할 만한 점은 1930년대 이론에서 핵심적인 문제점이었던 리얼리즘적 형상화의 문제를 새롭게 해명하는 데에 있다. 예술 형식은 일차적으로 일상적 삶의 체험을 '환기' 하는 역할을 한다. 루카치에 따르면 인간들은 일상생활 속에서는 자신의 삶의 조건으로서 의식과 독립된 객관적 현실을 항상적으로 맞닥뜨리기 때문에 일상적 삶과 일상적 사고는 '자생적으로 유물론적' 이다. 따라서 비록 극도로 파편화되어 있고 사물화된 형태를 띠고 있더라도 일상적인 삶과 일상적 의식 속에는 세계 전체와의 연관성이 내포되어 있다. 그러나 일상적 사고는 현존하는 그대로의 상태로는 경직되어 있고 다양한 내용들로 뒤섞여 있는 것이다. 여기에서 과학과 예술은 이러한 일상적 사고의 직접성을 넘어서게 하는 역할을 한다. 그러나 과학이 객관적인 법칙성을 제시하는 것이라면 예술은 그 현실이 인간에 의해 만들어지고 인간과 관계된 것으로 제시해 준다. 그래서 루카치는 세계를 인간적인 모습으로 제시한다는 의미에서 이를 예술의 '유인화(類人化; Anthropomorphisierung)' 라고 부르고 과학의 '탈유인화(脫類人化; Desanthropomorphisierung)' 와 대비시킨다. 요컨대 예술은 일상적 삶을 '환기' 하면서 일상적 삶과 일상적 사유 속에 포착된 세계를 인간적인 모습으로 전화하는 기능을 하는 것이다. 과학적 인식을 강조했던 1930년대의 루카치와는 달리 이 시기의 루카치는 예술적 고유성, '자율성' 의 원리를 적극적으로 규정하고 나아가서는 '사물화된 의식' 을 포함해서 과학의 지배까지도 넘어설 수 있는 기반을 마련한다. 예술이 지니고 있는 이러한 환기력은 수용자들에게 감정과 가치 평가, 태도 표명을 불러일으킬 수 있는 힘이기도 하다. 루카치는 예술의 이러한 기능을 '카타르시스' 개념으로 포괄해서 수용자가 작품의 수용 과정에서 자신의 일상성을 넘어서 고양시키는 계기를 카타르시스로 설명한다.

루카치의 후기 미학에서 스탈린주의를 극복하는 또 다른 노력은 반영 범주를 '미메시스' 범주로 대체하려는 데에서도 읽혀진다. 반영론이라는 이름 아래서 '의식과 독립된 객관적 현실'로 정의되어 온 유물론의 기본 명제는 이제 의식이 객관적 현실에 의해 결정된다는 기계적론 재현이나 사진과 같은 모사와는 분리된다. 루카치는 이전부터 '변증법적' 반영, '미적' 반영 등의 용어로 자신의 유물론적인 인식론을 지칭해 왔지만 이제 새로운 용어인 '미메시스'로 대체되는 것이다. '닮음'을 의미하는 미메시스는 아리스토텔레스의 원래 의미대로 '인간 실천을 닮는 것'으로 이해된다. 루카치는 예술은 일상적 삶을 환기하면서 그 속에 숨쉬고 있는 인간의 사회적 · 유적 존재를 닮아 가는 것(미메시스)으로 파악한다. 예술이 인간을 일상적인 삶으로부터 사회적 · 유적 존재로 상승시킨다는 의미에서 예술은 '인류의 기억'으로 규정된다.(이러한 인식은 말년의 역작 『사회적 존재의 존재론』에서 노동을 인간의 모든 실천들의 원형으로서 설명하는 입장에서부터 비롯된 것인데, 마르크스의 『경제학 · 철학 초고』에 따라 인간이 노동을 통해서 자신의 사회적 · 유적 존재를 형성한다는 사상을 발전시킨 것이다.)

루카치는 후기 미학 저술들을 통해 1930년대의 '인식론적 미학'과 '반영론'을 극복하고 예술의 자율성에 입각해서 리얼리즘적 형상화의 난제를 미학적으로 해명하였다. 예술의 '유인화' 이론은 『역사와 계급의식』 이래 그의 사고를 지배해 왔던 근대 합리주의와 사물화 문제를 극복할 수 있는 실마리를 제시하고 있다. 특히 '일상적 삶'이라는 문제를 마르크스주의의 중심적인 문제로 제기한 점은 시사하는 바가 크다. 그러나 『역사와 계급의식』에서 근대 자본주의의 물신을 극복하는 주체로 설정된 프롤레타리아트는 '일상적 삶'이라는 포괄적인 규정에 묻혀 희미해지고, 프롤레타리아트의 역할에 해당되는 것을 예술이 맡기나 한 듯한 인상도 없지는 않다. 그러나 이러한 모든 문제는 루카치가 동시대인인 우리들의 과제로 아껴둔 것인지도 모를 것이다.

더 읽을거리

김경식, 『게오르크 루카치』, 한울, 2000.

반성완 편역, 『변증법적 미학에 이르는 길: 루카치와 하우저의 대화』, 문학과비평, 1990.

이주영, 『루카치 미학연구』, 서광사, 1998.

기 드보르, 『스펙타클의 사회』, 이경숙 옮김, 현실문화연구, 1996.

루카치, 『소설의 이론』, 반성완 옮김, 심설당, 1985.

_____, 『역사와 계급의식』, 조만영 · 박정호 옮김, 거름, 1986.

_____, 『영혼과 현실』, 반성완 외 옮김, 심설당, 1998.

Jameson, F., *History and Class Consciousness As An Unfinished Project*, Rethinking Marxism 1/1, 1998.

발터 벤야민

심혜련

1. 발터 벤야민의 생애(1892-1940)

발터 벤야민(Walter Benjamin)은 1892년 7월 15일 독일 베를린에서 에밀 벤야민과 파울리네 벤야민 사이에서 첫째 아들로 태어났다. 그의 집안은 유대인이었다. 그러나 엄격하게 유대 전통을 지키는 집안은 아니었으며, 오히려 종교적으로 열린 태도를 보이는 그 당시 전형적인 부르주아 집안이었다. 그의 아버지 에밀 벤야민은 베를린에서 성공을 한 사업가였다. 에밀 벤야민은 미술 중개인 및 양탄자 판매상으로 큰 돈을 벌어 그 후 여러 가지 사업에 투자해서 많은 부를 획득할 수 있었다. 미술 중개인과 양탄자 판매상을 하는 아버지의 직업은 그 후 벤야민이 예술 이론을 전개하는 데 많은 영향을 끼쳤다. 특히 예술작품이 가지고 있는 종교적 가치와 작품의 유일성 등에 대한 그의 생각은 이런 어린 시절의 경험이 부정적으로 많이 작용했을 것이라고 짐작된다. 벤야민은 부유한 어린 시절을 보냈지만, 그다지 행복한 시절을 보내지는 않았다. 이는 그의 심성과 건강 상태에서 기인한 결과라고 볼 수 있다. 어린 시절 벤야민은 매우 영민하고 심약한 아이였다. 그는 자신의 주변에 펼쳐진 사물과 환경에 대해 주의 깊은 시선을 보내며, 모든 것들을 자신의 심상에 담아 두는 그러한 아이였다. 이러한 어린 시절에 경험했던 단상들을 그는 베를린 유년 시절 등을 통해 서술하기도 했다.

벤야민은 학창 시절에 구스타프 비네켄을 알게 되면서 학교 개혁을 중심으로 한 문화운동에 많은 관심을 갖게 되었다. 1912년부터 벤야민은 프라이부르크에서 철학을 공부하기 시작했으며, 베를린, 뮌헨 그리고 베른 등지에서 철학을 계속 공부했다. 1919년 「독일 낭만주의에서 예술 비평의 개념에 관하여(Über den Begriff der Kunstkritik in der deutschen Romantik)」라는 논문으로 박사학위를 받았다. 그 후 1925년에 프랑크푸르트 대학에서 교수자격논문(Habilitation)으로 「독일 비극의 기원(Ursprung des deutschen Trauerspiel)」을 제출했으나, 여러 가지 이유로 인하여 통과가 거절되는 비극을 경험한다. 이것은 바로 강단 철학자로서의 벤야민의 삶이 좌절되는 것을 의미하며, 이로 인하여 그는 자유 문필가와 자유 사상가로서의 삶을 시작한다. 벤야민은 1933년 독일 나치를 피해 평소에 자신의 정신적 고향 중의 하나였던 파리로 망명하였다. 대도시 파리에서 그는 주의 깊은 또는 비판적인 도시의 산책자로서 대도시의 모든 현상과 자본주의 현상 등을 깊이 탐구하게 된다. 이러한 탐구는 완성되지 않은 상태로 남은 『파사젠 베르크(*Passagen Werk*)』의 기초가 되었다. 긴 망명의 시간의 최후는 1940년 스페인의 작은 마을에서 일어난다. 그는 그곳에서 일종의 '타살적 자살' 로서 자신의 삶을 마감했다.

1940년 9월은 독일 나치가 기승을 부리던 시절이었다. 독일 및 유럽에 사는 많은 유대인들은 일찍이 나치를 피해 다른 곳으로, 특히 미국 등지로 망명을 택했다. 그러나 이때 미처 유럽을 떠나지 못한 많은 사람들은 뒤늦게 생존을 위해서 처절히 몸부림치다가 망명의 길을 택할 수밖에 없었다. 1933년 나치가 국회에서 다수의 의석을 획득함으로써 정권을 획득한 이후, 많은 유대인 출신의 지식인들과 나치 정권에 협력하지 않았던 비유대인 출신의 지식인들은 여러 통로로 망명의 길을 택할 수밖에 없었다. 이 시대를 살아가던 지식인들에게는 선택의 길이 별로 없었다. 인간의 광기와 도구적

이성이 취한 참혹한 극한 상황들 속에서 이들은 크게 나치 정권에 협력하든지, 아니면 반대하든지 둘 중 하나의 길을 택해야만 했다. 물론 참여와 반대에도 정도의 차이는 있었다. 다시 말해서 적극적 협력자의 길을 가든가 아니면, 소극적 협력자의 삶을 선택해야만 했다. 반대의 경우도 마찬가지다. 적극적 반대를 해서 나치 정권에 대항하든지, 아니면 망명이라는 삶을 선택할 수밖에 없었다. 망명은 반대라는 의미도 있지만, 생존을 위해 그렇게 할 수밖에 없었던 사람들에게는 그것은 삶을 위한 유일한 탈출구였다. 즉 나치 정권으로부터 목숨을 부지하기 위해 외국으로의 망명의 길을 택할 수밖에 없었던 것이다. 특히 나치의 주요 희생자였던 유대인 출신의 많은 사람들은 이러한 길을 가야만 했다. 원치 않지만 가야만 하는 길, 그것도 생존을 위해서 생활 환경도 틀리고 언어도 틀린 곳으로 유대인 출신의 지식인들은 단지 생명을 보존하기 위해서, 삶을 유지하기 위해서 낯선 곳으로 떠나야만 했다. 비록 유대인 출신은 아니지만 나치에 협력할 수 없었던 많은 비유대인 출신의 지식인들은 외국으로의 망명 대신에 '내적 망명'의 길을 택하기도 했다. 몸은 비록 독일에, 즉 나치의 폭압 아래 있지만, 어떤 활동도 거부하고 내적으로의 도피의 길을 택한 이들은 나치의 지배 아래에서 자신만의 섬을 만들어 내적 망명의 길을 걸었던 것이다. 이러한 상황 속에서 유대인이자, 마르크스주의적 경향을 가지고 있던 비판적 지식인인 벤야민은 결국 자살로서 자신의 삶을 스스로 마감하지만, 이는 더 이상 출구가 없는 상황에서 이루어진 일종의 타살적 자살인 것이다.

2. 신학과 마르크스주의의 갈림길에서

일찍이 하버마스는 벤야민 이론에 대한 해석의 문제와 관련해서 다음과 같이 지적한 적이 있다. 즉 벤야민 사상을 어떻게 해석하느냐에 따라서 독일의 지성계가 갈라진다고 말이다.[1] 이 말이 함의하고 있는 바는 매우 크다.

이러한 하버마스의 지적은 벤야민 이론 자체가 가지고 있는 층위의 다양성과 각 철학적 또는 정치적 입장에 따라 벤야민 이론이 달리 해석될 수 있는 여지가 벤야민 이론에 이미 내재되어 있음을 의미한다. 한마디로 말해서 벤야민의 사유 체계는 한 방향으로만 해석하기에는 많은 무리가 뒤따른다. 왜냐하면 그의 사상 자체 내에는 많은 이론적 층위가 중첩되어 있기 때문이다. 그렇기 때문에 벤야민은 미학자, 철학자, 매체 이론가, 수필가, 문예비평가, 영화 또는 사진 이론가 등등 다양한 방면으로 고찰될 수 있으며, 또 더 나아가 각각의 방향성은 벤야민 사유를 해석하는 데 있어서 나름의 정당성을 가지고 있다. 그에 대한 이러한 다양한 이론적 접근에서 우리가 어떤 입장을 가지고 벤야민을 해석하든지 간에, 그의 사상에서 인정할 수밖에 없는 가장 강력한 두 개의 이론적 측면이 있다. 이것이 바로 그의 이론이 가지는 신학적 계기와 마르크스주의적 계기다.

벤야민 이론에서 신학적 계기와 마르크스주의적 경향은 묘한 긴장 관계를 이루면서 그의 사상적 토대를 형성하고 있다.[2] 그렇기 때문에 이글톤은 벤야민을 마르크시스트적 랍비라고 규정하기도 했다.[3] 벤야민을 어떻게 해석하든지 간에 이 두 입장이 벤야민 사상에 근본적으로 내재하고 있음을 어느 벤야민 이론가도 부정하지 못할 것이다. 따라서 벤야민 사상에서 이 두 가지 사유 방식은 때로는 세계관으로 또 때로는 이론적 기반으로 벤야민에게 작용한다. 따라서 벤야민은 마르크스주의자라고 보기에는 지나치게 신학적이고, 또 신학자라고 보기에는 지나치게 신학적 사유의 틀과 신

1 이에 대한 자세한 내용은 다음의 글을 참조하기 바람: Jürgen Habermas, "Bewußtmachende oder rettende Kritik - die Aktualität Walter Benjamins", S. 175-177, in: Siegfried Unseld(Hrsg.), *Zur Aktualität Walter Benjamins*, Frankfurt a. M., 1972.

2 신학적 특징을 어느 누구보다도 강조하는 사람은 게르숌 숄렘이다. 그는 벤야민의 전 저작에서 이러한 신학적 특징을 읽을 수 있다고 강조한다. 그렇다고 해서 그 또한 벤야민이 가지고 있는 마르크스주의적 경향을 완전히 부정한 것은 아니다. 이와 관련해서는 다음의 글을 참조 바람: Gerschom Scholem, "Walter Benjamin und sein Engel", in: Siegfried (Hrsg.), *Zur Aktualität Walter Benjamins*, Frankfurt a. M., 1972, S. 87-138; 게르숌 숄렘, 최성만 옮김, 『한 우정의 역사』, 한길사, 2002.

3 참조: 테리 이글톤, 방대원 옮김, 『미학사상』, 한신문화사, 1995, 358-385쪽.

학적 개념들로부터 벗어나 있다. 이 두 개의 세계관은 벤야민 사상에서 서로 충돌하면서 모순되게 나타나는 것이 아니라, 서로 묘하게 씨실과 날실이 엮인 직물처럼 드러난다. 이로써 하나의 새로운 인식의 틀을 형성한다. 특히 벤야민 후기에 형성된 그의 예술이론과 문화비평은 마르크스주의적 성격을 분명히 하고 있지만, 그럼에도 불구하고 신학적 개념을 종종 메타포로서 사용하고 있음을 알 수 있다.[4] 이러한 그의 성향은 그의 마지막 글인 「역사철학을 위한 테제」에서 분명히 드러난다. 그는 역사철학 테제 1에서 항상 이기게끔 되어 있는 자동 인형과 그 자동 인형 뒤에 숨어서 자동 인형을 조정하는 왜소하고 못생긴 등이 굽은 난쟁이라는 비유를 통해 이러한 성향을 드러낸다. 항상 이기게끔 되어 있는 자동 인형은 바로 "역사적 유물론이라고 불리어지는 인형"인 것이고, 만약 이 자동 인형이 만약 왜소하고 못생긴 등이 굽은 난쟁이, 그러나 영리한 난쟁이인 신학을 자기 편으로 한다면, 누구하고도 승리의 게임을 벌일 수 있으며, 더 나아가 그 게임에서 승리할 수 있을 것이라고 한다.[5]

사실 역사적 유물론이 기본적으로 가지고 있는 역사의 필연성, 또 혁명의 필연성 등의 사고는 신학적 사유와 매우 유사하다. 마르크스주의 이론은 자본주의 모순이 극한에 이르렀을 때 자본주의 그 자체에서 자본주의를 극복하려는 혁명적 시도가 필연적으로 일어날 수밖에 없다고 한다. 이는 세계의 멸망이 도래했을 때, 메시아가 최후의 심판을 하러 내려와서 심판을 하고, 그리고 새로운 신의 세계가 펼쳐진다고 하는 신학적 내용과 형식적으로 매우 유사하다. 바로 벤야민은 이에 주목한다. 여기에 근거를 이루

4 벤야민 예술 이론에 대한 마르크스주의 해석에 관해서는 다음의 졸고를 참조하기 바람: 심혜련, 「발터 벤야민의 예술 이론에 대한 마르크스주의 미학의 해석에 관하여」, 『진보평론』 제9호, 진보평론, 2001.

5 Walter Benjamin, "Über den Begriff der Geschichte", in: Walter Benjamin, *Gesammelte Schriften I. 2,* Unter Mitw. von Theodor W. Adorno und Gerschom Scholem, Hrsg von Rolf Tiedemann und Hermann Schweppenhäuser, Frankfurt a. M., 1991, S. 693. 이하 본 논문에서는 전집의 책 번호만을 기입할 것이다.

는 신학적 계기는 유대교의 신비주의로 알려진 카발라(Kabbalah)다. 히브리어로 전승을 의미하는 이 교파는 폐허가 된 그 세상에 메시아가 나타나 세계를 구원한다는 기본적인 교의를 가지고 있다. 파편화되고 더 이상 아무런 희망도 없는 현재의 시간이 바로 다름 아닌 구원의 시간이라는 것이다. 이러한 관점에서 그의 현재 진행되고 있는 예술에 대한 관심 또한 싹트고 있다고 볼 수 있다. 현재 진행되고 있는 기술 재생산 시대의 예술, 즉 대중예술이 예술의 파멸의 시간이 아니라, 구원의 시간일 수 있는 것이다.

3. 사회적 산물로서의 예술

마르크스주의적 경향은 벤야민의 후기 작품에서 두드러지게 나타나고 있다. 물론 이에 대해 이러한 경향은 벤야민의 후기 작품뿐만 아니라, 전 저작에 걸쳐서 나타나고 있다고 주장하는 이론가들도 있지만, 후기에 이러한 경향이 본격적으로 드러나고 있다고 보는 것이 타당하다. 벤야민은 1924년 아스야 라시스라는 소비에트에서 활동하던 여류 감독을 알게 되고, 또 그녀를 통해 브레히트를 알게 되면서 마르크스주의 이론에 관심을 갖게 된다. 특히 브레히트의 서사극 이론과 그의 문학에서의 기능 전환(Umfunktionisierung) 이론은 벤야민이 관심을 가졌던 예술의 새로운 기능에 대한 고찰의 토대가 된다. 이를 기반으로 해서 벤야민은 독창적인 마르크스주의적 예술이론을 전개한다. 특히 벤야민은 그 당시 마르크스주의 진영 내에서 지나치게 하부구조, 즉 경제에 이론적 관심이 집중되어 있으며, 예술, 문화 등 상부구조에 대해서 폄하하는 태도를 가지고 있다고 지적한다. 따라서 그는 자신의 예술이론에서 예술작품이 가지고 있는 투쟁 가치에 대한 가치 절하를 극복하면서, 기존의 예술이론과는 다른 예술이론을 전개하고자 한다며 자신의 의도를 명확히 밝힌다.[6] 이러한 마르크스주의적 예술이론의 시작은 벤야민에게서 바로 예술작품이 바로 '사회적 산물'이며, 작가는 또한 '생산자' 라는 것을 강조하면서 시작된다. 이러한 그의 사상은 무엇보다도 「생산자로서의 작가」에서 두드러지게 나타난다.[7] 글 제목에서 명확히 알 수 있듯이, 그는 작가를 천재라는 특별한 사람이 아니라, 일종의 정신적 산물을 만들어 내는 '생산자' 라는 관점에서 파악하며, 작가 또한 노동자라는 것을 강조한다. 그러므로 그는 노동자와의 연대를 작가가 적극적으로 의식해야만 한다고 강조하고 있다. 뿐만 아니라 각각의 예술작품들이 가지고 있는 사회적 경향성을 그는 당연한 것으로 파악한다.[8] 예술작품은 단순하게 표면적으로만 볼 때는 이러한 경향성이 잘 드러나 보이지 않지만, 내용이나 형식적인 면에서 보면 예술작품은 항상 사회적 상황을 내포하고 있다는 것이다. 이러한 벤야민의 관점은 바로 현재 진행되고 있는 예술에 대한 관심으로 발전된다. 왜냐하면 예술은 사회적 산물이기 때문에, '지금 그리고 여기' 에서 진행되고 있는 예술은 그 나름의 특징을 가지고 있다. 따라서 현재 진행되고 있는 새로운 예술 형식을 기존의 이론으로 평가하려고 하기보다는 새로운 기준으로 평가해서 그 특징을 명확히 해야 한다는 것이 바로 벤야민 사유의 특징이다. 이러한 그의 입장은 바로 대중 매체에 대한 그의 관심으로 연결된다. 바로 이 지점에서 '기술 재생산 시대의 예술작품' 이라는 개념이 생기게 되고, 그는 기술 재생산 시대의 예술작품이 가지고 있는 특징과 형식 그리고 수용 방식에 대한 그의 논의를 본격적으로 진행시킨다.

6 Walter Benjamin, "Das Kunstwerk im Zeitalter seiner technischen Reproduzierbarkeit", in: *Gesammelte Schriften I. 2*, S. 473. 본 논문에서는 앞으로 이 글을 본문 속에서 간단하게 「예술작품」이라고 표기하겠다.

7 Walter Benjamin, "Der Autor als Produzent", in: *Gesammelte Schriften, II, 2*, S. 683-701.

8 Walter Benjamin, "Erwiderung an Oscar A. H. Schmitz", in: *Gesammelte Schriften II, 2*, S. 751-755.

4. 기술 재생산 시대의 예술작품의 특징 – 아우라의 몰락

벤야민은 현재 영화 또는 새로운 매체와 관련해서 가장 빈번히 언급되고 있는 그의 유명한 논문「기술 재생산 시대의 예술작품」에서 기술 재생산 시대의 예술작품이 이전의 예술작품과 비교해서 갖는 가장 두드러진 특징을 바로 '아우라(Aura)의 몰락'이라고 정의한다.(「예술작품」, 477쪽) 사실 현재에도 벤야민의 아우라 몰락에 대한 논의는 계속되고 있으며, 각자의 입장에 따라 기술 재생산 시대, 더 나아가 디지털 매체 시대에 과연 아우라의 운명이 어떻게 되었는가에 대한 논의는 매우 다양하게 진행되고 있는 것이 사실이다. 즉 과연 기술 재생산 시대, 그리고 더 나아가 디지털 매체 시대에 과연 아우라가 몰락했느냐 아니면, 몰락은커녕 그 힘이 확장되고 있는가에 대한 논의는 해결점을 갖지 못한 채, 계속 뫼비우스의 띠처럼 진행되고 있다. 이러한 아우라를 둘러싼 다양한 또는 대립적인 논쟁들은 벤야민 사후 그리고 현재에만 있었던 것은 아니다. 벤야민이 살아 있을 때에도 이러한 논쟁은 있었다. 그렇다면 왜 이러한 논쟁들이 계속해서 진행되는 것일까? 그 이유는 무엇보다도 벤야민이 서술한 아우라 개념 자체에서 기인한다고 볼 수 있다.[9] 어떤 개념보다도 아우라적(?)인 벤야민의 아우라 개념은 다소 애매하고 비의적인 측면들이 많기 때문에 해석을 둘러싼 논쟁이 일어날 수밖에 없다. 또 다른 이유는 아우라 개념이 함의하고 있는 중요성 때문이다. 예술작품의 특징과 그것의 수용 방식에 관한 논의의 핵심에 있는 아우라 개념은 계속 변화되고 있는 매체적 상황과 맞물려 그 상황에 맞는 예술작품을 규정하는 데, 이론적 근거로 작용하기 때문이다.

그렇다면 과연 벤야민은 아우라를 무엇으로 규정하고 있으며, 또 왜 기술 재생산 시대의 예술작품이 가지고 있는 가장 큰 특징을 아우라의 몰락

9 벤야민의 아우라 개념에 대한 자세한 논의는 다음의 졸고를 참고하기 바람: 심혜련,「발터 벤야민의 아우라(Aura) 개념에 관하여」,『시대와철학』 제12권 1호, 한국철학사상연구회, 2001.

으로 파악했는가? 먼저 벤야민은 아우라라는 개념을 중심으로 전통 예술작품은 아우라를 가지고 있으며, 기술 재생산 시대의 예술작품은 아우라를 가지고 있지 않다고 규정한다. 이때 아우라는 예술작품이 가지고 있는 물질적이고 객관적인 특징을 의미한다. 즉 예술작품이 가지고 있는 원본성(Origianalität), 일회성(Einmaligkeit) 그리고 진품성(Echtheit)이 바로 아우라다. 전통 예술작품은 태생적으로 원본 외에 작품, 즉 작품의 재생산과 복제를 허용하지 않는다. 물론 역사적으로 보았을 때, 전통적 예술작품은 어떤 방식으로든 재생산 또는 복제되어 왔다. 그러나 원본이 존재하는 한, 이들은 원본의 힘을 능가할 수는 없다. 아류는 아류일 뿐이며, 복제품은 복제품일 뿐이다. 원본인 예술작품은 단지 "일회적인 현존재"(「예술작품」, 475쪽)로서 자신을 드러내며, "원본의 여기와 지금"(「예술작품」, 476쪽)은 예술작품의 강력한 존재 근거이자, 힘으로 작용하는 것이다. 이것이 바로 전통적 예술작품이 가지고 있는 아우라다. 그러나 이러한 예술작품이 가지고 있는 객관적 · 물질적 조건으로만 아우라가 형성되는 것은 아니다. 이러한 아우라를 가진 예술작품들이 예술작품을 수용하는 과정에서도 아우라를 불러 일으킨다. 바로 이 지점에서 미적 경험으로의 아우라가 생성된다.

벤야민은 「기술 재생산 시대의 예술작품」과는 달리, 그 이전에 쓰여진 「사진의 작은 역사」와 또 그 이후에 쓰여진 「보들레르에 관한 몇 가지 계기들」에서는 미적 경험으로서의 아우라를 강조하고 있다. 즉 "지각 가능성"[10]으로서 아우라 개념을 설명한다. 그에 따르면, 아우라란 주체가 대상과의 관계 속에서 얻게 되는 미묘한 주관적 경험을 의미하며, 또는 타인과의 관계 속에서 얻게 되는 일종의 '교감'을 의미한다.(「계기들」, 646쪽) 누군가가 나에게 시선을 보낼 때, 그 시선을 의식하고, 그 시선을 되받아칠 수 있는 그러한 능력(「계기들」, 646쪽)이 바로 아우라다.

---

10 Walter Benjamin, "Über einige Motive bei Baudelaire", in: *Gesammelte Schriften 1. 2*, S. 646. 본 논문에서는 앞으로 이 글을 본문 속에서 간단하게 「계기들」이라고 표기하겠다.

그렇다면 앞서 설명한 객관적 특성으로서의 아우라와 주관적 미적 경험으로서의 아우라는 서로 상반되는 개념인가? 결코 아니다. 벤야민은 이 둘이 서로 상호 작용하고 있다는 사실을 강조한다. 세계에 하나밖에 없고, 또 복제될수록 원본의 권위가 강해질 수밖에 없는 그러한 예술작품들은 기본적으로 수용자에게 가까이 하기에는 너무 먼 존재다.(「계기들」, 647쪽) 이러한 예술작품들은 접근의 어려움이라는 특성을 가지고 제의 가치(Kultwert)를 소유하게 되고, 이러한 가치는 제의(Kult)에서 가장 잘 발휘된다. 여기서 제의 가치는 말 그대로 종교적 가치를 의미함과 동시에, 이후에는 권력과 자본과의 결탁을 통해 그 가치를 확고하게 하는 가치를 의미한다. 접근하기 어렵기 때문에 수용자는 예술작품을 어쩌다 접하게 되는 기회가 있으면, 예술작품을 그 자체로 수용하기 보다는 그 힘에 복종하게 된다. 이러한 전반적 상황이 바로 아우라를 형성하는 것이다. 이러한 아우라적인 예술작품은 원본성을 묻지 않는 그리고 재생산이 전제인 예술작품이 등장함으로써 몰락이라는 운명을 겪을 수밖에 없다는 것이 바로 벤야민의 주장이다. 따라서 아우라의 몰락이란, 원본성을 묻지 않아도 되는 새로운 예술 형식의 등장과 이것이 가져온 예술작품의 지각 작용의 변화를 의미한다는 것을 알 수 있다.

5. 기술 재생산 시대의 새로운 예술작품 – 사진과 영화

앞서 언급했듯이, 벤야민은 예술작품을 사회와 무관한, 천재들의 산물로 파악하는 것을 거부한다. 예술은 시대적 상황을 초월하는 고귀한 그 무언가가 아니라, 어떤 방식으로든 시대적 상황을 외적으로 내적으로 반영한다. 따라서 시대마다 예술에 대한 규정, 그리고 예술 형식과 이것을 수용하는 방식은 변화하기 마련이다. 이러한 입장에서 벤야민은 기술 재생산 시대에 새롭게 등장한 예술 형식인 사진과 영화를 새로운 형식의 예술작품으로 규정하고 이를 미학적 관점에서 적극 해석하려고 시도하였다. 그에게는 과거의 예술, 또는 과거의 예술에 근거한 예술이론이 중요한 것이 아니라, 현재 '지금'이라는 동시대적 시간과 '여기'라는 동시대적 공간에서 진행되고 있는 예술 형식에 대한 탐구가 시급했기 때문이다. 여기서 더 나아가 벤야민은 대량 생산과 맞물려 진행된 대중문화에 대해서도 자신의 입장을 분명히 한다. 그는 대중문화를 문화와 예술의 몰락으로 파악하고 이를 비판하려는 태도를 가지고 있던 다른 이론가들과는 달리, 대중문화가 가지고 있던 새로운 가능성과 역할에 대해 적극 검토하고자 시도하였다. 그는 대중문화의 등장을 문화예술의 몰락이 아니라, 부르주아 문화와 예술의 몰락, 즉 가진 소수의 그들만의 문화와 예술의 몰락으로 파악하였다. 따라서 그에게 있어서 대중문화는 소수의 손에 독점되어 있던 문화와 예술을 다수의 손에 돌려줄 수 있는 가능성이었다.[11]

그러한 가능성은 무엇보다도 사진을 통해 실현된다. 벤야민은 사진에 대한 논쟁이 사진이 새로운 예술 형식임에도 불구하고 기존의 예술 개념에 입각해서 사진이 예술인가, 또는 예술이 아닌가라는 식으로 진행되고 있는 현실을 문제라고 지적한다. 그에 따르면 사진에서 무엇보다도 먼저 주목해야 되는 사실은 "사진으로서의 예술(Kunst als Photographie)"[12]이다. 왜냐하면 그는 사진의 등장이 가져온 가장 큰 변화를 예술작품의 복제 가능성이라고 보기 때문이다. 복제 가능성은 바로 '예술작품에 대한 민주적 접근 가능성의 확대'를 의미하기 때문이다. 비록 원본은 아니지만, 복제된 상태에서 수용자는 예술작품들을 쉽게 접할 수 있게 되고 이로 인하여 예술작품을 제의적 대상의 관점에서 향유적 대상의 관점으로 수용할 수 있는 시각이 생길 수 있는 것이다. 이로써 예술작품은 이제 제의적 가치에서 전시

11 대중 매체에 관한 벤야민의 논의에 대해서는 다음의 졸고를 참고하기 바람: 심혜련, 「대중 매체에 관한 발터 벤야민의 미학적 고찰이 지니는 현대적 의의」, 『미학』 제30집, 2001.

12 Walter Benjamin, "Kleine Geschichte der Photographie", in: *Gesammelte Schriften II. 2*, S. 381.

가치(Ausstellungswert)를 가지게 된다. 사진은 기존의 예술작품을 재생산할 뿐만 아니라, 스스로 원본성을 주장하지 않음으로써 원본성, 유일무이성이라는 아우라를 무색하게 만든다.

사진이 예술작품에 대한 접근 가능성의 확대를 가져옴으로써 아우라의 몰락을 촉발시켰다면, 영화는 바로 아우라의 몰락을 완성한다. 영화는 기본적으로 대중예술이다. 소수의 수용자만을 위한 것이 아니라, 대중을 위해 그리고 대량 생산되고, 많은 사람들이 이를 수용하기를 원한다. 벤야민에게 영화는 두 가지 점에서 매우 매혹적이다. 하나는 대중적으로 수용된다는 점, 또 다른 하나는 영화가 움직이는 이미지로 구성된다는 점이다. 바로 이런 점에서 영화는 수용자의 지각 작용에 직접적으로 큰 영향을 미치게 된다.

먼저 영화의 대중적 수용에 대해 살펴보자. 영화는 생산에서 수용에 이르기까지 집단적 성격이 강조된다. 영화는 전통적 예술작품과는 달리 영화관이라는 대중적 공간에서 수용된다. 물론 지금은 대중적 수용과 대중적 공간에서 벗어나 영화를 감상할 수 있는 기회는 얼마든지 있지만, 비디오가 등장하기 전까지 영화를 보기 위해서는 영화관이라는 공간을 방문할 수밖에 없었다. 영화가 등장했던 초기에 영화관은 중요한 공간으로 작용한다. 산업혁명 이후 대도시가 형성되고 발전했지만, 대도시라는 공간에 사는 대중이 집이라는 사적 공간 외에 외부적 공간에서 여가생활을 향유할 수 있는 공간은 거의 없었다. 이러한 상황 속에서 영화관은 대도시를 살아가는 불특정 다수의 대중들에게 새로운 놀이 공간을 제공했다. 이 새로운 공간 속에서 대중들은 자신들의 예술을 즐길 수 있고 또 때로는 비판할 수 있는 안목을 키울 수 있었던 것이다. 이들은 이전의 예술작품들이 닫힌 공간에서 위계적 방식으로 질서지어진 수용 방식에 따라 예술작품들을 수용했던 것과는 달리, 영화관이라는 열린 공간에서 자유롭게 영화를 수용한다. 한마디로 말해서, 자신이 영화를 보고 싶으면, 볼 수 있다는 것이다. 또 개인적 수용과는 달리 집단적 수용을 통해 대중들은 어느 정도 비판적으로 영화를 수용할 수 있으리라고 벤야민은 보았다. 이는 대중에 대한 그의 신뢰에서 기인한다. 따라서 벤야민은 대중문화가 예술의 몰락을 가져오고, 또 대중들은 특히 영화를 통해 우민화될 수 있다는 아도르노와는 달리, 대중들은 영화를 즐김과 동시에 비판할 수 있다고 보았다.(「예술작품」, 497쪽과 505쪽)

벤야민에 따르면 영화는 대중적 수용이라는 양적 측면에서 뿐만 아니라, 질적 측면에서도 기존의 예술작품과는 다른 수용 방식을 갖는다. 왜냐하면 영화는 정적인 또는 고정된 이미지가 아니라, 기본적으로 움직이는 이미지로 구성되어 있기 때문이다. 영화가 움직이는 이미지이기 때문에 기본적으로 몰입 또는 침잠을 요구하는 전통 예술작품과는 다른 수용 방식을 갖는다는 것은 벤야민뿐만 아니라, 크라카우어 그리고 아도르노도 지적한 점이다. 그러나 아도르노가 그렇기 때문에 영화가 예술이 될 수 없다고 주장하는 것과는 달리, 벤야민은 영화는 새로운 예술 형식이고, 그렇기 때문에 다른 수용 방식을 갖는 것이라고 하면서, 영화를 대중예술로서 옹호한다. 움직이는 이미지인 영화는 수용자들에게 집중과 침잠이 아니라, '분산적 지각(Zerstreute Wahrnehmung)' 과 '촉각적 지각(taktile Wahrnehmung)' 을 불러 일으킨다. 이러한 새로운 지각 방식을 영화가 일으키는 이유는 다음과 같다. 먼저 영화는 앞서 이야기한 것처럼 움직이는 이미지들로 이루어졌기 때문에, 한 이미지에 집중적으로 집중과 침잠을 할 수 없다. 집중과 침잠을 하기에는 영화의 화면은 너무 빨리 전환되기 때문이다. 그리고 또 다른 이유는 영화는 기본적으로 편집예술이다. 따라서 다양한 편집으로 인하여 영화는 연대기적인 시간 개념을 탈피하고 영화 안에서 자유롭게 공간 이동을 할 수 있다. 지금 우리의 관점에서 볼 때는 너무나 당연한 것이며, 별거 아닐 수 있지만, 영화 초기에 관객들이 영화를 보고 깜짝 놀라 뛰쳐나갔다는 이야기들에서 알 수 있듯이, 그 당시 사람들에게는 이러한 경험은 정말 새로운 스펙터클의 체험인 것이다. 과거, 현재 그리고 미래라는 선형적 구조에서 탈피해 과거와 현재 그리고 미래를 편집해서 보여 주는 영화는 새로운 시공간 체험을 가능하게 했다. 이러한 새로운 이미지 구성은 분산적 지각과 더불어 이미지에 대한 충격 체험과 이미지의 촉각적 지각 또한 불러일으킨다. 벤야민은 이러한 새로운 지각 작용에서 주체가 능동적으로 활동할 수 있으리라 본 것이다. 주체의 능동적 활동을 통해 대중은 이제 새로운 형식의 예술작품을 수용하는 과정에서 예술을 즐기고 비판한다.

6. 예술의 정치화(Die Politisierung der Kunst)와 정치의 심미화(Die Ästhetisierung der Politik)

기술 재생산 시대의 예술작품이 가지고 있는 가장 뚜렷한 특징은 원본성과 유일무이성의 몰락이다. 이와 달리 전통적 예술작품은 원본성과 유일무이성을 자신의 아우라로 가진다. 물론 복제의 가능성과 복수성의 가능성을 가지고 있기도 했다. 그러나 이는 기술 재생산 시대의 예술작품이 가지고 있는 원본성의 몰락과는 근본적으로 성격이 다르다. 왜냐하면 전통적 예술작품은 아무리 복제된다고 하더라도 원본성을 부정할 수 없기 때문이다. 아니, 더 나아가 복제되면 될수록 원본성의 신화는 강화되기 때문이다. 이러한 전통적 예술작품은 이러한 원본성, 다시 말해서 '귀함'이라는 물질적 존재 조건 때문에 종교적 제의적 가치를 갖게 되고 종교 의식과 밀접하게 관련된다는 것이 바로 벤야민의 주장이다. 이로써 예술은 사회에서 종교적 기능을 수행한다. 반면 기술 재생산 시대의 예술은 태생적으로 원본성을 부정하는 것이기 때문에 전통적 예술작품이 수행해 왔던 이러한 종교적 가치와 종교적 기능을 기대하기는 어렵다. 따라서 기술 재생산 시대의 예술작품은 종교적 가치 대신에 전시 가치를, 그리고 이로 인하여 종교적 기능 대신에 정치적 기능을 수행할 수 있다. 예술의 이러한 새로운 사회적 기능인 정치적 기능과 관련해서 벤야민은 '예술의 정치화'와 '정치의 심미화'(「예술작품」, 506쪽)를 분류한다. 즉 '정치의 심미화'는 예술이 가지고 있는 이러한 속성을 잘못 이용한 것이며, 이와 달리 '예술의 정치화'(「예술작품」, 508쪽)는 올바른 예술의 정치적 기능을 의미한다.

정치의 심미화란 한마디로 말해서, 이데올로기를 선전 선동하기 위해 사용하는 예술을 의미한다. 예를 들어 나치즘과 파시즘에서 예술을 자신들의 이데올로기를 위해 사용하는 경우가 바로 여기에 해당한다. 이들은 예술이 가지고 있는 정치적인 힘, 특히 대중예술이 가지고 있는 대중적 파괴력에 대해 탁월하게 인식했고 또 이를 악용했다. 벤야민은 이러한 현상만을 단지 정치의 심미화로 파악하지는 않는다. 그는 정치의 심미화를 가능하게 하는 예술 내적인 원인 또한 지적한다. 이는 바로 '예술을 위한 예술'을 외치는 예술지상주의와 탐미주의 그리고 좌파들이 가지고 있는 대중예술에 대한 무관심과 경멸 등에서 그 원인을 찾았다. 먼저 탐미주의가 어떻게 정치의 심미화를 불러일으키는지에 대해 살펴보자. 탐미주의는 예술의 목적을 예술에서 찾는다. 이들에게 무엇보다도 중요한 것은 '예술을 위한 예술'이다. 이렇게 되면 탐미주의는 자연스럽게 예술 외적인 상황들, 즉 사회적 상황에 대해서는 무관심한 태도를 취할 수밖에 없다. 아니, 예술이 예술 그 자체가 아니라, 사회적 상황에 대한 불순한 의도를 가져서는 안 된다. 이러한 의도나 태도를 취하게 되면 예술은 그 순수성을 상실한 채, 타락하게 되는 것에 지나지 않는다. 이러한 태도가 바로 '정치의 예술화'에 대해서도 무관심한 태도를 갖게 되는 것이며, 이러한 무관심성을 이용해서 정치는 예술을 자신의 수단으로 악용한다. 즉 탐미주의는 파시즘이 예술을 악용하는 것을 결론적으로 용인한 것이다.

벤야민은 이와 동시에 좌파의 대중예술에 대한 태도 또한 비판한다. 이들이 대중문화에 대해 취하는 비우호적인 태도 또한 정치의 예술화, 특히 대중예술을 정치적으로 악용하는 것에 이바지하는 것이라고 보았다. 나치즘은 그 어느 정치적 집단보다도 대중문화가 가지고 있는 힘을 정확히 파악했고, 또 아주 적절히 사용한 집단이다. 그들은 자신의 선전 선동 도구로 영화를 아주 잘 활용하였다. 이러한 나치즘이 행한 대중문화의 적절한 활용과는 달리, 그 당시 진보적 사상을 가지고 있었던 좌파들은 자신의 정치적 성향과는 달리, 대중문화에 대해서는 매우 미온적인 태도를 가지고 있었다. 이들은 대중문화 그 자체를 파악하려고 했다기보다는 나치와 파시즘에 의해 악용되는 대중문화를 보면서, 대중문화를 한마디로 대중 조작의 수단으로 평가절하하는 오류를 범했다. 정치적으로 진보적 의식을 가지고 있었던 좌파들의 이러한 태도는 대중문화 그 자체를 파악하지 못했다는 오류를 범하는 것이며, 또한 그들이 연대하고자 했던 노동자들의 문화를 스스로 폄하하는 태도를 드러내는 것이라고 볼 수 있다. 따라서 벤야민은 이들의 이런 태도 또한 결국 정치의 예술화에 도움을 주는 태도라고 파악했다.

7. 디지털 매체 시대의 벤야민: 벤야민 논의의 현재성

지금은 벤야민이 살았던 기술 재생산 시대에서 벗어나 새로운 매체 시대인 디지털 매체 시대다. 현재의 매체적 상황에서 벤야민의 논의를 봤을 때, 그의 이론이 정당하게 그대로 적용될 수는 없다. 아니, 적용시키려고 하는 것 자체가 벤야민의 논의에 정면으로 위배되는 것일 수도 있다. 그의 주장처럼 예술이 사회적 산물로서 그 시대를 반영하고 있다면, 우리는 우리가 살고 있는 예술에 대해 분석의 눈을 돌려야 한다. 즉 지금과 여기서 진행되고 있는 새로운 형식의 예술은 무엇이며, 그것이 갖는 특징은 무엇인가라는 문제로 말이다. 그것이 바로 벤야민 논의의 현재화이다. 그가 예술을 파악하려고 했던 관점을 현재에 가지고 와서 현 상황에서 진행되는 예술을 다양한 각도에서 파악하고, 또 벤야민의 시대와는 다른 기술적 매체적 상황 속에서 예술작품이 갖는 아우라의 운명과 현 대중예술의 모습 등에 대해 탐구해야만 하는 것이다.

더 읽을거리

반성완 편역, 『발터 벤야민의 문예이론』, 민음사, 1995.

발터 벤야민, 『아케이드 프로젝트』, 조형준 옮김, 새물결, 2005.

베른트 비테, 『발터 벤야민』, 윤미애 옮김, 한길사, 2001.

볼츠 노르베르트 · 빌렘 반 라이엔, 『발터 벤야민: 예술, 종교, 역사철학』, 김득룡 옮김, 서광사, 2000.

Benjamin, W., *Gesammelte Schriften*, 7 Bde., unter Mitwirkung von T. W. Adorno und G. Scholem, hg. von R. Tiedemann und H. Schweppenhäuser, Frankfurt a. M., 1972-1989.

에른스트 블로흐

심혜련

1. 생애(1885-1977)

에른스트 블로흐(Ernst Bloch), 우리는 그를 흔히 '희망의 철학자' 또는 '유토피아의 철학자'라고 부른다. 이는 그의 대표 저서인 『희망의 원리』와 『유토피아의 정신』에서 보여 주고 있는 희망에 대한 희망, 그리고 유토피아에 대한 구체적 연구에서 기인한다고 볼 수 있다. 그는 또한 20세기 철학자 중에서 대중적으로 잘 알려져 있으며, 또 다양한 측면에서 논의되는 철학자 중의 한 사람이다. 철학자이자 신학자 그리고 마르크스주의자인 블로흐는 1885년 독일 루드비히하펜(Ludwigshafen)에서 태어났다. 그는 유대인이었다. 조숙하고 영리한 소년이었던 블로흐는 어린 시절에 이미 철학에 심취해 있었으며, 어린 시절에 철학 논문을 쓰기도 했다. 그러나 이러한 철학적 관심과 재능에 비해 그의 학교 생활은 그리 좋은 편은 아니었다. 블로흐는 1905년 대학에 입학하면서 체계적으로 철학을 공부하기 시작했으며, 이 외에도 물리학과 음악 등에 많은 관심을 가지고 동시에 연구하기도 했다. 음악에 대한 그의 관심은 그 후 구체적으로 위대한 예술의 가능성을 주로 음악에서 찾는 데 많은 기여를 했다. 그는 1908년 뷔르츠부르크 대학에서 오스발트 퀼페(Oswald Külpe) 교수의 지도 아래에서 「리케르트에 대한 비판적 고찰과 현대 인식론의 문제(Kritische Erörterungen über Rickert und das Problem der modernen Erkenntnistheorie)」라는 주제로 박사 학위를 받았다. 그 후 오랫동안 희망과 유토피아에 대해 고민한 결과들을 『유토피아의 정신(*Geist der Utopie*)』이라는 이름의 저서로 출판한다. 그 후 블로흐는 유대인이라는 이름만으로 평탄한 삶을 살지 못하고, 나치를 피해 이리저리 옮겨 다니는 망명객의 삶을 살아갈 수밖에 없었다. 왜냐하면 나치즘 시대에 유대인이자, 마르크스주의자였던 블로흐는 독일에서 더 이상 연구가 아니라, 기본적인 삶조차 유지할 수 없었기 때문이다. 이리저리 옮겨 다니며 부평초와 같은 삶을 살던 블로흐는 결국 1938년 대부분의 유대인 출신 지식인들이 그러했듯이 미국으로 망명을 할 수밖에 없었으며, 그곳에서 망명객으로서의 삶을 시작한다. 1938년에서 49년까지 지속된 미국에서의 망명 기간 동안 블로흐는 후에 출판된 그의 저서들의 모태가 될 수 있는 연구들을 이곳에서 진행하였다.

2차대전이 끝난 후 블로흐는 다시 독일로 돌아오는데, 그렇지만 그가 떠날 때의 독일과 돌아올 때의 독일은 이미 달라져 있었다. 떠날 때는 하나의 독일이었지만, 돌아올 때는 동독과 서독으로 갈라진 독일이었다. 물론 완전히는 아니지만 말이다. 이러한 상황 속에서 블로흐는 동독을 택했으며, 이곳 라이프치히 대학에서 철학을 가르치게 되었다. 그러나 동독에서의 삶도 그에게는 편안하지 않았다. 끊임없이 일어나는 당국과의 갈등, 그리고 그들의 이념과 정책에 결코 동조할 수 없기 때문에 생기는 갈등 등은 그를 다시 괴롭히곤 했다. 이러한 갈등 속에서 1961년 서독을 여행 중이던 블로흐는 베를린에 장벽이 세워졌다는 소식을 듣고 동독으로 돌아가는 것을 포기하고 튀빙겐 대학의 요청을 받아들여 서독에서의 삶을 시작한다. 그는 튀빙겐에서 1977년 생을 마감한다.

블로흐는 미국에서 동독으로의 이주, 그리고 다시 서독으로 이주했다는 사실과 그의 독특한 철학 체계 때문에 어느 한쪽에서 전폭적 지지를 받을 수 없었다. 스탈린주의자들과 동독의 입장에서 볼 때 그는 너무도 휴머니즘적이고 우경화된 좌파일 수밖에 없다. 반면 다른 측면에서 보면 그는 지나치게 공산주의에 경도된 지식인일 수 있다. 좌파 그리고 우파가 첨예하게 대립되어 있던 시대에 블로흐는 어느 쪽에서도 완전히 자기 편일 수 없었으며, 더 나아가 자기 진영에 문제가 있는 지식인일 수밖에 없었다. 그러나 현재 시점에서 본다면, 그는 어쩌면 이 둘 어느 진영에도 속하지 않으면서, 이 둘을 긍정적 의미에서 연결시키려고 부단히 노력하고 이를 실천한 대표적 지성인일 수 있다. 바로 희망이라는 이름으로 말이다.

2. 마르크스주의적 신학자 또는 신학적 마르크스주의자

블로흐와 벤야민(Benjamin)은 여러 가지 면에서 서로 닮았다. 물론 이 둘은 친구이기도 하지만, 단지 친구라는 이유에서 뿐만 아니라, 사상적 측면에서도 이 둘은 유사성을 갖고 있으며, 또한 이러한 유사성 때문에 이 둘이 친밀한 관계를 유지했을지도 모른다. 또한 이 두 사람이 생전에나 또는 사후에 어느 입장에서도, 특히 신학과 마르크시즘의 지평에서 보았을 때 결코 전폭적으로 환영받는 사상가가 아니었다는 점에서도 이 둘은 유사하다. 블로흐나 벤야민, 이 둘을 마르크스주의자라고 보기에는 지나치게 신학적이며 형이상학적이다. 또 신학자라고 보기에는 지나치게 유물론적 사고를 하고 있다. 또 이 둘의 저술 스타일도 매우 유사하다. 하나의 거대 담론을 구상하는 방식으로 논의를 진행하기보다는 파편적이고 분산적인 에세이 같은 글쓰기 방식으로 이들은 자신의 사상을 전달한다. 따라서 이 둘은 때로는 체계적인 사유 체계가 없기 때문에 이해하는 과정에서 많은 오해를 불러일으키기도 한다.

이 둘 사이에 보여지는 가장 큰 공통점은 둘 다 사유 체계에서 신학과 마르크스주의가 중요한 계기로 작용한다는 사실이다.[벤야민에 관해서는 이 『미학대계』 2, 제2부 현대미학의 방법론과 전개, '사회학적 미학'의 「발터 벤야민」 부분 참조하기 바람.] 신학과 마르크스주의라는 이론적 지평, 아니 삶의 지평에서 이들은 구체적으로 예술과 사회의 관계, 그리고 사회 속에서 예술이 해야만 하는 기능에 대해 고민했다. 이들에게 예술은 분명 '사회적 예술'이었고, 이어야만 했다. 블로흐는 벤야민보다 훨씬 적극적으로 그리고 노골적으로 신학과 마르크스주의를 연결시키면서, 자신을 마르크스주의자라고 스스로 칭하였다.[1] 벤야민이 이 둘의 관계를 직접적이기 보다는 은유적으로 표현하거나 또는 드러나지는 않지만 사유의 근본으로 작용하고 있는 것을 간접적으로 보여 준 것과는 달리 말이다. 또한 벤야민이 신학과 마르크스주의 사이에서 본인이 의식하든 의식하지 못하든 간에 갈등했고, 또 갈등의 과정이 자신의 저술 등에서 드러났던 것과는 달리, 블로흐는 이에 대해 갈등하지 않는다. 왜냐하면 그가 보기에 이 둘은 같은 어머니에서 나온 형제와 같은 것이기 때문이다. 그 어머니와 같은 기반은 바로 유토피아다.

블로흐는 신학과 마르크스주의가 가지는 공통점을 바로 '유토피아를 소망'한다는 점에서 찾는다. 이미 제임슨(Jameson)이 지적했듯이 종교는 유토피아적 소망을 내적 · 주관적으로 의식화하며, 또 마르크스주의는 이러한 유토피아적 소망 없이는 사실 생명력이 없다.[2] 바로 이러한 관점에서 블로흐는 종교, 특히 유대 종교의 메시아론과 마르크스주의를 적극적으로 연결시킨다. 지금의 모순이 극복되면, 지금보다는 더 나은 모습의 세계가 도래할 수 있을 것이라는 희망과 그 세계를 향해 나아가려는 노력 등에서 이들은 유토피아의 실현이라는 같은 길을 가고 있다고 볼 수 있다. 즉 그의 관점에서 보면 인간은 유토피아를 실현하기 위해 '노동'하며 '기도'할 수 있다. 따라서 블로흐는 경제결정론적인 마르크스주의를 편협한 마르크스주의라

---

1 Burghart Schmidt, "Die Stellungsnahme: Ernst Bloch als Marxist", in: *Materialien zu Ernst Bloch Prinzip Hoffnung* (Hrsg. Burghart Schmidt), Frankfurt a. M., 1978 참조.

2 프레드릭 제임슨, 여홍상 · 김영희 옮김, 『변증법적 문학이론의 전개』, 창작과비평사, 1994, 163쪽.

고 규정하면서 이를 비판한다. 그렇다고 해서 마르크스주의 그 자체를 전면 거부하는 것은 결코 아니다. 다만 그는 기존의 마르크스주의가 지나치게 경제를 중심으로 한 하부구조에 대한 연구와 이에 대한 변혁에만 치중하고 있다고 보면서, 이와 달리 블로흐는 상부구조를 중심으로 문화와 예술을 중심 범주로 해서 마르크스주의를 적극적으로 해석할 것을 요구한다.

3. 유토피아에 대한 희망

현실을 살아가는 사람들 중에서 지금 현실에 만족하는 사람은 정말 극히 드물 것이다. 뿐만 아니라, 현실에 만족하고 살아가는 것 자체가 뭔가 사유함이 부족한 인간, 더 나아가 '배부른 돼지' 로 취급받기도 한다. 현실에 만족하지 못하고 살아가든 또는 현실을 부정하든 간에, 이들에게 희망이 없다면 현실에 대한 이러한 만족하지 못함을 견디어 내지 못할 것이다. 희망은 한마디로 말해서 더 좋았던 과거에 대한 회상이 아니라, 앞으로 다가올 더 나은 삶을 위한 꿈이다. 희망은 과거와 연관되어 있지 않다. 지난 좋은 시절은 즐거웠던 기억으로서 단지 향수의 대상일 뿐이다. 향수와는 달리 희망은 미래와 연관되어 있다. 그러므로 블로흐의 철학은 바로 과거가 아닌, 다가올 미래와 직접적으로 연관되어 있다. 희망은 앞으로 다가올 수 있는 것과 관련되어 있기 때문에 종결된 채, 또는 닫친 채로 있는 것이 아니라, 무한히 열려진 채로 '아직 이루어지지 않은 것(das Noch-Nicht-Gewordene)' 으로 존재한다. 다시 말해서 희망은 과거와 관련된 것도 아니며, 현재 진행형으로 그 모습을 드러내는 것도 아니다. 오히려 희망은 '아직 이루어지지 않은 채' 미래와 연관된다. 바로 이러한 희망이 가지는 특성 때문에 희망은 긍정의 원리로서 작용한다. 그렇다면 사람들은 무엇을 희망하는가? 희망의 궁극점은 무엇인가? 그것은 바로 유토피아다. 따라서 사람들이 가지고 있는 희망의 정체는 바로 유토피아적 희망인 것이다.

그렇다면 사람들은 왜 유토피아를 꿈꾸며, 또 희망을 가지는가? 현실에 불만이 없다면, 더 나아가 현실에 아주 만족한다면 우리는 다른 세상을 꿈꾸지 않을 것이다. 물론 희망은 가질 수 있을 것이다. 예를 들어 이 순간이 오래 지속되었으면 하는 그러한 희망 말이다. 그러나 현재를 영원한 지속으로 유지하고자 희망하는 사람은 거의 없을 것이다. 물론 이러한 현실의 고단함 또는 불만족과 결여는 부정적 계기들이다. 이러한 요소들을 지금 현재 가지고 있지 않음, 또는 없음으로 해석하면 정말 부정적 계기들이 될 수 있다. 그러나 똑같은 상황을 뒤집어 생각해 보거나, 아니면 다른 각도에서 생각해 보자. 없음이 아니라, 아직 이루어지지 않은 것으로 또는 아직 이루어지지 않은 상태로 말이다. 그러면 이러한 상황 속에서 희망의 빛은 보인다. 왜냐하면 없는 것이 아니라, 곧 다가올 수 있는 것이며, 이것들의 도래를 기다리면 되니까 말이다. 따라서 현실에 대한 불만족과 결여는 역설적으로 유토피아와 희망을 갖게 하는 계기로 작용한다.[3] 블로흐가 생각하는 구체적 유토피아가 바로 이 지점에서 출발한다. 유토피아가 지금이라는 현재 시간과 여기라는 현재 공간에 없기 때문에 어디에도 없는 것이 아니라, 지금과 여기는 유토피아가 잠재적으로 있는 시간이자 공간이기 때문에 유토피아는 구체화될 수 있는 것이다.

블로흐는 철학자 중에서는 매우 드물게 미래에 대해 언급했다. 그의 유토피아 개념은 바로 미래와 직접적으로 연결된다. 또한 미래와 연결된 유토피아라는 것을 블로흐는 공간적으로 서술하지 않는다. 미래와 연결되었다는 사실에서 이미 알 수 있듯이 이는 시간적 개념이다. 그의 관점에 따르면, 시간적으로 아직 존재하지 않은 것은 그렇기 때문에 가능성을 가지고 있으며, 또한 희망이라는 이름을 걸고 추구할 수 있는 것이기도 하다. 또

3 이와 관련해서 김진은 블로흐 철학의 출발점을 굶주림과 어두움이라고 규정한다. 즉 살고 있는 순간의 어두움과 굶주림이 유토피아적 목표 설정을 하는 데 결정적인 역할을 한다는 것이다. 김진, 「블로흐의 희망 철학과 유토피아론」, 차인석 외 지음, 『사회철학대계 2』, 민음사, 1993, 179-184쪽 참조.

이런 것들은 아직 존재하지 않는 것이기 때문에 전혀 없는 것은 아니다. 아직 드러나지 않았으며, 또 아직 완성되지 않은 존재 상태로 있는 것이다. 아직 드러나지 않고 또 아직 완성되지 않은 것이 존재한다는 것을 예측할 수 있게끔 해주는 것이 바로 예술이다. 따라서 예술은 유토피아와 희망의 '예측된 상(Vor-Schen)' 으로 그 모습을 드러낸다.[4]

4. 유토피아와 희망의 예측된 상으로서의 예술

기본적으로 블로흐에게는 예술과 종교 그리고 사회가 각각 독립적인 것이 아니다. 오히려 예술과 종교는 다른 모습을 하고 있지만, 본질은 같은 것이다. 이 둘은 또한 사회와 독립해서 존재하는 것이 아니며, 존재 이유 또한 사회와 무관한 것이 결코 아니다. 이 둘은 다양한 방식으로 사회와 유

4 이 글을 쓰면서 독일어 Vor-Schein의 적합한 우리 말을 찾기 위해서 많은 고민을 했다. 이 용어는 블로흐의 고유한 개념이다. 말 그대로 번역하면 '현상 또는 가상 앞에 있는 것', 또는 '이보다 앞서 있는 것' 을 의미한다. 적합한 번역어를 찾기 위해 국내 학자들이 블로흐에 대해 쓴 글이나, 번역된 책을 찾아보았으나, 일관된 번역어를 찾기는 어려웠다. 대표적으로 김문환은 자신의 저서 『사회미학』에서 Vor-Schein을 말 그대로의 의미를 살려 한자어로 '선현(先現)' 으로 번역하고 있다. 김진은 이와 다르게 Vor-Schein을 '미리 드러남' 으로 뜻을 풀어 설명하고 있다.(김진, 「블로흐의 희망 철학과 유토피아론」, 190쪽) 또 최근에 블로흐의 『희망의 원리』를 완역한 박설호는 번역본에서 Vor-Schein을 '예측된 상' 이라고 번역하고 있다. 박설호는 '예측된 상' 으로 이를 번역한 이유를 다음과 같이 밝히고 있다. 그 또한 Vor-Schein을 '선현' 으로 번역하는 것이 합당하다고 생각하나, Vor-Schein에는 '미리 드러난 갈망의 상' 이라는 의미를 내포하고 있기 때문에 '예측된 상' 으로 번역했다고 한다(「희망의 원리 1」, 430쪽). 위에서 언급한 세 명의 학자들 모두는 Vor-Schein을 번역할 때 자신의 의도가 각기 드러나게 번역했음을 알 수 있다. 그러나 공통적으로 이들 학자들이 블로흐의 Vor-Schein에서 본 것은 아직 존재하지 않음, 또는 아직 완성되지 않음이다. 그러나 그렇기 때문에 전혀 알 수 없는 것이 아니라, 상 속에 이미 잠재적으로 다가올 것들이 있고, 그것들이 조금이나마 드러나고 있다는 것이다. 본 글에서 필자는 박설호의 번역을 따라 Vor-Schein을 '예측된 상' 으로 번역해서 사용할 것이다. 이는 선현이라는 용어가 한자어에 낯선 젊은 세대에게는 그 뜻이 바로 전해지지 않기 때문이며, 동시에 이 글에서 필자는 블로흐의 희망의 원리를 원전이 아니라, 박설호의 번역본을 원전과 비교하면서 인용하였기 때문에, 전체적으로 그의 번역을 따르는 것이 합당하고 생각한다. 그러나 이 또한 일시적 번역어일 것이다. 앞으로 많은 논의들을 통해서 합당하고 일관적인 번역어가 나올 수 있기를 바란다.

기적 관계를 맺으며, 사회를 반영하고 또 사회에 희망의 빛을 던져 준다. 블로흐가 보기에 종교와 예술은 지향하는 바가 같다. 즉 그 지향점은 바로 유토피아다. 그렇다고 해서 그가 종교와 예술을 동일한 것으로 보지는 않는다. 유토피아라는 지향점을 추구하되 그것들이 드러나는 표현 방식에서는 차이를 보인다. 그는 그 차이를 다음과 같이 설명한다: "예술은 고유의 내적인 의미를 지님에도 불구하고, 그 표상 양식에 있어서 우의적인 것의 간접적이고 다의적인 운동을 따르는 다원주의이다. 반면 중앙집권적인 종교는 투명한 시적 양식들을 사용함에도 불구하고, 하나의 단일한 방향을 취하며 상징들을 수렴시키는 것을 목표로 한다."[5]

블로흐가 파악하는 예술은 다분히 종교적 예술이다. 아도르노(Adorno)가 예술이 위안이 될 수 없고, 또 위안이 예술일 수 없다고 주장한 것과는 달리 블로흐는 바로 종교와 예술이 둘 다 현실을 살아가는 우리에게 위안이 될 수 있음을 강조한다.

그렇다면 예술은 과연 사회와 어떤 관련을 맺는가? 예술은 예측된 상으로서 자신 내부에 세계와 역사를 반영한다. 또 예술은 본질적으로 사회를 변혁하고자 하는 욕구를 판타지로 가지고 있다. 이러한 관계 속에서 블로흐는 예술작품을 '예측된 상'으로 파악한다. 말 그대로 예측된 상이란, 미리 드러남 또는 보여지는 상 또는 이미지 속에서 무엇인가를 예견하고 예측할 수 있음을 의미한다. 한마디로 말해서 예술은 "보이는 예측된 상으로서의 예술적 상"(『희망의 원리 1』, 430쪽)이다. 이 개념은 블로흐 예술이론을 형성하는 데 기본 전제가 되는 개념이다. 블로흐가 말하는 예측된 상은 일종의 존재 방식이며, 우리에게 유토피아적 의식을 일깨워 주는 것이다.[6] 앞

5 Ernst Bloch, "Tübinger Einleitung" in *die Philosophie,* 2 vols, Frankfurt a. M., 1963-64, S. 46-47. 여기서는 다음의 책에서 재인용: 프레드릭 제임슨, 여홍상 · 김영희 옮김, 『변증법적 문학이론의 전개』, 창작과비평사, 1994, 153-154쪽.

6 Gert Ueding, "Schein und Vor-Schein in der Kunst. Zur Ästhetik Ernst Blochs", 1969, S. 448. in: Burghart Schmidt (Hrsg.), *Materialien zu Ernst Blochs 〉Prinzip Hoffnung〈*, Frankfurt a. M., 1977.

서 강조했듯이, 예측된 상이 의미하는 바는 지금 존재하는 것은 아니다. 단지 지금 존재하지는 않지만, 다가올 미래에 있을 수 있는 것이기 때문에 지금은 잠재태의 형식으로 있는 것을 의미한다.

블로흐는 예술이 보여 주는 이러한 예측된 상을 하나의 실험실로 비유하고 있다.(『희망의 원리 1』, 39쪽) 실험실이라는 비유를 통해 알 수 있듯이, 그것은 완성된 채 모습을 드러내는 것이 아니다. 그것은 "존재 가능성의 무한한 도식에서 아직 이루어지지 않은 것(Noch-Nicht-Gewordene)"을 의미한다.[7] 그러나 아직 이루어지지는 않았지만, 언젠가는 반드시 이루어질 수 있는 가능성들이 보여지는 축제의 장인 것이다.(『희망의 원리 1』, 444쪽)

예측된 상은 각각의 실험 조건에 의해서 어떤 경우에는 이렇게, 또 다른 어떤 경우에는 저렇게 모습을 드러낸다. 여기서 중요한 것, 즉 "모든 예술작품을 규정해 주는 것은 성격과 상황에 대한 본질을 바라보는 행위"(『희망의 원리 1』, 39–40쪽)이다. 그렇다면 예술작품에 무엇이 미리 드러나고, 예술작품을 통해 무엇을 미리 예측할 수 있다는 말인가? 그것은 바로 앞으로 다가올 미래 세계들의 모습이자, 유토피아의 모습이고 희망의 모습이다. 이러한 모습들이 예술작품 속에서 변환된 채 그 모습을 드러내는 것이다. 또는 미래 세계와 유토피아 그리고 희망에 대한 소망 원리들이 그 모습을 드러내고 있다고 볼 수 있다. 그는 다음과 같이 말한다: "모든 위대한 예술은 겉으로 드러난 특징을 제외하면, 어떤 다른 측면의 잠재성을 전하고 있다. 즉 아직 한번도 당대에 출현하지 않은 미래의 내용, 아직 알려지지 않은 마지막 상태의 내용이 위대한 예술 속에 함축되어 있다. 바로 이러한 까닭에 시대를 초월한 예술작품들은 지난 시대에 누구도 알아차리지 못한, 어떤 보다 멀리 위치한 새로운 무엇을 말해 주어야 한다."(『희망의 원리 1』, 256쪽) 예술이야말로 구체적 유토피아를 가장 분명하게 보여 줄 수 있는 것이다.(『희망의 원리 1』, 444쪽)

7 위의 책, S. 449.

어떤 멀리 위치한 것을 미리 예측해서 보여 주는 것이 바로 위대한 예술이다. 결국 예술에서 드러나는 예측된 상이란 "어떤 아름다움을 내재하고 있는, 특수한 방법으로 표현될 수 있는 무엇"(『희망의 원리 1』, 440쪽)인 것이다. 그렇기 때문에 예술은 환영으로 취급되어서는 안 된다. 환영 또는 단순한 상과 예측된 상으로서의 예술은 분명 다르다. 블로흐는 예측된 상으로서 예술을 강조하면서 이 점 또한 매우 강조한다. 즉 "예술이 그저 환영으로 패배하지 않는 곳에서는 아름다움과 숭고함은 결국 미래의 자유에 대한 어떤 예견을 중개해 주는 무엇"(『희망의 원리 1』, 444쪽)이라는 것이다. 무엇보다도 예술가는 단순한 상에 만족해서는 안 된다고 블로흐는 말한다. 왜냐하면 "이미지라든가 형상화된 예술적 허구로 인하여 단순한 가상은 그저 둥그스름한 치장으로 드러날 때가 있다. 이때 아름다움과 결착된 유희는 최소한 중요한 주제를 방해하고, 예술의 진지한 특성을 사전에 차단한다. 단순한 가상은 여러 가지 상들을 때로는 경박하게 때로는 비현실적으로 출현하게 된다. 그것은 이른바 자기 만족을 유발하는 피상적 관련성만을 보장해 줄 뿐이다. 이로 인하여 예술작품은 때로는 어떤 핵심적 사실에 관심을 지니지도, 이를 반영하지도 못하고, 기껏해야 공허하고 천박한 환상만을 보여 줄 따름"(『희망의 원리 1』, 446쪽)이기 때문이다.

물론 모든 예술이 다 예측된 상으로 모습을 드러내는 것은 결코 아니다. 앞서 언급했듯이 환영 또는 단순한 상으로 그 모습을 드러내는 경우가 훨씬 많다고 볼 수 있다. 그렇기 때문에 블로흐 또한 '위대한 예술'이라는 용어를 이들과 구별하기 위해 사용하는 것이다.

블로흐는 예측된 상으로서의 예술이 가장 잘 드러나는 예술적 장르를 음악이라고 한다. 그 이유는 다른 예술과는 달리 음악에서는 예측된 상이 묵시론적 순간성을 항상 견지하기 때문이다.(『희망의 원리 4』, 2292쪽)[8] 잘 알

8 블로흐는 음악을 다른 예술 장르와 비교해서 음악이 가지고 있는 우위성을 강조한다: "음악은 다른 예술적 장르에 비해서 인간 감정을 가장 직접적으로 표현할 수 있다. 그렇기 때문에 음악은 예컨대 억압당하는 계급의 수많은 고통, 그들의 갈망 그리고 희망의 빛을 생생

려진 것처럼 음악은 시간예술로 분류된다. 시간예술이라는 것이 의미하는 것은 시간의 흐름에 따라 진행되고 흘러간다는 것이다. 따라서 대표적 시간예술인 음악은 순간적으로 생생하게 예측된 상이 줄 수 있는 감동을 전해 준다. 회화나 문학이 예측된 상을 공간적으로 자세히 서술하는 것과는 달리 말이다.(『희망의 원리 4』, 2292쪽) 이러한 음악에 대한 블로흐의 평가는 앞서 언급했듯이, 그의 유토피아 개념이 공간적 개념이라기 보다는 시간적 개념이라는 것과 연관된다. 흘러가는 시간이 가지고 있는 순간성과, 충만감 그리고 묵시론적 순간성은 유토피아와 예술, 특히 음악에서 그 모습을 가장 잘 드러낸다. 예측된 상으로서의 예술을 만들어 내기 위해 예술가는 기존의 것을 답습하거나 모방하거나 재현해서는 안 된다. 예술가는 새로운 것을 만들어 내기 위해, 그리고 그럼으로써 예측된 상을 드러내기 위해 고뇌해야 한다: "예술이란 구체적인 형상, 상황 그리고 진행 과정 그리고 배경 등으로 구성되는 예술적 소재를 끝까지 충동하게 한다. 예술가는 바로 이러한 소재 속에 지금까지 한번도 표현되지 못한 그러한 고뇌라든가 이루 말할 수 없는 행복 등을 충분히 표현하게 된다. 바로 이러한 작업을 통해서 그는 예측된 상에 도달할 수 있다."(『희망의 원리 1』, 440쪽)

이러한 예측된 상으로서의 예술은 어떻게 형성될 수 있는가? 달리 물으면, 이것을 가능하게 하는 것은 과연 무엇인가? 단순히 예술가가 가지고 있는 새로움에 대한 고뇌에서 이것이 형성되는가? 그것은 아니다. 바로 이 지점에서 블로흐는 바로 낮꿈(Tagtraum)과 예술 그리고 예측된 상을 연결시킨다.

하게 드러낼 수 있다. 나아가 음악만큼 주어진 시대와 이데올로기에서 넘쳐흐르는 잔여물들을 훌륭하게 담는 예술 장르는 없다. 음악은 시대와 이데올로기로부터 넘쳐흐르는 잔여물을 반영하는데, 이때 인간적인 계층을 벗어나는 경우는 거의 없다. 따라서 음악은 시대와 사회 그리고 세계 등에서 울려 퍼지는 고통 속에서 도사리고 있는 그리고 죽음 속에 도사리고 있는 희망의 소재나 다름이 없다."(『희망의 원리 4』, 2234쪽)

6. 낮꿈이 작용하는 예술

꿈 또는 무의식 그리고 소망 충족에 대한 판타지를 예술과 연결시킨 사람은 프로이트(Freud)다. 그러나 블로흐가 이야기하는 꿈과 프로이트가 이야기하는 꿈은 다르다. 프로이트가 이야기하는 꿈이 밤에 꾸는 꿈(Nachttraum)이라면, 블로흐가 강조하는 꿈은 낮꿈(Tagtraum)이다. 밤에 꾸는 꿈이 자신 속에 무의식적으로 은폐되어 있던 갈망들이 나타나는 것이라면, 낮꿈은 희망을 예견해서 보여 주는 것이다.(『희망의 원리 1』, 157쪽) 따라서 그에 의하면 낮꿈이란, 일종의 예견(Antiyipation)이다. 있을 수 있는 것을 미리 앞질러서 나타나게 하는 것이며, 은폐되어 있지만, 실현 가능한 것들이기도 하다.(『희망의 원리 1』, 397쪽) 꿈은 갈망을 실현해서 보여 주는 것이다.(『희망의 원리 1』, 159쪽) 그러므로 블로흐는 낮꿈은 단지 밤꿈의 전단계 또는 밤꿈에 의해서 완전히 해결되는 것이라고 보는 입장에 반대한다.(『희망의 원리 1』, 174-178쪽) 낮꿈은 밤꿈의 전단계가 아니라, 하나의 독립적인 꿈이다. 그리고 이 낮꿈의 영역은 매우 넓으며, 진취적이며 힘으로 충만하다.(『희망의 원리 1』, 178쪽) 뿐만 아니라, 밤꿈에서 자아의 기능이 약화되는 것과는 달리, 낮꿈에서 자아는 보존되며, 보존된 자아는 상상력이라는 영역을 자유롭게 드나든다.(『희망의 원리 1』, 178-180쪽) 바로 이러한 낮꿈의 속성 때문에 낮꿈이 예술 생산과 직접적으로 연관될 수 있는 것이다.

예술가는 예술 생산을 통해 자신의 소망 충족에 대한 판타지를 드러내고, 수용자 또한 예술작품을 수용함으로써 소망 충족에 대한 판타지를 완성할 수 있다. 프로이트가 예술의 억압된 무의식의 한 변형으로 본 것과는 달리, 블로흐는 건강한 소망, 즉 낮꿈이 작용하는 것을 예술의 장으로 파악했다. 또한 프로이트가 억압된 무의식의 기원을 과거에서 찾아, 지나간 것이 억압되어 무의식으로 저장되어 있다가 예술로 분출되는 것이라고 파악했던 것과는 달리, 블로흐의 낮꿈은 과거의 것을 내용으로 하지 않는다. 이것은 오히려 앞으로 다가올 미래에 대한 구상과 희망을 내용으로 한다. 낮꿈에는 인간이 "유토피아를 갈망하는 중요한 상"(『희망의 원리 1』, 184쪽)이 내재되어 있다. 그렇기 때문에 낮꿈은 밤꿈의 전단계가 아니라, 바로 예술을 가능하게 하는 예비적 단계가 되며, 예술의 전단계로서의 낮꿈은 세계의 변화를 지향하게 되는 것이다.(『희망의 원리 1』, 192쪽) 따라서 예술은 지나간 과거에 연연해 하는 것이 아니라, 가능한 미래와 직접적으로 관련된다. 따라서 예술은 "형체화된 갈망의 꿈들"(『희망의 원리 1』, 430쪽)이다.

7. 희망 없는 시대에 희망을 꿈꾸며

현재는 과거와 미래 사이에 끼어 있다. 누구나 지금과 여기라는 현재를 중요하다고 하면서, 현재를 과거와 그리고 미래와 바꾼다. 과거와 비교해 봤을 때, 현재는 어떤 경우에는 과거보다 좋고, 또 어떤 경우에는 과거가 더 좋을 수 있다. 또 우리의 사고는 어느덧 과거로 또 미래에 대한 염려와 불안, 그리고 이것을 대비하기 위해 오늘을 살아간다. 미래와 관련해서 우리는 흔히 희망 없음을 이야기한다. 희망 없는 미래의 삶이 우리를 기다리고 있다고 말이다. 그러나 희망 없는 오늘의 삶 속에 바로 내일의 희망이 있을 수 있다. 그렇기 때문에 블로흐는 "내일은 오늘 속에 살아 있다"(『희망의 원리 5』, 2998쪽)고 한다. 이러한 블로흐의 희망과 유토피아에 대한 믿음은 다시 한번 희망 없는 세대에 희망이 될 수 있을 것이다. 바로 이러한 믿음을 가능하게 하는 것이 블로흐 철학이 가지고 있는 힘이다. 또 희망을 보여 주는, 즉 미래의 예측된 상을 보여 주는 예술의 역할이 어느 때보다도 강조될 수 있다. 희망 없는 시대에 희망을 예측하게 하는 예술, 그것이 바로 현재 우리에게 필요하다. 따라서 현재를 살아가고 있는 우리에게 블로흐의 희망의 철학은 다시 한번 우리에게 희망이 무엇인지, 그리고 희망을 꿈꾸기 위해 예술이 어떤 길을 가야 하는지를 생각하게 해줄 수 있을 것이다. 바로 이러한 점에서 블로흐의 철학은 다시 요청될 수 있다.

더 읽을거리

김문환, 『사회미학』, 문예출판사, 1995.

김진, 「블로흐의 희망 철학과 유토피아론」, 차인석 외, 『사회철학대계 2』, 민음사, 1993.

리차드 커니, 『현대유럽철학의 흐름』, 임헌규 · 곽영아 · 임찬순 옮김, 한울, 1992.

프레드릭 제임슨, 『변증법적 문학이론의 전개』, 여홍상 · 김영희 옮김, 창작과비평사, 1994, 163쪽.

Bloch, E., *Das Prinzip Hoffnung Bd. 1, 2, 3*, Frankfurt a. M., 1980 (박설호 옮김, 『희망의 원리 』 1–5권, 열린책들, 2004).

아도르노

민형원

1.

아도르노의 세 주저로서 평가되는, 『계몽의 변증법』에서 『부정변증법』을 거쳐 『미학이론』에 이르게 되는 그의 철학적 사고의 전개는, 일종의 체계적 필연성에 의해 지배되고 있으며, 이러한 의미에서 미학은 그의 철학의 최종적 귀결점이다.

아도르노에게 있어서 미학은 담론적 합리성이 자신의 범위를 단지 예술 작품에까지 확장시키고 있는, 철학의 한 작은 분과가 아니라, 철학의 중심이다. 때문에 그의 철학 가운데서 "미학은 응용 철학이 아니라, 철학 그 자체이다."(ÄT, 140)

이러한 이유에서 아도르노 미학에 대한 이해는, 『계몽의 변증법』에서 시작하여 『부정변증법』을 거쳐 『미학이론』에 이르는 아도르노 철학의 전개를 심층적으로 규정하고 있는, 내재적 논리에 대한 이해가 없이는 불가능하다.

그리고 『계몽의 변증법』에서 『부정변증법』을 거쳐 『미학이론』에 이르게 되는 아도르노 철학의 전개 과정을 일관되게 규정하고 있는 개념이 있으며, 그것은 「가상(假象, der Schein)」이라는 개념이다. 아도르노는 가상 개념

가운데서, 인식론적 문제(동일성의 사고)로부터 정치경제학적 문제(교환)를 거쳐 문화 · 심리적 문제(이데올로기, 문화산업의 문제로서의 대중문화, 형이상학 및 예술)에 이르는, 매우 이질적인 문제 영역들을 상호 연결하고 있기 때문에, 가상이라는 개념에 입각해서 아도르노 철학 전체의 구조적 연관을 가장 적확하게 그려낼 수 있는 것은 당연하다.

가.

아도르노는 가상이라는 개념 가운데서 "가능할 수 있는 이성의 모습과, 현실의 비이성이라는 모순에 찬 두 대립적 현상의 합일체"를 보고 있다. 현실이라는 것이 "적극적으로 기술될 수 있는 사회적 총체성"이라는 비이성적인 거짓된 가상의 결과라고 한다면, 형이상학과 예술에 내재한 참된 가상은 가능할 수 있는 이성적 삶에 대한 사회학적 · 인식론적 및 미적 가능성의 제시이다. 아도르노 철학 가운데서 가상이라는 문제는 현존하는 참되지 못한 것으로서의 인식론적 · 사회적 가상과의 관계에 있어서만 중요한 것이 아니라, 나아가 가능할 수 있는 참된 것으로서의 형이상학적 및 미적 가상과의 관계에 있어서도 중요하다.

가상 개념의 이러한 극단적인 대립적 두 성격이, 가상의 비판과 구원이라는 긴장에 가득 찬 아도르노의 철학적 작업이 그 가운데서 전개되는 양극(極)을 이루게 된다. 때문에 한편으로는 사회학적 · 인식론적 가상의 거짓된 직접성에 대한 비판 및 이들 가상의 직접성의 기만을 깨기 위한 매개(媒介, Vermittlung)의 제시가, 또 다른 한편으로는 미적 및 형이상학적 가상의 구원이 아도르노 철학을 이끌어 가고 있는 유도 동기로서 분명히 될 수 있다. 아도르노의 철학은 한편으로는 가상 가운데 내재한 진리의 형상을 구원하고자 하면서 또 다른 한편으로는 가상 가운데 내재한 이데올로기적 요소를 비판한다는 모순된 작업이다. 때문에 아도르노의 철학적 작업은 이처럼 이데올로기와 유토피아 사이를 부유할 수 있는 가상 개념에 의거해서만 가능하다.

그리고 이러한 가상의 문제는 『계몽의 변증법』에서 전개되는 지배의 문제를 둘러싼 역사철학적 연구와 『부정변증법』에서 전개되는 동일성의 사고에 대한 인식론적 연구를 출발점으로 삼을 때 가장 잘 이해될 수 있다. 아도르노는 그가 동일성의 사고라고 부르는 합리적 사고와 교환원리에 의해서 조직되고 있는 사회 및 근대적 개인의 강박적 정체성 모두가 지배의 결과라고 본다. 때문에 아도르노의 미학을 가상의 비판과 극복이라는 관점에서 이해하고자 하는 우리의 의도는 우선 『계몽의 변증법』의 이론적인 근본 관심인, 역사 가운데서의 지배의 관철과 지배의 결과로서의 가상의 성립의 과정을 분명히 하는 작업으로부터 시작되어야 한다.

2. 『계몽의 변증법』 – 지배의 총체적 확산 과정으로서의 인류의 역사

『계몽의 변증법』은 나치스의 집권을 문명사의 근본적 위기의 표현으로 보는 문제의식으로부터 출발하면서, 파시즘은 역사 가운데서 우연히 나타난 현상이 아니라, "역사의 구조적인 문제"의 필연적 표현이라는 확신, 즉 파시즘은 "역사상에 있어서의 장기간에 걸친 경제사적 · 사회사적 · 정치적 · 사회 심리학적 및 문화적 발전 과정이 가져온 필연적인 결과"라는 확신에 근거하여, 파시즘이라는 재앙에로 필연적으로 이를 수밖에 없었던 역사 발전 과정의 구조를 이론적으로 제시하고자 하는 "세계사의 철학적 구성"(DA, 235)을 시도하고 있다.

가. 자기보존(Selbsterhaltung)

『계몽의 변증법』의 제1부 「계몽의 개념(Der Begriff der Aufklärung)」에서, 아도르노는 "자기보존을 향한 노력이야말로 덕(德)의 제일의 또한 유일의 근거이다"(DA, 35)라는 스피노자의 명제를 인용하면서, 자기보존이야말로 "모든 생명체의 진정한 법칙"(ND, 342)이라고 주장한다. 그리고 이 자기보존을 『계몽의 변증법』에서 중심적 역할을 하는 지배나 도구적 이성과 같은 다른 범주들의 이해를 위한 출발점을 제공해 주는 가장 기본적 범주로 삼고 있다.

나. 외적 자연지배의 출발

『계몽의 변증법』에 있어서 역사는 인간이 유기적으로 자신과 일치를 이루던 자연으로부터 자신을 분리한다는, 일종의 재앙에 찬 분리 경험과 더불어 시작한다. 인간과 자연 사이에 이러한 선험적 단절을 가져온 것은, 인간이 자신은 결국 막강한 자연에게 거역할 수 없이 맡겨져 있다는 사실을 인식할 때 다가왔던 "과격화된 신화적 불안"(DA, 22)이었다. 이로써 이미 앞서 존재하고 있던 자연과 인간의 통일은 파괴되고, 양자는 적대적으로 대립하게 된다. 자기보존의 주체로서의 인간에게는 자연에게 자신을 굴복시키든지 아니면 자기에게 자연을 굴복시켜야만 한다는 곤혹스러운 두 가지 가능성이 주어지게 되고, 인간은 결국 죽음의 공포에 쫓기며, 위협적인 자연의 지배로부터 벗어나고자, 정신없이 자연과 투쟁하면서 자연을 지배하려는 길을 택했다.

다. 사회적 지배의 출현

그러나 자연지배는 언제나 지배에 의해 규정되고 있는 사회라는 테두리 가운데서만 수행될 수 있었다. 자연지배는 고립된 개인들의 개별적 행위로서가 아니라 언제나 집단적 · 사회적 행위로서 성립했다. 때문에 자연지배는 사회의 구조화 가운데 뿌리내리고 있었다. 특히 아직 과학과 기술에 의한 생산력이 전혀 발전하지 못한 역사의 단계에서는 사회적 지배구조의 성립 없이는 자연지배는 불가능했다. 때문에 사회적 지배는 자연지배의 필연성으로부터 파생해 온 지배의 이차적 형식이며, 자연지배는 사회적 지배를 전제한다.

역사의 진행 과정 가운데서 점점 강화되어 가는 자연지배의 경향성은 바로 이러한 사회적 지배, 사회적 삶의 통제 가능성의 강화를 통해서만 가능했다. 때문에 인류는 점점 걷잡을 수 없이 자기보존을 위해 택한 자연지배의 결과 성립하게 된 사회적 지배의 장악 아래로 이르게 된다.

라. 내적 자연의 지배의 필연성

내적 자연의 지배는 외적 자연에 대한 지배 및 사회적 지배와 평행되게 진전된다. 외적 자연의 지배의 완성은 내적 자연에 대한 완벽한 지배와 사회적 지배의 완성과 불가분의 관계가 있다. 지배는 외적 자연이나 다른 인간만을 대상으로 했던 것이 아니라, 자기 자신의 내적 자연까지도 대상으로 진전된다. 이때, 내적 자연이란 내용적으로는 실은 인간의 삶과 행복이라는 구체적인 목적의 근원이 되고 있는 인간의 육체와 환상, 욕구와 감정 등을 말한다.

외적 자연을 지배하려는 총체적 시도는, 사회적 지배를 낳았을 뿐 아니라, 나아가 인간의 내적 자연을 합리적 통제 아래 굴복시키게 만든다. 그리고 사회조직이라는 틀 가운데서 합리성에 의해 규정되고 있는 자기의 구성, 정체성의 구성을 의미하는 내적 자연의 지배는 결국 인간의 내적 자연의 부정이라는 결과를 가져온다. 내적 자연의 체계적 지배와 길들임은 주체에게 비록 자기보존을 확보해 줄 수 있을지는 모르나, 그것은 인간의 모든 실천적 목표 설정과 욕구 표현의 마지막 근거로서 인간의 삶과 행복에의 본능과 직결되어 있는 내적 자연의 부정을 통해 결국은 인간의 자기부정을 가져오며, 이로써 인간의 모든 역사적 실천의 최종적 텔로스를 부정당하게 된다.

3. 지배의 원리로서의 동일성의 원리와 가상

『계몽의 변증법』은 역사를 현대라는 재앙에로 첨예화되어 가는 과정으로서 이해한다. 『계몽의 변증법』의 중심 테제에 의하면 현대문명의 근본적 위기의 원인은 인류가 개인적, 집단적 자기보존을 위해 시작했던 외적, 내적 자연의 지배와 이에 동반되는 사회적 지배의 총체화에 있다. 역사는 지배를 목적으로 자연과 사회, 인간의 완전한 조작과 정비를 실현하려는 과정이었다. 자기보존을 위해 시작된 자연지배에서 출발해서 끝내는 사회적 지배와 기형화된 주체성을 결과로서 낳게 되는 이러한 지배의 보편적 확산 과정을 관통해서 작용하고 있는 것이 동일성의 원리와 동일성의 원리가 산출한 가상이다.

바꿔 말한다면 진보하는 문명의 과정은 아도르노에 있어서는 동일성 원리와 그것의 인식론적, 사회 · 경제적, 문화 · 심리적 표현 형식으로서의 동일성의 사고, 교환원리, 문화산업이 산출해 낸 가상의 총체적 확산 과정이다. 동일성의 원리란 자연과 사회 가운데서 자신과는 다른 모든 것을 자신이 제시하는 동일한 하나의 형식에로 강제해 가는 지배원리의 정신적 형식으로서, 그것은 지배를 위해 필연적으로 기만에 가득한 가상을 산출한다. 자연지배의 수단으로서의 개념적 사고와 사회적 지배의 수단으로서의 교환에 의해 조직된 사회와, 내적 자연지배의 수단으로서의 문화산업, 이들 모두가 동일성의 원리의 각각 다른 표현으로서 지배를 위해 각각 인식론적, 사회적, 문화 · 심리적 가상을 산출한다.

가. 동일성의 원리의 인식론적 표현으로서의 동일성의 사고와 가상

아도르노는 동일성 사고는 최초 자기보존을 위해 외적 자연과 싸워야 했던 인류가 자기보존을 위해 자연을 도구적으로 장악, 지배하기 위해 창출해낸 수단으로 본다. 비동일적인 것을 동일성에 굴복시키는 동일성의 사고는 자연에 대립한 인류의 사회적 자기보존의 표현이다.

아도르노가 동일성의 사고라고 부르는 것은 대상을 사고의 개념적 도식과 동일화시킴으로써 그것을 인식했다고 믿는 사고의 한 유형이다. 동일성의 사고가 타자를 생각할 수 있는 것은, 이 타자를 자신의 개념적 도식에로 환원해서 그 대상이 갖는 차이를 자신의 개념적 도식의 동일성에 굴복시킴으로써이다. 동일성의 사고는 대상 고유의 성격을 빼앗고, 대상을 자신의 동일성으로 대치시킴으로써, 동일성의 사고는 대상을 억압하고 지배한다. 대상을 동일화하는 작업은 그것을 지배하기 위한 조건이다. 개념을 무엇 때문에 우리가 필요로 하는가는 wahrnehmen(지각하다), begreifen(파악하다), auffassen(이해하다) 등의 인간의 인식에 있어서 핵심적인 행위들과 관계하는 이러한 단어들이 제시해 주는 상(像)들 가운데서 볼 수 있다. begreifen, auffassen이라는 동사의 어간을 이루는 greifen이나 fassen은 모두 어떤 대상을 '꽉 잡아' 자신의 것으로 만드는 것을 말한다.

타자의 자신에의 동화, 소유야말로 Begriff(개념)의 과제이다. 개념들은 객체들을 몰수해서 지배하고자 한다. 개념들은 객체들을 소유하고 이를 마음대로 처분하고자 한다. 개념은 타자를 그것의 개별성(고유성)으로부터 단절시켜, 보편의 동일성을 비동일적인 타자에 대하여 관철함으로써, 타자를 자신의 것으로 만든다.

개념은 실제와 개별적인 것을 간과함으로써 성립하며, 개념 원리인 동일성의 원리는 비동일적인 것을 동일화하는 것을 의미한다. 이러한 동일화가 개념과는 존재론적으로도 완전히 상이한 타자를 개념과 동질적인 것으로 만든다. "무엇인가 다를 수 있던 것, 다른 것이 동일한 것, 동질적인 것이 된다."(DA, 18) 이는 모든 개념적 인식의 최초의 출발점이 되고 있는 지각이라는 행위에서도 분명하며, 지각한다(wahrnehmen)는 것은, '실제야 어떻든 자신은 자신이 지각한 바를 진실(wahr)이라고 받아들이겠다(nehmen)는 것' 을 의미한다.

이처럼 주체에 대해서는 비동일적인 것을 동일한 것으로 만들려는 노력 가운데서, 대상의 특수를 완전히 말살시키고, 대상과 개념은 일치한다는 동일성의 가상이 성립한다. 동일성의 가상의 중심에는 이제는 망각된, 그러나 그것의 성립에 있어서는 절대적 근거였던, 대상 고유의 특수성을 동일성을 통해 억압 배제함으로써, 사물에 대한 지배를 관철하려는 저 찬탈적 폭력이 깃들어 있다.

나. 동일성의 원리의 사회적 표현으로서의 교환원리와 가상

자신의 최고의 인식론적 반성 형식을 동일성의 사고 가운데 갖는 동일성의 원리는 전지구적 규모로 확산되어 버린 시장경제와 화폐경제 가운데서 인류의 문명이 그에 따라 전개되는 교환원리로서 나타난다. 그리고 현실적으로 상이하고 다양한 사물들을 그들의 특수성을 간과함으로써 보편적 개념과 동일한 것으로 만드는 동일성의 사고와, 각각의 특수성에 있어서 서로 다른 대상들을 등가성의 요청에 따라 생산에 평균적으로 투입된 사회적 노동시간이라는 하나의 보편적 개념으로 환원함으로써, 비로소 그들이 교환될 수 있게 만드는 교환원리는 "친족관계에 있다."(ND, 148) 교환원리는 "동일성의 원리의 사회적 모델"(ND, 148)이다.

질적으로 상이한 다양한 사물들의 가치를 생산에 평균적으로 투입된 사회적 노동시간을 기준 단위로 하여 양적으로 계산, 환원하는 교환을 통해, 개별적 대상들은 그들 각각이 갖는 특별한 감각적이며, 구체적인 유용성을 통해 어떤 특정한 욕구를 충족시킬 수 있다는 사실을 통해, 그들이 가지고 있던 그들 고유의 환원 불가능한 특수성을, 즉 사용가치를 상실하고, 사회적으로 무차별적으로 호환, 계산될 수 있는 상품으로서의 추상적인 교환가치를 얻게 된다. 그러나 이처럼 대상들이 교환추상을 통해 상품 형식을 취하게 되자마자, 그들은 수수께끼에 찬 유령과 같은 대상이 된다. 상품 형식 자체도 비밀에 찬 것이 될 뿐 아니라, 주체들 사이의 관계와 주체와 사물 사이의 관계, 나아가서는 사물과 사물들 사이의 관계가 광기를 띠게 된다. 상품시장 가운데서 그 왜곡된 표현을 찾게 되는 인간들 사이의 사회적 지배관계는, 이제는 더 이상 인간이 그것에 대해 영향력을 행사할 수 없는 객관적인 사물적 관계로 나타나며, 이 사물적 관계 앞에서 어떤 인간적 의지도 한계에 부딪히게 된다. 교환추상을 통해 성립하는 상품은 인간으로부터는 완전히 독립한 스스로의 법칙에 따라 활동하는 낯선 물활론적 존재로서,

자신을 교환하는 자로부터 독립할 뿐 아니라, 오히려 그들에게 대립하여 그들을 지배함으로써 그들에게 섬뜩한, 꿰뚫어 볼 수 없는 힘으로 나타난다. 교환은 막강한 가상으로서의 상품물신주의를 낳는다.

나아가 모든 것을 상품으로서 매개함으로써, 모든 개인을 타인에게 의존하도록 만드는 교환이야말로, 어떤 개인도 어떤 대상도 교환의 밖에 머무를 수 없게 함으로써, 결과적으로 총체적 사회, 사회의 총체성을 창출해 낸다. 교환을 통해서만 저 꿰뚫어 볼 수 없는 총체적 매개관계로 응집된 사회는 성립할 수 있다.

다. 동일성의 원리의 문화적, 심리적 표현으로서의 문화산업과 가상

동일성의 사고와 교환원리에 의해 점점 빈틈 없이 총체화되어 가는 현실의 가상화에의 경향은 후기자본주의적 산업사회 가운데서 정점에 이른다. 문화산업은 지배사적으로 본다면 지배의 완성 단계를 말한다. 그것은 내적 자연의 사회적 조작이 완성된 역사의 단계를, 또한 주관적으로 내면화된 빈틈없는 보편적 은폐, 기만관계의 총체화를 의미한다. 동일성의 사고가 자신의 보편적인 개념적 도식에게 외적 자연을 굴복시키고, 교환원리가 모든 대상을 보편적인 등가성의 원리에 굴복시켜 가듯이, 문화산업은 주체의 내적 자연을 사회의 동일적 규범에게 굴복시킨다. '동일화의 도구'로서의 문화산업은 인간의 내적 자연의 권위주의적인 획일적 조직화를 추구하면서, 자본주의 사회의 양적인 포섭도식규범(包攝圖式規範)의 내면화를 통해 사회의 동일적 규범 아래로 인간을 완전히 포섭해들인다.

문화산업의 '의식적 가상'들은 기성 사회질서를 은폐, 변호, 조작하기 위한 지배에의 관심으로부터 산출되며, 동일성의 사고와 자본주의 시장경제의 교환관계로부터 비롯하는 '무의식적 가상'들은 문화산업에 의해 의식적으로 산출되는 가상들에 의해서 훨씬 강화된다. 문화산업은 거짓된 가상의 독점적 생산자로서 후기자본주의적 현실의 완전한 이데올로기화를 구현해 주는 것이다. 의식적 가상과 무의식적 가상은 사회적인 비진리의 생산의 전체적 과정 가운데로 서로 융합되어 들어가서 보편적 은폐, 기만 관계(universaler Verblendungszusammenhang)를 형성한다.

4. 아도르노 철학의 초월화: 『계몽의 변증법』으로부터 『부정변증법』, 『미학이론』에로의 이행

동일성의 원리에 의해 지배가 완성의 단계에 들어선 후기자본주의 사회 가운데서 역사는 완전한 정지 · 동결 상태로 들어선다. 우선 아도르노는 마르크스가 예언했던 자본주의 사회의 고전적 위기상황이 출현했음에도, 자신의 진정한 이해를 인식하고 실현하기는커녕 오히려 나치즘에 동조해 버린 프롤레타리아의 혁명적 역량에 대해서 큰 의심을 품었다. 마르크스의 가정들과는 달리 프롤레타리아는 끝없는 경악(MM, 376)으로서의 역사를 종결시키고 지배를 지양시키는, 주체의 역할을 더 이상 수행할 수 없는 것으로 보인다. 이로써 역사의 변혁을 가져올 역사적 주체는 그에게 더 이상 존재하지 않게 된다.

또한 마르크스가 주장했던 생산력의 발전이 궁극적으로 낡은 생산관계(사회적 지배관계)의 질적 변화를 가져오리라는 역사의 진보적 역동성에 대한 기대를 아도르노는 더 이상 가질 수 없게 되었다. 생산력의 발전이란 아도르노에게 있어서는 동일성의 사고의 점증하는 완성의 표현일 뿐이기에, 생산력의 발전은 해방을 가져오기보다는 오히려 지배의 강화를 가져올 따름이다. 따라서 마르크스와는 달리 생산력의 발전과 낡은 생산관계 사이의 갈등이라는 역사의 객관적 법칙성으로부터 자연적으로 성장해 오는 역사의 해방적 역동성은 바랄 수 없게 된다.

아도르노는 더 이상 역사 과정의 정지 · 동결이라는 엔트로피의 상태를 깰 수 있는 어떤 사회적 집단이나 역사적 경향성도 발견할 수 없게 된다.

자본주의 사회의 혁명적 지양을 목표로 출발했던 아도르노의 사고는, 해방의 유토피아의 이론적 · 실천적 해결을 위한 단서를 현실 가운데서 발견하지 못했고, 결국 초월적 반성의 차원에로 이행할 수밖에 없게 된다. 혁명적으로 추구되고 있는 사회형식의 패러다임으로서의 구체적이며 현실적인 유토피아의 상실을 통해 아도르노의 철학은 초월화(Transzendierung)를 경험하게 된다. 유토피아의 관계틀은 추상화, 즉 철학화한다. 유토피아적 사고는 더 이상 자본주의 사회의 혁명적 변혁에 직접 관계하는 것이 아니라, 비동일적 사고와, 다른 인간들에 대한 비지배적 관계, 자연에 대한 비기술적 · 비도구적 관계의 가능성에 대한 조건에 관계한다. 객관적으로 모든 변혁적 실천에의 가능성이 봉쇄되어 있는 현실 가운데서 예술과 개념 비판적 철학만이, 아직도 그 가운데서 변혁적 실천의 가능성이 고수되고 있는 또 다른 실천의 모습이 "Gestalt von Praxis"(ÄT, 345) 된다. 오직 정통적 예술과 개념 비판적 철학만이, 열악한 동일성의 원리가 깨지는 곳에서만 나타나는 화해의 가능성을 열어 보여 주는 것이 가능한, 특권적인 의식의 형태가 된다. 여기서 아도르노의 사회이론의 부정변증법, 미학에로의 변용이 분명히 된다.

가.

현실의 총체적 가상화를 의미하는 현대 사회의 보편적 기만 · 은폐 관계를 통해 후기자본주의 사회는 이미 불화한 현실을 넘어설 수 있는 어떤 초월성도 상실했다는 사실을 확인한 동일성의 원리의 인식론적, 사회적 가상에 대한 비판은 이의 극복을 위해 『부정변증법』을 거쳐 『미학 이론』에로 이행해 간다.

우선 『부정변증법』은 논변적인 인식비판적 작업의 차원에서 인식론적으로는 필연적으로 자신의 인식 대상과 모순할 수밖에 없는 동일성의 사고를 넘어서는 비동일적 인식을 모색하는 한편, 또한 사회이론적으로는 교환에 의해 조직된 사회의 적대적 현실을 넘어서는 화해의 가능성을 찾고자 했다.

그러나 인식론적으로 개념이 방해한 것을 개념을 가지고 극복하려는 『부정변증법』의 역설적 시도가 좌절하리라는 것은 최초부터 분명했다. 사고는 그것이 아무리 자신에 대립해서 사고한다 할지라도, 개념이라는 수단에 의존할 수밖에 없는 한, 그것이 동일화하는 개념에 대한 의존성이라는 자신의 그림자를 넘어서는 것은 근원적으로 불가능하다.

아무리 동일성의 사고가 필연적으로 인식론적 모순에 도달할 수밖에 없게 만드는 개념의 보편성의 폭력적 논리를 명쾌하게 제시할 수 있는 『부정변증법』이라도 "자신이 소유하고 있는 매체와 절대로 상이한 형태의 인식을 소유할 수 없다."(ND, 26) 때문에 『부정변증법』은, 개념을 가지고 비개념적인 것에 도달하려는 "반성적 사고행위의 극한점"일 뿐, 부정변증법도 자신이 부정하고자 하는 동일성의 사고의 "마법의 원" 가운데 머무를 수밖에 없다.

한편 철학에 대한 반성적 사고행위로서의 부정변증법은 개념에의 의존성이라는 같은 이유에서 또한 사회이론적으로도 교환원리에 따라 조직된 적대적 사회를 넘어서는 화해에로 이르는 길을 찾는 데 성공할 수 없었다. 부정변증법은 교환에 의해 조직된 사회의 총체적 가상에 대해서까지는 논변적으로 명쾌하게 이야기할 수 있었을지는 모르나, 화해라는 유토피아를 서술할 능력은 갖지 못했다. "화해의 이념은 개념 가운데서 자신이 긍정적으로 차정되는 것을 금하기 때문이다."(ND, 148f)

이때문에 부정변증법은, 한편으로는 더 이상 개념적이지 않기에 자신의 인식 대상을 동일성에 의해 재단되지 않은 그 자체의 모습으로 나타날 수 있게 허락함으로써 대상과 화해하고 있을 뿐 아니라, 또 다른 한편으로는 교환원리에 의해 조직되고 있는 현실의 적대적 상태에 대립하여 화해를 보여 줄 수 있는, 다른 인식, 실천 형식을 필요로 하게 된다.

더 이상 개념적이지 않은 따라서 보편에 의한 특수의 폭력적 동일화에 의해 점철되지 않는 다른 인식 및 실천 형식을 모색하는 철학의 사고운동은 늘 결국 자신의 밖에 있는 무엇인가를 정향하게 된다. 이렇게 철학의 텔로스가 인식론적으로는 철학에게 진리가 피난해 있는 비개념성에로, 또한 사회이론적으로는, 철학이 더 이상 표현할 수 없는 것, 그럼에도 계속 그 둘레를 맴돌고 있는 것, 즉 화해에 이르고자 하는 데 있는 한, 동일성의 원리의 경계를 넘어서 다른 인식 및 실천 형식을 모색하려는 철학적 사고는 결국 예술에 이르게 된다.

나.

이로써 예술은 "엄청난 형이상학적 중요성(unvergleichliche metaphysische Relevanz)"(ND, 386)을 갖게 된다. 왜냐하면 현실로부터 받아들인 요소들에 대한 특별한 질서지움을 통해, 현실을 넘어서는 현실 "이상의 것(das Mehr)"을 구성해 낸다는 것이야말로 아도르노의 예술에 대한 정의이기 때문이다. 현실에 속해 있으면서도 자신이 속하고 있는 현실을 초월할 수 있는 이러한 능력을 통해서, 예술은 현실적인 것 이상의 것일 수 있으며, 때문에 화해를 상기시킬 수 있는 것이다. 철학은, 한편으로는 자신의 유토피아적 의도, 화해를 구하고, 다른 한편으로는 이 화해의 관점으로부터 현실을 적확하게, 즉 화해하지 못한 것으로 파악할 수 있기 위해서도, 예술을 필요로 하게 된다.

예술작품은, 동일적 원리에 의해서 조직된 사회나, 사고에게 거절되고 있는 것을, 즉 "지배 없는 존재와 개념 없는 의식(Sein ohne Herrschaft und Bewußtsein ohne Begriff)"이라는, 화해를 대리한다. 예술은 현실로부터 추방된 긍정적인 것, 즉 가능한 화해를 보지하고 있다. 예술작품은 가능한 존재의 상이자, 기성의 사회로부터 과정적으로 형성될, 성공된 세계상태의 가능성이다. 그러나 현실로부터 거두어들인 존재자들의 사이의 관계에 대한 새로운 구성을 통해서 표현되고 있는, 화해에는 비록 그것이 비가상적인 것의 가상일지라도, 어쩔 수 없이 가상이라는 얼룩이 져 있다. 즉 예술은 다만 자신이 가상일 수밖에 없다는 것을, 대가로 지불하면서야 화해일 수 있는 것이다.

아도르노는 바로 이러한 내용을 "가상의 구원"이라 불렀다. 가상의 구원이라는 결정적 모티프의 등장과 더불어 그의 사상의 중심은 미학에로 이동된다. "미학의 중심은 가상의 구원이다. 그리고 예술의 진정한 권리와 예술의 진리의 정당성은 이 가상의 구원의 성공 여부에 달려 있다."(ÄT, 164) 아도르노에게 있어서는, 화해의 가능성에 대한 기억이 상실되어 갈 때, 철학은 공허한 사변으로 그친다. 예술은 철학에게 "자신의 기호들 가운데서 사고되고 있는 것(in ihrem Zeichen Gedachten)"(ND, 394)의 실현을 예기하고 있기에, 철학적으로 중요한 것이 된다. 예술은 생생한 철학적 경험과 물음들을 보존하고 있으며, 이 철학적 물음들은, 자신이 설 자리가 다른 삶의 영역 가운데서 주어지지 않는 한, 예술 가운데서 월동할 수밖에 없다. 철학적 관심은 미학에로 은둔했다.

이로써 미학은 철학의 중심적인 장이 된다. 미학은 논변적 합리성이 자신의 범위를 단지 예술작품에까지 확장시키고 있는, 철학의 한 작은 분야가 아니다. 미학은 더 이상 철학 가운데서의 한 분과가 아니라, 오히려 본질상 철학의 중심이 된다. "미학은 응용철학이 아니라, 철학적으로는 철학 그 자체이다(Ästhetik ist aber keine angewandte Philosophie, sondern philosophisch in sich)."(ÄT, 140)

더 읽을거리

노명우, 『계몽의 변증법을 넘어서』, 문학과지성사, 2002.

문병호, 『아도르노의 사회이론과 예술이론』, 문학과지성사, 2001.

이순례, 『아도르노와 자본주의적 우울』, 풀빛, 2005.

최유준, 『아도르노의 음악미학』, 세종출판사, 2003.

마틴 제이, 『아도르노』, 최승일 옮김, 지성의 샘, 1995.

그람시

신혜경

그람시(Antonio Gramsci, 1891−1937)는 '마르크스주의의 위기'에 맞서서 이탈리아의 특정한 역사적 국면 속에서 마르크스주의를 새롭게 모색하고자 하였다. 그는 한편으로는 크로체의 사변적 관념론과 다른 한편으로는 실증주의적 속류 유물론이라는 양면적인 전선 속에서, '토대와 상부구조'라는 이분법적 모델이 경제결정론적으로 이해될 수 있음을 비판하고 그 대신에 '역사적 블록'이라는 새로운 개념을 제시하였다. 그의 사상은 "토대냐 상부구조냐"하는 양자택일적 문제가 아니라 양자의 통일로서의 역사적 블록 개념을 통하여 물질적 전제로서 불가분하게 파악되어야 하는 문화적 차원의 의미와 중요성을 강조하였다. 나아가 최소한 감옥에서의 마지막 시기 동안 그람시의 주된 관심은 프롤레타리아 계급의 배타적인 계급의식의 확보라는 측면이 아니라 지배계급의 헤게모니에 종속되어 있는 광범위한 대중, 이른바 종속집단의 지적 도덕적 개혁과 문화적−이데올로기적 통일성의 확보를 통한 새로운 역사적 블록의 형성이라는 문제였다. 바로 그러한 점에서 그람시는 대중의 일상, 그들의 상식, 그들의 언어와 대중문학에 대한 논의로 파고 들어갔다. 마지막으로 그람시는 대중문학에 대한 연구를 통해서 그것이 단지 대중들에게 허위의식과 순응주의를 심어 주고 지배계급의 이데올로기적 접착제 구실을 하는 지배체제의 도구로서 뿐만 아니라 자발적이고 능동적인 대중들의 의미 구성과 저항적 쾌락을 통해 대항적인 주체세력으로 나아가게끔 하는 데 일조할 수 있는 긍정적인 의미생산의 가능성을 분석해 내고자 하였다. 이러한 기본적인 시각하에서 이 글은 그람시의 문화에 대한 관점과 이를 바탕으로 한 문학관 및 대중문학에 대한 견해를 중심으로 살펴볼 것이다.

1. 그람시의 생애와 저작

그람시의 생애는 대략 다음과 같이 다섯 단계로 나누어 살펴볼 수 있다. 1) 사르데냐에서의 유년기와 청년기(1891-1911). 2) 또리노 대학에서의 지적 형성과정 및 『민중의 함성』에서 정치평론가로서 활동한 시기(1911-18). 3) '붉은 2년' 의 공장평의회 활동 및 『신질서』 편집자로 활동한 시기(1918-20). 4) 이탈리아 공산당 건설 및 국회의원으로 활동하던 중 파시스트 정권에 의해 체포되기까지의 시기(1921-26). 5) 옥중에서 『옥중수고』를 저술하면서 투병하던 시기(1927-37).

그람시는 1891년 이탈리아 사르데냐 알레스에서 등기소장이었던 아버지 프란체스코 그람시와 세무관리의 딸이었던 어머니 뻬삐나 마르챠스의 일곱 남매 중 넷째로 태어났다. 전형적인 남부 중산층 가정 출신이었던 그람시에게 어려움이 닥친 것은 1897년 아버지가 공금횡령 혐의로 구속되어 6년형을 선고받으면서부터였다. 태어나면서부터 병약했던 그람시는 초등학교에 입학할 무렵에는 꼽추와 심각한 영양장애 및 정신질환에 시달리게 된다. 결국 그는 곱사등이가 되고 키도 1m52cm를 넘지 못했으며, 성년이 된 다음에도 심각한 신경성 정신질환에 시달렸다.

그람시가 태어난 사르데냐는 당시 유럽에서 가장 후진적인 자본주의 국가였던 이탈리아 내에서도 또한 철저히 소외되고 낙후된 지역이었다. 1906년 그람시는 사르데냐 대중들의 폭동과 본토 군대에 의한 유혈탄압을 목격하게 된다. 이는 가혹한 수탈에 대한 남부 민중들의 자생적인 항의로써 발생한 것인바, 당시 지올리티 정권에 의해 추진된 보호주의 정책은 산업화된 북부의 거대 산업자본과 개량주의적 노동계급 사이의 타협을 통해 남부 농민들의 철저한 희생을 토대로 하여 형성된 것이었다. 이러한 '남부 문제'에 대한 관심은 일찌감치 그람시의 정치의식의 성장 과정에 있어 중요한 밑거름이 되었다. 1911년 그람시는 장학금으로 또리노 대학 문학부 근대언어학과에 진학하여 언어학자인 바르똘리와 단테 연구자인 코스모 교수의 지도를 받으며, 크로체 철학으로부터 깊은 영향을 받게 된다. 또한 대학 시절 동안 그는 이후 사회주의 투쟁전선에 동참하게 되는 따스까, 보르디가, 떼라치, 그리고 똘리아띠 등을 만나게 된다.[1] 그람시는 1914년경 본격적으로 마르크스주의 사상을 연구하고 『민중의 함성』에 최초로 정치적인 글을 기고한다. 그러나 그람시는 혹독한 경제적 궁핍과 지독한 병고에 시달려야 했고 결국 학업을 포기하고 본격적인 정치활동에 뛰어들게 된다.

1916년 이후 그람시는 본격적인 사회주의 저널리즘 활동에 참여하여 사회당 기관지 『전진』에 정기적인 칼럼을 담당하고 연극평론가로서 활동한다. 1917년은 그람시의 정치적 형성기에 있어서 하나의 전환점이었는데, 그는 또리노 노동자 폭동으로 당지도부가 대거 검거되자 사회당 새 집행부의 한 사람으로 선출되어 당 지부를 지도하고 『민중의 함성』의 편집 책임자가 된다. 1918년, 전후 2년간의 기간('붉은 2년')은 혁명의 파고가 한창 거세어질 무렵이었다. 1919년 그람시는 『신질서』를 창간하는 한편, 공장평의회 운동을 적극적으로 주도한다.[2] 이 무렵 이탈리아 사회당은 서로 다른 세 경향들, 즉 개량주의파, 최대강령파, 공산주의파의 분열이 날로 심화되어, 결국 1921년 이탈리아 공산당이 창당되면서 그람시는 공산당 중앙위원으

1 그람시, 똘리아띠, 따스까, 떼라치니 등은 전후 『신질서』의 편집진으로 재결합하게 된다.

2 고베띠는 이 시절 그람시에 대해서 다음과 같이 회상하고 있다. "두뇌가 육체를 압도했다. …… 목소리는 여지없는 비판처럼 단호했고 아이러니는 풍자 속에서 독을 품게 하며 논리를 바탕에 깐 논조는 유머가 주는 위안을 빼앗아 버린다. 그람시의 반역은 때로는 증오였고 때로는 섬사람에게 깊이 내재되어 있는 노여움이었다."

로 선출된다. 그러나 이탈리아 공산당은 좌편향의 보르디가에 의해 장악되는데, 이미 혁명의 파도는 썰물을 맞고 있었다. 1922년부터 2년간 그람시는 이탈리아 공산당 대표로 이탈리아를 떠나 모스크바 코민테른 집행위원회에 참석한다. 모스크바에서 그는 나중에 자신의 두 아들의 엄마가 되는 바이올리니스트 줄리아 슈흐트를 만나게 된다. "체구는 빈약해도 정겨운 푸른 눈동자와 내면의 풍성한 힘을 가진" 서른한 살의 그람시는 이 여성과 첫눈에 사랑에 빠지게 된다.

한편 이 무렵 이탈리아 국내의 정세는 큰 파국을 겪게 되는바, 1922년 10월 무솔리니는 로마로 '진군' 하여 권력을 장악한다. 1924년 5월 당시 빈에 일시 체류하고 있었던 그람시는 베네또 선거구에서 당선된 국회의원 자격으로 귀국하여 공산당 서기장이 되고, 그 후 그는 활발한 정치투쟁을 선도한다. 1926년 10월, 열다섯 살 소년의 무솔리니 암살기도 사건이 발표되고 이를 계기로 대대적인 탄압의 물결이 밀려들었다. 결국 그람시는 로마에서 체포되어, "저 자의 두뇌가 활동하는 것을 20년 동안 막아야 한다"는 유명한 논고와 함께 20년형을 선고받는다. 그는 영원히 자유의 몸이 되지 못한 채 1937년 4월 27일 로마의 퀴시사나 병원에서 숨을 거두고 만다. 1929년부터 1935년에 이르기까지 그람시는 『옥중수고』[3]라 불리는 2848쪽에 달하는 33권의 노트들을 기록하는바, 그람시에게 이것은 "혁명적 투쟁을 계속하는 것이고 바깥세상과 이어진 끈을 유지하는 것이며 인간사회에서 벌이는 사상적 활동"이었다. 수감생활 동안 처형 타티아나와 친구인 스라파만이 헌신적으로 그람시를 돌보았다. 마흔여섯 살의 나이로 그람시가 숨을 거둔 후에도 타티아나와 막내동생 까를로만이 비바람이 몰아치는 장례식을 지켜보았을 따름이다.

3 그람시가 1929년 1월경부터 1935년 7월까지 약 6년 동안에 옥중에서 기록한 33권의 노트가 바로 『옥중수고』이다. 『수고』는 보통 세 단계의 시기로 구분될 수 있는데, 첫 번째 단계는 1929년부터 1931년까지의 시기(1권부터 7권)이고, 두 번째 단계는 1931년부터 1933년까지의 시기(8권부터 17권)이며, 마지막 단계는 그가 건강이 나빠져서 큐슈마노 병원으로 이송된 1933년부터 1935년까지의 기간(18권부터 29권)으로 나누어볼 수 있다.

그람시 사망 10주년을 기념하여 『감옥으로부터의 편지』가 발행된 이후에 플라토네에 의해 편집된 6권의 『옥중수고』가 발행되었는데, 이 책들은 주제별 편집 형식을 취하다 보니 맨 마지막의 퇴고된 노트들만 선택되고 애초의 연대기적인 순서는 철저하게 무시되었으며, 똘리아띠를 중심으로 하는 이탈리아 공산당의 입장 속에서 무엇보다도 그람시와 레닌주의와의 유사성을 부각시키려는 취지에 따라 편집되었다. 이러한 문제점 때문에 원본에 보다 충실하게 4권으로 편집된 『옥중수고』의 새로운 편집본이 제라타나에 의해 1975년에 등장하게 되었다.

2. 문화에 대한 그람시의 사상

"어떻게 권력관계가 변화되며 종속집단이 권력을 획득하고 헤게모니적으로 될 수 있는가?"를 탐구하는 것이야말로 그람시의 변치 않는 관심이었다. 그는 하나의 종속집단이 광범위한 대중의 자발적 동의를 형성해 낼 수 있도록 '지도적'이고 '지배적인' 집단이 되기 위해서는 1)적과의 대결 속에서 이들이 확보하고 있는 자율성과 2)이들을 지원한 집단들의 동의가 반드시 전제되어야 한다고 강조한다. 하나의 블록 속에 통일되어 있는 모든 집단, 계급, 계층의 동의에 기초한 통일이 가능한 것은 헤게모니 계급의 세계관이 "모든 사람의 각자의 철학"의 분명한 구성요소로 될 때, 그 세계관이 실천지향적인 집단행동의 규범으로 되고 그것을 통해 이론과 실천이 역사적 행위 속에서 통일될 때인 것이다.[4] 그람시는 "한 사회집단은 통치권을 장악하기 이전에 이미 지도적일 수 있으며 또한 지도적이어야만 한다"고

4 이런 점에서 서구 자본주의 사회의 견고함이 해명될 수 있다. 마르크스의 예언과는 달리, 발전된 서구 자본주의 사회에서 사회주의 혁명이 일어나지 않는 까닭은 지배계급이 국가와 시민사회의 다양한 영역 속에서 헤게모니를 통해, 피지배계급의 동의에 의해 권력관계를 유지하고 있기 때문이다.

강조한다. 이러한 맥락에서 종속집단의 새로운 역사적 블록의 형성에 있어서 문화가 갖는 중요성도 재평가될 수 있다. 그람시는 실천철학의 가장 최근의 발전 단계는 헤게모니의 계기가 실천철학의 국가관에 있어 핵심적이고 경제적 · 정치적 전선과 함께 문화적 사실과 문화활동, 문화전선이 필수적이라는 사실을 강조함으로써 확보된다고 역설한다. 이에 따라 그람시는 생을 마치는 최후의 순간까지 문화에 대한 이해와 분석에 초점을 맞추게 되었던 것이다.

가. 청년 그람시의 문화 개념

문화의 중요성에 대한 그람시의 인식은 청년 시절부터 그가 갖고 있었던 문제의식을 한층 발전시킨 것이다. 청년기 저작 속에서 문화에 대한 그람시의 사고를 가장 분명하게 드러내는 글은 「사회주의와 문화」이다. 여기에서 그는 "실증주의적 문화 개념"을 비판하면서, 문화를 "백과사전적 지식의 축적"이라 생각하는 전통적인 관점을 깨뜨려야 한다고 주장한다. 왜냐하면 그러한 문화 개념은 그저 두뇌 속에 정리되어야만 하는 경험적 데이터들이나 사실들을 넣어서 보존하는 단순한 용기로밖에는 인간을 파악하지 않기 때문이다. 결국 이것이 기여하는 바는 "어떤 양의 사실과 자료들을 기억해 왔기 때문에 인류의 나머지 사람들에 비해서 자신을 우월한 것으로 믿는 사람들"이 다른 사람들에 대해 문화적 장벽을 쌓는 것을 도울 뿐이다. 이것은 문화가 아니라 현학이고 지성이 아니라 단순한 지력에 불과한 것이다. 이에 반해 그람시가 주장하는 문화의 의미는 "한 인간의 내적 자아에 대한 조직이자 훈련이고 한 인간의 인격에 대한 통제이며, 보다 높은 수준의 자각의 획득"이다. 이러한 문화를 통해 역사 속에서의 우리의 가치와 위치, 삶 속에서의 우리의 바람직한 기능, 권리와 의무들을 이해할 수 있게 된다. 나아가 그람시는 어떠한 사회집단의 정치투쟁이 성공하기 위해서는 집단의식의 형성 없이는 불가능하고, 이를 획득하기 위해서는 문화적 준비가 필수적이라고 한다. 예컨대 프롤레타리아의 통일된 의식은 자본주의 문명에 대한 비판을 통해 형성되며 이 경우에 비판이란 문화를 뜻하는 것이다. 이렇듯 자기 자신에 대한 인식으로서의 문화란 어떠한 선험적이고 초월적인 자아에 대한 인식이 아니라, 프롤레타리아 계급이 자신만의 독자적 계급의식을 획득하는 것을 뜻한다. “노동자는 그가 그러한 사람인지를 ‘알고 있고’ 그러한 그의 ‘삶’에 의거하여 행위하고 생각할 때 프롤레타리아가 ‘된다’”는 것이다. 이러한 시각에서 러시아 혁명을 보는 그람시의 기본 관점도 우리에게 새로운 함의를 던져 준다. 그람시는 “러시아 혁명이 프롤레타리아 혁명인 이유는 무엇인가”라고 질문하면서, 단지 프롤레타리아의 힘으로 혁명이 일어났다는 사실만으로는 프롤레타리아 혁명이라고 할 수 없으며 프롤레타리아적이기 위해서는 성격상 정신적인 또 다른 요소가 반드시 포함되어 있어야 한다고 대답한다. 왜냐하면 혁명이란 권력현상임과 아울러, 인간행동의 혁명 및 도덕적 혁명이 반드시 수반되어야 하기 때문이다.

이러한 그람시의 청년기 사상 속에서 우리는 비록 아직은 미성숙할지라도 『옥중수고』에까지 이어지는 그의 사상의 핵심적인 주제들을 확인해 볼 수 있다. 요컨대 사회주의란 “삶에 대한 총체적 전망”이고 자신만의 신념, 철학, 도덕을 지니는 “새로운 정신적 습관”을 창출해 내는 사회의 총체적 변혁이며, 이는 대중들의 새로운 집단의지를 창조해 냄으로써 비로소 현실화될 수 있다. 그는 프롤레타리아 혁명이란 총체적 혁명일 수밖에 없다는 사실을 누차 강조한다. 이는 새로운 노동 방식, 새로운 생산과 분배방식의 토대 위에서 이루어질 것이지만, 또한 노동계급에 특정해야만 하는, 그들에 의해 창조되어야만 하는 새로운 기준 체제, 새로운 심리학, 새로운 감정과 사상 및 삶의 방식의 형성을 전제해야 한다. 프롤레타리아는 정치적·경제적 권력을 획득하는 문제와 더불어 정신적 권력을 획득하는 문제 또한 반드시 직면하지 않으면 안 되기 때문이다. 따라서 프롤레타리아는 스스로를 정치적·경제적으로 조직하는 문제와 마찬가지로 문화적으로 조직하는 문제에 대해서도 고민해야 한다. 결국 청년 그람시의 저작에서 보이는 문화 개념, 특히 자신에 대한 인식으로서의 문화 개념은 선험적인 자아에 대한 인식을 강조하는 것이 아니라, 비타협적인 프롤레타리아 계급의식의 획득을 염두에 두고 있다고 보아야 한다. 문화적 통일의 중요성과 이를 통한 집단의지의 형성에 대한 강조는 청년기부터 계속해서 이어지는 관심이지만, 독자적인 프롤레타리아 계급의식의 획득과 단결에 주된 초점이 놓여 있던 청년기의 관심들에 비해서 『수고』에서는 이른바 '국민적-대중적' 문화라는 보다 확장된 개념이 새롭게 강조된다.

나. '국민적-대중적(nazionale-popolare)' 문화 개념

그람시에게 있어 국민적-대중적 문화 개념은 이탈리아 혁명운동의 경험에 대한 자기반성 및 현 상황에 대한 구체적인 성찰에서 비롯된다. 그람시는 "왜 이탈리아에서는 국민적-대중적 문학이 존재하지 않는가", 다시 말해 왜 이탈리아 문학은 몇몇 예외를 제외하고는 자국 내에서 광범위한 대중적 인기를 지니지 못하며 왜 이탈리아 신문들은 외국의 소설, 주로 프랑스의 소설들을 연재소설로 싣고 있는가 하는 문제를 제기한다. 첫 번째 문제, 즉 "이탈리아에서는 왜 국민적-대중적 문학이 존재하지 않는가"에 대한 그의 대답은 한마디로 이탈리아에서는 작가와 대중, 지식인과 광범위한 국민-대중 사이의 유기적 통일이 전혀 구축되어 있지 않다는 것이다. 그런데 이것은 단지 대중과 작가, 즉 지식인이라는 현실 세력들의 통일성의 문제뿐만 아니라, 나아가 언어의 문제와도 관련된다.[5] 그람시는 여러 언어에서 '국민적(nazionale)'과 '대중적(popolare)'은 동의어이거나 거의 그러하

5 그람시는 학자와 지식인층에서 사용되던 문어적 라틴어(latino letterario)와—생활에서 사용되고 국민적이며 역사적으로 살아 있는 언어로서의—대중들의 불가레(latino volgare)를 구분하면서, 이탈리아에서 민중들은 식자층의 라틴어를 더 이상 이해할 수 없었다고 설명한다. 바로 이 때문에 민중과 지식인, 민중과 문화 사이에는 단절이 존재할 수밖에 없었다는 것이다. 르네상스 휴머니스트들은 불가레를 방언처럼 느끼게 했고 이런 의미에서 그들은 결코 국민적인 요소가 아니었으며, 따라서 이탈리아에서는 프랑스와는 달리 언어의 문제에 있어서도 어떠한 국민적-대중적인 통일이 달성되지 못하였다. 이는 결과적으로 이탈리아 국가를 "현실적으로 체감되는 문화적 실재라기보다는, 수사적이거나 법적인 존재로서만" 존재하게끔 했다. 왜냐하면 그람시에게 있어서 언어의 통일성이란 국민적 통일성의 외적 수단들 가운데 하나이기 때문이다.

지만, 이탈리아에서 '국민적'이라는 말은 이데올로기적으로 매우 제한된 의미를 지니고 있어서 어떤 경우에든 '대중적'이라는 말과 일치하지 않는다고 강조한다. 이탈리아에서 지식인들은 대중, 즉 '국민'으로부터 소원하며 대신 그들은 특권적 전통과 결부되어 있다는 것이다. 결국 이는 작가와 대중들이 세계에 대한 동일한 개념을 갖고 있지 못함을 의미한다. 이탈리아 작가들은 지금까지 대중적 감정을 다듬어 내는 문제를 제기하지 않았었고 또 현재도 그렇게 하고 있지 않다는 것이다. 이에 대해 그람시는 "대중들의 기본적인 열정을 느끼지 않고 그것들을 이해하지 않고서도, 따라서 특정한 역사적 상황 속에서 그것들을 설명하고 정당화하지 않고 최고의 세계관과 역사 법칙, 즉 지식에 변증법적으로 연관시키지 않고서도 지식인일 수 있다고 믿는 것"이야말로 지식인의 중대한 오류라고 한다. 이탈리아에서 지식인들은 바로 이러한 오류를 범하고 있고 스스로를 대중과 분리된 특권층이라고 생각할 따름이다.

그는 이탈리아에서 국민적-대중적 문학이 부재한 원인이 "대중-국민이 가장 낮은 차원(연재소설)으로부터 최고의 차원(외국서적의 탐독)에 이르기까지 모든 차원에서 이에 관심을 보이지 않기 때문이 아니라 토착적인 지적 요소를 외국인보다 더 이질적으로 느끼고 있기 때문"이라고 한다. 결국 이탈리아 대중들이 해외 작가의 작품을 선호한다는 사실은 그들이 해외 지식인들의 도덕적 지적 헤게모니를 경험한다는 것, 국내 지식인보다 해외 지식인들에 보다 밀접히 연관된 것으로 느낀다는 것, 그러므로 어떠한 국민적인 지적 · 도덕적 블록도 존재하지 않는다는 것을 의미한다. 이러한 문제의식 속에서 그는 대중과 지식인의 유기적 통일을 통한 국민적-대중적 문화의 형성 및 대중의 지적 · 도덕적 개혁을 통한 헤게모니의 획득을 강조하고, 이를 위한 운동의 출발점은 대중들의 일상적 상식과 대중문화로부터 출발하여야 함을 역설한다. 그람시에게 있어서 헤게모니 개념의 정치적 발전은 정치적-실천적 발전뿐만 아니라 위대한 철학적 진보를 대변하는 것이다. 왜냐하면 이는 필연적으로 상식을 넘어서는 지적 통일성과 윤리를 가정하기 때문이다. 따라서 마르크스주의 문화이론에서 그람시가 이룩한 단절은 개입해야 할 하나의 통일체로서 전체적인 문화구성체 또는 문화공간을 사고했다는 점에 있다고 할 수 있다. 다시 말해 그람시는 철학 대 상식, 지식인 대 민중, 당 대 대중, 언어 대 방언, 고급문화 대 대중문화와 같은 지배적인 것과 종속적인 것의 전통적인 이분법을 깨뜨리고 이것들을 통일적으로 사고하려 했던 것이다.

3. 문학에 대한 그람시의 견해

그람시에게 있어서 새로운 예술의 창조는 포괄적인 의미에서 새로운 문화를 위한 투쟁 속에서 비로소 가능한 것이고, 이는 새로운 방식의 삶, 새로운 세계관과 가치관을 지닌 새로운 인간의 형성이라는 과제와 직접적으로 맞물려 있다. 그람시는 새로운 예술이 탄생되기 위해서는 무엇보다도 전통에 대한 무자비한 비판과 문화적 · 도덕적 쇄신이 필요하고 이를 통해서만 비로소 새로운 문학 또한 창조될 수 있다고 역설한다. 따라서 (직접적인 의미에서) '새로운 예술'이 아니라 '새로운 문화'를 위한 투쟁에 관해 논의해야만 한다. 그는 새로운 예술을 위한 투쟁이 직접적으로 새로운 예술가를 위한 투쟁과 동일시된다는 견해를 날카롭게 비판한다. 왜냐하면 새로운 예술가는 어디까지나 새로운 문화, 새로운 삶, 새로운 인간의 탄생이라는 전반적인 문화변혁을 통해서만 가능한 것이지, 인공적으로 만들어질 수는 없기 때문이다. "헤게모니적 태도를 가지고, 처음에는 존재하지 않았던 자신에 대한 믿음을 지니고 역사적 삶으로 들어가는 새로운 사회집단은 자신의 내적인 개성들로부터 이전에는 발견하지 못했던 충분한 힘을 어떤 의미에서 완전하게 표현할 수 있을 것"이다.

문학에 있어서 그람시에게 가장 중요한 영향력을 끼친 이론가는 데 상티스였다. "데 상티스로 돌아가자"는 그람시의 구호는 크로체에 의해 왜곡되어 계승된 데 상티스의 해석으로부터 벗어나서 데 상티스의 사상 그 자체가 가지고 있었던 핵심을 비판적으로 발전시키고자 하는 것이다. 데 상티스에게서 문화란 일관되고 통일적이며 국민 전체에 널리 퍼져 있는 '인생관과 인간관', '세속적인 종교', '문화'가 된 철학 · 윤리 · 생활방식, 시민적 개인적 행동규범을 산출하는 철학을 의미하는 것이었다. 이는 무엇보다도 "민중에 대한 새로운 태도"를 요청하는 것이다. 다시 말해 데 상티스에게서 본질적인 지점은 바로 "이탈리아 문화 속에서 그 자신의 비평활동에 부여했던 국민적-대중적 경향"인바, 그것은 크로체의 개인주의적이고 반역사적인 미학적 입장과는 분리될 수밖에 없다. 사실상 데 상티스에게서 문학의 본질은 내용의 직접적이고 유기적인 통일체로 인식된 형식이다. 다시 말해 문학적 형식은 "규정된 내용, 즉 특정한 문학작품의 내용에 고유하고 특수한 형식"이다. 데 상티스는 위대한 작품들이 시대와 현실에 깊게 뿌리박고 있다는 점을 내용-형식의 통일성이라는 관점에서 설명해 내었다. 이러한 맥락에서 그람시는 크로체가 아니라 데 상티스를 통해서 국민적-대중적 문학비평의 방법론적 기준을 찾아내려고 한다. 내용과 형식의 문제에 있어서도 그람시는 데 상티스의 사상을 그대로 이어받고 있는바, 내용이란 추상적으로 형식과 분리되어서는 제대로 검토될 수 없으며 새로운 예술적 내용을 위한 투쟁도 형식과는 무관하게 진행될 수 없다. 그람시는 "문학적(언어적) 표현은 내용과 형식의 관계"라고 한다. 이러한 분석은 내용과 형식 사이에 완전한 응집이 존재하는지, 균열, 은폐, 수정, 위장 등이 존재하는지를 이해하는 데 도움을 준다. 그는 "형식에 대한 내용의 우선성"에 대해 문제제기하면서, 그렇게 말할 수 있는 것은 단지 예술작품이 하나의 과정이고 내용의 변화 또한 형식의 변화라는 의미에서만 그렇다고 한다. 내용이 형식보다 선행한다는 이야기는 단지 작품을 가다듬는 과정에서 내용의 이름으로 연속적인 시도가 이루어진다는 의미일 뿐, 그 이상의 의미는 없다. "만족스럽게 형상화되지 못한 최초의 내용 또한 형식이기도 하고 실제로 만족할 만한 '형식'에 도달한 경우에는 내용도 변해 있기 때문이다."

이렇듯 데 상티스의 사상을 비판적으로 발전시킴으로써 그람시는 크로체의 사상에 대한 검토와 비판을 수행한다. "예술작품이란 이미 예술가의 정신 속에서 '완전'하고 예술가가 그것을 내려 적는 이유는 일차적으로 그것을 회상하기 위해서"라는 크로체의 주장에 대하여, 그람시는 모든 예술가 개인이란 특정한 사회와 역사로부터 분리되어 생각될 수 없다는 의미에서 '역사적'이고 '사회적'이라고 강조한다. 크로체의 초기 미학이 "예술가 내부로부터의 직관"과 같은 정신적 활동에 주요한 관심이 놓여졌던 반면, 그람시의 관심은 일차적으로 예술의 역사적이고 사회적인 기능에 주목하는 것이다. 또한 크로체의 이론이 예술적인 창조행위의 정신적 측면에 집중한다면, 그람시는 구체적인 현실세계 속에 존재하는 예술의 역사적 · 사회적 함의와 기능에 초점을 맞추는 것이다. 크로체는 '예술의 역사'와 '문화의 역사'를 엄밀하게 구분하면서, 예술사는 개별 작품의 역사이고 이는 유일하게 적절한 미학사의 종류라고 한 반면에 문화는 경향, 장르, 예술가들의 삶, 지적인 배경, 예술에 대한 관념 등등의 역사라고 설명하였다. 크로체의 관점에 따르면, 이러한 문화사는 개별 예술작품과 그것의 아름다움을 설명하는 데 있어서 아무런 '실재'도 지니지 않는 것이다. 그러나 그람시는 크로체의 이러한 주장이 이제까지 많은 예술적 타락을 가져오게 된 원인이라고 신랄하게 비판한다. 왜냐하면 이는 예술적 영역과 역사적 영역 사이의 대화의 모든 가능성을 닫아 버리고 필연적으로 반역사적인 미학적 입장으로 나아가는 것이기 때문이다. 따라서 그람시는 크로체 미학에 대한 비판을 통하여 예술에 대한 역사주의적 관점을 다시금 회복하고자 한다.

다른 한편 그람시는 속류 유물론주의적인 문학관에서도 단호하게 투쟁한다. 그는 국민적-대중적 문학을 논함에 있어서 "어떠한 교훈적이고 경향적이며 도덕주의적인" 내용을 염두에 두거나 작가 자신의 계급적 기반을 고려한 것이 아님을 분명히 한다.[6] 그 대신 그람시는 작가의 "태도"라는 관

6 이와 관련하여 우리는 민중가요에 대한 그람시의 수고를 참조해 볼 수 있다. 그람시는 민중

점에서 구체적인 작품 분석으로 나아가 만초니와 베르가의 경우를 예로 드는데, 이들에게서 결정적인 것은 어떠한 계급의 인물이 등장하는가 하는 사실 자체가 아니라 민중적인 인물들에 대한 작가의 태도이며 이 태도에 있어서 양자는 서로 대립하고 있다는 것이다. 그람시는 『약혼자들』에서 만초니가 가톨릭적인 가부장적 태도 때문에 민중적 인물에 대한 본능적이고 심오한 사랑을 결여하고 있다고 비판한다. 만초니는 '민중들을 소설 속에 집어넣지만, 그들에 대한 태도는 '국민적-대중적' 이지 않고 귀족적이다. 이러한 만초니의 태도와 대조되는 작가로는 톨스토이나 도스토예프스키가 거론된다. 톨스토이의 작품 속에서는 민중들의 소박하고 본능적인 지혜가 교육받은 사람들을 계몽하고 그들 사이에서 위기를 불러일으키기 때문이다. 같은 맥락에서 그람시는 톨스토이와 셰익스피어에 대한 비교 분석으로 나아가는바, 셰익스피어는 당시의 시대경향과 마찬가지로 공공연하게 사회의 상층계급에 동조하고 있다고 한다: "셰익스피어의 연극은 본질적으로 귀족적이다. 거의 매번 그는 부르주아나 평범한 사람들을 무대 위에 올리지만, 그러한 인물들은 조롱되거나 혐오스럽게 재현되며 웃음거리가 되어 버린다." 이 점에서 민중에 대한 셰익스피어의 태도는 본질적으로 만초니의 태도와 유사하다.

나아가 그람시는 작품에 대한 '도덕적' 비평과 '미학적' 비평을 구분해야 함을, 즉 '사상가' 로서의 작가와 '예술가' 로서의 작가를 구분해야 할 필요성을 강조한다. 특히 문학 속에서 드러나는 작가의 태도에 대한 비평이란 어디까지나 문화사에 대한 연구이지, 엄밀한 의미에서 예술비평의 문제

가요를 구분하고 분류하는 루비에리의 원리를 거론하는데, 루비에리는 1)민중에 의해, 민중을 위해 지어진 노래, 2)민중을 위해 지어졌지만 민중에 의해 지어지지는 않은 노래, 3)민중에 의해 지어지지도, 민중을 위해 지어지지도 않았지만 민중이 생각하고 느끼는 방식과 일치함으로써 그들에 의해 선택되어 온 노래를 구분한다. 그람시는 모든 민중가요는 이 세 번째 범주로 모아질 수 있을 것이고 또 그래야만 한다고 적어 놓았다. 왜냐하면 한 민족과 그 문화의 맥락 안에서 볼 때 민중가요를 구분시켜 주는 것은 그것의 예술적 측면이나 역사적 기원이 아니라, 공식적인 사회에 대립하여 세계와 삶에 대해 생각하는 방식이기 때문이다.

가 아니다. 그람시는 "어떤 작품이 아름다운 것은 (추상적인 내용과 융합되고 하나가 되는) 그것의 형식 때문이 아니라 그것의 도덕적 정치적 내용 때문이라는 견해는 절대 배제되어야" 한다고 주장한다. 또한 그는 작가가 외적이고 실천적인 선입관에 의해 딴 생각을 하느라 예술작품이 실패로 돌아가지 않았는가도 따져보아야 한다고 한다. 이 점에서 그는 두 가지 체제의 사실들, 즉 1)(순수예술과 관련된) 미학적 사실과 2)정치-문화적인 사실이 존재함을 인정한다. 예컨대 내용적으로 동일한 역사적 순간을 대변하면서도 한쪽의 작가는 그래도 예술가이지만, 다른 쪽은 시답지 않은 삼류 작가에 불과한 경우도 얼마든지 있을 수 있다. 그렇기 때문에 단지 두 작가가 사회적으로 무엇을 대변하고 표현하느냐를 서술함으로써, 결국 특정한 사회적 · 역사적 순간의 특성을 철저히 요약함에 의해서 이 문제를 처리하려 드는 태도는 예술적 문제를 전혀 건드릴 수 없다. 속류 유물론에 근거한 "사회학적 환원주의"가 행하려고 했던 것이 바로 이것인바, 예술작품의 사회학적 등가물을 찾음에 의해 예술작품을 평가할 수 있다는 사고는 그람시의 관점에서 볼 때 예술적 차원의 문제와는 무관한 것이다. 그람시는 물론 이러한 모든 일이 유용하고 필요하긴 하지만, 이는 미학적 · 예술적인 영역이 아니라 다른 영역, 즉 정치적 비판의 영역, 그리고 사회적 삶에 대한 비판의 문제라고 한다. 따라서 이는 결코 예술비평이나 예술사의 문제가 될 수 없다. 이러한 그람시의 사고는 또한 옥중에서의 편지[7]에서도 보여지는데, 여기서도 작품에 대한 '미적인 향유'와 '도덕적 열광'이 분명하게 구분됨을 볼 수 있다. 그람시는 이를 다시 "예술작품 자체에 대한 열광"과 "예술가의 이데올로기 세계에 대한 동참"이라고 부연하면서, 이러한 두 영역 사이의 구분이 "비평에 있어 올바르고 또 반드시 견지해야 할 태도"라고 강조한다. 톨스토이의 『전쟁과 평화』의 예에서 보이듯, 작품에 대해 미적으로 경탄하면서도 막상 이 책의 이데올로기적 내용에는 얼마든지 동의하지 않

7 [LP Ⅱ,206]

을 수 있다는 것이다.[8]

요컨대 그람시는 문학에 대한 문화사적 연구와 예술비평적 연구의 차별성에 입각해서, 예술비평의 문제를 문화사적인 연구로 환원시켜 버린다는 점에서 속류 실증주의적 유물론의 문제점을 인식하고 있다. 그럼에도 불구하고 문학에 대한 그람시의 주요한 관심은 어디까지나 문화사의 일부로서의 문학에 대한 연구에 집중되어 있다.[9] 그의 문학사회학적 관심은 어떻게, 그리고 왜 특정한 작품이 대중들에게 수용되고 감상되며 특정한 사회집단에 의해 향유되는가에 대한 사회 정치적이고 역사적이며 문화적인 설명을 보다 전면에 부각시킨다. 그람시는 "미적인 이상이 특정한 문화들과 관련하여 변화한다"고 강조한다. 예술작품이 '예술적으로' 대중적이면 대중적일수록 그 정서적 · 문화적 · 도덕적 내용은 국민적인 도덕성, 문화, 감정들에 더욱 더 긴밀하게 관련되며, 이것들은 끊임없이 발전하는 역동적 과정이라는 것이다. 그럼으로써 그람시의 역사주의적 예술 이해는 문학 영역에 있어서도 문학/사회, 예술/역사, 이론/실천이라는 전통적 이분법을 극복하는 방향을 열어 놓고 있다.

---

8 "심미적 향유와 예술미에 대한 긍정적인 가치판단 사이의, 예술작품 자체에 대한 열중과 도덕적 열중—즉 예술가의 이념 세계에 대해 기꺼이 참여하는 것—사이의 구별은 정당합니다. 톨스토이의『전쟁과 평화』의 이념적 내용에 동의하지는 않으면서도 심미적 관점에서 감동받을 수 있지요. 만약 이 두 가지가 일치했다면, 톨스토이의 작품들은 나의 휴대용 책이자 침대 머리맡의 책이 되었을 것입니다."

9 이러한 문제의식은 예컨대 "이탈리아에서 낭만주의가 존재했었는가"에 대한 그람시의 논의에서도 드러난다. 그에 따르면, 낭만주의는 지식인과 대중 그리고 민족 간의 특수한 관계 또는 결합을 의미한다. 다시 말해 그것은 넓은 의미에서의 '민주주의'의 반영이다. 그람시는 낭만주의가 프랑스 혁명으로부터 이름을 얻은 그러한 유럽 전체의 운동에 선행하고 동반하였으며 그것을 승인하고 발전시켰다고 설명한다. 따라서 낭만주의는 이러한 운동의 문학적 측면, 즉 감정의 측면이다. 문학적 측면이란 전체 삶에 퍼져 있는 감정의 흐름을 표현하는 것의 일부일 뿐인데, 왜냐하면 단지 이러한 삶의 극소한 측면만이 문학 속에서 그것의 표현을 용케도 발견하기 때문이다. 따라서 낭만주의의 문제에 있어서 그람시는 다음과 같은 결론에 도달한다; "우리의 연구는 문학의 역사가 아니라 문화의 역사로 들어간다. 또는 오히려 그것은 광범위한 문화사의 한 부분 또는 한 측면으로서 문학사로 들어가는 것이다. 그리고 이러한 특정한 의미에서 낭만주의는 이탈리아에서는 존재하지 않았었다."

4. 그람시의 대중문학 분석

실로 다양한 종류의 대중문학에 대해서 이토록 진지한 연구의 필요성을 주장했던 것은 사실상 그람시가 첫 번째 인물이라고 해도 과언은 아니다. 대중문학에 대한 그의 접근 방식도 어디까지나 대중에 대한 관계 속에서, 즉 "어떠한 문학이 대중에게 널리 읽히고 인기가 있으며 어떠한 욕구를 채워주고 있는 것인지, 그리고 또한 어떠한 정서와 태도를 만들어 내는지"라는 관점에서 살펴보는 것이다. 그는 대중적인 상업문학을 정확히 문화사의 관점에서 지극히 가치가 있는 것으로 평가하면서, "감정과 세계관에 있어서 '침묵하는' 다수 속에서 대중이 지배하는 '시대의 철학'의 지표로 파악한다. 그는 새로운 문학이 미래주의 운동처럼 인텔리 출신의 예술 조류에서 나올 수 있다는 생각을 잘못된 편견이라고 신랄하게 비판한다. 왜냐하면 새로운 문학의 전제조건은 단지 역사적 · 정치적이고 대중적인 것일 수밖에 없기 때문이다. 따라서 새로운 문학을 창조하기 위해서는 이미 존재하고 있는 것들을 심화, 발전시키는 일에 집중해야 하고 대중문화의 부식토 그 자체 속에 깊게 뿌리내려야 한다. 도덕적 · 지적 개혁의 표현으로서 새로운 문학은 반드시 "연재문학의 독자"로부터만 자신의 문화적 토대를 창조하는 데 필요 충분한 공중을 선택할 수 있다.

이러한 관심 속에서 그람시는 당시에 유행하고 있는 대중소설들에 대한 경험적 분석으로 나아가, 대중문학의 분류와 발생 요인, 지배적 유형, 그리고 각각의 대중문학의 하위 장르를 즐기는 수용자에 대해 분석한다. 그는 대중문학을 연재소설, 추리소설, 모험소설, 과학소설, 유토피아 철학소설, 전기소설 등으로 나누어 설명하고 이에 따라 각각의 하위 범주에 속하는 구체적인 작품들을 거론한다. 나아가 대중소설의 지배적 유형에 대한 연구를 통하여 대중들의 근본적인 취미의 변화를 확인하고자 한다. 다양한 유형의 대중소설의 동시적 성공으로부터 여러 수준에서 유행하는 다양한 문화적 차원, 상이한 감정들, 다양한 대중적 '영웅-모델'이 대중들 사이에 존재함을 입증할 수 있듯이 말이다. 이에 따라 대중소설 유형의 목록을 작성하고 그 성공 정도를 역사적으로 규정하는 것이 중요하게 된다.[10]

이러한 분류를 통해서 그는 대중문학의 다양한 하위 분류들과 이를 즐기는 수용자 간에 다양한 차별성이 존재하고 있음을 밝혀 낸다.[11] '대중들의 수용' 이라는 관점에서 그람시는 '재미' 라는 요소에 대해 주목하는데, '재미' 라는 요소는 개인에 따라, 사회집단 또는 대중 일반과 관련하여 끊임없이 변할 수밖에 없다고 한다. 재미있는 요소라는 것은 "시대와 문화적 환경, 그리고 개인의 감수성"에 따라 변화하기 때문이다. 그는 재미있는 요소 중에서 안정적인 것은 의문의 여지 없이 도덕적 재미라고 한다. 그런데 작품의 도덕적 재미라는 것은 어떠한 규범적이거나 도덕주의적인 내용을 강요하는 것이 아니다. 그는 작품의 도덕적 내용을, 그것을 읽는 대중들의 구체적인 반응과 관련하여 설명한다. 대중들은 어떤 작품에 대하여 1) 작품이 불러일으키는 도덕적 내용에 긍정적인 반응을 보이면서 "찬성하거나", 2) 아니면 이에 대해 "거부를 하거나" 하는 두 가지 방식으로 반응한다. 수용자의 능동적 반응을 통해서 작품의 구체적인 도덕적 영향이 입증되는 것이다. 요컨대 도덕적 재미는 옳은 것이라고 미리 설정된 어떠한 도덕적 판단을 대중들에게 주입 강요하는 것이 아니라, 작품을 읽는 대중 편에서의 능동적이고 구체적인 반응을 통해 그 도덕적 효과가 실행되는 것이다. 따

10 이에 따라 그람시는 다양한 대중소설의 유형을 일곱 가지 정도로 분류한다. 1)빅토르 위고-외젠느 쉬 유형(『레 미제라블』, 『파리의 비밀』)은 정치적 · 이데올로기적 성격이 두드러지는데, 이것은 1848년의 여러 이데올로기들과 관련하여 민주주의적 경향을 보여 준다. 2)엄밀한 의미에서 정치적이지 않지만 "감상적 민주주의"로 정의될 수 있는 것을 표현하는 감상적인 유형(리슈부르, 드쿠르셀 등), 3)순수한 음모소설로서 제시되지만 보수 · 반동적인 내용을 가지고 있는 유형(몽테팽), 4)뒤마와 테레이유의 역사소설, 5)이중적인 측면을 가지고 있는 추리소설(르코크, 로캉볼, 셜록 홈스, 아르센 뤼팽), 6)고딕소설(유령, 신비의 성 등:레드클리프), 7)단순히 음모로 이루어지거나 그런 경향이 있는 지리적이고 과학적인 모험소설(쥘 베른, 부스나르)

11 예를 들면 전기소설은 높은 수준의 문화를 유지하고 있다고 믿는 사람들, 즉 자신이 지도계급이 되었고 국가의 운명을 좌우할 수 있다고 믿는 소(小)부르주아 계층들 사이에서 유행하며, 다른 한편 『빈자 구에리노』를 비롯한 이와 비슷한 일련의 작품들은 가장 뒤처지고 심하게 '고립된' 민중들, 특히 남부와 산악지대 민중들 사이에서 인기가 있다.

라서 이는 "예술의 외부, 즉 교훈적이고 도덕적이거나 훈령적인 예술을 진술하는 것"으로부터 대중의 수용을 통해서 야기되는 도덕적 '감수성'의 문제로 초점이 이행하게 된다. 결국 예술을 통해 표현된 것으로서의 도덕성은 어떤 영원한 원칙들의 체제가 아니라 작품과 대중과의 접촉을 통해서만 형성될 수 있는 역동적이고 역사적인 과정인 것이다.

그람시는 대중문학의 성공과 인기란 그것이 갖고 있는 근본적인 민중적 내용에서 비롯된다는 점을 강조한다. 비록 민중들을 몽매한 상태에 떨어뜨리는 것처럼 보일지라도, 그 작품이 대중으로부터 인기를 얻는 까닭은 그 이면에 사람들에게 진정한 민중적 즐거움을 안겨다 줄 수 있는 그 무엇이 존재하기 때문이고, 수용과정을 통해서 대중들이 그러한 민중적 이념과 희망을 추출해 낼 수 있기 때문이다. 같은 맥락에서 그람시는 연재소설이 주는 환상에서도 동일한 지점을 발견해 낸다. "연재소설의 등장은 수많은 궁핍한 사람들이 자신의 비극적이며 단조로운 삶으로부터 다소나마 벗어나기 위해서 환상이 필요하기 때문"이라는 주장을 비판하면서, 그람시는 연재소설이 어떤 '독특한 환상'을 전달해 주며 또 역사적 · 정치적 시기에 따라 이러한 환상이 어떻게 달라지는가를 분석해야만 한다고 주장한다. 왜냐하면 그러한 환상 속에는 속물 근성도 있지만, 동시에 민주적인 열망의 토대도 충분히 찾아볼 수 있기 때문이다. 그람시는 그러한 민주적 열망의 토대를 위고에서 시작하여, 쉬를 거쳐, 뒤마에 이르는, 연재소설의 '고전들'에서 분명히 찾아볼 수 있다고 한다.

여기에서 그람시가 '문화산업론'과 유사한 뉘앙스를 풍기는 '환상(illusione)'이라는 용어를 사용하긴 하지만, 이를 곧바로 두 이론이 같음을 보여 주는 증거로 해석할 수 없다. 그람시는 상업적인 대중소설을 설명함에 있어서 '마약'이나 '아편' 같은 용어를 사용하지만, 그러나 그 의미는 문화산업론에서처럼 '노예화된 즐거움'을 제공함으로써 현실의 고통을 순간적으로 망각하게 만드는, 그래서 지배체제에 순응하게 만드는 그러한 대중조작의 기제가 아니다. 오히려 그것은 권력을 가진 자들에 의해서 부당하게 억압당했던 민중들이 그들에 대해 복수를 꿈꾸고 이전까지 헤게모니적 힘을 발휘해 왔던 지배계급의 가치관과 정의로부터 벗어나게끔 만드는 것이다. 다시 말해 그람시는 대중문학의 현실도피적인 '마취제'의 역할만이 아니라, 오히려 그것이 담고 있는 긍정적 의미의 '백일몽'의 기능을 동시에 강조하고자 한다.[12] 여기서 백일몽이라는 의미는 문화산업론이 함의하는 바의 '허위의식' 개념과는 상당히 다르다. 지배질서에 대한 이념적 접착제로 대중문화를 보는 문화산업론의 관점과는 달리, 그람시는 그러한 환상이 대중들에게 줄 수 있는 현실적인 토대와 실천적 힘을 지적한다. 그것은 자신들이 겪고 있는 이 불행에 책임이 있는 자들을 응징하고 처벌해야 한다는 것을 꿈꾸는 것이다. 따라서 연재소설의 초인이 갖는 대중적 인기의 원인이란 종속집단으로 하여금 이러한 '복수'의 환상을 부추기고 격려하는 데에 있다. 이것이야말로 종속집단이 지배계급의 헤게모니로부터 벗어나서 자신을 능동적 주체로서 설정하는 것, 자신을 새로운 대항 헤게모니 계급으로 발전시키는 것을 꿈꾸는 것이다.

더 나아가 그람시는 테일러주의와 기계화에 의해 유린당한 인간의 삶에 있어서 합리화라는 미명하에 중산계급과 지식인에게까지 위협이 밀어닥치고 있기 때문에, 이들에게 문제가 되는 것은 모험의 몰락이 아니라 일상생활이 주는 너무나 큰 모험성, 즉 삶에 있어서 너무나 큰 불확실성이라고 강조한다. 따라서 사람들이 아름답고 흥미진진한 모험을 갈망하는 까닭은 현실생활로부터의 일탈이라는 모험이 제기된다는 사실 자체가 아니라, 다른 사람들의 강요에 의해 억지로 주어지는 야만적이고 거부감 느껴지는 모험과는 반대로 자유로운 주도권을 지니는 모험이기 때문이다. 요컨대 대중소

12 "연재소설은 민중의 사람들의 몽상을 대체하고(동시에 도와주고), 뜬눈으로 꾸는 진짜 꿈인 셈이다. …… 이 경우 민중 속에서 환상은 (사회적) '열등 콤플렉스'에 의존한다고 말할 수 있는데, 그것은 그들이 참아낸 사악한 죄를 범한 자들을 복수하고 응징하려는 생각에 대한 오래된 환상을 규정하는 것이다. 『몽테크리스토 백작』에서는 이러한 환상들을 부축임과 동시에 그러한 사악함에 대한 감각을 무디게 하는 마취제를 투여하기 위한 모든 요소들이 존재한다."

설이 인기있는 까닭은 모험 그 자체 때문이 아니라 "개인에 의해 주도되는" 바의 모험이 제시되기 때문이다. 그 속에서 대중은 지배집단의 논리나 외적인 강제와 규율에 의해 복종하는 것이 아니라 스스로를 주체로서 정립할 수 있기 때문에, 바로 그러한 "주도적인" 모험이라는 이유에서 쾌감을 느끼는 것이다. 이 점에서 볼 때 대중문화를 '인민의 아편'과 동일시함으로써 대중문화 전반에 대해 지극히 비판적인 입장을 띨 수밖에 없었던 문화산업론의 이론가들과는 달리, 그람시는 그러한 대중문화의 유행과 성공의 원인을 냉정하게 짚어 봄으로써 그것의 긍정적 의미 또한 읽어낼 수 있었다. 말하자면 그러한 '모험'이 주는 긍정적 지점은 "자신의 삶보다 한층 더 낫다고 생각되는 삶에 접촉함으로써 자신을 '교육'시키길 원하고 이상적인 모델을 머리 속에 그려봄으로써 자신의 인격을 발전시키려는 바람, 더 나아가 어떠한 생활조건 속에서 가능한 것보다 더 많이 사람들과 세상에 대해서 알려고 하는 바람" 등이 포함되어 있다. 그러므로 그람시는 대중문학이 주는 즐거움이 단지 허위적이거나 도피적이게 만드는 마취제나 아편 같은 부정적인 측면뿐만 아니라, 대중들의 현실적인 욕망을 채워 주고 이상적인 모델을 그려 줌으로써 그들을 교육시킬 수 있는 실제적인 역할 또한 강조한다. 그럼으로써 그람시는 이른바 새로운 주체의 형성, 즉 종속집단이 새로운 헤게모니 세력으로 발전하는 데 있어서 이러한 대중문학이 갖고 있는 실천적인 힘, 이른바 저항적 즐거움의 가능성을 인식하고 있는 것이다.

더 읽을거리

르네이트 홀럽, 『그람시의 여백: 마르크스주의와 포스트모더니즘을 넘어』, 정철수 외 옮김, 이후, 2000.

안토니오 그람시, 『그람시와 함께 읽는 문화』, 조형준 옮김, 새물결, 1995.

______________, 『그람시의 옥중수고 1, 2』, 이상훈 옮김, 거름, 1999.

______________, 『감옥에서 보낸 편지』, 양희정 옮김, 민음사, 2000.

쥬세뻬 피오리, 『안또니오 그람시』, 김종법 옮김, 이매진, 2004.

예술사의 철학

예술사의 철학

마순자

1. 예술사의 철학: 미학과 미술사학의 제휴

'예술사의 철학(Philosophie der Kunstgeschichte)' 은 예술사 연구에 체계적인 방법론을 도입하여 예술에 대한 논의를 객관적이고 보편적인 학문으로 정초하는 작업을 의미한다. 그것은 예술의 본질과 현상의 원리를 고찰하는 철학적 물음으로서 예술과 예술 해석의 개념적 기초를 구축하는 작업이다. 예술사의 철학은 대학에서 미술사 강의가 시작된 19세기 말 독일어권 학계에서 미술사학이 '원리에 의한 인식' 이 되어야 한다는 학문으로서의 정체성의 요구와 함께 정립되기 시작했다. 그러므로 예술사의 철학은 미술과 미술사학에 대한 철학적 논의인 '미술사의 철학' 에서 비롯되었다고 할 수 있다.

바젤, 빈, 베를린, 함부르크 등 독일어권 대학 학자들에 의해 진행된 미술사학의 이론적 타당성에 대한 논의는 미술의 근원과 본질, 형식과 양식 그리고 의미를 해석하는 입장의 차이를 보이면서 활발하게 진행되었다. 이런 점에서 미술이론, 미술사 방법론 또는 미술사학 이론은 예술철학의 주요 영역을 구성하며 미학과 미술사학을 연결짓는 역할을 하게 되었다. 그것은 실제성을 지나치게 강조하는 경험적 미술사학과 작품과 동떨어져 추상적 사변이 되기 쉬운 미학과의 반립을 해소시킬 수 있는 분야로서 뵐플린(H. Wölfflin), 드보르자크(M. Dvorak), 파사르게(W. Passarge), 티체(H. Tietze), 우티츠(E. Utitz), 제들마이어(H. Sedlmayr), 파노프스키(E. Panofsky) 등이 의도한 미술사학과 미학의 제휴 지점인 것이다. 파사르게는 미술사의 철학이 미학과 미술사학의 중간에 위치하는 학문이며, 미학을 순수 미술사 기술과 연결시키고 미술사 경과의 합법칙성을 연구하는 학문임을 말하였다.(『미술사의 철학(*Philosophie der Kunstgeschichte*)』, 서문) 여기서 우리는 미술사의 철학의 기본 이념이 개념과 직관의 의미 있는 연관성을 말한 칸트(I. Kant)의 생각과 무관하지 않은 것임을 알 수 있다.

포드로(M. Podro)는 이 역사적인 동시에 이론적인 미술사의 철학이 18세기 말에서 19세기 초에 이르는 독일 미학에 기초한 것이며, 대략 1827년에서 1927에 이르는 100년 동안 독일 학계의 미술사 방법론의 구축에 의해 구체적인 표명을 이루었다고 말하고 있다.(『비판적 미술사가들(*The Critical Historians of Art*)』, p. xv) 그것은 루모르(C. F. von Rhmohr)의 헤겔(G. W. F. Hegel) 미학 비판에서 비롯되어 파노프스키가 「'상징 형식' 으로서의 원근법」에 관한 이론을 발표한 때까지의 과정이다. 이 기간은 슈나제(K. Schnaase), 젬퍼(G. Semper), 부르크하르트(J. Burckhardt)의 활동 시기, 리글(A. Riegl), 뵐플린, 바르부르크(A. Warburg)의 이론 시대 그리고 파노프스키로 대표되는 세 국면으로 성립된다. 특히 제2기는 비판적 미술사학의 주요 전환기로서 본격적인 양식 개념이 확립되는 시기이다.

2. 미술사학과 미술사 방법론

미술사 방법론은 미술사학의 역사와 밀접한 연관 속에서 정립되었다. 제들마이어는 『미술과 진리. 미술사의 이론과 방법에 대하여(*Kunst und Wahrheit. Zur Theorie und Methode der Kunstgeschichte*)』(pp. 14–24)에서 학문으로서의 미술사학이 빙켈만(J. J. Winckelmann)으로부터 비롯된 것으로 보고, 그 이후 진행된 미술사학의 발전 과정을 몇 단계로 나누어 설명하였는데 이 관점은 이후 일반적인 것으로 수용되었다. 이것은 빙켈만이, 비록 고대미술에 한정된 것이지만, 미술 작품을 체계적인 역사로 재구성하고 주제에 따라 형식을 구분함으로써 미술의 본질을 규명하고자 했기 때문이다. 이 방식은 미술가를 중심으로 미술의 역사와 작품을 정리한 그 이전 바자리(G. Vasari) 등의 서술로부터 크게 벗어난 것이다.

바자리의 『이탈리아 르네상스 미술가전(*Le Vite de' più eccellenti architetti, pittori et scultori italiani*)』(1550, 증보판 1568)은 그러나 제들마이어에 의해 학문으로서의 미술사의 선사로 간주되었다. 그것은 이 책에서 바자리가 르네상스 미술의 범주를 체계화하고 일관성 있는 미술사 서술을 시도하였기 때문이다. 그는 작품에 대한 감식 능력과 인문주의에 근거한 태도로 작품을 평가했는데, 이 방식은 이후 두 세기 이상 미술사학계에 영향을 주게 되었다. 바자리는 개별 작품을 관찰하고 분석함으로써 형식을 구분했으며, '자연주의'와 '이상적 미'란 두 개념의 규범을 정립했다. 그러나 그는 특출한 능력의 천재 미술가 개념에 기초하여 개개 화가, 조각가, 건축가를 중심으로 미술사를 서술하였기 때문에 전기적 성격의 미술사란 칭호와 함께 그에 따른 비판을 받았다.

이에 비해 빙켈만은 미술의 역사를 서술하는 데 국한하지 않고 미술사의 학문적 체계를 구성하고자 시도했다. 그는 미술사학이 미술가의 역사가 아닌 미술 작품의 역사이어야 함을 주장했는데, 이 점에서 그는 미술사학의 진정한 정초자로 불리기에 합당하다. '문화사로서의 미술사'로 일컬어지는 빙켈만의 미술사 방법은 작품을 그것이 탄생한 문화적 맥락과 연관짓고 이에 작용한 모든 정보와 근원을 파악함으로써 작품을 깊이 있게 해석하는 것이다. 이러한 빙켈만의 태도는 계몽주의의 시대정신과 병행하는 측면을 보인다. 이 시대는 연대기 편찬자보다는 지식인을 높이 평가했으며, 백과사전의 집필이나 지식사회의 구축 등을 통해 정보의 체계화를 시도한 시기이기 때문이다. 그러나 빙켈만의 방법이 바자리의 태도와 전혀 유사성이 없는 것은 아니다. 빙켈만 또한 작품을 미술가의 눈으로 세심하게 관찰해야 한다고 생각했으며 기술적인 과정을 중요시하였다. 그는 또한 이상적 미란 개념을 수용하였으며 기록된 증거를 주요 연구 자료로 삼았다. 빙켈만은 작품의 형식에 근거하여 그리스 미술을 고대 양식, 숭고 양식, 우아 양식, 모방자 양식으로 나누었는데, 이것은 바자리가 르네상스 미술의 시기를 구분한 방식으로부터 영감을 받은 결과였다. 이후 빙켈만의 역사 구분 방식은 헤겔(G. W. Hegel)로 이어져 헤겔이 서양미술의 양식을 상징적 · 고전적 · 낭만적이란 세 단계로 나누는 데 결정적인 영향을 주었다.(헤겔, 『미학: 미술에 관한 강의(*Aesthetics: Lectures on Fine Art*)』) 여기서 우리는 빙켈만의 『회화와 조각에서 그리스 작품의 모방에 관한 고찰(그리스 미술 모방론)(*Gedanken über die Nachahmung griechischen Werke in der Malerei und Bilhauerkunst*)』(1755)과 『고대미술사(*Geschichte der Kunst des Altertums*)』(1764) 그리고 바움가르텐(A. G. Baumgarten)의 『감성적 인식의 학(*Aesthetica*)』(I 1750, II 1758) 등이 모두 18세기 중엽에 발표된 점에 주목할 필요가 있다. 왜냐하면 그것은 미학과 미술사학의 학문적 필요성이 그 시대의 요청이었음을 말해 주기 때문이다. 그리고 미학과 미술사학의 확립은 비판적 미술사학이 본격적으로 출범하는 데 진정한 두 기초가 되었다.

3. 19세기의 미술사 연구

19세기의 미술사 연구는 경험주의와 이상주의의 두 대조적인 접근 방식에 의해 진행되었다고 할 수 있다. 이 두 경향은 동시에 19세기의 예술과 시대정신이 보이는 두 특성이기도 하다. 경험주의의 입장에 선 학자들은 자연과학에서와 같은 법칙과 원리에 기초하여 역사적인 자료를 수집, 배열, 분석하는 귀납적인 방식을 선호했다. 이들은 과거 역사를 분명한 사실의 축적으로 보고 그것을 실제적인 것으로 기술하는 것이 가능하다고 보았다. 따라서 경험주의자들은 미술가와 미술 작품에 대한 기록과 정보를 수집하고, 특별히 작품을 세밀하게 관찰할 것을 요구하였다. 물론 이는 바자리 이후 지속되어 온 미술사의 기본적인 방법이기도 하다. 그러나 19세기 경험주의 방식의 특수성은 그것이 작품의 실제성이란 한 국면에의 집중이 가능하다고 보았고 또 그것이 미술 작품을 이해하는 가장 유용한 방법이라고 생각한 점에 있다.

미술 작품에 대한 경험적 연구는 19세기 유럽 상황과 밀접한 관계를 맺고 있다. 이 시기 유럽에서는 골동품 수집과 고고학 연구가 활발했고 여러 도시에 박물관과 미술관이 세워졌기 때문이다. 따라서 미술사학자들은 무엇보다 작품을 체계적으로 정리하고 구분해야 했으며, 이를 위해 실증적이고 경험적인 방식은 매우 유용한 것이었다. 경험주의 입장의 학자들은 재료와 기법 그리고 형식에 따라 작품을 구분하고 연대를 추정했으며 또한 원작 여부를 판정했다. 그러나 경험주의적인 역사 구성의 방법은 형태와 '유형' 변화에만 관심을 집중했을 뿐 이론적인 면에는 관심이 적었다. 바로 이 점이 그들이 비판을 받게 된 국면이다. 이 연구 경향을 대표하는 학자로는 젬퍼(G. Semper), 루모르 등을 들 수 있다. 특히 건축가이며 이론가였던 젬퍼는 미술 작품의 형식을 기능, 재료, 기술의 세 요인으로 결정되는 "예술기능(Kunstkönnen)"의 결과로 보고 미술을 기능주의적이고 '진화론' 적인 발전론에 입각하여 판단했다. 그의 입장은 미술 작품을 "예술의욕"의 소산으로 보는 리글에 의해 비판받게 된다.(리글, 『후기 로마 미술공예(*Spätromische Kunstindustrie*)』, p. 9)

19세기 미술사학의 두 번째 입장인 이상주의는 독일의 관념철학, 특히 헤겔의 형이상학에 근거하여 성립되었다. 모든 사실을 관념의 표명으로 보는 헤겔은 역사의 형식 또한 시대정신의 구현이라고 규정하였다. 그에 의하면 예술의 형식이란 각 시대의 정신이 표명된 결과이다. 따라서 관념론적 역사해석의 입장에서 예술 형성에 개입되는 개인이나 그의 사회적 배경의 비중은 시대정신에 비해 매우 부차적인 것이 된다. 그러나 이러한 헤겔의 입장은 미술사 문서연구의 효시로 불리는 경험주의자 루모르에 의해 강한 비판을 받게 되었다.

관념주의와 경험주의의 대립은 이후 슈나제(K. Schnaase)와 부르크하르트(J. Burckhardt)로 이어지면서 점차 비판적 미술사학의 학문 체계로 구성되어 갔다. 여기서 주목할 점은 헤겔의 관념론이 이제 정신사의 입장뿐 아니라 형식론의 입장에까지도 어느 정도 영향을 미친다는 점이다. 그러나 19세기 말 이후 비판적인 미술사학의 진행은 크게 미술의 본질을 형식으로 설명하는 형식론의 입장과 형식 변화의 근원을 시대정신으로 보는 정신사의 관점으로 나누어 볼 수 있다. 그런데 이 구분은 어느 정도는 각각의 논쟁의 기점이 된 도시의 학풍과도 연관이 있다. 그렇다고 한 학파로 구분되는 학자들의 입장들이 항상 동일하거나 형식(또는 양식) 논의와 시대정신의 개념이 모든 학자들에게서 대립적인 것은 아니다.

4. 바젤 학파

스위스 바젤 학파의 대표자로는 부르크하르트와 뵐플린을 들 수 있다. 바젤 학파는 미술 작품에서 주로 형식과 양식의 중요성을 부각하였는데, 이 점에서 루모르의 전통을 잇고 있다고 할 수 있다. 그러나 부르크하르트가 문화사가인 점을 고려할 때 진정한 의미에서의 형식론 또는 양식사론을 주창한 이 학파의 대변인은 뵐플린이라고 할 수 있다.

실제로 부르크하르트는 문화사가로서 경험주의와 헤겔 철학의 가운데쯤 위치하는 입장의 이론가였다. 그는 자신의 문화사 원리가 모든 시대에 적용 가능한 것이라고 규정하면서 '광대한 정신적 지도'인 문화는 물질적이고 정신적인 국면 모두를 포용하는 것이라고 보았다. 부르크하르트는 특히 시각예술을 넓은 문화사의 중심에 위치하는 것으로 생각하였다. 그러나 그는 형이상학적 체계의 개념만은 강력히 거부하여 '역사철학' 이란 개념을 합리적인 것과 비합리적인 두 화해 불가능한 요소를 결합한 '켄타우루스' 일 뿐이라고 비판하였다. 한편 사실과 기록을 중시하는 그의 태도는 젬퍼와 루모르의 정신을 계승하고 있는 측면이다. 부르크하르트는 현실의 개별성을 개념에서 도출되거나 구성되는 것으로 보지 않았다. 그는 개념보다는 생생한 감각적 직관을 더 중요하게 생각했기 때문이다. 이처럼 부르크하르트는 헤겔의 관념론과 어느 정도 연관을 맺으면서 동시에 그로부터 거리를 취하는 경험주의의 입장을 유지했다. 그러나 그에게서 경험주의의 국면은 무엇보다 문화 전체의 그림을 정확하게 구성하는 학자로서의 실천 방식에 있다고 할 수 있다. 부르크하르트는 형이상학과 경험주의 양자의 장점을 기초로 문화사의 기틀을 구축한 점에서 비판적 미술사학의 한 이정표가 되었다.

부르크하르트의 생각은 제자 뵐플린에 의해 예술에서의 양식 개념이란 형식주의로 정초되었다. 바젤 학파를 대표하는 뵐플린은 헤겔처럼 법칙이 시간에 따른 형식 변화를 지배한다고 보았다. 그러나 그는 각 국면 사이의 질적인 차이는 인정하지 않았다. 뵐플린은 미술 작품의 다양한 외적 변화 이면에는 어떤 내적인 필연성이 존재한다고 보았으며, 그것이 곧 양식의 근거라고 생각했다. 그리고 양식은 사회와 문화란 외적 요소와는 상관없이 고유한 변화 체계를 갖는다고 주장하였다. 그 체계란 그가 말하는 시형식(Sehform), 곧 표상형식(Vorstellungsform)을 의미한다. 이러한 뵐플린의 생각은 시각 형식의 자율성 문제를 제기한 점에서 새로운 것으로서 미술사학의 새로운 방법론을 제안한 획기적인 사건이었다. 이로 인해 뵐플린의 미술사 방법은 "인명 없는 미술사"란 칭호를 얻기도 하였다. 이러한 관점에서 뵐플린은 그의 주저인 『미술사의 기초개념-근세 미술에서의 양식 발전의 문제(*Kunstgeschichtliche Grundbegriffe: Das Problem der Stilentwicklung in der neueren Kunst*)』(1915)에서 16세기 르네상스와 17세기 바로크 미술의 양식을 구분하는 다섯 쌍의 대조적인 형식 개념을 정립하였다. 그것은 '선적인 것과 회화적인 것', '평면적인 것과 깊이', '폐쇄적 형식과 개방적 형식', '다원성과 통일성', '명료함과 불명료함' 이란 개념의 대립으로 설명되고 있다. 그러나 그의 기초 개념은 그것의 반복 가능성이 언급되었음에도 불구하고 제한된 시기와 지역의 미술만을 대상으로 한 점에서 비판의 화살을 피할 수 없었다.

뵐플린의 시 형식은 당대의 심리학적 미학 이론과 연관을 맺고 있다. 뵐플린은 피들러(K. Fiedler)의 '가시성' 개념이나 힐데브란트(A. von Hildebrand)의 형식개념으로부터 영향을 받았다. 한편 뵐플린의 시 형식 이론은 미술의 문제를 시각과 양식 변화에 치중하여 설명하고자 한 점에서 1920-30년대에 크로체(B. Croce), 쬐게 본 만텐펠(K. Zöge von Mantenffel), 파노프스키 등으로부터 혹독한 비판을 받았다. 그러나 이후 뵐플린의 뮌헨 대학 시절 제자인 간트너(J. Gantner)는 스승의 표상형식 개념을 받아들여 자신의 "(先形象 또는 豫型 Präfiguration)" 이란 개념을 형성하였다.(간트너, p. 33) 간트너의 선형상 개념은 그러나 형식론의 한계를 벗어나는 것으로서 바젤 학파의 양식사론을 해석학적 입장으로 전환하는 계기가 되었다.

5. 빈 학파

오스트리아의 빈 대학을 중심으로 형성된 빈 학파는 형식 문제의 근원을 고찰하기 위한 의도에서 정신사로서의 미술사학 전통을 구축했다. 이 학파를 대표하는 학자로는 리글, 드보르자크, 제들마이어 등을 들 수 있다.

리글은 양식을 설명하기 위해 '예술의욕' 의 의미를 정립하였다. 그는 미술에서의 양식 변화를 한 시대의 미술가가 어떤 문제에 직면하여 그것을 해결하려는 '예술의욕' 의 표명으로 보았다. 즉 미술가의 정신적 힘이 양식 변화의 근원이라는 것이다.(리글, 『양식문제』, p. VII) 그는 이 예술의욕이 형식에의 의지 또는 시대의 미적 충동과 같은 것이며 미술사의 보편적 법칙이라고 보았다. 즉 리글에 의하면 각 시기의 예술이란 각 시기의 보편적 법칙의 표명인 것이다. 이 점에서 우리는 리글이 헤겔로부터 영향을 받고 있음을 알 수 있다. 그러나 리글은 인간에 의해 제작된 모든 산품이 동등한 가치의 것이라고 여긴 점에서 헤겔과는 생각을 달리한다. 리글은 공예와 순수예술의 차이를 말하지 않았으며 각 시대의 형식을 설명하기 위해 다양한 분야의 시각적 자료를 사용하였다. 또한 그는 헤겔이 역사의 각 시대를 세계정신이 완전성을 향해 진행하는 단계들로 본 것과는 달리 역사의 모든 시기를 동등한 가치의 것으로 생각했다. 리글은 이론의 실마리를 양식 문제에서 출발하여 구축한 점에서 뵐플린과의 연관성을 보인다. 그러나 그는 미술가 개인뿐 아니라 시대정신 모두가 예술 형성의 주요 근원이라고 생각한 점에서 뵐플린과 생각을 달리하였다. 이 점은 리글이 양식사에서 출발하여 정신사로서의 미술사학으로 진행하는 교량의 지점에 서 있음을 알려준다.

정신사로서의 미술사학은 빈 대학의 드보르자크에 의해 견고하게 구축되었다. 리글의 제자였던 그는 어느 정도 스승으로부터 영향을 받았지만, 한 걸음 나아가 미술의 역사를 세계관의 역사로 규명하였다. 저자 사후 편집된 그의 대표적인 저서인 『정신사로서의 미술사』에서 드보르자크는 미술의 본질이 형식 문제에 있는 것이 아니라고 주장하였다. 그는 미술이 인류를 지배하는 여러 이념들의 표현이며, 미술의 역사 또한 종교, 철학, 문학, 역사와 같은 일반정신사의 일부라고 생각했다. 여기서 그가 말하는 정신사로서의 미술사란 무엇보다 예술정신의 자율성과 예술표현의 창조성을 의미하는 것으로서 바로 이 창조를 통해 예술이 발전하는 것으로 보고 있다. 드보르자크의 생각은 이후 제들마이어를 비롯한 빈 대학의 학자들에 의해 이어져 빈 학파의 전통을 풍성하게 형성하였다. 결국 정신사로서의 미술사학이란 각 시대는 시대정신을 지니며 미술 작품을 포함한 모든 문화활동은 그 시대의 정신과 일치하는 그 시대정신의 표현이라는 것이다. 여기서 우리는 정신사로서의 미술사학이 헤겔의 관념론에 상당히 의존하고 있음을 알 수 있다. 왜냐하면 이 입장은 미술의 근원을 생물학적인 인간이나 외적인 형식의 표명에서보다 그 이면에 내재하는 것으로 믿는, 더 근원적인 정신세계에서 찾고자 하기 때문이다. 이때의 정신세계란 철학, 종교, 정치 등을 포함한 폭넓은 세계관을 의미한다.

제들마이어는 드보르자크의 정신사로서의 미술사로부터 어느 정도 영향을 받았다. 그러나 그는 미술사의 목적을 해석을 통한 작품 이해로 본 점에서 경험주의의 입장을 공유하고 있다. 제들마이어는 작품 해석에서 가장 중요한 것은 일반 개념에 앞선 개별 작품의 파악이며, 그것은 직관의 활동에 의해 가능한 것이라고 주장하였다. 여기서 우리는 예술과 직관의 필연적인 연관성을 강조하는 제들마이어의 생각이 크로체 철학과 유사성을 지니고 있음을 생각해 볼 수 있다. 그러나 제들마이어에게서 미술 작품은 실증적 방법에 의해 객관적이고 체계적으로 파악해야 하는 것이었으며, 미술사학자는 이를 근거로 작품의 구성원리를 분석 평가해야 했다. 바젤 학파의 후예인 간트너가 그랬듯이 제들마이어 또한 빈 학파를 이어갔지만 이 두 학자는 미술사학을 각각 형식사와 정신사의 이분법적 논리로 파악하는 태도의 위험성을 언급한 점에서 공통점을 보인다. 제들마이어는 개개 작품의 일회성과 개별성을 중시했을 뿐 아니라 작품의 형식적 측면과 정신적 내용 모두를 작품 이해의 대상으로 삼았다. 이 점에서 그의 미술사학 또한 '해석을 통한 미술사'에로의 접근임을 알 수 있다.

6. 함부르크(바르부르크) 학파

한편 1910년대 독일의 함부르크에서 도상학(Iconography, Ikonographie)과 도상해석학(Iconology, Ikonologie)의 미술사학이 형성되었다. 이것은 경험적 미술사관에 대한 비판과 반성에서 비롯되어 미술 작품의 표현에서 작품의 의미를 찾는 방법론의 체계이다. 이 입장의 대표자로는 바르부르크(A. Warburg)와 파노프스키를 들 수 있으며 이들을 중심으로 함부르크 학파 또는 바르부르크 학파가 형성되었다. 이 입장의 창시자인 바르부르크는 헤겔로부터 상당한 영향을 받았다. 바르부르크는 미술 작품의 의미를 형상과 원전과의 관계, 더 나아가 깊은 상징적 가치에서 찾아야 한다고 보았다. 다시 말해 미술 작품을 철학, 심리학, 언어학, 종교학 등 인문학 전반과 연관지어 해석해야 한다는 것이다. 이러한 작품 해석의 방법이 곧 도상해석학으로서 이 방법은 형식이나 양식 분석 위주의 미술사 서술을 더 광범위한 정신사의 범주로 확장시키는 것이다. 바르부르크의 입장은 대단한 주목을 받았는데, 그러나 이 방법론을 더 구체화하여 정의한 것은 파노프스키였다.

파노프스키는 바르부르크로부터 도입한 도상해석학의 개념을 더욱 이론적인 학문의 체계로 정립하였다. 그러나 그는 도상학과 도상해석학의 개념을 항상 엄밀하게 구분하여 사용한 것은 아니다. 「조형예술 작품의 기술과 내용 파악의 문제에 관하여(Zum Problem der Beschreibung und Inhaltsdeutung von Werken der bildenden Kunst)」(1932)라는 논문에서 파노프스키는 작품 해석의 대상을 현상의미, 내용의미, 본질의미의 세 단계로 구분하면서 도상학과 도상해석학이 각각 두 번째와 세 번째 단계를 문제 삼고 있음을 밝혔다. 그리고 미국으로 이주한 후에 발표한 『도상해석학 연구: 르네상스 미술에서의 인문주의 주제(*Studies in Iconology: Humanist Themes in the Art of the Renaissance*)』(1939) 서문에서 이 방법론의 완성된 체계를 소개하였고, 『시각미술의 의미(*Meaning in the Visual Arts*)』(1955) 서문에서 이 방법론을 '도상학과 도상해석학' 으로 명명하였다. 도상해석학이란 미술 작품의 해석을 위에서 언급한 세 단계의 진행 과정으로 구축하는 방법론 체계를 말한다. 첫 번째 단계는 경험에 근거한 일차적 또는 자연적 의미의 파악 과정이고, 두 번째 단계는 문헌과 역사적 지식에 기초하여 주제 의미와 유형의 역사를 파악하는 것이며, 세 번째는 정신사를 바탕으로 한 종합 직관에 의해 본래 의미 또는 상징 의미를 파악하는 과정이다. 도상해석학의 방법론에서 작품의 해석은 이 최종 단계에서 비로소 완성된다. 따라서 도상해석학의 궁극적인 목적은 작품의 원천적 상징 의미를 밝혀내는 것이라고 할 수 있다. 여기서 우리는 파노프스키의 도상해석학이 함부르크 대학 철학과 교수이며 친구였던 카시러(E. Cassirer)의 '상징의 형식'이란 철학 개념으로부터 영향을 받아 형성된 것임을 알 수 있다.

7. 미술사(예술사)의 철학과 미술이론

이상의 언급은 20세기 초 독일어권을 중심으로 형성된 미술사 방법론의 체계가 '양식사로서의 미술사'와 '정신사로서의 미술사'란 두 대조되는 방식으로 정립 발전된 과정을 간략하게 정리하였다. 각각 더 유물론과 관념론에 기초한 이 두 입장은 그러나 항상 명확하게 구분되는 것은 아니다. 두 입장의 이론가들 대부분이 미술 형식의 시각적 기원을 묻고 있으며 헤겔의 영향하에 시대정신에 따른 양식과 양식의 순환 발전을 전제하고 있기 때문이다. 미술사의 철학은 그러나 예술의 본질과 현상의 원리를 고찰하는 예술 해석의 개념적 기초를 마련한 점에서, 또 미술사학을 원리에 따른 객관적 학문으로 정초한 점에서 특별한 의미를 지닌다. 그것은 서로 상이한 전제와 대립적인 방법의 학문으로 간주되던 미학과 미술사학을 제휴케 함으로써 미술과 예술의 깊이 있는 이해를 가능하게 하였기 때문이다.

미술사의 철학은 20세기 초 독일어권 미술 이론이 새로운 전기를 마련하는 데에도 상당한 영향을 주었다. 당시 독일어권 국가의 민족적 예술 경향이던 표현주의와 그와 연관된 미술 이론은 정신사로서의 미술사의 규정에 적합한 미술이고 미술 이론의 성격이었다. 예를 들어 화가이며 이론가였던 칸딘스키(W. Kandinsky)는 미술을 "정신적인 것" 또는 "내적 필연성"의 개념으로 규정하였고 클레(P. Klee)는 "보는 것을 더 잘 보이게 하는 것"으로 정의하였는데, 이는 시각예술의 근원을 정신으로 보는 예술의지의 표명인 것이다. 그러나 표현주의 미술 이론의 기본 틀을 기초한 것으로 평가되는 보링거(W. Worringer)의 추상 이론은 리글의 예술의욕 개념에서 전개된 측면을 지니고 있다. 보링거는 그의 주저인 『추상과 감정이입(*Abstraktion und Einfühlung*)』과 『고딕의 형식문제(*Formproblem der Gotik*)』에서 리글에서 유래한 예술의욕 또는 형식의지의 개념을 사용하고 있기 때문이다. 그는 형식을 인간의 세계관과 결부된 것으로 보면서 이 개념을 민족적 양식 심리학의 구축에 의한 미학 이론에 기초하여 설명하였다. 그는 원시민족, 동방 문화민족 또는 북방의 유럽 민족에게서는 '추상충동' 이 형식의지의 발현이 되고 있는 데 비해 그리스 민족이나 그 밖의 유럽 민족에게서는 '감정이입 충동' 이 예술의욕이 되고 있다고 보았다. 그에 의하면 추상 충동은 외부 세계에 대한 인간의 심리적 불안에서 유래하는 것이며, 반면 감정이입 충동은 인간과 환경과의 행복한 관계에서 성립되는 예술의지이다.(추상과 감정이입, pp. 35-36) 보링거의 이론은 형식 문제를 심리학적 미학 이론의 구축을 통해 미술 해석의 이론으로 체계화한 것으로서 정신사의 미술사학과 연관성을 지니고 있다. 그러나 시대와 민족에 따른 형식의 특수성을 규정하고 있는 점에서 그것은 뵐플린의 양식사의 입장과도 유대를 맺고 있다.

더 읽을거리

Panofsky, E., *Meaning in the Visual Arts*, Harmondsworth, 1970.

Passarge, W., *Die Philosophie der Kunstgeschichte in der Gegenwart*, Berlin, 1930.

Podro, M., *The Critical Historians of Art*, Yale University Press, 1982.

Riegl, A., *Spätrömische Kunstindustrie*, Darmstadt, 1973(1901).

Rumohr, C. F. von, *Italienische Forschungen(1827-32)*, Ed. J. von Schlosser, Frankfurt am Main, 1920.

Winckelman, J. J., *Gedanken über die Nachahmung griechischen Werke in der Malerei und Bildhauerkunst*, Reclam, 1969(1755) (민주식 옮김, 『그리스 미술 모방론』, 이론과실천, 1995).

빈 학파의 미술사학

– 리글 미술사학에서의 '예술의욕' 개념 –

민주식

1. 보편사로서의 미술사: 양식비교의 방법

1900년을 전후하여 미술사는 하나의 전환기를 맞이하는데, 그것은 다름 아닌 양식사로서의 미술사의 확립이다. 리글은 미술사를 일반 문화사로부터 분리시켜 자율적으로 생성되는 것으로 보았으며, 종전의 천재 개념에 입각한 특정한 전기적 파악 방식이나 규범적 가치 개념에 입각한 파악 방식을 거부하였다. 그의 목표는 실증적 연구를 통해 해명된 사실들을 객관적이고 보편적인 원리에 기초해서 체계화하는 학문으로서의 미술사였다.

미술사 서술에서 리글의 가장 근본적인 태도는 '양식비교'라는 방법이다. 이것은 그의 초기 저작에서부터 분명하게 나타나는데, 1899년의 『중세 캘린더 그림』[1]에서 그는 중세 캘린더 그림의 유형을 분석해서 고대 및 중세 초기의 유형적 구성법이 10세기까지 전해졌으며 11세기에 들어서면서 새로운 구성법으로 바뀌었다는 결론을 도출하였다. 이후 1891년 『고대 오리엔트 양탄자』[2]에서는 빈 박물관 소장의 고대 오리엔트 양탄자를 양식사적

1 Alois Riegl, *Die mittelalterische Kalenderillustration*, 1889.

으로 고찰하여, 그 기원이 유럽 미술과 마찬가지로 고대의 고전미술로부터 연속적으로 발전했음을 입증하였다. 다음으로 1893년 『양식문제』[3]에서는 이 같은 양식비교의 방법을 사용하여 그리스 장식문양의 기원과 발전을 논한다. 그는 이 저술에서 그리스 로마로부터 중세에 이르기까지의 여러 장식문양은—각 시대마다 제각기 임의적으로 자연에서부터 추출하여 만들어진 것이 아니라—고대 이집트까지 거슬러 올라가는 소수의 기본 모티프로부터 연속적으로 발전한다는 사실을 입증하였다. 이 저술에서 '양식의 문제'란 곧 '장식의 문제'인데, 리글은 양식 문제를 제기하기 위한 가장 적합한 것으로 '장식사'를 언급하고 있으며 지금까지 행해져 온 소위 고급미술과 응용미술의 구분을 폐기하고, 장식 및 공예를 미술사 연구의 주도적 위치로 끌어올렸다. 그는 고고학으로부터 양식비교라는 방법을 차용하는데, 유사한 예를 가능한 한 많이 수집하고 이에 대한 정밀한 분석의 과정을 통해 양식 발전의 결론을 도출하고 있다.

리글의 양식비교 방법과 더불어 우리가 주목해야 할 것은, 세계사 발전을 주시한 광대한 시야, 즉 연속적 발전사관(Entwicklungsgeschichte)이다. 그가 미술사를 양식사로서 서술하기 전까지는 이집트 · 그리스 · 로마 · 중세는 각각 별도로 논의되었고, 이들을 함께 꿰뚫어 엮은 발전의 관점으로 보는 미술사는 논의된 적이 없었다. 리글은 그의 저술 『양식문제』에서 이집트 · 아시리아 · 페니키아 · 페르시아 등 근동지방 미술에 처음으로 역사적 연관성을 부여하였다. 이와 함께 근동지방의 문화와 그리스 문화 사이의 뚜렷한 발전사적 연관성을 부여하였다. 그리고 중세의 동방미술인 비잔틴 양식이나 사라센 양식도 결코 동방의 독자적 소산이 아니라, 이들 역시 그리스 고전 고대미술이 발전된 하나의 동일한 줄기임을 확증하였다. 다시 말해 지금까지 고대 동방미술과 중세미술은 양자 모두 그 중간 시대에 위

2 Alois Riegl, *Altorientalische Teppich*, 1891.

3 Alois Riegl, *Stilfragen -Grundlegung zu einer Geschichte der Ornamentik*, Berlin, Neudruck mit Nachwort v. Otto Pächt, München, 1985.

치하는 그리스 · 로마미술로부터 단절되어 줄곧 고려되어 왔는데, 리글에 의해 비로소 고대 동방미술 – 그리스 · 로마미술 – 중세미술이라는 일련의 계열이 찾아진 것이다.

그는 이러한 발전사적 고찰을 행하기 위해, 후대의 여러 현상이 고대의 소수 모티프에 기인함을 증명하고, 이 소수의 모티프가 끊임없이 발전하는 자취를 밝혔다. 특히 식물 형상인 팔메트(Palmette)를 중요한 모티프로 보았다. 즉 종래에는 그리스의 아칸투스(Akantus) 문양(당초문)이 그리스의 천재에 의해 창안된 조화 있는 유기체라고 간주되었지만, 리글은 이 그리스의 문양은 다름 아닌 이집트 이래로 팔메트가 발전되어 정착된 것이라고 말한다.[4] 요컨대 아칸투스 문양은 자연의 직접적인 모사에 의해 만들어진 것이 아니라, 고대의 주도적인 식물 문양인 팔메트가 변화된 것이라는 주장이다. 다시 말해 그것은 고대의 장식과 관련된 정상적인 발전 과정 속에서 나타난 것이다.[5] 리글에 따르면 실제로 발전이 역사상 나타나는 데에는 모티프와 모티프의 결합 방식이 문제가 되며, 여기에서 연속성의 원리가 양식발전의 결정적인 사실로 여겨지고, 따라서 우연은 불신되기에 이른다. 그래서 리글은 인류 창작의 시원 이래 식물장식법은 일관되게 엄격한 역사적 과정을 포함하고 있다고 말한다.

리글은 미술사에 대해 광대한 시야에 입각한 실증적인 분석을 행하였다. 고대 동방미술에 관해서는 그에 상응하는 역사적 역할을 인정하였고, 중세의 비잔틴 · 사라센 미술에 대해서도 정당한 취급을 하였다. 그리고 그때까지 후기 로마미술은 타락 형식으로 평가되어 그 역사적 지위를 전혀 인정받지 못하였는데, 그는 이 후기 로마미술이 타락 형식이 아니라 고전고대로부터 발전한 독자적인 형식임을 주장하였다. 『양식문제』에서 그는 이것을 오직 장식문양에만 관련지어 논하였지만, 그 후 1901년의 『후기 로마미

4 A. Riegl, *Stilfragen*, S. 203.
5 A. Riegl, *Stilfragen*, Einleitung, S. XV.

술공예』[6]에서는 후기 로마미술을 전면적으로 거론하여 획기적인 저작으로 정리하였다. 뿐만 아니라 바로크 미술에 관해서도, 『로마에 있어서 바로크 미술의 성립』[7]이라든가 『네덜란드 집단초상화』[8]를 통해 적극적인 관심을 표명하였다. 이처럼 리글이 각각의 민족과 시대에 속한 특징적인 미술 양식에 독자적이고 역사적인 지위와 역할을 정당하게 부여했다는 점은 미술사학에 있어서 크나큰 공적이라 하겠다.

2. 양식의 근원으로서의 '예술의욕'

리글에 의하면 미술사학의 과제는 '양식의 근원' 을 묻는 것이다. 미술사는 단순히 미술 작품의 연대 확정이나 미술가의 전기적 기록이 아니라, 왜 그 시대의 유물이 다름 아닌 그와 같은 형태를 취하고 있는지 그 원인을 묻는 것이라고 생각하였다.

그는 양식의 발전동기를 기술적 유물론적 원인으로 설명한 고트프리드 젬퍼 학파를 비판하고, 인간의 순수한 미적 충동으로 설명하였다. 젬퍼가 예술 형식이 사용목적(Betracht) · 재료(Stoff) · 기술(Technik)에 의해 제약된 예술적 기능의 소산이라고 봄으로써 유물론적 견해를 표명하였다면,[9] 리글은 젬퍼 학파의 그 같은 견해에 대하여, "미술 작품은 어떤 목적론적인 '예술의욕' 의 소산인데, 앞서 말한 3요소는 적극적이고 창조적인 역할을 수행하지 못하여 도리어 방해가 되고 소극적으로 작품 전체에 있어 갈등

6 A. Riegl, *Spätrömische Kunstindustrie*, 1901. Neudruck mit Vorwort v. Emil Reisch und Anhang v. Otto Pächt, Darmstadt, 1973.

7 A. Riegl, Die *Entstehung der Barockkunst in Rom, Vorlesungen aus 1901-1902*, hrsg. v. A. Burda u. M. Dvořák, Wien, 1908.

8 A. Riegl, *Das holländische Gruppenporträt*, 1902, Neudruck hrsg. v. K.M. Swoboda, Wien, 1931.

9 Gottfried Semper, *Der Stil in den technischen und tektonischen Künsten oder praktische Ästhetik*, Bd. I, II, Frankfurt und München, 18ff.

인자가 될 뿐이다"[10]라고 하였다. 그리고 그러한 젬퍼 학파의 예술유물론은 "다윈주의가 정신적 생의 영역에까지 전용된 것"[11]으로 배격되어야 한다고 주장한다.

그런데 우리가 여기서 주목할 만한 것은, 유물론적 견해를 표명하고 있는 젬퍼의 『양식론』 가운데에도 실은 비물질적 인자가 개재하고 있음을 리글이 예리하게 지적하고 있다는 점이다. 리글은 젬퍼의 저술 가운데 "풀줄기의 색이 다양한 것은, 여러 가지의 변화 있는 순서에 따라 사용하는 '동기'를 부여하였기 때문이다. 이리하여 문양이 발생하였다"는 말을 인용하고 있다. 리글은 이를 통해 볼 때 우연에 의해 최초로 문양이 생겨나는 것이 아니고, '동기'라는 말에 주목하여 인간이 여러 가지 색의 풀줄기를 의식적으로 선택하여 이것을 리드미컬하게 변화시켜 가면서 엮는 데에서 문양이 도출된다고 설명한다. 그러므로 젬퍼에게 있어서조차 분명히 예술의 창조라는 사상이 인정될 수 있다고 강조한다.[12]

『양식문제』에서 그는 인간이 기하학적 양식의 선적 모티프, 사선의 균형(Symmetry)이나 리드미컬한 반복을 보았을 때, '그 아름다운 형에서 쾌감을 느끼게 하는 인간의 내면적인 어떤 것'[13]이 있음에 틀림없다고 하였다. 이것이 양식 발생의 근원인데, 그것은 순수한 미적 충동이다. 그리고 성향 · 경향 · 욕구 등의 용어로 표현되는 다름 아닌 '예술의욕'이다. 이 예술의욕의 개념은 그에게 있어서 경험적 사실의 문제와 타당성의 문제를 결부시키는 것으로 요청되었다. 그래서 그는 『양식문제』에서 폭넓은 시야를 갖고 이집트 · 고대 오리엔트로부터 고대 그리스 · 로마를 거쳐 이슬람 · 비잔틴에 이르는 식물장식의 역사를, 인간의 내재적인 창조충동에 의해 생겨난 단일한 발전이라는 의미로 파악하고자 하였다.

---

10 A. Riegl, *Kunstindustrie*, S. 9.

11 A. Riegl, *Stlifragen*, S. Ⅶ.

12 A. Riegl, *Stilfragen*, S. 13.

13 A. Riegl, *Stilfragen*, S. 32.

그리고 『후기 로마미술공예』에서는 고전미술과 후기 로마미술 간의 연속성을 증명하려 하였는데, 거기에서 그는 지금까지 후기 로마미술을 발전이 아니라 단순한 쇠퇴 또는 야만화로 보는 것은 잘못된 선입견이라고 비판한다.[14] 리글은 후기 로마미술이 갖는 특수한 성질에 주목하여 적극적인 가치를 용인하려 하였다. 그에 의하면 고전미술은 미와 생명성을 예술의욕으로 하고 있는 반면에, 후기 로마미술은 이와 달리 추와 무생명성을 예술의욕으로 한다는 것이다. 양자는 예술의욕의 다른 방식을 보이고 있는데, 환언하면 사물의 현상형식을 지각하는 방식이 서로 다른 것이다. 이러한 리글의 견해는 미와 추의 상대성을 논한 중세의 아우구스티누스(Augustinus)의 미학에 연원하고 있음을 알 수 있다.[15] 아우구스티누스에 의하면, 미는 추에 의해 돋보이며 양자가 상호 보완하면서 비로소 완전한 조화가 생겨난다. 그리고 미 · 추는 조형예술에 있어서 명암과도 같은 것이라고 보았다. 미는 개체를 고립물로서 파악하는 경우에 해당하는데, 그것은 통일하는 것이며 리듬이다. 그래서 아우구스티누스는, 미는 통일성을 갖지 않으면 안 되며, 그리고 미는 균형 · 균제 · 질서라고 하는 명제를 제시하였다. 이러한 고전적 견해에 입각하면 '추'란 '무형의 것', 즉 개체성으로서 덩어리를 갖지 않는 것이다. 따라서 악은 선의 결여(privatio)에 지나지 않고, 추는 미의 '중간' · '공간'에 지나지 않게 된다.[16]

리글에 의하면 고전고대의 미술은 공간공포에 의해 물체 그 자체가 표현 대상이 되며, 이로부터 미와 생동성을 지니게 된다. 그 반면 고전후기의 미술에 이르면 물체의 '중간'이나 '공간'도 아울러 표현 대상이 된다고 하였다. 이러한 차이는 다름 아닌 '예술의욕'의 상이한 방식에 연원하는 것임을 그는 강조한다. 리글은 미술사에 대한 올바른 자세에 관해 과거의 모든 예술작품을 대할 때, 예술이 생겨나는 그 역사적인 상황으로부터 작품을 이

14 A. Riegl, *Kunstindustrie*, S. 7, S. 17-18.

15 A. Riegl, *Kunstindustrie*, S. 349.

16 A. Riegl, *Kunstindustrie*, S. 399.

해하려고 시도해야 한다고 언급하였다. 그에 의하면 고대예술에 있어서 일어난 변화는 강제에 의해서가 아니라 자신의 자유로운 의지에 따라 일어나기 시작했다는 것이다. 즉 후기 로마 시대의 사람들은 완전히 자각적으로 다시 말해 적극적이고 의식적으로 그러한 미술을 목표로 삼았다는 것이다.

그는 자유로운 의지와 같은 미적 충동을 인간과 그 세계와의 조화로운 관계에 대한 욕구라고 규정하였다. 그리고 그러한 관계설정은 근본 태도에 있어서 각 시대와 민족에 따라 상이하다고 생각하였다. 예컨대 개개 자연물이 극도로 '고립' 되어 있는 경우도 있고, 이와 달리 그것들이 서로 긴밀하게 '결합' 되어 있기도 한다.[17] 예술의욕은 그 시대인이 세계를 보는 눈, 말하자면 세계관의 표현과 관계를 맺는다. "인간의 모든 의욕은 그 자신이 세계에 대해 갖는 관계의 만족스러운 형성을 향하고 있다. 조형적 예술의 욕은 사물을 감각적으로 지각할 수 있는 현상과의 관계를 규정한다. 인간이 개개 사물을 어떻게 형성하고 채색하려고 하는지, 그 표현의 종류와 방식이 이 관계 가운데 이루어진다. 그러나 인간은 단지 감각으로 수용하는 수동적인 존재일 뿐 아니라, 또한 욕구하는 능동적인 존재이므로 세계를 자기의—민족(Volk), 장소(Ort), 시대(Zeit)에 따라 변하는—욕구에 따라 가장 명료하고 가장 호의적으로 증명하듯이 설명하고자 한다. 이러한 의욕의 특성은 세계관(Weltanschauung)이라 부르는 것, 말하자면 종교, 철학, 학문, 국가 및 법률에 포함되어 있다."[18] '예술의욕' 은 리글에 있어서 세계관과 양식형식의 분기점으로서, 형식적 형상 내에서의 심적인 근본 태도를 지칭한다. 그리고 그것은 순수한 예술적 특성인 "평면이나 공간 속에서의 윤곽과 색채"[19]로 표현된다. 즉 예술작품의 감각적 현상과 내적으로 일치되는 것이다.

---

17 A. Riegl, "Naturwerk und Kunstwerk", in: *Gesammelte Aufsätze*, hrsg. v. Karl M. Swoboda, Augusburg und Wien, 1929, S. 60.

18 A. Riegl, *Kunstindustrie*, S. 401.

19 A. Riegl, *Kunstindustrie*, S. 6.

3. '예술의욕' 의 발전 과정

'예술의욕' 의 발전 과정을 고대의 예술 시기에 한해서 설명하고 있는 것이 리글의 가장 대표적인 저작인『후기 로마미술공예』(1901년)인데, 이것은 회화 · 조각 · 건축 · 공예의 네 부분에 걸쳐 콘스탄틴(Konstantin) 대제 시대로부터 칼(Karl) 대제 시대에 이르는 5세기 사이(313-768년)의 미술 제작에서 북방 야만민족의 영향 관계를 논한 것이다. 이 연구에서 그는, 비코프가 티투스 개선문 부조를 벨라스케스의 그림에다 비교한 것 같이 고대미술을 지나치게 근대적으로 해석하는 입장에 반대하였다. 그리고 외계의 개개 사물을 감싸는 자연에 대한 관심은 근대미술에 이르러야 출현하는 것으로서, 고대인의 관심 대상은 아니었다고 한다.

고대미술과 근대미술의 차이에 관한 그의 구체적인 견해를 살펴보면, 우선 첫째로 원근법에 관련해서 근대인은 고대인에 비해 비교가 안 될 정도로 앞서 있다고 언급하면서, 후기 로마에서 근대 원근법과는 다르지만 그 기초라 할 수 있는 것이 엿보인다고 지적한다. 둘째로 음영법에 관해서는 고대와 근대 모두 나타나고 있지만, 전자의 경우 사물에 직접 접촉하여 평면 내에서 다른 사물과 연계시키기 위해 사용되었음에 반하여, 후자의 경우는 사물을 공간 내에 있는 것으로 위치를 점하기 위해 음영법을 사용하고 있다고 본다. 셋째로 공간과 평면을 보는 견해에 관해, 고대미술은 평면 내에서만 통일과 무한을 인정하는 데 반해 근대미술은 깊이 있는 공간에서 이것을 인정한다. 다음 넷째로 후기 로마의 비고전적인 감각을 지적하고 있는데, 이것은 후기 로마미술이 고전고대의 쾌적한 감정을 일으키는 것을 일부러 피하고, 여태까지 꺼려 왔던 것을 채용하기 시작했다는 점을 말한다.

리글은 고대미술사의 특색과 발전을 요컨대 '실체적 개체성' 으로 해석하였다. 즉 실체적 개체성이 명확성을 나타내는 이집트 미술에서 시작하여, 이 명확성이 점차 혼탁해지는 발전 경로를 거쳐 마침내 후기 로마미술에 이른다고 보았다. 예술의욕의 개념과 더불어 리글 이론의 중요한 점은,

예술의 역사적 과정에 관해 일체의 취미, 편견, 형이상학을 배제하며 선입견 없는 눈으로 그 변천을 관찰 분석한다는 것이다. 리글은 이를 위해 피들러(K. Fiedler, 1841–95)로부터 힐데브란트(A. v. Hildebrand, 1847–1921)로 이어져 내려온 시각이론을 채용하였다.

"자연물은 인간의 시각에 대해서는 고립된 모습으로 나타남과 동시에, 그것은 삼라만상과 결합하여 무한한 전체가 된다. 그것은 윤곽에 의해 경계지워져 있지만, 다소간 그 주위 속에 용해되어 간다. 여기에는 두 개의 극을 생각할 수 있다. 하나는 개개의 자연물은 다른 모든 자연물로부터 극도로 '고립' 되어 있다고 하는 것이며, 다른 하나는 그것들이 긴밀하게 '결합' 해 있다고 하는 것이다."[20] 그리고 '고립' 은 눈의 촉각적 기능에, '결합' 은 눈의 시각적 기능에 각각 대응하는 것이 된다. 그러나 이 두 가지 극 그 자체를 예술작품에서 표현할 수는 없다. 고립된 개별 물체 그 자체를 표현하기 위해서는 기하학적 도형을 그리는 방도밖에 없고, 주위와의 결합 그 자체의 표현은 무정형의 빛 속에 발산해 버릴 것이기 때문이다. 오히려 이 양극 사이에 있는 한없이 광대한 양 가운데 예술 발전의 거대한 활동공간이 있는 것이라고 리글은 생각한다. 그리고 리글은 이 양극 사이에서 변천하는 예술 형성을 '예술의욕' 의 발전으로 해석하려 하는 것이다.

『후기 로마미술공예』는 이러한 예술의욕의 발전 과정을, 고대의 예술 시기에 한정하여 해명하려 한 것이었다. 이 책에서 그는 고대예술의 발전과정은 세 가지 시기로 분명히 구분할 수 있다고 하였다.[21] 첫 번째 시기는 고대 이집트 예술에서 볼 수 있는 촉각적(觸覺的, taktisch 또는 haptisch)–근접시적(近接視的, nahsichtig)인 관찰 방식의 시기이다. 이 시기는 사물의 관통불가능성과 사물의 소재적 개성의 순수한 감성적 파악을 평면에서 수행하려고 한다. 요컨대 사물의 고립화에 중점이 놓여지는 것이다. 따라서 주위

20 A. Riegl, *Aufsätze*, S. 60.
21 A. Riegl, *Kunstindustrie*, S. 32-36.

와의 관계를 암시하는 단축법이나 투영은 거부되기에 이른다. 두 번째 시기는 통상시적(通常視的, normalsichtig)이라 불리는 관찰 방식의 시기이다. 여기에서는 사물의 촉각적 관통 불가능성의 표현이 의연하게 중심에 있지만, 깊이감의 변화에 대한 지각을 찾아볼 수 있다. 따라서 눈은 대상의 고립이 불명료하게 될 정도로 대상으로부터 이탈하지는 않는다. 이러한 예술은 고대 그리스에 특징적이다. 세 번째 시기에 있어서는 소재적 개별물체를 촉각적 기초평면으로부터 해방함으로써, 공간성 즉 주위와의 결합이 승인된다. 그리고 개별 물체와 개별 물체 사이의 바탕이 강조되고, 평면은 도형과 바탕에 의해 시각적인 색채의 리듬이 된다. 이러한 관찰 방식은 시각적(視覺的, optisch)-원격시적(遠隔視的, fernsichtig)이며, 그것은 후기 로마의 황제 시대 예술에서 찾아볼 수 있다.

고대예술의 발전 과정을 대상의 촉각적·객관적 파악으로부터 시각적·주관적 파악으로의 이행이라고 기술하는 이 같은 기본구조 가운데에, 바로 힐데브란트의 시각이론이 침투해 있음을 쉽게 알 수 있다. 그러나 힐데브란트가 규범적 의미를 부여하여 구축적이라고 정의한 포름의 형성은, 리글에게 있어서는 '통상시적'이라고 하는 단순히 발전의 한 단계에 대응하는 것으로서 상대화되어 있다. 이와 동시에 포름의 개념은 상대적 양식 개념으로 나아가게 되었다. 리글은 양식을 판정하는 통일적 계기를, 시각이론에 의한 포름의 형성원리 가운데서 찾았다. 한 시대로부터 다음 시대로 변화하는 포름의 역사적 합법칙성을 해명하는 것이 다름 아닌 양식 연구이다. 이 경우 리글의 중심적 물음은 이러한 포름의 외면적 변화를 결정하는 것이 무엇인가라는 데로 향하였으며, 그는 이것을 예술적 창조의식 내부에서 찾았다. 다른 것에 의존하지 않고 스스로 변화하며, 양식의 역사적 발전을 근원으로부터 추진시키는 것이야말로, 그 자신 독립된 형성으로의 의욕, 다시 말해 예술의욕인 것이다. 리글의 경우에는 오히려 예술의욕의 이론적 해명이 곧 양식연구가 되는 것이다. 따라서 고대예술의 양식 변천은 근본적으로는, 고립화의 표정을 높이고 결합의 징표를 억압시키려고 하는 예술의욕으로부터 그 반대의 예술의욕으로 발전하는 것으로 파악된다.

리글이 미술사의 발전 법칙을 설명하기 위해 사용했던 촉각적-시각적이라는 양극 polar 개념은, 그 후 미술사학에 있어서 다양하게 변용되어 나타나고 있다.

4. 민족의 '예술의욕'-『네덜란드 집단초상화』의 경우

리글은 그의 마지막 저술 『네덜란드 집단초상화』에서 14세기로부터 17세기에 이르는 네덜란드의 특수한 집단초상화를 대상으로 양식비교법을 사용해서 그가 말하는 양식사, 즉 미술사의 역사적 발전 법칙을 찾아보려 하였다.

그는 네덜란드 집단초상화의 발생을 3기로 나누어, 이것을 1) 상징적 2) 풍속화적 3) 극적 · 설화적이라 명명하였다. 그리고 이 양식적 고찰의 관점으로서 초상화의 구도법에 '외면적 통일'과 '내면적 통일'이라는 구별을 행하였다. 여기에서 '외면적 통일'이란 화면에 그려진 인물과 그 그림을 보는 관자 간의 상호 교섭관계를 말하며, '내면적 통일'이란 화면에 그려진 복수의 인물들 상호가 특정 인물의 행위를 중심으로 하여 거기에 종속하면서 구도적 통일을 이루는 구도법을 말한다.[22]

집단초상화의 초기에는, 그림 속 인물들이 각각 독립하여 그림의 관람자를 주시하고 있는 '외면적 통일'만이 묘사되고, 다수 인물화라 해도 실제로는 단독의 초상화를 하나의 화면에 함께 모아 놓은 것과 다름없다. 인물들은 서로 동격으로, 특정 인물을 중심으로 한 구심점을 갖는 행위나 사건은 없으며, '내면적 통일'은 전적으로 배제되고 있다. 인물들이 갖고 있는 소지품은 상징적 의미를 지니며, 그림 속 인물의 신분이나 행동 목적을 설명

22 A. Riegl, *Gruppenporträt*, S. 14ff., S. 133.

하기 위한 기호로서 그 역할을 행한다. 또한 화면에 묘사된 풍경이나 문자도 이에 대해서 그림 밖의 관람자가 그 의미를 보충해서 해석할 것을 전제한다. 가장 초기에는 그림속의 인물은 서거나 앉아 있는 경우에도 모두 그림 밖을 지향하며, 그들 간에 공통의 행위는 없다. 그리고 군대 병사들의 식사하는 장면이나 이들 병사들의 신고식 장면이 묘사된 경우에도 그림 속에 서로 뿔뿔이 흩어진 인물들이 그림 밖의 관람자에 대해서는 역시 상응하여 작용하고 있다. 요컨대 개별 인물화를 하나의 화면에 병치시켜 놓은 느낌을 자아내게 한다.

제2단계에서는 그림의 '외면적 통일'과 함께 '내면적 통일'이 묘사되기에 이른다. 어떤 정해진 인물을 주로 하여 다른 인물들이 이에 대해 각각 어떤 형태로든 관계를 가지며, 그림 속에 하나의 사건 또는 하나의 행위가 묘사되고, 개별 화면으로서 구심점을 갖게 된다. 주제는 의연하게 병사들의 맹세나 식사, 또는 의사가 의료조합의 인체 해부실에서 시체를 그림 속의 인물과 그림 밖의 관람자에게 전시하는 장면과 같은 것인데, 그 행위에 대해서 그림 속 인물들은 각각 어떤 방식으로든 관여하며, 상호 구심점을 갖기에 이른 것이 새로운 진보이다. 그러나 이 새로운 '내면적 통일' 또는 종속관계는 아직 완전하지 못하다. 세 번째 단계가 되면, 그림 속 행위가 일상생활로부터 취한 하나의 특정한 순간이라고 하는 자연스런 인상을 점차 강하게 부여함과 동시에, 그려진 장소나 방도 공기와 반명암의 빛으로 가득 차게 된다. 인물들은 그 가운데서 호흡하는 자유공간과 완전히 일원화되고 있는데, 그 수단은 반명암과 투영이다. 묘사된 사건도 역사적 순간이나 극적 갈등으로 넘치게 된다. 렘브란트(H. v. R. Rembrandt)의 〈야경〉이나 〈직물조합원들〉과 같은 작품은 이러한 대표적인 사례이다. 그리고 동시에 관람자와의 관계에 있어서도, 그림 밖의 관람자의 위치나 관람자의 수 또는 관람자의 감정상태를 전제로 하여 이것과 시간적 공간적 통일을 명료하게 하고 있다. 이것은 표현 수단이 주관적이고 시각적임에도 불구하고, 표현 내용에 관해서는 작자나 관람자의 주관적 감정으로부터 독립한 객관적이고 대상적인 재현을 유지하고 있음을 보여 주고 있다.

그런데 본시 초상화라고 하는 것은 객관적 개체가 존재하고, 그 정신적 신체적 상황이 어떠한 관람자의 주관적 감정으로부터도 독립하고 있는 회화 장르이다. 따라서 모든 객체를 작자나 관람자의 주관적 감정으로 해소해 버리고 마는 근대의 주관주의적 미술의 경우에 있어서 초상화는 가장 부적당한 것이라 할 수 있다. 그렇지만 관람자와의 직접적 관계 즉 외면적 통일을 객관적 존재로서 전제하는 바로크 미술에서는 그와 반대로 가장 적합한 표현 영역이 되는 것이다. 이러한 의미에서 리글은 집단초상화가 여러 예술장르 가운데 네덜란드인의 '예술의욕'의 본질적 특성을 가장 잘 드러내는 장르라고 하였다.[23]

이 집단초상화는 네덜란드인들이 회화에서 표현하고 전달하고자 하는 것을 실현시킬 수 있는 가장 이상적인 매체였다. 따라서 네덜란드 미술의 민족 장르로 간주될 수 있는 의미를 지닌다. 결국 리글은『네덜란드 집단초상화』에서 고대미술과 정반대되는 이상과 의도를 갖는 미술에 관해 설명을 해 준 셈이다. 고대의 미술이 자기 충족성을 확립하는 데 집착한 반면에, 이 네덜란드 미술은 관객의 주관적 삶을 포함하는 것을 목표로 삼았다. 예컨대 고대의 미술이 대상을 물질적 존재로서 표현하는 데 주력했음에 반하여, 네덜란드 미술은 비물질적 존재의 의미, 즉 지각을 통해서는 본질적으로 입수되지 않는 어떤 의미 또는 암시나 시사에 의해 알려지는 의미를 창출하고자 했다는 것이다.[24] 이와 관련하여 리글은 집단초상화에서 두 가지 고찰 관점을 제시하였다. 하나는 집단의 구성원들을 극적으로 결합시키는 것과 다른 하나는 개별 인물들로 하여금 스토리에 좌우되지 않는 의미를 갖게 하는 것이다.

두 가지 관점이 일견 모순되는 것처럼 보이지만, 그러나 실제로 이것은

23 A. Riegl, *Gruppenporträt*, S. 73.

24 Michael, Podro, *The Critical Historians of Art*, Yale Univ. Press, 1982.

배타적인 것이 아니다. 리글은 분명히 네덜란드 집단초상화의 본질적 특성은 "개개 인물이 독자적인 역할을 행하면서도, 동시에 그것들이 전체에 기여할 때"[25] 비로소 드러난다고 지적한다.

리글은 이상과 같이 네덜란드 집단초상화의 전개 과정을 그 구도법에 입각하여 분석하고 있다. 즉 초기에 '외면적 통일' 만이 나타나는 단계로부터 점차 '내면적 통일' 로 나아가는 발전 법칙을 찾아냄으로써 초상화 양식 발전 연구에 흥미로운 시각을 제공해 주었다.

5. 리글 미술사학의 한계와 새로운 지평

리글은 '예술의욕' 이라는 개념을 통해 미술사의 자율성을 마련하고, 미술사를 학문으로 확립시켰다. 그런데 그에게 있어서 이 '예술의욕' 이라고 하는 충동이 무엇에 의해 규정될 수 있는지는 분명하게 밝히고 있지 않다. 사실 그는 실증주의를 취함으로써, 그 반면 형이상학적 물음을 회피하고 있다. 그에 의하면 예술창조는 오로지 미적 충동에 의해 행해지는 것이며, 이 충동은 우리가 영원히 알 수 없는 것으로서 전적으로 주어져 있다. "이 미적 충동이 무엇에 의해 결정되는가에 대해서는 단지 형이상학적 추측만이 시도될 수 있는 것인데, 그러한 추측은 미술사가가 원칙적으로 거부해야 한다."[26]고 그는 말한다. 그렇기 때문에 리글의 '예술의욕' 은 '맹목적인 미적 충동'[27]이 되어 버렸다고 디트만(L. Dittmann)은 날카롭게 비판하고 있다. 그래서 디트만은 리글의 예술과 예술사의 배후를 지배하도록 했던 필연성의 체계는 공허한 의미상으로 남아야만 했다고 단정한다.

---

25 A. Riegl, *Gruppenporträt*, S. 41.

26 A. Riegl, *Aufsätze*, S. 63.

27 Lorenz Dittmann, *Stil, Symbol, Struktur - Studien zu Categorien der Kunstgeschichte*, München, 1967, S. 29.

이처럼 리글의 '예술의욕'의 결정요인을 형이상학적 영역에 넣어 버리고, 미술사가는 이 형이상학을 단념해야 하는 것으로 일축해 버린 것은 분명히 그의 한계를 나타내 보인 것이다. 그는 실증주의를 유지시키기 위해 어떠한 형이상학적 물음도 회피함으로써, '예술의욕'을 알 수 없는 것으로 만들어 버렸다. 리글은 '예술의욕'의 범주가 선천적으로 확립될 수 있다고 보았다. 그러나 그 자신이 선천적 범주가 경험적인 방향을 위한 체계가 될 수 있다고 믿은 것은 잘못이었다. 실증적 역사와 보편적 원리를 갖는 학문 사이에는 커다란 심연이 가로 놓여 있기 마련인데, 이러한 간격의 해소는 리글에 있어서도 또한 그 이후에 있어서도 계속적인 과제로 남아 있다.

또한 리글은 젬퍼 학파의 기술적 유물론적 파악을 반박하면서, 예술은 "자유롭고 창조적인 예술의욕"[28]의 소산이라고 주장하였다. 그런데 문제는 이 자유롭고 창조적인 미적 충동의 방향을 특정한 목적의식적인 '예술의욕'의 결과라고 그가 파악하고 있다는 점이다. 그에게 있어서는 모든 예술은 그 시대인과 예술의 보편적 성질에 따른 확고한 자연필연성과 더불어 타당하게 되어야만 했다. 『후기 로마미술공예』에서 그 자신 마르쿠스 아우렐리우스 시대 이후의 작품들에서 근대의 취미가 발견하는 조야하고 무생명적인 것들은, 그 시대의 거대하고 회피할 수 없는 자연필연적인 표현이었다고 서술하고 있다.[29]

이러한 리글의 입장을 디트만은 암담한 결정주의라고 예리하게 비판하고 있다. 즉 '확고한 자연필연성에 따른 회피할 수 없는 운명'에 의해 발전하는 암담한 결정주의는 기술 · 재료 · 목적으로부터의 추론보다는 더욱 근본적이고 철저하게 내재적인 예술적 창조충동의 '자유롭고 창조적인 것'을 부정한다.[30] 이처럼 리글의 이론은 예술가에게서 창조적인 자유를 박탈하는 결과를 가져오게 한다. 그러므로 이와 같이 개별 작품을 자동적으로 흘

28 A. Riegl, *Stilfragen*, Einleitung S. VII.
29 A. Riegl, *Kunstindustrie*, S. 129-130.
30 Dittmann, *op. cit.*, S. 22.

러가는 발전과정 속으로 결정론적으로 편입시키는 견해는, 결국 아무런 미적 근거도 찾을 수 없게 만들어 버린다. 왜냐하면 이러한 결정론은 한 시대의 모든 작품과 그 경향이 하나의 근거에 환원될 수 있다는 가정을 필요로 하기 때문이다.

실제로 리글에 있어서 역사를 벗어나는 것은 아무것도 없다. 개별 작품의 이해도, 결국 예술적 사건들의 연쇄 가운데에서 의미를 지닐 따름이다. 그에게 있어서는 작품이 위치하는 장소가 역사의 연쇄 속에서 그 작품의 미적 경향을 설명해 준다. 개별 장르를 연구할 때도, 항상 그것은 한층 큰 발전 속에서 위치시켰다. 리글은 예술을 하나의 거대한 움직임, 즉 세계에 대한 촉각적인 파악 방식으로부터 점차 시각적인 파악 방식으로 나아가는 움직임 속에서 전개된다고 보았다. 이렇게 해서 그는 미술사를 단순한 기계주의로 환원시키고 위험스런 목적론 아래 종속시켰다는 비난을 받는다.[31]

리글에 있어서 역사는 세계정신의 역사이며 이념의 진보적 실현이다. 예술사는 오직 이러한 역사의 한 측면으로서만 존재할 수 있다. 그러므로 '예술의욕'은 단지 정신의 여러 영역들 중의 한 표현이며, 이것은 반드시 문화의 다른 영역들과 일치한다. 비록 리글이 다양한 문화영역에서의 정확한 역사적 평행주의를 관찰과 추론의 결과로서 제시한 것처럼 보일지 모르지만, 여기에서 리글이 해결하지 못한 두 가지 문제가 남게 된다. 하나는 다양한 문화영역에서 나타나는 현상들이 상호 직접적으로 비교될 수 없기 때문에, 그 특수한 문화적 표현을 도출하기 위해서는 충분히 깊은 단계에서 그 '구조'가 고찰되어야 한다는 것이다. 또 다른 하나는 리글이 '예술의욕'과 문화의 다양한 가지들이 특정한 시간과 특정한 민족이라는 단위 내에서 비교되어야 한다고 했는데,[32] 이 시간과 민족이라는 '단위'가 어느 정도의 범위를 지칭하는지 알기 어렵다는 점이다. 즉 사회 그룹의 근본 의식을 통

31 Henti Zerner, "Alois Riegl: Art, Value, and Historicism," in: *Daedalus*, vol. 105, 1976, p. 180.

32 A. Riegl, *Aufsätze*, S. 63.

일시키는 문화적 단위에 대한 고찰이 철저하지 못함으로써, 비록 긴 연속에서 다룰 때에는 영향력이 있다 할지라도, 급격하게 변화하는 표면의 단계에서는 영향력이 없는 것이다.

그리고 리글의 '양식비교' 라고 하는 방법은, 유사한 작품의 사례를 가능한 한 많이 수집하고, 이것을 정밀하게 분석하여 양식 발전에 관해 확고한 결론을 내린다고 하는 방식이다. 양식비교법을 기초로 한 이러한 그의 방법은, 장식 모티프와 같은 대상의 분석에서는 『양식문제』에서 보았듯이 훌륭한 성과를 거두었지만, 로마 말기 미술과 같이 고도로 복잡한 정신적 작품을 대상으로 한 경우에는 불충분함을 면할 수 없다. 이러한 방법으로는 어느 특정 시기에 상당히 많은 양의 유물이 남아 있지 않는 한, 그 시대에는 불가피하게 대체로 지배적인 한 양식밖에 취할 수 없게 된다. 그런데 사실상 예술창조의 상황은 특정 시기 내에서도 신구의 여러 가지 '예술의욕' 이 상호 대립 항쟁해 가는 가운데, 마침내 새로운 가치창조의 의욕이 옛것을 파기하여 승리를 거두는, 그와 같은 경과를 밟는 것이다. 리글의 학문적 방법은 앞서 말했듯이 '양식비교' 라고 하는 단순한 방법에 얽매여 있었기 때문에, 한 시대에 있어서 여러 종류의 예술의욕이 분열 항쟁하는 양상을 파악할 수가 없었다. 따라서 예술적 가치의 새로운 창조라고 하는 다이내믹한 역사 발전의 생동적인 현실을 접할 수 없었다는 비판을 받게 된다. 드보르자크은 바로 이러한 결함을 극복하여 리글의 예술의욕 이론을 후에 예술정신사로까지 심화시키려고 노력한 사람이었다.

리글 미술사학은 몇 가지 이론상의 한계를 보이나 또한 다음과 같은 시사점을 갖고 있다.

첫째로 리글의 미술사학이 비교예술학(vergleichende Kunstwissenschaft)의 기초를 마련해 주었다는 점이다. 여타 다른 문화에 대한 강한 관심은 예술의 영역에 있어서 상이한 문화전통의 비교연구를 불러일으킨다. 양식비교법에 입각한 19세기 말의 리글의 시각은 바로 이러한 연구의 선구적인 범례라고 인정된다. 촉각적-시각적, 근시적-원시적, 고립-결합 등의 개념에 입각하여, 상이한 민족과 시대의 미술양식을 비교분석함으로써 그 특징을 찾아내고, 그리하여 각각의 미술양식에 독자적인 미적 의미를 파악하려 하였다. 이러한 리글의 양식비교 연구는, 후일 같은 빈 학파의 미술사가 다고베르트 프라이(D. Frey)가 이를 한 걸음 발전시켜 비교정신사를 지향하는 가운데 동서 여러 문화권의 미술에 걸쳐 성과를 거두고 있다.[33]

둘째로 리글이 조형예술과 언어와의 밀접한 평행관계를 의식하고 있었다는 점이다. 그는 1899년 여름 학기에 빈 대학에서 '조형예술의 역사적 문법'이라는 제목으로 강의를 하였는데, 여기에서 예술을 언어로 간주하고 이 점을 강조하고 있다.[34] 그는 조형예술의 연구를 특히 역사적 언어연구 다시 말해 문법이란 말로 사용하고 있다. 조형예술의 요소들은 물론 말의 요소와 다르지만, 미술 작품은 각기 고유의 말을 행한다고 흔히 일컬어지고 있고, 사실상 상당히 오래전부터 미술언어(Kunstsprache)라는 비유에 우리들이 친숙해져 있다는 점을 리글은 지적한다. 따라서 이처럼 미술언어라는 것을 설정한다면 당연히 그 역사적 언어연구인 문법이 인정된다고 보았던 것이다.

이와 같이 그가 조형예술의 요소에 입각하여 그 역사적 문법을 체계화할 것을 강조한 점이라거나, 또 예술의욕이라는 내적 욕구가 결과적으로 '평면 또는 공간 속에서의 윤곽과 색채'[35]라고 하는 형식적 형상에 의해 표현된다고 한 점에서 알 수 있듯이, 그의 이론은 언어학의 방법을 기초로 한 기호학적 예술론의 입장에 상당히 근접하고 있음을 알 수 있다. 리글의 미술사학은 시각예술의 기호론(visual semiotics)에 있어서 하나의 선구적인 작업이기도 하였던 것이다.

---

33 Dagobert Frey, *Grundlegung zu einer vergleichenden Kunstwissenschaft*, Innsbruck und Wien, 1949.

34 A. Riegl, *Historische Grammatik der bildende Künste*, Vorlesungen aus 1899, hrsg. v. Karl M. Swoboda und Otta Pächt, Graz und Köln, 1966, S. 211ff.

35 A. Riegl, *Aufsätze*, S. 6, S. 229.

더 읽을거리

민주식, 「미술사학에 있어서 양식개념과 구조개념」, 『미술사학보』 1, 미술사학연구회, 1988.

______, 「리글(Alois Riegl)의 미술사학」, 『미술사학』 1, 미술사학연구회, 민음사, 1989.

______, 「정신사로서의 미술사」, 『미술사학』 6, 미술사학연구회, 1994.

______, 「비인 학파의 미술사학」, 『미술사학』 8, 미술사학연구회, 1996.

______, 「리글의 미술사와 미술 이론」, 『미술사학』 9, 미술사학연구회, 1997.

______, 「규범성과 자기표현성: 미술양식 개념의 두 가지 의미」, 『미술사학』 23, 미술사학연구회, 2004.

뵐플린과 양식사론

마순자

1. 뵐플린과 양식사로서의 미술사학

하인리히 뵐플린(Heinrich Wölfflin, 1864-1945)은 스위스 출신의 미술사학자이며 미술 이론가로서 양식사로서의 미술사학을 의미 있게 규정한 학자이다. 그는 19세기 말과 20세기 초 독일어권 학자들 사이 보편적 학문으로서의 미술사학이 확립될 시기 미술의 본질과 근원이 형식에 있음을 주장하여 형식론 또는 양식사론의 전형을 수립하였다. 미술사의 철학의 주요 입장들은 형식사와 정신사의 두 대립되는 관점으로 나뉠 수 있다. 형식론이 형식을 미술의 본질로서 파악하는 태도의 표명이라면 정신사로서의 미술사학은 양식의 변화를 정신적 힘의 작용으로 이해하는 견해이다. 여기서 정신이란 한 시대와 지역의 종교, 철학, 역사, 문화, 과학 등 인간의 삶과 연관된 총체적 세계관을 의미한다. 형식론의 주된 관점은 스위스 바젤 대학을 중심으로 형성되었고, 이 입장의 학자들을 바젤 학파로 부른다. 뵐플린이 이 입장을 대변하는 전형적이고 대표적인 학자이다. 정신사로서의 미술사학은 오스트리아 빈 대학을 중심으로 성립되었는데, 따라서 이들 학자들을 빈 학파로 칭한다. 그러나 이와 같은 이분법의 분류는 개별 학자의 독특한 입장이나 시기에 따른 학자들의 입장 변화를 놓칠 수 있는 위험성을 지닌다. 그리고 미술 각각의 고유하고 다양한 시각적 층위와 의미를 단순화 시킬 위험성을 내포하기 때문이다. 그러나 이 두 입장을 통해 미술사의 철학에 접근하는 것은 나름대로 의미를 지닌다. 그것이 이해하기 어려울 수 있는 미술사의 철학에의 접근에 도움을 주기 때문이다. 적어도 20세기 초 수십여 년 동안은 바젤 학파와 빈 학파의 입장 대립이 어느 정도 분명했다. 뵐플린의 양식사론과 대립되는 정신사로서의 미술사학의 전형은 드보르자크(M. Dvořák)로 대표된다. 또한 도상학(또는 도상기술학, Iconography)과 도상해석학(Iconology)의 미술사학 방법론을 제기한 독일 함부르크의 바르부르크(A. M. Warburg)와 파노프스키(E. Panofsky)도 정신사로서의 미술사학을 표명한 학자로 포함된다. 가장 일반적이고 의미 있는 미술해석의 방법으로 평가되는 도상해석학은 도상의 내재적 의미를 정신사를 토대로 해석하는 방식이다. 막대한 장서를 구비한 바르부르크 연구소를 중심으로 형성되어 활동한 이들 학자들을 바르부르크 학파 또는 함부르크 학파라고 부른다.

시각예술 또는 조형예술에 관한 논의는, 그러나 모두 시각적 형식에 기초하여 형성된다. 따라서 양식사로서의 미술해석이나 정신사로서의 미술사 모두는 미술 작품에서의 형식 변화를 근거로 출발한다. 두 접근 방식의 차이는 형식론이 형식을 미술의 자율적이고 기본적인 개념으로 간주하는 데 비해 정신사의 관점은 형식을 시대정신과 사회문화적 요인이 표명되는 외적 계기로 본다는 점이다. 이 두 입장은 또한 미술사 연구 방법의 타당성을 근거지우는 방법론의 구축인 점에서 사변적인 미학이나 경험적인 미술사와 구분된다. 파사르게(W. Passarge)에 의해 "미술사(예술사)의 철학 Philosophie der Kunstgeschichte"으로 명명된 이 학문은 미학과 미술사학이 각각 철학적 형이상학과 일반 문화사로부터 독립하여 개별 학문으로 정립되는 상황에서 수립된 것이다. 그것은 미학과 미술사를 협력하게 하여 미학에 기초한 미술 작품의 해석 틀을 마련하려는 시도였다.(『미학대계』 2, 「예술사의 철학」)

이 두 방법론의 입장은 그 자체 당대 사회의 학문적 풍토를 반영한다. 산업혁명 이후 19세기에 걸친 유럽 사회는 상반되는 두 정신인 관념론과 실증주의의 대립이 부각되던 때였다. 미학이 철학으로부터 분리된 것이나 미술사와 고고학이 독자적인 학문으로 형성된 것도 이러한 상황에 의해서였다. 정신사로서의 미술사학에서 관념론이 더 큰 철학적 배경이었다면, 실증주의는 형식론의 형성에 크게 영향을 주었다. 당대는 고대 유적지의 발굴이 활발하게 이루어지고 고고학의 발전과 박물관의 수립이 요구되던 때였고, 그러한 상황에서 작품을 정리하고 연구하기 위한 과학적 고증이나 형식에 대한 경험적 이해는 필수적으로 요청되었기 때문이다. 따라서 미술사가와 고고학자는 우선 작품의 재료와 기술, 외적 형식의 파악에 집중해야 했고, 그러한 상황에서 형식은 미술사학의 핵심 연구과제로 부상하게 되었다. 형식이 시각예술의 고유한 측면이고 미술에 접근하는 최초의 계기이기 때문이다. 그런데 이러한 과제는 당시 사회 전반에서 추진되던 전문화의 경향이나 영역별 자율성에 대한 요구와 병행하는 것이었다. 인상주의 회화나 시 지각 이론의 제기는 시각적 현상과 작품의 자율적 형식에 관심을 집중하는 또 다른 계기이기 때문이다. 빙켈만(J. J. Winckelmann), 부르크하르트(J. Burckhardt), 젬퍼(G. Semper) 등 뵐플린 이전의 주요 미술사학자들이 고대 세계와 이탈리아 르네상스 미술에 관심을 갖고, 지역 · 시기 · 작가에 따른 양식 구분에 주력한 것도 이러한 시대적 분위기를 반영하는 측면이다. 특히 뵐플린은 미술 작품의 유일한 동인을 시 형식(Sehform) 또는 표상형식(Vorstellungsform)으로 규정했다.(뵐플린은 같은 의미로 직관형식(Anschauungsform) 또는 묘사형식(Darstellungsform)이란 개념을 사용하기도 하였다.) 이 개념들은 시각예술로서의 미술이 갖는 자율적인 계기를 눈과 눈의 활동, 그에 의해 규정된 민족과 역사에 따른 형식으로 보는 생각의 표명이다.

뵐플린의 양식사의 입장은 그의 주저인 『미술사의 기초개념 – 근세 미술에서의 양식 발전의 문제(*Kunstgeschichtliche Grundbegriffe: Das Problem der Stilentwicklung in der neueren Kunst)*』(1915)에서 정립되었다. 그 전후의 모든 연구는 『기초개념』의 형성에 또는 그것의 실제 역사에의 적용에 바쳐진 것이라고 할 수 있다. 따라서 뵐플린의 양식사론을 이해하는 것은 『기초개념』에서의 형식 개념과 미술의 본질에 대한 관점을 파악하는 데 있다. 이를 위해 먼저 『기초개념』의 형성에 이르는 뵐플린의 학문적 배경과 『기초개념』의 기본 내용을 알아보아야 할 것이다. 그리고 기초개념에 대한 비판의 시각과 기초개념이 미친 영향 및 의의를 살펴볼 것이다.

2. 뵐플린 미술사학의 형성 배경

미술 양식의 역사를 시각 형식의 변화로 설명하는 뵐플린의 양식사론은 19세기에서 20세기 초에 걸친 유럽의 다양한 지적 풍토를 배경으로 형성되었다. 그에게 영향을 미친 학자들은 그의 아버지와 대학의 스승들을 비롯하여 그와 개인적으로 또는 학문적으로 친분을 맺은 미술사가, 역사가, 심리학자, 미학자, 철학자, 미술가 등 폭넓은 분야에 걸쳐 있었다. 뵐플린이 '미술사의 철학' 의 대표적인 학자로서 후대에 지속적인 영향력을 미치게 된 것도 그의 미술사학의 입장이 광범위한 학문적 관심에 기초하여 형성되었기 때문이다. 그의 미술사학의 기본 방식은 서로 상이한 시기와 국가 간의 미술 형식의 특성을 비교 검토하여 양식을 결정하고 그 형식 유형으로부터 규범적인 양식 개념을 정립하는 것이다. 이 방식은 미술사학과 미학의 구성요소에 새로운 질서를 부여하는 것으로서 뵐플린의 학문적 업적이 되고 있다. 그것은 그가 19세기를 풍미한 실증주의와 신칸트 학파 및 심리학적 미학이론 그리고 해석학 이론 등으로부터 필요한 자양분을 섭취하였기 때문에 가능한 것이었다. 그러나 뵐플린의 양식사론을 연구하기 위해서는 무엇보다 당대 미술사의 철학이 안고 있던 시대적 요청을 살펴보아야 할 것이다.

뵐플린은 1864년 스위스에서 출생하여 1945년 그곳에서 사망하였다. 그는 일찍부터 미술사학자로서 성장할 특별한 성향과 능력을 보였는데, 예컨대 독일의 인문계 고등학교 재학 시절 6개의 언어에 능숙했고, 역사 · 문학 · 철학 등 다양한 학문 영역과 미술에 깊은 관심을 보였다. 뵐플린은 철학과 역사를 공부하기 시작했으나 유명한 문화사가인 부르크하르트의 강의를 듣고 미술사를 주 전공으로 결정하였다. 이후 베를린과 뮌헨 대학에서 철학과 미술사 그리고 역사학 등 여러 인문학의 과목을 수학하면서 그는 지적인 성장을 쌓아 갔다. 학창 시절 뵐플린의 주된 목적은 그러나 무엇보다도 문화사가의 길이었다고 한다. 여기서 간과해서는 안 될 점은 젊은 시절의 뵐플린이 철학을 최고의 학문으로 생각했다는 점이다. 그는 1884년 부모님께 쓴 편지에서 철학이 모든 시대를 통합하는 불변의 학문임을 언급한 바 있다. 뵐플린은 철학과 역사를 상호 보완적인 학문으로 생각하였고, 동시에 철학이 문화사의 완성을 위한 기초적 학문이 되어야 한다고 확신했다. 뵐플린의 뮌헨 대학에서의 박사학위 논문은 그가 철학, 미술사, 심리학, 미학 등 다양한 학문들로부터 영향을 받아 그의 생각을 형성하고 있음을 보여 주는 좋은 예가 되고 있다.

뵐플린은 바젤 대학의 스승이던 부르크하르트로부터 작품을 직관적으로 파악하는 능력을 습득했다. 그러나 그는 역사적 사실에 치중하여 작품을 세부적으로 해석하는 스승의 방법에는 만족할 수 없었다. 오히려 미술 작품의 시각적 특성을 해석할 수 있는 보편적 법칙을 발견하는 것이 필요하고 의미 있는 작업이라고 생각하였다. 뵐플린은 개별 작품의 특성보다는 작품 전반에 적용 가능한 일반 원리의 파악이 우선적이고 근원적인 과제라고 보았다. 성장기 뵐플린의 또 다른 스승은 뮌헨 대학의 고전 문헌학 교수이던 자신의 아버지 에드워드 뵐플린(Eduard Wölfflin)이었다. 뵐플린은 역사와 민족에 따른 양식적 특성을 산출하기 위해 개별 작품들의 형식을 치밀하게 관찰했는데, 이것은 그가 아버지로부터 물려받은 과학적 태도 때문에 가능하였다. 그런데 부르크하르트나 아버지 뵐플린은 19세기 유럽에 풍미하던 실증주의의 물결로부터 영향을 받은 학자들이었다. 당시 실증주의 방법론은 문화사가 부클(H. T. Buckle)과 문헌학자 뵉크(A. Böckh)의 공로로 독일 학계에서 상당한 영향력을 발휘하고 있었다. 문헌학은 19세기 말 독일 학계에서 매우 중요한 원리로 간주되었는데, 그것이 원문 분석의 방법들을 발전시키고 체계화하는 방식을 통해 여러 학문의 기초를 수립하는 데 기여했기 때문이다. 뵐플린 또한 자신의 스승들처럼 대학 초년생이던 1882년에서 1884년 사이 실증주의에 깊이 발을 딛고 있었다.

그러나 뵐플린의 관심은 점차 경험적 영역으로 간주되던 역사를 어떻게 고급 학문의 체계로 끌어올릴 수 있는가로 옮겨졌다. 즉 사실들의 혼돈으로부터 어떻게 위대한 법칙을 끌어낼 수 있는가의 과제였다. 바젤, 뮌헨, 베를린에서 공부를 지속하면서 뵐플린은 실증주의와는 다른 입장을 표명한 학자들의 견해를 접하게 되었는데, 그러면서 점차 자연과학의 방법을 문화와 정신 영역에 그대로 적용하는 것은 무리라는 생각을 하게 되었다. 왜냐하면 뵐플린이 그랬듯이 실증주의에 대한 열정은 독일에서 그리 강력하지도 또는 오래 지속된 것도 아니기 때문이다. 특히 1880년대에는 독일 철학자들 사이에 실증주의에 대한 회의가 최고조에 달했다.

뵐플린은 미학에 많은 관심을 갖고 있었다. 그는 1884년 바젤 대학에서 폴켈트(J. Volkelt)의 미학 강의를 들은 이후 그로부터 많은 영향을 받았다. 뵐플린은 폴켈트에 의해 미술에서의 형식의 본성에 대해 생각하게 되었다. 폴켈트는 상징을 감상자와 미술 작품 사이의 범신론적 의인화로 보고, 그 과정을 감정이입 개념으로 설명하였다. 다시 말해 그에게서 상징이란 주관이 대상에 생명을 부여하는 것을 의미한다. 그러나 뵐플린이 이 생각을 그대로 수용한 것은 물론 아니다. 그는 자신의 건축에 관한 박사학위 논문에서 사물을 의인화하는 일반적인 방식을 선택했다. 즉 인간의 신체 부위와 건축의 부분들의 관계를 연관시켰다. 그러나 뵐플린은 그의 이론의 정당화를 위해 위의 상징화의 철학자들과는 달리 페히너(G. Fechner)와 분트(W. wundt)의 실험 결과를 인용하였다.(Hart, p. 293) 이처럼 심리학의 개념을 철학에 적용하는 것은 당시 신칸트 학파 철학자들에게서 유래한 것이다. 신칸트주의는 19세기 중반에서 1차 세계대전 사이 유럽에서 풍미하였는데, 뵐플린이 학자로서의 완숙기에 도달하는 학위 수여(1886)에서 『기초개념』(1915)의 출간에 이르는 기간은 이 시기에 포함된다. 그것은 신칸트주의가『기초개념』의 형성에 미친 영향을 말해 주는 측면이다.

뵐플린은 또한 당대의 심리학적 미학 이론에도 관심이 많았다. 그는 립스(T. Lipps), 에빈하우스(H. Ebbinhaus) 등을 통해 정신과 신체 기관의 연계성에 관한 문제와 표현의 '내적 형식' 에 관한 생각을 접하게 되었고, 그로부터 다소 영향을 받았다. 뵐플린은 또한 당대 최고의 지성이던 철학자 딜타이(W. Dilthey)와 파울슨(F. Paulsen), 역사가 릴(W. Rielh) 등으로부터도 영향을 받았다. 그는 베를린 대학에서 두 학기 동안 딜타이의 강의를 수강했다. 딜타이 또한 신칸트주의의 세례를 받은 학자로서 당시의 심리학적 미학 이론의 입장에, 즉 실증적인 자연과학과 정신과학을 구분하는 주 요인을 '의식' 으로 보는 데에 동의하였다. 딜타이의 의식 개념은 그러나 역사적인 성격의 것이었다. 다시 말해 그에게서 의식이란 타인의 내적 세계를 재구성하고 또 재경험할 수 있는 모든 인간 지식의 근원인 것이다.

이처럼 자신의 연구를 위해 가능한 한 다양한 지적 태도로부터 자양분을 얻으려고 노력했던 뵐플린의 학문적 열정은 당시의 미술사학자로서는 모범적인 것이었다. 그렇다고 뵐플린이 타인의 영향에 안주했던 것은 아니고, 이를 토대로 자신의 고유한 학문적 시각을 정립하기 위해 정진했다. 그가 양식사로서의 미술사학의 정초자로 평가받는 것도 그의 이러한 태도와 성과 덕분이었다.

한편 뵐플린의 양식사론 형성에 보다 직접적인 근원이 된 요인으로 미술사학 내에서의 영향 관계를 살펴보아야 할 것이다. 언급했듯이 뵐플린의 모든 저작은 그의 주저인『기초개념』에서의 연구의 지속이라고 할 수 있다. 따라서 전 생애에 걸친 뵐플린의 연구는 조형예술의 본질적 특성이 시각과 시각적 형식에 있음을 밝히려는 것이었다. 물론 이러한 형식론의 시각이 뵐플린에 의해 처음 제기된 것은 아니다. 그 이전 부르크하르트나 피들러(C. Fiedler) 또는 힐데브란트(A. v. Hildebrand)와 리글(A. Riegl) 등이 '시형식(Sehform)'의 문제를 제기하였고, 이들의 이론이 뵐플린의 기초개념 정립에 상당한 영향을 미쳤기 때문이다. 사망하기 3년 전에 쓴 자서전에서 뵐플린은 자신에게 가장 많은 영향을 준 인물이 부르크하르트와 힐데브란트였음을 밝힌 바 있다.(Gantner, 1982, pp. 1–3)

뵐플린의 스승 부르크하르트는 문화사의 시각으로 미술사 서술을 시도하고 미술해석의 우선 과제를 형식의 직관적 파악으로 본 점에서 형식사로서의 미술사 서술의 창시자였다. 문화사가로서 다분히 정신사로서의 미술사의 성격을 띤 그의 방법이 동시에 형식사로서의 미술사의 창시로 여겨지는 것도 그의 문화사 기술이 작품의 자율성에 비중을 둔 것이었기 때문이다. 빙켈만을 존경했던 부르크하르트는, 그 이전 빙켈만이 그랬듯이, 그리스 미술에 전적으로 매료되었다. 그리고 뵐플린 또한 양식에 대한 관점에서 빙켈만을 모범으로 삼았다. 그는 빙켈만의 미술사관에 심취했고 빙켈만의 고전미술에 대한 정의인 "조용한 위대와 고귀한 단순"이라는 개념에 전적으로 동의했다. 실증주의자 콩트(A. Comte)의 개념에서 차용한 뵐플린의 '인명 없는 미술사'의 개념은 사람이 우선되지 않는 순수한 형식 분석의 개념 체계를 의도한다는 의미이다. 뵐플린은 그가 이 개념을 빙켈만의 양식 체계(엄격 양식, 절정기 양식 등)와의 연관 속에서 시도했던 것임을 말하였다.(Gantner, 1982, p. 237) 뵐플린이 일생 동안 빙켈만을 흠모한 것도 빙켈만이 미술사 기술과 양식개념을 통해 새로운 의미의 미술사 서술을 위한 선구적 역할을 했다고 보았기 때문이다.

뵐플린에 대한 피들러의 영향 또한 간과할 수 없다. 피들러는 「미술활동의 근원(Der Ursprung der künstlerischen Tätigkeit)」(1887)에서 미술은 형식이며 미술가의 눈과 손은 작품을 해석하는 눈이나 오성과 관련이 있다고 보았다. 이것은 그가 미의 개념보다는 미술가의 창작 과정을 더 중요한 미술활동의 근원으로 보고 있음을 말해 주는 측면으로서 그가 어떻게 미학

일반의 법칙에 의문을 제기하고 있는가를 알려 준다. 피들러에 의하면 예술가는 그의 활동에서 의식의 가장 높은 고양상태를 경험하게 되고 이 상태에서 가시적 현상의 참된 이해를 얻게 된다.(Fiedler, p. 3) 가시적 표상에 예술적 가치를 부여하는 점에서 피들러의 생각은 형식주의의 성격을 지니고 있으며, 이 점이 그가 뵐플린의 시 형식의 형성에 영향을 준 점이다. 뵐플린은 피들러의 '가시성'의 개념을 '보는 방법'의 개념으로 바꾸어 지각이론을 예술적 시각의 학문으로 전환하였다.(Lurz, p. 47) 피들러의 친구이며 조각가인 힐데브란트는 『조형예술에서의 형식문제(*Das Problem der Form in der bildenden Kunst*)』(1893)에서 피들러의 생각을 거의 그대로 수용하였다. 더 나아가 그는 실제 조각 활동에서도 이 이론을 적용하고자 하였다.

뵐플린의 기초개념의 정립에 가장 많은 영향을 미친 것은 그러나 리글일 것이다. 빈 학파의 초기 인물이었던 그는 정신사로서의 미술사학의 대변자인 드보르자크의 빈 대학 전임자였다. 리글은 대표적인 저서 『양식문제(*Stilfragen*)』(1893)에서 미술 작품이 일정한 목적을 지닌 미술가의 '예술의욕(Kunstwollen)'의 결과라고 주장하였다. 리글의 고유 개념인 이 '예술의욕'은 미술 작품을 형성하는 내적 필연성의 구조원리이며 곧 양식변화의 근원인 것이다. 이 점에서 리글의 '예술의욕'은 형식과의 관련에서 비롯되어 정신성으로 연결되는 개념이 되고 있다. 리글은 선험적인 미적 체계나 순수미학의 개념들을 독단적이고 주관적인 구성일 뿐이라고 생각하면서, 세계사의 입장에서 미술사의 전개를 관찰해야 할 것을 역설했다. 다시 말해 리글은 조형예술에 나타나는 의욕이 일반 문화 영역에서 관찰되는 의욕과 내재적인 연관성이 있는 것이라고 생각했다. 결국 그의 예술의욕은 넓은 의미의 세계관, 즉 종교, 철학, 과학, 법률, 국가 등을 포괄하는 개념인 것이다.(Riegl, *Spätrömische Kunstindustrie*, p. 401) 또한 리글은 선험적인 미적 체계와 같은 순수미학을 주관적 구성일 뿐이라고 비판하면서 미술사 전체의 전개를 객관적으로 관찰해야 할 필요성을 주장했다. 그는 인간의 모든 의욕은 자신과 세계와의 만족스러운 관계 형성을 지향한다고 보았다. 또한 이 관계에서 인간이 개개 사물을 형성하고 채색하는 방식, 즉 표현의 방식과 형식이 결정된다고 생각했다. 이는 그가 인간을 감각으로 수용하는 수동적 존재인 동시에 욕구하는 능동적 존재로 보고 있음을 말해 주며, 민족, 장소, 시대에 따라 변화하는 의욕의 결과를 양식으로 보는 그의 관점을 밝혀준다. 리글은 인간의 미술 활동에 내재하는 양식의 성격을 '촉각적-시각적(taktisch-optisch)' 등 대조되는 시각 형식의 개념 쌍으로 구축하였는데, 이 또한 뵐플린의 기초개념 형성에 직접적인 모델이 되었다.

3. 뵐플린의 주요 저술과 미술사에 대한 관점

뵐플린의 저술활동은 뮌헨 대학에서의 박사학위 논문인 『건축 심리학 개설(*Prolegomena zu einer Psychologie der Architektur*)』(1886)과 교수자격 논문인 『르네상스와 바로크(*Renaissance und Barock*)』(1888)에서 시작되어 만년의 저작인 『고전 미(*Die Schonheit des Klassischen*)』(1940), 『미술사에 관한 소고(*Gedanken zur Kunstgeschichte*)』(1940)에 이르기까지 50여 년 동안 지속되었다. 가장 대표적인 그리고 형식사로서의 양식사의 관점을 대변하는 저서는 1915년의 『미술사의 기초개념』이다. 그러나 『르네상스와 바로크』와 『고전미술. 이탈리아 르네상스 미술 입문(*Die Klassische Kunst. Eine Einführung in die italienische Renaissance*)』(1898)에서 이미 그 사상의 실마리는 준비되어 갔다.

형식에 대한 뵐플린의 생각은 그의 박사학위 논문에서 예시되기 시작했다. 뵐플린은 학위 논문의 기초 작업을 위해 로마에 거주했었는데, 이때 그는 건축 형식에 대한 심리학적 반응의 근원에 대해 숙고하기 시작했다. 그는 건축의 재료가 어떻게 인간적인 의미를 드러내며 표현력을 갖게 될 수 있을까에 대해 깊이 생각했고, 그 결과 시대정신보다는 감정이입 이론에 의해 그것이 더 잘 설명될 수 있다는 생각에 도달했다. 그러나 감정이입이 어떻게 정서적 반응의 구조로 이해될 수 있으며, 그 분석이 건축의 구성과 어떠한 연관을 가질 수 있는지에 대해서는 명료한 설명을 아직 할 수 없었다. 이 시기 뵐플린의 형식 분석에 대한 생각에 직접적인 영향을 준 사상으로는 부르크하르트의 양식 범주, 젬퍼(G. Semper)의 물질주의, 텐느(H. Taine)의 환경이론 그리고 신헤겔주의의 정신사에 대한 비판 등을 들 수 있다.

뵐플린의 입장이 더 분명해진 것은 『르네상스의 미술』에서이다. 이 책은 르네상스 미술이 초기에서 전성기로 이행되는 과정에서의 형식 변화를 역사적 서술과 이론적 설명의 두 대조되는 방식으로 조명한 것이다. 여기서 뵐플린은 지각 작용이 미술형식에 미치는 효과에 대한 힐데브란트의 연구에 기초하여 미술 작품의 역사가 '시각의 역사'와 일치하는 지점을 찾아내고자 노력하였다. 그 결과 그는 15세기에서 16세기로의 형식 이행이 부르주아 시민사회에서 귀족사회로 이행하는 사회풍조의 변화, 가장 아름다운 청년기의 신체보다 실제의 인간을 더 아름답게 보는 감각의 변화, 그리고 시각적 정교함의 향상이란 세 원인에 의한 것이라고 파악했다. 뵐플린은 그러나 이 세 요인의 상관관계에 대해서는 결정적인 언급을 하지 않았다. 이후 그는 양식 본성이 한 시대가 갖는 미에 대한 태도에서 유래한다는 생각에 도달했고, 따라서 형식이란 미술가의 시각에 의한 구성이라는 확신을 갖게 되었다. 양식 변화의 주 원인이 지각에 의한 것이라는 것이다.

뵐플린의 『미술사의 기초개념. 근세 미술에서의 양식 발전의 문제』는 뵐플린의 학문세계를 상징하는 그의 대표적인 저서이다. 이 책이 뵐플린의 학문적 역량을 대변하는 것은 이 책을 발간된 1915년이 그가 학자로서나 실제 연령에서나 성숙기에 도달한 50대 초에 쓰여진 것이라는 점에서도 알 수 있다. 따라서 뵐플린의 미술사학을 이해하는 것은 그의 『기초개념』을 파악하는 작업이 된다. 그의 필생의 주제는 이 책에 집약되어 있다고 할 수 있으며, 이 책이 양식의 시각적 근원을 집중적으로 연구한 것이기 때문이다. 그의 제자였던 간트너(J. Gantner)는 이 책을 20세기 초 독일어로 쓰인 학술서 중 가장 대단한 미술사학 문헌의 하나라고 평가했다.

『기초개념』은 양식이 인간의 지각 방식이 미술 작품에서 구체적으로 표명된 것임을 밝히는 작업이다. 뵐플린은 이 책에서 16세기와 17세기(르네상스와 바로크 시기) 이탈리아와 북유럽 미술에서 각각 시 형식의 특성을 찾아내고자 노력했고, 그 과정에서 두 측면의 물음을 제기했다. 그는 회화와 조각에서 특정 내용이 합당한 형식을 갖게 되는 원인이 무엇이며 건축의 재료와 구조가 의미 있는 형식을 갖게 되는 이유가 무엇인지 물었다. 한편 그는 형식의 형성 방식이 역사에 따라 변화하는 원인을 규명하고자 하였다. 이를 위해 뵐플린은 시대와 국가에 따른 작품의 형식 차이를 비교함으로써 특정 시기 동안 지속된 형식, 곧 양식의 원인을 밝혀 내고자 하였다. 즉 형식 유형을 토대로 각 시대에 타당한 양식 개념을 정립하려는 것이다. 그런데 뵐플린의 방식이 주목되는 것은 이것이 그 이전의 체계적인 미술사학의 전통으로부터 크게 벗어나는 것이었다. 왜냐하면 그것이 미술사와 미학이란 두 학문의 성격을 결합하여 미술 작품을 해석하는 새로운 틀을 구축한 것이기 때문이다. 뵐플린은 형식을 미술의 내재적 생명 원리로 보고 미술의 자율성을 주장했는데, 이것은 미술의 본질을 새롭게 정의하는 계기였던 것이다. 이 책에서 뵐플린은 이전의 역작들인 『르네상스와 바로크』, 『고전미술』에서 시작하여 『기초개념』의 예비서라고 할 수 있는 『이탈리아 미술사의 기초개념(*Grundbegriffe der Italienischen Kunstgeschichte*)』(1908)을 통해 지속적으로 탐구해 온 르네상스와 바로크 미술의 형식 체계에 대한 자신의 생각을 체계화하였다. 그리고 그는 이것을 역사적 탐구가 아닌 미술의 본질과 양식 변화의 근원을 묻는 미학적 과제로 이행시켰다.

세계대전 후의 저서인 『이탈리아와 독일의 형태감각(*Das Italien und deutsche Formgefühl*)』(1931)은 민족에 따른 다양한 형태 감각의 문제를 다루고 있는 책이다. 『기초개념』이 16세기와 17세기의 시각 형식의 개념을 체계화한 것이라면, 이 책은 이탈리아와 독일의 민족적 시각 형식을 기존의 연구들을 토대로 재정리한 작업이다. 뵐플린은 『기초개념』 8판 추가 서문에서 『미술사에 관한 소고』(1940)가 형식 발달에 관한 자신의 최종 입장을 담고 있는 책이라고 밝혔다. 이것은 주로 『기초개념』에 대한 비판들을 방어할 목적으로 『기초개념』에서 밝힌 자신의 생각을 재확인하는 작업이었다.

4. 『기초개념』과 시 형식

뵐플린은 양식 변화의 원인을 체계적으로 규명하기 위해 『기초개념』에서 먼저 두 문제를 제기했다. 첫 번째는 미술 변화의 동인으로서 시 형식 개념을 설정하는 이유와 시 형식이 무엇인가에 대한 규명이며, 두 번째는 순수 양식사의 입장에서 르네상스와 바로크 미술을 비교 분석하는 작업이었다. 그는 서론, 결론, 후기에서 주로 시 형식에 대한 이론적 고찰을 진행하고, 본문에서는 르네상스와 바로크 미술 작품을 시 형식의 기초개념에 따라 비교 고찰하여 자신의 이론 체계의 타당성을 검증하는 작업을 하였다. 여기서 뵐플린은 상당수의 작가와 작품들을 선택하여 비교 분석하였는데, 이는 그가 이론가이기 이전에 역사가였음을 알려주는 측면이다. 또한 뵐플린이 독창적인 이론의 구축뿐 아니라 그것을 방대한 미술사 지식에 접목시킬 수 있는 역량을 지닌 학자임을 말해 준다. 다섯 가지 개념 쌍으로 설정한 시 형식 또한 그가 구체적인 작품들을 시각적으로 분석한 후, 그것을 토대로 귀납적으로 결정한 것이다. 이 점은 그의 시 형식 이론이 공허한 사변이 아니라 실제에 근거하여 정립된 것임을 알려 준다. 뵐플린의 개념쌍은 일종의 직관 범주이지만 칸트적 의미의 범주와는 구별되는 것이다. 왜냐하면 그의 범주는 일관성을 지니고 있으나 단일한 원리에서 도출된 것은 아니기 때문이다. 그것은 칸트의 사유 방식에 의한다면 단지 '채집된' 것에 불과할 뿐이다.

그러면 뵐플린의 시 형식과 기초개념이란 구체적으로 무엇을 말하는가? 뵐플린이 그의 책에서 언급한 내용을 정리하면서 그의 이론에 접근해 보기로 하자. 뵐플린은 그의 『기초개념』에서 그가 설정한 양식의 근원이 되는 다섯 쌍의 형식 개념을 설명하기 위해 먼저 이 개념 쌍의 창출 원리인 양식의 두 뿌리에 관해 설명하였다. 그것은 시대감정과 생의 원리, 그리고 보편적 시각 형식인, 즉 표현 방식을 의미한다. 그에 의하면 전자는 기질, 시대정신, 종족적 특성과 같은 질료적 특성으로서 개인 양식, 시대 양식, 민족양식의 형성에 관여한다. 그러나 더 본질적인 근원은 두 번째인 시각 그 자체이다. 뵐플린은 인간의 시각은 그 자체의 역사를 지니며 시대에 따라 고유의 시각 층을 형성한다고 보았다. 그러면서 그는 전자에 의한 미술 해석을 외적 미술사로, 후자에 의한 해석을 내적 미술사로 규정하였다. 그러나 또 다른 한편 뵐플린은 이 다섯 쌍의 개념이 각각 장식적 의미와 모방적 의미로 해석 가능한 것임을 말하였다. 즉 자연모방과 미적 가치란 두 상반되는 원인이 모방 형식과 장식 형식을 결정한다는 것이다. 여기서 그는 더 본질적이고 우위의 형식으로서 장식 형식을 말하고 있는데, 그것은 이 계기에서 시 형식이 더 본질적인 역할을 하기 때문이다.

이후 뵐플린은 르네상스와 바로크 미술의 형식 구분을 다섯 쌍의 형식 개념을 토대로 구축하였다. 그것은 '선적인 것과 회화적인 것(Das Lineare und das Malerische)', '평면적인 것과 깊이(Fläche und Tiefe)', '폐쇄적 형식과 개방적 형식(Geschlossene Form und offene Form)', '다원성과 통일성(Vielheit und Einheit)' 그리고 '명료함과 불명료함(Klarheit und Unklarheit)' 이란 대조되는 개념쌍들이다. 뵐플린은 먼저 회화와 드로잉을 통해 그의 이론의 상징이 되는 이 개념들을 구축한 후, 이를 조각과 건축에도 적용하였다. 이 개념쌍을 약간의 예를 들어 더 설명해 보기로 하자.

가. 선적인 것에서 회화적인 것으로의 이행(또는 발전)

이것은 촉각적 파악과 시각적 파악의 차이를 말한다. 선적인 것은 형체를 윤곽선이나 면에 의해 나뉜 고립된 형태들의 결합으로 보는 시 형식이다. 반면 회화적인 것은 윤곽을 파괴함으로써 전체를 시각적 외양에 의해 통합적으로 수용하는 것이다. 전자가 개별적인 대상을 견고하고 가촉적인 것으로 수용하는 데 비해 후자는 보이는 것 전체를 부유하는 가상으로 파악하려 한다. 즉 전자는 고정된 형태에 후자는 유동적 현상에 관심을 갖는다. 선적인 것에서 회화적인 것으로의 발전은 특히 선과 색(빛)의 역할 대조가 두드러진 회화에서 그 변화를 잘 파악할 수 있다. 티치아노(V. Tiziano)와 틴토레토(J. R. Tintoretto), 뒤러(A. Dürer)와 렘브란트(Rembrandt H. van R.), 라파엘로(Raffaello S.)와 루벤스(P. P. Rubens)의 회화를 비교하는 것은 16세기 초의 르네상스 고전주의와 17세기의 바로크 회화의 차이를 밝혀 준다. 그것은 선, 형태와 빛, 색의 대조이며 수학적 선험 가치와 감각적 경험의 대조이다. 뵐플린은 역사적 성향 외에도 민족적 성향에 관해 언급하였다. 그는 알프스를 경계로 그 북쪽의 유럽은 전체적으로 바로크적 속성이 강한 민족적 성향을 지녔다고 보았다. 이에 비해 이탈리아인들은 시대의 차이에도 불구하고 기본적으로 선을 모든 조형 예술의 근간으로 보는 경향이 강하다고 생각했다. 그는 독일인들이 일찍부터 세부 소묘에 능숙했던 것은 그들이 근본적으로 고립되고 매끄러운 선보다는 뒤엉킨 선을 사용함으로써 명료하고 단일한 선의 흐름 대신 선의 뭉치나 얽힘을 부각시키기 때문이라고 보았다.

나. 평면적인 것에서 깊이로의 이행

전자의 형식은 형태들의 좌우관계 배열을, 후자는 전후관계 배열을 의미한다. 평면성은 모든 형태와 각 부분을 동일 층에 평면적으로 표현하는 고전미술의 특성이며, 깊이는 들어가고 나옴을 강조하는 바로크 형식의 특징이다. 윤곽선이 분명한 형태들을 평평하게 늘어놓는 것은 확대된 시야의 형식이다. 윤곽선의 의미가 약화되어 평평함의 의미 또한 약화되면 눈은 사물을 들어가고 나온 관계로 결합하게 된다. 이 차이는 그러나 질적 평가를 의미하는 것은 아니다. 16세기는 이미 공간을 표현하는 조형적 수단을 모두 갖추고 있었지만 기본적으로 형태를 평면적으로 결합하는 원리를 선택한 것이다. 그에 비해 17세기는 평면성의 원리 대신 깊이 있는 공간을 선택했다. 이는 그것이 그 시대가 원하는 시각 형식이었기 때문이다. 형태의 배열 외에도 색과 빛, 공간의 중층 구조는 깊이를 표현한다. 또한 근접 시점과 원거리 시점의 대비를 통해서도 깊이가 표현된다. 이러한 차이들은 마시스(Q. Massys)와 루벤스의 〈피에타〉, 라파엘로와 안토니 반 에이크(A. van Eyck)의 〈어부의 기적〉을 비교해 보면 잘 이해할 수 있다.

다. 폐쇄적 형식에서 개방적 형식으로의 이행

자체 완결적인 구조와 그와 대조되는 해체된 구조를 말한다. 다시 말해 구축성과 비구축성의 비교이다. 전자는 대칭 구도를 통해 형성되는 고전적 구성의 닫힌 형식이고, 후자는 대칭의 극복, 규칙의 완화, 운동감과 우연한 효과 등을 통해 이루어지는 열린 형식이다. 뵐플린은 이 차이를 역학에서의 정적 균형과 유동적 균형 간의 차이와 같은 것이라고 비유한 바 있다. 고전적 미술은 수평적 요소와 수직적 요소를 뚜렷하게 강조하는 데 비해 바로크는 그러한 요소를 굳이 억압하지 않더라도 적나라하게 대비하는 것은 회피하는 경향을 띤다. 렘브란트는 〈엠마오에서의 저녁식사〉에서 그리스도를 뒤 배경의 벽감 정중앙에 그려 넣었지만 이 벽감의 중앙 축은 왼쪽으로 치우쳐 있어 화면의 중앙 축과 어긋나 있는 상태이다. 그것은 파테니어(J. Patenier)가 그의 〈그리스도의 세례〉에서 사용한 정중앙 축의 설정이나 대칭성과는 다른 것이다.

라. 다원성에서 통일성으로의 이행

다원적 통일성과 단일적 통일성의 차이를 말한다. 다원적 통일성이 독립된 부분들의 조화를 통해 이루어지는 통일성이라면 단일적 통일성은 개별 부분들의 독립성을 지양하고 지배적 모티프를 중심으로 통합함을 의미한다. 르네상스와 바로크 양식은 모두 통일성을 중시했지만 부분과 전체와의 관계에서 이처럼 상이한 성격의 통일성을 추구했다. 뵐플린은 구축적인 원리에 의한 것이건 좀 더 자유로운 질서에 의한 것이건 전체 형태란 하나의 통일체를 이룰 때 비로소 법칙성을 띤다고 보았다. 고전미술에서의 조직적 체계와 바로크에서의 자유로운 융합은, 곧 다원적 통일성과 단일적 통일성의 차이이다. 뒤러의 목판화 〈성모마리아의 임종〉(1510)과 렘브란트의 에칭 동판화 〈성모마리아의 임종〉을 비교할 때 이 차이를 목격할 수 있다. 회화의 경우 특히 단색조의 사용은 단일적 통일성의 효과를 극대화한다.

마. 명료함과 불명료함

대상에 대한 절대적 명료성과 상대적 명료성의 차이이다. 이 두 양식 개념은 위의 네 개념쌍들과 전적으로 상응하나, 특히 선적인 것과 회화적인 것의 대조와 관련이 많다. 이 무조건적 명료함과 조건적 명료함의 구분은 사물을 있는 그대로 개별적으로 수용하는 촉각적 재현 방식과 사물 전체를 통합적인 시각으로 수용하는 회화적(비조각적) 재현 방식의 차이이다. 고전적 미술에서 재현 수단은 형태를 뚜렷하게 하는 데 동원되는 데 비해 바로크 미술에서는 그러한 의무에서 벗어나 오히려 감상자의 시각적 욕구에 철저히 부응한다. 조건적 명료함과 무조건적 명료함의 범주는 색채와 빛의 사용에서 특히 잘 구분된다. 고전적 미술에서 색채는 형태에 대한 보조적 수단, 즉 객관적인 대상을 밝히는 임무를 띠기 때문이다. 그에 비해 바로크 미술에서의 색채는 형태에 종속되는 것이 아니라 그 자체의 자율적인 가치를 지닌다. 공간 구성에서도 바로크 양식은 덜 명료한 것, 더 나아가 불명료한 것을 선호한다. 명료성과 불명료성은 모방의 개념이기보다는 장식의 개념이다. 완벽한 형태의 아름다움이 있는가 하면 자신의 모습을 적나라하게 드러내지 않으면서도 부단히 변모하는 모호한 양상의 아름다움이 있다. 고전적 건축과 장식이 전자의 경우라면 바로크의 유형은 후자에 속한다. (Wölfflin, *Kunstgeschichtliche Grundbegriffe*)

5. 뵐플린 이론의 의의와 그에 대한 평가

뵐플린의 이론은 무엇보다도 시각과 시 형식의 성격을 논의하는 데에 집중했다. 그는 미술의 진행 과정을 시 형식의 교체라는 틀에 기초해 고전적 유형과 바로크 유형으로 분류하였고, 각 유형의 형식개념을 정립하였다. 그는 이 시각이 어떻게 발전할지 모르나 정신계와 상호 제약하고 제약을 받으면서 진행하는 것이라고 생각했다. 이것은 판에 박은 듯한 고정된 시각 틀은 존재하지 않지만 그 변화에는 일정한 법칙이 작용할 수 있다는 의미이다. 그리고 이 가능성의 파악이, 즉 이 법칙의 인식이 바로 학문으로서의 미술사학의 주요 과제라는 것이다. 그러나 뵐플린은 자신의 개념쌍과 부분적으로 어긋나는 연결 방식 또는 다른 범주의 설정 가능성을 완전히 배제하지는 않았다. 뵐플린 이전 또는 그 이후의 미술사 해석에서 실제로 상대적 개념쌍에 의해 미술의 본성을 설명하려는 시도는 없지 않았다. 예를 들어 '색채적인 것과 소묘적인 것'(멩스 A. R. Mengs), '촉각적인 것과 시각적인 것'(리글), '추상과 감정이입'(보링거 W. Worringer), '이상주의와 자연주의'(드보르자크) 등의 개념쌍을 들 수 있다.

『기초개념』은 제1차 세계대전 중에 출판되어 뵐플린의 사상을 학계와 대중에게 알리는 데 결정적인 역할을 하였다. 시각의 자율적 가치와 양식 전개의 내재적 원리 그리고 양식을 설명하는 기본 개념쌍의 설정은 미술사학뿐 아니라 문학, 역사, 심리학, 문헌학, 고고학, 음악학 등 정신과학의 여러 영역에 영향을 주기도 했다. 그리고 그 영향은 오늘까지도 지속된다고 할 수 있다.(쿨터만, 『미술사의 역사』, pp. 26-33) 그러나 이와 같은 이분법적 시각이 어느 정도의 타당성을 지닐 수 있는 것인지는, 그 자신 우려했듯이, 의문의 대상이 될 수 있다. 실제로 뵐플린은 형식에 대한 정신사의 우위를 주장하는 미술사 학자들로부터 거센 비판을 받았다. 예를 들어 파노프스키는 양식의 발달 과정에서 내용 표현과 순수 시각적인 형식 국면을 엄격하게 구분하는 것은 불가능하다고 주장하면서 뵐플린의 이론을 비판했다.(Panofsky, pp. 19–28) 또한 파사르게와 크로체는 형식을 우위로 보는 뵐플린의 생각이 부당한 것임을 지적하였다. 그러나 뵐플린은 이러한 비판에 대해 자신이 이미 『기초개념』의 서문에서 형식과 내용을 미술의 이중 근원으로 인정했었음을 상기시켰다. 그는 「기초개념–수정」(1933)이란 『로고스』지에 발표한 글에서(이 글은 기초개념에 후기로 수록되었다.) 자신의 원래의 생각을 거듭 주장하였다. 또한 뵐플린은 그 이후의 글인 『미술사에 대한 소고(*Gedanken zur Kunstgeschichte*)』(1940)에서도 미술에서의 내적 형식과 외적 형식을 구분하면서, 미술사가 표현으로 충만한 외적 형식과 함께 그것을 실행하는 내적 형식을 보유하고 있음을 강력히 주장하였다. 미술의 역사는 "표현사인 동시에 내적 형식의 역사"라는 것이다. 그리고 자신이 그러한 생각을 이미 『기초개념』의 결론에서 말하였음을 밝혔다. 실제로 뵐플린은 보편적 시각 형식이나 시각의 자율적 발전이 정서, 기질, 시대정신, 민족적 특성 등과 함께 양식의 이중 근원임을 언급한 바 있다. 그러나 그는 시각예술이 시각을 통한 예술인 한 시각 자체의 자율적 전제와 법칙은 더 근원적인 양식의 뿌리임을 확신하였다.

뵐플린의 미술 이론은 당시로서는 매우 새로운 것이었다. 그의 형식 개념은 일관성과 복합성을 지닌 독특한 구축으로서 어떤 해석이나 영향에 의존한 결과라기보다는 자유롭고 독립적인 이론 체계의 성립이었기 때문이다. 뵐플린은 보편사의 입장을 유지한 스승 부르크하르트의 강의록에서 "일반적으로 미술과 일반 문화사의 관계는 별로 대수로운 것이 아니다. 미술은 나름의 고유한 생리와 역사를 지니고 있다"(Wölfllin, "Nachwort", *Kunstgeschitliche Grundbegriffe*, p. 282)라는 예기치 못했던 구절을 발견하고서는 자신의 입장에 대한 확신을 더욱 분명히 했다고 한다. 뵐플린이 미술 고유의 시각적 속성을 인정하고 순수 직관에 의한 새로운 형식의 창안을 최고의 창조성으로 간주한 것은 그를 양식사로서의 미술사의 구축자로 평가를 받게 하는 원인이다. 미술과 형식에 대한 뵐플린의 원리는 "인간은 항상 원하는 대로 볼 뿐이다"라는 그 자신의 신념 속에서도 표명되어 있다. 그는 경험적 탐구와 이론적 성찰의 균형을 끝까지 유지하면서 논증 가능한 것의 경계 안에 머물고자 노력했는데, 이것은 그가 신중한 인문학적 태도의 이론가였음을 말해 주는 측면이다.

전체적으로 뵐플린이 그의 모든 저술에서 사용한 방법은 경험적인 것이었다. 그는 거의 항상 사실들을 정렬하고 그것들로부터 하나의 체계적인 방법을 수립했다. 그리고 그 결과로부터 귀납적 방식에 의해 가정을 도출하였다. 그는 먼저 미술 작품들에 대해 논의한 후 발견된 사항들로부터 일반화의 법칙을 이끌어내었다. 그것은 당대 학문의 영역에서 유용했던 실증주의와 신칸트학파의 영향을 반영하는 측면이기도 하다. 그러나 뵐플린은 나이가 들면서 상대적으로 덜 실증적이 되었다. 그가 학위논문에서 보였던 심리학이 인간의 변화에 대한 법칙들을 제공할 것이라는 확신은 따라서 점차 약해졌다. 그것은 그가 현상을 설명하기 위해 경험적인 수단들에 의해 도출한 해석학적 개념들이 그의 실증적인 방법과의 일관성을 잃어갔기 때문이었다. 그것은 뵐플린의 역사 분석의 경험적 방식이 이해를 위한 해석학의 탐구와 대조가 되었기 때문이다. 왜냐하면 진리는 방법을 통해 획득되는 것이 아니며 그 요소들은 상호 배타적인 것이었음을 말한다. 가다머(H.-G. Gadamer)가 그의 『진리와 방법』(1975)에서 언급했듯이 과학적이고 직선적인 방법들의 본성과 역사적이고 순환적인 이해의 본성은 구분되는 것이다. 그러한 연유로 뵐플린의 글들은 과학적이고 체계적이며 심지어는 독단적이고 결정론적이라는 비판을 받기도 했다.(Hart, p. 298)

뵐플린 자신도 '눈'이 그 자체로 발전을 완성한다고는 생각하지 않았다. 그는 시각은 결정하고 또 결정되면서 항상 다른 정신적 국면과 겹쳐진다고 생각했다. 즉 시각체계가 그 자체의 가정으로부터 결정되어 마치 생명이 없는 패턴처럼 이 세계에 부과되는 것이 아니라는 것이다. 그는 그러면서도 만약 인간이 보고자 원하는 대로 본다면 그 모든 변화를 관통하는 하나의 법칙은 존재 가능하다고 생각했다. 그리고 이 법칙을 파악하는 것이 학문으로서의 미술사학의 근원적인 문제라고 보았다. 또한 그것을 자신의 기초개념의 과제로 삼았다. 그러므로 뵐플린의 양식사론에는 두 방법론이 공존한다고 할 수 있다. 첫째는 역사적 해석의 불가피성과 모호한 본성 그리고 순환적 이해에 대한 인식이다. 두 번째는 객관적이고 과학적인 수단들에 의해 규정되는 원칙들에 대한 탐구이다. 과연 이 두 가지 방법의 궁극적인 화해는 가능한 것인가? 뵐플린이 시도했으나 궁극적인 해답을 유보한 이 문제에 대해서는 더 많은 토론이 필요하다.

뵐플린에 대해서는 지금까지 학자들의 관심이 지속되고 있다. 그 가운데는 상반되는 해석이 공존한다. 예를 들어 허버트 리드(H. Read)는 뵐플린을 실증주의의 예언자로서 환기하였는가 하면 곰브리치(E. H. Gombrich)를 비롯한 여러 학자들은 헤겔주의의 옹호자로 보았다. 이러한 상반되는 해석들은 근본적으로 뵐플린의 이론을 그것의 성립 배경인 19세기 말의 스위스와 독일의 상황을 고려하지 않고 1차 세계대전 이후의 관점에서 논의하였기 때문이라고 생각된다. 더욱 세밀하고 철학적 이해를 바탕으로 한 비판적 검토가 여전히 뵐플린 미술사학의 이해를 위해 필요한 작업으로 남아 있다.

더 읽을거리

Ackermann, J., “Toward a New Social theory of Art”, *New Literary History* 4, Winter 1973.

Gombrich, E. H., *In Search of Cultural History*, Oxford, 1969.

Houser, A., “The Philosophical Implications of Art History: ‘Art History without Names’ ”, in *the Philosophy of Art History*, Cleveland, 1965.

Kultermann, U., *Kleine Geschichte der Kunsttheorie*, Darmstadt, 1987.

Wölfflin, H., *Die Klassische Kunst. Eine Einführung in die italienische Renaissance*, Basel, 1968(1898) (안인희 옮김, 『르네상스의 미술: 이탈리아 르네상스 미술입문』, 휴머니스트, 2002).

미술사의 철학

-에르빈 파노프스키: 형식과 내용의 종합을 향하여-

조주연

1. 서 론

미술사 서술의 역사(Arthistoriography)에서 미술사가 하나의 독자적인 학문적 영역으로 선회한 계기는 일찍이 1764년에 나온 빙켈만의 『고대 미술사』라고 회고되곤 한다. 실로 빙켈만의 이 저술은 미술가에 대한 전기적 논의가 주종을 이루었던 이전의 미술사 서술을 미술 작품에 대한 체계적 논의로 대체함으로써, 미술사의 학문적 성립에 결정적인 기틀을 마련했다. 그러나 미술사의 '학문적' 체계화는 19세기로 접어들면서 철학, 역사학, 자연과학 등 당시에 왕성하게 발전하고 있던 인접 학문들의 영향 아래 미술사의 다양한 방법론들이 모색되면서 박차를 가했다고 말하는 것이 실질적이다. 19세기 중엽까지 미술사 서술이 이룩한 방법론적 성과들로는 자연과학의 압도적인 영향을 받은 모렐리의 경험주의적 방법론, 형이상학적 역사철학의 지평에 선 헤겔의 관념론적 방법론, 경험주의와 형이상학을 비판적으로 결합하고자 한 부르크하르트의 문화사적 방법론 등을 들 수 있다. 전적으로는 아닐지라도 현저히 독일어권을 중심으로 진행된 미술사학의 이 체계화 과정은 19세기 말에 더욱 정교한 분과적 발전을 이룩했는데, 경험주의와 관념론의 맥을 각각 이은 뵐플린과 리글의 이른바 형식사와 정신사라고 하는 미술사 방법론이 그것이다. 뵐플린과 리글은 미술의 양식이 시대를 뛰어넘어 변천을 해나가는 근원에 대한 견해를 달리했으나, 양자 모두 그러한 양식 변천의 고유한 원리가 미술에 있다는 신념을 공유했고, 또한 그러한 원리가 시각적으로 수용되는 미술의 형식에서 확인될 수 있다고 본 점에서 미술사에 대한 형식주의적인 입장 또는 자율적인 입장을 구축했다고 할 수 있다. 파노프스키(1892-1968)는, 뵐플린 및 리글과 동시대인이었으나 그들과는 다른 도상학적 방법론으로 미술사에 접근함으로써 미술사의 지평을 편협한 형식 분석 너머로 확장시킨 바르부르크의 입장을 계승하여, 20세기 전반에 도상해석학이라는 고도로 이론적이고 체계적인 방법론을 발전시킨다. 이러한 자신의 체계를 정립함에 있어 파노프스키는 특히 미술 작품에 대한 형식 분석이 도외시하거나 배제한 미술 작품의 '내재적 의미'를 복원하려는 기획에서 출발했으며, 이에 따라 뵐플린과 리글은 파노프스키가 자신의 도상해석학 체계를 정립해 가는 이론적 발전 과정의 비판적 출발점이 되었다. 파노프스키의 이론적 발전 과정은 그가 박사학위를 받고(1914) 저술 활동을 시작한 1915년부터 자신의 도상해석학 체계를 제시한 1939년까지, 이른바 초기의 저술에서 생생하게 추적해 볼 수 있다. 이 시기의 주요 저술은 다섯 편으로 집약되는데, 1915년의 「조형예술에 있어 양식의 문제」와 1920년의 「예술의욕이라는 개념」은 뵐플린과 리글에 대한 파노프스키의 비판적 관점을 여실히 보여 주는 논문들이라면, 1925년의 「미술사학과 미술 이론의 관계에 대하여」와 1932년의 「조형예술 작품의 서술과 내용 해석」 그리고 1939년에 나온 그의 첫 주저 『도상해석학 연구』는 파노프스키가 미술사에 대한 자신의 철학을 바탕으로 특유의 도상해석학 체계를 발전시킨 저술들이다. 이 글은 우선 뵐플린과 리글에 대한 파노프스키의 비판을 살펴보고, 다음으로 파노프스키 자신의 미술사에 대한 철학을 살펴보는 데로 나아가게 될 것이다.

2. '시 형식'과 '예술의욕'의 문제점: 뵐플린과 리글 비판

파노프스키가 1915년 자신의 논문 제목으로 채택한 '조형예술에 있어 양식의 문제'라는 제목은 실상 1911년 12월 7일에 뵐플린이 프로이센 과학 아카데미에서 행한 강연의 제목이다. 서론에서 파노프스키는 뵐플린의 강연 내용이 미술사 혹은 예술철학의 견지에서 근본적인 문제를 내포하고 있음에도 불구하고 아무런 비판적 시도가 없었음을 의아해 하면서 자신의 논문이 의도하는바, 뵐플린에 대한 비판의 취지를 분명하게 밝히고 있다.

파노프스키에 의하면, 뵐플린의 문제점은 그가 '양식의 이중 근원,' 그 자신의 구분을 따르면 '표현'과 '재현'을 모두 인정하는 것처럼 말하면서도, 궁극적으로는 후자가 전자에 비해 우선적이거나 근본적이라고 보았다는 점이다. 실로 뵐플린은 "양식을 일차적으로 표현이라고 보는, 즉 어떤 개인적 기질의 표현일 뿐만 아니라 한 시대와 민족 기질의 표현이라고 보는 미술사의 목표들"에 대해서도 설명하지만, 이보다 더 중요한 미술사의 최우선적 과제는 "시각이 자체의 역사를 가지고 있다"는 자각 위에서, '재현의 방식 자체', 즉 모든 미술가들을 속박하는 시각적 가능성들, 시각의 층들, 또는 시각적 도식들을 밝혀 내는 것이라고 주장했다. "모든 것이 모든 시대에 다 가능한 것은 아니다"라는 뵐플린의 유명한 발언은, "비록 인간은 언제나 자신이 보고자 하는 것을 보아 왔을 뿐이지만, 그렇다고 해서 그 모든 변화를 관통해서 작용하는 어떤 법칙이 있을 가능성이 배제되는 것은 아니다"라는 또 하나의 유명한 발언과 함께, "이 법칙을 결정하는 것이야말로 미술사의 중심 문제"라는 결론으로 이어졌다. 이 결론의 산물이 곧 시각의 '가장 일반적인 재현 형식들,' 다시 말해 '미술사의 기초 개념' 10쌍이다.[1]

이러한 뵐플린의 입장에 대하여, 파노프스키는 '눈'이란 심리적인 것과는 아무 상관 없이 작용하는 하나의 도구로서 외부의 세계를 내부로 받아

1 하인리히 뵐플린, 박지형 옮김, 『미술사의 기초 개념』, 시공사, 1994, 서문, 15-37쪽 참고.

들이는 기관일 뿐이기에, 형식을 이루어낼 수는 없고 다만 형식을 인식할 뿐인 도구라고 비판했다. 그에 따르면, 양식이란 단순히 시각으로 확인할 수 있는 형식의 차원을 넘어서는 것으로, 양식의 형성은 심리(Seele)의 표현 의지를 포함시키지 않고서는 설명될 수 없는 것이다.[2] 바로 이 점에서 파노프스키는 리글이 제시했던 '예술의욕(Kunstwollen)' 개념에 주목한다. 그는 리글에 의해서는 한 번도 명확하게 규정된 바 없던, 그리하여 다양한 심리적 해석 가능성을 방조되었던 이 개념을 엄밀하게 검토하면서, 예술의욕 개념에 심리적 차원을 넘어서는 철학적 차원을 부여하고자 했다.

파노프스키에 의하면, 리글의 '예술의욕' 개념에 대해 널리 펴져 있는 심리적 견해는 다음과 같은 세 가지 해석 가능성으로 세분된다. 작품의 제작자인 미술가 개인의 심리, 특정 집단의 역사에 바탕을 둔 어떤 시대의 심리, 작품의 감상자인 관람자의 심리가 그것이다. 그러나 이러한 심리적 해석들은 모두 미술 작품의 해석을 위한 하나의 절대적인 관점을 제공할 수 없다고 파노프스키는 지적한다. 한편으로, 첫 번째와 두 번째 해석의 문제점은 악순환이다. 예술의욕을 미술가 개인의 심리나 시대의 집단적 심리로 이해할 경우, 미술가나 시대의 심리적 의도가 무엇인가를 결정할 수 있는 근거란 오직 작품뿐인데, 그런가 하면 작품을 설명할 수 있는 근거란 오직 미술가나 시대의 심리적 의도뿐이기 때문이다. 다른 한편, 세 번째 해석의 문제점은 작품에 실현된 예술적 의도보다 작품을 감상하는 관람자의 심리에 더 중요성을 두기 때문에, 미술 작품이라는 역사적 대상이 아니라 관람자의 인상적 경험과 연관이 된다는 것이고, 따라서 작품 해석의 지침이 될 수 없다는 것이다. 이러한 비판 이후 파노프스키는 예술의욕을 "예술 현상 속에 '내재하는' 궁극의 의미"로서, 현상적 '실재'와는 반대되는 추상적 개념이라고 정의하고, 이 정의를 사용하면 미술 작품의 형식과 내용이 지닌

2 Erwin Panofsky, "Das Problem des Stils in der bildenden Kunst(1915)," *Aufsätze zu Grundfragen der Kunstwissenschaft*, Berlin, 1964, S. 23-31 참고.

특성들을 개념적으로 종합할 수 있을 뿐만 아니라 의미의 역사에 근거하여 설명할 수도 있다고 주장한다.[3]

3. 형식과 내용의 종합을 향하여: 파노프스키의 도상해석학

미술 작품의 형식과 내용을 종합함으로써 총체적 해석을 성취하려는 파노프스키의 도상해석학적 방법은 1932년 「조형예술작품의 서술과 내용 해석」이라는 논문에서 구체화되기 시작하여, 1939년에 나온 그의 주저 『도상해석학 연구』의 서문에서 더욱 정교한 도표로 체계화되기에 이르렀다.[4]

"순수한 작품 서술이란 어떤 것인가"라는 근본적인 질문에서부터 출발한 파노프스키는, 가장 기초적인 형태의 파악조차도 순수한 형식의 차원만이 아니라 내용의 차원이 개입한다고 지적한다. 왜냐하면 작품 속에서 어떤 형태가 묘사하는 대상, 즉 그 '형태가 지니는 의미'를 서술하지 않고서 그 형태만을 순수하게 서술한다는 일은 불가능하기 때문이다. 예컨대, 그뤼네발트의 이젠하임 제단화 가운데 오른편 패널 〈예수 부활〉 장면이 제시하는 형태들에 대해, '돌' '인간' '바위' 등으로 서술하지 않고, 여러 색깔들이 다양한 장식적 문양이나 구축적 형태로 흩어지거나 모여든다고 서술하는 것은 작품에 내재하는 궁극적 의미를 찾기 위한 서술의 유의미한 출발점이 될 수 없을 것이다. 따라서 작품의 서술에 있어 1차적 형태 서술이

3 Panofsky, "Der Begriff des Kunstwollens(1920)," *Aufsätze zu Grundfragen der Kunstwissenschaft*, Berlin, 1964, S. 33-47 참고.

4 『도상해석학 연구』의 서문은 후일 부분적 수정을 거쳐 「도상학과 도상해석학(Iconography and Iconology)」이라는 제목으로, 그의 또 다른 주저인 『시각예술 속의 의미(*Meaning in the Visual Arts*)』(1955)에 실렸다. 1932년의 논문과 1939년 저서의 서문 그리고 1955년의 논문은 모두 파노프스키의 유명한 작품 해석의 세 단계에 대한 논의를 담고 있으나, 그 단계들에 대한 도표의 체계와 내용은 조금씩 다르고 뒤로 갈수록 좀더 정교해진다. 이 글에서는 파종적인 성격에 주목하여 1932년의 논문을 중심으로 삼았다. 1932년의 논문에 대해서는, 노성두 역, 「조형예술작품의 기술과 내용 해석」, 에케하르트 케멀링 편, 『도상학과 도상해석학』, 사계절, 1997, 112-136쪽 참고.

란 순수한 형태가 아니라 형태가 지니는 의미를 대상으로 한다. 이러한 1차적 의미를 파노프스키는 '현상 의미' 라고 명명했는데, 현상 의미를 서술하기 위한 전제는 그림 속의 대상과 사건들을 우리가 경험 세계를 통해 알고 있는 사실과 연관짓는 것이다. 이 전제는 평범해 보이지만 실은 그렇지 않다. 중세의 복음서 그림이나 현대의 표현주의 회화처럼, 그림이 보여 주는 현상이 우리의 경험 세계와 전혀 다를 수 있는 것이다. 따라서 간단해 보이는 이 현상 의미의 서술에조차도 해당 작품을 지배하는 양식 기법에 대한 역사적 이해는 필수적이라고 파노프스키는 지적한다. 우리는 먼저 양식사적 기준에서 작품의 분류를 하고 난 다음에야, 그 작품이 제시하는 현상을 우리의 경험적 지식과 올바르게 연관시켜 서술할 수 있기 때문이다. 이러한 양식사적 인식은 현상 의미 발견의 보완책이 된다.

그 다음 2차적 의미의 단계는 전승된 문헌에 관한 지식을 습득하고서야 접근이 가능한데, 이를 파노프스키는 '주제 의미' 라고 명명했다. '손과 발에 못 자국이 있고 공중에 떠 있는 사람' 을 '부활하신 예수' 로 알아볼 수 있기 위해서는 성서에 대한 지식이 필요한 것이다. 문제는 작품과 꼭 들어맞는 문헌을 발견하기가 쉽지 않다는 데 있다. 따라서 주제 의미를 밝히기 위한 문헌 기록의 수집은 중요도와 관련성에 대한 고정관념을 넘어 광범위하게 이루어져야 한다. 하지만 수집된 기록들과 작품의 주제 의미를 올바르게 연관시키는 것은 또다른 문제이고, 이를 위해 필요한 것이 유형사적 지식이라고 파노프스키는 지적한다. 예를 들어, 어떤 여인과 머리가 잘린 남자가 등장하는 이미지가 있다 하자. 성서에 의하면, 이들은 살로메와 세례요한이거나 유디트와 홀로페르네스이다. 여인이 향연장에서 춤을 추고 있으며 잘린 남자의 머리가 쟁반에 얹혀 있으면 첫 번째 조합이다. 하지만 여인이 침실을 배경으로 장검을 들고 있으며 남자의 머리가 자루에 담겨지(려하)면 후자의 조합이다. 문제는 성서가 제공하는 이 명확한 조합을 벗어나는 이미지의 경우이다. 여인이 장검을 들고 있고 남자의 머리는 쟁반에 얹혀 있다면? 이런 경우, 문헌 기록만으로는 더 이상 주제 의미를 결정할 수 없고, 이를 해결하는 보완책이 유형의 역사이다. 그림으로 그려진 살로메의 유형사에서 장검을 들고 나온 살로메는 발견된 적이 없는 반면, 비록 문헌 기록과는 어긋날지언정 접시를 들고 등장하는 유디트의 유형은 비교적 많이 보고되어 있는 것이다.

작품 해석의 마지막 단계는 파노프스키가 '기록 의미' '증언 의미' '존재 의미' 등으로 다양하게 부른 '본질적 의미(Wesenssinn)' 의 심층을 파고드는 작업이다. 어떤 미술 작품의 본질적 의미란 그 작품에 저절로 침윤된 '세상을 향한 기본 태도,' 즉 '세계관의 에너지(Weltanschauungs-Energie)' 이다. 파노프스키에 의하면, 이 의미는 미술 작품 속에 존재하는 모든 해석 요소들, 즉 형태, 채색, 명암, 구도 등의 조형 요소들과 주제, 모티프 등의 도상학적 요소들을 통해 저절로 드러나면서 '증언' 이 되는데, 이는 어떤 사람의 '인격적 존재의 본질,' 즉 그 사람의 '정신적 편력, 성품, 출신, 삶의 환경, 운명에 관한 여러 정보들' 이 그 사람의 소망이나 의도와 무관하게 행동이나 상황을 통해 저절로 드러나는 것과 같다. 이러한 본질적 의미를 파악하기 위한 해석 도구는 해석자의 '세계관적 원태도(das eigene weltanschauliche Urverhalten)' 이다. 그러나 이러한 본질적 의미의 해석 도구는 현상 의미와 주제 의미의 해석 도구인 경험 지식과 문헌 지식보다 훨씬 더 주관적이라는 점에서 양식사와 유형사를 능가하는 더욱더 객관적인 보완책을 필요로 하고, 이를 파노프스키는 '보편적 정신사(allgemeine Geistesgeschichte)' 라고 한다. 보편적 정신사란 역사적으로 입증된 가능한 세계관들의 총체로서, 특정한 현상 의미나 주제 의미들이 특정한 역사적 국면에서 어떤 세계관적 내용을 드러내는지 밝혀 준다.

4. 결 론

이미 1932년의 논문에서부터 파노프스키는 한 작품의 해석에 관련되는 범주들을 '해석 대상'과 '해석 도구' 그리고 '해석의 객관적 보완책'이라는 세 범주로 구분하고, 그 아래 해석되는 의미의 단계 또한 셋으로 체계화했다. 이 논문의 연장선상에서 1939년과 1955년의 글들을 볼 때 눈에 띄는 새로운 점은 해석 대상과 해석 도구 사이에 '해석 행위'라는 항목을 추가한 점과, 본질적 의미의 해석 도구에 대한 명칭이 '세계관적 원태도'에서 '종합 직관'이라는 좀 더 인식론적인 명칭으로 바뀐 점이다. 특히 파노프스키의 유명한 해석 행위의 세 단계에 대한 명명, 즉 전도상학적 서술–도상학적 분석–도상해석학적 해석이라는 체계적 명명은 1939년의 글에서도 나타나지 않고 1955년의 수정본에서야 등장한다는 사실은 흥미롭다. 그러나 이보다 더 중요한 사실은, 파노프스키의 도상해석학 체계를 구성하는 의미의 세 단계가 '서로 유기적으로 간섭하는 하나의 통일 체계'로서, 밀고 당기는 긴장 아래 전체적인 해석으로 나아가기 위한 것이지, 그 자체 엄격한 구분을 위한 것이 아니라는 점은 말할 필요도 없을 것이다.

더 읽을거리

에르빈 파노프스키, 「조형예술작품의 기술과 내용해석」(1932), 에케하르트 케멀링 편, 『도상학과 도상해석학』, 이한순 외 옮김, 사계절, 1997.

____________, 「서문」(1939), 『도상해석학 연구』, 이한순 옮김, 시공사, 2002.

Panofsky, E., "Über das Verhältnis des Kunstgeschichte zur Kunsttheorie(1925)", *Zeitschrift für Ästhetik und allgemaine Kunstwissenschaft*, XVIII, 1925.

____________, "Iconography and Iconology", *Meaning in the Visual Arts*, 1955.

____________, "Das Problem des Stils in der bildenden Kunst(1915)", *Aufsätze zu Grundfragen der Kunstwissenschaft*, Berlin, 1964.

____________, "Der Begriff des Kunstwollens(1920)", *Aufsätze zu Grundfragen der Kunstwissenschaft*, Berlin, 1964.

해석학

가다머의 해석이론

김진엽

1.

'해석학(Hermeneutics)' 이란 명칭은 그리스 신화에 등장하는 신(神)들 중의 하나인 헤르메스(Hermes)로부터 유래하였다. 헤르메스는 다른 신들의 메시지를 인간에게 전하는 역할을 하는 신이었다. 그런데 신들이 헤르메스에게 분명한 메시지를 항상 전달한 것은 아니었다. 때때로 신들은 헤르메스에게 모호한 메시지를 전달하였으며, 이 경우 헤르메스는 모호한 메시지를 인간들이 이해할 수 있게끔 명확히 하여 전달해 주는 역할을 하였다. 헤르메스는 인간 이해의 폭을 넘어서서 있는 메시지를 인간이 이해할 수 있는 형태로 바꾸어 해석해 내는 작업을 한 것이다.

그러나 이러한 해석 과정에서 헤르메스가 신들의 메시지를 왜곡시켜 전달할 때도 있었다. 소크라테스가 크라틸로스(Cratylus)에서 말했듯이, 헤르메스는 전령(messenger)이기도 혹은 해석가(interpreter)이기도 혹은 거짓말쟁이(liar)이기도 하였다. 헤르메스의 이러한 다중적 내면의 모습은 반인반수(半人半獸)의 외형을 지닌 아들 판(Pan)을 낳는 결과를 초래하였다.

헤르메스를 더 이상 못 믿게 된 상황에서 이제 해석 활동의 몫은 인간의 품으로 떨어졌다. 그리고 해석 활동의 영역은 비단 신의 메시지나 성서의 차원을 떠나 법률, 문학, 철학, 인류학 등에까지 광범위하게 확산되고 있다. 그렇다면 우리 인간의 해석 활동이란 어떻게 이루어지는가 혹은 어떻게 이루어져야 하는가? 올바른 해석을 위한 기준은 있는가? 이러한 물음에 대한 답변은 해석학 전통의 큰 축을 형성하여 왔으며 현금에 들어서는 크게 세 가지 방향에서 그 답변이 이루어지고 있다.

첫 번째는 토대론적 해석 이론이다. 일반적으로 토대론(foundationalism)이란 우리의 세계, 지식, 합리성, 문화, 선(善) 등을 정당화시켜 주는 궁극적 근거인 어떤 토대가 존재한다는 이론이다. 이 일반적인 토대론이 해석 이론에 적용될 경우, 우리의 해석을 정당화시켜 주는 궁극적 근거인 어떤 토대가 존재한다는 입장으로 나타난다. 이러한 토대론적 해석 이론에 따르면, 텍스트의 의미는 그러한 토대에 의해 이미 주어져 있고 완결되어 있기 때문에 텍스트의 의미란 우리가 능동적으로 건설하거나 규정할 수 있는 것이 아니라 수동적으로 발견하는 것이다. 궁극적 근거인 토대가 없다면 우리가 무한 후퇴나 혼돈으로 떨어질 수밖에 없다는 염려에서 출발하는 토대론은 형이상학이나 인식론에서와 마찬가지로 해석 이론에서도 주된 전통을 형성하여 왔다. 20세기 들어 토대론적 해석 이론은 두 가지 방향, 즉 의도주의(intentionalism)와 신비평(New Criticism) 속에서 발달되었다.

허쉬(Hirsch)의 의도주의에 따르면, 텍스트의 의미는 저자가 일련의 단어들의 배치를 통해 전달하려고 의도한 것이다. 따라서 해석의 목적은 텍스트의 의미를 결정하는 저자의 의도를 발견하는 것이다.

그러나 비어즐리(Beardsley)의 신비평적 토대론에 따르면, 텍스트는 그 자체로 해석에 필요한 모든 정보를 지니고 있다. 텍스트의 발생처(저자)도 텍스트의 수용처(독자)도 그 의미를 결정하지 못한다. 따라서 해석의 목적은 텍스트 자체 속에 있는 일련의 단어들이 의미하는 바를 언어 규범의 적용을 통해 발견하는 것이다.

해석의 토대가 무엇인가에 대해서는 허쉬와 비어즐리가 서로 다른 견해를 지니고 있기는 하지만, 양자 모두 해석의 목적은 토대를 통해 텍스트의 객관적으로 참된 하나의 의미를 발견하는 것이라는 점에는 동의한다.

현대 해석이론의 두 번째 경향은 회의론적 해석이론이다. 데리다(Derrida)와 바르트(Barthes)에서 볼 수 있는 이 이론은 해석을 정당화시켜 주는 궁극적인 근거인 어떤 토대가 존재한다는 토대론의 원리를 부정한다. 그러나 그러한 부정 이후, 회의론적 해석이론은 해석에 가해지는 모든 규제를 부정하는 데까지 나아간다. 회의론적 해석이론에 따르면, 해석에 가해지는 어떤 규제도 없기 때문에 해석이란 텍스트의 가변적인 다수의 의미들을 자유롭게 능동적으로 구성하는 활동이며, 해석의 타당성 또한 규제의 부재로 인해 참이나 거짓으로 판별될 수 없는 '결정 불가능'의 상태에 놓이게 된다.

이러한 회의론적 해석이론은 토대론적 해석이론의 원리를 부정함에도 불구하고 다음과 같은 전제를 토대론적 해석이론과 공유하고 있다. 즉 궁극적 근거가 되는 토대만이 우리의 해석 활동을 통제하거나 조정할 수 있는 규제로 작용한다는 전제를 양이론 모두 공유하고 있다. 이미 언급했듯이, 토대론은 궁극적 근거가 되는 토대가 텍스트의 의미와 해석의 타당성을 보장해 준다는 점을 전제한다. 그러한 토대가 존재한다고 보기 때문에 토대론은 텍스트의 의미는 결정될 수 있으며 오직 하나의 타당한 해석만이 존재할 수 있다고 결론 내린다. 회의론 또한 오직 토대만이 텍스트의 의미와 해석의 타당성을 보증한다고 전제한다. 그러나 토대가 존재하지 않는다고 보기 때문에 회의론은 텍스트의 의미란 다수이며 해석의 타당성은 결정될 수 없다고 주장한다. 따라서 토대론과 회의론이 공유하는 전제는 다음과 같다. 즉 우리 해석 활동의 궁극적 근거인 토대가 존재하거나 그렇지 않으면 해석에 대한 어떠한 규제도 존재하지 않는다는 양자택일의 전제를 공유하고 있다. 토대론은 후자의 결과가 두려워 전자를 선택하였으며, 회의론은 전자를 받아들일 수 없어 후자를 선택했던 것이다. 따라서 토대론과 회의론은 한 동전의 양면이다. 회의론은 하나의 극단(해석의 궁극적 근거가 되는 토대가 존재한다)으로부터 다른 극단(해석에 대한 아무런 규제도 존재하지 않는다)으로 비약을 한 이론인 셈이다.

그러나 그러한 토대 이외에는 해석에 대한 어떤 규제도 존재 못하는 것일까? 토대적이 아닌 어떤 규제가 우리의 해석 활동에 존재하지 않을까? 이 글은 이러한 질문에 대해 긍정적으로 답변하는 세 번째 경향의 해석이론을 가다머의 해석이론을 통해 살펴볼 것이다.

2.

자연과학의 발흥에 따라, 자연과학의 방법론은 인문과학과 사회과학을 포함하는 모든 과학이 따라야 하는 이상적 유형이 되었다. 자연과학의 방법은 "무선입견(prejudiceless)"과 초역사적인 객관적 진리를 지향한다. 이러한 자연과학의 방법에 영향을 받은 낭만적 해석학과 역사학파는 텍스트와 역사적 사건에 대한 객관적인 참된 해석을 보장해 주는 방법을 찾으려고 애썼다. 이들은 선입견을 인간의 권위 의식과 성급함으로부터 비롯되는 근거 없는 판단으로 간주하였으며, 방법적으로 훈련된 이성의 사용을 통해 선입견을 제거함으로써 올바른 해석에 도달할 수 있다고 주장하였다.

가다머(Gadamer)는 선입견에 대한 이러한 부정적 평가에 반발, 선입견이 모든 이해에 필연적으로 결부된다는 점에 대한 깨달음이 해석 문제의 요체이다라고 힘주어 말하였다.[1] 선입견이 모든 이해에 필연적으로 결부된

1 Gadamer, Hans-Georg, *Truth And Method*. Second, Revised Edition. Translation revised by Joel Weinsheimer and Donald Marshall, New York: Continuum, 1993, p. 271. Gadamer의 이해(understanding)에 대한 언급은 그의 해석(interpretation)에 대한 논의에도 유효하게 적용될 수 있다. 그는 해석을 이해의 명확한 형태라 규정하면서 이해와 해석을 동일시하려 한다. 그는 다음과 같이 말하였다.

> "해석은 이해를 事後에 보충하는 것이 아니다; 오히려, 이해는 항시 해석이며 따라서 해석은 이해의 명확한 형태이다." (*Truth And Method*, p. 307)

그러므로 본고에서는 이해에 대한 Gadamer의 언급을 그의 해석 개념을 설명하는 데도 적용할 것이다. 그러나 Gadamer의 다른 주장, 즉 "해석이란 텍스트의 의미가 곧바로 이해될

다는 점에 대한 근거로 가다머는 이해가 항시 역사와 전통을 배경으로 이루어진다는 사실을 들고 있다.

"우리의 판단이 아닌 우리의 선입견이 우리의 존재를 구성한다 …… 선입견이란 필연적으로 정당화될 수 없고 결점투성이인 탓에 진리를 왜곡할 수밖에 없다는 주장은 옳지 않다. 사실상, 우리 존재의 역사성은 선입견이 우리의 전체 경험 능력의 처음 방향을 구성한다는 점을 담고 있다. 선입견은 세계에 대한 우리 열림의 경향이다."[2]

"…… 사회와 국가의 거대한 역사적 실재들은 모든 '경험'에 미리 결정된 영향력을 항시 발휘하여 왔다. 딜타이(Dilthey)가 출발점으로 삼았던 자기 반성과 자기 기록이란 기본적인 것이 아니며, 따라서 해석학적 문제의 적합한 근간이 될 수 없다. 왜냐하면 그러한 출발점을 통해 역사는 다시 한 번 개인화되기 때문이다. 사실상 역사가 우리에 속하는 것이 아니다. 우리가 역사에 속한다. 자기 성찰의 과정을 통해 스스로를 이해하기 이미 오래 전에, 우리는 우리가 사는 가족, 사회, 그리고 국가 속에서 명확하게 스스로를 이해한다. 주관의 초점은 왜곡된 거울이다. 개체에 대한 자기 인식은 역사적 삶의 폐쇄회로 속에서의 깜박거림일 뿐이다. 이 점이 왜 개인의 판단보다는 개인의 선입견이 훨씬 더 그 개인 존재의 역사적 실재를 구성하는지에 대한 이유이다."[3]

가다머의 주장처럼 우리의 이해가 언제나 우리가 속한 역사적 상황에 의존한다면, 어떻게 우리는 우리와 다른 역사적 상황에 속한 텍스트를 이해

수 없는 곳에서 필요하다"(*Truth and Method*, p. 336)는 주장을 받아들일 경우, 우리는 Gadamer가 이해와 해석을 동일시하지 않는다고 간주할 수도 있다. 그렇지만, Gadamer의 위의 주장은 그 자신 이론의 전형적인 입장과는 거리가 있으며, 그리고 해석은 명확한 이해라는 그의 생각 속에 어떻든 통합될 수 있다.

2 Gadamer, "The University of the Hermeneutical Problem", in *Philosophical Hermeneutics*, David Linge 편역, Berkeley and Los Angeles: University of California Press, 1977, p. 9.

3 Gadamer, *Truth and Method*, pp. 276-277.

할 수 있는가? 이러한 의문에 답변하기 위해 가다머는 '지평의 융합' 이라는 개념을 도입한다. 가다머가 지평이란 말을 통해 의미하는 바는 어떤 특정 지점으로부터 보여질 수 있는 모든 것을 포괄하는 통찰력의 범위이다.[4] 우리가 텍스트를 이해하거나 해석할 때, 두 가지 지평이 존재한다. 하나는 우리가 속해 있는 지평이고, 다른 하나는 텍스트가 발생한 지평이다. 텍스트에 대한 우리의 해석 작업은 이러한 두 지평의 융합이다. 가다머는 다음과 같이 말한다.

"해석가가 텍스트와의 거리를 극복하고 그를 통해 독자가 텍스트를 이해하게끔 도와주려 할 때, 그 자신의 발걸음을 뒤로 물리는 일은 부정적 의미에서의 사라짐이 아니다. 오히려 그러한 뒤로 물러섬은 텍스트의 지평과 독자의 지평 사이에 놓여진 긴장이 풀어지게끔 상호 소통 속으로 들어감을 의미한다. 나는 이러한 일을 '지평의 융합' 이라 부른다. 떨어진 지평들은 서로 다른 관점들의 경우에서와 같이 서로서로 합쳐진다. 그리고 텍스트를 이해하는 과정은 텍스트가 말하는 것들 속으로 독자를 사로잡아 끌고 들어가는 경향이 있고, 이러한 융합 속에서 텍스트도 또한 스러진다."[5]

따라서 가다머에게서 해석이란 텍스트의 지평을 재생산함도 아니고 오직 우리의 지평만을 배려함도 아니다. 해석이란 우리의 지평을 텍스트의 지평에 적용하는 일이다. 그래서 가다머는 해석을 적용이라고 불렀다.

"...... 이해란 이해의 대상인 텍스트를 해석가의 현재 상황에 적용하는 그러한 일에 항시 관련된다. ...... 우리는 적용을 이해나 해석만큼이나 해

4 *Ibid.*, p. 302.

5 Gadamer, "Text And Interpretation" in *Dialogue And Deconstruction: The Gadamer-Derrida Encounter*, Diane Michelfelder and Richard Palmer (eds.), Albany: State University of New York Press, 1989, p. 41.

석 과정에서 필수적인 한 부분으로 여긴다. …… 텍스트는 법률서이든 복음서이든을 불문하고 적절히 이해되려면 …… 모든 경우에 모든 구체적 상황 속에서 새롭고 다른 방식으로 이해되어야만 한다. 여기서 이해는 항시 적용이다."[6]

이러한 적용 활동에 의한 지평의 융합을 통해 우리와 텍스트 사이에 놓여진 긴장이 풀어지고 우리는 텍스트를 이해할 수 있게 된다. 그러나 가다머에게서 이러한 긴장의 풀어짐은 최종적으로 완결되어지는 것이 아니라 지속적으로 진행되는 것이다. 가다머의 말을 들어보자.

"…… 다음과 같은 사유의 오류를 피하는 일이 중요하다. 즉 현재의 지평이 의견과 가치관들의 고정된 집합이며, 그리고 과거의 다른 것들은 하나의 고정된 기반으로 그러한 집합으로부터 미리 정초되어질 수 있다는 사유의 오류를 피하는 일이 중요하다. 이러한 융합의 과정은 지속적으로 진행된다. 왜냐하면 그곳에서 옛것들과 새것들이 서로로부터 명확히 미리 정초됨 없이 새로운 가치 속으로 항시 결합하기 때문이다. 역사 의식 속에서 일어나는 전통과의 모든 만남은 텍스트와 현재 사이의 긴장을 경험하는 일이다. 해석의 과제는 이 둘에 대한 단순한 통합을 통해 이러한 긴장을 숨기는 데 놓여 있지 않고 의식적으로 이 긴장을 드러내는 데 놓여 있다."[7]

상황이 변함에 따라 우리가 텍스트의 지평 속에 집어넣는 지평 또한 변화한다. 새로운 의문이 떠오르게 되고, 우리가 텍스트로부터 얻을 수 있는 답변들도 변화한다. 그리고 그러한 변화를 통해 지평의 융합 또한 변화한다. 예컨대, 우리가 마크 트웨인의 『허클베리 핀(*Huckleberry Finn*)』을 해

---

6 Gadamer, *Truth and Method*, pp. 308-309.
7 *Ibid.*, p. 306.

석할 때, 우리는 우리 시대에 동성애에 대한 새로운 인식이 대두됨에 따라 짐(Jim)과 허크(Huck)의 관계를 이전 시대에는 생각할 수 없었던 관점에서 바라보게 될 수도 있으며, 이에 따라 이전 시대와는 다른 텍스트에 대한 해석이 이루어 질 수도 있다.

그렇다면 이제 지평의 융합이 잘 이루어졌는지에 대한 여부는 어떻게 알 수 있는가? 이 물음에 답하기 위해서는 가다머의 전체성 혹은 단일성이라는 개념으로부터 도움을 받아야 한다.

가다머의 주장에 따르면, 텍스트를 해석할 때 우리는 의미의 완결성, 즉 의미의 전체적 단일성을 기대한다. "의미의 단일성을 진정 구성하는 것만이 인지될 수 있으며,"[8] 해석이란 "전체 구성의 단일성이 비추어지는"[9] 곳에 존재한다. 그러므로 가다머에게서 해석이란 의미가 놓여진 모든 관계들 속에서 의미의 전체적 단일성을 추구해 나가는 것이라 할 수 있다.[10] 그러나 앞서 말했듯 해석이란 두 지평의 융합 속에서 이루어지는 일이기 때문에, 해석에서의 그러한 단일성이란 두 지평들의 융합 속에서의 전체적 단일성이다. 부연하면, 해석은 텍스트의 지평과 해석가의 지평을 일관되고 전체적인 방식으로 단일화하는 일이다. 그러나, 가다머에게서 전통이란 그 끝이 열려 있고 뭉뚱그려져 객관화될 수 없는 것이기 때문에, 텍스트와 해석 상황의 전체적 단일성에 도달하는 일은 불가능하다. 해석이란 전체적 단일성을 향해 나가는 상대적이고 불완전한 운동이다.

"신(神)들은 알고 있으리라. 그러나 우리는 이러한 근사치의 도정(道程)에 서 있으며 진리로 향한 변증법적 움직임을 통해 오류를 극복해 나가고 있다. 이러한 의미에서, 나는 다음과 같은 생각에 대한 부분적인 옹호를 할

8 *Ibid.*, p. 294.

9 Gadamer, "Text And Interpretation," p. 48.

10 Shusterman, Richard, "The Gadamer-Derrida Encounter: A Pragmatist Perspective" in *Dialogue And Deconstruction: The Gadamer-Derrida Encounter*, p. 218.

수 있었다. 즉 철학의 가장 오래된 유산은 철학이 지닌 기능성, 설명 부여 능력이며 따라서 철학은 제1원리들을 지닌다고 추정할 수 없다라는 생각에 대한 부분적인 옹호를 할 수 있었다. 이 점은 내가 '토대' 대신에 취하려 했던 것을 아주 잘 드러내 준다. 나는 그것을 '참여'라 부르려 한다. 왜냐하면 인간 삶 속에서 일어나는 바가 바로 참여이기 때문이다. …… 참여는 부분을 취하는 것이 아니라 전체를 취하는 과정 속에 놓여 있다."

전체적 단일성을 완수하는 일이 불가능하기는 하지만, 전체적 단일성은 해석의 규범적 이상으로 기능한다. 가다머는 다음과 같이 말한다.

"체계적 단일성에 대한 요구가 관념론의 시대보다 오늘날 훨씬 더 구현되기 힘들어 보이는 것은 사실이다. 그 결과 매혹적 다양성에 대한 내밀한 친화력이 우리들을 잡아당기고, 예술의 표현은 풍부한 작품들 속에서 그러한 친화력을 우리들에게 전파한다. 자아 의식도 혹은 최종적 단일화와 자족적 기반화 같은 어떤 다른 원리도 철학의 체계를 구성해 나가는 일이 가능하다는 점에 대한 기대를 우리에게 불어넣어 주지 못한다. 그럼에도 불구하고 단일성에 대한 주장의 절박함은 굽힐 수 없는 채 남아 있다."[11]

그리고 우리가 단일성에 도달하였는지의 여부는 비록 일시적이라 할지라도 해석 공동체 혹은 전통 속에서 이루어 내는 동의 혹은 합의에 달려 있다. "모든 이해는 불일치 속에서 그리고 불일치를 통하여 상호 동의를 추구해 나간다."[12]

11 Gadamer, "Science and Philosophy" in *Reason in the Age of Science*, Frederick Lawrence (trans.), Cambridge: The MIT Press, 1981, p. 19.

12 Gadamer, "Hermeneutics as a Theoretical and Practical Task" in *Reason in the Age of Science*, p. 136.

3.

지금까지 가다머의 해석이론을 소개하였는데, 이제 이 이론에 대한 세 가지 주요한 비판을 살펴보도록 하겠다.

먼저 허쉬가 제기한 비판을 그 첫 번째 비판으로 살펴보자. 허쉬는 가다머의 이론이 객관적 해석 기준을 마련하고 있지 못하다고 비판하였다. 허쉬에 따르면, 가다머는 전통의 역할을 강조함으로써 해석의 어떠한 안정된 기준도 마련하지 못한 채 해석 공동체나 전통이 지닌 편견을 주관적으로 찬양하는 데로 나아갔다. 허쉬의 주장을 들어보자.

> "전통이란 개념이 가다머에게서는 핵심적인 개념이다. 왜냐하면 이 개념이 현금의 독자들 사이에서 나타나는 불일치들을 해소하기 위한 원리를 가리키기 때문이다. 전통의 통로를 따르는 독자는 올바르고, 이 통로를 벗어나는 독자는 그르다. 어떤 주어진 시점에서의 텍스트의 명확한 의미는 현재의 문화가 그러하다고 인정한 의미이다. …… (그러나) 가다머의 전통 개념은 …… 적절치 못하다. 왜냐하면 텍스트와 관련되었을 때 전통이란 개념은 텍스트가 해석되어 온 역사와 다름 아니기 때문이다. 모든 새로운 해석은 그 존재에 있어 전통에 속하면서 또한 그 전통을 변화시킨다. 결론컨대, 전통이란 실상 변화하는 기술적인(descriptive) 개념이기 때문에 안정된 규범적인 개념으로서 기능할 수 없다.(중립적이고 기술적인 개념들을 규범적인 개념들로 전환시키려는 잘못된 시도를 하는 것이 저자의 특권을 거부하는 이론들의 두드러진 특징이다.) …… 진정한 안정된 규범 없이는 두 가지 서로 다른 해석들 사이에서 원리적으로조차도 타당한 선택을 내릴 수 없으며, 그리하여 텍스트가 그 아무런 것도 의미하지 못한다는 결과에 이르고 만다."[13]

---

13 Hirsch, E. D., *Validity In Interpretation*, New Haven: Yale University Press, 1967. p. 250.

가다머의 이론에 대한 두 번째 비판으로는 데리다가 제기한 비판을 들 수 있다. 데리다의 비판에 따르면, '합의' 라는 개념에 대한 가다머의 호소는 토대론의 잔재이다. 즉 무조건성, 최종적인 것, 궁극적 결정체에 대한 호소이다.[14] 그리고 데리다는 '합의' 개념을 떠받치고 있는 문맥과 단일성이라는 가다머의 개념을 또한 비판하였다. 데리다에 따르면, 텍스트에 대한 해석은 "문맥 연관 속에서의 정합성"이나 "지속적 확장"보다는 "단절"이나 "비지속적 재구성"이라는 특징을 훨씬 더 많이 지닌다.[15]

세 번째 비판은 가다머의 이론이 보수주의에 빠져 있다는 것이다. 이 비판에 따르면, 가다머는 전통이라는 개념에 너무 과도하게 의존하고 있기 때문에 전통이 왜곡될 수 있다는 점을 깨닫지 못한 채 비판적 반성 없이 전통을 단순히 받아들인다. 하버마스(Habermas)가 이러한 비판을 펼친다.

> "전통에 의해 보장된 선입견의 정당함에 대한 가다머의 선입견은 반성의 힘을 부인한다. 그러나, 반성의 힘은 전통의 요구를 거부할 수 있음을 보여 준다. 반성은 실체를 분해한다. 왜냐하면 반성은 교조적 지배력을 확인할 뿐만 아니라 그 지배력을 분쇄하기도 하기 때문이다. 권위의 통로를 따라 언어 게임의 문법은 세계 해석 및 행위에 대한 규칙으로써 교조적으로 주입되었는데, 반성은 그러한 권위에 대한 주의를 환기시킨다. 이러한 과정 속에서, 단순히 지배적이기만 한 권위의 요소는 제거될 수 있고 통찰력과 합리적 결정의 덜 강압적인 규제로 용해된다."[16]

---

14 Derrida, Jacques, "Three Questions to Hans-Georg Gadamer" in *Dialogue And Deconstruction: The Gadamer-Derrida Encounter*, p. 52.

15 *Ibid.*, p. 53.

16 Habermas, Jurgen, "A Review of Gadamer's *Truth and Method*" in *The Hermeneutic Tradition: From Ast to Ricoeur*, edited by Gayle Ormiston and Alan Schrift, Albany: State University of New York Press, 1990, pp. 237-238.

하버마스는 문화학들에 대한 객관주의자들의 이해에 관하여 가다머가 일등급의 비판을 펼치고 있다고 칭찬하기는 하지만,[17] 다른 한편으로는 가다머의 비판이 충분치 못하다고 생각한다. 위에서 드러났듯이, 하버마스에 따르면 가다머는 우리의 전통이 지배력과 이데올로기에 의해 왜곡될 수 있다는 사실을 간과한다. 우리가 도달하려고 하는 합의는 그렇게 왜곡된 전통 속에서의 합의가 아니다. 하버마스는 왜곡되지 않은 합의에 도달하기 위해서 해석과 대화를 둘러싼 상황이나 전통을 비판적 반성을 통해 바라보아야 한다고 주장한다. 이러한 비판적 반성은

> "이해의 과정을 합리적 담화의 원리에 연결시킨다. 합리적 담화의 원리에 따르자면 진리는 다음과 같은 조건 아래에서 성취된 합의, 즉 지배력으로부터 자유로운 제한되지 않은 소통의 이상적 조건 아래에서 성취된 그러한 합의에 의해서만 보장되고 시간을 초월하여 지속될 수 있다."[18]

참된 합의를 보장하는 이상적 조건들은 찾는 것이 하버마스의 보편적 담화론의 목적이다. 그리고 이러한 비판적 반성은 우리의 이해와 해석이 이상적 조건들 아래서 이루어졌는가를 판단하는 도구이다.[19]

지금까지 가다머에 대한 세 가지 주요한 비판을 살펴보았다. 이제 이러한 비판에 대한 답변을 시도해 보자.

---

17 *Ibid.*, p. 223.

18 Habermas, "The Hermeneutic Claim to University" in *The Hermeneutic Tradition: From Ast to Ricoeur*, p. 267.

19 Habermas의 보편적 담화론에 대한 상세한 내용을 위해서는 다음 문헌을 참고하기 바란다. Habermas, "What Is Universal Pragmatics?" in *Communication and the Evolutionary Society*, Tomas McCarthy (trans.), Boston: Beacon Press, 1979.

4.

가다머에 대해 허쉬가 제기한 비판의 논증 구조는 다음과 같이 요약할 수 있다.

가다머에 따르면, 모든 새로운 해석은 전통에 속하면서 또한 전통을 변화시킨다. 따라서 가다머에게서 전통이란 개념은 변화하는 개념이다. 전통은 안정된 규범적 개념으로 기능할 수 없다. 안정된 규범적 개념 없이는, 두 가지 상이한 해석들 사이에서 타당한 선택을 이론상으로라도 내릴 수 없다. 그러므로 가다머의 전통 개념은 두 가지 상이한 해석들 사이에서 타당한 선택을 내릴 수 없다. 그의 전통 개념은 주관주의나 '해석적 회의론'[20]을 담고 있다.

필자가 생각건대, 전통이 안정된 규범적 개념으로 기능할 수 없다는 허쉬의 지적은 옳다. 그러나, 첫째로 안정된 규범 없이는 두 가지 상이한 해석들 사이에서 타당한 해석을 내릴 수 없다는 그의 말은 옳지 않다. 그리고, 둘째로 두 가지 상이한 해석들 사이에서 타당한 선택을 내릴 수 없다는 점이 회의론을 담고 있다는 허쉬의 논변은 더더욱 옳지 않다.

어떤 특정 전통 속에서 더 나은 해석이 무엇인가에 대한 합의에 도달할 수 있다는 가다머의 주장을 기억한다면 허쉬의 첫 번째 오류는 명백해진다. 가다머는 타당한 해석에 대한 영구적이고 안정적인 기준을 부정하지, 어떤 특정 전통 속에서 타당한 해석에 도달할 수 있다는 가능성을 부정하지는 않는다. 해석에 대한 기준이 반드시 영구적이고 안정적이어야만 하는 것은 아니다. 유동적이고 가변적인 것이 두 가지 상이한 해석들 사이에서 선택을 내리는 기준이 될 수 있다.

이제, 허쉬의 두 번째 오류, 즉 두 가지 다른 해석들 사이에서 선택을 내리지 못하는 기준은 회의론을 담고 있다는 생각이 지닌 오류를 살펴보자.

---

20 Hirsch, Jr., E. D., *Validity In Interpretation*, p. viii.

두 가지 해석들 사이에서 선택을 내리지 못하고 그 둘 모두를 받아들이는 모호한 경계를 지닌 기준이라 할지라도 그 기준이 회의론을 담고 있는 것은 아니다. 오히려 그러한 모호한 경계를 지닌 기준이 때론 더 유용하고 효과적일 수 있다.[21] 어떤 해석의 목적에서는 모호한 기준이 더 유용하고 효과적이다. 물론, 모든 해석의 목적들이 모호한 기준을 요구하는 것은 아니다. 명확한 기준이냐 모호한 기준이냐의 선택은 그 기준이 적용될 해석의 목적이 무엇이냐에 달려 있다.

예컨대, 셰익스피어(Shakespeare)의 햄릿(Hamlet)을 공연하는 데 필요한 등장인물의 수가 몇인가를 명확히 하는 것이 우리의 해석의 목적이라면, 우리의 해석의 기준은 명확한 경계를 지닐 것이며 오직 하나의 올바른 해석만을 허용할 것이다.

그렇지만, 우리의 해석의 목적이 햄릿이 왜 아버지의 살해범에 대한 복수를 머뭇거렸는가를 해명하는 것이라면, 우리의 해석의 기준은 그 경계가 모호하고 서로 다른 해석들을 허용한다. 프로이트(Freud) 식(式) 해석에 따르면, 햄릿의 머뭇거림은 '오이디푸스 콤플렉스' 라는 개념을 통해 설명될 수 있다. 햄릿은 "숙부 클라우디스(Claudius)가 저지른 바로 그 일을 하고픈 욕망을 잠재의식 속에 지니고 있었기 때문에 이에 대한 죄책감이 그의 복수를 머뭇거리게 하였다."[22] 또 다른 해석은 햄릿이 머뭇거린 것이 아니라

---

21 여기서 Wittgenstein의 주장을 참고하는 것이 도움이 될 것이다. Wittgenstein에 따르면, 본래 희미한 경계를 지닌 개념에 날카로운 경계선을 부과하는 것은 잘못된 일이다. 그는 다음과 같이 말한다.

> "그러나 만일 원래의 그림 속에 있는 색채들이 어떠한 윤곽의 흔적도 없이 섞여져 있다면, 그러한 희뿌연 그림에 상응하는 명확한 그림을 그리는 일은 헛된 노력이 되지 않겠는가?" (*Philosophical Investigations*, sec. 77)

명확한 경계를 지니지 못한 개념이 무용한 것은 아니다. 길이의 단위인 한 걸음(one pace)이 '1pace=75cm' 라는 미터법에 따른 정의가 내려지기 전에도 무용한 것이 아니었듯이 날카로운 경계를 지니지 못한 개념도 무용한 것이 아니다.(*Philosophical Investigations*, sec. 69.) Wittgenstein에게서 명확함 혹은 정확함이란 해당 목표나 목적에 의존한다.(*Philosophical Investigations*, sec. 88) 따라서, 어떤 영역에서는 모호한 기준이 날카로운 기준보다 더 유용하고 효과적이다.

신중한 태도를 취하였다고 말한다. 유령은 믿을 만한 정보의 원천이 되지 못하기 때문에 햄릿은 사실을 확인해 보아야 했다. 그리고 일단 확인한 후에는 햄릿은 머뭇거리지 않았다. 정확히는 머뭇거리려 하지 않았다. 다만 그가 통제할 수 없는 여러 불행한 사건들이 그의 행동을 미루게 하였다.[23]

위의 햄릿 예에서 볼 수 있듯이, 동일한 시점에 동일한 텍스트에 대하여 오직 하나의 해석만을 고집하지 않아도 된다. 동일한 시점에 동일한 텍스트에 대하여 하나 이상의 해석을 허용할 수 있는 것이다.[24] 그리고 이미 말했듯, 그러한 다의성이 자의성을 담고 있지는 않다. 해석이 다양해질 수 있는 범위는 텍스트가 발생한 그리고 텍스트가 해석되는 전통의 문맥에 의해 규제된다. 예컨대, 프로이트의 '오이디푸스 콤플렉스'가 알려져 있지 않은 전통 속에서는 햄릿의 머뭇거림을 그러한 콤플렉스를 통해 설명하려는 해석은 받아들여질 수 없을 것이다.

지금까지의 설명을 통해 허쉬의 두 번째 오류가 명백히 드러났으리라 생각된다. 두 가지 다른 해석들 사이에서 하나의 선택을 내리지 못하는 기준, 즉 뚜렷한 경계를 지니지 못한 기준도 유용하고 효과적인 기준으로 충분히 기능하며, 또한 그러한 기준이 회의론을 담고 있는 것은 아닌 것이다.

이제 가다머에 대한 데리다의 비판으로 넘어가 보자. 이미 살펴보았던 것처럼, 데리다의 첫 번째 비판은 가다머의 동의에 대한 호소가 무조건성, 최종적인 것, 궁극적인 결정체에 대한 호소라는 것이다.

---

22 Stecker, Robert, "Art Interpretation," *The Journal of Aesthetics and Art Criticism* 52, 1994, p. 196.

23 *Ibid.*, p. 196.

24 몇몇 이론가들은 동일한 텍스트에 대하여 동일한 시점에 내리는 부정합적인 혹은 모순적인 해석들 또한 모두 받아들일 수 있다고 주장한다. 예컨대, Margolis는 비평적 해석의 가장 흥미로운 특징은 양자택일적인 혹은 모순적인 해석을 받아들이는 데 있다고 주장하였다. 비평적 해석 속에서, "부정합적인 해석들이 결합되어 참일 수는 없으나 그러나 양자 모두 그럴 듯(plausible)할 수는 있다. 그러므로, Brahams의 교향곡 4번에 대한 A와 B라는 음악적 해석들 혹은 Hamlet에 대한 A와 B라는 문학적 해석들은 A와 B가 결합되어질 수 있는 C라는 해석이 존재하지 못한다는 직설적 의미에서는 부정합적이다. 그러나 이 점이 A와 B 양자 모두가 그럴 듯할 수 있다는 점을 부정하는 것은 아니다." Margolis, *Art and Philosophy*, Atlantic Highlands, N. J.: Humanities Press, 1980, p. 164.

그러나 가다머가 동의에 호소하고 있기는 하지만, 이러한 호소는 해석적 순환의 조건 속에서의 호소이지 궁극적 결정체나 무조건성에 대한 호소가 아니다. 가다머에게서 해석에서의 합의는 전통에 의해 조건지워지고, 특정 전통 속에서 어느 해석이 올바른가에 대한 판별은 합의를 통해 결정된다. 전통이 변함에 따라 합의도 변하고, 그리고 또다시 합의가 변함에 따라 전통도 변화한다. 합의와 전통 모두가 해석적 순환 속에 놓여 있으며, 변화에 열려 있다. 그러므로 합의에 대한 가다머의 호소는 무조건성과 궁극적 결정체에 대한 호소가 아닌 것이다. 그에게서 합의는 고정된 토대가 아니라 전체적 관계 속에서의 한 요소인 것이다.

데리다의 두 번째 비판은 텍스트를 해석하는 일은 단일성이나 지속적 확장보다는 단절이나 비지속적 재구성이라는 특징을 훨씬 더 많이 지니는데 가다머는 전자의 특징을 더 강조했다는 것이다.

가다머가 해석의 특징으로 단일성과 지속적 확장을 강조했다는 지적은 올바르다. 그러나 해석이 단절이나 비지속적 재구성이라는 특징을 훨씬 더 많이 지닌다는 데리다의 주장은 올바르지 않다. 필자가 생각건대, 해석은 단일성과 단절, 합의와 불일치 그 모두와 연관된다.[25] 우리가 한 요소를 강

---

25 Gadamer와 Derrida 또한 해석이 단일성과 단절, 합의와 불일치 양 요소들 모두와 연관된다는 점을 깨달았다. Gadamer는 다음과 같이 말한다.

> "…… 문학 텍스트-문자 예술작품-는 우리에게 일격을 가하거나 우리를 내려칠 뿐만 아니라 만족스럽게 받아들여져야 하는 것으로 의도되기도 하였다. …… 이해를 추구하는 모든 글읽기는 결코 끝나지 않는 길 위의 한 발자국일 뿐이다. 이 길을 걷는 사람들은 누구나 자신들이 텍스트에 대한 글읽기를 결코 완벽하게 수행하지 못한다는 점을 인지한다: 우리는 텍스트가 가하는 일격을, 찌르기를 받아들인다. …… 우리 자신이 어떻게 될 것인지에 대해 결코 미리 알 수 없다는 점을 내가 강조할 때, 나는 내 자신이 Derrida로부터 그리 멀리 떨어져 있지 않다고 믿는다." (Gadamer, "Reply to Jacques Derrida" in *Dialogue and Deconstruction*, p.57)

그리고 Shusterman이 지적하였듯이, 서로 연관된 용어들에 대한 단일성을 임시로나마 설정하지 않는다면 Derrida가 주장하는 서로 다른 의미들을 끊임없이 생산해 내는 일이 어떻게 가능한지 의문이다. 어떤 용어에 대한 무수히 많은 다른 의미들을 생산해 낸다 했을 때, 의미가 서로 다름을 주장하기 위해서는 임시로나마도 서로 다름을 판별해 주는 기준이 되는 그 용어의 단일성이 상정되어야 한다. (Shusterman, *Pragmatist Aesthetics*, p. 82)
실제로, 언어 영역의 본성이 자유 놀이라고 주장하면서 Derrida는 언어 영역을 "유한한

조한다고 할지라도, 다른 요소를 억눌러서는 안 된다.

이제 마지막으로 가다머에 대한 하버마스의 비판을 검토해 보자. 하버마스는 가다머의 해석학은 비판적 반성을 결여하고 있기 때문에 왜곡된 전통조차 받아들일 위험이 있으며, 그 결과 보수주의에 빠진다고 공격하였다.

필자가 생각건대, 하버마스의 가다머에 대한 비판은 정당화될 수 없다. 이미 보았던 것처럼, 가다머에게서 두 가지 지평의 융합은 주어진 지평들의 단순한 통합이 아니다. 두 지평의 융합은 전통에 의존하나, 전통을 넘어설 수 있다. 지평을 가진다는 것은 그 지평의 부근에 항구적으로 제한된다는 것이 아니라 그 지평을 넘어서서 바라보면서 새로운 지평으로 갈 수도 있다는 것이다.[26] 그러므로 전통을 통하여 우리는 전통을 비판적으로 반성할 수 있다. 실제로 가다머는 그 자신의 해석학 속에서 반성의 계기를 받아들인다. 그는 "철학적 해석학은 하버마스가 칭하듯 비판적인 반성적 지식을 추구한다"고 말한다.[27]

그러나 가다머가 여기서 의미하는 바는 하버마스가 의미하는 바와는 다르다. 가다머는 하버마스의 입장 뒤에는 "해석적 반성 그 자체의 개념을 왜곡시키는 교조적 객관주의가 도사리고 있다"고 주장한다.[28] 하버마스의 반성 개념은 보편적이고 이상화된 해석의 조건들을 지향하고 있기 때문에 반성 그 자체가 전통에 의존한다는 사실을 무시하고 있다. 비판적 반성을 위한 능력은 전통에서부터 시작하고, 그런 연후에 전통을 넘어선다. 그런데 하버마스가 염두에 두는 보편적이고 이상화된 조건들은 전통을 넘어선 객관적이고 영구적인 조건들을 함축한다. 그러므로 하버마스는 그 스스로가

앙상블의 폐쇄 속에서 이루어지는 무한한 代替의 영역"이라고 묘사하였다. 그러나, 이렇듯 Gadamer와 Derrida가 해석이 양 요소 모두와 관련맺는다는 점을 깨닫기는 하였지만, 그들은 양 요소 중 한 요소만을 지향하였으며 나머지 요소를 억누르려고 하였다.

26 Gadamer, *Truth and Method*, p. 302.

27 Gadamer, "Reply to My Critics" in *The Hermeneutic Tradition: From Ast to Ricoeur*, p. 276.

28 Gadamer, "On the Scope and Function of Hermeneutical Reflection" in *Philosophical Hermeneutics*, p. 28.

비판한 토대론에 빠져 있다.

하버마스가 제기한 비판과 유사한 근거에서, 가다머의 이론은 자기중심주의(自己中心主義, ethnocentrism)란 논박을 받기도 한다. 이러한 논박에 따르면, 해석이 우리 전통의 문맥을 배경으로 이루어진다는 가다머의 이론은 우리가 오직 우리 자신의 전통을 통해서만 다른 전통까지도 해석해 나간다는 자기중심주의를 함축한다.

그러나 자기중심주의에 빠지지 않고도 가다머 및 그와 유사한 경향의 이론들을 유지하는 것이 가능하다. 모든 해석이 전통의 문맥을 배경으로 이루어진다는 점은 참이다. 그러므로 전통의 문맥은 해석 활동을 위한 필요조건이다. 그렇지만, 그러한 전통의 문맥은 해석 활동에 대한 제한 조건이 아니라 가능 조건이다.[29] 우리 전통의 문맥을 배경으로 이루어지는 우리의 해석 능력은 우리에게 다른 전통의 문맥들도 해석할 수 있게끔 해준다. 그러나 이 점이 우리가 항시 다른 문맥들을 오직 우리의 용어를 통해서만 해석한다는 점을 의미하지는 않는다. 처음에는 다른 문맥들을 우리의 용어로 해석하지만, 우리 문맥 속에 과도하게 편향된 어떤 특질들이 존재하기 때문에 때때로 다른 문맥에 대한 우리 식 용어로의 해석이 문제점을 불러일으키게 된다. 이 경우, 우리는 다른 문맥들을 우리 및 다른 문맥들 모두에게 편향되지 않은 공통된 용어로 고쳐 해석할 수 있다. 우리가 우리의 문맥을 완전히 초월할 수 없음은 사실이지만, 그러나 이러한 규제가 우리가 문맥을 조금도 뛰어 넘을 수 없음을 혹은 문맥을 결코 수정할 수 없음을 함축할 필요는 없다.[30] 따라서 가다머의 이론 혹은 그와 유사한 경향의 이론이 자기중심주의를 필연적으로 함축하는 것은 아니다.

---

29 이 점에 대한 좀 더 상세한 설명은 다음 글을 참고하기 바란다. Bohman, James, "Holism Without Skepticism: Contextualism and the limits of Interpretation" in *The Interpretive Turn: Philosophy, Science, Culture*, ed. David Hiley, James Bohman, and Richard Shusterman, Ithaca: Cornell University Press, 1991, pp. 141-145.

30 좀 더 상세한 논의는 David Hoy의 "Is Hermeneutics Ethnocentric?" in *The Interpretive Turn: Philosophy, Science, Culture*를 참고하기 바란다.

5.

지금까지 해석이 비토대적 규제 속에서 이루어지는 활동임을 주장하는 이론에 대해 가다머를 중심으로 살펴보았다. 이러한 이론은 해석이란 궁극적 근거인 토대에 의해 이미 주어지고 결정된 의미를 발견하는 활동이라는 토대론의 입장을 부정하고 해석이란 우리가 텍스트의 가변적인 여러 의미들을 구성하는 활동이라고 보는 점에서는 회의론과 유사하다. 그러나 비토대적 규제 속에서의 구성이라는 점에서는 자유로운 구성을 주장하는 회의론과 다르다. 그리고 비토대적인 것이 해석에 대한 규제의 역할을 함을 보여 주었다는 점에서 토대론과 회의론이 공유하는 전제를 부인한다.

이미 살펴보았듯이, 해석을 비토대적 규제 속에서의 텍스트 의미의 구성으로 보는 이론은 토대론적 해석이론으로부터는 회의론을 함축하지 않는다는 비판을, 회의론적 해석이론으로부터는 토대론에 호소하지 않느냐는 비판을 받는다. 그러나 그러한 비판에 대한 응대를 통해 토대론과 회의론 모두를 넘어설 수 있음을 보여 주었다고 생각한다.

더 읽을거리

리차드 슈스터만, 『프라그마티스트 미학: 살아있는 아름다움, 다시 생각해 보는 예술』, 김광명 · 김진엽 공역, 예전사, 2002.

움베르토 에코 외, 『해석이란 무엇인가』, 손유택 옮김, 열린책들, 1997.

Bernstein, R., *Beyond Objectivism and Relativism: Science, Hermeneutics, and Praxis*, Oxford: Blackwell, 1983.

리쾨르의 현상학적 해석학

한상철

1. 들어가는 말

폴 리쾨르는 1913년 프랑스 발랑스(Valence)에서 출생하였고, 가브리엘 마르셀로부터 철학과 신학을 배웠다. 1950년에는 후설의 「현상학의 이념들 I」을 프랑스어로 번역하여 프랑스에 현상학을 소개하였다. 1956년 소르본느 대학 교수에 취임하였고, 1949년 『의지적인 것과 비의지적인 것(*Le volontaire et l' involontaire*)』에서 의지에 관한 현상학적 기술을, 1960년 『유한성과 죄악가능성(*Finitude et culpabilité*) I, II』에서 종교적인 상징에 대한 해석학을, 1965년 『해석에 관하여(*De l' interprétation*)』에서 정신분석학적 상징에 대한 해석학을 개진하였다. 1966년 낭트 대학(현 파리10대학) 부임하였으며, 중간에 루뱅에서 3년을 보낸 것 이외에는 정년(1980년)까지 근무하였다. 그의 철학적인 주제도 상징이 아닌 텍스트가 해석학의 주된 테마로 변화하였다. 그것은 상징 언어에 대한 해석이 너무 좁다고 보고, 텍스트에 대한 논의를 통해 인간존재 이해에 이르고자 했기 때문이다. 그 결과 1975년에 『살아 있는 메타포(*La métaphore vive*)』를, 『시간과 이야기(*Temps et récit*) I, II, III』(1983, 84, 85), 『타자로서의 자기 자신(*Soi-même comme un autre*)』(1990년)과 논문 모음집인 『강좌(*Lecture*) I, II, III』(1991, 92, 94년), 『기억, 역사, 망각(*La mémoire, l'histoire, l'oubli*)』(2000년), 『정의(*Le Juste*) I, II,』(1995, 2001)를 출간하였다.

2. 현상학과 해석학

원래 해석학은 성서해석학, 문헌해석학에서 출발하였다. 슐라이어마허에 이르러 비로소 해석방법 일반에 관한 이론이 논의되었다. 딜타이는 해석학을 정신과학을 해명하기 위한 인식이론으로 파악하였다. 현상학과 해석학 사이의 관계에 대한 논의의 효시(嚆矢)로는 딜타이의 사위인 게오르그 미쉬(Georg Misch)에 의해 1931년에 나온 『생철학(生哲學)과 현상학(現象學)』이 있다. 미쉬는 딜타이의 생철학의 관점에서 후설과 하이데거의 현상학을 논의한다. 그러면서 하이데거의 존재론과 해석학을 생(生)의 논리학으로 이해하려 한다. 하지만 미쉬의 논의는 딜타이와 하이데거를 생철학이라는 공통된 관점에서 조명하는 데 치우쳐 있다.

반면에 방법론과 인식론으로 이해되던 해석학적 사유를 존재론적 관점에서 고찰한 사람이 하이데거다. 그러한 하이데거의 현상학적 존재론적 해석학은 가다머, 리쾨르 등에게 영향을 주었다. 가다머는 1960년에 『진리와 방법(*Wahrheit und Methode*)』에서 '철학적인 해석학'을 개진하였다. 가다머는 구체적인 해석의 방법을 일반화시킨 이론을 제공하는 것이 목적이 아니고, 이해현상, 해석현상에 존재론적인 기초를 제공하려 하는 것이 철학적 해석학이라고 말한다. 가다머는 예술적인 경험에 대한 현상학적인 기술(記述)로부터, 정신과학을 정초하기 위하여 해석학으로 나아간다. 그 점에서 하이데거 후기철학을 가다머가 계승했다.

그런데 리쾨르에서의 해석학과 현상학의 결합 방식은 가다머와는 약간 다르다. 리쾨르는 딜타이적인 정신과학적 방법론으로서의 해석학이 꼭 하이데거나 가다머의 철학적 해석학과 배치되는지에 대하여 의문을 제기한다. 리쾨르는 하이데거의 해석학적인 사유가 가다머 식의 진리/방법이라는 이분법적 사고에 기초한 것은 아니라고 보며, 또한 하이데거의 해석학과 딜타이의 인식론을 중재하고자 한다. 존재론적인 진리로부터 방법론적인 결론이 이끌어져 나올 수 있고, 인식론적인 사고와 존재론적인 사고가 해석학을 통해 연관되어 있다고 리쾨르는 보고자 한다.

3. 상징에 대한 해석

인식하는 주체인 자기 존재에 대한 이해는 기호, 상징, 텍스트에 의해 매개되지 않고서는 불가능하다고 리쾨르는 본다. 하이데거가 현존재의 직접적인 존재이해로부터 인간현존재의 존재를 밝혀 내는 것과는 구별된다. 리쾨르는 객관적으로 표현된 언어를 통해 인간존재를 파악하고자 한다는 점에서 하이데거보다는 딜타이의 인식론적인 해석학과 밀접히 연관되어 있다.

해석학은 다음 세 가지 물음을 주요하게 다루었다. 첫째, 왜 해석이 필요한지, 둘째, 어떻게 해석이 가능한지, 셋째, 여러 해석이 가능하다면 그 해석들 중 어떤 해석이 올바른 것으로 보아야 할 것인지가 그것이다. 하지만 하이데거는 해석학을 존재론적으로 방향전환하면서 앞의 두 문제는 다루지만, 마지막 문제는 다룰 필요가 없었다. 기초존재론적으로 유용한 해석을 고르기만 하면 된다고 생각했기 때문이다. 리쾨르도 세 번째 문제, 즉 어떤 해석 방법이 옳은지에 대해서는 침묵한다. 하지만 두 번째 문제, 서로 다른 해석 가능성이 어떻게 가능했는지는 다루고자 한다. 그는 정신분석학에 대한 논의에서 가능한 **해석지** 사이의 갈등 문제를 넘어서서, 가능한 **해석 방법들** 사이의 갈등 문제도 다룬다. 그러나 가능한 해석지 사이에 어떤 해석이 올바른지를 가려내는 규칙을 제시하지 않는 것처럼, 가능한 해석학 방법론 사이에서 어떤 해석학이 옳은 방향인지를 논의하지 않는다. 이들 가능성들은 궁극적으로는 통일되어 있을 것으로 보지만 그 통일은 신비에 싸여 있다고 보기 때문이다. 그 점에서는 의지의 현상학에서 코기토의 분열과 신비적 통일에 대한 기대라는 해결책이 해석학에서도 그대로 적용되고 있다.

4. 텍스트 해석학

리쾨르는 상징에 대한 해석이론이 너무 좁다고 보고 1970년 이후부터 텍스트 해석학에로 관심을 돌린다. 상징해석을 일반화시킨 것이 텍스트 해석이다. 상징은 그것이 속한 맥락에 의해서만 그것의 다의성(多義性)이 제대로 나타날 수 있다. 그런데 리쾨르는 이 텍스트 해석학이 인식론적이면서도 존재론적이라고 본다. 그는 하이데거처럼 존재론적 사유에 직접 뛰어드는 것을 비판하고 인식론적 반성을 통해 존재론적 사유에 이르러야 된다고 본다. 텍스트 해석이 어떤 의미에서 인식론적이고 존재론적인지는 소격화(疎隔化, Verfremdung, distanciation aliénante)와 전유(專有, Zueignung, Aneignung, appropriation)라는 개념에서 구체적으로 살펴볼 수 있다—소외와 소유라는 번역어는 다른 함축을 너무 많이 지니고 있어서 소격화와 전유라는 번역어를 선택하였다.

소격화는 세 측면에서 이야기된다. 하나는 텍스트를 통해 말함과 텍스트를 통해 말해진 것 사이의 괴리를 나타내며, 다른 하나는 저자와 텍스트 사이의 분리이고, 마지막으로 저자와 독자 사이의 간격을 메울 수 없음을 나타낸다. 첫 번째 소격화가 텍스트 생산에 있어서의 개별적인 사건을 말하는 것이라면, 두 번째 소격화는 일반적으로 저자와 텍스트 사이의 관계를 나타내는 것이다. 같은 차원의 논의라고 보기 쉬우나 리쾨르 자신은 영미언어철학, 특히 일상언어학파, 또 프랑스 언어학과 자신의 해석학과의 연관성을 드러내기 위해 설정한 것이다.

가다머와 리쾨르는 귀속성과 소격화를 각기 강조한다는 점에서 구분된다. 가다머가 전통에의 귀속성을 이야기한 데 비해, 리쾨르는 텍스트의 소격화에서 자기존재 이해에로의 전유를 말한다. 가다머가 하버마스의 이데올로기 비판에 대하여 무기력했던 이유 중 하나는 그가 귀속성이란 개념을 지나치게 강조하고 '소격화'를 소홀히 했기 때문이라고 리쾨르는 본다.(RTA[1] 335f.) 물론 가다머에게 있어서도 시대 간격, 문서성, 언어성 개념 속에 그러한 '소격화'의 계기가 존재한다. 특히 지평융합은 귀속과 소격화를 동시에 포용하는 개념이다. 하지만 어디까지나 전통과의 연속, 귀속성을 보충하는 보조 개념으로서이다. 그래서 리쾨르는 소격화가 해석학적인 경험에서 지니는 역할이 귀속성 개념만큼이나 동일한 비중으로 여겨져야 한다고 생각한다.

그러기 위해서는 소격화에서의 주객 분리와 전유에서의 주체성 회복이 동시에 강조되어야 한다고 본다. 그에게서는 텍스트에로의 고정 속에서 말하는 주체와 말한 내용의 분리가 일어난다. 가다머에서도 귀속성에 시대간격(Zeitabstand)을 대비시키나 어디까지나 우위에 있는 것은 전통에의 귀속성이다. 그는 텍스트가 생산된 상황으로부터의 자율성과 소격화를 말하는 이상 가다머와 같은 귀속성을 말할 수는 없다. 비록 귀속성과 전유는 이해 대상과 이해 주체 사이의 구분을 해체시킨다는 점에서는 동일하나, 귀속성은 이해된 내용에 이미 자기 자신이 참여해 있음을, 전유는 이해된 내용에서 자기 자신을 회복함을 의미한다는 점에서 구분된다.

이러한 리쾨르의 이해 개념은 저자의 체험과 단절되어 있다는 의미에서는 딜타이와 구분되지만, 표현을 통해서만 자기이해가 가능하다는 것을 말한다는 점에서는 딜타이와 의견을 같이한다고 볼 수 있다. 또한 이는 리쾨르가 의지의 현상학에서 객관적인 지표를 통해서만 코기토 이해가 가능하

1 이하 본문에서 RTA 다음의 숫자는 리쾨르의 *De Texte à l'action* (텍스트에서 행동으로) 원전의 쪽수를 의미하며, RTR I, II, III 다음의 숫자 역시 리쾨르의 *Temps et récit*(시간과 이야기) I, II, III 원전에서의 쪽수를 의미한다.

다고 보았던 견해를 텍스트 해석에서도 유지하고 있음을 보여 준다.

5. 텍스트와 시간성

텍스트를 말하는 행위(le dire)와 관련시켜 접근할 때, 저자와 텍스트, 저자와 독자 사이의 관계가 문제지만, 텍스트에서 말해진 바(le dit)를 문제 삼을 때, 텍스트 내에서 '줄거리만들기(mise en intrigue)' 와 시간성으로서의 의미의 관계가 문제된다. 텍스트, 특히 역사와 문학 텍스트 내에서의 이야기 줄거리는 텍스트 내에서는 서로 이질적이고 불일치하는 요소들을 종합하는 역할을 하며, 독자의 측면에서는 그러한 이질적인 요소들을 이해 가능한 전체로 통일하려 할 때 핵심적인 실마리가 된다.(RTA, 15)

그런데 리쾨르는 이야기의 서술 구조와 줄거리 분석으로부터 시간 개념을 끌어낼 수 있다고 본다. 그것은 텍스트 전체의 의미가 단순한 문장들의 나열로서는 획득될 수 없으며 문장들의 효과적인 결합에 의해서만 결정된다고 보기 때문이다. 따라서 리쾨르는 텍스트에서의 진술들의 결합 방식을 결정하는 줄거리(intrigue)에 대한 논의가 이야기 텍스트의 의미론을 형성하며, 이 의미론으로부터 시간 개념이 해명된다고 보았다. 그는 시간 문제에 대한 이러한 시학적(poétique) 접근 방식이 하이데거까지 포함한 종래의 사변적(spéculative) 접근 방식이 아포리아로 남겨둔 문제를 해명할 수 있다고 본다.

줄거리 만들기는 텍스트 내에서의 결합(configuration) 방식을 나타내는 것이지만(미메시스 II), 그 결합 방식이 실천적 영역에서의 선결합(préfiguration)(미메시스 I), 독자에 의한 작품수용에 의해 이루어지는 재결합(refiguration)(미메시스 III)을 매개시키는 역할을 한다.(RTR I, 87) 따라서 줄거리 만들기의 과정에 대한 해명을 중심으로 시간 개념 해명이 미메시스 I, II, III이라는 용어로 이루어진다. 미메시스 I은 텍스트 내의 이야기를 이해할 수 있도록 만드는 '선이해'를 가리키며, 미메시스 III은 독자가 텍스트를 자신이 처한 세계 내에서 '적용'해 봄으로써 이해하는 것을 가리킨다. 그 선이해와 적용 사이에 이야기 줄거리 결합 방식이 개입한다. 그런데 리쾨르가 미메시스라고 고쳐 말하는 것은 아마 줄거리로 엮어지는 요소들이 상호 존재론적 유사성을 지니고 있다는 점을 나타내며, 선이해-줄거리-적용 사이의 상호관계가 동일성이나 인과성을 나타내지 않는다는 것, 그러면서도 우연적인 결합관계만은 아니라는 점을 보여 주려 하기 때문이다. 단순히 사건을 늘어놓아서는 이야기라고 볼 수 없으며, 이해 가능한 전체로 조직화해야 한다. 줄거리를 만든다는 것은 단순한 계속이 아니라 조직적인 결합이기 때문이다. 이를 시간적인 관점에서 말한다면, 에피소드의 단순한 나열은 '지금'이라는 시간의 단순한 계속이 시간이라고 보는 입장이고, 이질적인 것의 조직적인 결합은 과거-현재-미래가 중첩된 시간성을 가리킨다. 이야기에서의 시간구조가 이야기함(narration)이라는 행위에서 나타나듯이, 이 이야기함의 시간 성격은 행위의 시간 성격에서 유래한다.(RTR I, 95)

더 읽을거리

김종걸, 『리쾨르의 해석학적 철학』, 한들출판사, 2003.

윤성우, 『폴 리쾨르의 철학』, 철학과현실사, 2004.

폴 리쾨르, 『시간과 이야기 1, 2, 3』, 김한식 외 옮김, 문학과지성사, 1999, 2000, 2004.

________, 『해석의 갈등』, 양명수 옮김, 아카넷, 2001.

________, 『텍스트에서 행동으로』, 박병수 외 옮김, 아카넷, 2002.

구조주의와 후기구조주의

데리다의 구조주의 해체론*

김상환

철학은 초월적일 때만 철학적일 수 있다. 이는 철학이 사실에 대한 물음이 아니라는 것과 같다. 사실에 대한 추구, 나아가서 직접적 의미에 대한 추구가 아니라는 점에서 철학은 과학이 아니다. 과학과 달리 철학은 어떤 권리에 대한 물음이다. 과학적 탐구는 언제나 이 권리에 대한 물음에 종속되어 있다. 칸트가 사실의 문제에만 집착했다고 비판했던 영국 경험론마저 어떤 권리 증명의 기획이었음을 알 수 있다. 그런 이유에서만 그것은 정당한 자격의 철학이었다. 사실의 기원, 의미의 의미, 경험의 배후를 묻는다는 점에서 철학은 현실의 정당성에 대한 권리 증명의 문제를 제기하는 입법적 사유이다. 이 입법적 사유는 현실에 대한 다양한 권리 부여와 박탈의 형식들이 공존하는 가설적 추론의 공간을 전제한다. 철학적 사유는 현실을 총체적으로 재정위하기 위해서 이 가설적 추론의 공간에 들어서야 한다. 이를 위해서 철학은 불가피하게 현실을 초과해야 하고 따라서 초월적이다. 초월론은 총체성을 설계하는 철학적 건축술의 필수불가결한 부분을 이룬다.

물론 그 초월이 단순한 초과, 도피적 외출에 불과하다면 철학은 얼마든지 조롱받아 마땅하다. 그러나 철학은 회귀적이다. 회귀적 외출이 철학적

---

* 이 글은 계간 『철학과 현실』 38호(1998 가을)에 처음 발표되었다.

사유의 일반적 궤적이다. 때문에 각각의 철학에 대하여 그 성공과 실패를 결정하는 대목은 그것이 총체성의 안과 밖 사이에 위치하는 대목, 그 안과 밖이 소통하는 접경의 지대에 대하여 말할 때이다. 즉자적 현실과 그 배후의 순수한 개방성 사이, 직접적 사실의 세계와 순수한 가능성의 세계 사이에서 철학은 비상하거나 추락한다. 철학은 그 두 세계 사이를 왕래할 수 있을 때, 혹은 그 두 세계 사이에 다리를 놓을 때, 어떤 체계적 총체성을 설계하기 시작할 수 있다. 체계 구성을 위한 모든 철학적 건축술에 포함된 초월론은 그러므로 어떤 교량술이다. 초월적 사유는 그 교량술을 통해서만 현실을 현실로서 개방하는 그 배후의 차원으로 왕래할 수 있다. 모든 철학적 건축에서 가장 먼저 요구되는 최초의 원근과 척도는 그 왕래에서, 혹은 그 복귀적 외출에서 허락된다.

이론적 세계관을 대변해 온 서양의 형이상학은 현실을 총체적으로 구성하는 어떤 건축술이었다. 해체론 또한 어떤 건축술이다. 이 점에서 해체론은 그것이 파괴하는 형이상학적 전통을 계승하고 있다. 해체론이 형이상학에 대하여 파괴적이라면, 이는 단순히 부정과 일탈의 취미 때문이 아니다. 그것은 기존의 형이상학이 체계 구성에 앞서는 어떤 물음을 생략하기 때문이고, 따라서 불충분한 건축술이기 때문이다. 모든 체계는 본성상 어떤 질서의 공간을 개방하는 동시에 폐쇄한다. 따라서 우리는 그 체계의 열림과 닫힘, 그 열림과 닫힘의 관계, 그 관계의 논리적 형식, 혹은 그 구조적 성격에 대하여 물어야 한다. 해체론이 형이상학을 파괴할 때 궁극적으로 묻고 답하고자 하는 것은 그러한 물음이다. 문제는 폐쇄적일 수밖에 없는 한정된 체계에 대하여, 그 안과 밖의 관계를 꼴짓는 어떤 구조, 그 관계를 조정하는 어떤 경제에 있다. 해체는 형이상학적 체계가 이미 전제하거나 빚지는, 그러나 그 체계 안에서 추상되거나 망각에 빠지는 이 접경의 경제를 드러내기 위한 절차이다.

데리다는 구조주의를 논평할 때 이 접경의 경제를 '차연적 경제' 혹은 '근원적 구조'라 불렀고, 이를 역사적 개방화의 논리 자체로서 서술했다.

역사적 현실에 부응하려는 해체론의 건축술적 성격, 나아가서 그 초월론적 면모는 사실 데리다가 구조주의적 구조를 해체론적 구조 개념을 통하여 상대화할 때, 다시 말해서 그가 1960년대의 지배 사조인 구조주의에 개입하는 장면에서 가장 명확하게 드러나고 있다. 그러므로 구조주의와 관련된 데리다의 초기 논문들을 다시 읽어보도록 하자. 이는 일차적으로 해체론이 형이상학적 건축술의 한계를 극복한 새로운 형태의 체계 구성의 전략임을 강조하기 위해서 필요한 일이다. 해체론은 많은 오해와 비난에도 불구하고 파괴의 기획에 그치는 것이 아니었다. 그것은 그 출발에서부터 어떤 구성의 기획을 도모하고 있었다.[1]

그러나 이보다 더 중요한 것은 이 새로운 구성의 기획이 모든 철학적 건축술과 마찬가지로 어떤 초월론을 동반할 수밖에 없다는 사실이다. 구조주의에 대한 데리다의 논평에서 뒤쫓아야 하는 것은 무엇보다 거기서 드러나는 초월론적 행보이다. 바로 거기에 해체론을 포함한 모든 철학적 사유의 본성이 담겨 있기 때문이다.

1. 구조주의적 구조에서 접경의 경제로: 루세론

데리다의 초기작 『글쓰기와 차이』[2]는 구조주의를 논평하는 세 편의 글을 담고 있다. 이 논문들은 각기 구조주의 문학을 대변하는 루세, 구조주의의 인류학의 선구자 레비스트로스, 광기의 역사를 기술했던 푸코를 다루고 있다.

먼저 루세에 대한 논평에서 데리다가 지적하는 것은 힘과 지속(베르그송적 의미의 순수한 시간)에 대한 구조주의의 태생적 무능력이다. 즉 구조주의의

1 해체론의 체계 구성적 성격에 대한 입문적 해설로는, Ch. Johnson, *System and Writing in the Philosophy of Jacques Derrida* (Cambridge: Cambridge University Press, 1993) 참조.

2 J. Derrida, *L'écriture et la différence*, Paris: Seuil, 1967. 본문 내 약칭 ED.

가 동원하는 어떠한 방법론적 장치도 힘과 지속을 번역할 수 없고 그 자체로서 사유할 수 없다. 그 이유는 구조주의적 의미의 구조 자체가 어떤 공간화하는 사유의 산물이라는 데 있다. 그 공간화는 힘과 지속의 환원에서 성립한다. 구조주의적 사유는 본성상 힘이나 지속과 양립 불가능한 관계에 있고, 때문에 힘과 지속에 대하여 언제나 파괴적이다. 구조주의적 건축은 추상적 건축이고, 그래서 말하자면 "자연과 예술의 대참사로 인하여 골격만 남은 어떤 도시, 사람이 살지 않고 폭풍우에 날아가 버린 그런 도시의 건축과 다소 유사"(ED, 13)하다. 다만 구조주의는 자신의 이런 파괴적 성격을 잊고 있을 뿐이다.

그 망각은 자만과 겹쳐 있다. 구조주의는 분명히 어떤 질서의 공간을 개방하는 건설적인 건축술이다. 총체성의 추구, 전체의 유기적 재구성이 구조주의의 이념이다. 그러한 재구성을 통하여 구조주의가 지시하는 것은 그 전체의 내면적 자율성이자 그에 고유한 형식적 논리이다. 병리적 현상마저 내재적 합목적성을 지닌 어떤 자율적 체계로 보아야 한다는 것이 건전한 의미의 구조주의가 취하는 관점이다. 구조주의적 문학 비평이 증명하고자 하는 것도 한 작가의 작품 세계를 총체적으로 규정하고 확대 재생산하는 상상의 논리와 형식이다. 루세는 그 논리와 형식을 문학적 독창성의 근거로 간주했고, 따라서 그것을 모든 문학적 탐구의 고유한 대상과 동일시했다.

이런 구조주의적 탐구는 해당 문헌 전체에 대한 동시적 시야를 요구한다. 부분과 부분, 부분과 전체 사이의 관계를 한눈에 조망할 수 있는 지점에 서고자 하는 구조주의적 해석은 어떤 평면도를 작성하는 것에서 완성된다. 전체의 생성 과정을 하나의 평면에 담고 있는 회전 그림(파노그래피), 바로 그것이 구조주의적 해석의 귀착점이다. 이 그림은 구조주의적 관점이 동시성을 추구하는 관점, 근본적으로 공간화하는 관점으로서 제공할 수 있는 최선의 것이다. 그러나 이 동시화와 공간화는 필연적으로 힘의 약동을 평균화하고 지속의 차이성, 그 이질화의 흐름을 동질화시킨다. 따라서 힘과 지속은 그것을 환원하면서 진행되는 구조주의적 사유에 대하여 영원한 타자이자 바깥일 수밖에 없다.

이 정도 수준에서 구조주의의 한계를 비판하기 위해서는 그러나 아직 해체론을 거론할 필요가 없다. 베르그송주의라면 이미 충분할 것이다. 해체론은 역사적 유래를 물으면서 시작하고, 그 유래에 대한 반성에서 가장 급진적인 체계적 비판의 가능성을 찾는다. 이러한 해체론적 관점에서 구조주의는 홀로 서 있는 사조가 아니다. 그것은 서양 사상사 전체와 결부되어 있는, 그래서 오래전에 이미 태어나 있었던 사조이다. 즉 "구조의 개념 그리고 구조라는 말까지도 에피스테메[이론적 인식]와 동일한 나이를 먹었고, 다시 말해서 서양의 과학 그리고 서양의 철학과 동일한 연령이다. 그리고 이들은 모두 일상 언어의 토양 속에 그 뿌리를 내리고 있다."(ED, 409)

구조주의는 서양의 이론적 사유의 전통 전체와 동시대적이고, 그 전통의 시작에서부터 이미 잠재적으로 존재해 왔다. 그러므로 구조주의를 이해한다는 것은 서양의 이론적 전통의 기원과 한계를 이해한다는 것과 동일한 문제가 된다. 또한 구조주의에 대한 체계적이고 역사적인 연역은 이 이론적 전통의 출발점으로 소급하는 절차 뒤에 시작할 수 있다. 위의 인용문에 따를 때, 구조주의를 포함한 서양의 이론적 사유 전체는 서양의 일상 언어를 모태로 하고 있다. 데리다가 여기서 말하는 일상 언어는 니체적 의미의 아폴론적 개방성의 세계, 가시성, 빛과 형상, 조형성과 분별의 세계이다. 이 아폴론적 개방성은 어둠과 혼돈, 음악과 힘을 특징으로 하는 디오니소스적 개방성에 대립한다. 이런 니체적 구도에서 볼 때, 이론적 사유의 전통은 어떤 어두운 밤 뒤의 새벽처럼 시작되었다. 그 전통의 시작은 "힘의 여명기, 다시 말해서, 이미지들, 형상들, 현상들이 말을 하는 빛나는 아침이다. 혹은 그것은 관념과 우상들의 아침이다. 힘의 기복이 평온을 취하는 가운데 빛 안에서 자신의 깊이를 평면화하고 수평적 구도 속에서 길게 펼쳐놓는 그런 아침인 것이다."(ED, 47)

로고스, 언어와 이성은 해가 뜨는 아침, 그 아폴론적 개방성이 허락하는 테오리아(시선)이다. 이 시선과 그에 마주해서 나타나는 형상의 세계가 개념적 질서이다. 이 질서 안에서 빛과 그림자 혹은 나타남(보임)과 사라짐(보이지 않음)은 모든 개념적 변용과 장소 이동을 지배하는 원초적 은유이다. 그것은 "형이상학으로서의 서양 철학을 기초하는 은유"이고, "이 점에서 철학의 역사 전체는 어떤 사진술, 즉 빛의 역사 및 빛 자체에 대한 논의로서의 사진술이다." 그리고 "이 태양 중심적 형이상학 안에서 힘은 '에이도스'(다시 말해서 은유적 시선에 대하여 가시적으로 드러나는 형태)에 자리를 내주는 가운데 이미 힘의 본래적 의미로부터 분리되어 있다. 이는 마치 음악적 특성이 음향학을 통해서 자기 자신으로부터 분리되는 것과 같다. 어떻게 밝음과 어두움의 차원에서 힘의 강약을 포용할 수 있겠는가."(ED, 45)

구조주의가 힘을 사유하지 못한다면, 그 무능력은 그러므로 그것의 역사 · 체계적 유래인 언어 자체에서 온다. 힘 그리고 지속은 구조주의의 타자이기에 앞서 언어의 타자, 아폴론적 개방성의 바깥이다. 구조주의의 개방성은 언어의 이론적 개방성에 대한 한 가지 표현 방식에 불과하다. 따라서 구조주의를 넘어선다는 것은 이론적 개방성 자체, 그리고 그것의 모태인 언어의 한계를 뛰어넘어야 한다는 불가능한 과제로 이어진다. 그러나 해체론의 특성은 이 불가능한 과제를 마다하지 않는다는 데 있다. 데리다의 말을 옮기자면, 해체론은 "이 언어의 경계를 넘어가도록 시도해야 한다. 넘어가도록 '시도'한다기보다 그렇게 되도록 꿈꾸어야 한다. 왜냐하면 그런 시도는 '우리의' 역사를 잊지 않고서는 불가능하기 때문이다. '넘어간다' 기보다는 저항해야 한다. 왜냐하면 넘어간다는 것은 아무런 의미도 없고 의미의 빛을 박탈해 갈 것이기 때문이다. 어쨌거나 자포자기식으로 언어에 함몰해 버리지 않는 것이 중요하다. 오늘날 가장 세련된 구조주의적 형식주의의 역겨운 만취 상태에서 볼 수 있는 그런 자포자기를 벗어나야 하는 것이다."(ED, 46)

이 탈언어적 외출과 이를 위한 저항이 어떤 해체론적 당위라면, 이 당위는 힘과 지속을 개념의 매개 없이 그 자체로 경험해야 한다는 베르그송적 요구에 있는 것은 아니다. 그 당위는 언어적 개방성 자체의 배후, 그 배후의 기원적 사건에 대한 권리적 물음의 가능성에 있다. 언어적 개방성의 기원은 이미 그것이 개방해 놓은 공간 안에서 찾을 수 없다는 것, 이 자명한 사실이 그 배후 혹은 그 바깥으로 향한 물음을 정당화한다. 그러나 해체론적 외출은 언제나 매개적이고 내재적이다. 해체론은 언어의 매개 없이 언어 밖의 사태와 직접 접촉할 수 있는 가능성을 배제한다. 이 점에서 그것은 베르그송적 초월론과 구분된다. 해체론적 외출은 언제나 초과되는 것의 내용을 바탕으로, 초과되는 것의 규칙을 수단으로 이루어지는 외출이다. 그것은 내재적 파열과 같은 외출이다.

이 매개적이자 내파적인 외출은 권리적 차원의 가설적 추론을 사다리로 삼고 있다. 해체론은 동일성을 타자들 간의 관계에서, 혹은 타자들 사이의 그물망 안에서 귀결되는 잠정적 산물로서 이해한다. 또한 그 동일성 안에는 그것의 성립에 참여했던 타자들이 그 개입의 흔적을 남기고 있기 마련이라는 확신, 스스로 검증해 가는 가운데 공고히 다져가는 그런 자기 확신 위에 서 있다. 탈언어적 외출이 문제라면, 그것은 여전히 언어의 가능성이 그 바깥의 타자에 빚지고 있다는 가설적 추론에 근거한다. 이미 언급했던 것처럼, 언어의 타자는 힘이다. "이 힘은 언어의 타자이며, 이 타자 없이는 언어 또한 언어일 수 없을 것이다."(ED, 45) 언어의 가능 조건은 언어 자체에 있는 것이 아니라 그것의 타자, 바깥에 있다. 그러나 그 타자, 그 바깥 자체가 그대로 언어의 기원인 것은 아니다. 언어는 오히려 그 내면과 외면이 관계하는 방식에 그 기원을 두고 있다. 기원은 언제나 안과 밖의 관계를 꼴짓는 접경적 구조에 있다. 따라서 데리다는 루세에 대한 논평을 어떤 논쟁의 상황을 염두에 두면서 이렇게 맺는다. "결론을 내려야 하겠지만 논쟁은 끝날 길이 없다. 디오니소스와 아폴론 사이, 힘의 도약과 구조 사이의 갈등과 '차이'는 역사 안에서 소멸하지 않는다. 왜냐하면 그 차이는 역사 '안'에 있는 것이 아니기 때문이다. 괴상한 의미에서 그 차이는 또한 어떤 근원적 구조이다. 즉 역사의 개방 운동이며 역사성 자체인 것이다. 그 차이는 단순히 역사에 속하는 것도, 구조에 속하는 것도 아니다."(ED, 47)

해체론적 의미의 기원 혹은 시작은 언제나 안과 밖 사이의 관계적 사건이고, 그 관계적 사건은 구조적이다. 하지만 그 관계는 유사성이나 동일성의 관계가 아니라 차이와 갈등의 관계이다. 그 차이와 갈등이 모든 것의 기원에 있는 관계적 사건이다. 그 사건은 구조주의적 구조와 다른 구조, 그 폐쇄적 구조보다 먼저 있는 구조를 이룬다. 위의 인용문에서 볼 수 있는 것처럼, 데리다는 이 관계적 사건이 만드는 구조를 '근원적 구조'라 했고, 이를 역사의 개방 운동 자체의 논리와 동일시했다. 그것은 역사에 속하는 모든 구조들의 기원에 해당하는 구조이다. 해체론은 위상이 다른 이 두 종류의 구조 사이에 위치한다. "구조의 열림이 '구조적' ……이라고 생각하기에 이를 때, 우리는 이미 처음과 다른 차원으로 이행해 온 셈이다. 소문자 구조—필연적으로 닫혀진 구조—와 개방의 구조성 사이의 차이, 아마 그러한 차이가 철학이 뿌리박고 있는 장소, 위치를 정할 수 없는 장소이다." (ED, 230)

그러므로 오해가 없어야 한다. 해체론은 단순한 대립의 전략이 아니다. 구조주의의 아폴론적 개방성을 디오니소스적 개방성을 통하여 상대화할 때, 해체론은 단순히 "지속을 공간에, 질을 양에, 힘을 형상에, 의미나 가치의 깊이를 형태적 표면에 대립시키고 있는 것이 아니다." 이분법적 선택지의 한쪽을 붙드는 것은 해체론이 극복하고자 하는 형이상학적 사유의 본성에 속한다. 해체론은 이분법적 대립항을 탈이분법적으로 종합하는 새로운 매개의 전략이다. 이를 위해서는 먼저 "이 형이상학적 이항 대립의 체계를 탈피하는 새로운 개념들, 새로운 모델들, 어떤 '경제'를 찾아야 한다. 이 경제는 순수하고 무형적인 힘에 대한 어떤 에너지론이 아닐 것이다. 고려중의 차이들은 장소적 차이들인 '동시에' 힘의 차이들일 것이다."(ED, 34)

이 '경제'라는 말은 갈수록 해체론적 건축술의 중심 용어로서 자리잡아 간다. 그것은 해체론이 가설적으로 전제하고 그 실효성을 증명하는 구조, 데리다가 '근원적 구조'라 했던 것에 해당한다. 바타이유의 구분에 따르면, 경제에는 두 가지가 있다. 제한경제와 일반경제가 그것이다. 제한경제가 의

미(가치)의 보존과 확대재생산에 제한된 살림의 전략이라면, 일반경제는 의미의 무차별한 소비, 회수 불가능한 지출의 전략이다. 충만으로 향한 제한경제는 전통적 형이상학의 체계 구성의 전략을, 그리고 무로 향한 일반경제는 그와 대립된 체계 파괴적 전략을 지칭한다. 이 두 극단적 경제는 아폴론적 개방성과 디오니소스적 개방성 사이의 갈등을 이어가는 대립항이다. 해체론이 추구하는 경제는 제한경제도, 일반경제도 아니다. 해체론이 가리키는 개방성은 아폴론적 개방성도, 디오니소스적 개방성도 아니다. 해체론의 전략은 그 두 대립항들이 차이를 내는 그 사이에 위치하며 그 차이를 매개하는 교량술의 형태를 취한다. 기존의 형이상학적 전통의 안과 밖 사이에 다리를 설계하는 것, 그것이 해체론적 건축술의 일차적 의도이다.

물론 그 건축의 재료는 기존의 형이상학에 속하는 것, 혹은 형이상학이 뿌리박은 언어에 있다. 해체론의 전략, 그 전략적 글쓰기는 언어에 의한 언어에의 저항, 언어에 의한 언어 외적 외출로서 요약될 수 있다. 그 외출은 거꾸로 유입이고 기입이다. 디오니소스적 개방성(힘과 지속)을 아폴론적 개방성(이론과 형상) 안으로 기입하는 것, 일반경제를 제한경제 안으로 기록하고 정리하는 것, 절대적 개방성을 폐쇄적 개방성 안으로 유입하거나 삽입하는 것, 그러나 이를 위해서 먼저 규정된 총체성을 초과하는 난폭한 힘과 대면해야 하는 것, 그것이 해체론적 의미의 글쓰기이다.(ED, 18 이하 참조) 유입과 기록, 기입과 삽입으로서의 글쓰기는 해체론적 전략 자체를 말한다. 그것은 형이상학적 사유가 단절과 심연으로서 표상하는 언어의 경계에 교량을 건설하는 문제로 요약해 볼 수 있다.

2. 탈중심적 구조와 어떤 영점: 레비스트로스론

해체론이 염두에 두고 있는 그 가설적 교량, 그 근원적 구조는 중심이 없는 구조, 탈중심화된 구조이다. '중심 없는 구조'는 어떻게 보면 성립할 수 없는 말이다. 논리학자는 그것을 '둥근 사각형' 이라는 말처럼 자기 모순적이고 무의미한 말로 평가할 것이다. 왜냐하면 구조는 일반적으로 중심이 있을 때만 위계적 질서와 안정을 얻고, 따라서 그때에만 비로소 구조일 수 있기 때문이다. 그러나 만일 "오늘날에도 모든 중심을 빼앗긴 구조가 아직 사유 불가능한 것 자체로 남아 있다"(ED, 409)면, 이것은 우리가 피할 수 없이 언어의 이론적 개방성 안에서 구조를 표상하여야 하기 때문이고, 따라서 그 개방성에 고유한 환원적 추상으로부터 벗어날 수 없기 때문이다.

존재 이해의 차원에서 해체론은 이론적 개방성 안에서 일어나는 추상화의 결과를 '현전적 존재 이해' 라 부른다. 나타남과 보임으로서의 현전을 존재 자체로, 사라짐과 보이지 않음으로서의 부재를 무로 표상하는 것이 현전적 존재 이해이다. 현전적 존재 이해란 빛의 세계인 이론적 개방성 안에서 일어나는 존재 이해이다. 구조가 언제나 중심화된 형태로서만 표상되는 것은 이런 현전적 존재 이해의 필연적 귀결이다. 구조주의가 힘과 지속을 환원한다는 것, 단지 사건을 공시화하고 공간화한다는 것, 그래서 동시성 속에 전체를 바라본다는 것은, 역사적 현실의 구조성—근원적 구조의 구조성—을 "언제나 충만하고 유희 없는 현전성에서부터 사유한다는 것"(ED, 410)과 같다. 그것은 "그 구조성에 중심을 부여하고 그 구조성을 어떤 현전의 지점, 어떤 고정된 기원에 묶어두는 행위"(ED, 409)이다.

구조성에 중심을 부여하는 것, 그것은 그러나 구조의 구조성을 제한한다는 의미에서 박탈하는 행위이다. 구조성이란 구조 내적 유희(교환과 대체 혹은 변형의 운동)를 열어놓는 개방성이다. 이 개방성은 무한하되 어떤 구조적 성격을 띠었다. 때문에 데리다는 이것을 근원적 구조라 불렀다. 이 근원적 구조는 모든 역사 내적 구조들, 가령 구조주의적 구조, 에피스테메, 이론적 체계에 앞서는 '근본적 구조' 이다. "만일 어떤 구조들이 있다면, 이것들은 이 근본적 구조에서 비롯하므로 가능하다. 총체성은 이 근본적 구조에 의해서 열리고 …… 또 넘쳐흐른다. 이 개방성은 확실히 시간과 발생적 운동을 열어놓는 것이지만, 그것은 또한 그것들에 형식을 부여하면서 생성을

폐쇄할 수 있는 위험, 형상 아래 힘을 침묵시킬 수 있는 위험을 초래한다." (ED, 44)

중심의 부여는 그런 위험을 완성한다. 구조의 구조성을 망각할 때 사람들은 구조에 중심을 부여한다. 이때부터 구조 내적 유희가 시작하는 출발점은 더 이상 근원적 구조성이 아니라 중심이 된다. 과연 중심은 유기적 균형과 일관된 방향을 허락하면서 구조 내적 유희를 개방한다. 그러므로 구조의 기원인 것처럼 보인다. 그러나 중심은 동시에 구조 내적 교환과 대체의 유희가 불가능하거나 금지되는 지점이다. 중심은 구조를 폐쇄하거나 봉합하는 지점이며, "구조를 지배하면서도 구조성을 피해 가는 어떤 것", 즉 구조적 유희 가능성 전체를 피해 가는 어떤 것이다. 그러므로 "중심은 역설적으로 구조 '안'에 있으면서 구조 '밖'에 있다……. 그것은 [유희의] 총체성의 중심에 있지만, 그 중심이 총체성에 속해 있지 않으므로, 총체성은 다시 자신의 중심을 다른 곳에 지니고 있다. 중심화된 구조라는 개념은 비록 그것이 일관성 자체, 철학 혹은 과학으로서의 에피스테메의 조건이라 해도 모순적으로 일관적이다."(ED, 410)

이론적 담론은 "원천, 중심, 기초, 원리 등등으로 소급해야 한다는 절대적 요구"(ED, 420)에 의하여 지배되고 있다. 이론적 사유의 전통에서 중심은 구조 표상의 출발점이다. 근원적 구조성의 지위를 대신해 온 중심은 서양 사상사에서 기원, 목적, 아르케, 텔로스, 이념 등 여러 가지 이름으로 불려왔다. 그 중심의 역사가 서양 형이상학의 역사이고, 이 형이상학의 역사는 다시 중심화된 구조의 역사이다. 이 역사는 구조의 구조성 혹은 소문자 구조와 근원적 구조 사이의 차이에 대한 망각의 역사이다. 서양의 이론적 사유의 전통에 참여하는 모든 사유, 종말론을 위시하여 구조주의와 고고학에 이르는 모든 사유는 "이 구조의 구조성에 대한 환원과 공모"(ED, 410)하고 있으며, 그 환원의 자리에 중심을 설정하고 있다. 그러나 여기서 성립하게 된 중심화된 구조는 그러한 환원과 추상의 대가로서 역설과 모순을 수반하게 되었다.

레비스트로스의 구조주의를 논평하기 위해서 먼저 데리다는 이 구조의 역사에서 일어나고 있는 어떤 전환, 이 시대에 일어나는 어떤 단절에 주목한다. "중심은 현전적 존재자의 형태로 사유될 수 없다는 것, 중심은 자연적 장소를 가지지 않는다는 것, 중심은 고정된 장소라기보다 어떤 기능이며 기호의 대체가 무한히 일어나는 일종의 비장소라는 것", 바로 이것이 구조의 역사에 단절을 가져오는 새로운 인식이다. 데리다는 이 새로운 인식을 "구조의 구조성에 대한 사유로서의 탈중심화"(ED, 411)라는 말로 요약하고, 그 탈중심화의 시대를 연 선구자들로 니체, 프로이트, 하이데거를 언급하였다.

레비스트로스는 이 탈중심화 시대에 동참하고 있다. 서양의 인종적 우월주의, 자문화 중심주의에 대하여 통렬한 비판을 가한 레비스트로스의 인류학은 이미 탈중심적 사유의 모범이고, 서양의 문화가 표준적 지위를 상실해 가는 시대의 직접적 반영이다. (그러나 데리다는 무엇보다 그런 인종 중심주의에 대한 비판이 "[서양] 형이상학의 파멸과 체계적이자 역사적으로 동시대적이라는 점"(ED, 414)에 주목하고, 그러한 동시대성이 결코 우연이 아님을 강조한다.) 이러한 레비스트로스의 작업은 구조주의의 내재적 변형을 통하여 탈중심적 구조 인식에 도달하고 있다. 그런 탈중심적 구조 인식은 형이상학의 이분법적 질서에 대한 비판은 물론이고 이론적 담론의 위상에 대한 새로운 이해를 동반하고 있다. 이 점에서 레비스트로스는 해체론으로 가는 입구일 수 있다.

레비스트로스가 형이상학의 이분법적 질서에 의문을 던지는 결정적인 대목은 근친상간 금지의 연구에 있다. 이 연구를 통해서 의심받게 되는 것은 일단 자연과 문화라는 이항 대립적 구분법이다. 그러나 이 구분법이 흔들린다면, 이는 개념적 질서, 따라서 형이상학적 구분법 일반이 흔들린다는 것과 같다. 왜냐하면 그 구분법은 철학에 생래적이기 때문이다. "퓌지스(자연)와 노모스(규범), 퓌지스와 테크네(인공적 기술)의 대립 이래, 그 구분법은 자연을 법칙, 제도, 예술, 기술, 나아가서 자유, 자유 의지, 역사, 사회, 정신 등등에 대립시키는 모든 역사적 연결 고리를 통하여 우리들에게까지 이어져 오고 있다."(ED, 415) 자연과 문화의 구분은 여러 가지 변용을 통하여 개념적 분류 체계 일반을 지배하고 있고, 그만큼 그 구분법이 형이상학적 질서에서 차지하는 위상은 높다.

근친상간 금지는 이러한 형이상학적 질서의 한계를 알리는 어떤 '스캔들'이다. 이는 그 금지가 자연의 범주와 문화의 범주 모두에 속하는 현상이기 때문이다. 이때 자연에 속하는 것은 보편적이고 자발적인 현상, 그래서 어떤 특정한 문화나 규범 체계에 의존하지 않는 것이다. 반면 문화에 속하는 것은 특정 사회의 규범 체계에 의존하고, 따라서 사회에 따라 달라지는 것이다. 그러나 레비스트로스는 근친상간 금지가 자연과 문화라는 상호 배타적인 두 범주의 속성을 모두 지니고 있음을 발견했다. 그 금지는 규범의 세계에 속하면서 모든 사회에서 보편적으로 편재한다. 그런 의미에서 그것은 어떠한 규범 체계에도 의존하지 않는 자발적 자연 현상이다.

근친상간 금지는 그러므로 투명하고 질서 정연한 개념적 질서 안에서 포착되지 않는 것, 사유될 수 없는 어떤 것이다. 그러나 그것이 무의미한 현상이라고 말할 수는 없다. 전통적 의미론의 체계, 기존의 개념 체계로 환원되지 않는다는 것은 오히려 그 체계의 한계와 무능력을 말하는 것이다. 레비스트로스가 발견하는 근친상간 금지의 역설은 자연 · 문화의 대립법을 근간으로 하는 형이상학적 질서 전체에 선행하는 바깥, 그 바깥에 관계하는 어떤 질서가 있음을 암시한다. 그러므로 데리다는 이렇게 논평한다. "자연 · 문화의 이항 대립과 더불어 체계를 이루는 모든 철학적 개념성은 그것을 가능하게 만들어 준 것, 다시 말해서 근친상간 금지의 기원을 무사유(l'impensée)에 방치하기 위해서 만들어졌다."(ED, 416) 근친상간의 금지는 개념적 질서의 기원, 철학이 스스로 사유할 수 없는 저편의 기원을 지시한다. 그것은 철학의 개념적 구분법보다 먼저 있어야 하는 차원, 그러나 그 질서가 은폐하고 방치하는 차원이 그 질서 안에 남겨놓은 흔적이자 출구이다. 그 일탈적 사례는 철학적 언어 안에서 그 언어 밖으로 외출할 수 있는 가능성을 부추기고 있다. 그것은 철학적 언어를 비판하고 극복할 수 있는 가능성이 그 언어 자체에 숨어 있다는 것을 말해 주는 것이다.

레비스트로스는 실제로 자신의 신화 연구에서 기존의 언어에 대한 비판적 극복의 전략을 생각했다. 그것은 언어에 의한 언어에의 저항 혹은 언어에 의한 언어 외적 외출을 꿈꾸는 해체론적 전략과 닮았다는 점에서 주목할 만하다. 레비스트로스는 신화 연구에 필요한 그러한 언어 운영 절차를 '응급 수리(bricolage)' 라는 이름으로 지칭했다. 이것은 이미 주어져 있는 재료를 그때그때의 필요에 따라 임시적 도구로 활용하는 방식을 말한다. 물론 경우에 따라서 재료를 바꿀 수 있고, 또 그 재료도 여러 가지 이질적 종류를 자유롭게 짜 맞추어 이용할 수 있다.

자질구레한 소재를 짜깁기해서 임시방편적으로 응급처치하는 수리공은 전문적 지식과 기계를 동원해서 물건을 생산하는 기술자(mécanicien)와 대비된다. 레비스트로스적 의미의 기술자는 자신의 언어, 그 어휘와 문법 전체를 독자적으로 재구성하는 사람이다.(그러나 레비스트로스는 그런 기술자는 어떤 신화, 즉 단순 수리공이 만들어 낸 신화에 불과하다는 것을 강조한다.) 기술자가 자신의 언어를 스스로 창출하고 구성하는 사람이라면, 수리공은 기존의 언어를 차용하는 사람이고, 그렇게 차용된 언어를 다시 기존의 언어에 대한 비판과 처방의 도구로 활용하는 사람이다.

레비스트로스는 이런 수리공의 행위를 지적인 동시에 허구적인(mythopoétique) 활동으로 서술했다. 신화를 연구하는 신화학적 담론은 그 자체가 신화적이자 허구적이라는 것이다. 신화학적 담론 자체에 대한 비판적 성찰에서 귀결된 이러한 인식은 담론 체계가 어떤 중심화된 구조를 이룬다는 생각을 부정하고 있다. 그러한 평가는 "어떤 중심, 어떤 주체, 어떤 특권적인 참조점, 어떤 기원 혹은 어떤 절대적 '아르케' 에 대한 공개적 포기"(ED, 419)를 말한다.

레비스트로스는 유사 유형의 개별적 신화들을 비교 연구한 결과 원형 혹은 표준에 해당하는 특권적 신화라는 것을 찾는다는 것이 무의미하다는 것을 확인하였다. 이미 표준 신화라 불리는 것도 알고 보면 다른 신화들의 변형과 이합집산에 의한 변형물에 불과하다는 것이다. 따라서 신화 자체의 절대적 기원이나 단일한 통일성은 그야말로 신화에 불과하게 된다. 기원이라는 것은 파악 불가능하고 부재하는 것처럼 보이는 어떤 것의 파생물이자 그 그림자이다. 신화의 세계란 한마디로 무중심의 구조를 이루고 있다. 그 무중심의 상징 세계는 필연적으로 중심화하고 위계화하는 이론적 언어에 의하여 왜곡될 수 있다. 레비스트로스가 신화학적 담론을 신화적이자 허구적인 것으로 변형시킨 이유는 여기에 있다.

이제 새겨야 할 것은 중심 부재의 의미이다. 중심이 부재한다는 것은 중심으로 간주될 수 있는 곳에서도 여전히 어떤 교환과 대체의 유희 혹은 변형과 이동의 운동이 일어난다는 것을 말한다. 그것은 그 유희와 운동이 한정된 총체성을 이루는 것이 아니라 무한한 총체성을 이룬다는 것과 같다. 이미 언급했던 것처럼, 중심은 구조 내적 요소들 간의 대체와 교환을 근거 짓는 동시에 제한한다. 중심은 교환의 질서를 떠받치지만, 거기서는 어떤 교환이 성립할 수 없는 어떤 한계 지점이다. 그러나 이런 고전적 구조 개념에 반하여 레비스트로스는 이미 중심에서도 요소들 간의 교환과 대체의 놀이가 성립한다는 것을 보여 주었다. 따라서 구조 내적 놀이는 무한히 지속되는 것이고 한정할 수 없는 어떤 것이 된다.

데리다는 "결여, 중심 혹은 기원의 부재가 허락하는 이 놀이의 운동은 대리적 보충의 운동임을"(ED, 423) 역설한다. 중심이 없다는 것, 그것은 중심 같은 것은 꿈도 꾸지 말아야 한다는 것을 말하지 않는다. 다만 구조가 성립하기 위해서 설정해야 하는 중심을 규정하거나 고정할 수 없다는 것을 말할 뿐이다. 중심은 확정할 수 없다. 그래서 총체화는 계속 뒤로 미루어져야 한다. 그 모든 이유는 다른 주변부 요소들이 중심을 대리하고 보충한다는 사실에 있다. 중심과 기원이 물러가 숨어 버리는 자리는 전적으로 부재의 자리도 아니고 부재로서 방치되어야 하는 자리도 아니다. 다른 어떤 것이 현전의 양태로 출현하지 않는 그 중심을 대신하고 참칭할 뿐이다. 나타나지 않는 최종적 기의는 그렇게 기표를 유인하지만, 그 기의의 자리를 차지한 기표는 임시적으로만 거기에 머물 수 있다. 따라서 그 대리적 보충은 끊임없이 이어지고, 그런 가운데 기호는 무한히 증식해 간다. 폐쇄적 구조로서는 감당할 수 없는 이 기호의 증식, 이 의미 작용의 증산은 상징적 사유의 조건이다. 그리고 그 증산을 낳는 대리적 보충의 정도가 모든 "라치오(ratio, 셈 혹은 합리화)의 기원"(ED, 424)이다.

그러므로 처음에 있는 것은 중심이 아니다. 그것은 중심의 부재, 필연적으로 보충되고 대리되도록 생겨먹은 그 부재의 자리이다. 상징적 질서의 무한한 확장이 시작되는 곳, 기호의 생산과 증식이 일어나는 장소, 대리적 보충이 끊임없이 유도되는 가운데 의미 작용의 내포와 외면이 확장되는 출발점, 바로 그 장소가 그 부재의 자리이다. 대리는 되지만 직접 현전하지 않는 중심의 자리, 그 부재의 자리는 그러므로 여전히 어떤 기원이다. 다만 현전적 존재 이해와 이항 대립적 논리에 바탕한 기존의 형이상학, 기존의 개념 체계가 사유할 수 없는 기원일 뿐이다. 탈중심적 구조의 건축은 이 부재적으로 존재하는 기원에서 출발하여야 할 것이다. 이 자기 은폐적 기원, 그 은폐의 장소, 그 부재의 자리는 그러면 어떻게 불러야 할 것인가?

신화를 상징의 세계로 파악하는 레비스트로스는 그 부재의 장소를 '상징적 가치의 영점(la valeur symbolique zéro)'으로 표기했다. 이는 음성학에서 '음소적 영점(le phonème zéro)'을 설정했던 구조주의 언어학자 야콥슨의 사례를 참조해서 나온 명칭이다. 이 영점은 단순한 부재의 지점이 아니고, 그래서 생략하거나 추상해도 좋은 장소가 아니다. 그것은 생성을 낳고 교체와 대리의 운동을 유발하는 지점이다. 그러므로 그것은 부재하지만 환원 불가능한 무, 없음에도 추상할 수 없는 기원에 관계하는 장소이다. 서양의 이론적 사유와 형이상학에 대한 해체를 통하여 데리다가 우리로 하여금 경험하도록 유도하는 것도 그런 환원 불가능한 무, 추상 불가능한 부재가 드러나는 흔적의 지점, 즉 어떤 초월적 영점이다.

3. 데카르트적 과장법과 초월적 사유의 본성: 푸코론

이제 문제는 철학사에서 그런 초월적 영점으로 이행하는 사례를 찾는 것이다. 데리다는 광기의 역사에 대한 푸코의 저작을 논평할 때 그런 철학적 영점 회귀의 고전적 사례와 마주치고 있다. 그 사례는 데카르트의 코기토이다. 모순과 대립이 정지하는 곳, 대립항들이 하나의 원천으로 돌아가는 곳, 코기토는 왜 그런 장소일 수 있는가? 데카르트적 성찰을 다시 상기하자면, 내가 실성했건 실성하지 않았건, 세상이 실재하건 꿈 같은 가상이건, 나의 판단이 참이든 거짓이든, 나는 생각하고, 생각하는 한 존재한다. 코기토는 이성과 실성, 의미와 무의미, 실재와 가상, 참과 거짓의 대립이 무효화되는 지점인 동시에 그 모든 대립항들이 한 자리에 모이는 지점이다. 그 대립항들은 공존 가능한 사유의 양태 혹은 사유의 경우들로서 코기토 안에 보존된다. 코기토는 대립항들 사이의 교환과 대체를 자유롭게 허락하면서 포괄한다. 코기토의 절대적 확실성을 체험한다는 것은 "그래서 '규정되어 있는' 모든 모순들이 현상할 수 있는 지점으로 되돌아가는 것이다. 그 모순들은 이 영점에 관련되어 있는 것으로서 현상할 것이고, 이 지점은 규정성을 띤 의미와 무의미가 공통의 기원에서 다시 만나는 곳이다."(ED, 86)

데카르트가 그런 철학적 건축술의 영점에 도달하는 것은 '형이상학적 회의' 혹은 '과장법적 회의(doute hyperbolique)'를 통해서이다. 꿈의 가설과 악령의 가설이 초래하는 허구적 과장이 코기토가 자신의 자격에 대하여 그 권리를 증명하는 문맥이다. 꿈의 가설은 세계의 실재성을 박탈하는 허구이고, 악령의 가설은 정신의 기원에 변덕과 광기를 내재화하는 과장이다. 인간 정신에 대하여 참된 인식의 소유 가능성을 심판하는 최후의 법정에서, 이 회의론적 가설들은 상식적 논변에 못지않게 개입할 수 있는 권리를 지닌다. 이 가설적 논변의 핵심은 이성의 선천적 실성 가능성에 있다. 특히 악령의 가설은 명석 판명한 관념, 수학적 표상, 순수한 이성 자체 안에서 성립할 수 있는 착각 혹은 선험적 광기의 가능성을 지시하고 있다.

허구적 과장을 통하여 진행되는 데카르트의 회의와 코기토의 발견은 철학적 사유의 본성을 구하는 물음에 대하여 귀중한 암시이다. 그 암시를 간단히 되새기자면, 철학적 물음은 사실에 대한 물음이 아니다. 그것은 그 배후의 권리와 정당성에 대한 물음이다. 그것이 구하는 권리와 정당성은 언제나 권리박탈적 논리와 부당화의 가설에 대한 투쟁에서 보존된다. 때문에 철학적 사유는 권리적 차원의 사유인 한에서 이미 가설적이고 허구적인 차원에 자리하고 있다. 그러나 철학은 또한 총체성을 재정위하는 시도이고, 이를 위하여 총체성을 초과해야 하는 초월적 기획이다. 데카르트가 모든 철학적 성찰은 회의에서 시작해야 한다고 말했다면, 그 말은 철학에 대하여 기존의 구분법을 총체적으로 초과하는 가설적 허구가 환원 불가능한 구성 요소임을 간접적으로 시사하고 있다. 또 데카르트가 과장법적 회의에로까지 나아가고 있다면, 이는 그 허구적 과장이 철학적 사유를 구성하는 대담성, 자신의 위기를 스스로 초래하는 용기에서 온다는 사실을 지시하고 있다. 철학적 사유는 이성과 비이성, 이성과 실성의 대립을 초과하는 과장성을 띠어야 할 때가 있고, 그 과장성은 철학적 사유의 가능성 자체를 위험에 빠뜨리는 치명성을 띨 때가 있다. 그러나 그런 치명적 허구와 과장 없이 철학은 자신의 영점에 이를 수 있을까?

데카르트는 과장법적 회의라는 치명적 허구를 통해서 사유의 가능성과 불가능성이 교차하는 접경의 지점에 도달하였다. 그것이 코기토이다. 이 코기토가 사례화하는 접경의 지점, 이 영점에 도달하지 못한다면, 철학은 어떤 다른 세계를 통하여 현실의 불충분성을 보상 받으려는 "도피적 초월"(ED, 88)에 불과할 것이다. 철학이 어떤 허구적 가설을 통하여 초월성을 획득한다면, 그 추론은 자신의 허구적 가설 자체가 상대화될 수 있는 지점에 도달할 수 있어야 한다. 그 접경의 지점, 그 영점은 철학이 현실로 되돌아오는 초월적 회귀의 입구이다. 가설적 추론은 이미 기존의 의미들이 자신의 지위를 잃어버리는 '에포케'의 상태를, 기존의 개념적 구도가 무효화되어 있는 백지 상태를 전제한다. 그러나 그 가설적 사유가 그리는 그림에는 그렇게 백지화된 것들이 총체적으로 다시 나타나고 재설정될 수 있어야 한다. 철학의 영점이란 총체성에 대한 그런 초과적 관점이 성립하는 지점이다. "그 지점은 총체성을 벗어나면서 사유한다는 기획이 뿌리박고 있는 곳이다. 총체성을 벗어난다는 것은 그것을 모면한다는 것이며, 이는 오로지 무한자나 무를 향해서만 가능하다."(ED, 86–87)

총체성에 관계한다는 것은 사실적으로 관계한다는 것이 아니다. 그것은 권리적 차원에서, 그 가능 조건에 대한 물음 속에서 관계한다는 것이다. 그러나 총체성을 사유하기 위해서 그것을 초과해야 한다. 그 초과의 가능성은 총체성을 포괄하는, 따라서 그 자체로는 무규정적인 무한자, 혹은 총체성에 속하지 않는 무에게 권리를 인정할 때만 성립할 수 있다. 그 무한자나 무에 대한 관계가 총체성에 대한 사유를 개방하는 일차적 조건이다. 데카르트의 코기토는 그러므로 악령의 가설이 열어놓는 지평 안에서만, 그 가설이 초래하는 무한한 부정성에 관계할 때만 초월적 영점일 수 있다. 완성된 체계, 규정된 형태로 건축된 모든 총체성은 이미 그 건축의 공간을 처음 열어놓는 그 무한한 부정성을 전제한다. 그 부정성이 모든 건축학적 가능성에 대한 최초의 가능 조건이다. 때문에 "모든 (의미 추구의) 철학은 자신의 담론 어디에선가 무의미의 심연에 관계하고 있다."(ED, 88) 데카르트의 코기토는 그 무의미의 심연, 무한한 부정성이 만드는 균열, 그 절대적 개방성의 깊이 위에 걸려 있는 교량이다. 그러나 문제는 여전히 철학적 사유가 성립하기 위한 최초의 개방성이다. 이 개방성의 주제는 이미 구조주의 일반에 대한 데리다의 논점을 결정하고 있다. 그 논점은 두 가지로 요약해 볼 수 있다.

첫째, 개방성은 구조주의에 대하여 어쩌면 유일한, 그러나 치명적인 약점이다. 즉 "특정 세계관에 대한 구조적 서술에서 출발해서 우리는 모든 것을 설명할 수 있지만, 진리의 무한한 개방성, 다시 말해서 철학의 무한한 개방성만은 예외이다. 하나의 구조에서 내가 결코 이해할 수 없는 것, 그것은 그 구조를 닫히지 않도록 만드는 바로 그것이다."(ED, 238) 한정된 총체성, 중심화된 구조를 목표로 하는 구조주의가 설명할 수 없는 것은 진리와 역사의 무한한 개방성이다. 이 무한한 개방성은 물론 부정성, 구조주의적 총체성을 넘어서는 무규정적 무한성에서 온다. 그러나 이 무한성은 이론화 혹은 언어화의 가능성을 벗어난다. 때문에 그것은 그 자체로 언표되거나 사유될 수 없다. 해체론이 사유하고자 하는 것, 그것은 그러므로 이 무한성 자체가 아니다. 그것은 어떤 한정된 총체성과 이를 무한히 초과하는 무한자 사이의 차이이다. 해체론이 언제나 지시하고자 하는 것, 그러나 본성상 구조주의가 사유하지 못하는 것은 바로 "그 총체성과 무한자 사이의 차이"(ED, 180)이다.

둘째, 구조주의적 총체성을 넘어서는 그 부정적 무한자는 구조주의적 총체성의 기원이라는 점에서, 혹은 모든 체계의 탄생 배후라는 점에서 선험적 초월성의 지위를 지닌다. 그리고 선험적인 것과 후험적인 것의 관계는 이중적이다. 즉 "어떤 경우에서라도 이 개방성의 선험적 초월성은 모든 구조 그리고 모든 체계적 구조주의에 대하여 그 기원인 동시에 파국이고, 가능성의 조건인 동시에 불가능성의 조건이다."(ED, 243) 체계가 열리기 위해서 먼저 있어야 하는 것은 부정적 무한성, 무의미의 심연, 그 심연의 폭력이다. 그러나 동시에 이 심연의 무화 작용, 그 혼돈에 대한 통제와 제한이, 혹은 그 무화 작용으로부터의 탈출이 체계이자 구조이다. 철학은 그 무화 작용에 대해서 말하기, 말함으로써 그 무화 작용을 지연시키는 전략이다. 철학은 그 무화 작용에 대한 이중의 전략, 즉 다가서는 가운데 잊는 전략, 혹은 무릅쓰는 가운데 살아남는 전략이다. 철학은 무의미의 폭력에 대한 폭력이고, 이 반폭력은 역사 속에서 일어나는 모든 폭력의 기원이라는 점에서 "근원적 폭력"(ED, 94)이자 "선험적 폭력"(ED, 188)이다. 역사 속에 살아남는 자는 모두 그런 "환원 불가능한 폭력"(ED, 94)의 내력을 간직하고 있다. 구조주의는 총체성과 무한자 사이의 차이를 사유하지 못하는 것처럼, 이런 양자 간의 이중적 관계를 사유하지 못한다.

이 무능력은 가령 이성이 광기에 가해 온 폭력을 고발하는 푸코의 작업에서도 지적될 수 있다. 사실 광기에게 권리를 되돌려주기 위해서 광기 자체를 언어의 법정에 불러들이는 것은 가능한 일일까? 왜냐하면 언어적 질서는 이미 이성적 질서에 해당하기 때문이다. "우리 유럽어 전체, 서양적 이성의 모험에 다소간 참여했던 모든 것의 언어는 푸코가 광기의 감금과 대상화라는 관점에서 규정하는 그 기획을 무한히 대리하고 있다. 이 언어 안의 그 어떤 것도, 그 언어를 말하는 그 누구도 푸코가 소송을 제기하려는 것처럼 보이는 …… 역사적 죄악성을 면할 수 없다."(ED, 58) 이성의 폭력에 대한 고발, 광기의 옹호 역시 언어를 통해서 이루어져야 한다. 그러나 그 법정 진술은 진술이자마자 고발된 죄악을 되풀이해야 한다.

광기에 대한 이성의 폭력을 고발한다는 것은 따라서 어떤 구조주의 혹은 그것의 변형태인 고고학에 대하여 실현 불가능한 과제이다. 이는 광기의 '역사' 자체의 가능성을 생각한다는 것이 이미 탈이론적 사유의 가능성을 전제한다는 사실에 비추어 다시 돌아갈 수밖에 없는 결론이다. 즉 역사는 언제나 이미 이성적 사유의 산물, 이성적 개념으로서의 역사이다. 그러므로 "우리는 확실히 이성에 반하는 역사, 다시 말해서 이성에 반하는 고고학을 기술할 수 없다. 왜냐하면, 보기와는 달리 역사의 개념은 언제나 합리적 개념이었기 때문이다. 무엇보다 먼저 물어야 하는 것은 아마도 '역사' 혹은 '원형'의 의미일 것이다. 그것을 묻기 위한 초과적 글쓰기, 기원·이성·역사의 가치를 묻는 그런 초과적 글쓰기는 고고학의 형이상학적 울타리 안에 사로잡혀 있어서는 안 될 것이다."(ED, 59)

역사는 광기와 마찬가지로 이미 이성에 의하여 이론화·개념화·대상화되어 있다. 그런 이론적 혹은 개념적 대상화의 대가에서 역사와 광기는 언어의 질서 안에 자리할 수 있다. 그 대상화가 폭력이라면, 그 폭력은 역사 이전의 절대적 개방성, 광기가 지시하는 난폭한 무규정성을 드러내는 가운데 감추는 행위, 이용하는 가운데 생략하는 행위, 출연시키는 동시에 지연시키는 행위이다. 그것은 곧 소비이자 절약이다. 형이상학적 울타리를 넘어서는 초과적 글쓰기는 형이상학적 언어에 감추어진 이런 이중적 관계, 그 관계의 경제적 구조에 대한 회상이다. "과도한 과장성, 절대적 개방, 반경제적 소비는 언제나 어떤 '경제' 속에 다시 취합되고 다시 붙들린다. 이성, 광기, 그리고 죽음 사이의 관계는 어떤 차연의 경제이자 차연의 구조이고, 우리는 이 구조의 환원 불가능한 근원성을 존중해야 한다."(ED, 95)

그러므로 다시 차연의 구조, 근원적 구조, 혹은 접경의 경제가 문제이다. 루세를 논평할 때, 데리다는 그 경제를 아폴론적 개방성과 디오니소스적 개방성 사이의 관계로 서술했다. 여기서는 이성과 광기, 이성과 죽음 사이에서 일어나는 경제적 사건이 지시되고 있다. 문제는 언제나 안과 밖이 관계하는 방식이다. 이성과 언어의 안과 밖의 관계, 구조주의적 총체성의 안과 밖의 관계, 그 차이와 지연의 관계적 구조성이 모든 역사 내적 구조와 체계보다 먼저 있는 근원적 구조성이다. 루세를 논평할 때 데리다는 이 접경적 관계의 경제, 그 경제의 실행을 글쓰기와 동일시했다. 언어적 세계 밖의 디오니소스적 개방성, 그 난폭한 무규정성을 협소한 논리적 언어 안으로 들어오게 하는 것, 기입하는 것, 이를 위하여 그 절대적 개방성의 위험에 노출되는 것, 그것이 글쓰기의 본질이다. 여기서 그 경제는 여전히 철학적 글쓰기, 혹은 총체성에 관계하는 철학적 활동 자체와 동일시되고 있다. "이 글쓰기의 경제는 초과하는 것과 초과된 총체성 사이에 정규화된 어떤 관계, 즉 절대적 초과의 차연[지연과 대체]이다."(ED, 96) 철학은 다시 말해서 총체성을 사이에 둔 접경적 경제에 위치한다. 이 접경적 경제는 절대적 개방성의 폭력을 수용하되 방어하고 드러내되 감추는 이중의 운동 속에 있다.

데리다는 이러한 철학의 본성을 다시 '악마적 과장성을 말하고자 하는 욕구'(vouloir-dire-l'hyperbole démonique, ED, 95)로서 정의했다. 이런 공식은 데카르트의 악령의 가설, 그리고 플라톤이 선의 이데아를 말하자마자 글라우콘이 내뱉은 감탄 '디아모니아 히페르볼레스(diamonia hyperboles)'에 대한 주석(ED, 87)에 바탕하고 있다. 악마적 과장성을 말한다는 것, 그것은 고착화된 총체성을 상대화하기 위하여 언표 불가능한 초월자를 언어의 세계로 불러들인다는 것, 표상 불가능한 무한자를 구체적으로 표현한다는 것, 개방성의 기원에 있는 절대적 무규정성을 규정된 문법에 따라 기록한다는 것이다. 이 기록은 언제나 절대적 개방성에 대한 반폭력, 상처내기, 왜곡일 수밖에 없다. 데카르트의 과장법적 회의와 그 정점의 코기토는 철학에 본질적인 이 기획의 탁월한 실행 사례이다. "유래 없고 독창적인 기획, 무규정자, 무 혹은 무한자로 향한 초과의 기획, 사유 가능한 전체, 존재자와 규정된 의미들의 전체, 사실적 역사의 전체를 넘어서려는 초과의 기획"(ED, 87)이라는 점에서, 코기토에 이르는 데카르트적 성찰의 궤적은 살아 있는 철학의 모범이자 데카르트주의를 영원히 살아 있게 하는 여정이다. 그런 의미에서 "철학적 행위는 그 본질이나 기획에 있어서 더 이상 데카르트적이지 않을 수 없었고, 더 이상 데카르트주의를 기억하지 않을 수 없었다."(ED, 95) 철학은 언제나 데카르트적이고, 데카르트적일 때만 철학적일 수 있다. 철학은, 그리고 해체론은 데카르트적 계획의 반복이다.(이런 관점에서 생각할 때, 장자의 통쾌한 과장법은 동아시아의 철학이 간직한, 그러나 언제인가부터 잊혀진 위대한 유산이다.)

이 데카르트적 기획은 "사실적이고 규정된 형태의 역사적 구조 안에 가두어둘 수 없다. 왜냐하면 그것은 유한하고 규정된 형태의 총체성 전체를 초과하는 기획이기 때문이다."(ED, 93) 데카르트의 철학을 어떤 특정한 시대의 인식론적 구조 안에 위치시키려 했던 것은 푸코이다. 푸코는 이성과 광기 사이의 화해와 공존이 깨지는 시대, 이성에 의한 광기의 배제와 감금이 시작되는 시대를 중세 이후의 고전주의 시대로 간주했다. 정신병원과 보호소의 탄생은 그런 지각변동을 알리는 제도적 차원의 변화로서 해석되었고, 데카르트의 첫 번째 성찰은 그런 지각변동을 알리는 철학적 표현으로 평가되었다. 이는 거기서 광인이 철학적 담론에 참여할 수 있는 모든 자격을 박탈당한 채 등장하는 것처럼 보이기 때문이다. 데리다가 데카르트의 첫 번째를 다시 읽는 것은 이런 해석을 교정하기 위해서이다. 데카르트의 성찰에 대한 면밀한 독서와 체계적 주석을 실천하는 이 논쟁의 세부는 여기서 생략하기로 하자. 다만 중요한 것만을 기억하자면, 데리다는 데카르트의 첫 번째 성찰에서 등장하자마자 사라지는 것처럼 보이는 광인이 사실은 성찰의 주체 안으로 점차 내면화되고 마침내 이성적 사유 자체를 선천적으로 구성하는 내재적 광기로 변형되는 것을 증명하고자 했다. 그 광기의 내재화 과정은 당연히 꿈의 가설과 악령의 가설에 바탕을 둔 과장법적 회의이다. 데리다는 광인의 광기보다 더 광적인 이 데카르트의 과장술적 행보에서 철학 일반에 공통된 계획, "내가 생각할 수 있는 것 일반의 총체성, 세계의 총체성을 초과하는 계획"(ED, 93)을 보았다. 이런 관점에서 평가할 때, 광기에 대한 데카르트적 성찰의 관계는 고전주의 시대의 인식론적 구조에 속한다기보다, 모든 시대를 뛰어넘는다는 의미의 고전성을 띠고 있다. 다시 말해서, "우리는 (데카르트에게서) 모든 것을 규정된 역사적 총체성으로 환원할 수 있지만, 그 과장법적 기획만은 예외인 것이다."(ED, 88)

데카르트적 과장성이 철학적 글쓰기의 환원 불가능한 요소라는 것은 그러나 무엇을 의미하는가? 그것은 철학이 본성상 위기를 생의 조건으로 가진다는 것을 말한다. "그것은 …… 철학이 스스로를 배반한다는 것, 철학이 어떤 위기와 자기 망각에 빠진다는 것을 고백하는 것이며, 이 위기와 자기 망각은 철학의 운동에 대하여 어떤 본질적이자 필연적인 주기를 이룬다. …… 그 자백은 광기의 공포 앞에서 그 공포의 망각인 동시에 폭로이고 그에 대한 자기 보호인 동시에 노출이며, 다시 말해서 어떤 경제이다."(ED, 96) 그러므로 철학사는 체계의 역사이기에 앞서 체계를 최초로 개방하는 동시에 파괴하는 무규정적 무한성의 위험에 관계해 온 역사, 실성과 전복적 혼돈의 공포에 관계해 온 역사이다. 더 정확히 말해서 철학사는 철학이 그 치명적 관계, 그 자기 부정적 위기를 스스로 초래해 온 역사이다. 왜 스스로 위기를 초래하는가? 그렇게 그 위기의 분기점으로 되돌아갈 때만 철학은 자신의 기원과 자유롭게 관계할 수 있고 다시 새로운 시작을 준비할 수 있기 때문이다. 그 위기와 자기 상실적 망각 혹은 자기 부정이 철학의 '본질적이자 필연적인 주기'를 이룬다. 철학사는 그 주기의 반복에 불과하다.

그 모든 이유는 생존의 문제와 결부되어 있다. 데카르트가 보여 준 그런 악마적 과장성 없이, 그것이 말하는 위기의 자발적 초래 없이 철학은 더 큰 위기로부터 구제받을 수 없다. 철학은 언제나 이성적 행위이고 따라서 언제나 광기의 감금, 무질서의 통제이다. 역사 속에 존재하는 모든 유한한 체계, 모든 이론, 해체론마저 이성의 환원 불가능한 폭력성의 대행자이다. 그러나 새로운 철학은 "매 순간 당대의 광기를 감금하면서도 옛날의 광기를 풀어놓지 않는다면, 사유로서 혹은 더 큰 폭력 아래 죽게 될 것이다."(ED, 94) 역사적 현실의 개방 구조는 영원히 정해진 중심이 없다. 역사 속의 모든 중심은 무한하게 이어지는 대체와 이동 혹은 보충과 번역의 지점에 불과하다. 중심의 몰락, 그 위기는 이미 역사적 개방성의 원천이다. 총체성을 설계하는 철학적 건축술에 대하여 그 출발점, 그 초월적 영점은 모든 역사적 유한자를 규정하는 본질적 위기와 그 원초적 위험성을 접촉하는 지점, 접촉하면서 지연시키는 지점이다. 거기서 초월적 사유는 광인보다 더 광적이어야 할 것이다. 그런 충격적 모험 속에서만 이성은 역사 내재적 허무와 소멸의 위험을 견디는 새로운 총체성의 원근과 척도를 구상할 수 있을 것이다.

해체론적 관점에서 볼 때, 역사적 개방성에 맹목적인 구조주의의 최종적 한계, 그리고 그것을 기초짓는 이론적 사유 일반의 마지막 한계는 아마 역사 내재적이자 사유 내재적인 이 위기의 필연성에 대한 불충분한 이해에 있을 것이다. 그 어원으로 돌아가서 새기자면, 위기란 위험한 분기점이다. 초월론으로서의 철학은 의미와 무의미, 존재와 비존재, 진리와 비진리의 최고 분기점, 그러나 역사화하는 분기점으로서의 어떤 영점에 이르고자 하는 계획이다. 이성과 실성 혹은 삶과 죽음이 접촉하는 그 위험한 분기점, 바로 그 지점에서 구축되는 교량이야말로 철학이 '중심'을 잃은 역사적 현실로 되돌아오는 출발점이다. 2천 년 전통의 서양 형이상학이 몰락해 가는 이 시대에 해체론이 가리키는 것은 무엇보다 그 잊혀져 가는 출발점, 그 영점으로 가는 길, 아직 길이 아닌 길일 것이다.

더 읽을거리

김상환, 『해체론 시대의 철학』, 문학과지성사, 1996.

______, 『예술가를 위한 형이상학』, 민음사, 1999.

김진석, 『탈형이상학과 탈변증법』, 문학과지성사, 1992.

김효명, 『데리다의 해체철학』, 민음사, 1993.

이광래 편, 『해체주의란 무엇인가』, 교보문고, 1989.

비교미학

비교미학

민주식

1. 비교미학의 현대적 과제

미학의 임무가 미와 예술의 본질을 추구하는 데 있다고 할 때, 비교미학은 그러한 일을 비교(comparison)라고 하는 방법을 통해 수행하려는 학문적 활동이라 할 수 있다. 우리들 인간은 주어진 주위환경 속에서 시시각각 비교의식을 갖고 최선 최량의 것을 선택해 가면서 삶을 영위하는 존재이므로, 인간의 삶은 어떤 의미에서 '비교의식의 체계' 라고도 말할 수 있다.[1]

미학이란 미의 이성과 양심의 자기반성일진대 미학의 근원적 의미도 필경 '더욱' 아름다운 미의 영역과 '더욱' 진실한 예술세계를 탐구해 가는 것과 항상 결부되어 있다. 요컨대 미학의 반성적 의식에는 본래 미와 예술에서 일자와 타자를 비교 음미하는 활동이 포함되어 있다고 보아야 할 것이다. 미학이 학문의 일분야로서 미와 예술의 본질을 다루고 그것을 유사한 대상으로부터 명확하게 구별하려고 노력할 때, 여기에 자연히 비교라고 하는 견지가 생겨나지 않을 수 없다. 따라서 비교라고 하는 방법은 의식적이든 무의식적이든 미와 예술의 본질 추구에 있어서는 종래부터 줄곧 취급되

1 백기수, 『예술의 사색』, 서울대학교출판부, 1985, 217쪽.

어 온 것이다. 그러므로 새삼스레 굳이 비교미학이라고 하는 명칭을 사용할 필요조차 없는 것처럼 여겨지기도 한다.

그렇다면 왜 굳이 비교라고 하는 방법을 강조하는 미학상의 입장이 생겨난 것일까? 두 가지로 나누어 생각할 수 있겠는데, 첫 번째 이유는 예술현상이 극히 다양해짐에 따라 이것을 어떤 식으로든 정리하기 위해 통일적인 시점을 확보할 필요성을 절감하기 시작했기 때문이다. 예술이라는 이름을 요구하는 인간활동의 '일체성'과 '다양성'을 사실 그 자체에 입각하여 파악하려는 노력을 행하지 않는다면, 우리들의 정신적 존재 그 자체가 해체되어 버리기 십상이기 때문이다. 두 번째 이유는 거시적 시점과 미시적 시점과의 조정을 달성하는 것이 학문적으로 요청되기에 이르렀기 때문이다. 여기에서 거시적이라 함은 '지구적 규모'에서라고 하는 의미이며, 미시적이라 함은 개개의 구체적 사물과 사실에 입각한다고 하는 의미이다.

이처럼 미학이 기본적으로 비교학이라면 오늘날 특히 비교미학이라는 이름 아래 논의되고 있는 내용은 무엇인가? 일찍이 1956년 베니스(Venice)에서 개최된 제3회 국제미학회는 양차 세계대전 사이에 일시 중단되었다가 전후 처음 개최된 회의였는데, 이때 비교미학을 위한 특별 분과회의가 마련되었다.

그런데 그 경우 비교미학 연구의 실제 내용은, 우리들이 보통 이 말로부터 곧 연상하게 되는 상이한 민족 · 지역의 예술비교, 예컨대 동서예술의 비교연구와 같은 것이 아니라, 실은 종류를 달리하는 예술 장르 상호간의 비교연구였다.

오늘날 예술의 비교연구 가운데는 물론 통상 예상하듯이 앞서 말한 상이한 민족 · 지역의 예술비교라는 방향의 연구도 포함되어 있다. 이른바 '비교예술학'이라고 명명되기도 하는 가운데 상이한 민족과 지역의 동종 예술을 비교 고찰하는 업적들이 나타나고 있는 것이다.

이처럼 오늘날의 비교미학 연구는 실제상 두 방향으로 대별된다. 우선 예술 장르 상호간의 비교미학이 활발하게 전면에 나타나고 있고 이어서 동서 예술의 비교미학이라는 방향도 점차 주목할 만한 성과를 보여 주고 있다. 이를테면 1984년 캐나다의 몬트리올에서 개최된 제10회 국제미학에서는 동서 예술사상 및 미학사상의 비교연구를 중심으로 분과회의가 마련되어 진지한 예술적 논의가 행해졌으며, 그 이후에도 이러한 연구에 관심이 고조되고 있다.

비교연구가 학문의 영역에서 크게 발흥하게 된 것은 특히 1950년 이래이다. 20세기 후반이 되면서 한편으로 항공기와 통신수단이 현저하게 발달함에 따라 연구의 국제교류의 규모가 확대되고 그 밀도도 높아지게 되었으며, 다른 한편으로 타문화권의 문화에 대한 관심이 고조되기에 이른다. 특히 기술과 더불어 제의(祭儀)는 인간의 정신적 영위 가운데 가장 인상적으로 비교대조를 강요하는 것처럼 보이기 때문에, 종교학의 영역과 함께 미학의 영역에서 상이한 문화전통의 비교연구가 가장 일찍 행해지게 되었다. 미학에서의 비교연구는 19세기 중엽부터 유럽에서 부각된 상위(차이)의식의 확인과 확대예술 개념에 대한 대응이라고 하는 두 가지 이유를 바닥에 깔고 있다.

먼저 상위의식의 확인이란, 유럽의 각국과 각 민족은 모두가 문화적으로 그리스 · 로마의 고전문화를 기반으로 하고 종교적으로는 창조주인 유일신을 믿음으로써 서로 유사하지만, 그럼에도 불구하고 결코 스스로의 동일성(identity)을 상실하고 있지 않다는 사실의 확인이다. 그래서 그 동일성의 근거가 어디에 있는가를 추구한다. 예컨대 공통의 테마가 되는 '파우스트박사 전설'이라거나 '돈 · 판 이야기' 등이 각각의 언어전통 가운데에서 무엇이 기원이었고 또 어떻게 형성되어 갔는지를 탐구하는 것이 비교문학의 최초의 계기였다. 미학에서의 비교연구도 최초에는 문학사나 미술사를 비롯한 개별 예술사와 더불어 동일 테마에 관한 양식 비교였다. 그런 까닭에 미학에서는 비교연구가 동일한 예술에서 시대에 따라 양식이 어떻게 달리 나타나고 있는가와 같은 상이성의 연구라는 형태로 나타났다. 1893년 발표된 리글(Alois Riegl, 1858-1905)의 『양식의 문제(*Stilfragen*)』(1858,

1905)는 그 전형적인 사례이며,[2] 프라이(Dagobert Frey, 1883–1962)는 이러한 경향을 진전시켜 1949년 『비교예술학의 기초(*Grundlegung zu einer vergleichenden Kunstwissenschaft*)』라고 하는 저술을 발표함으로써 건축예술에 대해 세계적인 규모에 입각한 지역적 비교연구의 가능성을 양식론으로서 제시하였다.

다음으로 확대예술 개념에 대한 대응이라는 이유를 생각해 보자. 서양에서 ars(예술)라는 말이 고대에는 학문을 아울러 포함하는 것이었는데, 그 근대어인 art나 거기에 해당하는 독일어 Kunst가 근대에 이르러서 자주 조형예술만을 지칭하는 말로 굳어지게 되었다. 그런데 미학이 독립된 학과가 되고 점차 예술 전반을 중요한 대상으로 논하게 됨에 따라, 셸링(Schelling)이나 헤겔(Hegel) 또는 크로체(B. Croce)처럼 예술을 하나로 취급하려는 주장이 대두하게 된다. 더욱이 마침 이 무렵부터 각 예술이 자율성을 첨예화해 감에 따라 이들을 통합적으로 취급하려고 할 때, 회화 · 조각에 편중되고 있었던 지금까지의 art나 Kunst 가운데 시 · 문예 · 음악 · 연극 · 영상예술(사진 · 영화) 등을 어떻게든 이유를 들어서 일괄하여 논하지 않을 수 없게 된다. 따라서 이와 같이 확대되고 일괄되어 온 art 개념을 어떻게 분류하고 비교할 것인가라는 물음이 제기된다. 여기서 카인츠(Friedrich Kainz)나[3] 수리오(Étienne Souriau)[4]의 예술분류표에서 구체화되고 있는 것처럼 예술장르 간의 비교연구가 생겨난다. 카인츠는 시간예술과 공간예술이라고 하는 분류를 기준으로 하고 있으며, 수리오는 감각 여건으로서의 7개의 성질을 열거하고 여기에다 재현성의 유무로 구별하고 있다. 이들 연구는 예술들 간의 동화(同化)와 이화(異化)를 중심으로 하는 비교연구의 대표적인 성과이다.

2 민주식, 「리이글의 미술사학」, 『미술사학』, 민음사, 1989, 125-150쪽.

3 F. Kainz, *Einführung in die Philosophie der Kunst*, Hft. 2, 1948.

4 É. Souriau, *La correspondance des arts, éléments d'esthétique comparée*, Paris: Flammarion, 1947.

그러나 이와 같이 예술 상호간의 조응이나 비교가 동일한 문화권 내부에서만 행해진다고 할 때, 그것만으로는 충분히 예술의 해명이 진전되지도 않을 것이며, 예술의 이념의 이동(異同)도 간과하게 될 것이다. 예를 들면 수리오의 분류에서는 재현적 회화와 순수회화의 구별은 있지만 동양의 서(書)예술은 위치할 곳이 없다. 그런데 동양의 산수화 중에는 재현적이라고도 말할 수 없을 뿐만 아니라 순수회화라고도 부를 수 없는 것이 있다. 그러므로 여기에서 상이한 문화권의 미학적 문제 자체에 대한 비교연구가 성립되지 않을 수 없다. 그럴 경우 문학에서는 우선 상호 영향관계가 문제시된다. 문학에서는 이러한 종류의 비교연구의 역사가 20세기 전반부터 행해졌기 때문에, 동일한 테마를 둘러싼 이동의 경과 또는 그 영향관계를 동일 문화권 내부로부터 상이한 문화권과의 관련에 이르기까지 확대하여, 탐구하는 여유가 생겼다. 미학의 경우는 20세기 후반이 되어 동서 예술의 영향관계에 대한 연구가 행해진다. 상호 관계가 없었던 시대에 각각의 문화권이 지녔던 고도의 예술작품이 보여 주는 질적인 동일성에 놀라게 된다. 그럼에도 불구하고 그 양태가 전혀 다를 뿐만 아니라 그것을 지탱하는 이념도 동떨어져 있다는 사실에 새삼 놀라게 된다. 이러한 자각으로부터 근래 주로 동서 미학의 비교연구가 착실히 정착되어 가고 있다.

동서 예술의 이념에 관해 흥미로운 연구의 하나는 '역(逆)현상의 동시전개' 라고 하는 역사의 패러독스가 존립하고 있다는 견해이다.[5] 서양의 고전적 예술이념은 주지하다시피 플라톤이나 아리스토텔레스가 말하고 있듯이 미메시스(mimesis), 즉 '재현(representation)' 혹은 모방적 묘사이다. 그렇지만 현대에 이르러 사진과 같은 기계기술이 재현을 훌륭하게 수행해 내고 있기 때문에, 그러한 기술로는 파고들 수 없는 내심의 동정을 나타내는 표현(expression)이 현대예술의 이념이 되었다. 그런데 주목할 것은 동양에서

5 Tomonobu Imamichi, "Some Aspects of Comparative Study in Aesthetics, Iso-temporal Development of Anti-phenomena", 한국정신문화연구원 제3회 국제학술회의, 1984.

는 이 같은 역사적 경로가 실로 거꾸로 거슬러 가는 역경로를 거쳐 왔다는 사실이다. 생각해 보면 동양의 고전적 예술이념은 예컨대 중세의 사의(寫意)라고 하는 말로 결정되고 있는 표현에 대한 사상이 있다. 이 같은 사실은 고전기의 공자나 장자의 미학적 언표를 통해서도 입증되며, 또 예술작품의 여백의 의미나 형태의 상징성으로부터 보아도 방증될 수 있다. 그리고 당(唐)대에 예술의 품등(品等)으로서 기운생동(氣韻生動)과 골법용필(骨法用筆)을 중시하고 응물상형(應物象形)과 수류부채(隨類賦彩)를 경시한 것은 그 예증이 될 것이다. 그런데 재현을 의미하는 사생이라는 말이 중요시되고 소위 전통적인 기운생동을 비방하는 경우가 18세기의 당지계(唐志契)를 비롯하여 그 이후 나타나고 있는데, 이것은 분명히 서양과 비교해 볼 때 역방향의 예술현상이 동시에 전개되고 있음을 말해 주는 것이다. 오늘날의 동서미학의 비교연구에는 여태까지의 작품의 현상적 비교에 머물지 않고, 미학의 기본적인 핵심어(key word)가 될 수 있는 공통개념을 비교하고, 나아가 일정한 문화권에 특유한 술어를 다른 문화권의 논리로 이해하기도 하고 또 이해시키기도 하는 시도를 행함으로써 커다란 변모를 겪고 있다.

이와 관련하여 앞으로 비교연구의 과제가 예상된다. 첫 번째 유형인 예술 장르 간의 비교에 있어서는 기계예술의 동향을 지켜보고 창작 방법의 변화와 신소재의 발명 그리고 경계영역의 붕괴 등에 따른 새로운 유형의 예술을 어떻게 취급할 것인지에 관해 생각해야 할 것이다. 그리고 두 번째 유형인 상이한 문화권의 예술비교에 있어서는 동양 미학과 한국 미학의 고전의 번역과 논리적 제시를 매개로 하여 서양 미학과의 대화를 왕성하게 하고, 비교의 논점을 미적 범주에까지 이르게 함과 동시에 창조를 위한 방법으로서 상상력의 논리와 같은 공동개발 과제를 탐구해야 할 것이다. 이들 과제를 수행하는 가운데 과학기술과 예술의 공생 가능성이라거나, 또 거꾸로 공생을 거부하는 예술적 자립성에 관해서도 새로운 과제를 의식해야 할 것이다.[6]

근래에 주목되기 시작한 문화 상호간의 예술비교, 흔히 비교예술학으로 명명되는 부문은 대비연구(특질연구)와 교류연구(영향연구)라고 하는 상호 보완적인 두 분야로 이루어져 있다. 전자인 대비연구는 '제문화권의 예술'의 '특질'을 공통점과 상위점의 비교에 의해 해명하려 한다. 한편 후자는 제문화권의 예술의 '상호교류'라는 면에 역점을 둔다. 이것은 전자와 같은 상상적인 결합이 아니라, 현실에서 생긴 문화접촉, 그 결과로서의 수용 · 영향 · 변용 등의 구체적 사실을 역사학적으로 재구성하고 해석하는 것이다.

이하 이 두 분야에 관하여 각각의 발전의 역사적 배경을 특히 서구를 중심으로 더듬어 보고, 주요한 저작의 내용을 소개함과 동시에, 각 분야가 현재 직면하고 있는 과제에 관해 살펴보기로 한다. 주로 조형예술을 중심으로 사례를 채택하겠지만 그 기본적인 사고의 틀은 다른 예술 장르에 적용시킬 수도 있을 것이다.

2. 대비연구

가. 역사적 배경

예술뿐만 아니라 상이한 문화세계의 인물과 문물을 비교하는 전통은 서양에서도 예전부터 있었다. 예를 들면 고대에서는 플루타르코스(Plutarchos, c.46–c.120)의 『대비열전(對比列傳)』이 유명하다. 이것은 말하자면 최후의 플라톤 학파의 그리스 지식인이 고대 그리스와 로마의 위인들의 성격과 행동을 수사학의 전통에 따라 비교한 것이다. 여기에서 비교된 것은 그리스와 로마가 아니라 그 지역에 살았던 개인이다. 여기에서는 양자의 문화권으로서의 차이보다도 오히려 정치 · 군사 · 문화의 영역에서 위인을 탄생시킨 점에서의 공통성을 보여 주는 데 중점이 놓여 있다.

근세에는 소위 '신구논쟁'이 유명하다. 이것은 협의로는 17세기 말부터

6 今道友信 編, 『美の本質と樣態』, 日本放送出版協會, 1987, 227쪽.

18세기 초엽에 걸쳐 프랑스 문단에서 일어난 고대인과 근대인의 우열 비교 논쟁을 말한다. 여기에서는 소위 '위대한' 고대 그리스·로마의 고전 시대에 당시의 프랑스의 근대 문화가 어깨를 나란히 할 수 있는지 없는지에 대하여, 페로(Charles Perrault, 1628–1703) 등의 근대파와 부왈로(Boileau, 1636–1711) 등의 고대파에 의해 논쟁이 유발되었다. 이러한 종류의 논쟁은 그 이전에도 '근대적' 이라고 하는 말이 생긴 고대 말기 이래, 신학의 내부와 세속의 궁정에서도 빈번하게 일어났다. 그러한 흐름 속에서 고대의 이교(異敎, 비(非)크리스트교) 세계와 근대의 크리스트교 세계라고 하는 거대한 비교 구도가 시간적·공간적 관계를 포함하면서 성립하였다.

이상과 같이 고대 그리스와 로마 또는 고대와 근대의 비교에서는, '차이' 라고 하는 것보다는 그 '우열' 을 논하는 데 역점이 놓여 있었다. 거기에서는 차이의 원인을 지역의 '특질' 에 환원시키는 것이 논의의 주된 목적은 아니었다. 이 특질 문제에 주목해 온 것은 '풍토론' 이라 불리는 전통에서이다.

'공기' 가 그 지방에 사는 사람들에게 예컨대 '풍토병' 이라는 형태로 다양한 영향을 미친다' 고 하는 주장은 그리스의 히포크라테스(Hippocrates, c.450–c.375 B.C.)에까지 거슬러 올라간다. 이것을 예술론에 최초로 응용한 사람은 뒤보스(Jean Baptiste Dubos, L'abbé, 1670–1742)였다. 그 후 이러한 견해는 19세기의 실증주의 시대가 되어 각광을 받게 된다. 예컨대 텐느(H. A. Taine, 1823–93)는 개개 예술작품은 '인종·환경·시대' 라고 하는 컨텍스트 요인에 의해 규정되고 있다고 생각하였다. 따라서 그에 의하면 예술을 과학적으로 연구하는 데는 작품의 특징을 결정하는 이들 동인에 대한 분석을 빠뜨릴 수 없다는 것이다.

이 '대비' 와 '풍토론' 의 전통을 배경으로 하여 예술에서 지역적 특성의 표현을 '양식' 으로서 구체적으로 기술하는 학문적 작업이 시작된다. 예컨대 일찍이 빙켈만(J. J. Winckelmann, 1717–68)의 『그리스 미술모방론(*Gedanken über die Nachahmung der griechischen Werke in der Malerei und Bildhauerkunst*)』(1755)에서는 그리스의 풍토가 낳은 그리스 미술의 고유한 특질이 "고귀한 단순과 고요한 위대"라고 기술되어 있다.

조형예술에서 시대와 지역에 공통된 형태의 특질을 찾아보고, 그것을 우열의식에 구애되지 않고 비교 대비하는 이 '양식' 론을 학문으로서 확립시킨 사람은 뵐플린(H. Wölfflin, 1864-1945)이다. 그의 작업은 순수한 형식의 내재적 발전 과정을 일반적인 모델로서 추출하는 것이었지만, 거기에 한하지 않았다. 그는 이탈리아와 독일로 대표되는 남 · 북 유럽의 국민에 의해 형식을 파악하는 방식과 느끼는 방식의 차이를 구체적인 작품을 통해 검증하려 하였다.

나. 주요 저작의 내용

대비연구의 기본적인 방법론은 일찍이 두 대의 슬라이드를 운용한다고 하는 전설적인 강의를 행한 뵐플린에 의해 미술사 연구의 중추에 뿌리를 내렸다. 그 연구 대상에서도 상당히 일찍부터 이미 유럽의 바깥세계와 고전고대의 바깥세계로 확장되어 갔다.

예를 들면, 쿠글러(Franz Theodor Kugler, 1808-58)의 『미술사 핸드북(*Handbuch der Kunstgeschichte*)』(1841-42)에는 고대 이집트와 그리스, 로마, 인도, 중국으로부터 남태평양, 남북아메리카에 이르기까지 세계 각지의 조형예술의 실태에 관한 기술을 찾아볼 수 있다. 이것은 헤르더(Johann Gottfried von Herder, 1744-1803)의 문화에 대한 다원적인 이해와 훔볼트(Alexander von Humboldt, 1769-1859) 이래의 계몽주의적인 지리학적 연구의 전통에 힘입고 있다. 그러나 그 후 미술사학계의 주류는 연구 대상을 고대 말기로부터 19세기 전반까지의 크리스트교 세계의 미술에 한정시키려 하였다. 근대적인 예술개념에 입각한 '학과(discipline)' 로서의 미술사학의 성립과 더불어 미술사학은 고고학 및 인류학과 분리되기 시작한다.

물론 이러한 연구의 틀을 넘어서는 작업도 적지 않다. 특히 유명한 것은 보링거(Wilhelm Worringer, 1881-1965)의 『추상과 감정이입(*Abstraktion und Einführung*)』(1908)이다. 그에 의하면 유기체 가운데에서 자기만족을 찾는

'감정이입 충동'에 의해 미적 경험을 설명하는 근대미학으로는, 많은 시대와 민족의 예술활동을 설명할 수 없다. 고대 이집트, 비잔틴, '동방의 문화 민족', 원시시대 등의 예술활동은 리글이 시사했듯이 "독자적인 예술의욕"으로부터 생겨난 것이다. 그러나 근대미학의 전제가 되는 고전주의적인 미의식에 따른다면 그것들은 고전주의적인 요구에 응하는 만큼의 '능력'을 결하고 있는 것으로 간주되고 만다. 여기에서 보링거는 고전주의적 미의식의 대극에 있는 미적 경험을 설명하기 위하여, 생명을 부정하는 무기적(無機的)인 것 가운데 자기의 미를 찾는 '추상충동'의 존재를 강조하였다.

이 흐름을 이어받아 대상 지역을 대폭 확대함과 동시에 구체적이며 정밀한 서술을 행한 것이 프라이의 『비교예술학의 기초설정(*Grundlegung zu einer vergleichenden Kunstwissenschaft*)』(1949)이다. 여기에서 프라이는 세계의 '고도(高度) 문명지역' 7개(이집트, 서아시아, 그리스, 동구, 서구, 인도, 동아시아)를 선별하고, 비교의 '좌표'로서 4개의 기본 모티프(직립, 운동, 목표, 진로)를 설정하였다. 그는 이들 '근원적 모티프'에 주목하면서 각 지역의 조형예술에서 찾아볼 수 있는 시간의식과 공간의식의 특질을 밝히고, 인접한 문화권과 멀리 떨어진 문화권 상호 비교를 시도하였다. 또 이 4개의 모티프는 조형예술의 본질을 인간과 인간을 둘러싼 세계와의 대결의 결과로 간주하는 견해에 입각한 것인데, 자기의 신체가 정지하거나 운동하는 느낌, 그리고 신체가 공간에 대해 갖는 중심이나 운동방향의 감촉을 표현한 것이다.

프라이와 함께 비교미술 연구에서 잊어서는 안 될 사항은 말로(André-Malraux, 1901–76)의 『공상미술관(*Le Musée imaginaire*)』(1947, 1951, 1965)이다. '공상미술관'이란 복제기술을 이용하여 동서고금의 미술작품을 자유롭게 편집 배열하여 출판한 사진 컬렉션을 말한다. 여기에서는 작품을 본래의 수용 연관으로부터 잘라낸다고 하는 미술관의 특성이 더욱 철저해져, 작품의 물리적인 존재 양태로부터 자유롭고 모든 것이 등가이며 평등한 예술의 공화국이 실현된다. 화상(畵像)의 조작이나 편집에 의한 의외의 대비도 가능하다. 시대를 앞서 갔다고 볼 수 있다. 말로에 의하면 이 '가상미술관'의 목적은 문명 간의 대화를 행하는 데 있다. 요컨대 여기에서는 인류의 예술이 처한 때와 장소라는 역사적 제약을 넘어서서 그 공통점과 차이점을 서로 확인하고 각자의 목표에 대한 비판과 보완을 행하게 된다.

그 밖에도 특정한 지역의 예술에 고유한 '특질'을 논한 연구로, 1930년대의 독일에서 '독일 미술의 독일성'을 둘러싼 논의와 그 비판적 반성 아래 저술한 펩스너(Nikolaus Pevsner, 1902-83)의 『영국 미술의 영국성』(1956)이 있다.

다. 현재의 연구과제

프라이와 말로의 저작은 '문화권의 예술'에 관해 생각하려는 사람에게는 무시할 수 없는 고전적인 연구이다. 그러나 양자가 모두 발표된 이후 50년 이상의 세월이 흘렀다. 현재의 시점에서 보자면 거기에는 한계와 문제점이 있다. 이하 오늘날 연구자의 과제라고도 할 수 있는 그러한 문제점을 생각해 보고자 한다.

우선 첫 번째 문제점은 '문화권'이라는 용어에 관한 것이다. 사실 프라이 자신이 서술하고 있는 바이기도 하지만, 완결된 통일체로서의 문화권이란 하나의 '허구(fiction)'에 지나지 않는다. 그 내부는 실제로는 다양하고 모순되는 요소가 역사적으로 공간적으로 복잡하게 서로 얽혀 있다. 때로는 지역과 국가의 아이덴티티의 강화를 위하여, 또는 복합은 독창성을 결한 열등한 것이라고 하는 '순수' 신화에 대한 열망을 위하여, 다양성과 복합성의 혼성물인 '특질'을 도식으로서 결정론적으로 단순화하려고 하는 경향을 볼 수 있다. 그러나 이러한 '상상의 공동체'라는 순수주의는 안이한 상투구를 만드는 데 공헌했을 따름이며, 사실에 적합하지 않을 뿐만 아니라 정치적인 위험성도 내포하고 있다. 따라서 오늘날 우리는 문화권이라는 말 대신에 이에 상당하는 것으로서, 다양한 레벨에서 상호 중복 혼합되고 상호 간섭하는 '다문화주의'적인 상황을 상정할 필요가 있다.

둘째로는, 대상 영역의 문제이다. 보링거에 비해 훨씬 광범위한 영역을 취급한 프라이의 경우에도, 고찰 대상은 '위대한 아프리카 · 유라시아 문화권' 의 종교미술에만 한정되어 있다. 사하라 사막 이남의 아프리카, 남북아메리카, 북아시아, 오세아니아 등은 고려 바깥에 놓여 있다. 또 이집트와 서아시아에서도 고대 이외의 미술은 제외된다. 다른 한편 말로의 '공상미술관' 은 확실히 '라스코로부터 뉴헤브리데스까지' 시간적 공간적으로 먼 것들로 가득 차 있다. 그러나 이 미술관으로부터 따돌림을 당한 작품군(群)이 있음을 간과해서는 안 된다. 이를테면 고대 로마 미술과 아카데미즘, 대중예술과 전통공예 등이 그러하다. 또 그가 '원시미술' 이나 '미개미술' 에 대해 언급하고는 있지만, 개개의 구체적인 사실의 기술은 매우 부족하며, 고유한 역사적 · 문화적 배경에 관한 근거 제시를 결핍하고 있다.

이들 '제3세계' 또는 '또 하나의 예술세계' 에서의 예술활동에 관해서는, 현재 '민족예술학' 이 정력적으로 조사와 연구를 행하고 있다. 예컨대, 음악과 무용, 염직, 도예, 또는 가면의 연구 등에서 커다란 성과를 올리고 있다. 다만 이 민족예술학에도 문제는 많다. 민족예술학 연구의 본래 모습은 형태에 대한 미적 호기심이나 '서양에서는 잃어버린 활력' 과 '소박한 신화적 정신' 에 대한 동경으로부터 거리를 취하면서 조형활동의 사회적 의미와 기능 연관을 해명하는 데 있다. 그러나 실제의 연구실천의 장에서는 이론적 고찰보다도 소위 '필드' 에서의 기술이 특히 우선되기 쉽다. 그 결과 지나치게 이(異)문화다운 '에스닉(ethnic)' 한 것과 '프리미티브(primitive)' 한 것을 특히 탐구하며, 그것을 보호하고 또 현재 상태 그대로 보존하려는 경향이 강해지는 위험이 있다. 또 선진 각국의 민족학박물관에서 볼 수 있는 점이기도 한데, 전통적인 과거의 작품과 비교적 새로운 시대에 제작된 것 간에 아무런 구별 없이 병치되기 때문에, 그들 사이의 역동적인 역사적 전개가 결과적으로 부정되기도 한다.

그런데 종래의 비교예술학의 대상 영역이 한정되고 있었던 것은 실은 '예술' 개념이 제한되어 있었기 때문이다. 여기에 세 번째의 최대의 문제점이 있다. 프라이의 '근원적 모티프'는 신체를 가진 자아가 시간-공간의 좌표축의 중심에 있고, 자기 앞에 현상으로서 나타나는 대상 세계에 대결하려는 모습을 보이는 것이었다. 이 주체-세계의 대립 도식이 서구 근대의 고유한 철학적 세계관임은 두말 할 필요가 없다. 또 말로에게서 예술이란, 그가 '양식'이라고 부르는 원래의 문화연관으로부터 분리된 창조적인 형태의 시스템을 말한다. 이것 또한 예술의 '형태'를 실생활과는 동떨어진 곳에 있는 추상적이며 영웅적인 것으로서 숭배하는 서구 근대의 예술관인 것이다. 이러한 '자율성의 미학'에 입각한 예술관을 일반화하여 비교와 대비의 기준으로 삼아도 과연 좋을까라고 하는 반성이 실은 최근이 되어 제기되기 시작했다. 그 결과 오늘날에는 서구 근대의 예술을 포함하여, 사회적인 생활연관 및 정치적인 '제도'의 틀 속에서 예술활동의 역할을 다시 생각해 보려고 하는 기운이 강화되고 있다. 또 비(非)서구의 입장에서 보자면, 국민국가의 성립과 함께 제도로서의 예술, 예컨대 예술대학이나 국립미술관이 정비되어 가는 포스트콜로니얼 시기에 주목하여 각 지역이 '예술'의 유입에 어떻게 대처해 갔는가를 비교 검증하는 시도도 등장하였다. 이러한 시도들은 많은 문제를 내포하고 있는 대비연구의 새로운 전개로서 기대되는 방향이라고 생각된다.

3. 교류연구

가. 역사적 배경

역사적 사실로서의 문화접촉에 수반되는 이문화 간의 예술교류에 대한 기록도, 대비연구와 마찬가지로, 옛날로 거슬러 올라갈 수 있다.

문화와 문화가 구체적으로 서로 접촉하는 '교류'라는 사건은 '자(自)문화'와 '이(異)문화'의 차이가 의식되고 있는 곳이라면 어디에서도 생겨난다. 따라서 그러한 '타자'와의 만남에 대한 기록은 역사 서술이 시작된 이래 도처에 남아 있다. 민족이동, 전쟁과 침략, 식민, 포교, 유학, 통상 등 그 실례를 금방 머리에 떠올릴 수가 있다. 그리고 부분적인 것이든 포괄적인 것이든 이러한 문화접촉 속에서 미술과 음악은 교류의 미디어로서 다양한 기능적 역할을 수행해 왔다.

예컨대, 유럽에서는 알프스를 가운데 낀 남북의 교류와 예루살렘과 산티아고 · 데 · 콤포스텔라로 이어지는 순례의 길을 따른 동서의 교류가, 중세 이래 유럽 내부의 예술교류에서 주요 간선을 형성한다. 여기에 베네치아 등 동방으로 열린 도시의 진출, 북방 노르만인과 한자(Hansa)동맹의 활동, 지중해의 해상교역, 또는 스페인에서의 아랍과의 접촉 등이 예술교류 양상을 더욱 다채롭게 하였다.

그리고 여기에 '탐험의 시대' 이후 '신세계의 발견' 이 덧붙여진다. 비교예술학에서 1492년이라고 하는 해는 매우 중요하다. 그 이후로는 '교류' 를 전제로 하지 않고 '대비' 를 행하는 일은 거의 불가능하다고 말해야 할 정도로, 글로벌한 문화접촉이 유럽인에게 현실의 사실이 되었기 때문이다. 그러나 예술의 영역에서 말한다면 '신세계의 발견' 은 호기심으로부터 유발된 수요에 호응한다고 하는 점에서 기본적으로는 동방과의 교류의 연장이었다. 사람들은 미지의 식민지의 영상과 소리에 매료되고, 거기에서 가져온 진귀한 물산을 컬렉션의 대상으로 하여 '경이(驚異)의 방(Wunderkammer)' 에 수집하였다.

유럽 내부의 인접하는 지역 간의 교류와 같은 '미시적 관점' 의 연구는 예술의 역사적 연구에서 예부터 빈번하게 행해져 왔다. 또 '동방' 과의 관계에 관해서도 크리스트교와 고전고대와의 관련에 대해 연구자들의 관심을 모아왔다. 그러나 지구적 레벨에서의 정보교환이라고 하는 '거시적' 관점으로부터 예술의 상호교류 문제를 다룬 연구는 그리 많지 않다. 예컨대, 위트코워(Rudolf Wittkower, 1901–71)의 「독수리와 뱀(Eagle and Serpent)」(1938–39, in *Allegory and the Migration of Symbols*(1977))과 같은, 말하자면 '원형(原型) 이미지' 를 전제로 한 도상의 '전파' 에 관한 연구가 특별히 거론되는 정도이다. 그러나 최근에는 이벤트로서의 거대 전람회(예컨대 1970년의 '만국박람회미술전'과 1972년에 뮌헨에서 개최된 '세계문화와 근대예술' 전, 나아가 콜럼버스에 의한 '신' 대륙 도달 500년을 기념한 워싱턴 내셔널 갤러리에서의 '1492년 전후' 전 등)의 전시가 주목된다.

나. 주요 저작의 내용

여기에서는 우선 역사적인 사실연구가 아니라 '예술에서의 영향' 문제에 관한 순수하게 일반적인 이론을 한 가지 소개하고자 한다. 헤르메렌(Göran Hermerén, 1938)의 『미술과 문학에서의 영향(*Influence in Art and Literature*)』(1975)이 그러하다. 이것은 교류연구를 주요한 과제로 삼는 '비교문학'의 융성을 배경으로 하여 "역사가와 비평가가 쓸모없는 오해와 논쟁에 빠지는 것을 피하기 위해, '영향'의 개념틀을 분석적으로 연구"하려고 한 것이다. 구체적으로는 유사성을 영향현상으로 판정하기 위한 필요조건들을 열거하기도 하고, 영향을 다양한 양태(카피, 패러프레이즈, 차용)로 분류하기도 하고, 영향의 양을 측정하기 위한 도식을 제공한다는 일이 시도되고 있다. 이와 같은 분석은 역사학적인 예술학 연구에서 중요한 의미를 갖는다. 왜냐하면 영향관계의 기술은 작자의 의도의 문제와 얽혀 현재에도 변함없이 예술사가의 일상적인 기초 작업 가운데 하나가 되고 있기 때문이다.

다음으로 신세계(아메리카)의 미술이 발견에 의해 변화하고 소멸해 간 과정을 추적한 쿠블러(George Kubler, 1912–96)의 연구를 살펴보도록 하자. 그가 이러한 '문화변용'의 문제에 착수하게 된 것은 1940년대의 건축연구에서인데, 그 개요는 그의 논문집 『고대 아메리카와 유럽 미술 연구(*Studies in Ancient American and European Art*)』(1985)에 수록된 몇 편의 논문에서 살펴볼 수 있다. 여기에서 쿠블러는 캘리포니아로부터 파라과이에 이르기까지 다양한 지역에서의 건축, 도시계획, 사본(寫本) 삽화, 회화조각에서 나타난 유럽화와 식민지화(수용, 적용, 변용)의 양상들을 종적인 시간의 흐름 속에서 기술한다.

포시옹(Henri Joseph Focillon, 1881–1943)의 견해를 이어받은 쿠블러는 『시간의 형태(*The Shape of Time*)』(1962)에서, '사물의 역사'를 기술할 것을 제안하고, 예술작품과 단순한 인공물과의 구분을 행하지 않음으로써 비서구문화권에서의 '미술' 연구의 가능성을 열었다. 실로 그가 주장하는 바는 그러한 '인공물'에도 '미적' 인지의 가능성이 있다고 하는 것이다. 거기에는 서구 이외의 문화권에도 서구적인 의미에서의 '예술'이 준비되고 있다고 하는 서구중심주의적인 기본적 태도에 대한 반성이 결락해 있다. 따라서 그의 주장에 관해서는 예컨대 토도로프(Tzvetan Todorov, 1939–2017)의 『타자의 기호학(*La conquête de l'Amérique: La question de l'autre*)』(1982) 등을 병행하여 읽음으로써, 사회적인 배경에 대한 이해를 보완할 필요가 있다.

또 하나의 사실은 서구와 '동방'과의 관계를 취급한 최근의 저작 사이드(Edward W. Said, 1935–2003)의 『오리엔탈리즘(*Orientalism*)』(1978)이다. 여기에서는 예술상의 교류의 동인이 되는 것은 이문화의 '매력'인데, 그 매력이 발생하는 메커니즘이 이데올로기 비판의 형태로 분석되고 있다. 오리엔탈리즘이란 본래 로맨틱한 이국취미에 입각한 동양연구에 관한 것을 가리키는 것이었다. 이 책에서 사이드는 이 말을 서양인에 의해 표상되는 한에서의 '동양의 이미지'와 거기에 관한 언설의 의미로 사용하고, 그 고정된 틀이 가져다주는 권위적인 허위의식을 엄격하게 비판하였다. 중심이 되고 있는 것은 문자 텍스트로부터의 분석이지만, 물론 여기에서 언급하고 있는 것은 화상과 음향 텍스트에 대해서도 타당하다.

다. 현재의 연구과제

헤르메렌과 쿠블러의 예로부터도 알 수 있듯이, 지금까지의 교류연구에서는 이문화로부터의 영향에 의한 '양식'(형태)의 변화에 대한 분석이 중심이 되었다. 물론 이런 종류의 연구는 지금도 중요하다. 그러나 다른 한편 이제 예술을 그러한 고정된 틀 속에서만 연구하는 것이 곤란하다는 것도 사실이다. 여기에서는 현재의 연구자에게 부과되고 있는 새로운 문제점을 지적하고자 한다.

첫째로, '영향' 이라고 하는 사고방식에 관한 문제점이다. 현대 세계가 정치적 · 경제적인 통합을 지향하는 추세에 있음은 두말 할 필요가 없다. 교통과 미디어의 발달 역시 글로벌한 문화교류를 촉진하고 있다. 그 결과 문화접촉은 다종다양해졌고, 더구나 동시다발적으로 진행된다. 이와 같은 상황 아래에서는 단선적이며 기계적인 인과관계를 전제로 한 '영향관계' 모델로 예술상의 현상들을 기술하는 일은 불가능하며 또 무의미에 가깝다. 그리고 이러한 사실은 과거의 문화접촉을 돌이켜 보는 경우에도 마찬가지로 적용된다. 아마도 여기에서 필요한 것은 '해석학' 과 '수용미학' 또는 사회학에서의 '문화변용 이론' 등을 참조하여, 이문화 접촉에서의 예술의 역할의 기본 구조를 한층 세련된 형태로 파악하는 일이다.

두 번째 문제점은 '형(形)' 에 관한 것이다. 이미 언급했다시피 예술현상을 사회로부터 분리하여 미적으로 파악하는 일은, 서구 근대에 고유한 말하자면 특수한 예술관으로 보아야 할 것이다. 확실히 이문화 접촉의 경우 특히 사물로서의 작품이 단독으로 전해지는 경우에는, 교류가 컨텍스트로부터 미적으로 분리되어 있는 것처럼 보이는 경우도 있다. 그러나 그 경우에도, 적어도 그것을 수용하는 측의 배후에 포괄적인 문화현상이 가로놓여 있음에는 변함이 없다. 예컨대 피카소가 아프리카 조각에서 '영향' 을 받은 경우를 생각해 보자. 여기에서는 보통 이 조각이 갖는 본래의 기능적 의미와 새로운 환경 아래에서의 사회적 의미는 그다지 문제가 되지 않는다. 그러나 근대의 전위미술 일반에서 볼 수 있는 소위 어린이 그림이나 미개 미술에 대한 관심은, 추상적인 조형 내부의 메커니즘만으로 설명할 수 없다. 이미 고갱(Paul Gaugain, 1848–1903)에게서 전형적인 형태로 나타나듯이, 이와 같은 "자연으로 돌아가라"고 표방한 루소(Jean-Jacques Rousseau, 1712–78)주의의 유행은, 실로 근대화가 진행되는 사회 내부의 상실감에 호응하는 것이었다. 이처럼 이문화에서 유래하는 '소박하고' '생명감으로 가득 찬' '미지의' 형태와 이미지는, 예술 내부의 논리로부터 나온 것이라기보다는 넓은 사회적 문화적 연관 속에서 선별된 것이다.

세 번째로 한국을 둘러싼 문제점이다. 한국을 축으로 하여 예술교류를 생각할 때, 문제가 되는 것은 한국 국내(예컨대, '지방')의 문제, '대륙' 및 '해양'과의 관계, 그리고 서구와의 관계 등이다. 그러나 지금까지의 연구에서는 그 어느 것이든 이문화의 예술을 '대등한 타자'(토도로프)가 낳은 것이라고 보는 데 반드시 성공하고 있다고 볼 수는 없다. 우리 문화가 이웃나라로 전파되었다는 사실만으로 곧 우수성을 확보한 것인 양 생각한다거나, 식민주의의 청산을 부르짖으면서도 실은 그 논리에 예속되어 편협한 자기중심주의에 빠지고 마는 경우가 적지 않다. 한국적 특수성을 순수화하여 곧장 민족적 아이덴티티에 결부시키는 경향도 있다. 이에 대한 비판적 검증은 앞으로의 과제이다.

4. 맺는 말

그런데 위에서 소개한 '대비연구'와 '교류연구'는 서로 독립하고 있는 것이 아니다. 양자는 다양한 레벨에서 발상과 예증을 서로 제공하면서 공통의 목적을 추구하고 있다. 예컨대 '특질'은 교류에 의한 혼혈화(混血化)를 전제로 하여 비로소 존재하는 것이며, 다른 한편 '교류'의 실태를 기술하는 경우는 서로가 자신과 상대에 대해 갖는 특질의 이미지를 알아야만 한다. 이처럼 두 연구 영역은 서로 보완해 가면서 단순한 '비교'의 차원을 넘어선 곳에서 다양한 생활양식을 복합교류적으로 파악하려 한다. 양자의 최종 목적은 조형활동의 다양성과 복합성을 인식함으로써, 인간이라고 하는 존재의 가능성의 폭넓은 영역을 보여 주는 것이다. 그러한 의미에서 이런 종류의 비교미학 내지 비교예술학은 '예술인간학' 또는 '예술인류학'이라고 명명할 수도 있다.

앞으로도 세계의 각 지역간의 결합은 더욱 강화되어 갈 것이다. 예술의 세계에서도 이미 이와 같은 다문화 상황에 부합하는 연주회와 전람회가 개최되고 있으며, 연주가와 작품이 '여행자'로서 세계를 나돌고 있다. 또 작품은 전자미디어 속에서 세계에 '편재(遍在)'하기 시작하고 있다고 볼 수도 있다.

작품을 받아들이는 우리들에게도 당연히 커다란 변화가 도래하고 있다. 이미 언급했다시피 타자(또는 자기)를 미적으로 인지하는 것만으로 성립하는 근대적인 미적 경험 모델로는 이러한 새로운 상황에 아마도 충분히 대응할 수 없을 것이다. 연구자의 경우 특히 그러하다. 학제화(學際化)와 국제교류의 촉진은 두말 할 필요도 없다. 가장 중요한 것은 실증적 연구자라는 이름 아래 사회로부터의 귀족적 고립을 지켜나가는 일이 허용되지 않을 것이라는 사실이다. 앞으로는 자신들이 예술이라고 인정한 세계에 침잠하여 그 지식을 증대시키는 일에 모든 정력을 쏟아붓는 것이 아니라, 국제화하는 상황 아래 생겨나는 불평등과 비관용(非寬容)에 대하여 민감하게 반응할 수 있는 연구자 상(像)이 추구될 것임에 틀림없다.

더 읽을거리

민주식, 「비교미학의 과제와 방법」, 『인문연구』 13-2, 영남대학교 인문과학연구소, 1992.

______, 「뒤보스에서의 시와 회화의 비교고찰」, 『미술사학』 12, 미술사학연구회, 1999.

엘리엇 도이치, 『비교미학연구』, 민주식 옮김, 미술문화, 2000.

이마미치 도모노부, 『동양의 미학』, 조선미 옮김, 다할미디어, 2005.

예술심리학

예술심리학

조진근

1. 예술심리학의 탄생

예술심리학(藝術心理學, psychology of art)은 테오도르 페히너(G. T. Fechner)라는 독일 학자에 의해 1876년 탄생한 것으로 일반적으로 알려져 있으며, 경험주의 미학의 경향과 가장 근접한 경향을 보여 주고 있다. 그는 『미학입문(*Vorschule der Ästhetik*)』(1876)에서 '위로부터의 미학'과 '아래로부터의 미학'을 구분하고 후자의 연구 방법을 자신의 연구 과제로 삼았다. 즉 미학적 문제를 실험실의 실험 결과를 바탕으로 철저하게 경험적으로 밝히고자 하였으며 이러한 실험적 연구 방향이 예술심리학의 기초를 제공하였다고 할 수 있다.

한편, 예술심리학은 예술활동 또는 예술적 창조활동을 심리학의 원리로 분석 · 해석하는, 즉 심리학 방법론을 도입한 현대미학의 한 방향이라고 할 수 있다. 다시 말하면, 심리학적 방법을 통해 예술가와 감상자의 심리적 과정을 경험과학적으로 탐구하는 분야이다. 그런데 예술작품을 창작하고 감상하는 것이 인간의 마음과 연관된 것이기에 전통적인 예술이론들도 인간 마음의 심리적 과정을 중심으로 예술활동을 해명해 온 것은 사실이다. 예를 들어, 고대 그리스 시대에 플라톤은, 시인은 신적인 영감에 홀려 예술작품을 창조하게 되고 따라서 그러한 창작 과정은 비이성적인 광기의 소산이며 '진정한' 시는 공화국 시민이 경계해야 해야 하는 대상이라고 말한다. 반면에 아리스토텔레스는, 시는 인간의 이성적 제작 과정의 소산이며 시가 인간의 판단을 흐리게 하기보다는 '카타르시스' 작용을 통해 인간을 한 차원 높게 성숙시킨다고 변론하였다. 그러나 이러한 연구는 학문의 분화가 이루어지기 이전의 철학적 탐구들이라 할 수 있으며, 예술심리학이라는 학문이 성립한 것은 19세기에 사회학, 정치학, 심리학 등 여러 사회과학적 방법의 성립과 함께 이루어졌다고 할 수 있다.

2. 예술심리학의 연구 분야 및 관심 영역

예술은 그 표현 형식에 따라 회화 · 조각 · 건축 · 연극 · 무용 · 문예 · 음악 등으로 나눌 수 있으며 따라서 그 하나하나를 대상으로 하는 심리학적인 연구가 있을 수 있겠다. 이 중에서 미술심리학(조형심리학)의 연구가 자료 면에서는 가장 풍부하다. 또 배경이론으로는 게슈탈트심리학파의 시지각(視知覺) 연구성과와 정신분석학파의 해석이론이 이 분야의 연구를 촉진하여 왔다. 그러나 최근에는 환경심리학으로서 휴먼스페이스의 연구, 예술표현을 커뮤니케이션으로 생각하는 입장에서의 연구, 이미지 연구 등 다양한 접근이 추진되고 있다. 미술심리학에서는 그 연구 분야를 네 가지로 나눌 수 있다. 즉 ① 조형활동에서의 시지각, ② 공상과 창조, ③ 작가의 퍼스낼리티, ④ 예술작품 등에 관한 연구이다. 또 조형활동을 통한 심리요법 · 치료교육도 시도되고 있다. 미국에서 활동한 R. 아른하임의 『미술과 시지각』(1954)은 이 분야의 연구에 큰 영향을 주었다. 시지각 연구는 형태 · 색채 · 재료 · 공간 · 거리 · 동작 · 착시(錯視), 그림과 바탕의 구조 · 착각 등 심리학의 연구 성과를 직접 활용할 수 있다. 또 네덜란드의 그래픽아티스트인 M. G. 에셔처럼 그림과 바탕의 구조나 착시의 원리를 응용한 작품도 있다.

예술심리학의 포괄적인 관심사항은 다음과 같다. 예술 창작과 관련하여 예술가들은 왜 그리고 어떻게 작품을 창조하는가에 관심을 갖는다. 그리고 예술 감상과 관련하여 왜 사람들은 예술작품에 반응하고 그리고 작품을 감상하는 인간의 지각 과정이 어떻게 이루어지는가에 관심을 갖는다. 예술심리학자들은 예술 창작과 예술 감상을 가능하게 하는 심리학적 과정에 관심을 가지기 때문에 예술과 관련하여 인간의 심리 과정을 연구하는 예술심리학은 두 가지 접근 방법, 즉 예술가에 대한 연구와 감상자에 대한 연구로 나눌 수 있다. 먼저 예술가에 대한 심리학적 연구는 예술가의 창작 동기에 대해서 그리고 창작 과정과 연관된 인식적 과정에 관심을 가진다. 더 세분하여 말하자면, (1) '왜' 예술을 창조하는가에 대한 "동기"에 대한 탐구 그리고 (2) '어떻게' 예술을 창조하는가에 대한 "인식론적" 탐구로 나눌 수 있다. 위의 구분은 감상자의 경우에도 적용될 수 있는데, 감상자에 대한 심리학적 연구는 (1) '왜' 인간은 예술작품에 대해 반응하는가에 대한 탐구 그리고 (2) 예술작품을 이해하고 감상하는 데 어떠한 인식론적 기술이 요구되는가에 대한 탐구로 나누어 볼 수 있다. 하지만, 위와 같은 방향들의 예술심리학적 연구 성과들은 인간의 다른 활동 분야에 대한 심리학적 연구에 비해 뒤처졌다고 할 수 있는데, 이는 한편으로는, 예술가 마음의 상당 부분이 신비의 영역으로 간주되고 경험적 연구를 통해 쉽게 접근할 수 없다는 생각 때문이고, 다른 한편으로는, 예술을 잘 아는 심리학자들이 드물기 때문이라고 할 수 있다.

3. 예술심리학적 방법의 연구 사례와 예술심리학자들

예술심리학의 체계적인 연구에는 뮐러-프라이엔펠스(Richard Muller-Freienfels)의 『예술심리학(*Psychologie der Kunst*)』(1923), 파울 플라우트(Paul

Plaut)의 『예술심리학의 원리와 방법(*Prinzipien und Methoden der Kunstpsychologie*)』(1935), 그리고 슈테어징어(O. H. Sterzinger)의 『예술심리학 개요(*Grundlinien der Kunstpsychologie*)』(1938) 등이 있다. 이 중에 예술심리학적 연구 성과로 특히 주목받는 몇몇 이론들을 살펴보자.

테오도르 립스(Theodor Lipps)는 감정이입(Einfulung)이라는 심리학적 용어를 유행시켰는데, 이것은 어떻게 생명이 없는 물질적 존재로서의 회화나 조각이 인간의 감정을 표현하는가를 설명하기 위해 도입된 용어로서 인간의 감정이 어떻게 작품에 투사되는가를 밝히고자 하였다. 감정이입설만큼 유명한 이론으로 에드워드 벌로우(Edward Bullough)의 심적 거리(Psychical Distance) 이론을 들 수 있다. 우리는 실제적인 필요나 목적으로부터 한 발짝 떨어져서 대상을 바라볼 때 진정한 미적 체험을 할 수 있다고 말한다. 이외에도 루돌프 아른하임(Rudolf Arnheim)은 『미술과 시지각(*Art and Visual Perception*)』(1954)이라는 널리 알려진 책을 통하여 미적 경험의 지각적 특성에 관한 형태 심리학적 연구에 기반하여 시각예술의 지각현상 일반에 관한 법칙을 제시한다. 그리고 좀 더 최근의 연구로는 깁슨(J. J. Gibson)의 지각이론을 들 수 있다. 깁슨은 기호론의 구성주의적 이론이나 기존의 광학이론에 근거한 망막상의 시각 그림이론을 비판하고 생태학적 지각이론을 제시함으로써 시지각예술에 대한 새로운 심리학적 이론을 제시하고 있다. 다른 한편, 프로이트의 무의식에 근거한 심층심리학 혹은 정신분석적 연구들이 밝혀 낸 예술창작 동기에 대한 새로운 해석도 눈여겨볼 만하다.

4. 예술창작과 예술향수에 관한 심리학적 이론의 특징들

위에서 우리는 예술심리학의 관심 영역을 크게 예술창작과 예술향수의 문제로 나누어 보았다. 이에 대한 세부적인 논의들을 살펴보면 다음과 같다.

가. 예술가 중심의 연구

(1) 예술가의 창조적 능력에 대한 이론

비슷한 환경과 교육조건에서 자란 두 명의 예술가가 있다고 할지라도 그들의 예술적 성과물은 판이하게 차이가 날 수 있다. 그렇다면 위대한 작가의 능력은 어디서 오는 것일까? 먼저, 예술가의 타고난 능력 때문이라고 설명하는 경우가 있다. 예술가의 타고난 능력이란 합리적으로 설명하기란 힘들지만 (가) 예술가들은 예술을 창조하는 '본유적인 충동'을 갖고 태어난 사람들이라는 것이다. 이러한 설명은 주로 프로이트를 시조로 한 정신분석학적 해명의 기본 방향에 속한다. 정신분석학이 인간 행위를 설명하는 기본 전제 중의 하나는 인간의 행위는 무의식적인 본유적 충동과 에고 혹은 슈퍼에고의 억압적 제제 사이의 충돌의 결과라는 것이다. 본래적인 무의식적 충동이 자아나 사회적 규제에 의해 저지당할 때 예술가는 이러한 충동을 예술적 결과물로 승화시켜 표출한다는 것이다. 따라서 프로이트 예술이론은 정신병리학적 현상을 이론의 출발점으로 삼고 있다고 할 수 있다. 그런데 프로이트에 따르면 본래적 충동이란 기본적으로 성적 충동에 기인하는 것이다. 이러한 프로이트 이론의 예시적 사례는 레오나르도 다 빈치를 통해 설명되고 있다. 어머니와 행복한 유년시절을 보낸 이후 다 빈치는 아버지와 계모의 슬하에서 자라면서 정신적 충격에 휩싸이게 되는데 이때의 충동이 예술창작의 원동력이 되었다는 것이다. 이러한 관점에서 보았을 때 다 빈치의 그림 〈Madonna and Child with St. Anne〉(1510)의 창작 동기는 생모와 계모 모두에게 사랑받고 싶은 욕망의 예술적 승화로 설명할 수 있다는 것이다. 하지만 프로이트의 정신분석학 이론은 예술창작 동기에 대한 획기적인 설명에도 불구하고 당시의 사회적 요인의 영향관계를 제대로 설명하지 못한다는 결점을 지닌다. 그리고 그러한 억압적인 충동이 어떻게 예술적 승화로 발전하는지를 제대로 설명하지 못한다는 치명적인 결함을 지닌다는 비판을 면하기 어렵다. 왜냐하면 그러한 내적인 충동은 예술로도 스포츠로도 혹은 다른 활동을 통해서 승화될 수도 있기 때문이다.

다음으로, (나) 예술가의 창조적 동기를 정신병리학적 현상이 아니라 정상적인 자아의 능력으로 설명하는 경우가 있다. 반 고흐나 도스토예프스키처럼 감정적으로 불안정한 경우도 있으나 예술가들은 보통사람들보다 훨씬 강한 자아를 소유한 사람이라는 것이다. 심리학자 맥키논(Mackinnon)은 창조자 집단을 표본으로 한 설문조사를 통해 그들의 개성은 보통사람들보다 자의식이 강하고, 의지력 및 자기 통제력이 강한 특징을 보인다고 말한다.

한편, 현대 행동주의 심리학의 대표주자인 스키너(B. F. Skinner)는 위의 이론들보다 훨씬 단순한 이론을 제시하였다. (다) 행동주의자들의 입장에 따르면 인간 행위의 동기는 그 행위에 대한 외적 보상에 의해 조정받는다는 것이다. 자유의지는 있을 수 없으며 인간 행위는 단지 환경적 우연성의 결과물이라는 것이다. 행위의 결과가 좋을 경우 우리는 그 행위를 반복하지만 그렇지 않을 경우 우리는 그 행위를 반복하지 않게 된다는 것이다. 마찬가지로 예술가들도 자신들의 창작물이 외부에 긍정적 반응을 가져올 경우 다시 그 행위를 강화(reinforcement)하지만 부정적 결과를 가져올 경우 그만둔다는 것이다. 이러한 설명이 프로이트와 다른 점은 예술적 행위의 동기를 무의식적이고 내적인 과정으로 설명하지 않고 외적으로 관찰 가능한 행위 혹은 환경적 반응으로 설명한다는 점이다.

(2) 예술가의 창작 과정에 대한 이론

일반적으로 예술가의 창작 과정에 대한 이론은 정신 과정을 어떻게 객관적으로 증명할 수 있는가의 입장에 따라 의견의 불일치가 존재한다. 정신분석학적 입장과 게슈탈트 이론의 입장에서는 내적인 반성을 통해 이론을 전개하는 반면에 행동주의자들과 실험심리학적 입장에 선 이론가들은 그러한 이론들은 객관적으로 측정할 수 없고 증명할 수 없는 것이라고 말한다. 예술가 자신들조차도 창작 과정이 무의식적이고 비합리적이라고 말하는 사람(Max Ernst)이 있는가 하면 일상적이고 합리적이고 분석적이라고 말하는 사람(Edgar Allan Poe)들도 있다.

나. 감상자 중심의 연구

(1) 왜 예술에 반응하는가에 대한 예술적 기능에 관한 이론

프로이트는 미켈란젤로의 〈모세상〉이 주는 감동의 강력한 힘을 그 어떤 것과도 견줄 수 없는 매력이라고 말했다. 그렇다면 예술작품에 대한 감동은 인간에게 보편적인 것인가 아니면 사람의 인식능력에 따라서 다르게 나타나는 것인가? 이와 관련하여 먼저 예술이 주는 감동은 어떤 종류의 것인가? 혹은 왜 예술에 인간은 관심을 갖는가?라는 질문이 있을 수 있고 그에 대한 답변이 몇 가지 있다. (가) 예술의 기능은 상호 소통(communication)에 있으며 예술가는 자신의 내적 감정을 표현하고 감상자는 작품을 통해 그 메시지를 이해한다는 것이다. 다른 접근 방법에 따르면 (나) 다윈의 이론에 근거한 것으로 예술의 기능은 적자생존(adaptation)에 있다는 것이다. 진화심리학자인 디사야나키(Dissanayake)에 따르면 비록 그것의 보편적 특질을 명확히 밝히기는 힘들지만 예술은 인간의 생존과 진화에 크게 기여한다는 것이다. 다음으로 가장 널리 알려진 이론에 따르면 (다) 예술은 미(Beauty)와 관련된 것으로 예술은 미적 경험을 통한 즐거움을 제공한다는 것이다. 한편, (라) 예술은 인간의 정신에 영향을 주어 치료적인 기능을 한다는 것이다. 아리스토텔레스가 정식화한 비극의 카타르시스 기능이 대표적이다. 심리철학 혹은 인지심리학의 분야에서 관심을 가지는 것은 예술의 기능이나 예술을 수용하는 지각 과정의 인지적 구조에 대한 탐구이다. 일반적으로 예술의 기능을 감정과 관련된 쾌의 생산이라고 보는 반면 예술은 즐거움보다는 지식, 즉 실재를 정확히 드러내는 것이라 보는 견해도 있다.

(2) 감상자의 인지능력 혹은 지각 과정에 관한 이론

미적 반응의 개인별 차이에도 불구하고 인간의 지각능력에는 예술작품을 인식하는 특별한 능력이 있는가에 대해 지각심리학은 탐구한다. 지각심리학적 연구 성과는 우선 곰브리치의 『미술과 환영』의 핵심적 논의를 출발점으로 하여 이후 다양한 입장에서의 논쟁들로 이어진다. 곰브리치가 던진 회화적 재현에 대한 심리학적 문제의 출발점은 어떻게 시각세계를 재현하는 회화의 방식이 시대와 민족에 따라 다른가라는 것이다. 소위 세계에 대한 객관적 시각을 주장하는 '순진한 눈'을 비판하는 곰브리치에 따르면 회화적 재현에서는 관점과 문화적 다양성을 배제하는 자연적인 '보는 것'이 불가능하며 '아는 것'에 의한 도식적 재현만이 가능할 뿐이다. 이에 따르면, 서양미술사에서의 재현 미술의 역사는 재현의 관례로서의 도식(Schemata)의 전개 과정으로 설명된다. 하지만 재현의 관례에 대한 지식(도식)의 심리학적 근거에 대한 해석의 차이에 따라 곰브리치의 논의를 반박하고 재현에서의 닮음의 근거를 설명하고자 하는 논쟁(깁슨의 지각심리학적 입장)들이 있으며, 그리고 최근에는 지각이 아니라 인간 행위를 중심으로 창작의도를 밝히려는 행동심리학적 경향 등의 논쟁들이 활발하게 이루어지고 있다.

5. 미학에서 예술심리학의 역할 및 미래: 심리철학 혹은 인지과학과의 만남

이상에서 살펴본 바와 같이, 예술심리학에는 전통적인 형이상학적 연구 방향에 반대하여 19세기에 발생한 사회과학적 연구 방법인 실험심리학에 근거하는 경험주의적 경향, 프로이트의 심층심리 연구에 근거한 정신분석학적 경향, 그리고 인간 지각의 보편적 법칙에 근거해서 예술작품 인식의 지각적 측면을 밝히는 지각심리학적 경향 등이 있다. 그렇다면, 이러한 예술심리학의 연구 방향이 미학에서는 어떠한 역할을 하는가? 예술의 가치 혹은 개별 예술작품의 고유한 특질이 무엇인가라는 문제는 전통적인 미학 및 예술철학의 주된 관심사항이었다. 여기서 미적 경험의 본성을 밝히는 것이 문제의 핵심 고리로 작용한다. 분명 미적 경험의 본성은 예술 창작의 문제와 함께 인간의 마음에 대한 해명을 통해서 밝혀질 수 있기 때문에 경험과학적 탐구 방법인 심리학은 현대미학의 발전에 커다란 기여를 했다고 할 수 있다. 하지만, 철학적 미학의 문제 해결에 있어서 심리학적 탐구 방법의 한계 또한 분명히 존재한다. 그것은 예술작품 창작과 향수의 원인 규명에 커다란 기여를 했지만 더 나아가 그것의 연결 고리, 즉 예술작품 향수자와 창작자를 연결해 주는 물질적 존재로서의 예술작품과의 상호 연관성을 분명히 밝혀야 하기 때문이다. 인간의 마음에 대한 철학적 탐구의 최근 경향인 심리철학 및 인지과학의 연구 성과들과의 만남을 통해서 예술심리학은 이에 대한 좀 더 나은 해결 방향을 제시해 줄 것으로 기대된다.

더 읽을거리

윤현섭, 『예술 심리학: 미의 형식과 내용을 중심으로』, 을유문화사, 1995.

딜런 에번스, 『진화심리학』, 이충호 옮김, 김영사, 2001.

루돌프 아른하임, 『미술과 시지각』, 김춘일 옮김, 미진사, 2000.

윌슨 글렌, 『공연예술심리학』, 김문환 옮김, 연극과 인간, 2000.

지그문트 프로이트, 『예술, 문학, 정신분석』, 정장진 옮김, 열린책들, 2003.

Fisher, J., *Perceiving Artworks*, Temple University Press, 1980.

Gibson, J., *The Ecological Approach to Visual Perception*, Boston: Houghton Mifflin, 1979.

분석미학과 실용주의

현대 영미 분석미학의 방법론

임일환

여타 다른 학문과는 달리 철학은 철학 자체가 무엇인가를 묻는다. 생물학, 물리학이 우리가 이미 생명현상, 물리현상을 이해한다는 것을 전제로 해서 출발한다면, 서양철학은 소크라테스 이래로 언제나 철학, 철학적 활동 자체가 무엇인가를 고민해 왔다. 이 글은 현대 '영미 분석미학'의 철학적 방법론을 개괄하는 단순한 이해의 틀을 제공할 목적으로 쓰여졌다. 다시 말하면 현대 단지 영어권만이 아니라 전세계적으로 행해지는 분석미학의 철학적 방법론의 특색을 비교적 간편하게 조망하는 시각적 그물을 짜보고자 한다.

먼저 '현대 영미 분석미학'과 철학이란 명칭은 통상 20세기의 영어 문화권의 다양한 철학자들의 철학활동을 '분석(analysis)'이라는 방법론적 특성으로 규정하는 표현이다. '분석미학', '분석철학'이란 표현은 일군의 철학적 활동 전체를 '분석', 보다 정확히 '개념분석'이라는 방법적 특징으로 포착하는 표현이다. 그렇다면 '현대 영미 분석미학'의 전모를 이해하는 중요한 단서의 하나는 분석미학과 철학의 철학적 방법론을 어떻게 이해하는가에서 주어진다고 말할 수도 있겠다.

마지막 카드부터 먼저 보이자면 내 생각으로 현대 '분석미학'의 철학적 방법론을 이해하자면 크게 두 가지 관점에서 분석철학과 미학의 방법론적 변화를 조망하는 것이 긴요한 듯하다. 하나는 철학적 분석이 추구하는 궁극적인 철학적 지식의 본성에 대한 견해가 지난 세기 어떻게 변화하였는가를 이해하는 관점이다. 내 생각으로, 철학적 지식추구의 방법과 그 결과인 철학적 지식 자체가 선험적(a priori)일 수밖에 없다는 서양철학의 유구한 '전통적' 견해—편의상 이 견해를 '정통적 견해(orthodox view)'라 부르자—를 축으로 이에 반대하는 두 가지 일탈적 견해(deviant view)를 포함하여 세 가지 스펙트럼을 이룬다. 시각적으로 말하자면, 나는 정통적 견해라는 'x축'을 기준으로 상하로 진동하는 일종의 sine파를 상상한다.

두 번째로, 20세기의 철학적 방법론의 이해에 핵심적인 관점은 역사적, 시계열적(time series) 철학적 **양식**의 끊임없는 변화를 이해하는 관점이다. 주지하듯 러셀, 초기 비트겐슈타인의 논리적 원자론, 카르납의 논리적 구성주의를 거쳐, 20세기 전반의 철학적 양식을 규정했던 논리실증주의, 실증주의에 반대하여 1960년대 꽃피었던 두 가지 형태의 '일상언어학파'와 현대에까지 이르는 다양한 철학적 논조와 주의주장의 변화는 20세기 철학사의 중요한 줄거리 라인을 이룬다. 이렇듯 다양한 철학적 견해의 변화를 단순히 '개념분석'이나 '언어분석'이라는 표면적 특징으로 일괄하려는 것은 사뭇 피상적으로 보인다. 차라리 내 생각으로 20세기의 다양한 철학적 논조의 변화는 서양 고전음악의 300년에 걸친 양식적 변화와 보다 흡사하다. '개념분석'이라는 단선적인 특징보다는 의식적인 지속적인 양식적 변화만이 일종의 불변의 특징이라는 설명이 음악사의 경우처럼 보다 통찰이 풍부할 수도 있다는 말이다.

두 번째의 역사적 시계열적 "양식적 변화"라는 관점은 물론 첫 번째의 학문의 정체에 관한 "본성적 관점"과 긴밀히 맞물려 있다. 하지만 본성적 관점의 시간적 변화가 역사적 · 양식적 변화를 초래했다고 단순히 말하기에는 양자의 관계가 단선적으로 그려지지 않는다. 이런 관점에서 이 글은 두 가지 관점을 병행 서술하는 편으로 문제를 얼버무렸다. 내가 말하는 철학적 탐구에 대한 '본성적' 관점과 그 변화를 알아보기 전에, 철학사적으로 중요한 역사적 사건이 언급되어야 한다고 생각한다. 그것은 무엇보다 19세기 말과 20세기 초에 진행된 논리학의 혁명적 발전이라는 사건이다. 주지하듯 프레게라는 위대한 철학자에 의해 발견되어 러셀과 화이트헤드에 의해 20세기 초에 완전한 체계를 갖춘 현대논리학—1차 양화논리—의 발전은 지난 세기 철학함 자체와 철학적 방법론의 변화의 결정적인 동기가 된 사건이라고 말해도 과언이 아니다. 약간 과장하여 말한다면 지난 세기의 다양한 철학적 방법론적 논란은 어찌보면, 양화논리라는 새로운 논리학의 철학적 용도에 대한 다양한 논란의 결과라고 말할 수 있을지도 모른다. 이런 의미에서, 오늘날 프레게, 러셀 그리고 무어를 분석철학의 기초자라고 부르는 중요한 이유 중의 하나는 바로 이런 20세기 논리학의 혁명적 변화와 그 함축을 기리는 것과 다름이 아니다. 그럼 먼저 내가 '본성적' 관점이라고 부른 철학관의 견해 변화부터 시작해 보자.

1. 본성적 관점 – 세 가지 스펙트럼

철학적 방법과 철학이 추구하는 철학적 지식의 특성을 다른 경험과학적 지식과 구별하여 '선험적(a priori)' 지식으로 특징짓는 전통은 통상 자연과학의 물리학 혁명이 일어난 서양 근대 17세기에 확립된 것으로 간주된다. 라이프니츠와 흄[1]은 합리론과 경험론이라는 대립되는 인식론적 사조의 대변자였지만, 양자는 모두 인간의 모든 지식을 선험적/경험적 지식의 영역으로 날카롭게 구분하는 데 일치하고 철학적 지식이 가능하다면 그것은 선험적 지식의 영역에 속한다는 데 동의한다. 나아가 모든 선험적 지식은 필연적이고, 한시적이지 않은 영원한 진리라는 구분에도 일치한다. 이들 간

1 D. Hume, *Treatise of Human Nature*(1738); G. Leibnz, *New Essays Concerning Human Understanding* (1704).

의 차이점이 있다면, '선험적' 지식 기원을 어떻게 해명하는가 하는 차이점 뿐이다.

주지하듯 선험적/경험적 구분은 본질적으로 인식론적인 구분이다. 다시 말해 인간이 지식을 획득하게 되는 방식의 차이를 구분한다. "지금 서울에는 비가 온다"라는 일상적 날씨에 대한 지식은 누군가의 날씨에 대한 직접적 경험 혹은 그 경험에 대한 보고에 궁극적으로 의존하는 수밖에 없다. 하지만 "지금 서울에는 비가 오거나 오지 않거나 둘 중의 하나다"라는 명제는 분명 날씨에 대한 경험 없이도 명백히 참임을 알 수 있는 명제에 속한다. 그런데 이렇듯 주어진 명제의 인식에 경험과 관찰에 의한 경험적 정당성이 필요한가 그렇지 않은가 하는 통상적인 방식으로 선험성/경험성을 구분하는 방식은, 한 가지 중요한 철학적 문제를 즉각 발생시킨다. "2+2=4" 혹은 "P v -P" 형식의 배중률 명제가 경험적 증거 **없이도** 인식이 가능하다면 그것은 도대체 어떻게 인식적 정당성을 획득한 것인가?

전통적으로 이 물음에 대한 답은 기본적으로 두 가지 라인의 답변이 있어 왔다. 플라톤에 따르는 합리주의적 계열의 답은 다음과 같은 논증을 해결책으로 제안한다.

(1) "2+2=4"와 같이 명백히 선험적인 인식이 존재한다.
(2) 선험적 인식은 경험적 증거에 의존할 수 없다.
(3) 따라서, 선험적 인식을 가능케 하는 특수한 인식 능력, 즉 이성 혹은 이성적 직관이 존재한다.

나중에 잠시 살펴보겠지만, 분석철학의 초기 기초자들, 다시 말해 20세기 초반의 프레게 · 러셀 · 무어, 초기의 비트겐슈타인에 이르기까지, 전통적인 철학과 철학의 새로운 방법론으로 등장한 양화논리 자체의 가능성은 선험적 인식을 가능케 하는 인간의 이성능력에 의존한다는 정통적 입장은 여전히 고수되고 있었던 듯 보인다.

반면 흄에서 결정화되는 경험주의적 계열의 이 문제에 대한 답은 본질적으로 "환원주의적"이다. 세간의 오해와는 달리, 모든 인간의 인식이 두 가지 종류, 즉 사실에 관한 지식과 관념들 간의 지식으로 양분된다고 흄이 천명했을 때, 적어도 흄은 분명 전통적 합리주의자들과 마찬가지로 '3×5=30÷2' 와 같은 선험적 지식의 존재를 인정한다. 단지 경험주의자들의 차이점은 경험적 세계를 초월하는 플라톤의 이데아의 세계와 같은 초험적(transcendent) 세계에 관여하는 특수한 인식능력의 존재를 부인한다는 점이다. 이들에게 예컨대 왜 "서울에 비가 오거나 혹은 오지 않는다"와 같은 명제가 자명하게 참인가 하고 묻는다면, 이들은 이 명제의 참은 인간이 복합명제를 사용하는 사고방식이 그런 방식으로 주어졌기 때문이거나(심리주의), 그것은 '혹은' 이라는 논리적 접속사를 사용하는 우리 언어의 규칙 때문이라거나(언어주의), 아니면 논리적 접속사 '혹은' 을 정의하는 공리체계의 의미론적 약속 때문에 정의적 참(truth by definition)이기 때문이라고(협약주의) 대답한다. 요점은 선험적 인식만을 가능케 하는 신비한 인식 능력 없이도 이런 명제들의 '자명성' 은 인간의 사고방식이나 언어 사용의 규칙을 통해 설명 가능하다는 것이다.

칸트 식으로 이 양자의 차이점을 표현하자면, 전자 즉 합리주의 라인을 'a priori as synthetic' 라고 부를 수 있다면 후자는 'a priori as analytic' 라고 표현할 수도 있겠다. 그러나 근본적으로 대립되는 철학사조는 상호간의 차이점에도 불구하고 철학적 인식과 철학적 방법을 제반 경험과학적 지식과 방법과는 궁극적으로 구분되는 **고유한** 영역으로 구분한다는 점에서, 철학의 유구한 정통적 테마(theme)를 충실히 따르는 단지 두 가지 변주곡(variation)이다. 확장적으로 해석되든 축소주의적으로 해석되든 철학은 철학만의 방법과 고유한 지적 영역을 갖는다. 철학과 미학이 '고유한' 학문의 영역으로 지속되는 한, 아마도 이 입장은 쉽게 포기할 수 없는 입장이라는 뜻에서 '정통적' 견해라는 이름이 합당한 듯하다.

이제는 이미 널리 알려졌지만, 지난 세기 이 정통적 견해에 대한 두 가지 형태의 강력한 반론[2]이 제시되었다. 한 가지 반론은 주로 콰인(W. V. O Quine)의 「경험주의의 두 도그마」라는 논문에서 제기된 반론이고, 다른 라인은 크립케(S. Kripke)에 의해[3] 제시된 문제제기이다. 대체로 내 생각으로 이 두 계열 반론과 그 영향력에 의해 철학과 미학의 '정통적'인 견해에 상반되는 견해가 현대 철학에 존재한다. 살펴보겠지만, 정통적 견해에 반한다는 의미에서 편의상 '일탈적(deviant)' 견해라고 불릴 수 있는 이 견해는 다시 강한 형태와 중도적 형태의 변주로 구분될 수 있다. 단지 양자의 차이점은 전통적 견해를 부인하는 방법상의 차이점에 있는 듯하다. 그러면 일탈적 견해의 스펙트럼을 살펴보기 위해서 간결하게라도 콰인과 크립케 라인의 논점을 언급해 봐야 한다.

현대의 고전이라고 할 콰인의 「두 도그마」 논문은 1951년에 출판된 논문이다. 실상 역사적으로 이 논문은 그 당시 영미 철학계를 지배하던 논리실증주의자, 특히 카르납의 철학적 방법론에 대한 비판을 주요 내용으로 하는 기술적인 논문이다. 논문의 핵심 논점은 논리실증주의자들이 자신들의 경험주의적 철학관을 유지하기 위해 암암리에 가정했던 핵심적인 구분, 즉 모든 철학적 지식은 선험적 지식의 영역에 속하고, 선험적 지식은 (칸트의 주장과는 달리) 전적으로 분석적 선험성에 국한된다는 경험주의적 가정을 반박하는 것이다. 칸트의 유명한 분석/종합적 참의 한 가지 구분에 따르면,[4] 임의의 명제 P는 그것을 부정하면, 명제에 포함된 단어의 의미와 논리적 규칙만을 사용해서 논리적 모순이 도출되는 명제를 뜻한다. 콰인 자신의 예를 들자면, "모든 총각은 총각이다"는 부정하면 즉각 모순이 도출된

2 W. V. O. Quine, "Two Dogmas of Empriricism" in *From a Logical Point of View* by W. Quine, Harer, 1963, pp. 20-46.

3 S. Kripke, "Naming and Necessity," in *Semantics of Natural Languages*, ed. D. Davidson, Reidel, 1972, pp. 255-355.

4 흔히 '모순' 기준으로 불리는 이 기준은 I. Kant, *Prologommena to Any Future Metaphysics*의 2절에서 발견된다. 또 다른 기준, 즉 '포함' 기준의 원천은 물론 『순수이성비판』이다.

다. 이 전칭명제의 부정은 '어떤 것은 총각이면서 총각 아니다' 이기 때문이다. 그러나 보다 철학적으로 흥미로운 사례는 "모든 총각은 남자다"와 같은 명제가 분석명제로 분류되는 방식에 있다. 이 분석명제의 부정, 즉 '어떤 총각은 남자 아니다' 는 표면적으로 논리적 모순 P&-P 형식의 문장이 아니다.(형식적으로 말하면 그것은 '어떤 여우는 늑대가 아니다' 와 동일하다.) 이로부터 '어떤 것은 남자면서 남자 아니다' 와 같이 명백한 논리적 모순을 도출하자면, 우리는 필연적으로 '총각' 이라는 한국어 표현이 '미혼 남자' 라는 상이한 언어적 표현과 의미가 동일하다는 의미의 동일성을 보조전제로 가정해야만 한다. 다시 말해 '총각' 과 '미혼남자' 가 의미가 동일하다는 가정하에 "모든 총각은 남자다"라는 명제는 "모든 미혼 남자는 남자다"로 변환되고 이 변환된 명제로부터 우리는 바라는 논리적 모순, 따라서 분석성을 도출할 수 있다. 그런데 문제는 주어진 두 언어적 표현이 그 언어 내에서 동의어라는 사실은 선험적인 사실도 논리적으로 증명될 수 있는 그런 형태의 사실이 결코 아니라는 점이다. 결국 콰인은 일반적으로 두 언어적 표현이 언제 정확히 의미가 동일한가를 밝힐 수 있는 경험주의적 기준이 없다면, 분석/종합 구분은 성립할 수 없고 나아가 분석적 선험성으로 제한된 경험주의의 철학관과 방법은 성립할 수 없다는 것이다.

표면적으로 콰인의 논점은 사소하고 기술적인 것으로 보일지 모르지만, 그것이 정확히 20세기 전반을 지배했던 논리적 경험주의자들을 겨냥하고 있다는 사실을 반추해 보면, 이 반론의 충격과 파장은 심대하다. 첫 번째로 '개념 분석', '언어 분석', '의미 분석', '논리적 분석', '언어체계의 명료화' 등으로 표현되는 실증주의자들의 철학적 방법론은 묵시적으로 한편으로는 철학자 · 미학자들이 분석해야 할 피분석항, 즉 과학적 언어나 비평적 언어와 다른 한편으로는 분석의 결과로 제시되는 '철학적' 분석, 즉 분석항의 의미론적 동일성을 가정한다.(예: '인식' 은 '정당성 있는 참인 믿음' 이다.) 만일 콰인의 주장이 옳다면, 철학적 분석은 그 분석이 궁극적으로 옳은 것인지 그른 것인지 판별할 객관적인 기준을 잃게 된다. 둘째로 콰인의 논문자체는 분석/종합의 구분이라는 약간은 낡은 칸트의 근대적 구분의 정당성을 논란하고 있는 듯이 보이지만, 그의 의미의 동일성의 기준에 대한 반론이 옳다면, 이는 경험주의적 맥락에서는 실은 인간의 지식의 영역에 선험적 지식과 경험적 지식의 근본적인 구분을 말살하는 결과를 초래한다. 왜냐하면, 우리가 이미 보았듯, 적어도 경험주의적 전통에 따르면 모든 선험적 지식은 분석적 지식에 국한되고, 무엇이 분석적 지식인지를 구별할 기준이 성립할 수 없다면 결국은 선험적 지식의 영역도 성립할 수 없다는 자명한 결론을 내려야 하기 때문이다.

이제 콰인의 해묵은 논문이 왜 정통적 철학관에서 일탈한 철학관과 철학적 방법의 원천인지는 비교적 쉽게 이해가 가능하리라 생각한다. 이미 지적했듯, 철학만의 고유한 지적인 영역과 방법론이라는 정통적 견해는 인간인식을 선험적 지식과 경험적 지식으로 양분하는 구분에 근거한다. 선험적 지식의 영역이 없다면, 철학은 최소한 제반 경험과학과 구분되는 고유한 영역과 방법을 지닌다는 정통적 견해를 포기해야 한다. 하지만 적어도 콰인 자신이나 콰인의 영향하에 있는 철학자들에 있어 정통적 철학관과 방법을 포기한다는 것은 세계와 인간에 대한 지식의 탐구라는 지적 활동으로서의 철학 자체를 포기한다는 뜻은 아닌 듯이 보인다. 1980년대 이후에 유명해진 콰인의 이른바 "자연화된 인식론"에 따른다면,[5] 이제 철학과 과학은 말하자면 "이음새 없는 전체(seamless whole)"이다. 인식론을 연구하는 철학자와 지각기관을 연구하는 인지과학자 간의 근본적으로 구별되는 학문의 방법과 목적이란 없다. 내 생각으로 이 같은 콰인류의 견해는 철학적 활동을 궁극적으로 인지적(cognitive)인 활동으로 간주한다는 점에서 일탈적인 철학관이지만 "중도적 형태"의 일탈적 견해로 부르는 것이 적절한 듯하다. 왜냐하면 적어도 콰인의 경우에는 '경험과 관찰'이라는 인식의 궁극적

5 W. V. O. Quine, "Naturalized Epistemology," in *Ontological Relativity and Other Essays*, Colombia UP, 1969, pp. 69-90.

원천조차 포기한 것은 아닌 듯이 보이기 때문이다. 물론 여기서 "중도적"이란 표현은 보다 극단적인 형태의 철학관, 즉 철학적 활동이 '인지적(cognitive)' 활동에 속한다는 사실 자체도 포기하는 일종의 허무주의적인 "극단적" 형태의 철학관을 염두에 둔 표현이다.

내가 "극단적" 형태의 일탈적 견해라고 부르고 싶은 마지막 철학관은 물론 정통적 견해를 정면으로 부인한다. 이들에게 있어 '철학적 분석'이나 '논리적 분석'은 그저 낡은 환원주의적 철학관의 유물이다. 이들이 콰인이나 후기 비트겐슈타인, 토마스 쿤류의 과학사의 철학 등 20세기 철학사조로부터 얻은 결론은, 콰인이 인간 지식의 패러다임으로 간주하는 '과학적 지식'조차 단지 다양한 '세계관'의 표현일 뿐이라는 결론이다. 이들은 이제 전통적인 엄밀한 철학적 논증과 정교한 추리 대신, 다양한 표현양식의 철학적 '대화'와 '담론', '해체', 혹은 '연대성' 등을 강조할 뿐이다. 내 생각으로 이 허무주의적 철학관의 요체는 이들이 철학적 활동을 더 이상 '인지적' 영역에 속하지 않는 것으로 간주한다는 점에서 찾아보아야 한다고 생각한다.[6] 철학이 무엇을 하는가는 각자의 철학자가 결정할 문제이다. 분명한 것은 철학적 활동을 통해 우리가 세계나 우리 자신에 대해 그 어떤 새로운 정보나 지식을 얻는 것은 아니다. 전통적 철학관을 뒤집는 단초를 제공한 콰인의 철학조차 이들에게는 '경험주의'라는 낡은 신조에 대한 불합리한 편견을 보일 뿐이다. 일군의 현대 철학자들이 어떤 경로로 이런 허무주의적 철학관에 도달했는지를 기술하는 것은, 어찌 보면 시도 자체가 우스꽝스러울 수밖에 없다.(이것이 물론 이 스펙트럼에 대한 나의 기술이 간략할 수밖에 없는 이유다.) 철학적 엄밀성과 논증을 기피하려는 철학관에 논리적 근거를 제시하려는 것은 일종의 지적인 자살에 불과할 수밖에 없을 것이기 때문이다. 그러나 분명 나는 현대 철학의 일탈적 견해의 일부는 이 같은

6 예컨대 나는 후기의 리차드 로티 철학을 염두에 두고 있다: R. Rorty, *Contingency, Irony and Solidarity*, Cambridge UP, 1988.

"극단적" 경향이 암시되어 있다고 생각한다. 단지 지적하고 싶은 것은, 우리가 콰인의 철학에서 '경험주의'라는 전통적 철학적 가정을 제거하면 이 허무주의적 철학관이 즉각 도출되는 듯이 보인다는 점에서, 결국 이 극단적 철학관도 콰인 식의 '중도적 일탈적' 견해의 연장선상에 있는 듯이 보인다는 점이다.

그럼 크립케로부터 파생된 정통적 철학관의 변화의 모티프를 마지막으로 간결히 살펴보자. 이미 보았듯 철학적 방법과 지식의 고유성을 '선험성'으로 파악하는 정통 견해의 근저에는 실은 네 가지 중요한 철학적 구분이 섞여 있다. 선험적/경험적, 필연적/우유적, 분석/종합, 영원/한시성. 그러나 적어도 칸트 이전의 근대철학적 관점에서 이 구분은 네 가지 철학적 구분이 아니라 본질적으로 이분법적 구분으로 받아들여졌다. 모든 선험적 인식은 필연적 지식이고 필연적 지식은 또한 한시적 참이 아니라 영구불변의 진리이다. 물론 칸트는 선험적=필연적=영원적 지식의 영역에서 제3의 영역을 마련하기 위해 비판철학을 창조했다. 기억해야 할 한 가지 사실은, 칸트의 그 유명한 '선험적 종합판단'이란 제3의 영역은 궁극적으로 전통철학의 **형이상학적** 지식을 정초하기 위한 시도였다는 사실이다.

하지만 크립케에 따르면[7] 전통철학의 이 네 가지 구분은 동일한 구분 영역에 대한 상이한 표현이 아니라 근본적으로 상이한 철학적 영역에 대한 구분이다. 주지하듯 선험적/경험적 구분은 본질적으로 인간이 지식을 얻는 방법에 관련된 인식론적 구분이라면, 필연/우유성의 구분은 인간적 인식 방법에 의존하지 않는 세계 그 자체의 존재 방식에 관련되는 형이상학적 구분이다. 그리고 이미 보았듯 칸트의 저 유명한 분석/종합의 구분은 본질

7 S. Kripke, *op. cit.* 정확히 말하자면 크립케는 이 논문에 영원성/한시성이란 시간 양상적 구분을 언급하지 않는다. 이 구분도 포함되어야 한다는 아이디어를 나는 E. Sober에게 얻었다. E. Sober, *Core Questions in Philosophy*, Upper Saddle River, 2001. 가능세계의 양상성과 시간의 양상성의 준별을 꽤나 길게 논의한 것에 대해서는 임일환, 「정대현의 필연성의 이해」, 김선희 편, 『정대현 철학을 말한다』, 철학과현실사, 2006, pp. 371-385; 정대현, 「임일환의 통세계적 동일성과 필연성」, 같은 책, pp. 512-521 참조.

적으로 의미론적 논리학적 구분이다. 크립케의 혁명적 통찰은 전통적으로 하나의 동일한 영역 구분의 기준으로 간주되었던 이 구분들이 실제로는 전혀 독립적인 철학적 구분이라는 것이다. 이 논점을 보여 주기 위해 크립케는 인식론적으로 선험적이지만 형이상학적으로는 결코 필연적이지 않은 명제, 나아가 경험적으로 인식되었지만 필연적인 명제들의 사례를 보여 준다. 예컨대 "파리에 있는 미터 척도 표준 막대의 길이는 1m이다"와 같은 명제의 참은 그 표준 막대의 길이를 실제로 측정할 경험적 필요도 없이 1m일 수밖에 없다는 것을 선험적으로 알 수 있다. 하지만 그 막대가 우리가 흔히 1m라고 부르는 길이를 가지고 있다는 전적으로 역사적인 우연이다. 왜냐하면 미터라는 길이의 표준을 인간들이 결정할 때 1m보다 훨씬 짧거나 긴 막대기를 표준으로 설정했을 수도 있었을 것이기 때문이다. 마찬가지로 "물은 H_2O이다", "금은 원자 번호 87인 금속이다"와 같은 전형적인 경험과학적 명제는 크립케에 따르면, 그 경험적 기원에도 불구하고 모든 가능세계에서 참인 "필연적" 명제이다. 왜냐하면, 지구상의 물과 제 아무리 유사한 특징을 가진 물질이 있더라도 그것의 화학적 구성이 H_2O가 아니라면 우리는 그것을 결코 '물'이라고 부르지 않을 것이기 때문이다.

크립케적 관점에 비추어 보자면, 형이상학 · 인식론 · 윤리학 · 미학적 주장을 아우르는 철학적 주장 전체를 선험/경험적 구분이라는 인식론적 구분에 기초하여 철학적 독자성을 확보하려는 기도는 전적으로 인식론 위주의 서양 근대의 철학적 편견일 뿐이다. 주어진 임의의 철학적 주장의 '선험성'이 밝혀질 수 있다고 가정해도, 이 가정 자체로부터 그 명제 자체의 그 어떤 '필연성'이나 '보편타당성'이 입증되는 것은 아니다. 마찬가지로 한 철학적 주장의 필연성이 입증되었다는 사실로부터, 그것이 반드시 인식 가능하다면 선험적인 인식이고 따라서 철학적 인식이어야 한다는 결론도 도출되지 않는다. 철학적 인식이 선험적인가 하는 문제와 그것이 필연적이며 보편타당한 불변의 진리인가 하는 문제는 모두 제각각 따로 해결되어야 할 독립적인 문제이다.

실상 철학적 지식과 방법의 본성을 선험적인 인식의 영역으로 간주할 것인가 말아야 할 것인가 하는 인식론적 기준으로, 철학 자체를 정통적 견해와 일탈적 견해를 구분하는 이 글의 '본성적' 관점조차 크립케적 통찰 이전의 근대적 가정 위에 성립한다. 포스트 크립케 시대, 즉 현금의 영미철학에서 심신론, 인과관계론, 존재론 등 즉 전통적 형이상학을 논란하는 철학자들은 적어도 더 이상 자신들의 형이상학적 이론의 인식론적 지위를 논란하지 않는다. 경험적 정당성이든 선험적 정당성이든 인식의 방법의 문제는 단순히 인식론에 다루어야 할 독립적인 문제로 간주한다. 극단적으로 말해 어떤 인식론과 어떤 형이상학을 결합하는가는 철학자 자신의 취향의 문제일 수 있다는 것이 포스트 크립케 시대의 특징이라고 말할 수도 있다. 따라서 일단 이처럼 본성적 관점에서의 철학관과 철학적 방법론의 구분의 편향적 관점이 드러난 이상 우리는 다음 절에서 역사적 · 시계열적 관점에서의 철학관과 철학적 방법론의 변화를 주마간산 식일지라도 간략히 살펴보아야 한다고 생각한다. 이 글의 목적이 '분석철학'의 '분석'에 있는 것이 아니라, 이해에 있기 때문이다.

2. 시계열적 관점

분석철학이 발생한 20세기 초로 역사적 시점을 옮겨 보면, 프레게는 자신의 필생의 작업인 수학의 기초를 확립하는 수리철학 작업에 매진하고 있었고, 러셀은 1903년 현대의 기념비적인 논리학책, 『수학의 원리』를 출판한다. 같은 해 무어는 「관념론의 논박」이란 논문을 통해 당대의 절대적 관념론자인 브래들리류의 사변철학을 무너뜨리려고 씨름하고 있는 중이었다.[8] 돌

8 1903년에 무어의 기념비적 저작 『윤리학 원리』와 러셀의 『수학원리』가 출간되었다. G. E. Moore, *Principia Ethica*, Cambridge UP, 1903; B. Russell and N. Whitehead, *The Principles of Mathmathics*, Allen & Unwin, 1903.

이켜 보면, 분석철학의 기초자들이라 불리는 이 세 철학자들은 동일한 철학적 이론이나 사조를 공유한 적도 없으며, 평생 각기 관심을 기울인 철학적 문제조차 그다지 큰 유사성이 없어 보인다. 하지만 거의 모든 현대 철학자들이 이 삼인의 철학자를 분석철학의 원류로 삼는 가장 큰 이유는 이들이 공유했던 특정 철학의 이론이나 사조 때문이 아니라, 이들이 철학적 문제를 다루는 과정에서 보여 주었던 논증과 추리의 정교함과 엄밀성 때문이라고 보여진다. 무엇보다 이들이 철학적 문제를 다루기 위해 사용한 철학적 도구, 즉 새로운 논리학의 명료성은 당대의 주도적 사변철학과 획을 가르는 새로운 철학의 출발을 보여 주었다고 말해도 과언이 아닌 듯하다. 앞 절에서도 언급되었지만 이 초창기 철학자들의 철학관 자체는, 그들의 새로운 철학적 논증 절차와 방법에도 불구하고, 대체로 전통적, 합리주의적 인식론에 가깝다. 예컨대 산수와 기하학의 '확고한' 기초를 마련한다는 프레게의 필생의 '논리주의' 프로젝트는 본질적으로 논리적 원리들의 선험성이란 '인식론적' 기초를 전제로 성립하는 작업이다. 무어의 더 이상 분석할 수 없는 원초적 개념으로서의 '선(good)' 개념이나 러셀이나 초기 비트겐슈타인의 세계를 구성하는 논리적 원자들은 마찬가지로 이들이 정통적 의미의 철학, 즉 경험과학과 준별되는 철학 고유의 선험적 지식추구를 가정하고 있었다는 사실을 보여 준다. 어떤 의미에서 일군의 철학자들이 공통의 주제와 방법을 가지고 '분석철학적' 정체성을 보이기 시작한 시기는 빈 학파에서 비롯되는 논리실증주의 운동 이후일 것이다.

20세기 전반부를 지배한 실증주의 운동은 한두 가지 테제나 철학적 주장으로 요약하기 보다는 철학의 전 분야에 걸친 변혁 프로그램의 일종으로 보는 것이 타당한 듯하다. 물론 모든 진술의 인지적 유의미성(meaningfulness)을 준별하는 '검증주의' 원리나, 인간의 다양한 과학적 활동 영역들 간에 근본적인 방법과 목적상의 구별은 있을 수 없다는 '통일과학' 운동 등은 실증주의의 지울수 없는 슬로건이었지만, 이들이 1950년대까지 철학의 전 분야에 걸쳐 제안하고 실험하였던 프로그램 전체를 요약할 수 있는 표지는 아닌 듯이 보인다. 이들이 20세기 철학, 특히 분석철학에 끼친 영향 전반을 이해하자면, 내 생각으로 크게 세 가지 진술 그룹, 즉 이들이 옹호하고자 했던 진술, 개혁하거나 대체하려고 했던 진술, 그리고 파기하고자 했던 진술 그룹들을 일별하는 것이 흥미로울 것이라 생각한다.

주지하듯 이들 일단의 경험주의자들이 지식의 패러다임으로 간주한 것은 자연과학적 진술들, 특히 물리학적 진술들이고, 지적 투명성과 엄밀성의 상징은 프레게와 러셀의 논리학이었다. 이 두 지식 영역이 '옹호' 하고자 했던 선택된 이유는 물론 논리학과 수학은 분석성으로서의 선험성, 자연과학명제는 경험적 검증가능성이란 자신들의 인지영역 구분에 합당하기 때문이었다. 헴펠, 라이헨바하, 어네스트 네이글 등의 과학적 진술에 대한 논리적인 분석작업은, 돌이켜 보면 현대 철학에 '과학철학' 이라 불리는 새로운 분야를 창출해내는 작업과 다름이 아니었다.

한편 그들이 폐기하고 '무의미한 것' 으로 파기하려고 했던 진술 그룹들은, 전통적인 삽변철학의 형이상학적 진술들 외에도 '좋음', '나쁨', '아름다움' 과 같은 일련의 가치평가적 용어들을 내포한 진술들을 포함한다. 이들 소위 "의심스러운" 개념들 중 일부는 논의의 가치가 없는 넌센스로 분류되고, 일련의 가치평가적 진술들은 진리치를 가지지 않는, 따라서 유의미하지만 인지영역 밖에 속하는 것으로 추방되었다.(믿기 어렵겠지만, 실제로 1950년대 독일 계통의 실증주의자들이 지배했던 미국의 유수 대학의 철학과들은 '윤리학' 이란 과목 자체를 가르치지 않았다는 보고를 나는 자주 들었다.) 실로 분석미학의 경우 존 듀이라는 예외를 빼고는 1950년대 이전의 이론다운 미학이론은 거의 전무하다. 아마도 '미학' 이론으로 포장된 스티븐슨의 '감정주의' 이론이 이 시기에 나온 이론의 거의 유일한 사례일 것이다.[9] 가치평가적 term의 언어학적 의미론이 윤리학 미학 이론 자체를 대체하는 듯한 이런 현상은 실은 가치론에 국한된 것은 아니었다. 인식론에서조차 '현상

9 C. L. Stevenson, *Ethics and Language*, Yale UP, 1944.

주의(phenomenalism)' 라 불리는 일상적 외부 대상의 진술에 대한 의미론이 인식론 자체를 대체하는 형국이었다.

마지막 진술 그룹은 기존의 잘못된 방법론에 근거한 과학 영역을 경험주의적으로 '건전한' 언어체계로 대체 변환하는 프로그램이다. 예를 들어 19세기 이래로 발전된 심리학은 환자 자신의 일인칭 내성에 의한 심리현상 보고를 과학적 데이터로 받아들이는 내성심리학이었다. 주지하듯 '통증', '가려움' 같은 심리적 현상의 특징은 여러 사람이 동시에 그 발생을 간주관적으로 관찰할 수 없다는 점에서 특이한 일/삼인칭 인식적 비대칭성을 갖는다. 지금 내가 머리가 아프다는 것은 내게는 자명하지만 제3자에게는 단지 간접적으로만 알려질 수 있는 현상이다. 심리적 현상이란 경험적 데이터가 간주관적으로 관찰 가능하고 검증 가능하다는 것을 보여 줄 수 없는 한 심리학은 아직은 '진정한' 과학일 수 없다는 원리적인 문제가 있었다. 이 문제에 헴펠은 유명한 '번역 가능성' 이란 논제를 통해 현대의 실험심리학의 '행태주의(behaviorism)' 란 획기적인 방법론적 해결책을 제시한다.[10] 이 논제에 따르면 '통증' 과 같은 심리적 용어를 포함하는 모든 심리적 진술은 아무런 의미의 상실 없이 관찰 가능한 외적 행태적 용어로 남김없이 번역될 수 있다.(즉 양자는 의미가 동일하다.) 따라서 논리적 행태주의에 따르면 이제 심리학자는 환자 자신의 주관적이고 사적인 심리현상에 대한 보고 없이도, 단지 환자의 외적 행태에 대한 관찰을 통해 심리학을 할 수 있다는 것이다.

돌이켜보면, 실증주의는 물론 죽은 철학사조이지만, 그 전성기의 건설과 파괴의 흔적을 여전히 현대철학 전 분야에 거대한 유산을 남기고 있다는 사실을 부인하기 어렵다.

앞 절에서 언급했듯 1950년대에 비롯된 실증주의 몰락은 의미의 동일성에 근거한 의미론적 분석에 대한 콰인의 반박, 우리가 살펴봐야 할 영국의

10 C. G. Hempel, *Aspects of Scientific Explanation*, Free Press, 1965.

'일상언어학파' 의 새로운 분석론, 그리고 궁극적으로 검증 원리 자체의 붕괴 등 다양한 철학사조와 방법에 힘입었다고 보여진다.

주지하듯 실증주의의 몰락에 일조했다고 간주되는 '일상언어학파' 와 그들의 일상 언어적 분석은 1950-60년대 영국의 두 대학을 중심으로 크게 유행했던 철학사조이다. 이 사조의 기원을 밝히는 것은 지난한 작업이겠지만, 이 철학사조의 중심에는 후기 비트겐슈타인과 오스틴이라는 기둥적인 철학자가 있다.[11] 케임브리지 대학을 중심으로 하는 비트겐슈타인 계열의 일상언어학파와 오스틴, 라일, 엄슨 등을 중심으로 하는 옥스퍼드 대학 계열은 모두 일상언어학파라고 불리지만 양자 간에는 미묘한 철학적 차이와 양식적 차이가 보인다. 실증주의와 대비되는 이들 철학사조의 구별적 특징은 이들이 더 이상 프레게, 러셀의 수리논리를 유일무이한 철학적 도구로 간주하지 않는다는 것이다. 이들은 더 이상 난해한 과학 언어의 분석을 철학적 주관심사로 두지 않고, 철학적 문제가 발생하는 일상적 맥락에 주목한다. 이런 돌연한 철학적 분석 도구와 대상의 변환과 방법론적 변화는 이론적으로 설명하자면 후기 비트겐슈타인의 언어관과 철학관 자체의 변화에 기인한다고 설명할 수 있겠지만, 내 생각으로는 지식의 모델을 과학적 지식에 국한하는 '과학주의' 에 반하여 철학적 논의의 출발점을 일상적인 지식과 일상적인 진술로부터 시작하려는 전통은 실은 무어의 철학적 방법으로 소급된다고 생각한다.

비트겐슈타인 식으로 표현하자면, 물리학과 수리 논리가 하나의 언어 게임이라면, 일상언어는 우리에게 가장 친숙한 또 하나의 언어 게임이다. 흔히 "치료술(theraphy)"이라 불리는 이 시기의 비트겐슈타인의 철학관은 모든 철학적 문제는 우리의 잘못된 언어사용과 혼동으로 기인하는 사이비 문제이고, 따라서 올바른 철학자의 임무는 철학 문제를 해결하는 것이 아니

11 L. Wittgenstein, *Philosophical Investigations*, Blackwell, 1953; J. L. Austin, *How to Do Things With Words*, Harvard UP, 1962.

라, 문제 자체를 해체하는 것이라고 천명한다. 이 극단적 철학관은 어찌 보면 철학은 새로운 지식을 제공하는 것이 아니라 이미 우리가 가진 것을 단지 명료하게 하는 것뿐이라는 축소주의 철학관의 일종으로 해석될 수 있고, 아니면 철학의 인지적 활동을 부인하는 일탈적 견해의 극단으로 해석될 수도 있다. 내 생각으로 오늘날 액면 그대로 이 철학관을 받아들이는 철학자는 없겠지만 비트겐슈타인의 이 독창적 견해가 한 가지 중요한 철학적 방법론을 제시한다는 것은 지적할 만한 가치가 있어 보인다. 철학적 문제를 해결하려고 시도하기 전에 문제제기 자체가 잘못된 것일 수 있는 가능성을 점검할 것. 때로 문제는 감춰진 '애매성' 때문에 하나의 질문처럼 보이지만 실은 다양한 문제를 제기하는 경우는 철학에서는 흔한 사실이라는 것을 잊지 말 것.

같은 일상 언어일지라도 옥스퍼드의 오스틴 계열에 있어 일상언어는 문제의 진원지라기보다는 철학적 이론의 원천이고 증거베이스를 이룬다는 점에서 구별이 되는 듯하다. 설이 보고하듯[12] 일상언어의 미묘한 용법 차이와 뉘앙스 차이를 천재적으로 감별했던 오스틴의 수행적 발화이론(performative utterance)은 일상언어의 비인지적인 행위수행적 차원을 발굴해 낸 이론이다. 설에 의해 하나의 통합된 의미론으로 발전되었지만, 이 이론의 단초는 오스틴이 이론을 실증주의의 반론으로 제안했다는 사실에서 주어진다. 오스틴이 지적하듯, 인지적으로 유의미한 모든 문장은 (줄여서 검증 가능한) 참 혹은 거짓이다는 실증주의 검증 원리의 명백한 반대사례는, "나는 지금 이 배를 백두산호라 명명한다"라는 수행적 발화의 사례로 제시된다. 직설법 서술 문장이며 한국어 문장으로 완벽히 유의미한 이 문장이 실증주의 원리와는 달리 참, 거짓을 따질 수 없는 문장이다. 그것은 발화 자체가 인사하는 것과 마찬가지로 행위이며 우리는 고개를 숙이며 인

12 J. Searl, "J.L Austin," in *A Companion to Analytic Philosophy*, ed. A Martinich and D. Sosa, Blackwell, 2001, pp. 218-230.

사하는 사람에게 '참이다' 라고 말할 수는 물론 없기 때문이다.

대체로 1950년대 초부터 60년대 말까지 이루어진 실증주의 몰락은 헴펠의 예에서처럼 실증주의자 자신들에 의해 이루어지거나 콰인이나 비트겐슈타인처럼 실증주의의 중요한 조력자들의 손에 의해 주로 이루어졌다. 물론 그 이후는 시간적으로는 과거이지만 '오늘날의 철학' 이라고 불러도 될 시기인 듯하다. 따라서 나는 '역사적' 이 시기의 방법론적 특징을 기술하려는 우를 범하고 싶지는 않다. 단지 다음과 같은 분석철학과 미학에서의 사조의 변화를 지적함으로써 이 글을 맺고자 한다.

이 시기, 즉 1960-70년대 이후 현금까지의 시기에, 우리가 기억하듯 실증주의자들이 파묻었다고 주장했던 일련의 중요한 가치론, 즉 미학 · 윤리학이 이 시기에 부활했다. '좋음', '나쁨' 이란 단어가 무엇을 의미하는가 하는 자잘한 메타 윤리학적 분석에 몰두하는 것만이 윤리학이라고 한동안 여겨질 때쯤, 1971년 롤스의 『정의론』이 출간된다. 인식론에서도 1950년대 초를 기점으로 이미 현상론이란 경험주의 형이상학은 무너지고 전통적 의미의 인식론이 부활했다. 현대 인식론자들은 또다시 토대론과 정합론 등의 전통적 인식적 정당성 이론 문제로 돌아갔다.[13] 과거 실증주의적 입장에서 가장 놀라운 현상이 있다면, 현대에서의 형이상학의 부활일 것이다. 심신 문제, 인과관계, 자유의지 문제 등 전통적 형이상학의 핵심 주제들은 '심리학의 철학(philosophy of psychology)' 이란 명칭으로 과학철학의 한 분과인 것처럼 위장된 채로 전수되어 왔지만 이제는 '마음의 철학(philosophy of mind)' 이라 불리고, 주지하듯 1980년대 이후 심신 인과관계 문제는 분석철학의 가장 뜨거운 형이상학적 쟁점이 되었다.

물론 이렇게 부활한 형이상학이나 가치론은 20세기 이전의 고전적 사변철학 모습은 결코 아닌 듯이 보인다. 미학을 하든 인식론을 하든 과학철학

13 R. Chisholm, *Perceiving: A Philosophical Study*, Cornell UP, 1957. 치좀이 무너뜨린 현상론적 인식론의 대변자는 하버드의 그의 스승 C. I. Lewis였다.

을 하든 현금의 철학자들은 고도로 세련된 기술적 분석이나 논리적 장치에 익숙하고 이 글이 조명하려고 했던 수많은 위대한 독창적 철학자들이 고안한 철학적 방법론을 숙지한다. 어느 학문이나 그렇듯 모든 문제를 해결하는 한 가지 완벽한 방법이나 방법론이란 존재하지 않는다. 주어진 문제 상황에 따란 최선의 방법론을 찾아보고, 최선의 방법이 없다면 스스로 방법을 창안할 수 있는가 궁리할 것. 아마도 이런 생각이 현대 분석철학과 미학에서 끊임없는 방법론적 변화의 동인일지도 모르겠다. 표면적으로 보면 철학사조와 방법론도 유행처럼 세월에 따라 단지 오고가는 것처럼 보일지도 모르겠다. 하지만 지난 세기 분석철학에서의 철학적 사조와 양식상의 변화는 우리 시대의 가장 위대한 철학자들의 철학적 노고의 결과라고 나는 생각한다.

더 읽을거리

20세기 분석철학의 개요와 방법론적 흐름에 관한 저서

Martinich, A., and D. Sosa (eds.), *A Companion to Analytic Philosophy*, Blackwell, 2001.

콰인과 크립케의 저서

Kripke, S., *Naming and Necessity*, Harvard University Press, 1980.

Quine, W. V. O., *From a Logical Point of View*, Harvard University Press, 1963.

* 프레게, 러셀, 무어 등의 고전적인 논문들은 수많은 논문집에서 쉽게 찾아볼 수 있으므로 따로 언급하지 않는다.

비평철학

김한승

1. 미학과 예술비평의 관계

비평철학(philosophy of criticism)은 미학이나 예술철학과는 어떤 관계에 있는가? 비평철학을 비평적 진술에 관한 철학(philosophy of critical statements)이라고 이해한다면, 이는 미 또는 미적인 것에 관한 철학적 탐구, 즉 미학과도 구별될 수 있고, 예술 또는 예술적 현상에 대한 철학과도 구별될 수 있다. 그런 점에서 비평철학은 미학과 예술철학과 비교하여 그 연구 대상에서 구별되는 것처럼 보인다. 그렇다면, 비평철학은 미학이나 예술철학과는 구별되는 연구 영역을 갖고 독립된 분야로 미학이나 예술철학과 같은 지위를 누려 왔는가? 미학사를 간단히 살펴보더라도 '비평철학' 이라는 용어는 비교적 최근에 와서야 사용되었다는 것을 알 수 있고, 또한 미학이나 예술철학보다는 비교적 협소한 의미를 갖고 있다는 것을 알 수 있다. 그렇다면 비평철학은 어떤 과정을 거쳐 미학사에 등장하게 된 것일까?

비평철학이라는 영역이 등장한 것은 기존 미학 또는 예술철학 내부의 변화가 있었기에 가능했다고 볼 수 있다. 우리는 무관심적 태도에 대한 철학적 주목이 있었던 근대미학에서 그 단초를 찾을 수 있을 것이다. 즉 근대적 전통, 특히 칸트적 전통에서는 무관심적인 태도가 미적인 태도의 필요조건이었고, 예술비평 역시 이러한 태도를 요구한다는 점에서 미학과 예술비평은 공통의 기반을 가지고 있다는 생각의 토대가 마련된다. 그린버그(C. Greenberg)에서 이러한 입장을 살펴볼 수 있다. "우리가 미학을 위한 가장 만족스런 토대는 미술 비평을 위한 가장 만족스런 토대에 다름아니다 (The most satisfactory basis for aesthetics we yet have was nothing less than the most satisfactory basis for art criticism)."(Danto, 1996: 108) 직관적으로 보아서 미학과 예술비평이 공유하는 공통적인 기반은 양자 모두 예술을 그 대상으로 삼고 있지만, 그 자체는 예술적 활동은 아니라는 점이다. 미학의 중심적인 주제가 미적인 것에 대한 분석에 맞추어지고, 미적인 것을 결정하는 요소를 무관심적인 태도 속에서 찾으려는 전통하에서 미학적 작업과 예술비평이 서로 동일한 지점을 지향한다는 것은 자연스러운 귀결이다. 칸트에 따르면, 미적인 경험과 감상은 서로 분리되는 것이 아니다.(Crawford) 그러나 미학과 예술비평의 대상이 동일하다는 이유에서, 또는 미학에서 요구되는 태도와 예술비평에서 요구되는 태도가 동일하다는 것이, 양자가 무차별적으로 동일시될 수는 있다는 것을 의미하지는 않는다. 그런 의미에서 예술비평에 대한 여러 입장들을 분류하는 방식으로 예술비평과 미학의 관계를 어떻게 상정하는가에 초점을 맞추는 것은 적절하다.

미학과 예술비평이 동일한 현상을 그 대상으로 하고 있다는 것을 인정하면서도 이 둘은 명확히 구분된다는 입장이 있을 수 있고, 이러한 입장을 대표하는 사람으로 스톨니츠(J. Stolnitz)를 들 수 있다. 칸트적 입장과는 달리, 그에 의하면, 감상과 비평은 심리적으로 전혀 다른 근거에 서 있는 활동이다. 간단히 말해서 비평자들이 견지하는 태도는 감상을 위해서는 전혀 바람직하지 않다는 것이 그의 입장이다.

한편, 전통적인 미학 또는 예술철학은 성립할 수 없다는 근거에서 "올바른" 미학은 예술비평에 관한 철학이어야 한다는 입장이 있다. 이러한 입장은 다시 두 가지 서로 다른 입장으로 구별될 수 있는데, 하나는 비평적 진술이란 주관의 호/불호를 나타내는 의미밖에는 갖지 않는다는 이모티즘

(emotivism)이고, 또 하나는, 이와는 전혀 다르게, 비평의 원리를 구성해 보고자 하는 입장이다. 여기서는 후자의 입장의 대표적 입장으로 비어즐리(M. Beardsley)를 살펴보고자 한다.

하지만 이에 앞서 비평적 진술 자체의 성격에 관한 고찰이 필요하다. 왜냐하면 예술비평에 관한 여러 입장들의 차이는 궁극적으로 비평적 진술이 어떤 특성을 갖는가에 대한 견해의 차이에서 비롯된다고 할 수 있다. 이는 비평적 진술이 어느 정도의 객관성을 가질 수 있는가에 대한 입장의 차이라고도 할 수 있을 것인데, 비평적 진술의 객관성의 확보는 일반적으로 비교적 객관적이라고 여겨지는 다른 진술들, 예컨대 사실에 관한 진술들과 비평적 진술이 어떤 관계를 맺는가 하는 문제와 연관이 있다. 여기서는 시블리(Frank Sibley)의 입장을 중심으로 비평적 진술의 특성에 대한 논의를, 수반 논제(supervenience thesis)를 중심으로 비평적 진술의 객관성에 대한 논의를 살펴볼 것이다.

2. 비평적 진술의 성격

비평에 관한 미학적 입장은 비평적 진술을 어떻게 바라보느냐와 밀접한 연관을 가질 수밖에 없을 것이다. 예술작품에 관한 진술은 기술(description), 해석(interpretation), 그리고 비평(criticism)으로 흔히 구별된다. [이들 간의 관계에 관해서는 독립된 항목을 참조하라.] 비평적 진술의 성격에 관한 논의는 과연 비평적 진술은 얼마나 객관적인가 하는 물음과 관련된다. 그리고 이 물음은 비평적 진술이 예술작품에 관한 기술이나 해석과 얼마나 밀접한가에 달려 있다고 할 수 있다. 즉 비평적 진술이 해석에 가까울수록, 또 해석이 기술에 가까울수록 비평의 객관성은 높아진다. 하지만 비평과 해석, 해석과 기술을 구분하는 한에서는 비평의 객관성을 그 기술적 성격에서 찾을 수는 없을 것이다. 그런 점에서 비평이 해석과 기술과 밀접하게 연결된 것으로 보는 입장이 필요한데, 이러한 입장을 설득력 있게 만들어 주는 이론적 틀 중에 하나로 수반(supervenience) 논제를 들 수 있다. 수반이란 일반적으로 두 개념군 사이에 존재하는 공변 관계를 지칭하는 개념이라고 할 수 있다. 예컨대, 물리적 속성과 정신적 속성 간의 의존 관계나 윤리적 속성과 비윤리적 속성 간의 의존 관계는 얼마나 강한가에 따라 정신에 관한 철학적 입장 또는 윤리학적 입장이 수립될 수 있다. 이러저러한 행위를 한 사람이라면 필연적으로 이러저러한 윤리적 평가가 내려져야 한다는 입장과 동일한 사람이 이러저러한 윤리적 평가를 받는 것은 옳지만 그러한 평가가 필연적인 것은 아니라는 입장은 윤리적 속성과 비윤리적 속성 간의 의존성에 있어서 다른 입장을 취하고 있는 것이다. 이를 비평과 해석에 적용하여 말하자면, 수반 논제는 비평적 술어들이 해석적/기술적 술어들에 의존하는 방식을 지칭하는 것으로 이해할 수 있다. 비평적 술어들이 해석적/기술적 술어들에 수반한다는 주장이 갖는 함축은 비평의 적절성 또는 비적절성이 객관적인 토대를 가질 수 있다는 것이 될 것이다.

하지만 비평적 진술의 경우 일반적인 수반 논제는 주장되기 힘들어 보인다. 예컨대, 경사면의 미끄러움이 경사면의 경사각에 수반한다는 주장은 일반화 가능성을 포함하고 있다. 하지만 통일적이라는 미적 속성이 어떤 자연적 속성에 수반한다고 일반화하여 주장한다는 것은 설득력이 없다. 일반적 법칙으로서의 수반 논제를 거부하면서도 또한 어떤 식으로든 수반 논제를 받아들이고 있는 것 같은 사람으로서 시블리를 들 수 있다. 시블리는 그의 논문 "Aesthetic Concepts"에서 "미적 개념은 조건지배적(condition-governed)이지 않다"는 주장을 하고 있다. 그렇다면 왜 미적 개념은 이러한 특성을 지니는 것일까? 시블리는 미적 개념이 조건지배적이지 않다는 점을 필요조건과 충분조건이라는 개념으로 설명한다. 즉 미적 개념은 필요조건은 물론이고 충분조건도 주어질 수 없는 개념이라는 것이다. 필요충분조건을 제시하기 힘든 개념, 따라서 그 정의가 어려운 개념의 경우에도 충분조건은 주어질 수 있는 것들이 많다. 예컨대, '지적(intelligent)' 인 것이 무엇인가를 정의하기는 힘들지만, '지능지수가 180 이상'인 사람이 지적이라는 데에는 동의할 수 있다. 반면에 미적 개념은 충분조건조차도 주어질 수 없다. '불이 타오르는 듯한 현란함(flamboyance)'이라는 미적 개념이 적용되기에 충분한 조건은 없다는 것이다.

시블리에 따르면 미적 개념은 오직 부정적으로만 조건지배적이다. 다시 말해서, 특정한 미적 개념이 적용될 수 없기에 충분한 조건은 제시될 수 있다는 것이다. 예를 들어, 화면 전체가 직선으로 가득한 그림은 불이 타오르듯이 현란할 수 없다.

시블리의 주장대로 미적 개념이 조건지배적이지 않다면, 우리는 미적 개념을 어떤 대상에도 확실하게 적용할 수 없다는 것인가라고 의문을 던질 수 있겠다. 시블리는 그렇지는 않다고 말한다. 우리는 어떤 대상을 놓고 '통일적'이라거나 '현란하다'고 할 수 있다. 시블리가 말하고자 하는 점은 그러한 판단을 일반화하여 조건문의 형태로 나타내고 법칙성을 부여할 수는 없다는 것이다. 오직 개별적인 대상이 주어진 다음에야 미적 개념을 확정적으로 적용할 수 있는 것이다. 물론 모든 사람들이 어떤 개별적인 대상에 미적 개념을 적용할 수 있다는 것은 아니다. 그런 의미에서 이를 놓고 의견의 차이와 논쟁의 여지가 충분히 존재할 수 있다. 미적 개념이 적용되는지를 아는 것에는 취미 능력이 필요하다. 이런 의미에서 미적 개념은 취미개념(taste concept)이다. 그에 따르면, 특정한 대상에 어떤 미적 개념이 적용되는지를 확정적으로 파악하는 전형적인 사람이 바로 비평가이다.

이러한 미적 개념에 대한 시블리의 논의는 수반이라는 개념을 미학적 논의에 어떻게 적용시킬 것인가에 대한 논의의 중요한 시발점이 될 수 있다. 위에서 간단히 살펴보았듯 미적 개념의 특성상 미적 수반이라는 논제는 일반적인 수반 논제와는 또 다른 측면이 있기 때문이다. 물론 이는 수반 논제란 무엇을 의미하는가에 대한 일반적 논의에 대한 소개를 필요로 한다. 그런 이후에야 미적 수반에 대한 정확한 그림을 그리는 것이 가능해질 것이다. 이와 관련해 흥미로운 점은 수반이라는 개념을 현대 철학의 장에 되살려 등장시킨 김재권이 시블리를 미적 수반의 대표적 인물로 들고 있다는 것이다. 이에 대해서 맥키논은 이러한 해석은 시블리에 대한 오해라는 주장을 펼친 바가 있다. 이 논쟁의 시시비비를 떠나서 이러한 논쟁이 있다는 것 자체가 미적 수반이라는 개념의 복잡성을 보여 준다고 할 수 있다.(시블리에 대한 최근의 논의를 위해서는 'Aesthetic Concepts: Essays after Sibley' 를 참조하라.)

3. 스톨니츠의 비평철학

철학의 영역으로서 비평철학이 성립할 수 있는 또 다른 맥락에는 이른바 '언어적 선회' 라는 이름으로 불리는 후기 비트겐슈타인 철학의 영향력을 들 수 있다. 후기 비트겐슈타인에 따르면, 철학적 작업이란 세계에 대한 직접적인 진술을 만들어 내는 것이 아니라 일상적인 맥락에서 이루어지는 진술들에 대한 분석적 작업이다. 윤리학이 윤리적 진술에 대한 철학적 분석을 다루는 학문이듯이, 예술철학 역시 예술에 대한 일상적 진술에 대한 철학적 분석을 시도한다. 이러한 이해에 따르면, 비평철학 역시 비평적 진술에 대한 철학적 분석이라고 이해할 수 있을 것이다. 비평을 넓게 보아 예술작품에 대한 모든 형태의 담론이라고 한다면, 예술철학과 비평철학은 그 외연에 있어서 차이가 없을 수 있다. 문제는 비평적 진술에 대한 성격에 대한 이해라고 할 수 있다.

스톨니츠는, 미적 태도에 관한 자신의 입장으로부터 미학의 중요한 모든 개념을 이끌어 내고 있다는 입장에서, 미적 태도 또는 미적 대상과 비평적 태도 간의 연결성을 인정하지만, 그럼에도 불구하고 미적 태도와 비평적 태도는 여전히 구별되어야 하는 입장이라고 할 수 있다. 그런 점에서 미학과 비평철학은 구별된다: "미학은 가치화라는 경험을 다룬다. 나아가 이런 경험을 지배하는 특징적인 태도, 이런 태도가 취해진 대상, 그리고 그들의 구조를 연구한다. 반면 비평철학은 가치평가의 과정－대상의 미적 좋음에 대한 분석과 판단을 다룬다." 다시 말해서 미학이 미적 태도와 미적 대상에 대한 연구라고 한다면, 비평철학은 가치평가에 대한 연구라는 것이다. 미적 태도와 가치평가는 어떤 점에서 구별될까?

스톨니츠는 미적 태도를 다음과 같이 정의하고 있다: "미적 태도란 그것이 어떤 대상이든 간에 인지의 대상을 그 대상 자체를 위해서, 무관심적이고 공감적으로 주목하고 관조하는 것이다."(스톨니츠, 38) '무관심적 관조'란 분명 근대미학의 기본적 논제였던 취미 판단의 무관심성이란 전통을 이어받고 있는 표현이다. 여기에는 대상을 소유하려는 관심은 물론이고, 사물에 대한 지적인 관심, 예컨대 대상의 분류나 다른 대상들과의 상호 관계를 파악하려는 관심까지도 포함된다. 이러한 미적 태도가 주체의 태도를 가리키는 만큼, 미적 태도가 유지될 수 있는 대상에는 그 어떤 제약도 없어야 하는 것이 당연해 보인다. 즉 어떤 대상이든 의식되기만 할 수 있다면, 미적 태도의 대상이 될 수 있다. 여기에는 아름답다고 생각되는 전형적인 예들만이 아니라 평범한 일상의 대상들도 포함되며, 예술작품만이 아니라 자연현상들도 포함된다.

이렇게 이해된 미적 태도의 개념은 '미'와 '예술'이라는 전통적 미학적 개념보다 그 외연에 있어서 보다 광범위하다. 모든 예술작품이 아름답다고는 할 수 없으며, 모든 아름다운 대상이 예술작품인 것도 아니라는 전제에서, 스톨니츠는 미학의 대상이 아름다움이나 예술에 국한될 수는 없다고 주장한다. 그런 이유에서 미학이 미론(theory of beauty)이나 예술철학(philosophy of art)으로 이해되어서는 안 된다는 것이 그의 주장이다. 반면에 '미적 태도', '미적 대상', '미적 경험'이란 개념에 등장하는 '미적'이라는 용어의 광범위성은 미학의 대상으로 적절하다.

가치평가는 비평적 태도를 요구하는데, 스톨니츠에 의하면 비평적 태도는 미적 태도와는 전혀 다른 부류의 태도에 속하는 것이다. 비평적 태도는 미적 태도와는 달리 대상의 약점과 강점을 찾으려고 하고, 분석적이며, 예술작품에 관한 모든 종류의 지식을 추구하려는 태도이다. 비평적 태도의 결과 생겨나는 비평적 진술은 "……은 미적으로 좋다(또는 나쁘다)"는 형식의 미적 가치판단의 구조를 갖는다. 비평적 진술은 그 정당성을 위해 근거를 제시하는데, 스톨니츠는 비평적 진술과 그 근거와의 관계 규정에 따라 객관주의, 주관주의, 그리고 객관적 상대주의를 구분하고 있으며, 또한 비평적 진술의 특징적인 방식에 따라 규칙 비평, 맥락 비평, 인상주의 비평, 의도주의 비평, 내재적 비평 등으로 구분하고 있다.

4. 비어즐리의 비평철학

미학과 비평철학을 구분하는 스톨니츠의 근거는 미적 태도가 갖는 고유한 성격이다. 하지만 다른 태도와는 구별되는 미적 태도의 고유성이 과연 가능한가에 대한 의문이 제기될 수 있으며, 이런 근거에서 디키(G. Dickie)는 고유한 미적 태도라는 개념은 신화에 불과하다고 주장한다. 비어즐리 역시 미적 태도에 의해 미적 대상을 규정할 수 있다는 데 동의하지 않는다. 비어즐리에 따르면 미적 대상은 두 가지 원리, 즉 구별의 원리와 지각가능성 원리에 의해서 규정될 수 있다. 구별의 원리란, 어느 것이든 예술작품의 부분이 되기 위해서는 그 예술작품으로부터 구별되어서는 안 된다는 것을 의미한다. 예술가의 의도는 예술작품을 낳기 위한 기원일 수는 있으나, 예술작품과는 분리될 수 있다는 의미에서 미적 대상이 될 수 없다는 함축이 이로부터 생겨난다. 또한 지각가능성의 원리란, 미적 대상의 일부가 되기 위해서는 정상적인 조건에서 지각될 수 있는 것이어야 한다는 것을 의미한다. 이러한 미적 대상 구분은 스톨니츠의 그것과 확연히 구별되는 것이다.

미적 태도의 고유성이 부정된다면, 스톨니츠 식으로 미학과 비평철학의 영역이 첨예하게 구별될 근거도 사라지게 된다. 비어즐리에게는 위에서 규정된 미적 대상이란 전형적인 비평적 진술이 대상으로 하고 있다는 점에서, 미학은 비평철학에 다름 아니다. 즉 비평적 진술에 대한 분석이 바로 미적 대상에 대한 연구이고, 이것이 바로 미학인 셈이다. 그는 다음과 같이 말한다: "예술작품에 대해 그 누구도 말한 적이 없었다면, 미학의 문제들은 없었을 것이다."

예술작품에 대한 진술, 그런 의미에서의 비평에 대한 비어즐리의 입장을 가장 잘 대변하는 것은 이른바 신비평(New Criticism)이라는 사조이다. 신비평의 입장과 같이, 비어즐리는 예술작품이 의미하는 것이 무엇인가를 밝히는 데 있어서 작가의 의도는 관련이 없다는 입장, 달리 말하자면, 예술작품이 의미하는 것 바로 그것이 작가의 의도가 된다는 입장을 취한다. 예술작품에 대한 진술에는 기술적(descriptive), 해석적(interpretative), 평가적(evaluative) 진술이 있는바, 이들 각자를 밝히는 데 있어서 작가의 의도를 끌어들이는 것은 '의도주의의 오류(the intentional fallacy)' 에 해당한다는 것이 그가 *Aesthetics*에서 벌이고 있는 주장이다.(이와 반대로 작품의 해석에서 작가의 의도를 중요한 요소로 받아들이는 입장을 비평에 있어서의 의도주의라고 할 수 있다. 그 대표적인 입장으로 허쉬(E. D. Hirsh)를 참조하라.)

후에 그는 *The Possibility of Criticism*에서 의도주의 비평에 대한 자신의 입장을 더욱 강화시킨다. 그는 다음과 같은 세 가지 논증으로 의도주의를 공격한다. 첫째, 편집상의 실수로 작가가 전혀 의도하지 않은 내용이 작품의 내용으로 해석될 수 있기 때문에 의도주의는 옳지 않다. 둘째, 텍스트의 의미는 작가가 사망한 이후에도 달리 해석될 수 있다는 의미에서 의도주의는 옳지 않다. 셋째, 텍스트는 작가가 생각하지 못한 의미를 가질 수 있으므로 의도주의는 옳지 않다.

더 읽을거리

Beardsley, M., *The Possibility of Criticism*, Detroit: Wayne State University Press, 1970.

__________, *Aesthetics: Problems in the Philosophy of Criticism.* 2nd ed., Indianapolis: Hackett, 1981.

Hirsh, E. D., *Validity in Interpretation*, New Haven: Yale University Press, 1967.

Stolniz, J., *Aesthetics and Philosophy of Art Criticism: A Critical Introduction*, Boston: Houghton Mifflin, 1960.

프래그머티즘

정순복

1. 프래그머티즘의 어원과 방법론적 특성

'프래그머틱(영어 pragmatic, 독일어 pragmatische)' 이라는 말은 우리들 일상 언어 용법에 있어서 '실제적인(영어 practical, 독일어 praktische)', '편리한(convinient)', '쓸모있는(useful)', '이득이 되는(profitable)' 그리고 '실천(practice, praxis)' 이라는 의미들로 사용되고 있다. 그리고 우리 사회에서 '실용주의' 로 풀이되고 있는 '프래그머티즘(pragmatism)' 이라는 말은[1] '실제적인 일 혹은 실질적인 문제(practical matter or affair)' 를 뜻했던 희랍어 '프라그마 혹은 프라그마타(pragma or pragmata, 라틴어 pragmaticus)' 에 '-주의' 라는 뜻을 지닌 '-ism' 을 붙여 이루어진 말이다. 그리고 프래그머티즘이라는 이 술어를 제일 먼저 사용했던 철학자는 1870년대 초반 '원리-범주-필

1 학계에서 '프래그머티즘' 을 실용주의로 풀이하는 것은 프래그머티즘의 주요한 특징이 '실용성' 또는 '유용성' 인 듯한 오해를 불러일으키기 때문에 합당하지 못하다고 주장할 수 있겠다. 그러나 본인은 프래그머티즘이 특정한 목적에 대한 수단으로서의 유용성 혹은 실용성을 문제 삼고 그 진리치를 검증하려는 것이 아니라는 사실에는 공감하지만 그렇다고 해서 굳이 '실용주의' 로 번역할 수 없다라고까지 할 필요는 없을 것으로 본다. 왜냐하면 번역어 '실용주의' 라고 해서 꼭 수단-목적적인 실용성만을 함의하고 있는 것으로 단정지을 수가 없겠기 때문이다.

연성' 보다는 '결과–성과–사실' 에 치중하는 태도를 견지하면서 진리란 선험적이고도 보편타당성을 띤 것이 아니라 실천이나 실험을 통해서 증명되어야 하는 것으로 처리했던 퍼스(C. S. Peirce)였던 것으로 알려지고 있고, 이 술어가 사회적으로 급속히 회자되기 시작한 것은 1907년 미국의 제임스(W. James)의 『프래그머티즘(*Pragmatism*)』이라는 책의 출간에서부터였다.

물론 언어의 의미는 실천적 행동으로부터 도출되어야 한다는 사실을 강조하는 프래그머티즘은 19세기 말 퍼스에 의하여 관념을 명석하게 하는 하나의 철학적 방법으로 제기되었고, 새로운 철학으로서가 아니라 철학하는 방식의 하나로 체계화되었다. 말하자면 프래그머티즘은 우리들이 사유하는 대상에 관한 특별한 철학이 아니라 우리들이 사유하는 방식에 관한 철학의 특별한 방법론이라는 사실이다.[2] 그래서 프래그머티즘은 사유하고자 하는 대상이나 방식에 어떤 문제가 있다고 믿는 것이 아니라 사유하는 방식에 대한 우리들의 생각에 문제가 있을 수 있다고 믿는 것이 된다. 그러기에 프래그머티즘은 사유하는 방식에 대한 설명들이 잘못되었을 수 있음을 강조하게 되고 그 잘못된 설명 때문에 많은 개념적 퍼즐이 발생했음을 들추어내게 된다. 그런 만큼 그것은 사유에 관한 나쁜 추상들로 이루어진 쓸모없는 구조들로부터 우리들을 풀어 주려는 노력의 일환이고, '우리들이 참이라고 믿는 것' 은 바로 '우리들이 참이라고 믿는 것이 실제적으로 좋다고 생각한 것' 임을 확인하는 것이다.

주지하다시피, 어떤 것에 대한 철학적 설명이 지니는 총체적 힘은 그 설명을 수용할 때 귀결될 것으로 알려진 결과에 있다고 믿는 프래그머티즘의 메시지는 1898년 윌리엄 제임스가 캘리포니아 대학 버클리 캠퍼스를 방문하여 행한 「철학적 개념과 실천적 결과」라는 제목의 강연을 통해 세상에 알려졌다. 그 강연에서 제임스는 "퍼스의 원리, 즉 프래그머티즘의 원리"라고

2 Louis Menand, *Pragmatism A Reader*, Vintage Books. A Division of Random House, Inc., New York, 1997, p. xi - **이하 이 저서는** PR**로 약칭함**.

불렀던 것을 제시하면서 어떤 진리의 의미에 대한 궁극적 테스트는 실제로 그것이 지시하거나 고취시키는 행위라고 천명했다. 물론 모든 철학적 명제의 효과적 의미는 언제나 미래의 실천적 경험 속의 구체적 결과라는 제임스의 이러한 단정은 퍼스의 원리라는 과학적 탐구의 원리를 사유 일반에 적용시키고 확장시킨 결과로부터 나온 것이었다. 그리하여 제임스는 대상에 대한 관념을 의미 있게, 즉 명석하게, 하고자 한다면 그 관념을 그 대상이 가능한 모든 조건들하에서 나타낼 실제적인(practical) 세계의 행태에 관한 것으로 국한시켜야 한다고 풀이했다. 물론 특정한 철학 체계를 선택할 경우 초래될 실천적 결과가 무엇인가를 물어야 한다는 이러한 프래그머틱한 패러다임은[3] 제임스의 강연 이후 본격적인 지적 운동으로 확산되기 시작했고 듀이에 의하여 체계적으로 성숙하였다.

결국 이런 맥락에서 다잡아 볼 때 프래그머티즘은 소크라테스와 아리스토텔레스의 고전적 형태에서부터 흄(D. Hume)과 칸트의 근대적 형태로 그리고 사유와 행위 사이의 긴밀한 관계에 대한 확신에서부터 "사유가 행위 안에서 작용하는 방식"을 중요하게 여겼던 현대적 프래그머티즘으로 성숙된 것으로 가늠해 볼 수 있다. 그리고 특히 현대적 프래그머티즘이라고 부를 수 있는 것은 19세기 두 부류의 사상들을 중재하려는 목적에서 발생했던 것으로 주목해 볼 수도 있게 된다. 즉 첫째로 그것은 경험론과 공리주의 및 과학의 연속적 충격이 누적되어 인간에 대한 전통적 사고방식을 위협하는 이론을 극복코자 하는 맥락에서 출발되었다는 사실이다. 그래서 현대적 프래그머티즘은 인간 정신이란 것이 자연의 물리적 과정의 관찰자나 반성자

3 이러한 프래그머틱한 패러다임은 철학에 대한 새로운 접근 방식을 공표한 1890년 제임스의 『심리학의 제원리』보다 20여 년 전 퍼스가 『월간 대중』 지에 게재한 「관념을 명석하게 하는 방법」에서 암암리에 출현하여 정형화되고 있었으며 그런 패러다임을 이미 1870년대 초반에 케임브리지에서 퍼스가 프래그머티즘으로 지칭했었다고 제임스가 밝히고 있다. 그리고 1872년경 제임스, 퍼스, 홈스, 라이트(C. Wright), 피스크(J. Fiske) 및 에버트(F. E. Abbort) 등이 주도했던 '형이상학 클럽'의 토론을 통해 프래그머티즘이 태동되었고, 11월 퍼스의 논문을 통해 맨 처음 구체적으로 표현되었다는 설이 있으나 불분명하다. – 이 지점에 관해서는 앞 각주에서 소개한 메난드의 저서 PR의 서문 참조.

의 위치에 있거나 외부의 영향에 의해 주조된 사물들의 가장자리에 위치하고 있다는 잘못된 전통 철학적 패러다임의 해체 과정과 맞물려 진행된 것이 된다. 둘째로 그것은 데카르트의 이성론에서 시작되어 칸트의 비판적 관념론과 헤겔의 절대관념론을 거쳐 후기 19세기 신헤겔주의자들의 로망적인 수정된 관념론을 극복코자 하는 맥락에서, 즉 인간 정신에 거대한 힘이 부여되어 틀에 짜인 우주에 대한 이론을 극복코자 하는 맥락에서, 발생했다는 사실이다. 결국 이들 두 가지 맥락들을 중재하면서 그들을 극복하려는 데서 현대 프래그머티즘이 발생하게 되었다. 그러기에 현대 프래그머티즘은 과학의 입장을 수용하여 객관적 증거를 결여하고 있는 이성 중심의 관념론이 거부될 운명임을 주목시킴과 아울러 과학의 가정들은 인간적인 측면과 도덕적이자 종교적 신념에 대해 커다란 위협이 되는 것이기에 합리적 관념론을 어느 정도 수용하여야 할 당위성을 환기시키는 맥락에서 발생했다고 볼 수 있다. 말하자면 프래그머티즘은 과학적 패러다임과 관념론적 패러다임을 중재하면서 문자 그대로 프래그머틱한 요소들을 선택하고 결합시킨 것이라는 사실이다. 물론 이런 맥락 속에서 경험 위주의 결과주의를 견지함으로써 수학적이고도 논리적인 퍼스의 객관적 프래그머티즘과 제임스의 심리학적이고도 주관적인 프래그머티즘이 어느 정도 비교될 수도 있다.[4]

이와 같이 19세기 말 미국 사상계에 철학적 기초를 마련하는 데 주도적인 공헌을 하면서 이론적인 체계화가 이루어진 현대 프래그머티즘은 논리학과 과학에 관심을 두었던 퍼스와 심리학과 종교에 심취했던 제임스에 의하여 대중화되었고, 윤리와 사회교육철학 그리고 가장 특징적으로는 미학에 역점을 두었던 듀이에 의하여 성숙되었다. 그래서 이들 세 사람들이 흔히 프래그머티즘 1세대(the first generation)의 대표자로 회자되고 있다. 그리고 이들 제1세대 대표자들 가운데 특히 상대주의 물리학, 생물진화론 및

4 그러나 제임스는 프래그머티즘을 "다른 방법으로는 규정할 수 없는 형이상학적 분쟁 해결법(a method of setting metaphysical disputes)"이라고 규정하고 있다는 지점에서 퍼스의 결과주의와도 절충 지점을 지니고 있는 것으로 가늠되기도 한다.

행동주의 심리학과 일맥상통하는 제임스의 입장을 더욱 체계화시킨 듀이는 프래그머티즘을 '도구주의(instrumentalism)' 또는 '실험주의'로 치환시키면서 정신의 과정을 시행착오(trial and error)의 과정으로 전제하고 진리, 이론, 관념, 개념 등의 정신 내용은 현실적 활동의 도구라고 다잡았다. 그러면서 듀이는 부적당한 도구는 생물진화론에서처럼 도태되는 것이기에 철학의 기초는 철저하게 경험의 구체성과 직접성(immediacy) 속에서 찾아져야 하는 것임을 역설했다. 뿐만 아니라 이들과 더불어 이런 1세대에 속하는 홈스(O. W. Holmes), 아담스(J. Adams) 및 미드(G. H. Mead) 등은 인간이란 전체 실재에 대한 개념을 소유하고 있지 않기에 지식에 대한 다원주의적 접근을 시도해야 한다고 역설했다. 결국 한결같이 사유가 실천으로서의 행위로 귀착되어야 한다는 논거를 진행시켰던 제1세대 프래그머티스트들은 경험적인 증거와 사실들의 관찰에 의한 과학의 정당한 주장들을 받아들이면서 실천에 수반되는 사실과 가치의 실제적인 통합의 경계를 끊임없이 들추어내게 되었다.

이와 같이 진화론을 출발점으로 해서 발전된 19세기의 생물학, 심리학, 생리학 등의 영향을 받아 형성된 19세기 후반기 미국 중심의 철학적 방법론인 이러한 제1세대의 프래그머티즘은 철학의 기초를 유기체로서의 인간의 구체적 경험에 두고 있었기 때문에, 특히 듀이에게서 경험의 질적인 직접성에 모든 철학의 문제 해결의 열쇠를 두고 있기 때문에, 관념론의 아프리오리즘(a-priorism)과는 대립되었다. 그런 만큼 그것은 주지주의를 부정하고 주의주의(emotionalism)로 기울면서 실천적 인격과 경험을 중요시했기에 유기체적 일상 자체를 중요시하는 이른바 일상에서 발생한 일상의 철학이 되었다. 그러기에 그것은 인간을 지적이면서도 정적이고 의지적인 유기적 통일체로 용인하면서 그러지 못한 전통철학을 근본적으로 해체시켰다. 결과적으로 이러한 해체의 논의들은 현대 프래그머티즘의 제2세대에[5] 의하

5 여기에 귀속되는 사람들은 로티(R. Rorty), 퍼트남(H. Putnam), 냅(S. Knapp), 마이클(W.

여 더욱 체계적으로 탐구되었다.

그러나 사정이 이러했음에도 불구하고 프래그머티즘의 역사적 맥락을 다잡아 볼 때 이 술어는 철학에서 처음 사용될 때부터 수많은 철학자들에게 수많은 의미들로 사용되었음이 확인된다. 바꿔 말해 프래그머티즘이라는 단일한 어법(word)에 함축된 의미의 다중성을 그것의 역사가 간단 없이 드러내 보여왔음이 확인될 수 있다는 사실이다. 물론 러브조이(A. O. Lovejoy)는 1908년 프래그머티즘 역사 전체로부터 열세 가지의 중요한 의미들로 프래그머티즘을 정의하면서 대체로 다섯 가지의 전형적인 의미 군들(groups)로 전형화시킬 수 있는 것임을 밝혔다. 즉 프래그머티즘이라는 방법론으로 개진되고 있는 철학은 첫째, 다원주의적 경험주의(pluralistic empiricism)의 특성을 지니고 있는 그룹을 지칭하고, 둘째, 고정된 관점이 아니라 시시각각 변화하는 시간적 관점(temporalistic view)을 존재의 문제에 투입시키고 있는 그룹을 지칭한다는 것이다. 그리고 셋째, 그것은 절대주의적이거나 비연관주의적 패러다임을 떨쳐 버리고 모든 철학의 문제들에 대해 상대주의적이거나 연관주의적인 관념(relativistic or contextualistic conception)과 맞물리는 패러다임을 지닌 그룹을 지칭한다는 것이고, 넷째, 개연주의적 관점(probabilistic view)에서 보다 경험적인 탐구 태도를 지닌 그룹을 지칭하고, 다섯째, 세속적이고도 민주적인 개인주의에 기초하고 있는 철학 그룹을 지칭하는 것으로 그 특성을 다잡고 있다는 사실이다. 물론 프래그머티즘이라는 말이 회자되자마자 곧바로 러브조이가 이와 같이 비판적으로 반성하기 시작했다는 것은 서로 상반된 의미들로 인한 개념상의 혼란을 가능한 한 극소화시키고자 했던 노력의 일환이었던 것으로 가늠해 볼 수도 있겠다.

그러나 이런 노력들에도 불구하고 프래그머티즘이라는 말은 여전히 개

B. Michaels), 번스타인(R. J. Bernstein), 웨스트(C. West), 포스너(R. A. Posner), 포이리어(R. Poirier), 애플비(J. Appleby), 헌트(L. Hunt), 슈스터만(R. Shusterman) 및 제이콥(M. Jacob) 등의 후기 프래그머티스트들(post-pragmatists) 등이다.

념상의 혼란을 벗어나지 못한 채 무분별하게 사용되었다. 그리고 설상가상으로 이러한 맥락들 속에는 암암리에 프래그머티즘이라는 말을 아무렇게나 사용함으로써 발생하는, 즉 그 의미의 혼란으로 인하여 발생하는, 고통을 오히려 즐기는 발작증마저 내포되어 있는 것이 아닌가 하는 의구심을 환기시킬 만큼 아무렇게나 사용되고 그것의 개념적 혼란은 더욱 더 가중되어 마침내 프래그머티즘이라는 말 자체에 대한 극도의 경멸과 비난이 가중되는 상황이 지속되고 있다.

그러나 사정이 이렇게 악화되고 있음에도 불구하고 총체적으로 프래그머티즘이란 것은 전통 철학에 대해 의심스러운 태도를 지니고 끊임없이 그것에 위협을 가하는 일종의 철학적 머뭇거림 내지는 회의론을 담지하고 있기에 보다 성숙된 철학에로 나아갈 수 있는 길로 수용되어야 할 것으로 가늠된다. 왜냐하면 이러한 머뭇거림 내지 회의론은 근본적으로 반-본질주의(anti-essentialism)의 정신과 맞물려 있는 것이기 때문임과 동시에 엄격한 본질론 중심의 혹은 토대론(foundationalism) 중심의 전통철학의 패러다임들에 내재하고 있는 경험론적 불충족성(unfulfillability)과 부정합성에 대한 회의론으로 자리하고 있기 때문이다. 그러기에 프래그머티즘의 진정한 의의는 전통철학에 대한 단순한 부정과 소극적인 거부의 태도가 아니라 우리들의 실천적 경험에 상응하는 보다 긍정적이고도 적극적인 철학적 머뭇거림의 태도 혹은 정신임이 분명해지게 된다. 그래서 프래그머티즘은 "인간의 인식적 노력들 가운데서 관조보다도 행동의 우월성을 강조함으로써 인식론적 단계보다도 가치론적이고도 목적론적인 단계들을 구체화시키는 철학의 유익한 방법론"으로 자리할 수 있다.

따라서 이런 의미에서라면 프래그머티즘은 동물로서의 인간이 실제적으로 경험하는 경계에 초점을 맞추어 시시각각 그 성질들이 변화하는 문화적 환경과 맞물려 있는 의미들을 끊임없이 탐구하는 참신한 철학적 방법이 된다. 그리하여 그것은 그런 경계를 훨씬 뛰어넘는 선험적 존재와 지식에로 정향되어 왔던 전통 철학의 해로운 패러다임을 해체시키고 그들의 거침없는 외침이 더 이상 유익하지 않다는 것을 확증시킬 수 있다. 그 결과 그것은 유기체적 경험으로부터 독립된 추상적 지식과 관조의 패러다임을 폐기처분시키고 그 자리에 경험의 구체성과 그 직접성을 대체시키는 이른바 실천과 상황 참여의 패러다임을 새로이 가져다 놓음으로써 인간과 세계와 그들 관계들의 본래적인 의미들을 탐구하는 유익한 기능을 하게 된다. 그리고 바로 이 지점에 있어서 생리학자이자 사회심리학자인 미드(G. Mead)의 다윈 식 모델을 수용한 듀이 프래그머티즘에서 '트랜스액션(transaction)'[6]을 중심으로 전개되고 있는 포스트모더니즘적 함의들의 중요성이 일깨워질 수 있다. 왜냐하면 그것들은 20세기 형이상학과 분석철학 및 해체주의와의 공통적 기반으로 자리하면서 정신, 지식, 의미, 진리 등에 관한 문제들의 근저에 도달할 수 있는 지극히 유익한 철학의 단서들이기 때문이고, 1970년대 이후 제1세대의 프래그머티즘을 다시 부활시키는 촉매 역할을 했기 때문이다.[7]

그러나 이러한 후기 프래그머티즘의 성과들에도 불구하고 우리들의 판단들이 과연 어디로부터 도출되는 것인가에 대한 설명은 여전히 미해결인 채로 남아 있게 된다. 물론 우리가 우연히 속하게 된 사회적 그룹의 문화의 규칙들에 의하여 그것들이 결정된다고 쉽게 말할 수는 있겠지만, 그러나 동일한 그룹 속의 상이한 개인들이 상이한 판단들을 하고 있기에 우리의

6 듀이의 '트랜스액션' 에 관한 문제는 본인의 졸고「존 듀이의 철학에서 자연과 '트랜스액션' 의 문제」(한국미학회,『미학』 제20집, 1995, 311-340쪽)을 참조.- 그의 프래그머티즘은 1900년경 문화적 다원주의와 정치적 진보주의, 순수과학과 과학적 탐구 논리에 대한 매혹, 무작위적 불규칙성과 불확실성에 대처하는 수단으로서의 확률이론의 발전, 문화에 대한 역사주의의 접근 방식의 확산, 다윈의 진화론에 대한 급속한 동화, 현대 물리학적 성과와 맞물린 불확정성의 원리에 대한 점증되는 인식 및 제도적 권위에 대한 에머슨적인 의심 등이 강조되는 맥락들 가운데서 성숙했음을 주목할 수 있겠다.

7 이 1970년대 프래그머티즘의 재부흥이라는 표현은 로티의 *Philosophy and the Mirror of Nature*가 출간된 1979년을 주목하는 데서부터 이루어졌다. 결국 이러한 제1세대의 미국 프래그머티즘의 재부흥이 활발하게 이루어지게 되면서부터 프래그머티즘은 우리의 판단들이 오류가 없다고 가정하지 않으면서도 우리가 그 판단들을 신뢰하도록 격려해 줄 수 있는 철학의 유익한 방법론으로 자리하게 되었던 것으로 가늠된다.

선택이란 것은 결국 인격(personality)이라 할 신비에서부터 도출되는 것이라는 그 이상의 어떠한 설명도 기대할 수 없는 한계에 우리는 봉착하게 된다. 그래서 이러한 성격의 프래그머티즘은 우리들을 꼼짝 못하게 발목 잡는 덫과 같다고 때때로 불평을 듣게도 된다. 즉 그것은 우리가 가기를 원해야 할 목적지를 말해 줄 수도 없고 어떻게 거기에 도달할 수 있는지에 관해서도 말해 줄 수 없는 이론이라는 한계가 있다는 것이다.[8]

2. 존 듀이의 프래그머티즘 미학의 특성

지금까지 살펴보았다시피, 존 듀이(1859-1952)는 현대 프래그머티즘 철학의 제1세대에 속한다.[9] 그리고 그의 미학은 이런 현대적 프래그머티즘으로부터 경험의 실천적이고도 질적인 직접성(qualitative immediacy)을 해명함으로써 철학의 근본적인 문제를 해결코자 했던 그의 철학의 완성으로 자리하고 있다. 그런 만큼 그의 미학에는 이런 프래그머티즘으로부터 현대철학의 근본 문제 해결을 위한 포스트모더니티(post-modernities)를 지니고 있는 것이 된다. 바꿔 말해 듀이 스스로 경험의 본유적 특성으로서의 실천적

---

8 그러나 제1세대로부터 제2세대에 걸친 이러한 현대 프래그머티즘의 입장에 서서 이런 불평에 답하자면 "이론이란 것은 어디로 가야 할지 결코 말해 줄 수 없으며, 어디로 가야 할지 말할 수 있는 것은 오직 우리들 자신들뿐이다" 라고 답할 수는 있게 된다. 말하자면 프래그머티스트는 이론이란 것은 어디까지나 우리가 우리의 필요에 의미를 부여하는 여러 방식들 가운데 하나일 뿐이라고 단호하게 말할 수 있을 뿐이라는 사실이다. 바로 이 지점을 분명하게 다잡기 위해 흔히 제기되는 비유 하나를 인용하자면, "어느 날 아침 잠에서 깨어나 우리가 새로운 장소에 와 있는 것을 발견하고서 어떻게 그곳에 갔는지를 알고 싶어 우리가 그 이유를 설명할 사다리를 만든다고 치자. 프래그머티스트가 아닌 자는 그 사다리를 단지 예찬할 따름이지만, 프래그머티스트는 그 사다리의 도움이 필요했던 그곳이 과연 좋은 곳인가를 묻게 된다." - 각주 2의 PR의 xxxiv쪽 참조.

9 프래그머티즘의 제1세대라는 표현은 루이스 메난드(Louis Menand)의 저서 *Pragmatism a Reader*(Vintage Books. A Division of Random House, Inc., New York, 1997)의 서문 "An Introduction to Pragmatism"(pp.xi-xxxiv)을 참조. 메난드는 프래그머티스트들을 제1세대(the 1st generation)와 동시대 프래그머티즘(contemporary pragmatism)으로 양분하고 있다.

국면(practical aspect)의 효용성을 탐구하는 과정 중에 경험의 질적 직접성과 그 유기적 조직화(organic organization)를 탐구하는 그 특유의 미학이 체계화되었고, 바로 그것이 현대철학의 근본 문제를 해결할 수 있는 단서를 지니고 있다는 사실이다. 물론 그 단서라 할 것은 우리들 경험적 실천에 진입하고 있는 이른바 존재의 공존성(co-existence)과 지평성(the perspectival)이라는 후기 모더니즘적 함의들이다. 결국 이러한 함의들로 인간의 유기체적 실천 행위 일반의 본유적인 특성을 들추어내고 있는 듀이의 미학은 경험 일반을 아우르고 있는 이른바 '명석하나 혼연스러운(clara sed non distincta)' 의미층을 들추어내는 탐구활동이 된다. 그리하여 그의 미학은 현금의 우리 사회가 절실하게 요청하고 있는 일상적 경험의 예술화를 위한 올곧은 경험론적 패러다임을 제공하고 있다. 그리고 바로 이러한 패러다임을 통하여 우리들은 인간과 세계의 진정한 공존과 상생을 소유하게 되고 그 소유를 통해 세계와 더불어 유기체적 생명력을 확충시킬 수 있다.

바로 이러한 방법론과 맞물려 있는 듀이의 프래그머티즘 미학에 내재하고 있는 근본적이고도 중요한 후기 모던적 함의들(implications)은 우리들 일상의 경험을 미적으로 충만시켜 우리들의 생명력을 확충시키고자 하는 웅혼한 미적 지평을 전개시키고 있다. 듀이의 프래그머티즘 미학은 비록 제1세대의 프래그머티즘 철학에 귀속되기는 하나 로티(Richard Rorty)로 대변되는 신프래그머티즘 미학의 토대주의(foundationalism) 논쟁을 극복할 수 있는 방법론의 건전성과 경험론적 실천가능성을 지니고 있다.

'사건(event)'을 존재의 원초적 특성인 것으로 가늠하면서 "모든 존재는 하나의 사건이다"라고 단정하는[10] 듀이는 존재의 본원적(generic) 특성을 인간과 세계의 만남으로서의 경험의 실천적 특성, 즉 질적 직접성이라 할 사

10 John Dewey, *Experience and Nature*, revised ed., New York, W. W. Norton and Company, Inc., 1929, p. 71 혹은 Jo Ann Boydston ed., *The Later Works of John Dewey*, Southern Illinois Univ. Press, 1981(-이하 이 저서는 LW; 1로 약칭함.), Vol. I, p. 63.

건에 상응시켜 놓고[11] '거울식의 반사와 관조'의 패러다임이 경험의 이러한 실제적인 성질을 해명함에 있어서 잘못된 것임을 밝히고 있다. 그러면서 그는 '질적인 상황에로의 참여'의 패러다임으로 경험의 실천적 국면을 올곧게 들추어내는 것이 철학 본래의 임무이고, 그러할 때 철학은 실천적 경험 활동의 미적이고도 예술적인 성질이 조직화되는 과정을 해명하는 예술철학 내지는 미학으로 정향될 수밖에 없는 것으로 풀이하고 있다.[12] 이와 같이 경험 과정을 고정된 실체들의 연속체가 아니라 시간적인 변이에 의하여 질화(qualified)되는 사건으로 다잡는 듀이의 프래그머티즘 미학은 실증주의의 철학적 유산을 물려받은 채 변증법, 해석학 및 해체론의 혼합된 가치론적 정략과 맞물려 전개되고 있는 현금의 다양한 예술철학의 담론들과 직접적으로 조우하게 되는 중요한 포스트-모더니티들을 지니고 있는 것으로 가늠된다.

즉 그의 미학은 1970년대 이후부터 신-플래그머티즘적 예술철학의 논의들 속에서 활발하게 개진되고 있는 이른바 토대주의 논쟁을 극복할 수 있는 유익한 포스트-모더니티들을 지니고 있는 것으로 가늠된다는 사실이다. 말하자면 유기체의 삶을 구성하는 일련의 경험 과정은 항상 질적으로 상호교류하면서 성질이 변화해 나가는 과정으로 인지되어야 한다는, 즉 경험객체와 주체 사이의 질적인 실천 활동으로서의 '트랜스액션들(transactions)'로 풀이되어야 한다는, 그의 프래그머티즘의 지론은 경험의 실천적 완성으로 우리들 일상의 생명력을 확충시키고자 하는 현대 예술철학의 유익한 포스트모더니티들을 담지하고 있다는 사실이다. 뿐만 아니라 '경험

11 이 표현은 엄청난 함의들을 지니고 있다. 전통미학의 예술 정의들은 경험의(인간과 세계의 만남의) 본원적인 성질을 왜곡시키고 있음이 확인될 수 있고, 이 지점에 관한 구체적인 문헌정보는 정순복의 「존 듀이의 철학에서 자연과 '트랜스액션'의 문제」(한국미학회, 『미학』 제20집, 1995, 311-340쪽)를 참조.

12 이 지점에 관해서는 정순복의 「존 듀이의 『경험으로서의 예술』의 가치론적 함의」(한국미학회, 『미학』 제23집, 1997, 129-164쪽)의 제1장 '미학으로서의 철학'의 함의(107-120쪽)를 참조.

그 자체는 지평적인 것(the perspectival)이라는 단언'으로 점철되고 있는 듀이의 사건 중심적 미학은 경험의 실천적 완성을 곧바로 예술로 포치시키는 메타포를 마련함으로써[13] 전통적 미학에 내재해 왔던 무수한 이원론들을 해체시킬 수 있는 포스트모더니티들을 지니고 있다는 사실이다.

그러나 듀이의 이러한 포스트모더니즘적 함의들은 그의 생전 후반기에도 그러했지만 그가 생을 마감한 1950년대 이래 서양 철학계에서 실제적으로 완전히 잊혀져 있었다고 해도 과언이 아니다. 그러나 신프래그머티스트인 로티의 저서 『철학과 자연의 거울』과 논문모음 『프래그머티즘의 결론들』을 통하여 듀이는 전통적인 철학의 체계를 해체시킨 '전형적 해체론자'로 새로이 인식되기에 이르렀다.[14] 물론 전통철학의 이원론에 담지 되어 있었던 절대주의 요구들을 해체시켜 왔던 반본질주의자이자 반체계적이며 반데카르트적이면서 반사변적이었던 하이데거, 듀이 및 비트겐슈타인은[15] 전통적인 의미로서의 사상가들이 아니라 오히려 철학의 문제들을 해결 아닌 용해시키기 위한 고품질의 지성적 산화물의 유형들로 출현하게 되었다.[16]

결국 1970년대 이후 활발하게 탐구된 이러한 제2세대 프래그머티즘의 담론들 속에서 로티는 듀이의 프래그머티즘 미학의 인간과 세계의 화해적 형이상학의 체계가 사유와 행위를 분리시키고 인간과 세계를 단절시킨 토대주의를 분쇄시킬 수 있는 중요한 단서들을 지니고 있는 것으로[17] 인지하

13 이 지점에 관해서는 정순복의 「존 듀이의 형이상학: 예술의 메타포를 중심으로」(한국미학회, 『미학』 제21집, 1996, 167-194쪽)의 제2장 '후기모더니티'(182-192쪽)를 참조.

14 Thomas M. Alexander, *John Dewey's Theory of Art, Experience, and Nature*, Albany: State Univ. of New York Press, 1987, p. xi.

15 Richard Rorty, *Philosophy and the Mirror of Nature*, Princeton Univ. Press, 1979, p. 36. 즉 우리의 시대에 이들 사상가들은 전통의 "가장자리들"로부터 철학의 중심이 되는, 즉 진리에로의 물음들과 답변들로 이루어져 왔던, 텍스트의 권위를 용해시키고 있기 때문에 그들의 사상이 전통적인 철학의 문제들에 관한 견해들을 표명하는 것으로 용인하기란 어려운 일이라고 로티는 기술하고 있다.

16 Thomas M. Alexander, *op. cit.*, pp. xi-xii

17 Raymand D. Boisvert, "Rorty, Dewey and post-modern Metaphysics", *The Southern Journal of Philosophy* 1989, Vol. 27, No. 2, pp. 173-93, in *John Dewey — Critical Assessments*, edited by J. E. Tiles, London and New York, 1992, Vol. IV, p. 231.

였다. 말하자면 전통 예술철학의 이원론적 오류들을 해체시키고자 하는 반토대주의(anti-foundationlist)의 탁월한 옹호자인 로티에 의하여 듀이의 프래그머티즘 미학은 전통 예술철학의 실재론을 근절시키는 것으로 용인되었다는 사실이다.[18] 그런 만큼 로티는 하이데거와 비트겐슈타인과 함께 듀이를 포스트모던 시대의 가장 독창적인 철학자로 상찬하고, 그의 프래그머티즘을 통하여 철학이 시대착오적인 과거로부터 빠져 나오도록 결정적 기여를 한 사상가[19]로 극찬을 하고 있다. 그러나 로티는 듀이의 프래그머티즘 미학을 체계적으로 비판하지 못한 채[20] 그의 미학은 경험적인 것과 무역사적인 것을 한데 묶어 버리는 오류를 저지르고 있다고 비난하는 잘못을 오히려 저질렀다.[21]

물론 듀이는 실천적 경험에 대한 실제적(generic) 특성들을 체계적으로 미세한 부분들까지 제대로 정리해 두지 못하고 있다는 비판을 받을 소지를 다분히 담지하고 있었다. 그리고 그런 비판은 철학을 일상의 실제 경험에 접목시키려는 목적에서 구어체와 문어체를 함께 구사했던 듀이 특유의 난삽한 용어 사용법으로 인하여 한층 설득력을 지니게도 되었다. 그러나 경험의 실천적 성질을 의미로 완결짓는 이른바 사건적 상황의 조직화(organization) 과정을 예술로 풀어내고자 하는 듀이 프래그머티즘 미학은 로티가 소위 "후기-철학적 문화"라고 부르는[22] 현금의 담론들이 활발하게 진행될 수 있는 길을 열어 준 것임[23]이 주목되고 강조되어야 함에도 불구하

18 Richard Rorty, *Philosophy and the Mirror of Nature*, Princeton Univ. Press, 1979, pp. 381-382. 그리고 Raymand D. Boisvert, *Dewey' s Metaphysics*, New York: Fordham Univ. Press, 1988(- **이하 이 저서는** DM**으로 약칭함.**), p. 197 참조.

19 Richard Rorty, *The Consequences of Pragmatism* (The Univ. of Minnesota Press, 1982 - **이하 이 저서는** CP**로 약칭함.**) p. 35 그리고 PMN, p. 12.

20 CP, p. 3. 듀이는 근본적으로 반토대주의자가 아니라 비토대주의자(non-foundationalism)라고 보는 것이 옳다. 왜냐하면 고정된 불변의 실체(a fixed unvariable entity)라는 것이 존재하고 있지 않다는 지점에서는 반토대주의자이지만 계속 변화해 가는 어떤 성질이 있다는 사실마저도 부정하지 않고 있다는 지점에서는 분명 반토대주의자가 아닌 것이 분명하기 때문이다.

21 CP, p. 35, pp. 81-82, p. 85.

22 CP, p. xxi.

고 로티는 이러한 지점을 제대로 감지하지 못하였고, 그리고 로티와 함께 듀이를 상찬했던 네오프래그머티스트 시드니 훅(S. Hook)의 비판 또한 이 지점을 제대로 주목하지 못하는 잘못을 범했다.

결과적으로 그들은 듀이의 프래그머티즘 미학이란 것은 기껏 해봤댔자 과정, 흐름 내지 변화만으로 자연계가 가득 차 있는 것으로 간주하고 있는 것에 지나지 않는다는 식으로 그것을 부정했다. 그러나 듀이의 프래그머티즘 미학은 로티가 단정지은 바처럼 듀이를 비토대주의자로 엮는 데[24]서가 아니라 토대주의자와 반토대주의자들의 대립적 분열을 뛰어넘어 듀이가 '코페르니쿠스적 변혁' 이라고 명명했던 이른바 미학에서의 이분법적 패러다임들을 해체하고 상호 통합적 패러다임을 새로이 조직하고 있는 데에서 보다 적극적이고도 긍정적으로 구체화될 수 있다.[25] 왜냐하면 듀이의 프래그머티즘 미학은 경험의 실천적 특성을 다잡음에 있어서 '관조 혹은 거울 이미지' 를 '참여와 맥락' 으로 대체시키고 있는 소위 사건주의를 견지하고 있었던 만큼 반토대주의의 지론들과 어우러지고 있는 것은 결코 아니었기 때문이다. 그런 만큼 우리들 일상사의 실천적 경험에 있어서 동요될 수 없고 선험적인 혹은 필연적인 토대들이라 할 것은 결코 존재하지 않는다는 그의 확신과 인간과 세계와의 트랜스액션에 조회함으로써 의미를 획득하게 되는 이른바 맥락 회귀의 지론은[26] 듀이의 프래그머티즘 미학의 지극히 유익한 포스트-모더니티들을 지속적으로 창출시키는 근원으로 분명히 수용되어야만 했었다. 말하자면 '관조자–유형의 인식론' 을 '경험의 실천적 국면의 완성으로서의 예술에로 정향된 참여자–유형의 형이상학' 으로 대체시키는 듀이의 미학은[27] 자아와 세계의 본유적이고도 다층적인 연계성을 강

23 DM, pp. 197-198.

24 지식에 대한 요구는 항시 '직접적으로 증명이 되는' 혹은 '스스로를 표상하는' 것과 같은 어떤 것 속에 뿌리를 두고 있다는 혹은 그들의 토대를 마련하고 있다는 사실은 낡고 잘못된 철학의 유산이라는 듀이의 견해를 로티가 아전인수격으로 수용한 결과인 것으로 가늠된다. (DM, pp. 200-201 참조).

25 DM, pp. 199-200.

26 DM, p. 205, 209.

조하는 새로운 경험론적 지평을 열어 보이는 것임을 분명하게 파악하여야만 했었다는 사실이다.

그렇게 함으로써 "자연에는 고립된 채 발생하는 그 어떤 것도 결코 존재하지 않는다"라는 언명[28]으로 닫혀지는 후기 다윈 식 생물학을 모델로 한 소위 생태학적 존재론으로서의 듀이의 프래그머티즘은 이미 20세기 초엽부터 『경험과 자연』을 중심으로 토대주의와 반토대주의의 논쟁을 뛰어넘어 모든 학문들 사이의, 그리고 일상과의, 화해적 논리를 강력하게 포치시키면서 '관조, 거울반사, 고정된 실체 및 격리 등'의 전통적 신화를 제거시켜 놓고 있었음이 분명히 인지되었어야만 했다. 왜냐하면 존재를 시간적인 것으로 그리고 단계적인 것으로 풀이했던 그의 미학은[29] 존재들 배후에 실재하는 것으로 항존적인 기하학적 숫자를 자리매김하였던 피타고라스적 편애를 벗어나 네오프래그머티즘의 맥락들 가운데서 형이상학, 인식론, 논리학 및 가치론의 궁극적 효용성과 실제적 유익성에 관한 담론들이 경험의 실천적 완성으로서의 예술이라는 문제를 중심으로 새롭게 전개될 수 있는 가능성을 제안하고 있기 때문이다.[30]

결과적으로 새로운 예술철학의 체계 내지는 프래그머티즘 미학을 통하여 제안된 듀이의 이러한 프래그머티즘적 경험론은, 즉 지배적인 질적 전체로부터 실천적으로 경험되는 미적인 의미 이론에 관한 그의 프래그머티즘 미학의 함의들은[31] 예술과 일상의 문화적 연계성에 초점을 맞추고 있는

---

27 듀이는 『철학의 재구성』(1920)과 『확실성에 대한 탐구』(1920)를 통하여 이 지점을 상술하고 있다.

28 LW: I, p. 207.

29 DM, p. 200.

30 물론 토대론적 맥락 속에서의 그의 인간중심주의(Anthropocentrism)의 문제는 향후 극복되어야 할 과제로 남아 있기는 하다. - 이 지점에 관해서는 Roger Fendrich의 논문 "The Problem of Anthropocentrism in Dewey' s Metaphysics"(*International Philosophical Quarterly*, 1975. 6, Vol. XV, No.2, pp. 149-159)의 152쪽 참조.

31 1970년대와 80년대를 통해 고인록(James Gouinlock)의 『존 듀이의 가치철학(*John Dewey' s Philosophy of Value*)』(1972), 케스텐바움(Victor Kenbaum)의 『존 듀이의 현상학적 의미(*The Phenomenological Sense of John Dewey*)』(1977), 슬리퍼(Ralph W.

분석미학의 논의들과 더불어 포스트모더니즘 미학에로 정향하기 위한 모더니즘 미학에 대한 반성의 토대가 되기에[32] 충분한 것으로 가늠된다. 그리고 바로 이러한 지점에서 듀이의 프래그머티즘 미학은 콰인, 굿먼과 데이비슨과 같은 분석미학자들이 분석미학의 토대론적 전제나 구분들을 해체시키는 담론들[33]과 맞물려 그 중요성이 한층 부각되고 있음과 아울러 그가 제안하고 있는 포스트모더니티들이 구체적으로 주목받게 되었다. 이를테면, 듀이의 미학으로부터 육체적(somatic) 자연주의, 도구적 가치와 내재적 가치의 대립성 해체, 예술 중심성, 전체론(holism), 가치의 경험화, 일상성의 회복, 역사적 전체론 및 경험의 실천적 국면의 중요성과 같은 포스트모더니티들이 주목받기에 이르렀다.[34] 물론 이러한 포스트모더니티들은 듀이 미학의 근본적인 특성을 명확하게 드러내 보이는 것일[35] 뿐만 아니라 인간

Sleeper)의 『프래그머티즘의 필요성(*The Necessity of Pragmatism*)』(1986) 및 보이스베르트(Raymond Boisvert)의 『듀이의 형이상학(*Dewey' s Metaphysics*)』(1988) 등을 통하여 듀이의 프래그머티즘의 핵으로서의 미적 의미 이론이 매우 진지하게 탐구되기 시작했다.

32 예술이라는 이름으로 회자되었던 갖가지 인간 유기체의 생명 활동들을 중시하면서 관습적으로 굳어져 있는 예술의 울타리를 걷고 개방성과 유연성이라는 새로운 지평에 의해 그것들을 예술로 수용코자 했던 웨이츠의 분석미학적 정신은 듀이의 프래그머티즘 미학의 정신과 맞물려 있는 것으로 가늠된다. 뿐만 아니라 탈역사적 경향에 점철되어 있었던 분석미학계에서 예술 감상이 지닌 제거할 수 없는 사회역사적 차원을 분석미학에 최초로 주목하게 만든 댄토(Arthur Danto)의 예술계(art world)의 개념 역시 예술의 사회역사적 맥락을 지극히 강조했던 듀이의 미학과 어우러질 수 있는 것으로 가늠된다. 물론 댄토의 지극히 협소하고 내재적인 예술계의 개념이, 그런 이유로 추상적이고 자율적인 미적인 개념과 맞물리는 개념이, 물질적으로 연관되고 현실의 사회경제적이고도 정치적인 요소들에 의해 의미심장하게 구조화되고 조건지워지는 그 무엇으로 예술계의 개념을 다잡는 듀이의 구체적이고도 맥락주의적인 개념과는 차이가 지적될 수 있다. R. Shusterman의 *Pragmatist Aesthetics*(Blackwell Publishers, 1992, **이하** PA**로 약칭**)의 p. 4, pp. 21-22 참조.

33 PA, p. 4.

34 PA, pp. 6-33.

35 칸트/헤겔의 대비를 기초로 니체(Nietzsche), 푸코(M. Faucault), 바타이유(G. Bataille), 메를로 퐁티(M. Merleau-Ponty), 해체론, 벤야민(W. Benjamin), 아도르노(T. W. Adorno), 하버마스(J. Habermas)와 프랑크푸르트 학파, 부르디외(P. Bourdieu), 딜타이(W. Dilthey)와 유럽해석학 및 후기구조주의와 관련된 광범한 텍스트들을 섭렵하게 되면 이러한 특성들이 더욱 구체화될 수 있다. – 이 지점에 관해서는 본인의 졸고「존 듀이의 철학에서 프래그머티즘 미학과 분석 미학의 이원일위적 특성」(한국미학회, 『미학』 제34집, 2003, 277-324쪽)을 참조, 후기구조주의와 듀이의 프래그머티즘의 상관성에 관한 문제는 PA의 30-33쪽 참조.

유기체의 생명활동으로 형태지워지는 이른바 개방적이고도 유연한 세계로서의 예술 내지는 텍스트라 할 현대미학의 새로운 탐구 과제를 드러냄으로써 경험의 실천적 완성을 통한 유기체적 삶의 질적 향상의 토대 마련을 위한 유익한 논의 경계를 형성하게 된다. 말하자면 모리스 웨이츠와 같은 분석미학자들이 유기체의 일상적인 삶의 현장을 둘러싸고 있는 사회역사적인 조건들과 구조의 구체적인 문제들을 배제시키기는 했으나 유기체의 실천적 경험 활동을 제대로 파악하기 위해 그것을 예술로 용인하는 예술 이론의 분위기와 예술사의 지식으로 어우러진 예술계의 사회역사적 차원을 주목하게 했다는 지점에서 듀이의 미학이 새롭게 조망될 수 있다는 사실이다.[36] 그리고 인간 유기체의 일상의 실천을 위한 유익한 경계를 펼쳐 보이고자 하는 듀이 미학의 이러한 포스트모더니티들은 일상과 예술의 통합론적 패러다임을 제시함으로써 우리 사회에서 절실히 요청하고 있는 예술의 일상화 내지는 일상의 예술화를 실천할 수 있는 가능성까지도 심화시켜 인간과 세계의 우주론적 대화합의 장이라 할 진정한 공존과 상생의 경계를 펼치게 될 것임이 분명하다.

결론적으로 해석학, 후기 구조주의, 프랑크푸르트 학파와 마르크스주의로부터 개발된 유럽 대륙 이론의 호소력에 부응하면서 현금에 진행 중인 분석미학의 엄정하고도 단호한 자기비판들은 듀이의 미학으로부터 유기체의 실천적 경험 활동들을 통한 생명력 확충의 계기를 지속적으로 구현시키고 강화시켜 나갈 토대를 찾고 있는 것임이 분명하다. 그 결과 현대미학의 논의들은 동물 조상의 오랜 진화론적 성과를 한데 담고 있는 우리의 몸과 마음을 더 이상 금욕적이고도 비관적인 패러다임으로 평가절하시키지 않고 우리의 일상적인 삶의 갈등과 모순들을 미적인 리듬으로 승화시킬 수 있는 올곧은 프래그머티즘론적 패러다임을 우리 사회에 마련할 수 있게 될 것이다.

36 이 지점에 대해서는 PA의 29쪽과 그리고 267쪽 참조.

더 읽을 거리

김태길, 『존 듀이의 사회철학』, 태양문화사, 1979.

루이스 메난드, 『프래그머티즘의 길잡이』, 김동석 외 옮김, 철학과현실사, 2001.

리차드 슈스터만, 『프라그마티스트 미학』, 김광명 · 김진엽 옮김, 예전사, 2002.

리처드 J. 번스타인, 『존 듀이 철학 입문』, 정순복 옮김, 예전사, 1995.

필립 M. 젤트너, 『존 듀이 미학 입문』, 정순복 옮김, 예전사, 1996.

[찾아보기 1]

ㄴ

ㄷ

| ㄹ |

| ㅂ |

| ㅅ |

| ㅇ |

| ㅈ |

| ㅊ |

| ㅋ |

| ㅌ |

| ㅍ |

| ㅎ |

[찾아보기 2]

▌Abstract ▌

Problems and Methods of Aesthetics

The second volume of *The Korean Companion to Aesthetics*, "Problems and Methods of Aesthetics", deals with key concepts and methodology of aesthetics, which are, respectively, entitled "The Basic Problems of Aesthetics" and "The Methods and Developments of Modern Aesthetics". After the historical survey of aesthetics in the first volume, the first part of the second volume consists of the basic concepts which are important diachronically in the history of aesthetics.The first part of this volume aims at improving the reader's understanding of the basic concepts and disputes of aesthetics, which he/she might, in most cases, come across, while studying aesthetics. These foundational considerations are based in the ancient discussions concerning beauty and art, including concepts generating from the formation of the notion of 'the aesthetic' in 17th century, and those related to the concept of 'fine arts' in 18th century. The notion of 'the aesthetic', the key concept which made it possible to establish aesthetics as an academic discipline, is scrutinized in the context of Anglo-American aesthetics and German aesthetics, respectively. Since aesthetics is a branch of philosophy, it is customary that aesthetics consists of the two philosophical traditions. Even though the two different philosophies have generally dealt with almost the same basic problems of aesthetics, the methods to conceive and solve the problems have been very different. Therefore, the concepts included in this first part are described in terms of one of these traditions.

The difference between Anglo-American or Analytic aesthetics and German or Continental aesthetics becomes more vivid in the second part of this volume, which deals with the methods of aesthetics. In this part we mainly introduce the many methods of Continental aesthetics, but it must be noted that they are not distinctive and exclusive to each other, since many major aestheticians, i.e. major philosophers, used several methods together idiosyncratically. We must keep in mind that the classification of aesthetic or philosophical methods in this part is not absolute, nor objective. For example, any major theory may make explicit or suggest the way things, including works of art, exist and the way art functions in the society to which they belong. In this case we can discuss the theory in terms of ontology and/or in terms of sociological aesthetics. Therefore, if a thinker is classified as a sociological aesthetician, it only means that his/her major concern is the relation between fine arts and society.

There seem few methods in Analytic aesthetics compared to Continental aesthetics, unless we scrutinize it finely. This can be explained in terms of the empirical orientation of Analytic aesthetics, which tries traditionally to postulate as little metaphysical assumptions as possible. In other words, while Continental aesthetics has developed many different methods according to different assumptions of the world and fine arts, Analytic aesthetics has focused on the explanation of a particular area or field, which is supposed to be explained in terms of experience only, instead of the systematic explanation of the whole. The reader will be able to understand why the structure of this part seems apparently unsystematic, as long as he/she keeps in mind the difference between the two philosophical traditions.

Oh, Chong-hwan

집필자 소개(가나다순)

강미정

서울대학교 미학과를 졸업하고 같은 대학원에서 박사학위를 받았다. 대구시 미술관준비팀 수석큐레이터, 서울대학교 융합기술연구원 전임연구원, 카이스트 대우교수 등으로 일했으며, 현재는 서울대학교에서 경험미학과 미디어미학에 관해 연구하며 강의하고 있다. 저서로는 『한국 미디어아트의 흐름』, 『퍼스의 기호학과 미술사』 등이 있고, 옮긴 책에는 『아름다움과 예술의 뇌과학』, 『디지털 퍼포먼스』, 『신경미학』 등이 있다. 주요 논문으로는 「정동적 객체로서 인공지능예술 고찰」, 「포스트인터넷 시대 사진의 존재론」, 「학제적 연구로서 신경미학의 이론적 틀짓기」 외 다수가 있다.

공병혜

독일 하이델베르크 대학교에서 철학박사학위를 받았으며 현재 조선대학교 의과대학 간호학과 교수로 재직하고 있다. 주요 저서로는 *Ästhetische Idee in der Philosophie Kants*, 『판단력 비판』 등이 있으며, 주요 논문으로는 「칸트미학에서 미적 이념의 체계적 위치」, 「칸트에서의 자연의 목적론과 문화의 의미」 등이 있다.

권대중

서울대학교 미학과에서 학사 및 석사를 마치고 독일 아헨 대학교에서 철학박사학위를 받았으며 현재 계명대학교 철학과 교수로 재직하고 있다. 주요 저서로는 *Das Ende der Kunst*, 역서로는 『예술의 부활과 죽음』, 『헤겔의 체계』, 논문으로는 「3의 변증법과 4의 변증법」, 「헤겔의 예술의 종언 명제의 수정 가능성 모색」 등이 있다.

김광명

독일 뷔르츠부르크 대학교에서 철학박사학위를 받았으며 현재 숭실대학교 철학과 교수로 재직하고 있다. 주요 저서로는 『칸트 판단력비판 연구』, 『삶의 해석과 미학』, 『칸트미학의 이해』, 『예술에 대한 사색』 등이 있으며, 역서로는 『예술과 인간가치』, 『자유의 철학』, 『서양철학사』, 『미학과 예술교육』, 『칸트평전』 등이 있다.

김동훈

독일 브레멘 대학교에서 철학박사학위를 받았으며 현재 서울대학교 인문대학 미학과, 미술대학 조소과 및 덕성여대 철학과에 출강하고 있다. 주요 논문으로 「주체냐 현존재냐-근대 철학의 주체성 개념에 대한 하이데거의 비판: 데카르트와 칸트의 주체 개념을 중심으로」(박사학위논문), 「아방가르드의 이중성」, 「행복한 시지푸스와 마지막 삶의 그리움: 하이데거의 예술철학 소고」, 「지나치며 넘어가는 철학함: 하이데거의 철학함에 있어서 전치사 über가 갖는 방법론적 의의」 등이 있다.

김상환

파리 소르본 대학교에서 박사학위를 받았으며 현재 서울대학교 철학과 교수로 재직하고 있다. 주요 저서로는 『예술가를 위한 형이상학』, 『니체, 프로이트, 맑스 이후』, 『철학과 인문적 상상력: 헤겔 만가』 등이 있다.

김성수

미국 위스콘신(매디슨) 대학교에서 철학박사학위를 받았으며, 현재 미국 텍사스 텍대학교 철학과 교수로 재직하고 있다. *Erkenntnis*, *Philosophy of Science*, *Synthese*에 논문을 발표하였다.

김소영

서울대학교 미학과에서 석사를 마치고 동대학원 박사과정을 수료했으며, 현재 상명대학교, 수원대학교에 출강하고 있다.

김수현

서울대학교에서 석사학위를 받았으며 현재 경상대학교 사범대학 미술교육과 교수로 재직하고 있다. 주요 논문으로 「미적 교육의 현대적 의미」 등이 있다.

김정현

서울대학교 미학과에서 석사학위를 받았으며 현재 안양대학교에 출강하고 있다. 주요 논문으로 「N. Goodman의 예술기호론에 대한 고찰: 외연적 지칭론을 중심으로」(석사학위논문) 등이 있다.

김종태

서울대학교 독문과, 동대학원 미학과를 졸업하고, 현재 제주대학교 인문대학 독일학과 교수를 거쳐 현재 명예교수다.

김진엽

서울대학교 미학과를 졸업했으며, 동 대학원에서 석사학위를, 미국 템플 대학교에서 박사학위를 받았다. 홍익대학교 예술학과 교수를 거쳐 현재 서울대학교 미학과 교수로 재직 중이다. 주요 저서로 『다원주의 미학』 등이 있고, 역서로 『휴머니즘 강의』, 『프라그마티스트 미학』, 논문으로는 「가상현실에 대한 미학적 비평」, 「다원론적 미학을 위하여」 등 다수가 있다.

김채현

서울대학교에서 석사학위를 받았으며 현재 한국예술종합학교 무용원 이론과 교수로 재직하고 있다. 한국춤예술연대 의장인 그는 한국춤평론가회 회장을 역임하였고, 주요 저작으로 수백 점의 춤 평문과 『춤과 삶의 문화』, 『미적체험의 현상학』(역서), 『우리 무용 100년』(공저), 『춤』(역서), 『발레와 현대무용』(역서) 등이 있다.

김한승

미국 인디애나 대학교에서 철학박사학위를 받았으며 현재 서울시립대학교 연구교수로 재직 중이다. 주요 논문으로 「모호성의 다양성」 등이 있다.

김희정

서울대학교에서 석사학위를, 미국 아이오와 대학교에서 박사학위를 받았으며, 현재 서울대학교, 덕성여자대학교 철학과에 출강하고 있다. 주요 논문으로 「귀납의 새로운 문제」, 「보편자에 대한 유사성 이론들의 문제점」 등이 있다.

마순자

이화여자대학교에서 박사학위를 받았으며 현재 서울대학교와 성균관대학교에 출강하고 있다. 저서로 『자연, 풍경 그리고 인간』, 역서로는 파노프스키의 『이데아』 등이 있다. 「세잔의 신화, 그 의미와 진실」, 「표현주의 회화에서의 인간표현」 등 다수의 논문을 발표하였다.

민주식

일본 도쿄 대학교 대학원 미학예술학 전문과정에서 문학박사학위를 받았으며, 현재 영남대학교 조형대학 및 대학원 미학미술사학과 교수로 재직하고 있다. 주요 저·역서 및 논문으로는 『아름다움, 그 사고와 논리』, 『한국미학시론』, 『비교미학연구』, 『그리스 미술모방론』, 「풍류사상의 미학적 의의」, 「미술사학에 있어서 양식개념과 구조개념」, 「동아시아 문화에서 도자예술의 미적이상」, 「풍경의 미학: 풍경미의 구조와 원리」 등이 있다.

민형원

독일 프랑크푸르트 대학교에서 아도르노 미학에 대한 연구로 박사학위를 받았으며, 현재 덕성여자대학교 철학과 교수로 재직하고 있다. 주요 저서로는 공저서인 『인상주의 연구』, 『프로이트의 문학예술이론』, 역서로는 『예술작품의 근원』(공역) 등이 있다.

박상혁

미국 캔사스 대학교에서 철학박사학위를 받았으며 현재 계명대학교 철학과에 재직 중이다. 주요 논문으로 「대중매체 시대에 있어서 이미지의 사회문화적 위상」 등이 있다.

박은진

독일 트리어 대학교에서 철학박사학위를 받았다. 주요 저서 및 논문으로 『현대 과학철학의 문제들』(공저), 『칼 포퍼 과학철학의 이해』, 『비판적 사고를 위한 논리』(공저), 「진화론과 인식론」 등이 있다.

서원주

서울대학교 미학과 및 동 대학원을 졸업하고 미국 시라큐스 대학교에서 박사학위를 받았다. 현재 서울대학교, 한국 교원대학교 등에 출강 중이다. 주요 논문으로「실재론적 의미론의 옹호 가능성 문제」, 「미적 속성의 의존성의 본성에 대한 고찰」 등이 있다.

서지원

서울대학교 미학과에서 박사학위를 받았으며 서울대학교 강사를 역임하였다. 주요 논문으로 「미셸 푸꼬의 반주체철학에 기초한 근대적 미술 개념」(박사학위논문), 「미셸 푸꼬의 〈시녀들〉 해석에 관한 연구」, 「미셸 푸꼬의 계보학적 입장에서 본 공공미술관」 등이 있다.

신혜경

서울대학교 미학과에서 철학박사학위를 받았으며 현재 한림대학교에 출강하고 있다. 주요 논문으로는 「그람시의 옥중수고에 나타난 문화정치학의 대중적 함의에 대한 연구」 등이 있다.

심철민

서울대학교 대학원 미학과에서 석, 박사학위를 받았으며 현재 서울대학교, 홍익대학교에 출강하고 있다. 주요 논문으로는 「셸링 "예술철학"에 나타난 예술 개념의 분석: 자연, 역사, 예술의 관계를 중심으로」, 「칸트의 주관성미학에서 셸링의 예술철학으로」 등이 있다.

심혜련

베를린 훔볼트 대학교 문화학부에서 미학을 전공했다. 발터 벤야민의 매체이론에 관한 논문으로 박사학위를 받았으며, 현재 전북대학교 과학학과 교수로 재직하고 있다. 저서로는 『사이버스페이스의 미학』이 있으며, 공저로는 『철학, 예술을 읽다』, 『매체철학의 이해』, 『기호학과 철학 그리고 예술』 등이 있다.

염재철

서울대학교 미학과에서 학사, 석사학위를 받았으며 독일 오스나브뤽(Osnabrück) 대학교 철학과에서 박사학위를 받고 Habilitation 과정을 2년 수료했으며 현재 서울대학교를 비롯한 여러 대학에 출강하고 있다. 주요 서서 및 논문으로는 *Heideggers Verwandlung des Denkens*, 「하이데거 사상길의 변천」, *Heideggers Deutung des "Unterwegs"*, 「영화 작품의 의미 발생과 그 존재론적 근원」 등이 있다.

오종환

서울대학교 미학과에서 석사학위를, 미국 남일리노이 대학교(Southern Illinois University)에서 박사학위를 받았으며, 현재 서울대학교 미학과 명예교수이다. 주요 논문으로는 「분석철학의 역사적 맥락에서 본 예술의 인식적 의의」, 「시각적 재현의 객관성에 대한 소고」, 「허구에 의해 환기되는 감정의 합리성 문제」, "On the Problem of Imagining Seeing Fictional Objects" 등이 있다.

오혜정

서울대학교 미학과에서 석사학위를 받았으며 현재 로체스터 대학교 철학과 박사과정 중에 있다.

이수진

서울대학교 미학과 석사과정을 졸업하였으며, 미국 뉴욕 시립대학교 대학원 박사과정을 수료하고 같은 대학에 출강하고 있다.

이순예

독일 빌레벨트 대학교에서 철학박사학위를 받았으며, 현재 서울대학교에 출강하고 있다. 저서 *Aporie des Schönen*, 『아도르노와 자본주의적 우울』, 그리고 논문 「비판이론과 21세기 시민사회」 등이 있다.

이종희

서울대학교 미학과에서 학사, 석사를 마치고 박사과정을 수료했으며, 현재 한국예술종합학교 음악원에 출강하고 있다. 공역서로 『순수 음악의 미학: 순수 음악적 경험에 관한 철학적 고찰』이 있다.

이해완

미국 오하이오 주립대학교 철학과에서 박사학위를 받았으며 현재 서울대학교 미학과 교수로 재직 중이다. 역서로는 『크로체의 미학』, 주요 논문으로는 「포르노그라피와 재현의 문제」, 「대중매체의 발전과 대중예술 정의의 문제」, 「플란팅가 인식론에 대한 한 비판」 등이 있다.

인원근

독일 뒤셀도르프 대학교에서 철학박사학위를 받았으며, 현재 서울대학교에 출강하고 있다. 주요 논문으로 "Entgegensetzung versus Einheit: Eine systematische und entwicklungsgeschichtliche Untersuchung zu den grundlagen der Lehre von Raum und Zeit in Kants Kritik der reinen Vernunft" 등이 있다.

임성훈

독일 베를린 훔볼트 대학교에서 철학박사학위(학위논문: "Aesthetische Reflexion zur Kultur: Das Verhältnis von Ästhetik, Kunst und Kultur in Immanuel Kants Kritik der Urteilskraft")를 받았으며, 현재 서울대학교 등에 출강하고 있다.

임일환

서울대학교 미학과에서 석사학위를, 미국 브라운 대학교 철학과에서 철학박사학위를 받았으며 현재 한국외국어대학교 철학과 교수로 재직 중이다. 「토대론과 인식적 수반」, 「감정과 정서의 이해」 등 다수의 논문이 있다.

임혜은

서울대학교 미학과에서 석사과정을 졸업하고 철학과에서 박사과정을 수료했다.

전예완

서울대학교 미학과와 동대학원 석사과정을 졸업하고 박사과정을 수료했다. 논문으로 「'창조'를 중심으로 본 니체사상의 미학적 함의에 관한 연구」 등이 있다.

정성철

서울대학교 미학과에서 테오도르 W. 아도르노 연구로 박사학위를 받았다. 주요 논문으로는 「예술사회학으로서의 아도르노 미학」, 「환경운동과 마르크스주의」 등이 있으며, 역서로는 『역사유물론의 재구성』, 『재현의 정치학: 40년대 이후의 미국미술』(공역), 『현대미술의 지형도』(공역), 『모더니티와 시각의 헤게모니』(공역) 등이 있다.

정수경

서울대학교 미학과에서 미술이론으로 박사과정을 수료하였으며, 현재 세종대학교에 출강하고 있다. 석사학위논문으로 「C. 그린버그의 형식주의 미술론에 대한 비판: J. 데리다의 "파에르곤" 개념을 토대로 하여」가 있다.

정순복

대구가톨릭대학교 예술학과 교수로 미학과 예술학을 강의했다. 주요 저서로는 『일상의 미학』 1-6, 『사계의 미학』 1-4, 『어린이 미학』, 역서로는 『존 듀이의 철학입문』, 『존 듀이의 미학입문』 등이 있으며, 논문으로는 「존 듀이의 형이상학: 예술의 메타포를 중심으로」, 「예술로서의 일상」 등이 있다.

조광제

서울대학교 대학원 철학과에서 철학박사학위를 받았으며, 현재 철학아카데미 이사장을 맡고 있다. 주요 저서로는 『몸의 세계, 세계의 몸』, 『쉬르필로소피아, 인간을 넘어선 영화예술』, 『짧고 긴 서양미술사 탐사』 등이 있다.

조만영

서울대학교 독어독문학과에서 박사학위를 받았으며 저서로는 『급진화된 현대성, 아도르노의 미적 현대성 개념과 미학전략』, 역서로는 루카치의 『역사와 계급의식』 등이 있고, 「새로움의 구출, 아도르노의 미적 현대성 개념」 등의 논문이 있다.

조주연

서울대학교에서 철학박사학위를 받았으며 현재 서울대학교, 동국대학교에 출강하고 있다. 주요 논문으로 「유럽 모더니즘의 수용과 변질」, 「형식주의와 모더니즘」, 「"지역에 대한 이해를 존중합니다": 다문화주의와 미술교육」 등이 있다.

조진근

서울대학교 미학과 석사과정을 졸업하고 동대학원 박사과정을 수료했으며, 현재 서울대학교 강사이다.

최경석

미시간 주립대학교에서 박사학위를 받았으며 현재 이화여자대학교 생명윤리법정책연구소 연구교수로 재직하고 있다.

최연희

서울대학교 대학원 미학과에서 박사과정을 수료했으며, 현재 서울대학교에 출강하고 있다. 옮긴 책으로는 『현대미술: 그 철학적 의미』(공역), 『실재의 귀환』(공역), 『시각과 시각성』 등이 있다.

최정은

서울대학교에서 석사학위를 받고 박사과정을 수료했으며 현재 서울대학교에 출강하고 있다. 석사학위논문으로는 「M. 뒤샹 재해석에 관한 연구」, 주요 논문으로는 「영화기호학의 연구영역에 관하여: 지시 vs. 함축」, 「포스트모던 페미니스트 미술의 단초로서의 뒤샹의 섹슈얼리티」 등이 있다.

하선규

독일 베를린 자유대학교에서 박사학위를 받았으며, 현재 홍익대학교 예술학과 교수로 재직하고 있다. 저서로 『지그프리드 크라카우어』, 『서양미학사의 거장들』 등이 있으며, 칸트, 하만, 쉴러, 키에르케고어, 벤야민, 슈미츠 등의 철학과 미학에 관한 여러 편의 논문을 발표하였다.

한상철

서울대학교에서 철학박사학위를 받았으며, 현재 성균관대학교와 경기대학교에 출강하고 있다. 주요 저서로는 『데리다의 해체주의에 대한 비판적 이해』, 『기호논리학』, 『토론』 등이 있다.

황우영

서울대학교 미학과에서 문학석사학위를 받았으며, 현재 University of Texas at Austin 철학과 박사과정에 수학하고 있다. 주요 논문으로는 「허구에 대한 정서 반응 고찰: K. L. 월튼 이론을 중심으로」, 「회화적 기호의 자연성에 관하여: Flint Schier의 입장을 중심으로」 등이 있다.

황유경

서울대학교에서 철학박사학위를 받았으며 현재 관동대학교 예술디자인대학 교수로 재직하고 있다. 주요논문으로 「예술인지주의와예술교육」, 「조형예술적재현의기호이론옹호」, 「지식으로부터 이해로의 이행: 정서 예시 허구 은유의 인지적 기능 (I), (II)」 등이 있다.

미학대계 제2권

미학의 문제와 방법

초판 1쇄 발행 2007년 5월 25일
초판 13쇄 발행 2024년 8월 30일

편저자 미학대계간행회

펴낸곳 서울대학교출판문화원
주소 08826 서울 관악구 관악로 1
도서주문 02-889-4424, 02-880-7995
홈페이지 www.snupress.com
페이스북 @snupress1947
인스타그램 @snupress
이메일 snubook@snu.ac.kr
출판등록 제15-3호

ISBN 978-89-521-0792-3 94600
978-89-521-0790-9 (세트)